curso de

DIREITO DO TRABALHO

OUTROS LIVROS DO AUTOR:

Curso de direito processual do trabalho. 19. ed. São Paulo: Saraiva, 2021.

CLT organizada. 8. ed. São Paulo: Saraiva, 2021.

Ministério Público do Trabalho: doutrina, jurisprudência e prática. 8. ed. São Paulo: Saraiva, 2017.

Direito processual coletivo do trabalho. São Paulo: LTr, 2015.

Manual de processo do trabalho. 4. ed. São Paulo: Atlas, 2019.

Nova lei do trabalho doméstico. São Paulo: Saraiva, 2015.

Novo CPC: repercussões no processo do trabalho (organizador). São Paulo: Saraiva, 2015.

A greve como direito fundamental. 2. ed. Curitiba: Juruá, 2014.

Manual de direitos humanos. 3. ed. São Paulo: Atlas, 2014.

Ação civil pública na perspectiva dos direitos humanos. 2. ed. São Paulo: LTr, 2008.

Liquidação na ação civil pública. São Paulo: LTr, 2004.

Direito e processo do trabalho na perspectiva dos direitos humanos. Rio de Janeiro: Renovar, 2003.

Direito e processo na teoria geral do direito. São Paulo: LTr, 2000.

Mandado de segurança no processo do trabalho. São Paulo: LTr, 1999.

Constituição de direitos sociais dos trabalhadores. São Paulo: LTr, 1997.

Direito do trabalho e processo trabalhista: temas controvertidos. Belo Horizonte: RTM, 1997.

carlos henrique
BEZERRA LEITE

curso de

DIREITO DO TRABALHO

13ª edição

De acordo com a Lei n. 13.467/2017 (Reforma Trabalhista), a Lei n. 13.874/2019 (Lei de Liberdade Econômica), o Decreto n. 10.060/2019 (Trabalho Temporário), a Portaria n. 1.065/2019 (Carteira de Trabalho Digital), a Lei n. 14.020/2020 (Redução Salarial e Suspensão do Contrato de Trabalho durante a Pandemia Covid-19), a Lei n. 13.709/2018 (Lei Geral de Proteção de Dados), a Lei n. 14.043/2020 (Linha de Crédito para Empregadores durante a Pandemia Covid-19) e a Lei n. 14.047/2020 (Trabalho Portuário durante a Pandemia Covid-19)

2021

saraiva jur

DADOS INTERNACIONAIS DE CATALOGAÇÃO NA PUBLICAÇÃO (CIP)
DE ACORDO COM ISBD
ELABORADO POR VAGNER RODOLFO DA SILVA - CRB-8/9410

L533c
Leite, Carlos Henrique Bezerra

Curso de direito do trabalho / Carlos Henrique Bezerra Leite. – 13. ed. – São Paulo: Saraiva Educação, 2021.
1.000 p.

Bibliografia
ISBN: 978-65-5559-458-4 (impresso)

1. Direito. 2. Direito do trabalho. I. Título.

2020-3032 CDD 344.01
CDU 34:31

Índices para catálogo sistemático:

Direito do trabalho 344.01
Direito do trabalho 34:31

saraiva EDUCAÇÃO | saraiva jur

Av. Paulista, 901, 3º andar
Bela Vista – São Paulo – SP – CEP: 01311-100

SAC | sac.sets@somoseducacao.com.br

Diretoria executiva Flávia Alves Bravin
Diretoria editorial Renata Pascual Müller
Gerência de projetos e produção editorial Fernando Penteado

Planejamento Josiane de Araujo Rodrigues

Novos projetos Sérgio Lopes de Carvalho
Dalila Costa de Oliveira

Edição Clarissa Boraschi Maria (coord.)
Iris Ferrão

Produção editorial Daniele Debora de Souza (coord.)
Verônica Pivisan Reis
Estela Janiski Zumbano

Arte e digital Mônica Landi (coord.)
Camilla Felix Cianelli Chaves
Claudirene de Moura Santos Silva
Deborah Mattos
Guilherme H. M. Salvador
Tiago Dela Rosa

Projetos e serviços editoriais Daniela Maria Chaves Carvalho
Kelli Priscila Pinto
Laura Paraíso Buldrini Filogônio
Marília Cordeiro
Nicoly Wasconcelos Razuk

Diagramação Laís Soriano
Revisão Carolina Massanhi
Capa Casa de Ideias / Daniel Rampazzo
Produção gráfica Marli Rampim
Sergio Luiz Pereira Lopes
Impressão e acabamento Gráfica Santa Marta

Data de fechamento da edição: 11-12-2020

Dúvidas? Acesse www.editorasaraiva.com.br/direito

CL 606823 CAE 752950

Dedico
este livro às minhas amadas
filhas, Laís Durval Leite e Letícia Durval Leite,
por encherem a minha vida
de graça, beleza, amizade, ternura e muito amor.

Agradecimentos

A Deus, pelo sopro da inspiração.

A todos os professores e professoras de Direito do Trabalho.

Aos meus alunos e alunas presenciais e virtuais espalhados por todo o Brasil.

Aos Professores, Magistrados, Advogados, Membros do Ministério Público, Auditores, Servidores Públicos e Candidatos aos Concursos Públicos pelo incentivo para a elaboração desta nova edição.

Aos leitores e leitoras, pelas valorosas críticas que tanto contribuem para o aperfeiçoamento contínuo desta obra.

À Editora Saraiva Educação, nas pessoas dos amigos Flávia Alves Bravin e Iris Ferrão, pela seriedade e competência editorial em prol do desenvolvimento do estudo do Direito em nosso País.

Sumário

Título II

DIREITO INDIVIDUAL DO TRABALHO

Título III

DIREITO COLETIVO DO TRABALHO

Título IV
DIREITO INTERNACIONAL DO TRABALHO

Prefácio

Carlos Henrique Bezerra Leite é um jurista completo.

Seu currículo é invejável e poucos podem ser comparados a ele. Doutor e Mestre em Direito (PUC-SP). Professor de Direitos Humanos Sociais, Direitos Metaindividuais e Direito Processual do Trabalho (FDV). Desembargador do Trabalho do TRT/ES. Membro Titular da Academia Brasileira de Direito do Trabalho e do Instituto Brasileiro de Estudos do Direito.

Como se isso não bastasse, exerceu, durante anos, diversas outras funções, como Procurador Regional do Ministério Público do Trabalho, Procurador do Município de Vitória/ES e Advogado, além de ter exercido o magistério, no passado, como Professor Associado de Direito Processual do Trabalho e Direitos Humanos (UFES), Diretor da EJUD – Escola Judicial do TRT da 17ª Região/ES e Coordenador do Núcleo Regional da Escola Superior do MPU/ES.

Mas ele não descansa nos Louros da Glória...

E continua atuando no magistério da pós-graduação e em palestras por todos os cantos do país...

Seus livros se encontram entre os mais aceitos na teoria e prática da área laboral, com sucessivas edições.

É o caso do presente livro, *Curso de Direito do Trabalho*, em sua 10ª edição pela Editora Saraiva.

Trata-se, sem sombra de dúvida, de uma das obras mais completas do país, abrangendo desde a Teoria Geral do Direito do Trabalho até todo o conteúdo fundamental do Direito Individual, Coletivo e Internacional do Trabalho.

Este livro, somado ao seu também consagrado *Curso de Direito Processual do Trabalho*, permite a estudantes e profissionais um profundo manancial para compreender todo o sistema trabalhista nacional, com a devida extensão e profundidade.

Quem olha tais predicados de longe pode pensar que seu autor seja um pensador distante, apenas preocupado com suas investigações acadêmicas e/ou questões pragmáticas.

Ledo engano.

Iniciei estas linhas dizendo que **Carlos Henrique Bezerra Leite** é um jurista completo.

E assim reafirmo.

Um jurista jamais será completo se sua preocupação for única e exclusivamente com o Direito.

Carlos Henrique é uma criatura fabulosa, com alma e talento de artista.

Amoroso com a família, generoso com os amigos, preocupado com os cidadãos.

Tive a honra de registrar em vídeo sua fascinante personalidade em episódio do *Papeando com Pamplona* sobre "Direito de Greve", em que ele, com seu jeito simpático e encantador, mostrou que, para dominar Direito Individual, Coletivo, Internacional e Processual do Trabalho, juntamente com Direitos Humanos, é preciso ser, antes de tudo, um formidável ser humano.

Este não é, portanto, o prefácio de um jurista.

É o prefácio de um profundo admirador da obra, inteligência e caráter de **Carlos Henrique Bezerra Leite**, exemplo de homem, operador do Direito e cidadão.

Rodolfo Pamplona Filho

Juiz Titular da 32ª Vara do Trabalho de Salvador/BA (TRT da 5ª Região).

Professor Titular de Direito Civil e Direito Processual do Trabalho da Universidade Salvador – UNIFACS.

Professor Adjunto da Graduação e Pós-Graduação em Direito (Mestrado e Doutorado) da Faculdade de Direito da Universidade Federal da Bahia – UFBA.

Coordenador dos Cursos de Especialização em Direito Civil e em Direito e Processo do Trabalho da Faculdade Baiana de Direito e do Curso de Pós-Graduação *On Line* em Direito e Processo do Trabalho do CERS em convênio com a Estácio.

Mestre e Doutor em Direito das Relações Sociais pela PUCSP.

Máster em *Estudios en Derechos Sociales para Magistrados de Trabajo de Brasil* pela *Universidad de Castilla-La Mancha*/Espanha – *UCLM*.

Especialista em Direito Civil pela Fundação Faculdade de Direito da Bahia.

Membro da Academia Brasileira de Direito do Trabalho (antiga Academia Nacional de Direito do Trabalho – ANDT, sendo atualmente seu Presidente), Academia de Letras Jurídicas da Bahia (sendo atualmente seu Secretário-Geral), Academia Brasileira de Direito Civil, Instituto Brasileiro de Direito de Família (IBDFam) e Instituto Brasileiro de Direito Civil (IBDCivil). Autor de diversas obras jurídicas.

Nota do autor à 13ª edição

Estimada Leitora, Estimado Leitor,

Manifesto a Você a minha profunda gratidão por ler ou consultar este livro, escrito com o objetivo de oferecer contribuição teórica e prática diferenciada do Direito do Trabalho, fruto da experiência acadêmica por mim adquirida em mais de vinte anos como professor de Direito do Trabalho e Processo do Trabalho na graduação, especialização, mestrado, doutorado, nos cursinhos preparatórios em diversas Escolas Judiciais e Instituições de Ensino Superior, além da atuação profissional como advogado trabalhista, procurador municipal, assessor de juiz, procurador do trabalho e desembargador do trabalho.

Procurei utilizar linguagem clara e objetiva, a fim de propiciar aos leitores um estudo descomplicado, completo e sistematizado do Direito do Trabalho sob o enfoque rigorosamente atualizado da legislação, da doutrina e da jurisprudência.

Acredito que por tais razões esta obra vem sendo adotada ou indicada por professores como autêntico *Livro-Texto* para os currículos de graduação das principais Faculdades de Direito e dos programas contidos nos editais dos concursos públicos que exijam sólidos conhecimentos da matéria, como os concursos para os cargos de Juiz e Procurador do Trabalho, Advogado da União, Auditores Fiscais do Trabalho, Analistas dos Tribunais Trabalhistas e do Ministério Público da União, além de ter se tornado obra imprescindível para os candidatos ao Exame de Ordem da OAB.

Esta 13ª edição está atualizada de acordo com a Lei 13.467/2017, que instituiu a Reforma Trabalhista; a Lei 13.874/2019 (Lei de Liberdade Econômica); o Decreto 10.060/2019 (Trabalho Temporário); a Portaria 1.065/2019 (Carteira de Trabalho Digital); a Lei 14.020/2020 (Redução Salarial e Suspensão do Contrato de Trabalho durante a Pandemia Covid-19); a Lei 13.709/2018 (Lei Geral de Proteção de Dados); a Lei 14.043/2020 (Linha de Crédito para Empregadores durante a Pandemia Covid-19); e a Lei 14.047/2020 (Trabalho Portuário durante a Pandemia Covid-19).

Tal como ocorreu com a Medida Provisória 808, a Medida Provisória 905, de 11.11.2019, que instituiu o chamado "contrato verde e amarelo", não foi convertida em lei conforme Ato Declaratório do Presidente da Mesa do Congresso Nacional 127 (*DOU* de 29.09.2020), porém, nos termos do art. 62, §§ 3º e 11, produziu efeitos durante a sua vigência.

Espero que esta nova edição possa continuar contribuindo para o aperfeiçoamento acadêmico e profissional de todos os que lidam com o Direito do Trabalho em nosso País, e, nesse sentido, coloco-me à disposição para receber críticas ou colaborações, que serão de grande valia para as futuras edições.

Muito obrigado!

Carlos Henrique Bezerra Leite
chbezerraleite@yahoo.com.br
www.professorbezerraleite.com.br
@chbezerraleite

TÍTULO I

TEORIA GERAL DO DIREITO DO TRABALHO

CAPÍTULO I
Noções Fundamentais

1. BREVE HISTÓRICO DO TRABALHO E DO DIREITO DO TRABALHO

Etimologicamente, a palavra "trabalho" é plurissignificativa e pode ser objeto de investigação por diversos campos do conhecimento, como a História, a Sociologia, a Antropologia, a Filosofia, a Economia, a Ciência Política e o Direito.

Lembra Evaristo de Moraes Filho[1] que o trabalho na Antiguidade era um castigo, dando-nos uma ideia de pena, fadiga, tarefa penosa e pesada. Daí a expressão "trabalho", originada de *tripalium*, instrumento composto de três paus (estacas) usado para torturar escravos. Dessa concepção passou-se, por assimilação, à palavra *trapaliare*, que designa toda e qualquer atividade humana, manual, técnica ou intelectual.

O trabalho humano sempre existiu, desde os primórdios da civilização, e, certamente, continuará existindo enquanto houver vida humana neste mundo.

Embora nem sempre coincidam os momentos históricos em todas as regiões do mundo, é possível compreender a história do trabalho por meio da evolução dos modos de produção de bens e serviços.

Identificamos, assim, cinco regimes de trabalho: primitivo, escravo, feudal, capitalista e comunista.

Existem, do ponto de vista clássico, dois tipos principais de trabalho humano: o prestado por conta própria e o prestado por conta alheia. Há quem prefira falar em trabalho autônomo e trabalho subordinado. Surgem, no entanto, novas formas de trabalho, que se situam em zonas intermediárias entre o subordinado e o autônomo, como o trabalho parassubordinado[2].

O Direito do Trabalho brasileiro, no entanto, tem por objeto de investigação científica não qualquer espécie de trabalho, e sim um tipo especial de trabalho humano, prestado de modo subordinado ou por conta alheia, por uma pessoa física, de forma não eventual e mediante retribuição.

O trabalho é reconhecido internacionalmente como um Direito Humano, como se infere do art. 23 da Declaração Universal dos Direitos Humanos, sendo também

1. MORAES FILHO, Evaristo de. *Introdução ao direito do trabalho*. 11. ed. São Paulo: LTr, 2014, p. 39.
2. *Vide* Título II, Capítulo I, item 3.3.

reconhecido no Brasil como um valor estruturante do Estado Democrático de Direito (CF, art. 1º, IV) e um direito fundamental social (CF, art. 6º).

Advertimos, desde logo, que não é qualquer trabalho que constitui o objeto de investigação do Direito do Trabalho, como ramo da Ciência Jurídica, especialmente em ordenamentos jurídicos – como o brasileiro – que reconhecem a propriedade privada como um dos seus valores políticos e econômicos.

Feita essa singela digressão histórica sobre o trabalho humano, passemos agora a analisar a origem do direito do trabalho.

Neste passo, é possível compreender a história do direito do trabalho no plano internacional e no Brasil.

No *plano internacional*, o direito do trabalho divide-se em período pré-histórico e período histórico.

No *período pré-histórico* ou pré-industrial, encontraremos três fases distintas: a) vinculação do homem ao homem (escravidão); b) vinculação do homem à terra (servidão); c) vinculação do homem à profissão (corporações). Surgia, ainda, nesse período, outro tipo de relação de trabalho: a locação (*locatio operis e locatio operarum*). Alguns sustentam ser a *locatio operarum* precedente da relação de emprego moderna, objeto do direito do trabalho. Nesse período não existia ainda o direito do trabalho tal como o conhecemos hoje.

No *período histórico* propriamente dito é que surge o direito do trabalho. Três foram as principais causas: **econômica** (revolução industrial), **política** (transformação do Estado Liberal – Revolução Francesa – em **Estado Social** – intervenção estatal na autonomia dos sujeitos da relação de emprego) e **jurídica** (justa reivindicação dos trabalhadores no sentido de se implantar um sistema de direito destinado à proteção, como o direito de união, do qual resultou o sindicalismo, o direito de contratação individual e coletiva). Somando-se a essas causas, contribuíram decisivamente para o surgimento do direito do trabalho a ideia da justiça social preconizada, principalmente, pela Igreja Católica, através das Encíclicas *Rerum Novarum* e *Laborem Exercens*, e o marxismo, preconizando a união do proletariado e a ascensão dos trabalhadores, pela luta de classes, ao poder político.

As *primeiras leis trabalhistas* foram: a) quanto à forma: constitucionais e ordinárias; b) quanto à matéria: de proteção aos menores e às mulheres.

Coube ao México editar, em 1917, a primeira Constituição contendo direitos trabalhistas, como jornada diária máxima de oito horas, jornada noturna de sete horas, proibição do trabalho do menor de 12 anos, limitação da jornada do menor de 16 anos a seis horas, descanso semanal, salário mínimo, igualdade salarial, direito de sindicalização, de greve, indenização de dispensa etc. (art. 123).

A segunda Constituição foi a da Alemanha, intitulada de Constituição de Weimar (1919). Trata-se de Constituição, diferentemente da analítica carta mexicana, com característica principiológica que teve ampla repercussão no continente europeu.

Em 1919 é editado o Tratado de Versalhes, cuja importância para o direito do trabalho residiu na previsão de criação da Organização Internacional do Trabalho – OIT, cabendo a este organismo internacional universalizar as normas de proteção ao trabalho humano. O Brasil está entre os Estados-membros fundadores da OIT e participa da Conferência Internacional do Trabalho desde a sua primeira edição.

Também merece destaque a *Carta del Lavoro* (1927), da Itália, de índole corporativista, que serviu de base para Portugal e Espanha, produzindo repercussões no Brasil, mormente nos sítios do Direito Coletivo ou Sindical do Trabalho.

As primeiras leis ordinárias foram a Lei de Peel, da Inglaterra (1802), reduzindo a jornada dos menores nas fábricas para dez horas diárias; as Leis Sociais de Bismark (1833); o Código do Trabalho, da França (1901) etc.

No Brasil, podemos dividir a história do direito do trabalho em três fases: a primeira, do descobrimento à abolição da escravatura; a segunda, da proclamação da república à campanha política da Aliança Liberal; e a terceira, da Revolução de Trinta aos nossos dias.

Nas duas primeiras fases ainda não existia a nossa disciplina tal como a conhecemos hoje.

A partir da Revolução de Trinta é que realmente se inicia a fase contemporânea do direito do trabalho no nosso país.

O surgimento do direito do trabalho no Brasil sofreu influência de fatores externos e internos.

Os *fatores externos* decorreram das transformações que ocorriam na Europa com a proliferação de diplomas legais de proteção ao trabalhador, o ingresso do nosso país na OIT – Organização Internacional do Trabalho, criada pelo Tratado de Versalhes (1919).

Os *fatores internos* foram basicamente o movimento operário influenciado por imigrantes europeus (final de 1800 e início de 1900), o surto industrial (pós-primeira guerra mundial) e a política de Getúlio Vargas (1930).

Já em 1870, existiam no nosso país as Ligas Operárias que marcaram o início do sindicalismo brasileiro. O Decreto 1.313, de 1891, proibiu o trabalho noturno dos menores de 15 anos, limitando a jornada a 7 horas. Há quem afirme ser a Lei 4.682, de 20.01.1923, a chamada Lei Elói Chaves, que instituiu a caixa de aposentadoria e o direito à estabilidade para os ferroviários que completassem 10 anos de serviço, a primeira lei verdadeiramente trabalhista no Brasil. A Lei 4.982, de 25.12.1925, disciplinava o direito de férias anuais remuneradas. Lei 62, de 1935, assegurava aos empregados da indústria e do comércio o recebimento de indenização por rescisão injustificada do contrato de trabalho e o direito à estabilidade após dez anos de efetivo serviço no mesmo estabelecimento.

Em 1939 é criada a Justiça do Trabalho, sendo que em 01.05.1943 é outorgada, por Getúlio Vargas, a Consolidação das Leis do Trabalho, tendo como ministro do trabalho Alexandre Marcondes Filho.

1.1. A Consolidação das Leis do Trabalho

A Consolidação das Leis do Trabalho, instituída por meio do Decreto-lei 5.452, de 1º de maio de 1943, que somente entrou em vigor em 10.11.1943, sistematizou as leis esparsas então existentes, acrescida de novos institutos criados pela comissão de juristas (Segadas Vianna, Luiz Augusto de Rego Monteiro, Oscar Saraiva, Arnaldo Süssekind e Dorval Lacerda) que a elaboraram. À exceção de Oscar Saraiva, primeiro presidente da comissão, todos os demais integrantes eram membros do Ministério Público do Trabalho.

A CLT não é um código, mas uma lei, ou melhor, um Decreto-lei de caráter geral, aplicado a todos os empregados[3] sem distinção da natureza do trabalho técnico, manual ou intelectual. A CLT é equiparada a lei federal.

Não se pode deixar de reconhecer que a CLT é o texto legislativo básico do direito do trabalho brasileiro, enriquecido pela legislação complementar e pela Constituição Federal. É claro que há disposições da CLT que devem ser atualizadas para se adequarem à realidade contemporânea, em consonância com o fenômeno da constitucionalização do direito. O ideal seria a edição de um Código Brasileiro do Trabalho, contemplando expressamente os direitos individuais, coletivos e difusos fundamentais dos trabalhadores, o que facilitaria sobremodo as tarefas dos juristas e operadores do direito. Mas, enquanto o legislador ordinário não editar um Código do Trabalho, cabe ao intérprete e aplicador do direito do trabalho promover a realização do projeto axiológico contido na Constituição brasileira de 1988, interpretando e reinterpretando os dispositivos consolidados à luz do texto constitucional e dos tratados internacionais de direitos humanos.

1.1.1 A Reforma Trabalhista na CLT

A chamada Reforma Trabalhista foi iniciada em 22.12.2016 com o Projeto de Lei encaminhado pelo Presidente da República Michel Temer à Câmara dos Deputados, recebendo o número PL 6.787/2016, o qual alterava apenas as redações ou inseria disposições concernentes aos seguintes artigos da CLT: 47, 47-A, 58-A, 523-A, 611-A, 634 e 775. Ou seja, o referido PL 6.787 tratava tão somente de 7 (sete) artigos que alterariam a CLT, com ênfase para a introdução do art. 611-A, que institui a supremacia das normas oriundas de negociação coletiva sobre as leis editadas pelo Estado. O Presidente da República discursou no dia 22.12.2016, alegando que estava encami-

3. Por força do art. 7º da CLT, os preceitos constantes da CLT, salvo quando for, em cada caso, expressamente determinado em contrário, não se aplicam: aos empregados domésticos (*vide* LC 150/2015, que manda aplicar subsidiariamente a CLT, no que couber, a esses trabalhadores); aos trabalhadores rurais; aos servidores públicos da administração direta, autárquica ou fundacional investidos em cargos públicos (estatutários).

nhando um projeto de lei, oriundo de ampla discussão do Ministro do Trabalho com os representantes dos empregadores e dos trabalhadores.

Estranhamente, porém, o referido PL foi, substancial e antidemocraticamente, ampliado pelo Substitutivo apresentado pelo relator, Deputado Rogério Marinho (PSDB-RN), que acrescentou e/ou modificou 97 (noventa e sete) artigos da CLT, 3 (três) artigos da Lei 6.019/74, 1 (um) artigo da Lei 8.036/90, 1 (um) artigo da Lei 8.213/91 e 1 (um) artigo da MP 2.226/2001.

Essa proposta legislativa de reforma trabalhista não se limitou apenas a alterar o texto da CLT. Na verdade, sob o argumento da necessidade da "modernização" das relações trabalhistas, ela institui três princípios de proteção ao Capital (liberdade, segurança jurídica e simplificação), invertendo os valores, os princípios e as regras de proteção ao trabalhador consagrados em diversas normas constitucionais e internacionais, como procuraremos demonstrar nas páginas que se seguem.

1.2. A Constituição Federal de 1988

A primeira Constituição brasileira a versar sobre direitos trabalhistas foi a de 1934. De lá para cá, todas elas contêm princípios e regras basilares do direito do trabalho, embora sob a perspectiva do modelo liberal clássico.

É a Constituição Federal de 05.10.1988 que inaugura uma nova página na história dos direitos sociais no Brasil, repercutindo diretamente no direito do trabalho sob o paradigma do Estado Democrático de Direito.

O preâmbulo da Constituição Federal de 1988 demonstra, de plano, os novos valores que norteiam o Estado Democrático de Direito brasileiro:

> Nós, representantes do povo brasileiro, reunidos em Assembleia Nacional Constituinte para instituir um Estado Democrático, destinado a assegurar o exercício dos direitos sociais e individuais, a liberdade, a segurança, o bem-estar, o desenvolvimento, a igualdade e a justiça como valores supremos de uma sociedade fraterna, pluralista e sem preconceitos, fundada na harmonia social e comprometida, na ordem internacional, com a solução pacífica das controvérsias, promulgamos, sob a proteção de Deus, a seguinte Constituição da República Federativa do Brasil.

O art. 1º da Constituição de 1988 enaltece que o Brasil é uma república federativa, formada pela união indissolúvel dos Estados e Municípios e do Distrito Federal, constituindo-se em Estado Democrático de Direito, cujos princípios fundamentais são: I – a soberania; II – a cidadania; III – a dignidade da pessoa humana; IV – os valores sociais do trabalho e da livre-iniciativa; V – o pluralismo político.

Reafirma, no parágrafo único do artigo em exame, que: "Todo o poder emana do povo, que o exerce por meio de representantes eleitos ou diretamente, nos termos desta Constituição".

Proclama, no art. 3º, que constituem objetivos fundamentais da nova República: I – construir uma sociedade livre, justa e solidária; II – garantir o desenvolvimento nacional; III – erradicar a pobreza e a marginalização e reduzir as desigualdades sociais e regionais; IV – promover o bem de todos, sem preconceitos de origem, raça, sexo, cor, idade e quaisquer outras formas de discriminação.

Contendo diversos dispositivos versando sobre direitos trabalhistas (individual e coletivo), a Constituição consagra o direito ao trabalho como direito social e o insere no título alusivo aos "Direitos e Garantias Fundamentais".

No art. 7º cataloga os direitos individuais dos trabalhadores rurais e urbanos, sem excluir outros que visem à melhoria de sua condição social.

O parágrafo único do mesmo art. 7º, com nova redação dada pela EC 72/13, estendeu à categoria dos trabalhadores domésticos os direitos previstos nos incisos IV, VI, VII, VIII, X, XIII, XV, XVI, XVII, XVIII, XIX, XXI, XXII, XXIV, XXVI, XXX, XXXI e XXXIII e, atendidas as condições estabelecidas em lei e observada a simplificação do cumprimento das obrigações tributárias, principais e acessórias, decorrentes da relação de trabalho e suas peculiaridades, os previstos nos incisos I, II, III, IX, XII, XXV e XXVIII, bem como a sua integração à previdência social.

O art. 8º estabelece a liberdade de associação profissional ou sindical, embora os seus incisos, em manifesta contradição com o *caput*, mantenham a unicidade sindical, como veremos no Título III.

O art. 9º do Texto Constitucional assegura amplamente o direito de greve aos trabalhadores em geral, estendendo tal direito aos servidores públicos civis nos termos de lei regulamentadora (*vide* Título III).

Sem dúvida, é uma das Constituições mais avançadas no aspecto social, pois consagra os direitos trabalhistas como autênticos direitos fundamentais. Todavia, com a "queda do muro de Berlim" e, consequentemente, o declínio (ou quase desaparecimento) do modelo socialista, bem como a proliferação dos chamados grandes blocos econômicos mundiais, fenômeno chamado midiaticamente de globalização, fala-se atualmente em flexibilização, desregulamentação, privatização do Estado, desconstitucionalização e terceirização dos direitos trabalhistas.

Será que os direitos fundamentais sociais trabalhistas constituem cláusulas pétreas? Como ficam os direitos trabalhistas previstos em normas infraconstitucionais diante desse novo cenário mundial? O direito do trabalho vai ser extinto? Qual o papel do Estado, da Justiça do Trabalho, do Ministério Público, dos sindicatos, dos empresários, dos trabalhadores e da sociedade diante da chamada globalização econômica? Quais os papéis do Direito Constitucional e do direito do trabalho nesse contexto?

Procuraremos nas linhas que seguem oferecer algumas respostas sob o enfoque do fenômeno da constitucionalização do direito do trabalho e da nova hermenêutica dos direitos humanos e fundamentais.

1.3. O trabalho como direito humano e fundamental

Na sociedade contemporânea, o trabalho passa a ser um direito ao mesmo tempo humano e fundamental. É direito humano porque reconhecido solenemente nos documentos internacionais, desde o Tratado de Versalhes, de 1919.

A Declaração Universal dos Direitos Humanos de 1948 reconhece, em seu art. 23º, n. 1, *in verbis*:

> Toda a pessoa tem direito ao trabalho, à livre escolha do trabalho, a condições equitativas e satisfatórias de trabalho e à proteção contra o desemprego.

O Pacto de Direitos Econômicos, Sociais e Culturais de 1966, ratificado pelo Brasil (Decreto legislativo 226, de 12.12.1991, e Decreto 591, de 06.07.1992), consagra, em seu art. 6º, itens 1 e 2, *in verbis*:

> 1. Os estados-partes no presente Pacto reconhecem o direito ao trabalho, que compreende o direito que têm todas as pessoas de assegurar a possibilidade de ganhar a sua vida por meio de um trabalho livremente escolhido ou aceito, e tomarão medidas apropriadas para salvaguardar esse direito.
>
> 2. As medidas que cada um dos estados-partes no presente Pacto tomará com vista a assegurar o pleno exercício deste direito devem incluir programas de orientação técnica e profissional, a elaboração de políticas e de técnicas capazes de garantir um desenvolvimento econômico, social e cultural constante e um pleno emprego produtivo em condições que garantam o gozo das liberdades políticas e econômicas fundamentais de cada indivíduo.

O direito ao trabalho, além de direito humano, é também direito fundamental, mormente em nosso sistema jurídico, porquanto positivado na Constituição Federal, sendo, portanto, tutelado pelo direito constitucional, ora como princípio (e valor) fundamental do Estado Democrático de Direito (CF, art. 1º, II, III e IV); ora como direito social (CF, arts. 6º e 7º); ora como valor fundante da ordem econômica, que tem por finalidade assegurar a todos existência digna, conforme os ditames da justiça social, observado, dentre outros, o princípio da busca do pleno emprego (CF, art. 170, VIII).

É preciso esclarecer, desde logo, que não é qualquer trabalho que deve ser considerado um direito humano e fundamental, mas apenas o trabalho que realmente dignifique a pessoa humana. Fala-se, assim, em direito ao trabalho digno[4] ou ao trabalho decente[5] como valor fundante de um ordenamento jurídico, político, econômico e social.

4. DELGADO, Gabriela Neves. *Direito fundamental ao trabalho digno.* São Paulo: LTr, 2006. *passim.*
5. *Trabalho decente é expressão que vem sendo adotada pela OIT.* Disponível em: <http://www.oitbrasil.org.br/topic/decent_work/doc/perfiltdbrasil_129.pdf>. Acesso em: 15 ago. 2010.

2. CONCEITO

Conceito é a noção, a ideia, que o ser cognoscente tem do objeto ou valor a ser conceituado.

Antes de conceituar direito do trabalho é preciso buscar o significado de "trabalho", que, etimologicamente, surgiu do termo latino *tripalium*, do latim *tri* (três) e *palus* (pau), que era uma espécie de instrumento romano de tortura, formado por três estacas cravadas no chão na forma de uma pirâmide, no qual eram supliciados os escravos, donde surgiu o verbo do latim vulgar *tripaliare* (ou *trepaliare*), que significava, inicialmente, torturar alguém no *tripalium*. Mais tarde, o verbo *tripaliare* veio a dar origem, no português, às palavras "trabalho" e "trabalhar", embora originalmente o "trabalhador" seria um carrasco, e não a "vítima", como se concebe atualmente. Para as doutrinas calvinistas, porém, o trabalho não pode ser um sofrimento, e sim uma atividade humana prazerosa[6].

Adverte André Langer[7] que o vocábulo "trabalho" é empregado como uma espécie de guarda-chuva que abriga todas as atividades humanas. Vale dizer, todo ato humano é, na essência, um trabalho físico ou mental, em proveito próprio ou alheio, com finalidade econômica ou não econômica. "A noção 'trabalho' tornou-se onipresente. O trabalho é como o ar que se respira. Tudo remete a ele e tudo dele depende"[8].

O trabalho de que se ocupa o direito do trabalho surge com o advento do regime do trabalhador assalariado, fruto da sociedade industrial.

O conceito de direito do trabalho encontra três correntes distintas: subjetivista, objetivista e mista.

Os *subjetivistas* levam em conta os tipos de trabalhadores que seriam albergados por esse ramo da árvore jurídica. Para uns, todos os trabalhadores, inclusive os autônomos, o seriam. Para outros, apenas uma espécie de trabalhador: o subordinado, denominado empregado. Perfilham esta corrente Rodolfo Napoli, Alfredo Huech e Nipperdey (assim como o Direito Comercial é o direito dos comerciantes, o direito do trabalho é o direito especial dos trabalhadores). Cesarino Júnior é apontado, entre nós, o maior defensor desta doutrina ao sustentar que o Direito Social é o sistema legal de proteção aos fracos.

Orlando Gomes e Elson Gottschalk conceituam o direito do trabalho como "o conjunto de princípios e regras jurídicas aplicáveis às relações individuais e coletivas que nascem entre empregadores privados – ou equiparados – e os que trabalham sob a sua direção e de ambos com o Estado, por ocasião do trabalho ou eventualmente fora dele"[9].

6. Disponível em: <http://pt.wikipedia.org/wiki/Tripalium>. Acesso em: 27 jul. 2010.

7. LANGER, André. *O conceito de trabalho em André Gorz*. Disponível em: <http://vinculando.org/brasil/conceito_trabalho/conceito_de_trabalho.html>. Acesso em: 27 jul. 2010.

8. *Idem*.

9. *Curso de direito do trabalho*. 18. ed., p. 10.

Os *objetivistas* não partem das pessoas que seriam as destinatárias do direito do trabalho, mas da matéria sobre que ele versa, ou seja, o seu objeto. Assim, há os que sustentam ser esse ramo aplicável a todas as relações de trabalho; ao passo que outros asseveram que ele se aplica apenas à relação de emprego, excluindo o trabalho autônomo ou qualquer outra atividade humana de trabalho. Esposam tal entendimento Asquini, La Loggia, Bayon Chacon, Gama Cerqueira, Messias Pereira Donato.

Finalmente, há a *teoria mista*, à qual nos filiamos, defendida, dentre outros, por Gallart Folch, Miguel Hernainz, Hernández Gil, Amoros, Caldera, Ramirez Gronda, José Martins Catharino, Evaristo de Morais Filho, Amauri Mascaro Nascimento, Octavio Bueno Magano. Segundo esta corrente, o direito do trabalho concerne tanto às pessoas quanto à matéria.

Amauri Mascaro Nascimento conceitua o direito do trabalho como "O ramo da ciência do direito que tem por objeto as normas jurídicas e os princípios que disciplinam as relações de trabalho subordinado, determinam os seus sujeitos e as organizações destinadas à proteção desse trabalho em sua estrutura e atividade"[10].

Para Octavio Bueno Magano, o direito do trabalho é o "conjunto de princípios, normas e instituições, aplicáveis à relação de trabalho e situações equiparáveis, tendo em vista a melhoria da condição social do trabalhador, através de medidas protetoras e da modificação das estruturas sociais"[11].

Pontifica Evaristo de Moraes Filho que o "Direito do Trabalho é o conjunto de princípios e normas que regulam as relações jurídicas oriundas da prestação de serviço subordinado, e excepcionalmente do autônomo, além de outros aspectos destes últimos como consequência da situação econômico-social das pessoas que o exercem"[12].

Não há negar, porém, que o direito positivo brasileiro conferiu igualdade de direitos entre o trabalhador com vínculo empregatício permanente (empregado) e o trabalhador avulso (CF, art. 7º, XXXIV), em função do que se nos afigura pertinente incluir este tipo específico de relação de trabalho na conceituação formulada pelos autores pátrios. Além disso, o parágrafo único do art. 7º da CF amplia o rol dos direitos trabalhistas aos trabalhadores domésticos, embora estes continuem sendo regulados por legislação especial (LC 150/2015).

Nesse sentido, assiste razão a Maurício Godinho Delgado, ao definir que o direito do trabalho, em sentido *lato*, é um "complexo de princípios, regras e institutos jurídicos que regulam a relação empregatícia de trabalho e outras relações normativamente especificadas, englobando, também, os institutos, regras e princípios jurídicos

10. *Iniciação ao direito do trabalho*. 14. ed. LTr, 1989, p. 35.
11. *Manual de direito do trabalho (Parte Geral)*. 4. ed. São Paulo: LTr, 1991, p. 59.
12. *Introdução ao direito do trabalho*. 5. ed. São Paulo: LTr, 1991, p. 32.

concernentes às relações coletivas entre trabalhadores e tomadores de serviços, em especial através de suas associações coletivas"[13].

Modestamente, não obstante as alterações inseridas pela chamada Reforma Trabalhista (Lei 13.467/2017), conceituamos o Direito do Trabalho como:

> o ramo da ciência jurídica constituído de um conjunto de princípios, regras, valores e institutos destinados à regulação das relações individuais e coletivas entre empregados e empregadores, bem como de outras relações de trabalho normativamente equiparadas à relação empregatícia, tendo por escopo a progressividade da proteção da dignidade humana e das condições sociais, econômicas, culturais e ambientais dos trabalhadores.

3. DENOMINAÇÃO

Como se pode observar, o direito do trabalho constitui um ramo relativamente novo da ciência jurídica, em função do que ainda não possui uma denominação plenamente consolidada nos ordenamentos dos Estados soberanos. São diversas as denominações adotadas.

A expressão *Legislação do Trabalho* foi, durante algum tempo, utilizada. Esta, entretanto, é muito restritiva, porquanto guarda pertinência apenas com a legislação, esquecendo-se dos princípios e das diretrizes que informam e orientam esta nova disciplina jurídica.

Direito Operário é expressão que peca por restringir a abrangência do direito do trabalho a um tipo de trabalhador em cuja atividade predomina o esforço físico, e não a qualquer tipo de trabalhador subordinado.

O termo *Direito Industrial* também não vingou, porque o simples fato de este ramo ter surgido basicamente da revolução industrial não significa que regule apenas o trabalho na indústria, sendo certo que a expressão Direito Industrial goza, hoje, de autonomia e é reservada às questões ligadas à propriedade industrial (patentes de invenção, modelos de utilidade, marcas, nomes comerciais etc.).

A expressão *Direito Corporativo* foi a preferida nos Estados que tinham ideologia fascista, mormente Itália e Portugal. Pode-se dizer que esta denominação alberga quase que exclusivamente o direito sindical de índole corporativista (Oliveira Viana chegou a publicar no Brasil um livro intitulado: *Problemas de Direito Corporativo*).

Direito Social é denominação que decorre do fato de a disciplina em estudo ter sido oriunda da questão social. É preconizada com entusiasmo, entre nós, por Cesarino Júnior e Ruy Azevedo Sodré, no sentido de ser ele – o Direito Social – um sistema

13. *Curso de direito do trabalho*. 9. ed. São Paulo: LTr, 2010, p. 49.

de proteção aos hipossuficientes. Recebe críticas da doutrina por ser denominação "sumamente vaga e demasiadamente genérica para ser aplicada concretamente na disciplina jurídica do trabalho. Em verdade, todo direito é social[14]", assegura Octavio Bueno Magano. Esta denominação divide com a do direito do trabalho as duas mais importantes no mundo contemporâneo.

Finalmente, Direito do Trabalho é a denominação mais aceita – apesar de ter sentido mais amplo do que efetivamente representa –, por melhor corresponder ao *objeto* (relação de trabalho subordinado) e aos *fins da disciplina* (distinção socioeconômica fundamental entre trabalhador e empregador e promoção da proteção legal da relação jurídica empregatícia e pacificação dos conflitos emergentes das forças do capital e do trabalho).

Além disso, Direito do Trabalho é a expressão mais difundida no mundo, inclusive adotada pela OIT. No direito positivo brasileiro encontramos a expressão consagrada literalmente no art. 22, I, da CF, segundo o qual compete à União legislar sobre "direito do trabalho".

4. DIVISÃO INTERNA

Poucos autores estabelecem metodologia própria para a divisão interna da nossa disciplina. Embora o direito do trabalho seja um ramo da ciência do Direito, e, como tal, deva ser estudado, é possível internamente, para fins didáticos, estabelecer algumas divisões do seu conteúdo.

Octavio Bueno Magano formula a seguinte divisão para o direito do trabalho: "direito individual do trabalho, direito coletivo do trabalho e direito tutelar do trabalho, previdência social e assistência social"[15].

Sabe-se, porém, que a previdência e a assistência social estão afetas, no nosso sistema, a outro ramo da árvore jurídica (Direito Previdenciário) e constituem, ao lado da saúde, o que se denomina de "Seguridade Social" (CF, art. 194).

Amauri Mascaro Nascimento[16] prefere dividir o estudo do direito do trabalho em: Introdução ao direito do trabalho, Direito Internacional do Trabalho, Direito Individual do Trabalho, Direito Sindical ou Coletivo, Direito Público do Trabalho, Direito Processual do Trabalho e Direito de Previdência Social.

Preferimos adotar um critério mais simplificado e objetivo, exclusivo para o direito material do trabalho, dividindo-o em quatro partes:

14. MORAIS FILHO, Evaristo de. *Introdução ao direito do trabalho*. 5. ed. São Paulo: LTr, 1991, p. 58.
15. MAGANO, Octavio Bueno. *Manual de direito do trabalho (Parte Geral)*. 4. ed. São Paulo: LTr, 1991, p. 64.
16. *Iniciação ao direito do trabalho*. 22. ed. São Paulo: LTr, 1996, p. 58-60.

- *Introdução ao Estudo do Direito do Trabalho;*
- *Direito Individual do Trabalho;*
- *Direito Coletivo do Trabalho;*
- *Direito Internacional do Trabalho.*

A *Introdução ao Direito do Trabalho* trata da teoria geral do direito do trabalho. A preocupação, aqui, reside no estudo dos aspectos gerais da disciplina, através do exame e da compreensão dos aspectos relativos à história, conceito, natureza, denominação, autonomia, objeto, fontes e princípios, bem como à hermenêutica e eficácia das normas trabalhistas.

O *Direito Individual do Trabalho* tem por objeto o estudo das relações individuais de trabalho, já que este contempla, segundo Mario de la Cueva, "o conjunto de princípios, normas e instituições que regulam o nascimento, a vida e a extinção das relações individuais de trabalho, fixam os direitos e obrigações dos trabalhadores e empregadores e indicam as normas particulares para algumas formas de trabalho"[17].

O *Direito Coletivo do Trabalho* diz respeito, tradicionalmente, ao estudo do fenômeno de grupo que deu origem à associação profissional, aos sindicatos e aos comitês de empresas. A continuidade desses fenômenos, como é sabido, cristalizou novos instrumentos de normatização das relações empregatícias, como as convenções e acordos coletivos de trabalho, bem como de soluções judiciais de conflitos, como os dissídios coletivos. Nessa perspectiva, é a parte do direito do trabalho relativa às associações laborais, na profissão e nas empresas, aos seus contratos, aos seus conflitos e à solução destes.

Com o advento da globalização e da sociedade de massa, o direito coletivo do trabalho ampliou o seu objeto em virtude do surgimento de "novos direitos", como os direitos difusos, os coletivos (não somente de categorias, como também de classes e grupos) e os individuais homogêneos (materialmente individuais, mas processualmente coletivos).

Finalmente, o *Direito Internacional do Trabalho* ocupa-se da expansão e ampliação do catálogo normativo de regulação das relações entre os Estados e entre estes e os trabalhadores e empregadores, especialmente por meio de suas correspondentes associações, tendo por objeto a edição de convenções internacionais de trabalho que visam, na essência, erradicar as piores formas de trabalho no mundo e a promover a melhoria das condições socioeconômicas dos trabalhadores. O estudo do Direito Internacional do Trabalho é de suma importância para o sistema jurídico brasileiro, em função do disposto nos §§ 2º e 3º do art. 5º da CF, pois as convenções da OIT são verdadeiros tratados de direitos humanos e constituem fontes do direito do trabalho brasileiro.

17. *Apud* MAGANO, Octavio Bueno. *Op. cit.*, p. 65.

5. AUTONOMIA

Falar-se em autonomia do direito do trabalho é reconhecer que ele se desgarrou do direito civil (ou direito comum).

Há diversos critérios que buscam confirmar a autonomia do direito do trabalho. Dois, entretanto, são os mais conhecidos.

O primeiro leva em conta: a) a extensão da matéria; b) a existência de princípios próprios; c) a observância de método próprio.

O segundo critério baseia-se nos elementos componentes da relação jurídica (sujeitos, objeto e vínculo obrigacional).

Octavio Bueno Magano[18] destaca o primeiro critério, com algumas adaptações, face à copiosa quantidade de leis de que se compõem o direito do trabalho, a existência de princípios próprios e institutos peculiares. Salienta esse saudoso e renomado autor que não há falar em método próprio, já que o direito do trabalho utiliza dos mesmos métodos dos demais ramos da árvore jurídica.

Maurício Godinho Delgado ressalta, com razão, a existência de "perspectivas e questionamentos específicos e próprios, em contraposição aos prevalecentes nos ramos próximos ou correlatos"[19]. E, ilustrativamente, lembra as teorias justrabalhistas de nulidades e de hierarquia das normas jurídicas, que são claramente diferentes das adotadas pelo direito civil. Além disso, esse notável juslaboralista destaca que o direito do trabalho possui metodologia e métodos próprios, a começar pelo reconhecimento de criação de normas, com características gerais e abstratas, pelos próprios atores sociais (convenções e acordos coletivos de trabalho).

José Augusto Rodrigues Pinto[20], salientando que autonomia não se confunde com independência, preconiza a existência de diversas formas de autonomia do direito do trabalho: a) a autonomia legislativa, face à intensa e contínua proliferação de diplomas legais; b) autonomia científica (ou doutrinária), que se revela pela existência de inúmeras pesquisas e referências bibliográficas específicas, bem como a existência do princípio tutelar que divorciou o direito do trabalho do direito civil; c) autonomia didática que resulta do alastramento da inserção da disciplina nas Faculdades não apenas de Direito, como também de Economia, Administração, Serviço Social e Contabilidade.

Amauri Mascaro Nascimento[21] acrescenta, ainda, a autonomia jurisdicional, confiada, em nosso país, à Justiça do Trabalho, que é uma justiça especial.

Cerramos fileira com os defensores da autonomia do direito do trabalho, destacando apenas que ela não deve e não pode ser absoluta, pois a nova principiologia dos

18. *Manual de direito do trabalho (Parte Geral)*. 4. ed. São Paulo: LTr, 1991, p. 67.
19. DELGADO, Maurício Godinho. *Curso de direito do trabalho*. 9. ed. São Paulo: LTr, 2010, p. 64.
20. *Tratado de direito material do trabalho*. São Paulo: LTr, 2007, p. 64-67.
21. *Curso de direito do trabalho*. 23. ed. São Paulo: Saraiva, 2008, p. 237.

direitos fundamentais inaugurada com a Constituição Federal de 1988 (art. 5º, § 2º, e art. 7º, *caput*) recepciona quaisquer normas (regras e princípios), inclusive oriundas de outros ramos da árvore jurídica, que propiciem melhoria das condições socioeconômicas dos trabalhadores.

6. NATUREZA JURÍDICA

Não há uniformidade doutrinária no que tange ao estudo da natureza jurídica do direito do trabalho. Como bem lembra Maurício Godinho Delgado, encontrar "a natureza jurídica do direito do trabalho consiste em se fixarem seus elementos componentes essenciais, contrapondo-os ao conjunto mais próximo de segmentos jurídicos sistematizados, de modo a classificar aquele ramo jurídico no conjunto do universo do Direito"[22].

Autores como Veranessi, Stolfi Otto Mayer, Hirosê Pimpão, Ives Gandra da Silva Martins Filho advogam ser ele pertencente ao direito público, por ter feição estatutária, a exemplo do direito administrativo, onde não há margem para discussão das cláusulas que regularão a relação entre empregado e empregador, uma vez que todas as condições já estariam fixadas aprioristicamente na lei. Invocam estes autores a irrenunciabilidade das normas trabalhistas, o que lhe impinge um caráter publicista.

Barassi, Lazcano, Amiaud enquadram-no no direito privado, porque surge de um contrato de trabalho cujas partes são dois particulares agindo no interesse próprio. Também porque, leciona Amauri Mascaro Nascimento, "historicamente, o direito do trabalho provém do direito civil e o contrato de trabalho, da locação de serviços do Código Civil"[23]. Acrescenta que o fato do intervencionismo estatal não desfigura essa característica do direito do trabalho, porque é própria da época e dos demais ramos do direito, como o de família, de sucessões, comercial etc.

Direito misto é o preferido de Paul Roubier, Carnelutti, de Litala, Perez Botija Cabanellas, Planiol, Orlando Gomes. Para estes, o direito do trabalho é constituído tanto de normas de direito público (tutela administrativa exercida pelo Ministério do Trabalho, a formação da mão de obra etc.) como de direito privado (contratos de trabalho, acordos e convenções coletivas), paralelamente.

Direito unitário é concepção idealizada, entre nós, por Evaristo de Moraes Filho, seguida por Dorval Lacerda, Arnaldo Süssekind, Égon Gottschalk. Seria, assim, a expressão do monismo jurídico baseado na teoria kelseniana. Vale dizer, para esta corrente, as normas de direito público e de direito privado estariam fundidas, nascendo uma outra realidade: o direito unitário.

---

22. *Curso de direito do trabalho*. 9. ed. São Paulo: LTr, 2010, p. 67.

23. *Curso de direito do trabalho*. 23. ed, p. 241.

Direito social constitui preferência de Radbruch, Otto Von Gierke e, entre nós, Cesarino Júnior. Para estes, além do direito público e do direito privado, existe um *tertiun genus*, o direito social, cuja finalidade reside na proteção aos fracos, aos hipossuficientes.

Para nós, o direito do trabalho pertence preponderantemente ao direito privado, uma vez que, além das considerações supracitadas, o objeto de que se ocupa é emergente de um contrato de natureza privada, ainda que, via de regra, de adesão, na medida em que outras formas de relações jurídicas de natureza não publicística também gozam de proteção tutelar especial do Estado, como as relações de família, de consumo, de locação para fins residenciais, a proteção ambiental etc.

Por outro lado, o fato de existir copiosa gama de normas protetivas do trabalhador, indisponíveis e de ordem pública, não implica a automática publicização do direito do trabalho, embora reconheçamos que o fenômeno da constitucionalização do direito repercuta em todos os setores do edifício jurídico, inclusive no setor justrabalhista.

Na verdade, há uma tendência de superação da velha dicotomia direito público *versus* direito privado, principalmente quando o ordenamento jurídico passa a reconhecer e tutelar os chamados direitos difusos e coletivos.

Ademais, os sujeitos destinatários do direito do trabalho são empregado e empregador (mesmo quando este figure como pessoa jurídica de direito público), inexistindo entre eles regime administrativo ou estatutário. Destaca-se, por último, que as partes figurantes da relação de emprego são juridicamente livres para celebrarem o contrato de trabalho e estipularem melhores condições que as legalmente previstas para o trabalhador (CLT, art. 444, *caput*).

Enfim, embora pertencente, preponderantemente, ao direito privado, em função de seu elemento nuclear fundar-se no contrato de trabalho (liberdade contratual), o Direito do Trabalho, assim como os demais setores do ordenamento jurídico brasileiro, recebe influência direta do Direito Constitucional e do Direito Internacional.

7. OBJETO

O objeto precípuo do direito do trabalho é a relação jurídica decorrente do trabalho subordinado típico (relação de emprego) e, na forma da lei, de outras relações de trabalho subordinado atípico, como as relações de trabalho avulso, doméstico, do técnico estrangeiro etc.

Há, porém, em alguns países, uma tendência de ampliação do objeto do direito do trabalho para tutelar uma nova figura jurídica: a parassubordinação[24]. Trata-se de

24. SILVA, Otavio Pinto e. *Subordinação, autonomia e parassubordinação nas relações de trabalho*. São Paulo: LTr, 2004, p. 102-108.

conceito desenvolvido na Itália que se situa numa zona fronteiriça entre o trabalho subordinado e o trabalho autônomo. É dizer, envolve diversas relações de trabalho de natureza contínua realizadas por trabalhadores juridicamente que podem ser objeto de regulação por lei específica ou por contratos coletivos de trabalho.

Pode-se dizer, também, que o direito do trabalho visa, sobretudo, ao estabelecimento da igualdade jurídica entre o capital e o trabalho, uma vez que confere uma superioridade jurídica ao empregado em face da sua inferioridade econômica diante do empregador, detentor do capital.

O seu objetivo primordial, pois, é estabelecer um arcabouço normativo que propicie a paz e o equilíbrio entre as duas forças que propulsionam o progresso econômico e social da humanidade.

Não se pode olvidar que em nosso sistema jurídico os valores sociais do trabalho e da livre-iniciativa são princípios fundamentais da República Federativa do Brasil (CF, art. 1º, IV), o que amplia sobremodo o objeto do direito do trabalho, uma vez que tais princípios irradiam uma nova hermenêutica jurídica consentânea com o fenômeno da constitucionalização deste ramo especializado da árvore jurídica.

8. FUNÇÃO

Não há uniformidade doutrinária acerca das funções do direito do trabalho. Destacam-se cincos funções: econômica, social, conservadora, coordenadora e tutelar.

A função econômica é defendida pelos doutrinadores que identificam o direito do trabalho como mero apêndice do direito econômico. Para esta corrente, como lembra Amauri Mascaro Nascimento, "o direito do trabalho visa a realização de valores econômicos, de modo que toda e qualquer vantagem atribuída ao trabalhador deve ser meticulosamente precedida de um suporte econômico, sem o qual nada lhe poderá ser atribuído"[25].

A função social do direito do trabalho é defendida pelos que sustentam que este ramo da ciência jurídica tem por fim enaltecer o valor social do trabalho, o que implica a relativização da ideia de propriedade absoluta e do poder hegemônico do empregador. A função social do direito do trabalho, portanto, tem por objeto a dignificação da pessoa que trabalha por conta alheia por meio do trabalho que lhe assegure uma vida digna de ser vivida.

A função conservadora do direito do trabalho é adotada pela corrente que o vê como instrumento de opressão do Estado em prol da classe dominante (burguesia) como forma de impedir ou dificultar os movimentos operários. Leciona Amauri Mascaro Nascimento que, neste caso, "as leis trabalhistas não teriam outra função senão a de aparentar a disciplina da liberdade; na verdade, a de restringir a autonomia privada

25. NASCIMENTO, Amauri Mascaro. *Iniciação ao direito do trabalho*. 33. ed. São Paulo: LTr, 2007, p. 68.

coletiva e impedir as iniciativas, que, embora legítimas, possam significar de algum modo a manifestação de um poder de organização e de reivindicação dos trabalhadores"[26].

A função coordenadora é reconhecida pelos autores que veem o direito do trabalho como instrumento de coordenação entre os interesses representados por duas forças contrárias entre si: o capital e o trabalho. Assim, a função do direito do trabalho é apenas coordenar os interesses contrapostos dos empregadores e trabalhadores, sem levar em conta a situação de vulnerabilidade ou hipossuficiência destes últimos.

Finalmente, a função tutelar, defendida pela maioria dos juslaboralistas pátrios, é aquela que visa proteger a parte fraca na relação empregatícia: o empregado. Filiamo-nos a esta corrente doutrinária, uma vez que a gênese do direito do trabalho é realmente estabelecer um arcabouço jurídico, ou seja, um sistema jurídico fundado em princípios, regras e valores destinados a proteger e promover a melhoria das condições sociais, econômicas e ambientais do trabalhador e de sua família (CF, art. 7º, *caput*). Não é por outra razão que os autores referem o princípio tutelar como específico deste ramo da árvore jurídica.

A função tutelar do direito do trabalho visa, enfim, sobretudo sob a perspectiva dos direitos humanos e do direito constitucional, corrigir as desigualdades sociais, econômicas, ambientais e políticas entre os atores representantes do capital e do trabalho, por meio de um sistema normativo de proteção jurídica ao cidadão trabalhador.

9. CARACTERÍSTICAS

Para Alice Monteiro de Barros, o direito do trabalho caracteriza-se pelos seguintes aspectos: "a) a tendência *in fieri*, isto é, à ampliação crescente; b) o fato de ser um direito 'tuitivo', de reivindicação de classe; c) de cunho intervencionista; d) o caráter cosmopolita, isto é, influenciado pelas normas internacionais; e) o fato de os seus institutos jurídicos mais típicos serem de ordem coletiva ou socializante; f) o fato de ser um direito em transição"[27].

Leciona Maurício Godinho Delgado que a "síntese das características do direito do trabalho conduz a um conjunto de traços mais notáveis, que podem ser classificados em conformidade com a sua origem e evolução histórica, suas funções e atuação na comunidade circundante e, finalmente, sua estrutura jurídica própria"[28].

Para nós, o direito do trabalho caracteriza-se por ser um ramo do direito privado que, recebendo influência direta do direito constitucional, dos direitos humanos e do direito internacional público, visa à correção das desigualdades sociais e econômicas entre as forças do capital e do trabalho e à efetivação dos valores, princípios e

---

26. *Ibidem*, p. 67-68.
27. BARROS, Alice Monteiro de. *Curso de direito do trabalho*. 6. ed. São Paulo: LTr, 2010, p. 93.
28. DELGADO, Maurício Godinho. *Curso de direito do trabalho*. 9. ed. São Paulo: LTr, 2010, p. 62.

regras que têm por objeto a dignificação da pessoa humana na relação empregatícia, no plano individual e coletivo, com tendência expansionista para alcançar outras relações de trabalho.

Reconhecemos, no entanto, que as alterações introduzidas na CLT pela Lei 13.467/2017 (Lei da Reforma Trabalhista) procuraram afastar profundamente os fundamentos e as características do Direito do Trabalho.

Nessa linha, e segundo o Dieese, essa nova legislação, que altera o texto básico do Direito do Trabalho brasileiro, institui um marco regulatório altamente favorável aos interesses das empresas. Com isso, reverte a lógica que inspirou a criação da legislação trabalhista, de caráter mais protetivo ao trabalhador, ainda que permeada por uma visão conservadora a respeito dos direitos coletivos de organização e representação dos trabalhadores[29].

10. OS DIREITOS SOCIAIS DOS TRABALHADORES COMO DIREITOS HUMANOS FUNDAMENTAIS

Não é incorreto dizer que a origem dos direitos sociais se confunde com a própria história do direito do trabalho. E nesse sentido, Mario de la Cueva enaltece:

> El derecho del trabajo nace cuando los hombres se dan cuenta del abismo que media entre la realidad social y sua regulación jurídica, o bien, el derecho del trabajo nace cuando perciben los hombres que uno es el principio de la libre determinación de las acciones y otra cuestión distinta su efectividad social, o todavia, uno es el problema puramente psicológico de la livre determinación de las conducta y otro el problema de poder imponer la voluntad individual en las relaciones sociales; el régimem del contrato permitia imponer la voluntad del patrono, pero no la del trabajador[30].

Os direitos sociais, ao lado dos econômicos e culturais, compõem o que T. H. Marshall denomina de cidadania social e econômica[31], que, por sua vez, pode ser compreendida como uma nova dimensão da cidadania no campo do trabalho e do mercado[32].

Não obstante a relação de indivisibilidade e interdependência dos direitos fundamentais, o conceito dos direitos sociais ainda não encontra a desejável uniformidade entre os teóricos.

---

29. Disponível em: <http://www.redebrasilatual.com.br/trabalho/2017/05/dieese-reforma-trabalhista-e-retrocesso-da-protecao-social>. Acesso em: 16 jun. 2017.
30. LA CUEVA, Mario. *Derecho mexicano del trabajo*. México: Porrua, 1960, p. 266-267.
31. MARSHALL, T. H. *Cidadania, classe social e* status. Rio de Janeiro: Zahar, 1967, p. 88.
32. TORRES, Ricardo Lobo. *Op. cit.*, p. 269.

Aliás, a dificuldade não é apenas de ordem conceitual, mas, principalmente, de ordem operacional, porquanto, como bem aponta Norberto Bobbio,

> o mais forte argumento adotado pelos reacionários de todos os países contra os direitos do homem, particularmente contra os direitos sociais, não é a sua falta de fundamento, mas a sua inexequibilidade. Quando se trata de enunciá-los, o acordo é obtido com relativa facilidade, independentemente do maior ou menor poder de convicção de seu fundamento absoluto; quando se trata de passar à ação, ainda que o fundamento seja inquestionável, começam as reservas e as oposições[33].

Sem descuidar dos aspectos relativos à exequibilidade dos direitos sociais, mormente da relação que estes mantêm com os chamados direitos individuais homogêneos, colecionam-se alguns conceitos doutrinários atinentes aos direitos sociais.

José Afonso da Silva, que considera os direitos sociais como dimensão dos direitos fundamentais, salienta que eles

> são prestações positivas, enunciadas em normas constitucionais, que possibilitam melhores condições de vida aos mais fracos, direitos que tendem a realizar a igualização de situações sociais desiguais. São, portanto, direitos que se conexionam com o direito de igualdade. Valem como pressupostos do gozo dos direitos individuais na medida em que criam condições materiais mais propícias ao auferimento da igualdade real, o que, por sua vez, proporciona condição mais compatível com o exercício efetivo da liberdade[34].

Ressaltando o aspecto da igualdade, Vicente Ráo sublinha: "O direito social designa o conjunto de regras que asseguram a igualdade das situações apesar das diferenças de fortunas, regras que socorrem os mais fracos, desarmam os mais poderosos..."[35].

Pinto Ferreira, inspirando-se em A. Svolos, restringe os direitos sociais ao campo do direito do trabalho, sustentando que "a inclusão desses direitos sociais do trabalho diminui a dicotomia tradicional entre o direito público e o direito privado. Processa-se, então, uma marcha para a socialização do direito"[36].

Esse autor menciona que os direitos trabalhistas previstos no art. 7º e incisos da Constituição Brasileira de 1988 são "direitos sociais e econômicos do trabalhador"[37].

33. BOBBIO, Norberto. *A era dos direitos*. Rio de Janeiro: Campus, 1992, p. 24.
34. SILVA, José Afonso da. *Curso de direito constitucional positivo*. 24. ed. São Paulo: Malheiros, 2005, p. 258.
35. RÁO, Vicente. *O direito e a vida dos direitos*. São Paulo: Max Limonad, 1952, p. 155.
36. FERREIRA, Pinto. *Curso de direito constitucional*, p. 173.
37. *Ibid*., p. 174.

Celso Ribeiro Bastos, por outro lado, faz distinção entre direitos sociais e direitos dos trabalhadores ao assinalar que,

> Ao lado dos direitos individuais, que têm por característica fundamental a imposição de um não fazer ou abster-se do Estado, as modernas Constituições impõem aos Poderes Públicos a prestação de diversas atividades, visando o bem-estar e o pleno desenvolvimento da personalidade humana, sobretudo em momentos em que ela se mostra mais carente de recursos e tem menos possibilidade de conquistá-lo pelo seu trabalho. Pelos direitos sociais tornam-se deveres do Estado o assistir à velhice, aos desempregados, à infância, aos doentes, aos deficientes de toda a sorte etc. Não se devem confundir tais direitos com os dos trabalhadores, porque esses dizem respeito tão somente àqueles que mantêm um vínculo de emprego[38].

Em outra obra que escrevemos sobre o tema[39], invocamos os arts. 6º e 7º da Constituição Brasileira de 1988 para dissentir dessa última posição doutrinária, uma vez que ali está dito, explicitamente, que os direitos dos trabalhadores também integram, ao lado do direito à educação, à saúde, à alimentação, à moradia, ao transporte, ao lazer, à segurança, à previdência social, à proteção à maternidade e à infância, à assistência aos desamparados, o elenco dos direitos fundamentais sociais.

De outra parte, não se pode ignorar que o "valor social do trabalho", na acepção mais ampla do termo, constitui postulado básico da dignidade da pessoa humana e corolário da própria cidadania (CF, art. 1º, II, III e IV), na medida em que é exatamente o trabalho produtivo que irá evitar, em última análise, que a pessoa humana venha a carecer daquelas prestações estatais positivas mencionadas no trecho doutrinário acima transcrito.

Além disso, os direitos sociais trabalhistas são, em certa medida, destinados a outras espécies de trabalhadores, ainda que não sejam sujeitos de uma relação de emprego típica (empregados), como os trabalhadores avulsos, os temporários, os servidores públicos etc.[40].

A par do problema conceitual, há outra cizânia doutrinária que pode ser resumida na seguinte pergunta: os direitos sociais dos trabalhadores são direitos fundamentais?

A resposta está a depender da concessão do legislador e, portanto, da previsão no ordenamento jurídico de cada Estado, já que, por não estarem, via de regra, reves-

38. BASTOS, Celso Ribeiro. *Curso de direito constitucional*. 18. ed. São Paulo: Saraiva, 1997, p. 259.
39. LEITE, Carlos Henrique Bezerra. *Constituição e direitos sociais dos trabalhadores*, p. 24-25.
40. Aos trabalhadores domésticos (CF, art. 7º, parágrafo único), aos trabalhadores temporários (Lei 6.019/74), aos servidores públicos (CF, art. 39, § 3º) etc. não foram estendidos todos os direitos fundamentais sociais trabalhistas. Cf. LEITE, Carlos Henrique Bezerra. *Op. cit.*, p. 27-48.

tidos do *status negativus*, não geram, por si só, direitos às prestações positivas do Poder Público[41].

A Constituição Brasileira de 1988, alterando radicalmente a ideologia que foi observada nas Cartas anteriores, tradicionalmente individualistas e que, por tal razão, excluíam os direitos sociais do elenco dos direitos humanos, inseriu esses mesmos direitos (arts. 6º, 7º *usque* 11; 170 *usque* 232) no rol dos direitos e garantias fundamentais (Capítulo II do Título II da CF)[42]. Daí a expressão direitos constitucionais fundamentais, que se refere, sobretudo, consoante advertência de Pinto Ferreira, "a uma ideologia política de determinada ordem jurídica e a uma concepção da vida e do mundo histórico, designando, no Direito Positivo, o conjunto de prerrogativas que se concretizam para a garantia da convivência social digna, livre e igual da pessoa humana na estrutura e organização do Estado"[43].

Outra observação importante é feita por José Afonso da Silva, no sentido de que a atual Constituição brasileira exalta a integração harmônica das categorias dos direitos humanos fundamentais

> mediante influências recíprocas, até porque os direitos individuais consubstanciados no seu art. 5º, estão contaminados de dimensão social, de tal sorte que a previsão dos direitos sociais (...) lhes quebra o formalismo e o sentido abstrato. Com isso, transita-se de uma democracia de conteúdo basicamente político-formal para a democracia social, se não de tendência socializante[44].

No mesmo sentido, Flávia Piovesan assinala que o

> texto de 1988 ainda inova ao alargar a dimensão dos direitos e garantias, incluindo no catálogo de direitos fundamentais não apenas os direitos civis e políticos, mas também os direitos sociais (ver Capítulo II do título II da Carta de 1988). Trata-se da primeira Constituição brasileira a integrar, na declaração de direitos, os direitos sociais, tendo em vista que nas Constituições anteriores as normas relativas a estes direitos encontravam-se dispersas no âmbito da ordem econômica e social, não constando do título dedicado aos direitos e garantias. Nesta ótica, a Carta de 1988 acolhe o princípio da indivisibilidade e interdependência dos direitos humanos, pelo qual o

41. TORRES, Ricardo Lobo. A cidadania multidimensional na era dos direitos. *In*: TORRES, Ricardo Lobo (Coord.). *Teoria dos direitos fundamentais*. 2. ed. Rio de Janeiro: Renovar, 2001, p. 279.
42. É importante assinalar que o § 2º do art. 5º e o art. 7º, *caput*, da CF apontam no sentido de que o rol de direitos fundamentais não é *numerus clausus*. É o que convencionou chamar de princípio da não tipicidade dos direitos fundamentais.
43. *Curso de direito constitucional*, p. 52.
44. *Curso de direito constitucional positivo*, p. 168-169.

valor da liberdade se conjuga ao valor da igualdade, não havendo como divorciar os direitos de liberdade dos direitos de igualdade[45].

No que é seguida por Luís Roberto Barroso:

Modernamente, já não cabe indagar o caráter jurídico e, pois, a exigibilidade e acionabilidade dos direitos fundamentais, na sua tríplice tipologia. É puramente ideológica, e não científica, a resistência que ainda hoje se opõe à efetivação, por via coercitiva dos chamados direitos sociais. Também os direitos políticos e individuais enfrentaram, como se assinalou, a reação conservadora, até sua final consolidação. A afirmação dos direitos fundamentais como um todo, na sua exequibilidade plena, vem sendo positivada nas Cartas Políticas mais recentes, como se vê do art. 2º da Constituição portuguesa e do preâmbulo da Constituição brasileira, que proclama ser o país um Estado democrático destinado a assegurar o exercício dos direitos sociais e individuais[46].

Na mesma esteira, assinala Dorothee Susanne Rudiger que os "direitos fundamentais, direitos civis e políticos e direitos econômicos e sociais deixam de ser direitos do cidadão para se tornarem direitos da humanidade"[47].

A bem ver, a atual Constituição Brasileira encontra-se em perfeita sintonia com o Pacto Internacional dos Direitos Econômicos, Sociais e Culturais, aprovado na XXI Sessão da Assembleia Geral das Nações Unidas, em New York, a 19.12.1966, o qual passou a fazer parte do direito positivo brasileiro a partir de 24.04.1992[48].

Esse tratado internacional considera, em linhas gerais, que os direitos sociais, culturais e econômicos são inerentes à dignidade da pessoa humana e que o ideal do ser humano livre, liberto do temor e da miséria, só pode ser concretizado à medida em que se criem condições que permitam a cada um gozar de seus direitos econômicos, sociais e culturais, assim como de seus direitos civis e políticos.

A Constituição Brasileira de 1988, pois, reúne em sua essência um conjunto de valores que harmonizam a passagem do Estado social[49] ao Estado democrático de direito, na medida em que preconiza, sob essa perspectiva, que os problemas

---

45. PIOVESAN, Flávia. *Direitos humanos e o direito constitucional internacional*, p. 55.
46. BARROSO, Luís Roberto. *O direito constitucional e a efetividade de suas normas*: limites e possibilidades da Constituição brasileira, p. 106.
47. RUDIGER, Dorothee Susanne. *Globalização econômica, descentralização produtiva e direitos fundamentais dos trabalhadores*, p. 17-32.
48. Vigente no Brasil desde 24.04.1992: Dec.-lei 226, de 12.12.1991 (aprovação); Decreto 591, de 06.07.1992 (promulgação).
49. BONAVIDES, Paulo. *Curso de direito constitucional*. *Op. cit.*, p. 336.

atinentes a relações de poder e exercício de direitos sejam examinados e solucionados com arrimo nos princípios e objetivos fundamentais da República positivados no seu Título I.

11. OS DIREITOS DA PERSONALIDADE E O DIREITO DO TRABALHO

11.1. Conceito de direitos da personalidade

A personalidade, a rigor, não é um direito, mas um conjunto de atributos e características da pessoa humana. É, pois, objeto do direito. Direitos da personalidade, nas palavras de Carlos Alberto Bittar, são "os direitos reconhecidos à pessoa humana tomada em si mesma e em suas projeções na sociedade, previstos no ordenamento jurídico exatamente para a defesa de valores inatos no homem, como a vida, a higidez física, a intimidade, a honra, a intelectualidade e outros tantos"[50].

Para Francisco Amaral, "direitos da personalidade são direitos subjetivos que têm por objeto os bens e valores essenciais da pessoa, no seu aspecto físico, moral e intelectual"[51].

Sem desmerecer os diversos conceitos ofertados pela doutrina, parece-nos mais adequado o conceito proposto por Gagliano e Pamplona[52], no sentido de que os direitos de personalidade são aqueles que têm por objeto atributos físicos, psíquicos e morais da pessoa em si e suas projeções sociais. A ideia, segundo esses autores, é criar uma "esfera extrapatrimonial do indivíduo".

Parece-nos, contudo, que os direitos de personalidade são espécies de direitos inerentes à dignidade humana que têm por objeto a proteção da incolumidade física, psíquica e moral da própria pessoa.

11.2. Natureza jurídica dos direitos da personalidade

Duas correntes se apresentam para justificar a natureza jurídica dos direitos de personalidade: os jusnaturalistas e os juspositivistas.

Para os *jusnaturalistas*, os direitos de personalidade são inatos à natureza humana, pois o homem é feito à imagem e semelhança de Deus, razão pela qual possui atributos próprios de um ser moral.

50. BITTAR, Carlos Alberto. *Os direitos da personalidade*. 2. ed. Rio de Janeiro: Forense Universitária, 1995, p. 1.
51. AMARAL, Francisco. *Direito civil*: introdução. 4. ed. rev. atual. Rio de Janeiro: Renovar, 2002, p. 243.
52. GAGLIANO, Pablo Stolze; PAMPLONA FILHO, Rodolfo. *Novo curso de direito civil*. São Paulo: Saraiva, v. I, p. 144.

Entre os jusnaturalistas brasileiros, podemos citar Limongi França, para quem é impossível limitar positivamente os direitos de personalidade, porquanto constituem faculdades inerentes à condição humana. É por isso que esse autor sustenta que por "direitos da personalidade dizem-se as faculdades jurídicas cujo objeto são os diversos aspectos da própria pessoa do sujeito, bem assim da sua projeção essencial no mundo exterior"[53].

Na mesma esteira é o entendimento de Carlos Alberto Bittar[54], ao afirmar que os direitos da personalidade constituem direitos inatos, correspondentes às faculdades normalmente exercidas pelo homem, relacionados a atributos inerentes à condição humana, cabendo ao Estado apenas reconhecê-los e sancioná-los em um ou outro plano do direito positivo.

Por outro lado, os *juspositivistas* advogam que os direitos de personalidade somente existem porque inseridos nos textos legislativos, ou seja, é o Estado quem os cria e reconhece, permitindo, assim, a sua justiciabilidade. Nesse sentido, leciona De Cupis que "não é possível denominar os direitos da personalidade como 'direitos inatos', entendidos no sentido de direitos respeitantes, por natureza à pessoa"[55].

De nossa parte, pensamos que o fato de a Constituição e o Código Civil terem expressamente positivado alguns direitos de personalidade, sem excluir outros decorrentes dos princípios, do regime e dos tratados internacionais firmados pelo Brasil (CF, art. 5º, § 2º), a discussão sobre a sua natureza jurídica dos direitos da personalidade perde importância prática, porquanto adverte Gustavo Tepedino que, "a rigor, a lógica fundante dos direitos da personalidade é a tutela da dignidade da pessoa humana"[56].

11.3. Características dos direitos da personalidade

Inovando substancialmente em relação ao pretérito sistema de direito privado, o Código Civil Brasileiro, de 2002, dedicou especificamente os arts. 11 a 21 aos direitos da personalidade, nos seguintes termos:

> Art. 11. Com exceção dos casos previstos em lei, os direitos da personalidade são intransmissíveis e irrenunciáveis, não podendo o seu exercício sofrer limitação voluntária.

53. FRANÇA, Limongi Rubens. *Instituições de direito civil*. 3. ed. atual. São Paulo: Saraiva, 1994, p. 1033.
54. *Op. cit.*, p. 7.
55. DE CUPIS, Adriano. *Os direitos da personalidade*. Lisboa: Morais, 1961, p. 18.
56. TEPEDINO, Gustavo. Cidadania e os direitos da personalidade. *Revista Jurídica Notadez*. Porto Alegre, a. 51, n. 305, p. 24-39, mar. 2003, p. 11.

Art. 12. Pode-se exigir que cesse a ameaça, ou a lesão, a direito da personalidade, e reclamar perdas e danos, sem prejuízo de outras sanções previstas em lei.

Parágrafo único. Em se tratando de morto, terá legitimação para requerer a medida prevista neste artigo o cônjuge sobrevivente, ou qualquer parente em linha reta, ou colateral até o quarto grau.

Art. 13. Salvo por exigência médica, é defeso o ato de disposição do próprio corpo, quando importar diminuição permanente da integridade física, ou contrariar os bons costumes.

Parágrafo único. O ato previsto neste artigo será admitido para fins de transplante, na forma estabelecida em lei especial.

Art. 14. É válida, com objetivo científico, ou altruístico, a disposição gratuita do próprio corpo, no todo ou em parte, para depois da morte.

Parágrafo único. O ato de disposição pode ser livremente revogado a qualquer tempo.

Art. 15. Ninguém pode ser constrangido a submeter-se, com risco de vida, a tratamento médico ou a intervenção cirúrgica.

Art. 16. Toda pessoa tem direito ao nome, nele compreendidos o prenome e o sobrenome.

Art. 17. O nome da pessoa não pode ser empregado por outrem em publicações ou representações que a exponham ao desprezo público, ainda quando não haja intenção difamatória.

Art. 18. Sem autorização, não se pode usar o nome alheio em propaganda comercial.

Art. 19. O pseudônimo adotado para atividades lícitas goza da proteção que se dá ao nome.

Art. 20. Salvo se autorizadas, ou se necessárias à administração da justiça ou à manutenção da ordem pública, a divulgação de escritos, a transmissão da palavra, ou a publicação, a exposição ou a utilização da imagem de uma pessoa poderão ser proibidas, a seu requerimento e sem prejuízo da indenização que couber, se lhe atingirem a honra, a boa fama ou a respeitabilidade, ou se se destinarem a fins comerciais.

Parágrafo único. Em se tratando de morto ou de ausente, são partes legítimas para requerer essa proteção o cônjuge, os ascendentes ou os descendentes.

Art. 21. A vida privada da pessoa natural é inviolável, e o juiz, a requerimento do interessado, adotará as providências necessárias para impedir ou fazer cessar ato contrário a esta norma.

Interpretando as normas supratranscritas, Gagliano e Pamplona Filho[57] sustentam que os direitos de personalidade são:

57. *Op. cit.*, p. 151-152.

- *absolutos*, por serem oponíveis *erga omnes*;
- *gerais*, porque são outorgados a todas as pessoas, pelo simples fato de elas existirem;
- *extrapatrimoniais*, pela inexistência, em regra, de um conteúdo patrimonial direto, aferível objetivamente, embora a sua lesão possa implicar efeitos econômicos. Fala-se "em regra", porque alguns direitos de personalidade possuem valor comercial, como é o caso dos direitos autorais;
- *indisponíveis*, já que nem por vontade própria da pessoa, o direito de personalidade, em princípio, pode mudar de titular. É o que dispõe o art. 11 do CC 2002. Uma exceção é o direito autoral com conteúdo patrimonial, pois este pode ser objeto de disponibilidade pelo autor;
- *imprescritíveis*, porque inexiste prazo para o seu exercício, isto é, não há prazo para o exercício da ação para preservar o direito da personalidade. No entanto, a ação de indenização para reparar lesão a direito da personalidade se sujeita à prescrição. O Eg. TST, por exemplo, já decidiu que a ação de indenização por danos morais decorrentes de violação do direito de personalidade no âmbito da relação empregatícia está sujeita à prescrição prevista no Código Civil[58];
- *impenhoráveis*, porquanto não podem ser objeto de constrição judicial (penhora), salvo, é claro, os direitos autorais que têm conteúdo patrimonial;
- *vitalícios*, porque acompanham a pessoa desde o nascimento até sua morte. É verdade, porém, que os direitos de personalidade podem projetar-se para além da morte, tal como ocorre com a incolumidade do cadáver ou reparabilidade da honra do falecido (CC, art. 12, parágrafo único).

58. (...) PRESCRIÇÃO. MARCO INICIAL. INDENIZAÇÃO POR DANOS MATERIAIS E MORAIS DECORRENTES DE MOLÉSTIA PROFISSIONAL. A controvérsia diz respeito à fixação do termo inicial da contagem do prazo prescricional para pleitear indenização por danos morais e materiais decorrentes de doença ocupacional, em caso que o reclamante fundamenta a pretensão em exame médico de medição da capacidade auditiva, realizado quase doze anos após o término do contrato de trabalho. Esta Subseção, em casos análogos, vem reiteradamente decidindo que o termo inicial remonta à data da extinção do contrato de trabalho. Fixado o marco inicial da contagem do prazo como sendo o término do contrato de trabalho, entende-se que, no presente caso, a pretensão encontra-se fulminada pela prescrição. Em relação às ações de indenização por danos morais ou patrimoniais, decorrentes de acidente de trabalho, nas quais o trabalhador teve ciência da lesão antes do advento da Emenda Constitucional 45/2004, aplica-se o prazo prescricional previsto no Código Civil, observada a regra de transição prevista no artigo 2.028 do Código Civil de 2002. Considerando que, ao início da vigência do Código Civil de 2002 (12/1/2003), já havia decorrido mais da metade do lapso temporal da prescrição vintenária, há de se aplicar ao caso o prazo de vinte anos previsto no artigo 177 do Código Civil de 1916. Consignado no acórdão recorrido, o término do contrato de trabalho em 01/03/1983 e o ajuizamento da ação em 16/12/2009, constata-se que não foi observado o prazo prescricional de vinte anos, razão pela qual deve ser restabelecido o acórdão regional que manteve a decretação de extinção do feito nos termos do art. 269, IV, do CPC. Recurso de embargos da União conhecido e provido (TST-E-ED-RR 141200-75.2009.5.04.0702, Rel. Min. Augusto César Leite de Carvalho, SBDI-1, *DEJT* 24.06.2016).

11.4. Classificação

Com Gagliano e Pamplona Filho[59], podemos classificar os direitos da personalidade de acordo com a proteção à:

- *vida e integridade física*, o que implica tutelar o corpo vivo, o cadáver, a voz;
- *integridade psíquica e criações intelectuais*, o que inclui a liberdade, as obras intelectuais, a privacidade e o segredo;
- *integridade moral*, abrangendo a honra, o nome, a fama, a imagem, a intimidade, a identidade pessoal.

11.5. Os direitos da personalidade e os direitos sociais dos trabalhadores

Arnaldo Süssekind, com inteira propriedade, pontifica que, "O quotidiano do contrato de trabalho, com o relacionamento pessoal entre o empregado e o empregador, ou aqueles a quem este delegou o poder de comando, possibilita, sem dúvida, o desrespeito dos direitos da personalidade por parte dos contratantes. De ambas as partes – convém enfatizar..."[60]

Assim, os empregados e os empregadores podem ser vítimas de dano moral, ou de "dano não patrimonial", conforme o conceito preferido pela doutrina alemã e italiana.

A CLT prevê normas expressas sobre direitos de personalidade: a) nos arts. 482, alínea "j", e 483, alínea "e", que consideram motivo justo para resolução do contrato de trabalho a lesão à honra e à boa fama; b) no art. 373-A, VI, introduzido pela Lei 9.799, de 26.05.1999, que veda a revista íntima na empregadas.

A omissão do texto consolidado deve-se, sobretudo, como salienta Estevão Mallet, à

> visão reducionista do legislador, que tratou da relação de emprego como se nela as obrigações das partes se restringissem à prestação do trabalho pelo empregado, de um lado, e ao pagamento da remuneração pelo empregador, de outro lado. Tudo ficou limitado ao plano meramente patrimonial, o que se mostra tanto mais injustificável quanto é certo que, sendo o empregado, sempre e necessariamente, pessoa física (CLT, art. 3º), os direitos de personalidade encontram-se inevitavelmente em causa em todo e qualquer contrato de trabalho[61].

59. GAGLIANO, Pablo Stolze; PAMPLONA FILHO, Rodolfo. *Novo curso de direito civil*. São Paulo: Saraiva, v. I, p. 157.
60. SÜSSEKIND, Arnaldo. Tutela da personalidade do trabalhador. *Revista LTr*, p. 595, maio 1995. *In*: TEIXEIRA FILHO, João de Lima *et alli*. *Instituições de direito do trabalho*. 17. ed. atual. São Paulo: LTr, 1997. v. 1, p. 637.
61. MALLET, Estevão. *Direito, trabalho e processo em transformação*. São Paulo: LTr, 2005, p. 18.

Sem embargo da autorização do parágrafo único do art. 8º da CLT para a aplicação subsidiária do Código Civil de 2002, o certo é que a própria Constituição Federal de 1988, por ser a fonte primária de todo o ordenamento jurídico brasileiro, já é condição suficiente para sanar a lacuna do texto consolidado.

Aliás, o trabalhador é antes uma pessoa humana e, como tal, também possui atributos essenciais decorrentes de sua dignidade.

A bem ver, na relação empregatícia o empregador exerce poderes como corolário do direito de propriedade, ficando o trabalhador num estado de subordinação jurídica e, não raro, de dependência econômica. É exatamente em função desse conflito entre os poderes do empregador e a subordinação do trabalhador que surgem as lesões aos direitos da personalidade do trabalhador.

11.6. Titularidade

Nas relações jurídicas tuteladas pelo direito do trabalho, o trabalhador é o natural titular dos direitos de personalidade. Afinal, os destinatários dos direitos fundamentais sociais são os trabalhadores e não o empregador (CF, art. 7º).

O contrato de trabalho tem aspectos especiais em relação a outros tipos de contratos. A relação de desigualdade econômica e a subordinação jurídica em que se encontra o trabalhador perante o empregador são dois deles, em função de que há maiores possibilidades de o trabalhador ser atingido moralmente por ato ou omissão do empregador. Todavia, como já salientado anteriormente, o empregador também pode ser titular de direito da personalidade.

A jurisprudência (STJ, Súmula 227) já havia acenado pela extensão de alguns direitos de personalidade às pessoas jurídicas, como o direito à imagem e ao nome, o que levou o legislador a positivar tal entendimento no art. 52 do Código Civil de 2002, segundo o qual, é aplicável à pessoa jurídica, no que couber, a proteção dos direitos da personalidade.

Embora na relação de emprego o trabalhador seja o titular dos direitos da personalidade, lembram Gagliano e Pamplona Filho[62] que a legitimidade *ad causam* para demandar pela indenização por danos morais (extrapatrimoniais) se transmite com a morte do trabalhador aos seus herdeiros, com a abertura da sucessão, conforme se verifica no art. 943 do Código Civil. Noutro falar, inexiste distinção entre a transmissibilidade do dano moral e do dano patrimonial (CC, arts. 12 e 20), razão pela qual é ampla a legitimidade dos herdeiros para postular a proteção de direitos da personalidade do trabalhador falecido.

Aliás, a Súmula 392 do TST reconhece que:

---

62. GAGLIANO, Pablo Stolze; PAMPLONA FILHO, Rodolfo. *Novo curso de direito civil:* responsabilidade civil. 4. ed. rev., atual. e reform. São Paulo: Saraiva, 2006. v. III, p. 369.

Nos termos do art. 114, inc. VI, da Constituição da República, a Justiça do Trabalho é competente para processar e julgar ações de indenização por dano moral e material, decorrentes da relação de trabalho, inclusive as oriundas de acidente de trabalho e doenças a ele equiparadas, ainda que propostas pelos dependentes ou sucessores do trabalhador falecido.

A Lei 13.467/2017 (Lei da Reforma Trabalhista), no entanto, como veremos no item 12 *infra*, restringiu a reparação da violação aos direitos da personalidade no âmbito da relação empregatícia, seja restringindo a titularidade do direito à indenização dos danos de natureza extrapatrimonial à pessoa física ou jurídica que sofreu o dano de natureza extrapatrimonial (CLT, art. 223-B), seja impedindo o diálogo das fontes[63] no tocante à aplicabilidade dos dispositivos existentes no ordenamento jurídico sobre a matéria (CLT, art. 223-A).

11.7. Lesões aos direitos de personalidade nas relações trabalhistas

São inúmeras as hipóteses de lesões aos direitos de personalidade do trabalhador. Focalizaremos, a seguir, aquelas que têm sido mais corriqueiras na práxis forense justrabalhista, sem, no entanto, excluir outras.

- *Proteção à vida* – A violação do direito à vida e à integridade física, psíquica ou moral do trabalhador pode ocorrer nas hipóteses de exposição a risco à sua segurança pessoal ou a agentes agressivos à sua saúde, o que é reforçado pelo art. 7º, XXIII, da Constituição.
- *Direito ao nome* – Pode ocorrer violação deste direito de personalidade quando o empregador utilizar indevidamente o "nome" do empregado para abrir uma empresa laranja, isto é, uma empresa de "fachada". Também não é lícito ao empregador, sem prévia autorização do empregado, usar o nome deste em propaganda, comercial ou não.
- *Proteção à intimidade* – Desde a Declaração Universal dos Direitos Humanos, de 1948, já estava prevista no art. XII que "Ninguém será sujeito à interferência na sua vida privada, na sua família, no seu lar ou na sua correspondência, nem a ataque à sua honra e reputação. Todo homem tem direito à proteção da lei contra tais interferências ou ataques".

63. Vide Enunciado 3 aprovado na 2ª Jornada de Direito Material e Processual do Trabalho (Brasília-DF, 9 e 10/10/2017): "FONTES DO DIREITO MATERIAL E PROCESSUAL DO TRABALHO NA LEI 13.467/2017. TEORIA DO DIÁLOGO DAS FONTES. A teoria do diálogo das fontes é aplicável à interpretação da nova legislação trabalhista". Disponível em: <http://www.jornadanacional.com.br/listagem-enunciados-aprovados-vis1.asp>.

A proteção à intimidade e à vida privada está assegurada na Carta Magna no art. 5º, X, segundo o qual "são invioláveis a intimidade, a vida privada, a honra e a imagem das pessoas, assegurado o direito à indenização pelo dano material ou moral decorrente de sua violação".

São exemplos de violação da intimidade nas relações empregatícias, a revista íntima (CLT, art. 373-A, VI), a utilização de câmeras em vestiários ou banheiros, o assédio moral e o assédio sexual.

Importante instrumento normativo, que pode ser aplicado analogicamente para a identificação do assédio moral em qualquer relação jurídica, inclusive na relação de trabalho ou emprego, é a Lei 13.185, de 06.11.2015, que instituiu o Programa de Combate à Intimidação Sistemática (*Bullying*).

Com efeito, nos termos do § 1º do art. 1º da referida lei:

> considera-se intimidação sistemática (*bullying*) todo ato de violência física ou psicológica, intencional e repetitivo que ocorre sem motivação evidente, praticado por indivíduo ou grupo, contra uma ou mais pessoas, com o objetivo de intimidá-la ou agredi-la, causando dor e angústia à vítima, em uma relação de desequilíbrio de poder entre as partes envolvidas.

Além disso, o art. 2º da Lei 13.185/2015, aplicável, por analogia, ao direito do trabalho, prevê que o *bullying* se caracteriza quando há violência física ou psicológica em atos de intimidação, humilhação ou discriminação e, ainda:

I – ataques físicos;

II – insultos pessoais;

III – comentários sistemáticos e apelidos pejorativos;

IV – ameaças por quaisquer meios;

V – grafites depreciativos;

VI – expressões preconceituosas;

VII – isolamento social consciente e premeditado;

VIII – pilhérias.

Projetando os seus efeitos para o mundo virtual, o parágrafo único do art. 2º da lei em exame dispõe, ainda, que há intimidação sistemática na rede mundial de computadores (*cyberbullying*), quando se usam os instrumentos que lhe são próprios para depreciar, incitar a violência, adulterar fotos e dados pessoais com o intuito de criar meios de constrangimento psicossocial.

De forma didática, o art. 3º da Lei 13.185 dispõe que a intimidação sistemática (*bullying*) pode ser classificada, conforme as ações praticadas, como:

I – verbal: insultar, xingar e apelidar pejorativamente;

II – moral: difamar, caluniar, disseminar rumores;

III – sexual: assediar, induzir e/ou abusar;

IV – social: ignorar, isolar e excluir;

V – psicológica: perseguir, amedrontar, aterrorizar, intimidar, dominar, manipular, chantagear e infernizar;

VI – físico: socar, chutar, bater;

VII – material: furtar, roubar, destruir pertences de outrem;

VIII – virtual: depreciar, enviar mensagens intrusivas da intimidade, enviar ou adulterar fotos e dados pessoais que resultem em sofrimento ou com o intuito de criar meios de constrangimento psicológico e social.

O *bullying*, a nosso sentir, implica grave lesão ao meio ambiente do trabalho, por comprometer a sadia qualidade de vida no ambiente laboral, sendo, portanto, responsabilidade do Estado, dos empregadores e dos trabalhadores, bem como de suas correspondentes organizações sindicais, prevenir e combater a sua prática de todas as formas possíveis.

Nesse sentido dispõe o art. 4º da Lei 13.185, *in verbis*:

Art. 4º Constituem objetivos do Programa referido no *caput* do art. 1º:

I – prevenir e combater a prática da intimidação sistemática (*bullying*) em toda a sociedade;

II – capacitar docentes e equipes pedagógicas para a implementação das ações de discussão, prevenção, orientação e solução do problema;

III – implementar e disseminar campanhas de educação, conscientização e informação;

IV – instituir práticas de conduta e orientação de pais, familiares e responsáveis diante da identificação de vítimas e agressores;

V – dar assistência psicológica, social e jurídica às vítimas e aos agressores;

VI – integrar os meios de comunicação de massa com as escolas e a sociedade, como forma de identificação e conscientização do problema e forma de preveni-lo e combatê-lo;

VII – promover a cidadania, a capacidade empática e o respeito a terceiros, nos marcos de uma cultura de paz e tolerância mútua;

VIII – evitar, tanto quanto possível, a punição dos agressores, privilegiando mecanismos e instrumentos alternativos que promovam a efetiva responsabilização e a mudança de comportamento hostil;

IX – promover medidas de conscientização, prevenção e combate a todos os tipos de violência, com ênfase nas práticas recorrentes de intimidação sistemática (*bullying*), ou constrangimento físico e psicológico, cometidas por alunos, professores e outros profissionais integrantes de escola e de comunidade escolar.

O art. 5º da lei em questão, aplicado analogicamente à relação de emprego, autoriza a ilação de que é também dever do empregador "assegurar medidas de conscientização, prevenção, diagnose e combate à violência e à intimidação sistemática (*bullying*)" no ambiente de trabalho.

12. O DANO MORAL NA RELAÇÃO DE EMPREGO E A REFORMA TRABALHISTA

A Constituição de 1988 consagrou a dignidade da pessoa humana como princípio fundamental do Estado Democrático de Direito (art. 1º, III) e positivou os direitos de personalidade nos seus arts. 5º, *caput*, V, X e XXXVI, ao considerar invioláveis os direitos à vida, à intimidade, à vida privada, à imagem e à honra das pessoas, assegurando à vítima o direito à indenização por danos materiais e morais decorrentes de sua violação.

O dano moral consiste na lesão que emerge da violação de determinados interesses não materiais, porém reconhecidos como bens jurídicos protegidos, inerentes à personalidade do ser humano, podendo também alcançar os valores extrapatrimoniais reconhecidos à pessoa jurídica ou mesmo a uma coletividade, classe, grupo ou categoria de pessoas (danos morais coletivos).

A reparação do dano moral encontra-se difundida e aceita, sobretudo com o reconhecimento da dignidade da pessoa humana, consolidado no já citado art. XII da Declaração Universal dos Direitos Humanos.

No Brasil, desde a promulgação da Constituição Cidadã de 1988, o dano moral passou a ter assento constitucional em seu art. 5º, V e X:

> Art. 5º Todos são iguais perante a lei, sem distinção de qualquer natureza, garantindo-se aos brasileiros e aos estrangeiros residentes no País a inviolabilidade do direito à vida, à liberdade, à igualdade, à segurança e à propriedade, nos termos seguintes:
>
> (...) V – é assegurado o direito de resposta, proporcional ao agravo, além da indenização por dano material, moral ou à imagem;
>
> (...) X – são invioláveis a intimidade, a vida privada, a honra e a imagem das pessoas, assegurado o direito à indenização pelo dano material ou moral decorrente de sua violação.

Com bem ressalta Maurício Godinho Delgado, o "dano moral decorrente da violação da intimidade, vida privada, honra e imagem das pessoas – e sua respectiva indenização reparadora – são situações claramente passíveis de ocorrência no âmbito empregatício"[64].

---

64. DELGADO, Maurício Godinho. Direitos da personalidade (intelectuais e morais) e contrato de emprego. *Revista Síntese Trabalhista*. Porto Alegre: Síntese, n. 125, p. 5 e ss., nov. 1999.

Na verdade, a indenização por danos não era matéria totalmente alheia à CLT, pois seu art. 480 permite ao empregado cobrar um ressarcimento pelos prejuízos decorrentes do rompimento antecipado do contrato a termo.

Igualmente, dentre as causas de rescisão contratual indireta, está a lesão à honra e à boa fama do empregado ou de pessoa de sua família (CLT, art. 483, alínea "e"), bem como a norma prevista no art. 482, alínea "k", da mesma Consolidação, que assegura ao empregador a resolução do contrato de trabalho do empregado, por atos lesivos à sua honra.

Há, ainda, na CLT normas que proíbem o trabalho prejudicial à moralidade do adolescente (arts. 405 a 407).

Ademais, todo ato de discriminação praticado pelo empregador implica, via de regra, lesão de direitos da personalidade do empregado que pode empolgar ação de indenização por danos morais.

É importante destacar, porém, que a Lei 13.467/2017 inseriu na CLT o Título II-A ("DO DANO EXTRAPATRIMONIAL"), que contém os seguintes artigos:

> Art. 223-A. Aplicam-se à reparação de danos de natureza extrapatrimonial decorrentes da relação de trabalho apenas os dispositivos deste Título.
>
> Art. 223-B. Causa dano de natureza extrapatrimonial a ação ou omissão que ofenda a esfera moral ou existencial da pessoa física ou jurídica, as quais são as titulares exclusivas do direito à reparação.
>
> Art. 223-C. A honra, a imagem, a intimidade, a liberdade de ação, a autoestima, a sexualidade, a saúde, o lazer e a integridade física são os bens juridicamente tutelados inerentes à pessoa física[65].
>
> Art. 223-D. A imagem, a marca, o nome, o segredo empresarial e o sigilo da correspondência são bens juridicamente tutelados inerentes à pessoa jurídica.
>
> Art. 223-E. São responsáveis pelo dano extrapatrimonial todos os que tenham colaborado para a ofensa ao bem jurídico tutelado, na proporção da ação ou da omissão.
>
> Art. 223-F. A reparação por danos extrapatrimoniais pode ser pedida cumulativamente com a indenização por danos materiais decorrentes do mesmo ato lesivo.
>
> § 1º Se houver cumulação de pedidos, o juízo, ao proferir a decisão, discriminará os valores das indenizações a título de danos patrimoniais e das reparações por danos de natureza extrapatrimonial.
>
> § 2º A composição das perdas e danos, assim compreendidos os lucros cessantes e os danos emergentes, não interfere na avaliação dos danos extrapatrimoniais.
>
> Art. 223-G. Ao apreciar o pedido, o juízo considerará:

65. Este dispositivo foi alterado pela MP 808/2017, sendo que esta perdeu vigência desde a sua edição por força do § 3º do art. 62 da CF. Sobre os efeitos da Medida Provisória não convertida em lei, remetemos o leitor ao Título I, Capítulo IV, item 2.1.

I – a natureza do bem jurídico tutelado;

II – a intensidade do sofrimento ou da humilhação;

III – a possibilidade de superação física ou psicológica;

IV – os reflexos pessoais e sociais da ação ou da omissão;

V – a extensão e a duração dos efeitos da ofensa;

VI – as condições em que ocorreu a ofensa ou o prejuízo moral;

VII – o grau de dolo ou culpa;

VIII – a ocorrência de retratação espontânea;

IX – o esforço efetivo para minimizar a ofensa;

X – o perdão, tácito ou expresso;

XI – a situação social e econômica das partes envolvidas;

XII – o grau de publicidade da ofensa.

§ 1º Se julgar procedente o pedido, o juízo fixará a indenização a ser paga, a cada um dos ofendidos, em um dos seguintes parâmetros, vedada a acumulação[66]:

I – ofensa de natureza leve, até três vezes o último salário contratual do ofendido;

II – ofensa de natureza média, até cinco vezes o último salário contratual do ofendido;

III – ofensa de natureza grave, até vinte vezes o último salário contratual do ofendido;

IV – ofensa de natureza gravíssima, até cinquenta vezes o último salário contratual do ofendido.

§ 2º Se o ofendido for pessoa jurídica, a indenização será fixada com observância dos mesmos parâmetros estabelecidos no § 1º deste artigo, mas em relação ao salário contratual do ofensor.

§ 3º Na reincidência entre partes idênticas, o juízo poderá elevar ao dobro o valor da indenização[67].

Embora salutar a iniciativa de inserir na CLT disposições sobre o cabimento de danos morais ou extrapatrimoniais oriundos da relação de emprego, parece-nos que o legislador pretendeu restringir a aplicação do instituto nos sítios do Direito do Trabalho e do Processo do Trabalho.

Vale dizer, o legislador pretendeu, absurda e abusivamente, afastar a incidência de normas da Constituição Federal e do Código Civil respeitantes ao tema (responsabilidade objetiva ou decorrente de atividade de risco, por exemplo), como se extrai da

---

66. Este dispositivo foi alterado pela MP 808/2017, sendo que esta perdeu vigência desde a sua edição por força do § 3º do art. 62 da CF. Sobre os efeitos da Medida Provisória não convertida em lei, remetemos o leitor ao Título I, Capítulo IV, item 2.1.

67. Este dispositivo foi alterado pela MP 808/2017, sendo que esta perdeu vigência desde a sua edição por força do § 3º do art. 62 da CF. Sobre os efeitos da Medida Provisória não convertida em lei, remetemos o leitor ao Título I, Capítulo IV, item 2.1.

literalidade do novel art. 233-A da CLT, segundo o qual à reparação de danos de natureza extrapatrimonial decorrentes da relação de trabalho serão aplicados "apenas os dispositivos deste Título".

Interessante é que o mesmo legislador recentemente editou o Código de Processo Civil (Lei 13.105/2015), cujo art. 1º dispõe que o "processo civil será ordenado, disciplinado e interpretado conforme os valores e as normas fundamentais estabelecidas na Constituição da República", o que revela, a nosso sentir, a discriminação e o desapreço do legislador contemporâneo com as normas constitucionais aplicáveis ao direito do trabalho e ao processo do trabalho.

Por essa razão, pensamos que os arts. 223-A a 223-G devem ser interpretados conforme os valores, princípios e regras da Constituição Federal e do Código Civil, sempre que implicarem melhoria da condição social, econômica e ambiental dos trabalhadores (CF, arts. 1º, 5º, 7º, *caput*, 200, VIII, e 225).

Nessa toada, invocamos o Enunciado 18 aprovado na II Jornada de Direito Material e Processual do Trabalho, *in verbis*:

> APLICAÇÃO EXCLUSIVA DOS NOVOS DISPOSITIVOS DO TÍTULO II-A DA CLT À REPARAÇÃO DE DANOS EXTRAPATRIMONIAIS DECORRENTES DAS RELAÇÕES DE TRABALHO: INCONSTITUCIONALIDADE. A esfera moral das pessoas humanas é conteúdo do valor dignidade humana (art. 1º, III, da CF) e, como tal, não pode sofrer restrição à reparação ampla e integral quando violada, sendo dever do Estado a respectiva tutela na ocorrência de ilicitudes causadoras de danos extrapatrimoniais nas relações laborais. Devem ser aplicadas todas as normas existentes no ordenamento jurídico que possam imprimir, no caso concreto, a máxima efetividade constitucional ao princípio da dignidade da pessoa humana (art. 5º, V e X, da CF). A interpretação literal do art. 223-A da CLT resultaria em tratamento discriminatório injusto às pessoas inseridas na relação laboral, com inconstitucionalidade por ofensa aos arts. 1º, III; 3º, IV; 5º, *caput* e incisos V e X, e 7º, *caput*, todas da Constituição Federal.

Ademais, o próprio § 1º do art. 8º da CLT já admite a aplicação subsidiária do Código Civil (Direito Comum), razão pela qual é perfeitamente aplicável, *in casu*, os arts. 927 e seguintes do CC, desde que propiciem, concretamente, a melhoria da condição social dos trabalhadores (CF, art. 7º, *caput*).

O novo art. 223-B da CLT pretende excluir da apreciação da Justiça do Trabalho tanto o dano moral por exercício de atividade de risco (CC, art. 927, par. único) quanto o dano moral sofrido pelos herdeiros do trabalhador em caso de seu falecimento, bem como o dano moral em ricochete.

Em todos esses casos, a Justiça do Trabalho vem condenando em danos morais os ofensores dos direitos da personalidade do cidadão trabalhador ou seus herdeiros (TST, Súmula 392).

Na verdade, o legislador reformista confundiu propositadamente direito da personalidade com direito personalíssimo, a fim de reduzir a interpretação e a aplicação das normas que dispõem sobre danos morais no âmbito da Justiça do Trabalho, o que nos parece inconstitucional, por violar a cláusula de separação de poderes e a independência dos órgãos judiciais especializados (juízes e tribunais do trabalho) que integram o Poder Judiciário brasileiro.

A nosso sentir, o artigo 223-B da CLT, inserido pela Lei 13.467, não exclui a reparação de danos sofridos por terceiros (danos em ricochete), bem como a de danos extrapatrimoniais ou morais coletivos, aplicando-se, quanto a estes, as disposições previstas na Lei 7.437/1985 e no título III do Código de Defesa do Consumidor. Esse entendimento, aliás, foi aprovado na II Jornada de Direito Material e Processual do Trabalho[68].

O art. 223-C da CLT deve ser interpretado sistemática, ampliativa e teleologicamente, de modo a se considerar também outros bens, como a integridade psíquica, a autoestima, o nome, a boa fama, a vida digna de ser vivida, a orientação sexual, a etnia, a idade, a nacionalidade, o gênero, a saúde, o lazer etc.

Esse dispositivo foi parcialmente alterado pela MP 808/2017. Todavia, essa MP não foi convertida em lei por inércia da Câmara dos Deputados, razão pela qual deve-se observar o que dispõem os §§ 3º, 4º e 11 do art. 62 da CF em relação aos contratos celebrados durante a vigência da referida medida provisória[69].

De toda a sorte, é importante destacar o Enunciado 19 aprovado na II Jornada de Direito Material e Processual do Trabalho, que pode contribuir como fonte equiparada à doutrina, *in verbis*:

"É de natureza exemplificativa a enumeração dos direitos personalíssimos dos trabalhadores constante do novo artigo 223-C da CLT, considerando a plenitude da tutela jurídica à dignidade da pessoa humana, como assegurada pela Constituição Federal (artigos 1º, III; 3º, IV, 5º, *caput*, e §2º)".

Por outro lado, os novos arts. 223-E e 223-F devem ser interpretados à luz dos princípios da razoabilidade e da proporcionalidade, de modo a se fixar valores indenizatórios conforme o grau de participação de cada ofensor no ato lesivo aos direitos da personalidade das vítimas, sendo permitida – como já vem decidindo os tribunais – a cumulação dos danos morais e materiais oriundos do mesmo ato – omissivo ou comissivo – lesivo.

O novo art. 223-G da CLT revela a intenção do legislador ao impor verdadeira *capitis diminutio* na competência dos magistrados do trabalho em fixar o valor dos danos morais.

68. Disponível em: https://www.anamatra.org.br/attachments/article/27175/livreto_RT_Jornada_19_Conamat_site.pdf. Acesso em 13 ago. 2019.
69. Sobre os efeitos da Medida Provisória não convertida em lei, remetemos o leitor ao Título I, Capítulo IV, item 2.1.

Além disso, o dispositivo em causa é flagrantemente inconstitucional, porquanto a fixação do dano moral é tipicamente um julgamento por equidade e com equidade, ou seja, o magistrado deve adotar a técnica da ponderação com base nos princípios da razoabilidade e da proporcionalidade.

Nesse sentido, aliás, o STF afastou do ordenamento jurídico brasileiro a possibilidade de "tarifação" legal do dano moral (ADPF 130/DF), tal como estava previsto na chamada Lei de Imprensa (que, segundo o STF, não foi recepcionada pela CF), sob o fundamento de que a Constituição Federal não permite que a lei possa, a priori, estabelecer o valor tarifado dos danos morais.

De outro giro, o art. 223-G, criado pela Lei 13.467/2017, estabelece odiosa discriminação entre os trabalhadores pelos salários percebidos no tocante aos valores que devem ser fixados a título de danos morais[70], o que também revela a sua inconstitucionalidade por violação ao princípio da igualdade, inexistindo qualquer justificativa movida pelo interesse público para tal discriminação.

A MP 808/2017, além de dar nova redação aos §§ 1º e 3º, acrescentou os §§ 4º e 5º, todos do art. 223-G da CLT. Entretanto, essa MP não foi convertida em lei por inércia do Congresso Nacional, perdendo eficácia[71] desde a sua edição em 14.11.2017 (CF, art. 62, §§ 3º, 4º e 11).

12.1. Hipóteses mais comuns de danos morais na relação de emprego

O dano moral pode ocorrer antes, durante e após a extinção do contrato de trabalho.

12.1.1. Dano moral na fase pré-contratual

Na fase pré-contratual, o dano moral pode ocorrer durante o processo de seleção, entrevista e treinamento, com coação por assédio sexual, exames físicos degradantes ou vexatórios, publicidade maliciosa ao candidato homossexual ou portador do vírus HIV.

Também pode caracterizar dano moral a discriminação para contratar trabalhadores por motivo de sexo, religião, raça, situação familiar etc.

Colacionamos, à guisa de exemplo, um julgado do TST que reconhece o dano moral na fase pré-contratual:

70. Sobre danos morais, recomendamos a leitura dos Enunciados 18, 19 e 20 aprovados na 2ª Jornada de Direito Material e Processual do Trabalho (disponível em: <http://www.jornadanacional.com.br/listagem-enunciados-aprovados.asp>).

71. Sobre os efeitos da Medida Provisória não convertida em lei, remetemos o leitor ao Título I, Capítulo IV, item 2.1.

AGRAVO – AGRAVO DE INSTRUMENTO – RECURSO DE REVISTA – COMPETÊNCIA DA JUSTIÇA DO TRABALHO – CONCURSO PÚBLICO – FASE PRÉ-CONTRATUAL – RITO SUMARÍSSIMO – Na hipótese, discute-se a ocorrência de preterição de candidata aprovada em concurso público, a partir do qual seriam contratados trabalhadores regidos pela Consolidação das Leis do Trabalho. Ainda que se trate de discussão relativa à fase pré-contratual do vínculo empregatício, não há dúvidas de que a controvérsia decorre da relação de trabalho. Por essa razão, e com base no artigo 114, I e IX, da Constituição Federal, deve ser reconhecida a competência da justiça do trabalho para processar e julgar a presente demanda. Precedentes. Banco do Brasil. Realização de concurso público para cadastro de reserva. Contratação de terceirizados. Preterição dos aprovados no concurso. No caso concreto, o tribunal regional, valorando a prova, consignou que ficou comprovado que o banco reclamado se utilizou de mão de obra terceirizada para atribuições idênticas ou similares àquelas previstas no edital do concurso público, evidenciando nítida preterição da reclamante. Nesse quadro, consignado no acórdão regional que ficou comprovada a preterição na admissão de candidato aprovado em concurso público, em razão da contratação de empregados terceirizados para exercer as mesmas atividades para as quais foi aprovado o autor, para se chegar a conclusão diversa, seria necessário o reexame do conjunto fático-probatório dos autos, o que é vedado pela Súmula 126 do TST. Não merece reparos a decisão. Agravo não provido (TST-AG-AIRR 0000194-80.2015.5.07.0025, Rel. Min. Maria Helena Mallmann, 2ª T., *DEJT* 10.05.2019).

12.1.2. Dano moral durante o contrato de trabalho

No curso do contrato de trabalho, o dano moral, como já afirmado alhures, pode ocorrer nas hipóteses contempladas nos arts. 482, *j* e *k*; 483, *e*, da CLT, bem como nas hipóteses de atos lesivos ao nome, à honra e à imagem do empregado, assédio sexual, assédio moral, revistas íntimas ou trabalho em condição de escravidão.

Além disso, dá-se o dever de indenização por danos morais em todos os casos de discriminação (Lei 9.029/95) praticados pelo empregador por motivo de raça, cor, sexo, idade, estado civil, religião, gravidez etc.

Nos casos de acidentes e doenças adquiridas no curso do contrato de trabalho, desde que tenham nexo de causalidade com a atividade desenvolvida pelo empregado, também podem implicar responsabilidade do empregador pelos danos morais por lesões à integridade física ou psíquica do empregado.

Ouçamos a jurisprudência:

(...) DANO MORAL. ATRIBUIÇÃO DE APELIDOS PEJORATIVOS E GROSSEIROS POR PREPOSTO DO EMPREGADOR. DANO *IN RE IPSA*. Controvérsia acerca da configuração de dano moral decorrente da atribuição de apelidos pejorativos ao empregado por preposto do empregador. A obrigação de indenizar por dano moral decorre da comprovação da prática de ato ilícito pelo empregador por ação ou omissão, culpa ou dolo, bem como da existência do nexo de causalidade entre o dano gerado e a conduta ilícita, na forma dos artigos 186 e 927 do Código Civil. A utilização de apelidos pejorativos em ambiente profissional é prática a ser coibida, porquanto contrária aos padrões aceitáveis de urbanidade e boa conduta, que devem imperar no ambiente de trabalho. Fere a proteção constitucional à honra e à imagem (CF/88, art. 5º, X), segundo a qual deve o empregador assegurar não só a incolumidade física de seus empregados, mas também a emocional, abstendo-se de praticar condutas abusivas por atos de seus representantes ou prepostos ou impedindo que outros empregados assim procedam. O Regional consignou o teor da prova oral que confirma o emprego de apelidos pejorativos por parte da preposta em detrimento da reclamante. Indubitável, portanto, a ocorrência do ato ilícito e do nexo causal. De outra parte, desnecessária a comprovação de prejuízo advindo do dano moral, bastando que a parte comprove a violação de direito da personalidade, como ocorreu no caso em concreto, tendo em vista tratar-se de dano presumível. Registre-se que o baixo ou médio teor ofensivo das alcunhas pejorativas não permite que se releve o dano, influindo apenas em sua valoração. Recurso de revista conhecido e provido (TST-RR 110878420145010041, Rel. Min. Augusto César Leite de Carvalho, j. 28.11.2018, 6ª T., *DEJT* 30.11.2018).

RECURSO DE REVISTA INTERPOSTO NA VIGÊNCIA DA LEI 13.015/2014. INDENIZAÇÃO POR DANOS MORAIS. COBRANÇA DE METAS. ASSÉDIO MORAL. CONFIGURAÇÃO. 1. Na hipótese, embora o TRT tenha registrado que o abuso de direito não teria sido demonstrado, certo é que consta da decisão Regional que o Banco adotava a prática do "ranking" de metas. O só fato de o Banco instituir um ranking de metas já seria suficiente para a configuração da prática de assédio moral. 2. Realce-se que, enquanto o TRT fundamenta que não restou relatado qualquer episódio de agressividade na cobrança de metas, os depoimentos transcritos no próprio acórdão relatam que "havia cobrança de metas de forma bastante agressiva" e que "a Sra. Elaine cobrava os funcionários de forma bastante agressiva", e que "o banco demandado realizava um ranking acerca dos melhores e piores vendedores; que o nome do reclamante já constou nesse ranking; que o ranking era encaminhado por meio de e-mail corporativo; [...]. Portanto, do acórdão recorrido é plenamente possível extrair que havia prática de assédio moral consistente na existência de um ranking de metas, cuja cobrança se dava de forma agressiva. 3 . Esta Corte Superior entende que a hipótese traduz ofensa à dignidade da pessoa do trabalhador (CF, art. 5º, X), configurando ato ilícito do empregador (CC, arts. 186 e 187), e o consequente dever de indenizar, na medida em que a exigência (de forma excessiva) no cumprimento de metas configura abuso do poder diretivo do empregador, impondo ao reclamante um constrangimento direto, além de submetê-lo à constante pressão psicológica e ameaças, situação que submete o trabalhador a um desgaste de cunho emocional, afetando coletivamente a saúde mental dos trabalhadores. A situação se afigura como conduta lesiva a bem integrante da personalidade do reclamante, sendo pertinente a condenação por danos morais. 4 . Dentro desse contexto, necessário o provimento do recurso de revista para restabelecer a sentença que reconhecera a prática de assédio moral. Recurso de revista conhecido e provido (TST–RR 2822320135120002, Rel. Min. Maria Helena Mallman, 2ª T., *DEJT* 19.12.2018).

RECURSO DE REVISTA. DANOS MORAIS. APOSENTADORIA POR INVALIDEZ. SUPRESSÃO DE PLANO DE SAÚDE. O entendimento deste Tribunal Superior é o de que a demonstração do ato ilícito e do nexo causal entre a conduta da reclamada e o dano alegado pelo reclamante permite constatar a existência do dano moral de forma presumida, diante das peculiaridades do caso concreto, pois a condição do reclamante – aposentado por invalidez – revela sua necessidade de assistência à saúde, razão pela qual a supressão abrupta de tal benefício, por si só, evidencia a ofensa à esfera íntima do empregado e o dano extrapatrimonial por ele suportado, passível de reparação. Precedentes. Recurso de revista conhecido e provido (TST-RR 1073-45.2013.5.01.0342 – Rel. Min. Dora Maria da Costa – 8ª T. – *DEJT* 02.09.2016).

Nos casos de mora salarial, retenção da CTPS, não fornecimento de EPI (Equipamentos de Proteção Individual) e ausência de recolhimentos dos depósitos do FGTS, pensamos que há violação não apenas à lei e ao contrato de trabalho, como também aos direitos da personalidade do cidadão-trabalhador, ensejando danos morais *in re ipsa*. A jurisprudência, porém, não é pacífica a esse respeito:

RECURSO DE REVISTA. RESPONSABILIDADE CIVIL. DANOS MORAIS. INADIMPLÊNCIA SALARIAL DOS DOIS ÚLTIMOS MESES DA RELAÇÃO CONTRATUAL E VERBAS RESCISÓRIAS. De acordo com o quadro fático delineado pelo Regional, houve a inadimplência do pagamento do salário relativo aos meses de outubro e novembro de 2014, dois últimos meses da relação contratual, bem como das verbas rescisórias, o que não configura a hipótese de atraso reiterado no pagamento de salários. Esta Corte já consolidou entendimento de que o atraso não reiterado no pagamento de salários e verbas rescisórias não configura ato ilícito patronal a ensejar indenização por danos morais. Precedentes. Recurso de Revista conhecido e provido (TST-RR 124229220145150092, Rel. Min. Luiz José Dezena da Silva, 1ª T., DEJT 15.03.2019). (...) EMBARGOS. ATRASO REITERADO NO PAGAMENTO DE SALÁRIOS. DANO MORAL. A mora reiterada no pagamento de salários gera dano moral, classificado como *in re ipsa*, pois presumida a lesão a direito da personalidade do trabalhador, consistente na aptidão de honrar compromissos assumidos e de prover o sustento próprio e da família. No caso, a reclamante experimentou atrasos no pagamento de três salários e das verbas rescisórias. Embargos de que se conhece e a que se dá provimento (TST-E-ED-RR 77200522008502025l, Rel. Min. Márcio Eurico Vitral Amaro, SBDI-1, *DEJT* 14.06.2019).

(...) RECURSO DE REVISTA. RESPONSABILIDADE CIVIL. DANOS MORAIS. INADIMPLÊNCIA SALARIAL DOS DOIS ÚLTIMOS MESES DA RELAÇÃO CONTRATUAL E VERBAS RESCISÓRIAS. De acordo com o quadro fático delineado pelo Regional, houve a inadimplência do pagamento do salário relativo aos meses de outubro e novembro de 2014, dois últimos meses da relação contratual, bem como das verbas rescisórias, o que não configura a hipótese de atraso reiterado no pagamento de salários. Esta Corte já consolidou entendimento de que o atraso não reiterado no pagamento de salários e verbas rescisórias não configura ato ilícito patronal a ensejar indenização por danos morais. Precedentes. Recurso de Revista conhecido e provido (TST-RR 124229220145150092, Rel. Min. Luiz José Dezena da Silva, 1ª T., *DEJT* 15.03.2019).

12.1.3. Dano moral na fase pós-contratual

Após a extinção do contrato de trabalho, o dano moral pode ocorrer quando o empregador fornece informações desabonatórias e inverídicas de seu ex-empregado à pessoa física ou jurídica que pretende contratá-lo ou quando o empregador realiza discriminação do empregado inserindo o seu nome nas chamadas "listas negras", "listas discriminatórias" ou "listas sujas", prejudicando o trabalhador na busca por nova colocação no mercado de trabalho. Nesse sentido:

(...) RECURSO DE REVISTA. INDENIZAÇÃO POR DANOS MORAIS PÓS CONTRATUAL. INFORMAÇÃO PRESTADA A TERCEIROS INTERESSADOS SOBRE AJUIZAMENTO DE AÇÃO TRABALHISTA. DANO *IN RE IPSA*. O Tribunal Regional, na condição de última instância avaliadora da prova, foi expresso ao registrar que "é possível inferir que a ré, ao ser indagada por representante de outra empresa acerca da vida laboral da autora, respondeu apenas que esta moveu uma ação trabalhista". Ainda que não haja na Lei proibição acerca das informações desabonadoras, é certo que determinados limites do poder potestativo devem ser observados. O comportamento de informar a terceiros que o autor ajuizou reclamação trabalhista se assemelha à formação de listas negras, ou à situação da anotação na Carteira de Trabalho no sentido de que o empregado teria sido demitido por justa causa. Resulta evidenciado o caráter ilícito do ato praticado pela reclamada, revelando-se o dano moral *in re ipsa*, passível de indenização, nos moldes dos arts. 5º, X, da Constituição Federal e 927 do Código Civil. Recurso de revista conhecido e provido (TST-RR 1769-64.2014.5.12.0011, Rel. Min. Maria Helena Mallman, 2ª T., *DEJT* 11.05.2018).

RECURSO DE REVISTA. RITO SUMARÍSSIMO . PROCESSO SOB A ÉGIDE DA LEI 13.015/2014 E ANTERIOR À LEI 13.467/2017 . DANO MORAL. PRÁTICA DE CONDUTA DISCRIMINATÓRIA PELA RECLAMADA ANÁLOGA À INCLUSÃO DO NOME DO TRABALHADOR EM "LISTA SUJA". Discriminação é a conduta pela qual se nega à pessoa, em face de critério injustamente desqualificante, tratamento compatível com o padrão jurídico assentado para a situação concreta por ela vivenciada. O princípio da não discriminação é princípio de proteção, de resistência, denegatório de conduta que se considera gravemente censurável. Portanto, labora sobre um piso de civilidade que se considera mínimo para a convivência entre as pessoas. As proteções jurídicas contra discriminações na relação de emprego são distintas. A par das proteções que envolvem discriminações com direta e principal repercussão na temática salarial, há as proteções jurídicas contra discriminações em geral, que envolvem tipos diversos e variados de empregados ou tipos de situações contratuais. Embora grande parte desses casos acabem por ter, também, repercussões salariais, o que os distingue é a circunstância de serem discriminações de dimensão e face diversificadas, não se concentrando apenas (ou fundamentalmente) no aspecto salarial, como a situação de inclusão de nome do trabalhador em listas discriminatórias. A confecção e divulgação de listas de nomes de trabalhadores que tenham proposto ação judicial contra seus empregadores (ou que tenham participado de movimentos paredistas, a par de outras situações similares) têm sido compreendidas pela jurisprudência como conduta deflagradora de manifesto dano moral, seja com respeito a cada indivíduo presente na lista (dano moral individual ou até mesmo plúrimo), seja com respeito a toda a comunidade de trabalhadores (dano moral coletivo), por ser considerada conduta ofensiva à dignidade da pessoa humana, sendo dispensada a prova de prejuízo concreto. É que tais listas sujas conteriam nítido intuito discriminatório, visando à potencial retaliação de seus componentes pelo mercado empresarial circundante – em conformidade com a compreensão da experiência advinda da observação das práticas sociais no cotidiano, tão bem inferida e sopesada por juízes e tribunais. Na hipótese , infere-se do trecho da sentença, transcrito no acórdão recorrido, que houve ofensa à dignidade da Reclamante, consubstanciada na situação fática de divulgação, pela Reclamada, "a potenciais futuros empregadores 'aspectos negativos pelo só fato de a autora tê-la acionado em sede judicial, sob abusiva parcialidade e sem possibilitar qualquer possibilidade de contra-argumentação, procedendo, ainda, com o acréscimo de expressões chulas em seu desfavor, contexto este que vem obstruindo e restringindo novas possibilidades de reempregar-se'". Configurada, portanto, prática de conduta discriminatória, análoga à inclusão do nome da Obreira em "lista suja", a ensejar a responsabilização empresarial da Reclamada. Recurso de revista conhecido e provido (TST-RR-10365-62.2017.5.03.0179, 3ª T., Rel. Min. Mauricio Godinho Delgado, *DEJT* 05.10.2018).

12.2. Dano moral coletivo

Além do dano moral individual, o nosso ordenamento jurídico também prevê a possibilidade de dano moral coletivo.

Leciona Xisto Tiago Medeiros Neto que o dano moral coletivo corresponde a uma "lesão injusta e intolerável a interesses ou direitos titularizados pela coletividade (considerada em seu todo ou em qualquer de suas expressões – grupo, classes ou categorias de pessoas), os quais possuem natureza extrapatrimonial, refletindo valores e bens fundamentais para a sociedade"[72].

O próprio Código de Defesa do Consumidor (art. 81, III) prevê o cabimento de ações coletivas para salvaguardar direitos ou interesses difusos, coletivos ou individuais homogêneos. Essa norma consumerista, por força do microssistema processual de acesso coletivo à justiça (Lei 7.347/85, art. 21, c/c art. 90 do CDC), torna cabível a ação civil pública na esfera trabalhista quando se verificar lesão ou ameaça a direito difuso, coletivo ou individual homogêneo decorrente da relação de trabalho (sobre o tema, remetemos o leitor ao Título III, Capítulo VIII), consubstanciando tal ação coletiva um mecanismo de proteção dos direitos sociais constitucionalmente garantidos aos trabalhadores.

Ressalte-se que um mesmo fato, desde que tenha impacto sociocomunitário, pode dar origem a danos morais difusos ou coletivos ou individuais homogêneos. Desse modo, nada impede que em uma mesma ação civil pública se cumulem pretensões de obrigação de fazer, de não fazer ou de suportar e de condenação pecuniária por dano moral por lesão a direitos difusos e coletivos, com demanda reparatória decorrente das lesões perpetradas aos direitos individuais homogêneos.

Com efeito, a Constituição Federal de 1988 (arts. 127, *caput*, e 129, III e IX, c/c arts. 6º, VII, "d", 83, III, e 84 da LC 75/93) confere legitimidade ao Ministério Público do Trabalho para o ajuizamento da ação civil pública para a defesa dos direitos metaindividuais e responsabilizar o réu por danos patrimoniais e morais (Lei 7.347/85, art. 1º, *caput*).

Assim, pode o MPT, por exemplo, ajuizar ação civil pública postulando que o empregador (réu) se abstenha de incluir em editais de processos seletivos de professores cláusula excluindo candidatos com os quais tenha litigado judicialmente; de exigir dos docentes regência de aulas em quantidade superior à prevista no art. 318 da CLT; de praticar atos que importem em ofensa às normas que disciplinam intervalos interjornadas, jornadas de menores e aprendizes e preenchimento de recibos salariais; e de descontar contribuições confederativas ou assistenciais de empregados não sindicalizados. Em tais casos, é possível cumular a tutela inibitória com a tutela ressarcitória

72. MEDEIROS NETO, Xisto Tiago. *Dano moral coletivo*. 2. ed. São Paulo: LTr, 2007, p. 137.

por danos morais coletivos, pois o comportamento do empregador viola valores, princípios e objetivos estruturantes da nova ordem constitucional, como os que dizem respeito à dignidade humana e à valorização do trabalho humano (CF, art. 1º, III e IV), bem como os objetivos de promover o bem de todos sem qualquer forma de preconceito ou discriminação (CF, art. 3º, IV), caracterizando, ainda, ofensa generalizada à legislação trabalhista no tocante às normas que regem a não discriminação quando da admissão no emprego, a duração do trabalho, a proteção do trabalho do menor e a liberdade de filiação sindical[73].

Na hipótese de condição de trabalho análoga à de escravo, além da responsabilidade penal do empregador (CP, art. 149), pode ele ser condenado a indenizar por danos morais coletivos causados tanto ao grupo de empregados lesados (direitos coletivos) quanto aos potenciais trabalhadores (direitos difusos) que seriam contratados em condições degradantes idênticas.

Quanto à destinação dos valores decorrentes da condenação por danos morais coletivos, dispõe o art. 13 da Lei 7.347/85:

> Art. 13. Havendo condenação em dinheiro, a indenização pelo dano causado reverterá a um fundo gerido por um Conselho Federal ou por Conselhos Estaduais de que participarão necessariamente o Ministério Público e representantes da comunidade, sendo seus recursos destinados à reconstituição dos bens lesados.
>
> § 1º Enquanto o fundo não for regulamentado, o dinheiro ficará depositado em estabelecimento oficial de crédito, em conta com correção monetária.
>
> § 2º Havendo acordo ou condenação com fundamento em dano causado por ato de discriminação étnica nos termos do disposto no art. 1º desta Lei, a prestação em dinheiro reverterá diretamente ao fundo de que trata o *caput* e será utilizada para ações de promoção da igualdade étnica, conforme definição do Conselho Nacional de Promoção da Igualdade Racial, na hipótese de extensão nacional, ou dos Conselhos de Promoção de Igualdade Racial estaduais ou locais, nas hipóteses de danos com extensão regional ou local, respectivamente.

Não obstante a literalidade do preceptivo em causa, parece-nos que o juiz ou o tribunal, ao analisar as circunstâncias do caso concreto, poderá decidir por direcionar alternativamente o recurso arrecadado a título de dano moral coletivo. Essa situação é oportunizada pela presença de hipótese(s) excetiva(s). Nesse caso, deverá permitir a participação deliberativa das partes e de terceiros atingidos (inclusive o Ministério Público), bem como vincular o resultado à recomposição dos bens lesados, ou seja,

73. Nesse sentido: TST-AIRR 835-23.2011.5.18.0051 – Rel. Min. Maurício Godinho Delgado – j. 30.10.2013 – 3ª T. – DEJT 08.11.2013.

observar aqueles dois supostos extraídos da compreensão hermenêutica do texto do art. 13 da Lei 7.347/85 e do paradigma do estado democrático de direito[74].

Na Jornada de Direito Material e Processual do Trabalho realizada em Brasília -DF (2007), foi aprovado o Enunciado 12, *in verbis*:

> AÇÕES CIVIS PÚBLICAS. TRABALHO ESCRAVO. REVERSÃO DA CONDENAÇÃO ÀS COMUNIDADES LESADAS. Ações civis públicas em que se discute o tema do trabalho escravo. Existência de espaço para que o magistrado reverta os montantes condenatórios às comunidades diretamente lesadas, por via de benfeitorias sociais tais como a construção de escolas, postos de saúde e áreas de lazer. Prática que não malfere o art. 13 da Lei 7.347/85, que deve ser interpretado à luz dos princípios constitucionais fundamentais, de modo a viabilizar a promoção de políticas públicas de inclusão dos que estão à margem, que sejam capazes de romper o círculo vicioso de alienação e opressão que conduz o trabalhador brasileiro a conviver com a mácula do labor degradante. Possibilidade de edificação de uma Justiça do Trabalho ainda mais democrática e despida de dogmas, na qual a responsabilidade para com a construção da sociedade livre, justa e solidária delineada na Constituição seja um compromisso palpável e inarredável.

13. LEI GERAL DE PROTEÇÃO DE DADOS E SEUS IMPACTOS NO DIREITO DO TRABALHO

Acompanhando a tendência mundial oriunda da revolução tecnológica, o Brasil reconheceu a necessidade de normatizar a proteção de dados, o que levou o Presidente da República a sancionar a Lei 13.709, de 14.03.2018, que teve diversos dispositivos alterados pela Lei 13.853, de 08.07.2019, formando, ambas, um microssistema de proteção geral de dados, razão pela qual este passa a ser reconhecido como Lei Geral de Proteção de Dados ou, simplesmente, LGPD.

O principal escopo da LGPD, que teve inspiração no modelo europeu, é estabelecer princípios e regras sobre o tratamento de dados pessoais, inclusive nos meios digitais, por pessoa natural ou jurídica, de direito público ou privado, com o objetivo de proteger os direitos fundamentais de liberdade e de privacidade e o livre desenvolvimento da personalidade da pessoa natural.

74. FONSECA, Bruno Gomes Borges; LEITE, Carlos Henrique Bezerra. Destinação dos recursos arrecadados a título de dano moral coletivo pelo poder judiciário. In: LEITE, Carlos Henrique Bezerra; EÇA, Vitor Salino de Moura (Orgs.). *Direito e processo do trabalho na perspectiva dos direitos humanos*. São Paulo: LTr, 2014, v. 1, p. 123-137.

A LGPD estabelece normas gerais consideradas de interesse nacional e que, por tal razão, deve ser observada pela União, Estados, Distrito Federal e Municípios, bem como seus respectivos entes descentralizados.

São fundamentos da disciplina da proteção de dados pessoais na LGPD:

I – o respeito à privacidade;

II – a autodeterminação informativa;

III – a liberdade de expressão, de informação, de comunicação e de opinião;

IV – a inviolabilidade da intimidade, da honra e da imagem;

V – o desenvolvimento econômico e tecnológico e a inovação;

VI – a livre iniciativa, a livre concorrência e a defesa do consumidor; e

VII – os direitos humanos, o livre desenvolvimento da personalidade, a dignidade e o exercício da cidadania pelas pessoas naturais.

A LGPD, portanto, com base nos referidos fundamentos principiológicos, busca proteger os dados das pessoas, mormente, os **dados pessoais sensíveis**.

Para facilitar a sua interpretação e aplicação da LGPD, seu art. 5º considera: I – **dado pessoal**: informação relacionada a pessoa natural identificada ou identificável; II – **dado pessoal sensível**: dado pessoal sobre origem racial ou étnica, convicção religiosa, opinião política, filiação a sindicato ou a organização de caráter religioso, filosófico ou político, dado referente à saúde ou à vida sexual, dado genético ou biométrico, quando vinculado a uma pessoa natural; III – **dado anonimizado**: dado relativo a titular que não possa ser identificado, considerando a utilização de meios técnicos razoáveis e disponíveis na ocasião de seu tratamento; IV – **banco de dados**: conjunto estruturado de dados pessoais, estabelecido em um ou em vários locais, em suporte eletrônico ou físico; V – **titular**: pessoa natural a quem se referem os dados pessoais que são objeto de tratamento; VI – **controlador**: pessoa natural ou jurídica, de direito público ou privado, a quem competem as decisões referentes ao tratamento de dados pessoais; VII – **operador**: pessoa natural ou jurídica, de direito público ou privado, que realiza o tratamento de dados pessoais em nome do controlador; VIII – **encarregado**: pessoa indicada pelo controlador e operador para atuar como canal de comunicação entre o controlador, os titulares dos dados e a Autoridade Nacional de Proteção de Dados (ANPD); IX – **agentes de tratamento**: o controlador e o operador; X – **tratamento**: toda operação realizada com dados pessoais, como as que se referem a coleta, produção, recepção, classificação, utilização, acesso, reprodução, transmissão, distribuição, processamento, arquivamento, armazenamento, eliminação, avaliação ou controle da informação, modificação, comunicação, transferência, difusão ou extração; XI – **anonimização**: utilização de meios técnicos razoáveis e disponíveis no momento do tratamento, por meio dos quais um dado perde a possibilidade de associação, direta ou indireta, a um indivíduo; XII – **consentimento**: manifestação livre, informada e inequívoca pela qual o titular concorda com o tratamento de seus dados pessoais para uma finalidade determinada; XIII – **bloqueio**: suspensão temporária de qualquer operação de tratamento, mediante guarda do dado pessoal ou do banco de dados; XIV – **eliminação:** exclusão de dado ou de conjunto de dados armazenados em banco de dados, independentemente do procedimento empregado; XV – **transferência internacional de dados**: transferência de dados pessoais para país estrangeiro ou organismo internacional do qual o país seja membro; XVI – **uso compartilhado de dados**: comunicação, difusão, transferência internacional, interconexão de dados pessoais ou tratamento compartilhado de bancos de dados pessoais por órgãos e entidades públicos no cumprimento de suas competências legais, ou entre esses e entes privados, reciprocamente, com autorização específica, para uma ou mais modalidades de tratamento permitidas por esses entes públicos, ou entre entes privados; XVII – **relatório de impacto à proteção de dados pessoais**: documentação do controlador que contém a descrição dos processos de tratamento de dados pessoais que podem gerar riscos às liberdades civis e aos direitos fundamentais, bem como medidas, salvaguardas e mecanismos de mitigação de risco; XVIII – **órgão de pesquisa**: órgão ou entidade da administração pública direta ou indireta ou pessoa jurídica de direito privado sem fins lucrativos legalmente constituída sob as leis brasileiras, com sede e foro no País, que inclua em sua missão institucional ou em seu objetivo social ou estatutário a pesquisa básica ou aplicada de caráter histórico, científico, tecnológico ou estatístico; XIX – **autoridade nacional**: órgão da administração pública responsável por zelar, implementar e fiscalizar o cumprimento desta Lei em todo o território nacional.

Tendo em vista que um dos fundamentos da LGPD reside na proteção dos direitos da personalidade, o consentimento do titular passa a ser condição para a utilização dos seus dados pessoais. Entretanto, da leitura da LGPD, esse consentimento não fica muito claro no tocante aos dados fornecidos pelo empregado ao empregador, o que pode gerar cizânia doutrinária e jurisprudencial.

Com efeito, por força do seu art. 3º, a **LGPD é aplicável** "a qualquer operação de tratamento realizada por pessoa natural ou por pessoa jurídica de direito público ou privado, independentemente do meio, do país de sua sede ou do país onde estejam localizados os dados, desde que: I – a operação de tratamento seja realizada no território nacional; II – a atividade de tratamento tenha por objetivo a oferta ou o fornecimento de bens ou serviços ou o tratamento de dados de indivíduos localizados no território nacional; ou III – os dados pessoais objeto do tratamento tenham sido coletados no território nacional".

Todavia, o art. 4º da LGPD **exclui expressamente a sua aplicação** ao tratamento de dados pessoais: I – realizado por pessoa natural para fins exclusivamente particulares e não econômicos; II – realizado para fins exclusivamente: a) jornalístico e artísticos; ou b) acadêmicos (aplicando-se a esta hipótese os arts. 7º e 11 da LGPD); III – realizado para fins exclusivos de: a) segurança pública; b) defesa nacional; c) segurança do Estado; d) atividades de investigação e repressão de infrações penais (esses casos serão regulados por lei específica); IV – provenientes de fora do território nacional e que não sejam objeto de comunicação, uso compartilhado de dados com agentes de tratamento brasileiros ou objeto de transferência internacional de dados com outro país que não o de proveniência, desde que o país de proveniência proporcione grau de proteção de dados pessoais adequado ao previsto na própria LGPD.

A interpretação sistemática, pois, dos arts. 3º e 4º da LGPD autoriza a ilação de que seus princípios e regras são aplicáveis nos sítios da relação empregatícia, tendo em vista, nesta relação, que o empregador assume o risco da atividade econômica, ainda que não lucrativa, e o empregado é a pessoa física (ou natural) que, de modo não eventual e com subordinação jurídica, recebe salário como contraprestação dos serviços prestados.

A LGPD, em seu art. 7º, prevê dez bases legais autorizadoras do tratamento de dados pessoais, além do consentimento do titular, quais sejam:

> Art. 7º O tratamento de dados pessoais somente poderá ser realizado nas seguintes hipóteses:
>
> I – mediante o fornecimento de consentimento pelo titular;
>
> II – para o cumprimento de obrigação legal ou regulatória pelo controlador;
>
> III – pela administração pública, para o tratamento e uso compartilhado de dados necessários à execução de políticas públicas previstas em leis e regulamentos ou respaldadas em contratos, convênios ou instrumentos congêneres, observadas as disposições do Capítulo IV desta Lei;
>
> IV – para a realização de estudos por órgão de pesquisa, garantida, sempre que possível, a anonimização dos dados pessoais;
>
> V – quando necessário para a execução de contrato ou de procedimentos preliminares relacionados a contrato do qual seja parte o titular, a pedido do titular dos dados;
>
> VI – para o exercício regular de direitos em processo judicial, administrativo ou arbitral, esse último nos termos da Lei n. 9.307, de 23 de setembro de 1996 (Lei de Arbitragem);
>
> VII – para a proteção da vida ou da incolumidade física do titular ou de terceiro;
>
> VIII – para a tutela da saúde, exclusivamente, em procedimento realizado por profissionais de saúde, serviços de saúde ou autoridade sanitária;
>
> IX – quando necessário para atender aos interesses legítimos do controlador ou de terceiro, exceto no caso de prevalecerem direitos e liberdades fundamentais do titular que exijam a proteção dos dados pessoais; ou
>
> X – para a proteção do crédito, inclusive quanto ao disposto na legislação pertinente.

Nas relações de trabalho sob a modalidade empregatícia é muito comum o tratamento de dados pessoais decorrente da necessidade de cumprimento de uma obrigação legal, especialmente pelo fato de os empregadores terem que preencher informações sobre os seus empregados no sistema e-Social, além prestarem informações à fiscalização do trabalho.

Até mesmo a utilização de dados pessoais sensíveis pode ocorrer em razão da necessidade de cumprimento de obrigação legal, como é o caso do armazenamento das informações sobre a saúde do trabalhador coletadas nos exames admissional, demissional e periódico, além de atestados médicos que podem ser entregues pelo empregado no curso da execução do contrato de trabalho.

Para melhor análise do assunto, como não há no Brasil um regimento específico para a proteção de dados nas relações de trabalho, faremos uma breve explanação do regramento no Direito Comparado, especialmente quanto à legislação trabalhista portuguesa.

Em Portugal, o art. 17 do Código do Trabalho dispõe expressamente sobre a proteção dos dados pessoais dos empregados, proibindo a coleta de informações relativas à sua vida privada, à sua saúde ou a estado de gravidez, salvo quando for estritamente necessário diante da natureza da própria atividade profissional e devidamente justificado por escrito. Frisa-se que as condições de saúde do empregado ou o estado gravídico da empregada só serão prestadas ao médico, o qual só poderá comunicar ao empregador se o(a) trabalhador(a) está apto ou não para desempenhar suas funções.

Além disso, o referido dispositivo do Código do Trabalho (CT) português[75], em seu item 3, prevê que o "candidato a emprego ou o trabalhador que haja fornecido informações de índole pessoal goza do direito ao controlo dos respetivos dados pessoais, podendo tomar conhecimento do seu teor e dos fins a que se destinam, bem como exigir a sua retificação e atualização" e, em seu item 4, dispõe que "os ficheiros e acessos informáticos utilizados pelo empregador para tratamento de dados pessoais do candidato a emprego ou trabalhador ficam sujeitos à legislação em vigor relativa à proteção de dados pessoais".

No tocante aos dados biométricos, a legislação trabalhista portuguesa (CT, art. 18) também dispõe que o seu tratamento só pode ocorrer após notificar a Comissão Nacional de Proteção de Dados, sendo permitido o tratamento somente quando necessário, adequado e proporcional às finalidades, bem como a conservação só poderá ocorrer durante o período necessário para prossecução das finalidades do tratamento a que se destinam, devendo ser eliminado quando o trabalhador for transferido para outro local ou for extinto o contrato de trabalho.

O art. 28, item 2, da Lei 58/2019 de Portugal dispõe, ainda, que, salvo norma legal em contrário, o consentimento do trabalhador não constitui requisito de legitimidade do tratamento dos seus dados pessoais: a) se do tratamento resultar uma van-

75. Código do Trabalho de Portugal. Disponível em: <http://cite.gov.pt/asstscite/downloads/legislacao/CT20032018.pdf#page=13>. Acesso em: 13 out. 2020.

tagem jurídica ou económica para o trabalhador; ou b) se o tratamento for necessário para a própria execução do contrato do qual o titular dos dados é parte[76].

Sob essa perspectiva, conforme lição de Selma Carloto[77], "a legislação atual portuguesa de proteção de dados (...) preconiza que os dados pessoais dos seus trabalhadores poderão ser tratados, nos limites definidos pelo Código do Trabalho e respectiva legislação complementar". Quanto ao Brasil, elucida que "deve-se sempre observar também os limites da legislação trabalhista previstos na CLT e na Constituição Federal de 1988, além de outras normas internacionais ratificadas pelo Brasil".

O titular dos dados pessoais é o protagonista da proteção estatal e a intenção é a de que o compartilhamento dos dados, salvo nas demais hipóteses previstas no art. 7º da LGPD, somente aconteça quando for estritamente necessário e for expressamente autorizado pelo seu titular, mediante manifestação de vontade livre, espontânea, clara e específica. Tanto é que a palavra "consentimento" aparece 37 vezes ao longo da LGPD.

A preocupação em relação ao tratamento de dados pessoais dos empregados decorre, principalmente, da existência da subordinação jurídica entre o titular e o controlador, o que pode ensejar abusos no momento da coleta, utilização e conservação dos dados.

Nessa senda, o Grupo de Trabalho do art. 29º para a Proteção de Dados da União Europeia, em seus estudos, WP259 rev.01, concluiu que, além das relações com a Administração Pública, também ocorrem desequilíbrios de poder nas relações de trabalho. É o trecho do estudo publicado:

> Atendendo à dependência que resulta da relação empregador/trabalhador, é improvável que o titular dos dados possa recusar ao seu empregador o consentimento para o tratamento dos dados sem que haja medo ou risco real de consequências negativas decorrentes da recusa. É improvável que um trabalhador responda livremente ao pedido de consentimento do empregador para, por exemplo, ativar sistemas de controlo como a observação do local de trabalho através de câmaras ou preencher formulários de avaliação, sem sentir qualquer tipo de pressão para dar esse consentimento. Por conseguinte, o GT29 considera problemática a questão de os empregadores procederem ao tratamento de dados pessoais dos seus trabalhadores atuais ou futuros com base no consentimento, uma vez que é improvável que esse consentimento seja dado de livre vontade. Relativamente à maior parte deste tratamento de dados no local de trabalho, o fundamento legal não pode nem deve ser o

76. Lei 58/2019 – Portugal. Disponível em: <https://data.dre.pt/eli/lei/58/2019/08/08/p/dre>. Acesso em: 13 out. 2020.

77. CARLOTO, Selma. *Lei Geral de Proteção de Dados*: enfoque nas relações de trabalho. São Paulo: LTr, 2020, p. 33.

consentimento dos trabalhadores [artigo 6º, n. 1, alínea a)], devido à natureza da relação entre empregador e trabalhador[78].

Dessa forma, é fortemente recomendado que o empregador busque a fundamentação para tratamento dos dados pessoais em outras bases legais previstas no art. 7º da LGPD, além do consentimento do titular, para evitar discussões acerca da invalidade do ato por não ser, de fato, livre e espontâneo.

Ressalta-se que não se pode perder de vista, entretanto, a discussão existente quanto à necessidade do consentimento mesmo na aplicação das demais hipóteses autorizadoras de tratamento de dados pessoais, uma vez que a regulamentação do tratamento tem como principal objetivo conferir maior poder ao titular quanto aos seus dados pessoais, como explica Bruno Ricardo Bioni:

> Uma das possíveis disputas interpretativas da LGPD será verificar se: a) as demais hipóteses que legitimam o tratamento dos dados pessoais – os outros nove incisos do art. 7º – são situações taxativas nas quais o tratamento dos dados pessoais ocorre sem o consentimento do seu titular; e, b) havendo a aplicação dessas hipóteses de "dispensa do consentimento", verificar como será assegurada transparência ao cidadão para fazer valer a sua vontade por meio do consentimento, mesmo que *a posteriori*[79].

Parece-nos que as bases legais previstas nos incisos II a X do art. 7º da LGDP independem de consentimento, pois, caso contrário, o legislador o preveria expressamente, e não colocaria o consentimento apenas como uma das bases legais de tratamento.

Na verdade, ao tratar de dados pessoais sensíveis, o art. 11 da LGPD dispensou o consentimento na hipótese de o tratamento ser indispensável para cumprimento de obrigação legal ou regulatória pelo controlador, exercício regular de direitos (inclusive em contrato e em processo judicial, administrativo e arbitral), proteção da vida ou da incolumidade física do titular ou de terceiros, dentre outras hipóteses autorizadoras.

No entanto, *ad cautelam*, especialmente pelo fato de o consentimento nas relações de trabalho ainda ser alvo de discussões quanto a sua validade, recomenda-se a coleta do consentimento mesmo se fundamentada nas demais bases legais, caso o seu tratamento possa comportar risco ao titular dos danos, seja na esfera material, seja na extrapatrimonial, já que a própria legislação busca proteger os direitos fundamentais

78. WP259 rev.01. Disponível em: <https://www.cnpd.pt/home/rgpd/docs/wp259rev0.1_PT.pdf>. Acesso em: 9 out. 2020.
79. BIONI, Bruno Ricardo. *Proteção de dados pessoais*: a função e os limites do consentimento. Rio de Janeiro: Forense, 2020.

de liberdade e de privacidade, bem como o livre desenvolvimento da personalidade da pessoa natural.

É claro que a utilização do consentimento nas relações de trabalho, por si só, não é vedada e pode ser utilizada como fundamento para o tratamento dos dados pessoais de empregados, desde que: o consentimento seja realmente livre; a recusa não implicar qualquer consequência negativa para o titular; haja imperiosa necessidade do consentimento para a execução do contrato de trabalho ou para garantia de algum benefício ao titular. Nesse sentido, é o posicionamento de Selma Carloto:

> Excepcionalmente, depara-se em algumas hipóteses, onde há a possibilidade do empregador demonstrar que o consentimento foi dado de forma livre, informada e inequívoca, quando o ato de recusar o consentimento não produzir consequências negativas ao titular dos dados, que nas relações de trabalho corresponde ao empregado[80].

Outrossim, ressalta-se que o consentimento pode ser fornecido por qualquer meio que comprove a manifestação de vontade do titular (art. 8º, LGPD). Entretanto, é recomendável que a obtenção do consentimento seja feita por escrito e por meio de cláusula destacada das demais cláusulas contratuais, sendo vedada a autorização genérica. E, no caso de múltiplas operações de tratamento com diferentes finalidades, é necessário que o consentimento seja fornecido para cada uma delas[81].

Além disso, quando a base legal de tratamento é o consentimento, convém ressaltar que "ao haver necessidade de compartilhamento pelo controlador com outros controladores, este deverá obter novo consentimento e específico para esta nova finalidade"[82], salvo nos casos em que o compartilhamento estiver fundado em outra base legal de tratamento.

De outro giro, o armazenamento de documentos que comprovem o fornecimento do consentimento é indispensável ao empregador, na medida em que o art. 8º, § 2º, da LGPD prevê que "cabe ao controlador o ônus da prova de que o consentimento foi obtido em conformidade com o disposto nesta Lei".

80. CARLOTO, Selma. *Lei Geral de Proteção de Dados:* enfoque nas relações de trabalho. São Paulo, LTr: 2020, p. 100.
81. Conforme o Working Park 29 (WP259 rev.01), "se o responsável pelo tratamento interligar várias finalidades de tratamento sem tentar procurar separar o consentimento para cada finalidade, estamos perante falta de liberdade. Esta granularidade está estreitamente relacionada com a necessidade de o consentimento ser específico (...). Quando o tratamento dos dados for realizado procurando alcançar várias finalidades, a solução para satisfazer as condições inerentes a um consentimento válido passa pela granularidade, ou seja, a separação dessas finalidades e a obtenção de consentimento para cada uma das delas". Disponível em: <https://www.cnpd.pt/home/rgpd/docs/wp259rev0.1_PT.pdf>. Acesso em: 9 out. 2020.
82. CARLOTO, Selma. *Lei Geral de Proteção de Dados*: enfoque nas relações de trabalho. São Paulo, LTr: 2020, p. 78.

Por fim, destaca-se que o consentimento pode ser revogado a qualquer momento mediante manifestação expressa do titular, devendo o controlador (no caso, o empregador) facilitar esse procedimento e disponibilizá-lo de forma gratuita. Por esse motivo, recomenda-se a utilização das "demais bases legais" no âmbito das relações de emprego, para evitar não apenas o risco de conflito quanto à validade do ato, como também a possibilidade de o titular revogar o consentimento a qualquer momento.

14. *COMPLIANCE* TRABALHISTA

Nos último anos foram divulgados inúmeros casos de corrupção no Brasil envolvendo autoridades governamentais, empresários e diversas empresas públicas e privadas, o que, de certa forma, implicou mudança de comportamentos no meio empresarial em busca de orientações jurídicas, contábeis e administrativas no sentido de implementar medidas para assegurar o efetivo cumprimento da legislação tributária, penal, ambiental e trabalhista por meio de um novo padrão ético a nortear as diversas relações no âmbito empresarial e laboral. Surge, assim, o *Compliance.*

O termo *compliance* se origina do verbo em inglês *to comply*, isto é, agir de acordo com uma regra, uma instrução ou um comando. Nessa ordem, estar em "compliance" significa estar em sintonia com as normas legais e morais que compõem determinado ordenamento jurídico.

Pode-se dizer que, no Brasil, os passos iniciais do *compliance* surgiram com a promulgação da Lei 12.846/2013, também chamada de "Lei Anticorrupção". Entretanto, desde 1977, quando o Brasil passou a integrar o Comitê da Basileia, surgiram diversos princípios aplicáveis ao setor bancário como forma de fiscalizar e punir diversos ilícitos como lavagem de dinheiro, tráfico de drogas, corrupção etc.

Exsurge, assim, em nosso País a Lei 9.613/1998, apelidada de "Lei de Prevenção à Lavagem de Dinheiro", que, dentre outras providências, criou o Conselho de Controle de Atividades Financeiras (Coaf), órgão vinculado ao Ministério da Fazenda, com atribuições para aplicar penalidades administrativas, além de receber, examinar e identificar ocorrências suspeitas de atividades ilícitas.

A Resolução 2.554 do Banco Central do Brasil (Bacen) implantou diversas regras de *Compliance* Bancário semelhantes às previstas na Europa, como as editadas pelo Comitê da Basiléia para Supervisão Bancária desde 1975, e nos Estados Unidos da América, como as oriundas do Securities and Exchange Commission (SEC), de 1934.

Nos últimos tempos, principalmente depois dos escândalos envolvendo autoridades, empresários, grande e pequenas empresas, em especial a famosa Operação Lava Jato, houve a disseminação do *compliance*, inclusive na esfera justrabalhista.

Há, pois, um microssistema legal para aplicação do *Compliance* Trabalhista, que é composto pelos seguintes diplomas normativos: Lei Anticorrupção (Lei 12.826/2013);

Lei da Reforma Trabalhista (Lei 13.467/2017); Lei da Terceirização (Lei 13.429/2017); Lei da Lavagem de Dinheiro (Lei 9.613/98); Lei 14.020/2020 (Suspensão contratual e redução salarial em tempos de Pandemia) etc.

Assim, o *Compliance* Trabalhista tem por objetivo a instituição de programas e políticas empresariais destinados a identificar e avaliar as reais condições em que se encontra a empresa no que concerne ao cumprimento efetivo da legislação e estabelecer valores, princípios e regras de integridade que estejam em harmonia com a boa interpretação e aplicação das normas constitucionais e infraconstitucionais relativas ao direito material e processual do trabalho, como as que dizem respeito a: meio ambiente do trabalho (saúde, higiene e segurança no trabalho), enfatizando aspectos da precaução e prevenção de riscos de doenças e acidentes do trabalho; contratação e dispensa de empregados; relação interpessoal no ambiente laboral; subcontratação e terceirização dos serviços; auditorias; análise do passivo trabalhista decorrente das ações judiciais etc.

Como bem observa Roberta Potzik Soccio Kruppa, com o *Compliance* Trabalhista:

> Amplia-se para uma gestão empresarial ética e sustentável, de forma a não suprimir nenhum direito trabalhista e criar um ambiente saudável para o trabalhador e, que gere prosperidade para a empresa[83].

Portanto, a finalidade do *Compliance* Trabalhista é fornecer assessoramento jurídico integral e estratégico destinado a promover segurança e sustentabilidade, com respeito à legislação e às condutas éticas, o que poderá propiciar redução de riscos, prevenção de acidentes, doenças, conflitos, demandas trabalhistas, criando um ambiente de crescimento empresarial e reconhecimento da sociedade pela atividade econômica desenvolvida pela empresa.

83. KRUPPA, Roberta Potzik Soccio. *Compliance trabalhista*. Disponível em: <https://ambitojuridico.com.br/cadernos/direito-do-trabalho/compliance-trabalhista/>. Acesso em: 11 nov. 2020.

CAPÍTULO II

Fontes do Direito do Trabalho

1. FONTES DO DIREITO EM GERAL

Não há uniformidade na doutrina quando o assunto diz respeito à conceituação das fontes do direito, pois há quem sustente que as fontes seriam a pedra fundamental de todos os estudos jurídicos, ou seja, a própria origem do direito, o lugar donde ele provém.

Alguns advogam que fontes do direito constituem o fundamento para que se possa considerar válida a norma jurídica. Outros estudam as fontes sob o aspecto da exteriorização do direito.

Não há negar, porém, que a expressão "fonte do direito" é metafórica, assim como as águas saem do solo. As regras de direito, em rigor, saem da convivência social e da necessidade natural do homem de um disciplinamento jurídico dessa convivência.

Regra geral, a doutrina prefere classificar as fontes em vez de conceituá-las. Há, portanto, os que classificam as fontes em *primárias* (lei) e *secundárias* (costume, jurisprudência e doutrina); *imediatas* e *mediatas* (no mesmo sentido anterior); *formais* (lei, costume, jurisprudência, analogia, equidade, princípios gerais de direito) e *materiais* (fato social) etc.

Preferimos, contudo, classificar as fontes em *materiais* e *formais*, sendo estas últimas divididas[1] em: a) *diretas*; b) *indiretas*; e c) de *explicitação*.

As *fontes materiais* são as fontes potenciais do direito e compreendem o conjunto dos fenômenos sociais, políticos, econômicos, históricos, religiosos, a cultura, a ideologia, a necessidade de harmonização da conduta humana. Há quem sustente ser o fato social a fonte das fontes do direito.

As *fontes formais* são as que instrumentalizam as fontes materiais, conferindo-lhes o caráter de direito positivo. Dividem-se em:

- *fontes formais diretas* (lei – sentido genérico – e costume – *praeter legem, contra legem* e *secundum legem*);
- *fontes formais indiretas* (doutrina e jurisprudência);
- *fontes formais de explicitação* (analogia, princípios gerais de direito e equidade).

1. BRANCATO, Ricardo Teixeira. *Instituições de direito público e privado*. 8. ed. São Paulo: Saraiva, 1993, p. 19.

2. FONTES DO DIREITO DO TRABALHO

A doutrina tradicional sustenta que as fontes formais do direito material do trabalho estão insculpidas no art. 8º, *caput* e parágrafo único, da CLT (em sua redação original):

> Art. 8º As autoridades administrativas e a Justiça do Trabalho, na falta de disposições legais ou contratuais, decidirão, conforme o caso, pela jurisprudência, por analogia, por equidade e outros princípios e normas gerais de direito, principalmente do direito do trabalho, e, ainda, de acordo com os usos e costumes, o direito comparado, mas sempre de maneira que nenhum interesse de classe ou particular prevaleça sobre o interesse público.
>
> Parágrafo único. O direito comum será fonte subsidiária do direito do trabalho, naquilo em que não for incompatível com os princípios fundamentais deste.

Não há, contudo, uniformidade entre os juslaboralistas no que respeita ao estudo, conceituação, classificação e hierarquia das fontes formais justrabalhistas.

Tanto é assim que Francisco Meton Marques de Lima assevera que o art. 8º da CLT "traz, ao mesmo tempo, as fontes, a hierarquia e os meios de integração e aplicação do direito do trabalho"[2].

Traçando um paralelismo entre as fontes gerais e as fontes peculiares do direito do trabalho, Octavio Bueno Magano – reconhecendo que o seu critério não corresponde ao contido no art. 8º consolidado – classifica estas últimas em leis, costumes, jurisprudência, doutrina, sentença normativa, convenção coletiva, regulamentos de empresa e contrato de trabalho. Adverte, porém, que analogia, equidade, princípios gerais de direito e direito comparado "não constituem fontes e sim, critérios de interpretação do Direito"[3].

Délio Maranhão[4], parafraseando Gérard Lyon-Caen, salienta que a fonte material do direito do trabalho "é a pressão exercida sobre o Estado capitalista pela ação reivindicadora dos trabalhadores". No que concerne às fontes formais, diz o referido autor carioca que elas são: a Constituição, a lei, o regulamento, a sentença normativa, a convenção coletiva e o costume. Para ele, a Constituição, a lei, o regulamento e a sentença normativa são fontes heterônomas do direito do trabalho. Já a convenção coletiva e o costume são fontes autônomas do direito do trabalho.

Evaristo de Moraes Filho leciona que "as fontes reais ou primárias do direito do trabalho originam-se do mesmo húmus social como as outras espécies jurídi-

2. *Elementos de direito do trabalho e processo trabalhista*. 6. ed. São Paulo: LTr, 1994, p. 44.
3. *Op. cit.*, p. 96.
4. *Instituições de direito do trabalho*. 12. ed. São Paulo, 1991, p. 151-154.

cas..."[5]. E as fontes formais do direito do trabalho seriam *heterônomas* (lei, regulamento, sentença normativa, regulamento de empresa, quando unilateral) e *autônomas* (costume, regulamento de empresa, quando bilateral, e a convenção coletiva). Diz, ainda, que as fontes heterônomas são as que vêm de fora da vontade das partes (Estado, Justiça do Trabalho) ou do próprio empregador, unilateralmente. As autônomas são as construídas pelos próprios interessados, de forma bilateral.

Mario de la Cueva, citado por Délio Maranhão[6], ressalta que "nasceu o direito do trabalho como uma concessão da burguesia para acalmar a inquietação das classes trabalhadoras... e como esforço para obter a paz social". Nessa perspectiva, as fontes do direito do trabalho teriam forte influência do modelo liberal preconizado pela Revolução Francesa.

Amauri Mascaro Nascimento[7] propõe metodologia diversa. Para ele, o direito do trabalho é pluricêntrico, porque emana de vários centros de positivação, sendo que o processo de elaboração da norma jurídica será estatal ou não estatal, dividindo-se este em negocial ou consuetudinário. A Lei 13.467/2017, no entanto, suprimiu o parágrafo único do art. 8º da CLT, convertendo-o em três parágrafos. O primeiro passou a dispor que o direito comum será fonte subsidiária pura, ou seja, sem exigir compatibilidade da norma a ser migrada subsidiariamente com os princípios do Direito do Trabalho. Os dois outros parágrafos restringem consideravelmente a liberdade interpretativa dos juízes e tribunais do trabalho, além de impedirem o pleno acesso dos jurisdicionados à Justiça do Trabalho[8].

Para nós, as fontes do direito material do trabalho dividem-se em *materiais* e *formais*.

2.1. Fontes materiais do direito do trabalho

As fontes materiais encontram fundamento nos fatos políticos, econômicos, sociais e culturais aos quais a sociedade atribui certos valores que refletem na necessidade de sua regulação pelo direito.

No que concerne ao direito do trabalho, podemos dizer que as suas fontes materiais são os fatos políticos, econômicos e sociais trabalhistas, como a necessidade de intervenção estatal em favor da parte mais fraca na relação capital × trabalho, ou seja, o trabalhador e a necessidade de instituir um modelo de relações baseadas na promoção da paz, da liberdade, da igualdade, da justiça, da segurança e da solidariedade.

5. *Apud* MARANHÃO, Délio. *Op. cit.*, p. 151.
6. MARANHÃO, Délio *et. alli*. *Instituições de direito do trabalho*. 12. ed. São Paulo, 1991, p. 152.
7. *Curso de direito do trabalho*. 10. ed. 1992, p. 134-149.
8. Nesse sentido, ver Enunciados 2, 4 e 6 da 2ª Jornada de Direito Material e Processual do Trabalho (disponível em: <http://www.jornadanacional.com.br/listagem-enunciados-aprovados-vis1.asp>).

2.2. Fontes formais do direito do trabalho

As fontes formais do direito do trabalho subdividem-se em: heterônomas e autônomas.

2.2.1. Fontes heterônomas

As fontes heterônomas são as provenientes de terceiro estranho à relação de emprego, geralmente o Estado, ou do empregador, unilateralmente.

Assim, fonte heterônoma de origem estatal por excelência no Brasil é a *Constituição Federal* de 1988, que contém princípios, regras, institutos e valores respeitantes aos direitos fundamentais sociais dos trabalhadores. A Constituição Federal, por conter um catálogo de direitos fundamentais sociais trabalhistas (arts. 6º a 11) e ocupar o lugar mais alto da pirâmide normativa, é a fonte formal mais importante do nosso sistema jurídico laboral.

Abaixo da Constituição, encontramos as demais *espécies normativas infraconstitucionais* previstas no art. 59 da CF, como a lei ordinária, a lei complementar, a lei delegada, a medida provisória, o decreto legislativo e a resolução do Senado Federal. Não há hierarquia entre as fontes infraconstitucionais, porquanto cada uma delas dispõe sobre matéria própria e específica prevista na própria Constituição.

Os *tratados internacionais* que disponham sobre direitos sociais trabalhistas e ratificados pelo Brasil, também são fontes formais do direito do trabalho (CF, art. 5º, §§ 2º e 3º; CLT, art. 8º), sendo certo que há divergências sobre a força normativa que ocupam no ordenamento jurídico brasileiro, como veremos mais adiante. Adiantamos, desde logo, não obstante a cizânia doutrinária e jurisprudencial, que, a nosso ver, os *tratados de direitos sociais trabalhistas* são *tratados de direitos humanos* e, como tais, ingressam em nosso ordenamento na qualidade de normas constitucionais, por força do § 2º do art. 5º da CF, independentemente do quórum de aprovação no Congresso Nacional, como exige o § 3º daquele mesmo artigo constitucional.

No plano infraconstitucional, destaca-se como *principal fonte formal* do Direito do Trabalho brasileiro o Decreto-lei 5.452, de 1º.05.1943 (com vigência a partir de 10.11.1943), que instituiu a *Consolidação das Leis do Trabalho*, sendo que esta, como já vimos no capítulo I, não é um código, já que, além de normas de direito material do trabalho, contém diversas outras normas de direito processual do trabalho, de direito administrativo, de direito sindical e de direito penal, mas um conjunto consolidado de princípios, regras, valores e institutos que formam um sistema normativo especial de regulação das relações jurídicas trabalhistas e de proteção dos sujeitos mais vulneráveis de tais relações: os trabalhadores.

Também são fontes heterônomas as provenientes de *atos normativos do Poder Público*, como o decreto, a portaria, a instrução normativa, os provimentos etc. Embora haja divergência acerca de tais atos normativos como fontes do direito, parece-nos que em nosso sistema jurídico não há razão para tal afirmação, uma vez que eles podem produzir efeitos idênticos aos das demais fontes formais. Tanto é assim que há previsão na própria Constituição Federal (art. 102, I, *a*) para que o STF exerça o controle de constitucionalidade não apenas da lei, como também dos atos normativos do Poder Público. Destacam-se, nesse terreno, as *portarias do Ministério do Trabalho e Emprego* sobre saúde, medicina, segurança e meio ambiente do trabalho, que são verdadeiras normas equiparáveis à Lei Federal.

A *sentença normativa* (*rectius*, acórdão normativo, pois as decisões dos tribunais recebem o nome de acórdão) é fonte heterônoma estatal proveniente dos Tribunais Regionais do Trabalho ou do Tribunal Superior do Trabalho, conforme a abrangência territorial do conflito e a representatividade categorial do ente sindical correspondente. O art. 114, § 2º, da CF reconhece o poder normativo da Justiça do Trabalho como fonte de solução dos conflitos coletivos trabalhistas.

A *sentença arbitral* é também fonte heterônoma, mas pode ser de origem estatal, como a proferida pelo Ministério Público do Trabalho quando atua como árbitro escolhido pelas partes (LC 75/93, art. 93, XI), ou de origem privada, quando o árbitro escolhido for pessoa natural (Lei 9.307/96, art. 13). Nota-se que a própria Constituição faculta aos atores das relações coletivas de trabalho eleger árbitros para solução de conflitos coletivos (CF, art. 114, §§ 1º e 2º).

O ordenamento jurídico brasileiro contém uma lei genérica dispondo sobre o procedimento da arbitragem (Lei 9.307/96), aplicável subsidiariamente ao direito material e processual do trabalho, e algumas leis que cuidam da arbitragem, especificamente, na esfera trabalhista, como a Lei da Greve (Lei 7.783/88, art. 3º), a Lei de Reorganização de Portos (Lei 8.630/93, art. 23, §§ 1º a 3º) e a Lei sobre participação nos lucros e resultados (Lei 10.101/2000, art. 4º, II).

A arbitragem, embora prevista expressamente no art. 114, §§ 1º e 2º, da CF, é raramente utilizada para solução tanto dos conflitos individuais quanto dos conflitos coletivos trabalhistas.

O art. 1º da Lei 9.307/96 dispõe que a arbitragem só pode resolver conflitos envolvendo direitos patrimoniais disponíveis, o que, em linha de princípio, inviabiliza a sua aplicação como fonte formal de solução dos conflitos individuais trabalhistas. Uma exceção seria a indicação, por consenso entre trabalhadores e empregador, de um árbitro para fixar o valor de um prêmio instituído pelo empregador. A jurisprudência especializada, no entanto, é refratária ao cabimento da arbitragem para solução de conflitos individuais trabalhistas[9].

9. Salientamos que o Enunciado 56 aprovado na 2ª Jornada de Direito Material e Processual do Trabalho (Brasília, 2017) sustenta impossibilidade de instituição da cláusula compromissória de arbitragem (CLT, art. 507-A) em se tratando de créditos decorrentes da relação de trabalho, à luz do art. 1º da Lei 9.307/96, art. 100 da CF/88, art. 1.707 do CC e art. 844, § 4º, II da CLT, e em função do caráter alimentar do crédito trabalhista, da indisponibilidade e da inderrogabilidade dos direitos trabalhistas.

O *regulamento de empresa*, desde que tenha origem estatal ou instituído exclusivamente pelo empregador, no exercício do seu poder regulamentar, também é fonte heterônoma do direito do trabalho.

A *súmula vinculante* também passa a ser, por força da EC 45/04, que acrescentou o art. 103-A à CF, fonte formal direta do Direito do Trabalho, na medida em que o STF "poderá, de ofício ou por provocação, mediante decisão de dois terços dos seus membros, após reiteradas decisões sobre matéria constitucional, aprovar súmula que, a partir de sua publicação na imprensa oficial, terá efeito vinculante em relação aos demais órgãos do Poder Judiciário e à administração pública direta e indireta, nas esferas federal, estadual e municipal, bem como proceder à sua revisão ou cancelamento, na forma estabelecida em lei". A Lei 11.417, de 19.12.2006, regulamentou o art. 103-A da CF e alterou a Lei 9.784, de 29.01.1999, disciplinando a edição, a revisão e o cancelamento de enunciado de súmula vinculante pelo Supremo Tribunal Federal.

A *jurisprudência*, que constitui o conjunto reiterado de decisões dos tribunais, é expressamente reconhecida como fonte formal do Direito do Trabalho brasileiro, como se infere do art. 8º, *caput*, da CLT. Trata-se, na verdade, de uma fonte formal heterônoma indireta do direito do trabalho, pois o papel precípuo da jurisprudência é uniformizar a interpretação judicial das normas jurídicas. Na seara laboral, a jurisprudência em matéria de direito do trabalho abrange não apenas as súmulas como também as Orientações Jurisprudenciais do Tribunal Superior do Trabalho e dos Tribunais Regionais do Trabalho. Os §§ 2º e 3º do art. 8º da CLT (inseridos pela Lei 13.467/2017) restringem consideravelmente o papel da jurisprudência como fonte heterônoma do Direito do Trabalho, bem como a liberdade interpretativa dos magistrados do trabalho, o que pode implicar inconstitucionalidade por violação aos princípios da independência funcional e acesso à justiça[10].

2.2.2. Fontes autônomas

As fontes autônomas são as oriundas diretamente dos próprios interlocutores sociais, isto é, sem a interferência de um terceiro ou do Estado, como os *acordos coletivos* e as *convenções coletivas de trabalho*, o *contrato individual de trabalho*, o *regulamento de empresa instituído com a participação efetiva dos trabalhadores ou do sindicato* da categoria profissional respectiva.

Os *costumes* podem ser enquadrados ora como fontes autônomas, quando fruto do comportamento dos trabalhadores e empregador no âmbito da empresa[11], como o

10. Nesse sentido, ver Enunciados 2, 4 e 6 da 2ª Jornada de Direito Material e Processual do Trabalho (disponível em: <http://www.jornadanacional.com.br/listagem-enunciados-aprovados.asp>).

11. O art. 8º da CLT prevê como fonte supletiva os usos e costumes. Há quem sustente que as condições contratuais implícitas constituem apenas um uso, e não costume. O uso seria, então, mera

adiantamento salarial quinzenal, ora como fontes heterônomas, como ocorre na hipótese do art. 5º da Lei 5.889/73, segundo o qual:

> Em qualquer trabalho contínuo, de duração superior a seis horas, será obrigatória a concessão de um intervalo para repouso ou alimentação, *observados os usos e costumes da região,* não se computando este intervalo na duração do trabalho. Entre duas jornadas de trabalho haverá um período mínimo de onze horas consecutivas para descanso. (grifos nossos)

Não há negar que os acordos coletivos e as convenções coletivas dão um caráter especial ao direito do trabalho, e sobre eles voltaremos a falar no Título III.

A *mediação* e a *conciliação*, inclusive a firmada perante a Comissão de Conciliação Prévia – CCP (CLT, art. 625-E), também são fontes formais autônomas do direito do trabalho. Há, porém, quem sustente que tais institutos (mediação e conciliação) são fontes heterônomas, pois um terceiro (mediador ou comissão de conciliação prévia), estranho ao conflito, participa na sua solução, e não somente as partes diretamente interessadas.

No que diz respeito à *mediação*, cumpre lembrar que, após sucessivas Medidas Provisórias (MP 1.053/95 e seguintes), foi editada a Lei 10.192/01, cujo art. 11 contém regras sobre a mediação trabalhista, declarando que a negociação coletiva, promovida diretamente pelas partes ou por mediação, é um pré-requisito para a instauração do dissídio coletivo. A SDC/TST editou a OJ 24, que, embora cancelada em 2004, deixou claro que a exigência de mesa-redonda, ou seja, de mediação na Superintendência Regional do Trabalho, viola o art. 114, § 2º, da CF. Vale dizer, a mediação é sempre facultativa e não uma condição para o exercício da ação de dissídio coletivo. Entretanto, a EC 45/2004 exige o "comum acordo" entre as partes para o ajuizamento do dissídio coletivo de natureza econômica, ou seja, para a instauração dessa modalidade de demanda há necessidade de mútuo consentimento entre as partes (fonte autônoma) para que o tribunal possa proferir "sentença normativa" de mérito (fonte heterônoma).

A *conciliação* é método de solução de conflitos trabalhistas em que as próprias partes fazem concessões recíprocas acerca dos seus direitos subjetivos. O acordo, a transação e a renúncia podem ser objetos de conciliação, mas o Juiz do Trabalho pode recusar-se, validamente, a homologá-los, desde que fundamente a sua decisão. O TST editou a Súmula 418 que considera inexistir direito líquido e certo à homologação de acordo celebrado pelas partes. Na verdade, a conciliação pode ocorrer tanto nos dissídios individuais quanto nos dissídios coletivos (CLT, art. 764).

---

prática habitual no contexto do contrato de trabalho, assumindo o caráter de mera cláusula contratual. Nesse sentido: DELGADO, Maurício Godinho, *Curso...*, cit., 13. ed., p. 238.

2.2.2.1. *Termo de conciliação firmado perante a Comissão de Conciliação Prévia*

A conciliação pode ser: a) judicial, quando decorre de acordo celebrado em juízo ou extrajudicialmente. No processo do trabalho, a conciliação pode ocorrer nos dissídios individuais (CLT, arts. 831, parágrafo único, 846 e 850) ou nos dissídios coletivos (CLT, arts. 862 e 863); ou b) extrajudicial, quando firmada perante comissão de conciliação prévia (CLT, arts. 625-D e 625-E).

O termo firmado perante a comissão de conciliação prévia tem natureza de título executivo extrajudicial e "terá eficácia liberatória geral, exceto quanto às parcelas expressamente ressalvadas" (CLT, art. 625-E, parágrafo único).

A nosso sentir, a expressão "eficácia liberatória geral" prevista no parágrafo único do art. 625-E da CLT deve ser interpretada conforme o art. 5º, XXXV, da CF/88, de modo a assegurar o acesso do trabalhador ao Poder Judiciário para postular o pagamento de outras parcelas que não constam expressamente do Termo de Conciliação firmado perante a Comissão de Conciliação Prévia.

3. A CONSTITUCIONALIZAÇÃO DO DIREITO DO TRABALHO E O PROBLEMA DA HIERARQUIA DAS SUAS FONTES

Tradicionalmente, a doutrina justrabalhista reconhece o problema da hierarquia das fontes do direito do trabalho e a necessidade de se estabelecer critérios para a solução das possíveis antinomias entre elas.

Orlando Gomes e Elson Gottschalk, que dividem as fontes em imperativas e voluntárias, propõem a seguinte hierarquia, em havendo conflito: Convenções e Tratados Internacionais > Constituição > Lei > Sentença Normativa > Convenção Coletiva > Usos, Costumes e Regulamentos de Empresa (paralelamente). Entre a convenção coletiva, os usos e costumes e o regulamento de empresa escolhe-se, segundo referidos autores, a norma de âmbito mais genérico[12].

Amauri Mascaro Nascimento[13] admite a existência de hierarquia entre as normas trabalhistas, mas, no seu entender, o critério é fixado sob o aspecto teleológico. Para este renomado autor, no ápice da pirâmide normativa trabalhista deve estar a norma mais favorável, salvo se existir norma proibitiva imposta pelo Estado, como ocorre, por exemplo, com as leis que proíbem aumentos salariais acima dos índices estabelecidos pelo Governo (Política Salarial).

É seguido por Francisco Meton Marques de Lima e Délio Maranhão, embora este frise que, para se saber se uma norma é, ou não, mais favorável aos tra-

12. *Apud* LIMA, Francisco Meton Marques. *Op. cit.*, p. 46.
13. *Iniciação ao direito do trabalho*. 14. ed., p. 60-61.

balhadores, não depende da apreciação subjetiva dos interessados. Terá de ser resolvida objetivamente, segundo os motivos que inspiraram a regra hierarquicamente superior[14].

O problema da hierarquia das fontes do direito do trabalho, a nosso ver, não deve ser solucionado como no direito comum, uma vez que o art. 444 da CLT estabelece um conteúdo mínimo em prol do empregado, ou seja, não há falar-se em hierarquia, pelo menos do ponto de vista da dogmática tradicional, quando se está diante de uma norma prevendo uma condição socioeconômica mais favorável ao trabalhador.

Mais aceitável, portanto, é a posição de Amauri Mascaro Nascimento que, embora admitindo a existência de uma hierarquia dinâmica, ressalta que no caso de conflito prevalecerá a norma jurídica mais favorável ao trabalhador. Trata-se do princípio da norma mais favorável, sobre o qual voltaremos a falar no próximo capítulo.

Hodiernamente, contudo, tendo em vista o fenômeno da constitucionalização do direito, incluído o direito do trabalho, o estudo das fontes jurídicas ganha novos contornos, na medida em que surge uma nova hermenêutica constitucional calcada em novos métodos, princípios e valores que exercem grande influência sobre a interpretação e aplicação de todas as fontes jurídicas em geral e do direito do trabalho em particular, como veremos nos próximos capítulos.

Nesse sentido, lecionam Cláudio Pereira de Souza Neto e Daniel Sarmento que

> não há como negar que a Constituição, tida outrora como mera proclamação política de princípios pomposos e vazios, tornou-se, talvez pela primeira vez na história da nação, uma norma jurídica que é aplicada no dia a dia por juízes e tribunais. Este fenômeno se deve não apenas ao caráter analítico da Carta de 88, como também dos seus princípios e valores, cuja aplicação cada vez mais frequente vem provocando mudanças profundas e significativas nos mais variados ramos da nossa ordem jurídica[15].

No entanto, a chamada Reforma Trabalhista, instituída pela Lei 13.467/2017, encontra-se na contramão do fenômeno da constitucionalização do direito (e do processo) do trabalho, já que estabelece a supremacia das normas autocompositivas sobre as demais fontes normativas de proteção aos trabalhadores, como se depreende, por exemplo, do novel parágrafo único do art. 444 da CLT, que estabelece odiosa discriminação em desfavor dos trabalhadores com diploma de nível superior que percebam salários superiores ao dobro do limite máximo dos benefícios pagos pela Previdência

14. *Instituições de direito do trabalho*, p. 165.

15. SOUZA NETO, Cláudio Pereira de; SARMENTO, Daniel (Coords.). *A constitucionalização do direito*: fundamentos teóricos e aplicações específicas. Rio de Janeiro: Lumen Juris, 2007, p. 13.

Social. Além disso, o art. 611-A da CLT, com redação dada pela Lei 13.467/2017, enaltece a prevalência das normas previstas em convenções e acordos coletivos sobre as disposições previstas em lei nas hipóteses em que especifica. Igualmente, o art. 620 da CLT, com nova redação dada pela referida lei, prescreve que as "condições estabelecidas em acordo coletivo de trabalho sempre prevalecerão sobre as estipuladas em convenção coletiva de trabalho".

Nesse sentido, o item III do Enunciado 2 da 2ª Jornada de Direito Material e Processual do Trabalho, *in verbis*:

> INCONSTITUCIONALIDADE DO § 2º E DO § 3º DO ARTIGO 8º DA CLT E DO ARTIGO 611-A, § 1º, DA CLT. Será inconstitucional qualquer norma que colime restringir a função judicial de interpretação da lei ou imunizar o conteúdo dos Acordos e Convenções Coletivas de Trabalho da apreciação da Justiça do Trabalho, inclusive quanto à sua constitucionalidade, convencionalidade, legalidade e conformidade com a ordem pública social. Não se admite qualquer interpretação que possa elidir a garantia da inafastabilidade da jurisdição, ademais, por ofensa ao disposto no art. 114, I, da CF/88 e por incompatibilidade com os princípios da separação dos poderes, do acesso a justiça e da independência funcional[16].

4. A DESCONSTITUCIONALIZAÇÃO DO DIREITO DO TRABALHO PELA LEI 13.874/2019

Na contramão da constitucionalização do Direito em geral, e do Direito do Trabalho, em particular, o Presidente da República Jair Bolsonaro enviou ao Congresso Nacional a Medida Provisória n. 881/2019, também chamada de MP da Liberdade Econômica, tendo o Congresso Nacional, depois de acrescentar diversos dispositivos, encaminhado o Projeto de Lei de conversão da referida MP, resultando na sanção, pelo Presidente da República, da Lei 13.874, de 20.09.2019, cujo art. 1º, *caput*, dispõe, *in verbis*:

> Art. 1º Fica instituída a Declaração de Direitos de Liberdade Econômica, que estabelece normas de proteção à livre iniciativa e ao livre exercício de atividade econômica e disposições sobre a atuação do Estado como agente normativo e regulador, nos termos do inciso IV do *caput* do art. 1º, do parágrafo único do art. 170 e do *caput* do art. 174 da Constituição Federal.

16. Item III do Enunciado 2 aprovado na 2ª Jornada de Direito Material e Processual do Trabalho (disponível em: <http://www.jornadanacional.com.br/listagem-enunciados-aprovados.asp>).

Como se vê do preceptivo em causa, o legislador infraconstitucional invocou dispositivos da CF (inciso IV do art. 1º, parágrafo único do art. 170 e *caput* do art. 174) com a intenção de justificar, antecipadamente, que a Lei 13.874/2019 não colidiria com o Texto Constitucional.

Entretanto, o § 1º do art. 1º da Lei 13.874/2019 deixa claro que o "disposto nesta Lei será observado na aplicação e na interpretação do direito civil, empresarial, econômico, urbanístico e do trabalho nas relações jurídicas que se encontrem no seu âmbito de aplicação e na ordenação pública, inclusive sobre exercício das profissões, comércio, juntas comerciais, registros públicos, trânsito, transporte e proteção ao meio ambiente".

Em outras palavras, o dispositivo acima transcrito revela a verdadeira ideologia decorrente da nova política pública instituída pelo atual Governo brasileiro: desconstitucionalizar a interpretação e a aplicação do Direito em geral, e em especial do Direito do Trabalho, como procuraremos demonstrar ao longo deste livro.

Ignorando parte importante do Texto Constitucional, que tem no seu epicentro o princípio da dignidade da pessoa humana, a Lei 13.874/2019 omite que o valor social do trabalho está no mesmo inciso IV do art. 1º da CF.

Além disso, despreza a Ordem Social (CF, art. 193), que "tem como base o primado do trabalho, e como objetivo o bem-estar e a justiça sociais" e a própria Ordem Econômica (CF, art. 170, *caput*, III, VI, VII e VIII), que está "fundada na valorização do trabalho humano e na livre iniciativa, tem por fim assegurar a todos existência digna, conforme os ditames da justiça social, observados os seguintes princípios: (...) III – função social da propriedade (...); VI – defesa do meio ambiente; VII – redução das desigualdades regionais e sociais; VIII – busca do pleno emprego".

Outrossim, contrariando expressamente o princípio da supremacia da Constituição Federal, o § 2º do art. 1º da Lei 13.874/2019, prescreve, *in verbis*: "Interpretam-se em favor da liberdade econômica, da boa-fé e do respeito aos contratos, aos investimentos e à propriedade todas as normas de ordenação pública sobre atividades econômicas privadas".

Ocorre que as "normas de ordenação pública sobre atividades econômicas privadas" abrangem as normas de proteção ao trabalho humano, especialmente aquelas que dispõem sobre o trabalho sob vínculo empregatício, uma vez que a Constituição brasileira de 1988 considera como princípio fundamental o valor social do trabalho e da livre iniciativa, não podendo a lei estabelecer a prioridade interpretativa em favor da livre iniciativa, que abrange a liberdade econômica, de contratar, de investir e de ter (propriedade), em detrimento das normas (princípios e regras) de proteção aos direitos sociais e metaindividuais, mormente as que têm por destinatários os trabalhadores urbanos e rurais (CF, art. 7º, *caput*).

Dentre as principais alterações que a Lei 13.874/2019 realizou na CLT destacam-se: a) as diversas regras sobre anotações na CTPS relativas a acidentes do trabalho, dependentes, multa por não anotação do vínculo, anotação de férias coletivas; b) a adoção da CTPS eletrônica (CLT, art. 14); c) a ampliação do prazo para anotação inicial da CTPS pelo empregador, que passou de 48hs para 5 dias úteis (CLT, art. 29); d) a previsão de anotação do horário de trabalho em registro de empregados; e) a obrigatoriedade de anotação da hora de entrada e saída apenas para os estabelecimentos com mais de 20 (vinte) trabalhadores, por meio de registro manual, mecânico ou eletrônico, conforme instruções expedidas pela Secretaria Especial de Previdência e Trabalho do Ministério da Economia, permitida a pré-assinalação do período de repouso; f) se o trabalho for executado fora do estabelecimento, o horário dos empregados constará do registro manual, mecânico ou eletrônico em seu poder; g) a permissão da utilização de "registro de ponto por exceção" à jornada regular de trabalho, mediante acordo individual escrito, convenção coletiva ou acordo coletivo de trabalho.

5. O MICROSSISTEMA NORMATIVO TRABALHISTA PROVISÓRIO PARA ENFRENTAMENTO DA PANDEMIA DO CORONAVÍRUS (COVID-19)

Em decorrência da Pandemia do Coronavírus (Covid-19) declarada pela Organização Mundial da Saúde (OMS), o Presidente da República editou – e vem editando – várias Medidas Provisórias para enfrentamento desse estado de calamidade pública reconhecido pelo Decreto Legislativo 6, de 20 de março de 2020, dentre as quais se destacam, por impactarem diretamente o Direito do Trabalho, as MPs 927, 936, 944, 945 e 946, todas de 2020.

5.1. Medida Provisória 927/2020

A Medida Provisória 927, de 22 de março de 2020, que "Dispõe sobre as medidas trabalhistas para enfrentamento do estado de calamidade pública reconhecido pelo Decreto Legislativo n. 6, de 20 de março de 2020, e da emergência de saúde pública de importância internacional decorrente do coronavírus (Covid-19), e dá outras providências", não foi convertida em lei pelo Legislativo e seu prazo de vigência foi encerrado no dia 19 de julho de 2020 (Ato Declaratório do Presidente da Mesa do Congresso Nacional 92, de 30.07.2020, *DOU* de 31.07.2020).

Não obstante a sua não conversão em lei, a MP produziu efeitos durante a sua vigência, uma vez que o § 3º do art. 62 da CF dispõe que as medidas provisórias, ressalvado o disposto nos §§ 11 e 12, perderão eficácia, desde a edição, se não forem convertidas em lei no prazo de sessenta dias, prorrogável, nos termos do § 7º, uma vez por igual período, devendo o Congresso Nacional disciplinar, por decreto legislativo, as relações jurídicas delas decorrentes.

O Congresso Nacional não editou o Decreto Legislativo, sendo que o § 11 do art. 62 da CF prescreve que, se não for "editado o decreto legislativo a que se refere o § 3º até sessenta dias após a rejeição ou perda de eficácia de medida provisória, as relações jurídicas constituídas e decorrentes de atos praticados durante sua vigência conservar-se-ão por ela regidas".

Assim, não obstante a CF não obrigue a edição de decreto legislativo pelo Congresso Nacional, há uma consequência jurídica decorrente de sua inércia: a conservação das relações jurídicas constituídas e decorrentes de atos praticados durante a vigência da medida, isto é, a sua eficácia permanece durante o período de sua vigência.

Destarte, faremos uma breve análise das "medidas trabalhistas de enfrentamento da calamidade pública decorrente da pandemia do Coronavírus (Covid-19)" instituídas pela MP 927, que é aplicável ao empregado regido pela CLT, ao empregado terceirizado (Lei 6.019/74), ao trabalhador temporário (Lei 6.019/74) e ao empregado rural (Lei 5.889/73). Quanto ao trabalhador doméstico (LC 150/2015), são aplicáveis, no que couber, as disposições sobre jornada, banco de horas e férias.

A principal característica da MP 927 reside na instituição da supremacia do acordo individual sobre a lei, CCT e ACT e na ampliação do *jus variandi* do empregador.

A MP 927 adotou oito importantes medidas trabalhistas, como: a) o **teletrabalho**, que faculta ao empregador promover alterações das condições dessa espécie de trabalho a distância, independentemente de concordância do empregado ou de aditivo contratual. Além disso, a referida MP permitiu, ainda, o teletrabalho para estagiários e aprendizes; b) a **antecipação de férias individuais**, mediante acordo individual escrito, ainda que o período aquisitivo correspondente não tenha transcorrido, sendo que o empregador informaria ao empregado sobre a antecipação de suas férias com antecedência mínima de 48 horas, por escrito ou por meio eletrônico e o pagamento das férias poderia ser efetuado até o 5º dia útil do mês subsequente ao início do gozo das férias. No que tange aos profissionais da área de saúde ou daqueles que desempenhem funções essenciais, ficou autorizada a suspensão das férias ou licenças não remuneradas; c) as **férias coletivas**, permitindo que o empregador notifique os empregados com antecedência mínima de 48 horas, sendo inaplicáveis os limites de períodos anuais e de dias corridos previstos na CLT; d) o **aproveitamento e a antecipação de feriados não religiosos**, facultando-se aos empregadores notificar os empregados com antecedência mínima de 48 horas, sendo que esses feriados poderão ser utilizados para compensação do saldo existente no banco de horas e, quanto ao aproveitamento de **feriados religiosos**, dependerá de concordância do empregado, mediante acordo individual escrito; e) o **banco de horas**, inclusive o banco de horas negativo, cuja compensação poderia ser feita no prazo de até 18 meses, sem necessidade de acordo individual, tampouco previsão em norma coletiva (convenção ou acordo coletivo); f) a **suspensão de exigências administrativas em segurança e saúde no trabalho durante o estado de calamidade**, como a realização dos exames médicos ocupacionais, clínicos e complementares, exceto dos exames demissionais, a realização de treinamentos periódicos e eventuais dos atuais empregados, previstos em normas regulamentadoras de segurança e saúde no trabalho; g) o **diferimento do recolhimento do FGTS**, ficando suspensa a exigibilidade do recolhimento do FGTS pelos empregadores referente às competências de março, abril e maio de 2020. Esse recolhimento poderia ser feito de forma parcelada, em até 6 vezes, a partir de julho de 2020, sem incidência de atualização, multa e encargos, desde que empregador tivesse declarado essas informações até 20.06.2020 (os valores não declarados seriam considerados em atraso). A contagem do prazo prescricional dos débitos relativos ao FGTS ficou suspensa pelo prazo de 120 dias.

5.2. Lei 14.020/2020 (conversão da Medida Provisória 936/2020)

A Medida Provisória 936, de 1º de abril de 2020, que instituiu o Programa Emergencial de Manutenção do Emprego e da Renda e criou "medidas trabalhistas complementares" à MP 927/2020 para enfrentamento do estado de calamidade pública e de emergência de saúde pública decorrente da Pandemia do Coronavírus, foi convertida na Lei 14.020, de 6 de julho de 2020.

Dentre as medidas trabalhistas previstas na Lei 14.020/2020 estão a redução da jornada de trabalho e do salário, bem como a suspensão do contrato individual de trabalho. Tais medidas drásticas e excepcionais poderão ser realizadas por acordos individuais entre empregados e empregador, bem como por meio de negociação coletiva de trabalho.

O partido político Rede Sustentabilidade ajuizou perante o STF a ADI 6.363, postulando a declaração de inconstitucionalidade de diversos dispositivos da MP 936/2020, requerendo, liminarmente, a suspensão: a) do uso de acordo individual para dispor sobre as medidas de redução de salário e suspensão de contrato de trabalho; b) do § 4º do art. 11; c) do art. 12, na íntegra; d) das expressões "individual escrito entre empregador e empregado" do inciso II do art. 7º; e) "individual" do inciso II do parágrafo único do art. 7º; f) "individual escrito entre empregador e empregado" do § 1º do art. 8º; g) "individual" do inciso II do § 3º do art. 8º e "no acordo individual pactuado ou" do inciso I do § 1º do art. 9º (p. 20 da petição inicial).

O ministro Ricardo Lewandowski, relator, deferiu parcialmente a liminar,

> *ad referendum* do Plenário do Supremo Tribunal Federal, apenas para dar interpretação conforme à Constituição ao § 4º do art. 11 da Medida Provisória 936/2020, de maneira a assentar que "[os] acordos individuais de redução de jornada de trabalho e de salário ou de suspensão temporária de contrato de trabalho [...] deverão ser comu-

nicados pelos empregadores ao respectivo sindicato laboral, no prazo de até dez dias corridos, contado da data de sua celebração", para que este, querendo, deflagre a negociação coletiva, importando sua inércia em anuência com o acordado pelas partes.

O Plenário do STF, em sessão por videoconferência realizada em 17.04.2020, por maioria, não referendou a liminar do relator e manteve a eficácia da regra da MP 936/2020, que autoriza a redução da jornada de trabalho e do salário ou a suspensão temporária do contrato de trabalho por meio de acordos individuais em razão da pandemia do novo coronavírus, independentemente da anuência dos sindicatos da categoria. Prevaleceu a divergência aberta pelo ministro Alexandre de Moraes, para quem, em razão do momento excepcional, a previsão de acordo individual é razoável, pois garante uma renda mínima ao trabalhador e preserva o vínculo de emprego ao fim da crise. Segundo ele, a exigência de atuação do sindicato, abrindo negociação coletiva ou não se manifestando no prazo legal, geraria insegurança jurídica e aumentaria o risco de desemprego. Ressalvou que a regra não fere princípios constitucionais, pois não há conflito entre empregados e empregadores, mas uma convergência sobre a necessidade de manutenção da atividade empresarial e do emprego. Ele considera que, diante da excepcionalidade e da limitação temporal, a regra está em consonância com a proteção constitucional à dignidade do trabalho e à manutenção do emprego. Destacou, ainda, a proteção ao trabalhador que firmar acordo, pois, de acordo com a MP, além da garantia do retorno ao salário normal após 90 dias, ele terá estabilidade por mais 90 dias.

Acompanharam esse entendimento os ministros Roberto Barroso, Luiz Fux, Cármen Lúcia, Gilmar Mendes, Marco Aurélio e Dias Toffoli (presidente). Ficaram vencidos, além do relator, o ministro Edson Fachin e a ministra Rosa Weber. Destaca-se o voto do ministro Fachin – com o qual concordamos –, no sentido de que não há espaço para que a legislação ordinária substitua a regra constitucional que prevê a participação sindical em acordos que tenham por objeto a redução salarial.

Mantida incólume a MP 936 e, consequentemente, a Lei 14.020/2020, advertimos que, em princípio, apenas o empregado regido pela CLT e, por equiparação constitucional, o empregado rural (CF, art. 7º, *caput*) terá direito ao Benefício Emergencial de Preservação do Emprego da Renda (custeado com recursos da União), pois tal benefício será pago em prestações mensais nas hipóteses de redução proporcional de jornada de trabalho e de salário ou suspensão temporária do contrato de trabalho (Lei 14.020/2020, art. 5º).

O Benefício Emergencial de Preservação do Emprego e da Renda:

- será pago ao empregado independentemente do: I – cumprimento de qualquer período aquisitivo; II – tempo de vínculo empregatício; e III – número de salários recebidos;

- não será devido ao empregado que esteja: I – ocupando cargo ou emprego público ou cargo em comissão de livre nomeação e exoneração ou seja titular de mandato eletivo; ou II – em gozo: a) de benefício de prestação continuada do Regime Geral de Previdência Social ou dos regimes próprios de previdência social, ressalvado o disposto no parágrafo único do art. 124 da Lei 8.213/1991; b) do seguro-desemprego, em qualquer de suas modalidades; e c) da bolsa de qualificação profissional de que trata o art. 2º-A da Lei 7.998/1990.

O art. 7º da Lei 14.020/2020 dispõe que, durante o estado de calamidade, o empregador poderá acordar a redução proporcional da jornada de trabalho e de salário de seus empregados, por até noventa dias, observados os seguintes requisitos: I – preservação do valor do salário-hora de trabalho; II – pactuação, conforme o disposto nos arts. 11 e 12 da referida lei, por convenção coletiva de trabalho, acordo coletivo de trabalho ou acordo individual escrito entre empregador e empregado; e III – na hipótese de pactuação por acordo individual escrito, encaminhamento da proposta de acordo ao empregado com antecedência de, no mínimo, 2 (dois) dias corridos, e redução da jornada de trabalho e do salário exclusivamente nos seguintes percentuais: a) 25%; b) 50%; ou c) 70%.

A jornada de trabalho e o salário pago anteriormente serão restabelecidos no prazo de 2 (dois) dias corridos, contado da: I – cessação do estado de calamidade pública; II – data estabelecida como termo de encerramento do período de redução pactuado; ou III – data de comunicação do empregador que informe ao empregado sua decisão de antecipar o fim do período de redução pactuado.

Prevê o § 3º do art. 7º da Lei 14.020/2020 que durante o limite temporal do estado de calamidade pública, o Poder Executivo, por meio de Decreto, poderá prorrogar o prazo máximo de redução proporcional de jornada de trabalho e de salário.

No tocante à possibilidade de suspensão do contrato de trabalho durante o estado de calamidade, prevê o art. 8º da Lei 14.020/2020 que o empregador poderá acordar a suspensão temporária do contrato de trabalho de seus empregados, de forma setorial, departamental, parcial ou na totalidade dos postos de trabalho, pelo prazo máximo de 60 (sessenta) dias, fracionável em 2 (dois) períodos de até 30 (trinta) dias, podendo ser prorrogado por prazo determinado em ato do Poder Executivo.

A suspensão temporária do contrato de trabalho será pactuada, conforme o disposto nos arts. 11 e 12 da referida lei, por convenção coletiva de trabalho, acordo coletivo de trabalho ou acordo individual escrito entre empregador e empregado, devendo a proposta de acordo, nesta última hipótese, ser encaminhada ao empregado com antecedência de, no mínimo, 2 (dois) dias corridos.

Nos termos do § 2º do art. 8º da Lei 14.020/2020, durante o período de suspensão temporária do contrato de trabalho, o empregado: I – fará jus a todos os benefícios concedidos pelo empregador aos seus empregados; e II – ficará autorizado a contribuir para o Regime Geral de Previdência Social na qualidade de segurado facultativo, na forma do art. 20 da referida lei.

O contrato de trabalho será restabelecido no prazo de 2 (dois) dias corridos, contado da: I – cessação do estado de calamidade pública; II – data estabelecida como termo de encerramento do período de suspensão pactuado; ou III – data de comunicação do empregador que informe ao empregado sua decisão de antecipar o fim do período de suspensão pactuado.

Regra importante foi prevista no § 4º do art. 8º da Lei 14.020/2020, porquanto se durante o período de suspensão temporária do contrato de trabalho o empregado mantiver as atividades de trabalho, ainda que parcialmente, por meio de teletrabalho, trabalho remoto ou trabalho a distância, ficará descaracterizada a suspensão temporária do contrato de trabalho, e o empregador estará sujeito: I – ao pagamento imediato da remuneração e dos encargos sociais e trabalhistas referentes a todo o período; II – às penalidades previstas na legislação em vigor; e III – às sanções previstas em convenção coletiva ou acordo coletivo de trabalho.

O § 5º do art. 8º da Lei 14.020/2020 dispõe que a empresa que tiver auferido, no ano-calendário de 2019, receita bruta superior a quatro milhões e oitocentos mil reais somente poderá suspender o contrato de trabalho de seus empregados mediante o pagamento de ajuda compensatória mensal no valor de 30% (trinta por cento) do valor do salário do empregado, durante o período de suspensão temporária do contrato de trabalho pactuado, observado o disposto neste artigo e no art. 9º da mesma lei, que prevê a possibilidade de cumulação do pagamento do Benefício Emergencial com a Ajuda Compensatória fornecida pelo empregador nos casos de redução salarial ou suspensão contratual decorrentes do estado de calamidade.

Tal Ajuda Compensatória mensal, porém, nos termos do § 1º do art. 9º da Lei 14.020/2020: I – deverá ter o valor definido em negociação coletiva ou no acordo individual escrito pactuado; II – terá natureza indenizatória; III – não integrará a base de cálculo do imposto sobre a renda retido na fonte ou da declaração de ajuste anual do imposto sobre a renda da pessoa física do empregado; IV – não integrará a base de cálculo da contribuição previdenciária e dos demais tributos incidentes sobre a folha de salários; V – não integrará a base de cálculo do valor dos depósitos no FGTS; e VI – poderá ser considerada despesa operacional dedutível na determinação do lucro real e da base de cálculo da Contribuição Social sobre o Lucro Líquido (CSLL) das pessoas jurídicas tributadas pelo lucro real, desde que paga a partir do mês de abril de 2020.

Prevê o § 2º do art. 9º da Lei 14.020/2020 que, na hipótese de redução proporcional de jornada de trabalho e de salário, a ajuda compensatória prevista no *caput* deste artigo não integrará o salário devido pelo empregador e observará o disposto no § 1º do art. 9º acima referido.

O § 6º do art. 9º faculta ao Chefe do Poder Executivo, observado o limite temporal do estado de calamidade pública, prorrogar, por meio de decreto, o prazo máximo de suspensão temporária do contrato de trabalho previsto.

5.3. Lei 14.043/2020 (Conversão da Medida Provisória 944/2020)

A Lei 14.043, de 19.08.2020, que é decorrente da conversão da MP 944, instituiu o Programa Emergencial de Suporte a Empregos, alterou as Leis 9.430/96 e 13.999/2020 e deu outras providências.

O principal escopo da Lei 14.043 foi facilitar a realização de operações de crédito, com a finalidade de pagamento de folha salarial ou de verbas trabalhistas, tendo por destinatários: empresários, sociedades simples, sociedades empresárias e sociedades cooperativas, exceto as sociedades de crédito, organizações da sociedade civil, definidas no inciso I do *caput* do art. 2º da Lei 13.019/2014 e no inciso IV do *caput* do art. 44 do Código Civil, e empregadores rurais, definidos no art. 3º da Lei 5.889/73, desde que esses agentes econômicos tenham auferido receita bruta anual superior a R$ 360.000,00 e igual ou inferior a R$ 50.000.000,00, calculada com base no exercício de 2019.

O agente econômico que contratar a linha de crédito no âmbito do Programa Emergencial assumirá contratualmente as seguintes obrigações: I – fornecer informações verídicas; II – não utilizar os recursos para finalidade distinta do pagamento de seus empregados; III – efetuar o pagamento de seus empregados com os recursos do Programa, por meio de transferência para a conta de depósito, para a conta-salário ou para a conta de pagamento pré-paga de titularidade de cada um deles, mantida em instituição autorizada a funcionar pelo Banco Central do Brasil; IV – não rescindir sem justa causa o contrato de trabalho de seus empregados, no período compreendido entre a data da contratação da linha de crédito e o sexagésimo dia após a liberação dos valores referentes à última parcela da linha de crédito pela instituição financeira.

O não atendimento a qualquer das obrigações de que tratam os §§ 3º, 4º e 5º do art. 2º da Lei 14.043/2020 implica o vencimento antecipado da dívida.

Tendo em vista o veto presidencial aos incisos I e II do art. 3º da Lei 14.043, o Programa Emergencial de Suporte a Empregos só pode ser utilizado para financiar a quitação das verbas rescisórias pagas ou pendentes de adimplemento decorrentes de demissões sem justa causa ocorridas entre a data de publicação da Lei 13.979, de 06.02.2020, e a data de publicação da Lei 14.043 (*DOU* de 20.08.2020), incluídos os eventuais débitos relativos ao FGTS correspondentes, para fins de recontratação do empregado demitido.

Duas regras importantes foram instituídas na Lei 14.043 (§§ 1º e 2º do art. 3º): a) os contratantes que optarem pela modalidade de financiamento de que trata este artigo não poderiam estar com suas atividades encerradas, com falência decretada ou em estado de insolvência civil; b) não poderiam obter o financiamento para "verbas trabalhistas de natureza exclusivamente indenizatória ou que tenham como fato gerador o trabalho escravo ou infantil".

5.4. Lei 14.047/2020 (conversão da Medida Provisória 945/2020)

A Lei 14.047 (*DOU* 25.08.2020), fruto da conversão da MP 945/2020, instituiu: I – medidas especiais para enfrentamento da pandemia da Covid-19 com o objetivo de garantir a preservação das atividades portuárias, consideradas essenciais; II – cessão de uso especial de pátios sob administração militar; III – custeio das despesas com serviços de estacionamento para a permanência de aeronaves de empresas nacionais de transporte aéreo regular de passageiros em pátios da Empresa Brasileira de Infraestrutura Aeroportuária (Infraero).

Interessa-nos, para os fins deste *Curso*, analisar as medidas relacionadas ao trabalho portuário.

Nessa ordem, o art. 2º da Lei 14.047 vedou ao OGMO escalar trabalhador portuário avulso: I – que apresentar os seguintes sintomas, acompanhados ou não de febre, ou outros estabelecidos em ato do Poder Executivo federal, compatíveis com a Covid-19: a) tosse seca; b) perda do olfato; c) dor de garganta; d) dificuldade respiratória; II – quando o trabalhador for diagnosticado com a Covid-19 ou submetido a medidas de isolamento domiciliar por coabitação com pessoa diagnosticada com a Covid-19; III – quando a trabalhadora estiver gestante ou lactante; IV – quando o trabalhador tiver idade igual ou superior a 65 (sessenta e cinco) anos e não comprovar estar apto ao exercício de suas atividades; V – quando o trabalhador tiver sido diagnosticado com: a) imunodeficiência; b) doença respiratória; c) doença preexistente crônica ou grave, como doença cardiovascular, respiratória ou metabólica.

Coube ao OGMO encaminhar à autoridade portuária semanalmente lista atualizada de trabalhadores portuários avulsos que estejam impedidos de ser escalados, acompanhada de documentação que comprove o enquadramento dos trabalhadores em alguma das hipóteses previstas neste artigo, sendo que a comprovação dos sintomas supracitados poderia ser realizada por meio de atestado médico ou por outra forma estabelecida em ato do Poder Executivo federal.

Além disso, os próprios trabalhadores enquadrados em alguma das hipóteses previstas nos incisos I, II, III, IV e V do *caput* do art. 2º da Lei 14.047/2020 poderiam enviar a documentação comprobatória de sua situação ao órgão gestor de mão de obra por meio eletrônico, informando imediatamente qualquer alteração em sua situação.

O trabalhador portuário avulso com idade igual ou superior a 65 anos não enquadrado em qualquer das situações supramencionadas poderia ser escalado pelo OGMO, condicionada a escalação à livre iniciativa do trabalhador e à comprovação médica de que possui condições de saúde para exercer suas atividades laborais.

Nos termos do art. 3º da Lei 14.047/2020, enquanto persistir o impedimento de escalação com fundamento em qualquer das hipóteses previstas no art. 2º da referida lei, o trabalhador portuário avulso terá direito ao recebimento de indenização compensatória mensal no valor correspondente a 70% sobre a média mensal recebida por ele, por intermédio do OGMO, entre 1º de abril de 2019 e 31 de março de 2020, a qual não poderá ser inferior ao salário mínimo para os que possuem vínculo apenas com o referido órgão[17]. O pagamento da indenização será custeado pelo operador portuário ou por qualquer tomador de serviço que requisitar trabalhador portuário avulso ao OGMO. O valor pago por cada operador portuário ou tomador de serviço, para fins de repasse aos beneficiários da indenização, será proporcional à quantidade de serviço demandado ao OGMO, cabendo a este calcular, arrecadar e repassar aos beneficiários o valor de suas indenizações.

Na hipótese de o aumento de custos com o trabalho portuário avulso decorrente da indenização em exame ter impacto sobre os contratos de arrendamento já firmados, estes deverão ser alterados de maneira a promover o reequilíbrio econômico-financeiro.

A administração do porto concederá desconto tarifário aos operadores portuários pré-qualificados que não sejam arrendatários de instalação portuária em valor equivalente ao acréscimo de custo decorrente do pagamento da indenização devida ao trabalhador portuário avulso.

O benefício a ser pago aos trabalhadores portuários avulsos durante o estado de calamidade: I – terá natureza indenizatória; II – não integrará a base de cálculo do imposto sobre a renda retido na fonte ou da declaração de ajuste anual do imposto sobre a renda da pessoa física do empregado; III – não integrará a base de cálculo da contribuição previdenciária e dos demais tributos incidentes sobre a folha de salários; IV – não integrará a base de cálculo do valor devido ao FGTS; V – poderá ser excluído do lucro líquido para fins de determinação do imposto sobre a renda da pessoa jurídica e da Contribuição Social sobre o Lucro Líquido (CSLL) das pessoas jurídicas tributadas pelo lucro real.

Não terão direito à indenização, ainda que estejam impedidos de concorrer à escala, os trabalhadores portuários avulsos que: I – estiverem em gozo de qualquer benefício do Regime Geral de Previdência Social (RGPS) ou de regime próprio de previdência social, observado o disposto no parágrafo único do art. 124 da Lei 8.213/91; ou II – perceberem o benefício assistencial de que trata o art. 10-A da Lei 9.719/98.

Para os trabalhadores portuários avulsos que estiveram afastados e em gozo de benefício pelo INSS no período de apuração da média a que se refere o *caput* do art. 3º da Lei 14.047/2020, considerar-se-á o valor dele para o referido cálculo no período de afastamento.

---

17. Prevê o art. 15 e seu parágrafo único da Lei 14.047/2020 que as disposições constantes dos arts. 2º, 3º e 4º desta Lei produzirão efeitos pelo prazo de 120 (cento e vinte) dias, contado da data de publicação desta Lei. Parágrafo único. Considerar-se-á prorrogado o prazo estabelecido no *caput* deste artigo caso o estado de calamidade pública reconhecido pelo Decreto Legislativo 6/2020 perdure por prazo superior a 120 dias, contado da data de publicação da referida lei (*DOU* 25.08.2020).

Prevê o art. 4º da Lei 14.047/2020 que, na hipótese de indisponibilidade de trabalhadores portuários avulsos para atendimento das requisições ao OGMO, os operadores portuários que não forem atendidos poderão contratar livremente trabalhadores com vínculo empregatício por tempo determinado para a realização de serviços de capatazia, de bloco, de estiva, de conferência de carga, de conserto de carga e de vigilância de embarcações, observado o lapso temporal previsto no art. 15 e seu parágrafo único da referida lei, sendo considerado como indisponibilidade de trabalhadores portuários qualquer causa que resulte no não atendimento imediato às requisições apresentadas pelos operadores portuários ao OGMO, tal como greve, movimento de paralisação e operação-padrão. Nesses casos, a contratação de trabalhadores portuários com vínculo empregatício não poderá exceder o prazo de 12 meses.

5.5. Medida Provisória 946/2020

A Medida Provisória 946, de 07.04.2020, extinguiu o Fundo PIS-Pasep, instituído pela Lei Complementar 26/75, e transferiu o seu patrimônio para o FGTS.

Ocorre que a MP 946 não foi convertida em lei, tendo sua vigência encerrada no dia 04.08.2020, conforme Ato Declaratório do Presidente da Mesa do Congresso Nacional 101/2020.

O Congresso Nacional não editou Decreto Legislativo para regulamentar os efeitos produzidos pela MP 946, de modo que, nos termos do § 11 do art. 62 da CF: "Não editado o decreto legislativo (...) até sessenta dias após a rejeição ou perda de eficácia de medida provisória, as relações jurídicas constituídas e decorrentes de atos praticados durante sua vigência conservar-se-ão por ela regidas".

O art. 6º da MP 946 disponibilizou aos titulares de conta vinculada do FGTS, a partir de 15.06.2020 até 31.12.2020, em razão do enfrentamento do estado de calamidade pública (DL 6/2020) e da pandemia de coronavírus (Covid-19), o saque de recursos até o limite de R$ 1.045,00 por trabalhador. Como perdeu a eficácia, restam dúvidas sobre o direito dos trabalhadores que não efetuaram o saque durante o período de vigência da referida MP 946[18].

18. A Caixa Econômica Federal, na qualidade de agente operador do FGTS, com base no princípio constitucional da segurança jurídica, manteve o cronograma do saque emergencial do FGTS até o fim do prazo de pagamento estabelecido pela MP 946/2020. Disponível em: <https://agenciabrasil.ebc.com.br/economia/noticia/2020-08/caixa-mantera-calendario-de-saque-do-fgts-mesmo-apos-fim-da-mp-946>. Acesso em: 30 out. 2020.

CAPÍTULO III
Princípios do Direito do Trabalho

1. PRINCÍPIOS: CONCEITO E IMPORTÂNCIA

A coerência interna de um sistema jurídico decorre dos princípios sobre os quais se organiza. Para operacionalizar o funcionamento desse sistema, torna-se necessária a subdivisão dos princípios jurídicos. Extraem-se, assim, os princípios gerais e os princípios especiais, conforme a natureza de cada subdivisão.

Debruçando-nos, por exemplo, sobre o direito e o direito do trabalho, verificaremos que o primeiro possui seus princípios gerais, e o segundo, que é um dos seus ramos, possui princípios específicos (ou peculiares).

A harmonização do sistema ocorre porque os princípios especiais ou estão de acordo com os princípios gerais ou funcionam como exceção.

Nessa ordem, as regras, os princípios especiais e os princípios gerais seguem a mesma linha de raciocínio, com coerência lógica entre si.

Além da coerência lógica, deve haver uma coerência teleológica entre os princípios que compõem o sistema, consentânea com determinados fins políticos, filosóficos, éticos e sociológicos.

Com isso, as normas assumem, no sistema, um caráter instrumental na busca de determinados valores idealizados pela sociedade.

Nesse sentido, Claus-Wilhelm Canaris define "o sistema jurídico como ordem axiológica ou teleológica de princípios jurídicos gerais"[1].

A importância dos princípios foi identificada por Jorge Miranda nos seguintes termos:

> O Direito não é mero somatório de regras avulsas, produto de atos de vontade, ou mera concatenação de fórmulas verbais articuladas entre si, o Direito é ordenamento ou conjunto significativo e não conjunção resultada de vigência simultânea; é coerência ou, talvez mais rigorosamente, consistência; é unidade de sentido, é valor incorporado em regra. E esse ordenamento, esse conjunto, essa unidade, esse valor,

1. CANARIS, Claus-Wilhelm. *Pensamento sistemático e conceito de sistema na ciência do direito*. 2. ed. Tradução de A. Menezes Cordeiro. Lisboa: Calouste Gulbenkian, 1996, p. 280.

projeta-se ou traduz-se em princípios, logicamente anteriores aos preceitos. Os princípios não se colocam, pois, além ou acima do Direito (ou do próprio Direito positivo); também eles – numa visão ampla, superadora de concepções positivistas, literalistas e absolutizantes das fontes legais – fazem parte do complexo ordenamental. Não se contrapõem às normas, contrapõem-se tão somente aos preceitos; as normas jurídicas é que se dividem em normas-princípios e normas-disposições[2].

O jusfilósofo Norberto Bobbio refere a importância dos princípios gerais de direito como fator determinante da completude do ordenamento jurídico. Segundo esse notável mestre, os princípios gerais são apenas

> normas fundamentais ou generalíssimas do sistema, as normas mais gerais. A palavra *princípios* leva a engano, tanto que é velha questão entre os juristas se os princípios gerais são normas. Para mim não há dúvida: os princípios gerais são normas como todas as outras. E esta é também a tese sustentada por Crisafulli. Para sustentar que os princípios gerais são normas, os argumentos são dois, e ambos válidos: antes de mais nada, se são normas aquelas das quais os princípios gerais são extraídos, através de um procedimento de generalização sucessiva, não se vê por que não devam ser normas também eles: se abstraio da espécie animal obtenho sempre animais, e não flores ou estrelas. Em segundo lugar, a função para a qual são extraídos e empregados é a mesma cumprida por todas as normas, isto é, a função de regular um caso. E com que finalidade são extraídos em caso de lacuna? Para regular um comportamento não regulamentado: mas então servem ao mesmo escopo a que servem as normas expressas. E por que não deveriam ser normas[3]?

Mais adiante, o mestre peninsular sublinha, com inteira razão, que,

> Ao lado dos princípios gerais expressos há os não expressos, ou seja, aqueles que se podem tirar por abstração de normas específicas ou pelo menos não muito gerais: são princípios, ou normas generalíssimas, formuladas pelo intérprete, que busca colher, comparando normas aparentemente diversas entre si, aquilo a que comumente se chama o espírito do sistema[4].

2. PRINCÍPIOS CONSTITUCIONAIS FUNDAMENTAIS

A doutrina de Norberto Bobbio assume especial importância para o ordenamento jurídico brasileiro, mormente com a promulgação da Constituição Federal de 1988.

2. MIRANDA, Jorge. *Manual de direito constitucional*. 4. ed. Coimbra: Coimbra Ed., 1990. t. 1, p. 197-198.
3. BOBBIO, Norberto. *Teoria do ordenamento jurídico*. 10. ed. Brasília: UnB, 1997, p. 158-159.
4. *Ibidem*, p. 159.

Com efeito, a norma-ápice do ordenamento jurídico pátrio, logo no seu Título I, confere aos princípios o caráter de autênticas normas constitucionais. Vale dizer, já não há mais razão para a velha discussão sobre a posição dos princípios entre as fontes do direito, porquanto os princípios fundamentais inscritos na Constituição Federal passam a ser as fontes normativas primárias do nosso sistema.

Daí a pertinência, com maior razão ainda diante do texto constitucional, da afirmação de Celso Antônio Bandeira de Mello, para quem, princípio

> é, por definição, mandamento nuclear de um sistema, verdadeiro alicerce dele, disposição fundamental que se irradia sobre diferentes normas compondo-lhes o espírito e servindo de critério para sua exata compreensão e inteligência, exatamente por definir a lógica e a racionalidade do sistema normativo, no que lhe confere a tônica e lhe dá sentido humano. É o conhecimento dos princípios que preside a intelecção das diferentes partes componentes do todo unitário que há por nome sistema jurídico positivo. Violar um princípio é muito mais grave que transgredir uma norma. É a mais grave forma de ilegalidade ou inconstitucionalidade, conforme o escalão do princípio atingido, porque representa insurgência contra todo o sistema, subversão de seus valores fundamentais, contumélia irremissível a seu arcabouço e corrosão de sua estrutura mestra[5].

Colhe-se, nesse passo, a lúcida observação de Geraldo Ataliba, para quem, em direito, "o princípio é muito mais importante do que uma norma", uma vez que o princípio é também uma norma, mas "é muito mais do que uma norma, uma diretriz, é um norte do sistema, é um rumo apontado para ser seguido por todo o sistema, sempre que se vai debruçar sobre os preceitos contidos no sistema"[6].

É importante assinalar que atualmente surge na academia uma nova compreensão do papel dos princípios constitucionais fundamentais em nosso ordenamento jurídico, o que passa, necessariamente, pela leitura das obras de Ronald Dworkin[7] e Robert Alexy[8], pois ambas inspiraram novos estudos sobre hermenêutica nas modernas democracias ocidentais. Dworkin, consagrado professor de filosofia jurídica da Universidade de Oxford, criticando o modelo de "regras", propõe que a "norma" (*norm*) em sentido lato, alberga tanto as "regras" (*rules*) quanto os "princípios" (*principles*).

5. BANDEIRA DE MELLO, Celso Antônio. *Curso de direito administrativo*. São Paulo: Malheiros, 1995, p. 538.
6. *Apud* THEODORO JÚNIOR, Humberto. Os princípios do direito processual civil e o processo do trabalho. In: BARROS, Alice Monteiro de (Coord.). *Compêndio de direito processual do trabalho*: obra em homenagem a Celso Agrícola Barbi. 2. ed. São Paulo: LTr, 2001, p. 49.
7. DWORKIN, Ronald. *Taking rights seriously*, *passim*.
8. ALEXY, Robert. *Teoría de los derechos fundamentales*, *passim*.

Transplantando a teoria de Dworkin para o nosso ordenamento, poderíamos dizer que as normas são o gênero que tem como espécies os princípios e as regras. Essa teoria tem o grande mérito, com o qual concordamos, de desvendar que, ao contrário das regras, princípio não revoga princípio, antes se harmonizam, abrindo espaço para a aplicação da justiça no caso concreto, mediante outros princípios, como o da razoabilidade, da proporcionalidade ou da ponderação de bens.

Alexy, por sua vez, enfatiza o aspecto deontológico dos princípios. Diz ele que

> tanto las reglas como los principios son normas porque ambos dicen lo que debe ser. Ambos pueden ser formulados con la ayuda de las expresiones deónticas básicas del mandato, la permisión y la proibición. Los principios, al igual que las reglas, son razones para juicios concretos de deber ser, aún cuando sean razones de un tipo muy diferente. La distinción entre reglas y principios es pues una distinción entre dos tipos de normas[9].

3. FUNÇÃO DOS PRINCÍPIOS CONSTITUCIONAIS FUNDAMENTAIS

Os princípios exercem *tríplice função* no ordenamento jurídico, a saber: informativa, interpretativa e normativa.

A *função informativa* é destinada ao legislador, inspirando a atividade legislativa em sintonia com os princípios e valores políticos, sociais, éticos e econômicos do ordenamento jurídico.

Sob essa perspectiva, os princípios atuam com propósitos prospectivos, impondo sugestões para a adoção de formulações novas ou de regras jurídicas mais atualizadas, em sintonia com os anseios da sociedade e atendimento às justas reivindicações dos jurisdicionados. Infelizmente, nem sempre os anseios da sociedade são transformados em boas leis. Pelo contrário, é até comum – o que é lamentável – a edição de leis que contrariam os interesses públicos primários da sociedade, como as que violam a própria Constituição Federal ou Tratados Internacionais de Direitos Humanos.

A *função interpretativa* é destinada ao intérprete e aplicador do direito, pois os princípios se prestam à compreensão dos significados e sentidos das fontes normativas que compõem o ordenamento jurídico.

9. *Op. cit.*, p. 83. Tradução livre: "Tanto as regras quanto os princípios são normas porque ambos dizem o que deve ser. Ambos podem ser formulados com a ajuda das expressões deontológicas básicas do mandato, a permissão e a proibição. Os princípios e as regras são razões para julgamentos concretos do dever-ser mesmo que sejam razões de um tipo muito diferente. A distinção entre regras e princípios é, portanto, uma distinção entre dois tipos de normas".

Entre os diversos métodos de interpretação oferecidos pela hermenêutica jurídica, os princípios podem desempenhar um importante papel na própria delimitação e escolha do método a ser adotado nos casos submetidos à decidibilidade.

A *função normativa*, também destinada ao intérprete e aplicador do direito, decorre da constatação de que os princípios podem ser aplicados tanto de forma direta, na solução dos casos concretos mediante a derrogação de uma regra por um princípio, por exemplo, o princípio da norma mais favorável aos trabalhadores (CF, art. 7º, *caput*), quanto de forma indireta, por meio da integração do sistema nas hipóteses de lacuna (CLT, arts. 8º e 769; CPC, art. 140).

Embora não haja uma fecunda teoria sobre os princípios constitucionais fundamentais e seus reflexos no direito do trabalho, cremos ser possível alinhar outras importantes funções que eles desempenham no ordenamento jurídico brasileiro:

- integram o direito positivo como normas fundamentais;
- ocupam o mais alto posto na escala normativa;
- são fontes formais primárias do direito (superação da LINDB, art. 4º, e da CLT, art. 8º, que colocam os princípios gerais e específicos do direito do trabalho, respectivamente, na posição de meras fontes subsidiárias nas hipóteses de lacunas do sistema);
- passam a ser normas de introdução ao ordenamento jurídico brasileiro;
- entre princípio (justiça) e regra (lei), preferência para o primeiro;
- propiciam a atividade criativa (e vinculativa) do juiz, impedindo o dogma da neutralidade e os formalismos legalistas (supremacia dos valores superiores na interpretação do direito sobre o legalismo restrito);
- prestigiam a verdadeira segurança jurídica, pois tanto a atividade legislativa quanto a judicante ficam vinculadas à observância dos princípios, valores e direitos constitucionais fundamentais;
- vinculam política e juridicamente todos os Poderes (Executivo, Legislativo e Judiciário), rompendo, em situações especiais, com o dogma da separação estanque entre eles: judicialização da política, politização da justiça e o controle judicial de políticas públicas;
- estabelecem a *função promocional* do Ministério Público (defesa do regime democrático e do ordenamento jurídico)[10].

4. PRINCÍPIOS DO DIREITO DO TRABALHO

Podemos identificar duas categorias de princípios aplicáveis no âmbito do direito do trabalho: os princípios constitucionais do direito do trabalho e os princípios infraconstitucionais do direito do trabalho.

---

10. Sobre função promocional do Ministério Público, conferir nosso *Ação civil pública na perspectiva dos direitos humanos*. São Paulo: LTr, 2008, p. 103.

4.1. Princípios constitucionais fundamentais e gerais do direito do trabalho

O epicentro de todo o ordenamento jurídico brasileiro é o **princípio da dignidade da pessoa humana** (CF, art. 1º, III), razão pela qual não há necessidade de muito esforço intelectivo para demonstrar que tal princípio alcança em cheio o direito do trabalho, pois todo trabalhador (ou trabalhadora) é, antes de tudo, uma pessoa humana.

Ingo Wolgang Sarlet conceitua a dignidade da pessoa humana como uma

> qualidade intrínseca e distintiva de cada ser humano que o faz merecedor do mesmo respeito e consideração por parte do Estado e da comunidade, implicando, neste sentido, um complexo de direitos e deveres fundamentais que assegurem a pessoa tanto contra todo e qualquer ato de cunho degradante e desumano, como venham a lhe garantir as condições existentes mínimas para uma vida saudável, além de propiciar e promover sua participação ativa e corresponsável nos destinos da própria existência e da vida em comunhão com os demais seres humanos[11].

Como se vê, o conceito de dignidade da pessoa humana se encaixa como uma luva no âmbito de qualquer relação de trabalho, sobretudo na relação empregatícia, tendo em vista o estado de subordinação a que fica submetido o empregado diante do poder empregatício do tomador dos seus serviços.

Pontua Gabriela Neves Delgado que sob o

> prisma da dignidade do trabalho é que o homem trabalhador revela a riqueza de sua identidade social, exercendo sua liberdade e a consciência de si, além de realizar, em plenitude, seu dinamismo social, seja pelo desenvolvimento de suas potencialidades, de sua capacidade de mobilização ou de seu efetivo papel na lógica das relações sociais[12].

Sob o enfoque do princípio da dignidade humana no âmbito do direito do trabalho, o STF reconheceu que: "A 'escravidão moderna' é mais sutil do que a do século 19 e o cerceamento à liberdade pode decorrer de diversos constrangimentos econômicos e não necessariamente físicos. Priva-se alguém de sua liberdade e de sua dignidade tratando-o como coisa, e não como pessoa humana, o que pode ser feito não só mediante coação, mas também pela violação intensa e persistente de seus direitos básicos, inclusive do direito ao trabalho digno. A violação do direito ao trabalho digno impacta a capacidade da vítima de realizar escolhas segundo a sua livre determinação.

---

11. SARLET, Ingo Wolfgang. *Dignidade da pessoa humana e direitos fundamentais na Constituição Federal de 1988*. Porto Alegre: Livraria do Advogado, 2001, p. 32.
12. DELGADO, Gabriela Neves. *Direito fundamental ao trabalho digno*. São Paulo: LTr, 2006, p. 241-242.

Isso também significa 'reduzir alguém a condição análoga à de escravo'" (STF-Inq 3.412, rel. p/ o ac. min. Rosa Weber, j. 29.03.2012, P, *DJE* de 12.11.2012).

Correlato ao princípio da dignidade da pessoa humana há o **princípio do valor social do trabalho**. Na verdade, desde o Tratado de Versalhes (art. 427, n. 1), o trabalho humano não poderia ser objeto de mercancia, ou seja, o trabalho não é uma mercadoria. O trabalho tem um valor social. Mas para ter um valor social, o trabalho deve propiciar a dignificação da pessoa por meio de um trabalho decente. Violam o princípio em causa todas as formas de trabalho em regime de escravidão, o trabalho infantil, o trabalho degradante, o trabalho em jornada exaustiva, os assédios moral e sexual etc.

Outro princípio constitucional fundamental aplicável ao direito do trabalho é o **princípio do valor social da livre-iniciativa**. Trata-se de princípio que é implementável pela aplicação de outros princípios espraiados pelo tecido constitucional, como o princípio da função social da propriedade (CF, art. 5º, XXIII) e o princípio da função social da empresa (CF, art. 170, III).

É importante destacar que os objetivos da República Federativa do Brasil também encampam princípios fundamentais, como o **princípio da solidariedade** ou fraternidade (CF, art. 3º, I). A solidariedade entre os indivíduos, ou grupos sociais, é fundamental para a aplicação dos ideários humanistas. Não há justiça verdadeira onde as pessoas vivem em condições extremamente desiguais. Se quisermos um mundo mais justo, podemos optar pela luta em prol dos direitos humanos, a fim de levar a todos a consciência de que o homem não é um ser isolado. A vida ganha sentido quando compartilhamos com o próximo e nos importamos com o seu sucesso e com a sua felicidade. Por isso, reitera-se aqui que solidariedade não se confunde necessariamente com caridade, mas, sim, com preocupação com as outras pessoas e a vontade de agir para que todos tenham as mesmas oportunidades, as mesmas chances, para buscarem a felicidade. Atualmente, no Brasil, pode-se perceber uma maior incidência do princípio da solidariedade em algumas situações, como, por exemplo, a implementação do sistema de quotas sociais ou raciais nas universidades públicas, o sistema de quotas para acesso aos cargos e empregos públicos para as pessoas com deficiência (CF, art. 37, VIII), a proteção do mercado de trabalho da mulher mediante incentivos específicos, o sistema de quotas para pessoas com deficiência ou reabilitadas perante a Previdência Social (Lei 8.213/91, art. 93), a isenção de impostos para aqueles que possuem renda considerada baixíssima segundo a lei etc. Outra hipótese de incidência do princípio da solidariedade tem por escopo a proteção do meio ambiente. A preservação do meio ambiente passa a ser um direito humano (de terceira dimensão) e um dever do Estado e de toda a sociedade, que têm a responsabilidade de preservá-lo para as presentes e futuras gerações. O STF, na ADPF 101, declarou que a legislação que proíbe a importação de pneus usados é constitucional. A ação foi proposta pelo Presidente da República, por intermédio da Advocacia Geral da União, questionando decisões judiciais que permitiram a importação de pneus usados. A decisão é de relevante importância na proteção do meio ambiente, tema de grande influência fraternal, pois a Constituição Federal impõe ao poder público e à coletividade o dever de defendê-lo e preservá-lo, para as gerações presentes e futuras. Mais uma vez, reconhecendo o princípio da fraternidade, o STF (ADI 3.510), em maio de 2008, liberou pesquisas com células-tronco embrionárias. Para a maioria da Corte, o art. 5º da Lei de Biossegurança não merece reparo. O relator, ministro Carlos Ayres Britto, votou pela total improcedência da ação sobre o fundamento de que vários dispositivos da Constituição Federal garantem o direito à vida, à saúde, ao planejamento familiar e à pesquisa científica, destacando, ainda, o espírito de sociedade fraternal preconizado pela Constituição Federal ao defender a utilização de células-tronco embrionárias na pesquisa para curar doenças. O ministro Ayres Britto qualificou a Lei de Biossegurança como um "perfeito" e "bem concatenado bloco normativo".

Há outros princípios constitucionais fundamentais extraídos do art. 3º da CF que podem ser aplicados nos sítios do direito do trabalho, como o **princípio da correção das desigualdades sociais e regionais** (que traduz o valor da igualdade material em contraposição à igualdade formal), o **princípio da não discriminação** e o **princípio da correção das injustiças sociais**.

Além desses princípios fundamentais, há outros princípios constitucionais gerais aplicáveis às relações de trabalho e de emprego, como os previstos no art. 5º, como o princípio da razoabilidade ou da proporcionalidade; o princípio da inviolabilidade do direito à vida, à liberdade, à segurança e à igualdade; o princípio que veda qualquer forma de tortura ou tratamento degradante; o princípio da legalidade (que não se confunde com legalismo); o princípio da liberdade de manifestação do pensamento, de crença e de religião; o princípio da inviolabilidade à intimidade, à vida privada, à honra e à imagem; o princípio que assegura a indenização por dano moral, material ou à imagem; o princípio da liberdade de trabalho, ofício ou profissão; o princípio da liberdade de reunião, de associação para fins lícitos; o princípio do respeito ao direito adquirido, ao ato jurídico perfeito e à coisa julgada; o princípio do acesso à justiça em caso de lesão ou ameaça a direito social trabalhista etc.

4.2. Princípios constitucionais específicos do direito do trabalho

No catálogo dos princípios constitucionais específicos do direito do trabalho, destacamos os princípios da norma mais favorável ao trabalhador, destacam-se: da proteção da relação empregatícia, ao salário, ao mercado de trabalho da mulher, da proibição ao trabalho infantil e da exploração do trabalho do adolescente, da proteção ao meio ambiente, da proibição de discriminação, do reconhecimento das convenções e acordos coletivos de trabalho.

Todos esses princípios constitucionais podem – e devem – ser invocados na interpretação e aplicação tanto das normas constitucionais quanto das normas infraconstitucionais.

4.2.1. Princípio da fonte normativa mais favorável ao trabalhador

O princípio da fonte normativa mais favorável aos trabalhadores está previsto no art. 7º, *caput*, combinado com o art. 5º, § 2º, ambos da CF. Vale dizer, a Constituição prescreve um catálogo mínimo de direitos fundamentais sociais trabalhistas e, ao mesmo tempo, autoriza a aplicação de outros direitos, previstos em outras fontes normativas, desde que estes propiciem a melhoria das condições econômicas, sociais e jurídicas dos trabalhadores urbanos e rurais.

O princípio ora focalizado pode ser utilizado tanto na interpretação como na aplicação de determinada norma jurídica. Além disso, pode ser manejado para a solução de antinomias entre normas infraconstitucionais e na hipótese de colisão entre direitos fundamentais[13].

4.2.2. Princípio da proteção da relação de emprego

O princípio em tela protege a relação empregatícia contra a dispensa arbitrária ou sem justa causa. Sua residência permanente é o inc. I do art. 7º da CF e o art. 10 do ADCT, enquanto sua residência provisória encontra-se nos incs. II, III, XVIII, XIX e XXI do art. 7º da *Lex Legum*.

Esse princípio encontra-se em harmonia com a Convenção 158 da OIT, que se destina a proteger o trabalhador contra a dispensa que não seja econômica, social ou juridicamente justificável.

Sobre a aplicabilidade do princípio em tela, remetemos o leitor ao Capítulo XV deste Título.

4.2.3. Princípio da proteção ao salário

O princípio de proteção ao salário é desdobrado em quatro princípios, todos previstos no art. 7º da CF, como o princípio da garantia do salário mínimo com reajustes periódicos que assegurem o poder aquisitivo do trabalhador e sua família (inc. IV), o princípio da irredutibilidade salarial (inc. VI) e o princípio da isonomia salarial (XXX).

4.2.4. Princípio da proteção ao mercado de trabalho da mulher

Esse princípio, que está consagrado no inc. XX do art. 7º da CF, tem por escopo estabelecer ações afirmativas em prol das mulheres trabalhadoras.

---

13. BRANCO, Ana Paula Tauceda. *A colisão de princípios constitucionais no direito do trabalho*. São Paulo: LTr, 2007. *passim*.

Visa, sobretudo, corrigir as injustiças históricas e as discriminações que sofrem as mulheres no mercado de trabalho em relação aos homens.

Sobre o trabalho da mulher, remetemos o leitor ao Capítulo XVIII deste Título.

4.2.5. Princípio da proibição ao trabalho infantil e da exploração do trabalho do adolescente

A Constituição Federal (art. 7º, XXXIII) proclama expressamente a proibição de qualquer trabalho aos menores de dezesseis anos, salvo na condição de aprendiz, a partir dos quatorze anos, e proibiu o trabalho noturno, insalubre ou perigoso aos menores de dezoito anos.

Sobre o trabalho da criança e do adolescente, remetemos o leitor ao Capítulo XIX deste Título.

4.2.6. Princípio da proteção ao meio ambiente do trabalho

O princípio da proteção ao meio ambiente do trabalho (CF, art. 225 c/c o art. 200, VIII) é implementado por meio de outros princípios previstos no art. 7º do texto constitucional, a saber: princípio da limitação da duração do trabalho (incs. XIII, XIV, XV, XVI e XVII); princípio da proteção em face da automação (inc. XXVII); princípio da redução dos riscos inerentes ao trabalho (inc. XXII); princípio da obrigatoriedade de seguro contra acidentes de trabalho (inc. XXVIII, 1ª parte); princípio da responsabilidade civil do empregador pelos danos morais e materiais sofridos pelo trabalhador (inc. XXVIII, 2ª parte); princípio do pagamento de adicionais de remuneração para as atividades insalubres, perigosas ou penosas (inc. XXIII).

Sobre meio ambiente do trabalho, remetemos o leitor ao Capítulo XX deste Título.

4.2.7. Princípio da proibição de discriminação

Esse princípio desdobra-se em outros três, todos previstos no art. 7º da CF, a saber: princípio da proibição de diferença de salários, de exercício de funções e de critério de admissão por motivo de sexo, idade, cor ou estado civil (inc. XXX); princípio da proibição de qualquer discriminação no tocante a salário e critérios de admissão do trabalhador com deficiência (inc. XXXI) e princípio da proibição de distinção entre trabalho manual, técnico e intelectual ou entre os profissionais respectivos.

A Lei 13.467/2017, no entanto, na contramão do princípio da proibição de discriminação, incluiu um parágrafo único no art. 444 da CLT, criando a figura do "empregado hipersuficiente", uma vez que autoriza "a livre estipulação" nos contratos individuais de trabalho às hipóteses previstas no art. 611-A da CLT: "com a mesma eficácia legal e preponderância sobre os instrumentos coletivos, no caso de empregado portador de diploma de nível superior e que perceba salário mensal igual ou superior a duas vezes o limite máximo dos benefícios do Regime Geral de Previdência Social".

4.2.8. Princípio do reconhecimento das convenções e acordos coletivos

A Constituição Federal de 1988, ao proclamar que o Brasil é uma república e que tem por fundamento instituir um Estado Democrático de Direito, reconhece as convenções e acordos coletivos como instrumentos de ampliação do catálogo dos direitos fundamentais sociais dos trabalhadores (art. 7º, XXVI).

Tais instrumentos normativos, portanto, devem ser celebrados nos estreitos limites do próprio texto constitucional, razão pela qual não podem, por exemplo, instituir piso salarial inferior ao salário mínimo ou estipular jornada de trabalho exaustiva. Vale dizer, o princípio do reconhecimento das convenções e acordos coletivos deve estar em sintonia com os demais princípios constitucionais, especialmente aquele previsto no próprio *caput* do art. 7º da CF. Nesse sentido, o TST editou a OJ-SDC-30; *in verbis*:

> Estabilidade da gestante. Renúncia ou transação de Direitos Constitucionais. Impossibilidade. Nos termos do art. 10, II, "b", do ADCT, a proteção à maternidade foi erigida à hierarquia constitucional, pois retirou do âmbito do direito potestativo do empregador a possibilidade de despedir arbitrariamente a empregada em estado gravídico. Portanto, a teor do art. 9º da CLT, torna-se nula de pleno direito a cláusula que estabelece a possibilidade de renúncia ou transação, pela gestante, das garantias referentes à manutenção do emprego e salário.

É importante ressaltar que a Lei 13.467/2017 alterou a redação do art. 620 da CLT para estabelecer sempre a supremacia do acordo coletivo de trabalho sobre a convenção coletiva de trabalho, o que, a nosso sentir, atrita com o art. 7º, *caput*, e inciso XXVI, da CF, ou seja, a nova redação dada pelo "legislador reformista" viola o princípio constitucional da fonte normativa mais favorável e estabelece uma desigualdade entre essas duas fontes de autocomposição para a proteção do trabalho, máxime porque o poder de pressão do empregador sobre a vontade dos trabalhadores a ele subordinados diretamente no acordo coletivo (restrito ao âmbito da empresa) é bem superior à manifestação de vontade da categoria profissional na celebração de convenção coletiva (âmbito intercategorial).

Nesse sentido, o Enunciado 29 da 2ª Jornada de Direito Material e Processual do Trabalho aprovou as seguintes teses:

> I – NORMAS COLETIVAS. PRINCÍPIO DA NORMA MAIS BENÉFICA. Os acordos coletivos firmados não prejudicarão direitos garantidos pelas convenções coletivas de trabalho, em respeito à aplicação do princípio da norma mais favorável (art. 7º,

caput, CF). Com efeito, a nova redação do artigo 620 da CLT, dada pela Lei 13.467/2017, não exclui a aplicação do princípio da norma mais favorável, de orientação e aplicação no direito do trabalho. II – Ademais, prevalece em todo caso, em relação à matéria negociada, os princípios da proteção, e da inafastabilidade da tutela jurisdicional. III – A auditoria fiscal do trabalho possui o dever de exigir o cumprimento das normas laborais mais favoráveis ao trabalhador, o que inclui a possibilidade de verificação da aplicabilidade ou não de convenções e acordos coletivos de trabalho sob aquela sistemática.

4.3. Princípios infraconstitucionais do direito do trabalho

Segundo Alonso Garcia, princípios gerais do direito do trabalho seriam "aquelas linhas diretrizes ou postulados que inspiram o sentido das normas trabalhistas e configuram a regulamentação das relações de trabalho, conforme critérios distintos dos que podem encontrar-se em outros ramos do direito"[14].

De Castro, transportando a noção de princípios gerais de direito, refere que princípios do direito do trabalho são as ideias fundamentais e informadoras da organização jurídica trabalhista[15].

Américo Plá Rodriguez leciona que princípios de direito do trabalho são as "linhas diretrizes que informam algumas normas e inspiram direta ou indiretamente uma série de soluções, pelo que, podem servir para promover e embasar a aprovação de novas normas, orientar a interpretação das existentes e resolver casos não previstos"[16].

Há princípios que estão positivados, como os princípios constitucionais do direito do trabalho mencionados no tópico precedente. Mas existem princípios que não estão positivados expressamente no sistema jurídico.

O art. 8º, *caput*, da CLT dispõe que "as autoridades administrativas e a Justiça do Trabalho, **na falta de disposições legais ou contratuais**, decidirão, conforme o caso, pela jurisprudência, por analogia, por equidade e **outros princípios e normas gerais de direito, principalmente do direito do trabalho** (...)".

Como se infere do preceptivo celetista, os princípios gerais de direito e os princípios especiais do direito do trabalho ocupam o lugar de fontes subsidiárias, uma vez que somente poderiam ser invocados pelas autoridades administrativas ou judiciárias "na falta de disposições legais ou contratuais".

Esse elenco de fontes previsto no art. 8º da CLT deve ser reinterpretado à luz da CF/88, tendo em vista o fenômeno da constitucionalização do direito decorrente do novo paradigma do Estado Democrático de Direito, como já alertamos em linhas transatas.

14. *Derecho del trabajo*. Barcelona, 1960, t. I, p. 247 (tradução livre).
15. *Derecho civil de España*. 2. ed. Madri, 1949, t. I, p. 419-420.
16. *Princípios de direito do trabalho*. Tradução de Wagner D. Giglio. São Paulo: LTr, 1978, p. 16.

É importante lembrar que os princípios gerais de direito, isto é, aqueles não positivados expressamente em textos legais, também são aplicáveis ao direito do trabalho sempre que sua hermenêutica exija recurso ao direito comum (CLT, art. 8º, *caput*), desde que sejam compatíveis com os princípios Constitucionais e com os princípios específicos do Direito do Trabalho), tais como: princípio do não enriquecimento ilícito, princípio da proibição de obtenção de vantagem com a própria torpeza, princípio da boa-fé objetiva, princípio da função social do contrato etc.

Infelizmente, o parágrafo único do art. 8º da CLT, que permitia a aplicação subsidiária do direito comum ao direito do trabalho, desde que respeitada a sua compatibilidade com os princípios fundamentais do ramo especializado, foi convertido em três parágrafos pela Lei 13.467/2017, passando a dispor, em síntese, que o "direito comum será fonte subsidiária do direito do trabalho" (CLT, art. 8º, § 1º), sem necessidade, portanto, da compatibilidade com os princípios do direito do trabalho, além de impedir o exercício da função jurisprudencial pelos Tribunais do Trabalho (CLT, art. 8º, § 2º) e determinar que no "exame de convenção coletiva ou acordo coletivo de trabalho, a Justiça do Trabalho analisará exclusivamente a conformidade dos elementos essenciais do negócio jurídico, respeitado o disposto no art. 104 da Lei 10.406, de 10 de janeiro de 2002 (Código Civil), e balizará sua atuação pelo princípio da intervenção mínima na autonomia da vontade coletiva" (CLT, art. 8º, § 3º).

Nesse passo, como contraponto à interpretação dos §§ 1º, 2º e 3º do art. 8º da CLT, incluídos pela Lei 13.467/2017, lembramos o Enunciado 2 aprovado na II Jornada de Direito Material e Processual do Trabalho:

> HERMENÊUTICA APLICÁVEL À LEI 13.467/17. A hermenêutica da Lei 13.467/17 deve observar a interpretação sistemática e finalística, conforme a Constituição. Trata-se de dever do juiz, com respaldo no artigo 2º do Código de Ética da Magistratura/CNJ, bem como nos artigos 1º, 8º e 139 do Código de Processo Civil, além do artigo 5º da Lei de Introdução às Normas de Direito Brasileiro e artigos 8º, *caput*, e 769 da CLT[17].

4.3.1. Características

Uma das características dos princípios infraconstitucionais do direito do trabalho é o seu amorfismo, uma vez que carecem de procedimentos técnicos de exteriorização, pois, em geral, não estão formalizados em textos de lei.

De tal arte, não há uma forma única e exclusiva de se manifestarem. Aliás, não há sequer uma forma preferida de manifestação, como assevera Plá Rodriguez[18].

---

17. Disponível em: https://www.anamatra.org.br/attachments/article/27175/livreto_RT_Jornada_19_Conamat_site.pdf. Acesso em 13 ago. 2019.
18. *Princípios de direito do trabalho*. Tradução de Wagner D. Giglio. São Paulo: LTr, 1978, passim.

Há, entretanto, uma tendência à incorporação dos princípios do direito do trabalho a outras fontes do direito positivo, com o que eles acabam abandonando formulações abstratas e imprecisas.

4.3.2. Enumeração dos princípios do direito do trabalho

Embora não haja uniformidade doutrinária a respeito, podemos enumerar os mais importantes princípios do direito do trabalho, como veremos a seguir.

4.3.2.1. Princípio da proteção

O princípio da proteção (ou princípio tutelar) constitui a gênese do direito do trabalho, cujo objeto, como já vimos, consiste em estabelecer uma igualdade jurídica entre empregado e empregador, em virtude da manifesta superioridade econômica deste diante daquele.

Tendo em vista a vigência da Lei 13.467/2017, que abalou, sensivelmente, o sistema legal de proteção aos trabalhadores, invocamos o Enunciado 1 aprovado na II Jornada de Direito Material e Processual do Trabalho:

> 1. REFORMA TRABALHISTA. HERMENÊUTICA. SUBSISTÊNCIA DO CARÁTER TUITIVO DO DIREITO DO TRABALHO. HERMENÊUTICA TRABALHISTA. O princípio da proteção deve ser compreendido como fundamento para a aplicação de uma regra jurídica, sob pena de não ser reconhecida como norma jurídica trabalhista. Subsistência do caráter tuitivo do direito do trabalho.

O princípio da proteção se desdobra em três outros princípios: *in dubio pro operario*, norma mais favorável e condição ou cláusula mais benéfica.

4.3.2.1.1. Princípio *in dubio pro operario*

Trata-se de princípio que auxilia a interpretação da norma trabalhista em prol do trabalhador. Assim, quando se está diante de *uma única norma* que permita mais de uma interpretação, deve prevalecer aquela que mais favoreça o empregado.

Exemplifiquemos com a regra contida no art. 10, II, "b", do ADCT, segundo a qual é vedada a dispensa arbitrária ou sem justa causa da empregada gestante "desde a confirmação da gravidez até cinco meses após o parto".

Ora, a expressão "desde a confirmação da gravidez" comporta pluralidade de interpretações, a saber: "desde a comunicação da empregada ao empregador"; "desde a apresentação do atestado médico"; "desde a data da provável fecundação" etc. Adotando-se o princípio *in dubio pro operario*, a interpretação da regra que mais protege a empregada gestante é a "desde a data da provável fecundação".

Outro exemplo decorre da interpretação do art. 391 da CLT ("Não constitui justo motivo para a rescisão do contrato de trabalho da mulher o fato de haver contraído matrimônio ou de encontrar-se em estado de gravidez").

A expressão "estado de gravidez" também comporta dúvida a respeito do início do período de garantia no emprego, razão pela qual, aplicando-se o princípio em tela, deve prevalecer a interpretação que assegure o direito da empregada contra a dispensa arbitrária ou sem justa causa desde a fecundação.

O TST vem reconhecendo que o princípio em tela incide na interpretação de cláusula de instrumento coletivo normativo de autocomposição, como se infere do seguinte julgado:

> AGRAVO DE INSTRUMENTO. RECURSO DE REVISTA INTERPOSTO NA VIGÊNCIA DA LEI 13.015/2014. DIFERENÇAS SALARIAIS DECORRENTES DO REENQUADRAMENTO DO AUTOR NO CARGO DE ASSESSOR NÍVEL V - INTERPRETAÇÃO DA NORMA COLETIVA - SÚMULA 126 DO TST. [...]. "A dubiedade da redação da norma coletiva não pode reverter em prejuízo do empregado, em homenagem ao princípio *in dubio pro operario*. Deste modo, a decisão do Tribunal Regional não ofendeu a norma constitucional que assegura validade às negociações coletivas, pelo contrário, conferiu-lhe plena validade ao garantir sua aplicação à situação dos autos. Agravo de instrumento não provido (TST-AIRR 4143120145110016, Rel. Min. Maria Helena Mallmann, 2ª T., *DEJT* 11.04.2017).
>
> RECURSO DE REVISTA – AUXÍLIO – ALIMENTAÇÃO – NORMA COLETIVA – APLICAÇÃO DO PRINCÍPIO *IN DUBIO PRO OPERARIO*. O Colegiado *a quo*, interpretando cláusula coletiva da categoria, decidiu que, diante da disparidade de interpretações, deve ser aplicado o princípio *in dubio pro operario*. Impertinente a invocação do art. 114 do Código Civil, uma vez que o Tribunal não ampliou a interpretação da cláusula normativa, não se havendo de falar em observância de interpretação restritiva. Os arestos não revelam similitude fática com a lide, incidindo a Súmula n. 296 do TST. O art. 7º, XXVI, da Constituição Federal, não foi violado, uma vez que o Tribunal *a quo*, longe de negar validade ao instrumento coletivo, interpretou a norma coletiva e concedeu-lhe plena validade. Recurso de revista não conhecido (TST – RR 80700-43.2009.5.17.0003 – Rel. Min. Luiz Philippe Vieira de Mello Filho – j. 12.06.2013 – 7ª T. – *DEJT* 21.06.2013).

Há divergência doutrinária e jurisprudencial acerca da aplicação do princípio *in dubio pro operario* no campo do processo trabalhista.

Perfilhamos o entendimento segundo o qual o princípio *in dubio pro operario* não deve ser estendido ao campo do processo no que respeita à instrução probatória[19],

19. Nesse sentido: DELGADO, Maurício Godinho. *Curso de direito do trabalho*. 9. ed. São Paulo: LTr, 2010, p. 196-198.

pois a moderna ciência processual possui metodologia própria (CLT, art. 818; CPC, art. 373) acerca da divisão do ônus da prova, conferindo ao juiz, inclusive, o poder de inverter o ônus da prova, tal como prevê o § 1º do art. 818 da CLT[20].

4.3.2.1.2. Princípio da aplicação da norma mais favorável

Cuida-se de princípio que informa a aplicação da norma trabalhista. Vale dizer, existindo *mais de uma norma* no ordenamento jurídico versando sobre direitos trabalhistas, prevalecerá a que mais favoreça o empregado. Vê-se, portanto, que o direito do trabalho adota a teoria dinâmica da hierarquia entre as normas trabalhistas, pois no topo da pirâmide normativa não estará necessariamente a Constituição, e sim a norma mais favorável ao trabalhador.

O art. 7º, *caput*, da CF recepcionou qualitativamente o princípio em causa, ao proclamar:

> São direitos dos trabalhadores urbanos e rurais, *além de outros que visem à melhoria da sua condição social*... (grifos nossos).

De tal arte, se uma norma estabeleça um direito mínimo e outra maximizar tal direito ao trabalhador, esta última será a aplicável. Exemplificando: se a Constituição diz que o adicional de hora extra será de, no mínimo, cinquenta por cento (art. 7º, XVI) e a Convenção Coletiva de Trabalho fixa tal adicional em cem por cento, será esta a norma trabalhista aplicável ao caso concreto.

Anote-se, por oportuno, que esse princípio só não será aplicável diante de norma proibitiva, de ordem pública, imposta pelo Estado, como é a hipótese da vedação da vinculação do salário mínimo para qualquer fim (CF, art. 7º, IV, *in fine*). Outro exemplo é extraído do art. 623 da CLT, que considera nula a cláusula de convenção ou acordo coletivo que contrarie proibição ou norma disciplinadora de política econômico-financeira do Governo ou concernente à política salarial vigente. Nesse sentido, o TST editou a Súmula 375 (anterior ao novo art. 611-A da CLT), segundo a qual os "reajustes salariais previstos em norma coletiva de trabalho não prevalecem frente à legislação superveniente de política salarial".

A aplicação do princípio da norma mais favorável encontra algumas dificuldades práticas no que respeita à incidência das cláusulas previstas em convenção ou acordo coletivo de trabalho. Por essa razão, três teorias procuram justificar o critério de aplicação do princípio na hipótese de conflito entre normas jurídicas previstas em instrumentos coletivos de autocomposição: a teoria da acumulação, a teoria do conglobamento e a teoria da incindibilidade dos institutos.

Essas três teorias devem sofrer impactos importantes em função dos arts. 611-A, 611-B e 620 da CLT, todos com redações dadas pela Lei 13.467/2017, também

20. Sobre o tema, recomendamos a leitura do nosso: LEITE, Carlos Henrique Bezerra. *Curso de direito processual do trabalho*. 18. ed. São Paulo: Saraiva Educação, 2020, *passim*.

chamada de Lei da Reforma Trabalhista, exceto se os tribunais do trabalho declararem, incidentalmente, a inconstitucionalidade desses dispositivos[21]. De toda a sorte, a última palavra caberá ao STF.

4.3.2.1.2.1. Teoria da acumulação

Como o próprio nome está a indicar, por essa teoria devem ser acumuladas as vantagens outorgadas ao empregado previstas nos diplomas legais e instrumentos normativos (sentença normativa, convenção coletiva e acordo coletivo). O contrato de trabalho seria, assim, uma espécie de "colcha de retalhos", na medida em que se vão acumulando, entre as diversas normas existentes, os dispositivos, nelas contidos, considerados mais vantajosos ao empregado.

O art. 620 da CLT, com redação dada pelo Decreto-lei 229/67, encampa a teoria em apreço, pelo menos quando existir conflito entre convenção e acordo coletivo de trabalho, na medida em que dispunha, *in verbis*: "As condições estabelecidas em Convenção, quando mais favoráveis, prevalecerão sobre as estipuladas em Acordo".

Nesse sentido, era a jurisprudência do TST:

> *Acordo coletivo e convenção coletiva. Vigência no mesmo período. Critério de aplicação às relações individuais do trabalho.* As condições estabelecidas em convenção, quando mais favoráveis, prevalecerão sobre as estipuladas em acordo (CLT, art. 620). O direito laboral brasileiro adota, como é sabido, o princípio da norma mais favorável, independentemente da hierarquia que se estabelece entre as partes, sem dizer se aplica o critério cumulativo das duas normas coletivas, selecionando, entre elas, as cláusulas mais benéficas e aplicando-as, uma a uma, simultaneamente, ou, se dentro do princípio da unidade da norma, adota o critério globalista, segundo o qual não se podem mesclar normas de instrumentos distintos, empregando-se a que, em seu conjunto, seja mais favorável. Não se pode, *data venia*, selecionar, entre as normas, as cláusulas mais favoráveis. Com efeito, deve ser aplicada aquela que, no seu conjunto, é mais favorável ao trabalhador, mas sem mesclar cláusulas. O princípio da unidade da norma coletiva recomenda que se aplique o critério globalista, sem perder de vista a especificidade de cada instrumento normativo. *Todavia, em se tratando de conflito entre convenção e acordo, a lei nacional parece que adotou a teoria cumulativa, ao se referir às condições estabelecidas e, não, ao convênio mais favorável...* (TST RR 321.503/96.7 – c. – 1ª T. – j. 24.06.1998 – Rel. Min. Regina Rezende Ezequiel. In: *Revista LTr* 62-11/1510).

21. Nesse sentido, recomendamos a leitura dos Enunciados 27, 28, 29, 30, 32, 34, 35, 36, 37, 40, 41, 42, 43, 44, 45, 46 e 48 da 2ª Jornada de Direito Material e Processual do Trabalho (disponível em: <http://www.jornadanacional.com.br/listagem-enunciados-aprovados.asp>).

A teoria da acumulação atrita com a novel redação do art. 620 da CLT, dada pela Lei 13.467/2017, que estabelece que as "condições estabelecidas em acordo coletivo de trabalho sempre prevalecerão sobre as estipuladas em convenção coletiva de trabalho"[22].

4.3.2.1.2.2. Teoria do conglobamento

Também é conhecida como *Teoria do Conjunto*, a Teoria do Conglobamento sustenta que a aplicação do princípio da norma mais favorável deve levar em conta não cada dispositivo isoladamente considerado, mas o conjunto global de uma determinada fonte do direito do trabalho. Desse modo, havendo duas ou mais normas previstas em instrumentos coletivos diversos, deve-se escolher não os dispositivos mais favoráveis pinçados em cada instrumento coletivo, mas sim o próprio instrumento coletivo. Por exemplo, existindo acordo coletivo e convenção coletiva regulando idênticas matérias de modo diverso, deve prevalecer ou a convenção ou o acordo coletivo em sua integralidade, no seu conjunto, não se podendo extrair isoladamente as cláusulas consideradas mais vantajosos de cada um desses "contratos coletivos". Itália e Espanha adotam essa teoria.

Não há consenso a respeito da adoção da teoria do conglobamento diante de fontes autônomas e heterônomas ou entre fontes heterônomas.

De toda a sorte, a teoria do conglobamento também está em descompasso com o art. 620 da CLT, com redação dada pela Lei 13.467/2017, segundo o qual "condições estabelecidas em acordo coletivo de trabalho sempre prevalecerão sobre as estipuladas em convenção coletiva de trabalho".

4.3.2.1.2.3. Teoria da incindibilidade dos institutos

Pode-se dizer que essa teoria adota uma posição eclética. Segundo ela, existindo duas ou mais fontes regulando a mesma matéria, não se leva em conta cada um dos seus dispositivos ou cada norma em seu conjunto, mas sim os institutos de direito do trabalho.

Mario Deveali[23] assinala que é possível tomar disposições de normas distintas, sempre que se refiram a temas diferentes, entendendo-se por temas um dos institutos de direito do trabalho.

22. Sobre a interpretação desse novel dispositivo, ver Enunciado 29 da 2ª Jornada de Direito Material e Processual do Trabalho (disponível em: <http://www.jornadanacional.com.br/listagem-enunciados-aprovados.asp>).

23. *In*: *Revista Derecho del Trabajo*, p. 72, 1962, *apud* RODRIGUEZ, Américo Plá. *Princípios do direito do trabalho*, p. 59.

Por essa teoria, portanto, é possível combinar as diversas normas existentes na Constituição, na CLT, nas Convenções Coletivas, nos Regulamentos etc., sempre levando em consideração os *institutos jurídicos de direito do trabalho* contidos em cada um desses diplomas normativos.

José Affonso Dallegrave Neto fornece-nos o seguinte exemplo:

> imaginemos a hipótese de um determinado Acordo Coletivo prever o pagamento de adicional por tempo de serviço a cada ano trabalhado (anuênio) equivalente a 1% sobre o salário. Para este mesmo empregado, admitamos ter, ainda, a Convenção Coletiva que, embora preveja o pagamento do adicional a cada triênio, a sua quota equivale a 6%, ou seja, na proporção de 2% a cada ano. Neste caso não se pode combinar os dois instrumentos normativos e, cindindo o instituto jurídico, considerar o que cada um tem de mais benéfico. Portanto, não se permite considerar a periodicidade do ACT, pagamento a cada ano trabalhado e o valor da CCT, 2% por ano trabalhado. O instituto jurídico constante da fonte normativa deve ser aplicado ontologicamente (sem cisão): a cláusula do ACT ou da CCT, vale dizer, a matéria (adicional por tempo de serviço) fica regulada por apenas um instrumento normativo de forma integral. *In casu* a matéria, adicional por tempo de serviço, deve ser aplicada integralmente[24].

O referido autor assinala que essa teoria é adotada no Brasil e na Argentina.

Data venia, não nos parece inteiramente correta a assertiva, pois, como já apontamos, o art. 620 da CLT, em sua redação anterior à Lei 13.467/2017, prestigiava, ao menos no que diz respeito ao conflito entre convenção e acordo coletivo, a teoria da acumulação.

A teoria do conglobamento, no entanto, colide com a nova redação do art. 620 da CLT, dada pela Lei 13.467/2017, que estabelece que as "condições estabelecidas em acordo coletivo de trabalho sempre prevalecerão sobre as estipuladas em convenção coletiva de trabalho".

4.3.2.2. Princípio da condição (ou cláusula) mais benéfica

O princípio da condição mais benéfica concerne à aplicação da norma trabalhista.

Destarte, existindo uma condição ou cláusula anterior oriunda de norma jurídica preexistente (ex.: cláusula de regulamento de empresa contendo uma vantagem para o empregado), sobrevier outra norma versando sobre a mesma matéria, prevalecerá aquela, anteriormente criada, salvo se a norma posterior for mais benéfica ao trabalhador.

---

24. Alcance e limites do princípio constitucional da norma mais benéfica ao empregado. *In*: DALLEGRAVE NETO, José Affonso (Coord.). *Direito do trabalho*: estudos. São Paulo: LTr, 1997, p. 18-19.

O princípio em tela é emanação do princípio da segurança jurídica em uma de suas vertentes constitucionais que consagram o princípio da irretroatividade da lei penal, salvo para beneficiar o réu (CF, art. 5º, XL), e o princípio do direito adquirido (CF, art. 5º, XXXVI).

Parece-nos, por outro lado, que este princípio guarda estreita relação com o princípio consagrado no *caput* do art. 7º da CF, o qual recepciona as normas que visem à melhoria das condições sociais dos trabalhadores.

As Súmulas 51 e 288 do TST reconhecem a aplicação do princípio da condição mais benéfica nos sítios do direito do trabalho.

4.3.2.3. *Princípio da irrenunciabilidade ou indisponibilidade*

Tendo em vista a grande quantidade de normas de ordem pública na seara do direito do trabalho, não se admite, em princípio, que o trabalhador renuncie a direitos trabalhistas.

Esse princípio, destinado exclusivamente ao empregado, está embutido no art. 9º da CLT. Mas há outros dispositivos celetários inibidores da renúncia (*v.g.*, CLT, arts. 468 e 500 etc.). A Súmula 276 do TST consagra a sua existência.

A corrente doutrinária dominante não admite a renúncia antes ou durante o curso do contrato de trabalho, sendo mais aceita a renúncia posterior à extinção dele.

Não há confundir, porém, *renúncia* e *transação*. Aquela diz respeito a direito já reconhecido, inquestionável, restando absolutamente claro que o renunciante está abrindo mão de algo que lhe pertence em troca de nada. Esta, ao revés, presume a controvérsia, a dúvida, a incerteza do direito. Aqui, cada parte abre mão de algo que supõe lhe pertencer.

O acordo, quando homologado em juízo, recebe o nome de *conciliação* (CLT, arts. 831, parágrafo único, e 846).

4.3.2.4. *Princípio da continuidade da relação de emprego*

O contrato de trabalho, em regra, deve ter a maior duração possível, pois, no paradigma do Estado Democrático de Direito, o direito ao trabalho digno é um direito humano e fundamental.

Esse princípio constituiu base para o instituto tradicional da estabilidade. Atualmente, ele sofreu um processo de constitucionalização, na medida em que se encontra agora previsto expressamente no art. 7º, I, da CF, que consagra o princípio da proteção contra a dispensa arbitrária ou sem justa causa, como já vimos em linhas transatas.

Há diversas situações em que o princípio em tela pode ser aplicado, como na hipótese de dúvida acerca da manifestação das partes quanto à duração do contrato. Aplicando-se o princípio em questão, há de se interpretar que o contrato fora firmado por tempo indeterminado. No caso de alegação patronal de abandono do emprego, cabe ao empregador o ônus de provar o *animus abandonandi* do empregado.

No plano internacional, o princípio da proteção da relação empregatícia contra as despedidas arbitrárias ou injustas está consagrado na Convenção 158 da OIT.

4.3.2.5. *Princípio da primazia da realidade*

A realidade fática na execução do contrato prevalece sobre o aspecto formal das condições nele avençadas. Trata-se da aplicação do princípio da primazia da realidade.

Assim, pouco importa se na CTPS do empregado conste que ele percebe, *v. g.*, apenas um salário fixo, quando, em realidade, há pagamento de comissões "por fora".

Além disso, o ordenamento justrabalhista considera nulos os atos praticados com o objetivo de desvirtuar, impedir ou fraudar os direitos trabalhistas (CLT, art. 9º), o que reforça a justificativa da existência do princípio em exame.

Esse princípio não se confunde com a denominação "contrato-realidade", proposta por Mario de la Cueva, como veremos mais adiante (Título II, Capítulo I, item 1.2).

4.3.2.6. *Princípio da razoabilidade*

Embora seja também princípio geral de direito e, atualmente, considerado princípio constitucional implícito, no direito do trabalho o princípio da razoabilidade encontra aplicação específica, mormente na interpretação das situações fáticas que ordinariamente acontecem.

À luz do princípio em tela, por exemplo, não é razoável presumir verdadeira a alegação do empregador no sentido de que o empregado tenha abandonado o emprego ou solicitado a sua demissão, em função do que cabe ao empregador o ônus de provar tais fatos. Também não é razoável admitir que, numa única vez, alguns minutos de atraso ao local de trabalho sejam motivo de aplicação, pelo empregador, da pena máxima (justa causa). Nesse caso, o juiz não pode dosar a pena, transmudando-a, *v. g.*, para advertência ou suspensão. Apenas declara a sua nulidade, ou não.

4.3.2.7. *Princípio das garantias mínimas ao trabalhador*

As partes são livres para, no momento da celebração do contrato, ajustarem as condições que lhes aprouverem, desde que respeitem as normas legais de proteção do trabalhador, as convenções e acordos coletivos, as decisões das autoridades competentes em matéria trabalhista (CLT, art. 444). Aliás, esse princípio encontra-se intimamente vinculado ao princípio da fonte normativa mais favorável, previsto no *caput* do art. 7º da CF.

Ademais, esse princípio encontra-se reproduzido expressamente no art. 114, § 2º, da CF, impondo limites ao exercício do Poder Normativo da Justiça do Trabalho para que esta, ao decidir o conflito, respeite "as disposições legais mínimas de proteção ao trabalho".

O novel parágrafo único do art. 444 da CLT, introduzido pela Lei 13.467/2017, no entanto, relativiza o princípio ora focalizado nos seguintes termos:

> A livre estipulação a que se refere o *caput* deste artigo aplica-se às hipóteses previstas no art. 611-A desta Consolidação, com a mesma eficácia legal e preponderância sobre os instrumentos coletivos, no caso do empregado portador de diploma de nível superior e que perceba salário mensal igual ou superior a duas vezes o limite máximo dos benefícios do Regime Geral de Previdência Social.

Esse dispositivo, a nosso sentir, é de induvidosa inconstitucionalidade, por atritar com o disposto nos arts. 1º, III e IV, 3º, IV, 7º, *caput*, e XXXII, e 170 da CF que enaltecem a dignidade da pessoa humana, o valor social do trabalho, a função social da empresa, a proibição de discriminação de qualquer natureza que abomina qualquer "distinção entre trabalho manual, técnico ou intelectual ou entre os profissionais respectivos".

4.3.2.8. Princípio da boa-fé

Esse princípio decorre do postulado ético que deve reinar nas relações jurídicas em geral, mormente as de natureza trabalhista, tendo em vista a função tutelar do direito do trabalho.

Há, pois, deveres recíprocos das partes para o fiel cumprimento das condições e obrigações ajustadas antes, durante e após a extinção do contrato de trabalho.

O princípio da boa-fé, antes limitado a ser princípio geral do direito, atualmente encontra-se positivado expressamente no Código Civil (*v. g.*, arts. 113, 164, 187 e 422), sendo certo que a doutrina reconhece a existência de dois tipos de boa-fé: a objetiva (aspecto ético) e a subjetiva (aspecto psicológico). Assim, por força do art. 8º, § 1º, da CLT, o princípio da boa-fé pode (e deve) ser amplamente aplicado no direito do trabalho.

A boa-fé objetiva é a que diz respeito ao aspecto ético do comportamento humano, isto é, corresponde a um modelo ideal de comportamento que a pessoa humana deve ter em relação a outras pessoas, devendo agir, pois, de forma ética, honesta, leal e proba, à luz dos valores sociais e morais reconhecidos pela sociedade e pelo ordenamento jurídico. A boa-fé objetiva, portanto, tem natureza jurídica de cláusula geral, que atua como verdadeira norma jurídica destinada ao juiz no exame de um caso concreto. Nesse sentido, colecionamos os seguintes julgados:

> RECURSO ORDINÁRIO DO RECLAMANTE. REVERSÃO DA JUSTA CAUSA. A controvérsia a ser dirimida por este Colegiado diz respeito à validade da justa causa para a extinção do contrato, em virtude das faltas injustificadas ao serviço pelo trabalhador. Sucede que, a utilização da "penalidade de suspensão" para sinalizar faltas ao serviço constitui um comportamento contraditório da empresa, porquanto se a presença do trabalhador era efetivamente importante, o ato que sinaliza a falta contratual não pode determinar exatamente a ausência ao serviço. A hipótese dos autos amolda-se à faceta do princípio da boa-fé objetiva conhecida como *venire contra factum proprium*, segundo a qual, como medida de tutela a uma legítima expectativa criada, não é dado ao agente apresentar uma incongruência entre seu ato e seu comportamento anterior, sendo essa incongruência, atentadora à boa-fé objetiva, que vicia a motivação do ato de "suspensão", nulificando-o. Imperiosa, pois, a reversão da modalidade da extinção para o despedimento sem justa causa. Apelo provido, no aspecto (TRT – 4ª R., RO 00201576920185040731, Rel. Juiz Conv. Alexandre Correa da Cruz, 3ª T., *DEJT* 11.07.2019).
>
> REVISTA EM FACE DE DECISÃO PUBLICADA ANTES DA VIGÊNCIA DA LEI N. 13.015/2014. ESTABILIDADE PRÉ-APOSENTADORIA. DISPENSA OBSTATIVA. PRINCÍPIO DA BOA-FÉ OBJETIVA. A cláusula geral de boa-fé objetiva, prevista nos artigos 113 e 422 do Código Civil, representa regra de valoração da conduta das partes como honesta, correta e leal e induz expectativa legítima nos contratantes, especialmente hipossuficientes. A atitude do empregador, de dispensar o empregado apenas 4 (quatro) meses antes de adquirir o direito à estabilidade pré-aposentadoria, representa violação a esse dever geral de conduta e torna este último credor das diferenças postuladas, porque manifestamente obstativa ao direito à garantia em questão. Ademais, especificamente sobre a matéria, a SBDI-1 desta Corte, no julgamento do E-ED-RR-968000-08.2009.5.09.0011, fixou entendimento no sentido de que "[se] presume [...] obstativa à estabilidade pré-aposentadoria prevista em norma coletiva a dispensa imotivada do empregado ocorrida até 12 meses antes da aquisição do direito". Decisão regional que merece reforma. Recurso de revista de que se conhece e a que se dá provimento (TST-RR 6071220135090671, Rel. Min. Cláudio Mascarenhas Brandão, 7ª T., *DEJT* 06.10.2017).

Já a boa-fé subjetiva leva em conta os aspectos subjetivos e psicológicos da conduta do agente na realização de um negócio jurídico. Trata-se de princípio geral do direito que auxilia o juiz na interpretação do negócio jurídico, possibilitando-lhe verificar a intenção das partes na celebração de um contrato, tal como prevê o art. 113 do Código Civil. Se o empregado, por exemplo, apresenta-se como candidato ao emprego alegando ardilosamente determinada experiência que sabe não possuir.

4.3.2.9. Princípio da substituição automática das cláusulas contratuais

As leis de proteção ao trabalhador têm vigência imediata, isto é, aplicam-se imediatamente aos contratos em curso, desde que mais favoráveis, salvo as leis proibitivas, de ordem pública, impostas pelo Estado, como já advertimos no item 3, *supra*.

Os direitos sociais relativos aos trabalhadores, como dimensão dos direitos fundamentais insculpidos na Constituição Federal, têm aplicação imediata (CF, art. 5º, § 1º). Exemplo: se uma cláusula do contrato individual de trabalho ou da convenção coletiva dispõe que o adicional de horas extras é de trinta por cento, essa cláusula será automaticamente substituída para adequar-se ao disposto na Constituição, que fixa o percentual mínimo em cinquenta por cento para o valor da hora extra (art. 7º, XVI).

O princípio em tela tem íntima relação com o princípio da irretroatividade das leis e com a eficácia temporal da norma trabalhista, como veremos no Capítulo IV, item 2, deste Título.

4.3.2.10. Princípio da supremacia do interesse público

Embora não mencionado pela doutrina majoritária, afigura-se-nos de suma importância o princípio em tela, na medida em que o art. 8º da CLT adota-o expressamente, nos seguintes termos:

> Art. 8º As autoridades administrativas e a Justiça do Trabalho, na falta de disposições legais ou contratuais, decidirão, conforme o caso, pela jurisprudência, por analogia, por equidade e outros princípios e normas gerais de direito, principalmente do direito do trabalho e, ainda, de acordo com os usos e costumes, o direito comparado, *mas sempre de maneira que nenhum interesse de classe ou particular prevaleça sobre o interesse público* (grifos nossos).

Um exemplo de aplicação desse princípio é dado pelo art. 11 e seu parágrafo único da Lei 7.783/89 (Lei de Greve):

> Art. 11. Nos serviços ou atividades essenciais, os sindicatos, os empregadores e os trabalhadores ficam obrigados, de comum acordo, a garantir, durante a greve, a prestação de serviços indispensáveis ao atendimento das necessidades inadiáveis da comunidade.

> Parágrafo único. São necessidades inadiáveis da comunidade aquelas que, não atendidas, coloquem em perigo iminente a sobrevivência, a saúde ou a segurança da população.

É preciso destacar, contudo, que o conceito de interesse público, por ser indeterminado, guarda conformação com o modelo de Estado e de organização social. De tal arte, o conceito de interesse público concebido no texto obreiro, de 1943, que era voltado para a realização da vontade da ideologia do governo getulista, deve adequar-se ao paradigma do Estado Democrático de Direito, em cujo epicentro não reside o interesse público sob a perspectiva do interesse do Estado (ou do Governo). É dizer, o conceito de interesse público deve estar voltado para a realização dos princípios e objetivos fundamentais que se situam no frontispício da Constituição, o que significa dizer que o conceito de interesse público deve estar voltado para a concretização do princípio da dignidade da pessoa humana e da promoção da justiça social.

CAPÍTULO IV
Hermenêutica do Direito do Trabalho

1. HERMENÊUTICA DO DIREITO DO TRABALHO

Segundo obra clássica de Carlos Maximiliano, a hermenêutica, que é um termo utilizado em homenagem ao deus grego Hermes, que era encarregado de levar as mensagens dos deuses aos mortais, tem por objeto o estudo e a sistematização dos processos aplicáveis à determinação do sentido e alcance das expressões do direito[1].

Nos sítios da Ciência do Direito, a tarefa da hermenêutica jurídica é orientar o jurista na atividade de interpretação dos textos legais visando ao seu correto significado de acordo com a "vontade da lei" (*voluntas legis*) ou a "vontade do legislador" (*voluntas legislatoris*). Esse modo de utilização da hermenêutica, que é inspirado no paradigma do Estado Liberal, ainda continua sendo largamente adotado tanto na academia quanto na doutrina e jurisprudência dos tribunais brasileiros.

É preciso alertar, porém, que tal modelo tradicional de hermenêutica jurídica encontra-se em crise no paradigma do Estado Democrático de Direito, mormente com o advento do fenômeno da constitucionalização do direito e do reconhecimento dos direitos metaindividuais.

Nesse passo, há que se buscar uma nova hermenêutica jurídica, como propõe Lenio Streck, uma vez que o Direito e a dogmática jurídica devem adequar-se não apenas para enfrentar os conflitos intersubjetivos como também os conflitos de massa numa sociedade complexa, pluralista e conflituosa como a brasileira.

Exsurge, pois, como sublinha Streck, "a necessidade de (re)discutir as práticas discursivas/argumentativas dos juristas, a partir de questionamentos de suas condições de produção, circulação e consumo. Isto porque, como diz Veron, 'entre as lições de Marx, uma é mister não abandonar: ele nos ensinou que, se se olhar bem, todo produto traz os traços do sistema produtivo que o engendrou. Esses traços lá estão, mas não são vistos, por invisíveis. Uma certa análise pode torná-los visíveis: a que consiste em postular que a natureza de um produto só é inteligível em relação às regras sociais de seu engendramento' (...) Esse hiato e a crise de paradigma do

1. MAXIMILIANO, Carlos. *Hermenêutica e aplicação do direito*. 12 ed. Rio de Janeiro: Forense, 1992, p. 1.

modelo liberal-individualista-normativista retratam a incapacidade histórica da dogmática jurídica em lidar com os problemas decorrentes de uma sociedade díspar como a nossa"[2].

Buscando fundamentos da semiótica (Saussure) e da hermenêutica filosófica (Gadamer e Heidegger), Streck obtempera que

> Fazer hermenêutica jurídica é realizar um processo de compreensão do Direito. Fazer hermenêutica jurídica é desconfiar do mundo e de suas certezas, é olhar o direito de soslaio, rompendo-se com (um)a hermé(nêu)tica jurídica tradicional-objetivante prisioneira do (idealista) paradigma epistemológico da filosofia da consciência. Com (ess)a (nova) compreensão hermenêutica do Direito recupera-se o sentido-possível-de-um-determinado-texto e não a re-construção do texto advindo de um significante-primordial-fundamento. Assim, por exemplo, não há um dispositivo constitucional que seja, em si e por si mesmo, de eficácia contida, de eficácia limitada ou de eficácia plena. A eficácia do texto do dispositivo advirá de um trabalho de adjudicação de sentido, que será feito pelo hermeneuta/intérprete[3].

O referido autor adverte – com inteira razão – que "o papel da hermenêutica passa a ser, fundamentalmente, o de preservar a força normativa da Constituição e o grau de autonomia do direito diante das tentativas usurpadoras provenientes do processo político (compreendido *lato sensu*). Nesse contexto, a grande engenharia a ser feita é, de um lado, preservar a força normativa da Constituição e, de outro, não colocar a política a reboque do direito"[4].

E é exatamente essa advertência de Lenio Streck que foi olvidada pelo processo político que resultou na sanção não apenas da Lei 13.467/2017 (Lei da Reforma Trabalhista) como também da Lei 13.874/2019 (Lei da Liberdade Econômica), como já ressaltamos no item 4 do Capítulo II do Título I deste livro. Essas duas leis, ao que nos parece, ignoram a força normativa da Constituição e pretendem instituir o princípio da supremacia da liberdade econômica, do contrato e da propriedade em detrimento dos princípios fundamentais da dignidade da pessoa humana e do valor social do trabalho, bem como dos direitos fundamentais sociais dos trabalhadores.

A hermenêutica compreende a interpretação, a integração e a aplicação do direito.

---

2. STRECK, Lenio Luiz. *Hermenêutica jurídica e(m) crise*. 10. ed. Porto Alegre: Livraria do Advogado, 2011, p. 13.
3. *Op. cit.*, p. 14.
4. STRECK, Lenio Luiz. Hermenêutica e princípios da interpretação constitucional. In: CANOTILHO, J. J. Gomes; MENDES, Gilmar Ferreira; SARLET, Ingo Wolfgang; STRECK, Lenio Luiz; LEONCY, Léo Ferreira. *Comentários à Constituição do Brasil*. São Paulo: Saraiva, 2013, p. 78.

1.1. Interpretação

Podemos dizer que há, atualmente, duas vertentes interpretativas no Direito. Uma formalista (ou tradicional) e outra particularista (ou progressista).

Cláudio Pereira de Souza Neto, arrimando-se em Frederick Schauer, leciona que o "particularismo, que passa a ostentar pretensões hegemônicas com a teoria contemporânea dos princípios, tende a produzir decisões mais justas, por permitir que juízes considerem particularidades que o legislador, ao editar normas gerais e abstratas, não é capaz de prever. A metodologia jurídica oposta, o formalismo, que vincula o juiz à aplicação da lei, tende a prover maior segurança jurídica, ao reduzir a discricionariedade judicial"[5].

O referido autor adverte – com razão – que a opção por qualquer uma das metodologias jurídicas (particularista ou formalista) "depende da confiança que os cidadãos depositam nos juízes: se confiam plenamente na capacidade dos julgadores de tomarem decisões justas, tendem a optar pelo particularismo; se não confiam, a opção segura é o formalismo. Trata-se de decisão política. É o contexto em que as instituições têm seu funcionamento que define se a melhor opção é o particularismo ou o formalismo"[6].

Nos domínios do Direito do Trabalho, a vertente formalista ou tradicional defende que a *interpretação* cuida da determinação do sentido da lei. *Interpretar*, leciona Amauri Mascaro Nascimento[7], "significa observar as intencionalidades objetivadas na norma jurídica que é aplicada aos casos concretos". Em outros termos, interpretar é descobrir o sentido e o alcance das expressões contidas nas normas jurídicas.

O referido autor sustenta que as escolas tradicionais (Escola Exegética, do Direito Livre e Histórica) são insuficientes e inadequadas para a interpretação do novo ramo do direito. Afirma que, ao "interpretar o direito do trabalho, o intérprete deverá, embora partindo do método gramatical e do sentido e alcance das palavras, alcançar o *sentido social das leis trabalhistas* e a função que exerce na sociedade empresarial" (grifos do autor).

Para Francisco Meton Marques de Lima[8], "a norma trabalhista pode ser estendida até os limites da sua própria finalidade, fundamentalmente social". Para tanto, propõe duas regras básicas para a sua interpretação: restrinja-se o desfavorável e amplie-se o favorável ao trabalhador; na dúvida, em favor do assalariado. Realça, também, o papel importante da equidade.

Para a vertente particularista ou progressista, a interpretação contemporânea não é mais metódica, e sim filosófica. De tal arte, reconhece-se que os chama-

5. SOUZA NETO, Cláudio Pereira de. A justiciabilidade dos direitos sociais: críticas e parâmetros. In: SOUZA NETO, Cláudio Pereira de; SARMENTO, Daniel (coords.). *Direitos sociais*: fundamentos, judicialização e direitos sociais em espécie. Rio de Janeiro: Lumen Juris, 2008, p. 517.

6. *Op. cit.*, mesma página.

7. *Op. cit.*, p. 61.

8. *Op. cit.*, p. 55.

dos métodos ou técnicas de interpretação tradicionais apenas exoneram o juiz de responsabilidade, pois este atribui à lei ou ao legislador as injustiças que decorrem de suas sentenças.

Como principal defensor da vertente progressista, Lenio Streck[9] adverte que com a aparência da busca do real sentido do texto jurídico, mediante a utilização de artifícios do tipo a busca da *mens legis*, do espírito do legislador, da *ratio essendi* do Direito etc., e na crença da existência de um legislador racional, constroem-se simulacros de enunciações.

Nessa linha, salienta o mestre gaúcho que a compreensão do novo modelo de Direito inaugurado pela Constituição de 1988 e que estabelece o Estado Democrático de Direito "implica a construção de possibilidades para a sua interpretação. Olhar o novo com os olhos do velho transforma o novo no velho! Interpretar o Estado Democrático de Direito e seu programa de metas deontológico – a partir do horizonte do sentido proporcionado pelo modelo liberal-individualista-normativista (que o vê como um conjunto meramente axiológico de princípios), redefine e esvazia as possibilidades do novo modelo"[10].

A lei, destarte, nunca é "em-si-mesma". Dar ao texto legal um sentido-em-si-mesmo é incorrer no erro denominado por Streck de "fetichização da lei". Já o modelo hermenêutico *gadameriano* pretende, segundo o referido autor, "uma apresentação do texto histórico de uma maneira inovadora: a máxima fidelidade à letra de um texto não é garantia de sua (cor)reta compreensão"[11].

Nos sítios do Direito do Trabalho destaca-se, na vertente interpretativa particularista ou progressista, Kátia Magalhães Arruda, para quem "há de se compreender a Constituição como um conjunto eficaz *in totum*, pois que, sendo a ordenação suprema do Estado, nada justifica a existência de normas inferiores com a finalidade de protegê-la (...) a Constituição tem força normativa, é superior à norma comum, e, por consequência, não necessita de norma inferior para lhe dar validade ou garantia. As normas hierarquicamente inferiores devem ser interpretadas nos estritos limites de suas atribuições de complementação, ordenação ou regulação, e não como instrumento, sem o qual a Constituição fica inerte"[12].

Na mesma linha progressista, Maurício Godinho Delgado, embora reconheça a aplicabilidade da metodologia tradicional, destaca que um dos "grandes desafios do moderno Direito do Trabalho brasileiro é realizar mais plenamente no seu interior a dimensão constitucional construída em 1988. A Hermenêutica Constitucional, desde

9. STRECK, Lenio Luiz. *Hermenêutica jurídica e(m) crise*. 10. ed. Porto Alegre: Livraria do Advogado, 2011, p. 13.

10. *Op. cit.*, p. 14.

11. *Ibidem*, mesma página.

12. ARRUDA, Kátia Magalhães. *Direito constitucional do trabalho*: sua eficácia e o impacto neoliberal. São Paulo: LTr, 1998, p. 34-35.

a nova Constituição da República, ganhou relevância destacada no plano material e processual trabalhistas"[13].

Delgado apresenta alguns obstáculos para a efetivação dos direitos fundamentais trabalhistas:

> De um lado, o ainda insistente e injustificável manejo, por parte da comunidade jurídica, inclusive judiciária, de ultrapassado critério de análise da eficácia jurídica das normas constitucionais (enquadrando-as como *autoexecutáveis* ou não *autoexecutáveis*), ou, alternativamente, qualquer mínima eficácia jurídica a normas tidas como de eficácia contida ou de eficácia limitada. De outro lado, a recusa a conferir efeitos jurídicos reais à função normativa dos princípios jurídicos e, em consequência, a vários e decisivos princípios constitucionais, muitos de grande impacto na área juslaborativa. Acresça-se, ainda, a insuficiente utilização do critério hermenêutico moderno intitulado interpretação normativa em conformidade com a Constituição, que evita as equações excessivamente formais, rigorosas, excludentes e maniqueístas das dualidades inconstitucionalidade/constitucionalidade, revogação/recepção, em benefício de uma linha interpretativa agregadora dos comandos impostos pela Constituição com as dimensões compatíveis e/ou adequáveis das normas infraconstitucionais confrontadas. Por fim, a ainda insuficiente construção de uma sólida jurisprudência de valores constitucionais, de conteúdo e direção essencialmente sociais, na linha dos princípios, regras, fundamentos e valores que melhor caracterizam a Constituição[14].

Não há negar que no nosso sistema jurídico, tendo em vista o princípio da inafastabilidade da apreciação pelo Judiciário as hipóteses de lesão ou ameaça a direito (CF, art. 5º, XXXV), a função interpretativa das normas justrabalhistas é desempenhada primordialmente pelos órgãos da Justiça do Trabalho, uma vez que a interpretação dos advogados, do Ministério Público, dos auditores fiscais do trabalho ou dos particulares é válida enquanto não surge a decisão judicial.

Mario De La Cueva sustenta que a interpretação do direito do trabalho consiste em julgá-lo de acordo com a sua natureza, ressaltando que ela deve ser especial porque as fontes formais, ao contrário do direito civil, não servem só para cobrir lacunas da lei, mas, também, para melhorá-las em benefício dos trabalhadores.

É preciso, pois, como sustenta André Ramos Tavares, "abandonar a ideia, tradicionalmente aceita, de que a interpretação é um ato praticado sem qualquer subjetividade por parte daquele que realiza tal operação", porquanto "em matéria de interpretação jurídica, inexiste a valência verdadeiro/falso, pertencente às ciências exatas"[15].

---

13. DELGADO, Maurício Godinho. *Curso de direito do trabalho*. 13. ed. São Paulo: LTr, 2014, p. 236.
14. *Op. cit.*, mesma página.
15. TAVARES, André Ramos. *Curso de direito constitucional*. São Paulo: Saraiva, 2002, p. 69.

Em outros termos, interpretar é descobrir o sentido e o alcance das expressões contidas nas disposições (enunciados) dos textos com força normativa. Para tanto, o intérprete deve utilizar métodos ou técnicas oferecidos pela ciência do direito, inspirando-se nos princípios e valores que integram dado ordenamento jurídico.

Entre os vários métodos tradicionais de interpretação, podemos mencionar o gramatical, o lógico, o histórico, o teleológico, o sistemático e o autêntico.

Não obstante, é preciso advertir, desde logo, que não há um método único, um único método correto, para interpretar as normas jurídicas, inclusive as de direito do trabalho, pois, como bem observa Maria Helena Diniz,

> as diversas técnicas interpretativas não operam isoladamente, não se excluem reciprocamente, antes se completam, mesmo porque não há, como aponta *Zweigert*, na teoria jurídica interpretativa, uma hierarquização segura das múltiplas técnicas de interpretação (...) todas trazem sua contribuição para a descoberta do sentido e do alcance da norma[16].

Feitas essas observações, passemos aos principais métodos clássicos e modernos de interpretação que podem (e devem) ser utilizados no Direito do Trabalho.

1.1.1. Método gramatical

O método da interpretação gramatical, também conhecido como método literal, semântico ou filológico, funda-se nas regras da gramática e da linguística, possibilitando ao intérprete o exame de cada texto normativo, isolada ou sintaticamente, observando pontuação, etimologia dos vocábulos etc.

A palavra, falada ou escrita, é a matéria viva do direito, daí ser a interpretação questão capital, dela dependendo toda uma construção científica com base em dois postulados básicos: segurança jurídica e justiça.

Interpretar gramaticalmente significa descobrir o sentido literal das palavras contidas nos enunciados normativos. Mas é preciso lembrar que não existe texto, por mais claro que possa parecer, que não possibilite a interpretação jurídica, restando, pois, superada a parêmia latina *in claris cessat interpretatio*[17].

É, pois, a primeira tarefa do intérprete num sistema jurídico calcado na *civil law* (direito escrito), porquanto é sabido que nos países de *common law* (direito consuetudinário) prevalecem os costumes e as tradições, principalmente na Inglaterra.

O método da interpretação gramatical, também conhecido como método literal, semântico ou filológico, funda-se nas regras da gramática e da linguística, possibilitando ao intérprete o exame de cada texto normativo, isolada ou sintaticamente, observando pontuação, etimologia dos vocábulos etc.

16. DINIZ, Maria Helena. *Compêndio de introdução ao estudo do direito*. São Paulo: Saraiva, 2001, p. 424.
17. Tradução livre: "Quando a lei é clara, não comporta interpretação".

A interpretação gramatical ou literal tem sido frequentemente utilizada no direito processual em geral e no direito processual do trabalho em particular nas hipóteses em que o Judiciário analisa o cabimento dos recursos de natureza extraordinária. Assim, uma das hipóteses de cabimento do recurso de revista, por exemplo, é a prevista na alínea "c" do art. 896 da CLT, isto é, quando a decisão recorrida for proferida com "violação literal" de disposição de lei federal ou afronta direta e literal à Constituição Federal.

A Súmula Vinculante 4 do STF, por exemplo, adota interpretação literal da parte final do inciso IV do art. 7º da CF para vedar a utilização do salário mínimo como indexador de base de cálculo de vantagem de servidor público ou de empregado.

O método da interpretação gramatical pode, em sintonia com outros métodos, produzir alguns efeitos, entre os quais os que permitem ao intérprete ampliar (interpretação extensiva) ou reduzir (interpretação restritiva) o sentido e o alcance dos termos e expressões contidos nas normas.

1.1.2. Método lógico

O método lógico de interpretação tem por objeto desvendar o sentido e o alcance da norma, estudando-a por meio de raciocínios lógicos, analisando os períodos da lei e combinando-os entre si, com o escopo de atingir perfeita compatibilidade.

Este método exige do intérprete constante recurso às técnicas da lógica comum e da lógica jurídica. Por exemplo: todos os homens empregados são trabalhadores. Pedro é empregado. Então, Pedro é trabalhador.

A interpretação lógica serve de base para estabelecer a coerência e a harmonia das normas entre si.

Exemplifiquemos com o termo "readmissão" contido no inciso I do art. 4º da Lei 9.029/95, segundo o qual o rompimento da relação de trabalho por ato discriminatório, "além do direito à reparação pelo dano moral, faculta ao empregado optar entre: I – a readmissão com ressarcimento integral de todo o período de afastamento, mediante pagamento das remunerações devidas, corrigidas monetariamente, acrescidas dos juros legais". Ora, adotando-se o método lógico chega-se facilmente à ilação de que o termo "readmissão" deve ser interpretado como "reintegração", pois, como ressalta Marcelo Moura: "A menção ao ressarcimento integral do período de afastamento nos reporta ao instituto da reintegração, e não readmissão como aparece no texto legal"[18].

1.1.3. Método histórico

É o método pelo qual o intérprete, para chegar à inteligência do preceito, perquire as causas que ditaram a sua formação. Este método foi idealizado a partir das obras de Savigny e Puchta, daí serem estes os precursores da Escola Histórica do Direito.

18. MOURA, Marcelo. *Curso de direito do trabalho*. São Paulo: Saraiva, 2014, p. 93.

Aqui se leva em conta o próprio processo legislativo que antecedeu a publicação e a vigência do texto normativo, permitindo ao intérprete desvendar aspectos relativos à *ratio legis*, auxiliando-o na descoberta do sentido e do alcance da norma.

Por meio da interpretação histórica, analisa-se a evolução temporal de determinado instituto ou instituição desde o seu surgimento até a compreensão da norma que o regule na atualidade. Daí falar-se em interpretação histórico-evolutiva.

Tomemos como exemplo a embriaguez habitual que, nos termos do art. 482, "f", da CLT, implica justa causa para resolução do contrato de trabalho por iniciativa do empregador. Tal regra, atualmente, deve ser interpretada evolutivamente, pois a embriaguez habitual não pode ser mais considerada uma falta, e sim uma doença reconhecida pela Organização Mundial da Saúde – OMS. De modo que a embriaguez habitual não autoriza o empregador, de imediato, a dispensar o trabalhador por justa causa, e sim encaminhá-lo a tratamento médico. Somente depois de frustrados os tratamentos de recuperação do trabalhador alcoólico, aí, sim, poder-se-á admitir a aplicação da justa causa.

1.1.4. Método sistemático

O método sistemático parte da premissa de que as normas jurídicas não existem isoladamente. Antes, formam um conjunto, um sistema, que exige uma relação de coerência entre elas.

A coerência do sistema jurídico, pois, não permite que haja antinomias entre as normas que o compõem. Quando isso ocorre, é preciso solucionar o problema mediante a utilização dos critérios da especialidade, da hierarquia e da cronologia entre as normas em conflito.

O problema maior é quando surge antinomia entre os próprios critérios, ou seja, a chamada antinomia de segundo grau.

Pensamos que em tais casos o intérprete deve adotar critérios axiológicos extraídos da cultura, da ética, dos princípios e objetivos fundamentais, do princípio da proporcionalidade e da razoabilidade para solucionar antinomias de segundo grau.

O método sistemático exige amplo conhecimento das normas que integram o ordenamento jurídico, pois o exame sistemático de umas pode desvendar o sentido de outras. Além disso, verificando as normas conjuntamente é possível compreender todo o sistema normativo.

No Direito do Trabalho, tomemos como exemplo as férias anuais remuneradas. De acordo com a CLT, "Todo empregado terá direito anualmente ao gozo de um período de férias, sem prejuízo da remuneração" (art. 129), sendo certo que "O empregado perceberá, durante as férias, a remuneração que lhe for devida na data da sua concessão" (art. 142). O art. 7º, XVII, da CF diz que o trabalhador tem direito ao "gozo de férias anuais remuneradas com, pelo menos, um terço a mais do que o salário". A interpretação sistemática desses dispositivos levou o TST a editar a Súmula 328, *in verbis*: "O pagamento das férias, integrais ou proporcionais, gozadas ou não, na vigência da CF/1988, sujeita-se ao acréscimo do terço previsto no respectivo art. 7º, XVII".

1.1.5. *Método teleológico*

Também chamado de método sociológico, este método é atribuído a Ihering. Neste método, a atenção do intérprete volta-se para os fins sociais a que a norma jurídica se propõe.

Dito de outro modo, o método teleológico ou sociológico visa a adaptar a finalidade da norma à realidade social, econômica e política em que vai incidir na prática.

O art. 5º da Lei de Introdução às Normas do Direito Brasileiro (redação dada pela Lei 12.376, de 30.12.2010) admite expressamente o método teleológico, pois permite ao juiz que, quando da aplicação da lei, atente para os "fins sociais" a que ela se dirige e às "exigências do bem comum".

O método teleológico é frequentemente utilizado no direito laboral, mormente em função das desigualdades existentes entre empregado e empregador. Exemplifiquemos com o § 1º do art. 469 da CLT, segundo o qual não estão compreendidas na proibição de transferência de local de serviço "os empregados que exerçam cargos de confiança e aqueles cujos contratos tenham como condição, implícita ou explícita, a transferência, quando esta decorra de real necessidade do serviço". Ocorre que a transferência do local da prestação de serviços pode implicar malefícios sociais e econômicos ao trabalhador e à sua família, razão pela qual o TST editou a Súmula 43, que presume "abusiva a transferência de que trata o § 1º do art. 469 da CLT, sem a comprovação da necessidade do serviço", ou seja, mesmo se o empregado exercer cargo de confiança, ou se o contrato contiver cláusula expressa prevendo a transferência, o empregador é obrigado, sob pena de nulidade do ato praticado, a demonstrar a real necessidade do serviço.

1.1.6. *Métodos modernos de interpretação constitucional dos direitos fundamentais trabalhistas*

É sabido que a Constituição se compõe de inúmeras normas jurídicas, razão pela qual ela também é interpretada tanto pelos métodos tradicionais já analisados como também pelos modernos métodos interpretativos, ultrapassando, assim, "a dimensão puramente positivista da filosofia jurídica, para assimilar argumentos da filosofia moral e da filosofia política"[19].

---

19. BARROSO, Luiz Roberto. Interpretação constitucional como interpretação específica. In: CANOTILHO, J. J. Gomes; MENDES, Gilmar Ferreira; SARLET, Ingo Wolfgang; STRECK,

Hodiernamente, em função do fenômeno da constitucionalização do direito em geral, e do direito do trabalho, em particular, o intérprete das normas trabalhistas não pode mais olvidar os modernos métodos de interpretação constitucional, que são, segundo Uadi Lammêgo Bulos,

> ferramentas que auxiliam o intérprete na tarefa de descobrir o significado e as conexões de sentido das normas supremas do Estado. Quando combinadas entre si apresentam grande utilidade no mister interpretativo da *Lex Mater*, embora possa ser usadas de *per si*. Servem para interpretar casos difíceis (*hard cases*), os quais exigem maior energia mental do exegeta, que atua num campo subjetivo, em que prevalece a discricionariedade na escolha da interpretação mais condizente com a situação prática. Por isso é que essas técnicas visam abrandar o formalismo estéril e o simples silogismo clássico, concretizando o sentido mais profundo das constituições analíticas, como a brasileira de 1988 (...) Desenvolvidas com base em raciocínios indutivos, comuns a todo e qualquer ramo do Direito, entronizam no ato interpretativo da carta maior valiosas ideias para atender ao influxo de novas demandas, a exemplo daquelas que envolvem conflitos entre bens jurídicos constitucionalmente protegidos[20].

Os métodos modernos de interpretação constitucional são perfeitamente aplicáveis ao direito do trabalho, mormente pelo fato de que este ramo possui inúmeras normas (regras, princípios e valores) positivadas na Constituição Federal de 1988, o que autoriza, inclusive, a afirmação da existência de um autêntico direito constitucional do trabalho. Além disso, os direitos fundamentais sociais dos trabalhadores encontram-se não raro em colisão com o direito fundamental de propriedade do empregador, o que exige do intérprete a adoção da metodologia interpretativa do texto constitucional. Passemos, pois, aos métodos de interpretação constitucional.

Comecemos pelo método da *ponderação de valores*, que auxilia o intérprete na avaliação de qual o bem constitucional deve prevalecer num determinado caso concreto. Para tanto, o intérprete procura estabelecer o peso relativo a cada um dos princípios (ou direitos) constitucionais contrapostos. Em seguida, o intérprete analisa qual o bem (valor) que deve ceder perante o outro, "sempre buscando o resultado socialmente desejável", o que implicará concessões recíprocas e sacrifício de um determinado princípio com o objetivo de priorizar o interesse mais racional possível na situação concreta examinada[21].

Há inúmeras situações de colisão, como a quebra de sigilo bancário × privacidade de dados – em casos de lavagem de dinheiro para fomentar a macrocriminali-

Lenio Luiz; LEONCY, Léo Ferreira. *Comentários à Constituição do Brasil*. São Paulo: Saraiva, 2013, p. 92.

20. BULOS, Uadi Lammêgo. *Curso de direito constitucional*. 4. ed. São Paulo: Saraiva, 2009, p. 366.

21. *Ibidem*, mesma página.

dade, deve prevalecer a quebra do sigilo; direito de propriedade × obrigação de contratar pessoas com deficiência – prevalece a obrigação de contratar quando a empresa possuir mais de 100 empregados, pois a propriedade deve ter uma função social; liberdade de expressão × direito à honra e à imagem – o empregador que dispensa sem justa causa empregados, mas publica em jornal de circulação que somente os trabalhadores improdutivos foram dispensados – prevalece o direito à honra e à imagem dos trabalhadores dispensados, que podem, inclusive, pleitear indenização por danos morais.

Outro método de interpretação constitucional é o da *otimização de princípios*, que confere ao intérprete a possibilidade de extrair da norma constitucional o que ela tem de melhor em sintonia com os princípios constitucionais. Como sublinha Uadi Lammêgo Bulos, perante situações concretas, "o exegeta procura tornar ótimo o conteúdo dos princípios, ampliando, reduzindo, harmonizando e compatibilizando os interesses em disputa"[22].

Há, ainda, o método da *filtragem constitucional*, segundo o qual toda a ordem jurídica deve ser interpretada sob a lente da Constituição, de modo a realizar os valores nela consagrados[23]. Esse método está vinculado ao chamado movimento de constitucionalização do direito, e consiste em submeter todos os ramos do direito à filtragem constitucional, ou seja, para que eles sejam interpretados e aplicados sob o prisma do Texto Magno de 1988. O método da filtragem constitucional serve para evitar a incompatibilidade entre o velho ordenamento e o novo texto constitucional, preservando a supremacia hierárquica da Constituição; a compatibilidade entre a Constituição e as normas editadas posteriormente à sua promulgação; (re)interpretar os institutos dos diversos ramos do direito sob o prisma da Constituição; controlar a constitucionalidade das leis e demais atos normativos infraconstitucionais; realizar a tábua de valores depositada na Constituição[24].

Existe, ainda, o método *tópico-problemático*, segundo o qual o intérprete parte de um problema concreto para enquadrá-lo na norma constitucional. O raciocínio do intérprete é induzido por problemas (*topoi*). Trata-se, pois, de método que se funda na Tópica, que é uma teoria do direito difundida por Theodor Viehweg. Por este método prevalece praticamente a vontade suprema do intérprete diante de um caso concreto, pois parte da premissa de que há um consenso sobre o conteúdo e os valores contidos na Constituição, sendo esta considerada um conjunto aberto de valores, regras e princípios, cabendo ao intérprete escolher aquele que seja mais adequado para uma solução justa do caso concreto apreciado.

22. BULOS, Uadi Lammêgo. *Curso de direito constitucional*. 8. ed. São Paulo: Saraiva, 2014, p. 467.
23. BARROSO, Luís Roberto. Neoconstitucionalismo e constitucionalização do direito (o triunfo tardio do direito constitucional do Brasil). In: SOUZA NETO, Cláudio Pereira de; SARMENTO, Daniel (Coords.). *A constitucionalização do direito*: fundamentos teóricos e aplicações específicas. Rio de Janeiro: Lumen Juris, 2007, p. 227.
24. BULOS, Uadi Lammêgo. *Curso de direito constitucional*. 4. ed. São Paulo: Saraiva, 2009, p. 370.

O método *científico-espiritual* é idealizado por Rudolf Smend, que desenvolve uma crítica à interpretação jurídica, sustentando que a Constituição deve ser interpretada de forma dinâmica, partindo-se da realidade social, econômica, política e cultural subjacente ao texto constitucional.

Não podemos esquecer o método *normativo-estruturante* adotado por Friedrich Müller, que faz distinção entre texto e norma, ou seja, a norma jurídica só aparece depois da interpretação; antes da interpretação há apenas um texto que só se transforma em norma jurídica depois de interpretado.

Finalmente, o método *hermenêutico-concretizador*, criado por Konrad Hesse, submete a atividade hermenêutica a pressupostos subjetivos e objetivos, levando em conta a pré-compreensão do intérprete e a realidade enquanto problema concreto. Este método também visa à colmatação de lacunas constitucionais. Diferentemente do método tópico, em que o intérprete parte do caso concreto para o texto normativo, no método hermenêutico-concretizador ele parte do texto constitucional para o caso concreto, "valendo-se das pré-compreensões do intérprete sobre o tema (pressupostos subjetivos), o qual atua como se fosse um mediador entre a norma e o caso concreto, que brota da realidade social (pressupostos objetivos)", como um verdadeiro "círculo hermenêutico, porque seu pensamento 'vaivém' até encontrar a saída para o problema"[25].

Todos esses métodos apresentam dificuldades operacionais, porquanto em todos eles há questionamentos acerca dos critérios racionais para a interpretação de preceitos normativos plurissignificativos.

O desafio do intérprete – salientam Mendes e Branco – é buscar descobrir o melhor método, mas isso "não há de paralisar a atividade de aplicar a Constituição; há, sim, de lhe conferir padrões de renovados graus de exigência, proporcionais à importância que se reconhece ao Texto Constitucional como instrumento precípuo da regulação dos aspectos básicos da convivência social e política e garantia da dignidade da pessoa no espaço público"[26].

Em se tratando de interpretação e aplicação de direitos fundamentais sociais trabalhistas, cumpre ressaltar que na 1ª Jornada de Direito Material e Processual na Justiça do Trabalho, promovido pela Associação Nacional dos Magistrados do Trabalho-Anamatra, e Tribunal Superior do Trabalho, realizado em Brasília, no período de 21 a 23.11.2007, foi aprovado o Enunciado 1, *in verbis*:

> *Direitos fundamentais. Interpretação e aplicação.* Os direitos fundamentais devem ser interpretados e aplicados de maneira a preservar a integridade sistêmica da Consti-

25. BULOS, Uadi Lammêgo. *Curso de direito constitucional.* 8. ed. São Paulo: Saraiva, 2014, p. 458.
26. MENDES, Gilmar Ferreira; BRANCO, Paulo Gustavo Gonet. *Curso de direito constitucional.* 9. ed. São Paulo: Saraiva, 2014, p. 93.

tuição, a estabilizar as relações sociais e, acima de tudo, a oferecer a devida tutela ao titular do direito fundamental. No direito do trabalho, deve prevalecer o princípio da dignidade da pessoa humana.

Tal verbete, embora não tenha força vinculante, constitui inequívoca fonte doutrinária, além de propiciar a reflexão para uma nova hermenêutica do direito laboral. Afinal, a Constituição contém inúmeras normas dispondo sobre direitos fundamentais sociais dos trabalhadores, o que reforça a necessidade de um novo pensar dos juslaboralistas a respeito da importância da interpretação constitucional das normas jurídicas trabalhistas[27].

O mesmo fundamento supracitado deve ser observado no tocante à intepretação das disposições das Leis 13.467/2017 e 13.874/2019.

1.1.6.1. Interpretação conforme a Constituição

A doutrina constitucionalista brasileira, inspirando-se em J. J. Gomes Canotilho, aponta diversos princípios destinados à interpretação da Constituição, como o princípio da unidade da Constituição, segundo o qual não há hierarquia entre normas que integram o texto constitucional; o princípio da máxima efetividade da Constituição, que concita o intérprete a atribuir a maior eficácia possível a uma norma constitucional; o princípio da força normativa da Constituição, pois a Constituição não é mera carta política, e sim um Código Supremo de normas jurídicas; o princípio da correção funcional, que auxilia o intérprete para corrigir interpretações que desviem atribuições de competências entre esferas da Federação ou poderes constituídos; o princípio da concordância prática, utilizado especialmente nos casos de colisão de princípios de direitos fundamentais.

Destaca-se, ainda, o princípio da interpretação conforme a Constituição, sobre o qual dedicaremos maior atenção nesta epígrafe.

Trata-se de um novo princípio de interpretação constitucional desenvolvido pela doutrina e jurisprudência do direito alemão aplicável em qualquer ramo da árvore jurídica e não apenas no âmbito do direito constitucional, uma vez que não é a Constituição que deve ser interpretada segundo as leis, e, sim, as leis, em conformidade com a Constituição[28].

Pedro Lenza advoga que a interpretação conforme a Constituição é um princípio de interpretação constitucional aplicável diante de normas plurissignificativas ou polissêmicas, devendo-se "preferir a exegese que mais se aproxime da Constituição"[29].

---

27. No mesmo sentido apontam os Enunciados 2, 4 e 6 aprovados na 2ª Jornada de Direito Material e Processual do Trabalho (disponível em: <http://www.jornadanacional.com.br/listagem-enunciados-aprovados.asp>).
28. CASSAR, Vólia Bomfim. *Direito do trabalho*. 4. ed. Niterói: Impetus, 2010, p. 115.
29. LENZA, Pedro. *Direito constitucional esquematizado*. 13. ed. São Paulo: Saraiva, 2009, p. 96.

Segundo esse constitucionalista, diante de uma norma que possui mais de uma interpretação, alguns requisitos devem ser observados para aplicar o método em tela: a) *prevalência da Constituição*, pois deve-se adotar a interpretação que não contraria a Constituição; b) *conservação da norma*, isto é, se a norma pode ser interpretada conforme a Constituição, não se declara a sua invalidade; c) *exclusão da interpretação* contra legem, pois o intérprete não pode contrariar o texto literal e o sentido da norma para obter a sua concordância com a Constituição; d) *espaço de interpretação*, porquanto só se admite a aplicação do método em tela se existir um espaço de decisão e, dentre as várias interpretações a que se chegar, deverá ser aplicada aquela que esteja em conformidade com a Constituição; e) *rejeição de aplicação de normas inconstitucionais*, já que, depois de realizados os diversos métodos interpretativos, se o juiz chegar a um resultado contrário à Constituição, deverá declarar a norma inconstitucional, sendo proibida a sua correção contra a Constituição; f) o *intérprete não pode atuar como legislador positivo*, porque é vedado a ele criar uma regra nova e distinta daquela, objetivada pelo legislador[30].

Já Uadi Lammêgo Bulos sustenta que, por intermédio do princípio da interpretação conforme a Constituição, "o Poder Judiciário não poderá interpretar o texto magno ferindo o esquema organizatório-funcional nele estabelecido, pouco importando se as suas normas são polissêmicas ou plurissignificativas"[31]. Diz, ainda, que esse princípio de interpretação constitucional, sem ressalvar a impossibilidade de o intérprete atuar como legislador positivo, irmana-se com os princípios da prevalência da Constituição, da conservação das normas e da exclusão da interpretação conforme a Constituição *contra legem*.

Adverte, contudo, Alexandre de Moraes que a

> interpretação conforme a Constituição somente será possível quando a norma apresentar vários significados, uns compatíveis com as normas constitucionais e outros não, ou, no dizer de Canotilho, "a interpretação conforme a Constituição só é legítima quando existe um espaço de decisão (= espaço de interpretação) aberto a várias propostas interpretativas, umas em conformidade com a Constituição e que devem ser preferidas, e outras em desconformidade com ela". Portanto, não terá cabimento a interpretação conforme a Constituição quando contrariar texto expresso de lei, que não permita qualquer interpretação em conformidade com a Constituição, pois o Poder Judiciário não poderá, substituindo-se ao Poder Legislativo (leis) ou Executivo (medidas provisórias), atuar como legislador positivo, de forma a criar um novo texto legal. Nessas hipóteses, o Judiciário deverá declarar a inconstitucionalidade da lei ou do ato normativo incompatível com a Constituição[32].

30. *Ibidem*, p. 96-97.

31. BULOS, Uadi Lammêgo. *Curso de direito constitucional*. 4. ed. São Paulo: Saraiva, 2009, p. 365.

32. MORAES, Alexandre de. *Direito constitucional*. 8. ed. São Paulo: Atlas, 2000, p. 43-44.

Luís Roberto Barroso destaca que o princípio da interpretação constitucional "permite que o intérprete, sobretudo o tribunal constitucional, preserve a validade de uma lei que, na sua leitura mais óbvia, seria inconstitucional. Nessa hipótese, o tribunal, simultaneamente, *infirma* uma das interpretações possíveis, declarando-a inconstitucional, e *afirma* outra, que compatibiliza a norma com a Constituição. Trata-se de uma situação corretiva, que importa na declaração de inconstitucionalidade sem redução de texto e tem por limite as possibilidades semânticas do texto"[33].

A interpretação conforme a Constituição permite ao intérprete – depois de esgotar todas as interpretações convencionais possíveis e não encontrando uma interpretação constitucional adequada, e desde que a norma interpretada não contenha nenhuma violência à Constituição Federal – verificar se é possível, pelo caráter axiológico da norma constitucional, levar a efeito algum alargamento ou restrição da norma que a compatibilize com a Constituição Federal.

É preciso lembrar, no entanto, que tal amplitude ou restrição da interpretação da norma não deve ser revestida de afronta à sua literalidade ou à vontade do legislador[34].

---

33. BARROSO, Luís Roberto. Interpretação constitucional como interpretação específica. In: CANOTILHO, J. J. Gomes; MENDES, Gilmar Ferreira; SARLET, Ingo Wolfgang; STRECK, Lenio Luiz; LEONCY, Léo Ferreira. *Comentários à Constituição do Brasil*. São Paulo: Saraiva, 2013, p. 93.
34. Na ADPF 130/DF, Rel. Min. Carlos Britto, j. em 30.04.2009, o Pleno do STF, a respeito da alegação de não recepção em bloco da chamada Lei de Imprensa pela CF/88, adotou a seguinte interpretação: "(...) 10. Não recepção em bloco da Lei 5.250 pela nova Ordem Constitucional. 10.1. Óbice lógico à confecção de uma lei de imprensa que se orne de compleição estatutária ou orgânica. A própria Constituição, quando o quis, convocou o legislador de segundo escalão para o aporte regratório da parte restante de seus dispositivos (art. 29, art. 93 e § 5º do art. 128). São irregulamentáveis os bens de personalidade que se põem como o próprio conteúdo ou substrato da liberdade de informação jornalística, por se tratar de bens jurídicos que têm na própria interdição da prévia interferência do Estado o seu modo natural, cabal e ininterrupto de incidir. Vontade normativa que, em tema elementarmente de imprensa, surge e se exaure no próprio texto da Lei Suprema. 10.2. Incompatibilidade material insuperável entre a Lei 5.250/67 e a Constituição de 1988. Impossibilidade de conciliação que, sobre ser do tipo material ou de substância (vertical), contamina toda a Lei de Imprensa: a) quanto ao seu entrelace de comandos, a serviço da prestidigitadora lógica de que para cada regra geral afirmativa da liberdade é aberto um leque de exceções que praticamente tudo desfaz; b) quanto ao seu inescondível efeito prático de ir além de um simples projeto de governo para alcançar a realização de um projeto de poder, este a se eternizar no tempo e a sufocar todo pensamento crítico no País. 10.3 São de todo imprestáveis as tentativas de conciliação hermenêutica da Lei 5.250/67 com a Constituição, seja mediante expurgo puro e simples de destacados dispositivos da lei, seja mediante o emprego dessa refinada técnica de controle de constitucionalidade que atende pelo nome de "interpretação conforme a Constituição". *A técnica da interpretação conforme não pode artificializar ou forçar a descontaminação da parte restante do diploma legal interpretado, pena de descabido incursionamento do intérprete em legiferação por conta própria. Inapartabilidade de conteúdo, de fins e de viés semântico (linhas e entrelinhas) do texto interpretado. Caso-limite de interpretação necessariamente conglobante ou por arrastamento teleológico, a pré-excluir do intérprete/aplicador do Direito qualquer possibilidade*

Pode-se dizer que o princípio da interpretação conforme a Constituição permite uma renúncia ao formalismo jurídico e às interpretações convencionais em nome dos valores da justiça material e da segurança jurídica, elementos tão necessários para a efetivação do Estado Democrático de Direito proclamado no frontispício do texto constitucional como fundamento da República Federativa do Brasil.

É importante destacar que, em nosso sistema jurídico, a interpretação conforme a Constituição não é monopólio do STF, uma vez que qualquer juiz ou tribunal pode utilizar tal método. Afinal, trata-se de um princípio de interpretação constitucional que auxilia na temática do controle (difuso ou concentrado) de constitucionalidade de lei ou ato normativo do Poder Público, podendo exercê-lo o STF, diretamente (via concentrada) ou qualquer juiz, de modo incidental (*incidenter tantum*), em qualquer processo judicial (via difusa)[35].

Enfim, a interpretação conforme a Constituição permite: a) a (re)leitura da norma infraconstitucional com vistas a melhor realizar os valores e os fins constitucionais nela proclamados; b) a declaração de inconstitucionalidade parcial sem redução do texto, isto é, excluindo uma possível interpretação da norma e afirmando uma interpretação alternativa compatível com a Constituição.

Um exemplo emblemático na seara laboral pode ser extraído da decisão do STF a respeito da obrigatoriedade da tentativa de composição do conflito perante a comissão de conciliação prévia. O Pretório Excelso, por reputar caracterizada, em princípio, a ofensa ao princípio do livre acesso ao Judiciário (CF, art. 5º, XXXV), deferiu parcialmente medidas cautelares em duas ações diretas de inconstitucionalidade – ajuizadas pela Confederação Nacional dos Trabalhadores no Comércio – CNTC, e pelo Partido Comunista do Brasil – PC do B, pelo Partido Socialista Brasileiro – PSB, pelo Partido dos Trabalhadores – PT, e pelo Partido Democrático Trabalhista – PDT – para dar interpretação conforme a Constituição Federal relativamente ao art. 625-D, introduzido pelo art. 1º da Lei 9.958/00 – que determina a submissão das demandas trabalhistas à Comissão de Conciliação Prévia – a fim de afastar o sentido da obrigatoriedade dessa submissão (STF-ADI 2.160 MC/DF, red. p/ o acórdão Min. Marco Aurélio, j. 13.05.2009).

Cabe lembrar, para encerrar este tópico, que nos termos do parágrafo único do art. 28 da Lei 9.868, de 10.11.1999, que dispõe sobre o processo e julgamento da ação

---

da declaração de inconstitucionalidade apenas de determinados dispositivos da lei sindicada, mas permanecendo incólume uma parte sobejante que já não tem significado autônomo. Não se muda, a golpes de interpretação, nem a inextrincabilidade de comandos nem as finalidades da norma interpretada. Impossibilidade de se preservar, após artificiosa hermenêutica de depuração, a coerência ou o equilíbrio interno de uma lei (a Lei federal 5.250/67) que foi ideologicamente concebida e normativamente apetrechada para operar em bloco ou como um todo pro indiviso...". (grifos nossos)

35. BARROSO, Luís Roberto. Neoconstitucionalismo e constitucionalização do direito (o triunfo tardio do direito constitucional do Brasil). *In*: SOUZA NETO, Cláudio Pereira de; SARMENTO, Daniel (Coords.). *A constitucionalização do direito*: fundamentos teóricos e aplicações específicas. Rio de Janeiro: Lumen Juris, 2007, p. 228-229.

direta de inconstitucionalidade e da ação declaratória de constitucionalidade perante o Supremo Tribunal Federal, mas que pode ser aplicado por analogia em sede de controle difuso de constitucionalidade (exercido por qualquer juiz ou tribunal), a diferença entre o controle concentrado e o controle difuso está em que naquele a declaração de constitucionalidade ou de inconstitucionalidade, inclusive a interpretação conforme a Constituição e a declaração parcial de inconstitucionalidade sem redução de texto, tem eficácia contra todos e efeito vinculante em relação aos órgãos do Poder Judiciário e à administração pública federal, estadual e municipal.

Já no controle incidental, exercido por qualquer juiz ou tribunal (CF, art. 97), a declaração de inconstitucionalidade ou de constitucionalidade ou, ainda, a interpretação conforme, inclusive com redução de texto, não produz efeitos vinculantes e só alcança as partes figurantes no processo judicial.

1.1.6.2. Interpretação das Leis 13.467/2017 (Reforma Trabalhista) e 13.874/2109 (Lei de Liberdade Econômica)

É importante salientar que os §§ 2º e 3º do art. 8º da CLT, inseridos pela Lei 13.467/2017, restringem a atividade interpretativa dos magistrados do trabalho, reduzindo-a, praticamente, à velha e conhecida condição do "juiz boca da lei" do Estado Liberal, incompatível, portanto, com o paradigma do Estado Democrático de Direito, que impõe aos magistrados o dever de observar sempre os valores e normas (princípios e regras) constitucionais, como, aliás, determina o art. 1º do CPC/2015[36].

De outro lado, a Lei 13.874/2019, também chamada de Lei da Liberdade Econômica ou Minirreforma Trabalhista, instituiu novos princípios de interpretação e aplicação das normas de direito privado, incluído o Direito do Trabalho.

Na verdade, a Lei 13.874/2019, de clara ideologia ultraliberal, tem por escopo reduzir a liberdade interpretativa dos juízes, especialmente dos juízes do trabalho, uma vez que invertem a lógica do sistema de proteção aos trabalhadores. Com efeito, o art. 1º da Lei em causa instituiu a "Declaração de Direitos de Liberdade Econômica", estabelecendo "normas de proteção à livre iniciativa e ao livre exercício de atividade econômica", além de "disposições sobre a atuação do Estado como agente normativo e regulador". Para tentar justificar a constitucionalidade dessa lei, a parte final do *caput* do seu art. 10 invoca o "inciso IV do *caput* do art. 1º, do parágrafo único do art. 170 e do *caput* do art. 174 da Constituição Federal".

Ademais, o § 1º do art. 1º da Lei 13.874/2019 manda observar suas disposições "na aplicação e na interpretação do direito civil, empresarial, econômico, urbanístico e

36. Nesse sentido, ver Enunciados 2, 4 e 6 aprovados na 2ª Jornada de Direito Material e Processual do Trabalho (disponível em: <http://www.jornadanacional.com.br/listagem-enunciados-aprovados.asp>).

do trabalho nas relações jurídicas que se encontrem no seu âmbito de aplicação e na ordenação pública, inclusive sobre exercício das profissões, comércio, juntas comerciais, registros públicos, trânsito, transporte e proteção ao meio ambiente".

O § 2º o art. 1º da Lei 13.874/2019 dispõe, literalmente, que: "Interpretam-se em favor da liberdade econômica, da boa-fé e do respeito aos contratos, aos investimentos e à propriedade todas as normas de ordenação pública sobre atividades econômicas privadas".

Sem adentrar nos aspectos relativos à inconstitucionalidade formal da Lei 13.874/2019, uma vez que ela é uma conversão de MP 881/2019 editada sem observância dos requisitos da relevância e urgência exigidos pelo art. 62 da CF, parece-nos que os §§ 1º e 2º do art. 1º da Lei 13.874 são inconstitucionais por violarem a cláusula pétrea da separação de poderes, na medida em que obstam a independência do Poder Judiciário que assegura a liberdade interpretativa dos magistrados.

Além disso, os referidos dispositivos ofendem as características da indivisibilidade e interdependência entre os direitos fundamentais. Vale dizer, não nos parece constitucionalmente válida a norma infraconstitucional tendente a inverter os objetivos fundamentais da República (CF, art. 3º), como a correção das desigualdades sociais, a construção de uma sociedade livre, justa e solidária, o combate a todas as formas de discriminação e preconceito.

Com efeito, o art. 5º da Declaração e Programa de Ação de Viena (1993), da qual o Brasil é signatário, dispõe que: "**Todos os direitos humanos são universais, indivisíveis interdependentes e inter-relacionados**. A comunidade internacional deve tratar os direitos humanos de forma global, justa e equitativa, em pé de igualdade e com a mesma ênfase. Embora particularidades nacionais e regionais devam ser levadas em consideração, assim como diversos contextos históricos, culturais e religiosos, **é dever dos Estados promover e proteger todos os direitos humanos e liberdades fundamentais, sejam quais forem seus sistemas políticos, econômicos e culturais**". (grifos nossos)

Ora, na contramão do art. 5º do referido Tratado Internacional de Direitos Humanos, os §§ 1º e 2º do art. 1º da Lei 13.874 estabelecem a supremacia da liberdade econômica, dos contratos, dos investimentos e da propriedade sobre todas as normas de ordenação pública sobre atividades econômicas privadas, como, por exemplo, as normas de proteção ao trabalho. Entretanto, o art. 7º, *caput*, da CF consagra os princípios da progressividade, das normas mais favoráveis e da ampla proteção aos trabalhadores, de modo a impedir que o legislador infraconstitucional venha a editar leis que tendam a abolir esses princípios de proteção ao trabalho e, consequentemente, à dignidade do(a) cidadão(ã) trabalhador(a).

É preciso advertir, não obstante as considerações supramencionadas, que o art. 3º da Lei 13.874/2019 estabelece, dentre outros, como direito "de toda pessoa, natural ou jurídica, essenciais para o desenvolvimento e o crescimento econômicos do País, observado o disposto no parágrafo único do art. 170 da Constituição Federal: (...) II – desenvolver atividade econômica em qualquer horário ou dia da semana, inclusive feriados, sem que para isso esteja sujeita a cobranças ou encargos adicionais, observadas: a) as normas de proteção ao meio ambiente, incluídas as de repressão à poluição sonora e à perturbação do sossego público; b) as restrições advindas de contrato, de regulamento condominial ou de outro negócio jurídico, bem como as decorrentes das normas de direito real, incluídas as de direito de vizinhança; e c) a legislação trabalhista".

Dessa forma, o empregador tem o direito de desenvolver atividade econômica em qualquer horário ou dia da semana, porém tem o dever de observar, dentre outras, as normas de proteção ao meio ambiente e as previstas na legislação trabalhista.

1.1.7. O microssistema normativo trabalhista provisório decorrente da Pandemia do Coronavírus (Covid-19) e a interpretação da legislação trabalhista

Em decorrência da pandemia do coronavírus (Covid-19) declarada pela Organização Mundial da Saúde (OMS), o Presidente da República editou – e vem editando – várias medidas provisórias para enfrentamento desse estado de calamidade pública reconhecido pelo Decreto Legislativo 6, de 20.03.2020, dentre as quais se destacam as Medidas Provisórias 927 (não convertida em lei), 936 (convertida na Lei 14.020/2020), 944 (convertida na Lei 14.043/2020) e 945 (convertida na Lei 14.047/2020).

Na linha do que decidiu o STF (ADI 6.363), ao não referendar a liminar do min. Ricardo Lewandowski, foi inaugurada uma nova tendência interpretativa, contrária à literalidade da CF (art. 7º, VI), para permitir, por exemplo, redução salarial sem negociação coletiva em tempos de crise.

1.2. Integração

Para o ordenamento jurídico funcionar plenamente, ele deve ser completo e coerente. Trata-se dos dogmas da completude e da coerência do ordenamento jurídico, ambos propagados por Norberto Bobbio e adotados em larga escala no mundo ocidental.

Em outros termos, o ordenamento é coerente quando as normas que o compõem não sejam antinômicas ou conflituosas, pois elas devem guardar relação de coerência entre si. Já "um ordenamento jurídico é completo quando o juiz pode encontrar nele uma norma para regular qualquer caso que se lhe apresente, ou melhor, não há caso que não possa ser regulado com uma norma tirada do sistema"[37].

A *integração*, portanto, diz respeito ao suprimento das lacunas dos sistemas jurídicos. Integrar tem o sentido de completar, inteirar, colmatar lacunas encontradas no interior de um ordenamento jurídico. Pode-se, assim, dizer que é o fenômeno que mantém

37. BOBBIO, Norberto. *Teoria do ordenamento jurídico*. 10. ed. Brasília: UnB, 1997, p. 115.

a plenitude da ordem jurídica, ainda que inexistente uma norma jurídica específica a ser utilizada diante de um determinado caso concreto a ser decidido pelo juiz.

Sublinha Norberto Bobbio[38] que a completude do ordenamento jurídico pressupõe duas regras básicas: 1ª) o juiz é obrigado a julgar todas as controvérsias que se apresentarem ao seu exame; 2ª) o juiz é obrigado a julgá-las com base em uma norma pertencente ao sistema.

Assim, em função do dogma da completude do ordenamento jurídico, o juiz não pode deixar de decidir alegando a existência de lacuna, ou seja, ao juiz é vedado pronunciar o *non liquet*. Nesse sentido, dispõe o art. 140 do CPC/2015: "O juiz não se exime de decidir sob a alegação de lacuna ou obscuridade do ordenamento jurídico".

No mesmo sentido, dispõe o art. 4º da Lei de Introdução às Normas do Direito Brasileiro (Lei 12.376/2010): "Quando a lei for omissa, o juiz decidirá o caso de acordo com a analogia, os costumes e os princípios gerais de direito".

Portanto, a integração do direito, como desdobramento da hermenêutica jurídica, é uma autorização do direito para que o intérprete possa se valer de certas técnicas para solucionar o caso concreto, mesmo no caso de lacuna.

Essas técnicas são a analogia, a equidade e os princípios gerais de direito.

De acordo com o art. 8º da CLT, havendo lacuna na lei ou nos contratos (leia-se: convenção coletiva, acordo coletivo, contrato coletivo ou contrato individual de trabalho), poderão ser utilizados, em primeiro lugar, para suprimento de tais lacunas, a jurisprudência, a analogia, a equidade, os princípios gerais de direito (em especial, os princípios do Direito do Trabalho), os usos e costumes e o direito comparado. Se nenhum desses institutos jurídicos for suficiente para colmatar lacuna legal ou contratual, aí, sim, dispõe o § 1º do art. 8º da CLT que o "direito comum será fonte subsidiária do direito do trabalho".

1.2.1. *As lacunas do direito do trabalho e a necessidade de heterointegração (diálogo das fontes)*

Existem dois modelos de integração do ordenamento jurídico: a autointegração e a heterointegração.

Na autointegração, que é o método tradicional, o intérprete e aplicador do direito vai colmatar lacunas utilizando normas que se encontram no interior do próprio subsistema (ou "ramo"), ou seja, nas suas próprias fontes primárias. No caso do Direito do Trabalho, o intérprete utilizará para suprimento de lacunas as próprias normas (regras e princípios) contidas na CLT, nos contratos coletivos e na legislação trabalhista complementar. A autointegração reconhece apenas a existência de lacuna normativa.

38. *Op. cit.*, p. 118.

Na heterointegração, que é o método mais progressista e consentâneo com o fenômeno da constitucionalização do direito, o intérprete promove o "diálogo das fontes normativas" (doutrina criada na Alemanha, tendo por precursor o professor Erik Jayme, da Universidade de Helderberg, e transplantada para o Brasil pela professora Claudia Marques Lima, da Universidade Federal do Rio Grande do Sul)[39] contidas em diferentes subsistemas. Noutro falar, a heterointegração busca a harmonização dos subsistemas do Direito do Trabalho e do direito comum como meio de obter a máxima efetividade dos direitos fundamentais sociais trabalhistas diante do caso concreto.

Lembra, a propósito, Flávio Tartuce que

> é imperioso dizer que também são possíveis diálogos entre o Direito Civil e o Direito do Trabalho, particularmente entre o Código Civil e a legislação trabalhista, o que é totalmente viável e, mais do que isso, plenamente recomendável (...). Conforme art. 8º da CLT, o direito comum e, logicamente, o Direito Civil são fontes subsidiárias do Direito do Trabalho. Na verdade, pela aplicação da tese do diálogo das fontes, o que se propõe é uma nova leitura desse comando legal. Não se deve mais considerar o Direito Civil como simples fonte subsidiária, mas, em alguns casos, como fonte direta do Direito do Trabalho. Isso porque, em algumas situações atualmente comuns à prática trabalhista, não há normas de Direito do Trabalho regulamentando a matéria. Em casos tais é que as normas do Direito Civil terão aplicação. Outro argumento interessante é que, quando a CLT entrou em vigor, não vivíamos esse momento de complexidade legislativa atual. Trazendo clarividência a essa complexidade, anote-se que a Emenda Constitucional 45/2004 ampliou enormemente a competência da Justiça do Trabalho para tratar de casos que antes eram da competência da Justiça Comum, como a responsabilidade civil por acidente de trabalho ou em decorrência do contrato de trabalho. Como não há legislação trabalhista a tratar do tema, o aplicador do Direito do Trabalho deve procurar socorro nas normas de Direito Civil que tratam da responsabilidade civil"[40].

Estamos de pleno acordo com o professor Flávio Tartuce. Salientamos, porém, que a heterointegração somente pode ser adotada quando a aplicação do subsistema do Direito Civil estiver em sintonia com a principiologia do Direito do Trabalho e dos Direitos Fundamentais Sociais Trabalhistas, especialmente o princípio da norma mais favorável aos trabalhadores (CF, art. 7º, *caput*).

Nesse passo, urge repensar o próprio conceito de lacuna, de maneira a possibilitar a heterointegração dos subsistemas do Direito Civil e do Direito do Trabalho, o que pode ser levado a efeito mediante transplante de normas daquele ramo jurídico sempre que isso implicar maior efetividade deste.

---

39. TARTUCE, Flávio. *Manual de direito civil*. 3. ed. Rio de Janeiro: Forense, 2013, p. 59.
40. TARTUCE, Flávio, *op. cit.*, p. 64-65.

A heterointegração pressupõe, portanto, existência não apenas das tradicionais lacunas normativas, como também das lacunas ontológicas e axiológicas. Dito de outro modo, a heterointegração dos dois subsistemas (Direito Civil e Direito Trabalhista) pressupõe a interpretação evolutiva do § 1º do art. 8º da CLT, para permitir a aplicação subsidiária do Código Civil não somente na hipótese (tradicional) de lacuna normativa do direito laboral, como também nos casos em que a norma do Direito do Trabalho apresentar manifesto envelhecimento que, na prática, impede ou dificulta a decisão judicial justa e constitucionalmente adequada.

A propósito, leciona Maria Helena Diniz[41] que são três as principais espécies de lacunas:

- *normativa* – há ausência de norma sobre determinado caso;
- *ontológica* – existe a norma, mas ela sofre de um claro envelhecimento em relação aos valores que permeavam os fatos sociais, políticos e econômicos que a inspiraram no passado, isto é, no momento da sua vigência inicial. Noutro falar, a norma não mais corresponde aos fatos sociais, em virtude da sua incompatibilidade histórica com o desenvolvimento das relações sociais, econômicas e políticas;
- *axiológica* – ausência de norma justa, isto é, existe um preceito normativo, mas, se for aplicado, a solução do caso será manifestamente injusta.

É importante assinalar que na 1ª Jornada de Direito Material e Processual do Trabalho, realizada em Brasília-DF, foi aprovado, em 23.11.2007, o Enunciado 66, que admite a aplicação subsidiária do CPC nas hipóteses de lacunas ontológicas ou axiológicas da legislação processual do trabalho, nos seguintes termos:

> APLICAÇÃO SUBSIDIÁRIA DE NORMAS DO PROCESSO COMUM AO PROCESSO TRABALHISTA. OMISSÕES ONTOLÓGICA E AXIOLÓGICA. ADMISSIBILIDADE. Diante do atual estágio de desenvolvimento do processo comum e da necessidade de se conferir aplicabilidade à garantia constitucional da duração razoável do processo, os artigos 769 e 889 da CLT comportam interpretação conforme a Constituição Federal, permitindo a aplicação de normas processuais mais adequadas à efetivação do direito. Aplicação dos princípios da instrumentalidade, efetividade e não retrocesso social.

Idêntico entendimento, a nosso sentir, deve ser adotado nos sítios do Direito do Trabalho, ou seja, reconhecendo-se, mediante interpretação conforme a Constituição, que o art. 8º, *caput*, e § 1º, da CLT contêm lacunas ontológica e axiológica se comparados a algumas disposições do Código Civil de 2002, como os princípios da boa-fé objetiva e da função social do contrato.

41. DINIZ, Maria Helena. *Compêndio de introdução à ciência do direito*. 22. ed. São Paulo: Saraiva, 2011, p. 446.

É importante lembrar que o Enunciado 3 aprovado na 2ª Jornada de Direito Material e Processual do Trabalho[42] recomenda a aplicação da teoria do diálogo das fontes na interpretação da Lei 13.467/2017.

1.2.1.1. *Analogia*

A analogia "é um argumento lógico-decisional, pois sua aplicação leva à decisão do magistrado, sem, contudo, haver inferências lógico-silogísticas, implicando uma seleção, um juízo avaliativo por parte do órgão judicante, dos elementos relevantes"[43].

Sendo um procedimento argumentativo valorativo, a analogia permite que o aplicador, utilizando-se da lógica do razoável[44], promova a migração de uma norma que regule um caso previsto em lei para outro caso semelhante não previsto em lei. Daí a analogia ser utilizada como técnica de colmatação de lacuna, promovendo a integração do ordenamento jurídico e impedindo que o magistrado pronuncie o *non liqued*. A lógica do razoável está implicitamente prevista no art. 5º da LINDB, segundo o qual na "aplicação da lei, o juiz atenderá aos fins sociais a que ela se dirige e às exigências do bem comum". Esta disposição, que também está prevista no art. 8º do CPC/2015, é perfeitamente aplicável em todos os ramos do Direito, inclusive no Direito do Trabalho.

A analogia funda-se no princípio da igualdade jurídica, o que nos remete ao apotegma latino *ubi eadem legis ratio, ibi eadem dispositio*[45]. Daí ser necessário para a sua aplicação que, "além da semelhança entre o caso previsto e o não regulado haja a mesma razão, para que o caso não contemplado seja decidido de igual modo"[46].

A analogia compreende a analogia *legis* e a analogia *juris*.

A analogia *legis* consiste na migração de uma norma singular existente para regular de modo semelhante um caso não previsto em lei. Já a analogia *juris* consiste na utilização de um conjunto de normas donde serão extraídos elementos que viabilizem a sua aplicação ao caso similar não previsto.

O TST vem aplicando a analogia nos seguintes casos:

Súmula 229 – SOBREAVISO. ELETRICITÁRIOS (nova redação). Por aplicação analógica do art. 244, § 2º, da CLT, as horas de sobreaviso dos eletricitários são remuneradas à base de 1/3 sobre a totalidade das parcelas de natureza salarial.

---

42. Disponível em: <http://www.jornadanacional.com.br/listagem-enunciados-aprovados.asp>.
43. DINIZ, Maria Helena, *op. cit.*, p. 479.
44. SICHES, Luís Recaséns. *Tratado de sociologia*. Porto Alegre: Globo, 1970, *passim*.
45. Tradução livre: "Onde existe a mesma razão, aí se aplica o mesmo dispositivo legal".
46. DINIZ, Maria Helena, *op. cit.*, p. 481.

Súmula 346 – DIGITADOR. INTERVALOS INTRAJORNADA. APLICAÇÃO ANALÓGICA DO ART. 72 DA CLT (mantida). Os digitadores, por aplicação analógica do art. 72 da CLT, equiparam-se aos trabalhadores nos serviços de mecanografia (datilografia, escrituração ou cálculo), razão pela qual têm direito a intervalos de descanso de 10 (dez) minutos a cada 90 (noventa) de trabalho consecutivo.

Súmula 428 – SOBREAVISO. APLICAÇÃO ANALÓGICA DO ART. 244, § 2º, DA CLT (redação alterada na sessão do Tribunal Pleno realizada em 14.09.2012). I – O uso de instrumentos telemáticos ou informatizados fornecidos pela empresa ao empregado, por si só, não caracteriza o regime de sobreaviso. II – Considera-se em sobreaviso o empregado que, à distância e submetido a controle patronal por instrumentos telemáticos ou informatizados, permanecer em regime de plantão ou equivalente, aguardando a qualquer momento o chamado para o serviço durante o período de descanso.

Súmula 438 – INTERVALO PARA RECUPERAÇÃO TÉRMICA DO EMPREGADO. AMBIENTE ARTIFICIALMENTE FRIO. HORAS EXTRAS. ART. 253 DA CLT. APLICAÇÃO ANALÓGICA. O empregado submetido a trabalho contínuo em ambiente artificialmente frio, nos termos do parágrafo único do art. 253 da CLT, ainda que não labore em câmara frigorífica, tem direito ao intervalo intrajornada previsto no *caput* do art. 253 da CLT.

OJ 355/SBDI-1 – INTERVALO INTERJORNADAS. INOBSERVÂNCIA. HORAS EXTRAS. PERÍODO PAGO COMO SOBREJORNADA. ART. 66 DA CLT. APLICAÇÃO ANALÓGICA DO § 4º DO ART. 71 DA CLT. O desrespeito ao intervalo mínimo interjornadas previsto no art. 66 da CLT acarreta, por analogia, os mesmos efeitos previstos no § 4º do art. 71 da CLT e na Súmula 110 do TST, devendo-se pagar a integralidade das horas que foram subtraídas do intervalo, acrescidas do respectivo adicional.

OJ 383/SBDI-1 – TERCEIRIZAÇÃO. EMPREGADOS DA EMPRESA PRESTADORA DE SERVIÇOS E DA TOMADORA. ISONOMIA. ART. 12, "A", DA LEI 6.019, DE 03.01.1974. A contratação irregular de trabalhador, mediante empresa interposta, não gera vínculo de emprego com ente da Administração Pública, não afastando, contudo, pelo princípio da isonomia, o direito dos empregados terceirizados às mesmas verbas trabalhistas legais e normativas asseguradas àqueles contratados pelo tomador dos serviços, desde que presente a igualdade de funções. Aplicação analógica do art. 12, "a", da Lei 6.019, de 03.01.1974.

PN 79 – TRABALHADOR TEMPORÁRIO. DESCANSO SEMANAL (positivo). Concede-se ao trabalhador temporário o acréscimo de 1/6 ao seu salário diário, correspondente ao descanso semanal remunerado, por aplicação analógica do art. 3º da Lei n. 605/49.

1.2.1.2. Equidade

A equidade, que é também um instituto de integração do direito, aparece expressamente no art. 8º da CLT e no art. 140, parágrafo único, do CPC/2015, mas não consta literalmente no art. 4º da LINDB, embora esteja prevista implicitamente em algumas disposições do Código Civil (*e. g.*, arts. 306, 363, 604, 1.210 e 1.615).

Há dois sentidos de equidade. No sentido aristotélico *epiqueia* e no sentido pretoriano romano *aequitas*.

Trata-se, tal como a analogia, de uma técnica de colmatação de lacunas. Mas, segundo Maria Helena Diniz[47], a equidade apresenta-se como a capacidade que tem a norma de se adaptar ao caso concreto. Seria, assim, "uma válvula de segurança que possibilita aliviar a tensão e a antinomia entre a norma e a realidade, a revolta dos fatos contra os códigos", além de ter "função suplementar à lei, ante as possíveis lacunas".

O parágrafo único do art. 140 do CPC/2015 dispõe que o "juiz só decidirá por equidade nos casos previstos em lei". Daí a distinção entre "decidir por equidade" e "decidir com equidade".

Decidirá o juiz "por equidade", por exemplo, na hipótese do art. 766 da CLT, *in verbis*: "Nos dissídios sobre estipulação de salários, serão estabelecidas condições que, assegurando justos salários aos trabalhadores, permitam também justa retribuição às empresas interessadas".

Já na decisão "com equidade", o juiz se vale do seu "sentimento de justiça" acerca de determinada norma a ser aplicada no caso concreto. Nesse sentido, o art. 5º da LINDB e o art. 8º do CPC/2015 determinam que o juiz, ao aplicar o ordenamento jurídico, atenderá aos fins sociais e às exigências do bem comum.

O julgamento com equidade vem sendo largamente utilizado pelo juiz do trabalho na fixação do *quantum* dos danos morais. Nesse sentido:

> AGRAVO DE INSTRUMENTO EM RECURSO DE REVISTA INTERPOSTO SOB A ÉGIDE DA LEI N. 13.467/2017 – DANOS MORAIS – DOENÇA OCUPACIONAL – *QUANTUM* INDENIZATÓRIO A instância ordinária, ao fixar o *quantum* indenizatório, pautou-se pelo princípio da razoabilidade, com observância aos critérios de justiça e equidade, não se justificando a excepcional intervenção desta Corte Superior. DANOS MATERIAIS – CARACTERIZAÇÃO O Eg. TRT concluiu pela inexistência da incapacidade laborativa do Reclamante, indeferindo o pedido de indenização por danos materiais. Óbice da Súmula n. 126 do TST. Agravo de Instrumento a que se nega provimento (TST – AIRR - 10017795720145020468 – Rel. Min Maria Cristina Irigoyen Peduzzi – j. 26.06.2019 – 8ª T. – *DEJT* 28.06.2019).

---

47. DINIZ, Maria Helena, *op. cit.*, p. 499.

1.2.1.3. *Princípios gerais de direito*

Entendemos por princípios gerais de direito os valores ou ideias de justiça que dão sustentáculo a um ordenamento jurídico, propiciando a sua completude e coerência.

Os princípios gerais do direito positivados na Constituição Federal (*v.g.*, os princípios fundamentais previstos no art. 1º) deixaram de ser meros institutos de integração do direito (art. 4º da LINDB) e passaram, segundo nos parece, à categoria de "normas de introdução ao ordenamento jurídico brasileiro" ou "fontes formais diretas do ordenamento jurídico brasileiro".

Quanto aos outros princípios gerais que ainda não receberam a vestimenta de normas positivadas, o art. 8º da CLT prevê que eles podem ser aplicados, em ordem sucessiva à analogia e à equidade, para suprir lacuna legal ou contratual.

O art. 4º da LINDB e o art. 126 do CPC/1973 (art. 140 do CPC/2015) reconhecem os princípios gerais do direito como técnicas para colmatação de lacunas.

Merece destaque, no entanto, a crítica contundente de Lenio Luiz Streck, para quem "no Constitucionalismo contemporâneo, marcadamente pós-positivista, não há mais espaço para os princípios gerais de direito, que não passam de axiomas com finalidades próprias do positivismo do século XIX"[48].

Na verdade, a grande parte dos princípios gerais de direito já se positivou no ordenamento jurídico. "A descoberta, porém, de um princípio ainda não clarificado, bem como o seu uso como diretriz para uma decisão concreta, implicaria seu aparecimento como meio de integração"[49].

Registre-se, contudo, que a doutrina majoritária, ancorada na literalidade do art. 8º da CLT (e arts. 4º da LINDB e 126 do CPC/1973), considera os princípios gerais de direito como instrumentos de colmatação de lacunas. O CPC/2015, no entanto, não contém disposição semelhante.

Seriam, assim, princípios gerais de direito, o princípio do não enriquecimento sem causa (*non bis in idem*), a presunção de inocência, a proibição de se alegar a própria torpeza etc.

Não obstante, é importante assinalar que os princípios gerais do direito comum somente poderiam ser adotados posteriormente aos princípios do Direito do Trabalho conforme determina o art. 8º da CLT.

Parece-nos, contudo, que, tal como ocorre com a analogia e a equidade, é preciso reconhecer a necessidade da heterointegração dos subsistemas do Direito do Trabalho e

48. STRECK, Lenio Luiz. *Hermenêutica e(m) crise*. 10. ed. Porto Alegre: Livraria do Advogado, 2011, p. 133.

49. MAGALHÃES FILHO, Glauco Barreira. *Curso de hermenêutica jurídica*. 4. ed. São Paulo: Atlas, 2013, p. 98.

do Direito Civil com o escopo de produzir decisões judiciais mais justas e consentâneas com os valores, princípios e objetivos fundamentais do Estado Democrático de Direito.

Sobre princípios gerais e específicos do Direito do Trabalho, remetemos o leitor ao Capítulo III deste Título.

1.3. Aplicação

Tradicionalmente, os teóricos sustentam que a aplicação do direito é a adaptação das situações de fato aos preceitos normativos, ou seja, a subsunção de um caso particular ao império de uma norma jurídica.

Na verdade, tal subsunção há de estar em consonância com os valores políticos, econômicos e sociais que permeiam determinado ordenamento jurídico.

A aplicação de uma norma, por mais clara que possa parecer, pressupõe, sempre, a sua interpretação. Vale dizer, não há aplicação sem prévia interpretação de um preceito normativo.

A aplicação do direito pode ser feita pelo juiz, pela autoridade administrativa, pelo particular, pelo empregador, enfim, por todos aqueles que praticam atos jurídicos.

Interessa-nos, aqui, a aplicação do direito pelo magistrado, que, ao aplicar uma norma jurídica, utiliza-se das técnicas interpretativas e de integração, levando em conta a eficácia da norma. Vale dizer, ao aplicar uma norma geral a um caso concreto, o magistrado cria, pela sentença, uma norma individual.

Como lembra Maria Helena Diniz, o magistrado,

> ao aplicar as normas jurídicas, criando uma norma individual, deverá interpretá-las, integrá-las e corrigi-las, mantendo-se dentro dos limites marcados pelo direito. As decisões dos juízes devem estar em consonância com o conteúdo da consciência jurídica geral, com o espírito do ordenamento jurídico, que é mais rico de conteúdo do que a disposição normativa, pois contém critérios jurídicos e éticos, ideias jurídicas concretas ou fáticas que não encontram expressão na norma do direito. Por isso, a tarefa do magistrado não é meramente mecânica, requer um certo preparo intelectual, ao determinar qual a norma que vai aplicar[50].

Não é outro o significado do art. 5º da Lei de Introdução às Normas do Direito Brasileiro, segundo o qual, na aplicação da lei, o juiz atenderá aos fins sociais a que ela se dirige e às exigências do bem comum. Tal preceito normativo, todavia, teve pouca aplicabilidade na prática jurídica, certamente em função do formalis-

50. DINIZ, Maria Helena. *Compêndio de introdução à ciência do direito*. 14. ed. São Paulo: Saraiva, 2001, p. 412.

mo e do tecnicismo jurídico exacerbado que se instalou no direito brasileiro, sobretudo influenciado pelo liberalismo econômico na formação da consciência jurídica nacional, principalmente durante o regime militar.

Com o advento da Constituição da República de 1988, o intérprete passa a ter o dever de, ao subsumir um fato a uma norma jurídica, observar os novos valores, princípios, regras e objetivos que norteiam o Estado Democrático de Direito brasileiro. Nesse sentido, lembramos o teor do Enunciado 1, aprovado na 1ª Jornada de Direito Material e Processual do Trabalho, realizada em Brasília-DF, *in verbis*:

> *Direitos fundamentais. Interpretação e aplicação.* Os direitos fundamentais devem ser interpretados e aplicados de maneira a preservar a integridade sistêmica da Constituição, a estabilizar as relações sociais e, acima de tudo, a oferecer a devida tutela ao titular do direito fundamental. No direito do trabalho, deve prevalecer o princípio da dignidade da pessoa humana.

2. EFICÁCIA DA NORMA TRABALHISTA

O estudo da eficácia das normas jurídicas em geral pode ser objeto da sociologia, da filosofia ou da ciência do direito.

Na perspectiva da ciência do direito, o problema da eficácia da norma jurídica pode consistir em verificar se ela é espontaneamente cumprida no seio da sociedade, e se existem meios para o seu efetivo cumprimento. Nesse sentido, fala-se em eficácia social da norma jurídica, que seria "a efetiva correspondência da norma ao querer coletivo, ou dos comportamentos sociais ao seu conteúdo"[51].

Por outro lado, fala-se também em eficácia da norma jurídica no sentido de sua aptidão para produzir os efeitos nela previstos. Neste passo, há de se ampliar a temática da eficácia, mormente em função do fenômeno da constitucionalização do direito do trabalho.

Noutro falar, o considerável catálogo de normas constitucionais que versam sobre direitos fundamentais sociais dos trabalhadores passa a exigir um novo olhar dos juslaboralistas a respeito da eficácia das normas constitucionais e, consequentemente, dos referidos direitos fundamentais.

Para a doutrina justrabalhista clássica, a eficácia das normas trabalhistas deve ser analisada sob dois aspectos: eficácia no tempo e eficácia no espaço.

51. DINIZ, Maria Helena. *Compêndio de introdução à ciência do direito*. 14. ed. São Paulo: Saraiva, 2001, p. 394.

2.1. Eficácia da norma trabalhista no tempo e a Reforma Trabalhista

A *eficácia da norma trabalhista no tempo* leva em conta dois princípios constitucionais gerais: o da **irretroatividade**, uma vez que a lei não pode retroagir para prejudicar, pois deve respeitar o direito adquirido, a coisa julgada e o ato jurídico perfeito (CF, art. 5º, XXXVI) e o da **aplicabilidade imediata dos direitos fundamentais** (CF, art. 5º, § 1º), na medida em que as normas veiculadoras de direitos fundamentais sociais, inclusive os de natureza trabalhista, entram em vigor imediatamente com o início da vigência da lei.

É importante trazer à lume o entendimento do STF a respeito da eficácia temporal das normas jurídicas:

> (...) No sistema constitucional brasileiro, a eficácia retroativa das leis – (a) que é sempre excepcional, (b) que jamais se presume e (c) que deve necessariamente emanar de disposição legal expressa – não pode gerar lesão ao ato jurídico perfeito, ao direito adquirido e à coisa julgada. A lei nova não pode reger os efeitos futuros gerados por contratos a ela anteriormente celebrados, sob pena de afetar a própria causa – ato ou fato ocorrido no passado – que lhes deu origem. Essa projeção retroativa da lei nova, mesmo tratando-se de retroatividade mínima, incide na vedação constitucional que protege a incolumidade do ato jurídico perfeito. A cláusula de salvaguarda do ato jurídico perfeito, inscrita no art. 5º, XXXVI, da Constituição, aplica-se a qualquer lei editada pelo Poder Público, ainda que se trate de lei de ordem pública. Precedentes do STF (STF-AI 251533, Rel. Min. CELSO DE MELLO, j. 25.10.1999, publicado em *DJ* 23.11.1999, p. 32).

No âmbito infraconstitucional, a Lei de Introdução às Normas do Direito Brasileiro (Decreto-Lei 4.657, de 04.09.1942) dispõe em seu art. 6º que:

> Art. 6º A Lei em vigor terá efeito imediato e geral, respeitados o ato jurídico perfeito, o direito adquirido e a coisa julgada.
>
> § 1º Reputa-se ato jurídico perfeito o já consumado segundo a lei vigente ao tempo em que se efetuou.
>
> § 2º Consideram-se adquiridos assim os direitos que o seu titular, ou alguém por ele, possa exercer, como aqueles cujo começo do exercício tenha termo prefixo, ou condição pré-estabelecida inalterável, a arbítrio de outrem.
>
> § 3º Chama-se coisa julgada ou caso julgado a decisão judicial de que já não caiba recurso.

O art. 912 da CLT dispõe que: "Os dispositivos de caráter imperativo terão aplicação imediata às relações iniciadas, mas não consumadas, antes da vigência desta Consolidação". Esta regra tem estreita ligação com o princípio da substituição automática das cláusulas contratuais, como já vimos no Capítulo III, item 4.3.2.9, deste Título.

É dizer, os dispositivos de caráter imperativo são também denominados de normas cogentes ou de ordem pública.

Na lição de Francisco Amaral, são as normas "que se impõem de modo absoluto, não sendo possível a sua derrogação pela vontade das partes. São imperativas (determinam uma ação) ou proibitivas (impõem uma abstenção). Regulam matéria de ordem pública e de bons costumes, entendendo-se como ordem pública o conjunto das normas que regulam os interesses fundamentais do Estado ou que estabelecem, no direito privado, as bases jurídicas da ordem econômica ou social"[52].

A Lei 13.467/2017 (Lei da Reforma Trabalhista) é omissa a respeito da eficácia das suas normas no tempo e manteve incólume o art. 912 da CLT. Noutro falar, não há na Lei 13.467/2017 disposição expressa a respeito de sua aplicação aos contratos celebrados antes de sua vigência, e nem poderia, em função do princípio da irretroatividade das leis.

Sobreveio a MP 808, de 14.11.2017, quatro dias depois do término da *vacatio legis* da Lei 13.467/2017, cujo art. 2º prevê que: "O disposto na Lei n. 13.467, de 13 de julho de 2017, se aplica, na integralidade, aos contratos de trabalho vigentes".

Essa medida provisória, contudo, não foi convertida em lei, o que será objeto de análise mais adiante.

As Súmulas 51 (item I) e 288 (item I) do TST adotam a tese da irretroatividade das normas regulamentares empresariais, assegurando aos trabalhadores o direito adquirido às condições mais vantajosas previstas no regulamento anterior.

A Súmula 277 do TST e o Precedente Normativo 120 da SDC revelam a evolução substancial da jurisprudência especializada a respeito da "aderência contratual limitada por revogação"[53].

Atualmente, a Súmula 277 do TST, que consagra o princípio da ultratividade das normas previstas em convenção coletiva e acordo coletivo, encontra-se com aplicabilidade suspensa pelo STF (Reclamação 26.256 e ADPF 323). Já a sentença normativa vigora, nos termos do Precedente Normativo 120 do TST, desde seu termo inicial até que sentença normativa, convenção coletiva de trabalho ou acordo coletivo de trabalho superveniente produza sua revogação, expressa ou tácita, respeitado, porém, o prazo máximo legal de quatro anos de vigência[54].

Com o advento do novo art. 614, § 3º, da CLT, com redação dada pela Lei 13.467/2017, "não será permitido estipular duração de convenção coletiva ou acordo coletivo de trabalho superior a dois anos, sendo vedada a ultratividade".

52 AMARAL, Francisco. *Direito civil*: introdução. 7. ed. Rio de Janeiro: Renovar, 2008, p. 113.

53. DELGADO, Maurício Godinho. *Curso de direito do trabalho*. 13. ed. São Paulo: LTr, 2014, p. 243.

54. Sobre o tema, remetemos o leitor ao Título III, Capítulo IV, item 12.2.

Imperioso destacar que o art. 2º da MP 808, de 14.11.2017, como já ressaltamos acima, previa expressamente que a Lei 13.467, de 13.07.2017, se aplicaria, "na integralidade, aos contratos de trabalho vigentes".

Na edição anterior, já sustentávamos que esse novo dispositivo da MP 808 deveria ser interpretado conforme a Constituição, pois esta somente permite a edição de Emendas Constitucionais ou leis que visem à melhoria das condições sociais dos trabalhadores (art. 7º, *caput*), vedando a retroatividade das leis (art. 5º, XXXVI, *in casu*, o contrato de trabalho é ato jurídico perfeito) e prestigiando a observância do princípio da progressividade dos direitos sociais, positivado no art. 2º, n. 1, do Pacto Internacional sobre Direitos Econômicos, Sociais e Culturais, ratificado pelo Brasil (Decreto Legislativo 226/1991 e Decreto Presidencial 591/1992), recepcionado, segundo o STF, como norma supralegal, por força do § 2º da CF/88.

Ocorre que a MP 808/2017 não foi convertida em lei pelo Congresso Nacional, o que implica diversas consequências no tocante à sua eficácia temporal.

Com efeito, dispõe o § 3º do art. 62 da CF que:

> As medidas provisórias, ressalvado o disposto nos §§ 11 e 12 perderão eficácia, desde a edição, se não forem convertidas em lei no prazo de sessenta dias, prorrogável, nos termos do § 7º, uma vez por igual período, devendo o Congresso Nacional disciplinar, por decreto legislativo, as relações jurídicas delas decorrentes.

O § 4º do art. 62 da CF deixa claro que o "prazo a que se refere o § 3º contar-se-á da publicação da medida provisória, suspendendo-se durante os períodos de recesso do Congresso Nacional".

Houve, portanto, rejeição tácita da Medida Provisória 808/2017 pelo Congresso Nacional, devendo este disciplinar, por Decreto Legislativo, as relações jurídicas instauradas na vigência da referida medida provisória.

Entretanto, o § 11 do art. 62 da CF prescreve que, se não for "editado o decreto legislativo a que se refere o § 3º até sessenta dias após a rejeição ou perda de eficácia de medida provisória, as relações jurídicas constituídas e decorrentes de atos praticados durante sua vigência conservar-se-ão por ela regidas".

Assim, não obstante a CF não obrigue a edição de decreto legislativo pelo Congresso Nacional, há uma consequência jurídica decorrente de sua inércia: a conservação das relações jurídicas constituídas e decorrentes de atos praticados durante a vigência da medida, isto é, a sua eficácia permanece durante o período de sua vigência.

Entretanto, parece-nos inconstitucional o próprio § 11 do art. 62 incluído pela EC 32/2001, pois esse dispositivo revigora o extinto e canhestro "decreto-lei" utilizado nos regimes ditatoriais no Brasil, o qual admitia a sua aprovação pelo decurso de prazo, ou seja, o autoritário decreto-lei tinha plena eficácia *ad futurum*, desde a sua edição, no caso de silêncio do Congresso Nacional.

Cumpre lembrar alguns verbetes do TST acerca da eficácia temporal da norma trabalhista:

Súmula 88 – COMPLEMENTAÇÃO DOS PROVENTOS DA APOSENTADORIA (nova redação para o item I e acrescidos os itens III e IV em decorrência do julgamento do processo TST-E-ED-RR235-20.2010.5.20.0006 pelo Tribunal Pleno em 12.04.2016, *DEJT* divulgado em 18, 19 e 20.04.2016). I – A complementação dos proventos de aposentadoria, instituída, regulamentada e paga diretamente pelo empregador, sem vínculo com as entidades de previdência privada fechada, é regida pelas normas em vigor na data de admissão do empregado, ressalvadas as alterações que forem mais benéficas (art. 468 da CLT); II – Na hipótese de coexistência de dois regulamentos de planos de previdência complementar, instituídos pelo empregador ou por entidade de previdência privada, a opção do beneficiário por um deles tem efeito jurídico de renúncia às regras do outro; III – Após a entrada em vigor das Leis Complementares ns. 108 e 109, de 29.05.2001, reger-se-á a complementação dos proventos de aposentadoria pelas normas vigentes na data da implementação dos requisitos para obtenção do benefício, ressalvados o direito adquirido do participante que anteriormente implementara os requisitos para o benefício e o direito acumulado do empregado que até então não preenchera tais requisitos; IV – O entendimento da primeira parte do item III aplica-se aos processos em curso no Tribunal Superior do Trabalho em que, em 12.04.2016, ainda não haja sido proferida decisão de mérito por suas Turmas e Seções.

Súmula 248 – ADICIONAL DE INSALUBRIDADE. DIREITO ADQUIRIDO (Res. 121/2003, *DJ* 19, 20 e 21.11.2003). A reclassificação ou a descaracterização da insalubridade, por ato da autoridade competente, repercute na satisfação do respectivo adicional, sem ofensa a direito adquirido ou ao princípio da irredutibilidade salarial.

Súmula 315 – IPC DE MARÇO/1990. LEI N. 8.030, DE 12.04.1990 (PLANO COLLOR). INEXISTÊNCIA DE DIREITO ADQUIRIDO (Res. 121/2003, DJ 19, 20 e 21.11.2003). A partir da vigência da Medida Provisória n. 154, de 15.03.1990, convertida na Lei n. 8.030, de 12.04.1990, não se aplica o IPC de março de 1990, de 84,32% (oitenta e quatro vírgula trinta e dois por cento), para a correção dos salários, porque o direito ainda não se havia incorporado ao patrimônio jurídico dos trabalhadores, inexistindo ofensa ao inciso XXXVI do art. 5º da CF/1988).

OJ-SDI1T-1 FGTS. MULTA DE 40%. COMPLEMENTAÇÃO. INDEVIDA (*DJ* 20.04.2005). A rescisão contratual operada antes da vigência da Constituição Federal de 1988, com o pagamento da multa sobre os depósitos do FGTS no percentual de 10%, é ato jurídico perfeito, não se admitindo retroatividade. Assim, indevido o deferimento da complementação, a título de diferenças de multa do FGTS, do percentual de 30%, referente ao período do primeiro contrato rescindido e pago de acordo com a norma vigente à época. (Lei n. 5.107/66, art. 6º).

É importante lembrar que a Instrução Normativa TST n. 41/2018 só se aplica aos dispositivos de natureza processual constantes da Lei 13.467/2017, ou seja, não trata da eficácia temporal da referida lei no âmbito do direito material do trabalho.

Sintetizando nossas conclusões acerca da eficácia temporal das disposições de direito material contidas na Lei 13.467/2017 e da MP 808:

I. ambas não se aplicam aos contratos de trabalho iniciados e extintos antes de suas respectivas vigências (ato jurídico perfeito, CF, art. 5º, XXXVI; LINDB, art. 6º, § 1º);

II. ambas não se aplicam aos contratos de trabalho iniciados e em vigor durante as suas respectivas vigências (CLT, art. 912), pois nenhuma delas contém, a nosso sentir, normas imperativas de ordem pública, uma vez que estas são apenas a que visem à melhoria social dos trabalhadores;[55]

III. as alterações introduzidas pela Lei 13.467/2017 poderão ser aplicadas aos contratos de trabalho celebrados depois de sua vigência, desde que: a) propiciem melhoria das condições sociais aos trabalhadores, observando-se, neste caso, os princípios da vedação do retrocesso social e da progressividade; b) respeitem as normas concernentes aos direitos humanos e fundamentais dos trabalhadores, especialmente os vinculados à saúde, à segurança e ao meio ambiente do trabalho (CF, arts. 5º, § 2º, 7º, *caput*; CLT, art. 912).

IV. os contratos celebrados durante a vigência da MP 808/2017 conservarão seus efeitos desde que observadas as condições das alíneas "a" e "b" do item III *supra*, salvo se o Congresso Nacional vier a editar, até 22.06.2018, Decreto Legislativo dispondo de modo diverso (CF, art. 62, §§ 3º e 11).

O problema da eficácia da norma jurídica no tempo se identifica, ainda, com a aplicabilidade (e eficácia) das normas constitucionais, como veremos no item 3, *infra*.

2.2. Eficácia da norma trabalhista no espaço

No que respeita à *eficácia da norma trabalhista no espaço*, o princípio que prevalece é o da territorialidade, isto é, a lei nacional é aplicada tanto a trabalhadores nacionais como estrangeiros que trabalhem no Brasil.

No que respeita aos trabalhadores brasileiros contratados para prestar serviços no estrangeiro, salienta Octavio Bueno Magano que "a orientação vitoriosa no Brasil,

55. Em sentido contrário é o Parecer Conjur/MTE 248, de 14 de maio de 2018, que reconhece a aplicabilidade das leis de modernização das relações do trabalho aos contratos vigentes. Esse parecer é um ato administrativo que não vincula o Poder Judiciário.

é no sentido de considerar que o regime jurídico do contrato de trabalho deve corresponder ao país onde esteja sendo executado"[56].

Neste sentido, o TST editou a Súmula 207, nos seguintes termos: "A relação jurídica trabalhista é regida pelas leis vigentes no país da prestação de serviço, e não por aquelas do local da contratação". Esta súmula, porém, foi cancelada pela Resolução 181/12, DEJT divulgado em 19, 20 e 23.04.2012.

Este verbete seria aplicável, por exemplo, na hipótese do trabalhador brasileiro contratado para prestar serviços no Iraque, ou seja, a lei que regerá a relação será a iraquiana (TST-RR-2.502/85, Rel. Min. José Ajuricaba, ac. 2ª T. 3.170/86). É o que se denomina princípio da *lex loci executionis*.

Com o cancelamento da Súmula 207 do TST, o tema está em aberto, e cada caso será resolvido, a nosso sentir, de acordo com a lei mais favorável ao trabalhador.

A Lei 7.065/82, com redação dada pela Lei 11.962/09, modificou a sistemática sobre a situação jurídica dos trabalhadores contratados no Brasil ou transferidos por seus empregadores para prestar serviço no exterior.

Assim, o critério da *lex loci executionis* prevalece até a data em que a Lei 11.962/09 entrou em vigor, ou seja, nos casos em que foi o trabalhador contratado no Brasil para laborar imediatamente no exterior. Na hipótese de o trabalhador ser contratado no Brasil e que aqui tenha laborado para seu empregador, se ele for transferido para país estrangeiro, já não estaria mais submetido ao critério normativo da Convenção de Havana, por já ter incorporado em seu patrimônio jurídico a proteção normativa da ordem jurídica trabalhista brasileira. Em consequência, seu contrato no exterior será regido pelo critério da norma jurídica mais favorável brasileira ou do país estrangeiro, respeitado o conjunto de normas em relação a cada matéria.

Nesse sentido, coleciona-se o seguinte julgado do TST, com o qual concordamos:

> *Agravo de instrumento. Recurso de revista. Trabalho no exterior. Diferença salarial. Equiparação salarial. Participação nos lucros e resultados. Decisão denegatória. Manutenção.* A jurisprudência trabalhista, sensível ao processo de globalização da economia e de avanço das empresas brasileiras para novos mercados no exterior, passou a perceber a insuficiência e inadequação do critério normativo inserido na antiga Súmula 207 do TST (*Lex loci executionis*) para regulação dos fatos congêneres multiplicados nas duas últimas décadas. Nesse contexto, ajustou sua dinâmica interpretativa, de modo a mitigar o rigor da Súmula 207, o que culminou no seu cancelamento em face da Resolução 181/12, com divulgação no *DEJT* de 19, 20 e 23.04.2012, ao mesmo tempo em que alarga as hipóteses de aplicação das regras da Lei 7.064/82. Assim, tem considerado que o critério da *lex loci executionis* – até o advento da Lei 11.962/09 –

56. *Op. cit.*, p. 129.

somente prevalece nos casos em que foi o trabalhador contratado no Brasil para laborar especificamente no exterior, fora do segmento empresarial referido no texto primitivo da Lei 7.064/82. Ou seja, contratado para laborar imediatamente no exterior, sem ter trabalhado no Brasil. Tratando-se, porém, de trabalhador contratado no país, que aqui tenha laborado para seu empregador, sofrendo subsequente remoção para país estrangeiro, já não estaria mais submetido ao critério normativo da Convenção de Havana, por já ter incorporado em seu patrimônio jurídico a proteção normativa da ordem jurídica trabalhista brasileira. Em consequência, seu *contrato no exterior será regido pelo critério da norma jurídica mais favorável brasileira ou do país estrangeiro, respeitado o conjunto de normas em relação a cada matéria*. Assim, não há como assegurar o processamento do recurso de revista quando o agravo de instrumento interposto não desconstitui os termos da decisão denegatória, que subsiste por seus próprios fundamentos. Agravo de instrumento desprovido (TST-AIRR 1.047-43.2010.5.03.0036, j. 23.05.2012, Rel. Min. Mauricio Godinho Delgado, 3ª T., *DEJT* 25.05.2012) (grifos nossos).

Para encerrar este tópico, é importante lembrar que nas relações empregatícias das atividades marítimas incide, em linhas gerais, a Lei do Pavilhão do Navio, que normalmente adota a aplicação do ordenamento jurídico do país do domicílio do empregador (armador). Essa regra não é absoluta, pois o TST já entendeu que o Código Bustamante (artigo 198), que regula a questão referente ao conflito de leis trabalhistas no espaço, estabelece que "também é territorial a legislação sobre acidentes do trabalho e proteção social do trabalhador". Assim, enquanto o trabalho foi prestado em águas nacionais, a legislação aplicável é a brasileira. Já para os serviços executados em águas internacionais prevalece o princípio do centro de gravidade, chamado no direito norte-americano de *most significant relationship*. Ou seja, as regras do Direito Internacional Privado podem deixar de ser aplicadas quando a causa tiver uma ligação muito mais forte com outro direito – no caso em discussão, o brasileiro. Ouçamos a jurisprudência atual do TST:

TRABALHO EM NAVIO DE CRUZEIRO SOB BANDEIRA ESTRANGEIRA. PRÉ-CONTRATAÇÃO NO BRASIL. PRESTAÇÃO DE SERVIÇOS NA COSTA BRASILEIRA E EM ÁGUAS DE OUTROS PAÍSES. GENTE DO MAR. CONFLITO DE LEIS NO ESPAÇO. LEGISLAÇÃO APLICÁVEL. LEI DO PAVILHÃO (CÓDIGO DE BUSTAMANTE). I) A indústria do transporte marítimo internacional, inclusive de cruzeiros turísticos, tem caráter global, seja quanto à nacionalidade dos navios (pavilhão), seja quanto à diversidade de nacionalidades da tripulação, impondo-se que a gente do mar tenha proteção especial e uniforme numa mesma embarcação. A concepção de aplicação da legislação brasileira aos tripulantes brasileiros contratados por navios estrangeiros não se sustenta diante da realidade da atividade econômica desenvolvida pelas empresas estrangeiras de cruzeiros marítimos, pois, se assim fosse, em cada navio haveria tantas legislações de regência quanto o número de nacionalidades dos tripulantes. Num mesmo navio de cruzeiro marítimo, todos os tripulantes devem ter o mesmo tratamento contratual, seja no padrão salarial, seja no conjunto de direitos. Reconhecer ao tripulante brasileiro – contratado para receber em dólar – direitos não previstos no contrato firmado, conduziria à quebra da isonomia e subversão da ordem e da autoridade marítima, uma vez que os próprios oficiais poderiam questionar suas obrigações à luz da legislação de sua nacionalidade, em desrespeito à lei do pavilhão. Daí porque ser imperativo a aplicação , para todos os tripulantes , da lei do pavilhão, como expressamente prescreve o art. 281 da Convenção de Direito Internacional Privado (Código de Bustamante, ratificado pelo Brasil e promulgado pelo Decreto 18.791/1929): "As obrigações dos oficiais e gente do mar e a ordem interna do navio subordinam-se à lei do pavilhão". II) As tratativas preliminares para a contratação de trabalhador , iniciadas em território brasileiro por empresa de agenciamento e arregimentação de trabalhadores para prestar serviço a bordo de embarcação estrangeira com trânsito pela costa brasileira e em águas internacionais, não permitem concluir que a contratação se deu em solo brasileiro, pois a efetivação do contrato somente ocorre com a convergência de vontades das partes envolvidas. Agência de recrutamento atua na aproximação das partes contratantes, sem que se torne parte nas relações de trabalho daí decorrentes (Convenção 181 da Organização Internacional do Trabalho – OIT, Art. 1º, 1, a. III) Inaplicável a Lei n. 7.064/82, cujo pressuposto é a contratação de trabalhadores no Brasil ou transferidos por seus empregadores para prestar serviço no exterior, hipótese não revelada pelas premissas fáticas constantes no Acórdão Regional, de forma que a legislação brasileira não pode ser invocada sob o fundamento de ser mais benéfica ao trabalhador brasileiro que atua no exterior. O art. 3º da referida Lei se aplica na situação de empregado transferido para o exterior, hipótese que não se ajusta ao caso dos autos. A própria Lei n. 7.064/82 prevê a inaplicabilidade da legislação brasileira para o empregado contratado por empresa estrangeira (artigos 12 e seguintes). IV) Assim, a legislação brasileira não é aplicável ao trabalhador brasileiro contratado para trabalhar em navio de cruzeiro, (1) por tratar-se de trabalho marítimo, com prestação de serviços em embarcação com registro em outro país; (2) porque não se cuida de empregado contratado no Brasil e transferido para trabalhar no exterior. O fato de a seleção e atos preparatórios terem ocorrido no Brasil não significa, por si só, que o local da contração ocorreu em solo brasileiro; (3) o princípio da norma mais favorável tem aplicação quando há antinomia normativa pelo concurso de mais de uma norma jurídica validamente aplicável a mesma situação fática, o que não é a hipótese do caso concreto, pois não há concorrência entre regras a serem aplicáveis, mas sim conflito de sistemas.

V) Ademais, independentemente do local da contratação ou do país no qual se executam os serviços, é inafastável a regra geral de que a ativação envolvendo tripulante de embarcação é regida pela lei do pavilhão ou da bandeira, e não pela legislação brasileira (Código de Bustamante, ratificado pelo Brasil e promulgado pelo Decreto 18.791/1929). VI) Demonstrado que a prestação de trabalho ocorreu em embarcação estrangeira, independentemente de ter navegado em todo ou em parte em águas brasileiras, não há falar em aplicação da lei brasileira. Assim, não há incidência do princípio do centro de gravidade (*most significant relationship*), o que levaria a situações limítrofes da prevalência do tempo de navegação em águas nacionais, internacionais ou estrangeiras, com risco de tratamento diferenciado da tripulação, em flagrante violação das normas de direito internacional privado e do art. 178 da Constituição Federal . VII) O Supremo Tribunal Federal firmou tese em repercussão geral (Tema 210) no sentido de prevalência, com arrimo no art. 178 da Constituição Federal, de tratados internacionais sobre a legislação brasileira, especificamente no caso de indenização por danos materiais por extravio de bagagens em voos internacionais, caso em que devem ser aplicadas as convenções de Varsóvia e Montreal em detrimento do Código de Defesa do Consumidor. A tese firmada restou assim editada: "Nos termos do art. 178 da Constituição da República, as normas e os tratados internacionais limitadores da responsabilidade das transportadoras aéreas de passageiros, especialmente as Convenções de Varsóvia e Montreal, têm prevalência em relação ao Código de Defesa do Consumidor". A *ratio* desta tese de repercussão geral deve ser aplicada ao presente caso, pois diz respeito a conflito de legislação nacional com aquelas previstas em acordos internacionais, essencialmente a discussão ora travada. VIII) Recurso de revista provido para afastar a condenação com base na legislação trabalhista nacional e, consequentemente, julgar improcedentes os pedidos formulados na reclamação trabalhista (TST-RR 18295720165130005, Rel. Min. Alexandre Luiz Ramos, 4ª T., – *DEJT* 01.02.2019).

3. EFICÁCIA DAS NORMAS CONSTITUCIONAIS TRABALHISTAS

Analisa-se, nesta epígrafe, a eficácia das normas constitucionais sob o enfoque da sua aptidão para produzir efeitos. Explicitando melhor, examina-se aqui a eficácia dos direitos fundamentais sociais trabalhistas à luz do preceito contido no art. 5º, § 1º, da CF, segundo o qual, as "normas definidoras de direitos e garantias fundamentais têm aplicação imediata".

A moderna hermenêutica constitucional reconhece que todas as normas constitucionais são dotadas de eficácia. O que varia, porém, é o grau de eficácia.

De acordo com a tradicional classificação de José Afonso da Silva[57], as normas constitucionais podem ter eficácia plena, eficácia contida e eficácia limitada.

As *normas constitucionais de eficácia plena* são aquelas que reúnem em si todos os predicados para produzir efeitos imediatos e ilimitados. Por isso, independem de qualquer outra norma infraconstitucional integrativa ou regulamentadora para o exercício dos direitos nelas previstos. Estas normas, portanto, são autoaplicáveis. Alguns exemplos: art. 1º e parágrafo único; art. 4º, incs.; art. 5º, I; art. 7º, VI, XIII, XIV, XVI, XVII, XXVI, XXIX, XXX, XXXI, XXXII, XXXIII e XXXIV, todos da CF.

As *normas constitucionais de eficácia contida*, restringível ou redutível, são também autoaplicáveis, uma vez que os direitos nela veiculados podem ser direta e imediatamente exercidos pelos seus destinatários. Todavia, o exercício de tais direitos pode ser restringido ou sofrer limitações por previsão expressa da própria Constituição. Vale dizer, os direitos nelas previstos podem ser restringidos por lei infraconstitucional posterior, emenda constitucional ou ato do Poder Público. À guisa de exemplos, invocamos os incs. VIII, XI, XII, XIII, XIV, XVI, XXIV, LX, LXI e LXVII, do art. 5º e o § 1º do art. 9º, todos da CF.

As *normas constitucionais de eficácia limitada* são aquelas que, por não se encontrarem reguladas completamente pela Constituição, dependem, para produzir efeitos, da edição de norma regulamentadora posterior a cargo dos Poderes Legislativo, Executivo ou Judiciário, conforme estabelecido no próprio texto constitucional. Alguns autores defendem que tais normas não têm eficácia jurídica, pois o exercício do direito nelas previsto fica condicionado à edição de norma infraconstitucional posterior. Exemplos de normas de eficácia limitada, na seara trabalhista, seriam as previstas nos incs. I, X, XI, XIX, XX, XXI (primeira parte), XXVII do art. 7º da CF.

Não obstante, preferimos cerrar fileira com a moderna doutrina constitucional que sustenta a eficácia de todas as normas constitucionais (força normativa da Constituição)[58], ainda que com algumas peculiaridades, pelo menos no que respeita à aplicabilidade dos direitos fundamentais, inclusive os de ordem social.

Infelizmente, criou-se um cultura majoritária de que as normas constitucionais relativas às liberdades públicas ou aos direitos civis e políticos (direitos humanos e fundamentais de primeira dimensão) têm eficácia plena, já que não dependem de regulamentação ou intervenção estatal para produzirem efeitos (ao revés, há o dever de abstenção do Estado), enquanto as normas constitucionais relativas aos direitos sociais (direitos humanos e fundamentais de segunda dimensão) têm eficácia limitada, porquanto dependem de regulamentação infraconstitucional (dever de prestações estatais) para produzirem efeitos jurídicos.

---

57. SILVA, José Afonso da. *Aplicabilidade das normas constitucionais*. 7. ed. São Paulo: Malheiros, 2008, *passim*.
58. HESSE, Konrad. *A força normativa da Constituição*. Trad. Gilmar Ferreira Mendes. Porto Alegre: Fabris, 1991, passim.

Nessa perspectiva, a norma que assegura o direito ao sufrágio universal (direito de primeira dimensão) teria eficácia plena, diferentemente da que dispõe sobre o direito à saúde (direito de segunda dimensão), que teria eficácia limitada.

Todavia, como bem lembra Virgílio Afonso da Silva, "a limitação da eficácia de determinadas normas não é algo intrínseco a elas. Uma norma não é de eficácia limitada por uma questão meramente textual ou 'estritamente jurídica'. Essa limitação depende muito mais de opções político-ideológicas que não têm necessária relação com o texto constitucional"[59].

No caso do direito ao sufrágio e do direito à saúde, salta aos olhos que em ambas as situações há necessidade de regulamentação por meio de políticas públicas estatais para efetivar tais direitos. A diferença é que no primeiro caso já existe uma série de condições institucionais e financeiras enraizadas na estrutura estatal que permitem a efetivação do direito ao sufrágio; ao passo que no segundo caso (direito à saúde), a realidade está a demonstrar a insuficiência das condições institucionais e financeiras que, na prática, impedem ou dificultam a efetivação deste direito fundamental. O problema, pois, não é apenas jurídico. Ao revés, é também político e ideológico.

Obtempera, com razão, Virgílio Afonso da Silva[60], que, em ambos os casos, a atuação estatal é necessária e imprescindível para assegurar o direito ao sufrágio e o direito à saúde. A diferença é que no primeiro caso as condições fáticas já existem; no segundo, não. Afinal, "se todas as normas, para produzir efeitos, dependem de condições intrínsecas e extrínsecas a elas, uma distinção que se baseie na necessidade ou na desnecessidade de intervenção estatal para produção de efeitos dessa ou daquela norma é colocada em xeque"[61].

Nesse passo, há que se buscar novos rumos para se assegurar a força normativa de todas as normas constitucionais, nomeadamente aquelas que veiculam direitos fundamentais sociais.

Na seara laboral, surgem novas propostas de aplicabilidade dos direitos fundamentais sociais trabalhistas, como se infere do Enunciado 2, aprovado na 1ª Jornada de Direito Material e Processual do Trabalho, realizada em 2007, em Brasília-DF; *in verbis*:

> *Direitos fundamentais. Força normativa. I – Constituição da República, art. 7º, inc. I. Eficácia plena. Força normativa da Constituição. Dimensão objetiva dos direitos fundamentais e dever de proteção.* A omissão legislativa impõe a atuação do Poder Judiciário na efetivação da norma constitucional, garantindo aos trabalhadores a efetiva proteção contra a dispensa arbitrária. II – *Dispensa abusiva do empregado. Vedação constitucional. Nulidade.*

59. SILVA, Virgílio Afonso da. *Direitos fundamentais*: conteúdo essencial, restrições e eficácia. São Paulo: Malheiros, 2009, p. 232.

60. SILVA, Virgílio Afonso da. *Direitos fundamentais*: conteúdo essencial, restrições e eficácia. São Paulo: Malheiros, 2009, p. 234.

61. *Ibidem*, p. 240.

Ainda que o empregado não seja estável, deve ser declarada abusiva e, portanto, nula a sua dispensa quando implique a violação de algum direito fundamental, devendo ser assegurada prioritariamente a reintegração do trabalhador. III – *Lesão a direitos fundamentais. Ônus da prova.* Quando há alegação de que ato ou prática empresarial disfarça uma conduta lesiva a direitos fundamentais ou a princípios constitucionais, incumbe ao empregador o ônus de provar que agiu sob motivação lícita.

3.1. Eficácia vertical e horizontal dos direitos fundamentais sociais trabalhistas

Outra questão importante acerca da eficácia das normas jurídicas é a que diz respeito à eficácia vertical e horizontal dos direitos fundamentais sociais trabalhistas.

A eficácia vertical dos direitos fundamentais impõe limites à atuação dos governantes em favor dos governados, pois, entre estes, há uma relação vertical, ou seja, entre Estado e indivíduo. A eficácia vertical, portanto, está vinculada à concepção liberal do Estado, a quem cabe apenas o dever de proteger as liberdades individuais, especialmente o direito à vida, à propriedade, à liberdade e à segurança (direitos fundamentais de primeira dimensão).

Noutro falar, a eficácia vertical dos direitos fundamentais tem por objetivo impedir interferência estatal na vida privada. Por isso, a doutrina tradicional sustenta que os direitos de primeira dimensão são direitos de defesa do indivíduo frente ao Estado. Nesse sentido, a eficácia vertical dos direitos fundamentais guarda relação com a teoria do *status* negativo, de Jellinek, pois o Estado atua apenas no aspecto negativo, ou seja, limitando-se a respeitar (e assegurar) as liberdades individuais, especialmente o direito à vida e à propriedade.

No Estado liberal, as relações entre os particulares eram regidas pelo princípio da autonomia plena da vontade, não podendo o Estado intervir em tais relações. Havia, pois, uma separação quase estanque entre o direito constitucional (regulador das relações entre o Estado e os particulares) e o direito civil (regulador das relações entre particulares). Nessa perspectiva, o direito do trabalho, que surge como novo ramo desvinculado do Direito Civil, seria apenas o regulador do contrato de trabalho, assegurando a plena autonomia da vontade dos seus sujeitos na sua elaboração, execução e extinção.

Como bem lembra Carla Maia dos Santos,

> No Estado liberal a Constituição regulava apenas as relações entre o Estado e os particulares, enquanto o Código Civil disciplinava as relações privadas. Os direitos fundamentais funcionavam como limites à atuação dos governantes em favor dos governados, tratava-se de direitos públicos subjetivos, oponíveis em face do Estado. No Direito Privado o princípio fundamental era o da autonomia privada, ou

seja, a liberdade de atuação dos particulares, que deveriam pautar suas condutas apenas nas leis civis[62].

Com o advento do Estado social, cuja característica marcante é a inserção de direitos sociais nas Constituições, surge a chamada teoria do *status* positivo, ou seja, o Estado, além de proteger os direitos (liberdades) individuais, passa a atuar positivamente em prol dos direitos sociais, seja intervindo nas relações entre os particulares (dirigismo contratual), seja atuando diretamente por meio de prestações estatais positivas. Verifica-se aqui que o indivíduo passa a exigir que o Estado atue positivamente, efetivando diretamente um direito fundamental social. Vale dizer, o Estado passa a promover, diretamente, prestações de serviços, por meio de políticas públicas, para a realização de direitos, como o direito à saúde, à educação, ao trabalho, à assistência social, ao lazer, à cultura etc. Os direitos sociais, portanto, passam a ser exigíveis, cabendo aos poderes do Estado, inclusive o Judiciário, assegurar a sua plena fruição.

Daí a correta observação de Ingo Wolfgang Sarlet, para quem é

> possível falar de uma dupla significação de eficácia vinculante dos direitos fundamentais. Assim, se de acordo com um critério formal e institucional os detentores do poder estatal formalmente considerados (os órgãos dos Poderes Legislativo, Executivo e Judiciário) se encontram obrigados pelos direitos fundamentais, também em um sentido material e funcional todas as funções exercidas pelos órgãos estatais também o são (...) Do efeito vinculante inerente ao art. 5º, § 1º, da CF decorre, num sentido negativo, decorre que os direitos fundamentais não se encontram na esfera de disponibilidade dos poderes públicos, ressaltando-se, contudo, que, numa concepção positiva, os órgãos estatais se encontram na obrigação de tudo fazer no sentido de realizar os direitos fundamentais[63].

Além da eficácia vertical, até aqui estudada, que consiste na vinculação dos poderes estatais aos direitos fundamentais, podendo os particulares exigi-los diretamente do Estado, surgiu na Alemanha, com expansão na Europa e, atualmente, no Brasil, a teoria da eficácia horizontal dos direitos fundamentais.

Com o evolver das relações econômicas, políticas e sociais, que implicou o surgimento do chamado neoconstitucionalismo ou pós-positivismo, verificou-se que não apenas o Estado tem o dever de proteger e promover a efetivação dos direitos fundamentais, como também os particulares entre si.

---

62. SANTOS, Carla Maia dos. *Qual a distinção entre eficácia vertical e eficácia horizontal dos direitos fundamentais?* Disponível em: <http://www.lfg.com.br>. Acesso em: 16 nov. 2008.
63. SARLET, Ingo Wolfgang. *A eficácia dos direitos fundamentais*. 6. ed. Porto Alegre: Livraria do Advogado, 2006, p. 382-383.

Por outro lado, a eficácia horizontal dos direitos fundamentais, também chamada de eficácia dos direitos fundamentais entre terceiros ou de eficácia dos direitos fundamentais nas relações privadas, decorre do reconhecimento de que as desigualdades estruturantes não se situam apenas na relação entre os particulares e o Estado, como também entre os próprios particulares, o que exige um novo pensar a respeito da aplicabilidade dos direitos fundamentais sociais trabalhistas.

Nesse passo, adverte Daniel Sarmento, em excelente monografia sobre o tema: "O Estado e o Direito assuem novas funções promocionais e se consolida o entendimento de que os direitos fundamentais não devem limitar o seu raio de ação às relações políticas, entre governantes e governados, incidindo também em outros campos, como o mercado, as relações de trabalho e a família"[64].

No âmbito das relações de trabalho, especificamente nos sítios da relação empregatícia, não há dúvida a respeito da importância do estudo da eficácia horizontal dos direitos fundamentais sociais trabalhistas, mormente em razão do poder empregatício (disciplinar, diretivo e regulamentar) reconhecido ao empregador (CLT, art. 2º), o qual, por força dessa relação assimétrica, passa a ter deveres fundamentais. Afinal, a Constituição da República consagra, no Título II, Capítulo I, um catálogo não apenas de "Direitos", como também de "Deveres" individuais e coletivos, a cargo não apenas do Estado, como também dos particulares, sobretudo quando estes desfrutam de posições econômicas, políticas e sociais superiores em relação a outros particulares.

Há duas teorias que se ocupam da eficácia horizontal dos direitos fundamentais: a teoria da eficácia indireta ou mediata, e a teoria da eficácia direta ou imediata.

Para a teoria da eficácia indireta ou mediata, os direitos fundamentais são analisados na perspectiva de duas dimensões: a) dimensão negativa ou proibitiva, que veda ao legislador editar lei que viole direitos fundamentais; b) dimensão positiva, impondo um dever para o legislador implementar direitos fundamentais, ponderando, porém, quais deles devam se aplicar às relações privadas.

Nos termos da proposta da teoria da eficácia direta ou imediata, como o próprio nome sugere, alguns direitos fundamentais podem ser aplicados diretamente às relações privadas, ou seja, sem a necessidade da intervenção legislativa.

Adverte, com razão, Armando Cruz Vasconcellos que as

> violações aos direitos fundamentais podem partir tanto do Estado soberano como, também, dos agentes privados. Essa tendência atual de aplicação horizontal dos direitos fundamentais não visa se sobrepor à relação anterior, uma vez que o primordial nessa questão é nos atentarmos para que a aplicação dos direitos fundamentais, no caso concreto, esteja sempre ponderada com os demais princípios.

64. SARMENTO, Daniel. *Direitos fundamentais e relações privadas*. 2. ed. Rio de Janeiro: Lumen Juris, 2006, p. 323.

Diversas questões precisam ser melhores desenvolvidas, como qual a forma dessa vinculação e seu alcance[65].

Eis alguns exemplos em que o STF reconheceu a eficácia horizontal dos direitos fundamentais sociais nas relações privadas:

> *Sociedade civil sem fins lucrativos. União brasileira de compositores. Exclusão de sócio sem garantia da ampla defesa e do contraditório. Eficácia dos direitos fundamentais nas relações privadas. Recurso desprovido.* I. Eficácia dos direitos fundamentais nas relações privadas. As violações a direitos fundamentais não ocorrem somente no âmbito das relações entre o cidadão e o Estado, mas igualmente nas relações travadas entre pessoas físicas e jurídicas de direito privado. Assim, os direitos fundamentais assegurados pela Constituição vinculam diretamente não apenas os poderes públicos, estando direcionados também à proteção dos particulares em face dos poderes privados. II. Os princípios constitucionais como limites à autonomia privada das associações. A ordem jurídico-constitucional brasileira não conferiu a qualquer associação civil a possibilidade de agir à revelia dos princípios inscritos nas leis e, em especial, dos postulados que têm por fundamento direto o próprio texto da Constituição da República, notadamente em tema de proteção às liberdades e garantias fundamentais. O espaço de autonomia privada garantido pela Constituição às associações não está imune à incidência dos princípios constitucionais que asseguram o respeito aos direitos fundamentais de seus associados. A autonomia privada, que encontra claras limitações de ordem jurídica, não pode ser exercida em detrimento ou com desrespeito aos direitos e garantias de terceiros, especialmente aqueles positivados em sede constitucional, pois a autonomia da vontade não confere aos particulares, no domínio de sua incidência e atuação, o poder de transgredir ou de ignorar as restrições postas e definidas pela própria Constituição, cuja eficácia e força normativa também se impõem, aos particulares, no âmbito de suas relações privadas, em tema de liberdades fundamentais. III. Sociedade civil sem fins lucrativos. entidade que integra espaço público, ainda que não estatal. Atividade de caráter público. Exclusão de sócio sem garantia do devido processo legal. Aplicação direta dos direitos fundamentais à ampla defesa e ao contraditório. As associações privadas que exercem função predominante em determinado âmbito econômico e/ou social, mantendo seus associados em relações de dependência econômica e/ou social, integram o que se pode denominar de espaço público, ainda que não estatal. A União Brasileira de Compositores – UBC, sociedade civil sem fins lucrativos, integra a estrutura do ECAD e,

65. VASCONCELLOS, Armando Cruz. A eficácia horizontal dos direitos fundamentais nas relações privadas de subordinação. *Jus Navigandi*. Teresina, a. 13, n. 2.107, 8 abr. 2009. Disponível em: <http://jus2.uol.com.br/doutrina/texto.asp?id=12595>. Acesso em: 11 ago. 2010.

portanto, assume posição privilegiada para determinar a extensão do gozo e fruição dos direitos autorais de seus associados. A exclusão de sócio do quadro social da UBC, sem qualquer garantia de ampla defesa, do contraditório, ou do devido processo constitucional, onera consideravelmente o recorrido, o qual fica impossibilitado de perceber os direitos autorais relativos à execução de suas obras. A vedação das garantias constitucionais do devido processo legal acaba por restringir a própria liberdade de exercício profissional do sócio. O caráter público da atividade exercida pela sociedade e a dependência do vínculo associativo para o exercício profissional de seus sócios legitimam, no caso concreto, a aplicação direta dos direitos fundamentais concernentes ao devido processo legal, ao contraditório e à ampla defesa (CF/88, art. 5º, LIV e LV). IV. Recurso extraordinário desprovido (STF-RE 201.819/RJ – Rel. Min. Ellen Gracie – Rel. p/ acórdão Min. Gilmar Mendes – j. 11.10.2005 – 2ª T. – *DJ* 27.10.2006 – p. 64).

Constitucional. Trabalho. Princípio da igualdade. Trabalhador brasileiro empregado de empresa estrangeira: estatutos do pessoal desta: aplicabilidade ao trabalhador estrangeiro e ao trabalhador brasileiro. CF, 1967, art. 153, § 1º; CF, 1988, art. 5º, caput. I – Ao recorrente, por não ser francês, não obstante trabalhar para a empresa francesa, no Brasil, não foi aplicado o Estatuto do Pessoal da Empresa, que concede vantagens aos empregados, cuja aplicabilidade seria restrita ao empregado de nacionalidade francesa. Ofensa ao princípio da igualdade: CF, 1967, art. 153, § 1º; CF, 1988, art. 5º, *caput*). II – A discriminação que se baseia em atributo, qualidade, nota intrínseca ou extrínseca do indivíduo, como o sexo, a raça, a nacionalidade, o credo religioso etc., é inconstitucional. Precedente do STF: Ag 110.846 (AgRg)-PR, Célio Borja, RTJ 119/465. III – Fatores que autorizariam a desigualização não ocorrentes no caso. IV – R.E. conhecido e provido (STF-RE 161.243/DF – Rel. Min. Carlos Velloso – j. 29.10.1996 – 2ª T. – *DJ* 19.12.1997 – p. 57).

Parecem-nos corretas as considerações de Pedro Lenza, para quem, "sem dúvida, cresce a teoria da aplicação direta dos direitos fundamentais às relações privadas ('eficácia horizontal'), especialmente diante de atividades privadas que tenham um certo 'caráter público', por exemplo, em escolas (matrículas), clubes associativos, relações de trabalho etc."[66].

Como as relações de trabalho subordinado são marcadas pela desigualdade entre os particulares, de um lado o empregador, que detém o poder empregatício, e do outro, o empregado, hipossuficiente e vulnerável, parece-nos inegável a plena aplicação da eficácia horizontal dos direitos fundamentais nessas relações.

66. LENZA, Pedro. *Direito constitucional esquematizado*. 13. ed. São Paulo: Saraiva, 2009, p. 677.

Lembra Ingo Wolfgang Sarlet[67] que há duas considerações a respeito da aplicação da teoria da eficácia dos direitos fundamentais às relações privadas. *Primus*, quando há relativa igualdade das partes figurantes da relação jurídica, caso em que deve prevalecer o princípio da liberdade para ambas, somente se admitindo eficácia direta dos direitos fundamentais na hipótese de lesão ou ameaça ao princípio da dignidade da pessoa humana ou ao direito aos direitos da personalidade. *Secundum*, quando a relação privada ocorre entre um indivíduo (ou grupo de indivíduos) e os detentores de poder econômico ou social, caso em que, de acordo com o referido autor, há um certo consenso para se admitir a aplicação da eficácia horizontal, pois tal relação privada assemelha-se àquela que se estabelece entre os particulares e o poder público (eficácia vertical).

De toda sorte, parece-nos acertada a observação de Pedro Lenza, para quem, na aplicação da teoria da eficácia horizontal,

> poderá o magistrado deparar-se com inevitável colisão de direitos fundamentais, quais sejam, o princípio da autonomia da vontade privada e da livre-iniciativa de um lado (CF, arts. 1º, IV, e 170, *caput*) e o da dignidade da pessoa humana e da máxima efetividade dos direitos fundamentais (art. 1º, III) de outro. Diante dessa "colisão", indispensável será a "ponderação de interesses" à luz da razoabilidade e da concordância prática ou harmonização. Não sendo possível a harmonização, o Judiciário terá que avaliar qual dos interesses deverá prevalecer[68].

Importa referir que no campo das relações de trabalho subordinado há amplo espaço para a adoção da teoria da eficácia horizontal dos direitos fundamentais, tanto no plano individual quanto no plano metaindividual. Alguns exemplos: como o direito à indenização por dano moral decorrente de assédio moral ou sexual (CF, arts. 1º e 5º, X), o direito à reintegração ou indenização por motivo de discriminação de raça, sexo, idade (CF, arts. 1º, 3º, IV, 5º, X), o direito ao meio ambiente do trabalho saudável (CF, arts. 1º, III e IV; 5º, XXIII; 7º, XXII; 200, VIII; 225) etc.

Como as relações de trabalho subordinado são marcadas pela desigualdade entre os particulares, de um lado o empregador, que detém o poder empregatício (econômico, regulamentar, diretivo e disciplinar), e do outro o empregado, hipossuficiente e vulnerável, parece-nos inegável a plena aplicação da eficácia horizontal dos direitos fundamentais nas relações empregatícias.

Há, porém, situações que se situam em uma linha cinzenta para a aplicação da eficácia horizontal dos direitos fundamentais nas relações de emprego. É o que ocorre, por exemplo, na hipótese de responsabilização do empregador pelas lesões físicas ou

67. SARLET, Ingo Wolfgang. *A eficácia dos direitos fundamentais*. 6. ed. Porto Alegre: Livraria do Advogado, 2006, p. 392-400.

68. LENZA, Pedro. *Direito constitucional esquematizado*. 13. ed. São Paulo: Saraiva, 2009, p. 677.

psíquicas sofridas pelo empregado em razão de um assalto ocorrido dentro de um ônibus pertencente ao empregador.

Neste caso, há colisão de direitos fundamentais do empregador e do empregado, já que o ordenamento jurídico reconhece o direito à segurança de todas as pessoas, físicas ou jurídicas (CF, art. 5º, *caput*), sendo que, nesta hipótese, verifica-se, de um lado, o direito do empregador à segurança do seu patrimônio (propriedade) oponível ao Estado; de outro, o direito do empregado à sua segurança pessoal, também oponível ao Estado. Se, porém, o empregado ajuizar ação em face do empregador e postular reparação por danos morais e materiais decorrentes do assalto sofrido dentro do ônibus da empresa? Parece-nos que o magistrado, neste caso, deverá analisar o caso concreto e, com base nos princípios da razoabilidade ou proporcionalidade, escolher entre dois bens juridicamente protegidos o de maior valor: a incolumidade física e psíquica do cidadão trabalhador ou o patrimônio do empregador? A nosso ver, no caso em tela, o primeiro, por estar vinculado mais fortemente ao princípio da dignidade da pessoa humana, deve prevalecer sobre o segundo, que está vinculado ao direito de propriedade, sendo que este ainda encontra relativização, pois a propriedade deve ter um fim social.

É preciso destacar, porém, que, em alguns julgados, os tribunais trabalhistas vêm solucionando tais casos com base no direito infraconstitucional, isto é, à luz da teoria da responsabilidade (objetiva ou subjetiva) do empregador. Conseguintemente, absolvem os empregadores sobre o fundamento de que a responsabilidade pela segurança, *in casu*, é do Estado. Nesse sentido:

> *Recurso de revista. Indenização por danos morais. Cobrador de transporte coletivo. Assalto. Responsabilidade*. A caracterização do dano moral dá-se pela confirmação de lesão sofrida, e que esse dano deve estar ligado a direitos personalíssimos tutelados pela ordem jurídica, tais como honra, dignidade, honestidade, intimidade, entre outros. No presente caso, não me parece razoável atribuir culpa à reclamada pelo ocorrido, de forma a condená-la ao pagamento de indenização por dano moral, quando escapa de sua responsabilidade a segurança pública dos trechos percorridos pelos seus empregados, na execução de seus serviços. Precedentes. Recurso de revista conhecido e provido (TST-RR 1175400-80.2007.5.09.0651 – j. 03.03.2010 – Rel. Min. Emmanoel Pereira – 5ª T. – *DEJT* 12.03.2010).

Há, porém, alguns julgados que, com base na existência de culpa do empregador, decorrente de sua omissão na questão da segurança no trabalho, vêm deferindo a postulação dos trabalhadores, como se infere dos seguintes arestos:

> *(...) Recurso de revista patronal. Indenização por danos morais. Acidente de trabalho. Motorista de ônibus. Óbito do ex-empregado. Inexistência de nexo de causalidade e de culpa da reclama-*

da. Incidência do art. 7º, XXVIII, da CF. 1. Para a existência do dever de reparar o dano causado, alguns pressupostos devem estar presentes, sem os quais o próprio instituto da responsabilidade não pode subsistir, quais sejam, o dano experimentado pelo ofendido, a ação ou a omissão do causador, o nexo de causalidade e a culpa ou o dolo. Trata-se do estabelecimento do nexo causal entre lesão e conduta omissiva ou comissiva do empregador, sabendo-se que o direito positivo brasileiro alberga tão somente a teoria da responsabilidade subjetiva, derivada de culpa ou dolo do agente da lesão em matéria trabalhista (CF, art. 7º, XXVIII). 2. *In casu*, o Regional confirmou a sentença condenatória de pagamento de indenização por danos morais sofridos pela família do ex-empregado, em razão do óbito resultante do assalto no ônibus no qual era motorista, por culpa, ainda que levíssima, da Empregadora, que não se preocupou com a segurança e vida dos empregados, visando a inibir os assaltos mediante a instalação de cofre forte ou roleta nos veículos, que, ainda que não tivesse o condão de evitar o assalto, ao menos inibiria as investidas dos meliantes, mormente em dia de festa na cidade, onde o número de visitantes dos municípios vizinhos aumenta consideravelmente. 3. Como se pode notar de toda a argumentação lançada na decisão regional, o elemento de convicção do julgador foi substancialmente o sentido de solidariedade humana em face da dor sofrida pela família do ex-empregado, externado na busca de alguma justificativa, por mais frágil que fosse, para manter a indenização de R$ 20.000,00 à família enlutada, já que a instalação de catraca ou cofre nos ônibus não impediria o assalto, não sendo absolutamente elemento de segurança contra roubos. No caso, a norma constitucional (CF, art. 7º, XXVIII), bem como a jurisprudência do TST, é clara, no sentido de que a responsabilidade é subjetiva, dependendo de comprovação da culpa do empregador para imposição da obrigação de indenizar. 4. Ora, se por um lado, a norma civil não alcança a esfera trabalhista, iluminada pelo comando constitucional do art. 7º, XXVIII, por outro, nenhuma atividade laboral está infensa a riscos de acidente (no próprio dizer de Guimarães Rosa, em sua epopeia "Grande Sertão: Veredas", "viver é muito perigoso"), mas a CLT somente admite o adicional de periculosidade para as atividades de risco acentuado, ínsito ao manuseio de explosivos, inflamáveis (art. 193), e energia elétrica (Lei 7.369/85, art. 1º), o que descartaria de plano a invocação da responsabilidade objetiva diante da natureza da atividade desenvolvida pela empresa, enquadrando-a no rol de atividades de risco. 5. Dessa forma, verifica-se que não se encontram presentes, na espécie, os pressupostos que delineiam o dever de reparar o dano causado, quais sejam, a culpa ou dolo da Empregadora e a ação ou omissão que teria concorrido para a mencionada lesão. 6. Assim, não há como se atribuir responsabilidade à Empregadora pelos danos morais sofridos pela família do ex-empregado, decorrentes do óbito resultante do assalto, sob pena de violação do art. 7º, XXVIII, da CF, pois não caracterizada a culpa, nem sequer levíssima, da Reclamada pelo evento. Recurso de revista provido (TST-RR 176840-82.2005.5.17.0132 – j. 15.04.2009 – Rel. Min. Ives Gandra Martins Filho – 7ª T. – *DEJT* 17.04.2009).

Há, ainda, entendimento jurisprudencial no âmbito do TST no sentido de aplicar a responsabilidade objetiva, com fundamento no risco gerado pela atividade empresarial (CC, art. 927, parágrafo único):

> RECURSO DE REVISTA INTERPOSTO NA VIGÊNCIA DA LEI N. 13.015/14. TRANSPORTE COLETIVO. COBRADOR. ASSALTO. INDENIZAÇÃO POR DANO MORAL. RESPONSABILIDADE OBJETIVA. O Tribunal Pleno do TST, nos autos do Proc. E-RR-184900-63.2007.5.16.0015, na sessão realizada em 29.09.2015, firmou entendimento acerca da "responsabilidade civil objetiva do empregador, com fundamento no risco gerado pela atividade empresarial (artigo 927, parágrafo único, do Código Civil). Referido precedente veio a coroar o entendimento de que os danos sofridos pelo trabalhador, em razão da execução do contrato de emprego, conduzem à responsabilidade objetiva do empregador, quando a atividade do empregado é considerada de risco. Nesse contexto, a ocorrência de assalto durante a jornada de trabalho enseja o reconhecimento da responsabilidade objetiva do empregador pelos danos morais daí advindos, na forma do artigo 927, parágrafo único, do Código Civil". Incidência do art. 896, § 7º, da CLT, haja vista a consonância do acórdão regional à jurisprudência do TST. Recurso de revista de que não se conhece (TST – RR – 10323820125040663 – Rel. Min. Walmir Oliveira da Costa – j. 28.11.2018 – 1ª T. – *DEJT* 30.11.2018).

A nosso ver, contudo, a solução que mais se harmoniza com a máxima efetividade dos direitos fundamentais, *data venia*, é a que adota a eficácia horizontal dos direitos fundamentais sociais trabalhistas.

Vale dizer, não nos parece constitucionalmente correto adotar uma interpretação meramente gramatical do enunciado normativo previsto em apenas um inciso (CF, art. 7º, XXVIII) e olvidar outros incisos e o próprio comando (cabeça) do artigo no qual está inserido (CF, art. 7º, *caput*, XXII), além de outros dispositivos contidos na própria Carta Republicana. Noutros termos, à luz da eficácia horizontal dos direitos fundamentais, não se pode adotar exclusivamente a teoria da responsabilidade subjetiva do empregador pela segurança e saúde dos trabalhadores quando, no próprio texto constitucional, há previsão para tal responsabilização de modo objetivo.

Segurança, no Estado Democrático de Direito brasileiro, é direito fundamental de primeira dimensão (CF, art. 5º, *caput*), como direito à segurança pessoal; de segunda dimensão (CF, arts. 6º, 7º, XXII), como direito à segurança social, no trabalho, alimentar; e, numa perspectiva mais ampla e difusa, de terceira dimensão (CF, arts. 225, *caput*), como direito à segurança de uma sadia qualidade de vida, inclusive no ambiente laboral (CF, art. 200, VIII).

Ora, em virtude do fenômeno da constitucionalização de todo o direito pátrio, é o direito do trabalho que deve ser interpretado à luz do direito constitucional. A hermenêutica constitucional, pois, há de ser observada em todos os ramos do direito, especialmente do direito do trabalho, tendo em vista que os direitos sociais dos trabalhadores compõem o catálogo dos direitos fundamentais consagrados no texto constitucional.

Felizmente, começam a despontar na mais alta corte trabalhista alguns acórdãos encampando a eficácia horizontal dos direitos fundamentais nas relações trabalhistas. É o que se depreende dos seguintes julgados:

> AGRAVO DE INSTRUMENTO EM RECURSO DE REVISTA. RECURSO REGIDO PELO CPC/2015 E PELA INSTRUÇÃO NORMATIVA N. 40/2016 DO TST. INDENIZAÇÃO POR DANO MORAL. AUSÊNCIA DE INSTALAÇÕES SANITÁRIAS. CORTADOR DE CANA-DE-AÇÚCAR. A sociedade encontra-se em um estágio em que não se admite o desrespeito à figura do ser humano. Vive-se, atualmente, como disse Norberto Bobbio, na era dos direitos. A pessoa humana é objeto de proteção do ordenamento jurídico, sendo detentora de direitos que lhe permitam uma existência digna, própria de um ser humano. Não se cogita, na realidade contemporânea, nenhuma brecha sequer para o desrespeito aos direitos mínimos assegurados à pessoa. Immanuel Kant, em sua obra "Fundamentação da Metafísica dos Costumes", já defendia que, "no reino dos fins, tudo tem ou um preço ou uma dignidade. Quando uma coisa tem preço, pode ser substituída por algo equivalente; por outro lado, a coisa que se acha acima de todo preço, e por isso não admite qualquer equivalência, compreende uma dignidade" (KANT, Immanuel. *Fundamentação da metafísica dos costumes e outros escritos*. Tradução Leopoldo Holzbach. São Paulo: Martin Claret, 2004, p. 65). Adotando o pensamento citado, verifica-se que o ser humano é sujeito detentor de dignidade, pois não possui um preço nem pode ser substituído por algo equivalente. Com efeito, já não se tolera nenhuma forma de tratamento desumano ou degradante ao indivíduo. A Constituição Brasileira de 1988, reconhecida mundialmente pelo seu caráter democrático e garantidor de direitos humanos, consagra o princípio da dignidade da pessoa humana como um fundamento da República Federativa do Brasil. Ademais, institui, no rol dos direitos individuais do cidadão, que ninguém será submetido a tratamento desumano ou degradante. No seu artigo 170, *caput*, erige o trabalho humano como fundamento da ordem econômica, que tem por fim assegurar a todos existência digna. *A doutrina moderna, de maneira pacífica, entende que os direitos individuais consagrados na Constituição Federal já não se limitam somente à relação entre Estado e cidadão. Hodiernamente, os direitos fundamentais são dotados de eficácia horizontal, devendo ser observados, também, nas relações privadas. É de conhecimento de todos as péssimas condições de trabalho a que são submetidos os cortadores de cana de açúcar. O artigo 7º da Constituição Federal é de aplicação obrigatória a todos os trabalhadores, sem distinção de nenhum tipo de atividade, sendo norma de natureza cogente, e, salvo expressa dicção em contrário, de aplicação direta e imediata (artigo 5º, § 1º, da Constituição Federal). A NR n. 31, por sua vez, estabelece preceitos a serem observados*

na organização e no ambiente de trabalho, de forma a tornar compatível o planejamento e o desenvolvimento das atividades da agricultura, pecuária, silvicultura, exploração florestal e aquicultura com a segurança e saúde e o meio ambiente de trabalho. O Regional consignou que a reclamada não atendia a nenhuma das regras referentes às condições sanitárias estabelecidas pela NR n. *31. Essa atitude patronal de não fornecer banheiros, nos termos da NR citada, para seus trabalhadores é ofensiva à dignidade da pessoa humana, razão pela qual deve ser mantida a decisão regional. Agravo de instrumento desprovido.* DANO MORAL. TRABALHADOR RURAL. AUSÊNCIA DE INSTALAÇÕES PARA REFEIÇÕES E SANITÁRIOS ADEQUADOS. TRABALHO EM CONDIÇÕES DEGRADANTES. REDIMENSIONAMENTO DO *QUANTUM* INDENIZATÓRIO (R$ 3.000,00). Em minuta de agravo de instrumento, a reclamada não renova a indicação dos dispositivos legais indicados em recurso de revista, motivo pelo qual está preclusa a análise da arguição de violação do artigo 5º, incisos V e X, da constituição Federal. Agravo de instrumento desprovido (TST-AIRR 1220-63.2016.5.09.0562, Rel. Min. José Roberto Freire Pimenta, 2ª T., *DEJT* 24.08.2018).

AGRAVO DE INSTRUMENTO. RECURSO DE REVISTA. PROCESSO SOB A ÉGIDE DA LEI 13.015/2014 E ANTERIOR À LEI 13.467/2017. 1. DEPRESSÃO. DOENÇA SEM CARÁTER OCUPACIONAL. DISPENSA DE EMPREGADA DOENTE QUE PORTAVA ATESTADO MÉDICO. AFASTAMENTO PREVIDENCIÁRIO CONCEDIDO APÓS A DISPENSA. INCIDÊNCIA DE PRINCÍPIOS CONSTITUCIONAIS EM RELAÇÕES PRIVADAS. EFICÁCIA HORIZONTAL. ESTADO DEMOCRÁTICO DE DIREITO. 2. DISPENSA DE EMPREGADA DOENTE. LESÃO APTA A ENSEJAR INDENIZAÇÃO POR DANO MORAL. O Estado Democrático de Direito, consagrado pela Constituição de 1988, incorpora, de modo intenso e abrangente, o princípio democrático, por ser a Democracia importante meio, dinâmica e ambientação propícios para a afirmação da pessoa humana e sua dignidade na vida política e social. Nessa incorporação, determina o Texto Máximo da República que a Democracia esteja presente não apenas na sociedade política (o Estado e suas instituições), como também na sociedade civil (o cenário formado pelas pessoas humanas, as instituições sociais, a cultura em geral e o próprio sistema econômico e suas empresas). *Para o conceito de Estado Democrático de Direito, há direta e imediata eficácia horizontal dos princípios constitucionais e dos direitos e garantias individuais e sociais, inclusive trabalhistas, no plano da sociedade civil e de suas instituições privadas. Eficácia horizontal plena, que deve ser absorvida e considerada pelos detentores de poder privado no âmbito da sociedade civil. Logo, se o ato de ruptura contratual ofende princípios constitucionais basilares, é inviável a preservação de seus efeitos jurídicos. No caso concreto, a Instância Ordinária considerou configurado o dano moral na conduta potestativa da empregadora Reclamada. O dano moral, conforme se sabe, corresponde a toda dor psicológica ou física injustamente provocada em uma pessoa humana, sendo da em-*

> *pregadora, evidentemente, a responsabilidade pelas indenizações por dano moral ou à imagem resultantes da conduta ilícita por ela cometida contra a empregada, ainda que sem relação com a infortunística do trabalho.* É o que ocorre no caso em exame neste processo. O TRT manteve a sentença, que determinou a reintegração e o posterior encaminhamento da Autora ao INSS, uma vez constatada a inaptidão para o trabalho no momento da dispensa. Para tanto, registrou que as provas dos autos revelam que a Obreira foi dispensada, sem justa causa, quando portava atestado médico com prazo superior a 15 dias, e que, após a dispensa (08.12.2015), passou a perceber benefício previdenciário até 17.03.2016, destacando que o pedido de prorrogação do referido benefício estava em trâmite quando da prolação da sentença. Logo, uma vez constatado que a dispensa da Obreira ocorreu quando ela estava doente, tem-se que o patrimônio moral dela foi efetivamente violado, sendo, portanto, cabível a condenação para indenizá-la pelos danos morais suportados. Ademais, sendo nula a dispensa da empregada no momento em que ela estava doente, a determinação de reintegração da Obreira para encaminhamento ao INSS há de ser mantida. Como visto, a controvérsia foi solucionada a partir das provas produzidas e valoradas pelo Órgão Julgador (arts. 371 do CPC/2015 - 131 do CPC/1973 ¬– e 852-D da CLT), sendo que entendimento diverso implicaria ultrapassar o quadro probatório delineado pelo Tribunal Regional, o que é defeso nesta fase recursal, a teor da Súmula 126/TST. Agravo de instrumento desprovido (TST-AIRR 123-29.2016.5.21.0001, Rel. Min. Mauricio Godinho Delgado, 3ª T., *DEJT* 24.08.2018);

Como síntese das ideias lançadas neste tópico, pensamos que sob o prisma da eficácia vertical cabe ao Estado promover a defesa (segurança pública) e a proteção do direito à segurança aos trabalhadores em todas as suas dimensões. Mas, na perspectiva da eficácia horizontal a promoção do direito à segurança é também responsabilidade dos particulares, especialmente quando estes atuam, nas relações jurídicas que estabelecem com outros particulares, com supremacia de poder (econômico, político ou social).

Quanto maior o poder do empregador na relação empregatícia, maior será a sua responsabilidade no tocante às lesões aos direitos fundamentais dos seus empregados em decorrência direta ou indireta da relação empregatícia.

É preciso, pois, interpretar e aplicar os direitos sociais dos trabalhadores com suporte não apenas na eficácia vertical como também na eficácia horizontal dos direitos fundamentais, pois a relação empregatícia é um dos sítios naturais de sua aplicabilidade em nosso sistema jurídico.

TÍTULO II

DIREITO INDIVIDUAL DO TRABALHO

CAPÍTULO I
Relação de Trabalho e Relação de Emprego

1. RELAÇÃO DE TRABALHO E RELAÇÃO DE EMPREGO: NATUREZA JURÍDICA – TEORIAS

Em função da extraordinária importância social do fato da prestação do trabalho subordinado, há uma variedade de teorias que procuram explicar a natureza jurídica do vínculo que existe entre os dois sujeitos da relação empregatícia: empregado e empregador.

Há duas grandes correntes doutrinárias que se destacam: a *contratualista* e a *anticontratualista*.

1.1. Teorias contratualistas

Os defensores das teorias contratualistas sustentam que a relação empregatícia é de natureza contratual, porquanto ninguém é empregado ou empregador se não manifestar livremente a sua vontade em tal sentido. A teoria contratualista tem origem no direito romano, que incluía o trabalho e a mão de obra entre as espécies de locação *(locatio operis* e *locatio operarum)*.

Lembra Nascimento[1] que Bonnecase, Josserand e Planiol foram os precursores da ideia de enquadrar o contrato de trabalho como contrato de arrendamento. Para eles, a coisa locada é a força de trabalho que existe dentro de cada pessoa, podendo ser utilizada por outrem, como a força de uma máquina ou um cavalo (PLANIOL).

Posteriormente, o contrato de trabalho foi considerado um contrato de compra e venda, em virtude da concepção de que o trabalho era mercadoria sujeita à lei da oferta e da procura, sendo o salário o preço dessa mercadoria. Carnelluti[2] encampou tal tese ao equiparar o contrato de trabalho ao fornecimento de energia elétrica, na qual o empregado só concedia o gozo de sua força de trabalho.

---

1. NASCIMENTO, Amauri Mascaro. *Curso de direito do trabalho*. 23. ed. São Paulo: Saraiva, 2008, p. 585-586.
2. CARNELUTTI, Francesco. *Teoria geral do direito*. São Paulo: Lejus, 1999, *apud* NASCIMENTO, Amauri Mascaro. *Curso de direito do trabalho*. 23. ed. São Paulo: Saraiva, 2008, p. 588-589.

Há, ainda, os contratualistas Chatelain, Lyon-Caen e Renault, que advogam a *teoria da sociedade*, segundo a qual, o contrato de trabalho seria um contrato de sociedade, onde ambas as partes cedem alguma coisa em comum (união, força física, inteligência, habilidade, técnica) com vistas a dividir o benefício daí resultante.

Savatier, citado por Délio Maranhão[3], procura avançar na temática e propõe a existência de um *contrato regulamentado*, lembrando que o espaço deixado à liberdade das partes é cada vez mais reduzido em benefício de imperativos sociais e econômicos.

1.2. Teorias anticontratualistas

Para os defensores das *teorias anticontratualistas* ou *acontratualistas* o vínculo que une empregado e empregador independe de contrato. Na verdade, os anticontratualistas buscam fundamentar a relação empregatícia fora dos âmbitos do direito civil, de índole liberal. O empregado, aqui, simplesmente se insere no contexto empresarial, independentemente de sua vontade, em face da natureza de ordem pública das normas que regem a relação entre empregado e empregador.

Em decorrência da redução (e até da ausência) da manifestação livre da vontade do tomador e do prestador do trabalho subordinado tanto na formação quanto no desenvolvimento da relação empregatícia, os defensores das teorias anticontratualistas preferem a substituição da expressão *contrato de trabalho* por *relação de trabalho*. Daí a adoção dos termos *inserção, engajamento* ou *ocupação* do trabalhador na empresa, uma vez que para os adeptos das teorias anticontratualistas empregado e empregador não firmam contrato, antes se tornam membros de uma empresa.

Ato-condição é teoria proposta pelo anticontratualista Léon Duguit[4], que classificava os atos jurídicos em ato-regra, ato jurídico subjetivo e ato-condição. O primeiro ocorreria quando houvesse a intenção das partes em modificar a ordem jurídica, criando-se novas regras (ex.: assembleia de acionistas, convenção coletiva); o segundo se daria em situações momentâneas e especiais, envolvendo apenas as partes interessadas, como no contrato e no quase-contrato; o terceiro decorreria de imperativo normativo de ordem pública, porquanto, antes que as partes manifestassem qualquer vontade, já existiria um verdadeiro estatuto legal que seria aplicado logo que se iniciasse a relação.

George Scelle[5] transportou a ideia de Duguit para o terreno da relação de trabalho, propondo a noção de *engajamento* (*embauchage*), que significa início da relação de

3. MARANHÃO, Délio *et alii*. *Instituições de direito do trabalho*. 12. ed. São Paulo: LTr, 1991, p. 224.
4. DUGUIT, Léon. *Traité de droit constitutionnel*. 3. ed., 1927, p. 434, *apud* MAGANO, Octavio Bueno. *Manual de direito do trabalho*: direito individual do trabalho. 3. ed. São Paulo: LTr, 1992. v. II, p. 23.
5. SCELLE, George. *Le droit ouvrier*, *passim*, *apud* NASCIMENTO, Amauri Mascaro. *Curso de direito do trabalho*. 23. ed. São Paulo: LTr, p. 600.

trabalho – podendo ser contratual ou não –, mediante simples consentimento tácito de adesão. Esta adesão, lembra Evaristo de Moraes Filho, "é um mero ato-condição"[6].

A teoria da *relação de trabalho*, que, segundo Amauri Mascaro Nascimento[7], encontra em Molitor fervoroso defensor, desconsidera qualquer ato entre empregado e empregador, pois a relação se origina do próprio fato do trabalho. Rivero e Savatier, também relacionistas, asseveram que relação de trabalho traduz "uma manifestação da tendência do direito de fazer efeitos jurídicos das situações de fato"[8].

Como desdobramento desta teoria surgiram outras, como a *teoria da inserção*, defendida pelo próprio Molitor, *teoria da ocupação* (Nikisch) e *teoria da incorporação* (Siebert). Sobre tais teorias, Evaristo de Moraes Filho esclarece que, "Por qualquer dessas teorias, muito assemelhadas, refletindo o mesmo regime político-social, não há contrato, mas simples relação de fato, de inserção, de ocupação, de incorporação, pela qual nasce o *status de empregado. Tudo se inicia e se aperfeiçoa com a efetiva prestação de trabalho*"[9], ou, como preferem os alemães, "*relação de ocupação fática*".

Na Itália, a teoria relacionista foi sustentada por Deveali e Angelelli. Teve seu apogeu com a *Carta del Lavoro*, de 1927.

Na Espanha, a doutrina anticontratualista encontrou grande aceitação com o *Fuero del Trabajo*, de 1939.

Em suma, preleciona Amauri Mascaro Nascimento: "Pisar os pés no estabelecimento e começar a prestação efetiva dos serviços é o quanto basta. Frise-se que notando a inviabilidade de raciocínio tão simplista, alguns autores relacionistas procuram admitir uma dose de concurso de vontade"[10].

Há, ainda, no âmbito da corrente anticontratualista, a *teoria institucionalista*, que é defendida pelos franceses Paul Durand e Savatier que se alimenta do conceito de instituição, difundido por Maurice Hauriou e Georges Rennard. Para os institucionalistas, a relação de trabalho não esgota o conjunto das relações entre empregados e empregadores, pois ambos se integram numa comunidade econômica constituída pela empresa.

Esta teoria encontra em Luiz José de Mesquita[11] um dos mais renomados defensores no nosso país, influenciando, ainda que timidamente, o direito positivo brasileiro, por meio dos institutos da cogestão e da participação nos lucros (CF, art. 7º, XI).

---

6. *Introdução ao direito do trabalho*. 5. ed. São Paulo: LTr, 1991, p. 272.
7. NASCIMENTO, Amauri Mascaro. *Curso de direito do trabalho*. 23. ed. São Paulo: LTr, p. 600
8. *Apud* SÜSSEKIND, Arnaldo; MARANHÃO, Délio; VIANNA, Segadas; TEIXEIRA, Lima. *Instituições de direito do trabalho*. 22. ed. São Paulo: LTr, 2005, p. 235. Nessa linha, não há confundir relação jurídica de trabalho, que pressupõe o contrato, e relação de trabalho, que pressupõe apenas um fato.
9. *Op. cit.*, p. 272.
10. NASCIMENTO, Amauri Mascaro. *Curso de direito do trabalho*. 10. ed. São Paulo: Saraiva, 1992, p. 291-292.
11. MESQUITA, José Luiz de. *Direito disciplinar do trabalho*. São Paulo: LTr, 1991. *passim*.

No interior da teoria anticontratualista reside também a teoria do *contrato-realidade*. Trata-se de teoria preconizada pelo relacionista Mario De La Cueva[12], para quem a relação jurídica de trabalho somente se forma com a prestação efetiva do serviço em determinada empresa, ou seja, só existiria esta espécie de "contrato-realidade" quando houvesse condições reais de prestação de serviço. Este renomado autor, embora adepto da corrente anticontratualista, admite a concorrência de vontade do trabalhador para a existência da relação de trabalho. O direito positivo brasileiro, entretanto, parece não acolher essa teoria (CLT, art. 4º), mesmo porque há casos em que os efeitos do contrato ficam interrompidos (não há trabalho efetivo), mas ninguém duvida de que este evento descaracteriza a existência do contrato de trabalho. A jurisprudência, no entanto, vem utilizando a expressão "contrato-realidade" como sinônima de "princípio da primazia da realidade" ou "princípio do contrato-realidade". Nesse sentido:

> AGRAVO DE INSTRUMENTO EM RECURSO DE REVISTA. RECURSO DE REVISTA INTERPOSTO NA VIGÊNCIA DA LEI N. 13.015/2014 E REGIDO PELO CPC/2015 E PELA INSTRUÇÃO NORMATIVA N. 39/2016. PROFESSORA DO SENAC. ENQUADRAMENTO SINDICAL. INCIDÊNCIA DA SÚMULA N. 374 DO TST. O contrato-realidade define a condição profissional do empregado como professor, e, por consequência, como pertencente a categoria diferenciada de docente. *In casu*, a Corte regional entendeu que, como o SENAC não foi representado nas negociações coletivas pelo Sindicato dos Professores, não estaria obrigado ao cumprimento das normas negociadas. Incidência da Súmula n. 374 do TST, que dispõe: "Empregado integrante de categoria profissional diferenciada não tem o direito de haver de seu empregador vantagens previstas em instrumento coletivo no qual a empresa não foi representada por órgão de classe de sua categoria". Nessas condições, considerando o registro fático na decisão do Regional, no sentido de que o reclamado não foi representado nas negociações por órgão de classe de sua categoria, não há falar em aplicação das normas coletivas pretendidas pela reclamante. Precedentes. RECURSO DE REVISTA INTERPOSTO NA VIGÊNCIA DA LEI N. 13.015/2014. RECURSO REGIDO PELO CPC/2015. PROFESSORA DO SENAC. AUSÊNCIA DE HABILITAÇÃO LEGAL E REGISTRO NO MEC. DESNECESSIDADE. CONTRATO-REALIDADE. ENQUADRAMENTO COMO PROFESSORA. HORAS EXTRAS DEVIDAS. Nos termos da jurisprudência prevalecente nesta Corte superior, independentemente da existência de registro profissional no MEC, caracterizado o exercício da atividade de professor, a essa categoria profissional se enquadra o trabalhador, em respeito ao princípio da primazia da realidade que vigora no Direito do Trabalho (precedentes). Verifica-se que a decisão regional, quanto ao enquadramento da autora na função de

12. DE LA CUEVA, Mario. *Derecho mexicano del trabajo*. México: Porrua Hnos, 1943. *passim*.

professora para fins de deferimento das horas extras pleiteadas, em respeito ao princípio da primazia da realidade, está em conflito com a jurisprudência atual e iterativa desta Corte superior, pois foi amparada no fato de a reclamante não possuir registro no MEC para o exercício do magistério. Recurso de revista conhecido e provido (TST-ARR 109243120155030036, Rel. Min. José Roberto Freire Pimenta, 2ª T., *DEJT* 21.09.2018).

RECURSO DE REVISTA. PROFISSIONAL DE EDUCAÇÃO FÍSICA. DESVIRTUAMENTO DE CONTRATO DE ESTÁGIO. RECONHECIMENTO DE VÍNCULO EMPREGATÍCIO. VEDAÇÃO LEGAL. CONTRATO-REALIDADE. Independentemente do título sob o qual o profissional foi contratado, é a realidade do contrato de trabalho que define a função do Profissional de Educação Física. É sabido que o contrato de trabalho é um contrato-realidade, e portanto é a execução cotidiana das funções, objetivamente realizadas, durante o curso da relação de trabalho que determina qual a função exercida pelo empregado (e que determina a realidade do contrato), conforme disposto no já mencionado artigo 3º da CLT. Sendo assim, em havendo divergência entre o trabalho realizado pelo empregado e a dos termos firmados no contrato de trabalho (estágio), prevalece o primado da realidade sobre o pactuado. A regra é corolário da realidade que permeia o contrato de trabalho em sua execução, ou seja, do primado da substância sobre a forma. Assim, não pode o empregador que se utiliza de estagiário como se profissional e empregado seu fosse, desvirtuando o contrato formal, se socorrer no óbice legal que visa justamente coibir sua conduta. Certo é que a lei obstaculiza o exercício das atividades de Educação Física ao trabalhador não registrado no conselho profissional; no entanto, tal óbice não veda o cumprimento das obrigações trabalhistas por aquele que empregou trabalhador em tais funções. Recurso de Revista conhecido e provido (TST-RR 94915.2011.5.02.0242 – Rel. Min. Aloysio Corrêa da Veiga – 6ª T. – *DEJT* 06.12.2013).

1.3. Teoria eclética

Délio Maranhão e Arnaldo Süssekind (este com a autoridade de um dos idealizadores da CLT) lecionam que o direito pátrio adotou as duas correntes (contratualista e anticontratualista), como se infere dos arts. 2º (que considera o empregador a empresa), 442 (que define o contrato de trabalho como o acordo correspondente à relação de emprego) e 444 (que permite a autonomia da vontade para estipular condições mais vantajosas que a lei) da CLT[13].

13. SÜSSEKIND, Arnaldo; MARANHÃO, Délio; VIANNA, Segadas. *Instituições de direito do trabalho*. 12. ed. São Paulo: LTr, 1991, *passim*.

1.4. Nossa posição

Estamos, contudo, com Amauri Mascaro Nascimento, Orlando Gomes, Evaristo de Moraes Filho, Elson Gottschalk, Maurício Godinho Delgado, Alice Monteiro de Barros e outros, no sentido de que a relação de emprego possui natureza jurídica contratual, pois emerge da manifestação livre da vontade das partes.

É, pois, o contrato de trabalho um negócio jurídico que cria a relação de emprego, como veremos na próxima epígrafe. Por ser negócio jurídico especial, o contrato de trabalho tem por antecessor histórico o contrato de locação de serviços previsto no Código Civil de 1916 (art. 1.216) e, atualmente, contrato de prestação de serviços (Código Civil de 2002, art. 593). É dizer, por ter o Direito do Trabalho se desgarrado do Direito Civil, o contrato de trabalho também se desgarrou do contrato de locação (prestação) de serviços. Mas é preciso lembrar que tanto o Direito Civil quanto o Direito do Trabalho integram o chamado Direito Privado (*vide* Título I, Capítulo I, item 6).

Assim, podemos dizer que o contrato de trabalho é o núcleo essencial do direito do trabalho em torno do qual gravitam os demais institutos deste ramo especial da ciência do direito. Por isso, sustentamos a natureza privatística do direito do trabalho, não obstante reconheçamos o **dirigismo contratual**, ou seja, a forte intervenção do Estado na elaboração e fiscalização do cumprimento das normas justrabalhistas, e a tendência de publicização do Direito em virtude do fenômeno da constitucionalização que alcança todas as ramificações do Direito.

O fato de o direito do trabalho possuir enorme gama de normas de ordem pública (dirigismo contratual) e a CLT (arts. 442 e 443) permitir o contrato de trabalho tácito não afastam a essência de negócio jurídico alusivo ao vínculo existente entre empregado e empregador, na medida em que ninguém será empregado de outrem se assim não o desejar.

A razão é simples: nas sociedades democráticas a liberdade de trabalho é um direito humano e fundamental, sendo ilícito o trabalho forçado ou sob regime de escravidão. Há, portanto, entre empregado e empregador um *contrato*, fruto da liberdade inerente à condição humana, ainda que, via de regra, *de adesão*, como veremos mais adiante.

Afinal, se o trabalho é um direito fundamental social em nosso sistema constitucional (CF, art. 6º), então o contrato de trabalho é um dos instrumentos reconhecidos pela ordem jurídica para a sua efetivação.

2. CONTRATO DE TRABALHO E RELAÇÃO DE EMPREGO

Há distinção entre contrato de trabalho e relação de emprego?

A expressão "*relação de emprego*" foi adotada no Brasil por Hirosê Pimpão[14], no sentido de ser aquela que resulta de um contrato, distinguindo-a da simples relação de trabalho, que não resulta de contrato.

Délio Maranhão, dissentindo do referido autor, propõe a seguinte distinção terminológica:

> relação jurídica de trabalho é a que resulta de um contrato de trabalho, denominando-se de *relação de emprego quando se trata de um contrato de trabalho subordinado*. Quando não haja contrato, teremos uma simples relação de trabalho (de fato). Partindo dessa distinção, aceitamos a afirmação de Hirosê Pimpão, de que sem contrato de trabalho – entenda-se *stricto sensu* – não há relação de emprego. Pode haver...relação de trabalho[15].

Amauri Mascaro Nascimento leciona que relação de emprego é utilizada para denominar, também, relação de trabalho, contrato de trabalho, contrato de emprego etc. Prefere, contudo, a expressão contrato individual de trabalho, por ser esta, acolhida pela maioria dos autores[16], advertindo: "Não há uma separação, uma autonomia absoluta entre contrato e relação de emprego, como se fossem duas realidades distintas no plano jurídico e nem a doutrina alemã relacionista pode servir de base para tal conclusão"[17].

Prosseguindo, ensina: "*a tendência que se observa nessas manifestações caracteriza-se pela harmonização entre duas figuras e não pela sua dissolução como se pensava antes, ambas coexistindo como aspectos de uma mesma realidade, daí justificar-se a afirmação de Catharino: o contrato de emprego é um complexo autônomo-heterônomo*"[18].

E arremata com precisão:

> o conceito de relação jurídica, cujo desenvolvimento é atribuído a Savigny, confirma a tese de que não dissocia contrato e relação de emprego (...) o vínculo de emprego é uma relação jurídica (aspecto sócio-normativo) de natureza contratual, pela forma de sua constituição, pelo modo de seu desenvolvimento, neste reduzindo-se muito a liberdade das partes, e pelas características de sua desconstituição. *O Contrato é a fonte que instaura o vínculo, mas que pode também determinar alguns dos seus efeitos. A relação*

14. PIMPÃO, Hirosê. *Das relações de emprego no direito do trabalho*. 2. ed. Rio de Janeiro: José Konfino, 1960, p. 13.
15. SÜSSEKIND, Arnaldo; MARANHÃO, Délio; VIANNA, Segadas; TEIXEIRA, Lima. *Instituições de direito do trabalho*. 22. ed. São Paulo: LTr, 2005, p. 235.
16. *Curso de direito do trabalho*. 10. ed., p. 269.
17. *Op. cit.*, p. 295.
18. *Ibidem*.

> *de emprego é a relação social e que se transforma em jurídica porque disciplinada pelo direito. A vontade, manifestada de modo escrito, verbal ou meramente tácito, está sempre presente na base de toda relação jurídica entre empregado e empregador*[19]. (grifos nossos)

Para Mario De La Cueva, o contrato é o acordo de vontades, e a relação de emprego é o conjunto de direitos e obrigações que se revelam e se desenvolvem na dinâmica do vínculo, daí usar a expressão *contrato-realidade*. Aqui, o contrato seria a *fonte* e a relação, o *efeito* que se apresenta com a prestação efetiva do serviço.

Evaristo de Moraes Filho acompanha De La Cueva, embora criticando a expressão contrato-realidade. Não obstante, salienta que,

> na prática, a relação de trabalho nada mais é do que a própria execução, a realização do contrato em suas manifestações concretas e reais. Mesmo no caso de manutenção da relação, contra a vontade de uma das partes (sucessão, reintegração), houve prévio contrato ou consentimento anterior. Presume-se sempre um contrato tácito na menor das prestações efetivas de trabalho, com o revestimento do *status* empregatício e o desencadeamento das fontes normativas protetoras. Cabe, no entanto, ser abandonado o unilateralismo das teorias relacionistas que negam a existência do contrato ou os efeitos decorrentes sem o efetivo início da sua realização[20].

Octavio Bueno Magano[21] utiliza a expressão "relação de trabalho", em vez de "relação de emprego", dizendo que tal relação é de natureza contratual. O art. 442 consolidado, todavia, ao dispor que "contrato individual de trabalho é o acordo tácito ou expresso, correspondente à relação de emprego", parece distinguir uma figura da outra.

Orlando Gomes e Elson Gottschalk, ao comentarem o art. 442 da CLT, afirmam que o

> conceito formulado neste artigo é tecnicamente insustentável. Dizer que contrato corresponde à relação jurídica que o informa importa redundância. Todo contrato é o aspecto subjetivo da relação, com ela se confundindo, consequentemente. A dissociação entre as duas ideias é uma pura abstração do espírito. Portanto, a correspondência é logicamente necessária, tendo sido redundantemente salientada pelo legislador. Com efeito, se a existência da relação de emprego implica, *ipso facto*, na presença do contrato de trabalho, toda relação dessa natureza é, inevitavelmente contratual, uma não podendo subsistir sem o outro. Esta presunção não

19. *Ibidem*, p. 299.
20. *Op. cit.*, p. 275.
21. MAGANO, Octavio Bueno. *Manual de direito do trabalho*. 3. ed. São Paulo: LTr, 1992, p. 22-29.

carecia de ser explícita, num país em que há liberdade de trabalho. Toda relação jurídica de natureza pessoal nasce de um ato jurídico. Não basta a existência de dois sujeitos de direito e de um objeto para que uma relação de direito se forme. Mister se faz que os sujeitos se vinculem juridicamente; que, por outras palavras, se liguem por um negócio jurídico. Em suma, a relação jurídica só se concretiza sob o impulso de um fato jurídico. No direito obrigacional, esse fato é o acordo de vontades, entre dois sujeitos de direito. Normalmente, esse acordo de vontades é um contrato que, como ato jurídico propulsor da relação, a precede, nenhum se travando sem que tenha havido o concurso de vontades. Também na relação de emprego, o ato que lhe dá nascimento é o contrato. Por consequência, decorre aquela deste. Se assim é, o contrato não é propriamente o acordo correspondente à relação de emprego, porque esta é que deriva daquele[22].

De tal arte, desvendar a essência do elo existente entre contrato de trabalho e relação de emprego está a depender da corrente a que se filia o intérprete. Se anticontratualista, dirá que a relação de emprego é que instaura o vínculo entre empregado e empregador. Se contratualista, como nós, sustentará que o contrato é que dá origem à relação empregatícia.

3. CARACTERIZAÇÃO DA RELAÇÃO DE EMPREGO

3.1. Importância do assunto

Embora despicienda, como vimos na epígrafe anterior, a distinção entre contrato de trabalho e relação de emprego, é de extrema importância para a ciência jurídica laboral estabelecer-se a diferença entre relação de trabalho e relação de emprego, pois, como ensina Francisco Meton Marques de Lima, "a caracterização da relação de emprego assume importância exatamente para distinção das demais relações de trabalho que reúnem elementos comuns com o emprego. A sociedade moderna fabrica todo dia relações diferentes visando a descaracterizar o emprego"[23].

E prossegue: "Aparentam com o emprego celetista os contratos de empreitada em que o empreiteiro é o artífice; o trabalho autônomo; o avulso; o eventual; o doméstico. E vem surgindo o contrato de representação (muito parecido com o de empregado viajante); relação trabalhista travestida de relação amorosa (ainda existem os João Romão!)"[24].

22. *Curso de direito do trabalho*. 4. ed. Rio de Janeiro: Forense, 1995, p. 119 – sem ênfase no original.
23. *Elementos de direito do trabalho e processo trabalhista*. 6. ed. São Paulo: LTr, 1994, p. 59.
24. *Ibidem*, p. 59.

Amauri Mascaro Nascimento[25], com razão, ressalta o relevante papel do contrato de trabalho numa sociedade pluralista e democrática, uma vez que constitui:

- base jurídica entre empregados e empregadores;
- meio de preservação da dignidade humana;
- meio de afirmação da vontade individual;
- instrumento de preservação da ordem social;
- integração da ordem jurídica.

Para nós, a simples leitura do art. 114 da CF/88 (mesmo antes da EC 45/04) já autorizava a ilação de que o nosso ordenamento jurídico optou por fazer distinção entre *relação de emprego* e *relação de trabalho*. A primeira, é a que poderá implicar o surgimento do dissídio, ou melhor, da lide individual entre "trabalhador" e empregador. A segunda, diz respeito a qualquer outro tipo de relação jurídica, exceto a de emprego, cuja controvérsia, por força da EC 45/04 (que deu nova redação ao art. 114 da CF), também passou a ser da competência da Justiça do Trabalho.

A relação de trabalho, então, seria *gênero*, e a relação de emprego, *espécie*.

Relação de trabalho diz respeito, repise-se, a toda e qualquer atividade humana em que haja prestação de trabalho, podendo a lei fixar a competência da Justiça do Trabalho para dirimir os conflitos dela emergentes (CF, art. 114), bem como estender alguns direitos trabalhistas próprios dos empregados aos sujeitos figurantes deste tipo de relação jurídica, tal como ocorre na hipótese do trabalhador avulso (CF, art. 7º, XXXIV).

A expressão relação de trabalho está prevista expressamente no novel art. 114 da CF (com redação dada pela EC 45/04), incs. I, VI, VII e IX, segundo os quais, compete à Justiça do Trabalho processar e julgar:

> I – as ações oriundas da *relação de trabalho*, abrangidos os entes de direito público externo e da administração pública direta e indireta da União, dos Estados, do Distrito Federal e dos Municípios;
>
> (...) VI – as ações de indenização por dano moral ou patrimonial, decorrentes da *relação de trabalho*;
>
> (...) VII – as ações relativas às penalidades administrativas impostas aos empregadores pelos órgãos de fiscalização das *relações de trabalho;*
>
> (...) IX – outras controvérsias decorrentes da *relação de trabalho*, na forma da lei.

25. *Curso de direito do trabalho*, p. 256-267.

Já a *relação de emprego* ocupa-se de um tipo específico da atividade humana: o trabalho subordinado, prestado por um tipo especial de trabalhador, que é o empregado. Aqui, o que importa é a relação jurídica existente entre o empregado e o empregador (mesmo quando este seja pessoa de direito público interno ou externo), para efeito de aplicação do direito do trabalho.

O termo relação de emprego também consta expressamente da Constituição Federal (art. 7º, I). Daí a importância da distinção não apenas para o direito do trabalho, como também para o próprio direito constitucional.

3.2. Critérios distintivos da relação empregatícia

Os critérios para a caracterização da relação de emprego passam necessariamente pela revelação dos conceitos de empregado e empregador, o que faremos, com mais vagar, nos próximos capítulos.

É bem de ver que os arts. 2º e 3º da CLT fornecem os seguintes critérios (ou elementos essenciais) para a caracterização da relação de emprego: pessoalidade, não eventualidade, subordinação hierárquica ou jurídica e onerosidade.

Destaca-se, desde logo, que a existência da relação empregatícia exige a presença conjunta de todos os elementos essenciais. A ausência de pelo menos um deles descaracteriza a relação empregatícia. Nesse sentido:

> *Manicure – Relação de emprego – Configuração* – A relação de trabalho que envolve a profissional manicure, ou equivalente, e o proprietário do salão de beleza sempre apresenta dificuldades ao julgador na definição da existência ou não do liame empregatício. Trata-se de questão espinhosa, que se resolve por uma casuística variada e complexa, não raro contemplando soluções diametralmente opostas, conforme as particularidades de cada caso. Impõe-se perscrutar a existência dos elementos configuradores da relação de emprego, quais sejam: a pessoalidade, a continuidade, a onerosidade e a subordinação. Nos casos envolvendo tais profissionais, todos esses elementos podem apresentar variações importantes. Se conduzia e explorava seu próprio negócio nas dependências da reclamada, dando sentido à atividade econômica e assumindo riscos a ela inerentes, mediante a retenção de valores recebidos, parceria induvidosamente vantajosa, inexistente requisito essencial da relação empregatícia que é labor mediante subordinação (TRT 2ª R. – RO 1000969-93.2017.5.02.0204 – 14ª T. – rel. Des. Davi Furtado Meirelles – *DEJTSP* 14-6-2018).

> *Agravo de instrumento em recurso de revista regido pela Lei 13.015/2014. Reconhecimento de vínculo empregatício. Requisitos dos artigos 2º e 3º da CLT. Comprovação. Matéria fática. Óbice da Súmula 126 TST*. Situação em que o Tribunal Regional, após detido

exame do acervo probatório apresentado, concluiu pela presença dos requisitos caracterizadores da relação de emprego. Destacou a existência de subordinação jurídica, consubstanciada na exigência de metas e no dever de observância às orientações passadas pelo supervisor-coordenador da Reclamada. Ressaltou que o Reclamante não atuava como advogado associado, porquanto não participava das decisões envolvendo a administração e a gestão do escritório, sendo certo que desempenhava funções corriqueiras, como o acompanhamento de processos, a elaboração de peças processuais e a participação em audiências e em acordos judiciais. Nesse contexto, a alteração das conclusões da Corte de origem, com o consequente reconhecimento da atuação do Reclamante como sócio, demandaria do conjunto fático-probatório, expediente vedado nesta instância extraordinária (Súmula 126/TST). Agravo de instrumento não provido (TST-AIRR 674-58.2014.5.02.0049 – Rel. Min. Douglas Alencar Rodrigues – 7ª T. – *DEJT* 4-8-2017).

Relação de emprego versus *representação comercial*. O contrato de trabalho ostenta elementos essenciais comuns ao contrato de representação comercial, a saber: a) a pessoalidade; b) a não eventualidade da prestação do trabalho; c) o caráter oneroso dessa oferta. A distinção fundamental entre contrato de trabalho, aquele que faz nascer o vendedor empregado, e a representação comercial que encorpa o mesmo prestador, mas como vendedor autônomo, reside básica, efetiva e realmente, na subordinação jurídica, ínsita ao primeiro, em contraposição à autonomia da prestação de serviço no segundo. Comprovado nos autos que na relação havida estava ausente tal requisito, não há que se falar no reconhecimento do vínculo empregatício entre as partes (TRT 3ª R. – RO 0010191-94-2016-5.03.0015 – Des. Maria Cristina Diniz Caixeta – *DJEMG* 19-6-2018).

Faremos agora um breve passeio pelos elementos caracterizadores da relação empregatícia, lembrando ao leitor que retornaremos ao assunto nos Capítulos II (item 2) e III (item 1) deste Título.

3.2.1. *Pessoalidade*

O contrato de trabalho é, via de regra, *intuitu personae* com relação ao empregado, que é sempre *pessoa física*. Desse modo, presentes os demais requisitos da relação empregatícia, mas ausente a pessoalidade do empregado na prestação de serviços, não há como ser reconhecido o vínculo de emprego. Nesse sentido:

RELAÇÃO DE EMPREGO – AUSÊNCIA DE PESSOALIDADE – MANUTENÇÃO DA SENTENÇA. Ausente o requisito da pessoalidade na relação estabelecida entre o reclamante e a reclamada não há como acolher o pedido de reconhecimento de vínculo empre-

> gatício. Sentença que merece confirmação (TRT 20ª R., RO 00007596120175200009, Rel. Des. Maria das Gracas Monteiro Melo, *DEJT* 28.02.2018).
>
> RECURSO ORDINÁRIO. RELAÇÃO DE EMPREGO. POLICIAL MILITAR. AUSÊNCIA DE PESSOALIDADE. Não se há de falar em vínculo de emprego quando ausente o pressuposto pessoalidade relativamente ao prestador dos serviços (TRT 1ª R., RO 00104757920145010322, 7ª T., *DEJT* 24.05.2016).

Embora o empregado deva prestar pessoalmente o serviço, há casos em que a pessoalidade não é afastada quando o empregador, tácita ou expressamente, admite substituição do prestador do trabalho ou a substituição entre colegas da mesma empresa. Nesse sentido:

> RELAÇÃO DE EMPREGO. PESSOALIDADE. Não afasta a pessoalidade própria da relação de emprego a circunstância da empresa tolerar ausências, indicando pessoa da equipe para substituir a empregada faltosa. E assim é porque não cabia à trabalhadora eleger profissional de sua escolha para substituí-la, ficando a cargo da ré designar outro integrante da equipe para fazê-lo. Trata-se, portanto, de substituição entre colegas, circunstância que não descaracteriza a pessoalidade. O caráter personalíssimo da relação de emprego não deriva da infungibilidade da prestação de serviços e, sim, do fato de o empregado colocar à disposição do empregador sua energia psicofísica. Dentro da organização empresarial existem funções que exigem qualificações relativamente homogêneas de modo a permitir a substituição de um trabalhador por outro. Por isso mesmo o caráter *intuitu personae* da prestação de serviços admite temporárias ou particulares exceções nas hipóteses de interrupção ou suspensão do contrato (TRT 3ª R., RO 0001262-16.2013.5.03.0003, Rel. Des. Cristiana M.Valadares Fenelon, 7ª T., *DEJT* 01.04.2016).

Não há, porém, pessoalidade em relação ao empregador (CLT, arts. 10 e 448), que pode ser pessoa física ou jurídica ou, ainda, ente despersonalizado, como a massa falida , uma vez que a mudança da propriedade da empresa (sucessão empresarial) não descaracteriza, em princípio, a relação empregatícia[26].

3.2.2. *Não eventualidade (ou ineventualidade)*

O contrato de trabalho exige uma prestação de serviço de forma habitual, constante e regular, levando-se em conta um espaço de tempo ou uma tarefa a ser cumprida. Assim, o trabalho eventual, esporádico, a princípio, não tipifica uma relação em-

26. Sobre pessoalidade, *vide* Cap. II, item 2 deste Título.

pregatícia. Geralmente, o critério da não eventualidade é extraído a partir da identificação do trabalho realizado pelo trabalhador e atividade econômica desenvolvida pela empresa[27].

Ouçamos a jurisprudência:

> RELAÇÃO DE EMPREGO. PRESTAÇÃO DE SERVIÇOS DUAS A TRÊS VEZES NA SEMANA. AUXILIAR DE LIMPEZA. VÍNCULO RECONHECIDO. A prestação de serviço duas ou três vezes na semana, por mais de dois anos consecutivos, é suficiente para caracterizar o trabalho não eventual, nos termos do art. 3º, *caput*, da CLT. Isso porque, de acordo com a teoria dos fins do empreendimento, trabalhador eventual é aquele que realiza tarefa não inserida nos fins normais da empresa, esporádicas, de estrita duração, de modo que a aferição da natureza eventual dos serviços prestados há de ser feita tendo em vista os fins normais da empresa (MARANHÃO, Délio, *Direito do Trabalho*, 14ª ed., Rio de Janeiro: Fundação Getúlio Vargas, 1987, p. 49-50). No caso, o serviço de limpeza se insere nas atividades normais e cotidianas da reclamada, empresa que atua no mercado de revestimento em couro de estofados automotivos, não podendo ser considerado esporádico, ainda mais prestado duas a três vezes na semana, por mais de dois anos seguidos. Presentes os demais requisitos do art. 3º da CLT, deve ser reconhecido o vínculo empregatício existente entre as partes (TRT 2ª R., RO 00009740920135020064, Rel. Des. Manoel Ariano, 14ª T., *DEJT* 01.08.2014).
>
> EMENTA RECURSO ORDINÁRIO. RELAÇÃO DE EMPREGO. INEXISTÊNCIA. No caso, não existiu relação de emprego entre as partes litigantes, uma vez que a reclamante era trabalhadora eventual, conforme a tese da defesa, pois laborava apenas nas folgas da balconista em 2 (dois) dias por semana. Sentença que se reforma (TRT 19ª R., RO 0000477-47.2017.5.19.0010, Rel. Des. Eliane Arôxa, *DEJT* 17.05.2018).

3.2.3. Subordinação hierárquica ou jurídica

Há quem sustente que a subordinação decorre da situação de "dependência" (CLT, art. 3º) do empregado em relação ao empregador. Todavia, parece-nos que o empregado não é "dependente" do empregador, e sim, a sua atividade laboral (física, mental ou intelectual) é que fica num estado de sujeição ao poder (diretivo, regulamentar e disciplinar) do empregador, sendo que este critério é, para a maioria dos doutrinadores, o mais relevante, dentre os demais, para caracterizar a relação empregatícia[28]. Nesse sentido, colhem-se alguns verbetes jurisprudenciais:

---

27. Sobre não eventualidade, *vide* Cap. II, item 2 deste Título.
28. Sobre subordinação jurídica, *vide* Cap. II, item 2 deste Título.

CONTRATO DE FRANQUIA. EXISTÊNCIA DE SUBORDINAÇÃO JURÍDICA. RELAÇÃO DE EMPREGO CONFIGURADA. Prevalece no Direito do Trabalho o princípio da primazia da realidade, pelo qual as relações jurídicas são definidas e conceituadas pelo seu conteúdo real, sendo irrelevante a denominação ou a roupagem que lhes foi atribuída pelas partes. Neste norte, oferecida a mão de obra sob fiscalização e controle da reclamada, para prestação de serviços na sua atividade-fim, escorreita a decisão de origem que reconheceu o vínculo de emprego entre as partes. Recurso empresário desprovido ao enfoque (TRT 3ª R., RO 0012036-74.2016.5.03.0044, Rel. Des. Julio Bernardo do Carmo, 5ª T., *DEJT* 08.07.2019).

RELAÇÃO DE EMPREGO. ELEMENTOS CONSTITUTIVOS – SUBORDINAÇÃO JURÍDICA NÃO CARACTERIZADA – Em se tratando da relação jurídica de emprego, é imprescindível a conjugação dos elementos fáticos-jurídicos: pessoalidade do prestador de serviços; trabalho não eventual; onerosidade da prestação; e subordinação jurídica. Portanto, apenas o somatório desses requisitos é que representará o fato constitutivo complexo do vínculo de emprego, que deve ser provado por quem invoca o direito. Não caracterizada a subordinação jurídica na hipótese em exame, não há como reconhecer o liame empregatício (TRT 3ª R., RO 0011638-18.2017.5.03.0069, Rel. Juiz Conv. Alexandre Wagner de Morais Albuquerque, 9ª T., *DEJT* 16.07.2019).

3.2.4. Onerosidade

O empregado tem que receber remuneração, seja salário fixo, comissões ou utilidades, cujo pagamento pode ser estabelecido por dia, hora ou mês. O trabalho prestado a título gratuito, voluntário[29], por caridade, não é protegido pelo direito do trabalho. Uma advertência: o fato de o salário não ser pago não desfigura a relação de emprego, pois pode caracterizar mora salarial do empregador. Nesse sentido:

RECONHECIMENTO DE VÍNCULO EMPREGATÍCIO. REQUISITOS DO CONTRATO DE TRABALHO. PRESTAÇÃO DE SERVIÇOS COMO BOLSISTA. INEXISTÊNCIA DE ONEROSIDADE. NÃO CONFIGURAÇÃO DA RELAÇÃO DE EMPREGO. Ao afirmar, na inicial, que era empregada do reclamado, deve a reclamante produzir prova do fato constitutivo de seu direito, isto é, demonstrar a existência dos requisitos caracterizadores da relação empregatícia, constantes do artigo 2º e 3º da CLT, quais sejam: a prestação de serviços por pessoa física, com pessoalidade, de forma não eventual, subordinada e com onerosidade. A prestação de serviço como bolsista, sem percepção de remuneração, descaracteriza a relação de emprego, uma vez que o salá-

29. *Vide* art. 1º da Lei 9.608/1998, com redação dada pela Lei 13.297/16.06.2016.

rio constitui elemento indispensável para a configuração do contrato de trabalho. Recurso ordinário a que se dá parcial provimento (TRT 13ª R., RO 0186800-22.2013.5.13.0026, 1ª T., Rel. Juíza conv. Margarida Alves de Araújo Silva, *DEJT* 13.08.2015).

PASTOR RELIGIOSO. OFÍCIO DE CARÁTER ESPIRITUAL. RELAÇÃO DE EMPREGO INEXISTENTE. Em confessando os reclamantes que desempenharam na reclamada as funções de Pastor por motivação religiosa e não no intento de meramente locar a força de trabalho em troca de uma contraprestação pecuniária, descabe falar em relação de emprego. Recurso a que se nega provimento (TRT 7ª R., RO 00020622520165070004, Rel. Des. Clóvis Valença Alves Filho, *DEJT* 25.10.2018).

3.2.5. *Outros elementos*

Convém ressalvar que, além dos elementos essenciais supracitados, a doutrina vem apresentando mais dois elementos para a caracterização da relação empregatícia. Diríamos que esses novos elementos seriam acidentais e não essenciais, mas podem ser grandes aliados do intérprete em algumas situações em que haja dificuldades em se tipificar a relação empregatícia.

Assim, um quinto elemento, de natureza subjetiva, seria a *intencionalidade* (também denominada de profissionalidade), porquanto, assevera José de Ribamar da Costa, inspirado em Cabanellas, "para que exista um contrato de trabalho, é necessário que a pessoa tenha ânimo de prestar serviços sob a forma de empregado. É o elemento subjetivo do contrato"[30].

Assim, em algumas hipóteses é preciso verificar se existe o *animus contrahendi*, isto é, a intenção de contratar. Nesse sentido:

PASTOR. NATUREZA JURÍDICA DO TRABALHO RELIGIOSO. AUSÊNCIA DO *ANIMUS CONTRAHENDI*. INEXISTÊNCIA DO VÍNCULO DE EMPREGO. Demonstrada a ausência do *animus contrahendi*, ou seja, a intenção do prestador de se vincular empregaticiamente, não há falar em relação de emprego entre o pastor e a instituição religiosa, vez que o vínculo que une o pastor à sua igreja é de natureza religiosa e vocacional (TRT 17ª R., RO 00008107120175170004, Rel. Des. Wanda Lúcia Costa Leite França Decuzzi, *DEJT* 05.11.2018).

Um sexto elemento que vem despontando na doutrina e jurisprudência pátria é a *ajenidad*. Trata-se, segundo Luciano Viveiros,

30. *Noções de direito do trabalho*. 6. ed. São Paulo: LTr, 1993, p. 28.

de um conceito oriundo da doutrina estrangeira, assim preconizada pelo mestre Manuel Alonso Olea, jurista espanhol. A *ajenidad* seria oposta ao conceito de trabalho autônomo ou por conta própria. Refere-se à atribuição inicial e direta dos frutos do trabalho, compreendendo-se "todo resultado do trabalho produtivo do homem, intelectual ou manual, valioso por si mesmo ou associado ao de outros, quer consista em um bem, quer em um serviço". A *ajenidad* pode ser entendida como "a utilidade patrimonial do trabalho". Explica Olea que se utiliza de um sentido jurídico estrito e bem perto da 'alineação', com a distinção de que esta é pertinente a aquisições derivativas, enquanto aquela se refere a aquisições originárias, resultantes do trabalho para o alheio. O pensador e filósofo alemão Karl Marx, em seu livro "*O Capital*", falava sobre a existência da "mais-valia". Com ressalvas, a ideia e a interpretação do conceito prescrito naquela obra estariam bem próximas de um plus que, extraído do resultado da produção das empresas, se incorporaria ao patrimônio dos trabalhadores – por via indireta – num regime onde as empresas fossem todas públicas. Na verdade, aquelas vantagens próprias auferidas pelas empresas não serviriam apenas para atender aos seus próprios desembolsos como encargos sociais, tributos, despesas operacionais bem como o lucro, que não se reverteria a um só e único proprietário. Destinar-se-ia uma parcela aos próprios trabalhadores, indiretamente, na forma de educação, saúde, saneamento básico, habitação e demais atribuições sociais que arrefeceriam o patrimônio do povo. Com base na ideia da "mais-valia", Olea deve ter se inspirado para encontrar na *ajenidad* uma característica de vínculo de emprego[31].

José Augusto Rodrigues Pinto[32] refere o termo "alteridade" em lugar de *ajenidad*. Para esse notável autor baiano, invocando as lições de Manuel Alonso Olea, a alteridade consiste em "ser sempre o trabalho do empregado prestado em benefício de outrem, no caso, o empregador"[33].

Há, na verdade, como bem destacam Marcus Menezes Barberino Mendes e José Eduardo de Resende Chaves Júnior, na doutrina espanhola três correntes a respeito da *ajenidad* (ou alienidade):

> A primeira e mais tradicional, é a de Olea, em que a *alienidade* é encarada a partir da alienação dos frutos do trabalho (*ajenidad en los frutos*). Uma segunda, na qual a alienidade é aferida em função da não assunção dos riscos da atividade econômica, defendida por Bayón Chacón e Perez Botija (*ajenidad en los riscos*) e uma terceira, da alienidade

31. *Direito do Trabalho*: conflitos, soluções e perspectivas. Rio de Janeiro: Trabalhistas, 1996, p. 23-24.
32. PINTO, José Augusto Rodrigues. *Tratado de direito material do trabalho*. São Paulo: LTr, 2007, p. 122.
33. *Ibidem*, p. 122.

em razão da desvinculação da pessoa do trabalhador da utilidade patrimonial do trabalho (*ajenidad en la utilidad patrimonial*), apresentada por Montoya Melgar...[34].

Sustentam esses dois autores que, nesse momento histórico da reorganização produtiva,

> consagrar a centralidade do conceito de alienidade no direito do trabalho é fundamental para desenvolver uma exegese sistemática e estável – conceitos muito caros aos sistema capitalista, inclusive – da relação de emprego. A ideia mais tradicional de subordinação, descolada dessa perspectiva de alheamento, muitas vezes torna a subordinação, ela própria – ainda que aparentemente, apenas – suscetível a desvirtuamentos conceituais, principalmente em face da crescente concepção do trabalhador (supostamente) autônomo, mas econômica e habitualmente dependente de uma mesma rede produtiva[35].

Ouçamos a jurisprudência:

> VÍNCULO EMPREGATÍCIO. AUSÊNCIA DE ELEMENTOS CARACTERIZADORES DA RELAÇÃO DE EMPREGO. FASE PRÉ-CONTRATUAL. Uma vez ausentes elementos essenciais à caracterização do contrato de emprego, como a prestação de serviços habitual e pessoal, a subordinação, a contraprestação pecuniária (remuneração) e a *ajenidad*, e comprovado que a tratativa não ultrapassou a fase pré-contratual, não há falar em vínculo empregatício (TRT 17ª R., RO 0000254-59.2014.5.17.0009, Rel. Desembargador Marcello Maciel Mancilha, *DEJT* 08.04.2015).

3.3. A parassubordinação jurídica e o direito do trabalho em crise

As transformações econômicas, políticas e sociais ocorrentes no mundo em geral e em particular no Brasil vêm despertando profundas reflexões em torno da velha dicotomia subordinação/autonomia.

Com efeito, as novas formas de relações de trabalho, resultantes do uso intenso e sofisticado da moderna tecnologia, como o trabalho a distância (via *e-mail* e *internet*), vêm tornando dificultosa a identificação da subordinação, pelo menos como elemento essencial tradicional da caracterização da relação empregatícia.

34. MENDES, Marcus Menezes Barberino; CHAVES JÚNIOR, José Eduardo de Resende. Subordinação estrutural-reticular. Uma perspectiva sobre a segurança jurídica. *Jus Navigandi*. Teresina, a. 13, n. 2005, 27 dez. 2008. Disponível em: <http://jus2.uol.com.br/doutrina/texto.asp?id=12126>. Acesso em: 29 ago. 2010.

35. *Ibidem*, mesmo *site*.

Com razão, nesse passo, Luiz Carlos Amorim Robortella, quando obtempera que o "trabalho subordinado está se revelando insuficiente para funcionar como centro de gravidade do direito do trabalho"[36].

De tal arte, se o direito do trabalho continuar se preocupando apenas com o dogma da subordinação, há uma tendência no sentido de que diminuirá drasticamente o seu campo de atuação, com o risco acentuado de vir a desaparecer no cenário das ciências jurídicas.

Surge, então, a necessidade de se adaptar o objeto do direito do trabalho às novas formas de relações de trabalho, de modo a que possa ocupar-se, além da tradicional relação de emprego, do trabalho avulso, do trabalho eventual, do trabalho autônomo, do trabalho precário, cada vez mais comuns nas novas técnicas de produção e no novo mercado de trabalho.

Propõe, assim, Luiz Carlos Amorim Robortella, ancorado na doutrina alienígena[37], que

> o direito do trabalho deve evoluir para uma forma de graduação da tutela, conforme os níveis diversos de subordinação e dependência, que legitimam um tratamento diferenciado, como se vê exposto na obra de Giugni, Ghezzi, Rodriguez-Pinero e Romagnoli. Reconhecem esses autores – prossegue Robortella –, do ponto de vista sociológico, a importante modificação na realidade do mercado de trabalho, que afasta a divisão entre trabalho subordinado regular – tendencialmente fixo – e trabalho subordinado precário, com o crescente peso das formas flexíveis de trabalho[38].

Salienta o referido autor que o critério absoluto da subordinação jurídica fez com que o direito do trabalho perdesse parte de sua racionalidade como ordenamento protetor de situações de carência econômica e debilidade contratual. Tanto é verdade que não incide sobre formas de trabalho que, embora autônomo, são caracterizadas pela dependência e fragilidade econômica de quem as exerce. Paradoxalmente, caem sob sua tutela quadros e dirigentes de empresa, onde inexiste subordinação, ou esta é quase imperceptível[39].

Na opinião de Rodriguez-Pinero, o direito do trabalho deve reduzir sua função igualitária e universalista, aceitando uma fragmentação de tipologias e níveis de garantias, porque a

36. Sujeitos da relação de emprego – empregado: espécies. *In: Manual de direito do trabalho*: estudos em homenagem ao prof. Cássio Mesquita Barros. São Paulo: LTr, 1998, p. 181.

37. GHERA, Edoardo. La cuestión de la subordinación entre modelos tradicionales y nuevas proposiciones. *"Debate Laboral"*, S. José da Costa Rica, 1989, n. 4, p. 48-54.

38. ROBORTELLA, Luiz Carlos Amorim. Sujeitos da relação de emprego – empregado: espécies. *In*: DUARTE, Bento Herculano. *Manual de direito do trabalho*: estudos em homenagem ao prof. Cássio Mesquita Barros. São Paulo: LTr, 1998, p. 181.

39. FERNANDES, Antonio Monteiro. A recente evolução do direito do trabalho em Portugal. Tendências e perspectivas. *In*: *Homenaje a M.V. Russomano*. Bogotá: Univ. Externado da Colômbia, 1985, p. 507, *apud* ROBORTELLA, *op. cit.*, p. 182.

dicotomia trabalho autônomo e trabalho subordinado gera uma diferença de tratamento radical, maniqueísta, onde as alternativas são tutela integral ou tutela nenhuma[40].

Saliente-se que as regras gerais estão se tornando mais raras e as regras particulares aparecem com maior frequência nos sistemas jurídicos, através da lei ou de convenções coletivas. É que a tendência à uniformização não conseguiu sobrepor-se aos caracteres próprios dos diversos tipos de trabalho que a cada passo vão surgindo.

Mas Robortella adverte que o "grau de proteção deve centrar-se mais na debilidade contratual do que na intensidade da subordinação; a necessidade econômica e social é que determinará maior ou menor incidência da regra tutelar, num verdadeiro reencontro do direito do trabalho com a teoria da hipossuficiência"[41].

Propõe, assim, Robortella o afastamento da subordinação jurídica e o trabalho permanente, como traços dogmaticamente essenciais da disciplina, para que se possa abrir campo à ampliação subjetiva e objetiva do direito do trabalho, que poderá abarcar eventuais, autônomos, avulsos e outros prestadores de serviço, a partir do critério da necessidade de tutela. O mercado de trabalho que lhe cabe disciplinar, estimular e reger é constituído por muitas formas de trabalho, que têm tanta necessidade e legitimidade para exigir proteção quanto a clássica relação de emprego, cada vez menos dominante.

Segundo magistral lição de Alice Monteiro de Barros,

> a contraposição trabalho subordinado e trabalho autônomo exauriu sua função histórica e os atuais fenômenos de transformação dos processos produtivos e das modalidades de atividade humana reclamam também do direito do trabalho uma resposta à evolução desta nova realidade. A doutrina mais atenta já sugere uma nova tipologia (trabalho coordenado ou trabalho parassubordinado) com tutela adequada, mas inferior àquela instituída para o trabalho subordinado e superior àquela prevista para o trabalho autônomo. Enquanto continuam as discussões sobre esse terceiro gênero, a dicotomia codicista trabalho subordinado e trabalho autônomo ainda persiste no nosso ordenamento jurídico, levando a jurisprudência a se apegar a critérios práticos para definir a relação concreta[42].

Trabalho parassubordinado, segundo Amauri Mascaro Nascimento,

> é uma categoria intermediária entre o autônomo e o subordinado, abrangendo tipos de trabalho que não se enquadram exatamente em uma das duas modalidades tradi-

40. RODRIGUEZ PINERO, Miguel. Contratación temporal y nuevas formas de empleo. "*Relaciones Laborales*". Madrid, abr. 1989, p. 2-5), *apud* ROBORTELLA, *ibidem*.

41. *Op. cit.*, p. 183.

42. BARROS, Alice Monteiro de. Relação de emprego: considerações gerais sobre o trabalho do vendedor-viajante e pracista. *Revista Síntese Trabalhista*, n. 153, p. 145 *et seq.*, mar. 2002.

cionais, entre as quais se situam, como a representação comercial, o trabalho dos profissionais liberais e outras atividades atípicas, nas quais o trabalho é prestado com pessoalidade, continuidade e coordenação. Seria a hipótese, se cabível, do trabalho autônomo com características assemelháveis ao trabalho subordinado[43].

De lege lata, porém, o ordenamento jurídico brasileiro não regula o trabalho parassubordinado. Analogicamente, poder-se-ia cogitar da pessoa física que presta serviços autônomos com pessoalidade, de forma não eventual e mediante remuneração, mas há dependência econômica sua, em relação ao tomador do seu serviço, ou seja, alguma forma de subordinação, tal como se dá, por exemplo, com o *freelancer*.

A nosso sentir, as observações doutrinárias até aqui expendidas podem adaptar-se perfeitamente ao nosso sistema, na medida em que o art. 7º da CF de 1988 não inibe o alargamento dos direitos sociais a outras espécies de trabalhadores diversos do empregado. Aliás, a proteção plena do trabalho avulso e a proteção parcial do trabalho doméstico e do servidor público apontam nessa direção expansionista.

Ademais, o art. 114 da CF, com a redação dada pela EC 45/04, abre espaço para a competência da Justiça do Trabalho não só para os litígios típicos da relação de emprego como também para dirimir outras controvérsias decorrentes da relação de trabalho. Embora tal norma constitucional trate apenas de fixação de competência, isto é, fixa critério processual para o julgamento de ações na Justiça do Trabalho, observa-se a tendência de ampliação da proteção jurídica a outros trabalhadores, além dos tradicionais empregados.

3.4. Subordinação estrutural, integrativa ou reticular

Em decorrência das alterações do modo de produção e da horizontalização da exploração das atividades econômicas, muitas empresas passaram a terceirizar suas atividades mediante contratação de outras empresas que, por sua vez, colocam seus empregados para prestarem serviços que se inserem na estrutura organizacional da empresa tomadora.

Surge, assim, a chamada "subordinação estrutural", que é uma construção doutrinária que identifica a inserção do trabalhador na dinâmica e organização da atividade econômica do tomador de seus serviços, ou seja, na sua estrutura organizacional, independentemente de receber dele ordens diretas, como uma forma de caracterização da relação empregatícia.

43. NASCIMENTO, Amauri Mascaro. *Curso de direito do trabalho*. 23. ed. São Paulo: Saraiva, 2008, p. 460.

Segundo Maurício Godinho Delgado, "estrutural é, pois, a subordinação que se manifesta pela inserção do trabalhador na dinâmica do tomador de seus serviços, independentemente de receber ou não suas ordens diretas, mas acolhendo, estruturalmente, sua dinâmica de organização e funcionamento"[44].

Além disso, o trabalhador pode prestar seus serviços tanto na atividade-fim quanto na atividade-meio do tomador e, ainda, assim, ficar vinculado à sua estrutura organizacional, o que exige a apreciação do caso concreto para que se possa reconhecer a subordinação estrutural.

Fala-se, ainda, em subordinação integrativa, porque embora formalmente a terceirização ocorra em atividade-meio da tomadora, verifica-se no caso concreto que a atividade laborativa do trabalhador integra-se aos objetivos essenciais do empreendimento.

Por outro lado, lembra Luciano Martinez que vem surgindo uma "nova forma de organização produtiva, em cuja raiz se encontra a empresa-rede (daí, por outro lado, a adjetivação 'reticular'), que se irradia por meio de um processo de expansão e fragmentação"[45].

Sobre o novo enfoque da subordinação jurídica, colacionamos o seguinte julgado:

> CONTRATO DE PRESTAÇÃO DE SERVIÇOS AUTÔNOMOS OU CONTRATO DE EMPREGO. TRAÇO DISTINTIVO. SUBORDINAÇÃO. A subordinação, como um dos elementos fático-jurídicos da relação empregatícia, é, simultaneamente, um estado e uma relação. Subordinação é a sujeição, é a dependência que alguém se encontra frente a outrem. Estar subordinado é dizer que uma pessoa física se encontra sob ordens, que podem ser explícitas ou implícitas, rígidas ou maleáveis, constantes ou esporádicas, em ato ou em potência. Na sociedade pós-moderna, vale dizer, na sociedade "info-info" (expressão de Chiarelli), baseada na informação e na informática, a subordinação não é mais a mesma de tempos atrás, o que inclusive viabilizou o surgimento do info-proletário (expressão de Ricardo Antunes). Do plano subjetivo - corpo a corpo ou boca/ouvido – típica do taylorismo/fordismo, ela passou para a esfera objetiva, projetada e derramada sobre o núcleo empresarial. A empresa moderna livrou-se da sua represa; nem tanto das suas presas. Mudaram-se os métodos, não a sujeição, que trespassa o próprio trabalho, nem tanto no seu modo de fazer, mas no seu resultado. O controle deixou de ser realizado diretamente por ela ou por prepos-

44. DELGADO, Maurício Godinho. Direitos fundamentais na relação de trabalho, *Revista LTr*, São Paulo, v. 70, n. 06, jun. 2006, p. 667. Sobre subordinação estrutural, vide Enunciado 9 aprovado na 2ª Jornada de Direito Material e Processual (disponível em: <http://www.jornadanacional.com.br/listagem-enunciados-aprovados.asp>).

45. MARTINEZ, Luciano. *Curso de direito do trabalho*. 4. ed. São Paulo: Saraiva, 2013, p. 149.

tos. Passou a ser exercido pelas suas sombras; pelas suas sobras – em células de produção. A subordinação objetiva aproxima-se muito da não eventualidade: não importa a expressão temporal nem a exteriorização dos comandos. No fundo e em essência, o que vale mesmo é a inserção objetiva do trabalhador no núcleo, no foco, na essência da atividade empresarial. Nesse aspecto, diria até que para a identificação da subordinação se agregou uma novidade: núcleo produtivo, isto é, atividade matricial da empresa, que o Ministro Maurício Godinho Delgado denominou de subordinação estrutural e o Desembargador José Eduardo Resende Chaves Júnior de subordinação reticular, não se esquecendo que, lá trás, na década de setenta, o Professor Romita já a identificara e a denominara de subordinação objetiva. A empresa moderna, por assim dizer, se subdivide em atividades centrais e periféricas. Nisso ela copia a própria sociedade pós-moderna, de quem é, simultaneamente, mãe e filha. Neste início de século, tudo tem um núcleo e uma periferia: cidadãos que estão no núcleo e que estão na periferia. Cidadãos incluídos e excluídos. Sob essa ótica de inserção objetiva, que se me afigura alargante (não alarmante), eis que amplia o conceito clássico da subordinação, o alimpamento dos pressupostos do contrato de emprego torna fácil a identificação do tipo jus-trabalhista. Com ou sem as marcas, as marchas e as manchas do comando tradicional, os trabalhadores inseridos na estrutura nuclear de produção são empregados. Na zona grise, em meio ao "fog" jurídico, que cerca os casos limítrofes, esse critério permite uma interpretação teleológica desaguadora na configuração do vínculo empregatício. Entendimento contrário, "data venia", permite que a empresa deixe de atender a sua função social, passando, em algumas situações, a ser uma empresa fantasma – atinge seus objetivos sem empregados. Da mesma forma que o tempo não apaga as características da não eventualidade; a ausência de comandos não esconde a dependência, ou, se quiser, a subordinação, que, modernamente, face à empresa flexível, adquire, paralelamente, cada dia mais, os contornos mistos da clássica dependência econômica. Ora, a empresa Reclamada existe para obter lucro por meio da venda de seu produto. Por isso, independentemente de se submeter ou não a ordens, horários e controle da Reclamada, o trabalho do Reclamante esteve intrinsecamente ligado à atividade da empresa, como uma condição "sine qua non" para o sucesso do empreendimento (TRT 3ª R., RO 0012053-11.2017.5.03.0098, Rel. Des. Luiz Otavio Linhares Renault, 1ª T., *DEJT* 08.08.2019).

CAPÍTULO II
Sujeitos da Relação de Emprego: o Empregado

1. A EXPRESSÃO "TRABALHADOR"

Trabalhador, em sentido amplo, é toda pessoa física que utiliza sua energia pessoal em proveito próprio ou alheio, visando a um resultado determinado, econômico ou não.

Convém dizer, desde logo, que nem todo trabalhador é empregado. Mas, todo empregado é trabalhador. O empregado é tradicionalmente tutelado pelo direito do trabalho, ou seja, é titular de direitos trabalhistas. Já a tutela dos demais trabalhadores depende da previsão do ordenamento jurídico de um dado Estado.

Existem duas teorias que procuram delimitar o campo de aplicação do direito do trabalho: a restritiva e a ampliativa.

A *teoria restritiva* delimita o âmbito do direito do trabalho aos empregados ou à relação de emprego ou trabalho por conta alheia, excluindo, portanto, o trabalho autônomo.

A *teoria ampliativa* estende o campo de aplicação do direito do trabalho a outros tipos de trabalhadores, inclusive ao autônomo, e não apenas ao empregado.

No mundo ocidental atual tem-se verificado que a tutela jurídica dos trabalhadores autônomos refoge aos domínios do direito do trabalho. A exceção fica por conta da existência de legislação específica em alguns ordenamentos jurídicos estrangeiros.

Durante longo tempo, acreditava-se que o trabalho profissional seria dividido em quatro espécies: autônomo, subordinado, eventual e avulso.

Tal divisão mereceu crítica dos estudiosos, uma vez que tanto o trabalho eventual quanto o trabalho avulso nada mais são do que subespécies de trabalho subordinado.

Assim, inspirando-se no ordenamento jurídico italiano, os teóricos do direito do trabalho passaram a reconhecer que o trabalho profissional pode ser dividido em dois grandes ramos: o do trabalhador *autônomo* e o do trabalhador *subordinado*.

O trabalhador subordinado pode ser *típico* ou *atípico*. Trabalhador subordinado típico é o *empregado*.

São trabalhadores subordinados atípicos: o *eventual*, o *avulso*, o *temporário*, o *doméstico* e o *servidor público investido em cargo público*.

Convém advertir que, à luz do nosso ordenamento jurídico vigente, os trabalhadores autônomos não gozam de proteção do direito do trabalho.

O trabalhador eventual, em regra[1], e o servidor público investido em cargo público (estatutário), embora subordinados, também estão excluídos, por força dos arts. 3º e 7º, "c", da CLT, da proteção justrabalhista.

O doméstico e o temporário são trabalhadores subordinados *sob tutela especial*, isto é, são regidos por legislação especial, mas não são integralmente protegidos pelo direito do trabalho, embora haja uma tendência de serem destinatários de grande parte dos direitos trabalhistas outorgados ao empregado comum, tal como se deu com o advento da LC 150/2015, que, a par de assegurar diversos direitos ao trabalhador doméstico, estendeu-lhes a aplicação subsidiária da CLT.

O trabalhador avulso, o empregado (rural ou urbano) e o servidor público investido em emprego público (celetista) gozam de plena proteção do direito do trabalho, muito embora, em relação a este último, haja algumas peculiaridades que merecem um estudo destacado, como veremos mais adiante.

É preciso lembrar, contudo, como já vimos no item 3.3 do Capítulo I deste Título, que já existe, em alguns ordenamentos jurídicos estrangeiros, uma tendência de extensão da tutela do direito do trabalho ao chamado trabalhador parassubordinado.

2. EMPREGADO

Diz o art. 3º da CLT:

> Considera-se empregado toda pessoa física que prestar serviços de natureza não eventual a empregador, sob a dependência deste e mediante salário.

Empregado, segundo Amauri Mascaro Nascimento, "é a pessoa física que com ânimo de emprego trabalha subordinadamente e de modo não eventual para outrem, de quem recebe salário"[2].

Destaca o referido autor *quatro requisitos de natureza subjetiva* para que um trabalhador possa ser empregado:

- toda *pessoa física*, descartando-se a pessoa jurídica;
- pessoa física *que prestar serviços subordinadamente*, isto é, que exerce uma atividade profissional sob o poder de direção de outrem;
- pode ser empregado alguém *de qualquer condição pessoal*, seja brasileiro ou estrangeiro, maior ou menor, homem ou mulher, observadas certas proibições ou normas relativas à capacidade e à legitimação;

1. O art. 17 da Lei 5.889/73 estende a proteção legal a outros trabalhadores rurais distintos dos empregados rurais.
2. *Curso de direito do trabalho*. 10. ed. São Paulo: Saraiva, 1992, p. 309.

- *animus contrahendi* (ou intencionalidade, como já vimos no Capítulo I, item 3.2.5, deste Título), que significa o propósito de trabalhar para outrem como empregado e não com outra finalidade, como o trabalho cívico, religioso, assistencial ou por mera amizade.

Aponta, outrossim, o citado autor *quatro requisitos de natureza objetiva* – analisados perfunctoriamente no item 3.2 do Capítulo anterior – concernentes às condições em que o trabalho é prestado, como:

- a *pessoalidade*, que resulta não da definição legal de empregado, mas na de empregador, pois este é que dirige a prestação pessoal do trabalho (CLT, art. 2º), significa que o contrato de trabalho é *intuitu personae* com relação ao empregado, pelo que fica excluída qualquer espécie de delegação da prestação do serviço por parte do empregado a outro trabalhador, a menos que haja consentimento (tácito ou expresso) do empregador;
- a *subordinação* (expressão consagrada na doutrina em vez de dependência, utilizada na legislação brasileira) é explicada por várias teorias, dentre elas a da subordinação hierárquica, econômica, técnica, social ou jurídica. A subordinação jurídica é a mais aceita. Significa um estado de dependência real, decorrente de um contrato e produzido por um direito, o direito do empregador de comandar, de dar ordens, donde a obrigação correspondente para o empregado de se submeter a essas ordens. Vale dizer, não é a sua pessoa que fica sujeita ao poder do empregador, mas o modo como o seu trabalho é prestado àquele, ou seja, a subordinação incide sobre a sua atividade e não sobre a sua pessoa. Subordinação[3] é, pois, o objeto do contrato de trabalho. É a limitação à autonomia do empregado.

Parece-nos assistir razão a Amauri Mascaro Nascimento, para quem, a subordinação é "uma situação em que se encontra o trabalhador, decorrente da limitação contratual da autonomia de sua vontade, para o fim de transferir ao empregador o poder de direção sobre a atividade que desempenhará"[4].

Podemos dizer, então, que a subordinação jurídica é, ainda, o elemento fundamental, entre os demais, para o trabalhador (gênero) ser considerado empregado (espécie);

- a *remuneração*, também estudada por alguns no sentido mais amplo, como *onerosidade*, é a totalidade das percepções econômicas a serem creditadas ao empregado em virtude do contrato de trabalho. O trabalho de favor, por caridade ou gracioso, descaracteriza o trabalhador como empregado;
- a *não eventualidade ou ineventualidade*, diz respeito à forma temporal como o trabalho do empregado é prestado. Para ser empregado é preciso que o serviço por ele

3. Como já vimos no Capítulo I deste Título, vem ganhando corpo a teoria da subordinação estrutural, integrativa ou reticular.
4. *Op. cit.*, p. 320.

prestado não seja um trabalho eventual, isto é, em caráter transitório, acidental, esporádico ou não necessário como serviço permanente por exigência do tomador.

Para José Martins Catharino, *empregado* "é o trabalhador a serviço de outra pessoa em virtude de uma relação de emprego, *privada* e *não estatutária*. Não o é o trabalhador que põe a sua força de trabalho a serviço de outra pessoa em virtude de uma relação jurídica de outra espécie"[5] (grifamos).

José Augusto Rodrigues Pinto[6] salienta que o conceito de empregado se constrói por intermédio da compreensão de *quatro elementos essenciais ou obrigatórios* (subordinação, pessoalidade, onerosidade e permanência ou não eventualidade) e de *dois elementos acidentais ou facultativos* (continuidade, no sentido de permanência absoluta na empresa, e exclusividade, retratando a prestação do serviço para um só tomador). E adverte que os elementos essenciais são *concorrentes*, ou seja, a ausência de *qualquer deles* basta para a desfiguração do empregado, enquanto os elementos acidentais muitas vezes decidem a definição da figura do empregado, quando imprecisa a manifestação de qualquer dos elementos essenciais. Formula, todavia, o conceito de empregado a partir dos quatro elementos essenciais, nos seguintes termos: "Empregado é toda pessoa física que coloca sua energia pessoal à disposição de empregador para utilização por este, em caráter permanente, mediante subordinação e retribuição"[7].

Maurício Godinho Delgado conceitua empregado como "toda pessoa natural que contrate, tácita ou expressamente, a prestação de seus serviços a um tomador, a este efetuados com pessoalidade, onerosidade, não eventualidade e subordinação"[8].

Para ser empregado, pois, é imprescindível a presença concomitante de todos os elementos subjetivos e objetivos supracitados, aliados à circunstância de que a relação há de ser necessariamente de natureza "privada e não estatutária", ou seja, decorrente de um contrato de trabalho.

Modestamente, *conceituamos o empregado como uma espécie de trabalhador subordinado que, com tal ânimo, de forma não eventual e mediante remuneração, coloca pessoalmente a sua força de trabalho à disposição de uma outra pessoa física ou jurídica, em decorrência de um contrato de trabalho.*

Nossa concepção, portanto, corresponde à definição prevista no art. 3º da CLT, acrescida da pessoalidade, inserta no art. 2º do mesmo diploma, e do elemento subjetivo intencionalidade ou *animus contrahendi*, o que exige, quanto a este último aspecto, o exame de cada caso submetido à cognição do intérprete e aplicador do direito.

A Lei 13.467/2017, no entanto, inseriu na CLT o art. 442-B, *in verbis*:

---

5. CATHARINO, José Martins. *Compêndio universitário de direito do trabalho*. Rio de Janeiro: Jurídica Universitária, 1972, p. 181, *apud* NASCIMENTO, Amauri Mascaro. *Op. cit.*, p. 311.

6. *Curso de direito individual do trabalho*. 2. ed. São Paulo: LTr, 1995, p. 104-111.

7. *Op. cit.*, p. 111.

8. DELGADO, Maurício Godinho. *Curso de direito do trabalho*. 12. ed. São Paulo: LTr, 2013, p. 354.

A contratação do autônomo, cumpridas por este todas as formalidades legais, com ou sem exclusividade, de forma contínua ou não, afasta a qualidade de empregado prevista no art. 3º desta Consolidação.

Este dispositivo foi alterado pela MP 808/2017, passando a ter a seguinte redação:

Art. 442-B. A contratação do autônomo, cumpridas por este todas as formalidades legais, de forma contínua ou não, afasta a qualidade de empregado prevista no art. 3º desta Consolidação.

§ 1º É vedada a celebração de cláusula de exclusividade no contrato previsto no *caput*.

§ 2º Não caracteriza a qualidade de empregado prevista no art. 3º o fato de o autônomo prestar serviços a apenas um tomador de serviços.

§ 3º O autônomo poderá prestar serviços de qualquer natureza a outros tomadores de serviços que exerçam ou não a mesma atividade econômica, sob qualquer modalidade de contrato de trabalho, inclusive como autônomo.

§ 4º Fica garantida ao autônomo a possibilidade de recusa de realizar atividade demandada pelo contratante, garantida a aplicação de cláusula de penalidade prevista em contrato.

§ 5º Motoristas, representantes comerciais, corretores de imóveis, parceiros, e trabalhadores de outras categorias profissionais reguladas por leis específicas relacionadas a atividades compatíveis com o contrato autônomo, desde que cumpridos os requisitos do *caput*, não possuirão a qualidade de empregado prevista o art. 3º.

§ 6º Presente a subordinação jurídica, será reconhecido o vínculo empregatício.

§ 7º O disposto no *caput* se aplica ao autônomo, ainda que exerça atividade relacionada ao negócio da empresa contratante.

Ocorre que a MP 808/2017 não foi convertida em lei pelo Congresso Nacional no prazo previsto no § 3º do art. 62 da CF[9].

Não obstante, vê-se que o art. 442-B da CLT revela a verdadeira intenção do legislador (*mens legislatoris*) de afastar o sistema de proteção jurídica do trabalhador previsto na Constituição Federal e na CLT, na medida em que afasta a possibilidade de reconhecimento da relação empregatícia quando houver contratação de trabalhador autônomo nos moldes formalmente engendrados. Ora, o art. 9º da CLT, que reconhece o princípio da primazia da realidade, considera nulos de pleno direito os atos praticados com o objetivo de desvirtuar, impedir ou fraudar a aplicação dos preceitos nor-

9. Sobre os efeitos da Medida Provisória não convertida em lei, remetemos o leitor ao Título I, Capítulo IV, item 2.1.

mativos que regem a relação de emprego. Além disso, o novel art. 442-B da CLT deve ser interpretado conforme os princípios constitucionais que consagram o valor social do trabalho, a função socioambiental da empresa e do contrato de trabalho, a relação de emprego protegida, a busca do pleno emprego, dentre outros, que impedem a prevalência das formalidades engendradas pelas partes sobre o sistema de proteção constitucional/legal da relação empregatícia.

2.1. Empregado hipersuficiente

É importante destacar que a Reforma Trabalhista de 2017 introduziu a canhestra figura do "empregado hipersuficiente" no parágrafo único do art. 444 da CLT, inserido pela Lei 13.467/2017, que dispõe:

> A livre estipulação a que se refere o *caput* deste artigo aplica-se às hipóteses previstas no art. 611-A desta Consolidação, com a mesma eficácia legal e preponderância sobre os instrumentos coletivos, no caso do empregado portador de diploma de nível superior e que perceba salário mensal igual ou superior a duas vezes o limite máximo dos benefícios do Regime Geral de Previdência Social.

Esse dispositivo, a nosso ver, é de induvidosa inconstitucionalidade por atritar com os arts. 1º, III e IV, 3º, IV, 7º, *caput*, e XXXII, e 170 da CF, os quais enaltecem a dignidade da pessoa humana, o valor social do trabalho, a função social da empresa e do contrato de trabalho, a proibição de discriminação de qualquer natureza e abominam qualquer "distinção entre trabalho manual, técnico ou intelectual ou entre os profissionais respectivos".

Na mesma linha, o Enunciado 49 aprovado na 2ª Jornada de Direito Material e Processual do Trabalho, que acrescenta violação à Convenção 111 da OIT e enaltece que a "negociação individual somente pode prevalecer sobre o instrumento coletivo se mais favorável ao trabalhador e desde que não contravenha as disposições fundamentais de proteção ao trabalho, sob pena de nulidade e de afronta ao princípio da proteção (artigo 9º da CLT c/c o artigo 166, VI, do Código Civil)".

Em se tratando de empregada gestante e lactante, invocamos o Enunciado 50 aprovado na 2ª Jornada de Direito Material de Processual do Trabalho, sendo o qual a "autorização legal permitindo o trabalho da gestante e lactante em ambiente insalubre é inconstitucional e inconvencional porque violadora da dignidade humana, do direito à redução dos riscos inerentes ao trabalho, da proteção integral ao nascituro e à criança e do direito social à saúde. Ademais, o meio ambiente do trabalho saudável é direito fundamental garantido pela Constituição da república, revestido de indisponibilidade absoluta. Incidência dos arts. 1º, III; 6º; 7º, XXII; 196; 200; 201, II; 203, I; 225; 226 e 227 da Constituição Federal; Convenção 103 e 183 da OIT; arts. 25, I e II da DUDH".

3. TRABALHADOR AUTÔNOMO

O trabalhador autônomo, como o próprio nome está a dizer, não é subordinado. Logo, ainda que preste o serviço de forma pessoal, onerosa e não eventual, não estará sob a tutela direito do trabalho.

O trabalhador autônomo pode ser: autônomo propriamente dito e empreiteiro.

Autônomo propriamente dito é aquele que trabalha por conta própria, assumindo os riscos do negócio. Vale dizer, o trabalhador autônomo não transfere para terceiro o poder de organização de sua atividade, pois a desenvolve com discricionariedade, iniciativa e organização próprias, escolhendo o lugar, o modo, o tempo e a forma de execução dos serviços. É o que ocorre com os profissionais liberais, como o médico em seu consultório, o advogado em seu escritório, o representante comercial autônomo ou qualquer outro profissional que trabalha por conta própria.

Invoca-se, a propósito, o seguinte julgado:

> AGRAVO DE INSTRUMENTO EM RECURSO DE REVISTA. ARRENDAMENTO DE TÁXI. VÍNCULO DE EMPREGO. NÃO CONFIGURAÇÃO. A lide versa sobre o reconhecimento de vínculo de emprego de trabalhador taxista com o proprietário do veículo, com quem mantinha contrato de arrendamento do táxi. O Regional reformou a r. sentença para reconhecer a natureza civil do vínculo havido entre as partes, ao fundamento de que era o autor quem definia sua jornada e de que não existia um montante mínimo de faturamento exigido, além de que havia "a cessão onerosa de seu automóvel, bem como que o Reclamante, seu auxiliar, necessitava pagar pelo uso da sua ferramenta de trabalho, ambos em colaboração para exploração econômica da autorização para táxi". O Regional ainda entendeu que, ainda que o proprietário cedente possua outros veículos, restaria configurada a natureza civil do contrato entre as partes. O art. 1º da Lei 6.074/74 dispõe que "é facultada ao Condutor Autônomo de Veículo Rodoviário a cessão do seu automóvel, em regime de colaboração, no máximo a dois outros profissionais". No caso, o Regional não consignou o número de trabalhadores que faziam uso da cessão do veículo, a fim de se aferir se houve adequação aos termos da referida lei. Incidência do óbice da Súmula 126 do TST. Logo, não há que se perquirir a violação do art. 1º, § 2º, da Lei 6.074/74. Some-se a isso o fato de que a Lei 6.074/94 estabelece que o contrato que rege as relações entre o proprietário cedente de veículo e os auxiliares é de natureza civil, não havendo qualquer vínculo empregatício nesse regime de trabalho. Ainda que se afaste a incidência da referida lei, que reconhece a natureza civil da contratação, por qualquer ângulo que se analise a questão não é possível extrair-se o vínculo de emprego, visto que o Regional foi categórico no sentido de que o próprio autor em depoimento "afirmou que laborava todos os dias, sem horário definido, sem predeterminação de produção mínima", circunstância que evidencia a ausência de subordinação, o que impede o reconhecimento do vínculo de emprego. Intacto, portanto o art. 3º da CLT. Agravo de instrumento conhe-

cido e desprovido (TST-AIRR 6895420155230066, Rel. Min. Alexandre de Souza Agra Belmonte, 3ª T., *DEJT* 17.05.2019).

O contrato de prestação de serviços do trabalhador autônomo pode ser regulado, conforme o caso, pelo Código Civil, pelo CDC ou por outra legislação especial. Tal ilação é extraída do disposto no art. 593 do CC, segundo o qual, a "prestação de serviço, que não estiver sujeita às leis trabalhistas ou a lei especial, reger-se-á pelas disposições deste Capítulo".

Nos termos do art. 598 do CC, a prestação de serviço não se poderá convencionar por mais de quatro anos, embora o contrato tenha por causa o pagamento de dívida de quem o presta, ou se destine à execução de certa e determinada obra. Neste caso, decorridos quatro anos, dar-se-á por findo o contrato, ainda que não concluída a obra. Todavia, de acordo com o parágrafo único do preceptivo em causa, não havendo prazo estipulado, nem se podendo inferir da natureza do contrato, ou do costume do lugar, qualquer das partes, a seu arbítrio, mediante prévio aviso, pode resolver o contrato.

Empreiteiro é uma espécie de trabalhador autônomo que figura como um dos sujeitos no contrato de empreitada. Dito doutro modo, o empreiteiro trabalha por conta própria, assumindo os riscos econômicos da atividade econômica que desenvolve.

Empreitada, segundo Amauri Mascaro Nascimento: "é o contrato em que uma das partes se propõe a fazer ou a mandar fazer certa obra, mediante remuneração determinada ou proporcional ao serviço executado. É a *locatio operis*"[10].

O contrato de empreitada pode ser de obra, de lavor ou de obra e lavor.

Com efeito, vaticina o art. 610 do CC que o empreiteiro de uma obra pode contribuir para ela só com seu trabalho ou com ele e os materiais. Contudo, a obrigação de fornecer os materiais não se presume; resulta da lei ou da vontade das partes. Mas o contrato para elaboração de um projeto não implica a obrigação de executá-lo, ou de fiscalizar-lhe a execução.

Quando o empreiteiro fornece os materiais, correm por sua conta os riscos até o momento da entrega da obra, a contento de quem a encomendou, se este não estiver em mora de receber. Mas, se estiver, por sua conta correrão os riscos (CC, art. 611).

Se o empreiteiro só forneceu mão de obra, todos os riscos em que não tiver culpa correrão por conta do dono.

Em se tratando de empreitada unicamente de lavor (art. 610), se a coisa perecer antes de entregue, sem mora do dono nem culpa do empreiteiro, este perderá a retribuição, se não provar que a perda resultou de defeito dos materiais e que em tempo reclamara contra a sua quantidade ou qualidade (CC, art. 613).

Concluída a obra de acordo com o ajuste, ou o costume do lugar, o dono é obrigado a recebê-la. Poderá, porém, rejeitá-la, se o empreiteiro se afastou das instruções

10. *Op. cit.*, p. 259.

recebidas e dos planos dados, ou das regras técnicas em trabalhos de tal natureza (CC, art. 615). Mas quem encomendou a obra, em vez de enjeitá-la, pode recebê-la com abatimento no preço.

No contrato de empreitada, portanto, o que importa é a coisa feita, a obra executada, o resultado – independentemente do tempo e da fiscalização do interessado –, e não a figura (pessoalidade) do trabalhador. Todos os riscos da produção, portanto, correm por conta do empreiteiro.

Nesse sentido:

> RELAÇÃO DE EMPREGO. INEXISTÊNCIA. CONTRATO DE EMPREITADA. NATUREZA CIVIL. Evidenciado através da prova dos autos que a prestação de serviços do reclamante ocorreu sob a forma de empreitada, modalidade de contrato autônomo de natureza civil, não merece reparo a decisão de primeiro grau que julgou improcedente o pedido de reconhecimento do vínculo de emprego (TRT 3ª R., RO 0011214-51.2017.5.03.0044, Rel. Des. Jorge Berg de Mendonça, 6ª T., *DEJT* 25.07.2019).
>
> RELAÇÃO DE EMPREGO. NÃO CONFIGURAÇÃO. CONTRATO DE EMPREITADA. É sabido que o contrato individual de trabalho consiste no acordo tácito ou expresso de vontades, por meio do qual o empregador utiliza-se, em caráter não eventual, do serviço pessoal do trabalhador, mediante subordinação e salário. Restando demonstrado que o Reclamante não atuou como empregado da Reclamada, mas como pequeno empreiteiro, estando ausentes no caso em exame os requisitos estabelecidos nos arts. 2º e 3º da CLT, as pretensões fundadas no alegado vínculo jurídico de emprego não lhe poderão ser deferidas. Recurso conhecido e desprovido (TRT – 10ª R. – RO 01851-2012-017-10-00-9 – Rel. Des. Douglas Alencar Rodrigues – 3ª T. – *DEJT* 21.06.2013).

Reafirmando que os riscos do negócio correm por conta do empreiteiro, o que tipifica a sua condição de trabalhador autônomo, o art. 617 do CC dispõe que ele "é obrigado a pagar os materiais que recebeu, se por imperícia ou negligência os inutilizar", sendo certo que nos contratos de empreitada de edifícios ou outras construções consideráveis, o empreiteiro de materiais e execução responderá, durante o prazo irredutível de cinco anos, pela solidez e segurança do trabalho, assim em razão dos materiais, como do solo.

Diferentemente do contrato de trabalho, o qual se extingue com a morte do empregado, o contrato de empreitada não se extingue pela morte de qualquer das partes, salvo se ajustado em consideração às qualidades pessoais do empreiteiro.

O ordenamento jurídico brasileiro, por razões de ordem social e de política judiciária facilitadora do acesso à justiça, confere tratamento diferenciado (de natureza processual) ao empreiteiro que trabalha como operário ou artífice, fixando a competência da Justiça do Trabalho para julgar os dissídios resultantes dos contratos de empreitadas por eles celebrados. É o que se infere da alínea "a", inc. III, do art. 652 da CLT, segundo o qual, compete às Varas do Trabalho conciliar e julgar "os dissídios resultantes dos contratos de empreitada em que o empreiteiro seja operário ou artífice".

É importante ressaltar, contudo, que o fato de o legislador ter fixado a competência, em razão da matéria e da pessoa, da Justiça do Trabalho para processar e julgar as causas dos pequenos empreiteiros não significa que a estes tenham sido estendidos os direitos materiais trabalhistas. Vale dizer, a competência da Justiça do Trabalho é para apreciar as questões de natureza civil relativas ao pequeno empreiteiro, como o preço do serviço, a responsabilidade por indenizações referentes à inadimplência contratual, responsabilidade civil por danos materiais e morais etc. Nesse sentido:

> RECURSO DE REVISTA. TRABALHADOR AUTÔNOMO/PEQUENO EMPREITEIRO. ACIDENTE DE TRABALHO. INDENIZAÇÃO POR DANO MORAL E MATERIAL. RESPONSABILIDADE CIVIL DA EMPRESA CONTRATANTE. 1. A condição de trabalhador autônomo não afasta a incidência dos princípios fundamentais da dignidade humana e do valor social do trabalho consagrados na Constituição da República (art. 1º, III e IV). Por sua vez, a natureza autônoma da relação de trabalho não se mostra incompatível com a responsabilidade civil da empresa contratante pelo acidente de trabalho ocorrido na execução do serviço contratado. 2. Na hipótese vertente, a Corte de origem, valorando o conjunto fático-probatório, firmou convicção acerca da caracterização da responsabilidade objetiva da demandada em reparar o dano sofrido pelo trabalhador. 3. Os fatos delineados no acórdão recorrido, quais sejam o dano (morte do trabalhador autônomo, marido e pai dos autores) e o nexo causal (acidente de trabalho ocorrido no desempenho da atividade contratada – pintura do estabelecimento), autorizam o enquadramento jurídico nas disposições contidas no art. 927, parágrafo único, do Código Civil, não havendo margem para a alegação de afronta aos arts. 186 e 927, *caput*, do Código Civil, dispositivos que tratam da responsabilidade civil subjetiva. HONORÁRIOS ADVOCATÍCIOS. AÇÃO DE INDENIZAÇÃO POR DANO MORAL E MATERIAL PROPOSTA PELOS SUCESSORES DO TRABALHADOR AUTÔNOMO VÍTIMA DE ACIDENTE DE TRABALHO. A ação foi proposta pelos sucessores do trabalhador autônomo vítima de acidente de trabalho, ou seja, a pretensão não decorre da relação de emprego, mas de direito próprio, à indenização por dano moral e material, em razão do falecimento do marido e pai. Pertinente, pois, a incidência da parte final do item III da Súmula 219 do TST, segundo o qual são devidos os honorários advocatícios nas lides que não derivem da relação de emprego. Recurso de Revista de que não se conhece (TST-RR – 4664005920095120032 – Relator Walmir Oliveira da Costa – j. 14.05.2014 – 1ª T. – *DEJT* 16.05.2014).
>
> AGRAVO DE INSTRUMENTO. RECURSO DE REVISTA. PROCESSO SOB A ÉGIDE DA LEI 13.015/2014 E ANTERIOR À LEI 13.467/2017. ACIDENTE DE TRABALHO. TRABALHADOR AUTÔNOMO. TOMADOR DE SERVIÇOS PESSOA FÍSICA. RESPONSABILIDADE CIVIL. DANOS MORAIS E MATERIAIS. A condição de trabalhador autônomo não afasta, por si só, a responsabilização do tomador de serviços, pois a indenização por danos morais e materiais resultantes de acidente do trabalho tem natureza jurídica civil, decorrente de culpa por ato ilícito – conforme previsto nos

artigos 186 e 927, *caput*, do Código Civil. Assim, para que se possa imputar responsabilização ao Reclamado pelo alegado acidente, mister se faz a conjugação dos seguintes requisitos: o dano; o nexo causal (que traduz a causalidade entre a conduta antijurídica e o dano sofrido); e, regra geral, a culpa. Não é o caso, contudo, de culpa presumida, que só pode ser reconhecida nas relações de emprego, em virtude de o empregador ter o controle e a direção sobre a estrutura, a dinâmica, a gestão e a operação do estabelecimento em que ocorrer o evento danoso. Também, segundo se extrai do acórdão, não prevalece na hipótese dos autos a responsabilidade objetiva, uma vez que a atividade de operador de retroescavadeira desempenhada pelo Autor (profissional autônomo) não representa um risco maior do que o vivenciado pelo indivíduo médio. No caso concreto, o Tribunal Regional reformou a sentença para julgar improcedentes os pedidos indenizatórios, por concluir pela inexistência de responsabilidade do tomador de serviços. Nesse sentido, a Corte de origem registrou que não ficou comprovado o nexo causal/concausal, bem como a culpa do Reclamado. Sob esse aspecto, inclusive, sequer culpa na contratação do Reclamante restou comprovada, visto que se infere do acórdão regional que o Autor detinha qualificação e domínio técnico para o desempenho da atividade contratada. Assim, não constatado, na hipótese, que o acidente sofrido pelo Autor tenha decorrido de qualquer conduta do tomador de serviços, não há falar em responsabilidade civil do Reclamado. Nesse contexto, para reverter a decisão regional, seria imprescindível o revolvimento de conteúdo fático-probatório, o que não é viável nesta instância recursal diante do óbice da Súmula 126/TST. Agravo de instrumento desprovido (TST-AIRR 114093020175180008, Rel. Min. Maurício Godinho Delgado, 3ª T., DEJT 31.05.2019).

3.1. Trabalhador Autônomo Exclusivo

A Lei 13.467/2017 inseriu na CLT o art. 442-B, que dispõe, *in verbis*:

> A contratação do autônomo, cumpridas por este todas as formalidades legais, com ou sem exclusividade, de forma contínua ou não, afasta a qualidade de empregado prevista no art. 3º desta Consolidação.

Entretanto, a MP 808/2017 deu nova redação ao art. 442-B da CLT, *in verbis*:

> Art. 442-B. A contratação do autônomo, cumpridas por este todas as formalidades legais, de forma contínua ou não, afasta a qualidade de empregado prevista no art. 3º desta Consolidação.
>
> § 1º É vedada a celebração de cláusula de exclusividade no contrato previsto no *caput*.
>
> § 2º Não caracteriza a qualidade de empregado prevista no art. 3º o fato de o autônomo prestar serviços a apenas um tomador de serviços.

> § 3º O autônomo poderá prestar serviços de qualquer natureza a outros tomadores de serviços que exerçam ou não a mesma atividade econômica, sob qualquer modalidade de contrato de trabalho, inclusive como autônomo.
>
> § 4º Fica garantida ao autônomo a possibilidade de recusa de realizar atividade demandada pelo contratante, garantida a aplicação de cláusula de penalidade prevista em contrato.
>
> § 5º Motoristas, representantes comerciais, corretores de imóveis, parceiros, e trabalhadores de outras categorias profissionais reguladas por leis específicas relacionadas a atividades compatíveis com o contrato autônomo, desde que cumpridos os requisitos do *caput*, não possuirão a qualidade de empregado prevista o art. 3º.
>
> § 6º Presente a subordinação jurídica, será reconhecido o vínculo empregatício.
>
> § 7º O disposto no *caput* se aplica ao autônomo, ainda que exerça atividade relacionada ao negócio da empresa contratante.

Vê-se que este dispositivo, ainda que alterado pela MP 808/2017, foi concebido para afastar a possibilidade de reconhecimento da relação empregatícia nas hipóteses de contratação de trabalhador autônomo nos moldes da avença formalmente entabulada.

Ocorre que a MP 808 não foi convertida em lei, nos termos do § 3º do art. 62 da CF[11].

O art. 1º da Portaria 349, de 23.05.2018, do Ministério do Trabalho praticamente reproduz a MP 808, nos seguintes termos:

> Art. 1º A contratação do autônomo, cumpridas por este todas as formalidades legais, com ou sem exclusividade, de forma contínua ou não, afasta a qualidade de empregado prevista no art. 3º do Decreto-Lei n. 5.452, de 1º de maio de 1943, que aprova a Consolidação das Leis do Trabalho.
>
> § 1º Não caracteriza a qualidade de empregado prevista no art. 3º da Consolidação das Leis do Trabalho o fato de o autônomo prestar serviços a apenas um tomador de serviços.
>
> § 2º O autônomo poderá prestar serviços de qualquer natureza a outros tomadores de serviços que exerçam ou não a mesma atividade econômica, sob qualquer modalidade de contrato de trabalho, inclusive como autônomo.
>
> § 3º Fica garantida ao autônomo a possibilidade de recusa de realizar atividade demandada pelo contratante, garantida a aplicação de cláusula de penalidade, caso prevista em contrato.
>
> § 4º Motoristas, representantes comerciais, corretores de imóveis, parceiros, e trabalhadores de outras categorias profissionais reguladas por leis específicas relaciona-

---

11. Sobre os efeitos da Medida Provisória não convertida em lei, remetemos o leitor ao Título I, Capítulo IV, item 2.1.

das a atividades compatíveis com o contrato autônomo, desde que cumpridos os requisitos do *caput*, não possuirão a qualidade de empregado prevista o (*sic*) art. 3º da Consolidação das Leis do Trabalho.

§ 5º Presente a subordinação jurídica, será reconhecido o vínculo empregatício.

Parece-nos inconstitucionais os dispositivos supracitados da Portaria 349 do Ministério do Trabalho por exorbitarem do poder regulamentar inerente ao Poder Executivo, sendo certo, ainda, que tal ato administrativo não tem força de lei.

De outro lado, ainda que tenham sido observadas todas as formalidades legais, o art. 9º da CLT autoriza o juiz a declarar nulos de pleno direito os atos praticados com o objetivo de desvirtuar, impedir ou fraudar a aplicação dos preceitos normativos que regem a relação de emprego, como já destacamos no item 2, *supra*.

Registre-se que o Enunciado 53 aprovado na 2ª Jornada de Direito Material e Processual (2017) propõe a interpretação do art. 442-B da CLT conforme a Constituição, no sentido de se presumir "o vínculo empregatício diante da prestação de serviços contínua e exclusiva, uma vez que a relação de emprego é direito fundamental (arts. 1º, III e IV, 5º, *caput* e 7º da CF/1988), devendo o art. 442-B da CLT ser interpretado conforme a Constituição Federal para afastar a caracterização do trabalho autônomo sempre que o trabalhador, não organizando a própria atividade, tenha seu labor utilizado na estrutura do empreendimento e integrado à sua dinâmica".

4. TRABALHADOR EVENTUAL

Eventual é o trabalhador subordinado atípico, que presta serviços em caráter transitório, acidental, isto é, não há exigência permanente dos seus serviços pelo tomador. Os serviços por ele prestados não são essenciais ou complementares aos fins da empresa.

Há, pelo menos, quatro teorias mais conhecidas que procuram explicar a diferença entre o empregado e o trabalhador eventual: a) do evento; b) dos fins da empresa; c) da descontinuidade; d) da fixação jurídica na empresa.

Entende-se por *teoria do evento* a que defende que o trabalhador irá trabalhar numa empresa para determinada obra ou serviço específico de curta duração. Finda a sua missão, extingue-se automaticamente o vínculo que o unia ao tomador do seu serviço.

Para a *teoria dos fins da empresa*, empregado é aquele cuja atividade laboral coincide com os fins normais da empresa. Já o eventual é o trabalhador que vai prestar numa empresa serviços não coincidentes com seus fins normais.

A *teoria da descontinuidade* procura explicar que eventual, também chamado de adventício na doutrina estrangeira, é o trabalhador esporádico, ocasional, que trabalha de vez em quando e para diversos tomadores, ao passo que empregado é um trabalhador permanente.

À luz da *teoria da fixação jurídica na empresa*, eventual é o trabalhador que não se fixa numa fonte de trabalho, enquanto o empregado se fixa nela. A fixação é jurídica. Esta teoria encontra em Amauri Mascaro Nascimento[12] o seu mais ardoroso defensor, o qual fornece-nos os seguintes exemplos de trabalhador eventual: a) o "boia-fria", volante rural, que vai a cada dia trabalhar numa fazenda diferente, ganhando por dia, sem se fixar em nenhuma delas; b) o "chapa", que faz carga e descarga de mercadorias (ver item 5, *infra*) de caminhões de um motorista diferente ou de uma empresa diferente dentre as muitas para as quais, sem fixação, faz esse serviço; c) a diarista doméstica, que vai de vez em quando fazer a limpeza na residência da família. Adverte, porém, que qualquer um desses trabalhadores pode se transformar em autêntico empregado, basta que em vez de trabalhar de vez em quando, passe a fazê-lo seguidamente para a mesma fonte de trabalho, caso em que surgirá um ajuste, até mesmo tácito, correspondente a uma relação de emprego.

Ouçamos a jurisprudência:

> VÍNCULO DE EMPREGO. INEXISTÊNCIA. "CHAPA". LABOR EVENTUAL. Sabidamente, para que se reconheça a efetiva relação de emprego, cumpre perquirir acerca da presença de todos os fatos constitutivos essenciais, que por lei a definem (subordinação, recebimento de salário, pessoalidade e não eventualidade na prestação laborativa). Neste processado, contudo, não restou evidenciada a presença cumulativa dos requisitos previstos nos artigos 2º e 3º da CLT, sobretudo no que tange à pessoalidade e à não eventualidade, já que os trabalhos de carga e descarga de mercadorias feitos no caso dos autos por "chapas", realçam que não havia ligação em definitivo a um empregador, sendo os chapas livres para escolher a carga e o preço, realçando a ocorrência de trabalho autônomo ou eventual (TRT – 3ª R. – 0010945-64.2017.5.03.0059 RO – 8ª T. – Rel. Des. Marcio Ribeiro do Valle – j. 15.03.2018).

No que concerne ao direito probatório, lembramos que se o reclamado admitir a prestação de serviço eventual, terá o ônus de provar esse fato impeditivo do direito ao reconhecimento de vínculo empregatício alegado pelo reclamante. Nesse sentido:

> VÍNCULO DE EMPREGO – CAMAREIRA EXTRA. TRABALHO EVENTUAL NÃO CONFIGURADO. Nos termos do art. 3º da CLT, configura-se a relação de emprego quando comprovada a prestação de serviços por pessoa física, de forma não eventual, mediante pessoalidade, onerosidade e subordinação jurídica. Na hipótese de o reclamado negar a prestação de serviços, incumbe ao reclamante o ônus de provar os requisitos do vínculo de emprego. Todavia, quando o demandado admite a prestação de serviços, mas alega fato obstativo ao reconhecimento do vínculo de emprego, a este incumbe a prova de suas alegações. No caso dos autos, tendo a empresa ré alega-

12. *Iniciação ao direito do trabalho*. 14. ed., p. 105-106.

do tratar-se a autora de trabalhadora eventual como camareira extra e não se desincumbindo de provar tal alegação, é de se reconhecer a relação de emprego narrada na inicial (TRT 3ª R., RO 0010221-81.2017.5.03.0149, Rel. Juiz Conv. Eduardo Aurelio P. Ferri, 2ª T., *DEJT* 22.08.2018).

De toda a sorte, há uma tendência mundial no sentido de se estender os direitos dos empregados aos trabalhadores eventuais. O contrato de trabalho da Argentina, *v. g.*, encampa tal tendência.

No Brasil, parece-nos que o art. 17 da Lei 5.889, de 08.06.1973, permite interpretação extensiva para incluir o trabalhador rural eventual no âmbito da proteção do Direito do Trabalho, como veremos no item 11, *infra*.

5. TRABALHADOR AVULSO

Avulso é o trabalhador subordinado atípico que, de forma descontínua, presta serviço essencial e complementar à atividade da empresa, mas sem inserir-se na sua organização.

Embora a doutrina majoritária considere avulsos[13] apenas os trabalhadores da orla marítima, há quem visualize, na figura dos "boias-frias" – recrutados por "turmeiros" –, que trabalham ora numa fazenda ora noutra sem se prender a lugar nenhum, uma espécie de trabalhador avulso, ainda que sem intermediação de sindicato, ou seja, um "avulso individual".

Para Mozart Victor Russomano[14], o avulso é trabalhador autônomo, mas destinatário de todos os direitos outorgados aos empregados, por força do "princípio amplo e inflexível" contido no art. 7º, XXXIV, da CF.

Francisco Meton Marques de Lima[15] entende que o avulso pode ser subordinado ou não.

Délio Maranhão[16] assegura: "Temos aí uma forma peculiar de prestação de serviços subordinados, afastando, pela peculiaridade da natureza dos serviços prestados, o estabelecimento de uma relação de emprego entre o prestador de serviço e a empresa para a qual o serviço é prestado".

Algumas notas características do trabalhador avulso são: a) a intermediação do sindicato profissional na intermediação da mão de obra (não obstante a divergência sobre a dispensabilidade da intervenção da entidade sindical); b) a curta duração dos

13. Ver, também, Lei 12.815, de 05.06.2013, que dispõe sobre o regime jurídico da exploração dos portos organizados e das instalações portuárias e dá outras providências. Remetemos o leitor ao item 5.1, *infra*.

14. *Curso de direito do trabalho*. 5. ed. Curitiba: Juruá, 1995. *passim*.

15. *Elementos de direito do trabalho e processo trabalhista*. 6. ed. São Paulo: LTr, p. 62.

16. *Instituições de direito do trabalho*. 12. ed. São Paulo: LTr, 1991. v. I, p. 292.

serviços prestados ao tomador dos mesmos; c) remuneração paga, em regra, através de rateio procedido pelo sindicato.

A Constituição Federal (art. 7º, XXXIV), é certo, igualou, no plano do direito material, o trabalhador avulso ao trabalhador com vínculo empregatício permanente (empregado).

Feitas estas considerações, somos de opinião de que o avulso, à luz do direito positivo brasileiro, é um *trabalhador* – rural ou urbano – *subordinado*, cuja prestação do serviço é obrigatoriamente intercedida pelo sindicato de sua categoria profissional, seja ele associado ou não, sendo que o preço do seu trabalho, por força da nova ordem constitucional, deve corresponder à totalidade das percepções econômicas do empregado comum, tais como férias, 13º salário, aviso prévio, FGTS etc., acrescida das vantagens instituídas pelas normas coletivas destinadas à categoria.

É importante assinalar que a Lei 12.023, de 27.08.2009, passou a regular as atividades de movimentação de mercadorias em geral e sobre o trabalho avulso. Assim, nos termos do art. 1º da referida lei, as atividades de movimentação de mercadorias em geral exercidas por trabalhadores avulsos são aquelas desenvolvidas em áreas urbanas ou rurais sem vínculo empregatício, *mediante intermediação obrigatória do sindicato da categoria*, por meio de Acordo ou Convenção Coletiva de Trabalho para execução das atividades, sendo certo que a "remuneração, a definição das funções, a composição de equipes e as demais condições de trabalho serão objeto de negociação entre as entidades representativas dos trabalhadores avulsos e dos tomadores de serviços".

Os arts. 2º e 3º da Lei 12.023/2009 especificam as atividades da movimentação de mercadorias em geral que podem ser realizadas por trabalhadores avulsos ou por empregados:

> I – cargas e descargas de mercadorias a granel e ensacados, costura, pesagem, embalagem, enlonamento, ensaque, arrasto, posicionamento, acomodação, reordenamento, reparação da carga, amostragem, arrumação, remoção, classificação, empilhamento, transporte com empilhadeiras, paletização, ova e desova de vagões, carga e descarga em feiras livres e abastecimento de lenha em secadores e caldeiras;
>
> II – operações de equipamentos de carga e descarga;
>
> III – pré-limpeza e limpeza em locais necessários à viabilidade das operações ou à sua continuidade.

Vale dizer, a contratação de empregado ou de trabalhador avulso vai depender da vontade do outro sujeito da relação jurídica correspondente. Se o tomador do serviço quiser contratar trabalhador avulso deverá firmar acordo coletivo com o sindicato da categoria profissional; se quiser contratar empregado deverá firmar contrato de trabalho diretamente com o prestador do serviço (Lei 12.023, art. 3º).

Se a atividade de movimentação de mercadoria for realizada por trabalhador avulso, dispõe o art. 4º da lei em referência que o sindicato elaborará a escala de trabalho e as folhas de pagamento dos trabalhadores avulsos, com a indicação do tomador do serviço e dos trabalhadores que participaram da operação, devendo prestar, com relação a estes, as seguintes informações:

I – os respectivos números de registros ou cadastro no sindicato;

II – o serviço prestado e os turnos trabalhados;

III – as remunerações pagas, devidas ou creditadas a cada um dos trabalhadores, registrando-se as parcelas referentes a:

a) repouso remunerado;

b) Fundo de Garantia por Tempo de Serviço;

c) 13º salário;

d) férias remuneradas mais 1/3 (um terço) constitucional;

e) adicional de trabalho noturno;

f) adicional de trabalho extraordinário.

Os arts. 5º e 6º da Lei 12.023 estabelece os deveres do sindicato intermediador e do tomador de serviço prestado por trabalhador avulso.

Assim, são deveres do sindicato intermediador:

I – divulgar amplamente as escalas de trabalho dos avulsos, com a observância do rodízio entre os trabalhadores;

II – proporcionar equilíbrio na distribuição das equipes e funções, visando à remuneração em igualdade de condições de trabalho para todos e a efetiva participação dos trabalhadores não sindicalizados;

III – repassar aos respectivos beneficiários, no prazo máximo de 72 (setenta e duas) horas úteis, contadas a partir do seu arrecadamento, os valores devidos e pagos pelos tomadores do serviço, relativos à remuneração do trabalhador avulso;

IV – exibir para os tomadores da mão de obra avulsa e para as fiscalizações competentes os documentos que comprovem o efetivo pagamento das remunerações devidas aos trabalhadores avulsos;

V – zelar pela observância das normas de segurança, higiene e saúde no trabalho;

VI – firmar Acordo ou Convenção Coletiva de Trabalho para normatização das condições de trabalho.

O § 1º do art. 5º da Lei 12.023 dispõe que no caso de "descumprimento do disposto no inciso III deste artigo serão responsáveis, pessoal e solidariamente, os dirigentes da entidade sindical", sendo certo que o § 2º do mesmo artigo prevê que a "identidade de cadastro para a escalação não será a carteira do sindicato e não assumirá nenhuma outra forma que possa dar ensejo à distinção entre trabalhadores sindicalizados e não sindicalizados para efeito de acesso ao trabalho".

Os deveres do tomador de serviços são os seguintes:

I – pagar ao sindicato os valores devidos pelos serviços prestados ou dias trabalhados, acrescidos dos percentuais relativos a repouso remunerado, 13º salário e férias acrescidas de 1/3 (um terço), para viabilizar o pagamento do trabalhador avulso, bem como os percentuais referentes aos adicionais extraordinários e noturnos;

II – efetuar o pagamento a que se refere o inciso I, no prazo máximo de 72 (setenta e duas) horas úteis, contadas a partir do encerramento do trabalho requisitado;

III – recolher os valores devidos ao Fundo de Garantia por Tempo de Serviço, acrescido dos percentuais relativos ao 13º salário, férias, encargos fiscais, sociais e previdenciários, observando o prazo legal.

O art. 8º da Lei 12.023 reconhece expressamente que as empresas tomadoras do trabalho avulso respondem solidariamente pela efetiva remuneração do trabalho contratado e são responsáveis pelo recolhimento dos encargos fiscais e sociais, bem como das contribuições ou de outras importâncias devidas à Seguridade Social, no limite do uso que fizerem do trabalho avulso intermediado pelo sindicato.

O art. 9º da lei em questão, por sua vez, dispõe que as empresas tomadoras do trabalho avulso são responsáveis pelo fornecimento dos Equipamentos de Proteção Individual e por zelar pelo cumprimento das normas de segurança no trabalho.

A natureza de ordem pública dos deveres do sindicato intermediador e do tomador do serviço é reconhecida pelo art. 10 da Lei 12.023, segundo o qual: "A inobservância dos deveres estipulados nos arts. 5º e 6º sujeita os respectivos infratores à multa administrativa no valor de R$ 500,00 (quinhentos reais) por trabalhador avulso prejudicado", valendo registrar que o processo de fiscalização, notificação, autuação e imposição de multas reger-se-á pelo disposto no Título VII da CLT.

A Lei 12.023 contém uma cláusula de encerramento dispondo que ela não se aplica às relações de trabalho regidas pela Lei 8.630, de 25 de fevereiro de 1993 (atualmente, Lei 12.815, de 05.06.2013), e pela Lei 9.719, de 27 de novembro de 1998.

Vale dizer, a regulação do trabalho prestado por trabalhador portuário avulso é disciplinada pela chamada Lei de Modernização do Sistema Portuário (Lei 12.815, de 05.06.2013)[17].

5.1. Trabalhador portuário avulso

O trabalho portuário encontra-se, atualmente, regulado pelo art. 32 e seu parágrafo único da Lei de Modernização do Sistema Portuário (Lei 12.815, de 05.06.2013).

17. Remetemos o leitor ao item 17 do Capítulo IV deste Título II que também trata das condições especiais do trabalhador portuário.

Assim, o trabalho portuário prestado aos Operadores Portuários poderá ser intermediado por Órgão de Gestão de Mão de Obra do Trabalho Portuário Avulso-Ogmo ou por sindicato da categoria profissional correspondente.

Com efeito, dispõe o art. 32 da Lei 12.815 que os operadores portuários devem constituir em cada porto organizado um órgão de gestão de mão de obra do trabalho portuário, destinado a:

> I – administrar o fornecimento da mão de obra do trabalhador portuário e do trabalhador portuário avulso;
>
> II – manter, com exclusividade, o cadastro do trabalhador portuário e o registro do trabalhador portuário avulso;
>
> III – treinar e habilitar profissionalmente o trabalhador portuário, inscrevendo-o no cadastro;
>
> IV – selecionar e registrar o trabalhador portuário avulso;
>
> V – estabelecer o número de vagas, a forma e a periodicidade para acesso ao registro do trabalhador portuário avulso;
>
> VI – expedir os documentos de identificação do trabalhador portuário;
>
> VII – arrecadar e repassar aos beneficiários os valores devidos pelos operadores portuários relativos à remuneração do trabalhador portuário avulso e aos correspondentes encargos fiscais, sociais e previdenciários.

Não obstante, dispõe o parágrafo único do art. 32 da Lei 12.815, *in verbis*:

> Caso celebrado contrato, acordo ou convenção coletiva de trabalho entre trabalhadores e tomadores de serviços, o disposto no instrumento precederá o órgão gestor e dispensará sua intervenção nas relações entre capital e trabalho no porto.

Vale dizer, se houver contrato, convenção ou acordo coletivo entre o sindicato de trabalhadores portuários avulsos e o tomador do serviço, o trabalho portuário será regulado pelo respectivo instrumento coletivo de autocomposição. Neste caso, a intermediação da mão de obra não será feita pelo Ogmo, e sim pelo sindicato da correspondente categoria profissional.

São atribuições do órgão de gestão de mão de obra do trabalho portuário avulso:

> I – aplicar, quando couber, normas disciplinares previstas em lei, contrato, convenção ou acordo coletivo de trabalho, no caso de transgressão disciplinar, as seguintes penalidades:
>
> a) repreensão verbal ou por escrito;

b) suspensão do registro pelo período de 10 (dez) a 30 (trinta) dias; ou

c) cancelamento do registro;

II – promover:

a) a formação profissional do trabalhador portuário e do trabalhador portuário avulso, adequando-a aos modernos processos de movimentação de carga e de operação de aparelhos e equipamentos portuários;

b) o treinamento multifuncional do trabalhador portuário e do trabalhador portuário avulso; e

c) a criação de programas de realocação e de cancelamento do registro, sem ônus para o trabalhador;

III – arrecadar e repassar aos beneficiários contribuições destinadas a incentivar o cancelamento do registro e a aposentadoria voluntária;

IV – arrecadar as contribuições destinadas ao custeio do órgão;

V – zelar pelas normas de saúde, higiene e segurança no trabalho portuário avulso; e

VI – submeter à administração do porto propostas para aprimoramento da operação portuária e valorização econômica do porto.

O Ogmo:

- *não responde* por prejuízos causados pelos trabalhadores portuários avulsos aos tomadores dos seus serviços ou a terceiros.
- *responde, solidariamente com os operadores portuários*, pela remuneração devida ao trabalhador portuário avulso e pelas indenizações decorrentes de acidente de trabalho. Para tanto, o Ogmo pode exigir dos operadores portuários garantia prévia dos respectivos pagamentos, para atender a requisição de trabalhadores portuários avulsos.

O art. 34 da Lei 12.815 dispõe expressamente que o "exercício das atribuições previstas nos arts. 32 e 33 pelo órgão de gestão de mão de obra do trabalho portuário avulso não implica vínculo empregatício com trabalhador portuário avulso", ainda que ceda "trabalhador portuário avulso, em caráter permanente, ao operador portuário" (Lei 12.815, art. 35).

A gestão da mão de obra do trabalho portuário avulso deve observar as normas do contrato, convenção ou acordo coletivo de trabalho (Lei 12.815, art. 36).

Deve ser constituída, no âmbito do Ogmo, comissão paritária para solucionar litígios decorrentes da aplicação do disposto nos arts. 32, 33 e 35 da Lei 12.815. Em caso de impasse, as partes devem recorrer à arbitragem de ofertas finais. Firmado o compromisso arbitral, não será admitida a desistência de qualquer das partes. Os árbitros devem ser escolhidos de comum acordo entre as partes, e o laudo arbitral proferido para solução da pendência constitui título executivo extrajudicial.

Diz o art. 39 da Lei 12.815 que o órgão de gestão de mão de obra é reputado de utilidade pública, sendo-lhe vedado ter fins lucrativos, prestar serviços a terceiros ou exercer qualquer atividade não vinculada à gestão de mão de obra.

O art. 40 da Lei 12.815 estabelece que o trabalho portuário de capatazia, estiva, conferência de carga, conserto de carga, bloco e vigilância de embarcações, nos portos organizados, será realizado por trabalhadores portuários com vínculo empregatício por prazo indeterminado e por trabalhadores portuários avulsos.

Para os fins do sistema portuário, consideram-se:

> I – *capatazia*: atividade de movimentação de mercadorias nas instalações dentro do porto, compreendendo o recebimento, conferência, transporte interno, abertura de volumes para a conferência aduaneira, manipulação, arrumação e entrega, bem como o carregamento e descarga de embarcações, quando efetuados por aparelhamento portuário;
>
> II – *estiva*: atividade de movimentação de mercadorias nos conveses ou nos porões das embarcações principais ou auxiliares, incluindo o transbordo, arrumação, peação e despeação, bem como o carregamento e a descarga, quando realizados com equipamentos de bordo;
>
> III – *conferência de carga*: contagem de volumes, anotação de suas características, procedência ou destino, verificação do estado das mercadorias, assistência à pesagem, conferência do manifesto e demais serviços correlatos, nas operações de carregamento e descarga de embarcações;
>
> IV – *conserto de carga*: reparo e restauração das embalagens de mercadorias, nas operações de carregamento e descarga de embarcações, reembalagem, marcação, remarcação, carimbagem, etiquetagem, abertura de volumes para vistoria e posterior recomposição;
>
> V – *vigilância de embarcações*: atividade de fiscalização da entrada e saída de pessoas a bordo das embarcações atracadas ou fundeadas ao largo, bem como da movimentação de mercadorias nos portalós, rampas, porões, conveses, plataformas e em outros locais da embarcação; e
>
> VI – *bloco*: atividade de limpeza e conservação de embarcações mercantes e de seus tanques, incluindo batimento de ferrugem, pintura, reparos de pequena monta e serviços correlatos.

Estes trabalhadores constituem categorias profissionais diferenciadas (Lei 12.815, art. 42, 4º).

A contratação de trabalhadores portuários de capatazia, bloco, estiva, conferência de carga, conserto de carga e vigilância de embarcações com vínculo empregatício por prazo indeterminado será feita exclusivamente entre trabalhadores portuários avulsos registrados, sendo vedado ao operador portuário, em tais atividades, locar ou tomar mão de obra sob o regime de trabalho temporário de que trata a Lei 6.019/1974.

Cabe ao Ogmo:

I – organizar e manter cadastro de trabalhadores portuários habilitados ao desempenho das atividades previstas no § 1º do art. 40 da Lei n. 12.815;
II – organizar e manter o registro dos trabalhadores portuários avulsos.

A inscrição no cadastro do trabalhador portuário dependerá exclusivamente de prévia habilitação profissional do trabalhador interessado, mediante treinamento realizado em entidade indicada pelo órgão de gestão de mão de obra. O ingresso no registro do trabalhador portuário avulso depende de prévia seleção e inscrição no cadastro, obedecidas a disponibilidade de vagas e a ordem cronológica de inscrição no cadastro.

A inscrição no cadastro e o registro do trabalhador portuário extinguem-se por morte ou cancelamento.

A seleção e o registro do trabalhador portuário avulso serão feitos pelo órgão de gestão de mão de obra avulsa, de acordo com as normas estabelecidas em contrato, convenção ou acordo coletivo de trabalho (Lei 12.815, art. 42).

A remuneração, a definição das funções, a composição dos ternos, a multifuncionalidade e as demais condições do trabalho avulso serão objeto de negociação entre as entidades representativas dos trabalhadores portuários avulsos e dos operadores portuários (Lei 12.815, art. 43), sendo certo que o instrumento decorrente da negociação coletiva contemplará a garantia de renda mínima inserida no item 2 do artigo 2 da Convenção no 137 da Organização Internacional do Trabalho-OIT.

Registre-se, por último, que a interpretação sistemática e teleológica do texto constitucional autoriza dizer que a prescrição (que, em rigor não constitui direito social, mas perda da pretensão relativa a um direito subjetivo) quanto aos créditos do trabalhador avulso é apenas a bienal, ou seja, só há um prazo prescricional de dois anos, contado da data da cessação da prestação do serviço ao tomador (CF, art. 7º, XXIX), na medida em que a curta duração do trabalho – característica básica do trabalho avulso – torna impraticável a regra alusiva à prescrição quinquenal. Tal entendimento foi adotado pela OJ 384 da SDI-1 do TST. Todavia, esse verbete foi cancelado pela Resolução TST 186/2012 (*DEJT* 25, 26 e 27.09.2012), sendo factível a ilação de que para o trabalhador avulso somente incide a prescrição quinquenal, por ser a mais favorável, "tendo como marco inicial a cessação do trabalho ultimado para cada tomador de serviço".

Cumpre advertir, contudo, que o § 4º do art. 37 da Lei 12.815/2013 prevê expressamente que as "ações relativas aos créditos decorrentes da relação de trabalho avulso prescrevem em 5 (cinco) anos até o limite de 2 (dois) anos após o cancelamento do registro ou do cadastro no órgão gestor de mão de obra".

6. TRABALHADOR TEMPORÁRIO

Trabalhador temporário é um trabalhador subordinado atípico, cuja atividade laboral é regulada pela Lei 6.019, de 03.01.1974, regulamentada pelo Decreto 10.060, de 14.10.2019.

Na verdade, a Lei 6.019/1974 sofreu profundas alterações com o advento das Leis 13.429 e 13.467, ambas de 2017, passando a regular não apenas o trabalho temporário como também a prestação de serviços por interposta empresa (terceirização).

Nesta epígrafe, analisaremos apenas o contrato de trabalho temporário e a nova modalidade de contrato de prestação de serviços (terceirização) será examinada no item 3 do Capítulo V deste Título II, para onde remetemos o leitor.

O Tribunal Superior do Trabalho, por meio do antigo Enunciado 256, sempre reconheceu o trabalho temporário previsto na sobredita lei federal, destacando a inexistência de ilegalidade da contratação do trabalhador temporário e a não formação de vínculo empregatício entre ele e o tomador do seu serviço. A Súmula 331, I, que substituiu o Enunciado 256 em nada alterou tal entendimento.

De modo singelo, podemos afirmar que o trabalhador temporário é aquele contratado por uma empresa fornecedora de serviço temporário para prestar serviços a uma empresa tomadora (ou cliente) desses serviços. O inciso III do art. 3º do Decreto 10.060/2019, sob a justificativa de regulamentar a Lei 6.019/1974, define o trabalhador temporário como a "pessoa física contratada por empresa de trabalho temporário, colocada à disposição de uma empresa tomadora de serviços ou cliente, destinada a atender a necessidade de substituição transitória de pessoal permanente ou a demanda complementar de serviços".

A nova definição de trabalho temporário está prevista no *caput* do art. 2º da Lei 6.019/1974, com redação dada pela Lei 13.429/2017, a saber:

> Art. 2º Trabalho temporário é aquele prestado por pessoa física contratada por uma empresa de trabalho temporário que a coloca à disposição de uma empresa tomadora de serviços, para atender à necessidade de substituição transitória de pessoal permanente ou à demanda complementar de serviços.

O art. 2º do Decreto 10.060, de 14.10.2019, por sua vez, define trabalho temporário como "aquele prestado por pessoa física contratada por uma empresa de trabalho temporário que a coloca à disposição de uma empresa tomadora de serviços ou cliente, para atender à necessidade de substituição transitória de pessoal permanente ou à demanda complementar de serviços".

O parágrafo único do art. 2º do citado Decreto 10.060 dipõe que o "trabalho temporário não se confunde com a prestação de serviços a terceiros, de que trata o art. 4º-A da Lei 6.019, de 1974".

Vê-se, assim, que o trabalho temporário, que pode ocorrer tanto em atividade-meio quanto em atividade-fim do tomador de serviço (Lei 6.019, art. 9º, § 3º), é destinado ao atendimento:

I – da necessidade do tomador de serviços em substituir, transitoriamente, seus empregados contratados diretamente pelo regime celetista; e/ou

II – de demanda complementar de serviços.

Demanda complementar de trabalho temporário, nos termos do novo § 2º do art. 2º da Lei 6.019, é aquela "oriunda de fatores imprevisíveis ou, quando decorrente de fatores previsíveis, tenha natureza intermitente, periódica ou sazonal".

Os incisos IV e V do art. 3º do Decreto 10.060/2019 consideram: a) *demanda complementar de serviços* – a demanda oriunda de fatores imprevisíveis ou, quando decorrente de fatores previsíveis, que tenha natureza intermitente, periódica ou sazonal; b) *substituição transitória de pessoal permanente* – a substituição de trabalhador permanente da empresa tomadora de serviços ou cliente afastado por motivo de suspensão ou interrupção do contrato de trabalho, tais como férias, licenças e outros afastamentos previstos em lei.

O parágrafo único do art. 3º do Decreto 10.060/2019 dispõe que: "Não se considera demanda complementar de serviços:

I – as demandas contínuas ou permanentes; ou

II – as demandas decorrentes da abertura de filiais".

Por outro lado, a Lei 13.429/2017 também deu nova definição à empresa de trabalho temporário, como se depreende do novel art. 4º da Lei 6.019/1974, *in verbis*: "Empresa de trabalho temporário é a pessoa jurídica, devidamente registrada no Ministério do Trabalho, responsável pela colocação de trabalhadores à disposição de outras empresas temporariamente".

Igualmente, a definição de empresa tomadora de serviços temporários também sofreu alteração, conforme o novel art. 5º da Lei 6.019/1974, que passa a ser a "pessoa jurídica ou entidade a ela equiparada que celebra contrato de prestação de trabalho temporário com a empresa" de trabalho temporário.

O art. 3º, incisos I e II, do Decreto 10.060/2019, no entanto, considera:

> I – empresa de trabalho temporário – pessoa jurídica, devidamente registrada no Ministério da Economia, responsável pela colocação de trabalhadores temporários à disposição de outras empresas, tomadoras de serviços ou clientes, que deles necessite, temporariamente;
>
> II – empresa tomadora de serviços ou cliente - pessoa jurídica ou entidade a ela equiparada que, em decorrência de necessidade de substituição transitória de pessoal permanente ou de demanda complementar de serviços, celebre contrato de prestação de serviços de colocação de trabalhadores temporários com empresa de trabalho temporário.

São requisitos para funcionamento e registro da empresa de trabalho temporário no Ministério do Trabalho:

I – prova de inscrição no Cadastro Nacional da Pessoa Jurídica (CNPJ), do Ministério da Fazenda;

II – prova do competente registro na Junta Comercial da localidade em que tenha sede;

III – prova de possuir capital social de, no mínimo, R$ 100.000,00 (cem mil reais).

O art. 5º do Decreto 10.060/2019 dispõe que o pedido de registro da empresa de trabalho temporário será drigido ao Ministério da Economia instruído com os seguintes documentos:

I – prova de constituição da pessoa jurídica e registro na Junta Comercial da localidade em que a empresa tenha sede;

II – prova de inscrição no Cadastro Nacional da Pessoa Jurídica; e

III – capital social compatível com o quantitativo de empregados, observados os seguintes parâmetros:

a) empresas com até dez empregados – capital mínimo de R$ 10.000,00;

b) empresas com mais de dez e com até vinte empregados – capital mínimo de R$ 25.000,00; c) empresas com mais de vinte e com até cinquenta empregados – capital mínimo de R$ 45.000,00;

d) empresas com mais de cinquenta e com até cem empregados – capital mínimo de R$ 100.000,00; e e) empresas com mais de cem empregados – capital mínimo de R$ 250.000,00.

O trabalho temporário, pois, envolve três pessoas: a) a empresa tomadora do serviço (também chamada de empresa cliente); b) a empresa de trabalho temporário, que é a prestadora desse serviço; e c) o trabalhador temporário, que é designado pela empresa de trabalho temporário para prestar serviços transitórios para a empresa tomadora (ou cliente).

Nos termos do art. 9º da Lei 6.019/1974, o contrato celebrado pela empresa de trabalho temporário e a tomadora de serviços será **obrigatoriamente escrito** e ficará à disposição da autoridade fiscalizadora no estabelecimento da tomadora de serviços e conterá:

I – qualificação das partes;

II – motivo justificador da demanda de trabalho temporário;

III – prazo da prestação de serviços;

IV – valor da prestação de serviços;

V – disposições sobre a segurança e a saúde do trabalhador, independentemente do local de realização do trabalho.

É da empresa contratante (tomadora) a responsabilidade de garantir as condições de segurança, higiene e salubridade dos trabalhadores, quando o trabalho for realizado em suas dependências ou em local por ela designado. Além disso, a empresa tomadora deverá estender ao trabalhador temporário o mesmo atendimento médico, ambulatorial e de refeição destinado aos seus empregados e existente nas dependências da contratante ou local por ela designado.

É importante ressaltar que o art. 15 do Decreto 10.060/2019 dispõe que é da responsabilidade da empresa tomadora de serviços ou cliente garantir as condições de segurança, higiene e salubridade dos trabalhadores quando o trabalho for realizado em suas dependências ou em local por ela designado, devendo ela, nos termos do art. 16 do referido Decreto, estender ao trabalhador temporário colocado à sua disposição o mesmo atendimento médico, ambulatorial e de refeição destinado aos seus empregados existente nas suas dependências ou no local por ela designado.

O art. 17 do Decreto 10.060/2019 prevê que, independentemente do ramo da empresa tomadora de serviços ou cliente, não existe vínculo empregatício entre esta e os trabalhadores contratados pelas empresas de trabalho temporário. Esse dispositivo se torna inócuo se houver reconhecimento do vínculo empregatício por decisão judicial, mormente nos casos em que for detectada fraude ou nulidades na contratação do trabalhador temporário.

Outra disposição polêmica está contida no art. 18 do Decreto 10.060, segundo o qual a "empresa tomadora de serviços ou cliente exercerá o poder técnico, disciplinar e diretivo sobre os trabalhadores temporários colocados à sua disposição". Vale dizer, se houver reconhecimento de abuso, fraude ou nulidade da contratação, a Justiça do Trabalho poderá reconhecer vínculo empregatício.

Há, ainda, o art. 19 do Decreto sob exame, que dispõe no sentido de que "o contrato de trabalho temporário poderá dispor sobre o desenvolvimento de atividades-meio e atividades-fim a serem executadas na empresa tomadora de serviços ou cliente". Noutro falar, o dispositivo em causa reconhece que o trabalho temporário contém os mesmos elementos da terceirização, o que pode implicar responsabilidades nos casos de fraudes, abuso de direito e outras nulidades da contratação.

O contrato de trabalho celebrado entre empresa de trabalho temporário e cada um dos assalariados colocados à disposição de uma empresa tomadora ou cliente será, obrigatoriamente, escrito e dele deverão constar, expressamente, os direitos conferidos aos trabalhadores por esta Lei. Será nula de pleno direito qualquer cláusula de reserva, proibindo a contratação do trabalhador pela empresa tomadora ou cliente ao fim do prazo em que tenha sido colocado à sua disposição pela empresa de trabalho temporário (Lei 6.019/1974, art. 11).

Na Carteira de Trabalho e Previdência Social deste tipo espacial de trabalho será registrada, obrigatoriamente, a condição de trabalhador temporário (Lei 6.019/1974, art. 12, § 1º).

Os direitos trabalhistas conferidos ao trabalhador temporário (Lei 6.019, art. 12) são:

a) remuneração equivalente à percebida pelos empregados de mesma categoria da empresa tomadora calculados à base horária, garantindo-se, sempre, no mínimo, o direito ao salário mínimo;

b) jornada diária de oito horas, remuneradas as horas extraordinárias não excedentes de duas, com acréscimo de 20% (vinte por cento)[18];

c) férias proporcionais;

d) repouso semanal remunerado;

e) adicional por trabalho noturno;

f) indenização por dispensa sem justa causa ou término normal do contrato correspondente a 1/12 (um doze avos) do pagamento recebido[19];

g) seguro contra acidente do trabalho;

h) inclusão e proteção previdenciária, nos termos das Leis 8.212 e 8.213, ambas de 1991.

O art. 20 do Decreto 10.060/2019, por sua vez, dispõe que ao trabalhador temporário são assegurados os seguintes direitos:

I – remuneração equivalente àquela percebida pelos empregados da mesma categoria da empresa tomadora de serviços ou cliente, calculada à base horária, garantido, em qualquer hipótese, o salário mínimo regional;

II – pagamento de férias proporcionais, calculado na base de um doze avos do último salário percebido, por mês trabalhado, nas seguintes hipóteses: a) dispensa sem justa causa, b) pedido de demissão; ou c) término normal do contrato individual de trabalho temporário;

III – Fundo de Garantia do Tempo de Serviço, na forma prevista em lei;

IV – benefícios e serviços da Previdência Social;

V – seguro de acidente do trabalho; e

18. Por força do art. 7º, XVI, parece-nos que o valor do adicional de horas extras para o trabalhador temporário passou a ser, no mínimo, de cinquenta por cento. Trata-se, pois, de uma recepção qualificada da Lei 6.019 pela Constituição Federal, que autoriza a interpretação conforme.

19. O art. 15, § 2º, da Lei 8.036/90 estende o regime do FGTS ao trabalhador temporário, sendo que o inc. IX do art. 20 da mesma lei prevê a possibilidade de movimentação da conta vinculada na hipótese de "*extinção normal do contrato a termo,* inclusive o dos trabalhadores temporários regidos pela Lei 6.019, de 03.01.1974".

VI – anotação da sua condição de trabalhador temporário em sua Carteira de Trabalho e Previdência Social, em anotações gerais, conforme regulamentado em ato do Ministro de Estado da Economia.

Ademais, o parágrafo único do art. 20 do citado Decreto prevê que para os "fins do disposto no inciso II do *caput*, será considerada como mês completo a fração igual ou superior a quinze dias úteis".

A relação de trabalho temporário, desde que atendidos todos os requisitos estabelecidos na Lei 6.019/74, não se forma entre a empresa cliente e o trabalhador temporário (art. 10, *caput*), pois este é vinculado juridicamente à empresa fornecedora de mão de obra (ou empresa interposta, ou empresa prestadora de serviços temporários, como preferem alguns autores), que é a responsável direta pelas obrigações trabalhistas.

O ponto comum entre o eventual e o temporário é que ambos são subordinados e prestam serviços transitórios. Mas, o primeiro é contratado diretamente pelo tomador do seu serviço. Já o segundo é contratado por uma empresa (fornecedora da mão de obra) para prestar serviços em outra (cliente ou tomadora de serviço).

O trabalhador temporário também não se confunde com o empregado. Embora sejam ambos subordinados, a subordinação jurídica do primeiro é com a empresa intermediadora, já a do segundo é estabelecida diretamente com o tomador do serviço. Entretanto, o art. 18 do Decreto 10.060/2019 passou a dispor que "a empresa tomadora de serviços ou cliente exercerá o poder técnico, disciplinar e diretivo sobre os trabalhadores temporários colocados à sua disposição". Parece-nos que é inconstitucional o art. 18 do Decreto 10.060, porque extrapola os limites de regulamentação da Lei 6.019.

O prazo máximo para o contrato de trabalho temporário era de 3 (três) meses. A Lei 13.429/2017, porém, introduziu diversas alterações no art. 10 da Lei 6.019/1974, que passou a ter a seguinte redação:

> Art. 10. Qualquer que seja o ramo da empresa tomadora de serviços, não existe vínculo de emprego entre ela e os trabalhadores contratados pelas empresas de trabalho temporário.
>
> § 1º O contrato de trabalho temporário, com relação ao mesmo empregador, não poderá exceder ao prazo de cento e oitenta dias, consecutivos ou não.
>
> § 2º O contrato poderá ser prorrogado por até noventa dias, consecutivos ou não, além do prazo estabelecido no § 1º deste artigo, quando comprovada a manutenção das condições que o ensejaram.
>
> § 3º (VETADO).
>
> § 4º Não se aplica ao trabalhador temporário, contratado pela tomadora de serviços, o contrato de experiência previsto no parágrafo único do art. 445 da Consolidação das Leis do Trabalho.

§ 5º O trabalhador temporário que cumprir o período estipulado nos §§ 1º e 2º deste artigo somente poderá ser colocado à disposição da mesma tomadora de serviços em novo contrato temporário, após noventa dias do término do contrato anterior.

§ 6º A contratação anterior ao prazo previsto no § 5º deste artigo caracteriza vínculo empregatício com a tomadora.

§ 7º A contratante é subsidiariamente responsável pelas obrigações trabalhistas referentes ao período em que ocorrer o trabalho temporário, e o recolhimento das contribuições previdenciárias observará o disposto no art. 31 da Lei n. 8.212, de 24 de julho de 1991.

O art. 13 da Lei 6.019/1974 considera justa causa para rescisão do contrato do trabalhador temporário os atos e circunstâncias mencionados nos artigos 482 e 483 da CLT, ocorrentes entre o trabalhador e a empresa de trabalho temporário ou entre aquele e a empresa cliente onde estiver prestando serviço.

As empresas de trabalho temporário são obrigadas a fornecer às empresas tomadoras ou clientes, a seu pedido, comprovante da regularidade de sua situação com o Instituto Nacional de Previdência Social (Lei 6.019/1974, art. 14).

De acordo com o art. 16 da Lei 6.019/1974, no caso de falência da empresa de trabalho temporário, a empresa tomadora (ou cliente) é solidariamente responsável pelo recolhimento das contribuições previdenciárias, no tocante ao tempo em que o trabalhador esteve sob suas ordens, assim como em referência ao mesmo período, pela remuneração e indenização previstas na referida lei.

O art. 17 da Lei 6.019/1974 estabelece proibição "às empresas de prestação de serviço temporário a contratação de estrangeiros com visto provisório de permanência no País".

Nos termos do art. 18 da Lei 6.019/1974, é vedado à empresa do trabalho temporário cobrar do trabalhador qualquer importância, mesmo a título de mediação, podendo apenas efetuar os descontos previstos em Lei. A infração deste artigo importa no cancelamento do registro para funcionamento da empresa de trabalho temporário, sem prejuízo das sanções administrativas e penais cabíveis.

É da Justiça do Trabalho a competência para dirimir os litígios entre as empresas de serviços temporários e seus trabalhadores (Lei 6.019, art. 19).

7. TRABALHADORES INTELECTUAIS

Há países, como a França, que adotam lei trabalhista para operários (os que trabalham de forma manual, braçal) e outra, para empregados (exercentes de outras atividades técnicas ou intelectuais).

O Brasil não faz tal distinção. Ao revés, proíbe qualquer discriminação a respeito, desde a Constituição de 1934.

O parágrafo único do art. 3º da CLT já estabelecia a proibição de "distinções relativas à espécie de emprego e à condição de trabalhador, nem entre o trabalho intelectual, técnico e manual".

A Constituição da República (art. 7º, XXXII) enalteceu tal princípio, acrescentando que são direitos dos trabalhadores, além de outros que visem à melhoria de sua condição social, a "proibição de distinção entre trabalho manual, técnico e intelectual ou entre os profissionais respectivos".

Amauri Mascaro Nascimento[20] leciona que não contrariam o princípio isonômico acima as inúmeras regulamentações legais existentes acerca de profissões intelectuais diversas, como médicos e cirurgiões-dentistas (Lei 3.999/61, que dispõe sobre o salário mínimo de médicos e dentistas), músicos (Lei 3.857/60), jornalistas (CLT, art. 302; Dec.-lei 972/69; e Leis 5.696/71, 6.612/78 e 6.727/79), professores (CLT, arts. 317 a 324) etc., pois estas existem para possibilitar que alguém possa ter uma profissão e exercê-la.

Parece-nos que as leis especiais que disponham sobre as diversas profissões encontram-se em sintonia com o XIII do art. 5º da CF, que reconhece a liberdade do exercício de qualquer trabalho, ofício ou profissão, desde que "atendidas as qualificações profissionais que a lei estabelecer". Certamente, essas leis especiais podem, observados os princípios da dignidade da pessoa humana, dos valores sociais do trabalho e da livre-iniciativa, da cidadania, da solidariedade, da razoabilidade e da proporcionalidade, estabelecer algumas desigualdades tópicas, a fim de possibilitarem a convivência pacífica entre o princípio da igualdade e o direito fundamental à liberdade de exercício de qualquer trabalho, ofício ou profissão.

8. ALTOS EMPREGADOS

Dentro da organização interna de uma empresa, podemos notar a existência de uma hierarquia entre setores e, principalmente, entre cargos e funções.

No ápice dessa hierarquia encontramos os diretores, mas o que importa para o nosso estudo é quando nos deparamos com o "diretor empregado" (contratado originalmente como tal) ou com o "empregado eleito diretor".

Trataremos, a seguir, das controvertidas questões jurídicas que cercam estas duas figuras.

8.1. Diretor empregado

Quanto ao *diretor empregado*, há duas correntes distintas a respeito da existência ou não de relação de emprego com a empresa tomadora de seu serviço.

20. *Direito do trabalho na Constituição de 1988.* 2. ed. São Paulo: Saraiva, 1991, p. 202.

A primeira é a negativista (ou tradicional), porquanto sustenta ser incompatível o exercício cumulativo de duas funções – diretiva e subordinada –, impossibilitando, assim, a existência de vínculo empregatício entre o diretor e a sociedade que dirige. Dentro desta concepção, há, ainda, os que advogam ser o diretor uma espécie de mandatário da sociedade e os que defendem ser ele apenas um órgão da sociedade.

A segunda, mais moderna, vem evoluindo para admitir a existência de um autêntico vínculo empregatício entre o executivo escolhido (diretor contratado) para compor a diretoria e a pessoa jurídica contratante. Invoca-se, para tanto, o disposto no art. 157, § 1º, "d", da Lei 6.404/76, para robustecer a tese defendida por esta corrente. Nesse sentido:

> *Relação de emprego*. Diretor empregado de S/A, posteriormente eleito como Diretor Estatutário. Demonstração de que o diretor não passou a ser dono do negócio e ausência de modificação da subordinação, bem como das atribuições. Elementos seguros para se afirmar que persiste a relação de emprego. Recurso provido (TRT – 2ª R. – RO 02328.2000.023.02.00-1 – 6ª T. – Rel. Juiz Rafael E. Pugliese Ribeiro – j. 08.08.2006 – *DOESP* 25.08.2006).

8.2. Empregado eleito diretor

Há, doutra parte, o problema do *empregado eleito diretor*, ou seja, aquele empregado antigo que é alçado à condição de diretor da empresa em que trabalha.

A doutrina cingiu-se em quatro correntes.

Para Mozart Victor Russomano, o contrato de trabalho extingue-se automaticamente, em face da incompatibilidade da situação de empregado e diretor ao mesmo tempo.

Délio Maranhão sustenta que, *in casu*, ocorre simples suspensão do contrato de trabalho, orientação que é seguida pelo TST (Súmula 269).

Uma terceira vertente é defendida por Evaristo de Moraes Filho, para quem o contrato de trabalho fica interrompido, já que o tempo de serviço é computado para todos os efeitos legais, posição essa adotada pelo STF, como se depreende do seguinte julgado:

> O período em que o trabalhador presta serviços como diretor computa-se como tempo de trabalho para todos os efeitos (STF – AI-71.057/MG – Ac. TP – j. 08.09.1977 – Rel. Min. Cordeiro Guerra – *LTr* 42/65)[21].

Finalmente, a quarta corrente, à qual nos filiamos, é defendida por J. Antero de Carvalho e Octavio Bueno Magano. Com efeito, somente o diretor que se apresenta dono do negócio ou acionista controlador está excluído da proteção celetária. Essa orientação foi seguida pelo Eg. TST, no seguinte julgado:

---

21. *Apud* MAGANO, Octavio Bueno. *Manual de direito do trabalho*. 3. ed. v. 2, p. 139.

O diretor de empresa, que não participa da formação de seu capital e dá à mesma tempo integral, é empregado para todos os efeitos de direito (TST-RR 5.166/75 - Ac. de 20.05.1976 - Rel. Min. Renato Machado - *LTr*, 41/208)[22].

8.3. Demais exercentes de cargos de confiança

Também são exercentes de cargos de gestão o gerente, o chefe de departamento ou filial, nos termos do art. 62, II, da CLT (com nova redação dada pela Lei 8.966, de 27.12.1994).

A estes empregados são aplicáveis, a princípio, as disposições referentes à jornada extraordinária, quando "o salário do cargo de confiança, compreendendo a gratificação de função, se houver, for inferior ao valor do respectivo salário efetivo acrescido de 40% (quarenta por cento)", como se infere da dicção do parágrafo único do art. 62 do texto consolidado.

No que concerne aos exercentes de cargos de confiança nas instituições bancárias, aplica-se o art. 224, § 2º, da CLT, salvo se, na prática (princípio da primazia da realidade), for constatado que o "cargo de confiança" era apenas um rótulo para disfarçar uma situação fática distinta.

8.4. Empregado hipersuficiente

Sobre empregado hipersuficiente, *vide* item 2.1 deste Título.

9. TRABALHADOR DOMÉSTICO

Em 1972, foi editada a Lei 5.859, cujo art. 1º definia o trabalhador doméstico como aquele que "presta serviços de natureza contínua e de finalidade não lucrativa à pessoa ou à família no âmbito residencial destas". A Constituição Federal, em sua redação original, estendia ao trabalhador doméstico, sem conceituá-lo, alguns direitos trabalhistas outorgados aos empregados (CF, art. 7º, parágrafo único).

Sobreveio a promulgação da Emenda Constitucional 72, de 02.04.2013, que alterou a redação do parágrafo único do art. 7º da CF "para estabelecer a igualdade de direitos trabalhistas entre os trabalhadores domésticos e os demais trabalhadores urbanos e rurais".

Na verdade, embora o enunciado da referida emenda constitucional tenha estabelecido "a igualdade de direitos trabalhistas", o texto promulgado efetivamente apenas ampliou o rol dos direitos previstos na redação original da Constituição Federal de 1988.

Com efeito, o artigo único da EC 73 dispõe que:

O parágrafo único do art. 7º da Constituição Federal passa a vigorar com a seguinte redação:

22. *Ibidem*, p. 139.

Art. 7º (...)

Parágrafo único. São assegurados à categoria dos trabalhadores domésticos os direitos previstos nos incisos IV, VI, VII, VIII, X, XIII, XV, XVI, XVII, XVIII, XIX, XXI, XXII, XXIV, XXVI, XXX, XXXI e XXXIII e, atendidas as condições estabelecidas em lei e observada a simplificação do cumprimento das obrigações tributárias, principais e acessórias, decorrentes da relação de trabalho e suas peculiaridades, os previstos nos incisos I, II, III, IX, XII, XXV e XXVIII, bem como a sua integração à previdência social.

Analisando os incisos do novel parágrafo único do art. 7º da CF, podemos inferir, não obstante a existência de divergência doutrinária, que alguns têm eficácia plena e aplicabilidade imediata e outros têm eficácia limitada com aplicabilidade dependente de regulamentação infraconstitucional.

Parece-nos, pois, que os direitos dos trabalhadores domésticos garantidos pela EC 72 com *aplicabilidade imediata* são: salário mínimo; irredutibilidade de salário, salvo o disposto em convenção ou acordo coletivo de trabalho; garantia de salário, nunca inferior ao mínimo, para os que percebem remuneração variável; décimo terceiro salário; proteção do salário na forma da lei; duração do trabalho normal não superior a oito horas diárias e 44 horas semanais, facultada a compensação de horários e a redução da jornada, mediante acordo ou convenção coletiva de trabalho; repouso semanal remunerado, preferencialmente aos domingos; remuneração do serviço extraordinário superior, no mínimo, em cinquenta por cento à do normal; gozo de férias anuais remuneradas com, pelo menos, um terço a mais do que o salário normal; licença à gestante, sem prejuízo de emprego e do salário, com a duração de cento e vinte dias; licença-paternidade; aviso prévio proporcional ao tempo de serviço, sendo no mínimo de trinta dias; redução dos riscos inerentes ao trabalho, por meio de normas de saúde, higiene e segurança; aposentadoria; reconhecimento das convenções e acordos coletivos de trabalho; proibição de diferença de salários, de exercício de funções e de critério de admissão por motivo de sexo, idade, cor, ou estado civil; proibição de qualquer discriminação no tocante a salário e critérios de admissão do trabalhador com deficiência; proibição de trabalho noturno, perigoso ou insalubre a menores de dezoito anos.

Por outro lado, afigura-se-nos que são direitos do trabalhador doméstico cujos exercícios *dependem de regulamentação infraconstitucional*: relação de emprego protegida contra despedida arbitrária ou sem justa causa; seguro desemprego, em caso de desemprego involuntário; Fundo de Garantia do Tempo de Serviço – FGTS; remuneração do trabalho noturno superior à do diurno; salário-família pago em razão do dependente do trabalhador de baixa renda; assistência gratuita aos filhos e dependentes desde o nascimento até 5 (cinco) anos de idade em creches e pré-escolas; seguro contra acidentes de trabalho, a cargo do empregador, sem excluir a indenização a que este está obrigado, quando incorrer em dolo ou culpa.

9.1. Novo microssistema de regulação do trabalho doméstico

Destaca-se, nesse passo, a LC 150, de 01.06.2015, que instituiu um microssistema de regulação do trabalho doméstico, inovou substancialmente o regime previsto anteriormente e regulamentou, em grande parte, os direitos previstos em normas de eficácia limitada criados pela EC 72/2013, ao permitir, em seu art. 19, expressamente a aplicação subsidiária dos dispositivos legais de proteção ao empregado e, especialmente, da CLT, desde que observadas as peculiaridades do trabalho doméstico.

Com efeito, sustentamos que ocorreu a revogação tácita do art. 7º da CLT, tendo em vista que, pelo critério cronológico e da especialidade para solução de antinomias, a LC 150/2015, que é especialíssima, deve prevalecer sobre a CLT, que é anterior e destinada a todos os empregados.

Nesse sentido, a CLT será aplicada como fonte direta do trabalho doméstico nas hipóteses em que a LC 150 determinar diretamente a sua aplicação e, subsidiariamente, quando houver lacuna na referida lei complementar, desde que as normas do texto consolidado sejam compatíveis com as peculiaridades do trabalho doméstico.

Na verdade, podemos dizer que as normas da CF (art. 7º, parágrafo único), da LC 150/2015 e da CLT formam um novo microssistema normativo brasileiro de regulação do trabalho doméstico.

Em outras palavras, a CLT só será aplicada ao trabalhador doméstico quando presentes 3 (três) condições:

- a LC 150/2015 mandar aplicar diretamente a CLT (exemplos: arts. 10, § 1º, e 25 da LC 150);
- Lacuna da LC 150/2015;
- Compatibilidade da norma da CLT a ser aplicada com as peculiaridades do trabalho doméstico.

Com relação à aplicação da Convenção 189 da Organização Internacional do Trabalho (OIT) sobre proteção do trabalhador doméstico, que entrou em vigor no plano internacional, mas ainda não foi ratificada pelo Brasil, pensamos que ela poderá ser aplicada, enquanto não for ratificada pelo Congresso Nacional, nos termos do art. 8º da CLT, segundo o qual o direito comparado poderá ser aplicado subsidiariamente nos casos de lacuna da legislação trabalhista.

Além disso, há uma tendência de expansão da dignificação do trabalho doméstico, como se infere da Lei 13.699, de 02.08.2018, que alterou a Lei 10.257/2001 (Estatuto da Cidade), para instituir diretriz de política urbana que estabeleça condições condignas de acessibilidade, utilização e conforto nas dependências internas das edificações urbanas, inclusive nas destinadas à moradia e ao serviço dos trabalhadores domésticos, observados requisitos mínimos de dimensionamento, ventilação, iluminação, ergonomia, privacidade e qualidade dos materiais empregados.

Feita esta necessária digressão, analisaremos, doravante, os principais aspectos que giram em torno do contrato de trabalho doméstico no Brasil[23].

9.2. Denominação e conceito

A nova definição de empregado (*rectius*, trabalhador) doméstico está no art. 1º da LC 150/2015, *in verbis*:

> Art. 1º Ao empregado doméstico, assim considerado aquele que presta serviços de forma contínua, subordinada, onerosa e pessoal e de finalidade não lucrativa à pessoa ou à família, no âmbito residencial destas, por mais de 2 (dois) dias por semana, aplica-se o disposto nesta Lei.
>
> Parágrafo único. É vedada a contratação de menor de 18 (dezoito) anos para desempenho de trabalho doméstico, de acordo com a Convenção n. 182, de 1999, da Organização Internacional do Trabalho (OIT) e com o Decreto n. 6.481, de 12 de junho de 2008.

Preferimos, como já defendemos em outra obra[24], utilizar a denominação "trabalhador doméstico" em vez de "empregado doméstico", por 4 (quatro) motivos.

Primeiro, porque embora subordinado, o doméstico não é destinatário de todos os direitos do empregado urbano ou rural. Se o fosse, teria todos os direitos fundamentais sociais previstos na CF e na CLT ou na Lei 5.889/73 (Estatuto do Trabalhador Rural). Por mais que a EC 72/2013 tenha prometido a "igualdade" entre o doméstico e os empregados urbanos e rurais, na essência essa mesma EC diz quais são os dispositivos do art. 7º da CF aplicáveis à "categoria dos trabalhadores domésticos".

Segundo, porquanto, ainda que o legislador, tanto o da CLT (art. 7º, *a*) e da Lei 5.859/72 quanto o da LC 150/2015, tenha utilizado o termo "empregado doméstico", a Constituição Federal adotou a expressão "trabalhadores domésticos" (CF, art. 7º, parágrafo único). Aliás, o próprio *caput* do art. 7º da CF emprega os termos "trabalhadores urbanos e rurais".

Terceiro, porque a própria LC 150/2015 utiliza promiscuamente as expressões "empregado doméstico" e "trabalhador doméstico", como, por exemplo, no seu art. 28.

O quarto e derradeiro motivo reside no fato de que a Convenção 189 da OIT (não ratificada pelo Brasil, mas pode ser aplicada subsidiariamente ao trabalhador doméstico por força dos arts. 19 da LC 150/2015 e 8º da CLT) adota expressamente o termo trabalhador doméstico, como se infere do seu art. 1º:

---

23. Para aprofundamento da pesquisa sobre o tema, recomendamos a seguinte obra: LEITE, Carlos Henrique Bezerra; LEITE, Laís Durval; LEITE, Letícia Durval. *A nova lei do trabalho doméstico:* comentários à Lei Complementar n. 150/2015. São Paulo: Saraiva, 2015.

24. LEITE, Carlos Henrique Bezerra; LEITE, Laís Durval; LEITE, Letícia Durval. *A nova lei do trabalho doméstico:* comentários à Lei Complementar n. 150/2015, p. 31-32.

Art. 1º Para o propósito desta Convenção: (a) o termo "trabalho doméstico" designa o trabalho executado em ou para um domicílio ou domicílios; (b) o termo "trabalhadores domésticos" designa toda pessoa, do sexo feminino ou masculino, que realiza um trabalho doméstico no marco de uma relação de trabalho; (c) uma pessoa que executa o trabalho doméstico apenas ocasionalmente ou esporadicamente, sem que este trabalho seja uma ocupação profissional, não é considerada trabalhador doméstico.

Tudo somado, parece-nos que, por força do fenômeno da constitucionalização do Direito, o termo "trabalhador", incluído o trabalhador doméstico, deve ser adotado em larga escala rumo à sua uniformização terminológica, o que, certamente, contribuirá para a universalização do sistema de proteção das pessoas humanas que exerçam atividades juridicamente subordinadas e, consequentemente, auxiliará na promoção de alguns objetivos fundamentais da República Federativa do Brasil (CF, art. 3º, III e IV): reduzir as desigualdades sociais e regionais e promover o bem de todos, sem preconceitos de origem, raça, sexo, cor, idade e quaisquer outras formas de discriminação.

Destarte, conceituamos o trabalhador doméstico como uma espécie de trabalhador juridicamente subordinado, plenamente capaz, que presta serviços, pessoalmente, de natureza contínua por três ou mais dias por semana, mediante remuneração, no (ou para o) âmbito residencial à pessoa física ou à família em atividade não lucrativa.

Nesses termos, integram a categoria dos trabalhadores domésticos, desde que preenchidos simultaneamente todos os requisitos da relação de trabalho doméstico (LC 150/2015, art. 1º): cozinheiro; governanta; babá; lavadeira; faxineiro; vigia; motorista particular; jardineiro; caseiro; piloto particular de avião ou helicóptero; acompanhante de idosos etc.

Para ser trabalhador doméstico, portanto, a LC 150 exige 6 (seis) requisitos cumulativos.

Primeiro: o trabalhador tem de ser pessoa física com **idade mínima de 18 anos (pessoa plenamente capaz)**. Essa nova exigência legal é decorrente da Convenção 168 da OIT (aprovada pelo Decreto Legislativo 178/99 e promulgada pelo Decreto Presidencial 3.597/2000), bem como do Decreto 6.481/2008, que aprovou a "Lista das Piores Formas de Trabalho Infantil" (Lista TIP); o serviço doméstico, por ser considerado uma das piores formas de trabalho infantil, é proibido para os menores de 18 anos de idade (Decreto 6.481/2008, art. 2º).

Segundo: o trabalhador doméstico deve **prestar pessoalmente o serviço (pessoalidade)**, e somente em casos excepcionais, com consentimento, tácito ou expresso, do empregador doméstico, pode ser admitida a substituição eventual do prestador do trabalho.

O terceiro requisito é a **continuidade**, pois o art. 1º da LC 150/2015 dispõe que o trabalhador doméstico é "aquele que presta serviços de forma contínua...". A noção de continuidade, como elemento da relação de trabalho doméstico, é mais restrita do que a de não eventualidade, razão pela qual não se aplica, aqui, a teoria dos fins econômicos normais da empresa, pois a família, como empregadora, não possui fins econômicos ou lucrativos. Note-se que o legislador inseriu no art. 1º da LC 150/2015 a expressão "... por mais de 2 (dois) dias por semana", estabelecendo um critério temporal para identificação da natureza contínua da prestação do trabalho doméstico.

Quarto requisito: **subordinação jurídica**. A LC 150/2015, que não utiliza o termo "sob a dependência", previsto no art. 3º da CLT, considera trabalhador doméstico aquele que presta serviços de forma "subordinada", o que nos parece correto, porquanto o serviço é prestado de forma subordinada ao empregador doméstico. Como a LC 150 não define o que é prestação de serviço de forma subordinada, que é um elemento caracterizador da relação de trabalho doméstico, é factível a construção de um conceito que já vem sendo adotado, tanto pela doutrina como pela jurisprudência, para configurar a relação de emprego comum.

O quinto requisito essencial para a caracterização do trabalhador doméstico exigido pelo art. 1º da LC 150/2015 é a **onerosidade**. Tal como se dá com o empregado urbano (CLT, art. 3º), o trabalhador doméstico celebra o contrato de trabalho com a intenção de receber remuneração pelo serviço prestado. Logo, o trabalho prestado a título gratuito, voluntário, com laços de afinidade ou por mera caridade, não é protegido pela Lei Complementar 150/2015.

Finalmente, o sexto requisito para a caracterização do trabalhador doméstico é que ele preste serviços "de finalidade não lucrativa à pessoa ou à família". O requisito da **inexistência de finalidade lucrativa no âmbito residencial** já estava previsto na Lei 5.859/72, de modo que não há alteração digna de nota com o advento da LC 150/2015. Portanto, é preciso que a atividade exercida no (e para o) âmbito residencial não implique lucro ou renda para o tomador dos serviços.

Há situações em que no ambiente familiar também se explora atividade econômica. Se a cozinheira, por exemplo, presta serviços para a família e um dos componentes desta vende a alimentação produzida pela cozinheira para terceiros, pensamos que haverá dois vínculos: um de trabalho doméstico com a família e outro de emprego urbano comum com a pessoa física que explora comercialmente os serviços prestados pela cozinheira.

Assim, pensamos que se for possível identificar no caso concreto dois contratos distintos, um de trabalho doméstico (LC 150/2015, art. 1º) e outro de emprego celetista (CLT, arts. 2º e 3º), será mais benéfico ao trabalhador reconhecer dois vínculos jurídicos, pois, neste caso, ele receberá duas remunerações distintas por serviços também distintos prestados a dois empregadores distintos, o que estará em sintonia com os princípios e objetivos fundamentais da República (CF, arts. 1º, III e IV, e 3º, I e III), dentre eles a dignidade da pessoa humana, a valorização do trabalho humano, a construção de uma sociedade mais justa e solidária e a correção das desigualdades sociais.

9.3. O empregador doméstico e suas responsabilidades

O empregador doméstico é aquele que contrata trabalhador doméstico. Logo, o conceito de empregador doméstico é reflexo ao de trabalhador doméstico, isto é, ao ser identificado o trabalhador doméstico, o intérprete automaticamente identificará o empregador doméstico. De toda a sorte, há alguns requisitos essenciais para identificar o empregador doméstico, a saber: pessoa física ou família; morar em local destinado à sua residência; não explorar atividade econômico-lucrativa.

Em que pese a LC 150/2015 referir-se apenas à pessoa física ou à família, o conceito de empregador doméstico poderá, excepcionalmente, ser estendido às repúblicas estudantis, desde que destinadas exclusivamente à residência de estudantes. Neste caso, o serviço do trabalhador doméstico deverá ser prestado exclusivamente no (ou para o) âmbito residencial das pessoas físicas que residem naquela república estudantil.

No tocante aos acidentes e doenças provenientes da atividade laboral, ainda que não regulado expressamente pela LC 150, mas aplicando-se subsidiariamente a CLT, empregador e trabalhador domésticos, assim como o Estado e a sociedade, têm o dever de preservar o meio ambiente, incluído o do trabalho (CF, arts. 225 e 200, VIII).

A LC 150/2015 não regulamentou expressamente o direito dos trabalhadores domésticos à "redução dos riscos inerentes ao trabalho, por meio de normas de saúde, higiene e segurança" (CF, art. 7º, XII), e a previsão do "seguro contra acidentes de trabalho, a cargo do empregador, sem excluir a indenização a que este está obrigado, quando incorrer em dolo ou culpa" (CF, art. 7º, XXVIII).

Todavia, o art. 37 da LC 150/2015, alterou o § 1º do art. 18 e o art. 19 da Lei 8.213, de 24 de julho de 1991, que passaram a vigorar com as seguintes redações:

> Art. 18 (...)
>
> § 1º Somente poderão beneficiar-se do auxílio-acidente os segurados incluídos nos incisos I, II, VI e VII do art. 11 desta Lei.
>
> Art. 19. Acidente do trabalho é o que ocorre pelo exercício do trabalho a serviço de empresa ou de empregador doméstico ou pelo exercício do trabalho dos segurados referidos no inciso VII do art. 11 desta Lei, provocando lesão corporal ou perturbação funcional que cause a morte ou a perda ou redução, permanente ou temporária, da capacidade para o trabalho.

Vale dizer, o art. 11, item II, da Lei 8.213/91 confere ao doméstico a condição de segurado obrigatório da Previdência Social e o § 1º do art. 18 da mesma lei lhe estende o direito ao benefício do auxílio-acidente, razão pela qual entendemos que as normas supracitadas regularam, por via transversa, o direito dos trabalhadores domésticos à proteção contra "lesão corporal ou perturbação funcional que cause a morte ou a perda ou redução, permanente ou temporária, da capacidade para o trabalho" (Lei 8.213/91, arts. 11, II, 18, § 1º, e 19).

Assim, pela interpretação sistemática e teleológica de todos os dispositivos constitucionais e infraconstitucionais acima mencionados, parece-nos que o empregador doméstico poderá ser responsabilizado pelos danos – materiais e/ou morais – causados aos seus trabalhadores domésticos no meio ambiente laboral doméstico.

Por não ser o ambiente doméstico uma atividade de risco, a responsabilidade do empregador doméstico por acidentes do trabalho deverá ser, em regra, subjetiva (CF, art. 7º, XXVIII, c/c art. 927, parágrafo único do CC).

Além disso, é responsabilidade do empregador doméstico guardar e conservar, por um período de 5 anos contados retroativamente da data de extinção do contrato de trabalho, os documentos fiscais, trabalhistas e previdenciários referentes à relação de trabalho doméstico. O referido prazo está interligado com o art. 43 da LC 150, o qual prevê que o direito de ação quanto aos créditos trabalhistas prescreve em 5 anos até o limite de 2 anos após a extinção do contrato.

9.4. Contrato de trabalho doméstico

Embora a LC 150/2015 não tenha definido o contrato de trabalho doméstico, o conceituamos como o negócio jurídico, tácito ou expresso, por tempo determinado ou indeterminado, que estabelece um conjunto de direitos e deveres para o trabalhador doméstico e para o empregador doméstico.

Portanto, em regra, o contrato não requer forma especial, podendo ser celebrado nos moldes do contrato de trabalho do empregado urbano comum. No entanto, a LC 150 dispõe que algumas cláusulas ou condições do contrato de trabalho doméstico devem ser firmadas por escrito, como, por exemplo, na instituição do regime de compensação de horas de trabalho.

Apesar de o contrato de trabalho doméstico poder ser estabelecido até mesmo de forma verbal, é obrigatória a anotação na CTPS do trabalhador doméstico, sendo esta a principal prova do negócio jurídico firmado.

Sobre a duração do contrato de trabalho doméstico, assim como dispõe a CLT, a regra é a do contrato por tempo indeterminado, sendo o contrato por tempo determinado exceção.

O contrato de trabalho doméstico por tempo determinado poderá ser, nos termos dos arts. 4º e 5º da LC 150:

- mediante contrato de experiência;
- para atender as necessidades de caráter transitório do empregador; ou
- para substituição temporária de um trabalhador com contrato de trabalho interrompido ou suspenso.

9.5. Duração do trabalho doméstico

A duração do trabalho doméstico, tal como ocorre com o empregado urbano comum, não poderá ultrapassar de 8 (oito) horas diárias e 44 (quarenta e quatro) horas semanais[25]. Caso ultrapasse, serão devidas horas extras de, no mínimo, cinquenta por cento superior ao valor da hora normal.

Nos termos do § 4º do art. 2º da LC 150, poderá ser dispensado o acréscimo de salário e instituído regime de compensação de horas, mediante acordo escrito entre empregador e empregado, se o excesso de horas de um dia for compensado em outro dia. Neste caso, prevê o § 5º do mesmo artigo:

> I – será devido o pagamento, como horas extraordinárias das primeiras 40 (quarenta) horas mensais excedentes ao horário normal de trabalho;
>
> II – das 40 (quarenta) horas referidas no inciso I, poderão ser deduzidas, sem o correspondente pagamento, as horas não trabalhadas, em função de redução do horário normal de trabalho ou de dia útil não trabalhado, durante o mês;
>
> III – o saldo de horas que excederem as 40 (quarenta) primeiras horas mensais de que trata o inciso I, com a dedução prevista no inciso II, quando for o caso, será compensado no período máximo de 1 (um) ano.

Dispõe o § 6º do art. 2º da LC 150 que na hipótese de rescisão do contrato de trabalho sem que tenha havido a compensação integral da jornada extraordinária, na forma dos incisos I, II e III supra, o empregado fará jus ao pagamento das horas extras não compensadas, calculadas sobre o valor da remuneração na data de rescisão.

O trabalhador doméstico tem direito ao intervalo intrajornada (LC 150, art. 13) pelo período de, no mínimo, 1 (uma) hora e, no máximo, 2 (duas) horas, admitindo-se, mediante prévio acordo escrito entre empregador e empregado, sua redução a 30 (trinta) minutos. Caso o trabalhador resida no local de trabalho, o período de intervalo poderá ser desmembrado em 2 (dois) períodos, desde que cada um deles tenha, no mínimo, 1 (uma) hora, até o limite de 4 (quatro) horas ao dia.

Também faz jus o trabalhador doméstico ao intervalo interjornada de, no mínimo, 11 (onze) horas consecutivas para descanso (LC 150, art. 15).

O trabalho noturno do doméstico está previsto no art. 14 da LC 150:

> Art. 14. Considera-se noturno, para os efeitos desta Lei, o trabalho executado entre as 22 horas de um dia e as 5 horas do dia seguinte.
>
> § 1º A hora de trabalho noturno terá duração de 52 (cinquenta e dois) minutos e 30 (trinta) segundos.

25. A LC 150, contentando-se com um mero "acordo escrito" entre as partes, permite expressamente a jornada 12x36 para o trabalhador doméstico.

§ 2º A remuneração do trabalho noturno deve ter acréscimo de, no mínimo, 20% (vinte por cento) sobre o valor da hora diurna.

§ 3º Em caso de contratação, pelo empregador, de empregado exclusivamente para desempenhar trabalho noturno, o acréscimo será calculado sobre o salário anotado na Carteira de Trabalho e Previdência Social.

§ 4º Nos horários mistos, assim entendidos os que abrangem períodos diurnos e noturnos, aplica-se às horas de trabalho noturno o disposto neste artigo e seus parágrafos.

É devido ao trabalhador doméstico descanso semanal remunerado de, no mínimo, 24 (vinte e quatro) horas consecutivas, preferencialmente aos domingos, além de descanso remunerado em feriados (LC 150, art. 16).

Além disso, com base no art. 17 da LC 150, o trabalhador doméstico tem direito a férias anuais remuneradas de 30 (trinta) dias, salvo o disposto no § 3º do art. 3º da referida lei, com acréscimo de, pelo menos, um terço do salário normal, após cada período de 12 (doze) meses de trabalho prestado à mesma pessoa ou família. Havendo extinção do contrato de trabalho, o trabalhador doméstico, desde que não tenha sido dispensado por justa causa, terá direito à remuneração relativa ao período incompleto de férias, na proporção de 1/12 (um e doze avos) por mês de serviço ou fração superior a 14 (quatorze) dias (LC 150, art. 17, § 1º). O período de férias poderá, a critério do empregador, ser fracionado em até 2 (dois) períodos, sendo 1 (um) deles de, no mínimo, 14 (quatorze) dias corridos. É facultado ao trabalhador doméstico converter um terço do período de férias a que tiver direito em abono pecuniário, no valor da remuneração que lhe seria devida nos dias correspondentes. Tal abono deverá ser requerido até 30 (trinta) dias antes do término do período aquisitivo. É lícito ao empregado que reside no local de trabalho nele permanecer durante as férias. As férias serão concedidas pelo empregador nos 12 (doze) meses subsequentes à data em que o empregado tiver adquirido o direito.

É importante notar que o § 7º do art. 2º da LC 150 dispõe que os "intervalos previstos nesta Lei, o tempo de repouso, as horas não trabalhadas, os feriados e os domingos livres em que o empregado que mora no local de trabalho nele permaneça não serão computados como horário de trabalho".

9.6. Remuneração do trabalhador doméstico

A remuneração do trabalhador doméstico, tal como ocorre no regime celetista, está protegida pelos princípios da irredutibilidade salarial, da inalterabilidade salarial, da integralidade salarial, da impenhorabilidade salarial, da proteção contra a retenção dolosa do salário, da periodicidade do pagamento do salário, do pagamento em moeda nacional e da prova documental do pagamento do salário.

A LC 150, reforçando o disposto na EC 72/2013, torna obrigatória a retribuição do serviço prestado no valor de, pelo menos, um salário mínimo, observada a exceção do regime de jornada parcial, podendo ser fixada a forma de pagamento por mês, por dia ou por hora laborados, sem prejuízo do adicional noturno e de horas extras e do 13º salário.

O trabalhador doméstico também é destinatário do princípio da integralidade salarial como se infere do art. 18 da LC 150, que veda ao empregador efetuar descontos no salário do doméstico pelo fornecimento de alimentação, vestuário, higiene e moradia, bem como por despesas com transporte, hospedagem e alimentação em caso de acompanhamento em viagem. No entanto, os parágrafos do art. 18 da LC 150 estabelecem as seguintes exceções:

> § 1º É facultado ao empregador efetuar descontos no salário do empregado em caso de adiantamento salarial e, mediante acordo escrito entre as partes, para a inclusão do empregado em planos de assistência médico-hospitalar e odontológica, de seguro e de previdência privada, não podendo a dedução ultrapassar 20% (vinte por cento) do salário.
>
> § 2º Poderão ser descontadas as despesas com moradia de que trata o *caput* deste artigo quando essa se referir a local diverso da residência em que ocorrer a prestação de serviço, desde que essa possibilidade tenha sido expressamente acordada entre as partes.
>
> § 3º As despesas referidas no *caput* deste artigo não têm natureza salarial nem se incorporam à remuneração para quaisquer efeitos.
>
> § 4º O fornecimento de moradia ao empregado doméstico na própria residência ou em morada anexa, de qualquer natureza, não gera ao empregado qualquer direito de posse ou de propriedade sobre a referida moradia.

A jurisprudência admitia a prova testemunhal do pagamento do salário do trabalhador doméstico, pois o art. 7º, *a*, da CLT não lhe era aplicável. Mas, com o advento da LC 150/2015, cujo art. 19 manda aplicar subsidiariamente a CLT (*in casu*, o art. 464) ao trabalhador doméstico, cremos que não há mais razão para se admitir prova meramente testemunhal para comprovar pagamento de salário do trabalhador doméstico.

A remuneração do trabalhador doméstico poderá ser fixada por mês, dia ou hora. Seguindo o mesmo parâmetro de fixação do salário mínimo mensal, diário e horário, o art. 2º da LC 150/2015 prevê a possibilidade de fixação de salário-mês, salário-dia e salário-hora do trabalhador doméstico. De acordo com os §§ 2º e 3º do art. 2º da LC 150/2015, em caso de trabalhador doméstico mensalista:

- o salário-hora normal será obtido dividindo-se o salário mensal por 220 (duzentas e vinte) horas, salvo se o contrato estipular jornada mensal inferior que resulte em divisor diverso;

- o salário-dia normal será obtido dividindo-se o salário mensal por 30 (trinta) e servirá de base para pagamento do repouso remunerado e dos feriados trabalhados.

Quando o trabalhador doméstico for responsável por acompanhar o empregador prestando serviços em viagem, serão consideradas apenas as horas efetivamente trabalhadas no período, podendo ser compensadas as horas extraordinárias em outro dia, que serão, no mínimo, 25% (vinte e cinco por cento) superiores ao valor do salário-hora normal. Tal remuneração, porém, nos termos do § 3º do art. 2º da LC 150, "poderá ser, mediante acordo, convertido em acréscimo no banco de horas, a ser utilizado a critério do empregado".

Quando se tratar de contrato de trabalho doméstico em regime de tempo parcial (LC 150, art. 3º), o salário a ser pago será proporcional à jornada em relação ao trabalhador que cumpre, nas mesmas funções, tempo integral.

9.7. FGTS e seguro-desemprego

A LC 150/2015 determinou a obrigatoriedade da inclusão do trabalhador doméstico no Fundo de Garantia por Tempo de Serviço, nos moldes do regulamento expedido pelo Conselho Curador e pelo agente operador do FGTS.

Além disso, a Lei Complementar inovou ao instituir, em seu art. 22, uma indenização compensatória que deve ser paga pelo empregador a fim de facilitar a reparação dos danos provenientes da extinção do contrato sem justa causa. Essa indenização deve ser depositada mensalmente na conta vinculada do FGTS do trabalhador doméstico no percentual de 3,2% do valor da remuneração devida no mês anterior.

Quanto ao trabalhador doméstico, o seguro-desemprego foi instituído, inicialmente, para aqueles que tinham conta vinculada do FGTS aberta, facultativamente, pelo empregador doméstico, nos termos do art. 6º-A da Lei 5.859/72.

Com o advento da LC 150/2015, o benefício do seguro-desemprego passou a ser obrigatório para o trabalhador doméstico nos termos do seu art. 26:

> Art. 26. O empregado doméstico que for dispensado sem justa causa fará jus ao benefício do seguro-desemprego, na forma da Lei n. 7.998, de 11 de janeiro de 1990, no valor de 1 (um) salário mínimo, por período máximo de 3 (três) meses, de forma contínua ou alternada.
>
> § 1º O benefício de que trata o *caput* será concedido ao empregado nos termos do regulamento do Conselho Deliberativo do Fundo de Amparo ao Trabalhador (Codefat).

Foi, então, editada a Resolução Codefat 754, de 26.08.2015 (*DOU* 28.08.2015), que regulamenta os procedimentos para habilitação e concessão de seguro-desemprego para trabalhadores domésticos dispensados sem justa causa na forma do art. 26 da LC 150/2015.

9.8. Efeitos da extinção do contrato de trabalho doméstico

A extinção do contrato de trabalho doméstico pode gerar diversos efeitos jurídicos e econômicos de acordo com o tempo de sua duração.

9.8.1 Extinção do contrato de trabalho doméstico por tempo determinado

O art. 4º da LC 150, como já vimos, faculta a celebração de contrato de trabalho doméstico por tempo determinado: I – mediante contrato de experiência por no máximo 90 dias; II – para atender necessidades familiares de natureza transitória e para substituição temporária de empregado doméstico por no máximo 2 anos.

No caso de extinção normal de qualquer modalidade de contrato de trabalho doméstico por tempo determinado (LC 150, art. 4º), isto é, na data prevista para o término do contrato, o trabalhador doméstico terá os seguintes direitos: saldo de salários (se houver); férias vencidas e/ou proporcionais; 13º salário integral e/ou proporcional; levantamento dos depósitos do FGTS.

Por outro lado, pode ocorrer a extinção antecipada do contrato por tempo determinado, dispondo o art. 6º da LC 150 que, durante a vigência dos contratos por tempo determinado, o empregador que, sem justa causa, despedir o trabalhador doméstico é obrigado a pagar-lhe, a título de indenização, metade da remuneração a que teria direito até o termo do contrato.

Assim, no caso de o empregador extinguir antecipadamente o contrato por tempo determinado, ou seja, dispensar o trabalhador doméstico sem justa causa antes do término do contrato a prazo, este terá os seguintes direitos: saldo de salários (se houver); férias vencidas e/ou proporcionais; 13º salário integral e/ou proporcional; levantamento dos depósitos do FGTS; indenização correspondente à metade do tempo faltante para o término do contrato.

Ressalta-se que nos contratos por tempo determinado o trabalhador doméstico não tem direito a aviso prévio (LC 150, art. 8º), ainda que tenha sido dispensado antes do prazo previsto para o término do contrato.

De acordo com o art. 7º da LC 150, o trabalhador doméstico, durante a vigência dos contratos por tempo determinado, "não poderá se desligar do contrato sem justa causa, sob pena de ser obrigado a indenizar o empregador dos prejuízos que desse fato lhe resultarem", sendo certo que, por força do parágrafo único do mesmo artigo, a "indenização não poderá exceder aquela a que teria direito o empregado em idênticas condições". Dessa forma, se o trabalhador doméstico pedir a sua demissão antes do término do prazo contratual, ou seja, extinguir antecipadamente, sem justa causa, o contrato por tempo determinado, terá ele de indenizar o empregador um valor correspondente à metade da remuneração a que teria direito até o término do contrato. O valor dessa indenização poderá ser descontado pelo empregador no instrumento de rescisão antecipada do contrato por tempo determinado.

Não existe obrigação de aviso prévio nos contratos por tempo determinado, mesmo no caso de rescisão antecipada do mesmo.

Assim, o trabalhador doméstico que toma a iniciativa da extinção desmotivada do contrato por tempo determinado terá de pagar a referida indenização ao empregador, mas terá os seguintes direitos: saldo de salários (se houver); férias vencidas e/ou proporcionais; 13º salário integral e/ou proporcional.

9.8.2. Extinção do contrato de trabalho doméstico por tempo indeterminado

O contrato por tempo indeterminado é a regra geral, sendo, por isso mesmo, o mais usual na relação de emprego comum e também na relação de trabalho doméstico.

Analisaremos, a seguir, a extinção desse contrato com base na iniciativa das partes.

9.8.2.1. Pedido de demissão

O § 1º do art. 477 da CLT previa que o pedido de demissão do empregado com mais de um ano de serviço só seria válido quando chancelado pela assistência do respectivo sindicato ou perante a autoridade do Ministério do Trabalho. Este dispositivo, contudo, foi expressamente revogado pela Lei 13.467/2017.

A LC 150 é omissa a respeito, mas, considerando-se as peculiaridades do trabalho doméstico, parece-nos que não é necessária a assistência do sindicato da categoria profissional para tornar válido o pedido de demissão do trabalhador doméstico.

Reforça-se esse entendimento pelo fato de a LC 150 não dispor em nenhum dos seus dispositivos sobre a necessidade de intervenção sindical para instituir compensação de horário ou jornada de 12x36 horas, sendo certo que o art. 19 da mesma lei autoriza a aplicação subsidiária da CLT desde que "observadas as peculiaridades do trabalho doméstico".

Tomando a iniciativa da extinção do contrato sem determinação de prazo, o trabalhador é obrigado a dar aviso prévio, trabalhando normalmente durante 30 dias. Se não trabalhar durante o aviso ou se o empregador não dispensá-lo do cumprimento do aviso, o empregador poderá descontar o valor correspondente (1 salário mensal) no termo de rescisão contratual.

Além disso, ele não terá direito de levantar o FGTS, sendo certo que o valor da indenização compensatória depositado mensalmente (correspondente a 3,2% da remuneração) em sua conta poderá ser sacado pelo seu empregador (LC 150, art. 22, § 1º). Destarte, requerida a demissão pelo trabalhador doméstico no contrato por tempo indeterminado, terá ele os seguintes direitos:

- Saldo de salários (se houver);
- Férias vencidas e/ou proporcionais acrescidas do terço constitucional (1/12 avos);
- 13º salário integral e/ou (1/12 avos).

9.8.2.2. *Rescisão indireta*

A rescisão indireta, também chamada de justa causa do empregador, que sempre esteve prevista no art. 483 da CLT, ocorre quando o empregador doméstico comete algum dos atos previstos no art. 27, parágrafo único, da LC 150/2015.

Na rescisão indireta, o trabalhador doméstico toma a iniciativa de extinguir o contrato de trabalho em razão de um ou mais atos comissivos ou omissivos praticados pelo empregador previstos no referido dispositivo legal. São eles:

> I – o empregador exigir serviços superiores às forças do empregado doméstico, defesos por lei, contrários aos bons costumes ou alheios ao contrato;
>
> II – o empregado doméstico for tratado pelo empregador ou por sua família com rigor excessivo ou de forma degradante;
>
> III – o empregado doméstico correr perigo manifesto de mal considerável;
>
> IV – o empregador não cumprir as obrigações do contrato;
>
> V – o empregador ou sua família praticar, contra o empregado doméstico ou pessoas de sua família, ato lesivo à honra e à boa fama;
>
> VI – o empregador ou sua família ofender o empregado doméstico ou sua família fisicamente, salvo em caso de legítima defesa, própria ou de outrem;
>
> VII – o empregador praticar qualquer das formas de violência doméstica ou familiar contra mulheres de que trata o art. 5º da Lei n. 11.340, de 7 de agosto de 2006.

Nos termos do § 1º do art. 483 da CLT, aplicado subsidiariamente (art. 19 da LC 150), o trabalhador doméstico "poderá suspender a prestação dos serviços ou rescindir o contrato, quando tiver de desempenhar obrigações legais, incompatíveis com a continuação do serviço".

Além disso, na hipótese de "o empregador não cumprir as obrigações do contrato", poderá o trabalhador doméstico, nos termos do § 3º do art. 483 da CLT, "pleitear a rescisão de seu contrato de trabalho e o pagamento das respectivas indenizações, permanecendo ou não no serviço até final decisão do processo".

Se optar pela rescisão indireta do contrato por tempo determinado, o trabalhador doméstico terá, sem prejuízo de eventual direito à indenização por danos morais, os seguintes direitos trabalhistas: aviso prévio; saldo de salários; férias e férias proporcionais; 13º salário e 13º salário proporcional (1/12 avos); levantamento do FGTS e da indenização compensatória (LC 150, art. 22); guias do seguro-desemprego.

9.8.2.3. Dispensa do trabalhador sem justa causa

No caso de dispensa sem justa causa do trabalhador doméstico no contrato de trabalho por tempo indeterminado, que é a mais corriqueira, ele terá os seguintes direitos: aviso prévio; saldo de salários; férias e férias proporcionais; 13º salário e 13º salário proporcional (1/12 avos); levantamento do FGTS, inclusive da indenização compensatória (LC 150, art. 22); guias do seguro-desemprego.

9.8.2.4. Dispensa do trabalhador com justa causa

A justa causa do trabalhador doméstico corresponde à prática de qualquer ato previsto em lei que dá ao empregador o direito de extinguir o contrato de trabalho por culpa do trabalhador.

A justa causa é altamente prejudicial ao trabalhador, não só no aspecto moral mas, sobretudo, no aspecto patrimonial.

Nos termos do art. 27 da LC 150/2015, são situações que tipificam a justa causa praticada pelo trabalhador doméstico:

I – **submissão a maus-tratos de idoso, de enfermo, de pessoa com deficiência ou de criança sob cuidado direto ou indireto do empregado** – esta justa causa, que constitui inovação em relação ao art. 482 da CLT, também pode caracterizar crime[26].

II – **prática de ato de improbidade** – esta hipótese é idêntica à praticada pelo empregado celetista;

III – **incontinência de conduta ou mau procedimento** – a esta hipótese é idêntica à praticada pelo empregado celetista;

IV – **condenação criminal do empregado transitada em julgado, caso não tenha havido suspensão da execução da pena** – esta hipótese é idêntica à praticada pelo empregado celetista;

V – **desídia no desempenho das respectivas funções** – esta hipótese é idêntica à praticada pelo empregado celetista;

VI – **embriaguez habitual ou em serviço** – esta hipótese é idêntica à praticada pelo empregado celetista;

VII – (Vetado);

26. Código Penal, art. 136: "Expor a perigo a vida ou a saúde de pessoa sob sua autoridade, guarda ou vigilância, para fim de educação, ensino, tratamento ou custódia, quer privando-a de alimentação ou cuidados indispensáveis, quer sujeitando-a a trabalho excessivo ou inadequado, quer abusando de meios de correção ou disciplina: Pena – detenção, de dois meses a um ano, ou multa".

VIII - **ato de indisciplina ou de insubordinação** - esta hipótese é idêntica à praticada pelo empregado celetista;

IX - **abandono de emprego, assim considerada a ausência injustificada ao serviço por, pelo menos, 30 (trinta) dias corridos** - a LC 150 foi mais detalhista que a CLT, cabendo ao empregador comprovar, antes de completar os trinta dias de ausência injustificada, que convocou efetivamente o trabalhador doméstico a comparecer ao serviço (carta, telegrama) ou que ele se encontra exercendo outra atividade remunerada, como um novo emprego;

X - **ato lesivo à honra ou à boa fama ou ofensas físicas praticadas em serviço contra qualquer pessoa, salvo em caso de legítima defesa, própria ou de outrem** - esta hipótese é idêntica à praticada pelo empregado celetista;

XI - **ato lesivo à honra ou à boa fama ou ofensas físicas praticadas contra o empregador doméstico ou sua família, salvo em caso de legítima defesa, própria ou de outrem** - esta hipótese é idêntica à praticada pelo empregado celetista;

XII - **prática constante de jogos de azar** - esta hipótese é idêntica à praticada pelo empregado celetista.

Se o empregador dispensar o trabalhador doméstico por justa causa, este terá os seguintes direitos rescisórios: saldo de salários; férias e, segundo a Convenção 132 da OIT, férias proporcionais; 13º salário e 13º salário proporcional (1/12 avos).

Quanto às férias proporcionais, sustentamos que o trabalhador doméstico, ainda que tenha sido dispensado por justa causa, fará jus às férias proporcionais, pois a Convenção 132 da OIT, ratificada pelo Brasil, *in casu*, por conter norma mais favorável à pessoa humana, prevalece sobre o parágrafo único do art. 146 da CLT. No entanto, a Súmula 171 do TST dispõe:

> FÉRIAS PROPORCIONAIS. CONTRATO DE TRABALHO. EXTINÇÃO. Salvo na hipótese de dispensa do empregado por justa causa, a extinção do contrato de trabalho sujeita o empregador ao pagamento da remuneração das férias proporcionais, ainda que incompleto o período aquisitivo de 12 (doze) meses (art. 147 da CLT).

O trabalhador doméstico dispensado por justa causa não tem direito a seguro-desemprego e aviso prévio, sendo certo que não poderá levantar o FGTS e o empregador é que terá direito de sacar o valor de 3,2% da remuneração depositado mensalmente em sua conta (LC 150, art. 22, § 1º).

9.8.2.5. *Morte do trabalhador e morte do empregador doméstico*

A morte é um fato natural e, tendo em vista que o contrato de trabalho doméstico é personalíssimo em relação ao trabalhador, já que ele presta pessoalmente o serviço (LC 150, art. 1º), na ocorrência de sua morte o contrato se extingue naturalmente. No entanto, são devidos aos herdeiros do trabalhador doméstico os seguintes direitos: saldo de salários; férias vencidas e/ou proporcionais; 13º salário integral e/ou proporcional; levantamento do FGTS.

No caso de morte do empregador doméstico pessoa física, entendemos que o contrato de trabalho estará automaticamente extinto e os créditos devidos ao trabalhador doméstico deverão ser pagos pelos herdeiros do empregador falecido. Serão devidos, neste caso, os seguintes direitos: saldo de salários; férias vencidas e/ou proporcionais; 13º salário integral e/ou proporcional; levantamento do FGTS.

No entanto, tratando-se de família empregadora doméstica, somente no caso de morte simultânea de todos os seus membros o contrato de trabalho será extinto. Neste caso, o trabalhador doméstico terá os mesmos direitos como se houvesse a morte do empregador doméstico pessoa física. Mas, se sobreviver pelo menos um dos membros da família empregadora, a relação de trabalho doméstico continuará seu curso normalmente.

9.8.2.6. *Culpa recíproca*

A extinção do contrato por culpa recíproca ocorre quando ambos os contratantes (trabalhador e empregador) praticam, simultaneamente, atos comissivos ou omissivos que constituem justa causa. Ocorrendo a culpa recíproca, aplica-se o disposto na Súmula 14 do TST, fazendo jus o trabalhador doméstico a 50% (cinquenta por cento) do valor do aviso prévio, do 13º salário e das férias proporcionais.

Logo, no caso de culpa recíproca no contrato de trabalho por tempo indeterminado o trabalhador doméstico terá os seguintes direitos: saldo de salários; férias vencidas; metade do aviso prévio, do 13º salário e das férias proporcionais; levantamento do FGTS; metade da indenização compensatória (LC 150, art. 22).

Quanto à indenização compensatória, prevê o § 2º do art. 22 da LC 150 que na hipótese de culpa recíproca, metade dos valores correspondentes àquela indenização será levantada pelo trabalhador doméstico, enquanto a outra metade será levantada pelo empregador.

9.8.3. *Pagamento das verbas rescisórias*

Por força do art. 19 da LC 150/2015, aplica-se o art. 477 e seus parágrafos da CLT, inclusive as multas ali previstas, nas hipóteses de extinção do contrato de trabalho doméstico.

Não é obrigatória a assistência sindical, como já destacamos no item 9.8.2.1, *supra*.

10. EMPREGADO EM DOMICÍLIO OU A DISTÂNCIA E O TELETRABALHO

Cumpre registrar, de início, que trabalhador doméstico não se confunde com empregado em domicílio. Aquele, como já vimos, é regido por lei especial (Lei Complementar 150/2015) e presta serviços de natureza contínua à pessoa física ou à família no âmbito (ou para o âmbito) residencial do tomador; este, regido pela CLT (art. 6º), labora em sua própria residência, sendo que a atividade do seu empregador é, em princípio, de natureza lucrativa.

Além disso, o trabalhador doméstico não é destinatário de todos os direitos trabalhistas previstos na CF (art. 7º, parágrafo único). Já o empregado em domicílio é destinatário de todos os direitos trabalhistas previstos na CF e na CLT.

Na redação (original) do art. 6º e do art. 83 da CLT, o empregado em domicílio seria aquele "executado na habitação do empregado ou em oficina da família, por conta de empregador que o remunere".

De acordo com o art. 6º da CLT, com nova redação dada pela Lei 12.551, publicada no *DOU* de 16.12.2011: "Não se distingue entre o trabalho realizado no estabelecimento do empregador, o executado no domicílio do empregado e o realizado a distância, desde que estejam caracterizados os pressupostos da relação de emprego".

Assim, pela nova definição legal, o trabalho em domicílio ou o realizado a distância é aquele realizado pelo empregado sem a vigilância pessoal e direta do empregador, razão pela qual a dificuldade de controle de jornada, intervalos e horário de trabalho atrairia, em princípio, a incidência do art. 62, I, da CLT.

Todavia, o parágrafo único do art. 6º da CLT dispõe que os "meios telemáticos e informatizados de comando, controle e supervisão se equiparam, para fins de subordinação jurídica, aos meios pessoais e diretos de comando, controle e supervisão do trabalho alheio". Daí a nova figura do teletrabalho.

A Lei 13.467/2017 acrescentou à CLT os arts. 75-B, 75-C, 75-D e 75-E, que dispõem sobre o teletrabalho nos seguintes termos:

> Art. 75-A. A prestação de serviços pelo empregado em regime de teletrabalho observará o disposto neste Capítulo.
>
> Art. 75-B. Considera-se teletrabalho a prestação de serviços preponderantemente fora das dependências do empregador, com a utilização de tecnologias de informação e de comunicação que, por sua natureza, não se constituam como trabalho externo.
>
> Parágrafo único. O comparecimento às dependências do empregador para a realização de atividades específicas que exijam a presença do empregado no estabelecimento não descaracteriza o regime de teletrabalho.

Art. 75-C. A prestação de serviços na modalidade de teletrabalho deverá constar expressamente do contrato individual de trabalho, que especificará as atividades que serão realizadas pelo empregado.

§ 1º Poderá ser realizada a alteração entre regime presencial e de teletrabalho desde que haja mútuo acordo entre as partes, registrado em aditivo contratual.

§ 2º Poderá ser realizada a alteração do regime de teletrabalho para o presencial por determinação do empregador, garantido prazo de transição mínimo de quinze dias, com correspondente registro em aditivo contratual.

Art. 75-D. As disposições relativas à responsabilidade pela aquisição, manutenção ou fornecimento dos equipamentos tecnológicos e da infraestrutura necessária e adequada à prestação do trabalho remoto, bem como ao reembolso de despesas arcadas pelo empregado, serão previstas em contrato escrito.

Parágrafo único. As utilidades mencionadas no *caput* deste artigo não integram a remuneração do empregado.

Art. 75-E. O empregador deverá instruir os empregados, de maneira expressa e ostensiva, quanto às precauções a tomar a fim de evitar doenças e acidentes de trabalho.

Parágrafo único. O empregado deverá assinar termo de responsabilidade comprometendo-se a seguir as instruções fornecidas pelo empregador.

O teletrabalho é uma espécie de trabalho a distância, e não de trabalho em domicílio. A razão é simples: o teletrabalho não se limita ao domicílio, podendo ser prestado em qualquer lugar. Na verdade, o teletrabalho ocorre em ambiente virtual e, como tal, é situado no espaço, não se alterando, portanto, a definição de localidade que, no Direito do Trabalho, é estabelecida segundo a eficácia da lei trabalhista no espaço.

A subordinação jurídica no teletrabalho é mais tênue e é efetivada por meio de câmeras, sistema de *logon* e *logoff*, computadores, relatórios, bem como ligações por celulares, rádios etc. Por isso houve evolução do entendimento contido na Súmula 428 do TST que passou a assegurar, no caso de ofensa à desconexão do trabalho e ao direito fundamental ao lazer, o pagamento de horas de sobreaviso. Trata-se de interpretação que se coaduna com a eficácia horizontal e imediata dos direitos fundamentais (direito ao lazer e à desconexão).

Nesse sentido:

SOBREAVISO. USO DE CELULAR. DIREITO AO LAZER E À DESCONEXÃO DO TRABALHO. EFICÁCIA HORIZONTAL DOS DIREITOS FUNDAMENTAIS. PAGAMENTO DEVIDO. A doutrina do Direito do Trabalho há muito logrou transcender a visão restrita da jornada enquanto mero tempo gasto diretamente na labuta, criando conceito moderno embasado na ideia da alienação. Sob tal enfoque, constitui jornada, todo o tempo alienado, i.é, que o trabalhador tira de si e disponibiliza ao empregador, cumprindo ou aguardando ordens, ou ainda, deslocando-se de ou para o trabalho. O conceito de alienação incorporou-se ao Direito do Trabalho quando positiva a lei que o tempo de serviço (jornada) compreende o período em que o empregado esteja à disposição do empregador, aguardando ou executando ordens (art. 4º, CLT). Em regra, a jornada de trabalho pode ser identificada sob três formas: (1) o tempo efetivamente laborado (jornada *stricto sensu*); (2) o tempo à disposição do empregador (jornada *lato sensu*) e (3) o tempo despendido no deslocamento residência trabalho e vice-versa (jornada *in itinere*). A esses três tipos pode ser acrescido um quarto, que alberga modalidades de tempo à disposição do empregador decorrentes de normas específicas, positivadas no ordenamento jurídico, tais como o regime de sobreaviso e o de prontidão (parágrafos 2º e 3º, art. 244, CLT). Tanto a prontidão como o sobreaviso incorporam a teoria da alienação, desvinculando a ideia da jornada como tempo de trabalho direto, efetivo, e harmonizando-se perfeitamente com a feição onerosa do contrato de trabalho vez que não se admite tempo à disposição, de qualquer espécie, sem a respectiva paga. Embora o vetusto art. 244, parágrafo 2º vincule o sobreaviso à permanência do trabalhador em casa, sua interpretação deve ser harmonizada com a evolução tecnológica, conferindo *aggiornamento* e alcance teleológico à norma. Ora, na década de 40 não existia *bip*, celular, *laptop*, *smartphone* etc., pelo que, a permanência em casa era condição *sine qua non* para a convocação e apropriação dos serviços. Em 15.12.2011, o art. 6º da CLT foi alterado passando a dispor que os meios telemáticos e informatizados de controle e supervisão se equiparam aos meios pessoais para fins de subordinação. Por certo o escopo da alteração não é autorizar que a empresa viole o direito ao lazer e ao descanso (arts. 6º da CF/88 e 66 da CLT) para permitir o uso dos avanços tecnológicos sem desligar o trabalhador da prestação de serviço. Assim, a subordinação no teletrabalho, embora mais amena que a sujeição pessoal, ocorre através de câmeras, sistema de *logon* e *logoff*, computadores, relatórios, bem como ligações por celulares, rádios etc. Nesse contexto se deu a reforma da Súmula 428 do C. TST, ficando assegurado, no caso de ofensa à desconexão do trabalho e ao direito fundamental ao lazer, o pagamento de sobreaviso (II, Súmula 428 incidente na espécie). Tal exegese vai ao encontro da eficácia horizontal imediata dos direitos fundamentais (direito ao lazer e à desconexão), fazendo jus o reclamante ao tempo à disposição sempre que ficou em sobreaviso. Recurso obreiro provido (TRT 2ª R – RO 00026781620115020068 – Rel. Des. Ricardo Artur Costa e Trigueiros – 4ª T. – *DEJT* 05.07.2013).

Entretanto, o fato de o trabalhador em teletrabalho ser empregado, não há uniformidade quanto ao seu direito a horas extras ou a salário *in natura*. É o que se infere dos seguintes julgados:

HORAS EXTRAS. TELETRABALHO. Como corolário do desenvolvimento das tecnologias de informação e comunicação, constata-se a evolução nos modos de prestação do trabalho e, num misto de vantagens e desvantagens sob a ótica jus trabalhista, surgiu o teletrabalho. Assim, havendo a menor possibilidade de aferição da jornada trabalhada por esse empregado, ainda que de forma mista (em ambiente institucional e *home office*), as horas prestadas em sobrejornada devem ser devidamente remuneradas, na forma do art. 7º, XVI, da Constituição da República (TRT 3ª R., RO 0010132-05.2016.5.03.0178, 2ª T., *DEJT* 13.03.2017).

AGRAVO DE INSTRUMENTO. RECURSO DE REVISTA. *HOME OFFICE*: ENQUADRAMENTO E EFEITOS JURÍDICOS. OUTROS TEMAS: SUBSTITUIÇÃO. ACÚMULO DE FUNÇÕES. HORAS EXTRAS. ADICIONAL NOTURNO. HORAS DE SOBREAVISO. FÉRIAS INTERROMPIDAS. DECISÃO DENEGATÓRIA. MANUTENÇÃO. O teletrabalho e o trabalho em domicílio (*home office*) tornaram-se frequentes nas últimas décadas em face da invenção, aperfeiçoamento e generalização de novos meios comunicacionais, ao lado do advento de novas fórmulas organizacionais e gerenciais de empresas e instituições. Isso não elimina, porém, necessariamente, a presença de subordinação na correspondente relação socioeconômica e jurídica entre o trabalhador e seu tomador de serviços, desde que ultrapassado o conceito tradicional desse elemento integrante da relação empregatícia em favor de sua dimensão objetiva ou, até mesmo, em favor do conceito de subordinação estrutural. Dentro deste novo, moderno e atualizado enfoque da subordinação, os trabalhadores em domicílio, mesmo enquadrando-se no parâmetro do *home office*, podem, sim, ser tidos como subordinados e, desse modo, efetivos empregados. Não obstante, não se pode negar que, de maneira geral, em princípio, tais trabalhadores enquadram-se no tipo jurídico excetivo do art. 62 da CLT, realizando o parâmetro das jornadas não controladas de que fala a ordem jurídica trabalhista (art. 62, I, CLT). Por outro lado, a possibilidade de indenização empresarial pelos gastos pessoais e residenciais efetivados pelo empregado no exercício de suas funções empregatícias no interior de seu *home office* supõe a precisa comprovação da existência de despesas adicionais realizadas em estrito benefício do cumprimento do contrato, não sendo bastante, em princípio, regra geral, a evidência de certa mistura, concorrência, concomitância e paralelismo entre atos, circunstâncias e despesas, uma vez que tais peculiaridades são inerentes e inevitáveis ao labor em domicílio e ao teletrabalho. Finalmente, havendo pagamento pelo empregador ao obreiro de valores realmente dirigidos a subsidiar despesas com telefonemas, gastos com informática e similares, no contexto efetivo do *home office*, não têm tais pagamentos natureza salarial, mas meramente instrumental e indenizatória. Na mesma linha, o fornecimento pelo empregador, plenamente ou de modo parcial, de equipamentos para a consecução do *home office* obreiro (telefones, microcomputadores e seus implementos, etc.) não caracteriza, regra geral, em princípio, salário *in natura*, em face de seus preponderantes objetivos e sentido instrumentais. Agravo de instrumento desprovido (TST-AIRR 62141-19.2003.5.10.0011, 6ª T., Rel. Min. Mauricio Godinho Delgado, *DEJT* 16.04.2010).

O novel art. 75-D da CLT prevê a possibilidade de "contrato escrito" para transferência para o empregado dos gastos necessários à aquisição de equipamentos e material de trabalho implicará, na prática, a transferência dos ricos da atividade econômica para o trabalhador, contrariando, assim, toda a lógica do modo capitalista de produção e consagrada no art. 2º da CLT, que define o empregador como aquele que na relação de emprego assume a responsabilidade da atividade econômica. Ademais, nos momentos de crise e de desemprego estrutural, o empregador acabará invocando o art. 75-D da CLT como condição para contratação de empregado, o que não deixa de ser algo manifestamente injusto e contrário aos princípios fundamentais da valorização do trabalho e da própria livre iniciativa (CF, art. 1º, IV).

Ademais, é preciso atenção para os modos de controle e vigilância do trabalho em domicílio (ou a distância ou em regime de teletrabalho) levados a efeito pelo empregador, pois em nenhuma hipótese poderá haver lesão ou ameaça aos direitos fundamentais de privacidade, imagem e intimidade do empregado, máxime porque a sua proteção em face da automação também é considerada um direito fundamental social (CF, art. 7º, XXVII). Daí a importante observação de Marcelo Moura:

> Equilibrar a necessidade de controle da atividade, com a preservação da vida íntima do empregado, considerando-se a particularidade do trabalho realizado em seu domicílio, é um dos desafios do mundo moderno[27].

11. TRABALHADOR RURAL

Com o advento da Constituição Federal, de 05.10.1988, o trabalhador rural, também chamado de rurícola, passou a ter os mesmos direitos do empregado urbano (art. 7º, *caput*).

Em função das peculiaridades do trabalho humano prestado no meio rural, continuam, ainda, em vigor, as disposições contidas no Estatuto do Trabalhador Rural (Lei 5.889/73 e Decreto 73.626/74) desde que mais favoráveis ao empregado rural, tais como a hora noturna (que é de 60 minutos e remunerada à base de 25% da hora nor-

27. MOURA, Marcelo. *Curso de direito do trabalho*. São Paulo: Saraiva, 2014, p. 167. Sobre teletrabalho, recomendamos a leitura dos Enunciados 70, 71, 72 e 83 aprovados na 2ª Jornada de Direito Material e Processual do Trabalho, realizada em Brasília-DF (disponível em: <http://www.jornadanacional.com.br/listagem-enunciados-aprovados-vis1.asp>).

mal), jornada noturna diferenciada para o trabalhador da lavoura e o da pecuária, repouso intrajornada (segundo o costume local), moradia unifamiliar (salário *in natura*) etc.

Foi, então, estendido ao rurícola o rol dos direitos fundamentais sociais do art. 7º da CF, como o direito ao FGTS, à proteção contra a dispensa arbitrária ou sem justa causa, às férias anuais com 1/3, seguro-desemprego, ao salário-maternidade (Lei 8.213/91) etc. O trabalhador rural menor, entre 16 e 18 anos de idade, também tem direito ao salário mínimo integral.

Trabalhador rural é expressão que designa o gênero de que são espécies o *trabalhador rural típico* (ou empregado rural) e o *trabalhador rural atípico* que não é empregado, mas goza de proteção da Lei 5.889/73, como veremos a seguir.

11.1. Empregado rural

Em sua redação original, a CLT (art. 7º, "b") excluiu de seu âmbito de proteção os trabalhadores rurais, conceituando-os como "aqueles que, exercendo funções diretamente ligadas à agricultura e à pecuária, não sejam empregados em atividades que, pelos métodos de execução dos respectivos trabalhos ou pela finalidade de suas operações, se classifiquem como industriais ou comerciais".

Vê-se, assim, que a definição legal de empregado rural era extraída com base nos métodos de execução do seu trabalho ou pela finalidade de suas operações. Tal definição discrepava substancialmente do critério adotado para o enquadramento categorial dos demais empregados, qual seja a preponderância da atividade econômica do empregador (CLT, art. 511, § 2º).

Com o advento da Lei 5.889, de 08.06.1973, a definição de empregado rural passou a ser a seguinte:

> Empregado rural é toda pessoa física que, em propriedade rural ou prédio rústico, presta serviços de natureza não eventual a empregador rural, sob dependência deste e mediante salário.

Propriedade rural e prédio rústico seriam expressões sinônimas? Alguns sustentam que sim. Para outros, prédio rústico seria o imóvel sem construções, de pequenas dimensões ou destinado à lavoura ou indústria conexa.

Márcio Túlio Viana entende irrelevante a discussão, pois "o que importa mesmo é a natureza da atividade empresarial. Assim, será rurícola o lavrador que cultiva uma horta em pleno centro de São Paulo; e urbano o empregado de um armazém no mais perdido dos sertões"[28].

28. BARROS, Alice Monteiro de (Coord.). *Curso de direito do trabalho*: estudos em memória de Célio Goyatá. 2. ed. São Paulo: LTr, 1994, p. 293-294.

É bem de ver que a celeuma existente na doutrina acerca da natureza do trabalho prestado pelo empregado rural é, a nosso ver, despicienda para a caracterização do rurícola, uma vez que, ao contrário do que preceitua o art. 7º, "b", da CLT, o Estatuto do Trabalhador Rural (Lei 5.889/73) nada alude à natureza dos serviços prestados por esta espécie de trabalhador.

Com razão, pois, Arnaldo Süssekind, para quem a norma legal aplicável ao rurícola só exclui o empregado que "se integrar em categoria profissional diferenciada, ou seja, um profissional liberal"[29].

Márcio Túlio Viana acompanha tal entendimento, pontificando:

> seja ele lavrador ou carpinteiro, tratorista ou até mesmo datilógrafo, será sempre empregado rural, se trabalhar para empregador rural, em propriedade rural ou prédio rústico. No entanto, quando o empregado está sujeito à legislação própria, específica, é esta que incide – e não a Lei 5.889. E o que acontece com um bom número de profissionais liberais; e também com outros trabalhadores, excepcionalmente. Nesses casos, nem mesmo se pode dizer que o empregado é urbano ou rural, já que o traço que o vai distinguir dos outros é a profissão, em si. A Consolidação das Leis do Trabalho será aplicada subsidiariamente, mas não por se tratar de trabalhador urbano, e sim porque é a lei geral em matéria de relação de emprego[30].

Segundo a Súmula 57 do TST, o trabalhador da indústria situada em propriedade rural é considerado industriário e regido pela CLT e não pela Lei 5.889/73. Esta súmula, porém, foi cancelada pela Resolução administrativa do TST 03, de 28.04.1993. Tal cancelamento deve ser atribuído ao novo entendimento do TST, no sentido de ser a atividade econômica preponderante do empregador que define o enquadramento categorial do trabalhador rural.

Com razão, Maurício Godinho Delgado, ao sustentar que por esse novo critério, "rurícola será o empregado vinculado a um empregador rural. O que importa para a sua classificação como rurícola ou urbano é o próprio posicionamento do seu empregador: sendo rural este, rurícola será considerado o obreiro, independentemente dos seus métodos de trabalho e dos fins da atividade em que se envolve"[31].

Nesse sentido, a OJ 419 da SBDI-1 (cancelada pela Resolução TST 200/2015, *DEJT* div. 29-10-2015 e 4-11-2015) considerava rurícola o empregado que, a despeito da atividade exercida, prestasse serviços a empregador agroindustrial (art. 3º, § 1º, da Lei n. 5.889, de 8-6-1973), visto que, nesse caso, a atividade preponderante da empresa determinaria o enquadramento. Ouçamos a jurisprudência:

29. *Apud* VIANA, Márcio Túlio. *Op. cit.*, p. 294.
30. *Ibidem*, p. 294.
31. DELGADO, Maurício Godinho. *Curso de direito do trabalho*. 9. ed. São Paulo: LTr, 2010, p. 372.

(...) ENQUADRAMENTO SINDICAL. EMPREGADOR AGROINDUSTRIAL. ATIVIDADE PREPONDERANTE. TRABALHADOR RURAL. A jurisprudência desta Corte estava cristalizada na Orientação Jurisprudencial n. 419 da SBDI-1: "Considera-se rurícola, a despeito da atividade exercida, empregado que presta serviços a empregador agroindustrial (art. 3º, § 1º, da Lei n. 5.889, de 08.06.1973), visto que, neste caso, é a atividade preponderante da empresa que determina o enquadramento" . Contudo, foi cancelada na sessão do dia 27.10.2015 do Tribunal Pleno desta Corte. A partir de então, a questão passou a ser dirimida caso a caso, observando-se, inclusive, a atividade desenvolvida pelo trabalhador. Na hipótese dos autos, a Corte de origem, soberana na análise do conjunto fático-probatório, limita-se a citar a diretriz da Orientação Jurisprudencial n. 419 da SbDI-I do TST, que considera como rurícola o trabalhador que presta serviço a empregador agroindustrial. Nesse contexto, em virtude da ausência de delimitação do quadro fático, aplica-se o teor da Súmula n. 126 do TST. Agravo conhecido e não provido (TST – Ag-AIRR - 9073020115150039, Rel. Min. Cláudio Mascarenhas Brandão – j. 27.02.2019 – 7ª T. – *DEJT* 08.03.2019).

(...) ENQUADRAMENTO SINDICAL. MOTORISTAS E OPERADORES DE MÁQUINAS AGRÍCOLAS EXCLUSIVAMENTE EM ÁREA RURAL. ATIVIDADE PREPONDERANTE DO EMPREGADOR. MATÉRIA FÁTICA. SÚMULA N. 126 DO TST. O enquadramento sindical dos empregados segue a regra da atividade preponderante desempenhada pelo empregador, com exceção dos trabalhadores integrantes de categorias profissionais diferenciadas. No caso em exame, o Tribunal Regional, instância soberana na apreciação dos elementos probatórios dos autos, concluiu que os empregados que conduzem veículos, máquinas e equipamentos agrícolas apenas no meio rural, sem circulação no trânsito das cidades ou em rodovias, e, portanto, não compõem categoria profissional diferenciada, nos termos do artigo 511, § 3º, da CLT. Nesse contexto, o Regional entendeu correto o reconhecimento do Sindicato dos Empregados Rurais de Potirendaba como legítimo representante dos empregados rurais que laboram na região de Potirendaba e Cedral, dentre esses os da empresa Cofco Brasil S.A., inclusive os exercentes das funções de motoristas, tratoristas, operadores de máquinas agrícolas e outras funções correlatas. Embora tenham sido canceladas as Orientações Jurisprudenciais n. 315 e 419 da SbDI-1 desta Corte, o TST mantém o entendimento de que o enquadramento do trabalhador é feito com base na atividade desenvolvida pela empresa. Precedentes. Assim, a partir do quadro fático revelado pelo Tribunal Regional, não há como afastar o enquadramento dos empregados como trabalhadores rurais e não autorizar o enquadramento em categoria diferenciada, como pretende o Sindicato dos Condutores de Veículos. Qualquer solução em sentido contrário demandaria a incursão no universo fático-probatório dos autos, procedimento vedado a esta instância de natureza recursal extraordinária, nos termos da Súmula n. 126 do TST.

Agravo de instrumento desprovido (TST-AIRR 101628920145150044, Rel. Min. José Roberto Freire Pimenta, 2ª T., *DEJT* 01.03.2019).

A única exceção para o enquadramento do rurícola segundo a atividade econômica do seu empregador é a reconhecida pela OJ/SBDI-1/TST 38:

> O empregado que trabalha em empresa de reflorestamento, cuja atividade está diretamente ligada ao manuseio da terra e de matéria-prima, é rurícola e não industriário, nos termos do Decreto 73.626, de 12.02.1974, art. 2º, § 4º, pouco importando que o fruto de seu trabalho seja destinado à indústria. Assim, aplica-se a prescrição própria dos rurícolas aos direitos desses empregados.

A prescrição aplicável ao empregado rural era, de acordo com o texto constitucional original (CF, art. 7º, XXIX, "b"), distinta da aplicada ao empregado urbano. Vale dizer, durante a relação de emprego não corria prescrição para o rurícola[32]. Esta somente teria início a contar da extinção do contrato de trabalho, respeitado o prazo de dois anos. Com o advento da EC 28/00, houve unificação dos prazos prescricionais para os empregados urbanos e rurais, ou seja, os créditos trabalhistas prescrevem em cinco anos contados da data do ajuizamento da ação, desde que respeitado o biênio contado da extinção do contrato de trabalho (*vide* art. 11 da CLT).

Nos termos da jurisprudência predominante no TST, a prescrição prevista na EC 28/00 somente passou a ser aplicada aos pedidos deduzidos em ações ajuizadas posteriormente a 29.05.2005. Tal entendimento está fundado no princípio da irretroatividade das normas jurídicas. Noutro falar: não se aplica a prescrição quinquenal para as reclamações trabalhistas ajuizadas por trabalhadores rurais anteriormente a 29.05.2005, tampouco para as reclamações decorrentes de contratos de trabalho rurais que estavam em vigor na data da promulgação da EC 28/00.

11.2. Outros trabalhadores rurais protegidos

Não só os trabalhadores rurais típicos (empregados rurais) estão amparados pelo Direito do Trabalho.

Há *outros trabalhadores rurais* (atípicos) *protegidos* pela Lei 5.889/1973 referidos no seu art. 17, que dispõe: "As normas da presente Lei são aplicáveis, no que couber, aos trabalhadores rurais não compreendidos na definição do art. 2º, que prestem serviços a empregador rural".

Estes outros trabalhadores seriam, para alguns, apenas os falsos parceiros e empreiteiros.

32. Observado o disposto no art. 233 da Constituição Federal.

Ocorre que os falsos parceiros e falsos empreiteiros, em rigor, são juridicamente empregados.

Há quem sustente que os parceiros e empreiteiros reais, assim como os arrendatários e os trabalhadores eventuais, seriam os destinatários do art. 17 da Lei 5.889/73, o que não se incompatibiliza com a melhor interpretação, *in casu*, para a expressão "*empregadores rurais*" utilizada pelo preceptivo em causa. Assim, empregador rural, para os efeitos do art. 17 da Lei 5.889, seria, como ensina Vilhena, "não só quem admite empregado, mas também quem esteja apto a admiti-lo e ainda não o tenha admitido, ou que já o admitira uma vez, mas não mais em determinado momento"[33].

Com razão Amauri Mascaro Nascimento ao assegurar que "a Lei 5.889 é aplicável a todo trabalhador rural e não apenas aos empregados rurais (art. 17). *Amplia-se, assim, o âmbito de proteção jurídica ao campo do eventual. Há base legal, portanto, para a construção de uma jurisprudência protecionista do boia-fria*"[34]. Nesse sentido:

> TRABALHADOR RURAL – O art. 17 da Lei do Trabalho Rural, elasteceu o conceito de trabalhador rural para alcançar aqueles que, embora executando atividades rurais, para empregadores rurais, não o façam com habitualidade e/ou com vínculo de subordinação, assegurando-lhes a extensão dos direitos nela previstos, sendo o caso do trabalhador rural eventual e do safrista (TRT 5ª R – RO 0037200-69.2002.5.05.0531 – Rel. Des. Graça Laranjeira – 2ª T. – *DJ* 25.11.2003).

11.3. Trabalhadores da lavoura canavieira e na indústria açucareira

Os trabalhadores que exercem suas atividades na extração de cana-de-açúcar e na indústria açucareira estão sujeitos a uma legislação própria: o Estatuto da Lavoura Canavieira (Dec.-lei 3.855, de 21.11.1941), que instituiu os chamados "*contratos-tipo*", obrigatório para a admissão dos obreiros, tanto na cultura de cana, como nas indústrias açucareiras.

Apenas quanto aos trabalhadores em engenhos de açúcar ou aguardente, é que não há a obrigatoriedade dos referidos contratos, ficando os mesmos, portanto, protegidos pela Consolidação.

O TST, no entanto, vem entendendo que, mesmo em se tratando de empregado de categoria diferenciada de usina de açúcar, o seu enquadramento categorial é de empregado rural.

Logo, a prescrição aplicável ao empregado de usina de açúcar seria a do rurícola e não a do empregado urbano[35]. Nesse sentido, dispõe o seguinte julgado, anterior à EC 28/2000:

---

33. *Apud* VIANA, Márcio Túlio. *Op. cit.*, p. 297.
34. *Iniciação ao direito do trabalho*. 22. ed. São Paulo: LTr, 1996, p. 171.
35. Com o advento da EC 28/00, a distinção acerca da prescrição entre empregado rurícola e empregado urbano deixou de ter importância prática, salvo no que concerne à eficácia da lei no tempo.

(...) *Enquadramento do reclamante como rurícola e prescrição aplicável.* Consoante o entendimento pacificado na iterativa jurisprudência desta C. Corte, em que pese ser o empregado de categoria diferenciada de usina de açúcar, enquadra-se como trabalhador rural. De conseguinte, aplica-se a prescrição própria do rurícola. Recurso de embargos conhecido e desprovido (...) (TST-E-ED-RR 56800-35.2003.5.15.0120 - j. 29.04.2010 - Rel. Min. Aloysio Corrêa da Veiga - SBDI-1 - *DEJT* 07.05.2010).

12. SERVIDORES PÚBLICOS

Há diversos critérios utilizados pela doutrina no tocante à classificação dos servidores públicos.

Para nós, os servidores públicos podem ser: a) *servidores públicos militares* (CF, arts. 42 e 142, § 3º); ou b) *servidores públicos civis* (CF, arts. 37 e 39).

Os *servidores públicos civis* compreendem:

- os *servidores investidos em cargos públicos*, de provimento efetivo ou em comissão, da administração direta, autárquica e fundacional de quaisquer dos Poderes da União, Estados, Municípios e Distrito Federal. São regidos pelo regime jurídico único[36] que, no âmbito da União, é o regime estatutário, também chamado de "*regime de cargo*", pois o servidor estatutário é investido em cargo público;
- os *servidores investidos em empregos públicos*, cujas funções podem ser permanentes ou de confiança, das empresas públicas e sociedades de economia mista. São regidos pela Consolidação das Leis do Trabalho, ou seja, são empregados, também chamados de "*celetistas*". Com o fim do regime jurídico único pela EC 19/98, houve uma tendência para a adoção do regime celetista para todos os servidores da administração direta e indireta. Todavia, o Plenário do STF (ADI 2.135-MC/DF) deferiu liminar, com efeitos *ex nunc*, para suspender a eficácia do art. 39, com a redação dada pela EC 19/98. No âmbito federal, a Lei 9.962, de 22.02.2000, prevê o regime celetista, que pode ser adotado para os servidores públicos federais da administração direta, autárquica e fundacional;
- os *servidores temporários*, que são os exercentes de funções de natureza transitória contratados para serviços temporários e de excepcional interesse público, nos termos do art. 37, IX, da Constituição Federal, que diz: "a lei estabelecerá os casos de contra-

A Lei 13.467/2017 alterou o art. 11 da CLT e eliminou a distinção entre trabalhador urbano e trabalhador rural para fins de prescrição da pretensão deduzida em ação trabalhista.

36. A União instituiu para os servidores públicos federais da administração direta, autárquica e fundacional o RJU estatutário, regulado pela Lei 8.112/90. A EC 19/98 proscreveu a obrigatoriedade do regime jurídico único para os servidores públicos da administração direta, autárquica e fundacional. O STF (ADI 2.135-MC/DF), no entanto, deferiu liminar, com efeitos *ex nunc*, para suspender a eficácia do art. 39, com a nova redação dada pela EC 19/98.

tação por tempo determinado para atender a necessidade temporária de excepcional interesse público". A jurisprudência do STF vem se sedimentando no sentido de que é devida a extensão dos direitos sociais previstos no art. 7º da CF a servidor contratado temporariamente, nos moldes do art. 37, inciso IX, da referida Carta da República, notadamente quando o contrato é sucessivamente renovado (STF-AI 767024-PE – Rel. Min. Dias Toffoli – 1ª T. – *DJe-079* – divulg. 23.04.2012, pub. 24.04.2012).

Sem embargo da divergência doutrinária e jurisprudencial, entendemos que os servidores temporários devem ser *contratados* pelo regime da CLT, cujos contratados serão obrigatoriamente firmados por tempo determinado. O STF, porém, entende que a natureza da relação jurídica entre os servidores temporários e a Administração Pública depende da respectiva lei que autorizar a contratação temporária, ou seja, o servidor temporário pode ser regido pelo Direito Administrativo ou pelo Direito do Trabalho.

Tanto os servidores investidos em empregos públicos quanto os servidores temporários (contratados pelo regime da CLT) são tutelados, com algumas ressalvas de ordem constitucional, pelo direito do trabalho.

Já os servidores investidos em cargos públicos estão excluídos da tutela do direito do trabalho, pois são regidos por estatuto legal próprio.

Os servidores investidos em empregos públicos são, portanto, considerados empregados para todos os efeitos legais, sendo regidos pelo regime da CLT, com ligeiras ressalvas de disposições expressamente previstas na Constituição Federal e de alguns direitos trabalhistas incompatíveis com a sistemática adotada.

Assim, o contrato de trabalho do "servidor celetista" sofre algumas restrições de ordem constitucional, a saber: só será válido o contrato de trabalho se o servidor tiver logrado aprovação em concurso público (art. 37, II e § 2º); é vedada a acumulação remunerada de empregos, cargos ou funções públicas (art. 37, XVI e XVII); a criação de emprego ou aumento de remuneração ou concessão de qualquer vantagem depende de lei e de prévia dotação orçamentária (arts. 61, § 1º, II, "a", 169, § 1º, I e II); não se reconhece ao servidor celetista (ou "estatutário") o direito ao reconhecimento de convenção coletiva ou acordo coletivo[37] etc.

É importante lembrar que o STF (ADI 3.395) entende que a Justiça do Trabalho, mesmo na vigência da EC 45/04, que deu nova redação ao art. 114 da CF, é incompetente para processar e julgar as ações oriundas da relação envolvendo a União, Estados, Distrito Federal e Municípios, suas autarquias e fundações públicas e o servidor estatutário ou servidor temporário, estes quando regidos pelo regime administrativo (ou institucional) diverso do regime celetista.

37. Voltaremos a falar sobre este assunto no Título III deste livro.

13. ESTAGIÁRIO

O contrato de estágio era regido pela Lei 6.494, de 07.12.1977 (parcialmente alterada pela Lei 8.859/94 e pela Medida Provisória 1.879-17, de 23.11.1999).

Atualmente, o contrato de estágio é regulado pela Lei 11.788, de 25.09.2008, cujo art. 22 revogou expressamente as Leis 6.494/77 e 8.859/94, o parágrafo único do art. 82 da Lei 9.394/96 e o art. 6º da Medida Provisória 2.164-41, de 24.08.2001.

Nos termos do art. 1º da Lei 11.788/08,

> Estágio é ato educativo escolar supervisionado, desenvolvido no ambiente de trabalho, que visa à preparação para o trabalho produtivo de educandos que estejam frequentando o ensino regular em instituições de educação superior, de educação profissional, de ensino médio, da educação especial e dos anos finais do ensino fundamental, na modalidade profissional da educação de jovens e adultos.

O estágio faz parte do projeto pedagógico do curso, além de integrar o itinerário formativo do educando. Ademais, o estágio visa ao aprendizado de competências próprias da atividade profissional e à contextualização curricular, objetivando o desenvolvimento do educando para a vida cidadã e para o trabalho.

O estágio poderá ser *obrigatório* ou *não obrigatório*, conforme determinação das diretrizes curriculares da etapa, modalidade e área de ensino e do projeto pedagógico do curso.

Entende-se por *estágio obrigatório* aquele, definido como tal no projeto do curso, cuja carga horária é requisito para a aprovação e obtenção de diploma.

Já o estágio *não obrigatório* é aquele desenvolvido como atividade opcional, acrescida à carga horária regular e obrigatória.

Além do estágio obrigatório e não obrigatório, o § 3º do art. 2º da Lei 11.788/08 prevê que as atividades de extensão, de monitorias e de iniciação científica na educação superior, desenvolvidas pelo estudante, poderão ser equiparadas ao estágio em caso de previsão no projeto pedagógico do curso. Pode-se dizer, assim, que neste caso há uma terceira espécie: o *estágio por equiparação*.

Vaticina o art. 3º da Lei 11.788 que tanto o estágio obrigatório quanto o não obrigatório não criam vínculo empregatício de qualquer natureza, desde que observados os seguintes requisitos:

> I – matrícula e frequência regular do educando em curso de educação superior, de educação profissional, de ensino médio, da educação especial e nos anos finais do ensino fundamental, na modalidade profissional da educação de jovens e adultos e atestados pela instituição de ensino;

> II – celebração de termo de compromisso entre o educando, a parte concedente do estágio e a instituição de ensino[38];
>
> III – compatibilidade entre as atividades desenvolvidas no estágio e aquelas previstas no termo de compromisso.

Além desses requisitos, para que o contrato de estágio seja válido e, com isso, não gere vínculo empregatício, o § 1º do art. 3º da Lei 11.788 dispõe que o estágio, como ato educativo escolar supervisionado, deverá ter acompanhamento efetivo pelo professor orientador da instituição de ensino e por supervisor da parte concedente, comprovado por vistos nos relatórios de atividades (que devem ser exigidos do educando pela instituição de ensino a cada seis meses de duração do estágio) e por menção de aprovação final.

Deixando claro a respeito das consequências do desvirtuamento do estágio, o § 2º do art. 3º da Lei 11.788 dispõe, *in verbis*:

> O descumprimento de qualquer dos incisos deste artigo ou de qualquer obrigação contida no termo de compromisso caracteriza vínculo de emprego do educando com a parte concedente do estágio para todos os fins da legislação trabalhista e previdenciária.

É bem de ver que, em se tratando de estágio em que figurem como concedente qualquer órgão da administração pública direta ou indireta, o desvirtuamento do estágio não gera vínculo empregatício, uma vez que a existência de relação empregatícia válida em tal hipótese pressupõe a aprovação prévia em concurso público (CF, art. 37, II, § 2º).

A Lei de Estágio é aplicável aos estudantes estrangeiros regularmente matriculados em cursos superiores no País, autorizados ou reconhecidos, observado o prazo do visto temporário de estudante, na forma da legislação aplicável.

Enaltecendo a possibilidade de parcerias entre instituições públicas e privadas para a realização do estágio, o art. 5º da Lei 11.788 prevê que as instituições de ensino e as partes cedentes de estágio podem, a seu critério, recorrer a serviços de agentes de integração públicos e privados, mediante condições acordadas em instrumento jurídico apropriado, devendo ser observada, no caso de contratação com recursos públicos, a legislação que estabelece as normas gerais de licitação. Nestes casos, cabe aos agentes de integração, como auxiliares no processo de aperfeiçoamento do instituto do estágio: identificar oportunidades de estágio; ajustar suas condições de realização; fazer o acompanhamento administrativo; encaminhar negociação de seguros contra acidentes pes-

38. *Lei 11.788/08, art. 16*: O termo de compromisso deverá ser firmado pelo estagiário ou com seu representante ou assistente legal e pelos representantes legais da parte concedente e da instituição de ensino, vedada a atuação dos agentes de integração a que se refere o art. 5º desta Lei como representante de qualquer das partes.

soais; cadastrar os estudantes. Nesta modalidade de estágio, é vedada a cobrança de qualquer valor dos estudantes, a título de remuneração pelos serviços referidos nos incisos deste artigo, sendo certo que os agentes de integração serão responsabilizados civilmente se indicarem estagiários para a realização de atividades não compatíveis com a programação curricular estabelecida para cada curso, assim como estagiários matriculados em cursos ou instituições para as quais não há previsão de estágio curricular.

O local de estágio pode ser selecionado com base no cadastro de partes cedentes, organizado pelas instituições de ensino ou pelos agentes de integração.

De acordo com o art. 7º da Lei de Estágio, são obrigações das instituições de ensino, em relação aos estágios de seus educandos: celebrar termo de compromisso com o educando ou com seu representante ou assistente legal, quando ele for absoluta ou relativamente incapaz, e com a parte concedente, indicando as condições de adequação do estágio à proposta pedagógica do curso, à etapa e modalidade da formação escolar do estudante e ao horário e calendário escolar; avaliar as instalações da parte concedente do estágio e sua adequação à formação cultural e profissional do educando; indicar professor orientador, da área a ser desenvolvida no estágio, como responsável pelo acompanhamento e avaliação das atividades do estagiário; exigir do educando a apresentação periódica, em prazo não superior a 6 (seis) meses, de relatório das atividades; zelar pelo cumprimento do termo de compromisso, reorientando o estagiário para outro local em caso de descumprimento de suas normas; elaborar normas complementares e instrumentos de avaliação dos estágios de seus educandos; comunicar à parte concedente do estágio, no início do período letivo, as datas de realização de avaliações escolares ou acadêmicas.

O plano de atividades do estagiário, elaborado mediante acordo das 3 (três) partes (educando, parte concedente do estágio e instituição de ensino), será incorporado ao termo de compromisso por meio de aditivos à medida que for avaliado, progressivamente, o desempenho do estudante.

As instituições de ensino podem celebrar com entes públicos e privados convênio de concessão de estágio, nos quais se explicitem o processo educativo compreendido nas atividades programadas para seus educandos e as condições do estágio, observado o que dispõem os arts. 6º e 14 da Lei 11.788, sendo, em qualquer caso, indispensável a celebração de termo de compromisso entre o educando, a parte concedente do estágio e a instituição de ensino.

Podem ser partes concedentes do estágio:

- as pessoas jurídicas de direito privado e os órgãos da administração pública direta, autárquica e fundacional de qualquer dos Poderes da União, dos Estados, do Distrito Federal e dos Municípios;
- os profissionais liberais de nível superior devidamente registrados em seus respectivos conselhos de fiscalização profissional.

São obrigações da parte concedente do estágio (Lei 11.788, art. 9º):

I – celebrar termo de compromisso com a instituição de ensino e o educando, zelando por seu cumprimento;

II – ofertar instalações que tenham condições de proporcionar ao educando atividades de aprendizagem social, profissional e cultural;

III – indicar funcionário de seu quadro de pessoal, com formação ou experiência profissional na área de conhecimento desenvolvida no curso do estagiário, para orientar e supervisionar até 10 (dez) estagiários simultaneamente;

IV – contratar em favor do estagiário seguro contra acidentes pessoais, cuja apólice seja compatível com valores de mercado, conforme fique estabelecido no termo de compromisso;

V – por ocasião do desligamento do estagiário, entregar termo de realização do estágio com indicação resumida das atividades desenvolvidas, dos períodos e da avaliação de desempenho;

VI – manter à disposição da fiscalização documentos que comprovem a relação de estágio;

VII – enviar à instituição de ensino, com periodicidade mínima de 6 (seis) meses, relatório de atividades, com vista obrigatória ao estagiário.

O parágrafo único do art. 9º da Lei 11.788 dispõe que, no caso de estágio obrigatório, a responsabilidade pela contratação do seguro contra acidentes pessoais poderá, alternativamente, ser assumida pela instituição de ensino.

São *direitos do estagiário*:

a) *Duração da atividade em estágio*

A jornada de atividade em estágio é definida de comum acordo entre a instituição de ensino, a parte concedente e o estudante (ou seu representante legal), devendo constar do termo de compromisso ser compatível com as atividades escolares e *não ultrapassar*:

I – 4 (quatro) horas diárias e 20 (vinte) horas semanais, no caso de estudantes de educação especial e dos anos finais do ensino fundamental, na modalidade profissional de educação de jovens e adultos;

II – 6 (seis) horas diárias e 30 (trinta) horas semanais, no caso de estudantes do ensino superior, da educação profissional de nível médio e do ensino médio regular.

O estágio relativo a cursos que alternam teoria e prática, nos períodos em que não estão programadas aulas presenciais, poderá ter jornada de até 40 (quarenta) horas semanais, desde que isso esteja previsto no projeto pedagógico do curso e da instituição de ensino. Mas, se a instituição de ensino adotar verificações de aprendizagem periódicas ou finais, nos períodos de avaliação, a carga horária do estágio será reduzida pelo menos à metade, segundo estipulado no termo de compromisso, para garantir o bom desempenho do estudante.

A duração do estágio, na mesma parte concedente, não poderá exceder 2 (dois) anos, exceto quando o estagiário for pessoa com deficiência[39].

Em qualquer modalidade de estágio, o art. 13 da Lei 11.788 assegura ao estagiário, sempre que o estágio tenha duração igual ou superior a 1 (um) ano, período de recesso de 30 (trinta) dias, a ser gozado preferencialmente durante suas férias escolares. Caso o estágio tenha duração inferior a 1 (um) ano, os dias de recesso serão concedidos de maneira proporcional (Lei 11.788, art. 13, § 2º).

Em qualquer modalidade de estágio, se o estagiário receber bolsa (ou outra forma de contraprestação), o recesso deverá ser remunerado.

b) *Remuneração*

Dispõe o art. 12 da Lei 11.788 que o "estagiário poderá receber bolsa ou outra forma de contraprestação que venha a ser acordada, sendo compulsória a sua concessão, bem como a do auxílio-transporte, na hipótese de estágio não obrigatório".

Como se vê, em se tratando de *estágio não obrigatório* (Lei 11.788, art. 2º, § 2º), é compulsória a concessão de bolsa (ou outra forma de remuneração) e do auxílio-transporte. Trata-se de norma de ordem pública, razão pela qual, nesta modalidade, é indisponível o direito do estagiário à remuneração (bolsa) e ao auxílio-transporte.

Por interpretação *a contrario sensu*, em se tratando de *estágio obrigatório* (Lei 11.788, art. 2º, § 1º) ou *estágio por equiparação* (Lei 11.788, art. 2º, § 3º), a concessão de bolsa (ou qualquer outra forma de remuneração) e o auxílio-transporte constituem faculdade das partes, ou seja, dependem de previsão no termo de compromisso de estágio.

O valor da bolsa (ou qualquer outra espécie de remuneração) será fixado por mútuo consentimento entre as partes, pois a lei não fixa um valor mínimo (ou máximo) para a remuneração do estagiário.

A eventual concessão de benefícios relacionados a transporte, alimentação e saúde, entre outros, não caracteriza vínculo empregatício.

O estagiário pode inscrever-se e contribuir como segurado facultativo do Regime Geral de Previdência Social.

c) *Outros direitos*

39. Nos termos do art. 1º da Convenção sobre os Direitos das Pessoas com Deficiência (ratificado pelo Brasil por meio do Decreto legislativo 186, de 09.07.2008): "Pessoas com deficiência são aquelas que têm impedimentos de longo prazo de natureza física, mental, intelectual ou sensorial, os quais, em interação com diversas barreiras, podem obstruir sua participação plena e efetiva na sociedade em igualdades de condições com as demais pessoas". Por meio do Decreto 6.949, de 25.08.2009, o Presidente da República, invocando o art. 84, IV, da CF, promulgou a referida Convenção.

O estagiário, além dos direitos arrolados nas alíneas precedentes, é destinatário dos direitos previstos na legislação relacionada à saúde e segurança no trabalho, sendo sua implementação de responsabilidade da parte concedente do estágio.

Em caso de manutenção de estagiários em desconformidade com esta Lei caracteriza vínculo de emprego do educando com a parte concedente do estágio para todos os fins da legislação trabalhista e previdenciária (Lei 11.788, art. 15).

De acordo com o art. 17 da Lei 11.788, o número máximo de estagiários em relação ao quadro de pessoal das entidades concedentes de estágio deverá atender às seguintes proporções:

I – de 1 (um) a 5 (cinco) empregados: 1 (um) estagiário;

II – de 6 (seis) a 10 (dez) empregados: até 2 (dois) estagiários;

III – de 11 (onze) a 25 (vinte e cinco) empregados: até 5 (cinco) estagiários;

IV – acima de 25 (vinte e cinco) empregados: até 20% (vinte por cento) de estagiários.

Os §§ 1º a 3º do art. 17 da Lei 11.788/08, para fins de fixação da cota para estagiários, consideram quadro de pessoal o conjunto de trabalhadores empregados existentes no estabelecimento do estágio. Mas, se a parte concedente contar com várias filiais ou estabelecimentos, os quantitativos previstos nos incisos do art. 17 serão aplicados a cada um deles. Além disso, quando o cálculo do percentual disposto no inc. IV do *caput* do art. 17 resultar em fração, poderá ser arredondado para o número inteiro imediatamente superior.

Prevê o § 4º do art. 17 da Lei 11.788: "Não se aplica o disposto no *caput* deste artigo aos estágios de nível superior e de nível médio profissional". Este preceptivo deve ser interpretado à luz do princípio da razoabilidade ou proporcionalidade, de modo a obstar abusos ou fraudes.

O § 5º do art. 17 da lei em questão assegura às pessoas com deficiência o direito de terem reserva correspondente a 10% (dez por cento) das vagas oferecidas pela parte concedente do estágio.

O art. 18 da Lei 11.788 prevê uma regra de transição, ao dispor que a prorrogação dos estágios contratados antes do início da sua vigência apenas poderá ocorrer se ajustada às suas disposições.

Sobre desvirtuamento do contrato de estágio e o consequente reconhecimento de vínculo empregatício, a jurisprudência do TST vem caminhando na seguinte direção:

RECURSO DE REVISTA. PROCESSO ANTERIOR À LEI N. 13.467/2017. NULIDADE DO CONTRATO DE ESTÁGIO. DESVIRTUAMENTO. O e. TRT, a partir da valoração da prova documental produzida, concluiu pela nulidade do contrato decorrente do estágio desvirtuado, por não terem vindo aos autos avaliações semestrais, relatórios semestrais das atividades ou acompanhamento e avaliação do estágio, bem como com base na prova testemunhal, de que houve desvirtuamento do contrato de estágio, que visou mascarar verdadeiro vínculo de emprego. Nesse cenário, com base nas premissas registradas no acórdão recorrido, não há como se chegar a conclusão contrária, pois para tanto seria necessário o revolvimento dos fatos e prova, procedimento vedado nesta esfera extraordinária, ante o óbice da Súmula n. 126 do TST. Incólumes os arts. 3º da Lei 11.788/08 e 9º da CLT. Quanto à divergência jurisprudencial, revela-se inespecífica, na esteira da Súmula 296, I, do TST. Recurso de revista não conhecido. HORAS EXTRAS. O Tribunal Regional confirmou que os controles de horários não são válidos como prova da jornada realizada, pelo que são devidas as horas laboradas além da sexta hora diária. Nesse cenário, com base na premissa registrada no acórdão recorrido, não há como se chegar a conclusão contrária, pois para tanto seria necessário o revolvimento dos fatos e prova, procedimento vedado nesta esfera extraordinária, ante o óbice da Súmula n. 126 do TST. Recurso de revista não conhecido. HONORÁRIOS ADVOCATÍCIOS NA JUSTIÇA DO TRABALHO. Na Justiça do Trabalho, o deferimento de honorários advocatícios sujeita-se à constatação da ocorrência concomitante de dois requisitos: o benefício da justiça gratuita e a assistência por sindicato (nova redação da Súmula n. 219, item I, do TST, que incorporou a Orientação Jurisprudencial n. 305 da SBDI-1). Logo, não estando satisfeitos esses dois requisitos, não há como manter a condenação ao pagamento de honorários advocatícios. Recurso de revista conhecido por contrariedade à Súmula 219, I, do TST e provido. CONCLUSÃO: Recurso de revista parcialmente conhecido e provido (TST-RR 2224520135040205, Rel. Min. Alexandre de Souza Agra Belmonte, 3ª T., *DEJT* 31.08.2018).

14. MÃE SOCIAL

Considera-se mãe social aquela que, dedicando-se à assistência ao menor abandonado, exerça o encargo em nível social, dentro do sistema de casas-lares (Lei 7.644, art. 2º).

A mãe social é uma espécie de trabalhadora subordinada atípica cuja atividade laborativa é regulada pela Lei 7.644, de 18.12.1987 (*DOU* 21.12.1987), cujo art. 19 manda aplicar às relações de trabalho da mãe social o disposto nos capítulos I e IV do Título II, Seções IV, V e VI do Capítulo IV do Título III e nos Títulos IV e VII, todos da CLT.

Somente as instituições sem finalidade lucrativa, ou de utilidade pública de assistência ao menor abandonado, e que funcionem pelo sistema de casas-lares, poderá utilizar o trabalho de mães sociais visando a propiciar ao menor as condições familiares ideais ao seu desenvolvimento e reintegração social.

Entende-se como casa-lar a unidade residencial sob responsabilidade de mãe social, que abrigue até 10 (dez) menores.

De acordo com o art. 4º da Lei 7.644, são atribuições da mãe social:

I – propiciar o surgimento de condições próprias de uma família, orientando e assistindo os menores colocados sob seus cuidados;

II – administrar o lar, realizando e organizando as tarefas a ele pertinentes;

III – dedicar-se, com exclusividade, aos menores e à casa-lar que lhes forem confiados.

A mãe social, enquanto no desempenho de suas atribuições, deverá residir, juntamente com os menores que lhe forem confiados, na casa-lar que lhe for destinada.

Nos termos do art. 5º da Lei 7.644, são direitos da mãe social:

I – anotação na Carteira de Trabalho e Previdência Social;

II – remuneração, em valor não inferior ao salário mínimo;

III – repouso semanal remunerado de 24 (vinte e quatro) horas consecutivas;

IV – apoio técnico, administrativo e financeiro no desempenho de suas funções;

V – 30 (trinta) dias de férias anuais remuneradas nos termos do que dispõe o capítulo IV da CLT;

VI – benefícios e serviços previdenciários, inclusive, em caso de acidente do trabalho, na qualidade de segurada obrigatória;

VII – gratificação de Natal (13º salário);

VIII – Fundo de Garantia do Tempo de Serviço ou indenização, nos termos da legislação pertinente.

O trabalho desenvolvido pela mãe social é de caráter intermitente, realizando-se pelo tempo necessário ao desempenho de suas tarefas.

Os salários devidos à mãe social serão reajustados de acordo com as disposições legais aplicáveis, deduzido o percentual de alimentação fornecida pelo empregador.

O art. 8º da Lei em tela prevê que a candidata ao exercício da profissão de mãe social deverá submeter-se a seleção e treinamento específicos, a cujo término será verificada sua habilitação. O treinamento será composto de um conteúdo teórico e de uma aplicação prática, esta sob forma de estágio.

O treinamento e estágio não excederão de 60 (sessenta) dias nem criarão vínculo empregatício de qualquer natureza, sendo certo que a estagiária deverá estar segurada contra acidentes pessoais e receberá alimentação, habitação e bolsa de ajuda para vestuário e despesas pessoais.

O art. 9º da Lei 7.644 estabelece as seguintes condições para admissão como mãe social:

I – idade mínima de 25 (vinte e cinco) anos;

II – boa sanidade física e mental;

III – curso de primeiro grau, ou equivalente;

IV – ter sido aprovada em treinamento e estágio exigidos por esta Lei;

V – boa conduta social;

VI – aprovação em teste psicológico específico.

O art. 10 da Lei sob exame prescreve que a instituição tomadora do serviço manterá mães sociais para substituir as efetivas durante seus períodos de afastamento do serviço. A mãe social substituta, quando não estiver em efetivo serviço de substituição, deverá residir na aldeia assistencial e cumprir tarefas determinadas pelo empregador. A mãe social, quando no exercício da substituição, terá direito à retribuição percebida pela titular e ficará sujeita ao mesmo horário de trabalho.

Extinto o contrato de trabalho, a mãe social deverá retirar-se da casa-lar que ocupava, cabendo à entidade empregadora providenciar a imediata substituição (Lei 7.644, art. 13).

Sem embargo de a mãe social ser uma trabalhadora subordinada atípica, o art. 20 da Lei 7.644 prevê a competência da Justiça do Trabalho para dirimir as controvérsias entre ela e seu empregador.

O TST vem reconhecendo vínculo empregatício de natureza especial entre a mãe social e a instituição empregadora, como se infere do seguinte julgado:

> *MÃE SOCIAL (OU MÃE-CRECHEIRA) – LEI N. 7.644/87 – FEBEM – VÍNCULO DE EMPREGO.* A prestação de serviços pela "mãe social", com fulcro na Lei n. 7.644/87, caracteriza contrato de trabalho, na medida em que presentes a pessoalidade, a onerosidade e a subordinação. Esse contrato reveste-se, no entanto, de natureza especial, em razão de os artigos 5º e 19 da referida lei disporem, de forma expressa e exaustiva, sobre os direitos assegurados, entre os quais se incluem férias remuneradas, gratificação de Natal, anotação da CTPS, benefícios previdenciários, repouso semanal remunerado e indenização ou levantamento do FGTS, no caso de dispensa sem justa causa. Recurso de embargos não provido (TST-E-RR 592198-22.1999.5.04.5555 – Rel. Min. Milton de Moura França – SBDI-1 – *DJ* 09.06.2006).

Não obstante, o TST vem negando à mãe social o direito a horas extras. Nesse sentido:

> (...) RECURSO DE REVISTA. RECLAMADA. LEI N. 13.015/2014 MÃE SOCIAL. TRABALHO INTERMITENTE. JORNADA. HORAS EXTRAS 1 – A lei define a mãe social como aquela que se dedica à assistência da criança abandonada, exercendo esse encargo em nível social, dentro do sistema de "casas-lares", ou seja, unidades

residenciais sob sua responsabilidade, abrigando até 10 (dez) crianças. A mãe social e as crianças a ela confiadas devem residir juntas, e essas serão, inclusive, suas dependentes para efeitos dos benefícios previdenciários (arts. 2º e 3º, *caput* e § 3º, da Lei n. 7.644/87). 2 – Consta como atribuição da mãe social dedicar-se "com exclusividade", às crianças e à "casa-lar" que lhe for confiada, o que abrange: orientar e assistir as crianças, propiciando o surgimento de condições próprias de uma família, e administrar a casa, realizando e organizando todas as tarefas a ela pertinentes (art. 4º da Lei n. 7.644/87). 3 – Nesse contexto, não é possível estabelecer ou controlar a jornada de trabalho da mãe social, já que o conjunto de suas atribuições demanda, por lei, disponibilidade constante para as crianças. É o que estabelece o art. 6º da Lei n. 7.644/87, segundo o qual o trabalho desenvolvido pela mãe social se realiza pelo tempo necessário ao desempenho de suas tarefas em caráter "intermitente", o que significa dizer que o trabalho se desenvolve mediante sucessivos períodos de atividade e de paralisações, de acordo com a dinâmica natural de um lar. 4 – O fato de a trabalhadora ficar disponível ao longo de 24 horas, podendo ser acionada a qualquer momento, não desvirtua o caráter intermitente do trabalho da mãe social, ao contrário, é exatamente essa a previsão da lei. Incabível, pois, o deferimento de horas extras. **Ademais, os arts. 5º e 19 da Lei n. 7.644/87 que, respectivamente, relacionam os direitos da mãe social e os dispositivos da CLT que lhe são aplicáveis, nada dispõem sobre a limitação ou controle de jornada e intervalos.** 5 – Registre-se que a limitação da jornada de trabalho é direito assegurado aos trabalhadores urbanos e rurais, nos termos do art. 7º, XIII, da Constituição Federal. Porém, **mesmo esse importante direito social comporta exceções, desde que legalmente estabelecidas, tal como aquela relativa aos empregados domésticos, anterior à Emenda Constitucional n. 72, de 02.04.2013.** 6 – É inegável o caráter fundamental da atividade da mãe social, e que os direitos assegurados por lei estão muito aquém da responsabilidade assumida por essas profissionais, bem como dos deveres que lhe são impostos, demandando aperfeiçoamento legislativo. Com efeito, a mãe social não é responsável apenas pelos cuidados físicos com a criança, como a higienização e alimentação, mas pelo oferecimento da afetividade necessária ao seu desenvolvimento psicológico, emocional e social. Tais atribuições sequer podem ser mensuradas monetariamente, tamanha é a sua importância e complexidade. Não obstante, é inviável o deferimento de horas extras quando a previsão da lei é de inexistência de limitação de jornada diária, bem como de intervalos fixos para refeição. Julgados. 7 - Recurso de revista de que se conhece e a que se dá provimento (TST-RR 147300-78.2014.5.13.0004, 6ª T. Red. Min. Kátia Magalhães Arruda, *DEJT* 15.12.2017). (grifos nossos)

15. ÍNDIO

O índio e os povos indígenas são destinatários de proteção por meio de tratados internacionais, como a Convenção 169 da OIT. A Constituição brasileira de 1988 dedicou aos índios os arts. 231 e 232, reconhecendo "sua organização social, costumes, línguas, crenças e tradições, e os direitos originários sobre as terras que tradicionalmente ocupam, competindo à União demarcá-las, proteger e fazer respeitar todos os seus bens". Além disso, o texto constitucional declara expressamente que os "índios, suas comunidades e organizações são partes legítimas para ingressar em juízo em defesa de seus direitos e interesses, intervindo o Ministério Público em todos os atos do processo".

No âmbito infraconstitucional, vamos encontrar o Estatuto do Índio (Lei 6.001, de 19.12.1973), as ações de proteção ambiental, saúde e apoio às atividades produtivas para as comunidades indígenas (Decreto 1.141, de 19.05.1994), o Decreto 26, de 04.02.1991, que dispõe sobre a educação indígena no Brasil, e o Decreto 564, de 08.06.1992, que dispõe sobre o Estatuto da Fundação Nacional do Índio – FUNAI.

As condições de trabalho do índio estão reguladas nos arts. 14 a 16 do Estatuto do Índio (Lei 6.001, de 19.12.1973), de modo que não pode haver discriminação entre trabalhadores indígenas e os demais trabalhadores, aplicando-se-lhes todos os direitos e garantias das leis trabalhistas e de previdência social. Mas é permitida a adaptação de condições de trabalho aos usos e costumes da comunidade a que pertencer o índio (art. 14).

A lei (art. 15 da Lei 6.001) considera nulo, de pleno direito, o contrato de trabalho (ou de locação de serviços) realizado com os índios que vivam isolados ou em grupos desconhecidos que tenham poucos contatos com os não índios.

Os contratos de trabalho ou de locação de serviços realizados com indígenas em processo de integração ou habitantes de parques ou colônias agrícolas dependerão de prévia aprovação do órgão de proteção ao índio, obedecendo, quando necessário, a normas próprias, sendo certo que as autoridades deverão estimular a realização de contratos por equipe, ou em domicílio, sob a orientação do órgão competente, de modo a favorecer a continuidade da via comunitária. Em qualquer caso de prestação de serviços por indígenas não integrados, o órgão de proteção ao índio exercerá permanente fiscalização das condições de trabalho, denunciando os abusos e providenciando a aplicação das sanções cabíveis.

16. COMISSÃO DE REPRESENTANTES DOS EMPREGADOS

A Lei 13.467/2017 introduziu na CLT os arts. 510-A a 510-D, que dispõem sobre a Comissão de Representantes dos Empregados nas empresas com mais de 200 (duzentos) empregados, nos seguintes termos:

Art. 510-A. Nas empresas com mais de duzentos empregados, é assegurada a eleição de uma comissão para representá-los, com a finalidade de promover-lhes o entendimento direto com os empregadores.

§ 1º A comissão será composta:

I – nas empresas com mais de duzentos e até três mil empregados, por três membros;

II – nas empresas com mais de três mil e até cinco mil empregados, por cinco membros;

III – nas empresas com mais de cinco mil empregados, por sete membros.

§ 2º No caso de a empresa possuir empregados em vários Estados da Federação e no Distrito Federal, será assegurada a eleição de uma comissão de representantes dos empregados por Estado ou no Distrito Federal, na mesma forma estabelecida no § 1º deste artigo.

Art. 510-B. A comissão de representantes dos empregados terá as seguintes atribuições:

I – representar os empregados perante a administração da empresa;

II – aprimorar o relacionamento entre a empresa e seus empregados com base nos princípios da boa-fé e do respeito mútuo;

III – promover o diálogo e o entendimento no ambiente de trabalho com o fim de prevenir conflitos;

IV – buscar soluções para os conflitos decorrentes da relação de trabalho, de forma rápida e eficaz, visando à efetiva aplicação das normas legais e contratuais;

V – assegurar tratamento justo e imparcial aos empregados, impedindo qualquer forma de discriminação por motivo de sexo, idade, religião, opinião política ou atuação sindical;

VI – encaminhar reivindicações específicas dos empregados de seu âmbito de representação;

VII – acompanhar o cumprimento das leis trabalhistas, previdenciárias e das convenções coletivas e acordos coletivos de trabalho.

§ 1º As decisões da comissão de representantes dos empregados serão sempre colegiadas, observada a maioria simples.

§ 2º A comissão organizará sua atuação de forma independente.

Art. 510-C. A eleição será convocada, com antecedência mínima de trinta dias, contados do término do mandato anterior, por meio de edital que deverá ser fixado na empresa, com ampla publicidade, para inscrição de candidatura.

§ 1º Será formada comissão eleitoral, integrada por cinco empregados, não candidatos, para a organização e o acompanhamento do processo eleitoral, vedada a interferência da empresa e do sindicato da categoria.

§ 2º Os empregados da empresa poderão candidatar-se, exceto aqueles com contrato de trabalho por prazo determinado, com contrato suspenso ou que estejam em período de aviso prévio, ainda que indenizado.

§ 3º Serão eleitos membros da comissão de representantes dos empregados os candidatos mais votados, em votação secreta, vedado o voto por representação.

§ 4º A comissão tomará posse no primeiro dia útil seguinte à eleição ou ao término do mandato anterior.

§ 5º Se não houver candidatos suficientes, a comissão de representantes dos empregados poderá ser formada com número de membros inferior ao previsto no art. 510-A desta Consolidação.

§ 6º Se não houver registro de candidatura, será lavrada ata e convocada nova eleição no prazo de um ano.

Art. 510-D. O mandato dos membros da comissão de representantes dos empregados será de um ano.

§ 1º O membro que houver exercido a função de representante dos empregados na comissão não poderá ser candidato nos dois períodos subsequentes.

§ 2º O mandato de membro de comissão de representantes dos empregados não implica suspensão ou interrupção do contrato de trabalho, devendo o empregado permanecer no exercício de suas funções.

§ 3º Desde o registro da candidatura até um ano após o fim do mandato, o membro da comissão de representantes dos empregados não poderá sofrer despedida arbitrária, entendendo-se como tal a que não se fundar em motivo disciplinar, técnico, econômico ou financeiro.

§ 4º Os documentos referentes ao processo eleitoral devem ser emitidos em duas vias, as quais permanecerão sob a guarda dos empregados e da empresa pelo prazo de cinco anos, à disposição para consulta de qualquer trabalhador interessado, do Ministério Público do Trabalho e do Ministério do Trabalho.

A MP 808/2017 acrescentou à CLT o art. 510-E, *in verbis*:

Art. 510-E. A comissão de representantes dos empregados não substituirá a função do sindicato de defender os direitos e os interesses coletivos ou individuais da categoria, inclusive em questões judiciais ou administrativas, hipótese em que será obrigatória a participação dos sindicatos em negociações coletivas de trabalho, nos termos do incisos III e VI do *caput* do art. 8º da Constituição.

Ocorre que a MP 808 não foi convertida em lei, nos termos do § 3º do art. 62 da CF[40].

Pensamos que as novas regras dispõem sobre a instituição de representantes dos

40. Sobre os efeitos da Medida Provisória não convertida em lei, remetemos o leitor ao Título I, Capítulo IV, item 2.1.

empregados estão aptas a regulamentar o direito fundamental social dos trabalhadores previsto no art. 11 da CF, segundo o qual: "Nas empresas de mais de duzentos empregados, é assegurada a eleição de um representante destes com a finalidade exclusiva de promover-lhes o entendimento direto com os empregadores".

No entanto, parece-nos que a parte final do § 1º do art. 510-C da CLT é inconstitucional ao proibir a "interferência" do sindicato na organização e acompanhamento do processo eleitoral a cargo da comissão eleitoral, na medida em que o inciso III do art. 8º da CF assegura aos sindicatos o direito de atuar em defesa dos direitos ou interesses coletivos ou individuais da categoria. O art. 510-E, acrescentado pela MP 808/2017, que não fora convertida em lei, como já ressaltado acima, seria insuficiente para afastar a inconstitucionalidade ora focalizada.

Igualmente, é inconstitucional o § 2º do art. 510-C da CLT ao discriminar os empregados contratados por tempo determinado, com contrato suspenso ou que estejam em período de aviso prévio, na medida em que permite que o empregador restrinja intencionalmente a elegibilidade desses trabalhadores na Comissão de Representantes dos Empregados. Vale dizer, o dispositivo em causa permite que o empregador abusivamente impeça a candidatura desses empregados, por meio de atos como a suspensão disciplinar ou a concessão do aviso prévio indenizado com a intenção de impedir seletivamente a candidatura de certos empregados, geralmente os mais politizados, com atuação crítica ou filiados ao sindicato da categoria profissional. É interessante que o dispositivo em apreço não veda a candidatura dos empregados exercentes de cargos de confiança na empresa. Enfim, há fundado receio de que a regra em análise acabe estimulando práticas patronais abusivas.

A nosso ver, o papel do(s) representante(s) eleito(s) para a Comissão de Representantes dos Empregados na Empresa, nos termos do art. 11 da CF, é o de promover entendimento direto acerca de matérias ou questões propositivas de interesses coletivos (parte da categoria profissional na empresa) ou individuais homogêneos, e não de direitos individuais já incorporados ao patrimônio dos trabalhadores. E é sob essa perspectiva que deve ser interpretado o § 1º do art. 510-B da CLT, ou seja, "as decisões" da Comissão de Representantes de Empregados são meramente propositivas e não vinculam as autoridades administrativas ou judiciais.

É salutar a regra prevista no § 3º do art. 510-D da CLT, que assegura ao membro da Comissão uma garantia provisória no emprego de um ano, desde o registro de sua candidatura até um ano após o fim do mandato.

Sobre a Comissão de Representantes dos Empregados, a 2ª Jornada de Direito Material e Processual do Trabalho (Brasília, 2017) aprovou os seguintes Enunciados:

> Enunciado 60 – COMISSÕES DE REPRESENTAÇÃO DE EMPRESAS. I – REPRESENTAÇÃO DOS TRABALHADORES NO LOCAL DE TRABALHO. Cabe às entidades sindicais a defesa dos interesses individuais e coletivos da categoria representada. Decorre dessa prerrogativa constitucional o livre exercício da negociação coletiva. É

possível a previsão de participação sindical na representação dos trabalhadores, independentemente da nomenclatura e condições estabelecidas em lei ordinária. II – A representação dos trabalhadores de uma categoria profissional e a negociação coletiva são prerrogativas constitucionais dos sindicatos (CF, art. 8º, III e VI), sendo que as Convenções 135 e 154 da OIT, ratificadas pelo Brasil, são expressas ao impedir que a presença de representantes eleitos venha a ser utilizada para o enfraquecimento da situação dos sindicatos interessados ou de seus representantes (Convenção 135) e, ainda, que a existência destes representantes não seja utilizada em detrimento da posição das organizações de trabalhadores interessadas (Convenção 154). Nesse sentido deve ser interpretado e aplicado o disposto nos artigos 510-A a 510-D da CLT, com a redação dada pela Lei 13.467/2017.

Enunciado 61 – MEMBROS DA COMISSÃO DE REPRESENTAÇÃO. I – GARANTIAS. 1 – Ao lado da garantia constante do artigo 510-D, § 3º, da CLT, os membros da Comissão de Representação são protegidos contra (a) despedida sem justa causa; (b) transferência para outro estabelecimento; (c) remoção para setor da empresa onde o contato com os demais empregados reste inviabilizado; (d) afastamento por razões pretensamente disciplinares; e (e) constante requisição para a realização de trabalhos externos, dentre outros expedientes francamente atentatórios à literalidade do art. 1º da Convenção 135 da OIT. II – PRERROGATIVAS. Para o exercício adequado de suas atribuições, os membros da Comissão de Representação possuem, com arrimo no artigo 2º da Convenção 135 da OIT, os direitos (a) ao tempo livre para o exercício das atividades representativas; (b) ao ingresso em todas as dependências dos locais de trabalho; (c) ao acesso direto aos dirigentes empresariais; (d) à disponibilização de quadro de avisos com fácil acesso para os trabalhadores; (e) à livre distribuição de publicações junto aos trabalhadores; e (f) à livre distribuição de mensagens por via eletrônica, por intermédio dos canais institucionais da empresa.

Enunciado 63 – COMISSÃO DE REPRESENTAÇÃO: RECONDUÇÃO. O § 1º do artigo 510-D, que dispõe que o membro que houver exercido a função de representante na comissão não poderá ser candidato nos dois períodos subsequentes, viola o artigo 8º, I, da CF e as Convenções 98 e 135 da OIT.

Enunciado 66 – COMISSÃO DE REPRESENTAÇÃO E COEXISTÊNCIA COM AS REPRESENTAÇÕES SINDICAIS NA EMPRESA. I – A instituição de comissão de representantes nas empresas, nos termos do artigo 510-A da CLT, não obsta a instalação e a manutenção das representações sindicais organizadas por local de trabalho; II – Nos termos do artigo 3º da Convenção 135 da OIT, as mesmas garantias estabelecidas para os membros das comissões de representação mencionadas no Título IV-A da CLT são asseguradas aos integrantes das representações sindicais nos locais de trabalho.

Enunciado 67 – COMISSÕES DE REPRESENTAÇÃO E PARTICIPAÇÃO DE SINDICATOS PROFISSIONAIS. A vedação de interferência do sindicato da categoria na eleição de representante dos empregados, de que trata o § 1º do artigo 510-C da CLT, com a redação dada pela Lei 13.467/2017, somente pode estar dirigida ao sindicato da categoria econômica, uma vez que ao sindicato da categoria profissional cabe participar do processo no sentido de "incentivar a cooperação, relativa a todas as questões pertinentes, entre os representantes eleitos, por uma parte, e os sindicatos interessados e seus representantes, por outra parte" (artigos 3º-B e 5º da Convenção 135/OIT).

Enunciado 68 – COMISSÃO DE REPRESENTAÇÃO E PREVISÃO EM ACORDO OU CONVENÇÃO COLETIVA. A instituição de comissão de representação nas empresas ou de representação sindical no local de trabalho é condicionada à prévia negociação coletiva com a participação do sindicato representativo da categoria profissional.

Enunciado 69 – COMISSÕES DE REPRESENTAÇÃO: COMBATE A PRÁTICAS DISCRIMINATÓRIAS. ROL EXEMPLIFICATIVO. As comissões de representação de empregados são destinadas, entre outras atribuições igualmente relevantes, a assegurar tratamento justo e imparcial aos empregados, impedindo qualquer forma de discriminação por motivo de sexo, idade, religião, opinião política ou atuação sindical (CLT, Art. 510-B, V), sendo esse um rol meramente exemplificativo de motivações, haja vista o vetor constitucional de combate a qualquer forma de discriminação (Arts. 3º, IV e 5º, XLI, da CF).

CAPÍTULO III
Sujeitos da Relação de Emprego: o Empregador

1. EMPREGADOR

A CLT reconhece, literalmente, dois tipos de empregadores: o empregador típico e o empregador por equiparação. É o que se extrai do seu art. 2º, *caput*, e seu § 1º, que dispõem, *in verbis*:

> Art. 2º Considera-se empregador a empresa, individual ou coletiva, que, assumindo os riscos da atividade econômica, admite, assalaria e dirige a prestação pessoal de serviço.
>
> § 1º Equipara-se a empregador, para os efeitos exclusivos da relação de emprego, os profissionais liberais, as instituições de beneficência, as associações recreativas ou outras instituições sem fins lucrativos, que admitirem trabalhadores como empregados.

Há, contudo, cizânia doutrinária a respeito do critério utilizado pelo legislador consolidado, tanto no que respeita à definição de empregador como "empresa" quanto na equiparação a empregador adotada para as pessoas e entidades indicadas no § 1º do art. 2º da CLT.

Alguns autores, como Russomano, Orlando Gomes e Elson Gottschalk, Délio Maranhão e José Augusto Rodrigues Pinto, sustentam ser atécnica a definição legal contida na Consolidação, porquanto empregador é a pessoa física ou jurídica, e não a empresa, pois esta é sempre objeto e nunca sujeito de direito. Este último autor critica, com veemência, a definição legal, aduzindo que o legislador cometeu dois deslizes. O primeiro, é que se esqueceu do fator *permanência*, pois quem utiliza eventualmente energia de outrem não poderá ser empregador. O segundo deslize está em considerar *empregador* a *empresa*:

> Tivesse a assimilação decorrido de uma posição sistemática de *anticontratualismo* que nossa legislação assumisse, transparente, aliás, no uso da expressão *admite*, em lugar de *ajusta*, aceitando empregador e empregado como peças de uma engrenagem *institucional*, e diríamos não haver erro na definição, mas opção por uma postura inaceitável dentro de um sistema legal apoiado no *contrato*, como é o da CLT. Basta ver-se, a propósito, o enunciado de seu Título IV, "Do contrato individual de trabalho",

e o princípio do art. 448, segundo o qual "a mudança de *propriedade* da empresa não afetará os *contratos individuais* de seus empregados"[1].

Outros, como Amauri Mascaro Nascimento, Octavio Bueno Magano, Francisco Meton Marques de Lima, Vólia Bomfim Cassar e Valentin Carrion, advogam no sentido de que a empresa também pode ser sujeito de direito, na condição de uma nova categoria jurídica.

Octavio Bueno Magano[2] ressalta que a moderna teoria da *disregard of legal entity* encampa a teoria institucionalista difundida por Maurice Hariou. E conceitua empregador como sendo "toda entidade a utilizar-se de trabalhadores subordinados. Fala-se em entidade para se estabelecer que empregador não é apenas a pessoa física ou jurídica senão também outros entes não dotados de personalidade jurídica". Assegura esse saudoso juslaboralista[3] que não há

> "por que relutar em admitir a figura do empregador, destituído de personalidade jurídica, como na hipótese da empresa, do grupo de empresas, do consórcio e do condomínio. Aliás, a CLT já o faz em relação às duas primeiras figuras. No anteprojeto de CLT, elaborado pela comissão presidida por Arnaldo Lopes Süssekind, depara-se com concepção quiçá mais clara do assunto, tratando-se do empregador, pessoa física ou jurídica, num preceito, e do empregador, como entidade destituída de personalidade jurídica, em outro"[4].

Salienta, ainda, Magano[5] – com razão – que no conceito de empregador não é essencial a ideia de assunção de riscos, já que as instituições de beneficência não visam lucro e são empregadoras típicas. Realça, outrossim, que empregador propriamente dito é a pessoa física ou jurídica que se utiliza da prestação subordinada de serviços. A empresa, o grupo de empresas, o consórcio, o condomínio e outros entes não dotados de personalidade jurídica são empregadores por equiparação.

Para Amauri Mascaro Nascimento, empregador

> é todo ente, dotado ou não de personalidade jurídica, com ou sem fim lucrativo, que tiver empregado (...). Não cabe aqui dar o conceito de empresa. Pertence ao direito comer-

1. *Curso de direito individual de trabalho*. São Paulo: LTr, 1993, p. 125.
2. *Manual de direito do trabalho*. 3. ed. São Paulo: LTr, 1992. v. 2, p. 58.
3. MAGANO, Otavio Bueno. *Manual de direito do trabalho*. 3. ed. São Paulo: LTr, 1992. v. 2, p. 58.
4. O art. 6º do anteprojeto dispõe: Empregador é a pessoa física ou jurídica que, no exercício de atividade econômica cujos riscos assume, admite, assalaria e dirige a prestação pessoal de serviços. § 1º Equipara-se a empregador qualquer pessoa ou *entidade*, inclusive condomínio de unidades imobiliárias que, embora sem exercer atividade econômica, admita empregado a seu serviço.
5. MAGANO, Otavio Bueno. *Manual de direito do trabalho*. 3. ed. São Paulo: LTr, 1992. v. 2, p. 59.

cial e não há uniformidade de conclusões. Para o direito do trabalho é irrelevante, uma vez que o conceito de empregador é reflexo. Será empregador o ente que tiver empregado. Chega-se à identificação do empregador através da presença de empregados[6].

Francisco Meton Marques de Lima acentua:

Em que pese a crítica dos civilistas e intelectuais, a definição da Consolidação vigente parece-nos mais consentânea com a natureza do direito do trabalho, porque abrange aspectos mais factuais que jurídicos. Pode um empregador não estar organizado sob a forma de pessoa jurídica (por exemplo, uma sociedade de fato). O vocábulo empresa envolve mais a atividade que a organização jurídica. E com isso permite a continuação do emprego, não obstante a mudança de razão social, a mudança de titular, a sucessão[7].

Valentin Carrion pontifica:

Empregador é a empresa. A expressão é muito criticada. Empresa é o conjunto de bens materiais, imateriais e pessoais para a obtenção de um certo fim. Juridicamente, a empresa é uma universalidade, compreendendo duas universalidades parciais, a de pessoas (*personarum*) e de bens (*bonorum*), funcionando em direção a um fim (CATHARINO, *Temas*). Importante é que a lei quis salientar a integração do trabalhador nesse conjunto, independentemente da pessoa que seja seu proprietário, ou venha responder pelas obrigações em determinado momento (arts. 10 e 448). O vocábulo empresa é usado como pessoa física ou jurídica que contrata, dirige e assalaria o trabalho subordinado.

Judicioso é o entendimento de Evaristo de Morais Filho, para quem

dentro da melhor técnica jurídica, somente uma pessoa natural ou jurídica pode revestir-se da qualidade de empregador, sujeito de direitos e obrigações. Pode ser um simples indivíduo, uma firma individual, uma firma societária ou coletiva, uma instituição ou fundação de qualquer espécie, com ou sem finalidade econômica. Quisemos com isso acabar com a ambiguidade e as confusões do art. 2º da Consolidação das Leis do Trabalho, que coloca a empresa como empregador, atribuindo-lhe qualidades subjetivas de titularidade de direitos e obrigações, quando a empresa é objeto de direito, e não sujeito de direito. Ela é da propriedade ou titularidade de uma pessoa natural ou jurídica, nada mais. Esta é que é, a rigor, sujeito de direito (...). Não há negar que, embora objeto de direito, há uma forte tendência na doutrina universal e no direito positivo para a subjetivação da empresa. No direito italiano, perante o Có-

6. *Iniciação ao direito do trabalho*. 14. ed. São Paulo: LTr, 1989, p. 137.
7. *Elementos de direito do trabalho e processo trabalhista*. 6. ed. São Paulo: LTr, 1994, p. 61.

digo Civil de 1942[8], não hesitam os seus comentaristas, em sua maioria, em classificar a empresa (*impresa*), como atividade do empresário, dentro da categoria dos sujeitos do direito; deixando o estabelecimento (*azienda*) para a de objeto de direito. Deve-se notar, no entanto, que tudo isso decorre diretamente dos conceitos legais, positivos e vigentes, naquele país, nos quais empresa e atividade do empresário se confundem. Mas nenhum jurista chega a personalizar a empresa propriamente dita, colocando-a como sujeito de direitos e obrigações trabalhistas, em sentido próprio. O que se vem dando, como é notório, foi o que se denominou de despersonalização do empregador, isto é, o contrato de trabalho deixou de ser *intuitu personae* quanto à pessoa natural (ou jurídica) do detentor momentâneo da empresa[9].

Parece-nos impróprio, segundo a doutrina majoritária, falar-se em empregador por equiparação quanto às pessoas físicas (profissionais liberais) ou jurídicas (instituições de beneficência, associações recreativas ou outras instituições sem fins lucrativos) elencadas no § 1º do art. 2º da Consolidação das Leis do Trabalho, na medida em que todas estas pessoas ou entidades são autênticas empregadoras.

Não há, portanto, como adverte Maurício Godinho Delgado,

> uma qualidade especial deferida por lei a pessoas físicas ou jurídicas para emergirem como empregadores. Basta que, de fato, se utilizem da força de trabalho empregaticiamente contratada. A presença do empregador identifica-se, portanto, pela verificação primeira da presença de empregado a seus serviços, e não pela qualidade do sujeito contratante de tais serviços. Inexistindo na ordem jurídica qualificação específica para que uma entidade seja considerada empregadora (ao contrário do que ocorre com o empregado: apenas pessoa física), disso resulta que até mesmo entes juridicamente despersonalizados podem surgir, no plano jurídico, como empregadores, desde que se valendo do trabalho empregatício. É o que ocorre com condomínios, espólios e massas falidas, por exemplo[10].

Debruçando-nos sobre os abalizados conceitos formulados pelos autores prátrios, ousamos dizer que *empregador*, no nosso ordenamento, é a pessoa física ou jurídica, de direito público ou privado, ou, ainda, ente despersonalizado equiparável à pessoa jurídica para fins de responsabilidades fiscais, laborais e previdenciárias, que contratar trabalhadores como empregados.

Nesse sentido, aliás, encontramos as definições semelhantes dadas pela Lei 5.889/73 ao empregador rural (art. 3º) e pela Lei 8.036/90, (art. 15, § 1º), sendo que esta define empregador como

8. O Código Civil italiano define empresário como "*quem exercita profissionalmente uma atividade econômica organizada, para o fim de produção ou troca de bens e serviços*".

9. *Introdução ao direito do trabalho*. 5. ed. São Paulo: LTr, 1991, p. 231-235.

10. *Curso de direito do trabalho*. 18. ed. São Paulo: LTr, 2019, p. 493.

"a pessoa física ou pessoa jurídica de direito privado ou de direito público, da administração pública direta, indireta ou fundacional de qualquer dos Poderes da União, dos Estados, do Distrito Federal e dos Municípios, que admitir trabalhadores a seu serviço, bem assim aquele que, regido por legislação especial, encontrar-se nessa condição ou figurar como fornecedor ou tomador de mão de obra, independente da responsabilidade solidária ou subsidiária a que eventualmente venha a obrigar-se".

Ademais, o direito do trabalho no Brasil optou, segundo a doutrina majoritária, pela corrente contratualista, com o que se aflora, *de lege lata*, a incompatibilidade da teoria da instituição, de feição anticontratualista, com o ordenamento jurídico nacional.

De lege ferenda, rogamos para que o direito do trabalho discipline expressamente a posição dos entes ou entidades despersonalizadas como figuras equiparáveis ao empregador típico, dando cobro às acaloradas discussões doutrinárias a tal respeito. O Dec.-lei 200/67, por exemplo, que, em seu art. 5º, inc. II, define a empresa pública como "a entidade dotada de personalidade jurídica de direito privado, com patrimônio próprio e capital exclusivo da União, criada por lei para a exploração de atividade econômica que o Governo seja levado a exercer por força de contingência ou conveniência administrativa, podendo revestir-se de qualquer das formas admitidas em direito", já deu o primeiro passo nessa direção, embora no âmbito da administração pública.

1.1. Empresa, empresário e estabelecimento

Empresa, ao que nos parece, é expressão que significa o conjunto de bens materiais e imateriais para a obtenção de um certo fim. Do ponto de vista jurídico, é uma universalidade de bens e de pessoas.

Estabelecimento é, segundo Isis de Almeida, "o local técnico da prestação do serviço; a unidade técnica de produção, em atividade ou não". Empresa, para os fins trabalhistas, prossegue o referido autor, "é o conjunto das operações econômicas do empregador, e pressupõe a autoridade deste na coordenação dos meios e dos instrumentos de produção e da mão de obra, estabelecendo, quanto a esta, a subordinação"[11].

Para Délio Maranhão, a

> empresa é a unidade econômica, e o estabelecimento, a unidade técnica de produção. Aquela traduz, antes, a atividade profissional do empresário, considerada no seu aspecto funcional mais do que no instrumental. Por isso, a rigor, não cabe nem na categoria de sujeito nem na de objeto do direito. Distingue, assim, "a relação entre o

11. *Apud* LIMA, Francisco Meton Marques. *Op. cit.*, p. 68.

estabelecimento e a empresa. Aquele é a organização produtora que constitui um capital; esta, a atividade profissional do empresário"[12].

José Augusto Rodrigues Pinto conceitua a empresa no contexto do direito do trabalho como "a organização destinada a realizar um fim determinado, econômico ou não, mediante a utilização permanente de energia pessoal de empregados, sob a direção e retribuição do organizador"[13].

A empresa pode ter um único estabelecimento ou vários estabelecimentos, ou seja, além da matriz, pode ter agências, sucursais ou filiais, tal como prevê, *v. g.*, os arts. 355 e 498 da CLT.

O art. 966 do Código Civil considera empresário "quem exerce profissionalmente atividade econômica organizada para a produção ou a circulação de bens ou de serviços".

Empresário, então, é o sujeito de direito que exerce de modo profissional e com habitualidade uma atividade econômica organizada para produção ou circulação de bens ou de serviços visando à obtenção de lucro.

Entretanto, o parágrafo único do art. 966 do Código Civil dispõe que: "Não se considera empresário quem exerce profissão intelectual, de natureza científica, literária ou artística, ainda com o concurso de auxiliares ou colaboradores, salvo se o exercício da profissão constituir elemento de empresa".

Podem existir juridicamente o empresário individual (pessoa física) e a sociedade empresária (pessoa jurídica)[14].

Adverte Fábio Ulhoa Coelho, contudo, que os sócios de uma sociedade empresária, como empreendedores ou investidores, não são legalmente empresários, porquanto, neste caso, o empresário é a própria sociedade, esta sim sujeito de direito com personalidade autônoma em relação aos sócios.

Ouçamos a lição de Fábio Ulhoa Coelho:

> Deve-se desde logo acentuar que os sócios da sociedade empresária não são empresários. Quando pessoas (naturais) unem seus esforços para, em sociedade, ganhar dinheiro com a exploração empresarial de uma atividade econômica, elas não se tornam empresárias. A sociedade por elas constituída, uma pessoa jurídica com personalidade autônoma, sujeito de direito independente, é que será empresária, para todos os efeitos legais. Os sócios da sociedade empresária são empreendedores ou investidores, de acordo com a colaboração dada à sociedade (os empreendedores, além de capital, costumam devotar também trabalho à pessoa jurídica, na condição

12. *Instituições de direito do trabalho*. 12. ed. São Paulo: LTr, 1991, p. 271.
13. *Curso de direito individual do trabalho*. São Paulo: LTr, 1993, p. 141-142.
14. COELHO, Fábio Ulhoa. *Manual de direito comercial*. 22. ed. São Paulo: Saraiva, 2010, p. 11-15.

de seus administradores, ou as controlam; os investidores limitam-se a aportar capital). As regras que são aplicáveis ao empresário individual não se aplicam aos sócios da sociedade empresária – é muito importante apreender isto[15].

De outro giro, é importante lembrar que o empresário pode ser um empresário individual, isto é, a pessoa física que exerce profissionalmente atividade econômica organizada, ou uma sociedade empresária, ou seja, a pessoa jurídica que tenha por objeto social a exploração de uma atividade produtiva organizada.

Em outras palavras, a pessoa física que desenvolve uma atividade produtiva pode ser **empresário individual** (titular de empresa individual), nos termos do art. 966 do Código Civil. Já a pessoa jurídica pode ser uma sociedade empresária, porque desenvolve atividade empresarial[16].

Ademais, de acordo com o art. 980-A do CC, o ordenamento jurídico brasileiro passou a reconhecer a **empresa individual de responsabilidade limitada**, que "será constituída por uma única pessoa titular da totalidade do capital social, devidamente integralizado, que não será inferior a 100 (cem) vezes o maior salário mínimo vigente no País", cujo nome empresarial deverá ser formado pela inclusão da expressão "EIRELI" após a firma ou a denominação social da empresa individual de responsabilidade limitada (CC, art. 980-A, § 1º).

Mas a pessoa natural que constituir EIRELI somente poderá figurar em uma única empresa dessa modalidade (CC, art. 980-A, § 2º).

O § 3º do art. 980-A do CC permite que a EIRELI "poderá resultar da concentração das quotas de outra modalidade societária num único sócio, independentemente das razões que motivaram tal concentração".

Ademais, o § 5º do art. 980-A do CC dispõe que poderá ser atribuída à empresa individual de responsabilidade limitada constituída para a prestação de serviços de qualquer natureza a remuneração decorrente da cessão de direitos patrimoniais de autor ou de imagem, nome, marca ou voz de que seja detentor o titular da pessoa jurídica, vinculados à atividade profissional, sendo aplicável à EIRELI, no que couber, as regras previstas para as sociedades limitadas (CC, art. 980-A, § 6º).

Nesse passo, adotando-se a interpretação ampliativa do art. 2º da CLT, tanto o empresário individual quanto a sociedade empresária podem ser empregadores.

A Lei 13.874/2019, também chamada de Lei da Liberdade Econômica, inseriu no Código Civil o art. 49-A e seu parágrafo único, dispondo que a "pessoa jurídica não se confunde com os seus sócios, associados, instituidores ou administradores"

15. COELHO, Fábio Ulhoa. *Manual de direito comercial*. 22. ed. São Paulo: Saraiva, 2010, p. 11-15.
16. SANTOS, Eline. *Empresário individual e a sociedade empresária*. Disponível em: https://elinesantoss.jusbrasil.com.br/artigos/313818197/empresario-individual-e-a-sociedade-empresaria. Acesso em: 29 ago. 2019.

e que a "autonomia patrimonial das pessoas jurídicas é um instrumento lícito de alocação e segregação de riscos, estabelecido pela lei com a finalidade de estimular empreendimentos, para a geração de empregos, tributo, renda e inovação em benefício de todos". Esses dispositivos, a nosso sentir, devem ser interpretados conforme a Constituição (CF, art. 173), no sentido de que a pessoa jurídica deve ter uma função socioambiental, além de observar as disposições legais mínimas de proteção ao trabalho humano.

É importante a distinção entre empresa e estabelecimento para o direito do trabalho, porquanto, exemplificativamente, o tempo de serviço do empregado é contado com base na sua permanência na empresa (CLT, arts. 4º e 461, § 1º), e não em um de seus estabelecimentos; é licita a transferência do empregado quando ocorrer extinção do estabelecimento em que exercia suas funções laborais (CLT, art. 469, § 2º).

1.2. Cartório não oficializado

Os servidores dos cartórios oficializados são servidores públicos que se submetem a concurso público, inexistindo relação empregatícia com a Administração Pública, e sim vínculo de natureza estatutária (STF-ADI 3.395).

No entanto, existem cartórios não oficializados, mas que também prestam serviços por delegação do Poder Público, nos termos do art. 236 da CF, segundo o qual "os serviços notariais e de registro são exercidos em caráter privado, por delegação do Poder Público". Para ser titular desses cartórios não oficializados é preciso ser aprovado em concurso público (CF, art. 236, § 3º).

O art. 21 da Lei 8.935/94 dispõe que o titular dos serviços notariais e de registro é responsável pelo gerenciamento administrativo e financeiro, o que importa reconhecer que é o titular do cartório que se reveste da qualidade de empregador.

O escrevente de cartório extrajudicial (não oficializado) não pode ser tido como servidor estatutário, principalmente quando contratado diretamente pelo titular do cartório, não tendo o Estado qualquer responsabilidade pelas obrigações assumidas pelo titular do cartório não oficializado. É, pois, o titular do cartório o empregador (art. 2º da CLT), respondendo pela serventia extrajudicial, inclusive pelos créditos trabalhistas de seus empregados. Nesse sentido:

> RECURSO DE REVISTA. COMPETÊNCIA DA JUSTIÇA DO TRABALHO. SERVENTUÁRIO DE CARTÓRIO EXTRAJUDICIAL. I – O entendimento que prevalece nesta Corte é o de que, nos termos do artigo 236 da Constituição, os serviços notariais e de registro são exercidos em caráter privado, por delegação. II – Nesse passo, o titular do cartório, ao contratar e dirigir a prestação do trabalho, equipara-se ao empregador comum e seus empregados estão sujeitos ao regime da CLT, mesmo antes do advento da Lei n. 8.935/1994. Arestos. III – recurso de revista conhecido e provido

(TST – RR – 11775-31.2014.5.18.0281 – Rel. Min. Antonio José de Barros Levenhagen, j. 22.06.2016 – 5ª T. – *DEJT* 24.06.2016).

(...) SERVENTUÁRIO DE CARTÓRIO. REGIME JURÍDICO. A relação jurídica havida entre o serventuário e o cartório extrajudicial está sujeita ao regime jurídico da Consolidação das Leis do Trabalho, nos termos do artigo 236 da Constituição da República, não havendo a possibilidade de se limitar a incidência do regime jurídico celetista tão somente a partir da opção a que alude o artigo 48 da Lei n.8.935/94. Agravo de Instrumento a que se nega provimento. (...) (TST – ARR – 1574-58.2011.5.06.0009, Rel. Des. Conv. Marcelo Lamego Pertence, 1ª T., *DEJT* 11.11.2016).

1.3. Terceirização

Vide item 3, Capítulo V, deste Título II.

2. GRUPO ECONÔMICO

O § 2º do art. 2º da CLT, antes da Lei 13.467/2017, dispunha:

> Sempre que uma ou mais empresas, tendo, embora cada uma delas, personalidade jurídica própria, estiverem sob a direção, controle ou administração de outra, constituindo grupo industrial, comercial ou qualquer outra atividade econômica, serão, para os efeitos da relação de emprego, solidariamente responsáveis a empresa principal e cada umas das subordinadas.

Já o § 2º da Lei 5.889/1973 define o grupo econômico ou financeiro rural nos seguintes termos:

> Sempre que uma ou mais empresas, embora tendo cada uma delas personalidade jurídica própria, estiverem sob direção, controle ou administração de outra, ou ainda quando, mesmo guardando cada uma sua autonomia, integrem grupo econômico ou financeiro rural, serão responsáveis solidariamente nas obrigações decorrentes da relação de emprego.

Octavio Bueno Magano leciona que "o grupo, previsto na Consolidação das Leis do Trabalho, é o grupo hierarquizado, composto por subordinação, em que se supõe a existência de uma empresa controladora e de outra ou outras controladas"[17]. É o que se denomina *holding company*. Acompanham, majoritariamente, este enten-

17. *Manual de direito do trabalho*. 3. ed. v. II, p. 85.

dimento Evaristo de Moraes Filho, Orlando Gomes, José Martins Catharino, Barata Silva e outros.

Corrente minoritária, composta de Russomano, Arnaldo Süssekind, Délio Maranhão e Pereira Leite, sustenta que a expressão **empresa principal** pode significar uma pessoa natural, um grupo de acionistas ou uma pessoa jurídica, desde que controlem e comandem, realmente, um grupo de empresas, não se exigindo, necessariamente, que a empresa controladora seja uma sociedade *holding company*.

Com o advento da Reforma Trabalhista (Lei 13.467/2017), houve alteração da definição de grupo econômico, como se infere dos §§ 2º e 3º do art. 2º da CLT, *in verbis*:

> (...) § 2º Sempre que uma ou mais empresas, tendo, embora, cada uma delas, personalidade jurídica própria, estiverem sob a direção, controle ou administração de outra, ou ainda quando, mesmo guardando cada uma sua autonomia, integrem grupo econômico, serão responsáveis solidariamente pelas obrigações decorrentes da relação de emprego.
>
> § 3º Não caracteriza grupo econômico a mera identidade de sócios, sendo necessárias, para a configuração do grupo, a demonstração do interesse integrado, a efetiva comunhão de interesses e a atuação conjunta das empresas dele integrantes." (NR)

Como se vê, a Lei da Reforma Trabalhista manteve a responsabilidade solidária para fins trabalhistas quando houver **grupo econômico por subordinação** ou hierarquizado (vertical) ou **grupo econômico por coordenação** ou não hierarquizado (horizontal). Pela nova lei, no entanto, há mais grupo econômico pela mera identidade de sócios, ainda que estes sejam empresas, pois caberá ao trabalhador, em princípio[18], provar o fato constitutivo da existência do interesse integrado, a efetiva comunhão de interesses e a atuação conjunta das empresas integrantes do alegado grupo econômico.

Parece-nos que a *mens legislatoris* foi blindar os grupos econômicos horizontais da responsabilidade justrabalhista nos casos em que a relação entre as empresas é apenas de coordenação ou de gestão, mantendo-se a independência administrativa entre elas, tal como ocorre com as franquias ou quando existir uma administração comum a todas as empresas, especialmente os grupos familiares onde se verifica a troca de empregados, que passam a ser utilizados indistintamente por todas ou algumas empresas do grupo, bem como a utilização comum de materiais, equipamentos, tecnologia etc.

Cinco são os elementos componentes da estrutura do grupo econômico para fins de responsabilidades justrabalhistas:

- pluralidade de empresas;
- autonomia de cada uma delas (personalidades jurídicas próprias);

---

18. O art. 818, § 1º, da CLT permite que o juiz inverta o ônus da prova nos casos ali especificados.

- relação entre elas de dominação (direção, controle ou administração) da empresa-mãe sobre as demais participantes (grupo econômico vertical) ou relação de coordenação quando as empresas guardarem autonomia (grupo econômico horizontal);
- atividade necessariamente econômica;
- solidariedade entre todas elas (consequência jurídica para o direito do trabalho).

Dos elementos acima, merece destaque o que diz respeito à relação de dominação (relação vertical) entre as empresas do grupo, o qual se opera por meio de três formas:

- **controle**, que significa, via de regra, preponderância acionária;
- **direção**, que é a exteriorização do controle e consiste no poder de subordinar/coordenar pessoas e coisas à realização dos objetivos do grupo;
- **administração**, que concerne à ideia de organização visando a um fim imposto ou disciplinado pela empresa administradora.

Outro elemento igualmente importante para caracterizar o grupo para fins justrabalhistas é a natureza da atividade por ele desenvolvida, que deve ser sempre econômica.

Assim, não há falar-se em formação de grupo para fins de existência de empregador único quando se está diante das figuras previstas no § 1º do art. 2º da CLT, ou seja, grupo de profissionais liberais, de instituições de beneficência, de associações recreativas e de outras entidades filantrópicas ou sem fins lucrativos, como as cooperativas, as associações de moradores de bairro, as associações sindicais etc.

A Lei 13.467/2019, também chamada de Lei da Liberdade Econômica, restringiu mais ainda a formação de grupo econômico, uma vez que alterou disposições do Código Civil (arts. 49-A e 50) para enaltecer que:

- a pessoa jurídica não se confunde com os seus sócios, associados, instituidores ou administradores (CC, art. 49, *caput*);
- a autonomia patrimonial das pessoas jurídicas é um instrumento lícito de alocação e segregação de riscos, estabelecido pela lei com a finalidade de estimular empreendimentos, para a geração de empregos, tributo, renda e inovação em benefício de todos (CC, art. 49, parágrafo único);
- em caso de abuso da personalidade jurídica, caracterizado pelo desvio de finalidade ou pela confusão patrimonial, pode o juiz, a requerimento da parte, ou do Ministério Público quando lhe couber intervir no processo, desconsiderá-la para que os efeitos de certas e determinadas relações de obrigações sejam estendidos aos bens particulares de administradores ou de sócios da pessoa jurídica beneficiados direta ou indiretamente pelo abuso (CC, art. 50, *caput*);
- o desvio de finalidade é a utilização da pessoa jurídica com o propósito de lesar credores e para a prática de atos ilícitos de qualquer natureza;

- entende-se por confusão patrimonial a ausência de separação de fato entre os patrimônios, caracterizada por: I – cumprimento repetitivo pela sociedade de obrigações do sócio ou do administrador ou vice-versa; II – transferência de ativos ou de passivos sem efetivas contraprestações, exceto os de valor proporcionalmente insignificante; e III – outros atos de descumprimento da autonomia patrimonial;
- essas regras também se aplicam à extensão das obrigações de sócios ou de administradores à pessoa jurídica;
- a mera existência de grupo econômico sem a presença dos requisitos de que trata o *caput* do art. 50 do CC não autoriza a desconsideração da personalidade da pessoa jurídica;
- não constitui desvio de finalidade a mera expansão ou a alteração da finalidade original da atividade econômica específica da pessoa jurídica.

É importante lembrar que o § 1º do art. 8º da CLT (com redação dada pela Lei 13.467/2017) manda aplicar subsidiariamente o Direito Civil ao Direito do Trabalho sem exigir compatibilidade principiológica. No entanto, pensamos que tanto o Código Civil quanto a CLT devem ser interpretados conforme a Constituição, sem prejuízo da aplicação da Teoria do Diálogo das Fontes[19], ou seja, é factível invocar-se a Teoria Menor do CDC (art. 28, § 5º) para fins de se desconsiderar a personalidade jurídica "sempre que sua personalidade for, de alguma forma, obstáculo ao ressarcimento de prejuízos causados" aos trabalhadores.

No âmbito da administração pública, não haverá formação de grupo com relação aos órgãos da administração direta, autárquica (pessoa jurídica de direito público que não visa ao lucro) ou fundacional pública (patrimônio e um fim, sem finalidade lucrativa).

Quanto aos demais órgãos integrantes da administração pública indireta, isto é, as sociedades de economia mista e as empresas públicas, ambas pessoas jurídicas de direito privado que têm por objetivo a obtenção de lucros, pode haver formação de grupo econômico para fins de responsabilização justrabalhista.

A sociedade de economia mista pode integrar grupo societário, como sociedade dominante (Lei 6.404/76, arts. 235, § 2º, e 237, § 1º) ou como sociedade controlada (se não detiver a maioria das ações).

Quanto à empresa pública, parece-nos remota a possibilidade de formação de grupo econômico com outras empresas, porquanto o seu capital social é exclusivo da União, do Estado, do Município ou do Distrito Federal.

Antes de finalizar este tópico, é importante trazer à baila a polêmica sobre a existência do "consórcio de empregadores urbanos", pois há lacuna no Direito brasileiro a respeito dessa figura. Daí a controvérsia jurídica que reina na doutrina sobre a sua real existência, o que

19. *Vide* Título I, Cap. IV, item 1.2.1.

vai depender da viabilidade de aplicação ou não, por analogia, da Lei 10.256/2011 (que inseriu o art. 25-A na Lei 8.112/91), que instituiu contribuição previdenciária sobre as remunerações pagas pelo consórcio de empregadores rurais, e da Portaria 1.964/99 do Ministério do Trabalho e Emprego, que considera "Consórcio de Empregadores Rurais" a união de produtores rurais, pessoas físicas, com a finalidade única de contratar empregados rurais.

De toda a sorte, surgindo, de fato, grupo de empregadores que se associam para contratar trabalhadores urbanos, cremos que todos os integrantes do grupo serão solidariamente responsáveis para fins trabalhistas e socioambientais em relação aos trabalhadores contratados por alguns ou todos os integrantes do consórcio.

2.1. Solidariedade trabalhista

Como já vimos, a temática da solidariedade trabalhista entre empresas encontra albergue nos §§ 2º e 3º do art. 2º da CLT.

Discute-se, em doutrina, se a solidariedade prevista no preceptivo em causa é passiva ou ativa.

Trata-se de discussão importante para que se possa enfrentar a seguinte indagação: O grupo de empresas pode ser considerado um empregador único?

Duas teorias se apresentam: a da solidariedade passiva e a da solidariedade ativa.

A Reforma Trabalhista não se preocupou com este problema, uma vez que os novos §§ 2º e 3º do art. 2º da CLT são insuficientes para responder à indagação supra.

2.1.1. Teoria da solidariedade passiva

Para os defensores desta teoria, que é decorrente da teoria dualista do direito, a CLT (art. 2º, § 2º) estabelece a solidariedade entre os empregadores agrupados apenas no que diz respeito às obrigações trabalhistas, ou seja, aos créditos do empregado oriundos da relação empregatícia.

Lembra Maurício Godinho Delgado que "o claro objetivo da ordem justrabalhista (art. 2º, § 2º, CLT; art. 3º, § 2º, Lei 5.589/1973) foi assegurar maior garantia aos créditos trabalhistas em contexto socioeconômico de crescente despersonalização do empregador e pulverização dos empreendimentos empresariais em numerosas organizações juridicamente autônomas"[20].

Este tipo de solidariedade resulta da lei, como exigia o art. 896 do Código Civil (de 1916), o que foi mantido pelo art. 265 do Código Civil de 2002.

Neste caso, o empregado poderá pleitear o adimplemento das obrigações trabalhistas do empregador que formalmente o contratou, de todas ou de qualquer outra empresa integrante do grupo.

20. *Curso de direito do trabalho*. 18. ed. São Paulo: LTr, 2019, p. 506.

Acompanham tal entendimento Orlando Gomes, Cesarino Júnior, Rezende Puech, Antonio Lamarca, Aluysio Sampaio e outros, ressaltando-se, porém, que na solidariedade trabalhista não há "devedores" – no sentido estrito do termo – da mesma obrigação, e sim sujeitos distintos responsáveis perante eventual credor de um deles, ou seja, não há *debitum* senão apenas *obligatio*, razão pela qual o credor (empregado) não poderia acionar todas as empresas do grupo, mas apenas a que formalmente o contratou, salvo quando extinta a relação de emprego.

É de se ressaltar, contudo, que o § 2º do art. 3º da Lei 5.889/73 consagra, a nosso ver, a teoria da solidariedade passiva, na medida em que dispõe, *in verbis*:

> Sempre que uma ou mais empresas, embora tendo cada uma delas personalidade jurídica própria, estiverem sob direção, controle ou administração de outra, ou ainda quando, mesmo guardando cada uma sua autonomia, integrem grupo econômico ou financeiro rural, **serão responsáveis solidariamente nas obrigações decorrentes da relação de emprego**. (grifos nossos)

Vale dizer, a regra alusiva ao grupo econômico de natureza rural prevê a responsabilidade solidária apenas nas "obrigações" decorrentes da relação empregatícia, isto é, os créditos do empregado.

A teoria da solidariedade passiva ganha força com a nova redação dada pela Lei 13.467/2017 ao § 2º do art. 2º da CLT, segundo o qual as empresas integrantes do grupo econômico "serão responsáveis solidariamente pelas obrigações decorrentes da relação de emprego".

2.1.2. Teoria da solidariedade ativa

Para a teoria da solidariedade ativa, que encontra fundamento no monismo jurídico, o grupo econômico constitui empregador único, razão pela qual os empregados de qualquer empresa do grupo são, na verdade, empregados de todo o grupo.

Este raciocínio decorre da interpretação extensiva da expressão "para os efeitos da relação de emprego", que estava contida na redação do § 2º do art. 2º da CLT antes da vigência da Lei 13.467/2017.

São adeptos desta teoria Arnaldo Süssekind (com a autoridade de ter sido um dos coautores da CLT), José Martins Catharino, Mozart Victor Russomano, Evaristo de Moraes Filho, Octavio Bueno Magano e outros.

Magano[21], inclusive, aponta quatro consequências da teoria da solidariedade ativa (também chamada de teoria do empregador único):

21. MAGANO, Octavio Bueno. *Manual de direito do trabalho*. 3. ed. v. II, p. 85.

- reconhecimento do tempo de serviço prestado a qualquer das empresas do grupo como tempo único;
- unidade do vínculo empregatício[22];
- possibilidade de transferência do empregado de uma para outra empresa do grupo, observadas as mesmas restrições impostas ao poder de comando de qualquer empregador;
- possibilidade de equiparação salarial entre os empregados de empresas diversas pertencentes ao mesmo grupo (no que diverge CATHARINO, *in*: *Tratado Jurídico do Salário*).

Amauri Mascaro Nascimento[23] adverte que o

> grupo de empresas, em face da nossa lei, não é empregador único, a menos que se sustente que o grupo de empresas é, por sua vez, uma empresa. Esse raciocínio seria de difícil aceitação para o caso, porque a lei expressamente declara que no grupo as empresas devem ser autônomas, cada uma tendo personalidade jurídica própria (CLT, art. 2º, § 2º).

Embora sedutora a teoria do empregador único, estamos com a teoria da solidariedade passiva, com a advertência feita por Amauri Mascaro Nascimento.

Com efeito, o direito positivo brasileiro em vigor impede que as empresas coligadas possam constituir uma só, a menos que haja fusão, incorporação, transformação, mas aí estar-se-á diante de sucessão (para fins trabalhistas), e não de solidariedade.

A Súmula 129 do Colendo TST, a nosso sentir, parece demonstrar inclinação jurisprudencial pela teoria do empregador único.

Todavia, ao editar a Súmula 205, aquela Corte praticamente desprezou tal teoria, uma vez que, se fosse admitida a teoria da solidariedade ativa, não haveria necessidade de as demais empresas do grupo figurarem como litisconsortes passivos no processo de cognição. A Súmula 205, porém, foi cancelada em 2003, o que reacende a polêmica em torno da temática em questão, mormente quanto aos aspectos processuais para a verificação da existência do grupo econômico na fase executória do processo.

Não obstante, a Súmula 239 do TST reconhece que é "bancário o empregado de empresa de processamento de dados que presta serviço a banco integrante do mesmo grupo econômico, exceto quando a empresa de processamento de dados presta serviços a banco e a empresas não bancárias do mesmo grupo econômico ou a terceiros".

Convém lembrar, finalmente, que a OJ 411 da SBDI-1/TST aponta no sentido de que o "sucessor não responde solidariamente por débitos trabalhistas de empresa não

---

22. *Vide* Súmula 129 do TST.

23. *Iniciação ao direito do trabalho*. 14. ed. São Paulo: LTr, 1989, p. 142-143.

adquirida, integrante do mesmo grupo econômico da empresa sucedida, quando, à época, a empresa devedora direta era solvente ou idônea economicamente, ressalvada a hipótese de má-fé ou fraude na sucessão".

Em síntese, e tendo em vista a nova redação dada pela Lei 13.465/2017 ao § 2º do art. 2º da CLT, perde força a teoria do grupo econômico como empregador único (solidariedade ativa).

Colecionamos outros verbetes que revelam o caminhar da jurisprudência a respeito da solidariedade trabalhista antes e depois da Lei 13.467/2017 (Reforma Trabalhista):

> RECURSO DA 2ª RECLAMADA. RESPONSABILIDADE SOLIDÁRIA. FORMAÇÃO DE GRUPO ECONÔMICO. CARACTERIZAÇÃO (AÇÃO AJUIZADA ANTES DA VIGÊNCIA DA LEI 13.467/17). No Direito do Trabalho, a fixação do grupo econômico não se reveste daquelas características e exigências comuns da legislação comercial, bastando que haja o elo empresarial, a integração entre as empresas, que se configura pela concentração da atividade empresarial num mesmo empreendimento, independentemente de diversidade da personalidade jurídica, configurando-se o enquadramento legal do § 2º, do artigo 2º, da CLT. No caso concreto, havendo prova robusta a evidenciar a existência de grupo econômico, a responsabilidade das reclamadas é solidária. Recurso não provido (TRT 17ª R., RO 00007593620175170012, Rel. Des. Cláudio Armando Couce de Menezes, *DEJT* 30.07.2019).
>
> EXECUÇÃO. GRUPO ECONÔMICO. NÃO CONFIGURAÇÃO. LEI 13.467/2017. Após a entrada em vigor da Lei 13.467/2017, que introduziu ao art. 2º da CLT o parágrafo 3º, para a configuração do grupo econômico, não basta a simples identidade de sócios, "sendo necessárias, para a configuração do grupo, a demonstração do interesse integrado, a efetiva comunhão de interesses e a atuação conjunta das empresas dele integrantes". Assim, não demonstrado nos autos o interesse integrado, a efetiva comunhão de interesses ou a atuação conjunta das empresas integrantes do suposto grupo econômico, não há como deferir o requerimento do exequente de inclusão da empresa no polo passivo e sua responsabilização solidária (TRT 3ª R., AP 0011355-52.2016.5.03.0029, Rel. Des. Paulo Mauricio R. Pires, 10ª T., *DEJT* 28.06.2018).
>
> AGRAVO DE PETIÇÃO. GRUPO ECONÔMICO. EXECUÇÃO TRABALHISTA. SOLIDARIEDADE ECONÔMICA. Em se tratando de grupo econômico, as empresas que formam o conglomerado respondem solidariamente pelas obrigações trabalhistas. Assim é que, ainda que as empresas integrantes do grupo tenham cada uma personalidade jurídica própria, resta inafastável a solidariedade. E com o cancelamento da Súmula n. 205, do TST, prevalece a tese de que os integrantes do grupo econômico podem ser responsabilizados pelos créditos reconhecidos ao trabalhador de qualquer de suas empresas, independente de terem integrado o processo na fase de conheci-

mento. Agravo de petição improvido (TRT 6ª R., AGV 0000434-11.2018.5.06.0181, Red. Des. Maria do Socorro Silva Emerenciano, 1ª T., *DEJT* 05.02.2019).

EXECUÇÃO. FORMAÇÃO DE GRUPO ECONÔMICO. NÃO CONFIGURAÇÃO. LEI 13.467/2017. Após a entrada em vigor da Lei 13.467/2017, para a configuração do grupo econômico é necessária a demonstração do vínculo de hierarquia, direção ou subordinação entre as empresas, do interesse integrado, a efetiva comunhão de interesses e a atuação conjunta das empresas dele integrantes, o que não se vislumbra nos autos (TRT 3ª R., AP 0010135-89.2014.5.03.0093, Rel. Juiz Convocado Alexandre Wagner de Morais Albuquerque, 9ª T., *DEJT* 16.07.2019).

AGRAVO DE PETIÇÃO. GRUPO ECONÔMICO. NÃO CONFIGURADO. EXEGESE DO ART. 2º, § 3º, DA CLT. 1. Ainda que comprovada a existência de sócio de fato em comum, tal identidade, por si só, não basta à configuração do suposto grupo econômico. 2. A teor do disposto no novel § 3º do art. 2º da CLT, na redação dada pela Lei 13.467/2017, "não caracteriza grupo econômico a mera identidade de sócios, sendo necessárias, para a configuração do grupo, a demonstração do interesse integrado, a efetiva comunhão de interesses e a atuação conjunta das empresas dele integrantes" (TRT 17ª R., RO 00005259220145170001, Rel. Des. Claudia Cardoso de Souza, 2ª T., *DEJT* 09.07.2019).

GRUPO ECONÔMICO – CONFIGURAÇÃO – RESPONSABILIDADE SOLIDÁRIA. A caracterização de grupo econômico no Direito do Trabalho não se reveste das mesmas características e exigências comuns da legislação comercial. Nessa seara, basta a simples relação de coordenação entre as empresas, com interesse social integrado, não se cogitando, para tanto, da existência de controle e administração de uma empresa sobre as outras, em grau de hierarquia ascendente. Inequívoca, pois, a configuração do grupo, quando se confirma nos autos o interesse social integrado entre os demandados, o que atrai a responsabilidade solidária e o reconhecimento da figura do empregador único, nos moldes do art. 2º, § 2º, da CLT, com redação anterior à Lei n. 13.467/17. Provimento negado ao enfoque (TRT 3ª R., RO 0010646-64.2017.5.03.0002, Rel. Des. Julio Bernardo do Carmo, 5ª T., *DEJT* 24.05.2019).

2.1.3 *Sociedade de Propósito Específico (SPE)*

As chamadas Sociedades de Propósito Específico (SPE), com essa denominação, só surgiram expressamente no ordenamento jurídico[24] com o advento da Lei

24. De acordo com o Manual de Registro de Sociedade Limitada do Departamento de Registro Empresarial e de Integração, a SPE é uma sociedade jurídica regulamentada pelo Código Civil Brasileiro (Lei n. 10.406/02), criada com o propósito de um trabalho específico, que poderá com-

11.079/2004[25], cujo CAPÍTULO IV ("DA SOCIEDADE DE PROPÓSITO ESPECÍFICO"), art. 9º, dispõe, *in verbis*:

> Art. 9º Antes da celebração do contrato, deverá ser constituída sociedade de propósito específico, incumbida de implantar e gerir o objeto da parceria.
>
> § 1º A transferência do controle da sociedade de propósito específico estará condicionada à autorização expressa da Administração Pública, nos termos do edital e do contrato, observado o disposto no parágrafo único do art. 27 da Lei n. 8.987, de 13 de fevereiro de 1995.
>
> § 2º A sociedade de propósito específico poderá assumir a forma de companhia aberta, com valores mobiliários admitidos a negociação no mercado.
>
> § 3º A sociedade de propósito específico deverá obedecer a padrões de governança corporativa e adotar contabilidade e demonstrações financeiras padronizadas, conforme regulamento.
>
> § 4º Fica vedado à Administração Pública ser titular da maioria do capital votante das sociedades de que trata este Capítulo.
>
> § 5º A vedação prevista no § 4º deste artigo não se aplica à eventual aquisição da maioria do capital votante da sociedade de propósito específico por instituição financeira controlada pelo Poder Público em caso de inadimplemento de contratos de financiamento.

Posteriormente, a Lei 11.101, de 09.02.2005, *que regula a recuperação judicial, a extrajudicial e a falência do empresário e da sociedade empresária*, em seu art. 5º, XVI, passou a dispor que:

- Art. 50. **Constituem meios de recuperação judicial**, observada a legislação pertinente a cada caso, dentre outros:
- (...) XVI – **constituição de sociedade de propósito específico para adjudicar, em pagamento dos créditos, os ativos do devedor**. (grifos nossos)

Essas normas estão em harmonia com os princípios da livre iniciativa e da liberdade de exercício de qualquer atividade econômica e encontram albergue na própria ordem econômica do Estado Democrático de Direito brasileiro, como se infere do pa-

preender, inclusive, compra e venda de bens e serviços para o mercado nacional e internacional, sendo extinta ou renovada ao final da empreitada (na intenção de isolar os riscos). (Instrução Normativa n. 10 – Departamento de Registro Empresarial e Integração – MANUAL DE REGISTRO SOCIEDADE LIMITADA – item 1.2.33).

25. Esta lei institui normas gerais para licitação e contratação de parceria público-privada no âmbito da administração pública.

rágrafo único do art. 170 da CF, que assegura "a todos o livre exercício de qualquer atividade econômica, independentemente de autorização de órgãos públicos, salvo nos casos previstos em lei"[26].

Nessa ordem, e demonstrada a licitude de criação de Sociedade de Propósito Específico, cumpre lembrar que essas sociedades vêm sendo utilizadas em diversas áreas do setor econômico, tanto para viabilizar investimentos quanto para a contratação de obras públicas, sendo ainda utilizadas como forma de outorgar garantias e, na hipótese analisada neste Parecer, como meio de se atingir um determinado resultado prático, que pode ocorrer por meio da transferência de parte de seus ativos da empresa em crise.

> Tendo em vista a ausência de definição legal de SPE, apresentamos modestamente o nosso conceito, a saber: *Sociedade de Propósito Específico consiste na união de duas ou mais pessoas naturais ou jurídicas, de direito público ou privado, que, por intermédio de um dos tipos societários previstos na legislação civil, envidam esforços inerentes aos seus objetivos econômicos e sociais para atingir propósitos específicos previamente delimitados, por tempo determinado ou indeterminado.*

3. RESPONSABILIDADE CIVIL E SOCIAMBIENTAL DO EMPREGADOR

Há dois tipos de responsabilidade civil que podem ser imputadas ao empregador: a subjetiva e a objetiva.

A **responsabilidade subjetiva** ocorre quando o causador de determinado ato ilícito atinge este resultado em razão do dolo ou da culpa em sua conduta. Será, portanto, obrigado a indenizar os danos morais ou materiais apenas se ficar caracterizado o dolo ou culpa em sua conduta.

O Código Civil adota, em regra, a responsabilidade subjetiva, como se infere dos seus arts. 186 e 187, *in verbis*:

> Art. 186. Aquele que, por ação ou omissão voluntária, negligência ou imprudência, violar direito e causar dano a outrem, ainda que exclusivamente moral, comete ato ilícito.

26. As SPE são utilizadas, em regra para grandes projetos, com ou sem a participação do Estado, como, por exemplo, na construção de usinas hidroelétricas, redes de transmissão ou nos projetos de Parceria Público Privadas (PPP) ainda recentes no Brasil. Todavia, a Lei Complementar n. 128/2008, alterando o artigo 56 da Lei Geral das MPE (LC n. 123/06), introduziu a figura da Sociedade de Propósito Específico, constituída exclusivamente de microempresas e empresas de pequeno porte (MPE – LC n. 123/06) optantes pelo Simples Nacional.

> Art. 187. Também comete ato ilícito o titular de um direito que, ao exercê-lo, excede manifestamente os limites impostos pelo seu fim econômico ou social, pela boa-fé ou pelos bons costumes.

A **responsabilidade objetiva** ocorre quando o causador de determinado dano (moral ou material) tem o dever de indenizar, independentemente da comprovação de que tenha agido com dolo ou culpa, sendo suficiente, portanto, que fique configurado o nexo causal entre a atividade desenvolvida e o dano sofrido pela vítima.

No campo das relações civis, a responsabilidade objetiva é adotada como exceção no Código Civil, como se vê do seu art. 927, parágrafo único:

> Haverá obrigação de reparar o dano, **independentemente de culpa**, nos casos especificados em lei, ou quando a atividade normalmente desenvolvida pelo autor do dano implicar, por sua natureza, risco para os direitos de outrem.

No âmbito das relações consumeristas, no entanto, a responsabilidade objetiva é a regra (artigos 12, 13 e 14, *caput*, do CDC), sendo a responsabilidade subjetiva exceção, como se deduz do § 4º do art. 14 do CDC:

> Art. 14. O fornecedor de serviços responde, independentemente da existência de culpa, pela reparação dos danos causados aos consumidores por defeitos relativos à prestação dos serviços, bem como por informações insuficientes ou inadequadas sobre sua fruição e riscos.
>
> ... § 4° **A responsabilidade pessoal dos profissionais liberais será apurada mediante a verificação de culpa.** (grifos nossos)

Em suma, a responsabilidade subjetiva ocorre quando comprovada a culpabilidade do agente que causar dano a outrem; a responsabilidade objetiva ocorre quando caracterizado o nexo causal entre o ato ou omissão do agente e o dano sofrido pela vítima ou seus sucessores.

Maria Helena Diniz leciona que a "responsabilidade objetiva funda-se num princípio de equidade, existente desde o direito romano: aquele que lucra com uma situação deve responder pelo risco ou pelas desvantagens dela resultantes (*ubi emolumentum, ibi onus*; *ubi commoda, ibi incommoda*)"[27].

O fundamento da responsabilidade objetiva, portanto, decorre do fato de que a atividade exercida pelo agente possa colocar em perigo a vida, a saúde, a segurança ou a outros bens juridicamente protegidos, criando risco de dano para terceiros, como as atividades destinadas à produção de energia elétrica ou de exploração de minas; à

27. DINIZ, Maria Helena. *Curso de direito civil brasileiro*. São Paulo: Editora Saraiva, 2004, v. 7, p. 48.

instalação de fios elétricos, telefônicos e telegráficos; ao transporte aéreo, marítimo e terrestre, à construção e edificação de grande porte[28].

No tocante à responsabilidade socioambiental do empregador nas relações empregatícias, o art. 7º, XXII e XXVIII, da CF prevê como um dos direitos fundamentais sociais dos trabalhadores:

> XXII – **redução dos riscos inerentes ao trabalho, por meio de normas de saúde, higiene e segurança;**
>
> XXVIII – seguro contra acidentes de trabalho, a cargo do empregador, **sem excluir a indenização a que este está obrigado**, quando **incorrer em dolo ou culpa.**

Além disso, a CF consagra diversas normas de proteção ao meio ambiente, incluído o do trabalho, as quais se harmonizam com o princípio da função socioambiental da propriedade (CF, art. 5º, XXIII, 200, VIII, e art. 225).

Aliás, o art. 193 da CF destaca que a "ordem social tem como base o primado do trabalho, e como objetivo o bem-estar e a justiça sociais". E o art. 170, III, VI, VII e VIII, da CF estabelece que a "ordem econômica, fundada na valorização do trabalho humano e na livre iniciativa, tem por fim assegurar a todos existência digna, conforme os ditames da justiça social, observados os seguintes princípios":

- função social da propriedade;
- defesa do meio ambiente, inclusive mediante tratamento diferenciado conforme o impacto ambiental dos produtos e serviços e de seus processos de elaboração e prestação;
- redução das desigualdades regionais e sociais;
- busca do pleno emprego.

Ademais, o art. 186, II, III e IV, da CF, que pode ser aplicado por analogia à propriedade e à empresa urbana, dispõe que: "A função social é cumprida quando a propriedade rural atende, simultaneamente, segundo critérios e graus de exigência estabelecidos em lei, aos seguintes requisitos":

- utilização adequada dos recursos naturais disponíveis e preservação do meio ambiente;
- observância das disposições que regulam as relações de trabalho;
- exploração que favoreça o bem-estar dos proprietários e dos trabalhadores.

No âmbito das relações empregatícias, o risco da atividade empresarial corre por conta do empregador (CLT, art. 2º). Mas não é somente isso.

28. DINIZ, Maria Helena, op. cit., p. 48.

A interpretação do art. 2º da CLT conforme a Constituição autoriza a ilação de que o empregador tem o dever de dar adequada e justa função socioambiental à sua atividade econômica.

A responsabilidade socioambiental do empregador é, a nosso sentir, sempre objetiva. Nesse sentido vem caminhando paulatinamente a jurisprudência:

> AGRAVO. RECURSO DE REVISTA. DECISÃO MONOCRÁTICA. RESPONSABILIDADE OBJETIVA DO EMPREGADOR. ASSALTOS. BANCO POSTAL. ATIVIDADE DE RISCO. Prevalece neste Tribunal o entendimento de que deve ser reconhecida a responsabilidade objetiva do empregador pelos danos sofridos pelos seus empregados em decorrência de assalto em agência bancária, inclusive em Banco Postal, em razão do exercício de atividade de risco. Precedentes. Agravo interno a que se nega provimento (TST-Ag-RR 206280720125200002, Rel. Min. Emmanoel Pereira, 5ª T., *DEJT* 31.05.2019).
>
> RECURSO DE REVISTA. DANO MORAL. TRANSPORTE DE VALORES. RESPONSABILIDADE OBJETIVA. INDENIZAÇÃO POR DANOS MORAIS DEVIDA. Acompanha-se o atual entendimento desta Corte, no sentido de que o transporte de valores por parte do empregado, como atividade para a qual ele não foi contratado, tampouco capacitado ou, ainda, quando a exposição ao risco é acentuada, atrai a responsabilidade objetiva do empregador, resguardando, consequentemente, o direito ao recebimento da indenização por dano moral. Recurso de Revista conhecido e provido (TST-RR 4074820175060412, j. 12.12.2018, *DEJT* 14.12.2018).
>
> (...) RECURSO DE REVISTA. ACIDENTE DE TRABALHO. RESPONSABILIDADE OBJETIVA DO EMPREGADOR. MOTORISTA DE CAMINHÃO. O Regional entendeu serem indevidas as reparações pecuniárias postuladas (decorrentes dos danos materiais, morais e estéticos) ao fundamento de que não foram demonstrados os elementos ensejadores da responsabilidade civil subjetiva das reclamadas, ressaltando que a atividade de motorista de caminhão não se enquadra como perigosa nos termos da NR-16 do MTE. Ocorre que o entendimento desta Corte é no sentido de que a atividade de motorista de caminhão no transporte rodoviário de cargas constitui atividade de risco e autoriza a aplicação da responsabilidade civil objetiva. Precedentes. Recurso de revista conhecido e provido (TST-RR 105765420165030108, Rel. Min. Dora Maria da Costa, 8ª T., *DEJT* 14.12.2018).
>
> (...) RECURSO DE REVISTA. ACIDENTE DE TRABALHO. TEORIA DO RISCO. RESPONSABILIDADE OBJETIVA. CARACTERIZAÇÃO. A regra geral no Direito Brasileiro é a responsabilidade subjetiva, que pressupõe a ocorrência concomitante do dano, do nexo causal e da culpa do empregador. Tratando-se, todavia, de acidente de trabalho em atividade de risco, há norma específica para ser aplicada a responsabilidade objetiva, conforme se extrai do parágrafo único do art. 927 do Código Civil. Esta

Corte tem entendido que o trabalhador da construção civil atua em situação de risco acentuado. Precedentes. Recurso de Revista conhecido e provido (TST-RR 10862220155080005, Rel. Min Maria de Assis Calsing, 4ª T., *DEJT* 06.04.2018).

No que diz respeito à indenização por danos morais na responsabilidade objetiva do empregador, os arts. 223-E e 223-F da CLT, inseridos pela Lei 13.467/2017, devem, a nosso sentir, ser interpretados à luz dos princípios da razoabilidade e da proporcionalidade, de modo a se fixar valores indenizatórios conforme o grau de participação de cada ofensor no ato lesivo aos direitos da personalidade das vítimas, sendo permitida – como já vêm decidindo os tribunais – a cumulação dos danos morais e materiais oriundos do mesmo ato – omissivo ou comissivo – lesivo.

3.1. Responsabilidade do sócio retirante

Remetemos o leitor ao item 4.1.1 *infra*.

3.2. Responsabilidade do empreiteiro

Outra questão que merece destaque é a prevista no art. 455 da CLT, que estabelece a responsabilidade trabalhista entre empreiteiro principal e subempreiteiro.

Tal responsabilidade é solidária ou subsidiária?

Há divergência doutrinária a respeito.

Para Russomano, Valentin Carrion e Maurício Godinho Delgado, a responsabilidade é solidária, sendo desnecessária a prova da fraude ou da insolvência do subempreiteiro.

Outros autores, como Magano e Wilson de Souza Campos Batalha, não veem no dispositivo em exame hipótese de solidariedade, e sim de responsabilidade subsidiária.

Sabe-se, contudo, que solidariedade não se presume: decorre da lei ou da vontade das partes (CC, art. 265).

O art. 455 da CLT, diferentemente do art. 2º, § 2º, do mesmo diploma legislativo, não fala em solidariedade. Na verdade, o art. 455 prevê, tão somente, a possibilidade de os empregados do subempreiteiro voltarem-se contra o empreiteiro principal na hipótese de inadimplemento das obrigações trabalhistas por parte do primeiro.

Ora, se é condição necessária da responsabilidade do empreiteiro o inadimplemento contratual pelo subempreiteiro, então não há falar-se em solidariedade, e sim em subsidiariedade. Tanto é assim que ao empreiteiro principal fica ressalvado o direito de regresso e a possibilidade de retenção das importâncias eventualmente devidas ao subempreiteiro.

De tal arte, entendemos que o empregado deverá acionar tanto o subempreiteiro como o empreiteiro principal, sendo que, caso o primeiro não cumpra voluntariamente o comando contido no título judicial, poderá a execução voltar-se contra o segundo. É indispensável, para tanto, que este último figure na relação processual de cognição, porquanto o ordenamento constitucional exige o *due process of law* para que alguém possa vir a perder seus bens (CF, art. 5º, LIV).

No que respeita à responsabilidade do dono da obra pelas obrigações não adimplidas pelo empreiteiro, cremos que a mesma, em princípio, poderá ocorrer na modalidade subsidiária, e, ainda assim, desde que:

- o dono da obra seja pessoa cuja atividade econômica tenha por escopo a construção; ou
- caso não o seja, se ao tempo da celebração do contrato de empreitada o empreiteiro era notoriamente inidôneo. É que aqui restaria caracterizada fraude à aplicação das disposições consolidadas (CLT, art. 9º).

Se o dono da obra e o empreiteiro tiverem convencionado a responsabilidade solidária pelas obrigações trabalhistas, prevalecerá este acordo (CC, art. 265).

É importante lembrar que, de acordo com a OJ 191 da SBDI-1/TST, "Diante da inexistência de previsão legal específica, o contrato de empreitada de construção civil entre o dono da obra e o empreiteiro não enseja responsabilidade solidária ou subsidiária nas obrigações trabalhistas contraídas pelo empreiteiro, salvo sendo o dono da obra uma empresa construtora ou incorporadora".

De tal arte, segundo a OJ 191, a responsabilidade do dono da obra somente ocorrerá se ele for empresa do ramo da construção civil. Dito doutro modo, no contratos de empreitada em que o dono da obra for pessoa jurídica que não explore atividade econômica no ramo da construção civil ou for pessoa física ou ente despersonalizado equiparável a empregador, não haverá lugar para a responsabilidade solidária ou subsidiária.

Mais amplo, porém, é o entendimento adotado pelo Enunciado 13, aprovado na 1ª Jornada de Direito Material e Processual do Trabalho (Brasília-DF, 2007)[29], *in verbis*:

> *Dono da obra. Responsabilidade*. Considerando que a responsabilidade do dono da obra não decorre simplesmente da lei em sentido estrito (Código Civil, arts. 186 e 927), mas da própria ordem constitucional no sentido de se valorizar o trabalho (CF, art. 170), já que é fundamento da Constituição a valorização do trabalho (CF, art. 1º, IV), não se lhe faculta beneficiar-se da força humana despendida sem assumir responsabilidade nas relações jurídicas de que participa. Dessa forma, o contrato de empreitada entre o dono da obra e o empreiteiro enseja responsabilidade subsidiária nas obrigações trabalhistas contraídas pelo empreiteiro, salvo apenas a hipótese de

29. Disponível em: <http://www.anamatra.org.br>.

utilização da prestação de serviços como instrumento de produção de mero valor de uso, na construção ou reforma residenciais.

O verbete acima transcrito não é fonte jurisprudencial, mas pode ser invocado como fonte doutrinária, já que foi fruto de intensos e profícuos debates dos diversos atores da comunidade jurídica justrabalhista, como professores, magistrados, membros do MPT, advogados e acadêmicos de direito. Na verdade, o Enunciado 13 em questão revela uma nova tendência da constitucionalização do direito do trabalho e, por isso, deve ser prestigiado, porquanto harmoniza a legislação trabalhista e civilista à luz dos princípios fundamentais do Estado Democrático de Direito, notadamente os princípios da dignidade da pessoa humana e do valor social do trabalho.

4. SUCESSÃO DE EMPREGADORES

A sucessão trabalhista, também chamada de sucessão de empresas ou novação subjetiva do contrato de trabalho, está regulada nos arts. 10 e 448 da CLT, que dispõem textualmente:

> Art. 10. Qualquer alteração na estrutura jurídica da empresa não afetará os direitos adquiridos por seus empregados.
>
> Art. 448. A mudança na propriedade ou na estrutura jurídica da empresa não afetará os contratos de trabalho dos respectivos empregados.

Esses preceitos normativos guarnecem os direitos justrabalhistas dos empregados na ocorrência de novação subjetiva parcial do contrato de trabalho (mudança do proprietário da empresa) ou de mudança na estrutura jurídica da empresa (fusão, incorporação ou fusão).

A doutrina tradicional sustenta que a sucessão trabalhista encontra residência nos princípios da continuidade da empresa e da intangibilidade do contrato de trabalho.

A nosso sentir, em função do fenômeno da constitucionalização do direito do trabalho e do processo do trabalho, além dos referidos princípios infraconstitucionais, a sucessão trabalhista há de ser reinterpretada à luz dos princípios fundamentais do Estado Democrático de Direito, especialmente o da dignidade da pessoa humana, da cidadania e dos valores sociais do trabalho e da livre-iniciativa (CF, art. 1º, II, III e IV).

Tais princípios fundamentais inspiram outros princípios constitucionais específicos da ordem justrabalhista, como o princípio da relação empregatícia protegida contra a despedida arbitrária ou sem justa causa (CF, art. 7º, I), e os princípios específicos da ordem econômica, como o da função social da propriedade (e da empresa) e da busca do pleno emprego (CF, art. 170, II e VIII).

Para a eficácia jurídica dos referidos princípios constitucionais fundamentais e específicos, a Carta Republicana de 1988 consagrou outros princípios de natureza instrumental/processual, como o do efetivo acesso à justiça, do devido processo legal (justo) e da duração razoável do processo (CF, art. 5º, XXXV, LIV e LXXVIII).

De tal arte, podemos deduzir do sistema jurídico brasileiro que a preservação da relação empregatícia e dos direitos sociais dos trabalhadores em toda a sua plenitude nos casos de sucessão trabalhista encontra-se em sintonia com valores e princípios consagrados tanto no direito do trabalho como – e principalmente – na Constituição da República, o que exige do intérprete e do aplicador do direito uma nova cultura a respeito da proteção dos contratos de trabalho tanto diante da forma tradicional do instituto da sucessão trabalhista (CLT, arts. 10 e 448) quanto do novo "dinamismo próprio do sistema econômico contemporâneo, em que se sobreleva um ritmo incessante de modificações empresariais e interempresariais"[30].

4.1. Sucessão trabalhista e despersonalização do empregador

Na perspectiva do direito do trabalho brasileiro, sucessão é um instituto vinculado ao fenômeno da despersonalização do empregador, segundo o qual o contrato de trabalho é *intuitu personae* em relação ao empregado, e não ao empregador. Noutro falar, o empregado fica vinculado à empresa, e não à pessoa física ou jurídica do seu proprietário ou possuidor.

Não é por outra razão que o art. 2º da CLT define empregador como "a empresa, individual ou coletiva, que, assumindo os riscos da atividade econômica, admite, assalaria e dirige a prestação pessoal de serviço".

Há, porém, divergência doutrinária acerca da interpretação do art. 2º da CLT, porquanto alguns autores preferem falar em sucessão de empregador, e não de empresa.

José Augusto Rodrigues Pinto assinala que a

> situação de mudança de propriedade reveste-se de maior complexidade e exige reflexões. A primeira delas, de que a *personalização* da empresa é tolerada por simples conveniência jurídica, mas não corresponde a atribuir-lhe *personalidade*. A simples proclamação da mudança de propriedade coloca a empresa no seu preciso lugar de *objeto* e não de *sujeito* de direito (...). O princípio da continuidade da empresa comporta-se como um fator de tranquilidade da relação individual de emprego, em sua duração, e do empregado, no mister de identificar e acionar, se necessário, quem deva responder pelas obrigações do contrato. É a todas as luzes, um sólido complemento do princípio da proteção e uma projeção para dentro da empresa do princípio da continuidade da relação de emprego[31].

30. DELGADO, Maurício Godinho. *Curso de direito do trabalho*. 9. ed. São Paulo: LTr, 2010, p. 381.

31. PINTO, José Augusto Rodrigues. *Curso de direito individual de trabalho*. São Paulo: LTr, 1993, p. 151-152.

Valentin Carrion assegura que,

> enquanto o art. 10 visa à proteção dos direitos do empregado, o art. 448 leva em conta o contrato e, portanto, ambas as partes. O contrato de trabalho é *intuitu personae* (ou infungível) com referência ao empregado (art. 2º), mas não quanto ao empregador (art. 448); assim, o empregado não pode recusar-se a trabalhar para o novo empregador, salvo em situação absolutamente excepcional (...). O legislador, ao redigir os arts. 10 e 448, não pretendeu eximir de responsabilidade o empregador anterior, liberando-o de suas obrigações, de forma imoral. A lei simplesmente concedeu ao empregado a garantia de voltar-se contra quem possuir a empresa para facilitar-lhe e garantir-lhe o recebimento de seus créditos; não há obstáculo na lei que impeça ao empregado propor ação contra quem foi seu empregador. Entretanto, essa conclusão não tem apoio jurisprudencial[32].

Maurício Godinho Delgado obtempera que a "característica da despersonalização da figura do empregador consiste na circunstância de autorizar a ordem justrabalhista a plena modificação do sujeito passivo da relação de emprego (o empregador), sem prejuízo da preservação completa do contrato empregatício com o novo titular"[33].

Para esse último autor – com razão –, a despersonalização do empregador tem "crucial importância na estrutura e nos efeitos de relevante instituto do Direito Individual do Trabalho: a sucessão trabalhista (CLT, arts. 10 e 448)"[34].

Na verdade, o fenômeno da despersonalização do empregador, que vem sendo utilizado em larga escala na doutrina e jurisprudência justrabalhistas, decorre do fato de que o contrato de trabalho deixou de ser *intuitu personae* com relação à pessoa física ou jurídica do detentor eventual da empresa. Vale dizer, o contrato de trabalho – e, lógico, o empregado – fica vinculado diretamente à empresa, à organização, ao complexo empresarial, independentemente de quem seja o seu proprietário ou possuidor.

Assim, para efeito de sucessão trabalhista, o contrato de trabalho permanece atrelado diretamente à empresa, de maneira que as alterações ocorridas em relação ao seu proprietário (ou possuidor) ou à sua estrutura jurídica, não afetam a relação empregatícia, o que significa dizer que o nosso ordenamento jurídico protege os direitos adquiridos, presentes e futuros dos trabalhadores em suas relações jurídicas com a empresa. Nesse sentido, o TST já deixou assentado que, mesmo no caso de cisão parcial, a responsabilidade pelos débitos trabalhistas recai sobre o sucessor, independentemente da avença estabelecida entre sucedido e sucessor:

32. CARRION, Valentin. *Comentários à Consolidação das Leis do Trabalho*. 16. ed., p. 279.
33. DELGADO, Maurício Godinho. *Curso de direito do trabalho*. 9. ed. São Paulo: LTr, 2010, p. 380.
34. DELGADO, Maurício Godinho. *Op. cit.*, p. 381.

Sucessão trabalhista. Cisão parcial. 1. Na hipótese de sucessão de empresas, a responsabilidade quanto a débitos e obrigações trabalhistas recai sobre o sucessor, nos termos dos arts. 10 e 448 da CLT, em face do princípio da despersonalização do empregador. 2. Irrelevante o vínculo estabelecido entre sucedido e sucessor, bem como a natureza do título que possibilita ao titular do estabelecimento a utilização dos meios de produção nele organizados. 3. Dá-se a sucessão de empresas nos casos em que, mediante Protocolo e Justificação da Cisão e Incorporação, o Poder Público cede parte do seu patrimônio e a força de trabalho de empregados ao sucedido que continua a exploração do negócio, sem solução de continuidade. 4. Recurso de revista de que não se conhece (TST-RR-566.232/99.3 – 1ª T. – Rel. Min. João Oreste Dalazen – *DJ* 03.06.2005).

Além disso, o fenômeno da despersonalização do empregador tem grande utilidade para a aplicação do instituto da desconsideração da personalidade jurídica da empresa para fins de responsabilização subsidiária dos sócios da entidade societária, quando restar frustrada a execução trabalhista por ausência de bens da empresa executada.

Ainda no tocante à sucessão, é importante lembrar a diferença entre o empresário individual e a sociedade empresária. Esta é uma pessoa jurídica que possui patrimônio próprio, distinto do patrimônio dos sócios que a integram. Dessa forma, em princípio, os bens dos sócios ficam imunes no caso de execução das dívidas da sociedade, ou seja, os bens dos sócios somente serão alcançados depois de executados os bens da sociedade empresária (art. 1.024 do Código Civil). Já o empresário individual, por não gozar desse privilégio da separação patrimonial, responderá com todos os seus bens, presentes e futuros, pelo risco da atividade econômica exercida.

Em síntese, na sociedade empresária a responsabilidade dos sócios é subsidiária e quando se tratar de empresário individual a sua responsabilidade é direta.

Entretanto, é importante lembrar que, em se tratando de EIRELI, isto é, de empresa individual de responsabilidade limitada, a Medida Provisória 881/2019 inseriu no art. 980-A do CC o § 7º, segundo o qual: "Somente o patrimônio social da empresa responderá pelas dívidas da empresa individual de responsabilidade limitada, hipótese em que não se confundirá, em qualquer situação, com o patrimônio do titular que a constitui, ressalvados os casos de fraude".

4.1.1. Sucessão trabalhista e responsabilidade do sócio retirante

A Lei 13.467/2017 inseriu na CLT o art. 10-A, que dispõe, *in verbis*:

Art. 10-A. O sócio retirante responde subsidiariamente pelas obrigações trabalhistas da sociedade relativas ao período em que figurou como sócio, somente em ações ajuizadas até dois anos depois de averbada a modificação do contrato, observada a seguinte ordem de preferência:

I – a empresa devedora;

II – os sócios atuais; e

III – os sócios retirantes.

Parágrafo único. O sócio retirante responderá solidariamente com os demais quando ficar comprovada fraude na alteração societária decorrente da modificação do contrato.

Esse novel dispositivo, nitidamente relacionado com os institutos da desconsideração da personalidade da pessoa jurídica e da sucessão trabalhista, tem o nítido propósito de blindar, total ou parcialmente, os bens dos sócios que se retiram da empresa empregadora em relação às obrigações de natureza trabalhista.

Na verdade, a nova regra, contrariando a jurisprudência atual e dominante, institui uma nova modalidade de responsabilidade subsidiária do sócio retirante restrita ao período em que figurou como sócio e, ainda assim, desde que a ação trabalhista proposta pelo empregado em face da empresa empregadora tenha sido ajuizada até dois anos depois de averbada a modificação do contrato social da empresa no órgão competente.

Além disso, o parágrafo único do art. 10-A da CLT estabelece a responsabilidade solidária do sócio retirante nas hipóteses de fraude comprovada na alteração do quadro societário da empresa empregadora.

É importante lembrar o que propõe o Enunciado 13 aprovado na 2ª Jornada de Direito Material e Processual do Trabalho, *in verbis*:

> Enunciado 13 – SUCESSÃO TRABALHISTA
> Sucessão trabalhista. a teor do art. 1.146 do Código Civil, aplicável ao Direito do Trabalho (CLT, art. 8º), é cabível a responsabilidade solidária do sucedido e do sucessor pelos créditos trabalhistas constituídos antes do trespasse do estabelecimento, independentemente da caracterização de fraude.

4.2. Requisitos da sucessão trabalhista

Não é unívoco o entendimento a respeito dos requisitos da sucessão trabalhista. Podemos identificar uma *vertente clássica*, que utiliza o direito individual do trabalho em si, e uma *vertente contemporânea*, que utiliza a moderna hermenêutica constitucional.

4.2.1. Vertente clássica

Capitaneando a vertente clássica, Délio Maranhão[35] leciona que são dois os requisitos para que ocorra a sucessão trabalhista, a saber:

35. MARANHÃO, Délio. *Direito do trabalho*. 17. ed. Rio de Janeiro: Getúlio Vargas, 1993, p. 93-96.

- unidade econômico-jurídica passe de um para outro titular;
- não haja solução de continuidade na prestação de serviços.

E prossegue o referido autor:

Não sendo o contrato de trabalho, em geral, *intuitu personae* em relação ao empregador, nada impede, juridicamente, a substituição de uma pessoa por outra, nessa qualidade. Mas o estabelecimento tem um conceito unitário, sendo que o novo empregador responde pelos contratos de trabalho concluídos pelo antigo, porque lhe adquiriu o estabelecimento como organização produtiva, como um bem que resulta do conjunto de vínculos existentes entre os fatores de produção, um desses, o trabalho[36].

Alteração jurídica da empresa é a modificação de sua constituição e funcionamento como pessoa jurídica detentora de direitos e obrigações. São exemplos:

- *fusão* (duas ou mais empresas se reúnem e formam uma nova empresa, desaparecendo as anteriores);
- *incorporação* (uma empresa é adquirida por outro empresário e desaparece do mundo jurídico);
- *transformação* (ocorre alteração da estrutura jurídica da empresa, como, por exemplo, uma sociedade anônima que se transforma em sociedade por cotas).

A sucessão trabalhista é admitida pela doutrina e jurisprudência nas seguintes hipóteses: a) entre arrendatários que se substituem na exploração do mesmo serviço; b) entre pessoas de direito público e privado; c) na aquisição de acervo de massa falida.

A simples venda de máquinas ou coisas singulares não tem o condão de caracterizar a sucessão trabalhista, uma vez que esta pressupõe a transferência de uma unidade produtiva, ainda que apenas uma parte de um estabelecimento, desde que tenha *status* de uma unidade econômica.

É possível a sucessão num só estabelecimento da empresa, desde que seja um núcleo diferenciado, capaz de sobrevivência autônoma juridicamente, como, por exemplo, um escritório de advocacia (com advogados empregados da própria empresa) que é substituído por outro escritório.

A sucessão trabalhista não exige formalidade especial. Para a sua prova, levar-se-ão em consideração os elementos que integram a atividade empresarial: ramo do negócio, ponto, clientela, móveis, máquinas, organização e empregados.

Ao assegurar os direitos adquiridos dos empregados, em caso de sucessão, a CLT tem por objetivo:

36. MARANHÃO, Délio. *Op. cit.*, p. 94.

- a responsabilidade do sucessor, mesmo que os atos sejam do tempo anterior, não obstante possa este voltar-se contra o empregador sucedido em ação regressiva perante a Justiça comum;
- a continuidade da relação de emprego;
- os direitos adquiridos, ou em vias de aquisição (tempo de serviço, estabilidade, férias, jornada, indenizações etc.).

Eis um julgado que espelha a vertente tradicional:

> *Sucessão trabalhista. Contrato de compra e venda de ativo e assunção de passivo e outras avenças.* 1. Na hipótese de sucessão de empresas, a responsabilidade quanto a débitos e obrigações trabalhistas recai sobre o sucessor, nos termos dos arts. 10 e 448 da CLT, em face do princípio da despersonalização do empregador. 2. Irrelevante o vínculo estabelecido entre sucedido e sucessor, bem como a natureza do título que possibilitou ao titular do estabelecimento a utilização dos meios de produção nele organizados. 3. Dá-se a sucessão de empresas nos contratos de compra e venda de ativo e assunção de passivo e outras avenças, mediante o qual o contratante ocupa-se da exploração do negócio, operando-se a transferência da unidade econômico-jurídica, bem como a continuidade na prestação de serviços. 4. Recurso de revista de que não se conhece, no particular (TST-RR 708619-45.2000.5.01.5555 – Rel. Min. João Oreste Dalazen – 1ª T. – *DJ* 06.05.2005).

4.2.2. Vertente contemporânea

A imprecisão terminológica dos arts. 10 e 448 da CLT, aliada aos fatores e valores vinculados direta ou indiretamente ao que se convencionou chamar de "*globalização econômica*", tais como a desestatização, a privatização, a reengenharia, a reestruturação do mercado financeiro, a flexibilização, a terceirização etc., implicou o surgimento de novas formas de modificações das estruturas jurídicas das empresas que inexoravelmente alcançam a concepção clássica de sucessão trabalhista, tanto nos aspectos materiais quanto processuais.

Essas novas situações no plano fático e jurídico têm levado a doutrina e a jurisprudência a promoverem uma reinterpretação dos arts. 10 e 448 da CLT, de modo a ampliar o conceito e o objeto do instituto da sucessão trabalhista no sentido de dar a máxima efetividade aos direitos sociais dos trabalhadores, independentemente da continuidade fática da prestação dos serviços empregatícios.

Maurício Godinho Delgado faz a seguinte advertência:

> Por essa nova interpretação, o sentido e os objetivos do instituto sucessório trabalhista residem na garantia de que qualquer mudança intra ou interempresarial não

poderá afetar os contratos de trabalho (CLT, arts. 10 e 448). O ponto central do instituto passa a ser qualquer mudança intra ou interempresarial significativa que possa afetar os contratos empregatícios. Verificada tal mudança, operar-se-ia a sucessão trabalhista – independentemente da continuidade efetiva da prestação laborativa[37].

De tal arte, na linha da vertente contemporânea, haverá sucessão trabalhista e, portanto, estarão protegidos os contratos de trabalho, não apenas nas hipóteses já consagradas pela vertente tradicional, mas também quando a alienação ou transferência de parte significativa dos estabelecimentos ou da empresa implicar prejuízos diretos ou indiretos para os trabalhadores da empresa originalmente contratados. É o que ocorre, por exemplo, quando há separação de bens, obrigações e relações jurídicas de um complexo empresarial com o objetivo de transferir a sua parte "saudável" para outra empresa, isto é, dos seus ativos financeiros, clientela, créditos e direitos, permanecendo os trabalhadores vinculados à parte "empobrecida" da empresa, sendo que esta não tem como honrar as dívidas trabalhistas ou a continuidade dos contratos de trabalho.

Para a vertente contemporânea, pois, para que haja sucessão trabalhista, é condição suficiente a transferência da titularidade de uma unidade econômico-jurídica da empresa, independentemente da continuidade da prestação de serviços empregatícios.

Todavia lembra Maurício Godinho Delgado:

> Não será, pois, toda e qualquer transferência interempresarial que, isoladamente, será apta a provocar sucessão trabalhista. Se ela vier acompanhada da continuidade da prestação laborativa para o novo titular, ocorrerá, sim, é claro, a sucessão (vertente tradicional). Porém, não se verificando o segundo requisito, é preciso que se trate de transferência de universalidade empresarial que seja efetivamente apta a afetar os contratos de trabalho (sob pena de se estender em demasia o instituto sucessório, enxergando-o em qualquer negócio jurídico interempresarial). Conforme já exposto, não será toda transferência intraempresarial que propiciará a sucessão de empregador... mas somente aquela transferência que afetar de modo significativo as garantias anteriores do contrato de emprego[38].

Parece-nos, porém, que há espaço para a interpretação dos arts. 10 e 448 da CLT conforme a Constituição (art. 170, III, segundo o qual a ordem econômica, fundada na valorização do trabalho humano e na livre-iniciativa, tem por fim assegurar a todos existência digna, conforme os ditames da justiça social, observados, dentre outros, o princípio da função social da propriedade), de modo a reconhecer a existência de sucessão trabalhista sempre que a transferência da titularidade ou da reestruturação

37. DELGADO, Maurício Godinho. *Op. cit.*, p. 396-397.

38. *Ibidem*, p. 401.

jurídica da empresa ou de qualquer dos seus estabelecimentos ou de seus ativos financeiros, clientela ou demais bens materiais ou imateriais afetar, direta ou indiretamente, a continuidade da relação empregatícia ou os direitos dos trabalhadores originariamente contratados. Nesse sentido, é a OJ 261 da SBDI-1/TST, *in verbis*:

> BANCOS. SUCESSÃO TRABALHISTA. As obrigações trabalhistas, inclusive as contraídas à época em que os empregados trabalhavam para o banco sucedido, são de responsabilidade do sucessor, uma vez que a este foram transferidos os ativos, as agências, os direitos e deveres contratuais, caracterizando típica sucessão trabalhista.

Em um julgado, reconhecemos a existência de sucessão pela simples cessão de uso de marca empresarial:

> *Preliminar de ilegitimidade passiva* ad causam. *Sucessão trabalhista*. A sucessão trabalhista, à luz dos arts. 2º e 448 da CLT, afigura-se como um instituto de proteção ao credor hipossuficiente e, em consequência, não se exige formalidade especial para sua demonstração. Destarte, a alteração do sujeito de direito localizado no polo passivo do contrato (o empregador) não tem o condão de afetar o elemento objetivo do pacto, considerando os princípios da intangibilidade objetiva do contrato empregatício, da despersonalização da figura do empregador e da continuidade da relação empregatícia. Por conseguinte, não vinga a tese de ilegitimidade passiva *ad causam*, sob o argumento de que não fez parte da relação processual na presente demanda, o que violaria o seu direito de defesa, pois a sucessora recebe o processo no estado em que se encontra. Ademais, a partir do momento em que ingressou no polo passivo, em respeito ao devido processo legal, todos os meios de defesa e recursos próprios foram oportunizados. *Cessão do uso da marca comercial. Sucessão trabalhista*. Na hipótese de cessão de uso da marca comercial, resta caracterizada a ocorrência de sucessão trabalhista, já que a "marca" é o maior patrimônio da empresa. Tal entendimento é reforçado quando a empresa sucedida não permanece com patrimônio suficiente para garantir a satisfação do crédito trabalhista (TRT 17ª R., AP 192500-40.2004.5.17.0007, 2ª T., Rel. Des. Carlos Henrique Bezerra Leite, *DEJT* 21.07.2010).

Colacionamos outras ementas sobre sucessão trabalhista:

> (...) *Recurso de revista. Alteração na estrutura jurídica em face da alienação total das cotas da empresa. Sucessão. Responsabilidade subsidiária. Limites*. De acordo com o quadro fático delineado pelo Regional , a segunda Reclamada era uma das sócias da operadora minerária no Estado do Amapá (Anglo Ferrous Amapá Mineração Ltda.), até novembro de 2013, quando vendeu a totalidade de suas cotas para o grupo Zamin, primeira Reclamada, resultando, inclusive, em uma mudança de denominação empresarial para Zamin Amapá Mineração S.A., razão pela qual se conclui que houve

alteração na estrutura jurídica da empresa e, por consequência, a sucessão de empresas na forma dos arts. 10 e 448 da CLT. Em acréscimo, registrou o Regional que o contrato de trabalho do Reclamante vigorou de 16.02.2014 a 27.02.2015, isto é, após a modificação jurídica ocorrida em novembro de 2013. Em vista disso, não se está a falar em despersonalização do empregador ou em inalterabilidade do contrato de trabalho, uma vez que não havia contrato de trabalho anterior à sucessão ocorrida, razão pela qual inaplicáveis, ao caso em exame, como fez o Regional, as disposições contidas no artigo 1.032 do Código Civil, uma vez que o sócio retirante responde, ainda pelo prazo de 2 anos após a sua saída, pelas obrigações contraídas à época em que era sócio, o que não ocorreu no caso, visto que o contrato de trabalho foi celebrado após a saída da Recorrente do quadro societário. Desse modo, mesmo que se mitigue o entendimento de que a empresa sucessora é a única responsável pelos débitos trabalhistas reconhecidos, não há respaldo à responsabilização da ora Recorrente, visto não ter se beneficiado da força produtiva do Reclamante. Recurso de Revista conhecido e provido (TST-ARR 23098920155080205, Rel. Min. Maria de Assis Calsing, 4ª T., *DEJT* 16.03.2018).

Agravo de petição. Sucessão de empregadores. O instituto da sucessão no direito do trabalho é forma de prestigiar o escopo protetor em relação ao trabalhador, através dos princípios da continuidade na prestação de serviços, da intangibilidade do contrato de trabalho e da despersonalização do empregador, contanto que haja alteração na titularidade do empreendimento, a que título for (gratuito ou oneroso, público ou privado, permanente ou provisório), e que haja continuidade no exercício da mesma atividade econômica. Assim, pouco importa a alteração da natureza jurídica da empresa, conforme estabelece o artigo 10 da CLT ou da sua titularidade (artigo 448 da CLT), o sucessor responderá por todos os créditos trabalhistas dos empregados (TRT 1ª R. – AP 00008465220115010301 – Rel. Des. Jose Antonio Piton – 2ª T. – *DEJT* 18.05.2018).

4.3. Restrições à sucessão trabalhista

Não ocorre a sucessão trabalhista nas seguintes hipóteses:

- *Morte do empregador pessoa física ou constituído em empresário individual ou empresa individual de responsabilidade limitada (EIRELI, art. 980-A do CC)*, sendo, porém, facultado ao trabalhador, em caso de continuidade da atividade econômica pelos sucessores, dar por extinto o contrato de trabalho (CLT, art. 483, § 2º);
- *Desmembramento de Estado ou Município*, pois, nos termos da OJ 92 da SBDI-1 do TST: “Em caso de criação de novo município, por desmembramento, cada uma das novas entidades responsabiliza-se pelos direitos trabalhistas do empregado no período em que figurarem como real empregador”.

4.4. Sucessão trabalhista e a nova Lei de Falências e Recuperação de Empresas

Fixemos, previamente, os conceitos.

Falência, segundo Maximilianus Führer, "é um processo de execução coletiva, em que todos os bens do falido são arrecadados para uma venda judicial forçada, com a distribuição proporcional do ativo entre os credores"[39].

Recuperação (judicial e extrajudicial) é instituto relativamente novo no direito brasileiro, pois foi criado pela Lei 11.101/05 que, em seu art. 47, dispõe que a

> recuperação judicial tem por objetivo viabilizar a superação da situação de crise econômico-financeira do devedor, a fim de permitir a manutenção da fonte produtora, do emprego dos trabalhadores e dos interesses dos credores, promovendo, assim, a preservação da empresa, sua função social e o estímulo à atividade econômica.

Nos termos do art. 141, II, § 2º, da Lei 11.101/05,

> Art. 141. Na alienação conjunta ou separada de ativos, inclusive da empresa ou de suas filiais, promovida sob qualquer das modalidades de que trata este artigo:
>
> (...) II – o objeto da alienação estará livre de qualquer ônus e não haverá sucessão do arrematante nas obrigações do devedor, inclusive as de natureza tributária, as derivadas da legislação do trabalho e as decorrentes de acidentes de trabalho.
>
> (...) § 2º Empregados do devedor contratados pela arrematante serão admitidos mediante novos contratos de trabalho e o arrematante não responde por obrigações decorrentes do contrato anterior.

Vê-se, então, que a mudança parcial da propriedade da empresa em recuperação judicial, ou seja, de seus ativos, não implica sucessão trabalhista do adquirente (arrematante), sendo certo que os empregados do devedor (empresa sucedida) que desejarem continuar trabalhando terão que firmar novos contratos de trabalho, e o arrematante não responderá por obrigações decorrentes do contrato anterior.

Reconhecida, pois, a antinomia entre essa nova regra da Lei 11.101 e os arts. 10 e 448 e 449 da CLT, indaga-se: qual delas deve prevalecer?

Para Gustavo Filipe Barbosa Garcia[40], o art. 141 da Lei em questão prevalece sob os artigos celetistas, pois é uma regra específica, ou seja, a regra especial prevalece sobre a regra geral.

39. FÜHRER, Maximilianus Cláudio Américo. *Roteiro das falências e concordatas*. 18. ed. São Paulo: Revista dos Tribunais, 2002, p. 32.

40. GARCIA, Gustavo Filipe Barbosa. *Curso de direito do trabalho*. São Paulo: Método, 2007, p. 162-163.

Maurício Godinho Delgado[41], na mesma linha, ressalta, inclusive, que a nova regra é uma das exceções às previstas nos arts. 10 e 448 da CLT.

Marcelo Papaléo destaca, ainda, que a Lei 11.101/05

> apresenta grandes transformações em relação à legislação revogada, pois estabelece a extinção do instituto da concordata e o surgimento de um novo, a recuperação da empresa, com objetivo da manutenção da atividade produtiva das empresas que estão em dificuldades econômicas [...] a alteração do enfoque, pois na legislação revogada o fim era da liquidação do patrimônio do devedor insolvente, no caso o comerciante, para pagamento dos credores (...) Agora, há interesse na manutenção da atividade produtiva, pois se tem como visão os benefícios desta para toda a sociedade e, no caso da impossibilidade da recuperação, procede-se à liquidação do ativo com a falência...[42].

Em sentido contrário, Marcelo Roberto Bruno Válio advoga a prevalência das normas da CLT, porquanto estas têm por escopo a efetivação dos direitos fundamentais dos trabalhadores, encontrando-se, inclusive, em sintonia com o princípio da proteção. Destaca, ainda, esse autor que,

> mesmo tendo a lei o objetivo de proteção à empresa, a mesma acabou adentrando em terreno estranho à sua competência, pois está infringindo o que dispõem os arts. 10 e 448 da CLT [...] a lei de falências e de recuperação de empresas, acabou transferindo o ônus de quem assume o risco da atividade empresarial à figura do empregado, indo em contradição efetiva ao que dispõe o art. 2º da CLT (...)[43].

Na recuperação judicial, o art. 60 e seu parágrafo único da Lei 11.101/05 dispõem, *in verbis*:

> Art. 60. Se o plano de recuperação judicial aprovado envolver alienação judicial de filiais ou de unidades produtivas isoladas do devedor, o juiz ordenará a sua realização, observado o disposto no art. 142 desta Lei.
>
> Parágrafo único. O objeto da alienação estará livre de qualquer ônus e não haverá sucessão do arrematante nas obrigações do devedor, inclusive as de natureza tributária, observado o disposto no § 1º do art. 141 desta Lei.

---

41. DELGADO, Maurício Godinho. *Curso de direito do trabalho*. 9. ed. São Paulo: LTr, 2010, p. 304-310.

42. SOUZA, Marcelo Papaléo de. *A nova lei de recuperação e falência e as suas consequências no direito e processo do trabalho*. 2. ed. São Paulo: LTr, 2006, p. 141.

43. VÁLIO, Marcelo Roberto Bruno. Da sucessão trabalhista na Lei 11.101/05. *Jus Navigandi*. Teresina, a. 10, n. 1.157, 01.09.2006. Disponível em: <http://jus2.uol.com.br/doutrina/texto.asp?id=8880>. Acesso em: 28 abr. 2007.

Como a norma em tela não se refere expressamente à sucessão trabalhista, parece-nos que a Justiça do Trabalho continua competente em razão da matéria (CF, art. 114, I), no caso de recuperação judicial.

Todavia, o STF (ADI 3.934; RE 583.955-9/RJ, Rel. Min. Ricardo Lewandowski) exclui a aplicação da sucessão trabalhista na hipótese de alienação de ativos da empresa em processo de recuperação judicial. Logo, na visão do STF a Justiça do Trabalho é incompetente para apreciar a questão relativa à sucessão trabalhista e ao prosseguimento do processo em face da empresa em recuperação judicial.

Na linha do STF, o TST passou a adotar o seguinte entendimento:

RECURSO DE REVISTA. RECUPERAÇÃO JUDICIAL. ALIENAÇÃO DA UNIDADE PRODUTIVA. SUCESSÃO TRABALHISTA. GRUPO ECONÔMICO. RESPONSABILIDADE SOLIDÁRIA. O Plenário do Supremo Tribunal Federal, no julgamento da ADI n. 3.934/DF, declarou a constitucionalidade dos arts. 60, parágrafo único, e 141, II, da Lei n. 11.101/05, os quais estabelecem que o objeto da alienação, aprovado em plano de recuperação judicial, estará livre de qualquer ônus e não haverá sucessão do arrematante nas obrigações do devedor, inclusive as de natureza tributária, as derivadas da legislação do trabalho e as decorrentes de acidente de trabalho. No mesmo sentido é firme o posicionamento desta Corte Superior de que a alienação de unidade produtiva de empresa em processo de recuperação judicial não acarreta a sucessão dos créditos trabalhistas pela arrematante, sendo indevida a atribuição de responsabilidade solidária à empresa que adquiriu a unidade produtiva. Precedentes. Recurso de revista conhecido e provido, no particular (TST-RR 486009720075010052, Rel. Walmir Oliveira da Costa, 1ª T., *DEJT* 29.03.2019).

AGRAVO DE INSTRUMENTO EM RECURSO DE REVISTA. RESPONSABILIDADE SOLIDÁRIA. RECUPERAÇÃO JUDICIAL. SUCESSÃO TRABALHISTA. A Corte de origem, tendo em vista a decisão proferida pelo STF na ADI 3.934/DF, consignou a inexistência de sucessão trabalhista decorrente da alienação da Unidade Produtiva da VIT Serviços Auxiliares de Transportes Aéreos Ltda. (em recuperação judicial), ocasião em que afastou a responsabilidade solidária da segunda reclamada quanto aos créditos trabalhistas vindicados na presente demanda. Diante desse contexto, não se verifica ofensa à literalidade dos artigos 10 e 448 da CLT. Inviável, outrossim, o conhecimento do recurso de revista por contrariedade às Súmulas n. 47 e 448 do TST, haja vista que Regional limitou-se a excluir a responsabilidade solidária pelos créditos trabalhistas postulados nessa lide, não emitindo tese especificamente a respeito do adicional de insalubridade, tampouco foi instado a fazê-lo mediante a oposição de embargos declaratórios. Logo, em face da ausência de prequestionamento, incide o óbice da Súmula n. 297 do TST. Ileso o artigo 5º, XXXV e LV, da CF, porque o devido processo legal está sendo observado, com a plena oportunidade do reclamante ao contraditório e à ampla defesa, tanto é verdade que a parte vem produzindo todos os meios de prova que entende cabíveis, bem como está se valendo de todos os recursos previstos em nosso ordenamento jurídico. Agravo de instrumento conhecido e não provido (TST-AIRR 10012875320165020320, Rel. Dora Maria da Costa, 8ª T., *DEJT* 22.03.2019).

4.5. Sucessão e responsabilidade do sucessor (Lei 13.467/2017)

A Lei 13.467/2017 inseriu na CLT o art. 448-A, que dispõe:

> Art. 448-A. Caracterizada a sucessão empresarial ou de empregadores prevista nos arts. 10 e 448 desta Consolidação, as obrigações trabalhistas, inclusive as contraídas à época em que os empregados trabalhavam para a empresa sucedida, são de responsabilidade do sucessor.
>
> Parágrafo único. A empresa sucedida responderá solidariamente com a sucessora quando ficar comprovada fraude na transferência.

O caput do novel art. 448-A da CLT utiliza como expressões sinônimas a "sucessão empresarial" e a "sucessão de empregadores", mas já alertamos em linhas transatas que o Direito do Trabalho brasileiro adotou a teoria da despersonalização do empregador, ou seja, a sucessão é de empresários, e não de empregadores, pois empregador, na linguagem do art. 2º da CLT, é a empresa.

Vê-se que o legislador inovou ao dispor que a sucessão trabalhista, em princípio, implica responsabilidade apenas do sucessor pelas obrigações trabalhistas, ainda que estas tenham sido contraídas à época em que os empregados prestavam serviços para a empresa sucedida.

Trata-se de clara violação ao princípio da vedação do retrocesso social, na medida em que fragiliza o direito do trabalhador em ter a segurança de receber seus créditos, pois o empresário ou a sociedade empresária sucedida não será mais responsável pelas obrigações trabalhistas.

É verdade que o parágrafo único do novel art. 448-A da CLT dispõe que no caso de fraude – no procedimento sucessório, ressaltamos – haverá responsabilidade solidária entre a empresa sucessora e a empresa sucedida.

Entretanto, dificilmente o empregado conseguirá comprovar em juízo que houve fraude no processo de sucessão. Mas, por outro lado, poderá o juiz adotar a teoria da distribuição dinâmica do ônus da prova, nos termos do § 1º do art. 818 da CLT (redação dada pela Lei 13.467/2017), e incumbir à empresa o ônus de provar a licitude do processo sucessório.

5. EMPREGADOR RURAL E EMPRESA RURAL

Empregador rural típico é "a pessoa física ou jurídica, proprietária ou não, que explore atividade agroeconômica, em caráter permanente ou temporário, diretamente ou através de prepostos e com auxílio de empregados" (Lei 5.889/73, art. 3º).

Regulamentava a referida Lei o Decreto 73.626/74 (art. 2º), sendo certo que o art. 13 do Decreto 73.617/74 dava a seguinte definição do que seja empregador rural:

> Considera-se empregador rural, para efeitos deste Regulamento, a pessoa física ou jurídica, proprietária ou não, que tem estabelecimento rural, ou prédio rústico, explore atividade agrícola, pastoril, hortigranjeira ou indústria rural, bem como a extração de produtos primários, vegetais ou animais em caráter permanente ou temporário diretamente ou através de prepostos, com o concurso de empregados.

Apesar da amplitude, assevera José de Ribamar da Costa, "a conceituação é perfeitamente compreensível. Note-se a preocupação do legislador de ressaltar que, com o processo de industrialização, o produto rural não perde a sua natureza rural, como o descascamento, limpeza, secagem"[44].

É importante ressaltar que o referido Decreto 73.617/74 foi expressamente revogado pelo Decreto 3.048/99, sendo certo que o conceito mais amplo de empregador rural por equiparação está agora previsto no art. 25-A da Lei 8.212/91, *in verbis*:

> Equipara-se ao empregador rural pessoa física o consórcio simplificado de produtores rurais, formado pela união de produtores rurais pessoas físicas, que outorgar a um deles poderes para contratar, gerir e demitir trabalhadores para prestação de serviços, exclusivamente, aos seus integrantes, mediante documento registrado em cartório de títulos e documentos.

O art. 1º da Portaria MTE 1.964, de 01.11.1999, dispõe:

> Art. 1º As Delegacias Regionais do Trabalho deverão dar ampla divulgação ao modelo de contratação rural denominado "Consórcio de Empregadores Rurais", estimulando, para tanto, o debate entre produtores e trabalhadores rurais, por meio de suas entidades associativas ou sindicais.
>
> Parágrafo único. Para os fins do disposto nesta Portaria, considera-se "Consórcio de Empregadores Rurais" a união de produtores rurais, pessoas físicas, com a finalidade única de contratar empregados rurais.

Não obstante, o § 1º do art. 3º da Lei 5.889/73 inclui "na atividade econômica referida no *caput* deste artigo a exploração industrial em estabelecimento agrário não

44. *Noções de direito do trabalho*. 6. ed. São Paulo: LTr, 1993, p. 54.

compreendido na Consolidação das Leis do Trabalho". E o § 2º do mesmo artigo estabelece a solidariedade trabalhista entre empregadores rurais integrantes de grupo econômico.

O art. 4º do mesmo diploma legal equipara ao empregador rural "a pessoa física ou jurídica que, habitualmente, em caráter profissional, e por conta de terceiros, execute serviços de natureza agrária mediante utilização do trabalho de outrem". É o *empregador rural equiparado*.

Ressalte-se a figura do *intermediário*, conhecido por "gato", "turmeiro" ou "zangão", que recruta trabalhadores rurais e, às vezes, labora lado a lado com os mesmos. Em rigor, o intermediário é também empregado (exceto quando eventual). Logo, a relação de emprego se forma, diretamente, entre cada trabalhador recrutado e o produtor, tomador dos serviços (TST, Súmula 331).

Empresa rural é atividade econômica organizada para o fim de produção, transformação ou troca de serviços de natureza rural.

A exploração industrial dentro de um estabelecimento rural também constitui empresa rural, como, *v. g.*, um curtume numa fazenda. Pode ser indústria rural ou empresa rural o próprio curtume sem fazenda alguma. Mas num ou noutro caso é preciso que a matéria-prima esteja em estado natural e que não perca esta natureza mesmo depois de sofrer a primeira modificação; seja produto agrário (do campo); e tenha origem vegetal ou animal. Seria, portanto, uma indústria rural aquela que dá o primeiro tratamento ao arroz, beneficiando-o. É o que deflui da dicção do Decreto 73.626, de 12.02.1974, que regulamentou a Lei 5.889/73.

A indústria rural pode estar localizada dentro do perímetro urbano, sem perder a sua natureza, isto é, desde que continue a apresentar uma organização econômica tipicamente agrícola, mesmo se vier a utilizar processos sofisticadíssimos, como salienta Martinez, citado por Márcio Túlio Viana[45].

6. PODERES DO EMPREGADOR

Tendo em vista que o empregador assume os riscos da atividade econômica, e sendo o empregado um trabalhador subordinado, o art. 2º da CLT confere àquele o *poder de direção* – também chamado de poder de comando ou poder hierárquico –, que consiste, nas palavras de Guilherme A. Canedo Magalhães,

> na faculdade que tem o empresário de exercer todas as atividades referentes à administração da empresa, planejando a ação da organização, estabelecendo normas para o seu funcionamento, comandando e fiscalizando a execução do trabalho, prescre-

45. *Ibidem*, p. 290.

vendo as regras de conduta dos empregados, adotando as medidas cabíveis para a realização plena dos objetivos da empresa[46].

Para Amauri Mascaro Nascimento[47], o poder de direção do empregador é a faculdade a ele atribuída de determinar como a atividade do empregado deve ser exercida. Para este notável juslaboralista, tal poder decorre de fundamento legal, nos termos do art. 2º da CLT, e doutrinário (por meio de quatro teorias: a da propriedade privada; a contratualista; a institucionalista; a do interesse) e manifesta-se de três formas distintas:

- o *poder de organização*, que se constitui na faculdade de o empregador definir os fins econômicos – comerciais, industriais, agrícolas etc. – visados pelo empreendimento e a sua estrutura jurídica, bem como a instituição de regulamentos e normas no âmbito da empresa;
- o *poder de controle*, que consiste no direito de o empregador fiscalizar as atividades profissionais de seus empregados, aí incluídas a revista dos obreiros na portaria ao final do expediente[48], a colocação de câmaras de circuito interno de televisão e a exigência de marcação do cartão de ponto;
- o *poder disciplinar*, que é a faculdade de o empregador impor sanções a seus empregados.

Octavio Bueno Magano salienta que o

> poder hierárquico, ou poder diretivo *lato sensu*, subdivide-se em poder diretivo *stricto sensu*, poder regulamentar e poder disciplinar. O poder diretivo *stricto sensu* consiste na faculdade de ditar ordens e instruções; o poder regulamentar corresponde à faculdade de legislar no âmbito da empresa, consubstanciando-se na expedição de ordens genéricas, notadamente o regulamento de empresa; o poder disciplinar traduz-se na faculdade de impor sanções aos trabalhadores[49].

Focalizaremos nossa atenção para o poder disciplinar do empregador, porque o reputamos como o mais importante para os efeitos da relação de emprego.

46. *Introdução ao direito empresarial*, p. 20, *apud* GONÇALVES, Emílio. Contrato de trabalho e o poder disciplinar do empregado. *In: Revista da Academia Nacional de Direito do Trabalho*. São Paulo: LTr, a. II, n. 2, p. 21-30, 1994.
47. *Iniciação ao direito do trabalho*. 21. ed. São Paulo: LTr, 1994, p. 184.
48. Desde que não seja abusiva e respeite a dignidade do trabalhador, segundo jurisprudência dominante.
49. *Manual de direito individual do trabalho*, 3. ed., v. II, p. 207.

6.1. Poder disciplinar

Não há uniformidade doutrinária acerca da existência do poder disciplinar do empregador, o qual é repelido por duas teorias: a que nega o poder disciplinar do empregador, já que, sendo a relação de emprego um contrato entre dois sujeitos, qualquer destes poderia exercer o mesmo poder; e a que sustenta ser do Estado, através de seus órgãos, a competência para impor sanções às pessoas.

O já saudoso Antônio Lamarca[50], por exemplo, advogava que, ante o caráter punitivo inerente ao poder disciplinar, somente o Estado teria o monopólio do seu exercício, inexistindo, assim, um direito disciplinar privado.

A corrente majoritária, entretanto, admite que há, no âmbito da relação de emprego, um poder exclusivo do empregador: o poder disciplinar.

Existem diversas teorias que procuram explicar o fundamento desse poder, destacando-se as seguintes teorias:

a) *Teoria contratual*

Para esta corrente, a fonte do poder disciplinar do empregador, isto é, a faculdade de impor sanções ao empregado, encontra residência no próprio contrato de trabalho.

Se o contrato decorre da vontade das partes, o empregado já sabe de antemão que sua atividade laboral estará subordinada (juridicamente) às ordens legais e legítimas do empregador, que dirige a prestação pessoal do seu serviço.

b) *Teoria da propriedade privada*

Para os adeptos desta corrente, que tem em Evaristo de Moraes Filho[51] ardoroso defensor, o poder disciplinar do empregador tem origem na propriedade da empresa e no próprio contrato de trabalho.

Se o empregador é dono da empresa, tem o direito de usá-la e dela desfrutar como bem lhe aprouver.

Sendo ele o proprietário dos instrumentos de produção, apresenta-se como complemento do direito de propriedade a possibilidade de organizar e dirigir o negócio à sua vontade, pois é ele quem assume os riscos do empreendimento.

c) *Teoria institucionalista*

Como o próprio nome está a indicar, esta corrente parte da premissa de que a empresa constitui uma instituição social, um agrupamento social organizado. E, para realizar sua finalidade institucional, aqueles que a dirigem têm o direito – mais que isso, o dever – de constranger seus membros a adequarem suas condutas a esse fim, valendo-se, para tanto, do poder de impor sanções disciplinares aos transgressores.

50. *Manual das justas causas*, *apud* GONÇALVES, Emílio. *Op. cit.*, p. 23.

51. MORAES FILHO, Evaristo de; MORAES, Antonio Carlos Flores de. *Introdução ao direito do trabalho*. 7. ed. São Paulo: LTr, 1995, p. 276.

d) *Teoria penalista*

Para os defensores desta teoria, o poder disciplinar decorre da necessidade de se assegurar a ordem e a coesão entre os membros de uma dada sociedade.

Transplantada para os domínios do direito do trabalho, esta teoria sustenta que o fundamento da sanção penal é o mesmo da sanção disciplinar aplicada ao empregado infrator, variando apenas o campo de atuação de cada uma.

e) *Teoria do pluralismo democrático*

Segundo Octavio Bueno Magano[52], a sociedade democrática é composta de vários centros de poder, embora inferiores ao do Estado, dotados de autonomia. Os indivíduos participam de tais centros de acordo com influência que exercem sobre o processo decisório do grupo, isto é, os menos influentes sujeitam-se às decisões tomadas pelos mais influentes.

Esta teoria, em rigor, constitui desdobramento da teoria institucionalista.

6.2. Princípios do poder disciplinar

A jurisprudência e a doutrina admitem quatro espécies de sanções, a saber: a) advertência; b) suspensão; c) multa (que pode ser aplicada, por exemplo, ao jogador profissional de futebol); d) dispensa por justa causa.

A lei brasileira não prevê as penalidades de suspensão[53] e advertência como sanções disciplinares. O costume, a doutrina e a jurisprudência nacional, entretanto, vêm admitindo, pacificamente, a possibilidade de imposição, pelo empregador, de tais penalidades, sobre o fundamento de que, se o empregador pode o mais (despedir por justa causa ou falta grave), também poderá o menos (aplicar sanções menores).

Verifica-se que, na prática, as penas de advertência e suspensão são passadas por escrito ao empregado. Não é inválida, entretanto, a comunicação verbal.

Existem princípios – ou requisitos, segundo alguns doutrinadores – que devem ser observados no que concerne ao poder disciplinar do empregador:

6.2.1. *Princípio da proporcionalidade*

A punição deverá ser proporcional à falta cometida, não podendo o juiz dosar a pena pelo empregador. Vale dizer, o órgão julgador restringe-se a declarar a nulidade ou não da pena aplicada, não podendo, por exemplo, converter uma justa causa em suspensão, ou vice-versa. Dessa forma, o juiz examina se a pena aplicada pelo empregador foi

52. *Manual de direito do trabalho*: direito individual do trabalho. 3. ed. São Paulo: LTr, 1991. v. II, p. 72-74.

53. Apenas menciona que a suspensão do empregado por mais de 30 dias consecutivos importa na rescisão injusta do contrato de trabalho (CLT, art. 474), e estabelece que é de natureza decadencial este prazo para efeito de ajuizamento de inquérito para apuração de falta grave do empregado estável (CLT, art. 494).

proporcional ou não à falta cometida pelo empregado. Exemplificando, o simples atraso do empregado na marcação do ponto não pode ensejar, de plano, a sua dispensa por justa causa; justificaria apenas uma pena de advertência. Todavia, a reiteração de atrasos, caso o empregador tenha aplicado antes a pena de advertência ou de suspensão, poderá caracterizar a justa causa praticada pelo empregado. Nesse sentido:

> JUSTA CAUSA. PRINCÍPIOS DA PROPORCIONALIDADE E GRADAÇÃO DA PENA. INOBSERVÂNCIA. RESOLUÇÃO CONTRATUAL DESQUALIFICADA. Se o empregador inobserva a gradação da pena, apressando-se em romper o contrato de trabalho por justa causa, frustra o caráter pedagógico do instituto disciplinar, dando azo à desqualificação da resolução contratual. Apelo patronal improvido (TRT 1ª R. – RO 00100565920145010322 – Rel. Des. Rosana Salim Villela Travesedo – 10ª T. – *DEJT* 25.06.2015).

> RECURSO DE REVISTA REGIDO PELA LEI 13.015/2014 1 - JUSTA CAUSA. NÃO CONFIGURAÇÃO. GRADAÇÃO DE PENALIDADE. MEDIDA DESPROPORCIONAL. 1.1. No caso, o empregado foi dispensado por justa causa em razão do descumprimento de orientação do empregador quanto ao uso de equipamento de proteção individual. Concluiu o Tribunal Regional que a reclamada não observou a proporcionalidade na punição do empregado, pois não havia registro de outras faltas cometidas pelo empregado, em relação ao uso dos equipamentos de proteção , em mais de 10 anos de relação empregatícia. 1.2. A punição à falta cometida deve prestar-se à gradação, com a advertência ou suspensão do empregado num primeiro momento, para, só então, persistindo o comportamento faltoso, utilizar-se da pena máxima, com o despedimento motivado. 1.3. É verdade que a gradação da pena não encontra previsão expressa no art. 482 da CLT. Porém, a sua observância encontra guarida no princípio constitucional da proporcionalidade, tendo por principal objetivo combater eventuais excessos do empregador no exercício de poder disciplinar. 1.4. No caso em que o empregado foi dispensado de forma imediata, na primeira ocorrência faltosa em mais de 10 anos de serviços prestados, revela-se desproporcional a aplicação direta da pena de demissão por justa causa. Recurso de revista não conhecido. (...) (TST-RR 5563920145040304, Rel. Min. Delaíde Miranda Arantes, 2ª T., *DEJT* 17.08.2018).

6.2.2. Princípio da limitação temporal da suspensão

A suspensão disciplinar não poderá exceder de 30 (trinta) dias, findos os quais o empregado poderá considerá-la como dispensa sem justa causa. É o que dispõe o art. 474 da CLT, segundo o qual a "suspensão do empregado por mais de 30 (trinta) dias consecutivos importa na rescisão injusta do contrato de trabalho". Não se pode confundir essa pena de suspensão disciplinar de, no máximo trinta dias com o direito de o empregador suspender o contrato de trabalho e ajuizar inquérito para apuração de falta grave do empregado estável, sendo que, nesse caso, a suspensão "perdurará até a decisão final do processo" (CLT, art. 494, parágrafo único).

6.2.3. *Princípio do* non bis in idem

É proibida a aplicação de duas penalidades para a mesma falta (*non bis in idem*), isto é, para cada falta se admite uma única punição. Importante lembrar que não há ferimento a esse princípio quando o empregado é advertido por faltas reiteradas e injustificadas ao serviço e o empregador concomitantemente procede aos descontos salariais respectivos. Nesse sentido:

> JUSTA CAUSA. *BIS IN IDEM*. Empregado que pelo mesmo fato sofreu dupla reprimenda. Caracterizado o *bis in idem*, faz jus o reclamante ao recebimento das parcelas rescisórias deferidas pelo juízo *a quo*. Recurso patronal conhecido e desprovido (TRT 10ª R. – RO 01434-2010-013-10-00-9 – Rel. Des. Márcia Manzoni Cúrcio Ribeiro – 3ªT. – *DEJT* 17.06.2011).
>
> JUSTA CAUSA. *NON BIS IN IDEM*. A justa causa constitui a penalidade máxima que pode ser imputada ao empregado e, por isso, necessita ser comprovada de forma robusta. Havendo falta grave já punida pelo empregador por outro meio, advertência ou suspensão, não pode ser também aplicada a justa causa, sob pena de *bis in idem* (TRT 1ª R., RO 00009895620145010262, 6ª T., *DEJT* 13.06.2016).

6.2.4. *Princípio da presunção de inocência do trabalhador*

Não há punição sem culpa. O princípio da presunção de inocência encontra inspiração no Direito Penal, sendo, atualmente, erigido ao patamar constitucional (CF, art. 5º, LVII). Destarte, é anulável a aplicação de penalidade por mera presunção do empregador. Nesse sentido:

> JUSTA CAUSA. DESCRIÇÃO DOS DESVIOS DE CONDUTA. CONTROLE DE LEGALIDADE DO PODER DISCIPLINAR. A ausência de informações sobre as circunstâncias que configuraram a insubordinação ou o abandono do posto de trabalho inviabiliza o direito de defesa do empregado. Mesmo sendo denunciada a Convenção n. 158 da OIT, que em seu artigo 7º enuncia a oportunidade de defesa no término das relações de trabalho, o artigo 5º, LVII, da Constituição Federal prevê o princípio da presunção de inocência ou da não culpabilidade. Assim, o poder disciplinar não é absoluto. No caso, sem descrever as circunstâncias fáticas do comportamento do obreiro, como as tarefas negadas, eventuais motivos de negativa ou exigências infundadas do empregado, a reclamada inviabilizou o controle sobre o potestativo poder disciplinar exercido unilateralmente, além de não possibilitar a aferição da proporcionalidade da medida aplicada, elemento indispensável à

legitimidade da penalidade máxima (TRT 3ª R., RO 0002021-93.2014.5.03.0148, Rel. Des. Cristiana M. Valadares Fenelon – 7ª T. – *DEJT* 10.11.2015).

JUSTA CAUSA COMETIDA PELO EMPREGADO. ACUSAÇÃO PATRONAL DE ATO DE IMPROBIDADE (ADULTERAÇÃO DE ATESTADO MÉDICO). NÃO COMPROVAÇÃO. CONVOLAÇÃO DA RESOLUÇÃO CONTRATUAL EM DISPENSA IMOTIVADA. Por força dos princípios da continuidade da relação de emprego (art. 7º, *caput*, e inciso I, da Constituição Federal, art. 443, parágrafo 2º, da CLT, Súmula 212 do TST) e da não culpabilidade do acusado (art. 5º, LVII, da CRFB), recai sobre o empregador o ônus da prova dos motivos determinantes da terminação do contrato de trabalho. Não se desincumbindo o réu deste *onus probandi*, *ex vi* art. 818 da CLT c/c art. 333, II, do CPC, tem-se que a despedida ocorreu sem justa causa. Entrementes, cumpre gizar que a presunção de inocência, enquanto direito humano (arts. 8º do Pacto de San José da Costa Rica e 14 do Pacto Internacional de Direitos Civis e Políticos de 1966) não está ligada exclusivamente ao âmbito penal, revelando-se inquestionável sua aplicação também na seara do poder empregatício disciplinar, à luz da interpretação expansiva e da eficácia horizontal dos direitos fundamentais (art. 5º, parágrafo parágrafo 1º e 2º, da CF). Em reforço da transcendência da presunção de inocência defendida, justamente por representar interesses maiores, calcados nos direitos fundamentais do ser humano, já decidiu a Corte Constitucional pátria que "surge motivado de forma contrária à garantia constitucional que encerra a presunção da não culpabilidade ato administrativo, conclusivo quanto à ausência de capacitação moral, baseado, unicamente, na acusação e, portanto, no envolvimento do candidato em ação penal" (STF – RE n. 194872/RS – 2ª Turma – Rel. Min. Marco Aurélio – julgado em 07.11.2000). No caso dos autos, funda-se a justa causa obreira na prática de ato de improbidade pela reclamante, consubstanciado no fato de que rasurou grosseiramente atestado médico, a fim de justificar falta no trabalho. Do contexto fático-probatório, denota-se que a reclamada não se desvencilhou do encargo probatório de ratificar em Juízo a improbidade supostamente cometida pela laborista, notadamente mediante robustos elementos materiais de prova capazes de – a um só tempo – demover a presunção *juris tantum* de ruptura imotivada e incutir no Magistrado um juízo de certeza sobre a existência de todas as etapas da fraude que diz ter ocorrido (materialidade do ato de improbidade) e, acima de tudo, que tais fatos vinculem a trabalhadora (autoria infracional), através de uma conduta dolosa, isto é, ação com "animus fraudandi". Disso decorre que se afigura insustentável a premissa sentencial no sentido de que "a rasura é patente e somente beneficia a reclamante, pelo que se conclui através da prova indiciária que foi a autora quem fez a alteração", haja vista que a mera suposição de fraude por parte da reclamante não pode embasar uma resolução contratual por justa causa obreira. Destarte, diante da ausência de elementos autorizativos da resolução contratual, prevalece a presunção favorável à obreira de ruptura imotivada do contrato. Re-

> curso da reclamante provido (TRT 2ª R., RO 00011019120135020016, Rel. Des. Maria Isabel Cueva Moraes – 4ª T. – *DEJT* 14.08.2015).
>
> JUSTA CAUSA. A justa causa é a mais severa punição imposta ao empregado, motivo pelo qual o Judiciário deverá apurá-la com cautela, levando em consideração o conjunto probatório produzido pelas partes. Insta salientar que, sob a ótica do princípio constitucional da presunção de inocência, o qual também abarca as relações civis, presume-se ter ocorrido o rompimento do contrato de trabalho da maneira mais favorável ao trabalhador, por meio da modalidade de extinção contratual que assegure ao empregado o máximo de direitos trabalhistas. O objetivo é assegurar maior possibilidade de permanência do trabalhador em seu emprego e traz como fundamento a natureza alimentar do salário, uma vez que o trabalhador é subordinado jurídica e economicamente ao empregador e, do trabalho, retira o seu sustento. Para configuração da falta grave é necessário prova robusta, de modo a deixar induvidoso o ato ilícito praticado pelo empregado, não só pelo elemento subjetivo da falta praticada, mas, principalmente, pelos reflexos negativos de seu reconhecimento na vida profissional do trabalhador. Apelo provido, no particular. (...) (TRT 1ª R., RO 01005794820185010041, Rel. Des., *DEJT* 12.07.2019).

6.2.5. *Princípio da vedação à pena pecuniária ou ao rebaixamento funcional*

O direito brasileiro não permite a aplicação de multa para o empregado (salvo previsão legal expressa, como é o caso do atleta profissional de futebol, nos termos do art. 48 da Lei 9.615/98). Não é permitido, igualmente, ao empregador promover rebaixamento funcional, redução salarial ou transferência do empregado como formas de punição.

6.2.6. *Princípio do perdão tácito*

Falta praticada pelo empregado e não punida pelo empregador é falta perdoada. Assim, se o empregador, ciente da falta cometida pelo empregado, deixar de exercer o seu poder disciplinar, aplicando a penalidade correspondente, haverá presunção de que a falta foi perdoada, caracterizando o perdão tácito. É o que ocorre, por exemplo, quando o empregador dispensa o empregado sem justa causa, pagando-lhe as verbas resilitórias correspondentes a essa modalidade de extinção do contrato de trabalho e, posteriormente, em juízo, vem alegar em contestação que a dispensa se deu por justa causa. Ouçamos a jurisprudência:

> AÇÃO DE COBRANÇA. PERDÃO TÁCITO. Constatado que o autor da ação de cobrança formalizou a rescisão contratual, deixou de proceder ao devido desconto de pelo menos parte do valor ora cobrado, considerando-se, inclusive, a limitação imposta pelo art. 477, parágrafo 5º, da CLT e igualmente não consignou qualquer dívida por

> parte do réu no referido termo, mesmo sabedor do montante devido pelo empregado, configurou-se o perdão tácito da dívida. Não cabe agora realizar a cobrança, uma vez que o respectivo valor incorporou-se ao patrimônio jurídico do empregado. Recurso não provido (TRT 1ª R., RO 00792001120075010082, Rel. Des. Antonio Cesar Coutinho Daiha – 3ª T., *DEJT* 17.07.2015).
>
> JUSTA CAUSA – PAGAMENTO DAS VERBAS DECORRENTES DE DISPENSA SEM JUSTA CAUSA – PERDÃO TÁCITO. Mesmo que o empregado tenha cometido falta ensejadora de dispensa por justa causa, o pagamento de verbas características de uma dispensa sem justa causa caracteriza perdão tácito (TRT 16ª R., RO 00563-2008-016-16-00-1, Rel. Des. Ilka Esdra Silva Araújo – *DJ* 29.09.2009).

6.2.7. *Princípio da imediatidade*

A sanção disciplinar deve guardar imediatidade com a falta perpetrada, uma vez que o retardamento na aplicação da pena autoriza presunção de renúncia patronal ao direito de impor sanção. Tal presunção, entretanto, somente deve ser levada em conta a partir do momento em que o empregador toma ciência da falta cometida pelo obreiro.

O princípio da imediatidade (ou atualidade) mantém íntima relação com o princípio do perdão tácito, de modo que, se o empregador, ciente da falta cometida pelo empregado, deixar de aplicar a pena com a maior brevidade possível, isto é, em tempo razoável, não poderá mais, pelo mesmo fato, aplicar a penalidade correspondente. Nesse sentido:

> JUSTA CAUSA. DESQUALIFICAÇÃO. FALTA DE IMEDIATIDADE. PERDÃO TÁCITO. Inobservada a indispensável imediaticidade entre o conhecimento do ato faltoso e a aplicação da justa causa, sem que tenha havido motivo para tanto, tem-se por configurado perdão tácito a obstar qualquer punição. Apelo patronal improvido (TRT 1ª R., RO 00000200320115010244, Rel. Des. Rosana Salim Villela Travesedo, 10ª T., *DEJT* 09.06.2014).
>
> FALTA INJUSTIFICADA. PUNIÇÃO. INOBSERVÂNCIA DA IMEDIATIDADE. PERDÃO TÁCITO CONFIGURADO. Por se tratar a justa causa de penalidade máxima que autoriza a rescisão do contrato de trabalho sem ônus para o empregador, causando efeitos nefastos de ordem moral e econômica na vida do trabalhador, a sua aplicação deve preencher determinados requisitos tais como: a natureza da matéria envolvida na infração objetivada, o nexo de causalidade entre o ato faltoso e a penalidade aplicada, a adequação e proporcionalidade entre a falta e a penalidade, a imediatidade da punição, assim como a ausência de dupla punição para o mesmo fato. Não se torna aceitável a postura de empregador que, após conhecido o fato, protela a aplicação de qualquer medida de modo a ultimar tão logo a aplicação da

sanção correspondente. Assim procedendo, ele perde seu poder de punir porquanto, ante a ocorrência de uma falta disciplinar, não a puniu de forma imediata, deixando o empregado trabalhar normalmente por alguns dias para, só depois, aplicar a sanção que lhe é consequente, configurando-se, com isso, o perdão tácito (TRT 3ª R. – RO 0001684-45.2011.5.03.0040 – Rel. Des. Jose Marlon de Freitas – 6ª T. – *DEJT* 14.12.2012, p. 274).

6.2.8. Princípio da adstrição à sanção aplicada

Aplicada a punição, não poderá ela ser substituída ou modificada. Se o empregador aplicar a pena de advertência, não poderá substituí-la, pelo mesmo fato, por outra penalidade (suspensão ou justa causa).

6.2.9. Princípio da pertinência da causa (teoria dos motivos determinantes)

No exercício do poder disciplinar do empregador deve existir nexo de causalidade (relação de causa e efeito) entre a falta cometida e a sanção aplicada. Trata-se de aplicação analógica da teoria dos motivos determinantes no âmbito do direito do trabalho, segundo a qual o empregador fica vinculado aos fatos e fundamentos que determinaram a aplicação da penalidade ao empregado, não podendo inovar, posteriormente, os motivos e a sanção que ensejou a aplicação da justa causa. Nesse sentido:

> EMBARGOS DE DECLARAÇÃO. SANEPAR. SOCIEDADE DE ECONOMIA MISTA. JUSTA CAUSA. DESCONSTITUIÇÃO. TEORIA DOS MOTIVOS DETERMINANTES. JUNTADA DE DOCUMENTO NOVO. EFEITO MODIFICATIVO; Não obstante a ausência de estabilidade, o empregado público não é relegado ao limbo jurídico. Se a Administração informou o motivo da dispensa (saque indevido do FGTS, mediante uso de documento expedido pela Sanepar contendo informações tidas por falsas) e o Poder Judiciário verificou a ilicitude ou inexistência de tal motivação, cabe invalidar a dispensa – em aplicação da teoria dos motivos determinantes – e reintegrar o empregado, restabelecendo o *status quo* ante. Embargos de declaração conhecidos e providos com efeito modificativo (TST-ED-RR 34600-22.2005.5.09.0026 – Rel. Min. Augusto César Leite de Carvalho – 6ª T. – *DEJT* 28.06.2013).
>
> AGRAVO DE INSTRUMENTO EM RECURSO DE REVISTA. EMPREGADO PÚBLICO. NULIDADE DA DISPENSA. EMPREGADO DE EMPRESA PÚBLICA E SOCIEDADE DE ECONOMIA MISTA. ATO MOTIVADO. TEORIA DOS MOTIVOS DETERMINANTES. No julgamento do RE 589.998-PI, o Supremo Tribunal Federal, confirmou a inexistência de estabilidade ao empregado público, fundamentada no art. 41 do Texto Constitucional. Por outro lado, no julgamento dos Em-

bargos de Declaração, na sessão de 10.10.2018, o STF entendeu por restringir a exigência de motivação da dispensa apenas aos empregados da Empresa Brasileira de Correios e Telégrafos – ECT, fixando a seguinte tese: "A Empresa Brasileira de Correios e Telégrafos – ECT tem o dever jurídico de motivar, em ato formal, a demissão de seus empregados". Portanto, permanece incólume o entendimento cristalizado na OJ n. 247, I, da SBDI-I desta Corte quanto à desnecessidade de motivação do ato de dispensa dos empregados de empresas públicas e sociedades de economia mista. Ocorre que o caso dos autos contém uma especificidade que impede a aplicação da OJ n. 247, I, da SBDI-I desta Corte. *In casu*, o Tribunal Regional consignou que a reclamada motivou o ato de demissão, porém não conseguiu demonstrar a veracidade do motivo apresentado, razão pela qual a dispensa foi declarada inválida. De acordo com a Teoria dos Motivos Determinantes, uma vez expostos os motivos que conduziram à pratica do ato, estes passam a vincular o administrador público. Logo, ao motivar o ato de demissão, a reclamada vinculou-se ao motivo apresentado e atraiu para si o ônus de comprovar a veracidade do fato erigido como motivo para a prática do ato administrativo, ônus do qual, segundo a Corte de origem, não conseguiu se desvencilhar. Com efeito, realizado o cotejo entre as razões recursais e os fundamentos do acórdão Recorrido, não se vislumbra violação de qualquer dispositivo legal ou constitucional, tampouco divergência jurisprudencial. Agravo de Instrumento conhecido e não provido (TST-AIRR 1945220155030135, Rel. Min. Luiz José Dezena da Silva, 1ª T., *DEJT* 29.03.2019).

DISPENSA. TEORIA DOS MOTIVOS DETERMINANTES. A Teoria dos Motivos Determinantes informa que o agente público fica vinculado à motivação apresentada para a expedição de determinado ato, mesmo sendo ele discricionário. Assim, a empregadora atrai para si o encargo de provar a existência dos motivos informados no processo administrativo para a definição dos fundamentos da ruptura contratual, sob pena de desvio de finalidade (TRT 3ª R., RO 0011005-79.2015.5.03.0003, Rel. Juiz Conv. Cleber Lucio de Almeida, 7ª T., *DEJT* 28.05.2019).

6.2.10. Princípio da não discriminação

Impõe-se a igualdade de sanções para faltas idênticas cometidas por dois ou mais empregados. Esse postulado decorre da aplicação do princípio da não discriminação entre pessoas que se encontram em situações iguais. Assim, se dois ou mais empregados praticaram ato de improbidade, cada um agindo a seu modo, de modo a desviar dinheiro do cofre da empresa, por exemplo, a dispensa por justa causa deve ser aplicada igualmente a todos eles, sem discriminação.

Além disso, não pode o empregador utilizar o seu poder disciplinar como meio de discriminar seus empregados, ofendendo-lhes a honra, a dignidade, a privacidade ou a intimidade. Nesse sentido:

AGRAVO DE INSTRUMENTO. RECURSO DE REVISTA. 1. PARTICIPAÇÃO DE MOVIMENTO PAREDISTA. RESCISÃO CONTRATUAL. DISPENSA SEM JUSTA CAUSA. CARACTERIZAÇÃO DE TRATAMENTO DISCRIMINATÓRIO. DESRESPEITO AOS PRINCÍPIOS FUNDAMENTAIS DA DIGNIDADE DA PESSOA HUMANA E DO VALOR SOCIAL DO TRABALHO. (ART. 1º, III E IV, DA CF). INDENIZAÇÃO POR DANOS MORAIS. 2. DO *QUANTUM* INDENIZATÓRIO. DECISÃO DENEGATÓRIA. MANUTENÇÃO. Discriminação é a conduta pela qual se nega à pessoa, em face de critério injustamente desqualificante, tratamento compatível com o padrão jurídico assentado para a situação concreta por ela vivenciada. O princípio da não discriminação é princípio de proteção, de resistência, denegatório de conduta que se considera gravemente censurável. Portanto, labora sobre um piso de civilidade que se considera mínimo para a convivência entre as pessoas. A conquista e afirmação da dignidade da pessoa humana não mais podem se restringir à sua liberdade e intangibilidade física e psíquica, envolvendo, naturalmente, também a conquista e afirmação de sua individualidade no meio econômico e social, com repercussões positivas conexas no plano cultural – o que se faz, de maneira geral, considerado o conjunto mais amplo e diversificado das pessoas, mediante o trabalho e, particularmente, o emprego. As proteções jurídicas contra discriminações na relação de emprego são distintas. A par das proteções que envolvem discriminações com direta e principal repercussão na temática salarial, há as proteções jurídicas contra discriminações em geral, que envolvem tipos diversos e variados de empregados ou tipos de situações contratuais. Embora grande parte desses casos acabem por ter, também, repercussões salariais, o que os distingue é a circunstância de serem discriminações de dimensão e face diversificadas, não se concentrando apenas (ou fundamentalmente) no aspecto salarial. No caso concreto, restou expressamente consignado no acórdão regional que o motivo da dispensa do Reclamante foi a sua participação no movimento paredista instaurado em face do Reclamado. Nesse contexto, a prática do Reclamado contrapõe-se aos princípios basilares da nova ordem constitucional, mormente àqueles que dizem respeito à proteção da dignidade humana e da valorização do trabalho humano (art. 1º, III e IV, da CR/88) e à isonomia de tratamento (art. 5º, *caput*, da CR/88). Ademais, para que se pudesse chegar, se fosse o caso, à conclusão fática diversa, seria necessário o revolvimento do conteúdo fático-probatório, o que fica inviabilizado nesta instância recursal (Súmula 126/TST). Desse modo, não há como assegurar o processamento do recurso de revista quando o agravo de instrumento interposto não desconstitui os fundamentos da decisão denegatória, que ora subsiste por seus próprios fundamentos. Agravo de instrumento desprovido (TST-AIRR 140-71.2011.5.19.0009 – Rel. Min. Mauricio Godinho Delgado – 3ª T. – *DEJT* 13.09.2013).

(...) RECURSO DE REVISTA DA PETROBRAS. GRATIFICAÇÃO EXTRAORDINÁRIA. PAGAMENTO A OCUPANTES DE CARGO DE CONFIANÇA. NÃO CONFIGURAÇÃO DE OFENSA AO PRINCÍPIO DA NÃO DISCRIMINAÇÃO. A Constituição de 1988 incorpora o princípio da não discriminação, que deve ser afirmado e cumprido nas relações do trabalho. Entretanto a igualdade formal deve ceder lugar à igualdade real ou substancial, ou seja, é necessário tratar os iguais igualmente e os desiguais desigualmente, sob pena de ferir este preceito basilar protegido pela Lei Maior, em seu artigo 5º, *caput*. No caso concreto, o Tribunal Regional assentou que a Petrobras efetuou, por liberalidade, o pagamento de gratificação extraordinária a todos os empregados ocupantes do cargo de confiança, procedimento que reputou ofensivo ao direito de equidade entre os empregados. Ao contrário do que entendeu o Tribunal Regional, considera-se que a conduta da Reclamada PETROBRAS não configura violação ao princípio da não discriminação, uma vez que tratou desigualmente os trabalhadores na medida da sua desigualdade. A concessão da gratificação extraordinária, baseada em critério objetivo, não pode ser considerada arbitrária, pois estabelecida dentro do poder diretivo da empregadora de estabelecer o pagamento de uma parcela diferenciada aos ocupantes da função de confiança. Inclusive esta Corte Superior já se manifestou inúmeras vezes sobre a matéria, estando pacificado o entendimento de que a conduta da Petrobras na fixação da gratificação extraordinária não se revelou discriminatória. Julgados. Recurso de revista conhecido e provido (TST-RR 17698020125090411, Rel. Min. Mauricio Godinho Delgado, 3ª T., *DEJT* 12.05.2017).

PARTICIPAÇÃO EM LUCROS E RESULTADOS. PRINCÍPIO DA NÃO DISCRIMINAÇÃO. NECESSIDADE DE TRATAMENTO IGUALITÁRIO A EMPREGADOS EM SITUAÇÃO IDÊNTICA. Do princípio da igualdade deriva a obrigação de combate à discriminação. A não discriminação é a expressiva manifestação do princípio da igualdade, cujo reconhecimento como valor constitucional inspira o ordenamento jurídico brasileiro no seu conjunto. Por este, veda-se o tratamento diferenciado a pessoas em situação idêntica, o que se evidencia quando a empresa paga a empregados na mesma situação valores diversos de Programa de Participação em Resultados sem justificativa plausível (TRT 3ª R., RO 0011363-06.2017.5.03.0090, Rel. Des. Ana Maria Amorim Reboucas, 8ª T., 06.10.2018).

RESCISÃO CONTRATUAL SEM JUSTA CAUSA. EMPREGADO ETÍLICO. DOENÇA GRAVE, CRÔNICA E ESTIGMATIZANTE. PRESUNÇÃO DE DISCRIMINAÇÃO.

PROVA PATRONAL CONTRA A PRESUNÇÃO *JURIS TANTUM*. INEXISTÊNCIA. NULIDADE DO DESPEDIMENTO. REINTEGRAÇÃO. A dispensa sem justa causa de trabalhador acometido por doença grave ou estigmatizante presume-se discriminatória, conforme assentado pela jurisprudência estabilizada. Tal presunção, *juris tantum*, permite prova contra si, cujo ônus incumbe, obviamente, ao empregador que praticou o ato. A dispensa aleatória e resultante de um hoje inexistente poder potestativo não pode sustentar-se sem justificativa, no atual patamar civilizatório. A Constituição, embora não regulamentada por dolosa omissão do Parlamento, já assegura proteção contra despedida arbitrária em geral (artigo 7º, I). Se não são colhidas, nos autos, provas em favor das alegações patronais para justificar a rescisão, o reconhecimento de sua nulidade é medida de justiça. Recurso a que se dá provimento (TRT 2ª R. – RO 00021004420135020016 – Rel. Des. Marcos Neves Fava – 14ª T. – *DEJT* 16.12.2015).

CAPÍTULO IV
Condições Especiais de Trabalho e Categorias Profissionais Diferenciadas

1. NOÇÕES GERAIS

É possível dizer que existe uma unidade nos princípios de proteção ao trabalho. Essa unidade, entretanto, sofre exceções com vistas ao atendimento de condições específicas, seja em razão da pessoa que executa o trabalho (menor, mulher, deficiente etc.), seja em função da maneira, do local, das características da execução do trabalho (frigoríficos, minas de subsolo, ferrovias, bancos, estiva, advocacia, magistério etc.), o que fundamenta a existência de categorias profissionais diferenciadas, cuja definição é extraída do § 3º do art. 511 da CLT, segundo o qual:

> Categoria profissional diferenciada é a que se forma dos empregados que exerçam profissões ou funções diferenciadas por força de estatuto profissional especial ou em consequência de condições de vida singulares.

Há, ainda, de forma excepcional e por motivos de segurança nacional e interesse social, condições especiais, aplicáveis ao trabalhador, levando em consideração o fato de ser brasileiro ou estrangeiro.

É verdade que a Constituição Federal estabelece a "proibição de distinção entre o trabalho manual, técnico e intelectual ou entre os profissionais respectivos" (art. 7º, XXXII).

Mas, como adverte Arnaldo Süssekind (o comentário é referente à Constituição de 1946, que continha preceito idêntico ao que ora se examina),

> O que a norma constitucional proíbe, a nosso ver, é que os direitos, garantias e benefícios assegurados de maneira geral ou para determinada categoria não distingam, entre trabalhadores manuais, os técnicos e os intelectuais integrantes do grupo a que a lei se destina. A desigualdade das condições de fato em que o trabalho é executado justifica a adoção de regulamentações especiais[1].

1. *Comentários à CLT e à Legislação Complementar*. Rio de Janeiro: 1961, v. II, p. 75.

2. ADVOGADO

A profissão de advogado sempre esteve ligada à figura do profissional liberal, que é uma espécie de trabalhador autônomo (*vide* art. 442-B da CLT e art. 1º da Portaria MTE 349/2018). Tanto é assim que o primeiro Estatuto da OAB (Lei 4.215/63) nada referia à figura do advogado empregado.

A complexidade da vida moderna, impulsionada pela constante mutação e proliferação das normas jurídicas, levou as empresas, com vistas à prevenção de conflitos e problemas jurídicos com repercussão para os negócios econômicos, a contratar advogados como empregados, privilegiando, assim, a sua atuação consultiva sobre a contenciosa.

Somente a partir da edição da Lei 8.906, de 04.07.1994, também chamada de Novo Estatuto da Ordem dos Advogados do Brasil – EOAB, é que se dedicou um capítulo especialmente para o advogado empregado.

O art. 18 do diploma legal em apreço, no entanto, parece conter, à primeira vista, uma contradição ao dispor que a "relação de emprego, na qualidade de advogado, não retira a isenção técnica nem reduz a independência profissional inerente à advocacia". Tal contradição residiria, segundo uma certa corrente doutrinária, no fato de que a isenção técnica e a independência profissional são incompatíveis com a subordinação jurídica, que é um elemento imprescindível à caracterização da relação de emprego.

Afigura-se-nos que a independência profissional e a isenção técnica do advogado constituem requisitos indispensáveis para o desempenho de sua relevante função social e não colidem com a subordinação jurídica. Primeiro, porque o fato de o advogado ser empregado não o exime de cumprir o que preceitua o Capítulo VIII da Lei 8.906/94, que cuida "Da Ética do Advogado". É dizer, seja autônomo, seja empregado, o advogado "deve proceder de forma que o torne merecedor de respeito e que contribua para o prestígio da classe e da advocacia" (art. 31). Para tanto, "no exercício da profissão, deve manter a independência em qualquer circunstância" (art. 31, § 1º), sendo obrigado "a cumprir rigorosamente os deveres consignados no Código de Ética e Disciplina" (art. 33). Segundo, porquanto na percuciente observação de João de Lima Teixeira Filho:

> No comando legal em foco há inafastável inerência da isenção e da independência com o exercício da advocacia, qualquer que seja o vínculo jurídico entre o profissional do Direito e seu cliente. Aquelas são causas concorrentes para o resultado deste. A isenção é o elemento subjetivo, correspondente à equidistância do advogado no manejo do seu cabedal jurídico para, formando um ente de razão, equacionar a desinteligência. Vale dizer, o advogado não é tomado *de parti pris* pelo só fato de ser empregado. Ele é, por definição, o juiz primeiro de qualquer dissenso. Já a independência é o elemento objetivo do exercício da advocacia. É a livre deliberação não sobre *o que* fazer, mas *como* e *quando* fazer. Revela-se, mais perceptivamente, no modo de atuação profissional. Isenção e independência são, pois, faces de uma mesma moeda: valem em conjunto; isoladamente não têm expressão. Trata-se de requisitos *intrínsecos* da advocacia, atributos de quem a exerce, incomisturáveis com os requisitos *extrínsecos*,

próprios da subordinação jurídica: sujeição ao poder de comando do empregador, cumprimento de horário, atendimento a rotinas da empresa, enfim, sujeição a parâmetros gerais de organização do processo produtivo. A subordinação jurídica não penetra a faixa de autonomia científica, o conteúdo técnico da obrigação do advogado empregado prestar serviços sob dependência do empregador. Nunca a indeslembrável lição de Riva Sanseverino se faz tão aplicável: Quanto mais o trabalho se espiritualiza, mais a subordinação se rarefaz[2].

Duas condições especiais são outorgadas pelo EOAB ao advogado empregado. Uma referente ao salário e a outra, à jornada de trabalho.

Consoante o art. 19 do EOAB, o "salário mínimo profissional do advogado será fixado em sentença normativa, salvo se ajustado em acordo ou convenção coletiva de trabalho". Há uma manifesta atecnia na ordem de enumeração das fontes que irão fixar o valor do salário mínimo profissional do advogado. Em rigor, é de sabença geral que a sentença normativa só existirá se e quando esgotadas as possibilidades de celebração de convenções ou acordos coletivos. O preceptivo em apreço, portanto, atropela a ordem lógica e natural do processo de negociação coletiva. De toda a sorte, deixa patente que o legislador acompanhou a moderna tendência de intervenção supletiva do Estado, deixando aos atores sociais, mediante tutela sindical, a possibilidade de criação de normas de autocomposição, fincadas estas no princípio da autonomia privada coletiva.

O art. 20 e seus parágrafos da Lei 8.906/94 dispõem sobre a jornada de trabalho do advogado empregado, nos seguintes termos:

- a jornada de trabalho do advogado empregado, no exercício da profissão, não poderá exceder a duração diária de quatro horas contínuas e a de vinte horas semanais, salvo acordo ou convenção coletiva ou em caso de dedicação exclusiva;
- considera-se como período de trabalho o tempo em que o advogado estiver à disposição do empregador, aguardando ou executando ordens, no seu escritório ou em atividades externas, sendo-lhe reembolsadas as despesas feitas com transporte, hospedagem e alimentação;
- as horas trabalhadas que excederem a jornada normal são remuneradas por um adicional não inferior a cem por cento sobre o valor da hora normal, mesmo havendo contrato escrito;
- as horas trabalhadas no período das vinte horas de um dia até as cinco horas do dia seguinte são remuneradas como noturnas, acrescidas do adicional de vinte e cinco por cento.

No que concerne à velha polêmica quanto ao pagamento dos honorários de sucumbência, o art. 21 e seu parágrafo único do EOAB puseram uma pá de cal no problema, nos seguintes termos:

2. *Instituições de direito do trabalho*. 16. ed. São Paulo: LTr, 1996, p. 985.

> Art. 21. Nas causas em que for parte o empregador, ou pessoa por este representada, os honorários de sucumbência são devidos aos advogados empregados.
>
> Parágrafo único. Os honorários de sucumbência, percebidos por advogado empregado de sociedade de advogados são partilhados entre ele e a empregadora, na forma estabelecida em acordo.

Segundo Lima Teixeira, resultando

> a paga em questão, *ex vi legis* (art. 20) do desempenho de atividade inerente ao contrato de trabalho, o caráter contraprestativo e, pois, salarial dos honorários da sucumbência é evidente. Mas, cumpre frisar, trata-se de parcela salarial variável, sujeita à condição (condenação da parte *ex adversa*); compõe o complexo salarial, produzindo *efeitos* como se salário fosse (repercute no 13º, férias, FGTS etc.), embora não integre para fins de irredutibilidade, já que inconfundível com o salário básico[3].

Pedimos vênia para discordar do renomado e ilustre autor. É que os honorários de sucumbência não são pagos diretamente pelo empregador, mas por terceiro, estranho à relação de emprego. Não se trata, pois, de salário ou de salário variável sujeito à condição. Cuida-se, a nosso sentir, de remuneração, e não de salário. Cremos, portanto, que não há incompatibilidade a que sejam aplicadas, por analogia, aos honorários de sucumbência ao advogado empregado as regras alusivas à gorjeta (CLT, art. 457, § 3º). O art. 14 do Regulamento Geral da OAB, no entanto, dispõe que os "honorários de sucumbência, por decorrerem precipuamente do exercício da advocacia e só acidentalmente da relação de emprego, não integram o salário ou a remuneração, não podendo, assim, ser considerados para efeitos trabalhistas ou previdenciários".

Nos termos do parágrafo único do mesmo art. 14, os "honorários de sucumbência dos advogados empregados constituem fundo comum, cuja destinação é decidida pelos profissionais integrantes do serviço jurídico da empresa ou por seus representantes"[4], sendo importante registrar que o art. 85, § 14, do CPC/2015 dispõe que os honorários de sucumbência pertencem ao advogado e possuem a mesma natureza alimentar dos créditos trabalhistas, sendo que a Lei 13.725/2018 revogou o art. 16 da Lei 5.584/1970 e passou a dispor que os honorários advocatícios assistenciais pertencem ao advogado.

3. AERONAUTAS E AEROVIÁRIOS

Embora apresentem laços de afinidade, as profissões de aeronauta e aeroviário não se confundem.

Aeronauta, nos termos do art. 2º da Lei 7.183/84, "é o profissional habilitado pelo Ministério da Aeronáutica, que exerce atividade a bordo de aeronave civil

3. *Op. cit.*, p. 987.
4. Ver decisão do STF na ADI 1.194-4/DF.

nacional, mediante contrato de trabalho". Mas o parágrafo único deste mesmo artigo considera também aeronauta "quem exerce atividade a bordo de aeronave estrangeira, em virtude de contrato de trabalho regido pelas leis brasileiras".

O exercício da profissão de aeronauta é privativo de brasileiros, ressalvadas as exceções previstas no Código Brasileiro de Aeronáutica (Lei 7.565/86, arts. 156 a 159).

A jornada de trabalho do aeronauta é contada entre a hora da apresentação no local de trabalho e a hora em que o mesmo é encerrado (Lei 7.183, art. 20).

Há limitação máxima da duração do trabalho, a saber:

- tripulação mínima ou simples: 11 horas (máximo de 10 horas o tempo de voo);
- tripulação composta: 14 horas (máximo de 12 o tempo de voo);
- tripulação de revezamento: 20 horas (máximo de 17 horas o tempo de voo).

Os limites da jornada de trabalho poderão ser ampliados de 60 (sessenta) minutos, a critério exclusivo do comandante da aeronave e nos seguintes casos:

- inexistência, em local de escala regular, de acomodações apropriadas para o repouso da tripulação e dos passageiros;
- espera demasiadamente longa, em local de espera regular intermediária, ocasionada por condições meteorológicas desfavoráveis ou por trabalho de manutenção;
- por imperiosa necessidade.

Para as tripulações simples o trabalho noturno é limitado em 10 horas (hora noturna de 52 minutos e 30 segundos), considerando-se voo noturno o realizado entre o pôr do sol e o nascer do sol.

A lei limita o tempo de voo a 100 horas por mês, 270 por trimestre e 1.000 horas por ano, sendo este tempo reduzido para as aeronaves em jato puro para 85, 230 e 850 horas, respectivamente.

Os repousos interjornada são fixados em: 12 horas para jornada de 12 horas; 16, para a jornada entre 12 e 15 horas; 24, para jornadas acima de 15 horas. O repouso hebdomadário do aeronauta é de 24 horas.

Já o *aeroviário* é "o trabalhador que, não sendo aeronauta, exerce função remunerada nos serviços terrestres de empresa de transportes aéreos" (Decreto 1.232/62, art. 1º). Considera-se, também, aeroviário o titular de licença e respectivo certificado de habilitação técnica expedido pela Divisão de Aeronáutica Civil para a prestação de serviços em terra, mas que, não trabalhando em empresas de transportes aéreos, exerce função efetivamente remunerada em aeroclubes, escolas de aviação e, ainda, os que prestam serviços de natureza permanente na conservação, manutenção e despacho de aeronaves.

A duração normal do trabalho do aeroviário é de 8 horas diárias e 44 horas semanais, sendo considerado horário normal o período de trânsito em viagem a serviço da empresa, independentemente das diárias devidas.

Ao aeroviário que trabalha de forma habitual e permanente na direção ou execução de serviços de pista, a jornada máxima diária é de 6 horas (Decreto 1.232/62, art. 20).

4. ARTISTAS

A profissão de artista foi inicialmente regulada pelo Dec.-lei 5.492/28. Atualmente, o exercício da profissão de artista e técnico em espetáculos de diversões é regulado pela Lei 6.533/78, cujo art. 2º estabelece as seguintes definições:

- *artista* é o profissional que cria, interpreta ou executa obra de caráter cultural de qualquer natureza, para efeito de exibição ou divulgação pública, através de meios de comunicação de massa ou em locais onde se realizam espetáculos de diversão pública;
- *técnico em espetáculos de diversões* é o profissional que, mesmo em caráter auxiliar, participa, individualmente ou em grupo, de atividade profissional ligada diretamente à elaboração, registro, apresentação ou conservação de programas, espetáculos e produções.

De acordo com o Decreto 82.385/78, o manequim ou modelo é equiparado ao artista.

Aplicam-se as disposições da lei em comento às pessoas físicas ou jurídicas que tiverem a seu serviço os profissionais acima definidos, para a realização de espetáculos, programas, produções ou mensagens publicitárias, bem como às pessoas físicas ou jurídicas que agenciem colocação de mão de obra daqueles profissionais. As referidas pessoas físicas ou jurídicas deverão ser previamente inscritas no Ministério do Trabalho.

O exercício das profissões de artista e de técnico em espetáculos de diversões requer prévio registro do profissional na Superintendência Regional do Trabalho do Ministério do Trabalho, o qual terá validade em todo o território nacional (Lei 6.533/78, art. 6º). Para registro do artista ou do técnico em espetáculo de diversões, é necessária a apresentação de:

- diploma de curso superior de Diretor de Teatro, Coreógrafo, Professor de Arte Dramática ou outros cursos semelhantes, reconhecidos na forma da lei; ou
- diploma ou certificado correspondentes às habilitações profissionais de 2º grau de Ator, Contrarregra, Cenotécnico, Sonoplasta ou outras semelhantes, reconhecidas na forma da lei; ou
- atestado de capacitação profissional fornecido pelo Sindicato representativo das categorias profissionais e, subsidiariamente, pela Federação respectiva.

Consoante o art. 9º e seus parágrafos da Lei em apreço, o exercício das profissões de artistas e técnicos exige contrato de trabalho padronizado, nos termos de instruções a serem expedidas pelo Ministério do Trabalho, devendo o contrato de trabalho ser visado pelo Sindicato representativo da categoria profissional e, subsidiariamente, pela Federação respectiva, como condição para registro no Ministério do Trabalho.

O contrato de trabalho conterá, obrigatoriamente:

- qualificação das partes contratantes;
- prazo de vigência;
- natureza da função profissional, com definição das obrigações respectivas;
- título do programa, espetáculo ou produção, ainda que provisório, com indicação do personagem nos casos de contrato por tempo determinado;
- locais onde atuará o contratado, inclusive os opcionais;
- jornada de trabalho, com especificação do horário e intervalo de repouso;
- remuneração e sua forma de pagamento;
- disposição sobre eventual inclusão do nome do contratante no crédito de apresentação, cartazes, impressos e programas;
- dia de folga semanal;
- ajuste sobre viagens e deslocamentos;
- período de realização de trabalhos complementares, inclusive dublagem, quando posteriores à execução do trabalho de interpretação objeto do contrato;
- número da Carteira de Trabalho e Previdência Social.

Nos contratos de trabalho por tempo indeterminado deverá constar, ainda, cláusula relativa ao pagamento de adicional, devido em caso de deslocamento para prestação de serviço fora da cidade, ajustado no contrato de trabalho.

O profissional contratado por prazo determinado não poderá resilir unilateralmente o contrato de trabalho, sob pena de ser obrigado a indenizar o empregador dos prejuízos que desse fato lhe resultarem (Lei 6.533/78, art. 19), sendo certo que tal indenização não poderá exceder àquela a que teria direito o empregado em idênticas condições.

A jornada normal de trabalho dos artistas e técnicos terá, nos setores e atividades respectivos, as seguintes durações:

- Radiodifusão, fotografia e gravação: 6 (seis) horas diárias, com limitação de 30 (trinta) horas semanais;
- Cinema, inclusive publicitário, quando em estúdio: 6 (seis) horas diárias;
- Teatro: a partir da estreia do espetáculo terá a duração das sessões, com 8 (oito) sessões semanais;
- Circo e variedades: 6 (seis) horas diárias, com limitação de 36 (trinta e seis) horas semanais;
- Dublagem: 6 (seis) horas diárias, com limitação de 40 (quarenta) horas semanais.

O trabalho prestado além das limitações diárias ou das sessões semanais acima previstas será considerado extraordinário, aplicando-se-lhe o disposto nos arts. 59 a 61 da CLT. A jornada normal será dividida em 2 (dois) turnos, nenhum dos quais poderá exceder de 4 (quatro) horas, respeitado o intervalo previsto na CLT. Nos espetáculos teatrais e circenses, desde que sua natureza ou tradição o exijam, o intervalo poderá, em benefício do rendimento artístico, ser superior a 2 (duas) horas. Será computado como trabalho efetivo o tempo em que o empregado estiver à disposição do empregador, a contar de sua apresentação no local de trabalho, inclusive o período destinado a ensaios, gravações, dublagem, fotografias, caracterização, e todo aquele em que se exija a presença do artista, assim como o destinado à preparação do ambiente, em termos de cenografia, iluminação e montagem de equipamento. Para o artista, integrante do elenco teatral, a jornada de trabalho poderá ser de 8 (oito) horas, durante o período de ensaios, respeitado o intervalo previsto na CLT.

Na hipótese de exercício concomitante de funções dentro de uma mesma atividade, será assegurado ao profissional um adicional mínimo de 40% (quarenta por cento) pela função acumulada, tomando-se por base a função melhor remunerada, sendo, porém, vedada a acumulação de mais de duas funções em decorrência do mesmo contrato de trabalho. Na hipótese de trabalho executado fora do local constante do contrato de trabalho, correrão à conta do empregador, além do salário, as despesas de transporte e de alimentação e hospedagem, até o respectivo retorno.

5. ATLETA PROFISSIONAL

A regulação do trabalho realizado por atleta profissional jogador de futebol foi inicialmente feita pela Lei 6.354, de 02.09.1976. Posteriormente, a disciplina dos desportos em geral foi prevista na Lei 8.672, de 06.07.1993, a chamada "*Lei Zico*".

Posteriormente, a relação de trabalho do atleta profissional passou a ser disciplinada pela chamada "*Lei Pelé*" - Lei 9.615, de 24.03.1998, cujo art. 1º dispõe que o

> desporto brasileiro abrange práticas formais e não formais e obedece às normas gerais desta Lei, inspirado nos fundamentos constitucionais do Estado Democrático de Direito.

Os §§ 1º e 2º do art. 1º da Lei Pelé estabelecem os seguintes parâmetros:

- A prática desportiva formal é regulada por normas nacionais e internacionais e pelas regras de prática desportiva de cada modalidade, aceitas pelas respectivas entidades nacionais de administração do desporto.
- A prática desportiva não formal é caracterizada pela liberdade lúdica de seus praticantes.

De acordo com o art. 3º da Lei Pelé, o desporto classifica-se em: educacional, de participação e de rendimento.

Desporto educacional é aquele praticado nos sistemas de ensino e em formas assistemáticas de educação, evitando-se a seletividade, a hipercompetitividade de seus praticantes, com a finalidade de alcançar o desenvolvimento integral do indivíduo e a sua formação para o exercício da cidadania e a prática do lazer.

Desporto de participação, que ocorre sempre de modo voluntário, compreende as modalidades desportivas praticadas com a finalidade de contribuir para a integração dos praticantes na plenitude da vida social, na promoção da saúde e educação e na preservação do meio ambiente.

Desporto de rendimento é aquele praticado segundo normas gerais da Lei Pelé e das regras de prática desportiva, nacionais e internacionais, com a finalidade de obter resultados e integrar pessoas e comunidades do País e estas com as de outras nações.

O desporto de rendimento pode ser organizado e praticado:

- *de modo profissional*, caracterizado pela remuneração pactuada em contrato formal de trabalho entre o atleta e a entidade de prática desportiva;
- *de modo não profissional*, identificado pela liberdade de prática e pela inexistência de contrato de trabalho, sendo permitido o recebimento de incentivos materiais e de patrocínio.

A atividade do atleta profissional, de todas as modalidades desportivas, é caracterizada por remuneração pactuada em contrato formal de trabalho firmado com entidade de prática desportiva, pessoa jurídica de direito privado, que deverá conter, obrigatoriamente, cláusula penal para as hipóteses de descumprimento, rompimento ou rescisão unilateral.

Aplicam-se ao atleta profissional as normas gerais da legislação trabalhista e da seguridade social, ressalvadas as peculiaridades expressas na Lei Pelé ou integrantes do respectivo contrato de trabalho.

O vínculo desportivo do atleta com a entidade desportiva contratante tem natureza acessória ao respectivo vínculo trabalhista, dissolvendo-se, para todos os efeitos legais:

- com o término da vigência do contrato de trabalho desportivo;
- com o pagamento da cláusula penal nos termos do *caput* deste artigo;
- com a rescisão decorrente do inadimplemento salarial de responsabilidade da entidade desportiva empregadora prevista nesta Lei.

O valor da cláusula penal será livremente estabelecido pelos contratantes até o limite máximo de cem vezes o montante da remuneração anual pactuada. Admite-se, porém, a redução automática do valor da cláusula penal, observados os percentuais previstos no § 4º do art. 28 da Lei Pelé. Todavia, quando se tratar de transferência internacional, a cláusula penal não será objeto de qualquer limitação, desde que esteja expressa no respectivo contrato de trabalho desportivo.

O § 7º do art. 28 da Lei Pelé veda a outorga de poderes mediante instrumento procuratório público ou particular relacionado a vínculo desportivo e uso de imagem de atletas profissionais em prazo superior a um ano.

6. BANCÁRIOS

A jornada diária e semanal do empregado bancário está prevista nos arts. 224 a 226 da CLT.

O art. 1º da Lei 4.178, de 11.12.1962, dispõe que os estabelecimentos de crédito não funcionarão aos sábados, em expediente externo ou interno. Daí a afirmação de que, para o bancário, sábado é dia útil não trabalhado.

O exercício das atividades tipicamente bancárias encontra-se no rol das profissões penosas extenuantes. A complexidade e rapidez das tarefas bancárias, as responsabilidades decorrentes do manuseio de grandes somas, a posição ergonômica de trabalho, os riscos de acidentes emergentes do espantoso número de assaltos a bancos etc. provocam, ao fim de curto tempo, um maior desgaste físico e psíquico do empregado bancário. Problemas de sistema nervoso e os de LER – Lesões por Esforços Repetitivos – são de conhecimento notório, tendo em vista o considerável número de bancários levados à Previdência Social para a obtenção de tratamento médico e de licenças prolongadas.

Tal quadro levou o legislador a estabelecer uma redução da duração normal do trabalho do bancário para 6 horas diárias ou 30 por semana, admitindo a prorrogação somente em caráter excepcional até 8 horas diárias e não podendo ultrapassar 40 horas semanais.

É de se ressaltar, porém, que não gozam da proteção especial os bancários

> que exercem funções de direção, gerência, fiscalização, chefia e equivalentes, ou que desempenhem outros cargos de confiança, desde que haja uma gratificação não inferior a um terço do salário do cargo efetivo (art. 224 e § 2º), e isso porque se considera que essa remuneração extra também está pagando as duas horas mais de trabalho (...). Mas, para que se concretize a exceção, é necessário que se encontrem, ao mesmo tempo, as duas condições: um dos cargos previstos no citado § 2º e, ainda, a percepção da gratificação não inferior a um terço do salário. Para os que se enquadram nessas condições a jornada do trabalho é de 8 horas e, portanto, se exclui do enquadramento na jornada de trabalho normal do bancário, que é de 6 horas. Para que isso aconteça, é necessário que a condição de "cargo de confiança" seja bem caracterizada, não bastando a simples designação, se faltarem as características de "cargo de confiança", ainda que especial, de bancário[5].

Com efeito, dispõe o § 2º do art. 224 da CLT que a jornada diária especial de 6 horas, bem como o intervalo intrajornada de quinze minutos não se aplicam aos que exercem as funções de direção, gerência, fiscalização, chefia e equivalentes, ou que

5. TEIXEIRA FILHO, João de Lima. *Instituições de direito do trabalho*, p. 1016.

desempenhem outros cargos de confiança, desde que o valor da gratificação não seja inferior a um terço do salário do cargo efetivo.

A respeito do conceito de função de confiança e suas consequências jurídicas, o TST editou a Súmula 102, consolidando as seguintes interpretações:

- A configuração, ou não, do exercício da função de confiança a que se refere o art. 224, § 2º, da CLT, dependente da prova das reais atribuições do empregado, é insuscetível de exame mediante recurso de revista ou de embargos.
- O bancário que exerce a função a que se refere o § 2º do art. 224 da CLT e recebe gratificação não inferior a um terço de seu salário já tem remuneradas as duas horas extraordinárias excedentes de seis.
- Ao bancário exercente de cargo de confiança previsto no art. 224, § 2º, da CLT são devidas as 7ª e 8ª horas, como extras, no período em que se verificar o pagamento a menor da gratificação de 1/3.
- O bancário sujeito à regra do art. 224, § 2º, da CLT cumpre jornada de trabalho de 8 (oito) horas, sendo extraordinárias as trabalhadas além da oitava.
- O advogado empregado de banco, pelo simples exercício da advocacia, não exerce cargo de confiança, não se enquadrando, portanto, na hipótese do § 2º do art. 224 da CLT.
- O caixa bancário, ainda que caixa executivo, não exerce cargo de confiança. Se perceber gratificação igual ou superior a um terço do salário do posto efetivo, essa remunera apenas a maior responsabilidade do cargo e não as duas horas extraordinárias além da sexta.
- O bancário exercente de função de confiança, que percebe a gratificação não inferior ao terço legal, ainda que norma coletiva contemple percentual superior, não tem direito às sétima e oitava horas como extras, mas tão somente às diferenças de gratificação de função, se postuladas.

Nos termos da Súmula 109 do TST, o bancário não enquadrado no § 2º do art. 224 da CLT, que receba gratificação de função, não pode ter o salário relativo a horas extraordinárias compensado com o valor daquela vantagem.

De acordo com o entendimento cristalizado na Súmula 287 do TST, a jornada de trabalho do empregado de banco, gerente de agência, é regida pelo art. 224, § 2º, da CLT. Quanto ao gerente-geral de agência bancária, presume-se o exercício de encargo de gestão, aplicando-se-lhe o art. 62 da CLT.

No que tange ao divisor aplicável para o cálculo das horas extras do bancário, a Súmula 124 do TST dispõe:

> BANCÁRIO. SALÁRIO-HORA. DIVISOR (alteração em razão do julgamento do processo TST-IRR 849-83.2013.5.03.0138, Res. 219/2017, DEJT divulgado em 12, 13 e 14.07.2017).
>
> I – o divisor aplicável para o cálculo das horas extras do bancário será: a) 180, para os empregados submetidos à jornada de seis horas prevista no *caput* do art. 224 da CLT;

b) 220, para os empregados submetidos à jornada de oito horas, nos termos do § 2º do art. 224 da CLT.

II – Ressalvam-se da aplicação do item anterior as decisões de mérito sobre o tema, qualquer que seja o seu teor, emanadas de Turma do TST ou da SBDI-I, no período de 27.09.2012 até 21.11.2016, conforme a modulação aprovada no precedente obrigatório firmado no Incidente de Recursos de Revista Repetitivos n. TST-IRR-849-83.2013.5.03.0138, *DEJT* 19.12.2016.

A jornada especial de 6 horas é extensiva aos empregados de portaria e de limpeza, aos telefonistas, contínuos e serventes dos estabelecimentos bancários. Já os mecanógrafos, os motoristas e todos os demais empregados que, mesmo laborando em estabelecimento bancário, não estejam incluídos no rol do art. 226, não fazem jus à jornada especial.

O vigilante (Lei 7.102/83) contratado diretamente por banco ou por intermédio de empresas especializadas não é bancário (TST, Súmula 257). O vigia de estabelecimento bancário, contudo, em função do cancelamento da Súmula 59 do TST, pode ser destinatário da jornada de trabalho reduzida prevista no art. 224 da CLT.

As empresas de crédito, financiamento ou investimento, também denominadas financeiras, equiparam-se aos estabelecimentos bancários para os efeitos do art. 224 da CLT (TST, Súmula 55).

Os empregados de empresas distribuidoras e corretoras de títulos e valores mobiliários não têm direito à jornada especial dos bancários (TST, Súmula 119).

No que respeita aos empregados em estabelecimentos de crédito pertencentes a categorias diferenciadas, o TST (Súmula 117) pacificou o entendimento de que "não se beneficiam do regime legal relativo aos bancários os empregados de estabelecimento de crédito pertencentes a categorias profissionais diferenciadas".

Não obstante, a Súmula 239 do TST considera "bancário o empregado de empresa de processamento de dados que presta serviço a banco integrante do mesmo grupo econômico, exceto quando a empresa de processamento de dados presta serviços a banco e a empresas não bancárias do mesmo grupo econômico ou a terceiros".

Integra a remuneração do bancário a vantagem pecuniária por ele auferida na colocação ou na venda de papéis ou valores mobiliários de empresas pertencentes ao mesmo grupo econômico, se exercida essa atividade no horário e no local de trabalho e com o consentimento, tácito ou expresso, do banco empregador (TST, Súmula 93).

Quanto à quebra de caixa, o TST editou a Súmula 247, segundo a qual a "parcela paga aos bancários sob a denominação 'quebra de caixa' possui natureza salarial, integrando o salário do prestador de serviços, para todos os efeitos legais".

Finalmente, cumpre lembrar que já houve tentativa dos sindicatos profissionais no sentido de que o trabalho realizado aos sábados fosse remunerado em dobro. Mas o TST firmou a Súmula 113 que considera o sábado do bancário dia útil não trabalhado e não dia de repouso remunerado, não cabendo assim a repercussão do pagamento de horas habituais sobre a sua remuneração.

É importante lembrar que, nos termos da Súmula 199, I, do TST, é nula a cláusula que estabelece a pré-contratação de horas extras quando da admissão do bancário, sendo que os valores assim ajustados apenas remuneram a jornada normal, sendo devidas as horas extras com o adicional de, no mínimo, 50% (cinquenta por cento). Mas as horas extras pactuadas depois da admissão são válidas, pois não configuram pré-contratação fraudulenta. Entretanto, em se tratando de horas extras pré-contratadas, opera-se a prescrição total se a ação não for ajuizada no prazo de cinco anos, a partir da data em que foram suprimidas (TST, Súmula 199, II).

7. CABINEIROS DE ELEVADOR

As condições de trabalho dos empregados que trabalham em cabina de elevador, vulgarmente chamados de ascensoristas, são reguladas pelas normas gerais da CLT, salvo no que concerne à duração da jornada diária.

A limitação da duração da jornada diária decorre, evidentemente, do reconhecimento legal de que o exercício da função de ascensorista é altamente extenuante e, sobretudo, desconfortável sob todos os aspectos.

Com efeito, a Lei 3.270, de 30.09.1957, fixa em 6 horas a duração máxima da jornada dos cabineiros de elevador, sendo proibido qualquer acordo estabelecendo aumento da duração desta jornada.

Perguntar-se-ia: E se o aumento da jornada for estabelecido por convenção ou acordo coletivo de trabalho?

A nosso sentir, não só o aumento da jornada do cabineiro de elevador para além de seis horas diárias, mas também a compensação do horário de trabalho não podem ser objeto de transação, ainda que por meio de instrumentos coletivos de autocomposição. É que não se está diante de "duração do trabalho normal" (CF, art. 7º, XIII), e sim de "duração do trabalho especial" do cabineiro de elevador.

Se assim é, cremos que a jornada máxima diária do cabineiro de elevador encerra preceito de ordem pública, indisponível, não podendo ser suscetível de aumento ou compensação nem mesmo de negociação coletiva.

8. EMPREGADOS EM FRIGORÍFICOS

O intervalo intrajornada de vinte minutos para cada uma hora e quarenta minutos de trabalho contínuo destinado ao empregado que labora em frigoríficos implica a conclusão de que, na prática, a sua jornada diária máxima é de sete horas.

É o que deflui do art. 253 e seu parágrafo da CLT, *in verbis*:

> Art. 253. Para os empregados que trabalham no interior das câmaras frigoríficas e para os que movimentam mercadorias do ambiente quente ou normal para o frio e vice-versa,

depois de uma hora e quarenta minutos de trabalho contínuo será assegurado um período de vinte minutos de repouso, computado esse intervalo como de trabalho efetivo.

Parágrafo único. Considera-se artificialmente frio, para os fins do presente artigo, o que for inferior, na primeira, segunda e terceira zonas climáticas do mapa oficial do Ministério do Trabalho, a 15º (quinze graus), na quarta zona, a 12º (doze graus), e nas quinta, sexta e sétima zonas a 10º (dez graus).

O trabalho realizado nestas circunstâncias é considerado insalubre em grau médio, o que assegura ao obreiro um adicional de insalubridade de 20%, independentemente dos equipamentos de proteção que devem ser obrigatoriamente fornecidos pelo empregador, como vestuário, luvas etc.

Para finalizar este tópico, é importante destacar que o TST editou a Súmula 438, segundo a qual o empregado submetido a trabalho contínuo em ambiente artificialmente frio, nos termos do parágrafo único do art. 253 da CLT (aplicado analogicamente para casos semelhantes), ainda que não labore em câmara frigorífica, tem direito ao intervalo intrajornada previsto no *caput* do art. 253 da CLT.

9. ENGENHEIROS E ARQUITETOS

A profissão de engenheiro, nas suas várias especialidades (arquitetos, engenheiros-agrônomos, engenheiros de operações), encontra-se regulada pela Lei 5.194, de 24.12.1966, e pelo Dec.-lei 241, de 28.12.1967, bem como pela Lei 8.195, de 1991.

Os referidos diplomas estabelecem regras específicas para o exercício da profissão, seja para profissionais liberais, seja para empregados.

O exercício da profissão de engenheiro-empregado está abrangido pelas disposições gerais da CLT, com exceção das condições especiais previstas nas leis que regulamentam a profissão, como, por exemplo, as referentes à jornada para fins de fixação da remuneração. Nesse sentido, a Lei 4.950-A, de 1966, estabelece duas situações, levando em conta as atividades ou tarefas com exigência de até seis horas ou superior a seis horas diárias de serviço.

Pontifica, com acerto, Segadas Vianna: "Mas tais disposições sobre a duração de trabalho apenas dizem respeito à correspondente remuneração, pois o parágrafo único do referido artigo é bem claro a respeito: 'A jornada de trabalho é a fixada no contrato de trabalho ou determinação legal vigente'"[6].

E prossegue:

> Dessa maneira, a duração do trabalho, salvo disposição contratual para tempo menor, pode ser normalmente de 8 horas, assegurado, entretanto, ao engenheiro-emprega-

6. *Instituições...*, 16. ed. 1996, p. 1005.

do, o pagamento na forma estabelecida no art. 5º da citada lei: salário mínimo-base de seis vezes o salário mínimo comum vigente no País. Refere-se a lei especialmente ao maior salário mínimo comum, o vigente na região onde é feito o contrato de trabalho e prestado o serviço. Para aqueles com atividades ou tarefas que exijam 6 horas de serviço, o salário-base mínimo é de 6 vezes o maior salário mínimo vigente no País; para as tarefas ou atividades que exijam mais de 6 horas diárias de trabalho o salário-base mínimo corresponde a 5 vezes o maior salário mínimo vigente no País, mas a eles é assegurado um acréscimo de 50% no salário das horas que excedam de seis diariamente. Esse mesmo acréscimo de 50% será devido quando a duração do trabalho se estender a horário noturno (v. CLT, art. 73)[7].

Adite-se que a lição do saudoso mestre encontra-se em sintonia com a Súmula 370 do TST:

> MÉDICO E ENGENHEIRO. JORNADA DE TRABALHO. LEIS 3.999/61 E 4.950-A/66. Tendo em vista que as Leis 3.999/61 e 4.950-A/66 não estipulam a jornada reduzida, mas apenas estabelecem o salário mínimo da categoria para uma jornada de 4 horas para os médicos e de 6 horas para os engenheiros, não há que se falar em horas extras, salvo as excedentes à oitava, desde que seja respeitado o salário mínimo/horário das categorias.

10. FERROVIÁRIOS

A duração do trabalho nas ferrovias constitui matéria que ainda hoje suscita acaloradas e divergentes posições doutrinárias e jurisprudenciais.

A CLT define o serviço ferroviário como o "de transporte em estradas de ferro abertas ao tráfego público, compreendendo a administração, construção, conservação e remoção das vias férreas e seus edifícios, obras de arte, material rodante, instalações complementares e acessórias, bem como o serviço do tráfego, de telegrafia, telefonia e funcionamento de todas as instalações ferroviárias", inserindo-o no rol das disposições especiais sobre duração e condições de trabalho (CLT, art. 236).

São 4 (quatro) as categorias do pessoal das ferrovias:

- funcionários de alta administração, chefes e ajudantes de departamentos e seções, engenheiros-residentes, chefes de depósitos, inspetores e demais empregados que exercem funções administrativas ou fiscalizadoras;

7. *Op. cit.*, p. 1005.

- pessoal que trabalhe em lugares ou trechos determinados e cujas tarefas requeiram atenção constante; pessoal de escritório, turmas de conservação e construção da via permanente, oficinas e estações principais, inclusive os respectivos telegrafistas; pessoal de tração, lastro e revistadores;
- pessoal das equipagens de trens em geral;
- pessoal cujo serviço é de natureza intermitente ou de pouca intensidade, embora com permanência prolongada nos locais de trabalho; vigias e pessoal das estações do interior, inclusive os respectivos telegrafistas.

Quanto ao cômputo do trabalho, o art. 238 e seus parágrafos da CLT dispõem:

Art. 238. Será computado como de trabalho efetivo todo o tempo em que o empregado estiver à disposição da Estrada.

§ 1º Nos serviços efetuados pelo pessoal da categoria "c", não será considerado como de trabalho efetivo o tempo gasto em viagens do local ou para o local de terminação e início dos mesmos serviços.

§ 2º Ao pessoal removido ou comissionado fora da sede será contado como de trabalho normal e efetivo o tempo gasto em viagens, sem direito à percepção de horas extraordinárias.

§ 3º No caso das turmas de conservação da via permanente, o tempo efetivo do trabalho será contado desde a hora da saída da casa da turma até a hora em que cessar o serviço em qualquer ponto compreendido dentro dos limites da respectiva turma. Quando o empregado trabalhar fora dos limites da sua turma, ser-lhe-á também computado como de trabalho efetivo o tempo gasto no percurso da volta a esses limites.

§ 4º Para o pessoal da equipagem de trens, só será considerado esse trabalho efetivo, depois de chegado ao destino, o tempo em que o ferroviário estiver ocupado ou retido à disposição da Estrada. Quando, entre dois períodos de trabalho, não mediar intervalo superior a uma hora, será esse intervalo computado como de trabalho efetivo.

§ 5º O tempo concedido para refeição não se computa como de trabalho efetivo, senão para o pessoal da categoria "c", quando as refeições forem tomadas em viagem ou nas estações durante as paradas. Esse tempo não será inferior a uma hora, exceto para o pessoal da referida categoria em serviço de trens.

§ 6º No trabalho das turmas encarregadas da conservação de obras de arte, linhas telegráficas ou telefônicas e edifícios, não será contado como de trabalho efetivo o tempo de viagem para o local do serviço, sempre que não exceder de uma hora, seja para ida ou para volta, e a Estrada fornecer os meios de locomoção, computando-se sempre o tempo excedente a esse limite.

Para o pessoal das equipagens de trens em geral, a prorrogação do trabalho independe de acordo ou convenção coletiva, não podendo, entretanto, exceder de doze horas, pelo que as empresas organizarão, sempre que possível, os serviços de equipagens de trens com destacamentos nos trechos das linhas de modo a ser observada a duração normal de oito horas de trabalho. Para o pessoal das equipagens de trens em geral, devem ser observadas as seguintes condições:

- depois de cada jornada de trabalho, haverá um repouso de dez horas contínuas (intervalo interjornada), no mínimo, observando-se, outrossim, o descanso semanal;
- quando a empresa não fornecer alimentação, em viagem, e hospedagem, no destino, concederá uma ajuda de custo para atender a tais despesas;
- as escalas serão organizadas de modo que não caiba a qualquer empregado, quinzenalmente, um total de horas de serviço noturno superior às de serviço diurno;
- os períodos de trabalho serão registrados em cadernetas especiais, que ficarão sempre em poder do empregado, de acordo com o modelo aprovado pelo Ministro do Trabalho.

Nos casos de urgência ou de acidente, capazes de afetar a segurança ou regularidade do serviço, poderá a duração do trabalho ser excepcionalmente elevada a qualquer número de horas, incumbindo à Estrada zelar pela incolumidade dos seus empregados e pela possibilidade de revezamento de turmas, assegurando ao pessoal um repouso correspondente e comunicando a ocorrência ao Ministério do Trabalho dentro de dez dias da sua verificação (art. 240), sendo certo que a recusa, sem causa justificada, por parte de qualquer empregado, à execução de serviço extraordinário, será considerada falta grave.

As horas excedentes das do horário normal de oito horas serão pagas como serviço extraordinário com acréscimo de, no mínimo, 50% sobre o salário-hora normal (CF, art. 7º, XVI). Nessa ordem, julgamos que o art. 241 da CLT foi parcialmente recepcionado no que toca ao pagamento do adicional de horas extras em percentual superior a 50%, isto é, os percentuais inferiores a 50% devem ser imediata e automaticamente substituídos pelo "mínimo" fixado pela Constituição.

As frações de meia hora superiores a dez minutos serão computadas como meia hora (CLT, art. 242).

Para os empregados de estações do interior, cujo serviço for de natureza intermitente ou de pouca intensidade, não se aplicam os preceitos gerais sobre duração do trabalho, sendo-lhes, entretanto, assegurado o repouso contínuo de dez horas, no mínimo, entre dois períodos de trabalho e descanso semanal (CLT, art. 243, ver também Súmulas 61 e 67 do TST).

O art. 244 da CLT permite que as estradas de ferro tenham empregados extranumerários, de sobreaviso e de prontidão para executarem serviços imprevistos ou para substituições de outros empregados que faltem à escala organizada.

Considera-se:

- *extranumerário* o empregado não efetivo, candidato à efetivação, que se apresenta normalmente ao serviço, embora só trabalhe quando for necessário. O extranumerário só receberá os dias de trabalho efetivo;
- *de sobreaviso* o empregado efetivo que permanece em sua própria casa, aguardando a qualquer momento o chamado para o serviço. Cada escala de "sobreaviso" será, no máximo, de vinte e quatro horas. As horas de "sobreaviso", para todos os efeitos, serão contadas à razão de 1/3 (um terço) do salário normal;
- *de prontidão* o empregado que fica nas dependências da estrada, aguardando ordens. A escala de prontidão será, no máximo, de doze horas. As horas de prontidão serão, para todos os efeitos, contadas à razão de 2/3 (dois terços) do salário-hora normal. Quando, no estabelecimento ou dependência em que se achar o empregado, houver facilidade de alimentação, as doze horas de prontidão poderão ser contínuas. Quando não existir essa facilidade, depois de seis horas de prontidão, haverá sempre um intervalo de uma hora para cada refeição, que não será, nesse caso, computada como de serviço.

O horário normal de trabalho dos cabineiros nas estações de tráfego intenso não excederá de oito horas e deverá ser dividido em dois turnos com intervalo não inferior a uma hora de repouso, não podendo nenhum turno ter duração superior a cinco horas, com um período de descanso entre duas jornadas de trabalho de quatorze horas consecutivas (CLT, art. 245).

O horário de trabalho dos operadores telegrafistas nas estações de tráfego intenso não excederá de 6 (seis) horas diárias (CLT, art. 246).

As estações principais, estações de tráfego intenso e estações do interior serão classificadas para cada empresa pelo Departamento Nacional de Estradas de Ferro (CLT, art. 247).

No que tange ao intervalo intrajornada do ferroviário maquinista, o TST editou a Súmula 446:

> A garantia ao intervalo intrajornada, prevista no art. 71 da CLT, por constituir-se em medida de higiene, saúde e segurança do empregado, é aplicável também ao ferroviário maquinista integrante da categoria "c" (equipagem de trem em geral), não havendo incompatibilidade entre as regras inscritas nos arts. 71, § 4º, e 238, § 5º, da CLT.

11. JORNALISTAS

Parafraseando Segadas Vianna, atualmente,

> em vários aspectos, as atividades de jornalistas e radialistas têm muitos pontos de afinidade, sobretudo porque a necessidade da informação imediata dos grandes

acontecimentos fez com que a imprensa, o rádio e a televisão se completassem, de modo que, comumente, as grandes empresas jornalísticas passaram a explorar, também, os dois outros meios de comunicação: o rádio e a televisão[8].

Trata-se de profissão considerada extenuante, na medida em que impõe um intenso trabalho mental, levando à fadiga intelectual, que, não raro, é causadora da sensação de cansaço, de nervosismo durante o trabalho e esgotamento das forças após a jornada diária, além de riscos à segurança pessoal, haja vista a nova fase do jornalismo investigativo tão presente na atualidade.

A profissão foi inicialmente regulada na CLT (arts. 302 a 316). Posteriormente, foram editados:

- o Dec.-lei 972, de 17.10.1969, que dispõe sobre o exercício da profissão de jornalista;
- a Lei 5.696, de 25.08.1971, que dispõe sobre o registro da profissão, alterando o § 5º do art. 8º do Dec.-lei 972/69;
- a Lei 6.612, de 07.12.1978, que altera alguns dispositivos do Dec.-lei 972;
- o Decreto 83.284, de 13.03.1979, que dispõe sobre a figura do "colaborador" de jornais, sem vínculo empregatício;
- a Lei 6.615/78 e o Decreto 84.134/79, que dispõem sobre os radialistas.

É da pena de Segadas Vianna: "O conceito contido no art. 302 da CLT foi imensamente estendido, incluindo-se como jornalista não apenas aqueles que têm como função desde a busca de informações até a redação de notícias e artigos, à organização e orientação desse trabalho, como também os que se dedicam ao ensino de técnicas de jornalismo, os revisores, diagramadores, fotógrafos e outras mais"[9].

Tema que suscita acalorados debates é o que diz respeito à obrigatoriedade, para exercício da profissão de jornalista, do diploma de curso superior de jornalismo ou comunicação social, nos termos do art. 4º, V, do Dec.-lei 972/69. O STF, por ampla maioria dos ministros, entendeu que a Constituição Federal de 1988 não recepcionou o art. 4º, V, do Dec.-lei 972/69, o qual exige o diploma de curso superior de jornalismo, registrado pelo Ministério da Educação, para o exercício da profissão de jornalista. O fundamento da decisão do Pretório Excelso é no sentido de que a norma impugnada é incompatível com as liberdades de profissão, de expressão e de informação previstas nos arts. 5º, IX e XIII, e 220 da CF, bem como viola o disposto no art. 13 da Convenção Americana de Direitos Humanos, denominado Pacto de São José da Costa Rica, ao qual o Brasil aderiu em 1992 (STF-RE 511.961/SP – Rel. Min. Gilmar Mendes – j. 17.06.2009).

8. *Instituições...* 16. ed., 1996, p. 1010.

9. *Op. cit.*, mesma página.

A duração do trabalho diurno ou noturno não deverá exceder a 5 horas (CLT, art. 303). Há autores que sustentam, em função da jornada reduzida e das condições peculiares da atividade jornalística, que o jornalista não faz jus ao adicional por trabalho noturno. Não comungamos do referido entendimento. E isto porque, ante a lacuna das normas especiais referentes ao jornalista, hão de lhe ser aplicadas as normas gerais (CLT, art. 57) atinentes à duração e à remuneração do trabalho noturno.

Se assim é, entendemos que a duração da hora noturna do jornalista será de 52 minutos e 30 segundos (CLT, art. 73, § 1º), tendo ele direito ao adicional noturno de, no mínimo, 20% sobre a hora diurna.

De acordo com o art. 304 da CLT, é possível a prorrogação da duração normal da jornada até 7 horas, mediante acordo escrito no qual se fixe aumento de ordenado correspondente ao excesso do tempo de trabalho. Nos casos decorrentes de força maior, poderá a jornada ultrapassar o limite de sete horas, devendo, porém, o excesso ser comunicado ao órgão do Ministério do Trabalho e Emprego – MTE, com a indicação expressa dos motivos correspondentes.

Não têm direito à jornada reduzida de 5 horas, nem ao adicional de hora extra, os jornalistas que exercem as funções de redator-chefe, secretário, subsecretário, chefe e subchefe de revisão, chefe de oficina, de ilustração e chefe de portaria, bem como os que se ocupam unicamente de serviços externos (CLT, art. 306).

O repouso hebdomadário do jornalista (que corresponde a um dia) será obrigatoriamente concedido a cada 6 dias de trabalho efetivo e deverá coincidir com o domingo, salvo acordo escrito em contrário, no qual será expressamente estipulado o dia em que se deve verificar o descanso (CLT, art. 307).

12. MARÍTIMOS

Em virtude das peculiaridades da prestação de serviços dos empregados marítimos, desde a Conferência Internacional do Trabalho, realizada em 1919, vem sendo discutida a regulamentação deste tipo de atividade profissional.

O termo "marítimo" e a locução "gente do mar" designam toda e qualquer pessoa empregada, contratada ou que trabalhe em qualquer função a bordo de uma embarcação, que não seja de guerra e que esteja dedicada habitualmente à navegação marítima (Convenção 185 da OIT, aprovada pelo Decreto 8.605/2015).

O trabalho do empregado marítimo encontra-se disciplinado na Seção VI (arts. 248 a 252) da CLT, na Convenção 185 da OIT (Decreto 8.605/2015) e no Regulamento da Capitania dos Portos.

Quanto à duração do trabalho, esta varia de acordo com a legislação de cada país, segundo a "Lei da Bandeira do Navio". Mas Russomano adverte: "O engano, aí, está em se aceitar como existente aquela relação jurídica entre o tripulante e o navio, quando, na verdade, essa relação se estabeleceu entre o tripulante e a empresa que explora o serviço de navegação".

Seguindo as pegadas do referido autor, Segadas Vianna assinala:

Sendo assim, não importa saber a bandeira do navio em que trabalha o tripulante, e sim, a nacionalidade da empresa que o contrata. "Se o armador é constituído em empresa comercial no Brasil e se aqui contratou os tripulantes da embarcação, mesmo que o navio arrendado pelo empregador seja estrangeiro, as relações de trabalho entre as duas partes serão regidas pela lei nacional"[10].

É de 8 horas a jornada diária do marítimo, sendo que entre "as horas 0 e 24 de cada dia civil, o tripulante poderá ser conservado em seu posto durante oito horas, quer de modo contínuo, quer de modo intermitente" (CLT, art. 248, *caput*).

A exigência do serviço contínuo ou intermitente ficará a critério do comandante e, neste último caso, nunca por período menor que uma hora.

Quanto ao trabalho noturno, cremos que ao marítimo são destinadas as regras gerais de proteção ao trabalho.

Os serviços de quarto nas máquinas, passadiço, vigilância e outros que, consoante parecer médico, possam prejudicar a saúde do tripulante serão executados por períodos não maiores e com intervalos não menores de quatro horas.

Consoante o art. 249 da CLT, todo o tempo de serviço efetivo, excedente de oito horas, ocupado na forma do artigo anterior, será considerado de trabalho extraordinário, sujeito à compensação a que se refere o art. 250 do mesmo diploma, exceto se se tratar de trabalho executado:

- em virtude de responsabilidade pessoal do tripulante e no desempenho de funções de direção, sendo consideradas como tais todas aquelas que a bordo se achem constituídas em um único indivíduo com responsabilidade exclusiva e pessoal;
- na iminência de perigo, para salvaguarda ou defesa da embarcação, dos passageiros, ou da carga, a juízo exclusivo do comandante ou do responsável pela segurança a bordo;
- por motivo de manobras ou fainas gerais que reclamem a presença, em seus postos, de todo o pessoal de bordo;
- na navegação lacustre e fluvial, quando se destina ao abastecimento do navio ou embarcação de combustível e rancho, ou por efeito das contingências da natureza da navegação, na transposição de passos ou pontos difíceis, inclusive operações de alívio ou transbordo de carga, para obtenção de calado menor para essa transposição.

O trabalho executado aos domingos e feriados será considerado extraordinário, salvo se se destinar:

10. *Instituições...*, p. 1012.

- ao serviço de quartos e vigilância, movimentação das máquinas e aparelhos de bordo, limpeza e higiene da embarcação, preparo de alimentação da equipagem e dos passageiros, serviço pessoal destes e, bem assim, aos socorros de urgência ao navio ou ao pessoal;
- ao fim da navegação ou das manobras para a entrada ou saída de portos, atracação, desatracação, embarque ou desembarque de carga e passageiros.

Não excederá de 30 (trinta) horas semanais o serviço extraordinário prestado para o tráfego nos portos.

As horas de trabalho extraordinário serão compensadas, segundo a conveniência do serviço, por descanso em período equivalente, no dia seguinte ou no subsequente, dentro das do trabalho normal, ou no fim da viagem, ou pelo pagamento do salário correspondente (CLT, art. 250), sendo de se destacar que as horas extraordinárias de trabalho são indivisíveis, computando-se a fração de hora como hora inteira.

Importa lembrar o que diz a Súmula 96 do TST: "A permanência do tripulante a bordo do navio, no período de repouso, além da jornada, não importa presunção de que esteja à disposição do empregador ou em regime de prorrogação de horário, circunstâncias que devem resultar provadas, dada a natureza do serviço".

Em cada embarcação haverá um livro em que serão anotadas as horas extraordinárias de trabalho de cada tripulante, e outro, do qual constarão, devidamente circunstanciadas, as transgressões dos mesmos tripulantes. Ambos os livros obedecerão a modelos organizados pelo Ministério do Trabalho, com escrituração em dia feita pelo comandante da embarcação, ficando sujeitos às formalidades instituídas para os livros de registro de empregados em geral (CLT, art. 251 e seu parágrafo).

Qualquer tripulante que se julgue prejudicado por ordem emanada de superior hierárquico poderá interpor recurso, em termos, perante a Delegacia do Trabalho Marítimo, por intermédio do respectivo comandante, o qual deverá encaminhá-lo com a respectiva informação dentro de cinco dias, contados de sua chegada ao porto (CLT, art. 252).

13. MÉDICOS

O exercício da profissão de médico é disciplinado pela Lei 3.268, de 30.09.1957. Esta lei, posteriormente regulamentada pelo Decreto 44.045/58, criou o Conselho Federal e os Conselhos Regionais de Medicina, os quais têm por atribuição precípua a fiscalização de todas as atividades médicas.

Para o exercício da profissão, seja para o profissional liberal, seja para o empregado, é indispensável a inscrição no Conselho de Medicina.

No que concerne ao médico empregado, a Lei 3.999, de 13.12.1961[11], estatui a duração do trabalho e a remuneração.

Assim, o salário profissional[12] do médico empregado cujos serviços são prestados a pessoas físicas ou jurídicas de direito privado (a lei não alude a pessoas jurídicas de direito público) deve corresponder a três salários mínimos[13]. O salário profissional dos auxiliares é de dois salários mínimos.

É facultada a realização de contrato de trabalho tendo por base o salário-hora, mas, nesse caso, adverte Segadas Vianna,

> o total da remuneração devida não poderá ser inferior a 25 vezes o valor da soma das duas primeiras horas, e quanto ao trabalho extraordinário sua remuneração será feita com aumento nunca inferior a 25% (*rectius*, 50%) da base da hora normal, e, também, quanto ao trabalho noturno, nas horas trabalhadas à noite haverá um acréscimo de pelo menos 20% sobre a hora diária (Lei 3.999/61, arts. 8º, § 4º e 9º)[14].

A duração da jornada do médico não poderá ser mais de 4 nem ser menos de 2 horas diárias. Caso o médico tenha mais de um empregador, não poderá somar mais do que 6 horas de trabalho diário (Lei 3.999/61, art. 8º).

A Súmula 143 do TST prevê que o salário profissional dos médicos e dentistas guarda proporcionalidade com as horas efetivamente trabalhadas, respeitado o mínimo de 50 (cinquenta) horas.

Para os auxiliares a duração máxima é de 4 horas, não podendo ultrapassar de 6 horas quando trabalhar para mais de um empregador.

Para Segadas Vianna: "compete ao empregador, quando se trata de médico com carteira de trabalho assinada, estabelecer claramente na mesma qual o horário de trabalho estabelecido, para que possa ser cumprido o dispositivo legal que limita o número de horas de trabalho, mesmo em se tratando da existência de mais de um emprego como médico"[15].

É importante lembrar que a Súmula 370 do TST traz o entendimento de que as Leis 3.999/61 e 4.950-A/66 não estipulam a jornada reduzida, mas apenas estabelecem

11. A Lei 3.999/61 é aplicável, também, ao auxiliar de laboratorista, de radiologista, e interno, excluídos, entretanto, salvo quanto ao pagamento de remuneração, os que fazem estágio para especialização ou melhoria de tirocínio, desde que não exceda de seis meses (art. 3º).
12. Súmula 143 do TST: "o salário profissional dos médicos e dentistas guarda proporcionalidade com as horas efetivamente trabalhadas, respeitado o mínimo de 50 horas semanais".
13. A vedação do salário mínimo "para qualquer fim", prevista no art. 7º, IV, *in fine*, da Constituição Federal, não se aplica, a nosso sentir, às prestações de caráter alimentar, dentre elas incluídas, por óbvio, o salário.
14. *Instituições*..., *op. cit.*, p. 1018.
15. *Instituições*..., *op. cit.*, p. 1018.

o salário mínimo da categoria para uma jornada de 4 horas para os médicos e de 6 horas para os engenheiros, razão pela qual não há que se falar em horas extras, salvo as excedentes à oitava, desde que seja respeitado o salário mínimo/horário dessas categorias.

Quanto aos médicos-residentes, não se pode cogitar de uma verdadeira "profissão", na medida em que a residência médica constitui uma modalidade de ensino de pós-graduação, em nível de especialização, nos termos da Lei 6.932, de 07.07.1981.

14. MINEIROS DE SUBSOLO

Como bem aponta Segadas Vianna, um dos gêneros de trabalho que mais têm preocupado os legisladores, em todo o mundo, é o realizado pelos mineiros no subsolo, "pela natureza árdua de suas tarefas, pelas condições de serviço inadequadas à vida humana e pelo esforço físico que exige do proletariado, a par dos reflexos psicológicos que a vida de toupeira causa na alma, na vida e até na concepção moral"[16].

As condições especiais do trabalho realizado pelos mineiros no subsolo estão previstas nos arts. 293 a 301 da CLT.

A jornada normal poderá ser prorrogada por mais 2 horas, atendidos os seguintes requisitos:

- acordo escrito entre o empregado e o empregador ou contrato coletivo de trabalho entre as respectivas entidades sindicais;
- autorização prévia da autoridade competente em matéria de segurança e medicina do trabalho;
- respeito ao limite máximo de 2 horas suplementares por dia; vale dizer, 8 horas diárias ou 48 semanais;
- pagamento das horas suplementares com um acréscimo de 25% sobre o salário-hora normal.

A duração máxima para a jornada diária é de 6 horas ou 36 semanais (CLT, art. 293), com um período de repouso (intervalo intrajornada) de 15 minutos após cada período de três horas consecutivas. Esse intervalo é computado na jornada normal de trabalho efetivo (CLT, art. 298).

O tempo despendido pelo empregado da boca da mina ao local do trabalho e vice-versa será computado para o efeito de pagamento do salário (CLT, art. 294). Recentemente, porém, o TST adotou o seguinte entendimento:

> Trabalho em minas de subsolo. Tempo de deslocamento da boca da mina ao local de trabalho e vice-versa. Cômputo para efeito de dilação do intervalo intrajornada. Ma-

16. *Op. cit.*, p. 1034.

téria suspensa para apreciação do Tribunal Pleno. A SBDI-I, por maioria, nos termos do art. 140, § 3º, do RITST, decidiu suspendeu a proclamação do resultado do julgamento e remeter os autos ao Tribunal Pleno para que julgue o recurso de embargos em que se discute a possibilidade de computar o tempo de deslocamento da boca da mina de subsolo até o local de trabalho e vice-versa para efeito de dilação do intervalo intrajornada. Vencidos os Ministros Brito Pereira, Augusto César Leite de Carvalho, José Roberto Freire Pimenta e Hugo Carlos Scheuermann. Na espécie, os Ministros Augusto César Leite de Carvalho, relator, José Roberto Freire Pimenta, Hugo Carlos Scheuermann, Cláudio Mascarenhas Brandão, Lelio Bentes Corrêa, Márcio Eurico Vitral Amaro e Brito Pereira votaram no sentido de conhecer dos embargos, por divergência jurisprudencial, e, no mérito, negar-lhes provimento para manter a decisão turmária que condenara a empresa reclamada ao pagamento correspondente ao intervalo intrajornada não usufruído. De outra sorte, os Ministros Guilherme Augusto Caputo Bastos, Ives Gandra Martins Filho, Renato de Lacerda Paiva, Luiz Philippe Vieira de Mello Filho, Maria Cristina Irigoyen Peduzzi, Alberto Luiz Bresciani de Fontan Pereira e Walmir Oliveira da Costa votaram no sentido de conhecer dos embargos, por divergência jurisprudencial, e, no mérito, darlhes provimento para restabelecer o acórdão do Tribunal Regional que excluiu da condenação as horas extraordinárias decorrentes da não concessão do intervalo intrajornada de uma hora (TST-EED-RR-909-46.2011.5.20.0011, SBDI-I, rel. Min. Augusto César Leite de Carvalho, j. 16.8.2018).

A jornada de trabalho nas minas de subsolo poderá ser ainda mais reduzida, por determinação dos órgãos competentes em matéria de segurança e medicina do trabalho, sempre que as condições locais de insalubridade ou os métodos e sistemas adotados desaconselhem a jornada de 6 horas (CLT, art. 295, parágrafo único).

A duração normal do trabalho efetivo no subsolo poderá ser elevada até oito horas diárias ou quarenta e oito semanais, mediante acordo (individual) escrito entre empregado e empregador ou convenção ou acordo coletivo de trabalho, sujeita essa prorrogação à prévia licença da autoridade competente em matéria de medicina do trabalho (CLT, art. 295).

A remuneração da hora prorrogada será no mínimo 50% superior à da hora normal e deverá constar do acordo ou convenção coletiva de trabalho.

Ao empregado no subsolo será fornecida pelas empresas exploradoras de minas alimentação adequada à natureza do trabalho, de acordo com as instruções estabelecidas pela Secretaria de Segurança e Medicina do Trabalho, e aprovadas pelo Ministro do Trabalho.

Sempre que, por motivo de saúde, for necessária a transferência do empregado, a juízo da autoridade competente em matéria de segurança e medicina do trabalho, dos serviços no subsolo para os de superfície, é a empresa obrigada a realizar essa transferência, assegurando ao transferido a remuneração atribuída ao trabalhador de superfície em serviço equivalente, respeitada a capacidade profissional do interessado (CLT, art. 300). Caso o empregado se recuse em atender à transferência, será ouvida a autoridade competente em matéria de segurança e medicina do trabalho, que decidirá a respeito.

Consoante o art. 301 da CLT, o trabalho no subsolo somente será permitido a homens, com idade compreendida entre vinte e um e cinquenta anos, assegurada a transferência para a superfície nos termos previstos no art. 300 do mesmo diploma. A nosso sentir, este preceptivo mostra-se incompatível com o princípio da igualdade entre homens e mulheres em direitos e obrigações, insculpido no art. 5º, inc. I, da Constituição da República de 1988, bem como com o princípio constitucional que proíbe qualquer discriminação no tocante a critério de admissão por motivo de sexo e idade, previsto no art. 7º, inc. XXX, da mesma Carta.

Ainda sobre proteção aos mineiros, recomenda-se consultar o Código de Minas (Dec.-lei 1.985, de 29.01.1940) e, quanto à garimpagem, o Dec.-lei 227, de 28.02.1967 (Código de Mineração).

15. MOTORISTAS PROFISSIONAIS

Em decorrência do notório, assustador, alarmante e elevado número de acidentes de trânsito envolvendo, principalmente, caminhões e ônibus no Brasil, foi sancionada a Lei 12.619, de 30.04.2012 (*DOU* 02.05.2012), também chamada de Lei do Motorista Profissional.

Com menos de um ano de vigência da referida lei, foi sancionada a Lei 13.103, de 02.03.2015 (Nova Lei dos Motoristas Profissionais), que, além de revogar dispositivos da Lei 12.619/2012 e dar "outras providências", passou a dispor sobre o exercício da profissão de motorista, alterando a CLT e as Leis 9.503/97 (Código de Trânsito Brasileiro), 11.442/2007 (empresas e transportadores autônomos de carga) e 7.408/85, para disciplinar a jornada de trabalho e o tempo de direção do motorista profissional.

Passaremos, em seguida, a analisar as principais mudanças introduzidas pela Nova Lei dos Motoristas Profissionais (Lei 13.103/2015) que tenham importância para o Direito do Trabalho.

O art. 1º da Lei 13.103/2015 enuncia, com fundamento implícito no inciso XIII do art. 5º da CF, que é "livre o exercício da profissão de motorista profissional, atendidas as condições e qualificações profissionais estabelecidas nesta Lei", além de explicitar que integram esta categoria profissional diferenciada os motoristas autônomos e empregados (CLT, art. 235-A) de veículos cuja condução exija formação profissional e que exerçam a profissão nas seguintes atividades ou categorias econômicas:

I – de transporte rodoviário de passageiros;

II – de transporte rodoviário de cargas.

Os motoristas profissionais em geral (autônomos e empregados), nos termos do art. 2º, I a IV, da Lei 13.103/2015, são titulares dos seguintes direitos:

I – ter acesso gratuito a programas de formação e aperfeiçoamento profissional, preferencialmente mediante cursos técnicos e especializados previstos no inciso IV do art. 145 da Lei n. 9.503, de 23 de setembro de 1997 – Código de Trânsito Brasileiro[17], normatizados pelo Conselho Nacional de Trânsito – CONTRAN, em cooperação com o poder público;

II – contar, por intermédio do Sistema Único de Saúde – SUS, com atendimento profilático, terapêutico, reabilitador, especialmente em relação às enfermidades que mais os acometam;

III – receber proteção do Estado contra ações criminosas que lhes sejam dirigidas no exercício da profissão;

IV – contar com serviços especializados de medicina ocupacional, prestados por entes públicos ou privados à sua escolha.

Em se tratando de motorista profissional empregado, o inciso V do art. 2º da Lei 13.103/2015 estabelece os seguintes direitos específicos:

a) não responder perante o empregador por prejuízo patrimonial decorrente da ação de terceiro, ressalvado o dolo ou a desídia do motorista, nesses casos mediante comprovação, no cumprimento de suas funções;

b) ter jornada de trabalho controlada e registrada de maneira fidedigna mediante anotação em diário de bordo, papeleta ou ficha de trabalho externo, ou sistema e meios eletrônicos instalados nos veículos, a critério do empregador; e

c) ter benefício de seguro de contratação obrigatória assegurado e custeado pelo empregador, destinado à cobertura de morte natural, morte por acidente, invalidez total ou parcial decorrente de acidente, traslado e auxílio para funeral referentes às suas atividades, no valor mínimo correspondente a 10 (dez) vezes o piso salarial de sua categoria ou valor superior fixado em convenção ou acordo coletivo de trabalho.

Importante alteração foi dada pelo art. 3º da Lei 13.103/2015, porquanto aos motoristas profissionais (autônomo ou empregados) dependentes de substâncias psicoativas é assegurado o pleno atendimento pelas unidades de saúde municipal, esta-

17. Lei n. 9.503/97: "Art. 145. Para habilitar-se nas categorias D e E ou para conduzir veículo de transporte coletivo de passageiros, de escolares, de emergência ou de produto perigoso, o candidato deverá preencher os seguintes requisitos: (...) IV – ser aprovado em curso especializado e em curso de treinamento de prática veicular em situação de risco, nos termos da normatização do CONTRAN (...)".

dual e federal, no âmbito do Sistema Único de Saúde, podendo ser realizados convênios com entidades privadas para o cumprimento da obrigação. Trata-se de dispositivo que se funda na proteção do meio ambiente laboral, ou seja, cabe ao Estado assegurar a sadia qualidade de vida dos motoristas, mediante políticas públicas de promoção da saúde e segurança, tal como proclama a CF na interpretação e aplicação sistemática e teleológica dos arts. 225 e 200, VIII, da CF.

Por força do art. 4º da Lei 13.103, houve sensível alteração do art. 71 da CLT, cujo § 5º passa a dispor que o intervalo intrajornada expresso no *caput* do referido artigo poderá ser reduzido e/ou fracionado, e aquele estabelecido no § 1º do mesmo artigo "poderá ser fracionado, quando compreendidos entre o término da primeira hora trabalhada e o início da última hora trabalhada, desde que previsto em convenção ou acordo coletivo de trabalho, ante a natureza do serviço e em virtude das condições especiais de trabalho a que são submetidos estritamente os motoristas, cobradores, fiscalização de campo e afins nos serviços de operação de veículos rodoviários, empregados no setor de transporte coletivo de passageiros, mantida a remuneração e concedidos intervalos para descanso menores ao final de cada viagem".

No que tange à redução ou ao fracionamento do intervalo intrajornada para o motorista profissional, ainda que por meio de fonte normativa de autocomposição, parece-nos que há violação aos princípios constitucionais da vedação do retrocesso social e da proteção (precaução e prevenção) ambiental (CF, arts. 5º, § 2º, 7º, *caput*, e XXII, 200, VIII, e 225), como, aliás, vem entendendo o TST (Súmula 437, II).

Inovação digna de nota foi introduzida pelo art. 5º da Lei 13.103, que acrescentou ao art. 168 da CLT os seguintes parágrafos:

> (...) § 6º Serão exigidos exames toxicológicos, previamente à admissão e por ocasião do desligamento, quando se tratar de motorista profissional, assegurados o direito à contraprova em caso de resultado positivo e a confidencialidade dos resultados dos respectivos exames.
>
> § 7º Para os fins do disposto no § 6º, será obrigatório exame toxicológico com janela de detecção mínima de 90 (noventa) dias, específico para substâncias psicoativas que causem dependência ou, comprovadamente, comprometam a capacidade de direção, podendo ser utilizado para essa finalidade o exame toxicológico previsto na Lei n. 9.503, de 23 de setembro de 1997 – Código de Trânsito Brasileiro, desde que realizado nos últimos 60 (sessenta) dias.

Os exames admissional, periódico e demissional toxicológicos aos quais estarão obrigatoriamente ("serão exigidos") submetidos os motoristas profissionais por determinação patronal certamente implicará colisão de direitos fundamentais. De um lado, o direito fundamental de propriedade no qual se funda o poder diretivo do empregador (poder de regulamentar, de fiscalizar e de dirigir a prestação dos serviços) de instituir e manter programa de controle de uso de droga nas atividades que coloquem em risco a vida, a saúde ou a segurança do próprio trabalhador e de terceiros; de outro, os direitos fundamentais do trabalhador à intimidade e à vida privada.

De tal arte, para solução de colisão de direitos fundamentais, deve o intérprete valer-se dos princípios da razoabilidade e proporcionalidade, de modo a ponderar, no caso concreto, a solução que implique menor sacrifício possível aos sujeitos envolvidos na colisão, levando em conta, ainda, os interesses públicos envolvidos na causa.

Os exames, a nosso sentir, devem ser preferentemente realizados por instituições públicas de saúde, a fim de se assegurar efetivamente o direito à confidencialidade, podendo o trabalhador, por sua conta (o ideal seria o patrocínio sindical), promover a contraprova do exame no caso de resultado positivo deste.

Se houver possibilidade de tratamento médico-hospitalar, este será sempre preferível à não contratação ou à dispensa do trabalhador.

Ao empregador é vedado divulgar os resultados dos exames a terceiros ou mesmo dentro do ambiente de trabalho, sejam eles positivos ou negativos, pois isso implica violação aos citados direitos fundamentais do trabalhador. É dever, pois, do empregador nomear pessoa de sua confiança que tenha o compromisso do sigilo das informações sobre os exames toxicológicos.

De outro giro, o art. 235-B da CLT (redação dada pela Lei 13.103/2015) dispõe que são deveres do motorista profissional empregado:

> I – estar atento às condições de segurança do veículo;
>
> II – conduzir o veículo com perícia, prudência, zelo e com observância aos princípios de direção defensiva;
>
> III – respeitar a legislação de trânsito e, em especial, as normas relativas ao tempo de direção e de descanso controlado e registrado na forma do previsto no art. 67-E da Lei n. 9.503, de 23 de setembro de 1997 – Código de Trânsito Brasileiro;
>
> IV – zelar pela carga transportada e pelo veículo;
>
> V – colocar-se à disposição dos órgãos públicos de fiscalização na via pública;
>
> VI – (VETADO);
>
> VII – submeter-se a exames toxicológicos com janela de detecção mínima de 90 (noventa) dias e a programa de controle de uso de droga e de bebida alcoólica, instituído pelo empregador, com sua ampla ciência, pelo menos uma vez a cada 2 (dois) anos e 6 (seis) meses, podendo ser utilizado para esse fim o exame obrigatório previsto na Lei n. 9.503, de 23 de setembro de 1997 – Código de Trânsito Brasileiro, desde que realizado nos últimos 60 (sessenta) dias.
>
> Parágrafo único. A recusa do empregado em submeter-se ao teste ou ao programa de controle de uso de droga e de bebida alcoólica previstos no inciso VII será considerada infração disciplinar, passível de penalização nos termos da lei. (NR)

O art. 235-C da CLT (com redação dada pela Lei 13.103/2015) dispõe sobre duração do trabalho do motorista profissional.

Assim, nos termos do art. 235-C, *caput*, da CLT, a "jornada diária de trabalho do motorista profissional será de 8 (oito) horas, admitindo-se a sua prorrogação por até 2 (duas) horas extraordinárias ou, mediante previsão em convenção ou acordo coletivo, por até 4 (quatro) horas extraordinárias". Parece-nos que esta regra está na contramão dos valores e princípios que deveriam sustentar os fundamentos da Nova Lei dos Motoristas Profissionais: reduzir os elevados e absurdos índices de acidentes automobilísticos envolvendo motoristas profissionais.

Com efeito, pensamos que a autorização para prorrogação da jornada do motorista profissional viola diversos princípios constitucionais, destacando-se o princípio da vedação do retrocesso social.

Não obstante, parece-nos que a prorrogação em até duas horas, só pode ocorrer mediante convenção ou acordo escrito (individual ou coletivo), sendo certo que a prorrogação da jornada por até quatro horas, ainda que por meio de instrumentos de autocomposição coletiva, implica, além de violação ao princípio do não retrocesso social, autorização para jornada exaustiva e condições degradantes de trabalho, o que é proibido pelo Código Penal (art. 149).

É importante notar o descompromisso da Nova Lei dos Motoristas com a segurança no trânsito, pois o art. 235-F da CLT (redação dada pela Lei 13.103/2015), dispõe, *in verbis*:

> Convenção e acordo coletivo poderão prever jornada especial de 12 (doze) horas de trabalho por 36 (trinta e seis) horas de descanso para o trabalho do motorista profissional empregado em regime de compensação.

Além disso, é preciso observar o disposto no item II da Súmula 437 do TST, que considera "inválida cláusula de acordo ou convenção coletiva de trabalho contemplando a supressão ou redução do intervalo intrajornada porque este constitui medida de higiene, saúde e segurança do trabalho, garantido por norma de ordem pública (art. 71 da CLT e art. 7º, XXII, da CF/88), infenso à negociação coletiva".

O § 6º do art. 235-D da CLT dispõe que em situações excepcionais de inobservância justificada do limite de jornada de que trata o art. 235-C, devidamente registradas, e desde que não se comprometa a segurança rodoviária, a duração da jornada de trabalho do motorista profissional empregado poderá ser elevada pelo tempo necessário até o veículo chegar a um local seguro ou ao seu destino. Esta regra trata da ocorrência de força maior em situações excepcionais, ou seja, não pode ser invocada para autorizar qualquer prorrogação de jornada de trabalho, especialmente quando ficar caracterizada jornada exaustiva.

O § 1º do art. 235-C da CLT considera como trabalho efetivo o tempo em que o motorista empregado estiver à disposição do empregador, excluídos os intervalos para refeição, repouso e descanso e o tempo de espera.

O motorista profissional empregado tem direito ao intervalo mínimo de 1 (uma) hora para refeição, podendo esse período coincidir com o tempo de parada obrigatória na condução do veículo estabelecido pelo Código de Trânsito Brasileiro, exceto quando se tratar do motorista profissional enquadrado no § 5º do art. 71 da CLT.

Também tem direito ao intervalo interjornada, nos termos do § 3º do art. 235-C da CLT, ou seja, dentro do período de 24 (vinte e quatro) horas, são asseguradas ao motorista profissional 11 (onze) horas de descanso, sendo facultados o seu fracionamento e a coincidência com os períodos de parada obrigatória na condução do veículo estabelecida pelo Código de Trânsito Brasileiro, garantidos o mínimo de 8 (oito) horas ininterruptas no primeiro período e o gozo do remanescente dentro das 16 (dezesseis) horas seguintes ao fim do primeiro período.

Nas viagens de longa distância, assim consideradas aquelas em que o motorista profissional empregado permanece fora da base da empresa, matriz ou filial e de sua residência por mais de 24 (vinte e quatro) horas, o repouso diário pode ser feito no veículo ou em alojamento do empregador, do contratante do transporte, do embarcador ou do destinatário ou em outro local que ofereça condições adequadas (CLT, art. 235-C, § 4º).

As horas extraordinárias serão pagas com o adicional de, no mínimo, 50% do valor da hora normal estabelecido na Constituição Federal, salvo se houver norma mais favorável, ou compensadas na forma do § 2º do art. 59 da CLT.

À hora de trabalho noturno do motorista profissional, compreendida entre 22h e 5h, aplica-se o disposto no art. 73 e seus parágrafos da CLT.

De acordo com o § 8º do art. 235-C da CLT, são consideradas tempo de espera as horas em que o motorista profissional empregado ficar aguardando carga ou descarga do veículo nas dependências do embarcador ou do destinatário e o período gasto com a fiscalização da mercadoria transportada em barreiras fiscais ou alfandegárias, não sendo computadas como jornada de trabalho nem como horas extraordinárias. Parece-nos que tal norma atrita com o disposto no art. 4º da CLT, que considera tempo de serviço e, portanto, remunerado, aquele em que o empregado fica à disposição do empregador. Além disso, ofende o princípio do não retrocesso social e o princípio fundamental do valor social do trabalho (CF, art. 1º, IV), pois ninguém pode ser obrigado a trabalhar gratuitamente, salvo as exceções previstas na própria Constituição Federal, como, por exemplo, a prestação obrigatória masculina do serviço militar. Ademais, a CF assegura a todos os trabalhadores titulares de relação empregatícia o direito fundamental ao salário.

O § 8º do art. 235-C da CLT afasta a natureza salarial do pagamento relativo ao tempo de espera, o que é reforçado pelo § 9º do mesmo artigo, que dispõe expressamente que as horas relativas ao tempo de espera "serão indenizadas" na proporção de 30% (trinta por cento) do salário-hora normal.

De toda a sorte, é importante registrar que, nos termos do § 10 do art. 235-C da CLT, em nenhuma hipótese, o tempo de espera do motorista empregado prejudicará o direito ao recebimento da remuneração correspondente ao salário-base diário.

Diz o § 11 do art. 235-C da CLT que quando a espera for superior a 2 (duas) horas ininterruptas e for exigida a permanência do motorista empregado junto ao veículo, caso o local ofereça condições adequadas, o tempo será considerado como de repouso, computando-se os intervalos intrajornada e interjornada, previstos, respectivamente, nos §§ 2º e 3º do mesmo artigo, sem prejuízo "da indenização de trinta por cento" prevista no § 9º do artigo em exame.

Durante o tempo de espera, o motorista poderá realizar movimentações necessárias do veículo, as quais não serão consideradas como parte da jornada de trabalho, ficando garantido, porém, o gozo do descanso de 8 (oito) horas ininterruptas aludido no § 3º (§ 12 do art. 235-C da CLT).

Estranha disposição é a do § 13 do art. 235-C da CLT, *in verbis*: "Salvo previsão contratual, a jornada de trabalho do motorista empregado não tem horário fixo de início, de final ou de intervalos".

Vale dizer, a lei institui uma regra que beneficia apenas o empregador, violando, frontalmente, o art. 7º, *caput*, da CF, pois os direitos fundamentais dos trabalhadores podem ser ampliados, e não reduzidos. Ora, a jornada flexível é altamente maléfica à saúde e à segurança do trabalhador, especialmente aquela cuja atividade exige um elevado grau de concentração e atenção em serviço, o que também atrita com o disposto no inciso XXII do art. 7º da CF. Além disso, a norma impede a livre manifestação da vontade do trabalhador em face da sua manifesta situação de vulnerabilidade e hipossuficiência diante do empregador, pois é surreal considerar que o empregado poderá livremente resistir à imposição patronal da jornada flexível.

Além de dispor genericamente sobre o controle de jornada do motorista profissional empregado no art. 2º, V, *b*, da Lei 13.103/2015, os §§ 14, 15 e 16 do art. 235-C da CLT estabelecem responsabilidades do motorista profissional empregado (ou do ajudante empregado nas operações em que o acompanhe) pela guarda, preservação e exatidão das informações contidas nas anotações em diário de bordo, papeleta ou ficha de trabalho externo, ou no registrador instantâneo inalterável de velocidade e tempo, ou nos rastreadores ou sistemas e meios eletrônicos, instalados nos veículos, normatizados pelo Contran, até que o veículo seja entregue à empresa. Tais informações poderão ser enviadas a distância, a critério do empregador, facultando-se a anexação do documento original posteriormente.

Nas viagens de longa distância, com duração superior a 7 (sete) dias, o repouso semanal será de 24 (vinte e quatro) horas por semana ou fração trabalhada, sem prejuízo do intervalo de repouso diário de 11 (onze) horas, totalizando 35 (trinta e cinco) horas, usufruído no retorno do motorista à base (matriz ou filial) ou ao seu domicílio, salvo se a empresa oferecer condições adequadas para o efetivo gozo do referido repouso (CLT, art. 235-D). O § 1º do referido artigo permite o fracionamento do repouso semanal em 2 (dois) períodos, sendo um destes de, no mínimo, 30 (trinta) horas ininterruptas, a serem cumpridos na mesma semana e em continuidade a um período de repouso diário, que deverão ser usufruídos no retorno da viagem. Entretanto, a cumulatividade de descansos semanais em viagens de longa distância fica limitada ao número de 3 (três) descansos consecutivos.

De toda a sorte, o motorista empregado, em viagem de longa distância, que ficar com o veículo parado após o cumprimento da jornada normal ou das horas extraordinárias fica dispensado do serviço, exceto se for expressamente autorizada a sua permanência junto ao veículo pelo empregador, hipótese em que o tempo será considerado de espera.

Não se considera como jornada de trabalho, nem ensejará o pagamento de qualquer remuneração, o período em que o motorista empregado (ou seu ajudante) ficar espontaneamente no veículo usufruindo dos intervalos de repouso. Esta regra deve ser interpretada de modo a se verificar se, de fato, o motorista ficou "espontaneamente" no veículo durante os intervalos destinados ao seu repouso, mormente se consideramos as suas responsabilidades contratuais e legais em relação ao veículo que conduz (§ 4º do art. 235-D da CLT).

O § 5º do art. 235-D da CLT trata da possibilidade de revezamento entre motoristas nos percursos de longa distância. Assim, nos casos em que o empregador adotar 2 (dois) motoristas trabalhando no mesmo veículo, o tempo de repouso poderá ser feito com o veículo em movimento, assegurado o repouso mínimo de 6 (seis) horas consecutivas fora do veículo em alojamento externo ou, se na cabine leito, com o veículo estacionado, a cada 72 (setenta e duas) horas.

Nos casos em que o motorista tenha de acompanhar o veículo transportado por qualquer meio onde ele siga embarcado e em que o veículo disponha de cabine leito ou a embarcação disponha de alojamento para gozo do intervalo de repouso diário, esse tempo será considerado como tempo de descanso (§ 7º do art. 235-D da CLT).

Em se tratando de transporte de cargas vivas, perecíveis e especiais em longa distância ou em território estrangeiro, poderão ser aplicadas regras conforme a especificidade da operação de transporte realizada. Prevê o § 8º do art. 235-D da CLT que as condições de trabalho serão fixadas em convenção ou acordo coletivo de modo a assegurar as adequadas condições de viagem e entrega ao destino final.

Para o transporte de passageiros, dispõe o art. 235-E da CLT:

> I – é facultado o fracionamento do intervalo de condução do veículo previsto no Código de Trânsito Brasileiro, em períodos de no mínimo 5 (cinco) minutos;
>
> II – será assegurado ao motorista intervalo mínimo de 1 (uma) hora para refeição, podendo ser fracionado em 2 (dois) períodos e coincidir com o tempo de parada obri-

gatória na condução do veículo estabelecido no Código de Trânsito Brasileiro, exceto quando se tratar do motorista profissional enquadrado no § 5º do art. 71 da CLT;

III – nos casos em que o empregador adotar 2 (dois) motoristas no curso da mesma viagem, o descanso poderá ser feito com o veículo em movimento, respeitando-se os horários de jornada de trabalho, assegurado, após 72 (setenta e duas) horas, o repouso em alojamento externo ou, se em poltrona correspondente ao serviço de leito, com o veículo estacionado.

Finalmente, o art. 235-G da CLT, com nova redação dada pela Lei 13.103/2015, passou a permitir a remuneração do motorista em função da distância percorrida, do tempo de viagem ou da natureza e quantidade de produtos transportados, inclusive mediante oferta de comissão ou qualquer outro tipo de vantagem, desde que essa remuneração ou comissionamento não comprometa a segurança da rodovia e da coletividade ou possibilite a violação das normas previstas nesta Lei[18].

Invocando o art. 235-G da CLT, há entendimentos[19] no sentido de se aplicar ao motorista profissional que perceba comissões o disposto na Súmula 340 do TST, segundo a qual o "empregado, sujeito a controle de horário, remunerado à base de comissões, tem direito ao adicional de, no mínimo, 50% (cinquenta por cento) pelo trabalho em horas extras, calculado sobre o valor-hora das comissões recebidas no mês, considerando-se como divisor o número de horas efetivamente trabalhadas".

A Súmula 340 do TST foi criada, sem indicação de precedentes para a sua edição[20], com o objetivo de regular o pagamento do adicional de horas extras ao empregado vendedor denominado de "comissionista puro", ou seja, aquele que, sujeito a controle de horário, recebe o pagamento de salários à base exclusiva de comissões.

Data maxima venia, parece-nos que a Súmula 340 do TST não deve ser aplicada por extensão ao motorista profissional, pois o modo de prestação de serviços deste empregado é bem distinto do empregado vendedor que atua no setor comercial. E isto porque este percebe comissões sobre o número de horas trabalhadas, incluindo as horas extras sem limitação, ou seja, quanto mais horas extras realizar maior será a sua comissão; aquele – o motorista profissional – está impedido legalmente de, em função

18. O art. 235-G da CLT, com a redação dada pela Lei 12.619/2012, dispunha: "É proibida a remuneração do motorista em função da distância percorrida, do tempo de viagem e/ou da natureza e quantidade de produtos transportados, inclusive mediante oferta de comissão ou qualquer outro tipo de vantagem, se essa remuneração ou comissionamento comprometer a segurança rodoviária ou da coletividade ou possibilitar violação das normas da presente legislação". Houve nítido retrocesso social, no particular.
19. TST-Ag-AIRR 11162-87.2015.5.03.0153, 6ª T., Rel. Min. Kátia Magalhães Arruda, *DEJT* 10.05.2019.
20. *Vide* site do TST: http://www3.tst.jus.br/jurisprudencia/Sumulas_com_indice/Sumulas_Ind_301_350.html#SUM-340. Acesso em 08 ago. 2019.

da distância percorrida, do tempo de viagem ou da natureza e quantidade de produtos transportados, laborar em regime de horas extras ou de receber qualquer vantagem ou comissionamento que implique comprometimento da segurança da rodovia e da coletividade ou possibilite a violação das normas previstas na Lei 13.103/2015.

Noutras palavras, quanto mais tempo o empregado vendedor estiver laborando (dentro ou fora do estabelecimento empresarial), maior será a probabilidade de vendas, o que lhe enseja uma maior remuneração do seu salário-hora. Essa situação autoriza a ilação de que a hora extra laborada se encontra remunerada pela comissão para o empregado comissionista puro, sendo essa a gênese da Súmula 340 do TST.

Situação totalmente distinta ocorre com o motorista profissional remunerado exclusivamente por comissão, porque este, ao contrário do vendedor comissionista puro, quanto mais horas demorar para entregar o produto (o que poderá variar de acordo com as condições da estrada, trânsito etc.), o valor do seu salário-hora reduzirá ao invés de aumentar. Isso porque quanto mais tempo ele dirigir na estrada para entregar um produto, menores as chances de ele fazer viagens para entregar outras encomendas.

Com efeito, as horas extras do motorista profissional não ensejam maior probabilidade de majorar a sua remuneração, mas sim de reduzi-la, sendo importante lembrar que o motorista profissional, por força do art. 235-G da CLT, está impedido de dirigir mais rápido para fazer mais encomendas, pois isso colocaria em risco a sua própria segurança e a de toda a coletividade.

Situação menos prejudicial ao motorista profissional, tanto no aspecto remuneratório quanto no que concerne à sua segurança (e da coletividade), seria a aplicação da OJ 397 da SBDI-1/TST, que reconhece a figura do "comissionista misto" para fins de pagamento de horas extras, dispondo que o "empregado que recebe remuneração mista, ou seja, uma parte fixa e outra variável, tem direito a horas extras pelo trabalho em sobrejornada. Em relação à parte fixa, são devidas as horas simples acrescidas do adicional de horas extras. Em relação à parte variável, é devido somente o adicional de horas extras, aplicando-se à hipótese o disposto na Súmula 340 do TST".

Há, ainda, entendimentos no sentido de que, com base no art. 235-G da CLT, o empregador poderia instituir "prêmio por KM rodado" com "natureza de comissões" para remunerar as horas extras do motorista profissional. O TST, no entanto, vem decidindo que:

> (...) RECURSO DE REVISTA. REGIDO PELA LEI 13.015/2014. PARCELA VARIÁVEL. "PRÊMIO POR KM RODADO". ATINGIMENTO DE METAS. SÚMULA 340/TST. INAPLICABILIDADE. O Tribunal Regional, nada obstante ter registrado que a parcela variável tratava-se de "prêmios" pagos em razão das metas atingidas pelo trabalhador, deu provimento ao recurso ordinário da Reclamada, determinando a incidência da Súmula 340/TST no cálculo das horas extras em relação à parte variá-

> vel. A SBDI-1 desta Corte firmou entendimento no sentido de que os "prêmios" por atingimento de metas possuem natureza jurídica diversa das "comissões", não se aplicando a Súmula 340/TST, tampouco a OJ 397 da SBDI-1/TST, mas a Súmula 264/TST. Recurso de revista conhecido por má aplicação da Súmula 340/TST. Recurso de revista conhecido e provido (TST-ARR-2165-45.2013.5.23.0116, 5ª T., Rel. Min. Douglas Alencar Rodrigues, *DEJT* 14.06.2019).

Em síntese, parece-nos que a Lei 13.103/2015 alterou *in pejus* muitos direitos dos trabalhadores motoristas profissionais. Apesar disso, são pertinentes as observações de Teresa Aparecida Asta Gemignani e Daniel Gemignani no sentido de que "não se pode deixar de reconhecer que o novo estatuto profissional do motorista veio suscitar a revisão de conhecimentos e provocar a edificação de outros marcos doutrinários e jurisprudenciais, notadamente por ter descortinado uma nova perspectiva de proteção, que interconecta a preservação do direito à saúde do trabalhador com o direito à vida e integridade física de terceiros, que com ele compartilham do mesmo meio ambiente, estabelecendo diretrizes para a exigibilidade dos direitos fundamentais também entre particulares, assim conferindo efetividade aos novos paradigmas estabelecidos pela Constituição Federal de 1988"[21].

A Medida Provisória 833, de 27.05.2018, convertida na Lei 13.711, de 24.08.2018, alterou o art. 17 da Lei 13.103/2015, que passou a ter a seguinte redação:

> Art. 17. Em todo o território nacional, os veículos de transporte de cargas que circularem vazios ficarão isentos da cobrança de pedágio sobre os eixos que mantiverem suspensos.
>
> § 1º O disposto no *caput* abrange as vias terrestres federais, estaduais, distritais e municipais, inclusive as concedidas.
>
> § 2º Os órgãos e as entidades competentes da União, dos Estados, do Distrito Federal e dos Municípios disporão sobre as medidas técnicas e operacionais para viabilizar a isenção de que trata o *caput*.
>
> § 3º Até a implementação das medidas a que se refere o § 2º, consideram-se vazios os veículos de transporte de carga que transpuserem as praças de pedágio com um ou mais eixos que mantiverem suspensos, assegurada a fiscalização da condição pela autoridade com circunscrição sobre a via ou pelo seu agente designado na forma prevista no § 4º do art. 280 da Lei n. 9.503, de 1997 – Código de Trânsito Brasileiro.

21. GEMIGNANI, Teresa Aparecida Asta; GEMIGNANI, Daniel. Motorista profissional: análise específica e contextualizada das Leis 12.619/2012 e 13.103/2015. In: MIESSA, Élisson; CORREIA, Henrique (orgs.). *Estudos aprofundados da magistratura do trabalho*. Salvador: JusPodivm, 2015, p. 416.

§ 4º Para as vias rodoviárias federais concedidas, poderá ser adotada a regulamentação da Agência Nacional de Transportes Terrestres – ANTT.

§ 5º Ficam sujeitos à penalidade prevista no art. 209 do Código de Trânsito Brasileiro os veículos de transporte de cargas que circularem com eixos indevidamente suspensos.

16. MÚSICOS PROFISSIONAIS

O exercício da profissão de músico não é mais regulado pela CLT, e sim pela Lei 3.857, de 22.12.1960, que criou a Ordem dos Músicos do Brasil, fixando atribuições de seleção, disciplina, defesa e fiscalização do exercício da profissão de músico, respeitadas, entretanto, as atribuições do Sindicato respectivo.

O exercício da profissão de músico depende de sua inscrição junto à OMB – Ordem dos Músicos do Brasil, de quem receberá uma carteira profissional que vale como documento de identidade para todos os fins legais. Esta carteira, contudo, não substitui a Carteira de Trabalho e Previdência Social quando se tratar da existência de contrato de trabalho.

A duração do trabalho do músico será de 5 horas diárias (Lei 3.857, art. 41), computando-se nela o tempo destinado a ensaios, assim como os demais intervalos que se verificarem, com exceção da interrupção, por uma hora, para refeição.

Mas lembra Segadas Vianna que

> a própria lei abre exceção para os estabelecimentos de diversões públicas, tais como cabarés, boates, *dancings*, *taxi-dancings*, salões de dança e congêneres, onde atuem dois ou mais conjuntos; também a lei prevê a duração excepcional de 7 horas nos casos de força maior, festejos públicos e serviço reclamado pelo interesse nacional, sendo que, nos casos de prorrogação em caráter permanente, deverá ser pedida a homologação da autoridade competente que, no caso, é a do Ministério do Trabalho, ressalvada a competência privativa da Ordem dos Músicos quanto ao registro, posse da carteira profissional de músico e outras exigências legais[22].

Nos espetáculos de ópera, bailados e teatro musicado, a duração normal do trabalho, para fins de ensaio, poderá ser dividida em dois períodos, separados por várias horas, sendo que nos espetáculos de teatro musicado será devida aos músicos uma diária extra por sessão excedente das normais (Lei 3.857, art. 43).

A lei admite que o trabalho realizado em orquestras de restaurantes tenha duração de 6 horas, na forma prevista no art. 42, I, da norma sob exame, quando exista revezamento entre a atividade dos músicos com a apresentação de música através de aparelhagem de som.

22. *Instituições...*, *op. cit.*, p. 1022.

17. PORTUÁRIOS

Já falamos no item 5.1 do Capítulo II deste Título sobre o trabalhador portuário avulso. Agora, nesta epígrafe, vamos discorrer um pouco mais sobre as especificidades que giram em torno do trabalhador portuário, que pode ser avulso ou empregado.

O regime de trabalho nos portos brasileiros, segundo João de Lima Teixeira Filho,

> caracterizou-se pela intermediação de um terceiro entre as diversas categorias de trabalhadores avulsos no porto e os tomadores de serviços. O sindicato detinha esse verdadeiro monopólio do fornecimento de mão de obra avulsa, cujas oportunidades de utilização, de resto, já estavam amplamente regulamentadas. Como era vedada a contratação direta, o usuário requisitava mão de obra ao sindicato e este, a seu talante, encaminhava para a prestação de serviços os avulsos que ele próprio credenciava. Muitas críticas, prenhes de razão, minavam o sistema de contratação por requisição ao sindicato. A impossibilidade de o usuário ajustar o preço dos serviços e de escolher as pessoas para executá-los feriu de morte esse modelo hermeticamente fechado e minudentemente normatizado, por efeito de reivindicações sindicais acolhidas pelos poderes constituídos. Não foram poucas as situações em que trabalhadores avulsos, de variadas categorias, postularam o pagamento de sua retribuição quando a operação sequer demandava, por razões de automação ou de racionalização produtiva, a correspondente prestação de serviços[23].

A respeito da obrigatoriedade, ou não, da requisição de vigia portuário nos chamados terminais privativos, o TST pacificou a matéria ao editar o Súmula 309, *in verbis*: "Em se tratando de terminais privativos destinados à navegação de cabotagem ou de longo curso, não é obrigatória a requisição de vigia portuário indicado por sindicato".

As relações de trabalho portuário têm sido objeto de estudos e deliberações pela OIT que, em 1973, aprovou a Convenção 137 (ratificada pelo Decreto legislativo 29/93 e promulgada pelo Decreto 1.574/95), que aponta no sentido de que a "política nacional deverá estimular as partes que, na medida do possível, se assegure o emprego permanente ou dos trabalhos portuários" (Convenção OIT 137, art. 2º, n. 1).

Inspirando-se na referida Convenção da OIT, o legislador brasileiro editou a Lei 8.630, de 25.02.1993, cujas diretrizes básicas compreendem:

- a desregulamentação do setor portuário, especialmente quanto à livre contratação dos serviços de movimentação de mercadorias, armazenagem, transporte,

23. *Instituições*..., p. 1022-1023.

vigilância portuária e demais serviços afins, nos portos, eliminando-se, consequentemente, a contratação compulsória desses serviços através dos sindicatos;

- a descentralização das decisões sobre a administração portuária, viabilizando, assim, a livre concorrência entre as partes com o fito de alcançar maior eficiência e rentabilidade operacional;
- a participação da iniciativa privada nos investimentos necessários à modernização do sistema portuário, a fim de direcionar os recursos públicos para as demandas da área social;
- a estruturação das tarifas portuárias em consonância com as características de cada porto e de acordo com os serviços efetivamente prestados.

A Lei 8.630/93 foi expressamente revogada pelo art. 76, I, da Lei 12.815, de 05.06.2013. Essa nova lei passou a dispor sobre a exploração direta e indireta, pela União, de portos e instalações portuárias e sobre as atividades desempenhadas pelos operadores portuários, além de dar outras providências.

Surge, assim, um novo sistema normativo do trabalho portuário em nosso ordenamento jurídico.

Com efeito, o art. 2º da Lei 12.815 reconhece os principais institutos do direito portuário e estabelece as respectivas definições, nos seguintes termos:

> I – porto organizado: bem público construído e aparelhado para atender a necessidades de navegação, de movimentação de passageiros ou de movimentação e armazenagem de mercadorias, e cujo tráfego e operações portuárias estejam sob jurisdição de autoridade portuária;
>
> II – área do porto organizado: área delimitada por ato do Poder Executivo que compreende as instalações portuárias e a infraestrutura de proteção e de acesso ao porto organizado;
>
> III – instalação portuária: instalação localizada dentro ou fora da área do porto organizado e utilizada em movimentação de passageiros, em movimentação ou armazenagem de mercadorias, destinadas ou provenientes de transporte aquaviário;
>
> IV – terminal de uso privado: instalação portuária explorada mediante autorização e localizada fora da área do porto organizado;
>
> V – estação de transbordo de cargas: instalação portuária explorada mediante autorização, localizada fora da área do porto organizado e utilizada exclusivamente para operação de transbordo de mercadorias em embarcações de navegação interior ou cabotagem;
>
> VI – instalação portuária pública de pequeno porte: instalação portuária explorada mediante autorização, localizada fora do porto organizado e utilizada em movimentação de passageiros ou mercadorias em embarcações de navegação interior;

VII – instalação portuária de turismo: instalação portuária explorada mediante arrendamento ou autorização e utilizada em embarque, desembarque e trânsito de passageiros, tripulantes e bagagens, e de insumos para o provimento e abastecimento de embarcações de turismo;

VIII - (VETADO)

a) (VETADO);

b) (VETADO);

c) (VETADO);

IX – concessão: cessão onerosa do porto organizado, com vistas à administração e à exploração de sua infraestrutura por prazo determinado;

X – delegação: transferência, mediante convênio, da administração e da exploração do porto organizado para Municípios ou Estados, ou a consórcio público, nos termos da Lei 9.277, de 10 de maio de 1996;

XI – arrendamento: cessão onerosa de área e infraestrutura públicas localizadas dentro do porto organizado, para exploração por prazo determinado;

XII – autorização: outorga de direito à exploração de instalação portuária localizada fora da área do porto organizado e formalizada mediante contrato de adesão; e

XIII – operador portuário: pessoa jurídica pré-qualificada para exercer as atividades de movimentação de passageiros ou movimentação e armazenagem de mercadorias, destinadas ou provenientes de transporte aquaviário, dentro da área do porto organizado.

A Lei 12.815 (art. 3º) aponta como objetivos da exploração dos portos organizados e das instalações portuárias aumentar a competitividade e o desenvolvimento do País. Para tanto, devem ser observadas as seguintes diretrizes:

I – expansão, modernização e otimização da infraestrutura e da superestrutura que integram os portos organizados e instalações portuárias;

II – garantia da modicidade e da publicidade das tarifas e preços praticados no setor, da qualidade da atividade prestada e da efetividade dos direitos dos usuários;

III – estímulo à modernização e ao aprimoramento da gestão dos portos organizados e instalações portuárias, à valorização e à qualificação da mão de obra portuária, e à eficiência das atividades prestadas;

IV – promoção da segurança da navegação na entrada e saída das embarcações dos portos; e

V – estímulo à concorrência, incentivando a participação do setor privado e assegurando o amplo acesso aos portos organizados, instalações e atividades portuárias.

No que tange ao trabalho portuário, parece-nos que a interpretação sistemática dos arts. 32, 33, 34 e 40 da Lei 12.815 autoriza a ilação de que tal trabalho pode ser prestado por trabalhador portuário empregado e por trabalhador portuário avulso[24].

Deve-se destacar que o art. 40 da lei em tela dispõe expressamente que o "trabalho portuário de capatazia, estiva, conferência de carga, conserto de carga, bloco e vigilância de embarcações, nos portos organizados, será realizado por trabalhadores portuários com vínculo empregatício por prazo indeterminado e por trabalhadores portuários avulsos", e, nos termos do seu § 1º, considera:

> I – capatazia: atividade de movimentação de mercadorias nas instalações dentro do porto, compreendendo o recebimento, conferência, transporte interno, abertura de volumes para a conferência aduaneira, manipulação, arrumação e entrega, bem como o carregamento e descarga de embarcações, quando efetuados por aparelhamento portuário;
>
> II – estiva: atividade de movimentação de mercadorias nos conveses ou nos porões das embarcações principais ou auxiliares, incluindo o transbordo, arrumação, peação e despeação, bem como o carregamento e a descarga, quando realizados com equipamentos de bordo;
>
> III – conferência de carga: contagem de volumes, anotação de suas características, procedência ou destino, verificação do estado das mercadorias, assistência à pesagem, conferência do manifesto e demais serviços correlatos, nas operações de carregamento e descarga de embarcações;
>
> IV – conserto de carga: reparo e restauração das embalagens de mercadorias, nas operações de carregamento e descarga de embarcações, reembalagem, marcação, remarcação, carimbagem, etiquetagem, abertura de volumes para vistoria e posterior recomposição;
>
> V – vigilância de embarcações: atividade de fiscalização da entrada e saída de pessoas a bordo das embarcações atracadas ou fundeadas ao largo, bem como da movimentação de mercadorias nos portalós, rampas, porões, conveses, plataformas e em outros locais da embarcação; e
>
> VI – bloco: atividade de limpeza e conservação de embarcações mercantes e de seus tanques, incluindo batimento de ferrugem, pintura, reparos de pequena monta e serviços correlatos.

24. PEREIRA, Cesar A. Guimarães. A Medida Provisória 595: mudanças no marco regulatório do setor portuário no Brasil. Disponível em: <http://www.migalhas.com.br/dePeso/16,MI170276,61044-A+medida+provisoria+595+mudancas+no+marco+regulatorio+do+setor>. Acesso em: 8 jan. 2013.

O § 2º do art. 40 da Lei 12.815, que é de duvidosa constitucionalidade por aparente violação ao princípio da igualdade, dispõe que a "contratação de trabalhadores portuários de capatazia, bloco, estiva, conferência de carga, conserto de carga e vigilância de embarcações com vínculo empregatício por prazo indeterminado será feita exclusivamente dentre trabalhadores portuários avulsos registrados".

O operador portuário, nas atividades a que alude o art. 40, *caput*, da lei em estudo, "não poderá locar ou tomar mão de obra sob o regime de trabalho temporário de que trata a Lei 6.019, de 3 de janeiro de 1974". A não observância de tal regra, a nosso sentir, implica reconhecimento de vínculo empregatício direto entre o "trabalhador temporário" e o tomador dos seus serviços.

Os profissionais que exercem as atividades previstas no art. 40, *caput*, da Lei 12.815, "constituem categorias profissionais diferenciadas".

Dispõe o art. 32 da Lei 12.815 que os *operadores* portuários devem constituir em cada *porto organizado um órgão de gestão de mão de obra do trabalho portuário – OGMO*, cabendo-lhe:

> I – administrar o fornecimento da mão de obra do trabalhador portuário e do trabalhador portuário avulso;
>
> II – manter, com exclusividade, o cadastro do trabalhador portuário e o registro do trabalhador portuário avulso;
>
> III – treinar e habilitar profissionalmente o trabalhador portuário, inscrevendo-o no cadastro;
>
> IV – selecionar e registrar o trabalhador portuário avulso;
>
> V – estabelecer o número de vagas, a forma e a periodicidade para acesso ao registro do trabalhador portuário avulso;
>
> VI – expedir os documentos de identificação do trabalhador portuário; e
>
> VII – arrecadar e repassar aos beneficiários os valores devidos pelos operadores portuários relativos à remuneração do trabalhador portuário avulso e aos correspondentes encargos fiscais, sociais e previdenciários.

O parágrafo único do art. 32 da Lei 12.815 enaltece a hierarquia das normas coletivas negociadas nos seguintes termos:

> Caso celebrado contrato, acordo ou convenção coletiva de trabalho entre trabalhadores e tomadores de serviços, o disposto no instrumento precederá o órgão gestor e dispensará sua intervenção nas relações entre capital e trabalho no porto.

No que concerne ao Trabalhador Portuário Avulso, o art. 33 da Lei 12.815 dispõe expressamente:

Art. 33. Compete ao órgão de gestão de mão de obra do trabalho portuário avulso:

I – aplicar, quando couber, normas disciplinares previstas em lei, contrato, convenção ou acordo coletivo de trabalho, no caso de transgressão disciplinar, as seguintes penalidades:

a) repreensão verbal ou por escrito;

b) suspensão do registro pelo período de dez a trinta dias; ou

c) cancelamento do registro;

II – promover:

a) a formação profissional do trabalhador portuário e do trabalhador portuário avulso, adequando-a aos modernos processos de movimentação de carga e de operação de aparelhos e equipamentos portuários;

b) o treinamento multifuncional do trabalhador portuário e do trabalhador portuário avulso; e

c) a criação de programas de realocação e de cancelamento do registro, sem ônus para o trabalhador;

III – arrecadar e repassar aos beneficiários contribuições destinadas a incentivar o cancelamento do registro e a aposentadoria voluntária;

IV – arrecadar as contribuições destinadas ao custeio do órgão;

V – zelar pelas normas de saúde, higiene e segurança no trabalho portuário avulso; e

VI – submeter à administração do porto propostas para aprimoramento da operação portuária e valorização econômica do porto.

O OGMO não responde por prejuízos causados pelos trabalhadores portuários avulsos aos tomadores dos seus serviços ou a terceiros. Mas responde, solidariamente com os operadores portuários, pela remuneração devida ao trabalhador portuário avulso e pelas indenizações decorrentes de acidente de trabalho (Lei 12.815, art. 33, §§ 1º e 2º), sendo certo que o exercício das atribuições previstas nos arts. 32 e 33 da referida lei pelo OGMO não implica vínculo empregatício com trabalhador portuário avulso.

Não obstante, o OGMO pode ceder trabalhador portuário avulso, em caráter permanente, ao operador portuário (Lei 12.815, art. 35). Mas a gestão da mão de obra do trabalho portuário avulso deve observar as normas do contrato, convenção ou acordo coletivo de trabalho (Lei 12.815, art. 36).

De acordo com o art. 37 da lei sob exame é obrigatória a constituição, no âmbito do OGMO, de uma comissão paritária para solucionar litígios decorrentes da aplicação do disposto nos seus arts. 32, 33 e 35.

Havendo impasse na solução do conflito, as partes deverão recorrer à arbitragem de ofertas finais (Lei 12.815, art. 37, §§ 1º a 4º).

A natureza jurídica do OGMO é de instituição de utilidade pública, sendo-lhe vedado ter fins lucrativos, prestar serviços a terceiros ou exercer qualquer atividade não vinculada à gestão de mão de obra (Lei 12.815, art. 39).

Também incumbe ao OGMO, nos termos do art. 41 da Lei 12.815:

- organizar e manter cadastro de trabalhadores portuários habilitados ao desempenho das atividades referidas no § 1º do art. 36; e
- organizar e manter o registro dos trabalhadores portuários avulsos.

A *inscrição no cadastro* do trabalhador portuário dependerá exclusivamente de prévia habilitação profissional do trabalhador interessado, mediante treinamento realizado em entidade indicada pelo órgão de gestão de mão de obra.

O *ingresso no registro* do trabalhador portuário avulso depende de prévia seleção e inscrição no cadastro, obedecidas a disponibilidade de vagas e a ordem cronológica de inscrição no cadastro (Lei 12.815, art. 41, § 2º).

Nos termos do § 3º do art. 41 da Lei 12.815: "A inscrição no cadastro e o registro do trabalhador portuário extinguem-se por morte ou cancelamento".

Vale dizer, a aposentadoria espontânea do trabalhador portuário não é mais causa de extinção da inscrição no cadastro ou do registro, tal como estava previsto no § 3º do art. 37 da MP 595 (igualmente, no § 3º do art. 27 da Lei 8.630/93).

Nesse sentido, o Tribunal Pleno do TST, na sessão realizada em 15.10.2012, no Incidente de Inconstitucionalidade ArgInc-395400-83.2009.5.09.0322, de relatoria do Ministro Pedro Paulo Manus, conferiu interpretação conforme a Constituição Federal para, interpretando o art. 27, § 3º, da Lei 8.630/93, firmar o entendimento de que a aposentadoria espontânea do trabalhador avulso não acarreta o seu descredenciamento automático do Órgão Gestor de Mão de Obra – OGMO. Esta Corte baseou-se nas decisões proferidas nas ADIns 1.721-3 e 1.770-4, em que foi declarada a inconstitucionalidade dos §§ 1º e 2º do art. 453 da CLT, e, consequentemente, foi validada a continuidade do vínculo empregatício em relação ao labor prestado após a aposentadoria espontânea. Desse modo, tanto os trabalhadores com vínculo de emprego como os avulsos possuem direito de continuar prestando serviços após a aposentadoria espontânea, nos termos do art. 7º, inc. XXXIV, da Constituição Federal.

É importante lembrar que a seleção e o registro do trabalhador portuário avulso serão feitos pelo órgão de gestão de mão de obra avulsa, de acordo com as normas estabelecidas em contrato, convenção ou acordo coletivo de trabalho (Lei 12.815, art. 42), sendo certo que, de acordo com o art. 43 da mesma lei, a remuneração, a definição das funções, a composição dos termos e as demais condições do trabalho avulso serão objeto de negociação entre as entidades representativas dos trabalhadores portuários avulsos e dos operadores portuários, sendo certo que tal negociação deverá contemplar a garantia de renda mínima inserida no item 2 do art. 2 da Convenção 137 da Organização Internacional do Trabalho – OIT.

Em arremate, cumpre destacar que o art. 44 da Lei 12.815 inova ao facultar "aos titulares de instalações portuárias sujeitas a regime de autorização a contratação de trabalhadores a prazo indeterminado, observado o disposto no contrato, convenção ou acordo coletivo de trabalho".

18. PROFESSORES

O exercício da profissão de professor em estabelecimentos particulares de ensino goza de proteção especial nos arts. 317 a 324 da CLT.

Para ser professor nos referidos estabelecimentos a lei exige apenas habilitação e registro no Ministério da Educação.

Num mesmo estabelecimento de ensino não poderia o professor dar, por dia, mais de quatro aulas consecutivas, nem mais de seis, intercaladas, à luz do disposto no art. 318 da CLT.

Ocorre que o art. 318 da CLT foi alterado pela Lei 13.415, de 16.02.2017, passando a ter a seguinte redação:

> Art. 318. O professor poderá lecionar em um mesmo estabelecimento por mais de um turno, desde que não ultrapasse a jornada de trabalho semanal estabelecida legalmente, assegurado e não computado o intervalo para refeição. (NR)

No que concerne ao alcance da norma prevista no art. 318 da CLT, o TST editou antes da Lei 13.415/2017, as seguintes orientações jurisprudenciais:

> a) a OJ 206 da SBDI-1: "Excedida a jornada máxima (art. 318 da CLT), as horas excedentes devem ser remuneradas com o adicional de, no mínimo, 50% (art. 7º, XVI, da CF/88)";
>
> b) a OJ 393 da SBDI-1: "A contraprestação mensal devida ao professor, que trabalha no limite máximo da jornada prevista no art. 318 da CLT, é de um salário mínimo integral, não se cogitando do pagamento proporcional em relação a jornada prevista no art. 7º, XIII, da Constituição Federal".

Essas duas Orientações Jurisprudenciais deverão ser alteradas para se adequarem ao novo texto do art. 318 da CLT, cabendo ao TST, inclusive, analisar a questão sob o enfoque dos princípios do direito adquirido e do ato jurídico perfeito para os contratos vigentes na data da publicação da Lei 13.415/2017, bem como do princípio da vedação do retrocesso social extraído do *caput* do art. 7º da CF.

É importante registrar que, na tramitação do Projeto de Lei 71/2011, que resultou na Lei n. 13.415/2017, houve divergências entre os parlamentares, como se vê da seguinte notícia do *site* da Agência Câmara:

> (...) o relator do projeto, deputado Professor Sétimo (PMDB-MA), defendeu que a proposta "vem só melhorar e economizar os gastos com os professores que tem 40 horas semanais". "E se o professor tem 20 horas semanais e essas 20 horas ele divide pela manhã e a tarde, ele perde a oportunidade de arrumar outro emprego." No entanto, a deputada Fátima Bezerra (PT-RN) manifestou-se contrária à matéria, avaliando que o professor só poderá cumprir a carga horária se receber um salário compatível. "O ideal é que o professor possa cumprir a sua carga horária em um só estabelecimento, evidentemente que para isso tendo um salário compatível. Considerando que nós devemos avançar na direção de dar ao professor melhores condições de trabalho, julgamos que ao invés de aumentar a carga horária do professor, nós devemos racionalizar essa carga horária e ao mesmo tempo perseguir a luta por um bom salário e por plano de cargo, carreira e salário justo e digno."

Com relação à janela, a SDC/TST editou o Precedente Normativo (PN) 31: "Os tempos vagos (janelas) em que o professor ficar à disposição do curso serão remunerados como aula, no limite de 1 (uma) hora diária por unidade".

Aos professores é vedado, aos domingos, a regência de aulas e o trabalho em exames (CLT, art. 319).

A remuneração dos professores será fixada pelo número de aulas semanais, na conformidade dos horários, observando-se o seguinte:

- o pagamento far-se-á mensalmente, considerando-se para este efeito cada mês constituído de quatro semanas e meia;
- vencido cada mês, será descontada, na remuneração dos professores, a importância correspondente ao número de aulas a que tiverem faltado;
- não serão descontadas, no decurso de nove dias, as faltas verificadas por motivo de gala ou de luto em consequência de falecimento do cônjuge, do pai ou mãe, ou de filho.

Sempre que o estabelecimento de ensino tiver necessidade de aumentar o número de aulas marcado nos horários, remunerará o professor, findo cada mês, com uma importância correspondente ao número de aulas excedentes.

A OJ 244 da SBDI-1/TST reconhece a validade da redução do número de aulas em razão da diminuição de alunos e, consequentemente, do salário do professor, nos seguintes termos: "A redução da carga horária do professor, em virtude da diminuição do número de alunos, não constitui alteração contratual, uma vez que não implica redução do valor da hora-aula".

No mesmo sentido dispõe o Precedente Normativo (PN) 78 da SDC/TST: "Não configura redução salarial ilegal a diminuição de carga horária motivada por inevitável supressão de aulas eventuais ou de turmas".

Consoante o art. 322 da CLT, com nova redação dada pela Lei 9.013/95, no "período de exames e no de férias escolares, é assegurado aos professores o pagamento, na mesma periodicidade contratual, da remuneração por eles percebida, na conformidade dos horários, durante o período de aulas".

Não se exigirá dos professores, no período de exames, a prestação de mais de oito horas de trabalho diário, salvo mediante o pagamento complementar de cada hora excedente pelo preço correspondente ao de uma aula (CLT, art. 322, § 1º).

No período de férias, não se poderá exigir dos professores outro serviço senão o relacionado com a realização de exames (CLT, art. 322, § 2º).

Na hipótese de dispensa sem justa causa, ao término do ano letivo ou no curso de férias escolares, é assegurado ao professor o pagamento a que se refere o *caput* deste artigo (CLT, art. 322, § 3º).

Sobre professor, o TST editou as seguintes Súmulas:

> *Súmula 10. Professor. Dispensa sem justa causa. Término do ano letivo ou no curso de férias escolares. Aviso prévio.* O direito aos salários do período de férias escolares assegurado aos professores (art. 322, *caput* e § 3º, da CLT) não exclui o direito ao aviso prévio, na hipótese de dispensa sem justa causa ao término do ano letivo ou no curso das férias escolares.
>
> *Súmula 351. Professor. Repouso semanal remunerado. Art. 7º, § 2º, da Lei 605, de 05.01.1949, e art. 320 da CLT.* O professor que recebe salário mensal à base de hora-aula tem direito ao acréscimo de 1/6 a título de repouso semanal remunerado, considerando-se para esse fim o mês de quatro semanas e meia.

Diz o art. 323 da CLT que "não será permitido o funcionamento do estabelecimento particular de ensino que não remunere condignamente os seus professores ou não lhes pague pontualmente a remuneração de cada mês", competindo "ao Ministério da Educação e Cultura fixar os critérios para a determinação da condigna remuneração devida aos professores, bem como assegurar a execução do preceito estabelecido no presente artigo".

Para encerrar este tópico, é relevante lembrar que, nos termos da OJ 65 da SBDI-1/TST: "O acesso de professor adjunto ao cargo de professor titular só pode ser efetivado por meio de concurso público, conforme dispõem os arts. 37, inciso II, e 206, inciso V, da CF/88".

19. TELEFONISTAS DE MESA

A jornada diária normal dos empregados (operadores) que trabalhem em empresas que explorem o serviço de telefonia, telegrafia submarina ou subfluvial, de radiotelegrafia ou de radiotelefonia é de 6 (seis) horas contínuas ou 36 (trinta e seis) horas semanais (CLT, art. 227, *caput*).

Para os empregados sujeitos a horários variáveis, fica estabelecida a duração máxima de sete horas diárias de trabalho e dezessete horas de folga, deduzindo-se desse tempo vinte minutos para descanso, de cada um dos empregados, sempre que se verificar um esforço contínuo de mais de três horas. São considerados empregados sujeitos a horários variáveis, além dos operadores, cujas funções exijam classificação distinta, os que pertençam a seções de técnica, telefones, revisão, expedição, entrega e balcão.

O TST (Súmula 178) resolveu estender à telefonista de empresa que não explora o serviço de telefonia a jornada reduzida prevista no art. 227 da CLT.

A prorrogação da jornada só será possível "em caso de indeclinável necessidade", sendo a empresa obrigada a pagar aos operadores o adicional de horas extras de 50% no mínimo sobre o valor do seu salário-hora normal.

Preceitua o § 2º do art. 227 da CLT que o "trabalho aos domingos, feriados e dias santos de guarda será considerado extraordinário e obedecerá, quanto à sua execução e remuneração, ao que dispuserem empregadores e empregados em acordo, ou os respectivos sindicatos em convenção coletiva de trabalho".

Reconhecendo o extenuamento do exercício da função, reza o art. 228 consolidado que os "operadores não poderão trabalhar, de modo ininterrupto, na transmissão manual, bem como na recepção visual, auditiva, com escrita manual ou datilográfica, quando a velocidade for superior a vinte e cinco palavras por minuto".

A direção das empresas deverá organizar as turmas de empregados, para a execução dos seus serviços, de maneira que prevaleça sempre o revezamento entre os que exercem a mesma função, quer em escalas diurnas, quer em noturnas (CLT, art. 230), sendo permitido aos empregados que exerçam a mesma função, entre si, a troca de turmas, desde que isso não importe em prejuízo dos serviços, cabendo ao chefe ou encarregado resolver sobre a oportunidade ou possibilidade dessa medida, observando-se as prescrições legais. As empresas não poderão organizar horários que obriguem os empregados a fazer a refeição do almoço antes das 10 e depois das 13 horas e a de jantar antes das 16 e depois das 19:30.

As condições especiais acima apontadas não se aplicam aos operadores de radiotelegrafia embarcados em navios ou aeronaves.

No que concerne aos operadores de televendas (*telemarketing*), a OJ 273 da SBDI-1/TST sedimentou, inicialmente, o entendimento de que a "jornada reduzida de que trata o art. 227 da CLT não é aplicável, por analogia, ao operador de televendas, que não exerce suas atividades exclusivamente como telefonista, pois, naquela função, não opera mesa de transmissão, fazendo uso apenas dos telefones comuns para atender e fazer as ligações exigidas no exercício da função". Todavia, o referido verbete foi cancelado pela Resolução do TST 175/11 (DEJT divulgado em 27, 30 e 31.05.2011), o que abre espaço para a construção de uma nova hermenêutica a respeito da aplicação analógica do art. 227 da CLT aos operadores de *telemarketing*. Nesse sentido:

RECURSO DE REVISTA. JORNADA DE TRABALHO. OPERADOR DE *TELEMARKETING*. Recurso fundamentado em violação do art. 22, I, da Constituição Federal e divergência jurisprudencial. Com o cancelamento da Orientação Jurisprudencial 273 da SBDI-1, que obstava a aplicação analógica do art. 227 da CLT aos operadores de *telemarketing*, esta Corte evoluiu para admitir que, uma vez submetido às mesmas condições desgastantes do telefonista, o atendente de *telemarketing*, que labora utilizando como instrumento a comunicação telefônica, também tenha reduzida a duração da sua jornada, como forma de diminuir a sua exposição a atividade desgastante. No presente caso, tal como registra o e. Tribunal Regional, o empregado atuava como operador de *telemarketing*, na função de cobrador de devedores de clientes da empresa. E, como referido, as funções desempenhadas pelos operadores de *telemarketing* se assemelham e muito às atividades antes exercidas pelos telefonistas, de modo que o TST passou a fazer uma interpretação extensiva do referido dispositivo legal, com base na atual realidade deste profissional, aplicando o art. 227 também aos operadores de *telemarketing*. Ademais, a jornada do operador de *telemarketing* e demais pessoas que exerçam atividade de teleatendimento/*telemarketing*, em centrais de atendimento telefônico e/ou centrais de relacionamento com clientes, já foi, inclusive, objeto de redução pelo Ministério do Trabalho, conforme prevê o item 5.3 do Anexo II da NR-17. Precedentes. Recurso de Revista conhecido por divergência jurisprudencial e não provido. OPERADOR DE *TELEMARKETING* – APLICAÇÃO DO ART. 72 DA CLT – IMPOSSIBILIDADE. Recurso fundamentado em divergência jurisprudencial. Esta Corte possui entendimento pacificado, por meio da Súmula 346 do TST, de que o intervalo previsto no art. 72 da CLT deve ser analogicamente aplicado àqueles trabalhadores que exerçam de forma permanente e ininterrupta a função de digitador. No caso dos autos, o e. Tribunal enfaticamente registra que o empregado desempenhava a atividade de operador de *telemarketing*, realizando tarefas de digitação apenas de forma intercalada, em seguida ao atendimento telefônico. Excluída a hipótese de aplicação do art. 72 da CLT, pelos fundamentos acima expostos, e como na petição inicial o empregado requer sucessivamente a aplicação do Anexo II da NR-17, aplico-o, limitando a condenação aos seus termos. Recurso conhecido por divergência jurisprudencial e parcialmente provido no particular (TSTRR 651-93.2010.5.09.0652 – Rel. Min. Alexandre de Souza Agra Belmonte – 3ª T. – *DEJT* 13.09.2013).

20. VIGILANTES

A profissão de vigilante está prevista na Lei 7.102, de 20.07.1983 (regulamentada pelo Decreto 89.056/83), que dispõe sobre segurança para estabelecimentos financeiros, empresas de vigilância e transporte de valores.

O art. 1º da Lei 7.102, com nova redação dada pela Lei 9.017, de 30.03.1995, veda o funcionamento de qualquer estabelecimento financeiro onde haja guarda de valores ou movimento de numerário, que não possua sistema de segurança aprovado pelo Ministério da Justiça, na forma desta lei.

Estão compreendidos no conceito de "estabelecimentos financeiros", para os fins da norma legal *sub examen*, os bancos oficiais ou privados, caixas econômicas, sociedades de crédito, associações de poupança, suas agências, subagências e seções.

O sistema de segurança referido no art. 1º da Lei 7.102 inclui:

- pessoas adequadamente preparadas, assim chamadas vigilantes;
- alarme capaz de permitir, com segurança, comunicação entre o estabelecimento financeiro e outro da mesma instituição, empresa de vigilância ou órgão policial mais próximo;
- pelo menos, mais um dos seguintes dispositivos: I – equipamentos elétricos, eletrônicos e de filmagens que possibilitem a identificação dos assaltantes; II – artefatos que retardem a ação dos criminosos, permitindo sua perseguição, identificação ou captura; III – cabina blindada com permanência ininterrupta de vigilante durante o expediente para o público e enquanto houver movimentação de numerário no interior do estabelecimento.

Segundo o art. 15 da Lei 7.102, vigilante é o empregado contratado por empresa de segurança privada para a execução das atividades definidas nos incs. I e II do *caput* e §§ 2º, 3º e 4º do art. 10 daquele diploma legal, quais sejam: a) proceder à vigilância patrimonial das instituições financeiras e de outros estabelecimentos, públicos ou privados, bem como à segurança de pessoas físicas; b) realizar o transporte de valores ou garantir o transporte de qualquer outro tipo de carga.

As empresas especializadas em prestação de serviços de segurança, vigilância e transporte de valores, constituídas sob a forma de empresas privadas, poderão, ainda, prestar serviços de segurança privada a pessoas físicas, a estabelecimentos comerciais, industriais, de prestação de serviços, residências, entidades sem fins lucrativos, órgãos e empresas públicas.

São requisitos para o exercício da profissão de vigilante:

- ser brasileiro;
- ter idade mínima de 21 (vinte e um) anos;
- ter instrução correspondente à quarta série do primeiro grau;
- ter sido aprovado, em curso de formação de vigilante, realizado em estabelecimento com funcionamento autorizado nos termos da Lei 7.102/83;
- ter sido aprovado em exame de saúde física, mental e psicotécnico;
- não ter antecedentes criminais registrados;
- estar quite com as obrigações eleitorais e militares.

O exercício da profissão de vigilante requer prévio registro na Superintendência Regional do Trabalho, após a apresentação dos documentos comprobatórios das situações enumeradas acima.

Ao vigilante será fornecida Carteira de Trabalho e Previdência Social, na qual será especificada a atividade do seu portador.

O vigilante usará uniforme somente quando em efetivo serviço, sendo-lhe assegurado:

- uniforme especial às expensas da empresa a que se vincular;
- porte de arma, quando em serviço;
- prisão especial por ato decorrente do serviço;
- seguro de vida em grupo, feito pela empresa empregadora.

O vigilante é, pois, contratado formalmente por uma empresa especializada, mas prestará serviços de fato a uma outra pessoa física ou jurídica. Trata-se, portanto, de um tipo de "terceirização" permitida pelo direito positivo brasileiro, sendo reconhecida a sua validade pelo TST (Súmula 331, III).

É preciso não confundir vigilante com vigia. Aquele é destinatário da Lei 7.012, integrando categoria profissional diferenciada; este é empregado tutelado pela CLT e seu enquadramento sindical será determinado pela atividade econômica preponderante do seu empregador. Nesse sentido:

> ENQUADRAMENTO SINDICAL – VIGIA OU VIGILANTE – NORMA COLETIVA APLICÁVEL. 1. Conforme estabelecem os dispositivos da Lei 7.102/83, são requisitos para o exercício da profissão de vigilante a aprovação no respectivo curso de formação, o registro na Polícia Federal e o porte de armas. 2. No caso, o acórdão regional consignou que o Reclamante não provou ter preenchido os requisitos estabelecidos em lei para ser enquadrado na categoria profissional dos vigilantes. Ao contrário, confessou que nunca realizou o curso de formação específico. Assim, não se aplicam à hipótese fática delineada no presente feito as normas coletivas referentes aos trabalhadores em vigilância e segurança privada. 3. Como bem sinalado no despacho-agravado, os arestos trazidos a cotejo não servem ao intuito de demonstrar a alegada divergência jurisprudencial, pois não atendem ao assentado na Súmula 337, I, "a", do TST, não tendo sido juntadas as respectivas certidões ou cópias autenticadas ou citadas as fontes oficiais ou repositórios autorizados em que foram publicados. Ademais, o agravo de instrumento afigura-se inovatório na parte em que aponta para a violação de dispositivos constitucionais que não foram suscitados por ocasião da interposição do Recurso de Revista. Agravo de Instrumento desprovido (TST-AIRR 35840-93.2005.5.15.0118 – Rel. Min. Ives Gandra Martins Filho – 4ª T. – *DJ* 11.10.2007).

21. QUÍMICOS

O exercício da profissão de químico é minuciosamente regulado nos arts. 325 a 350 da CLT e requer prévio registro do profissional perante o Conselho Regional de Química do local onde exercerá a profissão (Lei 2.800/56).

A profissão de químico, na condição de autônomo ou empregado, somente poderá ser exercida por aquele que possuir a Carteira Profissional de Químico expedida pelos Conselhos Regionais de Química. Esta carteira não substitui a CTPS e com ela não se confunde.

Havendo relação empregatícia, ao químico são aplicadas as normas da CLT, salvo disposição especial em contrário.

O exercício da profissão de químico compreende:

- a fabricação de produtos e subprodutos químicos em seus diversos graus de pureza;
- a análise química, a elaboração de pareceres, atestados e projetos da especialidade e sua execução, perícia civil ou judiciária sobre essa matéria, a direção e a responsabilidade de laboratórios ou departamentos químicos, de indústrias e empresas comerciais;
- o magistério nas cadeiras de química dos cursos especializados em química;
- a engenharia química.

É obrigatória a admissão de químicos nos seguintes tipos de indústria:

- de fabricação de produtos químicos;
- que mantenham laboratório de controle químico;
- de fabricação de produtos industriais que são obtidos por meio de reações químicas dirigidas, tais como: cimento, açúcar e álcool, vidro, curtume, massas plásticas artificiais, explosivos, derivados de carvão ou de petróleo, refinação de óleos vegetais ou minerais, sabão, celulose e derivados.

O nome do químico responsável pela fabricação dos produtos de uma fábrica, usina ou laboratório deverá figurar nos respectivos rótulos, faturas e anúncios, compreendida entre estes últimos a legenda impressa em cartas e sobrecartas.

De acordo com o que preceitua a Lei 4.950-A, de 22.04.1966, o salário profissional do químico está classificado de acordo com a duração das atividades e tarefas respectivas. Assim:

- para as atividades e tarefas que exigem até 6 horas diárias de serviço, o salário profissional é igual a 6 vezes o salário mínimo;

- para as atividades e tarefas que exigem serviços acima de 6 horas diárias, o salário profissional é fixado tomando por base o custo da hora estabelecido no art. 5º da referida lei, com acréscimo de 25% (a nosso sentir, o adicional de horas extras é de no mínimo 50% sobre a hora normal, por força do art. 7º, XVI, da CF/88) sobre as horas excedentes de seis.

Há distinção, ainda, quanto aos dois níveis de salário profissional: a) para os diplomados em cursos universitários regulares com duração de 4 anos = 6 salários mínimos comuns vigentes no País; b) para os diplomados em cursos, de nível superior, com duração inferior a 4 anos = 5 salários mínimos comuns.

22. TRABALHADORES EM PETRÓLEO

O regime de trabalho dos empregados nas atividades de exploração, perfuração, produção e refinação de petróleo, industrialização do xisto, indústria petroquímica e transporte de petróleo e seus derivados por meio de dutos é regulado pela Lei 5.811, de 11.10.1972.

Pertinente é a observação de Segadas Vianna, para quem "essa lei fere frontalmente a sistemática de nossa legislação de amparo ao trabalhador", uma vez que "contraria as normas gerais de duração da jornada de trabalho e de repouso"[25].

O art. 2º da lei em exame determina que, sendo imprescindível à continuidade operacional, o empregado será mantido em seu posto de trabalho, em regime de revezamento, que poderá ser realizado em turno de 8 (oito) horas. A referida disposição normativa admite, ainda, a utilização do turno de 12 (doze) horas restritas às seguintes situações especiais:

- atividades de exploração, perfuração, produção e transferência de petróleo no mar;
- atividades de exploração, perfuração e produção de petróleo em áreas terrestres distantes ou de difícil acesso.

Para garantir a normalidade das operações ou para atender a imperativos de segurança industrial, poderá ser exigida, mediante o pagamento em dobro da hora de repouso e alimentação, a disponibilidade do empregado no local de trabalho ou nas suas proximidades, durante o intervalo destinado a repouso e alimentação (Lei 5.811/72, art. 2º, § 2º).

De acordo com o art. 3º da Lei 5.811/72, durante o período em que o empregado permanecer no regime de revezamento em turno de 8 (oito) horas, ser-lhe-ão assegurados os seguintes direitos:

25. *Instituições*... 16. ed., p. 1033.

- pagamento do adicional de trabalho noturno na forma do art. 73 da Consolidação das Leis do Trabalho;
- pagamento em dobro da hora de repouso e alimentação suprimida nos termos do § 2º do art. 2º;
- alimentação gratuita, no posto de trabalho, durante o turno em que estiver em serviço;
- transporte gratuito para o local de trabalho;
- direito a um repouso de 24 (vinte e quatro) horas consecutivas para cada 3 (três) turnos trabalhados.

Além desses, os trabalhadores da Petrobras vêm conquistando outros direitos por meio de acordos coletivos de trabalho, como, por exemplo, a Remuneração Mínima por Nível e Regime – RMNR.

Com relação à RMNR, instituída pela Petrobras e empresas do grupo, o TST, nos Incidentes de Recursos de Revistas Repetitivos 21900-13.2011.5.21.0012 e 118-26.2011.5.11.0012 (Tema 13, Rel. Min. Alberto Bresciani, julgado em 21.06.2018, por 13x12), fixou a seguinte tese:

> Considerando os fatos pretéritos e contemporâneos às negociações coletivas que levaram à criação da remuneração mínima por nível e regime – RMNR, pela Petrobras e empresas do grupo, positiva-se, sem que tanto conduza a vulneração do art. 7º, XXVI, da Constituição Federal, que os adicionais de origem constitucional e legal, destinados a remunerar o trabalho em condições especiais ou prejudiciais (adicionais de periculosidade e insalubridade, adicionais pelo trabalho noturno, de horas extras, repouso e alimentação e outros), não podem ser incluídos na base de cálculo, para apuração do complemento da RMNR, sob pena de ofensa aos princípios da isonomia, da razoabilidade, da proporcionalidade, da realidade e pela ínsita limitação à autonomia da vontade coletiva. Por outro lado, os adicionais criados por normas coletivas, regulamento empresarial ou descritos nos contratos individuais de trabalho, sem lastro constitucional ou legal, porque livres de tal império, podem ser absorvidos pelo cálculo do complemento de RMNR.

Ao empregado que trabalhar no regime de revezamento em turno de 12 (doze) horas, serão assegurados, além dos já previstos nas alíneas precedentes, os seguintes direitos:

- alojamento coletivo gratuito e adequado ao seu descanso e higiene;
- repouso de 24 (vinte e quatro) horas consecutivas para cada turno trabalhado.

Sempre que for imprescindível à continuidade operacional durante as 24 (vinte e quatro) horas do dia, o empregado com responsabilidade de supervisão das operações, ou engajado em trabalhos de geologia de poço, ou, ainda, em trabalhos de apoio operacional às atividades enumeradas nas alíneas "a" e "b" do § 1º do art. 2º, *poderá ser mantido no regime de sobreaviso*, entendendo-se como tal aquele em que o empregado permanece à disposição do empregador por um período de 24 (vinte e quatro) horas para prestar assistência aos trabalhos normais ou atender às necessidades ocasionais de operação. Em cada jornada de sobreaviso, o trabalho efetivo não excederá a 12 (doze) horas. Durante o período em que permanecer no regime de sobreaviso, serão assegurados ao empregado, além dos já previstos nos itens III e IV do art. 3º e item I do art. 4º da Lei 5.811/72, os seguintes direitos:

- repouso de 24 (vinte e quatro) horas consecutivas para cada período de 24 (vinte e quatro) horas em que permanecer de sobreaviso;
- remuneração adicional correspondente a, no mínimo, 20% (vinte por cento) do respectivo salário básico, para compensar a eventualidade de trabalho noturno ou a variação de horário para repouso e alimentação (considera-se salário básico a importância fixa mensal correspondente à retribuição do trabalho prestado pelo empregado na jornada normal de trabalho, antes do acréscimo de vantagens, incentivos ou benefícios, a qualquer título).

O repouso concedido nos termos da Lei 5.811/72 quita a obrigação patronal relativa ao repouso semanal remunerado de que trata a Lei 605, de 05.01.1949 (art. 7º).

O empregado não poderá permanecer em serviço, no regime de revezamento previsto para as situações especiais de que tratam as alíneas "a" e "b" do § 1º do art. 2º, nem no regime estabelecido no art. 5º, por período superior a 15 (quinze) dias consecutivos (art. 8º).

Sempre que, por iniciativa do empregador, for alterado o regime de trabalho do empregado, com a redução ou supressão das vantagens inerentes aos regimes instituídos nesta lei, ser-lhe-á assegurado o direito à percepção de uma indenização correspondente a um só pagamento, igual à média das vantagens previstas na Lei 5.811/72, percebidas nos últimos 12 (doze) meses anteriores à mudança, para cada ano ou fração igual ou superior a 6 (seis) meses de permanência no regime de revezamento ou de sobreaviso.

A variação de horário, em escalas de revezamento diurno, noturno ou misto, será estabelecida pelo empregador com obediência aos preceitos desta lei (art. 10), não constituindo alteração ilícita a exclusão do empregado do regime de revezamento, cabendo-lhe exclusivamente, nesta hipótese, o pagamento da indenização acima apontada.

No que diz respeito ao horário noturno, o TST editou a Súmula 112:

> O trabalho noturno dos empregados nas atividades de exploração, perfuração, produção e refinação do petróleo, industrialização do xisto, indústria petroquímica e transporte de petróleo e seus derivados, por meio de dutos, é regulado pela Lei 5.811, de 1972, não se lhes aplicando a hora reduzida de 52 minutos e 30 segundos do art. 73, § 2º, da CLT.

23. OPERADORES CINEMATOGRÁFICOS

Vaticina o art. 234 da CLT que a duração normal do trabalho dos operadores cinematográficos e seus ajudantes não excederá a 6 horas diárias, assim distribuídas:

- 5 horas consecutivas de trabalho em cabina, durante o funcionamento cinematográfico;
- um período suplementar até o máximo de uma hora, para limpeza, lubrificação dos aparelhos de projeção ou revisão de filmes.

A prestação de serviço além da jornada diária máxima acima referida assegura ao empregado o direito de perceber adicional de hora extra de no mínimo 50%.

Nos estabelecimentos cujo funcionamento normal seja noturno, será facultado aos operadores cinematográficos e seus ajudantes, mediante acordo ou contrato coletivo de trabalho e com acréscimo de 50% sobre o salário da hora normal, executar o trabalho em sessões diurnas extraordinárias e, cumulativamente, nas noturnas, desde que isso se verifique até três vezes por semana e entre as sessões diurnas e noturnas haja o intervalo de uma hora, no mínimo, de descanso. A duração de trabalho cumulativo ora focalizada não poderá exceder a dez horas.

O intervalo interjornada mínimo dos operadores cinematográficos será de, no mínimo, 12 horas.

As condições especiais de trabalho nas cabinas cinematográficas encontram-se também previstas na Portaria MTb 30, de 07.02.1958, que regula as normas técnicas que devem existir nesses locais, em todo o território nacional.

24. OUTRAS PROFISSÕES REGULAMENTADAS

Além das acima mencionadas, há outras profissões e atividades objeto de disciplinamento legal. Entre elas, podemos destacar as seguintes:

- Administrador (Lei 4.769/65, Dec. 61.934/67, Dec. 65.396/69, Dec. 70.673/72, Lei 7.321/85);
- Agrimensor (Lei 3.144/57, Dec. 53.943/64);
- Analista Laboratorial (Lei 6.686/79);
- Arquivista (Lei 6.546/78, Dec. 82.590/78);
- Assistente Social (Lei 8.662/93);
- Atuário (Dec.-lei 806/69, Dec. 66.408/70);
- Bibliotecário (Lei 4.084/62, Dec. 56.725/65, Lei 7.504/86);
- Biólogo e Biomédico (Lei 6.684/79, Lei 6.686/79, Lei 7.135/83, Dec. 88.438/83, Dec. 88.439/83, Lei 7.497/86);

- Bombeiro civil (Lei 11.901/2009);
- Carregador e Transportador de Bagagens (Lei 4.637/65);
- Carros-Restaurantes das Estradas de Ferro (Lei 1.652/52);
- Conferente de Carga e Descarga (Lei 8.630/93);
- Consertador de Carga e Descarga (Lei 2.191/54, Dec. 55.230/64, Dec. 56.414/65);
- Contabilista (Dec.-lei 9.295/46, Dec.-lei 9.710/46, Lei 570/48, Lei 4.695/65, Dec.-lei 1.040/69, Lei 5.730/71);
- Corretor de Fundos Públicos (Lei 2.146/53, Lei 5.601/70);
- Corretor de Imóveis (Dec.-lei 1.381/74, Lei 6.530/78, Dec. 81.871/78);
- Corretor de Navios (Dec. 10.009/29, Dec. 52.090/68, Dec.-lei 5/66);
- Corretor de Seguros (Lei 4.594/64, Dec. 56.903/65, Dec. 60.459/67, Dec. 63.670/68, Dec. 66.656/70, Lei 7.278/84);
- Despachante Aduaneiro (Dec.-lei 366/68, Dec.-lei 2.472/88);
- Economista (Lei 1.411/51, Dec. 31.794/52, Lei 6.021/74, Lei 6.537/78);
- Economista Doméstico (Lei 7.387/85);
- Enfermeiro (Dec. 50.387/61, Lei 5.905/73, Lei 7.498/86, Dec. 94.406/87);
- Engenheiro (Lei 4.950-A/66, Lei 5.194/66, Dec. 241/67, Dec.-lei 602/69, Dec.-lei 711/66, Lei 6.496/77, Lei 6.619/78);
- Estatístico (Lei 4.739/65, Dec. 62.497/68, Dec. 63.111/68, Dec. 80.404/77);
- Farmacêutico (Lei 3.820/60, Dec. 49.840/61, Lei 4.817/65, Dec. 85.878/81);
- Fisioterapeuta e Terapeuta Ocupacional (Dec.-lei 939/69, Lei 6.316/75);
- Fonoaudiólogo (Dec. 87.218/82);
- Geólogo (Lei 4.076/62);
- Geógrafo (Lei 6.664/79, Dec. 85.138/80, Lei 7.399/85, Dec. 92.290/86);
- Guardador e Lavador de Veículos (Lei 6.242/75, Dec. 79.797/77);
- Técnico de Laboratório (Res. 99/86, Cons. Fed. Química, *DOU*, 31.12.86);
- Leiloeiro (Dec. 21.981/32);
- Leiloeiro Rural (Lei 4.021/61);
- Massagista (Dec.-lei 8.345/45, Lei 3.968/61);
- Médico Veterinário (Lei 5.517/68, Dec.-lei 467/69, Dec. 64.704/69, Dec.-lei 818/69, Dec. 69.134/71);
- Meteorologista (Lei 6.835/80);
- Museólogo (Lei 7.287/84, Dec. 91.775/85);
- Nutricionista (Lei 8.234/91, Lei 6.583/78, Dec. 84.444/80);
- Odontologista (Lei 4.324/64, Lei 5.081/66, Dec. 67.057/70, Dec. 68.704/71);
- Orientador Educacional (Lei 5.564/68, Dec. 72.846/73);
- Pescador (Dec. 64.618/69, Dec. 70.334/72 – Convenção da OIT 113);
- Petroquímico (Lei 5.811/72);
- Propagandista e Vendedor de Produtos Farmacêuticos (Lei 6.224/75);

- Prótese dentária (Lei 6.710/79, Dec. 87.689/82);
- Psicólogo (Lei 4.119/62, Dec.-lei 529/69, Dec.-lei 706/69, Lei 5.766/71, Dec. 79.822/77);
- Publicitário (Lei 4.680/65, Dec. 57.690/66, Dec. 60.574/67);
- Radialista (Lei 6.615/78, Dec. 84.134/79, Dec. 95.684/88);
- Técnico de Radiologia (Lei 7.394/85, em apêndice, Dec. 92.790/86);
- Relações Públicas (Lei 5.377/67, Dec. 63.283/68, Dec.-lei 860/69);
- Secretário Executivo e Técnico em Secretariado (Lei 7.377/85);
- Segurança do Trabalho (Engenheiro, Arquiteto e Técnico: Lei 7.410/85, Dec. 92.530/86);
- Sociólogo (Lei 6.888/80 e Dec. 89.531/84);
- Transportador Rodoviário Autônomo (Lei 7.290/84);
- Vendedores, Viajantes ou Pracistas (Lei 3.207/57);
- Zootecnista (Lei 5.550/68, Dec.-lei 425/69).

Para encerrar este Capítulo, trazemos à reflexão importante observação de Octavio Bueno Magano, para quem a regulamentação de algumas atividades é fruto, às vezes, de manobras de envolvimento do legislador por profissionais com o fim de reservar-se o privilégio de exclusividade do exercício sem autêntica razão de existência, o que pode desaguar em inconstitucionalidade da respectiva norma legal, sempre que essa regulamentação restrinja a liberdade de trabalho por outro critério que não seja o estritamente profissional[26].

26. In: *Rev. Synthesis 7/156.*

CAPÍTULO V
Globalização, Flexibilização e Terceirização no Direito do Trabalho

1. GLOBALIZAÇÃO

Globalização é a palavra de ordem utilizada não só pela mídia, mas também por políticos, empresários, trabalhadores, sindicalistas, economistas, operadores do direito, enfim, pela sociedade em geral.

Trata-se de um fenômeno econômico recente, reconhecido praticamente em todas as partes do mundo, decorrente de uma crise generalizada, que aponta no sentido da união de esforços para a supressão das deficiências locais. Há, contudo, os que advogam que a globalização surgiu desde o império romano, com as supostas quebras de fronteiras promovidas por Alexandre "O Grande". Outros sustentam que ela data do período das grandes navegações. De toda a sorte, ninguém ousa negar que nesses períodos históricos a ideia da globalização consistia basicamente na invasão territorial, mediante tomada do poder por ato de guerra, o que resultava quase sempre num processo de escravização do vencido pelo vencedor.

Na nova fase do direito moderno[1], a globalização surge com outra roupagem. Com o rápido avanço tecnológico, a partir do invento do *chip*, e o desenvolvimento dos meios de comunicação, mormente da internet, o fenômeno adquire dimensão não só econômica, mas também política, social e ideológica, na medida em que, por meio dele, vislumbra-se o surgimento de uma nova concepção do capitalismo.

A informática, a telemática e a robotização têm produzido profunda e ampla repercussão dentro e fora da empresa. Nesse sentido, a globalização pode ser vista como a era pós-industrial.

1.1. Conceito

Há diversos conceitos formulados pela doutrina juslaboralista acerca do vocábulo "globalização".

1. REALE, Miguel. *Nova fase do direito moderno*. 2. ed. São Paulo: Saraiva, 1998, p. 113.

Para Jorge Luiz Souto Maior, a

> globalização se apresenta como uma realidade que ainda não se completou, mas que se concretizará, inevitavelmente. Trata-se de um fenômeno econômico, resultante do reconhecimento das diversas partes do mundo, devido a uma crise generalizada, de que seria preciso unir esforços para supressão de deficiências locais. Com as facilidades proporcionadas pela agilização da comunicação, especialmente no que se refere à informática, o fenômeno adquire uma feição também cultural, a ponto de Octavio Ianni referir-se a ele como "novo surto de universalização do capitalismo, como modo de produção e processo civilizatório"[2].

Sérgio Alberto de Souza, ressaltando o aspecto ideológico da burguesia em relação à globalização, sugere uma abordagem crítica, mediante o método da dialética do concreto:

> Para discernir e denunciar o discurso lacunar, o pesquisador do Direito há de encontrar, com olhar percuciente, as armadilhas da ideologia burguesa. E demonstrar, através de um método verdadeiramente científico, os "porquês" da impossibilidade de preenchimento no discurso lacunar ideológico usado na formação teórica, legislativa e jurisprudencial do Direito burguês. Do ponto de vista dos julgamentos de pessoas, como no nível dos processos, o real se apresenta desfigurado por simulações que vivem da mera repetição. No conjunto, esse arsenal conceitual configura, essencialmente, uma ideologia. Os seus formuladores originais empreendem, sempre, a gigantesca tarefa, em que têm obtido sucesso, de confundir as coisas e de, em última análise, fazer com que as vítimas se conformem. Isto significa, realmente, a necessidade de os exploradores convencerem os explorados de que a exploração de que estes são vítimas é legítima, fatal, natural. As técnicas de transmissão do pensamento, extraordinariamente ampliadas nos últimos lustros, têm servido para essa tarefa. A seu serviço, a serviço de exploradores, técnicas complexas de convencimento são utilizadas, quase sempre com sucesso. Exsurge um dado que exige especial destaque: o último produto ideológico intensamente trabalhado e propagado, o último entorpecente das mentes, vem sendo o conceito de globalização, com tudo o que ele encerra e mais tudo o que pretende alcançar. É o produto de uma época histórica de transição, quando uma época entra em crise e os modelos, padrões e significações sofrem distorção inevitável. É preciso, para assegurar a continuidade da exploração, convencer que determinadas nações têm o direito de comandar o desenvolvimento, enquanto outras devem submeter-se a esse desenvolvimento, como tudo o que convém às primeiras, tidas como desenvolvidas, avançadas etc.[3].

---

2. Globalização. *Revista Síntese Trabalhista*, n. 99, p. 139, set. 1997.
3. Globalização: o porquê do desemprego! *Revista Síntese Trabalhista*, n. 99, p. 145, set. 1997.

Segundo Arion Sayão Romita, no mundo desenvolvido e em vias de desenvolvimento, "ocorreu, nos últimos 25 anos, uma verdadeira revolução científico-tecnológica, que deflagrou um processo de globalização em escala e em intensidade sem precedentes. Esse processo, que é irreversível, permite o deslocamento rápido, barato e maciço de mercadorias, serviços, capitais e trabalhadores. Grandes mercados regionais se tornaram possíveis e pode-se pensar, num futuro próximo, no surgimento de um único mercado planetário de bens e de trabalho"[4].

1.2. As posições do G-8 e da OIT

Jorge Souto Maior[5] destaca que um dos efeitos dessa "sociedade global" é o declínio, ou, pelo menos, a limitação das soberanias dos Estados, conforme padrões estabelecidos pela estrutura global de poder. Tentando preservar sua soberania, diante das pressões mundiais, os Estados se regionalizam, mas mesmo essa regionalização segue padrões determinados por um mundo que tende a ser um mundo sem fronteiras. Nesse novo mundo há um redimensionamento das bases do Estado nacional, o que se apresenta plenamente natural. O que há de artificial em tudo isso é a tentativa de, sob manto da globalização e da modernidade, eliminarem-se valores éticos e noções de justiça social, como se a irreversibilidade da nova realidade nos conduzisse inexoravelmente a um mundo não exatamente sem fronteiras, mas sem moral.

Como ressalta Boaventura de Sousa Santos, "são os países periféricos e semiperiféricos os que mais estão sujeitos às imposições do receituário neoliberal, uma vez que este é transformado pelas agências financeiras multilaterais em condições para a renegociação da dívida externa através dos programas de ajustamento estrutural. Mas, dado o crescente predomínio da lógica financeira sobre a economia real, mesmo os Estados centrais, cuja dívida pública tem vindo a aumentar, estão sujeitos às decisões das agências financeiras de *rating*, ou seja, das empresas internacionalmente acreditadas para avaliar as situações financeiras dos Estados e os consequentes riscos e oportunidades que eles oferecem aos investidores internacionais"[6].

Não há negar que o principal efeito da globalização econômica, pelo menos no que diz respeito à ocorrência do fenômeno nos países periféricos ou semiperiféricos, repousa na especulação em torno da possibilidade de flexibilização *in pejus* dos direitos sociais, conquistados paulatinamente pelos trabalhadores ao longo dos últimos cem anos.

---

4. *Globalização da economia e direito do trabalho*. São Paulo: LTr, 1997, p. 28.
5. *Op. cit.*, p. 140.
6. SANTOS, Boaventura de Sousa. Os processos de globalização. In: SANTOS, Boaventura de Sousa (org.). *A globalização e as ciências sociais*. 3. ed. São Paulo: Cortez, 2005, p. 31.

É dizer, a globalização produzida pelo consenso neoliberal aponta no sentido de que o crescimento e a estabilidade econômica fundamentam-se, segundo Boaventura de Sousa Santos, "na redução dos custos salariais, para o que é necessário liberalizar o mercado de trabalho, reduzindo os direitos liberais, proibindo a indexação dos salários aos ganhos de produtividade e os ajustamentos em relação ao custo de vida e eliminando a prazo a legislação sobre o salário mínimo. O objetivo é impedir o impacto inflacionário dos aumentos salariais (...) A nova pobreza globalizada não resulta da falta de recursos humanos ou materiais, mas tão só do desemprego, da destruição das economias de subsistência e da minimização dos custos salariais à escala mundial"[7].

Um dos mais graves problemas da globalização é a ampliação das desigualdades não apenas entre os Estados ricos e pobres, como também no interior de todos os Estados, inclusive os ricos.

É o que adverte Boaventura de Sousa Santos:

> A concentração da riqueza produzida pela globalização neoliberal atinge proporções escandalosas no país que tem liderado a aplicação do novo modelo econômico, os EUA. Já no final da década de oitenta, segundo dados do *Federal Reserve Bank*, 1% das famílias norte-americanas detinha 40% da riqueza do país e as 20% mais ricas detinham 80% da riqueza do país[8].

Essa, porém, não é tônica do discurso levado a efeito pelo Grupo dos Oito – G8[9].

No Seminário Internacional "Relações de Trabalho", promovido pelo Ministério do Trabalho – MTb, realizado no Parlatino, São Paulo, de 29 de setembro a 01.10.1997, Héctor G. Bartolomei de la Cruz[10] apontou que na conclusão da reunião do G8, realizada em Denver, Colorado, em 1997, os chefes de Estado e de Governo dos países integrantes do G8 definiram que a globalização é o principal fator responsável pelo crescimento da prosperidade mundial nos últimos anos. A globalização favorece a expansão da circulação além das fronteiras de ideias e de informações, de bens e serviços, de tecnologia e de capital. Uma maior abertura e integração da economia mundial criam oportunidades para mais prosperidade –, pois os países especializam-se naquelas atividades que realizam melhor –, promovendo, ao mesmo tempo, maior competição e eficiência, assim como a rápida disseminação de inovações tecnológicas. A originalidade do comunicado final de Denver – ressaltou o palestrante – reside justamente em mostrar que se referir à globalização significa solucionar a insegurança do

7. SANTOS, Boaventura de Sousa, *op. cit.*, p. 35.
8. SANTOS, Boaventura de Sousa, *op. cit.*, p. 34.
9. Inicialmente, integravam o G7: EUA, Alemanha, Reino Unido, Japão, França, Canadá e Itália. Posteriormente, ingressou a Rússia. Daí a denominação G8.
10. *Globalização da economia e o direito internacional do trabalho*: realidades e desafios. Anais do Seminário Internacional Relações de Trabalho – Aspectos Jurídicos, Sociais e Econômicos. Brasília: MTb, Sex, 1998, p. 25-40.

emprego e da economia (*unemployment and economic insecurity*); sem a obtenção de um equilíbrio socioeconômico, poderão romper-se aqueloutras seguranças sobre as quais baseia-se a paz universal.

Nem poderia ser outra a conclusão daquela reunião, uma vez que, desde 1919, a Constituição da Organização Internacional do Trabalho (os países do antigo G7 são membros desta Organização) já proclamava que "uma paz universal e duradoura não pode fundar-se senão sobre a base da justiça social".

Dois documentos bem mostram a posição da Organização Internacional do Trabalho a respeito da globalização. O primeiro resulta de um relatório intitulado "O emprego no mundo 1996/97: As políticas nacionais na era da globalização". O segundo é o relatório do diretor-geral, datado de junho de 1997, proferido na 85ª Conferência: "A atividade normativa da OIT na era da globalização". O relatório sobre emprego e globalização revela uma preocupação de que a atual e precária situação do emprego deverá agravar-se. Os rápidos progressos técnicos estão trazendo consigo um crescimento que não cria empregos. Encontramo-nos frente a uma deterioração quase universal das condições de trabalho, como demonstram casos impressionantes de redução de pessoal e de desaparecimento de postos de trabalho, os quais frequentemente se concentram em certos setores ou categorias da população (mulheres, jovens ingressando no mercado de trabalho, trabalhadores afetados pela reestruturação industrial, populações marginalizadas).

Pelo menos, conforme a análise estritamente técnica, realizada pela OIT, os países industrializados não podem atribuir o aumento do desemprego e a redução salarial dos trabalhadores não qualificados ao comércio com os países em desenvolvimento ou à deslocalização de suas indústrias em direção ao estrangeiro. Não se pode estabelecer uma relação direta entre a liberalização do comércio internacional e as perdas de emprego. Da mesma forma, não se pode chegar a conclusões definitivas do tipo que a perda de postos de trabalho nos países do Norte corresponde automaticamente a um aumento do emprego nos países do Sul – isso justificaria alegações de *dumping* social em detrimento dos países do Norte e medidas de retaliação comercial.

Outra questão discutida no relatório sobre emprego e globalização refere-se ao desaparecimento do trabalho. Essa teoria sugere que se tornou antiquado o princípio do posto de trabalho fixo, devido ao crescimento de outras formas de trabalho, tais como o trabalho autônomo, o trabalho em tempo parcial e o trabalho transitório. Essas formas de contratação geralmente oferecem um nível inferior de segurança social, uma erosão dos direitos trabalhistas clássicos, inclusive a redução dos salários.

Entretanto, da análise empírica realizada pela OIT conclui-se que a tese do desaparecimento do trabalho está baseada em extrapolações gratuitas de casos exagerados de redução de empregos, desprezando a criação de postos de trabalho compensatórios em outros setores da economia. A maioria dos países desenvolvidos encontra-se diante de uma situação de crescimento sem emprego.

A relação entre a globalização e o emprego consiste em conseguir que a globalização ajude a alcançar integralmente os objetivos do emprego, conforme estabelecidos nas normas da OIT[11].

Em síntese, a Organização Internacional do Trabalho definiu três bases de atuação para equacionar o fenômeno da globalização:

- desenvolver uma campanha para conseguir a ratificação e a aplicação universal das Convenções sobre Direitos Humanos e Fundamentais no trabalho;
- reforçar o sistema de controle das normas;
- promover a revisão das normas e a busca de novos temas normativos, na tentativa de abarcar toda essa temática fundamental para os tempos atuais.

Como bem aponta Arnaldo Süssekind: "A preocupação maior da OIT é com os países que mantêm péssimas condições de trabalho e ineficazes ou inexistentes sistemas de previdência social, a fim de ampliarem sua participação no mercado mundial, em virtude do baixo custo dos seus produtos"[12].

Foi com este objetivo que a OIT propôs à OMC (Organização Mundial do Comércio) a introdução, em todos os contratos comerciais internacionais, da chamada cláusula social, cuja função básica consiste na exigência de que a importação de bens e serviços fique condicionada à ratificação e cumprimento, pelo país exportador, das convenções consideradas pela Cúpula Social do Desenvolvimento Social (reunião realizada em Compenhaguem, 1995) como "direitos humanos fundamentais dos trabalhadores". São elas[13]:

- Convenção 87 – liberdade sindical[14];
- Convenção 98 – direito de sindicalização e de negociação coletiva;
- Convenções 29 e 105 – abolição do trabalho forçado;
- Convenção 100 – igualdade salarial entre homem e mulher;
- Convenção 111 – não discriminação no emprego;
- Convenção 138 – idade mínima para o trabalho.

---

11. A Convenção e a Recomendação relativas à política de emprego, 1964, e a Recomendação relativa à política de emprego (Disposições Complementares), 1984, são os instrumentos normativos mais relacionados com a política de emprego. Até hoje, a Convenção 122 (1964) foi ratificada por 88 países (inclusive o Brasil).
12. *Direito constitucional do trabalho*. Rio de Janeiro: Renovar, 1999, p. 42.
13. SÜSSEKIND, Arnaldo. *Op. cit.*, p. 43. Entre essas Convenções, o Brasil ratificou as de números 29, 98, 100, 105, 111 e 138 , o Brasil também ratificou a Convenção 182, que dispõe sobre a Proibição das Piores Formas de Trabalho Infantil e a Ação Imediata para sua Eliminação. O art. 7º, XXXIII, da Constituição Federal, prevê que a idade mínima para qualquer trabalho passou a ser de 16 anos, salvo na condição de aprendiz, a partir dos 14 anos.
14. A Convenção 87 da OIT não foi ratificada pelo Brasil.

Lamentavelmente, a OMC, alegando que a matéria deveria ficar restrita ao âmbito da OIT, rejeitou a proposta (Conferência de Cingapura, 1997). No ano seguinte, em Conferência realizada em junho de 1998, a OIT

> aprovou resolução firmando compromisso no sentido de todos os Estados-Membros implantarem direitos humanos fundamentais do trabalho, que correspondem aos princípios consubstanciados nas mencionadas convenções e se esforçarem para eliminar qualquer prática incompatível com os valores e princípios básicos da OIT (...). A declaração aprovada enfatiza que todos os Estados-Membros têm uma obrigação com referência a esses princípios fundamentais, independentemente de que hajam ratificado ou não essas Convenções[15].

Em 2008, a 97ª Conferência Internacional do Trabalho editou a "Declaração da OIT sobre a Justiça social para uma Globalização Equitativa", reconhecendo que diante do atual contexto marcado por mudanças aceleradas os compromissos e esforços dos Estados-Membros devem apontar no sentido de colocar em prática as normas internacionais do trabalho, situando o pleno emprego produtivo e o trabalho decente como elementos centrais das políticas econômicas e sociais, por meio de *quatro objetivos estratégicos*: a) promover o emprego criando um arcabouço institucional e econômico sustentável; b) adotar e ampliar medidas de proteção social – seguridade social e proteção dos trabalhadores – que sejam sustentáveis e estejam adaptadas às circunstâncias nacionais; c) promover o diálogo social e tripartismo como os métodos mais apropriados; d) respeitar, promover e aplicar os princípios e direitos fundamentais no trabalho, que são de particular importância, tanto como direitos como condições necessárias para a plena realização dos objetivos estratégicos.

1.3. Globalização e ideologia

Segundo Norberto Bobbio[16], toda teoria jurídica pode ser considerada a partir do seu significado ideológico ou do seu valor científico.

Quanto ao valor científico, a teoria jurídica tem por fim compreender certa realidade e explicá-la. No respeitante à teoria considerada do ponto de vista ideológico, ela tende a afirmar certos valores ideais e a promover certas ações.

Nenhuma inteligência pode recusar que a globalização reacende a velha cizânia entre os defensores do Estado social e os adeptos do Estado liberal[17], o que repercute na tomada de posição do jurista e do operador do direito a respeito das relações de trabalho.

15. *Ibidem*, mesma página.
16. BOBBIO, Norberto. *Teoria della norma giuridica*. Turim: G. Giappichelli, 1958, p. 19.
17. SÜSSEKIND, Arnaldo. *Op. cit.*, p. 44.

Como é sabido, os neoliberais[18] advogam a desregulamentação do direito do trabalho, isto é, a retirada do Estado nas relações trabalhistas, as quais devem ficar, em grande parte, submetidas às leis do mercado.

De outra parte, os defensores do Estado social, arrimando-se basicamente na doutrina social da Igreja ou na filosofia do trabalho, sustentam a intervenção estatal nas relações de trabalho, na medida necessária à efetivação dos princípios formadores da justiça social e à preservação da dignidade da pessoa humana[19].

Segundo Arnaldo Süssekind, "Os neoliberais, sem homenagem à ética nas relações humanas, querem reviver o liberal-individualismo da Revolução Francesa, com o dogma da liberdade contratual baseada na *ficta igualdade jurídica dos cidadãos e nos ditames do mercado*"[20].

Não estamos a defender a estagnação do direito do trabalho, pois estamos cônscios de que ele encontra-se inseparavelmente ligado à economia. A própria CLT – texto básico do sistema legislativo trabalhista – está, segundo nos parece, a merecer urgente atualização, mormente no que atina aos direitos coletivos e à organização sindical. Mas, como bem lembra Süssekind, "a autonomia privada coletiva não pode afastar a atividade legislativa do Estado visando a estabelecer um mínimo de direitos imperativos e irrenunciáveis, aplicáveis a todas as categorias de trabalhadores, em todas as regiões do País"[21].

Parece-nos que o caminho a ser trilhado é o da construção e consolidação de uma teoria dos direitos humanos do trabalhador, que se coadune com os postulados do Estado democrático e social, porquanto, nas palavras de Arion Sayão Romita:

> Nesse quadro preocupante, a democracia assume importância estratégica na luta pelo direito dos excluídos. A democracia é a única forma de limitar o mercado e dar poder de pressão aos excluídos. Dentro dos parâmetros da democracia representativa, urge realizar os anseios da democracia participativa, com a criação de mecanismos de distribuição de renda e de realização do ideal do pleno emprego[22].

Essa também é a preocupação dos sociólogos como se depreende do alerta de Valmor Bolan:

---

18. O termo neoliberal é aqui empregado no sentido de defensor do Estado liberal. Segundo Everaldo Gaspar Lopes de Andrade, é preciso fazer distinção entre liberais e neoliberais, porquanto para estes últimos, "*os valores morais sobre os quais os mercados livres operam foram esquecidos, pois esses conceitos não podem ser traduzidos em linguagem matemática*". (*Direito do trabalho – alternativas para uma sociedade em crise*. São Paulo: LTr, 1997. v. II, p. 50-51)
19. SÜSSEKIND, Arnaldo. *Op. cit.*, p. 44.
20. *Ibid*, p. 45.
21. *Ibid*, p. 47.
22. ROMITA, Arion Sayão. *Globalização da economia e direito do trabalho*. São Paulo: LTr, 1997, p. 30.

Nos anos 90, o capitalismo atingiu seu momento de maior expansão, em nível global, sem que nenhuma força social, política ou cultural pudesse fazer-lhe oposição. O neoliberalismo defendido pelos Estados Unidos, a maior e única superpotência planetária, passou a ser aceito por quase todos os demais países do mundo. Até mesmo a China comunista teve de fazer reformas, ou melhor dizendo, ajustes, para se adequar a essa nova realidade global neoliberal.

No entanto, passados dez anos de "exuberância irracional" do capital, assistimos a uma espécie de mal-estar generalizado: o capitalismo permitiu o desenvolvimento material das sociedades, viabilizou investimentos em avanços tecnológicos, garantiu liberdades individuais sem precedentes na História, mas trouxe consigo perversidades incontáveis. Entre elas, o aumento da desigualdade, o desemprego estrutural, a concentração de riquezas, a monopolização dos bens de produção, uma certa idiotia cultural para facilitar o estímulo ao consumismo de massa, uma tensão crescente de todos para com todos, em decorrência da competitividade, no contexto de um darwinismo social que valoriza apenas os vencedores materiais, mesmo sendo imorais.

A lógica do capitalismo não é moral, mas pragmática. O lema é "vencer ou vencer", satisfazer o prazer individual, dominar, possuir, conquistar, alcançar *status*, prestígio, notoriedade, pelo que se tem e não pelo que se é como pessoa humana. O que importa é ter e ostentar. Os mais fortes, os mais aptos, os mais capazes do jogo e do cálculo, os que acumularem mais capital e, portanto, os mais ricos, se tornarão aqueles super-homens que têm acesso a tudo, podem tudo, até obter (pela ciência), clones de si próprios, o elixir da juventude, através de caríssimas terapias genéticas. Esses super-homens, líderes pragmáticos das megaempresas, controlarão tudo, determinarão o gosto de todos, manipularão a opinião pública, ditarão os modismos, até o que se deve ou não comer, assistir nas tevês, ler etc.

As fusões empresariais, com a concentração da riqueza, poderão nos levar a um novo totalitarismo, à ditadura do Mercado, que, em nome da liberdade, estará nos escravizando a um estilo de vida absurda e neurotizante, e jogando na miséria todos aqueles que não colocam a liberdade como valor supremo, mas querem que a liberdade esteja acompanhada com sua irmã, a justiça. O capitalismo é perverso porque não tem a justiça como valor equivalente à liberdade.

Um sistema assim, que vê a sociedade como uma arena, onde todos guerreiam contra todos pela luta da sobrevivência, que desconhece os valores da solidariedade e do amor, não poderá se sustentar por muito tempo. É o que sempre mostrou a História da humanidade. A História exige a dignidade da vida humana. Qualquer sistema ou ideologia que sufoca o espírito humano e impede a manifestação do que ele tem de melhor, que é o amor, fracassa e arruina-se.

É necessário aproveitar os aspectos positivos do capitalismo, que propiciou maior liberdade e desenvolvimento material, mas não podemos aceitar uma visão reducionista da vida. Valemos mais, muito mais que um "*Big Mac* com batatas fritas". Queremos ar e poesia que leve em conta o sublime das coisas espirituais, esse sublime que dá à vida o seu sentido de dignidade. Enquanto houver miseráveis no mundo, enquanto pessoas estiverem morrendo de fome, vítimas de uma máquina social que produz miséria, enquanto as guerras continuarem a deslocar massas humanas, a desterritorializar pessoas, privando-as da dignidade da vida, ceifando suas vidas, barbarizando multidões, não podemos dizer que o sistema que mantém esse estado de coisas seja o mais adequado. O socialismo foi derrotado porque não respeitou o direito à liberdade humana. O capitalismo poderá ruir porque não colocou a justiça como valor com o mesmo peso que a liberdade. O capitalismo, para dar certo, terá que incorporar o senso de justiça. Caso contrário, naufragará, sem antes provocar "choro e ranger os dentes", em nível global[23].

2. FLEXIBILIZAÇÃO

Falar em globalização remete o nosso pensamento a outro fenômeno: a flexibilização das relações laborais.

O direito, por ser uma ciência social e dinâmica, está em constante ebulição.

O direito do trabalho, mais do que qualquer outro ramo da ciência jurídica, sofre influência direta das mudanças e transformações verificadas no campo econômico, social e político.

Nascido numa época de prosperidade econômica, caracterizada por certa estabilidade das relações jurídicas, concebeu-se a intervenção do Estado como um meio de elaborar um regulamento detalhado das condições de trabalho, a fim de forçar as partes a buscarem a solução dos seus conflitos.

O resultado dessa intervenção é a característica básica da regulamentação das relações existentes entre empregado e empregador. A heterorregulação, portanto, é caracterizada pela rigidez da legislação trabalhista.

O direito do trabalho, construído, tradicionalmente, a partir do chamado emprego típico (trabalho assalariado, vínculo contratual firme, contrato por tempo indeterminado etc.), tem por escopo a instituição de um tratamento isonômico entre empregado e empregador, na medida em que estabelece uma superioridade jurídica àquele em face de sua manifesta inferioridade socioeconômica diante deste.

A realidade fática instaurada a partir dos últimos 20 anos, no entanto, não é mais a mesma dos anos 1940, quando foi promulgada a CLT.

O Brasil, não fugindo à regra geral, sofreu transformações decorrentes do mercado de trabalho pós-guerra, tanto no nível de desemprego quanto no desequilíbrio da

23. O capitalismo pode naufragar. *Jornal A Gazeta*. Vitória, caderno 1, 13 fev. 2000, p. 4.

economia, propiciando, assim, o aparecimento do mercado informal de trabalho que, não raro, é constituído pela força de trabalho dita excedente, corolário da pequena oferta de empregos.

A crise econômica dos anos 1980, causada pelo choque dos preços do petróleo que assolou diversos países da Europa, bem como da América, principalmente do Sul, provocou o surgimento de novas formas de contratação geradoras de relações de trabalho atípicas.

Assim, o contrato por tempo determinado vem deixando, paulatinamente, de ser exceção, sendo atualmente permitidos diversos contratos intermitentes, a tempo parcial, por tempo determinado, temporários e de temporada, de formação de mão de obra, de aprendizagem, de estágio etc.

Em função dessa nova realidade, contraposta à rigidez da legislação trabalhista, surgiu na Europa um movimento de ideias, que cada vez mais ganha novos adeptos: a *flexibilização*.

Trata-se de um processo de quebra da rigidez das normas, tendo por objetivo, segundo seus defensores, conciliar a fonte autônoma com a fonte heterônoma do direito do trabalho, preservando, com isso, a saúde da empresa e a continuidade do emprego.

2.1. Classificação

É preciso advertir, com Arnaldo Süssekind[24], que flexibilização não se confunde com desregulamentação.

> Nesta, o Estado se omite tanto quanto possível (*laisser faire*) a fim de que as condições de emprego sejam ditadas, preponderantemente, pela autonomia privada, segundo as leis do mercado; na flexibilização, o Estado impõe algumas normas de ordem pública, admitindo, em relação a diversas regras gerais, sua adaptação ou complementação pela autonomia privada, especialmente por meio da negociação coletiva[25].

Jean-Claude Javillier[26] assinala que a flexibilização pode ser: a) de proteção; b) de adaptação; c) de desregramento.

a) *Flexibilização de proteção*

A flexibilização de proteção visa à combinação das normas heterônomas e autônomas em sentido favorável aos trabalhadores.

24. SÜSSEKIND, Arnaldo. Flexibilização do direito do trabalho: alcance e objeto. *Revista Síntese Trabalhista*. Porto Alegre, a. X, n. 126, p. 6, dez. 1999.

25. *Ibid*.

26. *Manual de direito do trabalho*. Tradução de Rita Asdine Bozaciyan. São Paulo: LTr, 1988, p. 55-58.

Este tipo de flexibilização empolga-se na aplicação do princípio da norma mais favorável, é dizer, havendo duas ou mais normas que disponham sobre a mesma matéria, prevalecerá aquela que for mais benéfica ao trabalhador interessado.

b) *Flexibilização de adaptação*

A flexibilização de adaptação decorre de estratégia sindical em face das dificuldades momentâneas ou de crise econômica no contexto empresarial.

Realiza-se por meio de disposições *in pejus*, fixadas em instrumentos de autocomposição, e tem por objeto a preservação dos interesses maiores dos assalariados, mormente a manutenção do emprego. Exemplos deste tipo de flexibilização encontramos no art. 7º, incs. VI, XIII e XIV, da Constituição de 1988, na Lei 9.601/98 etc.

c) *Flexibilização de desregramento*

A flexibilização de desregramento consiste na quebra da rigidez da legislação do trabalho por via legal, ou seja, independentemente de negociação coletiva. Este tipo de flexibilização pode implicar desregulamentação de um direito ou instituto como, por exemplo, a estabilidade decenal (CLT, art. 492), que foi substituída pelo regime do Fundo de Garantia do Tempo de Serviço – FGTS; ou regulamentação, que ocorre quando uma lei nova cria outra forma de relação jurídica, como é o caso do trabalho temporário (Lei 6.019/74).

Considerada pelos trabalhadores como economicamente nefasta, contrária ao interesse de todos os assalariados, a flexibilização de desregramento constitui um obstáculo à melhoria de suas condições sociais e à geração de empregos fixos.

É nesta modalidade de flexibilização que surge a chamada *terceirização*.

A adoção da flexibilização de desregramento vem encontrando, no Brasil, resistência por parte da Justiça do Trabalho, cuja missão continua voltada para a aplicação dos princípios tradicionais do direito do trabalho, que marcam o caráter nitidamente tutelar (em prol do trabalhador) deste ramo da ciência jurídica. Entretanto, a Lei 13.467/2017, também chamada de Lei da Reforma Trabalhista, vem enfraquecendo sobremaneira a atuação da Justiça do Trabalho em prol da efetividade dos direitos fundamentais dos trabalhadores.

Surge, nesse passo, a seguinte indagação: Como conciliar a flexibilização de desregramento com os princípios do Direito do Trabalho (norma mais favorável, *in dubio pro operario*, condição mais benéfica, irrenunciabilidade e inalterabilidade contratual) se a nossa Constituição Federal somente admite três hipóteses excepcionais de flexibilização de direitos sociais trabalhistas por meio de negociação coletiva (CF, art. 7º, VI, XIII e XIV)?

3. TERCEIRIZAÇÃO

O fenômeno da "terceirização" se transformou em tema altamente controvertido e delicado não só para juristas do trabalho, mas também para economistas, administradores, empresários, sindicalistas e trabalhadores.

Sendo a competitividade a palavra de ordem ditada pelo processo de globalização e da ideologia neoliberal, diversas empresas passaram a ver a terceirização como única forma de reduzir custos, mormente encargos sociais, trabalhistas e fiscais, procurando, com tal prática, diminuir o quantitativo de empregados e contratar com número cada vez maior de "colaboradores" autônomos ou pequenos empresários.

Os sindicatos das categorias profissionais posicionam-se contrários ao processo de "terceirização", ante a possibilidade de desfalecimento da categoria, enfraquecimento do poder de negociação, redução de salários e vantagens previstos em convenções coletivas e acordos coletivos, tudo isso desaguando na diminuição das fontes de receitas sindicais[27].

O que é terceirização? Quais os seus fundamentos jurídicos e legais? Como evitar a fraude, sem, contudo, impedir o surgimento de novas relações jurídicas de trabalho? O que acontece no direito comparado? Quais as consequências jurídicas da terceirização?

3.1. Conceito e denominação

A palavra "terceirização", que vem sendo utilizada em larga escala, principalmente no meio empresarial, constitui neologismo oriundo do vocábulo "terceiro", no sentido de intermediário, interveniente ou medianeiro.

Subcontratação, horizontalização, parceria, prestação de serviços por interposta pessoa, contratação de terceiros ou contratos triangulares são também expressões utilizadas na linguagem da administração empresarial como sinônimas de terceirização.

Alguns autores referem a terceirização como simples entrega a terceiros de atividades não essenciais da empresa.

Outros preferem o termo "terciarização", sob o argumento de que o fenômeno da desconcentração empresarial só encontra terreno não no campo das atividades *primárias* (agricultura, pesca, caça etc.) ou *secundárias* (indústrias extrativas e de transformação, obras públicas, serviços de água, luz, gás etc.), mas, sim, no setor *terciário*, como nos serviços de distribuição, na administração pública e todas as atividades não relacionadas às duas atividades primárias ou secundárias.

Há os que sustentam que terceirização nada mais é do que a execução de certas partes da atividade empresarial por pessoas alheias aos quadros da empresa, geralmente por outras empresas.

Existem, ainda, os que entendem que terceirização é um processo de horizontalização da atividade econômica, pela qual grandes empresas transferem para outras

27. As receitas sindicais compõem-se, basicamente, de contribuição sindical, contribuição confederativa, taxa (ou contribuição) assistencial e mensalidade sindical.

uma parte de suas funções até então por elas diretamente exercidas, concentrando-se progressivamente em rol de atividade cada vez mais restrito.

É possível encontrar, finalmente, quem advogue ser a terceirização uma forma de transferir a responsabilidade da contratação de serviços até então assumidos pela contratante (no caso, a ex-empregadora) para outras empresas intermediadoras, que se interpõem à relação única que deveria existir entre o prestador do serviço (o empregado) e o beneficiário dessa prestação (o empregador). Segundo os adeptos desta corrente, terceirização seria uma forma de *marchandage*, isto é, uma fraude à aplicação das leis trabalhistas (CLT, art. 9º).

Terceirização, para nós, é um procedimento adotado por uma empresa que, no intuito de reduzir os seus custos, aumentar a sua lucratividade e, em consequência, sua competitividade no mercado, contrata outra empresa que, possuindo pessoal próprio, passará a prestar aqueles serviços que seriam realizados normalmente pelos seus empregados.

A legalidade ou não desse procedimento depende do ordenamento jurídico de cada Estado, como veremos adiante.

3.2. Direito comparado

No Japão, segundo José Ajuricaba da Costa e Silva, "a subcontratação e a terceirização são praticadas em larga escala. Os sindicatos japoneses não se opõem a isso, pois entendem que esse sistema maximiza resultados para a empresa (e consequentemente para os empregados) e, por isso, é bom. No setor siderúrgico, a proporção de trabalhadores subcontratados em relação ao total do setor é de 45%. Em algumas usinas mais modernas, esse número chega a 60%. No setor naval, igualmente, a subcontratação atinge cerca de 33% dos trabalhadores. O mesmo ocorre nos setores químico e da construção. Os trabalhadores subcontratados do setor siderúrgico têm seu próprio sindicato, embora, em vários setores, eles não estejam organizados. Há muitos trabalhadores que se aposentam nas grandes empresas e vão trabalhar como subcontratados nas mesmas"[28]. Prossegue o ministro, assinalando que naquele país, em 1985, foi sancionada a Lei do Trabalhador Subcontratado (*Worker Dispatching Law*), que reconhece o trabalhador subcontratado e a empresa de subcontratação. A mencionada lei, no dizer de Costa e Silva, "exclui algumas atividades, como o transporte portuário e a construção, da lista daquelas que podem ser exploradas por empresas fornecedoras de trabalhadores, estabelecendo sanções penais para as que desobedecerem tal proibição"[29].

28. *Revista LTr*, v. 58, n. 02, p. 141, fev. 1994.

29. *Idem*, p. 142.

Em Portugal – lembra Martinez – a subcontratação é disciplinada como simples contrato individual de emprego, o qual pode trazer responsabilidades jurídicas para a tomadora de serviços na hipótese de "união de contratos", isto é, ficar caracterizada a completa relação trilateral entre as partes[30].

Destaca-se, contudo, que no Direito Português a terceirização constitui exceção, somente sendo permitida algumas atividades taxativamente previstas no Decreto-Lei 260/2009, que é decorrente da ratificação lusitana da Convenção 181 da OIT, cujo art. 1º dispõe, *in verbis*:

> Artigo 1º – Objecto e âmbito de aplicação
>
> 1 – O presente decreto-lei regula o exercício e licenciamento da actividade da empresa de trabalho temporário.
>
> 2 – O presente decreto-lei regula, ainda, o exercício e licenciamento da actividade da agência privada de colocação de candidatos a emprego, adiante designada por agência.

Como se vê, o ordenamento jurídico português só permite a terceirização em atividades de empresas de trabalho temporário e agências privadas de colocação de candidatos a emprego.

Igualmente na Espanha[31], a terceirização era, em princípio, ilícita, somente sendo permitida por exceção em atividades empresariais de trabalho temporário, sendo estas solidariamente responsáveis pelas obrigações trabalhistas. Entretanto, com o sistema de flexibilização implantado na Espanha em 2006, a legislação espanhola regrediu e passou a ter a legislação trabalhista mais parecida com a brasileira antes da Lei 13.467/2017, porém o sistema de equiparação salarial entre empregados da tomadora e da prestadora, que não está previsto no Estatuto dos Trabalhadores, foi mantido pela jurisprudência daquele país e o motivo, segundo ALBUQUERQUE, é simples: inequivocamente, trabalhadores terceirizados apresentam índices de acidente de trabalho bastante superiores aos dos empregados da tomadora de serviços. Logo, a equiparação de direitos mínimos, incluindo igualdade de remuneração e responsabilidade solidária das empresas, tornou-se regra[32].

---

30. MARTINEZ, Pedro Romano. *Direito do trabalho*. 7. ed. Coimbra: Almedina, 2015, p. 662-664.
31. MUÇOUÇAH, Renato de Almeida Oliveira. A terceirização debatida no parlamento brasileiro ante a experiência jurídica nacional e estrangeira: o Estado e a tutela do trabalho durante crises econômicas. *Revista da Faculdade de Direito UFPR*, Curitiba, PR, Brasil, v. 62, n. 2, p. 149 – 174, maio/ago. 2017. ISSN 2236-7284. Disponível em: <http://revistas.ufpr.br/direito/article/view/51316>. Acesso em: 28 ago. 2017.
32. ALBUQUERQUE, Bruna Maria Jacques Freire de. *Subcontratación y precarización del trabajo: un estudio comparativo de la norma laboral brasileña y española*. Salamanca: Universidad de Salamanca, 2014, p. 495-496.

Na Itália, a terceirização, em regra, se dá por prazo determinado. Nesse sentido, segue as mesmas diretrizes existentes na Espanha e em Portugal. Entretanto, o trabalhador terceirizado tem direito à equiparação salarial em relação aos empregados da tomadora, sendo certo que os trabalhadores terceirizados se vinculam juridicamente aos sindicatos que representam os trabalhadores da categoria da tomadora de serviços, havendo a responsabilidade solidária pelo pagamento das verbas trabalhistas entre a empresa prestadora e a tomadora dos serviços[33].

Com a análise da terceirização no direito comparado pode-se concluir que é um método de muitas incertezas e os países não confiam muito no mundo capitalista com relação a esta modalidade de trabalho, tendo em vista que há uma grande preocupação quanto a exploração do trabalhador.

3.3. Instrumentos normativos existentes no Brasil

Disposições legais acerca da prestação de serviços por interposta empresa são encontradas, em nosso País, tanto no direito do trabalho como no direito administrativo.

No âmbito da legislação trabalhista, encontramos os seguintes diplomas legais:

- *Lei 6.019, de 03.01.1974*, que institui o trabalho temporário nas empresas urbanas;
- *Lei 13.429, de 31.03.2017*, que altera dispositivos da Lei 6.019, de 03.01.1974, que dispõe, além do trabalho temporário nas empresas urbanas, sobre as relações de trabalho na empresa de prestação de serviços a terceiros;
- *Lei 13.467, de 13.07.2017*, que altera a CLT e acrescenta artigos à Lei 6.019/1974, dispondo sobre relações de trabalho na empresa de prestação de serviços a terceiros;
- *Lei 7.102, de 20.07.1983*, que disciplina os serviços especializados prestados por vigilantes nas empresas de segurança para estabelecimentos financeiros, empresas de vigilância e transportes de valores;
- *Lei 8.036, de 11.05.1990 (Lei do FGTS)*, que, no seu art. 15, considera como empregador a pessoa física ou jurídica que "figurar como fornecedor ou tomador de mão de obra, independente da responsabilidade solidária ou subsidiária a que eventualmente venha a obrigar-se" (§ 1º) e como trabalhador "toda pessoa física que prestar serviços a empregador, a locador, ou tomador de mão de obra" (§ 2º).
- *Lei 8.949, de 09.12.1994*, que acrescentou o parágrafo único ao art. 442 da CLT, dispondo que "qualquer que seja o ramo de atividade da sociedade cooperativa,

33. MUÇOUÇAH, Renato de Almeida Oliveira. A terceirização debatida no parlamento brasileiro ante a experiência jurídica nacional e estrangeira: o Estado e a tutela do trabalho durante crises econômicas. *Revista da Faculdade de Direito UFPR*, Curitiba, PR, Brasil, v. 62, n. 2, p. 149 – 174, maio/ago. 2017, p. 165. ISSN 2236-7284. Disponível em: <http://revistas.ufpr.br/direito/article/view/51316>. Acesso em: 28 ago. 2017.

não existe vínculo empregatício entre ela e seus associados, nem entre estes e os tomadores de serviços daquela".

- *Lei 12.690/12*, cujo art. 2º considera Cooperativa de Trabalho a sociedade constituída por trabalhadores para o exercício de suas atividades laborativas ou profissionais com proveito comum, autonomia e autogestão para obterem melhor qualificação, renda, situação socioeconômica e condições gerais de trabalho. O art. 7º da referida lei dispõe que a Cooperativa de Trabalho deve garantir aos sócios os seguintes direitos, além de outros que a Assembleia Geral venha a instituir: I – retiradas não inferiores ao piso da categoria profissional e, na ausência deste, não inferiores ao salário mínimo, calculadas de forma proporcional às horas trabalhadas ou às atividades desenvolvidas; II – duração do trabalho normal não superior a 8 (oito) horas diárias e 44 (quarenta e quatro) horas semanais, exceto quando a atividade, por sua natureza, demandar a prestação de trabalho por meio de plantões ou escalas, facultada a compensação de horários; III – repouso semanal remunerado, preferencialmente aos domingos; IV – repouso anual remunerado; V – retirada para o trabalho noturno superior à do diurno; VI – adicional sobre a retirada para as atividades insalubres ou perigosas; VII – seguro de acidente de trabalho.

Prima facie, já defendíamos a inconstitucionalidade da Lei 12.690/2012, por ofensa aos princípios da dignidade humana, do valor social do trabalho, da função socioambiental da empresa, da relação de emprego protegida e da busca do pleno emprego, além de olvidar o princípio da vedação ao retrocesso social e estimular as fraudes na contratação de empregados por intermédio de cooperativas de trabalho.

Igualmente, pelos mesmos fundamentos, pensamos que são inconstitucionais os dispositivos da Lei 6.019/1974, alterados pelas Leis 13.429/2017 e 13.467/2017, que autorizam a terceirização em atividade-fim da empresa contratante (tomadora) em relação aos serviços prestados por trabalhadores de outra empresa.

Vale ressaltar que tramita no Senado Federal o Projeto de Lei oriundo da Câmara dos Deputados (PLC) 30/2015, que permite a terceirização ampla no setor privado, inclusive na atividade-fim do tomador do serviço. Segundo o Presidente do Senado[34], o referido PLC 30/2015 não ficou prejudicado em decorrência da publicação das Leis 13.429 e 13.467, ambas de 2017. Segundo o Presidente do Senado o referido PLC 30/2015 não ficou prejudicado em decorrência da publicação das Leis 13.429 e 13.467, ambas de 2017.

Sem embargo do referido PLC 30/2015, o STF antecipou-se ao legislador para concluir que é lícita a terceirização ou qualquer outra forma de divisão do trabalho entre pessoas jurídicas distintas, independentemente do objeto social das empresas envolvidas, mantida a responsabilidade subsidiária da empresa contratante.

34. Disponível em: <http://www12.senado.leg.br/noticias/materias/2017/04/04/projeto-sobre-terceirizacao-continuara-sendo-analisado-pelo-senado-diz-eunicio>. Acesso em: 21 set. 2017.

Ao fixar essa tese de repercussão geral (Tema 725), o Plenário, em conclusão de julgamento conjunto e por maioria, julgou procedente o pedido formulado na ADPF 324 e deu provimento ao RE 958.252, para considerar a licitude da terceirização de atividade-fim ou meio (STF, Informativos 911 e 912). No caso, o pedido de inclusão da ADPF em pauta e o reconhecimento da repercussão geral foram anteriores à edição das Leis 13.429/2017 e 13.467/2017. Prevaleceram os votos do relator da ADPF[35] e do relator do RE[36].

O ministro Roberto Barroso advertiu que, no contexto atual, é inevitável que o Direito do Trabalho passe, nos países de economia aberta, por transformações. Além disso, a Constituição Federal (CF) não impõe a adoção de um modelo de produção específico, não impede o desenvolvimento de estratégias de produção flexíveis, tampouco veda a terceirização. O conjunto de decisões da Justiça do Trabalho sobre a matéria não estabelece critérios e condições claras e objetivas que permitam a celebração de terceirização com segurança, de modo a dificultar, na prática, a sua contratação. A terceirização das atividades-meio ou das atividades-fim de uma empresa tem amparo nos princípios constitucionais da livre iniciativa e da livre concorrência, que asseguram aos agentes econômicos a liberdade de formular estratégias negociais indutoras de maior eficiência econômica e competitividade. Por si só, a terceirização não enseja precarização do trabalho, violação da dignidade do trabalhador ou desrespeito a direitos previdenciários. Terceirizar não significa necessariamente reduzir custos. É o exercício abusivo de sua contratação que pode produzir tais violações. Para evitar o exercício abusivo, os princípios que amparam a constitucionalidade da terceirização devem ser compatibilizados com as normas constitucionais de tutela do trabalhador, cabendo à contratante observar certas formalidades. É lícita a terceirização de toda e qualquer atividade, meio ou fim, de forma que não se configura relação de emprego entre a contratante e o empregado da contratada. Porém, na terceirização, compete à contratante verificar a idoneidade e a capacidade econômica da terceirizada e responder subsidiariamente pelo descumprimento das normas trabalhistas, bem como por obrigações previdenciárias. A responsabilização subsidiária da tomadora dos serviços pressupõe a sua participação no processo judicial.

Segundo o relator, a decisão na ADPF não afeta os processos em relação aos quais tenha havido coisa julgada.

Já o ministro Luiz Fux, relator do RE 958.252, consignou que os valores do trabalho e da livre iniciativa são intrinsecamente conectados, em relação dialógica que impede a rotulação de determinada providência como maximizadora de apenas um deles. O Enunciado 331 da Súmula do TST foi considerado inconstitucional por violar os princípios da livre iniciativa e da liberdade contratual. O direito geral de liberdade,

35. ADPF 324/DF, rel. Min. Roberto Barroso, julgamento em 29 e 30.8.2018.

36. RE 958252/MG, rel. Min. Luiz Fux, julgamento em 29 e 30.8.2018.

sob pena de tornar-se estéril, somente pode ser restringido por medidas informadas por parâmetro constitucionalmente legítimo e adequadas ao teste da proporcionalidade. É necessária argumentação sólida para mitigar liberdade constitucional. Cumpre ao proponente da limitação o ônus de demonstrar empiricamente a necessidade e a adequação de providência restritiva. A segurança das premissas deve atingir grau máximo quando embasar restrições apresentadas fora da via legislativa. A terceirização não fragiliza a mobilização sindical dos trabalhadores. Ademais, as leis trabalhistas são de obrigatória observância pela empresa envolvida na cadeia de valor, tutelando-se os interesses dos empregados. A dicotomia entre a atividade-fim e atividade-meio é imprecisa, artificial e ignora a dinâmica da economia moderna, caracterizada pela especialização e divisão de tarefas com vistas à maior eficiência possível. Frequentemente, o produto ou o serviço final comercializado é fabricado ou prestado por agente distinto. Igualmente comum, a mutação constante do objeto social das empresas para atender à necessidade da sociedade.

Em seu voto, o relator afirmou, ainda, categoricamente que: "A terceirização resulta em inegáveis benefícios aos trabalhadores, como a redução do desemprego, crescimento econômico e aumento de salários, a favorecer a concretização de mandamentos constitucionais, como a erradicação da pobreza e da marginalização e a redução das desigualdades sociais e regionais, sem prejuízo da busca do pleno emprego. O escrutínio rigoroso das premissas empíricas assumidas pelo TST demonstra a insubsistência das afirmações de fraude e precarização. A alusão, meramente retórica, à interpretação de cláusulas constitucionais genéricas não é suficiente a embasar disposição restritiva ao direito fundamental, motivo pelo qual deve ser afastada a proibição [CF, artigos 1º, IV (2); 5º, II (3); e 170 (4)]".

Salientou o relator do RE 958.252[37] que a decisão do STF é "aplicável às relações jurídicas preexistentes à Lei 13.429/2017 a responsabilidade subsidiária da pessoa jurídica contratante pelas obrigações trabalhistas não adimplidas pela empresa prestadora de serviços, bem como a responsabilidade pelo recolhimento das contribuições previdenciárias devidas por esta, mercê da necessidade de se evitar o vácuo normativo resultante da insubsistência do Verbete 331 da Súmula do TST.

Para fins acadêmicos, é importante destacar os votos vencidos dos ministros Edson Fachin, Rosa Weber, Ricardo Lewandowski e Marco Aurélio, que julgaram improcedente o pedido formulado na ADPF e negaram provimento ao RE. Para eles, a orientação contida no verbete é compatível com a Constituição, adveio da análise do arcabouço normativo da época, à luz da Consolidação das Leis do Trabalho, antes da reforma de iniciativa legislativa. O ministro Marco Aurélio não se pronunciou quanto à tese.

37. Interessante é o voto do ministro Alexandre de Moraes, para quem a intermediação ilícita de mão de obra, mecanismo fraudulento combatido pelo Ministério Público do Trabalho, não se confunde com a terceirização de atividade-fim.

De nossa parte, como já ressaltamos, pensamos que a terceirização em atividade-fim, além de precarizar as relações trabalhistas em geral, viola diversos princípios constitucionais, bem como tratados internacionais de direitos humanos, os quais estabelecem o primado do trabalho digno, o valor social do trabalho e da livre-iniciativa, a função socioambiental da empresa, a busca do pleno emprego etc.

Esse, porém, não é o entendimento do STF, como vimos acima, a respeito desse tema de fundamental importância para o futuro do Direito do Trabalho e dos Direitos Fundamentais dos trabalhadores brasileiros.

Na seara do direito administrativo encontramos:

- *Dec.-lei 200, de 25.02.1967*, que dispõe sobre a organização da administração federal e estabelece diretrizes para a reforma administrativa, prevê, no seu art. 10, que a "execução das atividades da Administração Federal deverá ser amplamente descentralizada", permitindo, mediante (execução indireta) contratos ou concessões, a prestação de serviços por empresas da iniciativa privada (§ 1º, c, e § 7º).
- *Lei 5.645/70* (art. 3º, parágrafo único, posteriormente revogado pela Lei 9.527/97), que tipificava os serviços e tarefas que poderiam ser prestados por empresas contratadas pela administração direta e autárquica (excluindo, pois, as sociedades de economia mista, as fundações e empresas públicas), nos seguintes termos: "As atividades relacionadas com transporte, conservação, custódia, operação de elevadores, limpeza e outras assemelhadas serão, de preferência, objeto de execução mediante contrato, de acordo com o art. 10, § 7º, do Dec.-lei 200...".
- *Lei 8.666, de 21.06.1993*, que instituiu normas para licitações e contratos da administração pública, permite, através de execução indireta, a realização de obras e a prestação de serviços por terceiros. Em seu art. 10 estabelece que "as obras e serviços poderão ser executados nas seguintes formas (redação dada pela Lei 8.883, de 08.06.1994): I – execução direta; II – *execução indireta*, nos *seguintes regimes*: a) empreitada por preço global; b) empreitada por preço unitário; c) (VETADO); d) *tarefa*; e) *empreitada integral*". O art. 13 admite, ainda, a prestação de serviços técnicos profissionais especializados, prevendo que a "empresa de prestação de serviços técnicos especializados que apresente relação de integrantes do seu corpo técnico em procedimento licitatório ou como elemento de justificação de dispensa ou inexigibilidade de licitação *ficará obrigada a garantir que os referidos integrantes realizem pessoal e diretamente os serviços objeto do contrato*" (§ 3º). Já o art. 71 estatui, de forma imperativa, que "o contratado é responsável pelos encargos trabalhistas, previdenciários, fiscais e comerciais resultantes da execução do contrato", sendo que seu § 1º (com nova redação dada pela Lei 9.032, de 28.04.1995) disciplina que "*a inadimplência do contratado com referência aos encargos trabalhistas, fiscais e comerciais, não transfere à Administração Pública a responsabilidade pelo seu pagamento*, nem poderá onerar o objeto do contrato ou restringir a regularização e o uso das obras e edificações, inclusive perante o Registro de

Imóveis". O § 2º do artigo em causa (também acrescido pela Lei 9.032/95) preceitua que a "*Administração Pública responde solidariamente com o contratado pelos encargos previdenciários resultantes da execução do contrato, nos termos do art. 31 da Lei 8.212, de 24.07.1991*". (sem ênfase no original)

É importante destacar que o Plenário do STF, em 26.04.2017 definiu a tese de repercussão geral firmada no julgamento do RE 760.931, em que se discute a responsabilidade da administração pública gerada pelo inadimplemento de verbas trabalhistas de empresas prestadoras de serviços contratadas por meio de licitações. A tese aprovada foi proposta pelo ministro Luiz Fux, autor do voto vencedor no julgamento, concluído no dia 30.03.2017, e foi redigida nos seguintes termos: "O inadimplemento dos encargos trabalhistas dos empregados do contratado não transfere ao poder público contratante automaticamente a responsabilidade pelo seu pagamento, seja em caráter solidário ou subsidiário, nos termos do artigo 71, parágrafo 1º, da Lei 8.666/1993". Dessa forma, para que se possa condenar os órgãos integrantes da Administração Pública Direta ou Indireta, deve ficar provada, no caso concreto, a sua culpabilidade pelo não cumprimento das obrigações trabalhistas dos trabalhadores das empresas prestadoras de serviços públicos contratadas por meio de processos licitatórios.

3.4. Posição do Tribunal Superior do Trabalho

Até 1986, o TST, à exceção do trabalho temporário e de serviço de vigilância, considerava ilegal a terceirização – intitulada de "contrato de prestação de serviços". Nesse sentido, lembramos os textos originais das Súmulas 239, 256 (cancelada) e 257.

A orientação jurisprudencial da mais alta corte trabalhista era, portanto, no sentido do reconhecimento do vínculo empregatício direto entre o tomador e o trabalhador da empresa por aquele contratada.

A partir de 1993, o TST, por provocação do Ministério Público do Trabalho, que, com base no art. 37, II, da CF, solicitou a revisão da Súmula 256, passou a ampliar (de forma parcialmente diversa da solicitada pelo *Parquet* laboral) as hipóteses de terceirização.

Assim, o TST cancelou a Súmula 256 e editou a Súmula 331, cuja redação sofreu inúmeras alterações, estando atualmente com o seguinte teor:

> CONTRATO DE PRESTAÇÃO DE SERVIÇOS. LEGALIDADE (nova redação do item IV e inseridos os itens V e VI à redação, Res. 174/2011, DEJT divulgado em 27, 30 e 31.05.2011).
>
> I – A contratação de trabalhadores por empresa interposta é ilegal, formando-se o vínculo diretamente com o tomador dos serviços, salvo no caso de trabalho temporário (Lei n. 6.019, de 03.01.1974).

II – A contratação irregular de trabalhador, mediante empresa interposta, não gera vínculo de emprego com os órgãos da Administração Pública direta, indireta ou fundacional (art. 37, II, da CF/1988).

III – Não forma vínculo de emprego com o tomador a contratação de serviços de vigilância (Lei n. 7.102, de 20.06.1983) e de conservação e limpeza, bem como a de serviços especializados ligados à atividade-meio do tomador, desde que inexistente a pessoalidade e a subordinação direta.

IV – O inadimplemento das obrigações trabalhistas, por parte do empregador, implica a responsabilidade subsidiária do tomador dos serviços quanto àquelas obrigações, desde que haja participado da relação processual e conste também do título executivo judicial.

V – Os entes integrantes da Administração Pública direta e indireta respondem subsidiariamente, nas mesmas condições do item IV, caso evidenciada a sua conduta culposa no cumprimento das obrigações da Lei n. 8.666, de 21.06.1993, especialmente na fiscalização do cumprimento das obrigações contratuais e legais da prestadora de serviço como empregadora. A aludida responsabilidade não decorre de mero inadimplemento das obrigações trabalhistas assumidas pela empresa regularmente contratada.

VI – A responsabilidade subsidiária do tomador de serviços abrange todas as verbas decorrentes da condenação referentes ao período da prestação laboral.

Ante o entendimento sumulado do TST, alguns autores, com a visão voltada exclusivamente para o direito empresarial, admitem a terceirização de forma ampla e irrestrita, inclusive na atividade-fim da empresa.

Outros repudiam tal posição, e até criticam com veemência o novo verbete jurisprudencial, sob o argumento de que terceirizar para reduzir custos de mão de obra só interessa se a mão de obra terceirizada for mais mal remunerada que a da categoria profissional majoritária dos empregados da empresa. Para esta corrente, é exatamente neste ponto que reside a hipocrisia do argumento dos terceirizantes neoliberais. Vale dizer, se os custos da mão de obra terceirizada forem superiores, a eles não interessa.

Há os que advogam que somente na atividade-meio da empresa é que a terceirização pode ocorrer de forma indiscriminada.

É possível encontrar, ainda, os que sustentam que a terceirização só pode ser considerada legal quando uma empresa contrata outra para a realização de serviços especializados, temporários e de vigilância, sendo que em qualquer um desses casos é necessário que não haja a subordinação e a pessoalidade, ou seja, que não exista relação direta entre prestador e tomador do serviço e a contratação seja do serviço e não de determinado profissional.

Para nós, a direção adotada pela Súmula 331 do TST, *data venia* do que vem sendo proclamado por parcela da doutrina, aponta no sentido de que a terceirização, em princípio, continua sendo ilegal no nosso país (Súmula 331, item I, do TST, e arts. 2º, 3º, 9º e 442 da CLT).

A Súmula 331 do TST, no entanto, deverá sofrer alterações em função da:

A) Lei 13.429/2017, que acrescentou diversos artigos à Lei 6.019/1974, dentre os quais se destacam:

Art. 4º-A. Empresa prestadora de serviços a terceiros é a pessoa jurídica de direito privado destinada a prestar à contratante serviços determinados e específicos.

Art. 5º-A. Contratante é a pessoa física ou jurídica que celebra contrato com empresa de prestação de serviços determinados e específicos.

§ 1º É vedada à contratante a utilização dos trabalhadores em atividades distintas daquelas que foram objeto do contrato com a empresa prestadora de serviços.

§ 2º Os serviços contratados poderão ser executados nas instalações físicas da empresa contratante ou em outro local, de comum acordo entre as partes.

§ 3º É responsabilidade da contratante garantir as condições de segurança, higiene e salubridade dos trabalhadores, quando o trabalho for realizado em suas dependências ou local previamente convencionado em contrato.

§ 4º A contratante poderá estender ao trabalhador da empresa de prestação de serviços o mesmo atendimento médico, ambulatorial e de refeição destinado aos seus empregados, existente nas dependências da contratante, ou local por ela designado.

§ 5º A empresa contratante é subsidiariamente responsável pelas obrigações trabalhistas referentes ao período em que ocorrer a prestação de serviços, e o recolhimento das contribuições previdenciárias observará o disposto no art. 31 da Lei n. 8.212, de 24 de julho de 1991.

B) Lei 13.467/2017, que acrescentou artigos à Lei 6.019/1974, cujos arts. 4º-A, 4º-C, 5º-A, 5º-C e 5º-D passaram a vigorar com as seguintes alterações:

Art. 4º-A. Considera-se prestação de serviços a terceiros a transferência feita pela contratante da execução de quaisquer de suas atividades, inclusive sua atividade principal, à pessoa jurídica de direito privado prestadora de serviços que possua capacidade econômica compatível com a sua execução.

[...]

Art. 4º-C. São asseguradas aos empregados da empresa prestadora de serviços a que se refere o art. 4º-A desta Lei, quando e enquanto os serviços, que podem ser de qualquer uma das atividades da contratante, forem executados nas dependências da tomadora, as mesmas condições:

I – relativas a:

a) alimentação garantida aos empregados da contratante, quando oferecida em refeitórios;

b) direito de utilizar os serviços de transporte;

c) atendimento médico ou ambulatorial existente nas dependências da contratante ou local por ela designado;

d) treinamento adequado, fornecido pela contratada, quando a atividade o exigir.

II – sanitárias, de medidas de proteção à saúde e de segurança no trabalho e de instalações adequadas à prestação do serviço.

§ 1º Contratante e contratada poderão estabelecer, se assim entenderem, que os empregados da contratada farão jus a salário equivalente ao pago aos empregados da contratante, além de outros direitos não previstos neste artigo.

§ 2º Nos contratos que impliquem mobilização de empregados da contratada em número igual ou superior a 20% (vinte por cento) dos empregados da contratante, esta poderá disponibilizar aos empregados da contratada os serviços de alimentação e atendimento ambulatorial em outros locais apropriados e com igual padrão de atendimento, com vistas a manter o pleno funcionamento dos serviços existentes.

Art. 5º-A. Contratante é a pessoa física ou jurídica que celebra contrato com empresa de prestação de serviços relacionados a quaisquer de suas atividades, inclusive sua atividade principal.

[...].

Art. 5º-C. Não pode figurar como contratada, nos termos do art. 4o-A desta Lei, a pessoa jurídica cujos titulares ou sócios tenham, nos últimos dezoito meses, prestado serviços à contratante na qualidade de empregado ou trabalhador sem vínculo empregatício, exceto se os referidos titulares ou sócios forem aposentados.

Art. 5º-D. O empregado que for demitido não poderá prestar serviços para esta mesma empresa na qualidade de empregado de empresa prestadora de serviços antes do decurso de prazo de dezoito meses, contados a partir da demissão do empregado.

Com se depreende dos textos acima, percebe-se que a Lei 13.467/2017, além de alterar a Lei 13.429/2017, ampliou consideravelmente as hipóteses de terceirização. Aliás, pode-se afirmar que a Lei 13.467/2017 permite também a quarteirização, a quinteirização, a sexteirização etc.

Parece-nos, contudo, que esses novos dispositivos devem ser interpretadas em sintonia com a ordem constitucional vigente que, como se sabe, tem por princípios fundamentais a dignidade da pessoa humana e os valores sociais do trabalho, estabelecendo como direitos sociais o primado do trabalho, a busca do pleno emprego e a função social da propriedade, além de conferir aos trabalhadores o direito à proteção do emprego, bem como outros direitos que visem à melhoria de sua condição social (CF, arts. 1º, III e IV; 7º, I; 170, III e VIII; e 193).

Entretanto, por força da tese de repercussão geral (Tema 725) adotada pelo STF no RE 958.252 (relator min. Luiz Fux): "É lícita a terceirização ou qualquer outra forma de divisão do trabalho entre pessoas jurídicas distintas, independentemente do objeto social das empresas envolvidas, revelando-se inconstitucionais os incisos I, III, IV e VI da Súmula 331 do Tribunal Superior do Trabalho".

Na mesma linha, o STF, no julgamento da ADPF 324 (rel. min Roberto Barroso) as seguintes teses foram formuladas para posterior deliberação:

> 1) É lícita a terceirização de toda e qualquer atividade, meio ou fim, não se configurando relação de emprego entre a contratante e o empregado da contratada;
>
> 2) Na terceirização, compete à contratante verificar a idoneidade e a capacidade econômica da terceirizada e responder subsidiariamente pelo descumprimento das normas trabalhistas, bem como por obrigações previdenciárias.

Vê-se, assim, que a Súmula 331 do TST será cancelada ou sofrerá profundas alterações, pois o STF e a Lei 13.467/2017 passaram a permitir de forma ampla a terceirização em atividade-fim do tomador do serviço.

Rogamos ao STF que, em homenagem ao princípio da segurança jurídica, module os efeitos da decisão, de modo que seja aplicável *ex nunc*, isto é, apenas às terceirizações realizadas depois da data de julgamento da ADPF 324, permanecendo a eficácia da Súmula 331 do TST para as terceirizações perpetradas antes do referido julgamento.

3.5. Efeitos jurídicos

A diferença basilar entre "terceirização lícita" e "terceirização ilícita" repousava na distinção que se faz entre prestação de serviços e locação permanente de mão de obra. Se, na prestação de serviço, o componente primordial é a mão de obra e não o equipamento (como no caso de mero fornecimento de digitadores), e essa mão de obra é utilizada quase que exclusivamente pela mesma empresa tomadora de serviço, por vários anos, o que se verifica não é uma verdadeira prestação de serviço, mas o fornecimento de mão de obra mais barata.

O STF (ADPF 324 e RE 958.252), contudo, firmou o entendimento de que é lícita qualquer modalidade de terceirização, independentemente de ser ela em atividade-fim ou atividade-meio do tomador.

Importante assinalar que no julgamento do RE 958.252 o STF, por maioria e nos termos do voto do Relator min. Luiz Fux, apreciando o tema 725 da repercussão geral, deu provimento ao recurso extraordinário, vencidos os Ministros Edson Fachin, Rosa Weber, Ricardo Lewandowski e Marco Aurélio. Em seguida, fixando a seguinte tese:

"É lícita a terceirização ou qualquer outra forma de divisão do trabalho entre pessoas jurídicas distintas, independentemente do objeto social das empresas envolvidas, **mantida a responsabilidade subsidiária da empresa contratante**".[38] (grifos nossos)

Na segunda tese firmada no julgamento da ADPF 324 prevaleceu o voto do relator, min. Roberto Barroso, segundo a qual: "Na terceirização, compete à contratante verificar a idoneidade e a capacidade econômica da terceirizada e **responder subsidiariamente pelo descumprimento das normas trabalhistas, bem como por obrigações previdenciárias**". (grifos nossos)

Constatada a *terceirização*, portanto, o tomador será *subsidiariamente responsável* pelas obrigações trabalhistas dos empregados da empresa interposta.

Importa referir que na 1ª Jornada de Direito Material e Processual do Trabalho, realizada em Brasília-DF (novembro, 2007), foi aprovado o Enunciado 44, que trata da responsabilidade solidária nos casos de acidente de trabalho entre as empresas tomadora e prestadora dos serviços terceirizados:

> RESPONSABILIDADE CIVIL. ACIDENTE DO TRABALHO. TERCEIRIZAÇÃO. SOLIDARIEDADE. Em caso de terceirização de serviços, o tomador e o prestador respondem solidariamente pelos danos causados à saúde dos trabalhadores. Inteligência dos artigos 932, III, 933 e 942, parágrafo único, do Código Civil e da Norma Regulamentadora 4 (Portaria n. 3.214/77 do Ministério do Trabalho e Emprego)[39].

Esse verbete, no entanto, restou superado pelo novo entendimento do STF (ADPF 324 e RE 958.252).

Outra questão importante sobre os efeitos da terceirização reside na inviabilidade jurídica de ação autônoma apenas em face do tomador de serviço visando exclusivamente reconhecer a sua responsabilidade subsidiária. Nesse sentido:

> *Embargos em recurso de revista. Acórdão publicado na vigência da Lei 11.496/07. Responsabilidade subsidiária. Ajuizamento de ação autônoma apenas contra o tomador de serviços. Impossibilidade. Evolução da jurisprudência desta E. Subseção.* Cinge-se a controvérsia a se saber se é ou não possível que o Reclamante, após o ajuizamento de uma primeira ação contra seu empregador, já transitada em julgado, proponha novo feito apenas contra o tomador de serviços, pretendendo sua responsabilidade subsidiária.

38. Até o fechamento desta edição o STF não houve publicação do acórdão do RE 958.252. Não obstante, o voto do relator, min. Luiz Fux, foi no sentido de declarar inconstitucionais os incisos I, III, IV e VI da Súmula 331 do TST, o que colide parcialmente com a tese fixada na parte que mantém a responsabilidade subsidiária do tomador do serviço.
39. Na ADPF 324 e no RE 958.252 o STF reconhece apenas a responsabilidade subsidiária nos casos de terceirização.

Embora a jurisprudência desta e. Subseção tenha, em um primeiro momento, admitido essa possibilidade (TST-E-A-ED-RR-536400-73.2005.5.09.0011 – Rel. Min. Aloysio Corrêa da Veiga – *DJU* de 29.06.2007), evoluiu para o sentido inverso, estando hoje inclinada no mesmo sentido do v. acórdão ora embargado, a saber, de que tal procedimento afrontaria a coisa julgada produzida na primeira ação, e atentaria contra o direito do tomador de serviços à ampla defesa e ao contraditório. Precedentes. Ressalva de entendimento do Relator. Recurso de embargos não provido (TST-E-ED-RR 597600-81.2005.5.09.0011 – j. 25.11.2010 – Rel. Min. Horácio Raymundo de Senna Pires – SBDI-1 – *DEJT* 10.12.2010).

3.6. Terceirização na administração pública

Se o tomador do serviço for a administração pública direta ou indireta (autarquias, fundações públicas, empresas públicas e sociedades de economia mista), ainda que ilícita a terceirização perpetrada pelo ente público, há óbice intransponível ao reconhecimento de vínculo empregatício, em virtude do preceito insculpido no art. 37, II, § 2º, da CF. Tal exigência constitucional levou o TST, provocado pelo Ministério Público do Trabalho, a editar o item II da Súmula 331.

Vale dizer, a aprovação prévia em concurso público constitui condição *sine qua non* para investidura em cargo ou emprego público, "ressalvadas as nomeações para cargo em comissão declarado em lei de livre nomeação e exoneração".

A tese da responsabilidade objetiva empresarial, embora engenhosa, carece de duas observações se o contratante dos serviços terceirizados for a administração pública.

A primeira, reside no fato de que, em se tratando de empresa contratada pela administração sob a égide da Lei 8.666, de 21.06.1993, mesmo na hipótese de inadimplemento das obrigações trabalhistas por parte desta, há veto legal expresso quanto à responsabilização – solidária ou subsidiária – do ente estatal, a teor do art. 71, § 1º, do referido diploma.

Nessa ordem, para que o Judiciário Trabalhista possa responsabilizar (subsidiariamente) a administração pelos encargos trabalhistas não adimplidos pela "contratada" deverá, sob pena de negar vigência à literalidade do § 1º do art. 71 da Lei 8.666/93, declarar *incidenter tantum* a inconstitucionalidade[40] do sobredito dispositivo legal. E o fundamento para tal declaração reside no inexplicável tratamento não isonômico (CF, art. 5º, *caput*) conferido, no campo do direito obrigacional, em favor dos entes integrantes da administração direta e indireta em detrimento das demais pessoas (físicas ou jurídicas) do setor privado que eventualmente utilizem o processo da terceirização.

40. Sustentamos a inconstitucionalidade do § 1º do art. 71 da Lei 8.666/93, por violação direta e frontal do princípio da igualdade inserto no inc. II do art. 5º da Constituição. E, em se tratando de sociedade de economia mista ou empresa pública, há violência, ainda, ao art. 173, § 1º, da mesma Carta. Esse, porém, não é o entendimento do STF (ADC 16).

O STF (RE 603.397 RG/SC, Rel. Min. Ellen Gracie, j. em 04.02.2010, *DJe*-067, div. 15.04.2010, publ. 16.04.2010) reconheceu a existência de repercussão geral para examinar a constitucionalidade do art. 71, § 1º, da Lei 8.666/93.

Em 24.11.2010, por votação majoritária, o Plenário do STF declarou a constitucionalidade do art. 71, § 1º, da Lei 8.666, de 1993, a chamada lei de licitações. A decisão foi tomada no julgamento da Ação Declaratória de Constitucionalidade (ADC 16), ajuizada pelo governador do Distrito Federal em face da Súmula 331 do TST, que, contrariando o disposto no § 1º do mencionado art. 71, responsabiliza subsidiariamente tanto a administração direta quanto a indireta, em relação aos débitos trabalhistas, quando atuar como contratante de qualquer serviço de terceiro especializado.

É importante notar que, em vista do entendimento fixado na ADC 16, o Plenário do STF deu provimento a uma série de Reclamações (RCLs) constitucionais ajuizadas na Suprema Corte contra decisões do TST e de Tribunais Regionais do Trabalho fundamentadas na Súmula 331/TST. Entre elas estão as RCLs 7517 e 8150.

Outro ponto relevante da decisão do STF é que, doravante, tendo em vista o reconhecimento da constitucionalidade do § 1º do art. 71 da Lei 8.666/93, houve consenso entre os ministros do Pretório Excelso no sentido de que o TST não poderá generalizar os casos e terá de investigar com mais rigor se a inadimplência tem como causa principal a falha ou falta de fiscalização pelo órgão público contratante[41].

É relevante anotar que o Enunciado 11 aprovado na 1ª Jornada de Direito Material e Processual do Trabalho (Brasília, 2007) propõe, *in verbis*:

> TERCEIRIZAÇÃO. SERVIÇOS PÚBLICOS. RESPONSABILIDADE SOLIDÁRIA. A terceirização de serviços típicos da dinâmica permanente da Administração Pública, não se considerando como tal a prestação de serviço público à comunidade por meio de concessão, autorização e permissão, fere a Constituição da República, que estabeleceu a regra de que os serviços públicos são exercidos por servidores aprovados mediante concurso público. Quanto aos efeitos da terceirização ilegal, preservam-se os direitos trabalhistas integralmente, com responsabilidade solidária do ente público.

Tal Enunciado, porém, é apenas uma fonte doutrinária e pode contribuir para a interpretação das normas que dispõem sobre terceirização no âmbito da administração pública.

41. O ministro Ayres Britto endossou parcialmente a decisão do Plenário, lembrando que só há três formas constitucionais de contratar pessoal: por concurso, por nomeação para cargo em comissão e por contratação por tempo determinado, para suprir necessidade temporária. Assim, segundo ele, a terceirização, embora amplamente praticada, não tem previsão constitucional. Logo, nessa modalidade, havendo inadimplência de obrigações trabalhistas do contratado, o poder público tem de responsabilizar-se por elas.

Pensamos que, ao substituir a tradicional solidariedade passiva entre o tomador e o intermediário da locação ilegal de serviços, a Súmula 331, item IV, do TST, pretendeu, inequivocamente, amenizar a posição jurídica do tomador que, subsidiariamente, só responde pela dívida quando esgotado o patrimônio ou a solvabilidade do "terceiro-intermediário".

Mas advirta-se, a nosso ver, deveriam responder tanto o tomador privado quanto o ente público. As razões que determinam tal responsabilidade, de ordem social e jurídica, não autorizam haja semelhante diferenciação de tratamento. A culpa *in vigilando*, que se encontra na base de tal responsabilidade, não é menor nem diferente quando se trata de contratante público.

Lúcida e oportuna a advertência de José Martins Catharino:

> O Estado, em evolução democrática, está integrado e sujeito à ordem jurídica, autônoma e heterônoma: *the State is subject of the Law*. Se legisla para proteger os trabalhadores, obediente ao princípio da igualdade jurídica, tratando sujeitos desigualmente na medida em que se desigualam, ele próprio, para preservar normalmente sua autoridade, deve autolimitar seu poder de império, sujeitando-se à ordem jurídica, da qual é o principal agente. Não deve conceder privilégios a si próprio, fazendo e agindo em sentido contrário ou diverso do exigido pela "ordem pública", ou pelo "interesse público", atendidos, uma e outro, pela legislação imperativa ou cogente do trabalho, destinada a proteger o trabalhador, por definição, pessoa humana economicamente fraca. O Estado não agir como exige que os particulares ajam é imoral e juridicamente subversivo[42].

No âmbito do TST (fonte jurisprudencial), no entanto, vem prevalecendo o Entendimento adotado pelo STF:

> AGRAVO. AGRAVO DE INSTRUMENTO. RECURSO DE REVISTA. PROCESSO SOB A ÉGIDE DA LEI 13.015/2014 E ANTERIOR À LEI 13.467/2017. TERCEIRIZAÇÃO TRABALHISTA. ENTIDADES ESTATAIS. ENTENDIMENTO FIXADO PELO STF NA ADC N. 16-DF. SÚMULA 331, V, DO TST. RESPONSABILIDADE SUBSIDIÁRIA. NECESSIDADE DE COMPROVAÇÃO DE CONDUTA CULPOSA NO CUMPRIMENTO DAS OBRIGAÇÕES DA LEI 8.666/93 EXPLICITADA NO ACÓRDÃO REGIONAL. Em observância ao entendimento fixado pelo STF na ADC n. 16-DF, passou a prevalecer a tese de que a responsabilidade subsidiária dos entes integrantes da Administração Pública direta e indireta não decorre de mero inadimplemento das obrigações trabalhistas assumidas pela empresa regularmente contratada, mas apenas quando explicitada no acórdão regional a

42. *Coletânea de direito do trabalho*. São Paulo: LTr, 1975, p. 91.

sua conduta culposa no cumprimento das obrigações da Lei 8.666, de 21.06.1993, especialmente na fiscalização do cumprimento das obrigações contratuais e legais da prestadora de serviço como empregadora. E o STF, ao julgar com repercussão geral o RE n. 760.931, confirmou a tese já explicitada na anterior ADC n. 16-DF, no sentido de que a responsabilidade da Administração Pública não pode ser automática, cabendo a sua condenação apenas se houver prova inequívoca de sua conduta omissiva ou comissiva na fiscalização dos contratos, bem como atribuiu o ônus de provar o descumprimento desse dever legal ao trabalhador. No caso concreto, o TRT manteve a condenação subsidiária, delineando a culpa *in vigilando* da entidade estatal. Ainda que a Instância Ordinária eventualmente mencione fundamentos não acolhidos pela decisão do STF na ADC n. 16-DF e no RE n. 760.931, bem como pela maioria da Terceira Turma (que, a partir das decisões proferidas pela Corte Máxima, quanto ao ônus da prova, entende que é do empregado o encargo de comprovar a conduta omissiva ou comissiva na fiscalização dos contratos; fica ressalvado o entendimento deste Relator, que aplicaria, ao invés, a teoria da inversão do ônus probatório prevista nos preceitos da legislação processual civil e da lei de proteção ao consumidor, prevista no art. 6º, VIII, da Lei 8.079/90), o fato é que, manifestamente, afirmou o TRT que houve culpa *in vigilando* da entidade estatal quanto ao cumprimento das obrigações trabalhistas pela empresa prestadora de serviços terceirizados. A configuração da culpa *in vigilando*, caso afirmada pela Instância Ordinária (como ocorreu nos presentes autos), reitere-se, autoriza a incidência da responsabilidade subsidiária da entidade tomadora de serviços (arts. 58 e 67 da Lei 8.666/93 e 186 e 927 do Código Civil). Assim sendo, a decisão agravada foi proferida em estrita observância às normas processuais (art. 557, *caput* , do CPC/1973; arts. 14 e 932, IV, "a", do CPC/2015), razão pela qual é insuscetível de reforma ou reconsideração. Agravo desprovido (TST-Ag-AIRR-11314-68.2015.5.01.0064, 3ª T., Relator Ministro Mauricio Godinho Delgado, *DEJT* 16.08.2019).

RECURSO DE REVISTA (...) ENTE PÚBLICO. SÚMULA 331 DO TST. CULPA *IN VIGILANDO*. ÔNUS DA PROVA. MÁ APLICAÇÃO. A 6ª Turma do TST decidiu seguir o teor de decisões monocráticas do STF que tem afirmado que é do reclamante o ônus da prova acerca da efetiva fiscalização na execução do contrato de terceirização de mão de obra por integrante da Administração Pública. Considerando que, no caso em exame, a ausência de fiscalização decorreu do entendimento de não satisfação do encargo probatório pela tomadora dos serviços, o que contrariaria o entendimento exarado pela Suprema Corte – ressalvado entendimento contrário do relator –, ficou ausente registro factual específico da culpa *in vigilando* em que teria incorrido a tomadora de serviços. Nesse contexto, não há como manter a responsabilidade subsidiária do ente público contratante. Recurso de revista conhecido e provido (TST-RR 2014-14.2012.5.03.0038, 6ª T., Rel. Min. Augusto César Leite de Carvalho, *DEJT* 14.06.2019).

Outra observação importante concerne à impossibilidade de a Administração, posto que figure como real tomadora dos serviços, ser condenada, ainda que subsidiariamente, nas obrigações de fazer (por exemplo: anotação a CTPS e reintegração), já que esta obrigação é exclusiva do empregador formal. Nesse passo, a Administração seria condenada apenas na obrigação de pagar as parcelas constantes do título executivo judicial, e, ainda assim, ao depois de excutidos (ou não encontrados) os bens do devedor principal[43].

É importante lembrar que no julgamento do RE 958.252 o STF (Relator min. Luiz Fux), apreciando o tema 725 da repercussão geral, fixou a seguinte tese: "É lícita a terceirização ou qualquer outra forma de divisão do trabalho entre pessoas jurídicas distintas, independentemente do objeto social das empresas envolvidas, **mantida a responsabilidade subsidiária da empresa contratante**"[44], sendo certo que na segunda tese firmada no julgamento da ADPF 324 prevaleceu o voto do relator, min. Roberto Barroso, segundo a qual: "Na terceirização, compete à contratante verificar a idoneidade e a capacidade econômica da terceirizada e **responder subsidiariamente pelo descumprimento das normas trabalhistas, bem como por obrigações previdenciárias**".

Parece-nos, portanto, que não deveria haver alteração significativa no entendimento constante do item V da Súmula 331 do TST, *in verbis*:

> "Os entes integrantes da Administração Pública direta e indireta respondem subsidiariamente, nas mesmas condições do item IV, caso evidenciada a sua conduta culposa no cumprimento das obrigações da Lei n. 8.666, de 21.06.1993, especialmente na fiscalização do cumprimento das obrigações contratuais e legais da prestadora de serviço como empregadora. A aludida responsabilidade não decorre de mero inadimplemento das obrigações trabalhistas assumidas pela empresa regularmente contratada".

Mas, como já ressaltado alhures, o entendimento que vem prevalecendo no STF e no TST é no sentido de que o reclamante tem o ônus de provar a culpa *in vigilando* do ente público para que este possa ser responsabilizado subsidiariamente. O art. 818, § 1º, da CLT, no entanto, permite ao juiz inverter o ônus da prova.

De toda a sorte, o Presidente da República Michel Temer editou o Decreto 9.507, (DOU de 24.9.2018), que dispõe sobre a execução indireta, mediante contratação, de serviços da administração pública federal direta, autárquica e fundacional e das em-

43. Sobre a temática da terceirização, recomendamos a leitura dos Enunciados 75, 76, 77, 78, 79, 80, 81, 82, 96 e 97 aprovados na 2ª Jornada de Direito Material e Processual do Trabalho, realizada em Brasília (disponível em: <http://www.jornadanacional.com.br/listagem-enunciados-aprovados.asp>).

44. Até o fechamento desta edição o STF não houve publicação do acórdão do RE 958.252. Não obstante, o voto do relator, min. Luiz Fux, foi no sentido de declarar inconstitucionais os incisos I, III, IV e VI da Súmula 331 do TST, o que colide parcialmente com a tese fixada na parte que mantém a responsabilidade subsidiária do tomador do serviço.

presas públicas e das sociedades de economia mista controladas pela União, cujo art. 18 prevê que sua vigência ocorrerá cento e vinte dias após a data de sua publicação.

O âmbito de aplicação e objeto do referido Decreto repousam na execução indireta, mediante contratação, de serviços da administração pública federal direta, autárquica e fundacional e das empresas públicas e das sociedades de economia mista controladas pela União. Ato do Ministro de Estado do Planejamento, Desenvolvimento e Gestão estabelecerá os serviços que serão preferencialmente objeto de execução indireta mediante contratação.

O art. 3º do Decreto em causa não permite execução indireta na administração pública federal direta, autárquica e fundacional, os serviços: I – que envolvam a tomada de decisão ou posicionamento institucional nas áreas de planejamento, coordenação, supervisão e controle; II – que sejam considerados estratégicos para o órgão ou a entidade, cuja terceirização possa colocar em risco o controle de processos e de conhecimentos e tecnologias; III – que estejam relacionados ao poder de polícia, de regulação, de outorga de serviços públicos e de aplicação de sanção; e IV – que sejam inerentes às categorias funcionais abrangidas pelo plano de cargos do órgão ou da entidade, exceto disposição legal em contrário ou quando se tratar de cargo extinto, total ou parcialmente, no âmbito do quadro geral de pessoal.

No que diz respeito às empresas públicas e sociedades de economia mista controladas pela União, prevê o art. 4º do citado Decreto 9.507 que não serão objeto de execução indireta os serviços que demandem a utilização, pela contratada, de profissionais com atribuições inerentes às dos cargos integrantes de seus Planos de Cargos e Salários, exceto se contrariar os princípios administrativos da eficiência, da economicidade e da razoabilidade, tais como na ocorrência de, ao menos, uma das seguintes hipóteses: I – caráter temporário do serviço; II – incremento temporário do volume de serviços; III – atualização de tecnologia ou especialização de serviço, quando for mais atual e segura, que reduzem o custo ou for menos prejudicial ao meio ambiente; ou IV – impossibilidade de competir no mercado concorrencial em que se insere.

As situações de exceção a que se referem os incisos I e II do *caput* poderão estar relacionadas às especificidades da localidade ou à necessidade de maior abrangência territorial.

Os empregados da contratada com atribuições semelhantes ou não com as atribuições da contratante atuarão somente no desenvolvimento dos serviços contratados e não se aplica a vedação do *caput* do art. 4º do Decreto 9.507 quando se tratar de cargo extinto ou em processo de extinção.

O Conselho de Administração ou órgão equivalente das empresas públicas e das sociedades de economia mista controladas pela União estabelecerá o conjunto de atividades que serão passíveis de execução indireta, mediante contratação de serviços.

O art. 5º do Decreto 9.507/2018 veda a contratação, por órgão ou entidade da administração pública, por pessoa jurídica na qual haja administrador ou sócio com poder de direção que tenham relação de parentesco com: I – detentor de cargo em comissão ou função de confiança que atue na área responsável pela demanda ou pela contratação; ou II – autoridade hierarquicamente superior no âmbito de cada órgão ou entidade.

Prevê o art. 8º do Decreto 9.507 que os contratos de que trata este decreto conterão cláusulas que: I – exijam da contratada declaração de responsabilidade exclusiva sobre a quitação dos encargos trabalhistas e sociais decorrentes do contrato; II – exijam a indicação de preposto da contratada para representá-la na execução do contrato; III – estabeleçam que o pagamento mensal pela contratante ocorrerá após a comprovação do pagamento das obrigações trabalhistas, previdenciárias e para com o Fundo de Garantia do Tempo de Serviço – FGTS pela contratada relativas aos empregados que tenham participado da execução dos serviços contratados; IV – estabeleçam a possibilidade de rescisão do contrato por ato unilateral e escrito do contratante e a aplicação das penalidades cabíveis, na hipótese de não pagamento dos salários e das verbas trabalhistas, e pelo não recolhimento das contribuições sociais, previdenciárias e para com o FGTS; V – prevejam, com vistas à garantia do cumprimento das obrigaçõs trabalhistas nas contratações de serviços continuados com dedicação exclusiva de mão de obra: a) que os valores destinados ao pagamento de férias, décimo terceiro salário, ausências legais e verbas rescisórias dos empregados da contratada que participarem da execução dos serviços contratados serão efetuados pela contratante à contratada somente na ocorrência do fato gerador; ou b) que os valores destinados ao pagamento das férias, décimo terceiro salário e verbas rescisórias dos empregados da contratada que participarem da execução dos serviços contratados serão depositados pela contratante em conta vinculada específica, aberta em nome da contratada, e com movimentação autorizada pela contratante; VI – exijam a prestação de garantia, inclusive para pagamento de obrigações de natureza trabalhista, previdenciária e para com o FGTS, em valor correspondente a cinco por cento do valor do contrato, limitada ao equivalente a dois meses do custo da folha de pagamento dos empregados da contratada que venham a participar da execução dos serviços contratados, com prazo de validade de até noventa dias, contado da data de encerramento do contrato; e VII – prevejam a verificação pela contratante, do cumprimento das obrigações trabalhistas, previdenciárias e para com o FGTS, em relação aos empregados da contratada que participarem da execução dos serviços contratados, em especial, quanto:a) ao pagamento de salários, adicionais, horas extras, repouso semanal remunerado e décimo terceiro salário; b) à concessão de férias remuneradas e ao pagamento do respectivo adicional; c) à concessão do auxílio-transporte, auxílio-alimentação e auxílio-saúde, quando for devido; d) aos depósitos do FGTS; e e) ao pagamento de obrigações trabalhistas e previdenciárias dos empregados dispensados até a data da extinção do contrato.

Nos termos dos §§ 1º e 2º do art. 8º do Decreto 9.507, na hipótese de não ser apresentada a documentação comprobatória do cumprimento das obrigações trabalhistas, previdenciárias e para com o FGTS de que trata o inciso VII do *caput* do art. 8º do mesmo Decreto, a contratante comunicará o fato à contratada e reterá o pagamento da fatura mensal, em valor proporcional ao inadimplemento, até que a situação esteja regularizada.

Em não havendo quitação das obrigações por parte da contratada, no prazo de até quinze dias, a contratante poderá efetuar o pagamento das obrigações diretamente aos empregados da contratada que tenham participado da execução dos serviços contratados.

O § 3º do art. 8º do Decreto em causa dispõe que o sindicato representante da categoria do trabalhador deve ser notificado pela contratante para acompanhar o pagamento das verbas referidas nos § 1º e § 2º.

No entanto, o § 4º do art. 8º do Decreto 9.507 prevê que o pagamento das obrigações de que trata o seu § 2º, caso ocorra, não configura vínculo empregatício ou implica a assunção de responsabilidade por quaisquer obrigações dele decorrentes entre a contratante e os empregados da contratada.

Prescreve o art. 9º do Decreto 9.507 que os contratos de prestação de serviços continuados que envolvam disponibilização de pessoal da contratada de forma prolongada ou contínua para consecução do objeto contratual exigirão: I – apresentação pela contratada do quantitativo de empregados vinculados à execução do objeto do contrato de prestação de serviços, a lista de identificação destes empregados e respectivos salários; II – o cumprimento das obrigações estabelecidas em acordo, convenção, dissídio coletivo de trabalho ou equivalentes das categorias abrangidas pelo contrato; e III – a relação de benefícios a serem concedidos pela contratada a seus empregados, que conterá, no mínimo, o auxílio-transporte e o auxílio-alimentação, quando esses forem concedidos pela contratante.

Todavia, ressalta o parágrafo único do art. 9º do Decreto em exame que a administração pública não se vincula às disposições estabelecidas em acordos, dissídios ou convenções coletivas de trabalho que tratem de: I – pagamento de participação dos trabalhadores nos lucros ou nos resultados da empresa contratada; II – matéria não trabalhista, ou que estabeleçam direitos não previstos em lei, tais como valores ou índices obrigatórios de encargos sociais ou previdenciários; e III – preços para os insumos relacionados ao exercício da atividade.

No que tange à gestão e fiscalização da execução dos contratos de que trata o Decreto 9.507/2018, dispõe o seu art. 10 que elas compreendem o conjunto de ações que objetivam: I – aferir o cumprimento dos resultados estabelecidos pela contratada; II – verificar a regularidade das obrigações previdenciárias, fiscais e trabalhistas; e III – prestar apoio à instrução processual e ao encaminhamento da documentação pertinente para a formalização dos procedimentos relativos a repactuação, reajuste, alteração, reequilíbrio, prorrogação, pagamento, aplicação de sanções, extinção dos contratos, entre outras, com vistas a assegurar o cumprimento das cláusulas do contrato a solução de problemas relacionados ao objeto.

O art. 11 do Decreto 9.507 admite a quarteirização da gestão e fiscalização dos contratos, pois o gestor da execução, auxiliado pela fiscalização técnica, administrativa, setorial e pelo público usuário e, se necessário, "poderá ter o auxílio de terceiro ou de empresa especializada, desde que justificada a necessidade de assistência especializada".

O art. 16 do Decreto 9.507/2018 dispõe que os contratos celebrados até a data de entrada em vigor deste Decreto (cento e vinte dias após a data de sua publicação, que se deu em 24.9.2018), com fundamento no Decreto n. 2.271/1997, ou os efetuados por empresas públicas, sociedades de economia mista controladas direta ou indiretamente pela União, poderão ser prorrogados, na forma do § 2º do art. 57 da Lei n. 8.666/1993, e observada, no que couber, a Lei n. 13.303/2016, desde que devidamente ajustados ao disposto neste Decreto.

4. A REFORMA TRABALHISTA (LEI 13.467/2017) E A SUPREMACIA DO NEGOCIADO SOBRE O LEGISLADO

Tramitava no Congresso Nacional, desde 11.04.2016, o PL 4.962, de autoria do Deputado Julio Lopes (PP-RJ), que alterava apenas o art. 618 da CLT, dispondo, em linhas gerais, que as condições de trabalho negociadas coletivamente, isto é, mediante convenção ou acordo coletivo de trabalho, prevalecem sobre a lei.

Na verdade, já houve um projeto semelhante, o Projeto de Lei 5.483/2001, oriundo do então Presidente da República Fernando Henrique Cardoso, que não obteve êxito em sua tramitação no Congresso Nacional.

No Governo do Presidente Michel Temer entra em vigor a Lei 13.467/2017, também chamada de Lei da Reforma Trabalhista, que instituiu o chamado modelo "negociado sobre o legislado", isto é, um novo sistema de hierarquia das fontes em que as cláusulas previstas em convenções ou acordos coletivos prevalecem quando conflitarem com as disposições previstas em lei. É o que se infere do art. 611-A da CLT, com redação dada pela Lei 13.467/2017. Este dispositivo atrita com os princípios da norma mais favorável e da supremacia do interesse público sobre o particular[45].

Com efeito, dispõe o art. 611-A, com redação dada pela Lei 13.467/2017, posteriormente alterado pela MP 808/2017, que, por sua vez, foi rejeitada tacitamente pelo Congresso Nacional, nos termos do § 3º do art. 62 da CF[46].

Assim, o art. 611-A da CLT voltou a ter vigência com a redação dada pela Lei 13.467/2017, *in verbis*:

> Art. 611-A. A convenção coletiva e o acordo coletivo de trabalho têm prevalência sobre a lei quando, entre outros, dispuserem sobre:
>
> I – pacto quanto à jornada de trabalho, observados os limites constitucionais;

45. *Vide* Título I, Capítulo II, item 4.3.2.1.2 e Título III, Capítulo IV, item 4.6.
46. Sobre os efeitos da Medida Provisória não convertida em lei, remetemos o leitor ao Título I, Capítulo IV, item 2.1.

II – banco de horas anual;

III – intervalo intrajornada, respeitado o limite mínimo de trinta minutos para jornadas superiores a seis horas;

IV – adesão ao Programa Seguro-Emprego (PSE), de que trata a Lei n. 13.189, de 19 de novembro de 2015;

V – plano de cargos, salários e funções compatíveis com a condição pessoal do empregado, bem como identificação dos cargos que se enquadram como funções de confiança;

VI – regulamento empresarial;

VII – representante dos trabalhadores no local de trabalho;

VIII – teletrabalho, regime de sobreaviso, e trabalho intermitente;

IX – remuneração por produtividade, incluídas as gorjetas percebidas pelo empregado, e remuneração por desempenho individual;

X – modalidade de registro de jornada de trabalho;

XI – troca do dia de feriado;

XII – enquadramento do grau de insalubridade;

XIII – prorrogação de jornada em ambientes insalubres, sem licença prévia das autoridades competentes do Ministério do Trabalho;

XIV – prêmios de incentivo em bens ou serviços, eventualmente concedidos em programas de incentivo;

XV – participação nos lucros ou resultados da empresa.

§ 1º No exame da convenção coletiva ou do acordo coletivo de trabalho, a Justiça do Trabalho observará o disposto no § 3º do art. 8º desta Consolidação.

§ 2º A inexistência de expressa indicação de contrapartidas recíprocas em convenção coletiva ou acordo coletivo de trabalho não ensejará sua nulidade por não caracterizar um vício do negócio jurídico.

§ 3º Se for pactuada cláusula que reduza o salário ou a jornada, a convenção coletiva ou o acordo coletivo de trabalho deverão prever a proteção dos empregados contra dispensa imotivada durante o prazo de vigência do instrumento coletivo.

§ 4º Na hipótese de procedência de ação anulatória de cláusula de convenção coletiva ou de acordo coletivo de trabalho, quando houver a cláusula compensatória, esta deverá ser igualmente anulada, sem repetição do indébito.

§ 5º Os sindicatos subscritores de convenção coletiva ou de acordo coletivo de trabalho deverão participar, como litisconsortes necessários, em ação individual ou coletiva, que tenha como objeto a anulação de cláusulas desses instrumentos.

Parece-nos, porém, que o novel art. 611-A da CLT atrita com os princípios que fundamentam o Estado Democrático de Direito, que tem no princípio da legalidade uma de suas vertentes. A nossa Constituição diz que ninguém é obrigado a fazer ou deixar de fazer alguma coisa senão em virtude de lei. Convenções e acordos coletivos são leis? As convenções e os acordos coletivos *in pejus* aos trabalhadores podem ser interpretados extensivamente à luz dos arts. 7º, *caput*, e 5º, § 2º, da CF?

De outra parte, sabe-se que todos os direitos dos trabalhadores previstos na legislação infraconstitucional devem propiciar a melhoria de sua condição social, razão pela qual se conclui que foram recepcionados como normas constitucionais (CF, art. 7º, *caput*).

Dito de outro modo, com a Constituição de 1988 houve um processo de constitucionalização dos direitos trabalhistas, em função do que se pode dizer que, em linha de princípio, qualquer proposta de alteração das normas infraconstitucionais tendente a abolir, reduzir ou extinguir direitos sociais dos trabalhadores que se robustecem na legislação infraconstitucional implica violação aos arts. 7º, *caput*, e 5º, § 2º, da CF.

Reforça essa argumentação o fato de que o legislador constituinte somente permitiu, de forma excepcional, a flexibilização *in pejus* por meio de convenção coletiva ou acordo coletivo de trabalho, em duas hipóteses bem definidas: salário e jornada.

Mas não é só isso. O novel art. 611-A da CLT, com redação dada pela Lei 13.467/2017, impõe, na verdade, uma espécie de desestatização ou privatização dos direitos humanos, na medida em que afasta o Estado, principal responsável pela promoção da paz e justiça sociais, da complexa e desigual relação entre o Capital e o Trabalho.

O Governo brasileiro descumpre, pois, compromissos internacionais assumidos solenemente.

Desde a Declaração Universal dos Direitos Humanos – DUDH, tanto os tradicionais direitos civis e políticos – direitos de liberdade – quanto os direitos sociais dos trabalhadores – direitos de igualdade – passaram à categoria de direitos humanos fundamentais, cujas características são a universalidade, a indivisibilidade, a interdependência e a inter-relacionalidade.

Isso porque não se pode falar em liberdade sem igualdade, nem em igualdade sem liberdade. Com efeito, a Conferência Internacional de Teerã, em 1968, proclamou, no seu item 13:

> Como os direitos humanos e as liberdades fundamentais são indivisíveis, a realização dos direitos civis e políticos, sem o gozo dos direitos econômicos, sociais e culturais, torna-se impossível.

Igualmente, no item 5º, Parte I, da Declaração e Programa de Ação adotada pela Conferência Mundial sobre Direitos Humanos das Nações Unidas (Viena, 1993), restou afirmado solenemente que: "Todos os direitos humanos são universais, indivisíveis, interdependentes e inter-relacionados".

Do mesmo modo, o Pacto Internacional dos Direitos Econômicos, Sociais e Culturais, aprovado na XXI Sessão da Assembleia Geral das Nações Unidas, em Nova York, em 19 de dezembro de 1966, o qual passou a fazer parte do direito positivo brasileiro a partir de 24 de abril de 1992 (aprovação: Decreto-Lei 226, de 12.12.1991; promulgação: Decreto 591, de 06.07.1992), proclamou, em linhas gerais, que os direitos sociais, culturais e econômicos são inerentes à dignidade da pessoa humana e que o ideal do ser humano livre, liberto do temor e da miséria, só pode ser concretizado à medida em que se criem condições que permitam a cada um gozar de seus direitos econômicos, sociais e culturais, assim como de seus direitos civis e políticos.

Tirantes esses aspectos gerais, não há negar que a autêntica negociação coletiva pressupõe a satisfação específica de **quatro requisitos fundamentais**.

Primeiro, é preciso que haja **liberdade de negociação**.

Ocorre que não há autêntica liberdade sindical no Brasil. O sistema é o da unicidade sindical, que é imposto pelo Poder Público (através de lei), no qual só pode existir um sindicato por categoria numa mesma base territorial (não inferior à área de um Município).

Esse sistema é antidemocrático, pois impede o pluralismo político, social e jurídico na vida sindical brasileira.

O trabalhador não é verdadeiramente livre para se associar ao sindicato de sua preferência. A simples facultatividade de pagar contribuições sindicais, geralmente descontadas em folha de pagamento de salários, não confere liberdade aos trabalhadores, pois estes se encontram em situação de subordinação jurídica e, por via de regra, de dependência econômica em relação ao seu empregador.

O Brasil encontra-se na contramão da história, pois é um dos poucos países que ainda não ratificaram a Convenção 87 da OIT – Organização Internacional do Trabalho.

Por ser um modelo imposto, o que se vê, na prática, são assembleias de diretoria e não de categoria.

Aliás, os trabalhadores não filiados ao sindicato nem sequer têm direito a votar nas assembleias que autorizarão a celebração da convenção ou acordo coletivo.

Antes de aprovar a Lei 13.467/2017, o Parlamento deveria ratificar (e o Executivo promulgar) a Convenção 87 da OIT, pois sem liberdade sindical autêntica não há negociação coletiva digna desse nome.

O segundo requisito decorre do fato de que a negociação livre exige um mínimo de garantia do emprego.

O Brasil é campeão em rotatividade de mão de obra. O FGTS, que é único no mundo, extinguiu a estabilidade do trabalhador brasileiro.

O Parlamento deveria regulamentar o inciso I do art. 7º da CF antes de aprovar a Lei 13.467/2017. Sem garantia do emprego, os empresários vão à mesa de negociação com uma arma poderosa e desigual: a ameaça do desemprego.

A Constituição brasileira (art. 7º, I) consagra o direito à relação de emprego protegida contra despedida arbitrária ou sem justa causa, nos termos de lei complementar, que ainda se encontra como a Bela Adormecida, esperando o beijo do príncipe para ter vida. Ora, por que não regulamentar esse direito fundamental dos trabalhadores antes de desregulamentar a CLT?

O novel art. 611-A da CLT permite que direitos sociais trabalhistas previstos na CLT ou em outra lei infraconstitucional sejam negociados, ou melhor, renunciados.

Ocorre que a redução geral dos direitos prevista em norma coletiva não impede que o empresário venha, posteriormente, a dispensar os trabalhadores.

E o mais grave: se a entidade sindical profissional se recusar à negociação, o art. 617, § 1º, da CLT permite que os próprios trabalhadores da empresa possam prosseguir na negociação coletiva.

A Convenção 158 da OIT estabelece a responsabilidade social da empresa, ao limitar o poder de dispensa imotivada do trabalhador. Vale dizer, esse Tratado Internacional – ratificado e em curto prazo lamentavelmente denunciado pelo Governo brasileiro –, em respeito à dignidade da pessoa humana do cidadão trabalhador, exige um motivo técnico, econômico, financeiro ou comportamental do emprego para justificar a sua dispensa.

Terceiro, a redução do custo Brasil não pode comprometer a **dignidade do cidadão trabalhador**.

A realidade está a demonstrar que todos os processos de flexibilização até agora implementados não redundaram na criação de novos postos de trabalho. Ao contrário do prometido, precarizam direitos, contribuindo para a redução da massa salarial e para o aumento da informalidade do mercado de trabalho.

A verdade é que os empregos só são criados, inclusive os formais, com o crescimento da economia, como ficou muito bem demonstrado em períodos anteriores (Carta aberta aos deputados, *Correio Braziliense*, 27.12.2001, subscrita por várias organizações e instituições).

Aliás, a massa salarial dos trabalhadores brasileiros é uma das mais baixas do mundo. O custo não é salarial, e sim dos encargos tributários e previdenciários.

Antes de reduzir direitos trabalhistas, impõe-se a implantação da justiça tributária. É preciso tributar as grandes fortunas, os grandes oligopólios, como prevê a Constituição Federal.

O quarto e último requisito para a implementação da autêntica negociação coletiva concerne à educação.

No Brasil há um elevado contingente de trabalhadores analfabetos ou semianalfabetos, o que deságua no problema da baixa qualificação profissional. Esse dado, por si só, está a revelar que, sem os conhecimentos técnicos exigidos pelas novas e complexas relações mercadológicas, os trabalhadores certamente ficarão em manifesta desvantagem na mesa de negociação, na medida em que os empresários, como é de conhecimento geral, normalmente contam com assessorias especializadas, inclusive terceirizadas, com profissionais altamente capacitados e preparados para o convencimento dos dirigentes dos sindicatos profissionais.

Coisa diversa ocorre na Europa e nos EUA, onde praticamente não existe analfabetismo. Pelo contrário, geralmente os líderes sindicais são altamente capacitados para discutir em igualdade de condições com a classe empresarial.

Ante o exposto, parece-nos que:

- A Lei 13.467/2017 tende a beneficiar apenas os empresários, pois as condições ajustadas na negociação coletiva implicarão a redução ou extinção de direitos trabalhistas.
- A CLT, por ser fundada no princípio da irrenunciabilidade dos direitos trabalhistas, e em sintonia com os princípios da igualdade e da dignidade da pessoa humana do cidadão-trabalhador, constitui obstáculo à implantação da ideologia neoliberal, pois esta exige a retirada do Estado nas relações econômicas e sociais.
- Por não existir verdadeira liberdade sindical no Brasil (OIT, Convenção n. 87), nem garantia no emprego contra despedida arbitrária ou sem justa causa (CF, art. 7º, I, ainda não regulamentado), não se pode falar em liberdade ou igualdade nas negociações coletivas.
- O problema do despreparo técnico dos nossos dirigentes sindicais, fruto do analfabetismo ou da má formação educacional dos trabalhadores brasileiros, também constitui um sério obstáculo à verdadeira negociação coletiva.
- A extinção ou redução de direitos trabalhistas, portanto, que será imposta pela classe economicamente mais forte, agravará o problema da má distribuição de renda e manterá, por consequência, a brutal desigualdade econômica no nosso país, com todos os efeitos perversos que ela traz, como a banalização da violência, a discriminação de toda ordem, a exploração, enfim, o desrespeito generalizado à dignidade da pessoa humana.

Para encerrar este tópico, é importante lembrar que, independentemente da Lei 13.467/2017, o STF já vinha "flexibilizando" os direitos dos trabalhadores, admitindo a supremacia dos acordos coletivos sobre a legislação de proteção ao trabalho, como se infere do seguinte julgado:

> Direito do Trabalho. Acordo coletivo. Plano de dispensa incentivada. Validade e efeitos. 1. Plano de dispensa incentivada aprovado em acordo coletivo que contou com ampla participação dos empregados. Previsão de vantagens aos trabalhadores, bem como quitação de toda e qualquer parcela decorrente de relação de emprego. Faculdade do empregado de optar ou não pelo plano. 2. Validade da quitação ampla. Não incidência, na hipótese, do art. 477, § 2º da Consolidação das Leis do Trabalho, que

restringe a eficácia liberatória da quitação aos valores e às parcelas discriminadas no termo de rescisão exclusivamente. 3. No âmbito do direito coletivo do trabalho não se verifica a mesma situação de assimetria de poder presente nas relações individuais de trabalho. Como consequência, a autonomia coletiva da vontade não se encontra sujeita aos mesmos limites que a autonomia individual. 4. A Constituição de 1988, em seu artigo 7º, XXVI, prestigiou a autonomia coletiva da vontade e a autocomposição dos conflitos trabalhistas, acompanhando a tendência mundial ao crescente reconhecimento dos mecanismos de negociação coletiva, retratada na Convenção n. 98/1949 e na Convenção n. 154/1981 da Organização Internacional do Trabalho. O reconhecimento dos acordos e convenções coletivas permite que os trabalhadores contribuam para a formulação das normas que regerão a sua própria vida. 5. Os planos de dispensa incentivada permitem reduzir as repercussões sociais das dispensas, assegurando àqueles que optam por seu desligamento da empresa condições econômicas mais vantajosas do que aquelas que decorreriam do mero desligamento por decisão do empregador. É importante, por isso, assegurar a credibilidade de tais planos, a fim de preservar a sua função protetiva e de não desestimular o seu uso. 7. Provimento do recurso extraordinário. Afirmação, em repercussão geral, da seguinte tese: "A transação extrajudicial que importa rescisão do contrato de trabalho, em razão de adesão voluntária do empregado a plano de dispensa incentivada, enseja quitação ampla e irrestrita de todas as parcelas objeto do contrato de emprego, caso essa condição tenha constado expressamente do acordo coletivo que aprovou o plano, bem como dos demais instrumentos celebrados com o empregado" (STF, Pleno, RE 590.415/SC, Rel. Min. Luis Roberto Barroso, *DJe* 29.05.2015).

O TST, no entanto, em julgamento plenário recente, reafirmou a sua jurisprudência no sentido de que a natureza salarial das chamadas horas *in itinere*, ou de deslocamento, não pode ser afastada por meio de acordo coletivo. Por maioria, o Pleno desproveu recurso de embargos da Usina de Açúcar Santa Terezinha Ltda., de Maringá (PR), contra decisão que a condenou ao pagamento do adicional de horas extras e dos reflexos dessa parcela sobre as demais verbas trabalhistas, como descansos semanais remunerados, férias, 13º salário e FGTS.

A cláusula em questão previa o fornecimento de transporte pelo empregador, fixando em uma hora diária o tempo despendido no trajeto. Essa hora seria calculada sobre o piso da categoria e não integraria os salários para nenhum efeito contratual e legal, nem seria computada como jornada extraordinária.

O TST colocou o processo em pauta depois de duas decisões do STF (RE 590.415, em que o Plenário admitiu a quitação ampla aos trabalhadores que aderiram ao Plano de Demissão Voluntária do Banco do Estado de Santa Catarina, e RE 895.759, no qual, em decisão monocrática, o Ministro Teori Zavascki conferiu validade a acordo coletivo que suprimiu horas *in itinere* numa usina em Pernambuco).

Na verdade, o Pleno do TST entendeu que os precedentes do STF não se aplicam ao caso presente (*distinguishing*), valendo registrar o voto do Ministro Augusto César Leite de Carvalho (relator), que apresentou seis fundamentos para negar provimento aos embargos, dentre os quais o de que a autonomia negocial coletiva não é absoluta e a de que os precedentes do STF não comportam interpretação esquemática.

Digno de destaque foi o voto do Ministro João Oreste Dalazen, que afirmou ser "uma temeridade" dar validade a cláusulas de acordo coletivo de trabalho ou convenção que meramente suprimam direitos trabalhistas, "mormente ante a notória debilidade da maioria das entidades sindicais brasileiras". A seu ver, isso implicaria "um retrocesso histórico, um verdadeiro desmonte do Direito do Trabalho, que voltaria praticamente à estaca zero da concepção civilista do *pacta sunt servanda*", ou da força obrigatória dos contratos. "Uma coisa é flexibilizar o cumprimento das leis trabalhistas e valorizar a negociação coletiva. Outra, muito diferente, é dar um sinal verde para a pura e simples redução de direitos, contrariando a natureza e os fundamentos do Direito do Trabalho", assinalou Dalazen. "No caso, não houve concessão de vantagem compensatória alguma para a supressão da natureza salarial das horas *in itinere*. Este é um fator relevante de distinção que autoriza a negar provimento aos embargos". Ficaram vencidos os Ministros Ives Gandra Martins Filho, presidente do TST, e Barros Levenhagen, e as Ministras Maria Cristina Peduzzi e Dora Maria da Costa, que davam provimento aos embargos para conferir validade à cláusula. Para o presidente do TST, o caso se encaixa no precedente do Ministro Teori Zavascki, do STF, baseado nos incisos VI e XIII do art. 7º, que admitem a flexibilização de salário e jornada. "Não está em jogo a saúde do trabalhador nem a indisponibilidade de direitos", afirmou. O Ministro Ives Gandra Filho discordou ainda do entendimento de que não houve contrapartida ao trabalhador. "A cláusula flexibiliza, mas ao mesmo tempo concede o transporte independentemente de haver transporte público ou de ser local de fácil acesso, como exige a lei e a jurisprudência", observou. "Ou seja, dá direito até para quem não o tem"[47].

É importante lembrar que a Lei 13.467/2017 extinguiu o direito dos trabalhadores às horas *in itinere*, como já vimos no item 2 do Capítulo XI do Título II, de modo que o entendimento do TST supracitado só terá pertinência para as horas *in itinere* incidentes sobre os contratos anteriores à vigência da Lei 13.467/2017.

47. TST-RR 205900-57.2007.5.09.0325. Disponível em: <www.tst.jus.br/noticia-destaque>. Acesso em 28 set. 2016.

CAPÍTULO VI
Contrato de Trabalho

1. FUNÇÃO SOCIAL DO CONTRATO DE TRABALHO

O estudo do contrato de trabalho é de suma importância, porquanto esgota quase todo o conteúdo do direito individual do trabalho.

Pode-se dizer que constitui o núcleo central do direito do trabalho, na medida em que é por intermédio dele que se desencadeia a aplicação das normas trabalhistas.

Historicamente, o contrato de trabalho era estudado pela doutrina como um desdobramento do contrato de "locação de serviços" previsto no Código Civil de 1916 (no Código Civil de 2002, contrato de prestação de serviços), razão pela qual, sua matriz ideológica encontra-se fundada no paradigma do Estado Liberal, que reconhecia a autonomia plena da vontade dos contratantes.

A CLT (Dec.-lei 5.452, de 01-05-1943), em seu art. 444, *caput*, inspirada no paradigma do Estado Social de Direito (dirigismo contratual), dispõe, *in verbis*:

> As relações contratuais de trabalho podem ser objeto de livre estipulação das partes interessadas em tudo quanto não contravenha às disposições de proteção ao trabalho, aos contratos coletivos que lhes sejam aplicáveis e às decisões das autoridades competentes.

Vê-se, portanto, que o Texto Consolidado avançou na relativização da autonomia da vontade dos contratantes diante de normas de ordem pública ou de normas coletivas de autocomposição mais favoráveis aos trabalhadores.

É preciso reconhecer, contudo, que no paradigma do Estado Democrático de Direito, diferentemente dos paradigmas normativista-individualista-liberal-burguês ou do dirigismo contratual, os contratos em geral devem ter, além da função social, uma função socioambiental.

Tal assertiva encontra-se em sintonia com o fenômeno da constitucionalização do direito privado (civil e trabalhista), que fundamenta a nova hermenêutica do direito em geral e do direito do trabalho em particular. Vale dizer, para além dos princípios da liberdade (Estado Liberal) e da igualdade real (Estado Social) que nortearam a interpretação e aplicação dos contratos civis e trabalhistas, a força normativa da Constituição (Estado Democrático de Direito) exige uma nova hermenêutica dos contratos ancorada nos princípios fundamentais da dignidade da pessoa humana, do valor social do trabalho e da livre iniciativa (CF, art. 1º, III e IV) e da solidariedade (CF, art. 3º, I).

Nesse passo, cumpre lembrar que todos esses princípios compõem o sistema constitucional da ordem econômica que, nos termos do art. 170 da CF, "é fundada na valorização do trabalho humano e na livre iniciativa, tem por fim assegurar a todos existência digna, conforme os ditames da justiça social".

Dentre os princípios da ordem econômica constitucional devem ser observados, além de outros, os princípios da função social da propriedade; da defesa do meio ambiente, inclusive mediante tratamento diferenciado conforme o impacto ambiental dos produtos e serviços e de seus processos de elaboração e prestação; da redução das desigualdades regionais e sociais; da busca do pleno emprego.

Assim, o princípio da função social da propriedade se desdobra em princípio da função social da empresa e princípio da função social dos contratos (em geral) e do contrato de trabalho (em particular).

Nessa linha de raciocínio, tem-se que a função social da propriedade, da empresa e do contrato de trabalho, de acordo com a máxima efetividade do art. 186 da CF, "é cumprida quando a propriedade rural atende, simultaneamente, segundo critérios e graus de exigência estabelecidos em lei, aos seguintes requisitos: I – aproveitamento racional e adequado; II – utilização adequada dos recursos naturais disponíveis e *preservação do meio ambiente*; III – *observância das disposições que regulam as relações de trabalho*; IV – exploração que favoreça o *bem-estar dos proprietários e dos trabalhadores*". (grifos nossos)

Sob tais perspectivas principiológicas, portanto, é que deve ser interpretado o disposto no art. 421 do CC/2002, segundo o qual: "A liberdade de contratar será exercida em razão e nos limites da função social do contrato".

Nesse sentido, leciona Carlos Roberto Gonçalves, a

> concepção social do contrato apresenta-se, modernamente, como um dos pilares da teoria contratual. Por identidade dialética guarda intimidade com o princípio da "função social da propriedade" previsto na Constituição Federal. Tem por escopo promover a realização de uma justiça comutativa, aplainando as desigualdades substanciais entre os contratantes (...) É possível afirmar que o atendimento à função social pode ser enfocado sob dois aspectos: um individual, relativo aos contratantes, que se valem do contrato para satisfazer seus interesses próprios, e outro, público, que é o interesse da coletividade sobre o contrato. Nessa medida, a função social do contrato somente estará cumprida quando a sua finalidade – distribuição de riquezas – for atingida de forma justa, quando o contrato representar uma fonte de equilíbrio social[1].

1. GONÇALVES, Carlos Roberto. *Direito civil brasileiro, v. III*: contratos e atos unilaterais. 6. ed. São Paulo: Saraiva, 2009, p. 5-6.

A função social do contrato, além de um princípio, é também considerada uma cláusula geral, e sendo esta norma de ordem pública, pode (ou melhor, deve) o juiz, de ofício, independentemente de pedido da parte ou do interessado, "ajustar o contrato e dar-lhe a sua própria noção de equilíbrio, sem ser tachado de arbitrário"[2].

Ora, por meio do diálogo das fontes do Direito Civil e do Direito do Trabalho, o princípio da função social do contrato com muito mais razão deve ser aplicado ao contrato de trabalho, em função do que podem ser considerados "como violadores da função social todos os atos que ofendem os direitos fundamentais, em especial os direitos de personalidade, incluindo-se entre esses últimos tudo o que está relacionado ao homem em função de sua própria natureza, a exemplo da vida, integridade física e psíquica, corpo, honra, identidade, sigilo, liberdade, imagem, voz, recato, pensamento, intimidade, sentimento religioso, crenças, manifestações do intelecto (direitos autorais) etc."[3].

Em síntese, parece-nos factível sustentar juridicamente que, por força do princípio da máxima efetividade das normas constitucionais (art. 186 da CF), todas as vezes que ocorrerem violações dos direitos fundamentais (civis, sociais e metaindividuais) dos trabalhadores, também haverá violação ao princípio da função social (ou socioambiental) do contrato de trabalho[4].

Registre-se, no entanto, que a chamada Reforma Trabalhista, instituída pela Lei 13.467/2017, encontra-se na contramão do princípio da função social (e ambiental) do contrato (e da empresa), pois, no caso específico do art. 444 da CLT, houve a inserção do novel parágrafo único, nos seguintes termos:

> A livre estipulação a que se refere o *caput* deste artigo aplica-se às hipóteses previstas no art. 611-A desta Consolidação, com a mesma eficácia legal e preponderância sobre os instrumentos coletivos, no caso de empregado portador de diploma de nível superior e que perceba salário mensal igual ou superior a duas vezes o limite máximo dos benefícios do Regime Geral de Previdência Social.

Esse dispositivo, segundo nos parece, viola, além de diversos dispositivos constitucionais (CF, arts. 1º, III e IV, 3º, IV, 7º, *caput*, e XXXII), o princípio da função socioambiental do contrato de trabalho, pois trata com odiosa discriminação os trabalhadores com diploma de nível superior com salários superiores ao dobro do limite máximo dos benefícios pagos pela Previdência Social.

---

2. NERY JUNIOR, Nelson. Contratos no Código Civil – Apontamentos gerais. In: FRANCIULLI NETTO, Domingos; MENDES, Gilmar Ferreira; MARTINS FILHO, Ives Gandra (coords.). *O novo Código Civil*: estudos em homenagem ao professor Miguel Reale. São Paulo: LTr, 2003, p. 427.
3. MEIRELES, Edilton. *O novo Código Civil e o direito do trabalho*. São Paulo: LTr, 2005, p. 101-102.
4. MEIRELES, Edilton, *op. cit.*, p. 102.

2. DENOMINAÇÃO

Não há uniformidade a respeito da denominação utilizada na doutrina quanto ao vínculo jurídico que tem como sujeitos, de um lado, o empregado, e, de outro, o empregador. Contrato de emprego[5], para uns. Contrato individual de trabalho, para outros. Existem, ainda, os que preferem a expressão contrato de trabalho.

Amauri Mascaro Nascimento chega a dizer que inexiste distinção entre relação de emprego, relação de trabalho, contrato de emprego e contrato de trabalho[6].

A expressão "*contrato de trabalho*", entretanto, parece ser a preferida, sendo adotada majoritariamente pela doutrina, embora empregada no sentido restrito do termo, isto é, de *contrato individual de trabalho*, que não se confunde com o contrato coletivo de trabalho, uma vez que este, no sistema jurídico brasileiro, ostenta natureza jurídica semelhante a convenção coletiva de trabalho ou acordo coletivo de trabalho, como se infere da interpretação sistemática dos arts. 59, 442, 462 e 611, § 1º, todos da CLT, e, também, do art. 7º, VI, XIII, XIV e XXVI, da CF de 1988, bem como do art. 36 da Lei 12.815/13.

É preciso observar, contudo, que no direito positivo brasileiro (CF, arts. 7º, I, XXIX, e 114, I; CLT, art. 442) são encontradas literalmente as expressões "relação de trabalho", "relação de emprego", "contrato de trabalho", "contrato individual de trabalho". O art. 442 consolidado, no entanto, define que o "contrato individual de trabalho é o acordo, tácito ou expresso, correspondente à relação de emprego". Vale dizer, o legislador brasileiro nada definiu a respeito destas duas expressões: contrato de trabalho e relação de emprego.

Socorrendo-nos do direito comparado (CLT, art. 8º), lembramos que a Lei Federal do México (art. 20), ao contrário da nossa, disciplina textualmente:

> Entende-se por *relação de trabalho*[7], qualquer que seja o ato que lhe dê origem, a prestação de um trabalho pessoal subordinado a uma pessoa, mediante o pagamento de um salário. *Contrato individual de trabalho*, qualquer que seja a sua forma ou denominação, é aquele em virtude do qual uma pessoa se obriga a prestar a outra um trabalho pessoal subordinado, mediante o pagamento de um salário. *A prestação de um trabalho a que se refere o § 1º e o contrato celebrado produzem os mesmos efeitos.* (grifos nossos)

A Lei do Contrato de Trabalho da Argentina (Lei 20.744, arts. 23 a 25), adverte Amauri Mascaro Nascimento, dispõe

5. Contrato de emprego é expressão utilizada por José Martins Catharino. No mesmo sentido: MARTINEZ, Luciano. *Curso de direito do trabalho*. 10 ed. São Paulo: Saraiva Educação, 2019, p. 165 *et seq.*
6. *Curso de direito do trabalho*. 10. ed. 1992, p. 269.
7. Vê-se que a expressão *relação de trabalho*, aqui, possui significado idêntico à de *relação de emprego*, prevista no art. 442 da CLT.

que haverá o contrato de trabalho sempre que uma pessoa física se obrigar a realizar atos, executar obras ou prestar serviços para outra e sob a dependência desta, durante um período determinado ou indeterminado de tempo, mediante o pagamento de uma remuneração. Quanto à relação de emprego, dar-se-á quando uma pessoa realizar atos, executar obras ou prestar serviços para outra, sob a dependência desta, em forma voluntária e mediante o pagamento de uma remuneração, qualquer que seja o ato que lhe dê origem. Finalmente, dispõe que *o fato da prestação de trabalho faz presumir a existência de um contrato de trabalho*, salvo se, pelas circunstâncias, as relações ou causas que o motivem demonstrarem em contrário[8] (grifos nossos).

Doravante, utilizaremos o termo "contrato de trabalho" como sinônimo de contrato individual de trabalho. Já a expressão "contrato coletivo de trabalho" será estudada no Título III, Capítulo IV, item 7.3.

3. CONCEITO

Já vimos no Capítulo I deste Título que a doutrina pátria é praticamente unânime em afirmar que não existe na CLT qualquer definição do que seja contrato individual de trabalho, pois, no seu art. 442, o legislador condicionou a definição de contrato individual de trabalho à definição de "relação de emprego", acabando por não definir ambos.

A definição de contrato de trabalho resulta, em rigor, da combinação dos arts. 2º, 3º e 442, todos do texto consolidado. Vale dizer, o critério de sua definição passa, necessariamente, pela compreensão do que seja empregado e empregador.

Partindo dessa premissa, merece destaque o conceito formulado por Délio Maranhão, para quem "contrato de trabalho *stricto sensu* é o negócio jurídico pelo qual uma pessoa física (empregado) se obriga, mediante pagamento de uma contraprestação (salário), a prestar trabalho não eventual em proveito de outra pessoa, física ou jurídica (empregador), a quem fica juridicamente subordinado"[9].

Para Orlando Gomes e Elson Gottschalk, "contrato de trabalho é a convenção pela qual um ou vários empregados, mediante certa remuneração e em caráter não eventual, prestam trabalho pessoal em proveito e sob a direção do empregador"[10].

Mozart Victor Russomano[11] define o contrato (individual) de trabalho como "o ato jurídico criador da relação de emprego", salientando que relação de emprego "é o vínculo obrigacional que une, reciprocamente, o trabalhador e o empresário, subordinando o primeiro às ordens legítimas do segundo".

8. *Iniciação ao direito do trabalho*. 22. ed. São Paulo: LTr, 1996, p. 139.
9. *Instituições de direito do trabalho*. 12. ed. São Paulo: LTr, 1991. v. 1, p. 231.
10. *Curso de direito do trabalho*. 4. ed. Rio de Janeiro: Forense, 1995, p. 118.
11. *Curso de direito do trabalho*. 5. ed. Curitiba: Juruá, 1995, p. 94.

Sabemos que toda relação jurídica de natureza pessoal emerge de um negócio jurídico. Todavia, não basta a existência de dois sujeitos e de um objeto para que esta relação se instaure. Antes, é imprescindível que os sujeitos se vinculem juridicamente, por intermédio de um contrato.

Na relação jurídica de emprego não é diferente. O que lhe dá origem é um contrato, o que nos autoriza dizer que o contrato de trabalho é também um negócio jurídico.

De forma simples, portanto, conceituamos o contrato individual de trabalho como o negócio jurídico regulado pelo direito do trabalho que estabelece um conjunto de direitos e deveres para o empregado e para o empregador.

4. CARACTERÍSTICAS OU TIPIFICAÇÃO

Antes de se comparar o contrato de trabalho a outros contratos afins, é preciso traçar algumas características do primeiro. Não obstante alguns autores preferem falar em classificação em vez de características do contrato de trabalho.

De toda sorte, o contrato de trabalho, além de ser de direito privado, porém com excesso de regulamentação legal, é também:

- *bilateral ou sinalagmático* – porque contém prestações recíprocas;
- *comutativo* – porque a estimativa da prestação a ser recebida por qualquer das partes pode ser efetuada no ato mesmo em que o contrato se aperfeiçoa. Comutatividade também pode ser entendida como equivalência nas prestações;
- *oneroso* – impõe ônus e deveres para ambas as partes contratantes. Além disso, o contrato de trabalho jamais poderá ser celebrado a título gratuito;
- *consensual e não real* – efetiva-se pela mera manifestação (ainda que tácita) da vontade das partes, não dependendo de entrega de coisa alguma;
- *consensual e não solene* – independe da observância de forma especial (salvo os contratos em que a lei exige a forma escrita, como o de artistas, atletas profissionais, aprendizagem, ou impõe alguma formalidade essencial, como ocorre, *v. g.*, na hipótese de investidura em emprego público (CF, art. 37, II), na qual a aprovação prévia em concurso constitui requisito indispensável à validade do contrato de trabalho do servidor);
- *de trato sucessivo ou de execução continuada* – não se exaure com o cumprimento de uma única prestação. Aliás, a prestação do trabalho e a obrigação de pagar salário renovam-se mês a mês;
- *de adesão* – porquanto, via de regra, o empregado adere às condições impostas unilateralmente pelo empregador. Na prática, verifica-se que quanto mais baixa a qualificação profissional e formação educativa do empregado mais ele se sujeita à mera adesão ao contrato de trabalho que lhe é apresentado para assinatura pelo empregador. É importante lembrar que, nos termos do art. 423 do CC, quando houver no contrato de adesão cláusulas ambíguas ou contraditórias, dever-se-á adotar a interpretação mais favorável ao aderente, *in casu*, ao empregado, sendo

certo que, de acordo com o art. 424 do referido Código, nos contratos de adesão, são nulas as cláusulas que estipulem a renúncia antecipada do aderente (empregado) a direito resultante da natureza do negócio. Tais normas civilistas são aplicáveis subsidiariamente ao contrato de trabalho (CLT, art. 8º, § 1º).

5. MORFOLOGIA

A morfologia se ocupa do estudo da estrutura do contrato, abrangendo sua forma, prova e conteúdo, como veremos a seguir.

5.1. Forma

Em regra, o contrato de trabalho, por ser consensual e não solene, não requer forma especial, a não ser quando a lei expressamente dispuser em contrário, como nos casos dos contratos de trabalho de artistas, atletas profissionais, aprendizes ou, ainda, quando a lei estabelecer alguma formalidade, como hipótese de investidura de servidor celetista em emprego público (CF, art. 37, II, § 2º).

5.2. Prova

A prova do contrato de trabalho pode ser feita por meio das anotações que devem obrigatoriamente ser feitas na CTPS (CLT, art. 29) e no Livro de Registro de Empregados (CLT, art. 40).

Tais anotações, no entanto, possuem presunção *juris tantum* (TST, Súmula 12), ou seja, podem ser elididas por outros meios de prova em sentido contrário.

Importa dizer, contudo, que, mesmo inexistindo as referidas anotações, a prova da existência de uma relação de emprego (ou contrato de trabalho) poderá ser feita por qualquer outro meio lícito (CF, art. 5º, LVI), como a prova testemunhal e a documental.

Portanto, caracterizada no mundo dos fatos (princípio da primazia da realidade) a relação de emprego, de modo tácito ou expresso, a mera ausência de seu registro na CTPS não implica inexistência ou invalidade do contrato de trabalho, e sim um ilícito patronal.

5.2.1. Carteira de Trabalho Digital

A Lei 13.874/2019, também chamada de Lei da Liberdade Econômica, promoveu diversas alterações nas disposições relativas às anotações na Carteira de Trabalho e Previdência Social (CTPS), que deverão obedecer aos modelos que o Ministério da Economia adotar.

Além disso, a CTPS será emitida pelo Ministério da Economia preferencialmente em meio eletrônico, mas, excepcionalmente, a CTPS poderá ser emitida em meio físico, desde que: I – nas unidades descentralizadas do Ministério da Economia que forem habilitadas para a emissão; II – mediante convênio, por órgãos federais, estaduais e municipais da administração direta ou indireta; III – mediante convênio com serviços notariais e de registro, sem custos para a administração, garantidas as condições de segurança das informações.

A CTPS terá como identificação única do empregado o número de inscrição no Cadastro de Pessoas Físicas (CPF).

A Lei 13.874/2019 também alterou a redação do art. 29 da CLT, dispondo que o "empregador terá o prazo de 5 (cinco) dias úteis para anotar na CTPS, em relação aos trabalhadores que admitir, a data de admissão, a remuneração e as condições especiais, se houver, facultada a adoção de sistema manual, mecânico ou eletrônico, conforme instruções a serem expedidas pelo Ministério da Economia".

De acordo com a Lei 13.874, a comunicação pelo trabalhador do número de inscrição no CPF ao empregador equivale à apresentação da CTPS em meio digital, dispensado o empregador da emissão de recibo, sendo certo que o trabalhador deverá ter acesso às informações da sua CTPS no prazo de até 48 (quarenta e oito) horas a partir de sua anotação.

A Lei 13.874 alterou o *caput* do art. 40 e revogou o seu inciso II da CLT, passando a dispor que a CTPS regularmente emitida e anotada servirá de prova: I – Nos casos de dissídio na Justiça do Trabalho entre a empresa e o empregado por motivo de salário, férias ou tempo de serviço; e III – Para cálculo de indenização por acidente do trabalho ou moléstia profissional.

A Carteira de Trabalho Digital encontra-se disciplinada pela Portaria 1.065/2019 (*DOU* de 24.9.2019), da Secretaria Especial de Previdência e Trabalho do Ministério da Economia. Trata-se de documento eletrônico que equivale à Carteira de Trabalho emitida em meio físico. Entretanto, a Carteira de Trabalho Digital não se equipara aos documentos de identificação civis de que trata o art. 2º da Lei n. 12.037, de 1º de outubro de 2009.

A Carteira de Trabalho em meio físico poderá ser utilizada, em caráter excepcional, enquanto o empregador não for obrigado ao uso do eSocial.

A Carteira de Trabalho Digital tem como identificação única o número de inscrição do trabalhador no CPF e para a sua habilitação é necessária a criação de uma conta de acesso por meio do site: acesso.gov.br/trabalho ou aplicativo específico, denominado Carteira de Trabalho Digital, disponibilizado gratuitamente para dispositivos móveis.

De acordo com o art. 5º da Portaria 1.065/2019, para os empregadores que têm a obrigação de uso do Sistema de Escrituração Digital das Obrigações Fiscais, Previdenciárias e Trabalhistas – eSocial:

> I – a comunicação pelo trabalhador do número de inscrição no CPF ao empregador equivale à apresentação da CTPS em meio digital, dispensado o empregador da emissão de recibo;
>
> II – os registros eletrônicos gerados pelo empregador nos sistemas informatizados da Carteira de Trabalho em meio digital equivalem às anotações previstas na CLT.

Nos termos do art. 6º da Portaria 1.065/2019, o trabalhador deverá ter acesso às informações de seu contrato de trabalho na Carteira de Trabalho Digital após o processamento das respectivas anotações.

5.3. Conteúdo

O conteúdo do contrato de trabalho decorre do seu caráter sinalagmático, isto é, compõe-se de obrigações mútuas e em iguais proporções a cargo dos seus sujeitos.

O art. 444 da CLT, que consagra o dirigismo contratual, estabelece um conteúdo mínimo a ser observado pelas partes, ou seja, as partes são livres para estipular condições mais vantajosas que as previstas na lei (ou atos normativos do Poder Público) e nos instrumentos coletivos de trabalho.

5.3.1. Conteúdo do Contrato de Trabalho do empregado com nível superior

A chamada Reforma Trabalhista, instituída pela Lei 13.467/2017 acrescentou ao art. 444 da CLT, o seguinte parágrafo único:

> A livre estipulação a que se refere o *caput* deste artigo aplica-se às hipóteses previstas no art. 611-A desta Consolidação, com a mesma eficácia legal e preponderância sobre os instrumentos coletivos, no caso de empregado portador de diploma de nível superior e que perceba salário mensal igual ou superior a duas vezes o limite máximo dos benefícios do Regime Geral de Previdência Social.

Esse dispositivo, segundo nos parece, viola, além dos princípios albergados nos arts. 1º, III e IV, 3º, IV, 7º, *caput*, e XXXII, da CF, o princípio da função socioambiental do contrato de trabalho, pois estabelece odiosa discriminação contra os trabalhadores portadores de diploma de nível superior que percebam salários superiores ao dobro do limite máximo dos benefícios pagos pela Previdência Social.

Na verdade, o legislador reformista, sob a alegação de que estes empregados são hipersuficientes[12] econômicos, autorizou o empregador a transferir os riscos da sua atividade econômica com esse novo tipo de trabalhador, ficando este, a rigor, mais vulnerável e subjugado ao poder hierárquico e disciplinar do empregador, uma vez que poderá, inclusive, impor o compromisso arbitral, como meio de solução das controvérsias surgidas na relação empregatícia, autorizado pelo art. 507-A da CLT (incluído pela Lei 13.467/2017), segundo o qual "nos contratos individuais de trabalho cuja remuneração seja superior a duas vezes o limite máximo estabelecido para os benefícios do Regime Geral de Previdência Social, poderá ser pactuada cláusula compromissória de

12. Sobre empregado hipersuficiente, *vide* Título II, Capítulo II, item 2.1.

arbitragem, desde que por iniciativa do empregado ou mediante a sua concordância expressa, nos termos previstos na Lei 9.307/1996"[13].

6. ELEMENTOS DO CONTRATO DE TRABALHO

Há autores que preferem a expressão elementos do contrato de trabalho à morfologia do contrato de trabalho.

Orlando Gomes e Elson Gottschalk[14], por exemplo, lecionam que o contrato de trabalho requer, para sua validade, a conjunção de elementos extrínsecos e intrínsecos, modernamente distinguidos, respectivamente, sob a denominação *pressupostos* ou *requisitos*. Os primeiros seriam a capacidade das partes e a idoneidade do objeto. Os últimos, o consenso e a causa. Advertem, no entanto, que não deve ser incluída a forma, porque a lei não a prescreve para o contrato de trabalho, salvo em situações especiais, como já frisamos no item precedente.

Pablo Stolze Gagliano e Rodolfo Pamplona Filho[15] referem três planos relativos aos contratos em geral. São os planos da existência, da validade e da eficácia dos contratos.

O plano da existência diz respeito aos elementos constitutivos do contrato, a saber: a manifestação da vontade, a presença de um agente, o objeto e a forma de exteriorização da vontade e do objeto. Presentes esses elementos, passa-se ao plano da validade.

Existindo um contrato de trabalho, o próximo passo é verificar se ele é válido. Daí preferirmos falar em elementos ou requisitos do negócio jurídico. Esses elementos qualificam os planos de existência já mencionados e dividem-se em:

- *elementos essenciais* (manifestação livre e de boa-fé da vontade, agente capaz, objeto idôneo e forma prescrita ou não defesa em lei);
- *elementos acidentais*[16] (termo, condição e encargo).

Há alguns parâmetros legais previstos na legislação civil que podem ser adotados no direito do trabalho em relação ao contrato de emprego.

Destarte, a impossibilidade inicial do objeto não invalida o contrato de trabalho se for relativa (nulidade relativa), ou se cessar antes de realizada a condição a que ele estiver subordinado.

---

13. Sobre cláusula compromissória de arbitragem, *vide* item 7 *infra*.
14. *Ibidem*, p. 158.
15. GAGLIANO, Pablo Stolze; PAMPLONA FILHO, Rodolfo. *Novo curso de direito civil*: contratos. 3. ed. São Paulo: Saraiva, 2007. v. IV, p. 19-20.
16. GAGLIANO, Pablo Stolze; PAMPLONA FILHO, *op. cit.*, p. 22, ressaltam que os elementos acidentais dizem respeito ao plano da eficácia contratual e aparecem eventualmente em alguns contratos, como a condição, o termo e o encargo.

Nos termos do art. 107 do CC, a validade da declaração de vontade não dependerá de forma especial, senão quando a lei expressamente a exigir.

A manifestação de vontade subsiste ainda que o seu autor haja feito a reserva mental de não querer o que manifestou, salvo se dela o destinatário tinha conhecimento. O silêncio importa anuência, quando as circunstâncias ou os usos o autorizarem, e não for necessária a declaração de vontade expressa.

Nas declarações de vontade se atenderá mais à intenção nelas consubstanciada do que ao sentido literal da linguagem.

Reza o art. 113 do CC que os negócios jurídicos devem ser interpretados conforme a boa-fé e os usos do lugar de sua celebração. Logo, o contrato de trabalho deve ser sempre interpretado de acordo com a boa-fé e os costumes do local de sua celebração.

Os negócios jurídicos benéficos e a renúncia interpretam-se estritamente. Vale dizer, as cláusulas que instituam benefícios extralegais e a renúncia a direitos disponíveis devem ser interpretadas restritivamente.

6.1. Elementos essenciais

Os elementos essenciais constituem requisitos obrigatórios para a validade do contrato de trabalho.

Tendo em vista a lacuna normativa da CLT a respeito da validade dos negócios jurídicos e sendo o contrato de trabalho uma de suas espécies, mister trazermos à baila, no que couber, os conceitos fundamentais utilizados pelo Código Civil.

Com efeito, dispõe o art. 104 do CC que a "validade do negócio jurídico requer:

- agente capaz;
- objeto lícito, possível, determinado ou determinável;
- forma prescrita ou não defesa em lei.

Todavia, nos termos do art. 105 do CC, a incapacidade relativa de uma das partes não pode ser invocada pela outra em benefício próprio, nem aproveita aos cointeressados capazes, salvo se, neste caso, for indivisível o objeto do direito ou da obrigação comum.

Os *elementos essenciais* subdividem-se em:

- *extrínsecos* (capacidade e legitimação);
- *intrínsecos* (consentimento, idoneidade do objeto e forma).

6.1.1. *Elementos essenciais extrínsecos*

A *capacidade* é a aptidão da pessoa para adquirir direitos e contrair obrigações.

No direito do trabalho os parâmetros não são exatamente os mesmos do direito comum.

O menor de 16 anos é absolutamente incapaz para celebrar contrato de trabalho, salvo na condição de aprendiz (CF, art. 7º, XXXIII; CLT, art. 428), a partir dos 14 anos.

O maior de 14 e menor de 18 anos é relativamente incapaz, podendo até firmar recibo de quitação de salários (CLT, art. 439).

Não obstante, o art. 7º, XXXIII, da CF veda o trabalho noturno, insalubre ou perigoso ao menor de 18 anos de idade.

Há, porém, um problema que certamente implicará acirrada cizânia. É que o art. 5º, parágrafo único, inc. V, do CC de 2002 dispõe que cessa, para os menores, a incapacidade "pelo estabelecimento civil ou comercial, ou pela existência de relação de emprego, desde que, em função deles, o menor com 16 (dezesseis) anos completos tenha economia própria".

A nosso ver, há antinomia entre a parte final do inc. V do art. 5º do CC e o art. 7º, XXXIII, da CF. Adotando-se o critério hierárquico para a solução de antinomias, podemos inferir que a incapacidade do empregado menor de 18 anos não cessará se a sua atividade laboral for noturna, perigosa ou insalubre.

Algumas profissões exigem que o trabalhador tenha idade superior a 18 anos, como o vigilante, cuja idade mínima para o trabalho é 21 anos (Lei 7.102/83, art. 16, II).

Em todas essas situações, é nulo de pleno direito o contrato de trabalho, embora haja produção de efeitos jurídicos, como veremos mais adiante.

A *legitimidade*, embora não prevista expressamente no Código Civil, pode ser vislumbrada pela interpretação sistemática de algumas normas jurídicas. Para a *legitimação* não basta ter a pessoa capacidade. É preciso que não haja: a) vedação legal para que possa trabalhar (exemplo: ao estrangeiro com visto de turista é vedado o exercício de atividade remunerada no Brasil, nos termos do art. 97 da Lei 6.815/80); b) exigência de habilitação legal (exemplo: para exercer a profissão de vigilante, o trabalhador deve "ter instrução correspondente à 4ª série do 1º Grau" e "ter sido aprovado em curso de formação de vigilante, realizado em estabelecimento com funcionamento autorizado nos termos da Lei 7.102/83 (art. 16, III e IV)". Ausente a legitimidade do trabalhador, o contrato de trabalho será nulo de pleno direito.

6.1.2. Elementos essenciais intrínsecos

O *consentimento*, embora não haja sua previsão expressa no Código Civil como requisito de validade dos contratos, parece-nos que é elemento medular do contrato de trabalho, em face da natureza jurídica do vínculo existente entre empregado e empregador. Sem consentimento, ainda que tácito, não há contrato de trabalho válido. O consentimento decorre, portanto, do princípio da liberdade, como direito humano e fundamental nas sociedades democráticas, e do princípio da liberdade de qualquer trabalho, ofício ou profissão (CF, art. 5º, XIII). Os vícios de consentimento, na seara do contrato do trabalho, são o erro, o dolo ou a coação.

A *idoneidade do objeto* concerne à licitude (legalidade e moralidade), à possibilidade – material ou jurídica – e à determinabilidade dos fins objetivados pelas partes. Assim, seria impossível, materialmente, o contrato para o empregado trabalhar no sol. O trabalho do apontador de jogo de bicho também é nulo em função da inidoneidade do seu objeto.

A *forma* é o veículo através do qual se exprime a manifestação de vontade das partes (CLT, art. 443). No direito do trabalho a forma não constitui, em regra, elemento essencial de validade do contrato de trabalho, pois este pode ser celebrado de forma tácita ou expressa (verbal ou escrita). Há, entretanto, alguns contratos que exigem a forma escrita (contrato de aprendizagem, do atleta profissional, dos artistas de teatro, do trabalhador temporário, de experiência). Também sustentamos que a aprovação em concurso público para investidura em emprego público também constitui forma especial de validade do contrato de trabalho (CF, art. 37, II e seu § 2º).

Sobre nulidade do contrato de trabalho, remetemos o leitor ao Capítulo VII deste Título.

6.2. Elementos acidentais

Os elementos acidentais são facultativos, pois são cláusulas que podem existir ou não nos contratos. *Condição* e *termo* são elementos acidentais do contrato de trabalho, porque subordinam a sua validade a evento futuro. O encargo também é elemento acidental, porque pode existir apenas nos contratos a título gratuito.

Se o evento é futuro e *incerto*, está-se diante da *condição*. Sendo o evento futuro e *certo*, aflora o *termo*.

A condição pode ser suspensiva ou resolutiva. O termo pode ser inicial ou final.

De acordo com o art. 121 do CC, aplicável ao direito do trabalho por força do art. 8º, § 1º, da CLT:

> "Considera-se condição a cláusula que, derivando exclusivamente da vontade das partes, subordina o efeito do negócio jurídico a evento futuro e incerto".

São lícitas, em geral, todas as condições não contrárias à lei, à ordem pública ou aos bons costumes; entre as condições defesas se incluem as que privarem de todo efeito o negócio jurídico, ou o sujeitarem ao puro arbítrio de uma das partes (CC, art. 122).

De acordo com o art. 123 do CC, invalidam os negócios jurídicos que lhes são subordinados:

> I – as condições física ou juridicamente impossíveis, quando suspensivas;
>
> II – as condições ilícitas, ou de fazer coisa ilícita;
>
> III – as condições incompreensíveis ou contraditórias.

A lei considera inexistentes as condições impossíveis, quando resolutivas, e as de não fazer coisa impossível (CC, art. 124).

Se a eficácia do contrato de trabalho estiver subordinada à condição suspensiva, enquanto esta se não verificar, não se terá adquirido o direito a que ele visa (CC, art. 125).

Se for resolutiva a condição, enquanto esta se não realizar, vigorará o contrato de trabalho, podendo exercer-se desde a conclusão deste o direito por ele estabelecido (CC, art. 127).

Sobrevindo a condição resolutiva, extingue-se, para todos os efeitos, o direito a que ela se opõe; mas, se aposta a um negócio de execução continuada ou periódica, a sua realização, salvo disposição em contrário, não tem eficácia quanto aos atos já praticados, desde que compatíveis com a natureza da condição pendente e conforme aos ditames de boa-fé (CC, art. 128).

Reputa-se verificada, quanto aos efeitos jurídicos, a condição cujo implemento for maliciosamente obstado pela parte a quem desfavorecer, considerando-se, ao contrário, não verificada a condição maliciosamente levada a efeito por aquele a quem aproveita o seu implemento (CC, art. 129).

Ao titular do direito eventual, nos casos de condição suspensiva ou resolutiva, é permitido praticar os atos destinados a conservá-lo (CC, art. 130). Se o empregador estabelecer uma cláusula sujeita à condição de somente promover o empregado se ele concluir o curso superior de administração, a este é permitido praticar os atos destinados à conclusão do curso, não podendo o empregador criar obstáculos à prática de tais atos.

Quanto ao termo, convém destacar, de plano, tendo em vista a similitude entre os institutos do termo e da condição, dispõe o art. 135 do CC que ao termo inicial e final aplicam-se, no que couber, as disposições relativas à condição suspensiva e resolutiva.

O termo inicial suspende o exercício, mas não a aquisição do direito (CC, art. 131).

No que tange à contagem do prazo, prescreve o art. 132 do CC que, salvo disposição legal ou convencional em contrário, computam-se os prazos, excluído o dia do começo e incluído o do vencimento, observados os seguintes critérios:

- se o dia do vencimento cair em feriado, considerar-se-á prorrogado o prazo até o seguinte dia útil;
- meado considera-se, em qualquer mês, o seu décimo quinto dia;
- os prazos de meses e anos expiram no dia de igual número do de início, ou no imediato, se faltar exata correspondência;
- os prazos fixados por hora contar-se-ão de minuto a minuto.

A *condição suspensiva* e o *termo inicial* suspendem os efeitos do contrato de trabalho até a realização do evento previsto. Exemplos: o empregador contrata imediatamente um empregado, mas os efeitos do contrato só terão início *se não chover* no verão (condição suspensiva), ou *quando* o verão terminar (termo inicial).

Já a *condição resolutiva* e o *termo final* extinguem os efeitos do contrato com o advento do acontecimento previsto. Exemplos: o empregado é contratado por tempo indeterminado, mas fica expresso que *se não fizer* sol no verão o contrato de trabalho extinguir-se-á automaticamente (condição resolutiva), ou o contrato vigorará *enquanto não* chover (termo final incerto) ou *por um período* de dois anos (termo final certo).

A condição resolutiva e o termo final são muito usuais no direito do trabalho, e têm grande importância na distinção entre contrato por tempo determinado e contrato por tempo indeterminado. Já a condição suspensiva e o termo inicial não são muito comuns.

Quanto ao encargo, ouçamos as palavras de Matiello, para quem: "Encargo ou modo é a cláusula através da qual se impõe certa obrigação ao beneficiário de liberalidade, ou seja, de negócio jurídico feito a título gratuito *inter vivos* ou *causa mortis*"[17].

No mesmo sentido, lecionam Gagliano e Pamplona Filho que encargo é a "determinação acessória acidental de negócios jurídicos gratuitos, que impõe ao beneficiário da liberalidade um ônus a ser cumprido, em prol de uma liberalidade maior"[18].

Parece-nos que o encargo, por ser inerente aos negócios jurídicos a título gratuito, como a doação, por exemplo, revela-se de difícil aplicação no contrato de trabalho, já que este é sempre oneroso.

7. CLÁUSULA COMPROMISSÓRIA DE ARBITRAGEM

A Lei 13.467/2017, apelidada de Lei da Reforma Trabalhista, instituiu a chamada cláusula compromissória de arbitragem que pode ser inserida nos contratos individuais de trabalho por vontade de alguns trabalhadores que percebam salários superiores ao dobro do teto dos benefícios da Previdência Social.

É o que se infere do novel art. 507-A da CLT que dispõe:

> Nos contratos individuais de trabalho cuja remuneração seja superior a duas vezes o limite máximo estabelecido para os benefícios do Regime Geral de Previdência Social, poderá ser pactuada cláusula compromissória de arbitragem, desde que por iniciativa do empregado ou mediante a sua concordância expressa, nos termos previstos na Lei n. 9.307, de 23 de setembro de 1996.

Esse dispositivo, a nosso sentir, é manifestamente inconstitucional porque atenta contra os princípios da dignidade da pessoa humana do cidadão trabalhador, do valor social do trabalho (CF, art. 1º, III e IV), da progressividade e da vedação do retrocesso social (CF, art. 7º, *caput*) e, em especial, o princípio da proibição de distinção entre trabalho manual, técnico e intelectual ou entre os profissionais respectivos (CF, art. 7º, XXXII), porquanto os trabalhadores que têm remuneração superior ao dobro do limite máximo dos benefícios pagos pela Previdência Social (R$ 11.000,00, aproximadamente) são, em regra, os que exercem trabalho intelectual e de nível superior. Além disso, o fato de perceberem tal remuneração não autoriza o tratamento discriminatório estabelecido pelo novel art. 507-A da CLT, pois os salários, independentemente do seu valor, são direitos fundamentais dos trabalhadores e gozam da proteção constitucional.

17. MATIELLO, Fabrício Zamprogno. *Código Civil comentado*. São Paulo: LTr, 2003, p. 112.
18. GAGLIANO, Pablo Stolze; PAMPLONA FILHO, Rodolfo. *Novo curso de direito civil*: contratos. 3. ed. São Paulo: Saraiva, 2007. v. IV, p. 22.

Por outro lado, o novo dispositivo tenta validar a "livre" iniciativa ou a concordância expressa do trabalhador com remuneração superior ao dobro do teto dos benefícios previdenciários, "nos termos previstos na Lei 9.307, de 23 de setembro de 1996".

Ademais, a Lei 9.307/1996 somente se aplica aos direitos disponíveis, porquanto o *caput* do seu art. 1º estabelece expressamente que somente as "pessoas capazes de contratar poderão valer-se da arbitragem para dirimir litígios relativos a direitos patrimoniais disponíveis".

Ocorre que os direitos dos trabalhadores, previstos em lei ou na Constituição, são indisponíveis e irrenunciáveis, independentemente do valor da remuneração percebida.

Vê-se, assim, que a intenção do legislador foi retirar da Justiça do Trabalho a possibilidade de processar e julgar ações propostas por esses trabalhadores com salários mais elevados e instituir a arbitragem privada para dirimir os conflitos decorrentes da interpretação e aplicação dos direitos previstos na lei, no contrato individual de trabalho ou nas convenções e acordos coletivos de trabalho.

Logo, ainda que o empregado tome a iniciativa de instituir ou concorde expressamente com a instituição de cláusula compromissória de arbitragem, este ato será considerado nulo de pleno direito (CLT, art. 9º), devendo o juiz, de ofício ou por provocação do interessado ou do MPT, declarar a nulidade absoluta da cláusula.

Para encerrar este tópico, convém lembrar o entendimento adotado no Enunciado 56 da II Jornada de Direito Material e Processual do Trabalho, *in verbis*:

> CLÁUSULA COMPROMISSÓRIA DE ARBITRAGEM. ART. 507-A DA CLT. Impossibilidade de ser instituída em se tratando de créditos decorrentes da relação de trabalho, à luz do artigo 1º da Lei 9.307/96, art. 100 da CF/88, art. 1707 do CC e art. 844, § 4º, II, da CLT. Caráter alimentar do crédito trabalhista. Indisponibilidade e inderrogabilidade dos direitos trabalhistas.

Ouçamos a jurisprudência:

> (...) ARBITRAGEM. DISSÍDIO INDIVIDUAL DO TRABALHO. VALIDADE. 1. É firme a jurisprudência do TST no sentido de que há incompatibilidade na aplicação da arbitragem aos dissídios individuais do trabalho, porquanto os direitos que daí decorrem estão sob o manto do princípio da proteção, notadamente se discute relação jurídica anterior à vigência da Lei n. 13.457/2017, como na hipótese. Precedentes. 2. Ressalte-se que, mesmo à luz do novel art. 507-A da CLT, não se afastou por completo a incompatibilidade da arbitragem nos dissídios individuais, que somente será válida por iniciativa ou com a anuência expressa do empregado, mediante cláusula compromissória, e para os contratos de emprego cuja remuneração supere o dobro do valor máximo estabelecido para os benefícios do Regime Geral de Previdência Social. (...) (TST-Ag-AIRR 5049720105020317, 7ª T., Rel. Des. Conv. Ubirajara Carlos Mendes, *DEJT* 23.11.2018).

CAPÍTULO VII
Nulidades do Contrato de Trabalho

1. NOÇÕES GERAIS

A nulidade do negócio jurídico consiste no reconhecimento da existência de um *vício* ou *defeito* que o impeça de ter existência legal ou de produzir efeitos.

A distinção entre defeito e vício do ato jurídico está em que este atinge diretamente a vontade das partes (exemplos: dolo, erro, coação); aquele, a vontade de terceiros (exemplos: simulação e fraude a credores).

Caio Mário da Silva Pereira leciona: "É nulo o negócio jurídico, quando, em razão de defeito grave que o atinge, não pode produzir o almejado efeito. É a nulidade a sanção para a ofensa à predeterminação legal"[1].

Para efeito de prescrição dos créditos trabalhistas não há distinção entre atos nulos e atos anuláveis (CF, art. 7º, XXIX, e CLT, art. 11).

A nulidade classifica-se em absoluta (ou apenas nulidade) e relativa (ou anulabilidade). A primeira, uma vez declarada, produz efeitos *ex tunc*. A segunda, *ex nunc*.

No contrato de trabalho, a atividade desenvolvida pessoalmente pelo empregado, a dignidade da pessoa humana e o valor social do trabalho impõem a adequação da teoria geral das nulidades do direito comum à principiologia do direito (constitucional) do trabalho.

Não se pode relegar ao olvídio que o trabalho humano prestado a alguém é irrestituível. Vale dizer, não é possível devolver a energia laboral à pessoa que a dispendeu em benefício próprio ou de outrem.

2. NULIDADE ABSOLUTA

Vaticina o art. 166 do CC que é nulo o negócio jurídico quando:

I – celebrado por pessoa absolutamente incapaz;

II – for ilícito, impossível ou indeterminável o seu objeto;

III – o motivo determinante, comum a ambas as partes, for ilícito;

---

1. *Instituições de direito civil*. 4. ed. Rio de Janeiro: Forense, 1993, p. 439.

IV – não revestir a forma prescrita em lei;

V – for preterida alguma solenidade que a lei considere essencial para a sua validade;

VI – tiver por objetivo fraudar lei imperativa;

VII – a lei taxativamente o declarar nulo, ou proibir-lhe a prática, sem cominar sanção.

Adaptando tais regras à principiologia do direito do trabalho, é factível presumir que a nulidade absoluta do contrato de trabalho se dá quando não observados alguns dos elementos essenciais que o compõem, como: a) a capacidade das partes; b) a idoneidade do seu objeto; c) a forma prescrita ou não defesa em lei; d) a fraude à aplicação das normas laborais de ordem pública; e) quando a lei expressamente declara a nulidade do contrato ou proíbe-lhe a prática, sem cominação de sanção.

À guisa de exemplos, pode-se afirmar que é absolutamente nulo o contrato de trabalho:

- do empregado com menos de 16 anos (salvo na condição de aprendiz a partir dos 14 anos);
- que tenha por objeto atividade proibida, ilegal ou ilícita;
- que não obedeça à forma[2] prescrita em lei (ex.: contrato escrito do atleta profissional - Lei 9.615/98 alterada pela Lei 12.395, de 16.03.2011);
- em que não tenha sido cumprido requisito que a lei considera da substância do ato (ex.: concurso público para investidura de servidor em emprego público[3]).

A fraude[4] (artifício malicioso que dá aparência de legalidade a um ato), no direito do trabalho, importa nulidade absoluta do ato infringente da aplicação dos preceitos consolidados (CLT, art. 9º).

As nulidades absolutas operam *ispo iure*, podendo ser declaradas *ex officio*, independentemente de arguição das partes ou do Ministério Público (CC, art. 168). Não são passíveis de ratificação e produzem efeitos *ex tunc*.

No pertinente ao contrato de trabalho nulo, algumas considerações devem ser feitas, levando em conta a natureza da atividade do trabalhador e do empregador.

Nas atividades laborais proibidas (ilegais), embora nulo o contrato, produz ele efeitos, como, *v. g.*, o trabalho do menor de 16 anos (CF, art. 7º, XXXIII) e da mulher

---

2. Regra geral, o contrato de trabalho não necessita de forma prescrita em lei, já que pode ser acordado tácita ou verbalmente (CLT, art. 443).
3. Observe-se que, neste caso, a própria Constituição Federal o declara nulo de pleno direito (art. 37, II, § 2º).
4. "*Não obstante o pagamento da indenização de antiguidade, presume-se em fraude à lei a resilição contratual se o empregado permaneceu prestando serviço ou tiver sido, em curto prazo, readmitido*" (TST – Súmula 20). Esta súmula, porém, foi cancelada em 2011.

em serviço que lhe demande força muscular além de certo limite (CLT, art. 390). Nestes casos, a proibição do trabalho existe justamente para proteger a incolumidade física, psíquica ou moral do trabalhador menor e da mulher. Logo, são devidos, a título de indenização, todos os créditos trabalhistas como se válido fosse o negócio jurídico, sendo certo que o tomador do serviço não poderá alegar a própria torpeza em benefício próprio. De toda a sorte, o juiz deverá mandar cessar imediatamente a situação ilegal, ou seja, a prestação do serviço.

Tratando-se de atividade ilícita (além de ilegal, atenta contra a moral e os bons costumes e, via de regra, é prevista como crime ou contravenção penal), o contrato também é nulo, mas o trabalhador, tendo consciência da ilicitude, não terá direito algum, como, por exemplo, o intermediário ("avião") em relação ao traficante de drogas.

Nesses casos, a nulidade é absoluta e produz efeitos *ex tunc*, sem qualquer ressalva, já que, o vício que contamina o contrato é tão grave que a nenhuma das partes é dado invocar direito algum. É importante esclarecer que, mesmo em se tratando de atividade ilícita do tomador do serviço, é válido o contrato de trabalho dos empregados que não participam da ilicitude, por exemplo, a trabalhadora doméstica que exerce a função de cozinheira numa residência onde haja tráfico de drogas, desde que não se envolva com a atividade ilícita.

No caso da prostituta em relação à casa de tolerância (CP, art. 229), há divergência doutrinária e jurisprudencial sobre a validade, para fins de reconhecimento da relação de emprego, da atividade exercida por profissional do sexo, como a acompanhante ou a garota (ou garoto) de programa ou prostituta(o). A exploração da prostituição é tipificada como crime, mas a prostituição ou a "venda" do corpo para fins sexuais em si, não. A nosso ver, alterando entendimento que adotávamos nas edições anteriores desta obra, passamos a reconhecer a validade da relação empregatícia entre os profissionais do sexo em face do tomador de seus serviços. É preciso lembrar que os profissionais do sexo tiveram reconhecimento pelo Ministério do Trabalho e Emprego pela Portaria MTE 397, de 09.10.2002 (CBO – CLASSIFICAÇÃO BRASILEIRA DE OCUPAÇÃO 5.198), abrangendo as seguintes denominações: Garota de programa, Garoto de Programa, Meretriz, Messalina, Michê, Mulher da Vida, Prostituta, Trabalhador do Sexo. Descrição sumária das atividades laborativas: Buscam programas sexuais; atendem e acompanham clientes; participam em ações educativas no campo da sexualidade.

Sobre o tema, invocamos o seguinte julgado:

> VÍNCULO DE EMPREGO. DANÇARINA E ACOMPANHANTE QUE AJUDAVA A VENDER BEBIDA. Presentes os requisitos da relação de emprego. Ainda que a empregada atuasse apenas como acompanhante dos clientes da ré, a solução não seria diversa. Considerar que a ilicitude do objeto, por possível exploração da prostituição, obstaria o reconhecimento do contrato de trabalho importaria em odioso enriquecimento sem causa do empregador. Certamente o efeito seria reverso: estimularia a exploração do corpo humano e permitiria trabalho na condição análoga à de escravo.

E mais. No presente caso, com patente prejuízos a menor, filho da falecida reclamante, que não contaria sequer com a proteção previdenciária. Ademais, desde que o mundo é o mundo e o ser humano se organizou em sociedade, é sabido que a imagem da mulher exibindo seu corpo e provocando os impulsos mais primitivos do sexo oposto é um excelente meio de vender produtos. Qualquer tipo de produto. Os publicitários atuais (e também não tão atuais assim) bem conhecem esta forma de *marketing*, que o diga os fabricantes de automóveis, bebidas e até brinquedos. A psicologia social conhece os mecanismos cerebrais ativados pela figura feminina. Mãe, mulher, prazer, possibilidade de reprodução e perpetuação da espécie. Diante dessas possibilidades, qualquer pessoa que deseja comercializar algum produto pode cogitar usar e associar (ou não) a imagem da mulher aos seus produtos. O que a mulher faz ou deixa de fazer com o seu corpo é direito exclusivo dela, conquistado em apenas alguns lugares do mundo atual e não sem muitas lutas. Agora, fazer uso da imagem e da presença física da mulher para cobrar ingressos e aumentar o consumo de bebidas alcoólicas de um estabelecimento constitui exploração com finalidade comercial. Se há comércio e existem pessoas trabalhando com habitualidade, subordinação, pessoalidade e onerosidade, nesse local há vínculo de emprego. Comercializar bebida alcoólica ainda não é crime e dança nunca foi ilícito no Brasil. ACIDENTE DO TRABALHO. QUEDA DE TRABALHADORA DURANTE O HORÁRIO DE TRABALHO. ESTADO DE EMBRIAGUEZ HABITUALMENTE TOLERADO PELO EMPREGADOR. INCAPACIDADE TOTAL E PERMANENTE. MORTE DA TRABALHADORA NO DECORRER DO PROCESSO. TRANSMISSÃO DO DIREITO DE REPARAÇÃO AO ESPÓLIO. Estabelecido o nexo causal em acidente do trabalho ocorrido durante a jornada de trabalho de empregada que habitualmente tinha estado de embriaguez tolerado pelo empregador. Incapacidade total e permanente da trabalhadora, que faleceu no curso do processo. Indenização dos danos morais devida, cuja reparação foi transmitida ao espólio. Não integra o objeto da lide eventual reparação de danos pela dor dos dependentes econômicos. Necessidade de ação autônoma para discussão de eventual dano próprio dos herdeiros (TRT 15ª R. – RO 0006700-15.2009.5.15.0137 – 2ª T.– 4ª C. – Rel. Des. Ana Claudia Torres Vianna – *DEJT* 24.05.2013).

No que concerne ao recolhedor de apostas no "jogo de bicho" em relação ao dono do negócio ("bicheiro"), o TST editou a OJ/SBDI-1 199, *in verbis*:

> É nulo o contrato de trabalho celebrado para o desempenho de atividade inerente à prática do jogo do bicho, ante a ilicitude de seu objeto, o que subtrai o requisito de validade para a formação do ato jurídico.

Octavio Bueno Magano afirma que "a nulidade por trabalho ilícito veda apenas o direito a reclamações. Se o empregado trabalha e não recebe os salários respectivos, defeso lhe é reclamá-los. E se o empregador, porventura, os paga antecipadamente, sem receber a contraprestação de serviço, não pode pedir que sejam repetidos"[5].

Quando, porém, a própria lei declara a nulidade do contrato de trabalho, como ocorre, por exemplo, no caso do servidor não concursado (CF, art. 37, § 2º), não há o que se discutir: aí a nulidade é também absoluta, com produção de efeitos *ex tunc*. Excepcionalmente, e considerando os princípios da dignidade da pessoa humana, do valor social do trabalho e da irrestitubilidade da força física e intelectual despendida pelo trabalhador, por ser irreversível a atividade humana já realizada, bem como o princípio que abomina o enriquecimento sem causa de alguém (mormente quando o tomador do serviço é o próprio Estado) em detrimento de outrem, são devidas, a título de indenização do serviço prestado, as parcelas de natureza exclusivamente salarial, devendo o juiz determinar a imediata extinção da relação de emprego[6]. Observa-se, *in casu*, que as atividades desenvolvidas tanto pelo "servidor" quanto pelo tomador (Estado) não são em si ilícitas, mas, tão somente, a forma de contratação, que não foi precedida do indispensável concurso público.

Logo, não nos parece razoável pretender comparar, *v. g.*, a situação jurídica do servidor público não concursado com a do trabalho do menor ou do traficante de drogas. Seria injusto e feriria o princípio da proporcionalidade ou razoabilidade: a) conceder ao "servidor" todos os direitos como se válido fosse o contrato de trabalho, equiparando-o ao menor, pois a regra do concurso e a nulidade do ato que não o observa (CF, art. 37, II, § 2º) visam proteger a sociedade e prestigiar os princípios da impessoalidade, moralidade, legalidade, publicidade e eficiência; b) não conceder nenhum direito ao servidor ilegalmente contratado, comparando-o ao "avião" que faz a intermediação do tráfico de drogas ou ao apontador do jogo de bicho.

O TST, a princípio, reconhecia a nulidade do contrato do servidor não concursado, mas condenava a administração pública a pagar-lhe, a título de indenização, apenas o pagamento da contraprestação pactuada. Posteriormente, com o advento do disposto no art. 19-A da Lei 8.036/90, o TST reeditou a Súmula 363, que passou a ter a seguinte redação:

> A contratação de servidor público, após a CF/88, sem prévia aprovação em concurso público, encontra óbice no respectivo art. 37, II e § 2º, somente lhe conferindo direito ao pagamento da contraprestação pactuada, em relação ao número de horas trabalhadas, respeitado o valor da hora do salário mínimo, e dos valores referentes aos depósitos do FGTS.

De acordo com o art. 168 do CC, as nulidades absolutas podem ser alegadas por qualquer interessado, ou pelo Ministério Público, quando lhe couber intervir.

---

5. *Op. cit.*, p. 202.
6. LEITE, Carlos Henrique Bezerra. *Contratação ilegal de servidor e ação civil pública trabalhista*. Belo Horizonte: RTM, 1996. *passim*.

Além disso, as nulidades absolutas devem ser pronunciadas de ofício pelo juiz, quando conhecer do negócio jurídico ou dos seus efeitos e as encontrar provadas, não lhe sendo permitido supri-las, ainda que a requerimento das partes.

A nulidade absoluta produz efeitos *ex tunc*, mas o órgão judicial pode modular alguns efeitos diante do caso concreto, tal como o fez o TST em relação ao contrato nulo do servidor não concursado (Súmula 363).

O contrato de trabalho nulo não é suscetível de confirmação, nem convalesce pelo decurso do tempo (CC, art. 169).

3. NULIDADE RELATIVA

A CLT não disciplina expressamente os atos anuláveis. De tal arte, nos termos do art. 171 do CC, aplicado subsidiariamente ao Direito do Trabalho (CLT, art. 8º, § 1º), além dos casos expressamente declarados na lei, é anulável o contrato de trabalho:

I – por incapacidade relativa do agente;

II – por vício resultante de erro, dolo, coação, estado de perigo, lesão ou fraude contra credores.

O negócio jurídico anulável pode ser confirmado pelas partes, salvo direito de terceiro (CC, arts. 172 a 176). O ato de confirmação deve conter a substância do negócio celebrado e a vontade expressa de mantê-lo. É escusada a confirmação expressa, quando o negócio já foi cumprido em parte pelo devedor, ciente do vício que o inquinava. A confirmação expressa, ou a execução voluntária de negócio anulável importa a extinção de todas as ações, ou exceções, de que contra ele dispusesse o devedor.

Quando a anulabilidade do ato resultar da falta de autorização de terceiro, será validado se este a der posteriormente.

De acordo com o art. 177 do CC, a anulabilidade não tem efeito antes de julgada por sentença, nem se pronuncia de ofício; só os interessados a podem alegar, e aproveita exclusivamente aos que a alegarem, salvo o caso de solidariedade ou indivisibilidade.

O adolescente, com idade entre dezesseis e dezoito anos, não pode, para eximir-se de uma obrigação, invocar a sua idade se dolosamente a ocultou quando inquirido pela outra parte, ou se, no ato de obrigar-se, declarou-se maior (CC, art. 180). Esta regra civilista deve ser interpretada conforme a Constituição, de modo a assegurar os direitos fundamentais do trabalhador adolescente, ainda quando este tenha ocultado a sua idade. Afinal, o salário, que possui natureza alimentícia, e a necessidade do emprego como condição de sobrevivência da pessoa humana devem ser levados em conta pelo juiz no exame do caso concreto.

De outro giro, o art. 181 do CC mostra-se perfeitamente compatível com a gênese protetiva do direito do trabalho, já que "Ninguém pode reclamar o que, por uma obrigação anulada, pagou a um incapaz, se não provar que reverteu em proveito dele a importância paga".

3.1. Incapacidade relativa

Já vimos que é nulo o contrato de trabalho firmado por menor com idade inferior a 16 anos, salvo na condição de aprendiz, a partir dos 14 anos de idade (CF, art. 7º, XXXIII).

Resta-nos agora perquirir sobre o contrato de trabalho realizado pelo trabalhador com idade entre 16 e 18 anos incompletos mediante assistência dos seus representantes legais. É óbvio que, devidamente assistido, o menor possa ser contratado. Todavia, haverá necessidade de sua intervenção para a validade do contrato?

Adverte Orlando Gomes que, na

> celebração do contrato de trabalho de pessoa menor, não é permitida a representação legal. É necessária a intervenção do menor que quer empregar-se, visto que só o relativamente incapaz pode, embora *assistido*, estipular contrato de trabalho. O responsável não tem direito de vinculá-lo a empregador sem que pessoalmente esteja o menor de acordo, dado que o objeto da prestação é um *bem* personalíssimo[7].

Pode o menor de 16 anos figurar em um contrato de trabalho como empregador?

Bem, à luz do direito civil, o menor de 16 anos é considerado absolutamente incapaz para a prática de atos da vida civil, sendo de se destacar que o contrato de trabalho é um negócio jurídico, enquadrado como um ato da vida civil. Logo, é nulo o contrato de trabalho firmado por empregador absolutamente incapaz. Mas, se o menor for relativamente incapaz, poderá validamente contratar empregado, uma vez que cessará, para ele, a incapacidade pelo estabelecimento civil ou comercial, com economia própria ou pela colação de grau científico em curso de ensino superior (CC, art. 5º, parágrafo único, V e IV).

3.2. Vícios de vontade

Os doutrinadores sustentam que os vícios de consentimento são praticamente irrelevantes para o contrato de trabalho. É preferível rescindi-lo a anulá-lo. Os efeitos da sentença anulatória não são interessantes, do ponto de vista econômico, para o trabalhador. Além disso, é muito mais dificultosa e complexa a prova da existência de vício de consentimento.

Lembra Orlando Gomes que a

> anulação do contrato de trabalho por vício do consentimento só interessa se o contrato for por tempo determinado, pois, assim sendo, a ruptura pode trazer conse-

7. *Curso de direito do trabalho*. 4. ed., p. 161.

quências danosas, se o vício do consentimento não der lugar a uma justa causa de despedida. Nos contratos por tempo indeterminado, é mais simples rescindi-los do que promover a ação anulatória[8].

De qualquer modo, e tendo em vista que o contrato de trabalho é um negócio jurídico, é perfeitamente factível a possibilidade de sua anulação, desde que a vontade de uma das partes seja declarada viciada. Além disso, o Estado Democrático de Direito também protege o patrimônio moral do cidadão trabalhador e, eventualmente, a ação declaratória de nulidade do contrato de trabalho pode conter pedido de reparação por danos morais.

Examinaremos, doravante, os vícios que podem ocorrer em relação ao contrato de trabalho.

3.2.1. Erro ou ignorância

No que tange ao *erro* ou à *ignorância*, que é um defeito de manifestação da vontade nos negócios jurídicos, parece-nos que ele pode ocorrer em relação à natureza do trabalho, ao local em que deverá ser prestado, ao valor do salário etc.

Ocorre *erro substancial* se o contrato for realizado no pressuposto da existência da "habilitação profissional" do empregado, na realidade inexistente, a manifestação de vontade por parte do empregador, no caso, terá resultado de erro substancial, por dizer respeito à qualidade da pessoa a quem se referia (CC, art. 139, II).

No direito comum, o contrato seria anulável, dependendo a anulação da propositura de ação judicial (CC, art. 177). No direito do trabalho – salienta Délio Maranhão –, "a solução é diferente: o contrato pode ser rompido pelo empregador, induzido em erro, inclusive pelo silêncio intencional da outra parte (...), constituindo a omissão dolosa do empregado justa causa para a sua dispensa"[9].

3.2.2. Dolo

Apresenta-se rara a possibilidade de *dolo* na formação do contrato de trabalho. Almosny[10] fornece dois exemplos: a) por parte do empregador, quando, para obter o consentimento de quem quer empregar-se, apresenta cifras falsas de seus negócios para induzir o candidato ao emprego a crer em uma remuneração incerta, por meio de participação nos lucros; b) por parte do empregado, quando apresenta credenciais falsas de sua habilitação ou competência profissional, a fim de, por esse modo, conseguir o emprego.

8. *Ibidem*, p. 166.
9. MARANHÃO, Délio *et allii*. *Instituições de direito do trabalho*. 12. ed. São Paulo: LTr, 1991, p. 239.
10. *Apud* GOMES, Orlando. *Op. cit.*, p. 165.

3.2.3. Coação

O instituto da *coação* prevista no Código Civil aplica-se ao contrato de trabalho, como de resto aos atos jurídicos em geral. A coação que vicia o consentimento, isto é, aquela que autoriza a anulação do contrato de trabalho, é a coação moral (*vis compulsiva*), na medida em que a coação física (*vis absoluta*), por tolher inteiramente a liberdade, não permite sequer a formação do contrato de trabalho. É difícil a caracterização da coação, embora, na prática, esta poderá ocorrer na hipótese de um empregador ser forçado a admitir um empregado sob a ameaça de dano a seus bens ou a pessoa de sua família.

3.2.4. Simulação

Há quem defenda, como Magano[11], ser a *simulação* "uma declaração enganosa da vontade, visando produzir efeito diverso do ostensivamente indicado". São três os elementos da simulação: a) intencionalidade da divergência entre a vontade e a declaração; b) acordo simulatório; c) intuito de enganar terceiros.

Délio Maranhão[12] esclarece que "comumente, a simulação, no que tange ao contrato de trabalho (dissimulado), prende-se a um suposto contrato de sociedade (simulado)".

Seria um exemplo de contrato de trabalho simulado o engendrado formalmente entre duas pessoas que se apresentam como empregado e empregador sem que, de fato, tenha ocorrido a prestação de serviços, com o objetivo de ambos obterem vantagens econômicas em reclamação trabalhista (lide simulada) em relação ao credor (terceiro de boa-fé) do pseudoempregador.

3.2.5. Fraude

Existem três espécies de *fraude*.

A *fraude à lei* é aquela que ocorre pela prática de ato ou celebração de um contrato em que as partes sabem, antecipadamente, que se trata de uma engendração, formalmente perfeita, que encobre ou inibe a aplicação da lei. Exemplo típico é o chamado contrato de prestação de serviços com o objetivo de mascarar uma relação empregatícia. Neste caso, a fraude à lei implica nulidade absoluta de tal contrato fraudulento (CLT, art. 9º). Ouçamos a jurisprudência:

AGRAVO. AGRAVO DE INSTRUMENTO EM RECURSO DE REVISTA. PROCESSO SOB A ÉGIDE DA LEI 13.015/2014 E ANTERIOR À LEI 13.467/2017. CONS-

11. MAGANO, Octavio Bueno. *Manual de direito do trabalho*: direito individual do trabalho. 3. ed. São Paulo: LTr, 1992, p. 198-199.
12. MARANHÃO, Délio *et alii*. *Instituições de direito do trabalho*. 12. ed. São Paulo: LTr, 1991, p. 240.

TITUIÇÃO DE EMPRESA PELO RECLAMANTE. PEJOTIZAÇÃO. FRAUDE TRABALHISTA. RECONHECIMENTO DE VÍNCULO DE EMPREGO. MATÉRIA FÁTICA. SÚMULA 126/TST. A relação de emprego é a principal fórmula de conexão de trabalhadores ao sistema socioeconômico existente, sendo, desse modo, presumida sua existência, desde que seja incontroversa a prestação de serviços. A Constituição da República, a propósito, elogia e estimula a relação empregatícia ao reportar a ela, direta ou indiretamente, várias dezenas de princípios, regras e institutos jurídicos. Em consequência, possuem caráter manifestamente excetivo fórmulas alternativas de prestação de serviços a alguém, por pessoas naturais, como, ilustrativamente, contratos de estágio, vínculos autônomos ou eventuais, relações cooperativadas e a fórmula intitulada de "pejotização". Em qualquer desses casos - além de outros -, estando presentes os elementos da relação de emprego, esta prepondera, impõe-se e deve ser reconhecida, uma vez que a verificação desses pressupostos, muitas vezes, demonstra que a adoção de tais práticas se dá apenas como meio de precarizar as relações empregatícias. Somente não se enquadrará como empregado o efetivo trabalhador autônomo ou eventual. Contudo, a inserção do real empregado na condição de pessoa jurídica se revela como mero simulacro ou artifício para impedir a aplicação da Constituição da República, do Direito do Trabalho e dos direitos sociais e individuais fundamentais trabalhistas. Trabalhando o obreiro cotidianamente no estabelecimento empresarial, com todos os elementos fático-jurídicos da relação empregatícia, deve o vínculo de emprego ser reconhecido (arts. 2º, *caput*, e 3º, *caput*, CLT), com todos os seus consectários pertinentes. Na hipótese, o TRT, com alicerce no conjunto fático-probatório produzido nos autos e em respeito ao princípio da primazia da realidade, constatou que a prestação de serviços do Autor à Reclamada, por intermédio da empresa constituída pelo Reclamante, visava a mascarar o vínculo empregatício existente entre as partes, evidenciando-se nítida fraude trabalhista (denominada na comunidade trabalhista de "pejotização"). Diante de tal constatação, e considerando presentes os elementos configuradores da relação de emprego, o TRT manteve a sentença que deferiu o pleito autoral de reconhecimento de vínculo direto com a Reclamada. Tais assertivas não são passíveis de reanálise, diante do que dispõe a Súmula 126/TST. Por tais razões, não há como enquadrar o vínculo existente entre o Reclamante e a Recorrente sob outra modalidade que não a do padrão empregatício. Assim sendo, a decisão agravada foi proferida em estrita observância às normas processuais (art. 557, *caput*, do CPC/1973; arts. 14 e 932, IV, "a", do CPC/2015), razão pela qual é insuscetível de reforma ou reconsideração. Agravo desprovido (TST-Ag-AIRR 10009678920155020432, Rel. Min. Mauricio Godinho Delgado, 3ª T., *DEJT* 29.03.2019).

A *fraude à execução* ocorre no âmbito processual, ou seja, nos termos do art. 792 do CPC/2015:

Art. 792. A alienação ou a oneração de bem é considerada fraude à execução:

I – quando sobre o bem pender ação fundada em direito real ou com pretensão reipersecutória, desde que a pendência do processo tenha sido averbada no respectivo registro público, se houver;

II – quando tiver sido averbada, no registro do bem, a pendência do processo de execução, na forma do art. 828;

III – quando tiver sido averbado, no registro do bem, hipoteca judiciária ou outro ato de constrição judicial originário do processo onde foi arguida a fraude;

IV – quando, ao tempo da alienação ou da oneração, tramitava contra o devedor ação capaz de reduzi-lo à insolvência;

V – nos demais casos expressos em lei.

§ 1º A alienação em fraude à execução é ineficaz em relação ao exequente.

§ 2º No caso de aquisição de bem não sujeito a registro, o terceiro adquirente tem o ônus de provar que adotou as cautelas necessárias para a aquisição, mediante a exibição das certidões pertinentes, obtidas no domicílio do vendedor e no local onde se encontra o bem.

§ 3º Nos casos de desconsideração da personalidade jurídica, a fraude à execução verifica-se a partir da citação da parte cuja personalidade se pretende desconsiderar.

§ 4º Antes de declarar a fraude à execução, o juiz deverá intimar o terceiro adquirente, que, se quiser, poderá opor embargos de terceiro, no prazo de 15 (quinze) dias.

A jurisprudência do TST é no sentido de que:

"não há fraude à execução quando inexiste qualquer registro de penhora ou restrição no registro de imóveis, na oportunidade da alienação do bem, e quando não comprovada de forma cabal a má-fé do terceiro adquirente. Deste modo, o fato de não ter havido comprovação da realização de diligências em relação à comarca de Sorocaba, bem como o conhecimento prévio de que o vendedor era empresário, não demonstra cabalmente a existência de má-fé por parte do adquirente do bem, devendo ser presumida a sua boa-fé na aquisição do bem objeto de penhora e, consequentemente, descaracterizada a suposta fraude à execução, sob pena de ofensa à Constituição Federal" (TST-RR 12357472016515008\6, Rel. Min. Maria Helena Mallmann, 2ª T., *DEJT* 21.06.2019).

A *fraude contra credores* ocorre quando o devedor (empregador) insolvente ou na iminência de encontrar-se em estado de insolvência pratica atos jurídicos (onerosos ou gratuitos) com o objetivo de diminuir seu patrimônio (*v. g.*, venda de uma máquina imprescindível à saúde financeira da empresa), frustrando, deliberadamente, o direito de seus credores (empregados) em receber seus créditos trabalhistas. A fraude contra credores está regulada nos arts. 158 a 165 do CC. A rigor, a fraude contra credores não é um vício de consentimento, porquanto o agente procede de modo deliberado, "buscando o resultado final idealizado no seu íntimo"[13].

A fraude contra credores é demonstrada por meio da ação pauliana. O TST, no entanto, vem entendendo que a Justiça do Trabalho é incompetente para a ação pauliana (TST-AIRR 12816720145120025, Rel. Min. Mauricio Godinho Delgado, 3ª T., *DEJT* 29.03.2019).

3.2.6. Estado de perigo

O *estado de perigo* é nova modalidade de vício de manifestação de vontade que pode implicar a anulação do negócio jurídico. Sua definição encontra-se no art. 156 do CC, segundo o qual,

> configura-se o estado de perigo quando alguém, premido da necessidade de salvar-se, ou a pessoa de sua família, de grave dano conhecido pela outra parte, assume obrigação excessivamente onerosa.

Vislumbra-se estado de perigo em um contrato de trabalho se o empregado, com sessenta anos de idade e portador de doença grave, assumisse um empréstimo com elevada taxa de juros cobrada pelo seu empregador, que é uma instituição de crédito, para realizar tratamento de saúde e aquisição de medicamentos (para si ou para membros de sua família).

É possível ocorrer o estado de perigo em relação à pessoa não pertencente à família da vítima (declarante), cabendo ao juiz decidir conforme as circunstâncias do caso concreto sob sua cognição (CC, art. 156, parágrafo único).

3.2.7. Lesão

A *lesão* é também vício de consentimento que pode invalidar o contrato de trabalho. O art. 157 do CC define a lesão, nos seguintes termos:

> *Art. 157.* Ocorre a lesão quando uma pessoa, sob premente necessidade, ou por inexperiência, se obriga a prestação manifestamente desproporcional ao valor da prestação oposta.

---

13. MATIELLO, Fabrício Zamprogno. *Código Civil comentado*. São Paulo: LTr, 2003, p. 129.

> § 1º Aprecia-se a desproporção das prestações segundo os valores vigentes ao tempo em que foi celebrado o negócio jurídico.
>
> § 2º Não se decretará a anulação do negócio, se for oferecido suplemento suficiente, ou se a parte favorecida concordar com a redução do proveito.

Em relação ao contrato de trabalho, parece-nos que haverá lesão suscetível de anulação contratual quando o empregado, sob premente estado de necessidade (desempregado e com filhos menores para criar), ou por inexperiência (é analfabeto, por exemplo), aceitar exercer alguma atividade laboral altamente nociva à sua saúde sem receber, por exemplo, os Equipamentos de Proteção Individual – EPIs e o pagamento do adicional de insalubridade.

CAPÍTULO VIII
Contrato de Trabalho e Contratos Afins

1. CONTRATOS DE ATIVIDADE

Partindo-se da premissa de que a relação de emprego possui natureza contratual, cumpre distinguir o contrato de trabalho de outros contratos não regidos pela Consolidação das Leis do Trabalho, mas que com ele guardam certas semelhanças.

Insta frisar, inicialmente, que é factível inserir o contrato individual de trabalho no rol dos denominados contratos de atividade[1], que são todos os contratos que se identificam por um ponto comum, qual seja, o objeto de todos eles consiste na utilização da energia humana e pessoal de um dos contratantes em proveito do outro.

Contrato de atividade, portanto, seria o gênero do qual o contrato de trabalho é uma das espécies.

Destaca-se, desde logo, que o contrato de trabalho não pode corresponder à doação de energia humana (ele é bilateral e oneroso); nem a empréstimo de energia humana (não é real; ao contrário, pessoal); nem à venda de energia humana (não é instantâneo).

Outra observação necessária repousa no fato de que o trabalho subordinado não deve ser concebido como mercadoria, já que é inseparável da dignidade da pessoa humana.

Superada, portanto, a engenhosa tese de Carnelutti, que comparou o contrato de trabalho ao fornecimento de energia elétrica, forçoso é reconhecer que a relação de emprego há de levar sempre em conta a dignidade da pessoa humana. Aliás, o valor social do trabalho, no nosso direito positivo, foi erigido a *status* constitucional (art. 1º, IV), na categoria de princípio fundamental.

Os contratos que guardam maior afinidade com o contrato de trabalho são a locação ou a prestação de serviços, a empreitada, o mandato, a sociedade, a representação comercial e a parceria rural.

1. VICENT, Jean. *La dissolution du contrat de travail*, p. 27, *apud* GOMES, Orlando. *Curso de direito do trabalho*. 4. ed. Rio de Janeiro: Forense, 1993, p. 128.

2. LOCAÇÃO OU PRESTAÇÃO DE SERVIÇOS

A locação de serviços originou-se da velha *locatio operarum* dos romanos, que não se confunde com a *locatio operis*. Aquela é considerada, por muitos, como precursora do contrato de trabalho; esta concerne à empreitada, como veremos mais adiante.

Tamanha é a amplitude do contrato de locação, o que leva alguns a sustentarem que alcança todo tipo de atividade não submetida à disciplina especial.

Há quem advogue, como Octavio Bueno Magano, que se compreende, "no âmbito desse contrato, o trabalho autônomo; o trabalho eventual; o serviço doméstico, na parte não regulada em lei especial; e o trabalho a cargo de pessoas jurídicas"[2].

A locação de serviços estava disciplinada nos arts. 1.216 e seguintes do Código Civil brasileiro de 1916.

O Código Civil de 2002 não mais prevê a locação de serviços. Em seu lugar, como se depreende do art. 594 do novel *codex*, há apenas o contrato de prestação de serviços.

No direito português há distinção, consoante se infere do Código Civil lusitano (arts. 1.152 a 1.154), entre prestação de serviços e contrato de trabalho.

Comentando a respeito, Pires de Lima e Antunes Varela esclarecem:

> Ao contrário do contrato de trabalho, que é sempre atribuído, o contrato de prestação de serviços pode ter ou não remuneração. De resto, a prestação de serviços pode ser, como no contrato de trabalho, uma atividade intelectual ou manual. Mas em que se distinguem os dois contratos? Fundamentalmente distinguem-se nisto: enquanto no contrato de trabalho um dos contraentes se obriga a prestar ao outro o seu trabalho, a prestação de serviço tem por objeto o resultado do trabalho e não o trabalho, em si, e, para chegar a esse resultado, não fica o obrigado sujeito à autoridade e direção do outro contraente.

E mais adiante: "A integração desses três contratos (mandato, depósito, empreitada) no tipo geral da prestação de serviço representa uma afirmação da analogia entre eles e da comunhão de princípios que os dominam, o que não é indiferente para a interpretação das respectivas disposições e possível integração das lacunas de regulamentação"[3].

Há uma tendência mundial no sentido de que alguns contratos de prestação de serviço passem a ser substituídos, com o tempo, pelo contrato de trabalho, como já aconteceu na Itália e na Suíça. Há, ainda, os contratos de atividade com parassubordinação, que constituem categorias especiais entre o trabalho autônomo e o trabalho subordinado.

---

2. MAGANO, Octavio Bueno. *Manual de direito do trabalho*: direito individual do trabalho. 3. ed. São Paulo: LTr, 1992. v. II, p. 30-31.
3. *Código Civil anotado*. Coimbra: Coimbra, 1968. v. II, p. 464-465. *Apud* MAGANO, Octavio Bueno. *Op. cit.*, p. 31.

No Brasil, após a promulgação da CF de 1988, facultou-se ao legislador infraconstitucional fixar a competência da Justiça do Trabalho para dirimir, além dos conflitos emergentes da relação de emprego, "outras controvérsias decorrentes da relação de trabalho" (art. 114). Com o advento da EC 45/04, a Justiça do Trabalho passou a ser competente para processar e julgar ações oriundas da relação de trabalho (CF, art. 114, I), além de outras controvérsias decorrentes da relação de trabalho, na forma da lei (CF, art. 114, IX).

O contrato de prestação de serviços difere do contrato de trabalho, porquanto este pressupõe o trabalho subordinado, prestado por pessoa física, não podendo ser de forma gratuita; ao passo que aquele comporta o trabalho autônomo, prestado por pessoa física ou jurídica até mesmo de forma gratuita, como leciona Orlando Gomes[4].

No contrato de trabalho, pois, a pessoa é contratada para prestar serviço. Nesta condição, fica sob o comando e orientação do tomador, obedecendo às suas ordens, continuamente, sem se preocupar com o tempo. Sua obrigação – assevera Francisco Meton Marques de Lima – "é dedicar todo um determinado espaço de tempo por dia ao empregador. Os riscos correm por conta deste"[5].

Na prestação de serviços, o tomador "compra" o resultado do trabalho. A obrigação do prestador é de fazer e entregar o objeto contratual ao tomador no espaço de tempo ajustado.

No contrato de prestação de serviços é permitido ao prestador contratar auxiliares. No contrato de trabalho, a prestação do serviço é personalíssima em relação ao empregado.

De tal arte, no contrato de prestação de serviço, o prestador assume o risco do resultado, trabalhando por sua própria conta. No contrato de trabalho, o prestador é sempre subordinado, sujeitando-se à direção e à fiscalização do tomador do serviço, que assume o risco da atividade econômica.

A Justiça do Trabalho passou a ser competente para processar e julgar ações oriundas da relação de trabalho (CF, art. 114, I), mas o entendimento do TST vem se consolidando no sentido de ser ela incompetente para apreciar pedido de cobrança dos honorários profissionais:

> *Incompetência da justiça do trabalho. Cobrança de honorários profissionais. Contrato de prestação de serviços.* Não se insere na competência da Justiça do Trabalho a tarefa de dirimir controvérsia relativa à prestação dos serviços levada a cabo por profissional autônomo que, senhor dos meios e das condições da prestação contratada, coloca-se em patamar de igualdade (senão de vantagem) em relação àquele que o contrata. Tal

4. *Contratos*. Rio de Janeiro: Forense, 1973, p. 325. *Apud* MAGANO, Octavio Bueno. *Op. cit.*, p. 32.
5. *Op. cit.*, p. 74.

é o caso típico dos profissionais da engenharia, advocacia, arquitetura e medicina que exercem seus misteres de forma autônoma, mediante utilização de meios próprios e em seu próprio favor. Recurso de revista não provido (TST-RR 1110/2007-075-02-00.5 – 1ª T. – Rel. Min. Lelio Bentes Corrêa – *DJe* 04.06.2009).

Há contrato de prestação de serviços, portanto, entre o paciente e o cirurgião que o opera; entre o engenheiro e o cliente para quem constrói a residência, entre o advogado e o cliente que o contrata para ajuizar uma ação etc. Mas o contrato de prestação de serviços pode se converter em contrato de trabalho se, na prática, ou seja, na sua execução, restarem caracterizados todos os requisitos da relação de emprego, especialmente a subordinação jurídica.

3. EMPREITADA

O contrato de empreitada, que tem por antecedente a *locatio operis* dos romanos, é aquele em que uma das partes se obriga a fazer ou a mandar fazer determinado serviço ou certa obra, recebendo em contrapartida remuneração determinada ou proporcional ao serviço executado.

Com efeito, dispõe o art. 610 e seus parágrafos do CC:

> Art. 610. O empreiteiro de uma obra pode contribuir para ela só com seu trabalho ou com ele e os materiais.
>
> § 1º A obrigação de fornecer os materiais não se presume; resulta da lei ou da vontade das partes.
>
> § 2º O contrato para elaboração de um projeto não implica a obrigação de executá-lo, ou de fiscalizar-lhe a execução.

A empreitada difere da prestação de serviços, porque nesta o que importa é o serviço prestado, a atividade profissional, sem que o prestador esteja subordinado ao tomador do serviço; na empreitada o que importa para o tomador do trabalho é o resultado, a obra pronta e acabada.

Pode-se, ainda, ressaltar que a prestação de serviços é um contrato de obrigação de meio para o prestador, independentemente ou não do sucesso do serviço prestado; a empreitada é um contrato de resultado, ou seja, o empreiteiro obriga-se pelo sucesso do contrato.

O contrato de empreitada pode ter por objeto uma atividade autônoma (empreitada de mão de obra, geralmente executada por trabalhadores braçais) ou um resultado (empreitada de obra).

Nos termos do art. 611 do CC, quando o empreiteiro fornece os materiais, correm por sua conta os riscos até o momento da entrega da obra, a contento de quem a encomendou, se este não estiver em mora de receber. Mas, se estiver, por sua conta correrão os riscos.

Se o empreiteiro só forneceu mão de obra, todos os riscos em que não tiver culpa correrão por conta do dono (CC, art. 612). Sendo a empreitada unicamente de lavor, se a coisa perecer antes de entregue, sem mora do dono nem culpa do empreiteiro, este perderá a retribuição, se não provar que a perda resultou de defeito dos materiais e que em tempo reclamara contra a sua quantidade ou qualidade (CC, art. 613).

A distinção que se faz entre contrato de trabalho e contrato de empreitada reside nos sujeitos e no objeto.

Na empreitada, o sujeito empreiteiro é pessoa física ou jurídica. No contrato de trabalho, o sujeito empregado é sempre pessoa física (CLT, art. 3º).

Pode acontecer de a empreitada ser executada por pessoa física, mas, ainda assim, não se confundirá com o contrato de trabalho, em face do objeto deste. O objeto do contrato de trabalho é, segundo Amauri Mascaro Nascimento, "fundamentalmente subordinado", onde o empregador exerce um poder de direção sobre a atividade do trabalhador. No contrato de empreitada não há esse poder de direção, na medida em que o que importa para o tomador do serviço é a obra a ser produzida, ou seja, o empreiteiro, pessoa física, não é um trabalhador subordinado, já que exerce a sua atividade profissional por sua própria conta e risco.

Há quatro critérios para distinguir o contrato de empreitada do contrato de trabalho:

a) *o modo da remuneração*

No contrato de trabalho, a remuneração é, geralmente, fixada por unidade de tempo; na empreitada, é sempre por unidade de obra;

b) *o fim do contrato*

Na empreitada, o fim perseguido é a obra, o empreendimento; no contrato de trabalho, o trabalho – material ou imaterial – desenvolvido pelo empregado;

c) *a profissionalidade do tomador do serviço*

No contrato de trabalho, o tomador encontra-se, geralmente, organizado sob a forma de empresa, dedicando-se profissionalmente à sua própria atividade empresarial; na empreitada, a atividade do empreiteiro destina-se ao dono da obra ou ao público em geral;

d) *a autonomia*

Na empreitada, o prestador do serviço não é subordinado, isto é, ele próprio dirige e realiza o trabalho, assumindo os riscos; no contrato de trabalho, o trabalhador encontra-se em relação ao tomador num estado de subordinação que lhe tira toda iniciativa, ou seja, fica na obrigação de receber ordens, ficando os riscos por conta do tomador.

É importante destacar que compete à Justiça do Trabalho julgar "os dissídios resultantes de contratos de empreitadas em que o empreiteiro seja operário ou artífice"

(CLT, art. 652, alínea "a", III). Este dispositivo foi, para nós, recepcionado pela nova ordem constitucional (CF, art. 114), salientando Valentin Carrion[6] que, neste caso:

> a competência da Justiça do Trabalho esgota-se no conteúdo do que as partes tenham contratado (especialmente a remuneração), sem que a lei confira direitos trabalhistas. Se o artífice possuir firma devidamente organizada, trata-se de atividade empresarial, mesmo modesta, que escapa à previsão legislativa mencionada.

Diversa é a posição de Amauri Mascaro Nascimento[7], para quem o "propósito do legislador brasileiro foi o de equiparar as situações do empreiteiro operário ou artífice e do empregado, atribuindo-lhes os direitos materiais estabelecidos na legislação trabalhista".

Para nós, a razão está com Valentin Carrion, já que o simples fato de a lei estender a competência da Justiça do Trabalho para dirimir este tipo específico de conflito não significa que tenha concedido ao empreiteiro operário ou artífice direitos trabalhistas outorgados ao empregado. A tese de Amauri Mascaro Nascimento, *data venia*, implicaria estender também, *v. g.*, ao trabalhador doméstico e ao trabalhador temporário idênticos direitos aos do empregado comum, na medida em que a Justiça obreira também é competente para dirimir os conflitos entre estes e os respectivos tomadores de seus serviços. Ademais, a Constituição Federal de 1988, pródiga em detalhes, não tratou da matéria, como o fez, expressamente, com o trabalho rural e o trabalho avulso (art. 7º, *caput*, e inc. XXXIV). Logo, impõe-se a interpretação restritiva do art. 652, "a", III, da CLT no tocante às questões relativas ao direito material.

Importa referir que, se na instrução probatória o juiz constatar que se trata não de contrato de empreitada, mas de contrato de trabalho, declarará a nulidade do primeiro e reconhecerá a existência do vínculo empregatício. Ao contrário, isto é, caracterizado o trabalho autônomo de empreitada, apenas limitar-se-á à aferição do conteúdo material do avençado, com destaque para o preço do trabalho realizado.

No tocante à responsabilidade trabalhista do empreiteiro em relação às obrigações trabalhistas não adimplidas pelo subempreiteiro, dispõe o art. 455 da CLT que aquele responde subsidiariamente por aquelas obrigações, cabendo ao empreiteiro que vier a honrar a dívida eventual ação de regresso na Justiça comum em face do subempreiteiro.

Quanto à responsabilidade trabalhista do dono da obra em relação aos empregados do empreiteiro, a OJ 191 da SBDI-1 dispõe, *in verbis*:

> Diante da inexistência de previsão legal específica, o contrato de empreitada de construção civil entre o dono da obra e o empreiteiro não enseja responsabilidade

6. *Comentários à Consolidação das Leis do Trabalho*. 19. ed. São Paulo: Saraiva, 1995, p. 487.

7. *Iniciação ao direito do trabalho*. 22. ed. São Paulo: LTr, 1996, p. 147.

solidária ou subsidiária nas obrigações trabalhistas contraídas pelo empreiteiro, salvo sendo o dono da obra uma empresa construtora ou incorporadora.

O Enunciado 13, aprovado na 1ª Jornada de Direito Material de Processual do Trabalho, realizada em Brasília-DF (novembro/2007), amplia, com base na interpretação sistemática e teleológica de diversas normas do sistema jurídico, a responsabilidade do dono da obra, nos seguintes termos:

> *Dono da obra. Responsabilidade*. Considerando que a responsabilidade do dono da obra não decorre simplesmente da lei em sentido estrito (Código Civil, arts. 186 e 927), mas da própria ordem constitucional no sentido de se valorizar o trabalho (CF, art. 170), já que é fundamento da Constituição a valorização do trabalho (CF, art. 1º, IV), não se lhe faculta beneficiar-se da força humana despendida sem assumir responsabilidade nas relações jurídicas de que participa. Dessa forma, o contrato de empreitada entre o dono da obra e o empreiteiro enseja responsabilidade subsidiária nas obrigações trabalhistas contraídas pelo empreiteiro, salvo apenas a hipótese de utilização da prestação de serviços como instrumento de produção de mero valor de uso, na construção ou reforma residenciais.

4. SOCIEDADE

A diferença entre contrato de trabalho e contrato de sociedade também se faz, basicamente, por intermédio dos sujeitos e do objeto.

No contrato de trabalho, os sujeitos são o empregado e o empregador. Na sociedade, os sujeitos são os sócios.

O objeto, no contrato de trabalho, é a prestação de serviços subordinados pelo empregado ao empregador em troca de remuneração. Na sociedade, o objeto é a obtenção de lucros, por ambos os sócios, que não mantêm entre si relação de subordinação, mas de igualdade.

Na sociedade há um elemento fundamental que é a *affectio societatis*, convergindo os interesses dos sócios para o mesmo fim. Todos os seus sujeitos devem receber lucros ou dividendos, vedada a sociedade leonina.

No contrato de trabalho, a participação nos lucros, quando instituída pelo empregador, é desvinculada da remuneração (CF, art. 7º, XI), sendo que o lucro do empregador é sempre superior ao conferido por este ao empregado.

Na sociedade, todos os seus sujeitos suportam os riscos do empreendimento. No contrato de trabalho, apenas o empregador (CLT, art. 2º).

Importante assinalar que é possível, segundo Francisco Meton Marques de Lima, a coexistência do contrato de sociedade com o contrato de trabalho, desde que a aquisição, pelo empregado, de cotas ou ações "não lhe assegure posição de destaque na sociedade nem tenha ele participação intensa na gestão"[8].

4.1. Sociedade cooperativa

Em decorrência do processo de globalização da economia, em que a palavra de ordem é flexibilizar direitos trabalhistas para reduzir os custos e aumentar a competitividade (na prática, o que se visa é o aumento da lucratividade) do setor produtivo, mormente no setor rural, o Congresso Nacional, ao depois de mais de um quarto de século de vigência da Lei 5.764/71, editou a Lei 8.949/94, que acrescentou o parágrafo único ao art. 442 da CLT, nos seguintes termos:

> Qualquer que seja o ramo de atividade da sociedade cooperativa, não existe vínculo empregatício entre ela e seus associados, nem entre estes e os tomadores de serviços daquela.

A primeira leitura do novel dispositivo consolidado poderia levar o intérprete incauto ao entendimento de que a mera existência da cooperativa legitimaria a atividade de terceirização, pelas empresas, tratando-se ou não de funções finalísticas do empreendimento, uma vez que a cooperativa revela, como se sabe, a conquista da classe operária de autogestão de seu trabalho e da consequente libertação do trabalhador das características tradicionais de subordinação e dependência, inerentes à relação de emprego.

Não é este, todavia, o fenômeno que se verificou na prática, ao se analisar as cooperativas de trabalho criadas, a partir da vigência da Lei 8.949/94, para a execução de atividades rurais e urbanas relacionadas ao interesse das empresas.

Pelo texto legal acima, verifica-se que o contrato celebrado entre os associados de uma cooperativa traz nítida a ideia de cooperação recíproca entre pessoas que juntam seus esforços para a consecução de um objetivo comum, atuando todos, em situação de igualdade, na realização das tarefas inerentes a este mister.

Sobreveio a Lei 12.690/12, cujo art. 30 pretendia revogar expressamente o parágrafo único do art. 442 da CLT. Logo, a norma celetista continua em plena vigência.

Importa lembrar que, nos termos do art. 4º da Lei 12.690, a *cooperativa de trabalho pode ser*: a) *de produção*, quando constituída por sócios que contribuem com o trabalho para a produção comum de bens e a cooperativa detém, a qualquer título, os meios de produção; b) *de serviço*, quando constituída por sócios para a prestação de serviços especializados a terceiros, sem a presença dos pressupostos da relação de emprego.

8. *Op. cit.*, p. 77.

Assim, de acordo com o art. 2º da Lei 12.690, cooperativa de trabalho é uma sociedade constituída por trabalhadores para o exercício de suas atividades laborativas ou profissionais com proveito comum, autonomia e autogestão para obterem melhor qualificação, renda, situação socioeconômica e condições gerais de trabalho.

As cooperativas de trabalho são regidas pelos princípios e valores previstos no art. 3º da Lei 12.690, a saber:

> I – adesão voluntária e livre; II – gestão democrática; III – participação econômica dos membros; IV – autonomia e independência; V – educação, formação e informação; VI – intercooperação; VII – interesse pela comunidade; VIII – preservação dos direitos sociais, do valor social do trabalho e da livre iniciativa; IX – não precarização do trabalho; X – respeito às decisões de assembleia, observado o disposto nesta Lei; XI – participação na gestão em todos os níveis de decisão de acordo com o previsto em lei e no Estatuto Social.

A Cooperativa de Trabalho deve garantir aos sócios, segundo o art. 7º da Lei 12.690, os seguintes direitos, além de outros que a Assembleia Geral venha a instituir:

> I – retiradas não inferiores ao piso da categoria profissional e, na ausência deste, não inferiores ao salário mínimo, calculadas de forma proporcional às horas trabalhadas ou às atividades desenvolvidas; II – duração do trabalho normal não superior a 8 (oito) horas diárias e 44 (quarenta e quatro) horas semanais, exceto quando a atividade, por sua natureza, demandar a prestação de trabalho por meio de plantões ou escalas, facultada a compensação de horários; III – repouso semanal remunerado, preferencialmente aos domingos; IV – repouso anual remunerado; V – retirada para o trabalho noturno superior à do diurno; VI – adicional sobre a retirada para as atividades insalubres ou perigosas; VII – seguro de acidente de trabalho.

A não observância de qualquer um dos princípios e valores previstos no art. 3º da Lei 12.690 pode implicar o mascaramento de uma relação empregatícia.

Como se vê, a cooperativa é uma sociedade formada para a soma de esforços dos quais se beneficiam os próprios cooperados, razão pela qual o art. 5º da Lei 12.690 veda a utilização de cooperativa de trabalho "para a intermediação de mão de obra subordinada".

O Direito do Trabalho oferece elementos seguros para que se possa distinguir a cooperativa legítima daquela fraudulenta. Evidencia-se a fraude sempre que o trabalho subordinado se realize por meio das cooperativas, frustrando-se a *affectio societatis* e emergindo a subordinação como elemento tipificador da atividade.

A relação entre a Lei 12.690, o parágrafo único e o *caput* do art. 442 da CLT é de caráter suplementar. A norma celetista define, inicialmente, o contrato de trabalho como o "acordo tácito ou expresso equivalente à relação de trabalho". Consagra a teoria da contratualidade e abre espaço para a teoria objetiva, concernentemente à natureza jurídica do vínculo de emprego, trazendo o princípio da primazia da realidade, para instrumentalizar a ação do juiz, sempre que se constate a ocorrência objetiva dos indícios reveladores da relação de emprego.

Logo, estando presentes a pessoalidade, a subordinação, a continuidade e a onerosidade na prestação de serviços, mesmo que não tenha havido declaração expressa dos sujeitos, a relação de emprego deverá ser reconhecida.

É nesse contexto que se deve interpretar a Lei 12.690 e o parágrafo único em estudo, ou seja, a existência válida da relação de trabalho cooperativo implica o afastamento da relação de emprego entre a cooperativa e seus associados e entre estes e os tomadores dos seus serviços. A análise deve ser feita em cada caso concreto submetido à cognição judicial, como se infere dos seguintes julgados:

> COOPERATIVA DE TRABALHO – VÍNCULO EMPREGATÍCIO ENTRE TRABALHADORA COOPERADA E SOCIEDADE COOPERATIVA – NÃO CARACTERIZAÇÃO – CLT, ART. 442, PARÁGRAFO ÚNICO. 1. À luz da Recomendação 193 da OIT e da recente publicação da Lei 12.960/12, que dispõe sobre a organização e o funcionamento das cooperativas de trabalho e institui o programa nacional de fomento às cooperativas de trabalho – PRONACOOP, são características da genuína cooperativa de trabalho: a) espontaneidade na criação; b) autonomia dos cooperados, que não realizam trabalho subordinado, mas prestação de serviços; c) autogestão da cooperativa; d) liberdade de associação; e) não flutuação dos associados, pois do contrário se está diante de nítido expediente fraudulento para contratação temporária de pessoal em época de safra. Entre suas finalidades está a prestação de serviços a terceiros, sob a modalidade de fornecimento permanente de mão de obra, o que é expressamente admitido pela Lei 12.690/12, desde que para atividade-meio da tomadora de serviços e que não haja subordinação ou pessoalidade na prestação destes. 2. Por outro lado, em que pese a da Lei 12.690/12 dispor, dentre outras providências, sobre a revogação do parágrafo único do art. 442 da CLT, tal dispositivo encontra-se em vigor. Trata-se, na verdade, de um equívoco do Poder Legislativo, facilmente visualizado na mensagem de veto 331 de 19/07/12, que retirou do texto da nova lei o seu art. 30, que previa justamente a revogação do dispositivo celetista. 3. *In casu*, discute-se a caracterização de vínculo empregatício entre a Trabalhadora Cooperada, que exerceu a função de assistente social nas dependências do Supermercado Reclamado, e a Cooperativa, em face da existência dos elementos caracterizadores da relação de emprego, mormente a subordinação. 4. Não há como deixar de reconhecer o comando da própria Cooperativa na forma de engajamento dos trabalhadores cooperados na prestação de serviços a terceiros. Toda atividade humana laboral está sujeita a um mínimo de coordenação. E esta é desempenhada por pessoas que comandam outras, sendo que o trabalho cooperado não escapa dessa realidade. O que não se admite, em matéria de cooperativismo laboral, é que os elementos da relação de emprego existam em relação à tomadora dos serviços. 5. Na realidade, o Regional parte de enfoque

teórico já distorcido: não admite, em tese, cooperativa fornecedora de mão de obra, quando essa modalidade de contratação encontra-se prevista, inclusive, por lei (art. 4º, II, da Lei 12.690/12). Às cooperativas de trabalho aplica-se o disposto na Súmula 331 do TST quanto à intermediação de mão de obra: o desvirtuamento da prestação de serviços, quando realizada para atividade-fim, com pessoalidade e subordinação em relação à empresa tomadora dos serviços, leva ao reconhecimento do vínculo de emprego com a tomadora dos serviços, não, porém, com a cooperativa de trabalho. 6. Destarte, há de ser afastado o liame empregatício com relação à 1ª Reclamada, e o retorno dos autos ao Tribunal de origem, para que julgue, como entender de direito, o pedido sucessivo de reconhecimento de vínculo de emprego com o tomador, pleito que teve sua análise prejudicada em virtude do reconhecimento do liame empregatício com a Cooperativa Reclamada. Recurso de Revista provido (TST-RR 442685-76.2009.5.12.0035 – Rel. Min. Ives Gandra Martins Filho – 7ª T. – j. 29.08.2012).

COOPERATIVA DE TRABALHO. FRAUDE. CARACTERIZAÇÃO DA RELAÇÃO DE EMPREGO COM A TOMADORA. RECONHECIMENTO. A Lei 12.690/12 estabelece, em seu art. 2º, que "considera-se Cooperativa de Trabalho a sociedade constituída por trabalhadores para o exercício de suas atividades laborativas ou profissionais com proveito comum, autonomia e autogestão para obterem melhor qualificação, renda, situação socioeconômica e condições gerais de trabalho". Do cotejo entre a Lei 12.690/12 e da Lei 5.764/71, extrai-se diversas normas para a realização da atividade na forma cooperativa, sendo fundamentais os princípios da dupla qualidade (associado e cliente) e da retribuição diferenciada. Restando comprovado, nos autos, os cinco elementos da relação empregatícia e atuando a reclamante na atividade-fim da empresa, o reconhecimento do vínculo de emprego diretamente com a tomadora de serviços cooperativos é medida que se impõe, conforme o item III da Súmula 331 do TST (TRT 3ª R. – RO 0001243-17.2012.5.03.0109 – Rel. Des. Fernando Luiz G. Rios Neto – 7ª T. – *DEJT*/TRT3 25.07.2014, p. 107).

Tendo em vista as decisões do STF (ADPF 324; RE 958.252 E ARE 791.932) e com o advento da Lei 13.467/2017, porém, permitindo a terceirização em qualquer atividade econômica da empresa, seja de meio ou de fim, parece-nos que há óbices (jurisprudencial e legal) ao reconhecimento de vínculo empregatício entre o cooperado e a cooperativa, salvo, a nosso sentir, se ficar caracterizada a fraude à lei ou a distinção (*distinguishing*) entre o caso concreto e os precedentes fixados pelo STF. Nesse sentido:

RECURSO DE REVISTA. VÍNCULO DE EMPREGO. TERCEIRIZAÇÃO DE SERVIÇOS. COOPERATIVA. CONSTATAÇÃO DE FRAUDE. IDENTIFICAÇÃO DOS REQUISITOS FÁTICO-JURÍDICOS INSCRITOS NO ART. 3º DA CLT. AUSÊNCIA DE CONFLITO COM O PRECEDENTE FIRMADO PELO SUPREMO TRIBUNAL FEDERAL. TÉCNICA DE DISTINÇÃO. 1. A partir das premissas jurídicas fixadas pelo Supremo Tribunal Federal no julgamento da ADPF 324 e do RE 958.252, reputando lícita a terceirização de serviços, independentemente da natureza da atividade terceirizada, resulta superado o entendimento cristalizado na Súmula n. 331, I, deste Tribunal Superior do Trabalho, no sentido de que a terceirização de atividade-fim, por si só, implicava o reconhecimento do vínculo de emprego do trabalhador com o tomador de serviços. 2. Contudo, a *ratio decidendi* que se extrai do precedente da Corte Constitucional autoriza sua não aplicação às situações em que verificada a distinção fático-jurídica (*distinguishing*) entre o julgado paradigmático (*leading case*) e a hipótese em julgamento. É o que ocorre na espécie, em que o Tribunal Regional, mediante juízo valorativo de fatos e provas, não derivado da mera constatação da inserção dos serviços terceirizados na atividade finalística do empreendimento, identificou os elementos fático-jurídicos caracterizadores do vínculo de emprego. 3. Entendimento diverso, no sentido da ausência de preenchimentos dos requisitos do liame empregatício, demandaria revolvimento do acervo fático-probatório dos autos, inviável nesta fase recursal extraordinária, a teor da Súmula n. 126 do TST. Recurso de revista de que não se conhece, no particular. (...) (TST-RR 161400-79.2009.5.01.0058, 1ª T., Rel. Min. Walmir Oliveira da Costa, *DEJT* 26.04.2019).

5. MANDATO

De acordo com o art. 653 do CC:

"Opera-se o mandato quando alguém recebe de outrem poderes para, em seu nome, praticar atos ou administrar interesses. A procuração é o instrumento do mandato".

O mandato pode ser expresso ou tácito, verbal ou escrito (CC, art. 656).

Frise-se, inicialmente, que é possível a cumulação do contrato de mandato com o contrato de trabalho. Nesse sentido, Francisco Meton Marques de Lima assevera que num julgado o STF decidiu que,

> o mandato e o contrato de trabalho podem coexistir na mesma pessoa. A qualidade de empregado, em geral, abrange a de mandatário; quando pratica atos para ou em proveito do patrão, aparece o empregado; quando assina e realiza ato jurídico, surge o mandatário. Será empregado, quando trabalha com exclusividade, permanentemente, para uma empresa ou dela obtenha seu principal meio de subsistência e exista a subordinação hierárquica ou jurídica[9].

Caso o mandatário não seja empregado, aí, sim, a distinção se faz pelo critério da subordinação, uma vez que o mandatário goza de maior liberdade e independência do que o empregado.

9. *Loc. cit*, p. 76.

O mandato pode ser gratuito ou oneroso. O contrato de trabalho é sempre oneroso.

No mandato, a relação jurídica entre os sujeitos é tríplice: mandante, mandatário e terceira pessoa. No contrato de trabalho, é dúplice: empregador e empregado. Há, porém, a possibilidade de o empregado ser também mandatário, como, por exemplo, o advogado empregado e o preposto (CLT, art. 843, § 1º) etc.

O mandato é revogável. O contrato de trabalho nem sempre é rescindível, como se dá no caso dos empregados estáveis ou destinatários de garantia no emprego.

No tocante ao mandato, lembramos da figura do preposto do empregador prevista no art. 843, § 1º, da CLT, que faculta ao empregador, na audiência, "fazer-se substituir pelo gerente ou qualquer outro preposto que tenha conhecimento do fato e cujas declarações obrigarão o proponente", sendo certo que, nos termos do § 3º do referido artigo, o preposto "não precisa ser empregado da parte reclamada".

6. REPRESENTAÇÃO COMERCIAL

É possível existir representante comercial empregado (vendedor) e representante comercial autônomo. A distinção básica repousa no elemento subordinação hierárquica ou jurídica.

O representante empregado é regido pela Consolidação das Leis do Trabalho.

O autônomo, pela Lei 4.886, de 09.12.1965, que, em seu art. 1º, dispõe, *in verbis*:

> Exerce a representação comercial autônoma a pessoa jurídica ou a pessoa física, sem relação de emprego, que desempenha, em caráter não eventual, por conta de uma ou mais pessoas, a mediação para a realização de negócios mercantis, agenciando propostas ou pedidos, para transmiti-los aos representados, praticando ou não atos relacionados com a execução dos negócios.

O representante autônomo, portanto, é: a) pessoa física ou jurídica; b) não eventual; c) trabalha por conta de uma ou mais pessoas; d) sem subordinação jurídica; e) possui certa dose de mandato; f) realiza intermediação.

É necessário que esteja registrado (aspecto formal) no Conselho Regional dos Representantes Comerciais. A ausência deste requisito, a nosso sentir, é o suficiente para caracterizar a relação de emprego. Há, contudo, divergência jurisprudencial a respeito desta questão, como se depreende dos seguintes julgados:

> *Recurso de revista. Vínculo empregatício. Representante comercial. Registro no conselho regional. Desnecessidade.* A ausência de registro no órgão competente não induz, automaticamente, ao reconhecimento de relação de emprego. Tem-se, unicamente, o desrespeito às disposições da Lei 4.886/65 e a possível imposição das penalidades ali previstas, questão sobre a qual não cabe discussão nesta Justiça Especializada. Recurso de Revista conhecido e desprovido (TST-RR 263/2002-004-15-00 – 8ª T. – Rel.

Min. Maria Cristina Irigoyen Peduzzi – j. 26.03.2008 – *DJ* 28.03.2008).

Representação comercial autônoma. Presença do elemento subordinativo. Existência de vínculo de emprego. Sendo sutil a diferença entre o representante comercial autônomo e o vendedor regido pela CLT, a subordinação jurídica torna-se ponto essencial ao conclusivo enquadramento. No caso dos autos, o conjunto probatório revela que o obreiro, como autêntico vendedor empregado, via-se compelido a cumprir metas, comparecer sistematicamente a reuniões na reclamada, observando determinações diretas, disponibilizando relatórios e se sujeitando a cobranças no tocante a número de visitas comerciais, tudo de forma pessoal, habitual, não eventual e onerosa. A mais que isso, a reclamada deixou de trazer aos autos o contrato de representação comercial, também não comprovando o devido registro do vendedor no Conselho Regional da categoria (COREMINAS), conforme determina o art. 2º da Lei 4.886/65, verificando-se, ainda, que a empresa direcionava e fiscalizava a rotina de trabalho do reclamante, por meio de "palm top" e de telefone celular (TRT 3ª R. – RO 00098-2007-031-03-00-1 – 8ª T. – Rel. Des. Maria Cecília Alves Pinto – *DJMG* 07.11.2007 – p. 13).

Não pode ser representante autônomo o que não pode comerciar, o falido, o condenado por prática de crime infamante e o que teve seu registro cancelado.

Enfim, somente com detalhada instrução probatória é que o juiz poderá, com firmeza, aferir se o representante é autônomo ou empregado. Nesse sentido, colhemos o seguinte julgado:

(...) CONTRATO DE REPRESENTAÇÃO COMERCIAL. DESCARACTERIZAÇÃO. RECONHECIMENTO DE VÍNCULO DE EMPREGO. MATÉRIA FÁTICA. SÚMULA 126/TST (...). O contrato de representação comercial (representação mercantil) refere-se a uma relação jurídica não empregatícia, caracterizada pela autonomia do representante comercial ou agente e distribuidor perante o representado ou proponente. Portanto, a primeira diferença que afasta tal tipo legal mercantil dos arts. 2º e 3º, *caput*, e 442 da CLT, é o elemento autonomia, em contraponto ao elemento subordinação. A relação mercantil/civil é necessariamente autônoma, ao passo que é necessariamente subordinada a relação trabalhista de emprego. Ao lado da autonomia (importando, pois, na ausência de subordinação), o contrato de representação mercantil tende também a caracterizar-se pela impessoalidade da figura do representante ou agente (que pode agenciar os negócios através de prepostos por ele credenciados). Na hipótese, a Corte Regional, a partir de análise do conjunto fático-probatório dos autos, manteve o reconhecimento de que a relação mantida entre as partes não se enquadrava na definição de representação comercial prevista na Lei 4.886/65. Assim, para divergir dessa conclusão, seria necessário o revolvimento de fatos e provas, o que é defeso nesta sede recursal, nos termos da Súmula 126/TST. Assim sendo, a decisão agravada foi proferida em estrita observância às normas processuais (art. 557, *caput*, do CPC/1973; arts.

14 e 932, IV, "a", do CPC/2015), razão pela qual é insuscetível de reforma ou reconsideração. Agravo desprovido (TST-Ag-AIRR 356-37.2017.5.06.0121, 3ª T., Rel. Min. Mauricio Godinho Delgado, *DEJT* 01.07.2019).

7. PARCERIA RURAL

A parceria rural compreende, basicamente, a parceria agrícola e a parceria pecuária. Há, ainda, a parceria agroindustrial e a extrativa, criadas pelo Estatuto da Terra (Lei 4.504/64).

A definição de parceria agrícola estava no art. 1.410 do CC de 1916:

> "Dá-se a parceria agrícola, quando uma pessoa cede um prédio rústico a outra, para ser por esta cultivado, repartindo-se os frutos entre as duas, na proporção que estipularem".

A de parceria pecuária, no art. 1.416, do mesmo diploma:

> "Dá-se a parceria pecuária, quando se entregam animais a alguém para os pastorear, tratar e criar, mediante uma cota nos lucros produzidos".

Estas regras não possuem correspondentes no CC de 2002, razão pela qual há dúvida sobre sobrevivência dos institutos das parcerias agrícola e pecuária, tendo em vista que o art. 2.045 do CC 2002 revogou expressamente o CC de 1916.

É factível sustentar, no entanto, que os dispositivos do CC de 1916 foram revogados pela Lei 4.504/64, pois esta passou a disciplinar, em seu art. 96, quatro modalidades de parceria: a agrícola, a pecuária, a agroindustrial e a extrativa.

A Lei 4.504 foi regulamentada pelo Decreto 59.566/66, cujo art. 4º define que a parceria rural

> é o contrato agrário pelo qual uma pessoa se obriga a ceder à outra, por tempo determinado ou não, o uso específico de imóvel rural, de parte ou partes do mesmo, incluindo, ou não, benfeitorias, outros bens e/ou facilidades, com o objetivo de nele ser exercida atividade de exploração agrícola, pecuária, agroindustrial, extrativa vegetal ou mista; e/ou lhe entrega animais para cria, recria, invernagem, engorda ou extração de matérias-primas de origem animal, mediante partilha de riscos do caso fortuito e de força maior do empreendimento rural, e dos frutos, produtos ou lucros havidos nas proporções que estipularem, observados os limites percentuais da lei (art. 96, VI, do Estatuto da Terra).

Advertimos que a Lei 11.443/2007 alterou substancialmente o art. 96 da Lei 4.504/64 (e, logicamente, o Decreto 59.566), passando a definir a parceria rural como o contrato agrário pelo qual uma pessoa se obriga a ceder à outra, por tempo determinado ou não, o uso específico de imóvel rural, de parte ou partes dele, incluindo, ou não, benfeitorias, outros bens e/ou facilidades, com o objetivo de nele ser exercida atividade de exploração agrícola, pecuária, agroindustrial, extrativa vegetal ou mista; e/ou lhe entrega animais para cria, recria, invernagem, engorda ou extração de matérias-primas de origem animal, mediante partilha, isolada ou cumulativamente, dos seguintes riscos:

I – caso fortuito e de força maior do empreendimento rural;

II – dos frutos, produtos ou lucros havidos nas proporções que estipularem, observados os limites percentuais estabelecidos no inciso VI do *caput* do art. 96 da Lei 4.504;

III – variações de preço dos frutos obtidos na exploração do empreendimento rural.

O § 2º do art. 96 da Lei 4.504 (incluído pela Lei 11.443/07) passou a dispor que as partes contratantes poderão estabelecer a prefixação, em quantidade ou volume, do montante da participação do proprietário, desde que, ao final do contrato, seja realizado o ajustamento do percentual pertencente ao proprietário, de acordo com a produção.

A Lei 11.443 também incluiu no art. 96 da Lei 4.504 os §§ 3º, 4º e 5º, dispondo que:

- eventual adiantamento do montante prefixado não descaracteriza o contrato de parceria;
- os contratos que prevejam o pagamento do trabalhador, parte em dinheiro e parte em percentual na lavoura cultivada ou em gado tratado, são considerados simples locação de serviço, regulada pela legislação trabalhista, sempre que a direção dos trabalhos seja de inteira e exclusiva responsabilidade do proprietário, locatário do serviço a quem cabe todo o risco, assegurando-se ao locador, pelo menos, a percepção do salário mínimo no cômputo das 2 (duas) parcelas;
- o disposto no art. 96 da Lei 4.504 não se aplica aos contratos de parceria agroindustrial, de aves e suínos, que serão regulados por lei específica.

As 5 (cinco) modalidades de **parceria rural** são definidas no art. 5º do Decreto 59.566 nos seguintes termos:

- **parceria agrícola**, ocorre quando o objeto da cessão for o uso de imóvel rural, de parte ou partes do mesmo, com o objetivo de nele ser exercida a atividade de produção vegetal;
- **parceria pecuária**, dá-se quando o objetivo da cessão forem animais para cria, recria, invernagem ou engorda;
- **parceria agroindustrial**, é tipificada quando o objeto da cessão for o uso do imóvel rural, de parte ou partes do mesmo, ou maquinaria e implementos, com o objetivo de ser exercida atividade de transformação de produto agrícola, pecuário ou florestal;

- **parceria extrativa**, surge quando o objeto da cessão for o uso de imóvel rural, de parte ou partes do mesmo, e/ou animais de qualquer espécie, com o objetivo de ser exercida atividade extrativa de produto agrícola, animal ou florestal;
- **parceria mista**, ocorre quando o objeto da cessão abranger mais de uma das modalidades de parceria definidas nos incisos anteriores.

É bem de ver que, em face da similitude da situação econômica existente entre os parceiros e os trabalhadores rurais, a Lei 5.889/73 (art. 17) manda aplicar aos primeiros, no que couberem, as regras de proteção destinadas aos últimos.

Discute-se a natureza jurídica da parceria: se associativa ou comodatária. Para nós, trata-se de uma espécie de contrato de sociedade, regido por legislação especial.

Assinala, com razão, Fernando Pereira Sodero: "a parceria é um tipo de sociedade, na qual uma parte ingressa com a terra, ou com a terra e benfeitorias e facilidades e a outra com o seu trabalho, ou trabalho e máquinas, animais, investimentos etc."[10].

Adverte Francisco Meton Marque de Lima que o contrato de parceria "é um parente próximo do contrato de trabalho, com remuneração *in natura*, posto que o parceiro-cessionário é o próprio artífice e trabalha sob um certo comando do parceiro-cedente"[11].

Mas, segundo Alice Monteiro de Barros[12], tendo em vista a lacuna concernente ao instituto no novo Código, a parceria, a seu ver, passou a ter "estrutura associativa".

A distinção entre contrato de parceria e contrato de trabalho está em que o parceiro-cessionário participa dos riscos da atividade econômica. O empregado, não.

A parceria é contrato personalíssimo, que não se transferiria aos herdeiros do parceiro-cedente, tal como previa o art. 1.413 do CC de 1916. Como não há dispositivo correspondente no CC de 2002, certamente haverá cizânia doutrinária e jurisprudencial a respeito desta temática. É de se lembrar, contudo, que o contrato de trabalho, por ser *intuitu personae* apenas em relação ao empregado, continua com os sucessores do empregador (CLT, arts. 10 e 448), salvo quando este for pessoa física e, com a sua morte, os seus sucessores não desejarem continuar a relação empregatícia, caso em que se configurará a dispensa sem justa causa.

O cessionário dirige a exploração do bem tomado em parceria, sem subordinação. O empregado cumpre ordens do tomador do serviço.

Ressalte-se que, se o contrato contiver cláusula prevendo pagamento com parte fixa em dinheiro e parte em utilidades, configurar-se-á contrato de trabalho, nos termos do art. 96, parágrafo único, do Estatuto da Terra (Lei 4.504/64).

É possível a coexistência de contrato de emprego e parceria rural.

---

10. *Enciclopédia Saraiva*. São Paulo: Saraiva, 1977, p. 449. *Apud* MAGANO, Octavio Bueno. *Op. cit.*, p. 36.
11. *Op. cit.*, p. 78.
12. BARROS, Alice Monteiro de. *Curso de direito do trabalho*. 6. ed. São Paulo: LTr, 2010, p. 514.

A respeito da parceria rural, invocam-se os seguintes arestos jurisprudenciais:

AGRAVO. AGRAVO DE INSTRUMENTO. RECURSO DE REVISTA. LEI N. 13.015/2014. INEXISTÊNCIA DE VÍNCULO DE EMPREGO. CONTRATO DE PARCERIA RURAL. MATÉRIA FÁTICA. O Regional, após o exame do conteúdo fático-probatório dos autos, notadamente pela prova documental e testemunhal, concluiu pela inexistência de vínculo de emprego entre a reclamante e a reclamada em razão de ter ocorrido entre as partes "um contrato de parceria rural, em que a ré fornecia os insumos para o trabalho enquanto a autora e seus familiares realizavam os cuidados com a propriedade rural e com as aves, ocorrendo, ao final, o ajuste de valores de acordo com a produção final de cada lote". Registrou o Regional que inexistia subordinação jurídica, pois "restou evidenciado nos autos que nenhum dos representantes da ré comparecia na propriedade rural a fim de controlar o labor, apenas o técnico agrícola para prestar orientação e realizar procedimentos básicos para assegurar o controle de qualidade" e "A prova testemunhal produzida também foi contundente acerca do contrato de parceria vivenciado entre as partes, na qual a autora detinha amplos poderes para gerir o negócio, determinando as horas de trabalho conforme lhe aprouvesse, assim como a forma de manejo dos animais". Registrou também que a prova dos autos afastou a pessoalidade. O exame da tese recursal, no sentido da presença dos requisitos do vínculo de emprego, como pretende a reclamante, esbarra no teor da Súmula 126 desta Corte, porquanto demanda o revolvimento dos fatos e das provas. Agravo não provido (TST-Ag-AIRR 262-62.2014.5.12.0013, 2ª T., Rel. Min. Maria Helena Mallmann, *DEJT* 15.06.2018).

(...) AGRAVO DE INSTRUMENTO EM REVISTA EM FACE DE DECISÃO PUBLICADA A PARTIR DA VIGÊNCIA DA LEI N. 13.015/2014. RECONHECIMENTO DO VÍNCULO DE EMPREGO. PARCERIA RURAL. Os artigos 2º e 3º da CLT estatuem como requisitos para a caracterização da relação de emprego: trabalho prestado por pessoa física; pessoalidade; subordinação; onerosidade; e não eventualidade na prestação dos serviços. No presente caso, o Tribunal Regional, instância soberana na análise do conjunto fático-probatório, com espeque em toda prova produzida, em especial do cotejo entre as provas documental e oral, concluiu pela inexistência de parceria rural por meio de contrato de arrendamento. Não obstante, prosseguindo na análise dos requisitos da relação de emprego, registrou "que não havia nenhuma atividade econômica que justificasse a permanência do reclamante no local.". Acrescentou, ainda, que "não estava presente o requisito referente à onerosidade, [...]". Nesse contexto, manteve a sentença que não reconheceu a relação de emprego entre as partes depois de 2006, ainda que por fundamento diverso. O exame da tese recursal, no sentido da existência de prestação de serviços em prol do reclamado, sob inspeção ou orientação deste e fundada em promessas de pagamento futuro de salários, esbarra no teor da Súmula n. 126 do TST, pois demanda o revolvimento dos fatos e das provas. Agravo de instrumento a que se nega provimento (TST-Ag-AIRR 10389-91.2014.5.18.0013, 7ª T., Rel. Min. Cláudio Mascarenhas Brandão, *DEJT* 24.02.2017).

8. TRABALHO VOLUNTÁRIO

Outro contrato de atividade que guarda semelhança com o contrato de trabalho é o contrato de prestação de serviço voluntário positivado na Lei 9.608, de 18.02.1998.

Com efeito, o art. 1º da referida lei, com redação dada pela Lei 13.297, de 16-6-2016, considera "serviço voluntário, para os fins desta Lei, a atividade não remunerada prestada por pessoa física a entidade pública de qualquer natureza ou a instituição privada de fins não lucrativos que tenha objetivos cívicos, culturais, educacionais, científicos, recreativos ou de assistência à pessoa".

O serviço voluntário será exercido mediante a celebração de termo de adesão entre a entidade, pública ou privada, e o prestador do serviço voluntário, dele devendo constar o objeto e as condições de seu exercício (Lei 9.608, art. 2º).

O prestador do serviço voluntário poderá ser ressarcido pelas despesas que comprovadamente realizar no desempenho das atividades voluntárias, sendo certo que as despesas a serem ressarcidas deverão estar expressamente autorizadas pela entidade a que for prestado o serviço voluntário (Lei 9.608, art. 3º).

O parágrafo único do art. 1º da Lei 9.608 dispõe expressamente: "O serviço voluntário não gera vínculo empregatício, nem obrigação de natureza trabalhista previdenciária ou afim".

Pensamos que tal dispositivo deve ser interpretado sistemática e teleologicamente com suporte no princípio da primazia da realidade e com amparo nos arts. 2º, 3º e 442 da CLT, ou seja, se o juiz verificar no caso concreto a presença dos requisitos da relação empregatícia, deverá declarar, com base no art. 9º da CLT, a invalidade do contrato de prestação de serviço voluntário e reconhecer o vínculo empregatício.

9. CONTRATO DE COMISSÃO

O contrato de comissão está previsto no CC (arts. 693 a 709) e tem por objeto a aquisição ou a venda de bens pelo comissário, em seu próprio nome, à conta do comitente. O comissário fica diretamente obrigado para com as pessoas com quem contratar, sem que estas tenham ação contra o comitente, nem este contra elas, salvo se o comissário ceder seus direitos a qualquer das partes. O comissário é obrigado a agir de conformidade com as ordens e instruções do comitente, devendo, na falta destas, não podendo pedi-las a tempo, proceder segundo os usos em casos semelhantes. Mas serão justificados os atos do comissário se deles houver resultado vantagem para o comitente e, ainda, no caso em que, não admitindo demora na realização do negócio, o comissário tiver agido de acordo com os usos.

No desempenho das suas incumbências, o comissário é obrigado a agir com cuidado e diligência, não só para evitar qualquer prejuízo ao comitente, mas ainda para lhe proporcionar o lucro que razoavelmente se podia esperar do negócio. O comissário responde, salvo motivo de força maior, por qualquer prejuízo que, por ação ou omissão, ocasionar ao comitente.

O comissário não responde pela insolvência das pessoas com quem tratar, exceto nos casos de culpa e na hipótese prevista no art. 698 do Código Civil, segundo o qual, se do contrato de comissão constar a cláusula *del credere*, responderá o comissário solidariamente com as pessoas com quem houver tratado em nome do comitente, caso em que, salvo estipulação em contrário, o comissário tem direito a remuneração mais elevada, para compensar o ônus assumido.

A finalidade da cláusula *del credere* é tornar o comissário responsável, perante o comitente, pelo cumprimento das obrigações das pessoas por ele contratadas. Vale dizer, por tal cláusula, o comissário assume os riscos, juntamente com o comitente, dos negócios que concluir com terceiros.

Não estipulada a remuneração devida ao comissário, será ela arbitrada segundo os usos correntes no lugar. No caso de morte do comissário ou quando, por motivo de força maior, não puder concluir o negócio, será devida pelo comitente uma remuneração proporcional aos trabalhos realizados.

Ainda que tenha dado motivo à dispensa, terá o comissário direito a ser remunerado pelos serviços úteis prestados ao comitente, ressalvado a este o direito de exigir daquele os prejuízos sofridos. Se o comissário for despedido sem justa causa, terá direito a ser remunerado pelos trabalhos prestados, bem como a ser ressarcido pelas perdas e danos resultantes de sua dispensa.

O comitente e o comissário são obrigados a pagar juros um ao outro; o primeiro pelo que o comissário houver adiantado para cumprimento de suas ordens; e o segundo pela mora na entrega dos fundos que pertencerem ao comitente. O crédito do comissário, relativo a comissões e despesas feitas, goza de privilégio geral, no caso de falência ou insolvência do comitente. Para reembolso das despesas feitas, bem como para recebimento das comissões devidas, tem o comissário direito de retenção sobre os bens e valores em seu poder em virtude da comissão.

Aplicam-se ao contrato de comissão, no que couber, as disposições legais alusivas ao contrato de mandato (CC, art. 709).

A diferença básica entre o contrato de comissão e o contrato de trabalho reside na subordinação jurídica e na assunção de riscos, pois o comissário presta o serviço com autonomia e pode assumir os riscos da atividade econômica, enquanto o empregado presta serviços submetidos ao poder hierárquico e disciplinar do empregador, sendo que somente este assume os riscos da atividade econômica (CLT, art. 2º).

É, contudo, possível a cumulação de contrato de trabalho com contrato de comissão, figurando, simultaneamente, neste caso, o empregado como comissário e o empregador como comitente, mas somente a este último caberão os riscos da atividade econômica desenvolvida.

10. CONTRATOS DE AGÊNCIA E DISTRIBUIÇÃO

Os contratos de agência e distribuição estão previstos no art. 710 do CC, *in verbis*:

> Pelo contrato de agência, uma pessoa assume, em caráter não eventual e sem vínculos de dependência, a obrigação de promover, à conta de outra, mediante retribuição, a realização de certos negócios, em zona determinada, caracterizando-se a distribuição quando o agente tiver à sua disposição a coisa a ser negociada.

O proponente pode conferir poderes ao agente para que este o represente na conclusão dos contratos. Mas, salvo ajuste em contrário, o proponente não pode constituir, ao mesmo tempo, mais de um agente, na mesma zona, com idêntica incumbência; nem pode o agente assumir o encargo de nela tratar de negócios do mesmo gênero, à conta de outros proponentes.

Salvo ajuste em contrário: a) o agente, no desempenho que lhe foi cometido, deve agir com toda diligência, atendo-se às instruções recebidas do proponente; b) todas as despesas com a agência ou distribuição correm a cargo do agente ou distribuidor; c) o agente ou distribuidor terá direito à remuneração correspondente aos negócios concluídos dentro de sua zona, ainda que sem a sua interferência (CC, arts. 712 a 714).

O agente ou distribuidor tem direito à indenização se o proponente, sem justa causa, cessar o atendimento das propostas ou reduzi-lo tanto que se torna antieconômica a continuação do contrato. A remuneração será devida ao agente também quando o negócio deixar de ser realizado por fato imputável ao proponente.

Ainda que dispensado por justa causa, terá o agente direito a ser remunerado pelos serviços úteis prestados ao proponente, sem embargo de haver este perdas e danos pelos prejuízos sofridos. Se a dispensa se der sem culpa do agente, terá ele direito à remuneração até então devida, inclusive sobre os negócios pendentes, além das indenizações previstas em lei especial.

Se o agente não puder continuar o trabalho por motivo de força maior, terá direito à remuneração correspondente aos serviços realizados, cabendo esse direito aos herdeiros no caso de morte.

Se o contrato for por tempo indeterminado, qualquer das partes poderá resolvê-lo, mediante aviso prévio de noventa dias, desde que transcorrido prazo compatível com a natureza e o vulto do investimento exigido do agente. No caso de divergência entre as partes, o juiz decidirá da razoabilidade do prazo e do valor devido.

Aplicam-se ao contrato de agência e distribuição, no que couber, as regras concernentes ao mandato e à comissão e as constantes de lei especial (CC, art. 721).

A diferença essencial entre os contratos de agência e distribuição e o contrato de trabalho repousa nos elementos subordinação jurídica (ou dependência) e assunção de riscos, pois os agentes e distribuidores assumem os riscos pelos prejuízos advindos da atividade econômica, enquanto no contrato de trabalho o empregado presta serviços submetidos ao poder hierárquico e disciplinar do empregador, sendo que somente este assume os riscos da atividade econômica (CLT, art. 2º).

É, contudo, possível a cumulação de contrato de trabalho com contrato de comissão, figurando, simultaneamente, neste caso, o empregado como comissário e o empregador, como comitente, mas somente a este último caberão os riscos da atividade econômica desenvolvida.

11. CONTRATO DE CORRETAGEM

O contrato de corretagem está previsto nos arts. 722 a 729 do CC, sendo certo que os preceitos sobre corretagem constantes do Código Civil não excluem a aplicação de outras normas da legislação especial, como a Lei 6.530, de 12.05.1978, que regulamenta a profissão do corretor de imóveis.

Considera-se contrato de corretagem aquele em que "uma pessoa, não ligada a outra em virtude de mandato, de prestação de serviços ou por qualquer relação de dependência, obriga-se a obter para a segunda um ou mais negócios, conforme as instruções recebidas" (CC, art. 722).

O corretor é obrigado a executar a mediação com diligência e prudência e a prestar ao cliente, espontaneamente, todas as informações sobre o andamento do negócio. Sob pena de responder por perdas e danos, o corretor prestará ao cliente todos os esclarecimentos acerca da segurança ou do risco do negócio, das alterações de valores e de outros fatores que possam influir nos resultados da incumbência (CC, art. 723).

A remuneração do corretor, se não estiver fixada em lei, nem ajustada entre as partes, será arbitrada segundo a natureza do negócio e os usos locais. A remuneração é devida ao corretor uma vez que tenha conseguido o resultado previsto no contrato de mediação, ou ainda que este não se efetive em virtude de arrependimento das partes. Iniciado e concluído o negócio diretamente entre as partes, nenhuma remuneração será devida ao corretor; mas se, por escrito, for ajustada a corretagem com exclusividade, terá o corretor direito à remuneração integral, ainda que realizado o negócio sem a sua mediação, salvo se comprovada sua inércia ou ociosidade.

Pode haver corretor empregado e corretor autônomo: aquele protegido pelo Direito do Trabalho; este, pelo Código Civil e/ou legislação especial.

Não obstante, é possível coexistirem contrato de trabalho e contrato de corretagem, ou seja, o corretor pode ser concomitantemente empregado. Cabe ao juiz, no caso concreto, verificar a presença ou não dos elementos caracterizadores da relação empregatícia, especialmente a subordinação jurídica.

No que tange à atividade laborativa do corretor de imóveis, por coincidir com os fins normais da empresa que explora atividade de compra, venda ou aluguel de imóveis, cabe a este o ônus de provar a inexistência de subordinação jurídica.

Sobre corretor de imóveis empregado e corretor de imóveis autônomo, ouçamos a jurisprudência:

> CORRETOR DE IMÓVEIS. VÍNCULO DE EMPREGO. Se o trabalhador desenvolve atividades ligadas à atividade-fim da empresa reclamada, impossível a contratação sob forma de parceria, impondo-se o reconhecimento do vínculo de emprego, desde que presentes os requisitos previstos nos arts. 2º e 3º da CLT. HONORÁRIOS ADVOCATÍCIOS. Não obstante o disposto no art. 133, da Constituição Federal, na Lei 8.906/94 e no art. 20 do CPC, os honorários advocatícios na Justiça do Trabalho somente são devidos quando a parte litigar assistida pelo sindicato de sua categoria profissional e perceber salário inferior a dois salários mínimos ou declarar, sob sua responsabilidade, não possuir, em razão dos encargos próprios e familiares, condições de arcar com as despesas do processo e na hipótese prevista no art. 5º da Instrução Normativa 27/TST (TRT 17ª R. - RO 0126500-17.2011.5.17.0006 - Rel. Des. Carlos Henrique Bezerra Leite - 3ª T. - *DEJT* 01.03.2013).
>
> AGRAVO DE INSTRUMENTO EM RECURSO DE REVISTA - VÍNCULO EMPREGATÍCIO - CORRETOR DE IMÓVEIS - MATÉRIA FÁTICA. O Tribunal Regional após a análise dos elementos probatórios dos autos, concluiu que não restou caracterizado o vínculo empregatício entre as partes, porquanto não preenchidos os requisitos insertos no artigo 3º da CLT, uma vez que a condição do reclamante era de profissional autônomo sem vínculo empregatício com a reclamada. Registrou que a reclamada não contava com todos os corretores na condição de empregados, mas sim como vendedores/corretores autônomos. Nesse contexto, a controvérsia acerca do possível vínculo empregatício está assente no conjunto fático-probatório, sendo seu reexame vedado em sede extraordinária, a teor da Súmula 126 do TST. Agravo de Instrumento a que se nega provimento (TST-AIRR 1177-29.2011.5.09.0651 - Rel. Des. Conv. Valdir Florindo - j. 18.09.2013 - 2ª T. - *DEJT* 27.09.2013).
>
> CORRETOR DE IMÓVEIS. VÍNCULO EMPREGATÍCIO. INOCORRÊNCIA. Nos termos do artigo 2º, da Lei 6.530/78, o exercício da profissão de Corretor de Imóveis é privativo do profissional possuidor do título de Técnico em Transações Imobiliárias, sendo ainda obrigatória a inscrição junto ao Conselho Regional de Corretores de Imóveis de sua região (TRT 2ª R. - RO 2986.14.2012.5.02.0037 - Rel. Des. Álvaro Alves Nôga - j. 29.10.2013 - 17ª T. - *DEJT* 08.11.2013).

CAPÍTULO IX
Modalidades de Contratos de Trabalho

1. CLASSIFICAÇÃO

Entre as diversas classificações para as modalidades de relações jurídicas que podem surgir entre empregado e empregador, merece destaque a formulada por Gomes e Gottschalk[1], a saber:

I – **quanto à sua duração**:

- contrato por tempo indeterminado;
- contrato por tempo determinado.

II – **quanto à qualidade do trabalho**:

- contrato de trabalho manual;
- contrato de trabalho intelectual.

III – **quanto à finalidade**:

- contrato de trabalho industrial;
- contrato de trabalho comercial;
- contrato de trabalho agrícola;
- contrato de trabalho doméstico;
- contrato de trabalho marítimo.

IV – **quanto aos sujeitos da relação**:

- contrato individual;
- contrato coletivo ou de equipe.

V – **quanto ao lugar do trabalho**:

- contrato de trabalho em domicílio;
- contrato de trabalho em local designado pelo empregador.

1. GOMES, Orlando; GOTTSCHALK, Elson. *Curso de direito do trabalho*. 18. ed. Rio de Janeiro: Forense, 2007, p. 177-178.

VI – **quanto ao modo de remuneração**:

- contrato de salário fixo;
- contrato de salário variável.

VII – **quanto à forma**:

- contrato verbal;
- contrato escrito.

A classificação dos referidos juslaboralistas é digna de encômios, uma vez que reflete de maneira sistematizada o conteúdo da matéria. Pedimos vênia, contudo, apenas para tecer algumas considerações, no concernente:

- **à qualidade do trabalho**, na medida em que a classificação sob exame é omissa a respeito do *trabalho técnico*, reconhecido tanto pela CLT (art. 3º, parágrafo único) quanto pela CF (art. 7º, XXXII);
- **aos sujeitos**, uma vez que não há igualdade entre contrato de equipe e contrato coletivo, sabido que o primeiro, como veremos adiante, traduz pluralidade de contratos individuais de trabalho, sendo que seus sujeitos são empregado e empregador, enquanto o segundo identifica-se com a convenção coletiva de trabalho, e os seus sujeitos são os sindicatos das categorias econômica e profissional;
- **ao modo de remuneração**, por não destacar a remuneração ao mesmo tempo fixa e variável.

Os renomados autores esqueceram-se, ainda, de acrescentar uma oitava modalidade, qual seja: a relativa à **manifestação de vontade** dos sujeitos, que pode ser *tácita ou expressa*. A manifestação expressa é que, a rigor, pode ser *escrita* ou *verbal*.

Para nós, portanto, o contrato de trabalho pode se classificar quanto à espécie, à duração, à qualidade do trabalho, à manifestação de vontade, à forma, ao fim econômico do empregador, aos sujeitos, ao lugar da prestação e ao modo de remuneração.

I – **Quanto à espécie**, o contrato de trabalho é gênero do qual são espécies: o contrato individual de trabalho (CLT, art. 442) ou o contrato coletivo de trabalho, que abrange as convenções e os acordos coletivos de trabalho (CLT, art. 611).

II – **Quanto à duração**, o contrato pode ser por tempo determinado (CLT, art. 443, §§ 1º e 2º – exceção) ou indeterminado (CLT, art. 443, *caput*).

III – **Quanto à qualidade do trabalho**, o contrato pode ser manual, técnico ou intelectual, embora o nosso ordenamento jurídico abomine essa discriminação (CF, art. 7º, XXXII).

IV – **Quanto à manifestação de vontade**: tácito ou expresso (CLT, art. 442).

V – **Quanto à forma**: verbal ou por escrito (CLT, art. 443).

VI – **Quanto ao fim econômico do empregador:** *sem objetivo de lucro*, quando o empregador for profissional liberal, instituição de beneficência, associação recreativa, condomínio de apartamentos, empregador doméstico ou outras entidades sem fins lucrativos (CLT, art. 2º, § 1º); *com objetivo de lucro*, como os contratos de trabalho firmados com empresas do setor industrial, agrícola, marítimo, comercial etc. (CLT, art. 2º, *caput*).

VII – **Quanto aos sujeitos**: contrato individual ou de equipe.

VIII – **Quanto ao lugar da prestação**: em domicílio ou realizado a distância (CLT, art. 6º) ou em local designado pelo empregador.

IX – **Quanto ao modo de remuneração**: contrato de salário fixo; contrato de salário variável; contrato de salário fixo e variável.

Além dessa classificação – digamos tradicional –, a Lei 13.467/2017 inseriu na CLT (arts. 443 e 452-A), uma nova modalidade contratual: o contrato de trabalho intermitente.

Ante a importância que assume a classificação contratual quanto ao tempo e aos sujeitos, analisaremos com mais vagar os contratos por tempo indeterminado e determinado, abrangendo o contrato a prazo instituído pela Lei 9.601/1998, o contrato de experiência, o contrato por safra, o contrato por temporada e o contrato intermitente, bem como os contratos individual, coletivo e de equipe.

2. CONTRATO POR TEMPO INDETERMINADO

O contrato de trabalho por tempo indeterminado é o que se realiza sem fixação prévia de sua duração. Constitui a regra, sendo o contrato por tempo determinado a exceção.

A caracterização do contrato por tempo indeterminado se faz com o auxílio de dois elementos: a) subjetivo; b) objetivo.

- O *elemento subjetivo* concerne à ausência de uma declaração de vontade das partes quanto à duração do contrato.
- O *elemento objetivo* repousa na necessidade de uma declaração de vontade por qualquer das partes, para que o contrato se extinga, isto é, inexistindo essa declaração, o contrato, em princípio[2], não termina.

Não obstante o princípio insculpido no art. 7º, I, da CF, a corrente doutrinária

2. Há casos em que o contrato (por tempo determinado ou indeterminado) se extingue independentemente da vontade das partes. Ex.: *factum principis*, morte do empregado etc.

majoritária – com a qual não concordamos[3] – sustenta que o contrato por tempo indeterminado é "resolúvel *ad nutum*", isto é, o empregador continua sendo titular do *direito potestativo* para extinguir o contrato por *denúncia vazia*.

De qualquer modo, há situações em que a extinção do contrato por tempo indeterminado encontra limitações. É o que ocorre, por exemplo, quando a relação de emprego encontra-se albergada pelos institutos da estabilidade ou da garantia no emprego, previstos em normas autônomas ou heterônomas.

3. CONTRATO POR TEMPO DETERMINADO

Sempre que na relação de emprego as partes já manifestam, de antemão, que essa relação não vigorará indefinidamente, estar-se-á, a princípio, diante de um contrato por tempo determinado.

Lembra, entretanto, Valentin Carrion[4] que é

> insuficiente a vontade das partes para prefixarem a limitação de tempo ao contrato; há necessidade de que as circunstâncias o justifiquem, face à transitoriedade do trabalho objeto do ajuste (a), da própria atividade empresarial (b), ou em razão de um contrato sujeito à prova (c), ou por determinação legal (d), como é o caso do técnico estrangeiro, residente no exterior, admitido para trabalhos especializados no Brasil, em caráter provisório, com salário em moeda estrangeira que deve ser contratado por tempo determinado (Dec.-lei 691/69).

Podemos, então, afirmar que, no direito positivo brasileiro, as partes não têm liberdade para pactuar a determinação de prazo. Somente poderão fazê-lo, como adverte Octavio Bueno Magano[5], "se o contrato corresponder a uma das situações objetivas expressamente previstas, pelo legislador, no referido preceito".

O contrato de trabalho não é determinado apenas quando possui termo final certo (ex.: empregado é contratado até o dia 30.09.2010). Também o será quando pactuado para a realização de obra certa (ex.: empregado admitido para prestar serviços de construção de um prédio até o seu término) ou para durar até o advento de fato suscetível de previsão aproximada (ex.: empregado contratado para trabalhar no período de safra de café).

O contrato de trabalho por tempo determinado compreende várias espécies, a saber:

- contrato por obra certa (Lei 2.959/58);
- contrato de safra (Lei 5.889/73, art. 14, parágrafo único);
- contrato de experiência (CLT, art. 443, § 2º);

3. *Vide* Capítulo XV, item 3.1.

4. *Comentários à Consolidação das Leis do Trabalho*. 19. ed. São Paulo: Saraiva, 1995, p. 273.

5. *Manual de direito do trabalho*: direito individual do trabalho. 3. ed. São Paulo: LTr, 2002. v. II, p. 165.

- contrato a prazo certo (ou com data de encerramento), desde que destinado a fins transitórios (CLT, art. 443, § 1º);
- contrato do técnico estrangeiro (Dec.-lei 691/69);
- contrato de atleta profissional (Lei 9.615/98 com as alterações introduzidas pela Lei 12.395, de 16.03.2011);
- contrato de artistas (Lei 6.533/78, art. 9º);
- contrato de aprendizagem (CLT, arts. 428 a 433).

Quando um contrato é celebrado para vigorar por dois anos, por exemplo, não há dificuldade em tipificá-lo como um contrato a prazo fixo.

A situação complica-se um pouco quando se busca desvendar o sentido das expressões "execução de serviços especificados" e "realização de certo acontecimento suscetível de previsão aproximada".

Com efeito, o art. 443, § 1º, da CLT, considera como de prazo determinado o contrato de trabalho cuja vigência dependa:

- de termo prefixado;
- da execução de serviços especificados;
- da realização de certo acontecimento suscetível de previsão aproximada.

O preceptivo em causa fornece-nos a noção de termo certo e incerto. Em havendo sucessão de contratos com intervalos inferiores a seis meses, somente na primeira hipótese (termo prefixado) é que ocorrerá a *conversão* do contrato por tempo determinado em contrato por tempo indeterminado (CLT, art. 452). Nas duas outras hipóteses (execução de serviços especificados ou realização de certo acontecimento suscetível de previsão aproximada) não ocorrerá a referida conversão.

De qualquer maneira, o contrato por tempo determinado só será válido com a estrita obediência à norma imperativa constante do § 2º do art. 443 da CLT, ou seja, em se tratando:

- de serviço cuja natureza ou transitoriedade justifiquem a predeterminação do prazo;
- de atividades empresariais de caráter transitório;
- de contrato de experiência.

À exceção do contrato de experiência, cuja duração não poderá ser superior a 90 dias, seja qual for a espécie de contrato por tempo determinado, ele não poderá ser estipulado por mais de dois anos (CLT, art. 445), sendo certo que, em qualquer caso, se ele "for prorrogado mais de uma vez, passará a vigorar sem determinação de prazo" (CLT, art. 451)[6].

6. A Lei 9.601/98 constitui exceção a essa regra. *Vide* item 3.3 deste capítulo.

Tendo em vista que, no ordenamento jurídico brasileiro, a regra é a do contrato por tempo indeterminado, alguns princípios devem ser observados pelo intérprete ao se deparar com um contrato por tempo determinado:

- havendo dúvida sobre a duração do contrato, deve prevalecer a indeterminação do prazo;
- o contrato a termo deve ser celebrado por escrito;
- conversão do contrato por tempo determinado em indeterminado, em algumas hipóteses;
- presunção em favor do contrato por tempo indeterminado;
- se o contrato contiver cláusula assecuratória do direito recíproco de rescisão antes do termo estipulado, se esse direito for exercido, aplicam-se as regras alusivas à rescisão dos contratos sem determinação de prazo;
- se não contiver tal cláusula, a rescisão antecipada, pelo empregador, implica pagamento do restante do contrato, pela metade (CLT, arts. 479, 480 e 481). Se a iniciativa é do empregado, deverá este indenizar o empregador na mesma proporção a que teria direito, caso a iniciativa fosse deste último.

Por serviço cuja natureza ou transitoriedade justifiquem a predeterminação do prazo deve-se entender, segundo Octavio Bueno Magano:

> os intermitentes, também denominados de temporada, em cuja categoria se incluem os de safra; são os das pessoas contratadas para substituir trabalhadores em férias ou licenciados, recebendo prestações previdenciárias ou exercendo funções sindicais ou públicas, ou tratando de interesses particulares; são os interinos ou temporários, como os que se contratam para uma tarefa específica, a saber, a montagem de uma máquina, o desenvolvimento de um curso, a organização de um serviço, a apresentação de um *show* etc., supondo-se, todavia, sempre, subjacente, a existência de um contrato de trabalho[7].

Atividade empresarial de caráter transitório distingue-se da hipótese anterior. Naquela, a transitoriedade é do serviço do empregado; nesta, a atividade da empresa é que é transitória. É pouco frequente este tipo de situação, vez que as empresas, regra geral, são constituídas para durar. Exemplo: empresa que é constituída exclusivamente para venda de cartões de boas-festas no mês de dezembro. Findo o mês, ela extingue-se automaticamente.

À guisa de ilustração, colecionamos alguns arestos jurisprudenciais:

7. *Op. cit.*, p. 169-170.

(...) CONTRATO A PRAZO DETERMINADO SEGUIDO DE CONTRATO A PRAZO INDETERMINADO. UNICIDADE CONTRATUAL. O Regional, após o exame do conteúdo fático-probatório dos autos, consignou que a reclamada não comprovou nos autos o cumprimento do acréscimo do número de empregados contratados a prazo determinado, conforme estabelecido nos acordos coletivos, razão pela qual não conferiu validade ao contrato por prazo determinado ajustado com base na Lei 9.601/98. Incidência do óbice da Súmula 126/TST. Recurso de revista não conhecido. (...) (TST-RR 112-36.2011.5.04.0231, 2ª T., Rel. Min. Maria Helena Mallmann, *DEJT* 05.04.2019).

CONTRATO POR PRAZO DETERMINADO. ART. 443 DA CLT. HIPÓTESES EXCEPCIONAIS. AUSÊNCIA DE COMPROVAÇÃO. É de conhecimento no meio jurídico trabalhista, que a regra vigente é a do contrato por prazo indeterminado, só admitindo a CLT a contratação por prazo determinado nas exceções por ela trazida no bojo do art. 443. Assim, tratando-se de hipóteses excepcionais, precisam ser devidamente comprovadas, pois, caso contrário, prevalece a diretriz de que o enlace perdurou indefinidamente, como é a regra no Direito do Trabalho. Nesse sentido, a despeito da falta de contrato escrito, não logrou a acionada comprovar, de outro modo, nem mesmo testemunhal, que se enquadrou em uma das hipóteses reguladas. Recurso não provido, nesse particular (TRT 6ª R., RO 01194-2008-181-06-00-6, Redator Des. Sérgio Torres Teixeira, 2ª T., *DJ* 09.10.2012).

CONTRATO POR PRAZO DETERMINADO. ÔNUS DA PROVA. O contrato de trabalho por prazo determinado é uma exceção à regra, nos termos do art. 443, § 2º da CLT, e, por esta razão, requer a sua demonstração pela parte que o alega. No caso em exame, incumbia à reclamada comprovar que a contratação da reclamante ocorreu por prazo determinado, ônus do qual não se desincumbiu, em especial pelo alegado ajuste verbal da contratação. Recurso ordinário da reclamada conhecido e desprovido. (...) (TRT 10ª R., RO 00311-2013-014-10-00-0 RO, Rel. Des. Elke Doris Just, 2ª T., *DEJT* 04.10.2013).

CONTRATO DE SAFRA – PACTO POR PRAZO DETERMINADO – HIPÓTESE PREVISTA NO PARÁGRAFO 1º DO ARTIGO 443 DA CLT, COMBINADO COM O PARÁGRAFO ÚNICO DO ARTIGO 14, DA LEI N. 5.889/73. Não provando o autor que o contrato de trabalho celebrado com a reclamada foi por prazo indeterminado, indevido aviso prévio e repercussões, multa de 40% do FGTS e a indenização relativa ao seguro-desemprego (TRT 6ª R., RO 0000241-60.2013.5.06.0281, Red. Des. Maria do Socorro Silva Emerenciano, 1ª T., *DEJT* 13.01.2014).

3.1. Contrato de experiência e período de experiência

O *contrato de experiência*, também chamado de contrato de prova, constitui espécie de contrato por tempo determinado.

É celebrado sob condição resolutiva, dependendo, portanto, de prévio ajuste entre as partes.

Sem embargo da existência de divergência doutrinária e jurisprudencial, sustentamos que o contrato de experiência deve ser escrito e anotado na CTPS, como condição especial (CLT, art. 29). Entendimento contrário serviria de estímulo à fraude e à arbitrariedade do empregador no momento de contratar e de despedir o empregado.

Ressalte-se que não basta que o contrato de experiência seja formalmente estabelecido para ser aceito como tal. É necessário, segundo Tarso Fernando Genro,

> que a experiência seja real e palpável e que esteja relacionada com uma espécie de prestação que realmente se adeque à necessidade de prova. É preciso perquirir o seu conteúdo para verificar se, na verdade, não está sendo pactuado um contrato por prazo certo e determinado, sem o enquadramento nas três possibilidades permitidas pela lei. A prova não pode ser entendida como uma prova a respeito do "temperamento" ou da "personalidade" do empregado, mas uma prova das suas habilidades técnicas, relacionadas com o ofício para o qual foi contratado[8].

Pode ser fixado por período inferior e prorrogado uma única vez, desde que não ultrapasse, num caso ou noutro, o prazo de 90 dias. Findo este prazo, se não houver denúncia de uma das partes, ele se converte, automaticamente, em contrato de trabalho por tempo indeterminado.

Nesse sentido:

> RECURSO DE REVISTA. CONTRATO DE EXPERIÊNCIA - PRORROGAÇÃO AUTOMÁTICA – CONVERSÃO EM VÍNCULO POR TEMPO INDETERMINADO – IMPOSSIBILIDADE. No presente caso, o contrato firmado com o reclamante não excedeu 90 dias, uma vez que foi prevista a duração de 30 dias, automaticamente prorrogável por 60 dias. Não existe na legislação trabalhista nenhuma exigência quanto à forma como a prorrogação do contrato de trabalho por prazo determinado ocorrerá, mas tão somente uma única prorrogação e que seja respeitado o prazo máximo de 90 dias do contrato de experiência, como ocorreu no caso. Nesse contexto, não há como reconhecer a nulidade do contrato temporário em face da previsão, no ato da admissão, da prorrogação automática, uma vez que não há amparo normativo nesse sentido. Precedentes, inclusive da 2ª Turma. Recurso de revista conhecido e desprovido. (...) (TST-RR 6557020135120029, Rel. Min. Renato de Lacerda Paiva, 2ª T., *DEJT* 24.04.2015).

8. *Direito individual do trabalho*. 2. ed. São Paulo: LTr, 1994, p. 102-103.

A despedida antes de findo o contrato de experiência confere ao empregado:

- aviso prévio, se contiver cláusula assecuratória de rescisão antecipada; ou
- pagamento, pela metade, dos salários correspondentes ao restante do contrato (CLT, arts. 479 e 481).

Em caso de dúvida, opta-se pelo critério que for mais benéfico ao empregado.

Perfilhávamos o entendimento de que o contrato de experiência relativizaria os institutos da estabilidade (legal ou contratual) e da garantia provisória no emprego (gravidez, dirigente sindical, membro de direção da CIPA etc.). Isto porque, sendo uma modalidade de contrato a prazo certo, o advento do termo final certo implicaria automática extinção do contrato de experiência.

Nesse sentido, aliás, era o entendimento adotado no item III da Súmula 244 do TST, *in verbis*:

> (...) III – Não há direito da empregada gestante à estabilidade provisória na hipótese de admissão mediante contrato de experiência, visto que a extinção da relação de emprego, em face do término do prazo, não constitui dispensa arbitrária ou sem justa causa.

Quanto ao empregado acidentado, colhemos o seguinte julgado:

> *Estabilidade provisória. Acidente do trabalho. Contrato por prazo determinado.* Se o empregado sofre acidente de trabalho no curso do contrato de experiência, não há que se falar em estabilidade provisória prevista no art. 118 da Lei 8.213/91, uma vez que alcança apenas os contratos de trabalho por prazo indeterminado. Recurso de revista conhecido e não provido (TST-RR 596598/1999.0 – j. 22.10.2003 – Rel. Juiz Conv. José Antônio Pancotti – 4ª T. – *DJ* 14.11.2003).

Melhor refletindo sobre o tema, evoluímos no sentido de não mais considerar a incompatibilidade entre os institutos da garantia provisória no emprego com o contrato de experiência, mormente nos casos de acidente do trabalho e gravidez.

Nesse sentido:

> *Estabilidade acidentária. Contrato de experiência. Transcorrido prazo estabilitário. Indenização substitutiva.* A estabilidade acidentária de no mínimo 12 meses aplica-se ao empregado acidentado ou acometido de doença profissional, após o retorno da licença acidentária, ainda que admitido por contrato de trabalho a termo, uma vez que essa garantia de emprego se ajusta aos preceitos constitucionais de tutela da saúde e da segurança do trabalhador. Vale ressaltar que se no momento da efetivação da tutela jurisdicional já tiver transcorrido o prazo estabilitário, a reclamante fará jus à indenização substitutiva, nos termos da Súmula 396 do E. TST (TRT 17ª R. – RO 0143900-

72.2010.5.17.0008 – Rel. Des. Carlos Henrique Bezerra Leite – *DEJT* 31.05.2012).

Empregada gestante. Contrato de experiência. Rescisão antecipada. Estabilidade provisória assegurada. O art. 10, inc. II, alínea "b", do ADCT proíbe a dispensa arbitrária ou sem justa causa da empregada gestante desde a confirmação da gravidez até cinco meses após o parto, não fazendo qualquer distinção em relação à natureza do contrato de trabalho. O item III da Súmula 244 do C. TST, por sua vez, afasta a estabilidade provisória da gestante nos casos de admissão mediante contrato de experiência, mas desde que a extinção da relação empregatícia ocorra em face do término do prazo, ou seja, desde que ocorra a extinção normal do contrato a termo. *In casu*, apesar de a recorrente ter sido admitida mediante contrato de experiência, deve-lhe ser assegurada a estabilidade preconizada no art. 10, inc. II, alínea "b", do ADCT, já que a sua dispensa se deu sem justa causa, antes do termo final do contrato de experiência (TRT 17ª R. – RO 0064700-65.2010.5.17.0121 – 3ª T. – Rel. Des. Carlos Henrique Bezerra Leite – *DEJT* 24.05.2011).

Aliás, no que tange à garantia no emprego da empregada gestante contratada por tempo determinado (o que abrange o contrato de experiência), o próprio TST, em 2012, alterou o item III da Súmula 244, que passou a ter a seguinte redação:

A empregada gestante tem direito à estabilidade provisória prevista no art. 10, inciso II, alínea "b", do Ato das Disposições Constitucionais Transitórias, mesmo na hipótese de admissão mediante contrato por tempo determinado.

Quanto ao acidentado contratado por tempo determinado, aí incluído o contrato de experiência, a Súmula 378 do TST foi acrescida do item III, *in verbis*:

O empregado submetido a contrato de trabalho por tempo determinado goza da garantia provisória de emprego, decorrente de acidente de trabalho, prevista no art. 118 da Lei 8.213/91.

Fique perfeitamente claro que contrato de experiência não se confunde com período de experiência. Este corresponde ao primeiro ano do empregado no mesmo emprego (CLT, art. 478, § 1º) e só depois de decorrido este prazo é que ele passaria a ter direito, caso não optante pelo regime do FGTS e despedido sem justa causa, à indenização por tempo de serviço.

A Constituição Federal de 1988 (art. 7º, III) extinguiu o regime celetista da estabilidade/indenização e unificou o regime fundiário para todos os empregados urbanos e rurais, isto é, não há a "opção" do empregado pelo regime do FGTS.

Destarte, em decorrência da revogação dos §§ 1º e 3º do art. 477 da CLT pela Lei 13.467/2017, o período de experiência só continua tendo importância para fins de verificação do período de férias (período aquisitivo), uma vez que depois desse período (de experiência) o empregado tem direito a férias vencidas e só perderá o direito às férias proporcionais se for despedido por justa causa (TST, Súmula 171).

Convém salientar que o período de experiência não decorre de manifestação das partes. Está automaticamente inserido nos contratos por tempo indeterminado.

Ainda sobre experiência, importa destacar que, com o advento da Lei 11.644, de 10.03.2008, que acrescentou à CLT o art. 442-A,

> para fins de contratação, o empregador não exigirá do candidato a emprego comprovação de experiência prévia por tempo superior a 6 (seis) meses no mesmo tipo de atividade.

Vê-se, claramente, que o propósito do novel dispositivo celetista é aumentar os índices de empregabilidade em nosso País, notadamente em relação à inserção dos jovens no chamado "*primeiro emprego*". Vale dizer, o empregador está proibido de exigir do candidato ao emprego experiência no mesmo tipo de atividade por período superior a seis meses.

3.2. Contrato por safra e por temporada

Ambos são regidos pelas normas aplicáveis aos contratos por tempo determinado, mas há diferenças entre eles.

O contrato por safra é definido como "o que tenha sua duração dependente de variações estacionais da atividade agrária" (Lei 5.889/73, art. 14, parágrafo único).

Antes da atual Constituição da República, o safrista tinha direito, quando extinto o contrato, a uma indenização equivalente a 1/12 avos do salário mensal por mês de serviço ou fração superior a 14 dias.

Hoje, tal indenização já não subsiste, em face do advento do FGTS estendido aos empregados rurais (CF, art. 7º, *caput*).

A duração do contrato de safra é fixada no art. 19 do Regulamento (Decreto 73.626/74) da Lei 5.889/73, ou seja: "*entre o preparo do solo para cultivo e a colheita*".

O contrato por temporada, também denominado contrato sazonal, é mais abrangente do que o contrato por safra. Este é limitado à atividade agrária; aquele abarca a atividade pecuária e a indústria rural, podendo compreender tanto os curtos períodos (ex.: durante a colheita, ou a semeadura) como os períodos extensos (ex.: durante a entressafra da carne, durante o período de desova da lagosta, durante as férias escolares, durante o verão etc.).

Nessa ordem, pode ser considerado contrato por temporada o celebrado com o garçom de um hotel que só funciona na estação climática de inverno, quando há neve propiciando a prática de esportes típicos dessa estação.

3.3. Contrato a prazo previsto na Lei 9.601/98

Entre os princípios peculiares que informam o direito do trabalho destaca-se o da continuidade da relação de emprego, segundo o qual, o contrato de trabalho há de ser, em regra, firmado por tempo indeterminado. Esta modalidade contratual, como é sabido, propicia uma melhor integração do trabalhador na empresa, além de assegurar-lhe certas vantagens, tais como indenização, aviso prévio etc.

Não é por outra razão que somente em situações excepcionais a lei admite o contrato por tempo determinado. É o que se infere do art. 443, § 1º, da CLT, que considera a prazo o contrato "cuja vigência dependa de termo prefixado ou da execução de serviços especificados ou ainda da realização de certo acontecimento suscetível de previsão aproximada", sendo certo que, mesmo nestes casos, o contrato a prazo só será válido em se tratando de: a) "serviços cuja natureza ou transitoriedade justifiquem a predeterminação do prazo"; b) "atividades empresariais de caráter transitório"; ou c) "contrato de experiência" (*idem*, art. 443, § 2º).

Restringindo ainda mais a possibilidade da contratação por tempo determinado, o texto consolidado: a) limitou o prazo máximo de sua duração em dois anos, salvo no caso de experiência (90 dias); b) proibiu a sucessão de contratos a prazo antes de seis meses, com exceção da hipótese de serviços especializados; c) vedou a sua prorrogação por mais de uma vez.

Rompendo com este sistema legal de proteção ao trabalhador e em sintonia com a política econômica e social adotada pela atual equipe do Governo Federal, que investe no sentido da desregulamentação ou flexibilização das normas de proteção ao trabalho subordinado sobre o fundamento de geração de novos postos de trabalho, em vigor a Lei 9.601, de 21.01.1998 (*DOU* 22.01.1998), que dispõe "sobre o contrato de trabalho por tempo determinado e dá outras providências".

Como era de se esperar, a publicação da lei nova tem gerado cizânia entre os próprios atores sociais, o que, certamente, redundará em posições doutrinárias e jurisprudenciais as mais variadas. Tudo isso, é claro, enquanto o Pretório Excelso não julgar as cinco Ações Diretas de Inconstitucionalidade (ADIs 1.769-0, 1.767-3, 1.766-7, 1.765-1 e 1.764-4), todas com pedidos de liminares.

Diz o art. 1º e seus §§ da Lei 9.601/98:

> Art. 1º As convenções e os acordos coletivos de trabalho poderão instituir contrato de trabalho por prazo determinado de que trata o art. 443 da Consolidação das Lei do Trabalho – CLT, independentemente das condições estabelecidas em seu § 2º, em qualquer atividade desenvolvida pela empresa ou estabelecimento, para admissões que representem acréscimo no número de empregados.
>
> § 1º As partes estabelecerão, na convenção ou acordo coletivo referido neste artigo:

I – a indenização para as hipóteses de rescisão antecipada do contrato de que trata este artigo, por iniciativa do empregador ou do empregado, não se aplicando o disposto nos arts. 479 e 480 da CLT;

II – as multas pelo descumprimento de suas cláusulas.

§ 2º Não se aplica ao contrato de trabalho previsto neste artigo o disposto no art. 451 da CLT.

§ 3º (VETADO).

§ 4º São garantidas as estabilidades provisórias da gestante; do dirigente sindical, ainda que suplente; do empregado eleito para cargo de direção de comissões internas de prevenção de acidentes; do empregado acidentado, nos termos do art. 118 da Lei 8.213, de 24.07.1991, durante a vigência do contrato por prazo determinado, que não poderá ser rescindido antes do prazo estipulado pelas partes.

Insta frisar, em primeiro lugar, que a outorga legal para a instituição do novo tipo de contrato de trabalho a prazo parece atritar-se com o disposto no art. 7º da Constituição Federal, que, à exceção das hipóteses de redução salarial (inc. VI) e compensação e redução da jornada (incs. XIII e XIV), não obstante reconheça validade à convenção e ao acordo coletivo de trabalho (inc. XXVI), só admite a criação de novas regras alusivas ao trabalho subordinado que venham proporcionar melhoria da condição social do cidadão-trabalhador.

A precarização do trabalho – resultado do novel contrato – também colide com os princípios fundamentais que prestigiam o valor social do trabalho e a dignidade da pessoa humana, pois a busca do pleno emprego – e não se pode falar em pleno emprego quando este não tenha caráter permanente – também constitui um dos princípios da ordem econômica e financeira (CF, arts. 1º, III e IV, e 170, VII).

A distinção feita com relação ao FGTS (Lei 9.601/98, art. 2º, II) entre empregados contratados a título permanente e os (novos) contratados a prazo ofusca, outrossim, os princípios da igualdade e – admitida a natureza salarial do fundo – da equiparação salarial (CF, art. 5º, *caput*, e CLT, art. 461), na medida em que: a) o direito ao FGTS, sempre devido mensalmente pelo empregador na base de 8% incidente sobre a remuneração de todos os trabalhadores urbanos e rurais, inclusive dos trabalhadores temporários (Lei 6.019/74 c/c Lei 8.036/90, arts. 15 e 20, IX) e dos demais empregados contratados por tempo determinado (CF, art. 7º, III; Lei 8.036/90); b) dois trabalhadores exercendo de fato (princípio da primazia da realidade) funções idênticas em atividade laborativa de igual valor não podem, em princípio, receber remunerações diferenciadas.

De outra parte, como bem acentuam Luiz Otávio Linhares Renault e Márcio Túlio Viana, ao incentivar o *turn over*, os novos contratos fragmentam a ação coletiva, abrindo um fosso entre os empregados efetivos e os precários. Numa mesma empresa poderá haver empregados exercendo idêntica função, regidos por espécies de contratos diversos. E onde fica a regra constitucional da isonomia? Parece que o legislador parte da falsa premissa de que ela só se aplica em termos de salários (...). No fundo, tudo isso faz lembrar o que aconteceu nas universidades, com a reforma do ensino: os estudantes passaram a se matricular em disciplinas de períodos e turmas diferentes, o que dificultou a integração, facilitou a repressão e enfraqueceu a ação coletiva[9].

Tirantes essas observações a norma legal em comento, se, *ad argumentandum tantum*, o STF entendê-la em conformidade com a *Lex Legum*, ao permitir a criação de mais uma espécie de contrato de trabalho por tempo determinado, condiciona a sua instituição à existência de convenção ou acordo coletivo de trabalho.

É dizer, não é a lei que cria o novel contrato de trabalho a prazo. Apenas confere aos interlocutores sociais interessados a faculdade de instituírem, no âmbito da empresa ou das categorias econômicas e profissionais respectivas, a possibilidade de o empregador admitir empregados por intermédio desta nova espécie contratual.

Tal criação há de derivar da autonomia privada coletiva (autocomposição), em função do que nos parece não ser possível fazê-lo mediante sentença normativa, já que o poder normativo da Justiça do Trabalho tem competência para estabelecer normas e condições, desde que "respeitadas as disposições mínimas legais de proteção ao trabalho, bem como as convencionadas anteriormente" (CF, art. 114, § 2º, com redação dada pela EC 45/04).

É importante destacar que este novo contrato a prazo há de ser sempre celebrado *expressamente* e por *escrito*, isto é, não vale o contrato tácito ou verbal.

Com efeito, o art. 4º, II, da Lei 9.601/98 estabelece que as reduções alusivas às contribuições sociais destinadas aos entes de cooperação (SESI, SESC, SEST, SENAI, SENAC, SENAT, SEBRAE e INCRA) e ao FGTS serão asseguradas ao empregador desde que, no momento da contratação, "o contrato de trabalho por tempo determinado e a relação contida no § 3º deste artigo tenham sido depositados no Ministério do Trabalho".

O § 2º do art. 1º da Lei em exame disciplina que ao novo contrato a prazo não se aplica a regra do art. 451 da CLT. Assim, a prorrogação por mais de uma vez é permitida sem que o novel contrato seja convertido em contrato por tempo indeterminado.

É de se registrar, contudo, que o contrato a prazo não poderá ser celebrado por período superior a dois anos, uma vez que o art. 445 consolidado manteve-se incólume com a nova lei. De tal arte, o contrato a prazo pode ser renovado por duas, três, quatro, cinco ou mais vezes, desde que observe o prazo máximo de dois anos.

---

9. *O que há de novo em direito do trabalho*. São Paulo: LTr, 1997, p. 381.

Cumpre destacar, por oportuno, que o novo diploma legal não alterou a definição de contrato a prazo (art. 443, § 1 º), nem as restrições relativas à sucessão de contratos (art. 452), pelo que estas regras continuam em pleno vigor.

Um ponto favorável aos trabalhadores está albergado no § 4º do art. 1º da Lei 9.601/98: durante a vigência do contrato fica vedada a dispensa sem justa causa dos trabalhadores detentores de garantia (ou estabilidade) provisória no emprego, a saber: dirigente sindical, gestante, cipeiro e acidentado.

O preceito é, a nosso sentir, meramente exemplificativo, uma vez que há outros casos legais de estabilidade provisória não mencionados na nova lei, como, *v. g.*, os representantes dos trabalhadores no Conselho Curador do FGTS (Lei 8.036/90, art. 3º, § 9º) e Conselho Nacional de Previdência Social (Lei 8.213/91, art. 3º, § 7º) etc.

Convém sublinhar que, a nosso ver, o empregador não poderá alegar motivo de ordem técnica, econômica ou financeira para o despedimento dos referidos trabalhadores, mas, tão somente, o motivo disciplinar (justa causa). Entendimento outro acabaria por desvirtuar o fundamento econômico (redução de "encargos sociais") que orientou o legislador na feitura do novel diploma.

Com relação ao dirigente sindical, o empregador só poderá dispensá-lo na hipótese de existência de falta grave, provada mediante inquérito judicial.

É de se observar, contudo, que o parágrafo em apreço esbarra no disposto no art. 8º, VIII, da CF, vez que a garantia no emprego conferida ao dirigente sindical inicia-se a partir do registro de sua candidatura e, se eleito, durará até um ano após o término do mandato. Ora, sabendo-se que a duração do mandato do dirigente sindical é normalmente de dois anos ou mais, como conciliar o período "estabilitário" com o novel contrato a prazo? E se o empregado for eleito no último dia de vigência do contrato?

Caso o empregado seja dispensado antes do prazo estipulado e durante o período de garantia provisória no emprego, poderá ele ajuizar ação trabalhista visando à sua reintegração. E, se decorrido tal prazo, por circunstâncias alheias à sua vontade, poderá solicitar a indenização prevista no art. 1º, § 1º, inc. I, da Lei em estudo, da qual cuidaremos no tópico seguinte.

Na convenção coletiva (ou acordo coletivo) deverá constar obrigatoriamente uma indenização (art. 1º, § 1º, I) para as hipóteses de rescisão antecipada do contrato a prazo. Não se aplica, para tanto, o disposto nos arts. 479 e 480 da CLT. Mas, como advertem Luiz Otávio Linhares Renault e Márcio Túlio Viana,

> o inc. I do parágrafo não extingue a indenização prevista em lei: apenas remete a fixação de seu valor para a vontade dos grupos, sem proibir que os valores previstos nos arts. 479 e 480 sejam usados como parâmetro. O que se quis foi mais uma vez fazer da negociação coletiva o disciplinador contratual.
>
> Pergunta-se: haverá um patamar mínimo? Em princípio, pensamos que o valor da

indenização não poderá ser irrisório – já que a lei fala em "indenização", e esta, ainda que tarifada, deve guardar certa proporção com o dano causado[10].

A lei prevê, igualmente, que no instrumento coletivo constem "as multas pelo descumprimento de suas cláusulas" (art. 1º, § 1º, II). As multas serão fixadas no instrumento coletivo, porém, com aplicabilidade no contrato individual a prazo.

Pensamos que a multa *sub examen* será exigível tão somente do empregador que não adimplir com as claúsulas do contrato individual a prazo, porquanto, para que o empregado pudesse arcar com tal ônus, seria imprescindível a existência de disposição legal expressa, a exemplo do que ocorre com o atleta profissional. Nada impede, por outro lado, que o empregado venha a postular, cumulativamente, a multa e a resolução indireta do contrato de trabalho (CLT, art. 483).

3.4. Contrato de aprendizagem

O contrato de aprendizagem é modalidade especial de contrato de trabalho a prazo autorizado pelo art. 428 da CLT, *in verbis*:

> Contrato de aprendizagem é o contrato de trabalho especial, ajustado por escrito e por prazo determinado, em que o empregador se compromete a assegurar ao maior de 14 (quatorze) e menor de 24 (vinte e quatro) anos inscrito em programa de aprendizagem formação técnico-profissional metódica, compatível com o seu desenvolvimento físico, moral e psicológico, e o aprendiz, a executar com zelo e diligência as tarefas necessárias a essa formação.

Além desses requisitos, dispõe o § 1º do art. 428 da CLT que

> a validade do contrato de aprendizagem pressupõe anotação na Carteira de Trabalho e Previdência Social, matrícula e frequência do aprendiz na escola, caso não haja concluído o ensino médio, e inscrição em programa de aprendizagem desenvolvido sob orientação de entidade qualificada em formação técnico-profissional metódica.

A formação técnico-profissional a que se refere o *caput* do art. 428 da CLT caracteriza-se por atividades teóricas e práticas, metodicamente organizadas em tarefas de complexidade progressiva desenvolvidas no ambiente de trabalho.

Com âncora no princípio da norma mais favorável, o § 2º do art. 428 da CLT garante ao menor aprendiz, salvo condição mais favorável, o salário mínimo hora. De tal

10. *Op. cit.*, p. 383.

arte, o menor aprendiz poderá receber salário inferior ao salário mínimo, desde que trabalhe por período inferior a oito horas diárias. Parece-nos, porém, que somente no momento de celebrar o contrato as partes podem estipular o salário, nunca inferior ao mínimo (proporcionalidade com o número de horas trabalhadas). Depois, o salário não poderá ser alterado *in pejus* para o aprendiz.

A duração máxima do contrato de aprendizagem é de dois anos, salvo na hipótese de o aprendiz ser pessoa com deficiência, a quem não se aplica, igualmente, o limite máximo da idade de 24 anos. Além disso, a comprovação da escolaridade de aprendiz com deficiência mental deve considerar, sobretudo, as habilidades e competências relacionadas com a profissionalização.

Operacionalizando a política de ação afirmativa, o art. 429 da CLT instituiu a reserva de vagas para os trabalhadores aprendizes, nos seguintes termos:

> Art. 429. Os estabelecimentos de qualquer natureza são obrigados a empregar e matricular nos cursos dos Serviços Nacionais de Aprendizagem número de aprendizes equivalente a cinco por cento, no mínimo, e quinze por cento, no máximo, dos trabalhadores existentes em cada estabelecimento, cujas funções demandem formação profissional.

As frações de unidade, no cálculo da percentagem de que trata o *caput* do art. 429 da CLT, darão lugar à admissão de um aprendiz. Em outros termos, havendo fração, arredonda-se para cima.

Nos termos do § 1º-A do art. 429 da CLT, o limite de vagas previsto no *caput* deste artigo não se aplica quando o empregador for entidade sem fins lucrativos, que tenha por objetivo a educação profissional.

É importante destacar que, nos termos do novel § 2º do art. 429 da CLT (acrescentado pela Lei 12.594/12), os estabelecimentos de que trata o *caput* deste artigo "ofertarão vagas de aprendizes a adolescentes usuários do Sistema Nacional de Atendimento Socioeducativo (Sinase) nas condições a serem dispostas em instrumentos de cooperação celebrados entre os estabelecimentos e os gestores dos Sistemas de Atendimento Socioeducativo locais".

Na hipótese de os Serviços Nacionais de Aprendizagem não oferecerem cursos ou vagas suficientes para atender à demanda dos estabelecimentos, esta poderá ser suprida por outras entidades qualificadas em formação técnico-profissional metódica, a saber: a) Escolas Técnicas de Educação; b) entidades sem fins lucrativos, que tenham por objetivo a assistência ao adolescente e à educação profissional, registradas no Conselho Municipal dos Direitos da Criança e do Adolescente.

Sobre as quotas para aprendizes, ouçamos a jurisprudência:

> (...) CONTRATO DE APRENDIZAGEM. BASE DE CÁLCULO PARA AFERIÇÃO DO NÚMERO DE JOVENS APRENDIZES A SEREM CONTRATADOS. A jurisprudência

desta Corte é no sentido de que a Classificação Brasileira de Ocupações (CBO), elaborada pelo Ministério do Trabalho, é o critério a ser utilizado para a base de cálculo do número de jovens aprendizes a serem contratados. Há precedentes. Recurso de revista não conhecido. (...) (TST-RR 1834-06.2012.5.03.0003, 6ª T., Rel. Min. Augusto César Leite de Carvalho, *DEJT* 16.08.2019).

EMBARGOS REGIDOS PELA LEI N. 11.496/2007. AÇÃO ANULATÓRIA DE AUTO DE INFRAÇÃO. BASE DE CÁLCULO PARA AFERIÇÃO DO NÚMERO DE APRENDIZES A SEREM CONTRATADOS. INCLUSÃO DOS VIGILANTES. CONTRATO DE APRENDIZAGEM. POSSIBILIDADE. Trata-se de ação ajuizada pela reclamada em face da União, com vistas a anular auto de infração lavrado em decorrência da inobservância do percentual legal para a contratação de aprendizes, nos termos do artigo 429 da CLT. A Turma adotou a tese de que, mesmo em se tratando de empresa que atua na segurança privada, é possível a contratação de jovens aprendizes com idade entre 21 e 24 anos para a função de vigilante. Cinge-se a controvérsia, portanto, à possibilidade de inclusão do número de trabalhadores que ocupam o cargo de vigilante na reclamada, no cômputo da base de cálculo para aferição da quantidade de vagas a serem preenchidas por aprendizes, na forma do disposto no artigo 429 da CLT: "Os estabelecimentos de qualquer natureza são obrigados a empregar e matricular nos cursos dos Serviços Nacionais de Aprendizagem número de aprendizes equivalente a cinco por cento, no mínimo, e quinze por cento, no máximo, dos trabalhadores existentes em cada estabelecimento, cujas funções demandem formação profissional". O Decreto n. 5.598/2005, que regulamenta o tema, em seu artigo 10, § 2º, é expresso ao estabelecer que a base de cálculo para definição do número de aprendizes é composta por todas as funções existentes na empresa, sendo irrelevante se só podem ser exercidas pelos maiores de 18 anos. Registra-se que não se inserem na base de cálculo para contratação de aprendizes os cargos que exigem habilitação técnica ou de nível superior, assim como os cargos de direção, nos termos do § 1º do artigo 10 do Decreto n. 5.598/2005. Nesse aspecto, embora exista a exigência da aprovação em curso de formação específico (artigo 16, inciso IV, da Lei n. 7.102/83) para fins do exercício da profissão de vigilante, tal condição não se confunde com a "habilitação profissional de nível técnico" de que trata o § 1º do artigo 10 do Decreto n. 5.598/2005 . Isso porque a referida habilitação é obtida por meio de curso técnico de nível médio, não se confundindo com o curso de formação de vigilante mencionado na Lei n. 7.102/83. De outra sorte, destaca-se que a redação dada ao artigo 428 da CLT pela Lei n. 11.180/2005 amplia a faixa etária das pessoas que podem firmar contrato de experiência para até 24 anos de idade. Esse fato, aliado à previsão constante no artigo 16, inciso II, da Lei n. 7.102/83, de que a idade mínima para o exercício da profissão de vigilante é de 21 anos, impõe claramente a necessidade de cômputo do número desses profissionais na apuração dos montantes mínimos e máximos de vagas a serem ocupadas por aprendizes, na forma do artigo 429 da CLT, ainda que não sejam, necessariamente, menores de idade. Precedentes. Embargos conhecidos e desprovidos (TST-E-RR 1888-81.2011.5.03.0075, SBDI-1, Rel. Min. José Roberto Freire Pimenta, *DEJT* 14.06.2019).

Dispõe o art. 431 da CLT que a contratação do aprendiz poderá ser efetivada pela empresa onde se realizará a aprendizagem ou pelas entidades mencionadas no inc. II do art. 430 consolidado, caso em que não gera vínculo de emprego com a empresa tomadora dos serviços. Eis aí mais uma espécie de terceirização permitida pela lei brasileira.

No que concerne à jornada de trabalho do aprendiz, prevê o art. 432 da CLT que ela "não excederá de seis horas diárias, sendo vedadas a prorrogação e a compensação de jornada". Mas o limite previsto neste artigo poderá ser de até oito horas diárias para os aprendizes que já tiverem completado o ensino fundamental, se nelas forem computadas as horas destinadas à aprendizagem teórica (CLT, art. 432, § 1º).

O contrato de aprendizagem extingue-se:

- no seu termo final certo;
- quando o aprendiz completar 24 (vinte e quatro) anos, ressalvada a hipótese prevista no § 5º do art. 428 da CLT;
- antecipadamente, na hipótese de desempenho insuficiente ou inadaptação do aprendiz;
- falta disciplinar grave;
- ausência injustificada à escola que implique perda do ano letivo;
- a pedido do aprendiz.

Nas hipóteses acima, não se aplica ao contrato de aprendizagem o disposto nos arts. 479 e 480 da CLT. Noutro falar, qualquer que seja a modalidade de extinção do contrato de aprendizagem, não haverá indenização, pelo término do contrato, em favor do empregado-aprendiz ou do seu empregador.

3.5. Contrato de trabalho intermitente

Como já ressaltamos, o art. 443 da CLT foi parcialmente alterado pela Lei 13.467/2017, dispondo que o "contrato individual de trabalho poderá ser acordado tácita ou expressamente, verbalmente ou por escrito, por prazo determinado ou indeterminado, ou para prestação de trabalho intermitente".

Nesta epígrafe examinaremos o contrato de trabalho para prestação de trabalho intermitente, o qual passou a ser definido no § 3º do art. 443 da CLT, *in verbis*:

Considera-se como intermitente o contrato de trabalho no qual a prestação de serviços, com subordinação, não é contínua, ocorrendo com alternância de períodos de prestação de serviços e de inatividade, determinados em horas, dias ou meses, independentemente do tipo de atividade do empregado e do empregador, exceto para os aeronautas, regidos por legislação própria.

Como se vê, o contrato de trabalho intermitente é aquele em que a prestação de serviços pelo empregado não é contínua, pois ele fica em inatividade por horas, dias ou meses, conforme estabelecerem as partes.

De lege lata, esta nova modalidade de contrato de trabalho apenas não se aplica aos aeronautas (CLT, art. 443, § 3º, *in fine*).

O art. 452-A da CLT, introduzido pela Lei 13.467/2017, dispõe sobre os requisitos e as características do contrato de trabalho intermitente nos seguintes termos:

> Art. 452-A. O contrato de trabalho intermitente[11] deve ser celebrado por escrito e deve conter especificamente o valor da hora de trabalho, que não pode ser inferior ao valor horário do salário mínimo ou àquele devido aos demais empregados do estabelecimento que exerçam a mesma função em contrato intermitente ou não.
>
> § 1º O empregador convocará, por qualquer meio de comunicação eficaz, para a prestação de serviços, informando qual será a jornada, com, pelo menos, três dias corridos de antecedência.
>
> § 2º Recebida a convocação, o empregado terá o prazo de um dia útil para responder ao chamado, presumindo-se, no silêncio, a recusa.
>
> § 3º A recusa da oferta não descaracteriza a subordinação para fins do contrato de trabalho intermitente.
>
> § 4º Aceita a oferta para o comparecimento ao trabalho, a parte que descumprir, sem justo motivo, pagará à outra parte, no prazo de trinta dias, multa de 50% (cinquenta por cento) da remuneração que seria devida, permitida a compensação em igual prazo.
>
> § 5º O período de inatividade não será considerado tempo à disposição do empregador, podendo o trabalhador prestar serviços a outros contratantes.
>
> § 6º Ao final de cada período de prestação de serviço, o empregado receberá o pagamento imediato das seguintes parcelas:
>
> I – remuneração;
>
> II – férias proporcionais com acréscimo de um terço;
>
> III – décimo terceiro salário proporcional;
>
> IV – repouso semanal remunerado; e

11. Sobre o entendimento do Ministério do Trabalho a respeito do contrato de trabalho intermitente recomendamos a leitura da Portaria do Ministério do Trabalho n. 349, de 23.5.2018, especialmente dos seus arts. 2º a 7º.

V – adicionais legais.

§ 7º O recibo de pagamento deverá conter a discriminação dos valores pagos relativos a cada uma das parcelas referidas no § 6º deste artigo.

§ 8º O empregador efetuará o recolhimento da contribuição previdenciária e o depósito do Fundo de Garantia do Tempo de Serviço, na forma da lei, com base nos valores pagos no período mensal e fornecerá ao empregado comprovante do cumprimento dessas obrigações.

§ 9º A cada doze meses, o empregado adquire direito a usufruir, nos doze meses subsequentes, um mês de férias, período no qual não poderá ser convocado para prestar serviços pelo mesmo empregador.

O art. 452-A da CLT foi parcialmente alterado pela MP 808/2017, nos seguintes termos:

Art. 452-A. O contrato de trabalho intermitente será celebrado por escrito e registrado na CTPS, ainda que previsto acordo coletivo de trabalho ou convenção coletiva, e conterá:

I – identificação, assinatura e domicílio ou sede das partes;

II – valor da hora ou do dia de trabalho, que não poderá ser inferior ao valor horário ou diário do salário mínimo, assegurada a remuneração do trabalho noturno superior à do diurno e observado o disposto no § 12; e

III – o local e o prazo para o pagamento da remuneração.

(...)

§ 2º Recebida a convocação, o empregado terá o prazo de vinte e quatro horas para responder ao chamado, presumida, no silêncio, a recusa.

(...)

§ 6º Na data acordada para o pagamento, observado o disposto no § 11, o empregado receberá, de imediato, as seguintes parcelas:

(...)

§ 10. O empregado, mediante prévio acordo com o empregador, poderá usufruir suas férias em até três períodos, nos termos dos § 1º e § 2º do art. 134.

§ 11. Na hipótese de o período de convocação exceder um mês, o pagamento das parcelas a que se referem o § 6º não poderá ser estipulado por período superior a um mês, contado a partir do primeiro dia do período de prestação de serviço.

§ 12. O valor previsto no inciso II do *caput* não será inferior àquele devido aos demais empregados do estabelecimento que exerçam a mesma função.

§ 13. Para os fins do disposto neste artigo, o auxílio-doença será devido ao segurado da Previdência Social a partir da data do início da incapacidade, vedada a aplicação do disposto § 3º do art. 60 da Lei n. 8.213, de 1991.

§ 14. O salário maternidade será pago diretamente pela Previdência Social, nos termos do disposto no § 3º do art. 72 da Lei n. 8.213, de 1991.

§ 15. Constatada a prestação dos serviços pelo empregado, estarão satisfeitos os prazos previstos nos § 1º e § 2º.

Além disso, a MP 808/2017, em vez de revogar, a nosso sentir, o referido artigo 452-A da CLT, acrescentou-lhe os novos arts. 452-B, 452-C, 452-D, 452-E, 452-F, 452-G, 452-H, *in verbis*:

Art. 452-B. É facultado às partes convencionar por meio do contrato de trabalho intermitente:

I – locais de prestação de serviços;

II – turnos para os quais o empregado será convocado para prestar serviços;

III – formas e instrumentos de convocação e de resposta para a prestação de serviços;

IV – formato de reparação recíproca na hipótese de cancelamento de serviços previamente agendados nos termos dos § 1º e § 2º do art. 452-A.

Art. 452-C. Para fins do disposto no § 3º do art. 443, considera-se período de inatividade o intervalo temporal distinto daquele para o qual o empregado intermitente haja sido convocado e tenha prestado serviços nos termos do § 1º do art. 452-A.

§ 1º Durante o período de inatividade, o empregado poderá prestar serviços de qualquer natureza a outros tomadores de serviço, que exerçam ou não a mesma atividade econômica, utilizando contrato de trabalho intermitente ou outra modalidade de contrato de trabalho.

§ 2º No contrato de trabalho intermitente, o período de inatividade não será considerado tempo à disposição do empregador e não será remunerado, hipótese em que restará descaracterizado o contrato de trabalho intermitente caso haja remuneração por tempo à disposição no período de inatividade.

Art. 452-D. Decorrido o prazo de um ano sem qualquer convocação do empregado pelo empregador, contado a partir da data da celebração do contrato, da última convocação ou do último dia de prestação de serviços, o que for mais recente, será considerado rescindido de pleno direito o contrato de trabalho intermitente.

Art. 452-E. Ressalvadas as hipóteses a que se referem os art. 482 e art. 483, na hipótese de extinção do contrato de trabalho intermitente serão devidas as seguintes verbas rescisórias:

I – pela metade:

a) o aviso prévio indenizado, calculado conforme o art. 452-F; e

b) a indenização sobre o saldo do Fundo de Garantia do Tempo de Serviço – FGTS, prevista no § 1º do art. 18 da Lei n. 8.036, de 11 de maio de 1990; e

II – na integralidade, as demais verbas trabalhistas.

§ 1º A extinção de contrato de trabalho intermitente permite a movimentação da conta vinculada do trabalhador no FGTS na forma do inciso I-A do art. 20 da Lei n. 8.036, de 1990, limitada a até oitenta por cento do valor dos depósitos.

§ 2º A extinção do contrato de trabalho intermitente a que se refere este artigo não autoriza o ingresso no Programa de Seguro Desemprego.

Art. 452-F. As verbas rescisórias e o aviso prévio serão calculados com base na média dos valores recebidos pelo empregado no curso do contrato de trabalho intermitente.

§ 1º No cálculo da média a que se refere o *caput*, serão considerados apenas os meses durante os quais o empregado tenha recebido parcelas remuneratórias no intervalo dos últimos doze meses ou o período de vigência do contrato de trabalho intermitente, se este for inferior.

§ 2º O aviso prévio será necessariamente indenizado, nos termos dos § 1º e § 2º do art. 487.

Art. 452-G. Até 31 de dezembro de 2020, o empregado registrado por meio de contrato de trabalho por prazo indeterminado demitido não poderá prestar serviços para o mesmo empregador por meio de contrato de trabalho intermitente pelo prazo de dezoito meses, contado da data da demissão do empregado.

Art. 452-H. No contrato de trabalho intermitente, o empregador efetuará o recolhimento das contribuições previdenciárias próprias e do empregado e o depósito do FGTS com base nos valores pagos no período mensal e fornecerá ao empregado comprovante do cumprimento dessas obrigações, observado o disposto no art. 911-A.

Ocorre que a Medida Provisória 808/2017 não foi convertida em lei (CF, art. 62, § 3º)[12].

Na verdade, esse novel contrato de trabalho intermitente, a nosso sentir, é uma clara tendência do entendimento dos empresários que fomentaram (e patrocinaram) a chamada Reforma Trabalhista que, por meio dele, intentam transferir os riscos da sua atividade econômica para o empregado e, com isso, aumentar seus lucros.

Além disso, o novel art. 425-A da CLT (e os arts. 2º a 6º da Portaria MTE 349 de 23-5-2018, que "regulamentam" o trabalho intermitente) é, segundo pensamos, manifestamente inconstitucional, porque o trabalhador só receberá remuneração quando convocado pela empresa, que utiliza o seu serviço e depois o descarta como se fosse uma mercadoria, violando, assim, os princípios da dignidade da pessoa humana do cidadão trabalhador, do valor social do seu trabalho, da busca do pleno emprego, da correção das desigualdades sociais e da função social da empresa (CF, arts. 1º, III e IV,

12. Sobre os efeitos da Medida Provisória não convertida em lei, remetemos o leitor ao Título I, Capítulo IV, item 2.1.

170, *caput*, III, VII e VIII), sendo certo, ainda, que esse "trabalhador intermitente" poderá nada receber durante um mês ou meses ou auferir remuneração inferior ao salário mínimo, o que fere o disposto no art. 7º, IV, da CF.

Essa modalidade contratual é, seguramente, uma das mais claras manifestações da superexploração do trabalho humano, pois equipara o trabalhador a uma máquina descartável, colocando, pois, em xeque o projeto constitucional brasileiro de construção da cidadania, da melhoria das condições sociais dos trabalhadores e de uma sociedade mais livre, justa e solidária[13].

Sobre a constitucionalidade do novel contrato de trabalho intermitente tramita no STF a ADI 5826, sendo relator o min. Edson Fachin e requerente a FEDERAÇÃO NACIONAL DOS EMPREGADOS EM POSTOS DE SERVIÇOS DE COMBUSTÍVEIS E DERIVADOS DE PETRÓLEO – FENEPOSPETRO (CF 103, IX). Eis os dispositivos questionados: arts. 443, *caput* e § 3º, 452-A e respectivos parágrafos, da CLT na redação dada pelo art. 1º da Lei 13.467/2017; arts. 452-B, 452-C, 452-D, 452-E, 452-F, 452-G e 452-H e 911-A, *caput* e parágrafos, do art. 1º da Medida Provisória n. 808/2017. Os dispositivos constitucionais invocados como violados pela requerente são: arts. 1º, *caput*, III e IV, 5º, *caput*, III e XXIII, 6º, *caput*, 7º, IV, V, VII, VIII, XIII, XVI e XVII.

4. RENOVAÇÃO CONTRATUAL E PERÍODOS DESCONTÍNUOS

Renovação contratual importa sucessão de contratos de trabalho, ou seja, a terminação de um e o início de outro.

A prorrogação de um contrato a termo não se confunde com a simples continuação da prestação de trabalho após o prazo convencionado. Na primeira hipótese, respeitado o limite de dois anos, a primeira prorrogação não modifica a natureza do ajuste. Havendo mero prosseguimento do contrato, sem que se evidencie, expressa ou tacitamente, a vontade das partes de lhe prorrogar a duração subordinando-a a um novo termo final, seja qual for o tempo decorrido, passa o contrato a vigorar sem prazo.

Se um contrato a termo é sucedido por outro contrato sem determinação de tempo, conta-se o tempo do primeiro, isto é, a relação de emprego considera-se prorrogada por tempo indeterminado. Trata-se, pois, de uma única relação.

A respeito da renovação contratual, duas situações merecem destaque: a) renovação do contrato por tempo determinado; b) renovação do contrato por tempo indeterminado.

13. Sobre trabalho intermitente, recomendamos a leitura dos Enunciados 40, 73, 74, 84, 85, 86, 87, 88, 89, 90 e 91 aprovados na 2ª Jornada de Direito Material e Processual do Trabalho em 2017 (disponível em: <http://www.jornadanacional.com.br/listagem-enunciados-aprovados-vis1.asp>).

4.1. Renovação do contrato por tempo determinado

Se a sucessão de um contrato por tempo determinado por outro da mesma modalidade ocorrer dentro de seis meses, aquele passará a vigorar por tempo indeterminado (CLT, art. 452), ou seja, pouco importa a manifestação de vontade das partes, porquanto o segundo contrato terá duração indeterminada, salvo se a expiração do primeiro contrato decorreu:

- da *execução de serviços especializados* (ou melhor, especificados, segundo a letra do § 1º do art. 443), como, por exemplo, o empregado que é contratado para implantar um sistema de informática na empresa;
- da *realização de certos acontecimentos*, como, por exemplo, o empregado contratado por temporada para atender ao aumento de clientes durante o verão.

4.2. Renovação do contrato por tempo indeterminado

Na renovação do contrato por tempo indeterminado, ou seja, quando o empregado é contratado novamente pelo mesmo empregador por tempo determinado, o que importa é a soma do tempo de serviço.

Com efeito, dispõe o art. 453 da CLT:

> No tempo de serviço do empregado, quando readmitido, serão computados os períodos, ainda que não contínuos, em que tiver trabalhado anteriormente na empresa, salvo se houver sido despedido por falta grave, recebido indenização legal ou se aposentado espontaneamente.

A interpretação do referido preceito normativo comporta algumas considerações:

- a indenização legal deve ser integral, e não a fixada por acordo em valor inferior;
- da extinção do último contrato é que começa a fluir o prazo prescricional, objetivando a soma dos períodos descontínuos (TST, Súmula 156);
- cômputo dos períodos trabalhados para empresas do mesmo grupo econômico (caso adotada a teoria do empregador único, como evidencia a Súmula 129 do TST);
- soma dos períodos, ainda que os contratos tenham sido por tempo determinado e indeterminado, indistintamente, pois o que se tem em conta é o tempo da prestação laboral, e não a natureza do contrato[14];
- havendo intenção de fraudar a lei, fracionando o tempo de serviço do empregado, ainda que recebida a indenização, caberá a unicidade contratual;

14. ALMEIDA, Isis. *Apud* LIMA, Francisco Meton Marques de. *Elementos*..., p. 86-87.

- cômputo dos períodos contratuais descontínuos não cabe na hipótese de saída espontânea, anterior, do empregado. É que, neste caso, ficaria afastada, em princípio, a ideia de fraude. O TST, no entanto, adota posição diversa (Súmula 138).

Segundo Délio Maranhão[15], a soma dos períodos descontínuos terá lugar, ainda:

- quando o empregado, despedido sem justa causa, e sem haver recebido indenização compensatória, tenha deixado prescrever a reclamação para cobrá-la. O direito de ver somados os períodos descontínuos somente poderá ser postulado a partir da extinção do último contrato. Por outro lado, constituindo a dívida prescrita obrigação natural, pode converter-se em obrigação civil em virtude de novação;
- quando, por não ter um ano de casa, não houver o empregado recebido indenização compensatória;
- quando o tempo de serviço anterior referir-se a um contrato a termo;
- quando o tempo anterior tiver sido prestado a outro empregador, na hipótese de sucessão.

4.2.1. Aposentadoria espontânea e renovação contratual

O § 1º do art. 453 da CLT, com redação dada pela Lei 9.528/97, dispõe, *in verbis*:

> Na aposentadoria espontânea de empregados das empresas públicas e sociedades de economia mista é permitida sua readmissão desde que atendidos aos requisitos constantes do art. 37, inc. XVI, da Constituição, e condicionada à prestação de concurso público.

O STF (ADI 1.770-4, Pleno), por maioria, confirmou a medida liminar, nos termos do voto do Relator, e declarou a inconstitucionalidade do § 1º do art. 453 da CLT.

Já o § 2º do art. 453 da CLT, mais abrangente que o seu § 1º, prevê que o: "ato de concessão de benefício de aposentadoria a empregado que não tiver completado 35 anos de serviço, se homem, ou trinta, se mulher, importa em extinção do vínculo empregatício".

O STF (ADIN 1.721-3, Pleno), no entanto, também declarou a inconstitucionalidade do § 2º do art. 453 da CLT, introduzido pela Lei 9.528/97. Eis a ementa do v. acórdão do Pretório Excelso:

> *Ação Direta de Inconstitucionalidade. Art. 3º da Medida Provisória 1.596-14/97, convertida na Lei 9.528/97, que adicionou ao art. 453 da Consolidação das Leis do Trabalho um segundo parágrafo para extinguir o vínculo empregatício quando da concessão da aposen-*

15. *Direito do trabalho*. 17. ed. Rio de Janeiro: Getúlio Vargas, 1993, p. 180.

tadoria espontânea. Procedência da ação. 1. A conversão da medida provisória em lei prejudica o debate jurisdicional acerca da "relevância e urgência" dessa espécie de ato normativo. 2. Os valores sociais do trabalho constituem: a) fundamento da República Federativa do Brasil (CF, inc. IV do art. 1º); b) alicerce da Ordem Econômica, que tem por finalidade assegurar a todos existência digna, conforme os ditames da justiça social, e, por um dos seus princípios, a busca do pleno emprego (art. 170, *caput* e inc. VIII); c) base de toda a Ordem Social (art. 193). Esse arcabouço principiológico, densificado em regras como a do inc. I do art. 7º da Magna Carta e as do art. 10 do ADCT/88, desvela um mandamento constitucional que perpassa toda relação de emprego, no sentido de sua desejada continuidade. 3. A Constituição Federal versa a aposentadoria como um benefício que se dá mediante o exercício regular de um direito. E o certo é que o regular exercício de um direito não é de colocar o seu titular numa situação jurídico-passiva de efeitos ainda mais drásticos do que aqueles que resultariam do cometimento de uma falta grave (sabido que, nesse caso, a ruptura do vínculo empregatício não opera automaticamente). 4. O direito à aposentadoria previdenciária, uma vez objetivamente constituído, se dá no âmago de uma relação jurídica entre o segurado do Sistema Geral de Previdência e o Instituto Nacional de Seguro Social. Às expensas, portanto, de um sistema atuarial-financeiro que é gerido por esse Instituto mesmo, e não às custas desse ou daquele empregador. 5. O Ordenamento Constitucional não autoriza o legislador ordinário a criar modalidade de rompimento automático do vínculo de emprego, em desfavor do trabalhador, na situação em que este apenas exercita o seu direito de aposentadoria espontânea, sem cometer deslize algum. 6. A mera concessão da aposentadoria voluntária ao trabalhador não tem por efeito extinguir, instantânea e automaticamente, o seu vínculo de emprego. 7. Inconstitucionalidade do § 2º do art. 453 da Consolidação das Leis do Trabalho, introduzido pela Lei 9.528/97.

4.3. Situações especiais

Há alguns contratos de trabalho por tempo determinado, como os contratos dos artistas de teatro, circo e congêneres, bem como os contratos dos jogadores de futebol, que não se somam, pois nestes casos está-se diante de verdadeiros legalmente contratos isolados/autônomos, inexistindo, em tese, a intenção de se fraudar a lei.

Nos contratos por prazo determinado, o tempo de afastamento do empregado em virtude do serviço militar ou outro encargo público não será computado na contagem do prazo para a respectiva terminação do contrato, se assim acordarem os contratantes (CLT, art. 472, § 2º).

São obrigatoriamente por tempo determinado os contratos de trabalho de safra (Lei 5.889/73, art. 14), cuja duração dependa de variações estacionais de atividade agrária, e os contratos de trabalho dos técnicos estrangeiros, domiciliados ou residentes no exterior, para a execução, no Brasil, de serviços especializados em caráter provisório (Decreto-lei 691/69).

5. CONTRATO INDIVIDUAL E COLETIVO

Há autores que preferem denominar os contratos individual e coletivo de contratos singulares e plúrimos.

Existem, ainda, os que confundem contrato coletivo com contrato por equipe.

Adotamos, porém, a classificação segundo a qual o contrato de trabalho é gênero de que são espécies: a) o contrato individual de trabalho, que é o negócio jurídico que estabelece um conjunto de direitos e obrigações entre empregado e empregador (CLT, art. 442); e b) o contrato coletivo de trabalho, utilizado no sentido de convenção coletiva de caráter normativo, cujo objeto reside na regulação das relações coletivas de trabalho no âmbito das categorias profissional e econômica (CLT, art. 611).

O conceito de contrato individual de trabalho já foi objeto de estudo em linhas pretéritas desta obra.

Contrato coletivo de trabalho é expressão que, à luz do direito positivo vigente, é traduzida como acordo coletivo de trabalho ou convenção coletiva de trabalho (CLT, arts. 59, 462 e 611).

Há quem sustente que contrato coletivo e contrato por equipe são expressões sinônimas, mas pedimos vênia para divergir, visto que o contrato coletivo, tal como concebido modernamente, constitui instrumento de negociação coletiva supracategorial, devendo, por isto, ser objeto do direito coletivo ou sindical, o que não se dá com o contrato por equipe, o qual deve ser, a rigor, estudado à luz do direito individual do trabalho.

6. CONTRATO DE EQUIPE

O contrato de equipe, nas palavras de José Augusto Rodrigues Pinto, é "um negócio jurídico envolvendo, de um lado, um empregador e, de outro, uma pluralidade de empregados, estes, porém, enlaçados por uma unidade de interesses. Em consequência, não se formam tantas relações jurídicas quantos sejam os participantes do grupo, e sim uma única relação, tendo por sujeito o próprio grupo"[16].

16. PINTO, José Augusto Rodrigues. *Tratado de direito material do trabalho*. São Paulo: LTr, 2007, p. 283.

Para Francisco Meton Marques de Lima[17], contrato de equipe

> é o que só pode ser desempenhado por uma equipe ou grupo em conjunto, em que o trabalho de um só membro do grupo não atenda à necessidade do tomador do serviço, como é o caso do conjunto musical – ou se contratam todos os membros ou não se faz a festa. Entretanto, a jurisprudência tem entendido como de equipe o contrato de trabalho intercedido pelos sindicatos de carregadores, ensacadores, empilhadores e o trabalho de estiva (...). O contrato de equipe caracteriza-se pela presença de três figurantes: o tomador do serviço da equipe, o chefe da equipe, que tem poder delegado para firmar o contrato, e os membros da equipe. Apesar de o contratante ser um só, ele representa tantos contratos individuais quantos forem os membros da equipe. São vários contratos individuais enfeixados em um só. A equipe compõe uma sociedade de fato, participando todos da mesma sorte e do mesmo infortúnio. O ganho é rateado. Onde o chefe da equipe tiver poder hierárquico, disciplinar, podendo admitir, despedir e assalariar não se configura contrato de equipe. Não se confunde com o contrato de trabalho temporário, onde a empresa tomadora do serviço não é empregadora do trabalhador e este é empregado da empresa prestadora do serviço.

Há, porém, entendimento no sentido de que, em nosso ordenamento jurídico, o contrato de equipe nada mais é do que um feixe de contratos individuais de trabalho. Nesse sentido:

> AGRAVO DE INSTRUMENTO. RECURSO DE REVISTA. MEMBRO INTEGRANTE DE COMISSÃO TÉCNICA DE CLUBE DE FUTEBOL. RESCISÃO ANTECIPADA. ACÓRDÃO DO TRT DA 3ª REGIÃO QUE MANTÉM A CONDENAÇÃO ALUSIVA À INDENIZAÇÃO DO ART. 479 DA CLT COM BASE NA PROVA TESTEMUNHAL E NA PREMISSA DE QUE A LEI PELÉ É APLICÁVEL À COMISSÃO TÉCNICA. ALEGAÇÃO DO RÉU DE QUE A ADMISSÃO SE DEU NA MODALIDADE DE CONTRATO DE EQUIPE, OU SEJA, CONTRATAÇÃO A TERMO, MAS VINCULADA À REALIZAÇÃO DE CERTO ACONTECIMENTO, QUE NÃO SE PODE PRECISAR O DIA. Cinge-se a controvérsia em saber se o auxiliar técnico de treinador profissional de futebol deve ou não ser contratado por tempo determinado, para efeito da indenização prevista no artigo 479 da CLT. Com efeito, o artigo 6º, I, da Lei n. 8.650/93 (segundo o qual "na anotação do contrato de trabalho na Carteira Profissional [do Treinador Profissional de Futebol] deverá, obrigatoriamente, constar (...) o prazo de vigência, em nenhuma hipótese, poderá ser superior a dois anos") é aplicável a membro integrante da comissão técnica, a exemplo do Autor, contratado e dispensado nas mesmas datas que o treinador do clube à época. Portanto, não obstante o equívoco, *data ma-*

17. *Op. cit.*, p. 88.

xima venia, da fundamentação alusiva à suposta incidência, ao Autor, da Lei Pelé, usada como razão de decidir pelo e. TRT da 3ª Região, realmente procede a pretensão à indenização prevista no art. 479 da CLT. Acrescente-se que esta e. Turma já decidiu que **o chamado "contrato de equipe" não é admitido no Direito Brasileiro, implicando sempre, portanto, uma mera cumulação de contratos de trabalho individuais**. Agravo de instrumento não provido (TST-AIRR 641-76.2011.5.03.0136, Rel. Min. Alexandre de Souza Agra Belmonte, 3ª T., *DEJT* 23.08.2013 – grifos nossos).

É preciso destacar, contudo, que o contrato por equipe encontra previsão expressa no § 1º do art. 16 da Lei 6.001/73 (Estatuto do Índio), mas como salienta Luciano Martinez, "a referência ali inserida não indica uma autêntica formação de 'equipe', cuja melhor concepção sinalizaria resultados alcançados unicamente pelo grupo, e não por sujeitos singularmente considerados. O texto mencionado no Estatuto do Índio parece pretender, apenas, que a contratação dos indígenas em processo de integração seja promovida em bloco, de modo plúrimo, com o objetivo de facilitar a orientação do órgão competente e favorecer a continuidade da vida comunitária. Não há elementos que sinalizem no sentido de que ali existe uma legítima contratação por equipe"[18].

Vale lembrar, contudo, que no seio do Ministério Público do Trabalho há quem defenda a contratação por equipe de indígenas, pois, como adverte o Procurador do Trabalho Jonas Ratier Moreno, "embora o contrato de equipe não esteja previsto expressamente em nosso ordenamento jurídico, como acontece na Espanha, contudo é ele permitido por uma interpretação do disposto no art. 444 da CLT, essa modalidade contratual coaduna-se perfeitamente com a realidade do índio, já que a ação dos silvícolas sempre se deu *em bloco*, visto que eles não aceitam o comando do *homem branco*"[19].

18. MARTINEZ, Luciano. *Curso de direito do trabalho*. 4. ed. São Paulo: Saraiva, 2013, p. 170.

19. Disponível em: <http://www.pgt.mpt.gov.br/publicacoes/pub35.html>. Acesso em: 8 set. 2014.

CAPÍTULO X
Remuneração e Salário

1. BREVE HISTÓRICO DO SALÁRIO

A palavra "salário" provém do grego *hals* e do latim *sal, salis*, de que derivou *salarium*. Antigamente, a retribuição do trabalho dos domésticos e dos soldados romanos era feita mediante troca de determinada quantidade de sal.

Diz-se comumente que a história do salário confunde-se com a própria história do direito do trabalho.

Na *escravidão* inexistia recompensa pelo trabalho humano. O escravo era considerado coisa, objeto. O trabalho era tido como coisa aviltante e de responsabilidade dos escravos.

Embora a *servidão* tenha trazido alteração no processo produtivo, interferindo nas relações entre o capital e o trabalho, inexistia, ainda, o salário como retribuição pelo trabalho prestado aos senhores feudais.

A partir da *Revolução Francesa de 1789*, diz Everaldo Gaspar Lopes de Andrade[1], "seguiu-se o sistema do assalariado, também sem disciplinamento, uma vez que ele variava em função da lei da oferta e da procura, tornando o salário uma mercadoria que variava em função da perspectiva econômica. Contra essa estrutura de relacionamento levantaram-se o Manifesto Comunista de 1848 e a Encíclica *Rerum Novarum* de 1891".

Com o advento do *Tratado de Versalhes* é que o salário deixa de ser simples componente do custo final da produção dos bens e dos serviços, passando a ser disciplinado internacionalmente como forma de socialização, de valorização e de retribuição do trabalho humano, bem como de subsistência do trabalhador e de sua família.

2. CONCEITO E NATUREZA JURÍDICA DO SALÁRIO

Há mais de uma teoria procurando explicar a natureza jurídica do salário: teoria do crédito alimentício, teoria do direito de personalidade, teoria da contraprestação do trabalho etc.

1. *Curso de direito do trabalho*. 2. ed. São Paulo: Saraiva, 1992, p. 153.

Há três principais teorias quanto à natureza jurídica do salário. A primeira delas equipara o salário percebido pelo empregado a uma indenização, cujo fundamento seria uma contrapartida aos danos físicos ou psíquicos causados ao empregado pelo emprego de sua força e desgaste de suas energias.

A segunda considera o trabalho como prestação e, por esse motivo, atribui ao salário a natureza jurídica de contraprestação. Essa tese decorre das características do contrato de trabalho: comutativo e oneroso. Assim, cabe ao empregado prestar seus serviços e ao empregador remunerá-lo (contraprestação).

A terceira é sustentada por Vólia Bomfim Cassar[2], para quem o salário tem natureza jurídica de direito do empregado em virtude da existência do vínculo empregatício, visto que a prestação de serviço não é necessária para que haja o dever do empregador de pagá-lo, seja pelo tempo à disposição despendido ou por uma das hipóteses de interrupção do contrato de trabalho.

De nossa parte, defendemos a natureza alimentícia do salário, já que ele é destinado, basicamente, ao atendimento das necessidades vitais básicas não só do trabalhador, mas também da sua família. A natureza alimentícia do salário é reconhecida expressamente em nosso ordenamento jurídico, visto que a Constituição Federal, em seu art. 100, § 1º, assim o considerou expressamente.

Há cizânia doutrinária no tocante à conceituação do salário. Podem ser identificadas pelo menos duas teorias que procuram conceituar o salário.

A primeira é a *teoria da contraprestatividade*: troca que o empregado faz com o empregador, fornecendo a sua atividade e recebendo a remuneração correspondente. Mozart Victor Russomano conceitua o salário como "a contraprestação devida pelo empregador em face do serviço desenvolvido pelo empregado"[3].

Todavia, essa teoria não abarcou a situação jurídica em que há obrigatoriedade do pagamento do salário mesmo quando não existe trabalho efetivo, como ocorre, por exemplo, no período de férias anuais remuneradas.

A segunda é a *teoria da contraprestação com o contrato de trabalho*. Aqui se rejeita a relação direta entre trabalho e salário, dando-se ênfase à relação entre o contrato e o salário.

Adotamos, assim, as ponderações de Amauri Mascaro Nascimento, para quem "Salário é a totalidade das percepções econômicas dos trabalhadores, qualquer que seja a forma ou meio de pagamento, quer retribuam o trabalho efetivo, os períodos de interrupção do contrato e os descansos computáveis na jornada de trabalho"[4].

---

2. *Direito do trabalho*. São Paulo: Forense, 2015, p. 763.
3. *Comentários à Consolidação das Leis do Trabalho*. Rio de Janeiro: Forense, p. 422.
4. *Curso de direito do trabalho*. 10. ed. São Paulo: Saraiva, 1992, p. 451.

3. PRINCÍPIOS DE PROTEÇÃO AO SALÁRIO

O nosso ordenamento jurídico possui princípios e regras de proteção ao salário, como veremos adiante.

3.1. Princípio da irredutibilidade salarial

O princípio da irredutibilidade já estava implicitamente previsto no art. 468 da CLT, que não permite a alteração de cláusula contratual (especialmente a que dispõe sobre salário) em prejuízo do trabalhador.

O art. 7º, VI, da CF/88 consagra-o explicitamente, excepcionando apenas a possibilidade de redução salarial por meio de convenção ou acordo coletivo de trabalho.

Parece-nos, contudo, que, mesmo havendo previsão em convenção ou acordo coletivo de trabalho, a redução salarial deve ser transitória e respeitar o mínimo existencial indisponível, ou seja, o salário mínimo.

Além disso, é preciso verificar, em cada caso, se realmente há transação/negociação, isto é, se a redução salarial implicará, por exemplo, manutenção dos empregos ou outras vantagens. Se for constatado que houve simplesmente **renúncia** ao direito fundamental de irredutibilidade salarial em troca de nada, o órgão judicial poderá declarar a nulidade da cláusula prevista no instrumento coletivo de autocomposição por violação dos princípios da irredutibilidade, da razoabilidade e/ou proporcionalidade.

Afinal, o inciso VI deve ser interpretado sistemática e teleologicamente em harmonia com o *caput*, ambos do art. 7º da CF, de modo que somente será permitida a exceção ao princípio da irredutibilidade salarial se houver, efetivamente, constatação de que haverá uma contrapartida em prol da melhoria das condições sociais dos trabalhadores.

De outro giro, pode-se afirmar que o art. 503 da CLT e a Lei 4.923/65 (art. 2º), que admitiam a redução do salário por motivos decorrentes de força maior e dificuldades econômicas da empresa, respectivamente, devem ser interpretados conforme a Constituição, no sentido de que somente será permitida a redução salarial por meio de convenção ou acordo coletivo e desde que devidamente comprovada pelo menos uma das seguintes situações: força maior e/ou dificuldades econômicas da empresa.

É importante lembrar que, nos termos do § 3º do art. 611-A da CLT, com redação dada pela Lei 13.467/2017: "Se for pactuada cláusula que reduza o salário ou a jornada, a convenção coletiva ou o acordo coletivo de trabalho deverão prever a proteção dos empregados contra dispensa imotivada durante o prazo de vigência do instrumento coletivo".

3.2. Princípio da inalterabilidade salarial

O art. 468 da CLT proíbe qualquer forma de alteração salarial *in pejus*. Permite-se a alteração salarial quando mais benéfica ao empregado. Esse princípio está profundamente vinculado ao princípio constitucional da irredutibilidade salarial (CF, art. 7º, VI).

Assim, não é válida a alteração que modifique, em prejuízo direto ou indireto para o empregado, a forma de pagamento do salário de quinzenal para mensal. Também não é permitida a alteração de pagamento em comissão para salário fixo ou vice-versa, salvo se o empregador provar (o *onus probandi* é seu) que a alteração é vantajosa para o trabalhador.

A nosso ver, a alterabilidade salarial *in pejus* pode ser reconhecida a qualquer tempo, pois eivada de nulidade absoluta (CLT, art. 9º).

3.3. Princípio da integralidade salarial

Esse princípio protege o salário contra os descontos impróprios e abusivos do empregador. Sua base legal reside no art. 462, §§ 1º a 4º, da CLT.

Portanto, é vedado ao empregador efetuar qualquer desconto nos salários do empregado, salvo quando este resultar de adiantamentos, de dispositivos de lei (*v.g.*, contribuições previdenciárias ou imposto de renda retido na fonte) ou de previsão em convenção ou acordo coletivo de trabalho.

Também é lícito o desconto na hipótese de dano causado pelo empregado ao empregador, desde que essa possibilidade tenha sido prevista no contrato de trabalho ou na ocorrência de dolo do empregado.

Além disso, é vedado à empresa que mantiver armazém para venda de mercadorias aos empregados ou serviços estimados proporcionar-lhes prestações *in natura* ou exercer qualquer coação ou induzimento no sentido de que os empregados se utilizem do armazém ou dos serviços. Quando não for possível o acesso dos empregados a armazéns ou serviços não mantidos pela empresa, é lícito à autoridade competente determinar a adoção de medidas adequadas, visando a que as mercadorias sejam vendidas e os serviços prestados a preços razoáveis, sem intuito de lucro e sempre em benefício dos empregados.

Nos termos do § 4º do art. 462 da CLT, observadas as exceções legais, é vedado às empresas limitar, de qualquer forma, a liberdade dos empregados de dispor do seu salário.

O desconto pode ser efetuado quando se tratar de adiantamentos, autorização legal (INSS, IRPF), contrato coletivo (leia-se convenção coletiva), dano causado pelo empregado (desde que haja dolo ou se constar do contrato a previsão para desconto em caso de culpa).

Vacilante era a jurisprudência sobre a possibilidade de desconto salarial a título de contribuições para planos de saúde, seguro de vida, previdência privada etc. O Colendo TST, por sua vez, editou a Súmula 342, *in verbis:*

Descontos salariais efetuados pelo empregador, com a autorização prévia e por escrito do empregado, para ser integrado em planos de assistência odontológica, médico-

> -hospitalar, de seguro, de previdência privada, ou de entidade cooperativa, cultural ou recreativo-associativa de seus trabalhadores, em seu benefício e de seus dependentes, não afrontam o disposto no art. 462 da CLT, salvo se ficar demonstrada a existência de coação ou de outro defeito que vicie o ato jurídico.

3.4. Princípio da intangibilidade salarial

Alguns autores invocam o princípio da intangibilidade salarial para proteger os salários contra os descontos perpetrados pelo empregador.

A nosso sentir, o princípio da intangibilidade não se confunde com o princípio da integralidade, pois aquele protege os salários contra os credores do empregador, enquanto este os protege contra os descontos indevidos feitos pelo próprio empregador.

O fundamento legal do princípio da intangibilidade salarial repousa no art. 449 da CLT, que dispõe, *in verbis*:

> Art. 449. Os direitos oriundos da existência do contrato de trabalho subsistirão em caso de falência, concordata ou dissolução da empresa.
>
> § 1º Na falência, constituirão créditos privilegiados a totalidade dos salários devidos ao empregado e a totalidade das indenizações a que tiver direito.
>
> § 2º Havendo concordata na falência, será facultado aos contratantes tornar sem efeito a rescisão do contrato de trabalho e consequente indenização, desde que o empregador pague, no mínimo, a metade dos salários que seriam devidos ao empregado durante o interregno.

Vê-se, portanto, que, de acordo com o texto consolidado, os créditos trabalhistas, abrangendo, evidentemente, os salários, são privilegiados e preferem até mesmo ao crédito tributário.

Todavia, com o advento da Lei 11.101/2005, ocorreu parcial relativização do princípio da intangibilidade salarial, na medida em que, na falência, o art. 141 da referida lei passou a dispor que na alienação conjunta ou separada de ativos, inclusive da empresa em estado falimentar ou de suas filiais, todos os credores, observada a ordem de preferência definida no art. 83 da lei em tela, sub-rogam-se no produto da realização do ativo, sendo certo que o "objeto da alienação estará livre de qualquer ônus e não haverá sucessão do arrematante nas obrigações do devedor, inclusive as de natureza tributária, as derivadas da legislação do trabalho e as decorrentes de acidentes de trabalho" (Lei 11.101/2005, art. 141, II), salvo quando o arrematante for: a) sócio da sociedade falida, ou sociedade controlada pelo falido; b) parente, em linha reta ou na colateral até o quarto grau, consanguíneo ou afim do falido ou de sócio da sociedade falida; ou c) identificado como agente do falido com o objetivo de fraudar a sucessão.

Além disso, os "empregados do devedor contratados pelo arrematante serão admitidos mediante novos contratos de trabalho e o arrematante não responde por obrigações decorrentes do contrato anterior" (Lei 11.101/2005, art. 141, § 2º).

A Lei 11.101/2005 extinguiu o instituto da concordata e, em seu lugar, surgiu a recuperação (judicial e extrajudicial). No que tange à recuperação extrajudicial, parece-nos inexistir óbice para a incidência da sucessão trabalhista, uma vez que não há regra de exclusão desse instituto em função da interpretação sistemática dos arts. 161, § 1º, 163, § 1º, e 83 da Lei 11.101/2005. Logo, incide aqui o princípio da intangibilidade salarial.

Todavia, no que respeita à recuperação judicial, o art. 60 e seu parágrafo único da Lei 11.101/2005 dispõem, *in verbis*:

> Art. 60. Se o plano de recuperação judicial aprovado envolver alienação judicial de filiais ou de unidades produtivas isoladas do devedor, o juiz ordenará a sua realização, observado o disposto no art. 142 desta Lei.
>
> Parágrafo único. O objeto da alienação estará livre de qualquer ônus e não haverá sucessão do arrematante nas obrigações do devedor, inclusive as de natureza tributária, observado o disposto no § 1º do art. 141 desta Lei.

Tais dispositivos legais, segundo o STF (ADI 3.934; RE 583.955-9/RJ, Rel. Min. Ricardo Lewandowski), não são incompatíveis com a Constituição Federal, razão pela qual fica excluída a aplicação da sucessão trabalhista e, consequentemente, o princípio da intangibilidade salarial na hipótese de alienação de ativos da empresa em processo de recuperação judicial.

O art. 455 da CLT também reconhece o princípio da intangibilidade salarial, uma vez que responsabiliza o empreiteiro principal pelos créditos trabalhistas não adimplidos pelo subempreiteiro em relação aos empregados deste.

3.5. Princípio da impenhorabilidade salarial

Este princípio protege o salário contra os credores do empregado. Sua base legal não está na CLT, e sim no inciso IV do art. 833 do CPC, que trata da impenhorabilidade do salário.

Há algumas exceções à incidência do princípio da impenhorabilidade salarial, como no caso do empregado devedor de prestação alimentícia, inclusive com a possibilidade de desconto em folha de pagamento, bem como do empregado condenado ao pagamento de multa por prática de ilícito penal, conforme previsto no art. 50 e seus parágrafos do Código Penal.

Questão polêmica é a que diz respeito à possibilidade de penhora de parte de salário do sócio da empresa ou do empregador pessoa física para pagamento de crédito trabalhista. Deve o juiz ponderar no caso concreto, invocando o princípio da razoabilidade ou proporcionalidade, interpretar o inciso IV do art. 833 do CPC conforme a Constituição e admitir a penhora de parte do salário (ou provento) do devedor, de modo a se preservar tanto a dignidade do credor quanto a do devedor. Nesse sentido:

> *Agravo de petição. Penhora de conta salário de ex-sócia da empresa executada. Possibilidade.* À luz do princípio da razoabilidade ou proporcionalidade é válida a penhora parcial em conta salário para a efetivação do crédito trabalhista, pois ambos possuem natureza alimentícia (TRT 17ª R. – AP 00964.2002.191.17.00.5 – Rel. Des. Carlos Henrique Bezerra Leite – 2ª T. – j. 25-8-2009 – *DO* 28-9-2009).

O TST (OJ/SBDI-2 153), no entanto, sem atentar para o princípio da proporcionalidade, entende, mesmo diante do disposto no § 2º do art. 833 do novo CPC, que:

> Ofende direito líquido e certo decisão que determina o bloqueio de numerário existente em conta salário, para satisfação de crédito trabalhista, ainda que seja limitado a determinado percentual dos valores recebidos ou a valor revertido para fundo de aplicação ou poupança, visto que o art. 649, IV, do CPC de 1973 contém norma imperativa que não admite interpretação ampliativa, sendo a exceção prevista no art. 649, § 2º, do CPC de 1973 espécie e não gênero de crédito de natureza alimentícia, não englobando o crédito trabalhista.

Felizmente, o TST vem entendendo que a OJ/SBDI-1 n. 153 só se aplica às penhoras realizadas antes da vigência do CPC/2015 (TST-RO 910-08.2016.5.05.0000 – Rel. Min. Alexandre de Souza Agra Belmonte – SBDI-2 – *DEJT* 16-11-2018).

3.6. Outros princípios de proteção ao salário

Outros princípios importantes merecem ser mencionados no tocante à proteção salarial.

A CF/88 (art. 7º, X) considera crime a retenção dolosa do salário. Esse dispositivo, segundo entendimento majoritário, constitui norma de eficácia limitada, dependendo, portanto, de regulamentação através de lei ordinária.

Além disso, o art. 459 da CLT reconhece o princípio da periodicidade do pagamento dos salários, pois o "pagamento do salário, qualquer que seja a modalidade do trabalho, não deve ser estipulado por período superior a um mês, salvo no que concerne a comissões, percentagens e gratificações". Nos termos do parágrafo único desse mesmo artigo, quando "*o pagamento houver sido estipulado por mês, deverá ser efetuado, o mais tardar, até o quinto dia útil do mês subsequente ao vencido*".

A prestação, em espécie, do salário será paga em moeda corrente do País, sendo certo que o pagamento realizado com inobservância desse preceito considera-se como não feito (CLT, art. 463, parágrafo único). Admite-se o pagamento feito em cheque nominal e não cruzado.

O pagamento do salário deverá ser efetuado contra recibo, assinado pelo empregado, e, se este for analfabeto, mediante sua impressão digital ou, não sendo esta possível, a seu rogo (CLT, art. 464).

À luz do art. 450 da CLT:

Ao empregado chamado a ocupar, em comissão, interinamente, ou em substituição eventual ou temporária, cargo diverso do que exercer na empresa, serão garantidas a contagem do tempo naquele serviço, bem como a volta ao cargo anterior.

Como bem ressalta Valentin Carrion:

não há qualquer norma legal no direito do trabalho que determine (como acontece na administração pública ao funcionário) o pagamento ao substituto do mesmo salário do substituído; aqui a regra basilar é a de equiparação, mas exige simultaneidade no tempo, a mesma produtividade e qualidade, e, mesmo assim, sujeita a outros requisitos. A simples substituição não indica a equivalência do resultado atingido; é que as funções empresariais têm de ser desenvolvidas, mesmo com maus ou péssimos substitutos. Inexiste recurso possível ao princípio de isonomia ou qualquer outro[5].

Esse, porém, não é o entendimento jurisprudencial dominante, como se infere da Súmula 159 do TST:

Substituição de caráter não eventual e vacância do cargo. I – Enquanto perdurar a substituição que não tenha caráter meramente eventual, inclusive nas férias, o empregado substituto fará jus ao salário contratual do substituído. II – Vago o cargo em definitivo, o empregado que passa a ocupá-lo não tem direito a salário igual ao do antecessor.

4. REMUNERAÇÃO E SALÁRIO

Antes da vigência da Lei 13.467/2017, preceituava o art. 457 da CLT:

Art. 457. Compreendem-se na remuneração do empregado, para todos os efeitos legais, além do salário devido e pago diretamente pelo empregador, como contraprestação do serviço, as gorjetas que receber.

§ 1º Integram o salário não só a importância fixa estipulada, como também as comissões, percentagens, gratificações ajustadas, diárias para viagens e abonos pagos pelo empregador.

§ 2º Não se incluem nos salários as ajudas de custo, assim como as diárias para viagem que não excedam de cinquenta por cento do salário percebido pelo empregado.

5. *Comentários à Consolidação das Leis do Trabalho*. Ed. em CD-ROM, 1996, nota ao art. 450.

§ 3º Considera-se gorjeta não só a importância espontaneamente dada pelo cliente ao empregado, como também aquela que for cobrada pela empresa ao cliente, como adicional nas contas, a qualquer título, e destinada à distribuição aos empregados.

Com o advento da Lei 13.419, de 13.03.2017, e, posteriormente, da Lei 13.467, de 13.07.2017, o art. 457 e seus parágrafos da CLT passaram a ter a seguinte redação:

Art. 457. Compreendem-se na remuneração do empregado, para todos os efeitos legais, além do salário devido e pago diretamente pelo empregador, como contraprestação do serviço, as gorjetas que receber.

§ 1º Integram o salário a importância fixa estipulada, as gratificações legais e as comissões pagas pelo empregador.

§ 2º As importâncias, ainda que habituais, pagas a título de ajuda de custo, auxílio-alimentação, vedado seu pagamento em dinheiro, diárias para viagem, prêmios e abonos não integram a remuneração do empregado, não se incorporam ao contrato de trabalho e não constituem base de incidência de qualquer encargo trabalhista e previdenciário.

§ 3º Considera-se gorjeta não só a importância espontaneamente dada pelo cliente ao empregado, como também o valor cobrado pela empresa, como serviço ou adicional, a qualquer título, e destinado à distribuição aos empregados.

§ 4º Consideram-se prêmios as liberalidades concedidas pelo empregador em forma de bens, serviços ou valor em dinheiro a empregado ou a grupo de empregados, em razão de desempenho superior ao ordinariamente esperado no exercício de suas atividades.

§ 5º Inexistindo previsão em convenção ou acordo coletivo de trabalho, os critérios de rateio e distribuição da gorjeta e os percentuais de retenção previstos nos §§ 6º e 7º deste artigo serão definidos em assembleia geral dos trabalhadores, na forma do art. 612 desta Consolidação.

§ 6º As empresas que cobrarem a gorjeta de que trata o § 3º deverão:

I – para as empresas inscritas em regime de tributação federal diferenciado, lançá-la na respectiva nota de consumo, facultada a retenção de até 20% (vinte por cento) da arrecadação correspondente, mediante previsão em convenção ou acordo coletivo de trabalho, para custear os encargos sociais, previdenciários e trabalhistas derivados da sua integração à remuneração dos empregados, devendo o valor remanescente ser revertido integralmente em favor do trabalhador;

II – para as empresas não inscritas em regime de tributação federal diferenciado, lançá-la na respectiva nota de consumo, facultada a retenção de até 33% (trinta e três por cento) da arrecadação correspondente, mediante previsão em convenção ou acordo coletivo de trabalho, para custear os encargos sociais, previdenciários e trabalhistas derivados da sua integração à remuneração dos empregados, devendo o valor remanescente ser revertido integralmente em favor do trabalhador;

III – anotar na Carteira de Trabalho e Previdência Social e no contracheque de seus empregados o salário contratual fixo e o percentual percebido a título de gorjeta.

§ 7º A gorjeta, quando entregue pelo consumidor diretamente ao empregado, terá seus critérios definidos em convenção ou acordo coletivo de trabalho, facultada a retenção nos parâmetros do § 6º deste artigo.

§ 8º As empresas deverão anotar na Carteira de Trabalho e Previdência Social de seus empregados o salário fixo e a média dos valores das gorjetas referente aos últimos doze meses.

§ 9º Cessada pela empresa a cobrança da gorjeta de que trata o § 3º deste artigo, desde que cobrada por mais de doze meses, essa se incorporará ao salário do empregado, tendo como base a média dos últimos doze meses, salvo o estabelecido em convenção ou acordo coletivo de trabalho.

§ 10. Para empresas com mais de sessenta empregados, será constituída comissão de empregados, mediante previsão em convenção ou acordo coletivo de trabalho, para acompanhamento e fiscalização da regularidade da cobrança e distribuição da gorjeta de que trata o § 3º deste artigo, cujos representantes serão eleitos em assembleia geral convocada para esse fim pelo sindicato laboral e gozarão de garantia de emprego vinculada ao desempenho das funções para que foram eleitos, e, para as demais empresas, será constituída comissão intersindical para o referido fim.

§ 11. Comprovado o descumprimento do disposto nos §§ 4º, 6º, 7º e 9º deste artigo, o empregador pagará ao trabalhador prejudicado, a título de multa, o valor correspondente a 1/30 (um trinta avos) da média da gorjeta por dia de atraso, limitada ao piso da categoria, assegurados em qualquer hipótese o contraditório e a ampla defesa, observadas as seguintes regras:

I – a limitação prevista neste parágrafo será triplicada caso o empregador seja reincidente;

II – considera-se reincidente o empregador que, durante o período de doze meses, descumpre o disposto nos §§ 4º, 6º, 7º e 9º deste artigo por mais de sessenta dias.

Importa destacar que o *caput* do art. 457 da CLT permaneceu com a redação que lhe foi dada pela Lei 1.999, de 1º.10.1953. Todavia, os §§ 3º, 4º, 5º, 6º, 7º, 8º, 9º, 10 e 11 da CLT foram acrescentados pela Lei 13.419/2017, sendo certo que, posteriormente, a Lei 13.467/2017 (Reforma Trabalhista) deu nova redação aos §§ 1º, 2º e 4º do art. 457 da CLT.

Não bastasse todo esse "carnaval" legislativo, sobreveio a MP 808, de 14.11.2017, que alterou os §§ 1º e 2º e acrescentou os novos §§ 12 a 23, todos do art. 457 da CLT.

Advertimos, porém, que a Medida Provisória 808/2017 não foi convertida em lei[6], perdendo eficácia desde a sua edição (CF, art. 62, § 3º), de modo que passou a vigorar novamente o texto da Lei 13.467/2017.

Diversas são as denominações dadas à retribuição percebida pelos trabalhadores em geral em decorrência da prestação do seu trabalho.

Os servidores públicos civis investidos em cargos públicos, por exemplo, percebem vencimento. Os militares, soldo. Honorários constituem a remuneração dos profissionais liberais. Ordenado, recebido pelos empregados mais qualificados. Os agentes políticos exercentes de poder, como magistrados e membros do Ministério Público, percebem subsídios.

Salário, em sentido técnico, é a retribuição devida àqueles que trabalham na condição de empregados.

O art. 457 da CLT faz distinção entre salário e remuneração. O primeiro é a contraprestação originariamente fixada, em virtude do contrato individual de trabalho. Já a remuneração tem sentido mais amplo, de modo a englobar tudo o que venha a ser acrescido à retribuição básica ou originária do empregado.

Estamos com Everaldo Gaspar Lopes de Andrade, para quem, "remuneração será, pois, o gênero do qual o salário é uma espécie – dentre outras – que irá compor a totalidade dos ganhos do empregado"[7].

No mesmo sentido leciona Amauri Mascaro Nascimento:

> Remuneração é um gênero do qual salário é uma espécie. A remuneração é a totalidade dos pagamentos habitualmente efetuados ao empregado periodicamente, incluindo as atribuições econômicas emanadas diretamente do empregador, como comissões, gratificações, adicionais, prêmios etc. Salário é, no seu sentido próprio e restrito, o pagamento também periódico e habitual, mas diferenciado porque se baseia no critério tempo, obra ou em ambos combinadamente[8].

À luz do art. 457 da CLT, entretanto, tem-se que:

a) **remuneração** = salário + gorjeta;

b) **salário** = contraprestação devida e paga diretamente pelo empregador em face do contrato de trabalho;

c) **gorjeta** = importância dada espontaneamente pelo cliente ao empregado (facultativa) ou cobrada pela empresa ao cliente como adicional nas contas, a qualquer título,

6. Sobre os efeitos da Medida Provisória não convertida em lei, remetemos o leitor ao Título I, Capítulo IV, item 2.1.

7. *Op. cit.*, p. 154-155.

8. *O salário no direito do trabalho*. São Paulo: LTr, 1975, p. 33-34.

destinada à distribuição aos empregados (obrigatória). Ambas constituem remuneração do empregado para todos os efeitos legais.

A Súmula 354 do TST dispõe que as "gorjetas, cobradas pelo empregador na nota de serviço ou oferecidas espontaneamente pelos clientes, integram a remuneração do empregado, não servindo de base de cálculo para as parcelas de aviso prévio, adicional noturno, horas extras e repouso semanal remunerado".

É importante observar que apesar de a CLT ser expressa quanto às gorjetas percebidas pelo empregado, não se pode afirmar que essa seja a única espécie de salário indireto (que não é pago pelo empregador), pois as gueltas também possuem tal característica.

Antes de analisarmos cada componente da remuneração do empregado, cumpre-nos ressaltar que, a nosso sentir, as alterações introduzidas no § 2º do art. 457 da CLT revelam-se inconstitucionais, na medida em que deixam claro o propósito desses dispositivos em negar caráter salarial a parcelas devidas ao trabalhador como contraprestação pelo trabalho humano realizado em prol do empregador, como as gratificações espontâneas, os abonos e os adicionais.

Além disso, esses dispositivos afastam o caráter protetivo do salário, o que incentiva as fraudes, isto é, a possibilidade de desvirtuação de verbas pagas como contraprestação pelo serviço com o escopo de descaracterizar a natureza remuneratória dessas vantagens para fins de incidência dos demais direitos trabalhistas fundamentais e das contribuições previdenciárias e fiscais, sendo, nessa perspectiva, inconstitucionais porque, em seu conjunto, visam a retirar a eficácia do direito fundamental ao salário e aos demais direitos fundamentais vinculados à remuneração do trabalhador, como os previstos nos incisos III, VIII, IX, XVI e XVII do art. 7º da CF.

De outro giro, as referidas disposições violam o disposto no § 11 do art. art. 201 da CF, que estabelece a incorporação de todos os ganhos habituais do trabalhador para efeito de incidência de contribuição previdenciária e, consequentemente, para fins de estipulação dos valores dos benefícios previdenciários.

5. COMPONENTES DO SALÁRIO E DA REMUNERAÇÃO

Além do salário-base (ou salário fixo), que corresponde à contraprestação mínima pelo tempo que o empregado fica trabalhando ou à disposição do empregador, disciplina o § 1º do art. 457 da CLT, com nova redação dada pela Lei 13.467/2017, posteriormente alterada pela MP 808, de 14.11.2017, que "Integram o salário a importância fixa estipulada, as gratificações legais e de função e as comissões pagas pelo empregador".

Ocorre que a Medida Provisória 808/2017 não foi convertida em lei[9], perdendo eficácia desde a sua edição (CF, art. 62, § 3º), de modo que passou a vigorar novamente o texto da Lei 13.467/2017.

Assim, nos termos do § 1º do art. 457 da CLT, com redação dada pela Lei 13.467/2017: "Integram o salário a importância fixa estipulada, as gratificações legais e as comissões pagas pelo empregador".

A nova regra, como já salientamos na epígrafe anterior, retirou do núcleo salarial as percentagens, as gratificações não previstas em leis, as diárias para viagens (excedentes em cinquenta por cento do salário) e os abonos.

Além disso, é importante lembrar que o novel § 1º do art. 457 da CLT ignora as posições da doutrina e da jurisprudência, no sentido de que tal preceito não é *numerus clausus*.

Vale dizer, além dos elementos expressamente previstos no preceptivo em causa, outros há no ordenamento jurídico obreiro, como os adicionais, o abono etc.

Em melhor didática, e reconhecendo a inconstitucionalidade parcial do § 1º do art. 457 da CLT com a redação dada pela Lei 13.467/2017, como já alertamos na epígrafe anterior, as parcelas que integram a remuneração do empregado podem ser classificadas em dois grupos: as **parcelas de natureza não salarial** (integrando tão somente a remuneração) e as **parcelas de natureza salarial** (formando o complexo salarial do trabalhador).

- **Parcelas de natureza salarial:** são as parcelas percebidas com habitualidade pelo trabalhador, como o salário base, as comissões, percentagens, os adicionais (insalubridade, hora extraordinária, periculosidade, por tempo de serviço etc.), as gratificações, os abonos (antecipações do reajuste salarial, por exemplo), a quebra de caixa (TST, Súmula 247) e os prêmios.
- **Parcelas de natureza não salarial:** são aquelas parcelas de natureza indenizatória, ressarcitória ou instrumental relacionadas à educação, ao transporte, à assistência médica, ao seguro de vida e acidentes pessoais, à previdência privada e ao vale-cultura; a participação nos lucros ou resultados; o abono pecuniário (não habitual); as despesas com alimentação (se o empregador for filiado ao PAT-Programa de Alimentação do Trabalhador).

Existem, ainda, **parcelas pagas por terceiro,** como as gorjetas, gueltas e honorários advocatícios de sucumbência para o advogado empregado. Estas parcelas compõem a remuneração, mas não integram – e nem se incorporam – ao salário do empregado.

O novel § 2º do art. 457 da CLT, como já alertamos sobre a sua inconstitucionalidade na epígrafe anterior, retirou a natureza salarial de diversas parcelas, ainda que

9. Sobre os efeitos da Medida Provisória não convertida em lei, remetemos o leitor ao Título I, Capítulo IV, item 2.1.

pagas habitualmente ao trabalhador, tais como: ajuda de custo (limitada a 50% da remuneração mensal), auxílio-alimentação (vedado seu pagamento em dinheiro), diárias para viagem e os prêmios não integram a remuneração do empregado, não se incorporam ao contrato de trabalho e não constituem base de incidência de encargo trabalhista e previdenciário.

Examinaremos adiante todos os componentes da remuneração e do salário.

5.1. Comissões e percentagens

As *comissões* e as *percentagens*, como componentes do salário, constituem tipicamente forma de remuneração por unidade de obra ou serviço, ou seja, não se leva em conta o tempo gasto, e sim a produção alcançada pelo empregado.

As comissões, portanto, constituem modalidade salarial variável, cujo pagamento, em geral, é feito por um percentual sobre o valor do resultado da atividade laboral exercida pelo empregado. Exatamente por isso a doutrina afirma que as comissões possuem sentido mais amplo, uma vez que podem abranger as percentagens. Vale dizer, as comissões podem ser pagas tanto por meio de porcentagens quanto em unidades. Um empregado que confecciona calçados, por exemplo, pode ter seu salário pago em comissões por unidade produzida (a cada dez pares produzidos, terá direito a um par de calçados) ou em percentagens (10% sobre cada par de calçados produzido).

O novel § 1º do art. 457 da CLT (redação dada pela Lei 13.467/2017), no entanto, excluiu as percentagens dos componentes do salário.

A Lei 3.207, de 18.07.1957, que regulamenta as atividades dos vendedores, viajantes ou pracistas, fixa algumas regras disciplinadoras das comissões e as zonas de trabalho.

De acordo com a CLT:

> Art. 466. O pagamento de comissões e percentagens só é exigível depois de ultimada a transação a que se referem.
>
> § 1º Nas transações realizadas por prestações sucessivas, é exigível o pagamento das percentagens e comissões que lhes disserem respeito proporcionalmente à respectiva liquidação.
>
> § 2º A cessação das relações de trabalho não prejudica a percepção das comissões e percentagens devidas na forma estabelecida por este artigo.

Tendo em vista a cizânia interpretativa do termo "ultimada a transação", a Lei 3.207/57 passou a dispor que se presume aceita a transação se o empregador não recusar a proposta, por escrito, no prazo: a) de dez dias contados da data da proposta para vendas realizadas dentro do mesmo Estado-membro da Federação; b) noventa dias quando se tratar de venda realizada em outra unidade da Federação ou no estrangeiro. Admite-se a prorrogação se o empregador comunicá-la por escrito ao empregado antes de vencidos os prazos supracitados.

Os empregados que trabalham por comissão podem ser classificados em: comissionista puro (todo o salário é variável) ou comissionista misto (uma parte do salário é fixa e a outra é variável).

Tratando-se de comissionista puro, isto é, se o empregado receber salário exclusivamente por comissão, será a ele garantido pelo menos o direito de receber o salário mínimo legal ou convencional (CF, art. 7º, VII). Ressalta-se que é vedado ao empregador compensar a parte que foi complementada num mês no mês seguinte, visto que é direito fundamental do empregado perceber, no mínimo, o salário mínimo. A alteridade impõe ao empregador a responsabilidade de arcar sozinho com os riscos do negócio e com os prejuízos dele advindos.

Na hipótese de comissionista puro, prevê a Súmula 340 do TST que o empregado, sujeito a controle de horário, remunerado à base de comissões, tem direito ao adicional de, no mínimo, 50% pelo trabalho em horas extras, calculado sobre o valor-hora das comissões recebidas no mês, considerando-se como divisor o número de horas efetivamente trabalhadas.

Se se tratar de comissionista misto, terá ele direito ao adicional de horas extras, calculado sobre as horas simples acrescidas do adicional de horas extras de, no mínimo, 50% sobre a parte fixa; sobre a parte variável é devido apenas o adicional de horas extras.

Aceita a proposta pelo empregador, exsurge o direito do empregado às comissões, ainda que o cliente venha posteriormente a desistir do negócio ou deixar de efetuar o pagamento respectivo. A inexecução da transação por vontade do empregador não prejudicará o direito do empregado à percepção das comissões. Todavia, no caso de o empregador se obrigar por prestações sucessivas, dispõe o art. 5º da Lei 3.207/57 que o pagamento das comissões e percentagens será exigível de acordo com a ordem de recebimento delas. Essa regra deve ser interpretada teleologicamente e em sintonia com o art. 2º da CLT, segundo o qual os riscos da atividade econômica correm por conta do empregador, e não do empregado, de modo que somente no caso de insolvência do comprador (Lei 3.207, art. 7º) ou de recusa manifesta da proposta de venda apresentada pelo empregado (Lei 3.207, art. 3º) poderá o empregador, por exemplo, deixar de pagar as comissões ao empregado por inadimplência do comprador quanto às prestações sucessivas.

No caso das transações realizadas de forma sucessiva, nos termos do art. 466, § 1º, da CLT, o empregado terá direito a receber a percentagem da comissão que lhe cabe mês a mês. Na hipótese de rescisão contratual, o empregado terá direito a receber mensalmente os valores das comissões que ainda não tenham sido liquidados, bem como as projeções de tais parcelas sobre o FGTS, férias proporcionais e 13º salário, observada a data em que o contrato de trabalho extinto.

Em relação à possibilidade de equiparação salarial, só existirá na hipótese de os empregados perceberem percentual distinto sobre as vendas realizadas ou se a parte fixa for diferente. Porém, se o percentual e a parte forem os mesmos, a produtividade de cada um impede que seja reconhecido tal direito.

Por fim, têm direito também os comissionistas ao repouso semanal remunerado sobre o valor pago, conforme a Súmula 27 do TST: "é devida a remuneração do repouso semanal e dos dias feriados ao empregado comissionista, ainda que pracista".

5.1.1. *Cláusula* del credere

Originada do direito italiano, a cláusula *del credere* ou *star del credere*, que é largamente utilizada nos contratos de comissão mercantil, institui uma responsabilidade solidária entre o comissário (recebedor da comissão) e o comitente (pagador da comissão).

Não é pacífico o cabimento da cláusula *del credere* nos contratos de trabalho, tendo em vista que no direito do trabalho os riscos da atividade econômica são suportados exclusivamente pelo empregador (CLT, art. 2º). É certo, ainda, que o art. 462 da CLT dispõe que o empregado só responde por prejuízos causados ao empregador em casos de dolo ou, se houver previsão contratual, culpa.

Ademais, como já vimos no item precedente, o empregado vendedor pode perder as comissões na hipótese em que o comprador se tornar insolvente, mas, ainda, assim, jamais será responsável solidário com o comprador para ressarcimento ao empregador.

De outro giro, se nos contratos de representação comercial, nos quais o representante vendedor é um trabalhador autônomo (*vide* art. 442-B da CLT e art. 1º da Portaria MTE 349/2018), o art. 43 da Lei 4.886/65 proíbe a inclusão de cláusulas *del credere*, com muito mais razão não há viabilidade legal para instituir tais cláusulas nos contratos de trabalho, nos quais o empregado vendedor é um trabalhador subordinado. Nesse sentido:

> CONTRATO DE REPRESENTAÇÃO COMERCIAL – CLÁUSULA *DEL CREDERE* – DESCONTOS REALIZADOS NAS COMISSÕES DO REPRESENTANTE – IMPOSSIBILIDADE. De acordo com o art. 43 da Lei n. 4.886/65, "é vedada no contrato de representação comercial a inclusão de cláusulas *del credere*". Ou seja: há vedação legal para que se transfira os riscos do empreendimento ao representante, o qual não responde por eventual inadimplemento do cliente. Incontroversa a existência de tais descontos, justamente sob a justificativa inválida de que os clientes não honraram com o pagamento, devida a restituição. Assim, tendo as rés reconhecido, em defesa, que os descontos alegados na inicial realmente foram procedidos, não se mostra possível, neste momento processual, pretender mudar sua tese, alegando que a informa-

ção constante em defesa se deu por equívoco. Sentença mantida (TRT 9ª R. – RO 224-2011-91-9-0-5 – Rel. Des. Sueli Gil El-Rafihi – 6ª T. – *DEJT* 04.05.2012).

5.2. Adicionais

Os adicionais, embora não expressamente previstos no § 1º do art. 457 da CLT, são parcelas integrantes do salário e têm por escopo compensar o trabalho realizado em situações que exijam maior desconforto do empregado em razão do tempo e do lugar da prestação do serviço ou que representem maior perigo ou risco para a sua saúde.

Os adicionais ora derivam da lei (adicional noturno, adicional de insalubridade, adicional de periculosidade, adicional de penosidade[10], adicional de hora extra, adicional de transferência), ora de instrumento coletivo (adicional de produtividade), ora do contrato individual (adicional em virtude de área de difícil acesso ou adicional por tempo de serviço).

Ressalta-se que os adicionais estão condicionados à permanência de condições mais gravosas ou complexas do trabalho realizado pelo empregado, pois no momento em que tais condições deixam de existir o empregador pode cessar o respectivo pagamento. Sobre o tema, recomendamos a leitura das Súmulas 80, 248, 265 e 291 do TST.

A respeito do adicional de hora extra, o qual, a partir da CF/88, passou a ser de no mínimo 50% do valor da hora normal, sugerimos a leitura do Capítulo XII, item 2.1 (Jornada Diária), deste Título.

Sobre o adicional de transferência, cujo valor é de 25% incidente sobre a remuneração (CLT, art. 469, § 3º), remetemos o leitor ao Capítulo X, item 5.2.5, deste Título.

Focalizaremos, em seguida, os adicionais de hora extra, de periculosidade, de insalubridade e noturno, por serem os mais corriqueiros no quotidiano forense e na prática empresarial.

5.2.1. Adicional de hora extra

O adicional de hora extra, como parcela de natureza salarial, é devido em função do trabalho prestado além do limite horário máximo legal, em regime de prorrogação da jornada.

O art. 59, § 1º, da CLT previa que as horas extraordinárias serão remuneradas com um acréscimo de 20% sobre o valor da hora normal. No entanto, tal dispositivo não foi recepcionado pela Constituição de 1988, pois o art. 7º, inciso XVI, determina que a remuneração deverá ser, no mínimo, superior à metade da hora normal. Há de-

10. Ainda está a depender de regulamentação, via lei ordinária, *ex vi* do art. 7º, XXIII, da CF/88.

terminadas categorias que por lei, acordo ou convenção coletiva recebem um adicional majorado, chegando a, por exemplo, 100% do valor da hora normal caso dos advogados (Lei 8.906/94) e dos portuários pelo trabalho efetuado em feriado e em intervalo intrajornada (Lei 4.860/65).

A base de cálculo da hora extraordinária é o complexo salarial e não somente o salário base. Assim, a fim de obter o valor da hora normal, deve o empregado somar todas as parcelas de natureza salarial e dividir pela quantidade de horas laboradas no mês (30 x número de horas trabalhadas por dia). Tal raciocínio evidencia-se claramente na Súmula 354 do TST, cujo teor afasta da base de cálculo das horas extras as parcelas pagas por terceiro (gueltas e gorjetas).

Conforme disposição da Súmula 85 do TST, não há pagamento do adicional de horas extras no caso de regime de compensação de horas (instituído por acordo individual escrito ou negociação coletiva) ou de banco de horas (instituído somente por acordo ou convenção coletiva).

No que se refere ao acordo de compensação de horas, é necessário que seja formalizado por escrito. O TST, em sua Súmula 85, II, entende que acordo individual de compensação também é válido e não somente por negociação coletiva. Assim, numa semana em que o empregado trabalhe 9 horas de segunda a quinta-feira para não ter que laborar aos sábados, o trabalho realizado a partir da 9ª hora deve ser remunerado como hora extraordinária (50% sobre o valor da hora normal).

A Lei 13.467/2017, no entanto, alterou o art. 59 da CLT para permitir, em seus §§ 5º e 6º, o banco de horas e o regime de compensação por meio de acordos individuais, sendo que neste último caso, inclusive, por meio de acordo tácito. Essas disposições, a nosso sentir, violam os princípios constitucionais da vedação do retrocesso social e do valor social do trabalho, além de colocarem os trabalhadores em condições de extrema vulnerabilidade diante do poder empregatício patronal, mormente nos momentos de crise econômica e de desemprego estrutural.

Há discussões acerca da incorporação ao salário das horas extras habitualmente prestadas e sua repercussão no cálculo de outras parcelas salariais. Colhem-se, a propósito, as seguintes súmulas:

> Insere-se no cálculo de indenização por antiguidade o salário relativo a serviço extraordinário, desde que habitualmente prestado (TST – Súmula 24).
>
> A remuneração do serviço suplementar, habitualmente prestado, integra o cálculo da gratificação natalina prevista na Lei n. 4.090/62 (TST – Súmula 45).
>
> O valor das horas extras habituais integra a remuneração do trabalhador para o cálculo das gratificações semestrais (TST – Súmula 115).
>
> Os intervalos concedidos pelo empregador na jornada de trabalho, não previstos em lei, representam tempo à disposição da empresa, remunerados como serviço extraordinário, se acrescidos ao final da jornada (TST – Súmula 118).

Computam-se no cálculo do repouso remunerado as horas extras habitualmente prestadas (TST – Súmula 172).

I – A contratação do serviço suplementar, quando da admissão do trabalhador bancário, é nula. Os valores assim ajustados apenas remuneram a jornada normal, sendo devidas as horas extras com o adicional de, no mínimo, 50% (cinquenta por cento), as quais não configuram pré-contratação, se pactuadas após a admissão do bancário.
II – Em se tratando de horas extras pré-contratadas, opera-se a prescrição total se a ação não for ajuizada no prazo de cinco anos, a partir da data em que foram suprimidas (TST – Súmula 199).

Horas extras. Habitualidade. Supressão. Indenização. A supressão total ou parcial, pelo empregador, de serviço suplementar prestado com habitualidade, durante pelo menos 1 (um) ano, assegura ao empregado o direito à indenização correspondente ao valor de 1 (um) mês das horas suprimidas, total ou parcialmente, para cada ano ou fração igual ou superior a seis meses de prestação de serviço acima da jornada normal. O cálculo observará a média das horas suplementares nos últimos 12 (doze) meses anteriores à mudança, multiplicada pelo valor da hora extra do dia da supressão (TST – Súmula 291).

Há controvérsias também sobre a aplicação do regime das horas extraordinárias na hipótese de intervalo intrajornada suprimido. É bastante recorrente a situação em que o empregado faz uma "hora menor" de almoço para que ao final do dia possa ir embora mais cedo, compensando o momento em que deveria estar descansando para voltar ao labor.

O art. 71, § 4º, da CLT versa que "quando o intervalo para repouso e alimentação, previsto neste artigo, não for concedido pelo empregador, este ficará obrigado a remunerar o período correspondente com um acréscimo de no mínimo 50% (cinquenta por cento) sobre o valor da remuneração da hora normal de trabalho".

Há autores, como Vólia Bomfim Casar[11], que entendem que, no caso de supressão parcial do intervalo intrajornada, o empregador deverá pagar somente o valor majorado pela hora efetivamente suprimida, pois consideram que o pagamento também pelo descanso efetivamente gozado ensejaria *bis in idem* ao empregador, que pagaria duas vezes pelo mesmo *lapso temporal*.

Nesse caso, no entanto, entendemos que, por tratar de questão pertinente à higiene, saúde e segurança do trabalho, é norma de ordem pública, cuja observância pelos atores sociais não pode ser afastada. A supressão do intervalo intrajornada, ainda que parcial, implica o dever patronal de pagamento integral do período correspondente e não apenas do suprimido, a teor da Súmula 437, I, do TST, que, no particular, atrita com a nova redação dada pela Lei 13.467/2017 ao § 4º do art. 71 da CLT, a saber:

11. *Direito do Trabalho*. São Paulo: Método, 2015, p. 821.

A não concessão ou a concessão parcial do intervalo intrajornada mínimo, para repouso e alimentação, a empregados urbanos e rurais, implica o pagamento, de natureza indenizatória, apenas do período suprimido, com acréscimo de 50% (cinquenta por cento) sobre o valor da remuneração da hora normal de trabalho.

Esse novel § 4º do art. 71 da CLT, com redação dada pela Lei 13.467/2017, é, a nosso sentir, manifestamente inconstitucional, como veremos no Título II, Capítulo XII, subitem 2.2.2.

5.2.2. Adicional de insalubridade

O adicional de insalubridade, previsto no art. 189 da CLT, é parcela salarial destinada a compensar o trabalho realizado em condições sujeitas a agressões de agentes físicos (como o ruído excessivo), químicos (compostos de carbono) ou biológicos (doenças encontradas nos hospitais) nocivos à saúde do empregado.

Conforme disposto no art. 190 da CLT, cabe ao Ministério do Trabalho aprovar o quadro de atividades e operações consideradas insalubres, bem como os requisitos e limites de tolerância para caracterização da insalubridade para cada um dos agentes nocivos. Conforme jurisprudência majoritária, a Norma Regulamentadora 15 do MTE (atualizada constantemente) possui um rol taxativo, sendo imprescindível o laudo pericial para comprovação da situação insalubre no caso concreto.

O adicional de insalubridade também possui fundamento constitucional, como se infere do art. 7º, inciso XXIII, da CF/88.

O trabalho em condições insalubres gera, para o empregado, o direito à percepção do adicional de insalubridade, em percentuais de 40%, 20% ou 10%, caso a insalubridade constatada seja em grau máximo, médio ou mínimo, respectivamente.

No pertinente à incidência do adicional de insalubridade, perfilhávamos o entendimento segundo o qual, após 05.10.1988, a sua base de cálculo seria a remuneração (totalidade das percepções econômicas do empregado) e não mais o salário mínimo. É que o art. 192 da CLT, interpretado conforme a Constituição (art. 7º, XXIII), teria sido recepcionado apenas no que toca ao percentual (10, 20 ou 40%), mas a sua incidência deveria ser, sempre, a remuneração, e não mais o salário mínimo. Frise-se que a lei – quanto mais a *Lex Legum* – não contém palavras inúteis.

Todavia, em virtude da Súmula Vinculante 4 do STF[12], o TST deu nova redação à Súmula 228, que passou a ser a seguinte:

12. Súmula Vinculante 4: Salvo nos casos previstos na Constituição, o salário mínimo não pode ser usado como indexador de base de cálculo de vantagem de servidor público ou de empregado, nem ser substituído por decisão judicial.

> *Adicional de insalubridade. Base de cálculo (redação alterada na sessão do Tribunal Pleno em 26.06.2008, Res. 148/08, DJ 04 e 07.07.2008).* A partir de 09.05.2008, data da publicação da Súmula Vinculante 4 do Supremo Tribunal Federal, o adicional de insalubridade será calculado sobre o salário básico, salvo critério mais vantajoso fixado em instrumento coletivo.

Referida súmula, no entanto, encontra-se suspensa por determinação do STF na Reclamação n. 6.266/DF. De tal arte, a base de cálculo do adicional de insalubridade, até ulterior deliberação do Pretório Excelso (Reclamação 6.266/DF), somente poderá ser diferente do salário mínimo se sobrevier lei nova ou convenção coletiva ou acordo coletivo de trabalho que contenha expressamente dispositivo sobre a base de cálculo do adicional de insalubridade. Nesse sentido é a jurisprudência atual e iterativa da SBDI-1/TST:

> (...) ADICIONAL DE INSALUBRIDADE. BASE DE CÁLCULO. SALÁRIO MÍNIMO. DIVERGÊNCIA JURISPRUDENCIAL NÃO CONFIGURADA. Inadmissível o conhecimento do Recurso de Embargos, sob a ótica de configuração de dissenso jurisprudencial, porquanto se afigura inespecífico o aresto paradigma, atraindo a incidência da Súmula 296, I, do TST. Ademais, a jurisprudência atual desta Subseção, no tocante à base de cálculo do adicional de insalubridade, leva em conta as decisões do Supremo Tribunal Federal a respeito da edição da Súmula Vinculante 4 e suspensão da nova redação da Súmula 228 desta Corte Superior (Reclamação n. 6.266/DF). Nesse contexto, na ausência de lei dispondo sobre a base de cálculo do adicional de insalubridade e inexistindo norma coletiva fixando critério mais vantajoso, a parcela deverá ser calculada sobre o salário mínimo (TST-Ag-E-RR 99400-33.2011. 5.17.0121 – Rel. Min. Augusto César Leite de Carvalho, SBDI-1, *DEJT* 10.10.2014).

Em regra, conforme a Súmula 47 do TST, a intermitência na prestação do serviço em local insalubre não afasta o direito ao recebimento do adicional de insalubridade.

Discute-se bastante se a concessão ou não de equipamentos de proteção individual (EPI) pode afastar ou reduzir o adicional de insalubridade percebido pelo empregado. O TST (Súmula 289) entende que "o simples fornecimento do aparelho de proteção pelo empregador não o exime do pagamento do adicional de insalubridade. Cabe-lhe tomar as medidas que conduzam à diminuição ou eliminação da nocividade, entre as quais as relativas ao uso efetivo do equipamento pelo empregado".

Assim, em decorrência do poder fiscalizatório do empregador, em caso de recusa do empregado em utilizar o EPI, o vínculo empregatício poderá ser extinto com justa causa (art. 158, parágrafo único, *b*, da CLT). Porém, em caso de não utilização do EPI pelo empregado, mesmo que fornecido conforme todas as normas, o adicional será devido, pois cabia ao empregador fiscalizar.

5.2.3. Adicional de periculosidade

O adicional de periculosidade é parcela salarial prevista no art. 193 da CLT que tem por escopo compensar o trabalho prestado em condições que, por sua natureza ou métodos de trabalho, impliquem risco acentuado em virtude de exposição permanente do trabalhador a:

- inflamáveis, explosivos ou energia elétrica;
- roubos ou outras espécies de violência física nas atividades profissionais de segurança pessoal ou patrimonial (Lei 12.740/2012);
- atividades de trabalhador em motocicleta (Lei 12.997/2014).

Também fazem jus ao adicional de periculosidade os empregados que trabalhem em sistema elétrico de potência em condições de risco (SBDI-1, OJ 324 e OJ 347) ou expostos à radiação ionizante ou substância radioativa (SBDI-1, OJ 345).

Os empregados que laboram com bombas de gasolina (STF, Súmula 212; TST, Súmula 39) ou exercem atividades em prédios de construção vertical com armazenamento de líquido inflamável (SBDI-1, OJ 385) também têm direito ao adicional de periculosidade.

São consideradas atividades ou operações perigosas aquelas previstas na forma da regulamentação aprovada pelo Ministério do Trabalho. As atividades perigosas estão arroladas na Portaria 3.214/78 do Ministério do Trabalho.

O adicional de periculosidade, tal como ocorre com o de insalubridade, é devido ao empregado quando comprovada, mediante prova pericial, a existência das condições que autorizam o seu pagamento (CLT, art. 195).

Entende o TST (OJ 165 da SBDI-1) que o art. 195 da CLT não faz qualquer distinção entre o médico e o engenheiro para efeito de caracterização e classificação da insalubridade e periculosidade, bastando para a elaboração do laudo seja o profissional devidamente qualificado.

Cumpre lembrar que, nos termos da OJ 406 da SBDI-1 do TST, o pagamento de adicional de periculosidade efetuado por mera liberalidade da empresa, ainda que de forma proporcional ao tempo de exposição ao risco ou em percentual inferior ao máximo legalmente previsto, dispensa a realização da prova técnica exigida pelo art. 195 da CLT, pois torna incontroversa a existência do trabalho em condições perigosas.

O trabalho realizado em condições (CLT, art. 193) consideradas perigosas confere ao empregado o direito ao recebimento do adicional de periculosidade na base de 30% sobre a sua remuneração, aplicando-se, aqui, o mesmo raciocínio explicitado no item 5.2.2, *supra*, uma vez que o art. 193, § 1º, da CLT, a nosso sentir, deve ser interpretado, no tocante à base de cálculo do adicional em tela, conforme o art. 7º, XXIII, do Código Supremo.

A Súmula 191 do TST dispunha que:

O adicional de periculosidade incide apenas sobre o salário básico e não sobre este acrescido de outros adicionais. Em relação aos eletricitários, o cálculo do adicional de periculosidade deverá ser efetuado sobre a totalidade das parcelas de natureza salarial.

É importante notar, porém, que a parte final da Súmula 191 do TST atritava com o art. 3º da Lei 12.740/2012, pois este revogou expressamente a Lei 7.369, de 20.09.1985.

Essa revogação, ao que nos parece, apresenta fortes indícios de inconstitucionalidade, por "reduzir o valor social do trabalho" dos trabalhadores do setor de energia elétrica e por violar o princípio do não retrocesso social em relação a tais trabalhadores (CF, art. 7º, *caput*, e art. 5º, § 2º).

Se superado o vício de inconstitucionalidade acima apontado, a base de cálculo do adicional de periculosidade, a partir da vigência da Lei 12.740/2012, será de 30% sobre o salário básico, para os trabalhadores com exposição permanente a inflamáveis, explosivos ou energia elétrica, bem como a roubos ou outras espécies de violência física nas atividades profissionais de segurança pessoal ou patrimonial e atividades laborativas de motociclistas.

Sensível às observações supracitadas, o TST alterou a Súmula 191, que passou a ter a seguinte redação:

> ADICIONAL DE PERICULOSIDADE. INCIDÊNCIA. BASE DE CÁLCULO (cancelada a parte final da antiga redação e inseridos os itens II e III, Res. 214/2016, DEJT divulgado em 30.11.2016 e 01 e 02.12.2016).
>
> I – O adicional de periculosidade incide apenas sobre o salário básico e não sobre este acrescido de outros adicionais.
>
> II – O adicional de periculosidade do empregado eletricitário, contratado sob a égide da Lei 7.369/1985, deve ser calculado sobre a totalidade das parcelas de natureza salarial. Não é válida norma coletiva mediante a qual se determina a incidência do referido adicional sobre o salário básico.
>
> III - A alteração da base de cálculo do adicional de periculosidade do eletricitário promovida pela Lei 12.740/2012 atinge somente contrato de trabalho firmado a partir de sua vigência, de modo que, nesse caso, o cálculo será realizado exclusivamente sobre o salário básico, conforme determina o § 1º do art. 193 da CLT.

De acordo com a Súmula 132 do TST:

I – O adicional de periculosidade, pago em caráter permanente, integra o cálculo de indenização e de horas extras.

II – Durante as horas de sobreaviso, o empregado não se encontra em condições de risco, razão pela qual é incabível a integração do adicional de periculosidade sobre as mencionadas horas.

No tocante ao adicional de periculosidade do empregado vigilante, dispõe o novel § 3º do art. 193 da CLT, com redação dada pela Lei 12.740/2012, que "serão descontados ou compensados do adicional outros da mesma natureza eventualmente já concedidos ao vigilante por meio de acordo coletivo".

Segundo o entendimento cristalizado na Súmula 364 do TST:

> I – Tem direito ao adicional de periculosidade o empregado exposto permanentemente ou que, de forma intermitente, sujeita-se a condições de risco. Indevido, apenas, quando o contato dá-se de forma eventual, assim considerado o fortuito, ou o que, sendo habitual, dá-se por tempo extremamente reduzido.
>
> II – Não é válida a cláusula de acordo ou convenção coletiva de trabalho fixando o adicional de periculosidade em percentual inferior ao estabelecido em lei e proporcional ao tempo de exposição ao risco, pois tal parcela constitui medida de higiene, saúde e segurança do trabalho, garantida por norma de ordem pública (arts. 7º, XXII e XXIII, da CF e 193, § 1º, da CLT).

A Súmula 361 do TST dispõe que o trabalho exercido em condições perigosas no setor de energia elétrica, "embora de forma intermitente, dá direito ao empregado a receber o adicional de periculosidade de forma integral, porque a Lei 7.369, de 20.09.1985, não estabeleceu nenhuma proporcionalidade em relação ao seu pagamento". Todavia, com a revogação expressa da Lei 7.369 pelo art. 3º da Lei 12.740/2012, a Súmula 361 do TST deverá ser cancelada ou modificada.

É de se registrar que a OJ 172 da SBDI-1 do TST prevê que, se a empresa for condenada ao pagamento do adicional de insalubridade ou periculosidade, deverá inserir, mês a mês e enquanto o trabalho for executado sob essas condições, o valor correspondente em folha de pagamento.

Outra questão importante reside na OJ 259 da SBDI-1 do TST, segundo a qual o adicional de periculosidade deve compor a base de cálculo do adicional noturno, já que também nesse horário o trabalhador permanece sob as condições de risco.

O adicional de periculosidade, assim como o de insalubridade, possui natureza salarial e, por esse motivo, integra-se à remuneração para cálculo de outros direitos trabalhistas, tais como férias, 13º salário, FGTS etc.

O art. 7º, inciso XXXIII, da CR/88 impede o trabalho insalubre, perigoso e noturno ao menor de 18 anos. No entanto, entendemos que, não obstante a nulidade desse contrato de trabalho, se existente, o menor fará jus aos adicionais correspondentes à atividade que desempenhava, caso contrário a contratação de menores nessas hipóteses seria realizada habitualmente com vistas à redução de gastos com empregados.

5.2.3.1. *Acumulação dos adicionais de insalubridade e periculosidade*

Quando o trabalho prestado estiver sujeito às condições que justificam a percepção de ambos os adicionais, a lei faculta ao empregado fazer opção entre o adicional de insalubridade e o de periculosidade (CLT, art. 193, § 2º).

Por conta da literalidade do referido dispositivo consolidado, a doutrina majoritária sustenta que são inacumuláveis os adicionais de insalubridade e periculosidade. No entanto, a interpretação teleológica da regra em causa autoriza a possibilidade de acumulação, mormente se adotarmos a interpretação conforme a Constituição, já que o texto constitucional estimula a adoção de normas tendentes a reduzir os riscos inerentes ao trabalho, isto é, as doenças e os acidentes do trabalho, e reconhece como direitos fundamentais dos trabalhadores os adicionais de remuneração para as atividades perigosas, insalubres ou penosas (CF, art. 7º, XXII e XXIII).

Ora, se o ambiente do trabalho é *duplamente* mais arriscado para a saúde, a vida e a segurança do trabalhador, ou seja, se a sua atividade laboral lhe assegura o direito a dois adicionais, não faz sentido ele receber *apenas um adicional*, pois não há *bis in idem* para o empregado (fatos geradores diversos para a percepção dos adicionais de periculosidade e insalubridade), e sim uma vantagem econômica desproporcional para o empregador.

Esse, porém, não é o entendimento da SBDI-1 do TST, como se infere do seguinte julgado:

> EMBARGOS. RECURSO DE REVISTA. CUMULAÇÃO DE ADICIONAIS DE INSALUBRIDADE E PERICULOSIDADE. DIVERGÊNCIA JURISPRUDENCIAL. ARTIGO 894, § 2º, DA CLT. INCIDÊNCIA. 1. Acórdão embargado em que foi rechaçada a pretensão de cumulação dos adicionais de periculosidade e de insalubridade. 2. A SBDI-1, na sessão de 13.10.2016, no julgamento do processo n. E-RR-1072-72.2011.5.02.0384, por apertada maioria, firmou o entendimento no sentido da impossibilidade de cumulação dos adicionais de periculosidade e de insalubridade. Conquanto vencido, este Relator não está convencido da tese ampla abraçada pela SBDI-1, que veda a cumulação inclusive quando o agente periculoso e o insalubre decorram de fatos geradores distintos. Nessa hipótese, ressalvo meu entendimento, pois a cumulação não importaria em remuneração em duplicidade, haja vista que os fatos geradores apurados em concreto são oriundos de causas eficientes autônomas, de modo que não deve incidir o art. 193, § 2º, da CLT. 3. No caso em exame, não há notícia de que, em concreto, os fatos geradores do adicional de insalubridade e de periculosidade possuam causas eficientes autônomas, razão pela qual deve o empregado optar por um dos adicionais. Assim, como o acórdão da Turma está em consonância com a iterativa e notória jurisprudência do TST, o recurso de embargos não alcança conhecimento, incidindo o óbice do § 2º do artigo 894 da CLT. Recurso de embargos não conhecido (TST-E-ARR 23-41.2014.5.17.0006, Rel. Ministro Alexandre de Souza Agra Belmonte, j. 24.08.2017, SBDI-1, *DEJT* 01.09.2017).

5.2.4. Adicional de penosidade

O adicional de penosidade também possui fundamento constitucional no art. 7º, inciso XXIII, porém não há nenhuma legislação infraconstitucional que o regule. Por esse motivo, o entendimento majoritário é o de que tal norma possui eficácia limitada e ainda não pode ser aplicada nos casos concretos pelo Justiça do Trabalho, salvo em caso de regulamentação via negociação coletiva.

A Lei dos Servidores Públicos Federais traz um conceito de trabalho penoso, porém tal legislação não pode ser aplicada aos empregados: "o adicional de atividade penosa será devido aos servidores em exercício em zonas de fronteira ou em localidades cujas condições de vida o justifiquem, nos termos, condições e limites fixados em regulamento (Lei 8.112/90, art. 71)".

5.2.5. Adicional de transferência

O adicional de transferência, que é parcela integrante do salário, está previsto no art. 469 da CLT e é devido enquanto durar a alteração de domicílio do empregado, sendo seu valor, no mínimo, 25% do montante das parcelas de natureza salarial.

São requisitos essenciais para caracterização do direito ao adicional: a alteração do domicílio do empregado e da localidade da prestação de serviço; e a provisoriedade da mudança. Vólia Bomfim Cassar (*Direito do trabalho*, 10. ed., 2015, p. 839) acrescenta, ainda, como requisito a "transferência por real necessidade de serviço". A inexistência desses requisitos pode configurar abuso do poder diretivo do empregador, podendo, em teoria, o empregado utilizar seu direito de resistência para permanecer ou retornar ao seu local de trabalho anterior. Sabe-se, porém, que esse direito do trabalhador não é muito utilizado, visto que ainda não foi editada a lei complementar de proteção contra a dispensa arbitrária no Brasil (CF, art. 7º, I) e, lamentavelmente, poucos aplicam a Convenção 158 da OIT (art. 4º), declarando, incidentalmente, a inconstitucionalidade da sua denúncia pelo Presidente da República, como o fez, por exemplo, o TRT/ES (Súmula 42).

Entendemos, porém, que há situações em que a real necessidade da prestação de serviço não precisará ser comprovada, por exemplo, no caso do representante de uma marca cujo contrato já previa a possibilidade de alteração de domicílio periodicamente, ou de um empregado que exerce função de confiança, devendo sempre ser observada a proporcionalidade e a boa-fé do empregador, podendo ser configurado um abuso de direito no caso concreto (art. 469, § 1º, da CLT). Tal fato não lhes retira o direito de receber o adicional de transferência, conforme preceitua a OJ 113 da SDI-1 do TST, nos seguintes termos:

> ADICIONAL DE TRANSFERÊNCIA. CARGO DE CONFIANÇA OU PREVISÃO CONTRATUAL DE TRANSFERÊNCIA. DEVIDO. DESDE QUE A TRANSFERÊNCIA SEJA PROVISÓRIA.
>
> O fato de o empregado exercer cargo de confiança ou a existência de previsão de transferência no contrato de trabalho não exclui o direito ao adicional. O pressuposto legal apto a legitimar a percepção do mencionado adicional é a transferência provisória.

Ressalta-se que a mudança definitiva não gera o direito ao adicional de transferência, mas tão somente aquela em que reside a característica da provisoriedade.

Com efeito, a percepção do adicional de transferência não afasta o dever de o empregador arcar com as despesas resultantes da mudança de domicílio do empregado, conforme previsto no art. 470 da CLT. Trata-se de uma ajuda de custo e, por esse motivo, não integra o salário do empregado.

5.2.6. Adicional noturno

Diz o art. 73 da CLT: "salvo nos casos de revezamento semanal ou quinzenal, o trabalho noturno terá remuneração superior à do diurno e, para esse efeito, sua remuneração terá um acréscimo de 20% (vinte por cento), pelo menos, sobre a hora diurna".

Para o empregado urbano, entende-se por trabalho noturno aquele realizado entre as 22 horas de um dia e as 5 horas do dia seguinte (§ 2º).

Para o empregado rural, considera-se trabalho noturno o executado entre as 21 horas de um dia e as 5 do dia seguinte, na lavoura, e entre as 20 horas de um dia e as 4 horas do dia seguinte, na atividade pecuária, sendo que o adicional noturno será de 25% sobre a remuneração normal (Lei 5.889/73, art. 7º, parágrafo único).

Nos horários mistos (parte diurno e parte noturno), aplicam-se as regras do art. 73 consolidado no que concerne às horas trabalhadas no horário noturno.

O acréscimo a que se refere o referido artigo, em se tratando de empresas que não mantêm, pela natureza de suas atividades, trabalho noturno habitual, será feito tendo em vista os quantitativos pagos por trabalhos diurnos de natureza semelhante. Em relação às empresas cujo trabalho noturno decorra da natureza de suas atividades, o aumento será calculado sobre o salário mínimo geral vigente na região, não sendo devido quando exceder desse limite, já acrescido da percentagem (CLT, art. 73, § 3º).

O adicional noturno, pago com habitualidade, integra o salário do empregado para todos os efeitos. Além disso, cumprida integralmente a jornada no período noturno e prorrogada esta, devido é também o adicional quanto às horas prorrogadas (TST, Súmula 60). Ou seja, após a jornada noturna, as horas laboradas serão acrescidas do adicional de horas extraordinárias como se fossem noturnas:

> OJ 388 SDI1 TST. JORNADA 12X36. JORNADA MISTA QUE COMPREENDA A TOTALIDADE DO PERÍODO NOTURNO. ADICIONAL NOTURNO. DEVIDO.
>
> O empregado submetido à jornada de 12 horas de trabalho por 36 de descanso, que compreenda a totalidade do período noturno, tem direito ao adicional noturno, relativo às horas trabalhadas após as 5 horas da manhã.

A transferência para o turno diurno de trabalho implica a perda do direito ao adicional noturno (TST, Súmula 265).

Ao vigia, sujeito ao trabalho noturno, é assegurado o direito ao adicional respectivo (TST, Súmula 140).

5.2.7. Adicional de risco portuário

O adicional de risco portuário é previsto na Lei 4.860/65, que é destinada a todos os trabalhadores que, em área portuária, prestem serviços em condições insalubres ou perigosas. Noutro falar, caracterizada a insalubridade ou a periculosidade, o trabalhador do setor portuário fará jus ao adicional de risco.

A lei não faz distinção entre trabalhadores que laboram em terminal privativo ou público. Logo, o adicional de risco seria devido a todo trabalhador que labora em área portuária.

O TST, no entanto, editou a OJ 402 da SBDI-1, *in verbis*:

> *Adicional de risco. Portuário. Terminal privativo. Lei n. 4.860, de 26.11.1965, arts. 14 e 19. Indevido.* O adicional de risco previsto no art. 14 da Lei n. 4.860, de 26.11.1965, aplica-se somente aos portuários que trabalham em portos organizados, não podendo ser conferido aos que operam terminal privativo.

O STF (RE 579.124, Rel. Min. Edson Fachin), com base no princípio da isonomia, formou maioria em 21-11-2018, para garantir adicional de risco aos trabalhadores portuários avulsos, assim como é pago aos trabalhadores permanentes, mas quanto à base de cálculo do adicional em tela, colhe-se o seguinte aresto jurisprudencial:

> *Adicional de risco portuário. Pagamento proporcional ao tempo de exposição.* A decisão regional encontra-se em consonância com a OJ 316 da SBDI-1 do TST. Recurso de Revista não conhecido. *Adicional de risco portuário. Pagamento complessivo. Negociação coletiva.* A Súmula 91 desta Corte, que veda a utilização de salário complessivo, é inaplicável à hipótese ora analisada, na qual o agrupamento das parcelas se deu mediante estipulação de cláusula de instrumento coletivo, sendo lícita a previsão. Recurso de Revista não conhecido. *Adicional de risco portuário. Base de cálculo.* A jurisprudência reiterada desta Corte confirma a aplicabilidade do disposto no art. 14 da Lei n. 4.860/65, o que implica reconhecer como base de cálculo do adicional de risco portuário o valor do salário-hora do trabalhador avulso, e não sua remuneração. Recurso de Revista conhecido e não provido (...) (TST-RR 1358/2003-002-17-00.0 – 2ª T. – Rel. Min. José Simpliciano Fontes de F. Fernandes – *DJe* 20.08.2009).

O pagamento do adicional é proporcional ao tempo efetivo de serviço sob risco. É o que prevê a OJ 316 da SBDI-1/TST:

> *Portuários. Adicional de risco. Lei n. 4.860/65 (DJ 11.08.2003).* O adicional de risco dos portuários, previsto no art. 14 da Lei n. 4.860/65, deve ser proporcional ao tempo efetivo no serviço considerado sob risco e apenas concedido àqueles que prestam serviços na área portuária.

5.3. Prêmio

O prêmio é uma parcela remuneratória facultativa prometida e paga diretamente pelo empregador com o objetivo de retribuir e estimular a produção individual do empregado ou produção coletiva da seção ou setor de trabalho.

O § 4º do art. 457 da CLT, com redação dada pela Lei 13.467/2017, passou a definir o prêmio nos seguintes termos:

> Consideram-se prêmios as liberalidades concedidas pelo empregador em forma de bens, serviços ou valor em dinheiro a empregado ou a grupo de empregados, em razão de desempenho superior ao ordinariamente esperado no exercício de suas atividades.

A MP 808, de 14.11.2017, acrescentou ao art. 457 da CLT o § 22, que dispõe:

> Consideram-se prêmios as liberalidades concedidas pelo empregador, até duas vezes ao ano, em forma de bens, serviços ou valor em dinheiro, a empregado, grupo de empregados ou terceiros vinculados à sua atividade econômica em razão de desempenho superior ao ordinariamente esperado no exercício de suas atividades.

Sabe-se, porém, que a Medida Provisória 808/2017 não foi convertida em lei (CF, art. 62, § 3º)[13], voltando a vigorar novamente o texto da Lei 13.467/2017.

Tal como ocorre com a gratificação, o prêmio constitui um suplemento à remuneração do empregado, destinado a recompensá-lo seja pela eficiência na prestação dos serviços, seja pela assiduidade com que comparece ao trabalho.

A distinção entre gratificação e prêmio reside no fato de que a primeira tem, em princípio, caráter coletivo, e, muitas vezes, na determinação do seu valor, são notados fatores independentes ou apenas relacionados com a ação isolada do empregado beneficiário, sem contar a influência do elemento subjetivo – a vontade do empregador –, enquanto o prêmio objetiva incentivar e recompensar atributos individuais.

O prêmio, portanto, desde que atendidas as características que configuram sua verdadeira natureza jurídica, constitui mera liberalidade patronal, razão pela qual não deve ser conceituado como salário, já que pode ser suprimido *ad futurum*.

Mas, se o prêmio corresponder a trabalho executado por força do contrato de emprego, será sempre salário. Caso contrário, isto é, se constituir recompensa à forma pela qual o trabalhador cumpriu suas obrigações, já remuneradas pelo salário ajustado, será uma liberalidade do empregador, cuja repetição não o obrigará no futuro.

Dada a semelhança entre o prêmio e a gratificação, aplicam-se ao primeiro diversas regras alusivas à segunda.

13. Sobre os efeitos da Medida Provisória não convertida em lei, remetemos o leitor ao Título I, Capítulo IV, item 2.1.

Dessa forma, satisfazendo o empregado as condições estipuladas pelo empregador para a concessão do prêmio, este não poderá deixar de efetuar o pagamento respectivo. É o que estabelece a Súmula 209 do STF: "o salário-produção, como outras modalidades de salário-prêmio, e devido, desde que verificada a condição a que estiver subordinado, e não pode ser suprimido unilateralmente pelo empregador, quando pago com habitualidade".

O novel § 2º do art. 457 da CLT, no entanto, dispõe que os prêmios não integram a remuneração do empregado, não se incorporam ao contrato de trabalho e não constituem base de incidência de encargo trabalhista e previdenciário". Mas, se o prêmio for pago mais de uma vez ao ano, estará caracterizada a habitualidade, e, neste caso, pensamos que ele será atraído para o núcleo salarial, integrando o contrato de trabalho e incidindo para fins de encargos fiscais, trabalhistas e previdenciários.

A respeito do prêmio, a jurisprudência caminha na seguinte direção:

> *Prêmio. Natureza salarial. Repercussões.* Os prêmios quitados ao longo do contrato de trabalho de forma habitual ao vendedor comissionista puro são dotados de natureza salarial, se enquadrando na modalidade de salário-condição, porquanto são pagos em decorrência da eficiência e da produtividade do empregado ao alcançar determinada meta, sendo nítido o seu caráter remuneratório. Destarte, deverão repercutir sobre outras parcelas que adotam a remuneração como base de cálculo, inclusive os repousos remunerados, não sendo devidas quaisquer diferenças quando evidenciado nos autos que o empregador adotava tal metodologia de cálculo (TRT 3ª R. – RO 1131/2008-025-03-00.0 – 2ª T. – Rel. Des. Sebastião Geraldo de Oliveira – *DJe* 23.06.2009).
>
> (...) SALÁRIO "POR FORA". PRÊMIOS. NATUREZA SALARIAL. SÚMULA N. 126. TRANSCENDÊNCIA NÃO RECONHECIDA. NÃO PROVIMENTO. O egrégio Tribunal Regional consignou que a reclamada juntou planilha na qual especificava os valores salariais pagos 'por dentro' e 'por fora' ao autor, e que neste salário 'por fora' , recebido de forma habitual, não havia incidência dos reflexos legais nem depósitos do FGTS. Desse modo, concluiu pela natureza salarial dessa verba, na forma de 'prêmios', deferindo os demais reflexos. Acrescentou ainda que a empresa não trouxe elementos para comprovar que esse salário 'por fora' se referisse ao pagamento de horas extraordinárias. Assim, para se chegar à conclusão de que o salário recebido 'por fora' refletia as horas extraordinárias e os prêmios, e estes integravam a remuneração do autor com todos os reflexos, seria necessário o reexame das provas produzidas no processo, procedimento vedado nesta fase processual, nos termos da Súmula n. 126. Dessa forma, a incidência do óbice da Súmula n. 126 é suficiente para afastar a transcendência da causa, nos termos do artigo 896-A, § 4º, da CLT. Agravo de instrumento a que se nega provimento (TST-AIRR 1000495-13.2017.5.02.0014, 4ª T., Rel. Min. Guilherme Augusto Caputo Bastos, *DEJT* 23.08.2019).

O novel § 2º do art. 457 da CLT, porém, retira a natureza salarial do prêmio, ainda que pago com habitualidade pelo empregador. Esse novo dispositivo, segundo pensamos, está eivado de inconstitucionalidade, como já apontamos no item 4, *supra*.

5.4. Gratificações

As gratificações constituem liberalidades do empregador. Daí a sua semelhança com o prêmio, como já vimos no item 5.3, *supra*.

Apesar da literalidade da redação anterior do § 1º do art. 457 da CLT, os tribunais vinham admitindo como gratificação não somente as ajustadas como também aquelas gratificações pagas mais de uma vez ao empregado.

Em regra, as gratificações são pagas aos empregados ocupantes de funções ou cargos de confiança. São as chamadas gratificações de função, agora expressamente previstas na nova redação dada pela MP 808/2017 ao § 1º do art. 457 da CLT.

Ocorre que a Medida Provisória 808/2017 não foi convertida em lei (CF, art. 62, § 3º), de modo que passou a vigorar novamente[14] o texto da Lei 13.467/2017.

Além das gratificações previstas em lei, existem outras previstas em instrumentos de autocomposição ou decorrentes de costumes, como a gratificação por tempo de serviço; por quebra de caixa; semestral; entre outras.

A gratificação de função (de confiança), em regra, pode ser suprimida em caso de reversão do empregado à função anterior. Porém, a jurisprudência aponta no sentido de que a gratificação de função exercida por pelo menos dez anos incorpora-se ao salário, não podendo o empregador reduzi-la ou suprimi-la. Nesse sentido, o TST editou a Súmula 372, segundo a qual:

> I – Percebida a gratificação de função por dez ou mais anos pelo empregado, se o empregador, sem justo motivo, revertê-lo a seu cargo efetivo, não poderá retirar-lhe a gratificação tendo em vista o princípio da estabilidade financeira.
>
> II – Mantido o empregado no exercício da função comissionada, não pode o empregador reduzir o valor da gratificação.

Observa-se que a regra da súmula supratranscrita dispõe como requisito para manutenção da gratificação de confiança o retorno ao cargo anterior sem justo motivo por parte do empregador, ou seja, se a reversão ao cargo se dá por culpa do empregado, poderá haver a supressão do valor referente à gratificação, ainda que percebida por mais de 10 anos.

É importante destacar que o parágrafo único do art. 468 da CLT, com redação dada pela Lei 13.467/2017, foi bifurcado em dois parágrafos, passando a ter a seguinte redação:

14. Sobre os efeitos da Medida Provisória não convertida em lei, remetemos o leitor ao Título I, Capítulo IV, item 2.1.

> Art. 468. Nos contratos individuais de trabalho só é lícita a alteração das respectivas condições por mútuo consentimento, e ainda assim desde que não resultem, direta ou indiretamente, prejuízos ao empregado, sob pena de nulidade da cláusula infringente desta garantia.
>
> § 1º Não se considera alteração unilateral a determinação do empregador para que o respectivo empregado reverta ao cargo efetivo, anteriormente ocupado, deixando o exercício de função de confiança.
>
> § 2º A alteração de que trata o § 1º deste artigo, com ou sem justo motivo, não assegura ao empregado o direito à manutenção do pagamento da gratificação correspondente, que não será incorporada, independentemente do tempo de exercício da respectiva função.

Vale dizer, o novel § 2º do art. 468 da CLT atrita com a Súmula 372 do TST, que reconhece o princípio da estabilidade financeira do empregado que percebeu por mais de dez anos a gratificação de função. Nesse sentido, o Enunciado 26 da 2ª Jornada de Direito Material e Processual do Trabalho (Brasília-DF, 2017) aprovou as seguintes teses:

> I. Uma vez percebida a gratificação de função por dez ou mais anos pelo empregado, se o empregador, sem justo motivo, revertê-lo a seu cargo efetivo, não poderá retirar-lhe a gratificação, tendo em vista os princípios da razoabilidade, proporcionalidade e segurança jurídica, garantidores da estabilidade financeira.
>
> II. Mantido o empregado no exercício da função comissionada, não pode o empregador reduzir o valor da gratificação.

Existe outra gratificação, a chamada gratificação de quebra de caixa recebida pelos bancários, conforme disposto na Súmula 247 do TST, que integra o salário para todos os efeitos legais. Tal gratificação possui fundamento no § 1º do art. 462 da CLT, cujo teor versa sobre a possibilidade de o empregador realizar descontos nos salários do empregado se previamente acordado. Assim, ao bancário que age cuidadosamente, a gratificação pela quebra de caixa se mostra como um incentivo que visa atenuar os déficits no instante do fechamento do caixa.

Sobre gratificações, recomendamos a leitura das Súmulas 67, 102, 109, 121, 125, 152, 202, 203, 207, 225, 226, 240 e 253 do Eg. TST.

5.4.1. Gratificação natalina ou 13º salário

Concebida, inicialmente, por liberalidade de alguns empregadores, a gratificação de Natal passou a ser compulsória a partir da edição da Lei 4.090/62, cujo art. 1º dispõe: "No mês de dezembro de cada ano, a todo empregado será paga, pelo empregador, uma gratificação salarial, independentemente da remuneração a que fizer jus".

A Lei 4.749/65 (regulamentada pelo Decreto 57.155/65), que estabelece regras para o pagamento da gratificação natalina, determina que o seu pagamento será efetuado até o dia 20 de dezembro de cada ano, compensada a importância que eventualmente tenha sido adiantada, a idêntico título (art. 1º).

O art. 2º da Lei 4.749/65 estatui que, entre os meses de fevereiro e novembro de cada ano, o empregador pagará, como adiantamento da gratificação de Natal, de uma só vez, metade do salário recebido pelo respectivo empregado no mês anterior. O empregador não está obrigado a pagar o adiantamento, no mesmo mês, a todos os seus empregados (§ 1º). O adiantamento será pago ao ensejo das férias do empregado, sempre que este o requerer no mês de janeiro do correspondente ano (§ 2º).

Extinguindo-se o contrato antes do pagamento da gratificação natalina, o empregador poderá compensar o adiantamento mencionado com a gratificação devida nos termos do art. 3º da Lei 4.090/62, e, se não bastar, com outro crédito de natureza trabalhista que possua o respectivo empregado (Lei 4.749/65, art. 3º).

A Constituição Federal alterou a nomenclatura da gratificação de Natal, passando a denominá-la expressamente "décimo terceiro salário". Este é conferido ao empregado, ao avulso e ao doméstico, tendo como fator de cálculo a remuneração integral (art. 7º, VIII).

Apesar de seu caráter compulsório, a gratificação natalina não será devida quando o direito ainda não tiver sido adquirido e o empregado for dispensado por justa causa, conforme versa o art. 7º do Decreto 57.155/65.

Em caso de rescisão contratual por culpa recíproca, a Súmula 14 do TST prevê que "o empregado tem direito a 50% (cinquenta por cento) do valor do aviso prévio, do décimo terceiro salário e das férias proporcionais".

5.5. Participação nos lucros ou resultados

Não há convergência entre os autores a respeito da origem da participação nos lucros. Alguns indicam que foi Napoleão Bonaparte quem, em 1812, concedeu participação nos lucros aos artistas da *Comédie Française*. No entanto, a maioria aponta como precursor o francês Edmé-Jean Leclaire, que, em 1842 ou 1843, entregou aos seus empregados parte dos lucros que obteve em sua fábrica de pinturas e vidro.

A primeira norma de natureza constitucional que outorgou a participação nos lucros aos trabalhadores foi a Constituição do México, de 1917 (art. 123, VI e IX). Todavia, os trabalhadores mexicanos não experimentaram o direito, porquanto a norma constitucional era dotada de eficácia limitada, e não foi editada lei ordinária que regulamentasse o instituto.

A Organização Internacional do Trabalho – OIT (e isso é curioso) jamais disciplinou a matéria em suas convenções e recomendações, embora muitas delas disponham sobre remuneração dos trabalhadores.

Nos chamados Tigres Asiáticos (Coreia do Sul, Cingapura, Hong Kong, Malásia, Indonésia, Taiwan e Tailândia), as modalidades de participação nos lucros e resultados são largamente utilizadas, sem que haja qualquer legislação regulamentadora. Esses países, como se sabe, não adotam um modelo legislado (regulamentado) para as relações de trabalho.

Há, de outra parte, inúmeros países que disciplinam a participação nos lucros, sendo, porém, facultativa a sua concessão pelo empregador, caso de Portugal, Itália, Reino Unido, Suíça, Espanha, Uruguai, Panamá, Argentina e Estados Unidos. No México, Chile, Peru e Venezuela, a distribuição, no entanto, é obrigatória. Na França (Lei 94.640, de 25.07.1994), a distribuição de lucros é obrigatória, atualmente, apenas para empresas com mais de cinquenta empregados, sendo permitida a regulação do instituto por meio de acordo coletivo de trabalho.

No Brasil, a CLT, que é de 1943, chegou a tratar da matéria no capítulo da duração do trabalho:

> Não haverá distinção entre empregados e interessados, e a participação em lucros e comissões, salvo em lucros de caráter social, não exclui o participante do regime deste capítulo (art. 63).

Antes do texto legal básico do direito do trabalho no Brasil, José Martins Catharino já sustentava que o legislador teria utilizado inadvertidamente, no texto (art. 457, § 1º), a expressão "percentagem", quando o certo, no entender do referido autor, seria participação nos lucros[15].

De toda sorte, a participação nos lucros somente se incorporou ao nosso ordenamento jurídico pela Constituição de 1946, cujo art. 157, IV, dispunha *in verbis*:

> Art. 157. A Legislação do Trabalho e da Previdência Social obedecerá aos seguintes preceitos, além de outros que visem à melhoria da condição dos trabalhadores:
>
> (...)
>
> IV – participação obrigatória e direta dos trabalhadores nos lucros da empresa, nos termos e pela forma que a lei determinar.

O dispositivo em foco, além de não dispor sobre a participação nos resultados, dependia, para produzir efeitos, de regulamentação via lei ordinária, que jamais foi editada.

A Constituição "outorgada" de 1967, bem como a Emenda Constitucional 1/69, mantiveram a participação nos lucros, embora a redação do diploma tenha sido alterada para adequar-se à filosofia do regime militar, isto é, a participação nos lucros deixa de

15. *Tratado jurídico do salário*. Fac-similada. São Paulo: LTr, 1994, *passim*.

ser obrigatória e passa a ser considerada instrumento de integração do trabalhador na empresa. Outra novidade foi a implantação do regime, de caráter excepcional, da cogestão. É o que se depreende do art. 158, V, daquela Carta Constitucional, *in verbis*:

> "Integração do trabalhador na vida e no desenvolvimento da empresa, com participação nos lucros, e, excepcionalmente, na gestão, segundo for estabelecido em lei".

Como é sabido, restaram fracassadas todas as tentativas de regulamentação dos dispositivos constitucionais acima citados. O direito à participação nos lucros sempre foi uma promessa e uma esperança ao trabalhador. A instituição do PIS e do Pasep, em 1970 (Leis Complementares 7 e 8), não constituiu, em rigor, programa de participação nos lucros, como alguns autores proclamaram, porquanto seus objetivos eram nitidamente no sentido de formar um fundo para aumento e distribuição da renda nacional, independentemente de negociação entre os trabalhadores e o empregador.

A atual Constituição, que tem por princípios fundamentais, entre outros, a dignidade da pessoa humana e o valor social do trabalho e da livre-iniciativa, enuncia, em seu art. 7º, IX, que são direitos dos trabalhadores urbanos e rurais, além de outros que visem à melhoria de sua condição social, a "Participação nos lucros ou resultados, desvinculada da remuneração e, excepcionalmente, participação na gestão da empresa, conforme definido em lei".

Tendo em vista as tentativas inexitosas de regular a participação nos lucros por meio de projeto de lei, o Governo central passou a editar sucessivas medidas provisórias, até que a última foi convolada na Lei 10.101, de 19.12.2000 (*DOU* 20.12.2000).

A Lei 10.101, portanto, regula a participação dos trabalhadores nos lucros ou resultados da empresa como instrumento de integração entre o capital e o trabalho e como incentivo à produtividade.

Nos termos do art. 2º da Lei 10.101, a participação nos lucros ou resultados será objeto de negociação entre a empresa e seus empregados, mediante um dos procedimentos a seguir descritos, escolhidos pelas partes de comum acordo:

> I – comissão escolhida pelas partes, integrada, também, por um representante indicado pelo sindicato da respectiva categoria;
>
> II – convenção ou acordo coletivo.

Dos instrumentos decorrentes da negociação deverão constar regras claras e objetivas quanto à fixação dos direitos substantivos da participação e das regras adjetivas, inclusive mecanismos de aferição das informações pertinentes ao cumprimento do acordado, periodicidade da distribuição, período de vigência e prazos para a revisão do acordo, podendo ser considerados, entre outros, os seguintes critérios e condições:

> I – índices de produtividade, qualidade ou lucratividade da empresa;

II – programas de metas, resultados e prazos, pactuados previamente.

O instrumento de acordo celebrado será arquivado na entidade sindical dos trabalhadores.

Não se equipara a empresa, para os fins da Lei 10.101:

I – a pessoa física;

II – a entidade sem fins lucrativos que, cumulativamente: a) não distribua resultados, a qualquer título, ainda que indiretamente, a dirigentes, administradores ou empresas vinculadas; b) aplique integralmente os seus recursos em sua atividade institucional e no País; c) destine o seu patrimônio a entidade congênere ou ao poder público, em caso de encerramento de suas atividades; d) mantenha escrituração contábil capaz de comprovar a observância dos demais requisitos deste inciso, e das normas fiscais, comerciais e de direito econômico que lhe sejam aplicáveis.

A participação de que trata o art. 2º da Lei 10.101 não substitui ou complementa a remuneração devida a qualquer empregado, nem constitui base de incidência de qualquer encargo trabalhista, não se lhe aplicando o princípio da habitualidade.

Para efeito de apuração do lucro real, a pessoa jurídica poderá deduzir como despesa operacional as participações atribuídas aos empregados nos lucros ou resultados, nos termos da presente lei, dentro do próprio exercício de sua constituição.

É vedado o pagamento de qualquer antecipação ou distribuição de valores a título de participação nos lucros ou resultados da empresa em periodicidade inferior a um semestre civil, ou mais de duas vezes no mesmo ano civil.

Todos os pagamentos efetuados em decorrência de planos de participação nos lucros ou resultados, mantidos espontaneamente pela empresa, poderão ser compensados com as obrigações decorrentes de acordos ou convenções coletivas de trabalho atinentes à participação nos lucros ou resultados.

Quaisquer modalidades de participação nos lucros, nos moldes da Lei 10.101, serão tributadas na fonte, em separado dos demais rendimentos recebidos no mês, como antecipação do imposto de renda devido na declaração de rendimentos da pessoa física, competindo à pessoa jurídica a responsabilidade pela retenção e pelo recolhimento do imposto.

O art. 4º da Lei 10.101 prevê que, no caso de a negociação visando à participação nos lucros ou resultados da empresa resultar em impasse, as partes poderão utilizar-se dos seguintes mecanismos de solução do litígio: mediação ou arbitragem de ofertas finais.

O § 1º do art. 4º da Lei 10.101 define arbitragem de ofertas finais como aquela em que o árbitro deve restringir-se a optar pela proposta apresentada, em caráter definitivo, por uma das partes.

Tanto o mediador quanto o árbitro serão escolhidos de comum acordo entre as partes.

Firmado o compromisso arbitral, não será admitida a desistência unilateral de qualquer das partes.

O laudo arbitral terá força normativa independentemente de homologação judicial.

Dispõe o art. 5º da Lei 10.101 que a participação nos lucros ou resultados, relativamente aos trabalhadores em empresas estatais, observará diretrizes específicas fixadas pelo Poder Executivo.

A participação do empregado nos lucros da empresa (ou resultados) passou a ser desvinculada da remuneração, a teor do preceptivo constitucional em causa, o que redundou no cancelamento da Súmula 251 do TST, que proclamava a sua natureza salarial.

Assim, os valores concedidos a título de participação nos lucros não incidem sobre a remuneração do empregado, nem repercutem sobre os demais penduricalhos que gravitam em torno do núcleo salarial, tais como gratificações, percentagens, comissões, abonos, adicionais, diárias, nem sobre os chamados encargos sociais e previdenciários, como FGTS, PIS, INSS etc.

O mesmo não ocorre em relação ao imposto de renda, ante o disposto no art. 3º, § 5º, da Lei 10.101.

A natureza não salarial da participação nos lucros depende – é claro – da licitude ou ilicitude da sua instituição. Vale dizer, se observados *todos* os critérios objetivos fixados na Lei 10.101, a parcela paga a título de participação nos lucros não terá natureza salarial e, por via de consequência, não poderá ser vinculada à remuneração do trabalhador.

De tal arte, uma vez instituída validamente a participação nos lucros, o empregador só estará obrigado a efetuar o pagamento respectivo na hipótese efetiva de existência de lucro, o que bem demonstra o seu caráter condicional.

Caso seja detectada fraude na instituição da participação nos lucros, ou se não forem observados os critérios objetivos previstos na CF e na Lei 10.101, perde ela o *status* de "participação nos lucros", transmudando a sua natureza, *ipso facto*, à condição de parcela salarial (CLT, art. 9º).

Discute-se, em sede doutrinária, sobre a natureza jurídica da participação nos lucros ou resultados. Quatro correntes se apresentam:

a) a *teoria do salário*, que, no nosso sistema jurídico, colide com o disposto no art. 7º, XI, da CF;

b) a *teoria do contrato de sociedade*, segundo a qual o empregado passa à condição de um dos donos da empresa, na condição de sócio. Não nos parece adequada essa teoria, uma vez que o contrato de trabalho, no sistema da participação nos lucros, continua em plena vigência, sendo certo que o risco do empreendimento corre por conta do empregador;

c) a *teoria do contrato* sui generis – mista entre as duas teorias acima.

d) a *teoria do contrato individual plúrimo de participação em gestão empresarial* – à qual nos filiamos – é fruto de magnífica tese de doutoramento de Paulo Sérgio João, para quem a relação jurídica que se estabelece entre empregados e empregador, através do programa de participação nos lucros ou resultados, não se confunde com a relação jurídica do contrato de trabalho, cujas obrigações e deveres se mantêm em plena vigência e de modo inabalável. Assim, o contrato que se conclui no seio da comissão de trabalhadores não se confunde com o contrato de natureza coletiva, convenção ou acordo coletivo de categoria, porquanto o conteúdo não trata de normas de caráter abstrato nem impõe obrigações a uma das partes exclusivamente, nem torna a previsão de pagamento obrigatória, pois submetida à ocorrência de evento futuro, cuja avaliação de resultado incumbirá aos próprios interessados. A comissão de trabalhadores, investida dos poderes conferidos pela assembleia dos interessados, celebrará um acordo individual plúrimo, porque identificados os beneficiários dos resultados. Referido acordo individual plúrimo será de participação na gestão empresarial, submetido ao resultado aleatório desejado e esperado por todos, cuja realização impõe à outra parte beneficiada, o empregador, distribuir os valores segundo critério previamente determinado no contrato. Restam, desse modo, inconfundíveis contrato de trabalho e participação nos lucros ou resultados, e igualmente inconfundíveis as obrigações e deveres recíprocos, inerentes ao contrato de trabalho quanto ao seu fiel cumprimento[16].

Embora não seja um assunto pacífico, uma vez que sobre ele não tratou a lei, cremos que há distinção entre lucro e resultado.

Para tanto, invocamos as lúcidas palavras de Arnaldo Süssekind:

> Lucro, evidentemente, é o lucro real. E porque a medida provisória não o conceitua, devemos tomar para modelo o conceito que resulta da legislação sobre o Imposto de Renda: é aquele auferido pela empresa depois de deduzidas as reservas e as despesas operacionais, nas quais se inclui a participação concedida aos empregados, além dos reajustes patrimoniais e deduções autorizadas. Resultados, a meu ver, são metas que podem estar relacionadas com a produtividade, a produção, a renda bruta, índices de venda ou de qualidade; numa empresa de exportação de bens, com o volume total ou o valor em dólares da exportação etc. São várias metas que podem ser estipuladas pelo acordo coletivo entre a empresa e o sindicato. Esse acordo tanto pode ter por objeto o lucro, como um determinado resultado ou até combinação de ambos[17].

As três formas mais conhecidas de participação nos lucros ou resultados são:

- a) *direta*: planos de participação em salário fixo, em dinheiro;

16. *Participação nos lucros ou resultados das empresas*. São Paulo: Dialética, 1998, p. 60.
17. *Instituições de direito do trabalho*. 17. ed. São Paulo: LTr, 1997, p. 463.

- b) *indireta*: planos de participação em ações ou quotas das empresas;
- c) *mista*: combinação das formas direta e indireta.

Modernamente, há uma tendência a definir participação nos lucros como sinônimo de salário variável, sem encargos, tudo orientado para a flexibilização das relações de trabalho em proveito da livre-iniciativa. Mas essa tendência deve ser vista com ressalvas, já que a Constituição preconizou como princípio fundamental do Estado, ao lado da livre-iniciativa, os valores sociais do trabalho (art. 1º, IV).

De toda sorte, não vemos como o pagamento da remuneração do empregado possa ser feito exclusivamente com base na participação nos lucros. É dizer, não será possível fixar o ganho do obreiro tomando por base única a parcela em apreço, por, pelo menos, três motivos. *Primus*, se assim ficar estabelecido na negociação, estar-se-á transferindo para o trabalhador os riscos do negócio, o que é vedado pelo art. 2º da CLT. *Secundus*, a Constituição estabelece a garantia de salário, nunca inferior ao mínimo, para os trabalhadores que percebem remuneração variável (art. 7º, VII). *Tertius*, o pagamento da remuneração apenas em participação nos lucros ou resultados, por não ter natureza salarial, acabará por trazer prejuízos não só ao trabalhador mas também à sociedade, na medida em que não haverá recolhimentos do Fundo de Garantia do Tempo de Serviço – FGTS, INSS, PIS etc.

A participação nos lucros ou resultados, tendo em vista o seu caráter facultativo e a necessidade de negociação entre empregado e empregador, pode ser criada por meio dos seguintes instrumentos de autocomposição: contrato individual plúrimo (pluralidade de empregados), acordo coletivo ou convenção coletiva (Lei 10.101, art. 2º, I e II, c/c o art. 621 da CLT).

Caso não seja possível a celebração dos contratos acima mencionados (individual plúrimo, convenção ou acordo coletivo), as partes poderão utilizar-se da mediação ou da arbitragem de ofertas finais (*idem*, art. 4º, I e II).

Dessa forma, não é possível a instituição da participação nos lucros ou resultados por via de sentença normativa (ou melhor, "acórdão normativo" – CPC, art. 204).

Não há uniformidade quando o assunto reside na formulação de propostas favoráveis ou contrárias ao regime de participação nos lucros ou resultados.

Para Lodovico Barassi, a participação nos lucros é "*uma velha ilusão que pertence ao passado*"[18].

Pontes de Miranda reconhecia que a participação nos lucros é um instrumento que incentiva a produtividade, evita greves, reduz as desconfianças e permite melhor funcionamento das democracias.

---

18. BARASSI, Lodovico. *Una vecchia illusione che appartiene ala archeologia. Il Diritto del Lavoro*. Milano: Giuffrè, 1949. v. 1, p. 275.

Em comentários à atual Constituição, Cretella Júnior destaca outras vantagens da participação nos lucros: "A técnica da participação nasceu para incentivar o trabalhador a trabalhar mais e melhor, comportando-se como se fosse *dominus* e não como *servus* e, nestas condições, a não paralisar o trabalho"[19].

Não há negar que os autores favoráveis à participação nos lucros se apoiam em fundamentos psicológicos e econômicos, na medida em que o empregado se sente moralmente participante da empresa; por outro lado, ainda representa um incentivo econômico para aumentar sua renda, não mais adstrita ao salário.

José Pastore afirma que o "sistema vem sendo gradualmente adotado nos países mais avançados como incentivo à parceria e redutor de conflitos. Por meio dele, os trabalhadores aproximam-se da empresa; torcem pelo seu sucesso; e se empenham na melhoria da sua produtividade, eficiência e desempenho geral"[20].

Robert Kurtz sublinha, por outro lado, que a

> ideia tão natural de que o aumento da produtividade facilita a vida dos homens não leva em conta a racionalidade das empresas. Na verdade, trata-se de saber qual será o uso de uma maior capacidade produtiva. Se a produção visa a suprir as próprias necessidades, a evolução dos métodos e dos meios será utilizada simplesmente para trabalhar menos e desfrutar do maior tempo livre[21].

Em excelente monografia, observa Sidnei Machado:

> Falar em melhoria das condições de vida, proporcionada pelo aumento da produtividade, como se fosse uma consequência lógica e inevitável, não nos parece ser um raciocínio razoável. No Brasil, por exemplo, tem-se verificado nos últimos anos um aumento significativo da produtividade das empresas; contudo, esses indicadores não refletem nos alarmantes índices de desemprego, miséria e concentração de renda que ostentamos[22].

A maioria das organizações de trabalhadores, prossegue o referido autor[23],

> sempre viu com reservas a participação nos lucros. Os sindicatos de timbre revolucionário sempre refutaram a ideia de participação, entendendo que esse meca-

19. CRETELLA JÚNIOR, José. *Comentários à Constituição de 1988*. São Paulo: Forense Universitária, v. II, p. 938.
20. PASTORE, José. *Folha de S. Paulo*, 10.01.1995, p. 3.
21. KURTZ, Robert. O colapso do capitalismo. *Folha de S.Paulo*. Caderno Mais, 11.02.1996, p. 5-14.
22. Participação nos lucros: perspectivas de eficácia no direito brasileiro. *Revista Síntese Trabalhista*, 98, p. 136 e ss., ago. 97.
23. *Op. cit.*, p. 139.

nismo somente tornaria mais vulnerável a luta de classes. Identificam no instrumento uma estratégia política das classes dirigentes de romper com a união dos trabalhadores. Em contrapartida, outros sindicatos, que atuam dentro do sistema capitalista (nos limites da ordem) reivindicando melhores condições de vida e de trabalho, veem na participação nos lucros uma alternativa de aumento dos rendimentos dos trabalhadores, minimizando a mais-valia do trabalho. É claro que esses argumentos reproduzem as diversas visões, no discurso travestidas de vantagens, que cada um dos atores sociais (empresários, governo e sindicatos) vê no sistema. A verdade é que a favor ou contra nem sempre é a questão central do debate, mas a indagação de que objetivo se pretende alcançar. E aí muitos sonegam a resposta óbvia: a participação nos lucros como mero instrumento para viabilizar um projeto econômico e político, distanciando ou negando os postulados um direito social que a Constituição lhe conferiu[24].

Realmente, o elevado índice de desemprego e a recessão por que passa o nosso país, bem como a ausência de legislação que promova ao menos uma proteção mínima da relação de emprego contra a despedida arbitrária ou sem justa causa (CF, art. 7º, I; Convenção 158 da OIT), fazem com que o esforço do Estado em regulamentar a participação nos lucros tenha se tornado em vão, mormente pelo fato de que o empresariado brasileiro, em regra, nunca teve o "costume" de abrir a "contabilidade real" da empresa para os seus empregados.

5.6. Diárias

As diárias visam à cobertura de despesas efetivamente realizadas pelo empregado quando este viaja a serviço da empresa. Tem-se entendido que a diária é devida quando o trabalhador presta serviços fora do município em que se encontra sediada a empresa.

Pode o seu valor ser fixado previamente, mas o objetivo é sempre o de indenizar as despesas realizadas pelo obreiro em viagem a serviço do empregador. Daí a natureza indenizatória das diárias. Todavia, quando excederem a 50% do salário do empregado, as diárias passam a ter natureza salarial, nos termos do § 2º do art. 457 da CLT, incidindo, por exemplo, para o cálculo dos depósitos do FGTS e para o salário de contribuição previdenciária. *A contrario sensu*, isto é, se não excederem a 50% do salário do empregado, as diárias possuem natureza indenizatória e não repercutem para a incidência do FGTS.

24. Na Inglaterra, a Primeira-Ministra Margaret Thatcher, na época, desencadeou uma campanha pela concessão de participação nos lucros, tendo sido inviabilizada pela oposição feita pelos sindicatos ingleses.

A intenção do legislador foi, realmente, adotar um critério quantitativo para caracterizar a natureza salarial ou não das diárias para viagem, evitando, assim, a fraude à lei por parte do empregador.

É importante notar que as diárias que excederem a 50% do salário do empregado passam a integrar o salário pelo valor total pago ao empregado, e não apenas a parte que sobejar àquele percentual. Nesse sentido, o TST editou a Súmula 101, *in verbis*:

> "*Diárias de viagem. Salário.* Integram o salário, pelo seu valor total e para efeitos indenizatórios, as diárias de viagem que excedam a 50% (cinquenta por cento) do salário do empregado, enquanto perdurarem as viagens".

Tratando-se de empregado mensalista, prevê a Súmula 318 do TST que "a integração das diárias no salário deve ser feita tomando-se por base o salário mensal por ele percebido e não o valor do dia de salário, somente sendo devida a referida integração quando o valor das diárias, no mês, for superior à metade do salário mensal".

Ocorre que as Súmulas 191 e 318 do TST atritam com os §§ 1º e 2º do art. 457 da CLT, com novas redações dadas pela Lei 13.467/2017, que passaram a dispor que as diárias, ainda que pagas com habitualidade e em valores superiores a cinquenta por cento do salário do empregado, deixaram de ter natureza salarial, ou seja, não mais integram o salário do empregado em nenhuma hipótese.

Defendemos a inconstitucionalidade do novel § 2º do art. 457 da CLT (*vide* item 4, *supra,* deste Capítulo X), que é o modo pelo qual as diárias excedentes a cinquenta por cento do salário poderão ter natureza salarial. Do contrário, somente se o juiz constatar fraude na instituição das diárias (CLT, art. 9º) poderá descaracterizar a sua natureza indenizatória.

5.7. Ajuda de custo

Ajuda de custo é parcela de natureza indenizatória e corresponde ao valor pago ao empregado pelo empregador para ressarcir suas despesas de movimentação em serviço, tais como transporte, alimentação, representação etc. A ajuda de custo é normalmente devida aos empregados que cumprem funções em atividades externas, por exemplo, o empregado vendedor que recebe ajuda-quilometragem para os gastos com combustível do seu próprio veículo. Nesse sentido:

> *Recurso de revista interposto pela reclamada (...) Recurso de revista adesivo interposto pelo reclamante – Ajuda de custo – Quilometragem – Natureza jurídica.* A parcela ajuda de custo paga a título de ressarcimento decorrente dos gastos com combustível, no exercício da atividade do trabalhador, tem natureza indenizatória, pois objetiva apenas a reparação de despesas efetuadas, e não o pagamento pelo serviço prestado. Recurso de revista não conhecido (...). (TST-RR 1456001120095170011 – Rel. Min. Luiz Philippe Vieira de Mello Filho – 7ª T., *DEJT* 10-06-2016).

> RECURSO DE EMBARGOS. REGÊNCIA DA LEI N. 11.496/2007. AJUDA DE CUSTO. TRABALHO EXERCIDO NO EXTERIOR. NATUREZA JURÍDICA INDENIZATÓRIA. INCIDÊNCIA DE FGTS. 1. A eg. Oitava Turma firmou entendimento no sentido de ser indevida a incidência de FGTS sobre a ajuda de custo habitacional, uma vez que a verba era fornecida para o desempenho do trabalho, tendo por fim o custeio de despesas no exterior, nos termos da Súmula n. 367, I, do TST. 2. Não se verifica a alegada contrariedade à Orientação Jurisprudencial n. 232 da SDI-1, por não se tratar de parcela de natureza salarial paga ao empregado em virtude de prestação de serviços no exterior. Recurso de embargos de que não se conhece. (...) (TST-E-ED-RR 1529001620035020055, Rel. Min. Walmir Oliveira da Costa, SBDI-1, *DEJT* 16.11.2018).

Ajuda de custo não se confunde com as diárias para viagem. Como bem lembra José Luiz Ferreira Prunes: "As ajudas de custo são abonadas em razão da qualidade do trabalho e a necessidade de compensação pelas despesas realizadas (quer através de abono antes dos gastos, quer através de comprovação posterior). As diárias, contudo, derivam apenas do fator tempo, sendo sua contagem paralela aos dias de afastamento"[25].

É preciso ressaltar que a ajuda de custo pode se converter em componente do salário, quando verificado o desvirtuamento das hipóteses de sua instituição pelo empregador. Nesse sentido:

> AJUDA DE CUSTO. INTEGRAÇÃO AO SALÁRIO. Pagamento mensal de valores a título de ajuda de custo, sem indicativo de se destinar à compatibilização de custos ou despesas do empregado, configura salário em sentido estrito, devendo ser integrado à remuneração para todos os efeitos (TRT 4ª R., RO 0000852-44.2012.5.04.0009, Rel. Des. Vania Mattos – j. 03.07.2014).
>
> RECURSO ORDINÁRIO. AJUDA DE CUSTO. NATUREZA SALARIAL. Diante da habitualidade do percebimento da ajuda de custo sob a rubrica v. tranp/Refeição, em valores fixos, resta claro a natureza salarial da verba, a despeito da denominação conferida, pelo que impõe-se a integração ao salário (TRT 1ª R., RO 13859120105010482, Rel. Des. Alvaro Luiz Carvalho Moreira, j. 02.02.2012, 4ª T., *DEJT* 02.09.2012).

Outra espécie de ajuda de custo é a prevista no art. 470 da CLT, segundo o qual as despesas resultantes da transferência do empregado para localidade distinta do lugar da prestação do serviço ou do contrato correrão por conta do empregador.

25. PRUNES, José Luiz Ferreira. *CLT comentada pelo prof. José Luiz Ferreira Prunes*. DVD-ROM. Porto Alegre: Plenum, 2009.

Defendíamos, antes da vigência da Lei 13.467/2017, a interpretação teleológica do § 2º do art. 457 da CLT, no sentido de autorizar o tratamento isonômico entre as diárias e a ajuda de custo quando os valores respectivos ultrapassassem 50% do salário.

Esse entendimento, entretanto, não era adotado pela doutrina[26] e pela jurisprudência dominante, como se vê dos seguintes julgados:

> Ajuda de custo típica tem caráter indenizatório. Nunca é computada no salário, independentemente de exceder ou não 50% do valor deste. Esse limite é fixado no art. 457, § 2º, da CLT, apenas para as diárias de viagem que, segundo ser ele ultrapassado ou não, adquirem, ou não, caráter de salário e a este se integra para todos os efeitos legais (TST – RR 7.833/86 – Rel. Min. José Ajuricaba – Ac. 2ª T. 2.793/87, apud CARRION, Valentin. *Comentários à Consolidação das Leis do Trabalho*. Edição em CD-ROM, 1996, nota 2 ao art. 457).
>
> GRATIFICAÇÃO DE REPRESENTAÇÃO – AJUDA DE CUSTO – NÃO INCORPORAÇÃO NO SALÁRIO. Se o benefício pago tinha finalidade de arcar com gastos no cargo, não há como integrá-lo no salário, até porque não era salário. O autor teve corretamente integrado a gratificação de função, esta sim salário. A Gratificação de Representação foi criada para compensar despesas, conforme norma administrativa que a criou (art. 37 da Resolução 02/2007), o que não deixa dúvida sobre sua natureza de ajuda de custo. Dou provimento para julgar improcedente o pedido (TRT 1ª R. – RO 00002501120125010341 – Rel. Des. Ivan da Costa Alemão Ferreira – j. 12.11. 2013 – 9ª T. – *DEJT* 22.11.2013).

Com a nova redação dada pela Lei 13.467/2017 ao § 2º do art. 457 da CLT, parece-nos que não haveria mais possibilidade de se atribuir natureza salarial à ajuda de custo, salvo se tal dispositivo fosse considerado inconstitucional (*vide* item 4, *supra*, deste Capítulo X) ou se ocorresse fraude na instituição da ajuda de custo (CLT, art. 9º).

Entretanto, a MP 808/2017 alterou o § 2º do art. 457 da CLT, passando a dispor que a importância paga a título de ajuda de custo, desde que limitada a 50% da remuneração mensal, não integra a remuneração e não se incorpora ao contrato de trabalho.

Ocorre que a Medida Provisória 808/2017, por não ter sido convertida em lei[27], perdeu eficácia desde a sua edição (CF, art. 62, § 3º), de modo que passou a vigorar novamente o texto da Lei 13.467/2017.

---

26. MOURA, Marcelo. *Curso de direito do trabalho*. São Paulo: Saraiva, 2014, p. 207. Esse autor chega a afirmar que, mesmo quando a ajuda de custo tiver valor fixo, com periodicidade mensal, e o valor for superior ao próprio salário, não terá natureza salarial, exemplificando com o cartão de crédito corporativo.
27. Sobre os efeitos da Medida Provisória não convertida em lei, remetemos o leitor ao Título I, Capítulo IV, item 2.1.

Logo, haverá discussão doutrinária e jurisprudencial para interpretar a regra introduzida pela Lei 13.467/2017, isto é, se a ajuda de custo que ultrapassar aquele limite percentual integrará (ou não) a remuneração e se for paga habitualmente será (ou não) incorporada ao contrato de trabalho, além de incidir (ou não) para os encargos trabalhistas e previdenciários.

De nossa parte, pensamos que a interpretação da nova regra deve ser feita à luz da Constituição (art. 7º, *caput*) e dos princípios de proteção ao salário, de modo que se a ajuda de custo ultrapassar o percentual de 50%, passará a ter natureza salarial e integrará a remuneração e, se for paga com habitualidade, será incorporada ao contrato de trabalho.

5.8. Salário *in natura*

Salário *in natura* ou salário-utilidade é uma espécie de remuneração em coisas ou serviços distintos de dinheiro, paga diretamente pelo empregador ao empregado em decorrência do contrato de trabalho.

As utilidades destinam-se às necessidades individuais do trabalhador, e não às necessidades do serviço aproveitado pela empresa.

Com efeito, dispõe o art. 458, *caput*, da CLT:

> Além do pagamento em dinheiro, compreende-se no salário, para todos os efeitos legais, a alimentação, habitação, vestuário ou outras prestações *in natura* que a empresa, por força do contrato ou do costume, fornecer habitualmente ao empregado. Em caso algum será permitido o pagamento com bebidas alcoólicas ou drogas nocivas.

A caracterização da utilidade como salário *in natura* exige dois requisitos: habitualidade e gratuidade. Dito doutro modo, se a utilidade fornecida pelo empregador for eventual e onerosa, então não se está diante de salário *in natura* e, portanto, não haverá incorporação de tais vantagens na remuneração do empregado. Nesse sentido:

> (...) AGRAVO DE INSTRUMENTO. LEI N. 13.015/14. AUXÍLIO-ALIMENTAÇÃO. PARTICIPAÇÃO ONEROSA DO OBREIRO. SALÁRIO-UTILIDADE. DESCARACTERIZAÇÃO. NATUREZA JURÍDICA. 1. Interpretando o disposto no artigo 458, cabeça, da Consolidação das Leis do Trabalho, esta Corte superior firmou o entendimento de que se considera salário a utilidade concedida ao empregado de forma habitual e gratuita. 2. Assim, a participação do empregado no custeio da refeição fornecida pelo empregador, ainda que irrisória, retira o caráter de salário-utilidade da parcela, não havendo falar em sua integração nas demais parcelas de natureza salarial. 3. Precedentes. 4. Agravo de Instrumento a que se nega provimento (TST-AIRR 14249020145060003, Rel. Min. Lelio Bentes Corrêa, 1ª T., *DEJT* 06.10.2017).

> SALÁRIO-UTILIDADE. VEÍCULO FORNECIDO PELO EMPREGADOR. UTILIZAÇÃO PELO EMPREGADO PARA FINS PARTICULARES. NATUREZA JURÍDICA. O veículo fornecido para o trabalho não tem natureza salarial. O fato de a empresa autorizar seu uso pelo empregado também para fins particulares não modifica a natureza jurídica do bem. Não constitui salário-utilidade veículo fornecido por liberalidade do empregador, com o escopo não de incrementar a remuneração do empregado, mas, tão somente, permitir que desenvolva de forma mais eficiente as funções inerentes ao contrato de emprego. (...) Recurso de Revista conhecido e provido (TST-RR 2089007320075020062, 1ª T., Rel. Des. Conv. Marcelo Lamego Pertence, *DEJT* 06.11.2015).

Ademais, em nenhuma hipótese o fornecimento de bebidas alcoólicas ou drogas nocivas pelo empregador, ainda que habitual e gratuitamente, configurará salário *in natura*, de modo que o corte no fornecimento de tais produtos não ensejará direito algum ao empregado.

Há, contudo, divergências doutrinária e jurisprudencial a respeito da configuração como salário *in natura* da utilidade fornecida pelo empregador. Assim, se a utilidade é fornecida pela prestação do serviço, ou seja, como um atrativo empresarial para a contratação e manutenção do empregado, terá natureza salarial, ou seja, caracterizará o salário *in natura*. É o que ocorre com o pagamento de aluguel de casa ou automóvel pelo empregador para os chamados altos empregados. Se, porém, a utilidade for fornecida *para* a prestação do serviço, não terá natureza de salário *in natura*. É o caso da casa fornecida ao caseiro, do automóvel fornecido ao empregado vendedor, do EPI – Equipamento de Proteção Individual etc.

O TST procurou pacificar a divergência, editando os seguintes verbetes:

> UTILIDADES *IN NATURA*. HABITAÇÃO. ENERGIA ELÉTRICA. VEÍCULO. CIGARRO. NÃO INTEGRAÇÃO AO SALÁRIO. I. A habitação, a energia elétrica e veículo fornecidos pelo empregador ao empregado, quando indispensáveis para a realização do trabalho, não têm natureza salarial, ainda que, no caso de veículo, seja ele utilizado pelo empregado também em atividades particulares. II. O cigarro não se considera salário-utilidade em face de sua nocividade à saúde (TST, Súmula 367).
>
> SALÁRIO-UTILIDADE. ALIMENTAÇÃO. O vale para refeição, fornecido por força do contrato de trabalho, tem caráter salarial, integrando a remuneração do empregado, para todos os efeitos legais (TST, Súmula 241).
>
> EMPREGADO RURAL. CONCESSÃO DE TERRA (positivo). O empregado rural terá direito ao uso de área para cultivo, em torno da moradia, observado o seguinte balizamento: A) 0,5 (meio) hectare para trabalhador solteiro, viúvo ou desquitado; B) 1 (um) hectare para trabalhador viúvo ou desquitado, com filho de idade superior a 15 (quinze) anos: C) 1,5 (um e meio) hectare para trabalhador casado: D) 2 (dois) hectares para trabalhador casado e com filho de idade superior a 15 (quinze) anos. Quando o empregado rural for

despedido sem justa causa, antes de colher sua própria cultura, será indenizado pelo empregador no valor equivalente às despesas que efetuou (SDC/TST, PN 48).

EMPREGADO RURAL. MORADIA (*Positivo*). Ao empregado que residir no local de trabalho fica assegurada a moradia em condições de habitabilidade, conforme exigências da autoridade local (SDC/TST, PN 34).

BANCÁRIOS. AJUDA-ALIMENTAÇÃO. A ajuda-alimentação prevista em norma coletiva em decorrência de prestação de horas extras tem natureza indenizatória e, por isso, não integra o salário do empregado bancário (SBDI-1/TST, OJ 123).

AJUDA-ALIMENTAÇÃO. PAT. LEI N. 6.321/76. NÃO INTEGRAÇÃO AO SALÁRIO. A ajuda-alimentação fornecida por empresa participante do programa de alimentação ao trabalhador, instituído pela Lei n. 6.321/76, não tem caráter salarial. Portanto, não integra o salário para nenhum efeito legal (SBDI-1/TST, OJ 133).

AUXÍLIO-ALIMENTAÇÃO. ALTERAÇÃO DA NATUREZA JURÍDICA. NORMA COLETIVA OU ADESÃO AO PAT. A pactuação em norma coletiva conferindo caráter indenizatório à verba – auxílio-alimentação ou a adesão posterior do empregador ao Programa de Alimentação do Trabalhador – PAT – não altera a natureza salarial da parcela, instituída anteriormente, para aqueles empregados que, habitualmente, já percebiam o benefício, a teor das Súmulas 51, I, e 241 do TST (SBDI-1/TST, OJ 413).

NATUREZA JURÍDICA DAS PASSAGENS AÉREAS. O art. 458 da Consolidação das Leis do Trabalho estabelece que as prestações *in natura* estão compreendidas no salário que a empresa, por força do contrato ou do costume, fornece habitualmente ao empregado, sendo que a Orientação Jurisprudencial 131, da SBDI, prevê a possibilidade da não integração de tais vantagens, desde que demonstrada a sua indispensabilidade para o trabalho, e o § 2º do citado dispositivo celetário exclui da qualidade de salário "os vestuários, equipamentos e outros acessórios fornecidos ao empregado e utilizados no local de trabalho, para a prestação dos respectivos serviços". Tem-se que não sendo as passagens fornecidas pela Reclamada destinadas à execução dos serviços da empresa, mormente quando também fornecida para os familiares do empregado, constata-se que a sua concessão ocorria pelo trabalho, o que implica no reconhecimento da natureza salarial do benefício. Recurso de Embargos conhecido e provido (TST-E-RR 750195-0/2001 – SBDI-1 – Rel. Min. Carlos Alberto Reis de Paula – *DJU* 10.09.2004).

Seguindo a tendência neoliberal de desregulamentação da legislação trabalhista, foi editada a Lei 10.243, de 19.06.2001, que deu nova redação ao § 2º do art. 458 da CLT, que passou a não mais "considerar como salário as seguintes utilidades concedidas pelo empregador":

I – vestuários, equipamentos e outros acessórios fornecidos aos empregados e utilizados no local de trabalho, para a prestação do serviço;

II – educação, em estabelecimento de ensino próprio ou de terceiros, compreendendo os valores relativos a matrícula, mensalidade, anuidade, livros e material didático;

III – transporte destinado ao deslocamento para o trabalho e retorno, em percurso servido ou não por transporte público;

IV – assistência médica, hospitalar e odontológica, prestada diretamente ou mediante seguro-saúde;

V – seguros de vida e de acidentes pessoais;

VI – previdência privada.

A Lei 12.761, de 27.12.2012, instituiu o Programa de Cultura do Trabalhador, cujo art. 14 inseriu o inciso VIII no § 2º do art. 458 da CLT, que também não considera salário "o valor correspondente ao vale-cultura".

O vale-transporte fornecido pelo empregador, ainda que este não promova desconto no salário do empregado, não possui natureza salarial (Lei 7.418, art. 2º, *a*).

Para evitar abusos por parte do empregador, o § 1º do art. 458 da CLT, que faz remissão aos arts. 81 e 82 da mesma Consolidação, determina que os "valores atribuídos às prestações *in natura* deverão ser justos e razoáveis, não podendo exceder, em cada caso, os dos percentuais das parcelas componentes do salário mínimo".

Nos termos dos §§ 3º e 4º do art. 458 da CLT (com redação dada pela Lei 8.860/94), a habitação e a alimentação fornecidas como salário-utilidade deverão atender aos fins a que se destinam e não poderão exceder, respectivamente, a 25% e 20% do salário contratual. No caso do empregado rural, os percentuais não podem exceder a 20% para moradia e 25% para alimentação (Lei 5.889/73, art. 9º).

A Lei 13.467/2017 acrescentou o § 5º ao art. 458 da CLT, cuja redação é a seguinte:

> O valor relativo à assistência prestada por serviço médico ou odontológico, próprio ou não, inclusive o reembolso de despesas com medicamentos, óculos, aparelhos ortopédicos, próteses, órteses, despesas médico-hospitalares e outras similares, mesmo quando concedido em diferentes modalidades de planos e coberturas, não integram o salário do empregado para qualquer efeito nem o salário de contribuição, para efeitos do previsto na alínea "q" do § 9º do art. 28 da Lei 8.212, de 24 de julho de 1991.

É importante lembrar, nesse passo, que a Lei 13.467/2017 introduziu o art. 456-A na CLT, *in verbis*:

> Art. 456-A. Cabe ao empregador definir o padrão de vestimenta no meio ambiente laboral, sendo lícita a inclusão no uniforme de logomarcas da própria empresa ou de empresas parceiras e de outros itens de identificação relacionados à atividade desempenhada.

Parágrafo único. A higienização do uniforme é de responsabilidade do trabalhador, salvo nas hipóteses em que forem necessários procedimentos ou produtos diferentes dos utilizados para a higienização das vestimentas de uso comum.

No que concerne ao padrão de vestimenta e à inclusão no uniforme de logomarcas no meio ambiente do trabalho, é preciso verificar, no caso concreto, se ocorre lesão ao direito de imagem do trabalhador, sendo certo que determinadas vestimentas e uniformes podem levar ao constrangimento e à humilhação do trabalhador, causando-lhe lesão aos direitos da personalidade, como a honra, a dignidade, o nome, a boa fama etc. Assim, deve o empregador ter o cuidado de não cometer abuso do direito ao definir o padrão de vestimentas e a inclusão de logomarcas nos uniformes. Por outro lado, a utilização de logomarcas no uniforme pode servir de prova para a caracterização de grupo econômico para fins de responsabilidade pelas obrigações trabalhistas.

Além disso, nos casos de habitação coletiva, o valor do salário-utilidade a ela correspondente será obtido mediante a divisão do justo valor da habitação pelo número de coabitantes, vedada, em qualquer hipótese, a utilização da mesma unidade residencial por mais de uma família.

Como se vê, a lei brasileira não permite que a remuneração do empregado seja feita exclusivamente em utilidades. Procurou-se, com isso, coibir o chamado *truck system*, que é uma forma utilizada pelo empregador para remunerar o empregado com "vales" apenas aceitos em estabelecimentos da própria empresa, criando para este um estado de sujeição incompatível com a liberdade e dignidade que todos os trabalhadores devem ter.

A interpretação sistemática da CLT autoriza-nos a afirmar que pelo menos 30% do salário devido pelo empregador seja pago em dinheiro (CLT, art. 82, parágrafo único), devendo tal percentual incidir sobre o salário contratual do empregado, e não sobre o salário mínimo.

Corrente majoritária, entretanto, sustenta que o cálculo da percentagem deve ser feito com base na tabela do salário mínimo, somando-se o resultado ao salário contratual.

Contrariando o entendimento dominante, o TST editou a Súmula 258:

> SALÁRIO-UTILIDADE. PERCENTUAIS. Os percentuais fixados em lei relativos ao salário *in natura* apenas se referem às hipóteses em que o empregado percebe salário mínimo, apurando-se, nas demais, o real valor da utilidade.

5.9. Abonos

Instituídos, inicialmente, pelo Decreto-Lei 3.813, de 10.11.1941, os abonos jamais se incorporariam ao salário.

Posteriormente, foi editada a Lei 1.999, de 01.10.1953, cujo art. 2º disciplina *in verbis*:

A presente lei não poderá dar motivo à redução ou alteração de salário ou de abono já pago e nem será causa para restituição das contribuições já recolhidas às instituições de previdência social.

O § 1º do art. 457 da CLT (antes da vigência da Lei 13.467/2017) deixava patente a natureza salarial do abono. No entanto, Mozart Victor Russomano leciona que

> abono é o pagamento espontâneo, voluntário, unilateral, que alguém (empregador) faz a outrem (empregado). Sempre, portanto, que o abono derivar de ato de liberalidade do empregador, não é salário, pois não deriva de uma contraprestação de serviço feito pelo empregado. Se, porém, o pagamento se faz por força de cláusula contratual, mesmo denominado, habitualmente, de abono, ele será parte integrante do salário, para todos os efeitos[28].

Curioso é que a Medida Provisória 809, de 30.12.1994, criou um "abono", no valor de R$ 15,00. Esse abono teve caráter transitório e incidiu exclusivamente sobre o salário mínimo, que, na época, era de R$ 70,00, sendo certo que o § 4º do art. 1º do referido ato governamental declarou expressamente que tal abono não constituía salário.

O abono pago com habitualidade passa a ser atraído pelo núcleo salarial, desconfigurando a sua natureza indenizatória. Nesse sentido:

> ABONO SALARIAL. NATUREZA JURÍDICA. Estando silentes as normas coletivas quanto à natureza jurídica dos abonos concedidos, conclui-se que possuem natureza salarial, nos termos do disposto no artigo 457, § 1º, da CLT. Caso contrário, teriam as normas coletivas determinado explicitamente a natureza indenizatória da parcela (TRT 1ª R., RO 00012757720105010002, Rel. Des. Eduardo Henrique Raymundo Von Adamovich, 9ª T., *DEJT* 27.04.2017).
>
> ABONO – NATUREZA SALARIAL – RECONHECIMENTO. Extraindo-se dos autos que a verba pleiteada, ainda que concedida a título de abono indenizatório, teve por escopo, na realidade, reparar a defasagem salarial dos empregados da entidade bancária, sendo paga sob outra roupagem, a fim de não onerar os seus custos, já que conferindo-lhe natureza indenizatória, não efetuava o pagamento de repercussões sobre outras parcelas, reconhece-se a natureza salarial da mesma (TRT 20ª R. – RO 00397-2006-003-20-00-3 – *DJ*/SE 30.05.2007).

28. *Comentários à Consolidação das Leis do Trabalho*. 17. ed. Rio de Janeiro: Forense, 1997. v. I, p. 525-526.

Para nós, o abono pago, ainda que de forma não habitual, por liberalidade do empregador constitui salário. Caso instituído por lei, a sua natureza salarial ou não dependerá de previsão expressa a tal respeito.

Se o abono for instituído por convenção ou acordo coletivo, especificando a sua natureza indenizatória, o TST vem entendendo que ele, ainda que pago com habitualidade, não tem natureza salarial. Nesse sentido:

> (...) ABONO ESPECIAL. NATUREZA JURÍDICA. ACORDO COLETIVO. Verifica-se no caso que o acordo coletivo de trabalho instituiu o abono especial com natureza indenizatória. Nesse cenário, não é possível reconhecer a natureza salarial da referida parcela e determinar a sua integração, notadamente porque a Constituição Federal preconiza o respeito aos instrumentos coletivos de trabalho, nos termos do art. 7º, XXVI, da CF. Recurso de revista não conhecido. (...) (TST-RR 1249-57.2012.5.15.0087, 2ª T., Rel. Min. Maria Helena Mallmann, *DEJT* 09.08.2019).

Advertimos o leitor, no entanto, que a nova redação dada pela Lei 13.467/2017 ao § 2º do art. 457 da CLT, os abonos, ainda que habituais, "não integram a remuneração do empregado, não se incorporam ao contrato de trabalho e não constituem base de incidência de qualquer encargo trabalhista e previdenciário". Se for reconhecida a inconstitucionalidade desse dispositivo (*vide* item 4, *supra*, deste Capítulo X), parece-nos que os abonos continuarão tendo natureza salarial, salvo se forem instituídos por convenção ou acordo coletivo de trabalho que disponham expressamente a sua natureza indenizatória.

5.10. Salário-maternidade

O salário-maternidade não possui natureza salarial, já que constitui um benefício previdenciário pago, em regra, diretamente pelo empregador, que poderá, posteriormente, deduzi-lo quando do recolhimento das futuras contribuições previdenciárias a seu cargo.

O salário maternidade é devido às seguradas da Previdência Social (empregadas, trabalhadoras avulsas e trabalhadoras domésticas nos casos de parto, adoção e aborto não criminoso, nos termos dos arts. 71 a 73 da Lei 8.213/1991. O segurado do sexo masculino poderá fazer jus ao benefício no caso de adoção ou obtenção de guarda judicial para adoção.

Esse benefício previdenciário é devido à trabalhadora por 120 dias, ou seja, durante a licença à gestante (CF/88, art. 7º, XVIII).

5.11. "Bicho"

O "bicho" é uma parcela paga aos jogadores profissionais de futebol como retribuição pela atuação exitosa da equipe, geralmente pela vitória de uma partida ou conquista de um campeonato ou torneio.

Em princípio o "bicho", por assemelhar-se ao prêmio, não possui natureza salarial. Todavia, se houver habitualidade e periodicidade no seu pagamento, isto é, se o empregador estipular genericamente que o "bicho" será devido para cada vitória da equipe, poderá ele ser atraído para o núcleo salarial, convertendo-se, portanto, em componente do salário do empregado. Nesse sentido:

> (...) PAGAMENTO DE "BICHOS". PREMIAÇÃO POR RESULTADOS EM CAMPEONATOS DE FUTEBOL. NATUREZA JURÍDICA. INTEGRAÇÃO AO SALÁRIO. Em relação ao pagamento de "bichos", parcela destinada a premiar o atleta por resultados positivos em campeonatos de futebol, extrai-se do v. julgado regional tese no sentido de que restou constatada a habitualidade, com fundamento nos recibos acostados pelo clube, na medida em que em três meses de duração do contrato de trabalho, quatro parcelas foram quitadas, relacionadas a quatro partidas. Nesse contexto, não há que se falar em ofensa às regras de distribuição ao ônus da prova, pois a v. decisão fundamentou-se na prova efetivamente produzida. Ilesos, assim, os arts. 818 da CLT, e 333, I, do CPC. Recurso de Revista não conhecido (...) (TST-RR 9904720115090028 – Rel. Min. Aloysio Corrêa da Veiga – 6ª T. – *DEJT* 13.12.2013).

Daí a importante observação de Marcelo Moura, para quem a "legislação do atleta profissional resolveu atrair o prêmio e, consequentemente, a sua espécie, o 'bicho', como parcela salarial, conforme o art. 31, § 1º, da Lei n. 9.615/98"[29].

5.12. Luvas

As luvas são quantias pagas pelo empregador, geralmente a atleta profissional, com o objetivo de tornar mais atraentes o ingresso do empregado em seu quadro funcional e a respectiva formalização do contrato de trabalho. Por isso, as luvas são pagas previamente à assinatura do contrato de trabalho.

As luvas, que deixaram de existir na prática desportiva, estavam expressamente previstas na Lei 6.354/76, mas não estão previstas na Lei 9.615/98.

A jurisprudência, não obstante, vem reconhecendo as luvas para certos trabalhadores, por analogia com os jogadores profissionais de futebol, inclusive atribuindo a eles natureza salarial. É o que se depreende dos seguintes arestos:

> RECURSO DE REVISTA. INTEGRAÇÃO DOS VALORES PAGOS A TÍTULO DE CONTRATO DE MÚTUO. "LUVAS". NATUREZA SALARIAL. RECURSO DE REVISTA. INTEGRAÇÃO DOS VALORES PAGOS A TÍTULO DE "CONTRATO DE MÚTUO – LUVAS". NATUREZA SALARIAL. Evidenciada a figura equiparada às "luvas" do atleta

29. MOURA, Marcelo. *Curso de direito do trabalho*. São Paulo: Saraiva, 2014, p. 217.

profissional, paga pelo empregador com o objetivo de tornar mais atraente o ingresso do Reclamante em seu quadro funcional, é de se concluir que as parcelas concedidas ostentam nítida natureza salarial, razão pela qual devem integrar o salário para todos os efeitos legais. Nesse sentido, precedentes desta Corte. Recurso de Revista conhecido e provido (TST-RR 1109900-15.2005.5.09.0012 – Rel. Min. Maria de Assis Calsing – 4ª T. – *DEJT* 10.06.2011).

HIRING BONUS – LUVAS. NATUREZA SALARIAL. BANCO SAFRA. O denominado *hiring bonus*, por se tratar de parcela destinada a atrair e a conservar talentos, tem notória natureza remuneratória, pois se trata de vantagem oferecida ao empregado para obter a sua prestação de serviço. Não se vislumbra qualquer natureza indenizatória na parcela, porquanto para tanto seria necessário que houvesse algum tipo de reposição a eventual perda ou prejuízo para o executivo beneficiado (TRT 3ª R., RO 0010523-49.2016.5.03.0019, Rel. Des. Jose Eduardo Resende Chaves Jr., 1ª T., *DEJT* 22.08.2018).

5.13. Gueltas

As gueltas são retribuições ofertadas por terceiro estranho à relação empregatícia com o objetivo de incentivar as vendas de seus produtos ou serviços. Assim, as gueltas são pagas geralmente por fabricantes e fornecedores de medicamentos, com o fim de estimular as vendas desses produtos.

Controvertem doutrina e jurisprudência acerca da natureza jurídica salarial ou não das gueltas.

Como se trata de pagamento feito por terceiro ao empregado, as gueltas, à míngua de disciplinamento legal específico, são equiparadas às gorjetas, de modo que têm natureza remuneratória, mas não salarial. Logo, as gueltas integram a remuneração para incidência da contribuição previdenciária e pagamento de FGTS, 13º salário, férias com 1/3, aviso prévio trabalhado. Todavia, por aplicação analógica da Súmula 354 do TST, não compõem a base de cálculo do aviso prévio indenizado, adicional noturno, horas extras e repouso semanal remunerado. Nesse sentido:

(...) RECURSO DE REVISTA. PAGAMENTO DE VALORES EFETUADO POR TERCEIROS. GUELTAS. NATUREZA REMUNERATÓRIA. INTEGRAÇÃO. As verbas pagas por terceiros ao longo da relação de emprego "representando estímulos materiais entregues por produtores a empregados vendedores do ramo comercial, em face de vendas realizadas de seus produtos" denominam-se gueltas. Caso efetivamente sejam suportadas e pagas por terceiros (os produtores e fornecedores de mercadorias) e não pelo empregador comerciante, as gueltas não se enquadram como salários, por não atenderem ao requisito legal de serem devidas e pagas pelo empregador (*caput* do art. 457 da CLT). Entretanto, têm a mesma natureza jurídica das gorjetas (art. 457, *caput*, *in fine*, da CLT), uma vez que são pagas por terceiros ao empregado, em função de uma conduta deste, resultante do contrato de trabalho com seu empregador. São tidas, pois, como parte da remuneração do empregado, porém não de seu salário. Assimilando-se juridicamente às gorjetas, as gueltas produzem os mesmos efeitos contratuais daquelas. Nesse quadro, integram-se à remuneração para os fins das seguintes repercussões: salário de contribuição previdenciária; FGTS; 13º salário; férias com 1/3; aviso prévio trabalhado. Contudo, segundo a Súmula 354 do TST, não compõem a base de cálculo de verbas como aviso prévio indenizado, adicional noturno, horas extras e repouso semanal remunerado. No caso concreto, o TRT consigna que a Reclamante recebia parcelas pagas por terceiros decorrentes das vendas de veículos a prazo com financiamento feito nas conveniadas com a Reclamada, além de valores em função da venda de acessórios, seguro e despachantes. Os valores recebidos nesses moldes enquadram-se como gueltas e devem integrar-se à remuneração, portanto, em consonância com a disposição da Súmula 354/TST. Precedentes desta Corte. Recurso de Revista conhecido e parcialmente provido. (...) (TST-ARR 2106004620095020052 – Rel. Min. Mauricio Godinho Delgado – 3ª T. – *DEJT* 08.08.2014).

5.14. Gorjetas

A gorjeta é um dos tipos de parcelas pagas não pelo empregador e sim por terceiros aos empregados e que integram a sua remuneração. Possuem fundamento no art. 457 da CLT, cujo § 3º, com a redação dada pela Lei 13.419/2017, dispõe:

> Considera-se gorjeta não só a importância espontaneamente dada pelo cliente ao empregado, como também o valor cobrado pela empresa, como serviço ou adicional, a qualquer título, e destinado à distribuição aos empregados.

Registra-se que § 4º do art. 457 da CLT, com redação também dada pela Lei 13.419/2017, dispunha: "A gorjeta mencionada no § 3º não constitui receita própria dos empregadores, destina-se aos trabalhadores e será distribuída segundo critérios de custeio e de rateio definidos em convenção ou acordo coletivo de trabalho".

Ocorre que o referido § 4º do art. 457 da CLT passou a ter nova redação dada pela Lei 13.467/2017 (Lei da Reforma Trabalhista), não mais dispondo sobre gorjeta, e sim sobre prêmios.

A Lei 13.419/2017 também inseriu no art. 457 da CLT os §§ 5º a 11, *in verbis*:

> Art. 457. (...)
>
> (...) § 5º. Inexistindo previsão em convenção ou acordo coletivo de trabalho, os critérios de rateio e distribuição da gorjeta e os percentuais de retenção previstos nos §§ 6º e 7º deste artigo serão definidos em assembleia geral dos trabalhadores, na forma do art. 612 desta Consolidação.

§ 6º As empresas que cobrarem a gorjeta de que trata o § 3º deverão:

I – para as empresas inscritas em regime de tributação federal diferenciado, lançá-la na respectiva nota de consumo, facultada a retenção de até 20% (vinte por cento) da arrecadação correspondente, mediante previsão em convenção ou acordo coletivo de trabalho, para custear os encargos sociais, previdenciários e trabalhistas derivados da sua integração à remuneração dos empregados, devendo o valor remanescente ser revertido integralmente em favor do trabalhador;

II – para as empresas não inscritas em regime de tributação federal diferenciado, lançá-la na respectiva nota de consumo, facultada a retenção de até 33% (trinta e três por cento) da arrecadação correspondente, mediante previsão em convenção ou acordo coletivo de trabalho, para custear os encargos sociais, previdenciários e trabalhistas derivados da sua integração à remuneração dos empregados, devendo o valor remanescente ser revertido integralmente em favor do trabalhador;

III – anotar na Carteira de Trabalho e Previdência Social e no contracheque de seus empregados o salário contratual fixo e o percentual percebido a título de gorjeta.

§ 7º A gorjeta, quando entregue pelo consumidor diretamente ao empregado, terá seus critérios definidos em convenção ou acordo coletivo de trabalho, facultada a retenção nos parâmetros do § 6º deste artigo.

§ 8º As empresas deverão anotar na Carteira de Trabalho e Previdência Social de seus empregados o salário fixo e a média das gorjetas referente aos últimos doze meses.

§ 9º Cessada pela empresa a cobrança da gorjeta de que trata o § 3º deste artigo, desde que cobrada por mais de doze meses, essa se incorporará ao salário do empregado, tendo como base a média dos últimos doze meses, salvo o estabelecido em convenção ou acordo coletivo de trabalho.

§ 10. Para empresas com mais de sessenta empregados, será constituída comissão de empregados, mediante previsão em convenção ou acordo coletivo de trabalho, para acompanhamento e fiscalização da regularidade da cobrança e distribuição da gorjeta de que trata o § 3º deste artigo, cujos representantes serão eleitos em assembleia geral convocada para esse fim pelo sindicato laboral e gozarão de garantia de emprego vinculada ao desempenho das funções para que foram eleitos, e, para as demais empresas, será constituída comissão intersindical para o referido fim.

§ 11. Comprovado o descumprimento do disposto nos §§ 4º, 6º, 7º e 9º deste artigo, o empregador pagará ao trabalhador prejudicado, a título de multa, o valor correspondente a 1/30 (um trinta avos) da média da gorjeta por dia de atraso, limitada ao piso da categoria, assegurados em qualquer hipótese o contraditório e a ampla defesa, observadas as seguintes regras:

I – a limitação prevista neste parágrafo será triplicada caso o empregador seja reincidente;

II – considera-se reincidente o empregador que, durante o período de doze meses, descumpre o disposto nos §§ 4º, 6º, 7º e 9º deste artigo por mais de sessenta dias.

A MP 808, de 14.11.2017, acrescentou ao art. 457 da CLT os §§ 12 a 21. Como essa Medida Provisória perdeu eficácia desde a sua edição (CF, art. 62, § 3º), o texto da Lei 13.467/2017 voltou a ter plena vigência[30].

A gorjeta pode ser classificada em compulsória, espontânea e proibida.

A *gorjeta compulsória* é aquela estipulada pelo próprio empregador na nota, isto é, na conta cobrada do consumidor.

A *gorjeta espontânea* é a quantia espontaneamente paga pelo próprio cliente/consumidor ao trabalhador ou ao empregador.

A *gorjeta proibida* é aquela recebida pelo empregado, ainda que o empregador tenha proibido expressamente o seu recebimento na empresa ou estabelecimento. A proibição do recebimento de gorjetas se funda no poder diretivo do empregador.

De acordo com o novel § 9º do art. 457 da CLT, a empresa pode determinar a cessação da cobrança da gorjeta de que trata o § 3º do mesmo artigo. Mas se a gorjeta tiver sido paga por mais de doze meses, haverá sua integração ao salário do empregado, tendo como base a média dos últimos doze meses, ou outro valor que vier a ser estabelecido em convenção ou acordo coletivo de trabalho.

O art. 29, § 1º, da CLT prevê que "as anotações concernentes à remuneração devem especificar o salário, qualquer que seja sua forma de pagamento, seja ele em dinheiro ou em utilidades, bem como a estimativa da gorjeta".

No mesmo sentido, o item III do § 6º do art. 457 da CLT obriga às empresas que cobrarem a gorjeta a "anotar na Carteira de Trabalho e Previdência Social e no contracheque de seus empregados o salário contratual fixo e o percentual percebido a título de gorjeta", sendo certo que o § 8º do mesmo artigo 457 determina que "empresas deverão anotar na Carteira de Trabalho e Previdência Social de seus empregados o salário fixo e a média dos valores das gorjetas referente aos últimos doze meses".

A ausência dessas anotações na CTPS pode gerar multas administrativas e, a nosso sentir, danos morais, por violação aos direitos da personalidade do cidadão-trabalhador, uma vez que o impedirá de ter acesso ao real valor da sua remuneração e comprometerá a sua dignidade (e da sua família), a sua honra, o seu projeto de vida, a sua capacidade de consumo, enfim, o acesso efetivo aos demais direitos fundamentais que dependam do recebimento de sua remuneração.

A gorjeta sempre constituiu um direito somente do empregado. Caso o empregador retivesse total ou parcialmente os valores pagos pelos clientes a título de gorjetas,

30. Sobre os efeitos da Medida Provisória não convertida em lei, remetemos o leitor ao Título I, Capítulo IV, item 2.1.

estaria cometendo ato ilícito civil, na forma do art. 186 do CC, ou até mesmo um ilícito penal, conforme o art. 186 do CP (apropriação indébita).

No entanto, a Lei 13.419/2017, que acrescentou os §§ 5º, 6º e 7º ao art. 457 da CLT, prevê a possibilidade de retenção de percentuais das gorjetas pelos empregadores, conforme os tipos de inscrição da empresa em regime de tributação.

Trata-se, a nosso sentir, de mais uma nítida manifestação da ideologia ultraneoliberal presente na *mens legislatoris*, que caracteriza a superexploração dos trabalhadores. Na verdade, ainda que essa canhestra retenção de gorjetas seja destinada a custear os encargos sociais, previdenciários e trabalhistas, ela inverte a lógica da distribuição da renda e da promoção da justiça social em nosso País, porquanto reduz a remuneração dos trabalhadores (o valor das gorjetas) e transfere para estes últimos o ônus exclusivo de arcar com os custos relativos a encargos sociais, trabalhistas e previdenciários.

Parece-nos, portanto, que os novos §§ 5º. 6º e 7º do art. 457 da CLT são inconstitucionais, por violarem os arts. 1º, III e IV; 3º, I e III; 170, *caput*, III e VII; 193, 195, I, e 201 da CF.

A gorjeta não pode ser a única forma de remuneração do empregado, visto que é uma parcela paga por terceiro (cliente ou consumidor). Vale dizer, o trabalhador, ainda que nenhum cliente efetue o pagamento de gorjeta, terá direito, ao menos, ao salário mínimo (salário normativo ou piso salarial da categoria), nos termos do art. 7º, VII, da CF.

Por força do § 11 do art. 457 da CLT (redação dada pela Lei 13.419/2017), caso o empregador não cumpra o disposto nos §§ 4º, 6º, 7º e 9º do referido artigo, deverá arcar com o pagamento de uma multa, reversível ao trabalhador prejudicado, no valor correspondente a 1/30 (um trinta avos) da média da gorjeta por dia de atraso, porém limitada ao piso da categoria. Todavia, esse limite poderá ser triplicado se o empregador for reincidente, isto é, se durante o período de doze meses tiver descumprido o disposto nos §§ 4º, 6º, 7º e 9º do art. 457 da CLT.

Por fim, a gorjeta não compõe a base de cálculo de todas as parcelas trabalhistas, mas tão somente do FGTS (art. 15 da Lei 8.036/90), das férias (art. 142 da CLT), do 13º salário (art. 1º, § 1º, da Lei 4.090/62) e do salário de contribuição do INSS (art. 28, I, da Lei 8.212/91). Nesse sentido:

> Súmula 354 do TST. GORJETAS. NATUREZA JURÍDICA. REPERCUSSÕES.
>
> As gorjetas, cobradas pelo empregador na nota de serviço ou oferecidas espontaneamente pelos clientes, integram a remuneração do empregado, não servindo de base de cálculo para as parcelas de aviso prévio, adicional noturno, horas extras e repouso semanal remunerado.

5.15. *Stock options*

As *stock options* configuram um sistema de mercado destinado à compra ou subscrição de ações da empresa em que trabalha o empregado. Segundo Alice Monteiro de Barros, as *stock options*, que foram introduzidas na França em 1970, permitem que os empregados comprem ações da empresa em determinado período e por preço ajustado previamente. Se o valor da ação ultrapassa o preço, o beneficiário obtém o lucro e, em consequência, duas alternativas lhe são oferecidas: revender de imediato a mais-valia ou guardar os seus títulos e se tornar um empregado acionista.

Sob tal enfoque, as *stock options* não representam complemento salarial, e sim um meio de estimular o empregado a fazer coincidir seus interesses com os dos acionistas[31].

Todavia, há quem sustente – a nosso ver, com razão – a natureza salarial das *stock options*, particularmente porque a opção do empregado pela compra ou subscrição das ações da empresa empregadora configura "pacto acessório ao contrato de trabalho, mesmo que assim não se diga expressamente no ato da opção de compra das ações"[32].

A jurisprudência majoritária, no entanto, sustenta o caráter mercantil das *stock options*, afastando a sua natureza salarial, como se infere dos seguintes julgados:

> ACÓRDÃO EM RECURSO ORDINÁRIO. *STOCK OPTIONS* – VALIDADE – NATUREZA MERCANTIL – NÃO SALARIAL. Embora as *stock options* – planos de opção de compra de ações ofertados pelas empresas aos seus empregados – estejam estritamente vinculadas ao contrato de trabalho, não se afiguram como benefício contraprestativo. A opção pela compra de ações conferida ao trabalhador implica riscos naturais do mercado para o adquirente, uma vez que as ações adquiridas podem valorizar-se ou desvalorizar-se, de acordo com as oscilações financeiras, de que exsurge nítida a sua natureza mercantil. De tal modo, não há como lhes atribuir índole salarial. Precedentes do C. TST (TRT 1ª R. – RO 00005130820115010073 – Rel. Des. Marcelo Antero de Carvalho – 10ª T. – *DEJT* 11.04.2014).
>
> *STOCK OPTIONS* – BENEFÍCIO SUJEITO ÀS VARIAÇÕES DE MERCADO – NÃO CONTRAPRESTATIVO – NATUREZA MERCANTIL E NÃO SALARIAL. Embora as *stock options* – planos de opção de compra de ações ofertados pelas empresas aos seus empregados – estejam estritamente vinculadas ao contrato de trabalho, não se afiguram como benefício contraprestativo. A opção pela compra de ações conferida ao trabalhador implica riscos naturais do mercado para o adquirente, uma vez que as ações adquiridas podem valorizar-se ou desvalorizar-se, de acordo com as oscilações financeiras, de que exsurge nítida a sua natureza mercantil. De tal modo, não há

31. CALVO, Adriana. *A natureza jurídica dos planos de opções de compra de ações no direito do trabalho*. Disponível em: <www.calvo.pro.br>. Acesso em: 12 out. 2014.
32. MOURA, Marcelo. *Curso de direito do trabalho*. São Paulo: Saraiva, 2014, p. 218-219.

como lhes atribuir índole salarial, a despeito do pretendido (TRT 3ª R. – RO 0001396-78.2011.5.03.0014 – Rel. Des. Denise Alves Horta – 8ª T. – *DEJT* 18.05.2012).

6. CLASSIFICAÇÃO DO SALÁRIO

Há diversas classificações doutrinárias sobre salário. Predomina, porém, a que o classifica em três modalidades básicas:

a) *salário por unidade de tempo* (hora, dia, semana, quinzena, mês);

b) *salário por unidade de obra* (resultado do trabalho, pouco importando o tempo gasto na sua produção); e

c) *salário por tarefa* (combinação dos dois tipos anteriores).

Octavio Bueno Magano acrescenta o *salário-utilidade* (ou *salário* in natura)[33], que é uma espécie de remuneração em coisas que não o dinheiro (CLT, art. 458), como alimentação, vestuário, habitação etc.

Há, ainda, o *salário simples* e o *salário composto*. O primeiro é aquele pago exclusivamente em dinheiro (moeda). O segundo é o pago em dinheiro e utilidades.

Pode-se classificar o salário, ainda, quanto à sua forma: salário mínimo e salário profissional. O primeiro é previsto no art. 76 da CLT e no art. 7º, IV, da CF/88. Já o segundo é aquele fixado especificamente para determinada categoria através de lei (médicos – Lei 3.999/61; engenheiros – Lei 4.950-A/66) ou outras fontes oriundas da negociação coletiva (convenções e acordos coletivos de trabalho) ou sentença normativa. Costuma-se chamar de salário normativo aquele fixado por meio de sentença (*rectius*, acórdão) normativa.

6.1. Salário complessivo

Salário complessivo é o fixado para atender, englobadamente, ao pagamento do salário básico e outras prestações devidas pelo empregador em virtude do contrato de trabalho. Trata-se, pois, de um salário *a priori*, cujo escopo é evitar o cálculo *a posteriori* do que deve ser realmente pago por vários títulos.

O salário complessivo difere do salário à *forfait*, pois aquele reúne, numa única prestação pecuniária (englobadamente), o pagamento de diferentes parcelas, enquanto este é fixado (separadamente) para cada uma das prestações salariais, como os adicionais, as comissões, as gratificações etc.

33. *Manual de direito do trabalho*: direito individual do trabalho. 3. ed. São Paulo: LTr, 1992, p. 230-236.

A Súmula 91 do TST considera ilegal o salário complessivo, nos seguintes termos: "Nula é a cláusula contratual que fixa determinada importância ou percentagem para atender englobadamente vários direitos legais ou contratuais do trabalhador".

6.2. Salário mínimo

A primeira lei sobre salário mínimo coube à Nova Zelândia, em 1894. Posteriormente, o Tratado de Versalhes consagrou, em 1919, o princípio do salário mínimo.

No Brasil, o salário mínimo foi instituído pela Lei 185, de 1936, e regulamentado pelo Decreto-Lei 399, de 1938. Em 1940, entrou em vigor a primeira tabela do salário mínimo.

O art. 76 da CLT dispõe que o salário mínimo

> é a contraprestação devida e paga diretamente pelo empregador a todo trabalhador, inclusive ao trabalhador rural, sem distinção de sexo, por dia normal de serviço, e capaz de satisfazer, em determinada época e região do País, as suas necessidades normais de alimentação, habitação, vestuário, higiene e transporte.

A Constituição Federal de 1988, no seu art. 7º, IV, reconhece o salário mínimo como direito fundamental dos trabalhadores, dispondo que ele será fixado em lei e nacionalmente unificado, devendo satisfazer às necessidades vitais básicas do trabalhador e de sua família, sendo que na parte final do inciso, consta literalmente que é vedada a vinculação do salário mínimo para qualquer fim.

6.2.1. *A questão da vedação do salário mínimo para qualquer fim*

Podemos dizer que há, na seara trabalhista, duas correntes doutrinárias que procuram interpretar a parte final do inciso IV do art. 7º da CF: de um lado, a que não admite a vinculação do salário mínimo para qualquer fim, inclusive os decorrentes da relação de emprego; doutro lado, a que admite a vinculação apenas para a fixação de prestações de natureza alimentícia, aí incluída a remuneração do trabalhador.

a) *Corrente que não admite a vinculação*

Partindo da interpretação literal e ampliativa da parte final do inciso IV art. 7º da Constituição, autores há que não admitem a vinculação do salário mínimo para qualquer fim.

Para Octavio Bueno Magano[34], a "vedação da vinculação do salário mínimo a outros fins que não a melhoria do ganho mínimo dos trabalhadores visou a evitar a ex-

34. *Manual de direito do trabalho*. 3. ed. São Paulo: LTr, 1992, v. II, p. 290.

pansão de eventuais efeitos inflacionários derivados de sua fixação. A consequência da apontada violação é a nulidade dos atos respectivos".

Valentin Carrion[35] sustenta que a proibição da vinculação atinge até mesmo os salários profissionais ou salários normativos, mas acena com a possibilidade de sua vinculação para cálculo do adicional de insalubridade e, também, para o pagamento de benefícios previdenciários de prestação continuada.

b) *Corrente que admite a vinculação*

Para essa corrente, a interpretação do preceito constitucional há de ser feita teleologicamente, isto é, atentando para os seus fins sociais, máxime em se considerando o próprio *caput* do artigo, que assegura, além do mínimo constitucional, outros direitos que visem à melhoria da condição social do trabalhador.

E isso porque o direito do trabalho adota o método da hierarquia dinâmica das fontes que lhe são próprias, dando ênfase para o *princípio da norma mais favorável*, razão pela qual não existiria óbice a que o contrato individual, a lei, o acordo coletivo, a convenção coletiva ou a sentença normativa assegurassem condições acima do patamar mínimo conferido aos trabalhadores (CLT, art. 444).

Nesse concerto, Amauri Mascaro Nascimento[36] leciona que entre as regras fixadas pela Constituição está a da "proibição de que o salário mínimo sirva de fator básico para reajustes de preços ou honorários previstos em contratos civis ou comerciais".

É seguido por Eduardo Gabriel Saad, para quem a "Constituição nova não admite a vinculação do salário mínimo a qualquer outro ato jurídico que não seja o contrato de trabalho. Usá-lo como unidade monetária, por exemplo, no resgate de dívidas vencíveis a longo prazo, é constitucionalmente vedado"[37].

No mesmo sentido é o escólio de Wolgran Junqueira Ferreira:

> Finalmente, proíbe a Constituição que sirva o salário mínimo para vinculação a qualquer fim. Isto quer dizer que, a não ser para a relação de trabalho, o salário mínimo não pode servir de índice para correção de contratos, fixação de pensão alimentícia, fixação de subsídios de prefeitos e vereadores e quaisquer outras remunerações não relacionadas com a relação de trabalho[38].

A vedação a que alude o texto constitucional, a nosso sentir, há de ser interpretada de forma sistemática e teleológica, isto é, em harmonia com a sua própria finalidade, desenganadamente em favor do economicamente fraco.

35. *Comentários à Consolidação das Leis do Trabalho*. 19. ed. São Paulo: Saraiva, 1995, p. 124-127.
36. *Iniciação ao direito do trabalho*. 22. ed. São Paulo: LTr, 1996, p. 328.
37. *Constituição e direito do trabalho*. São Paulo: LTr, 1989, p. 98.
38. *Comentários à Constituição de 1988*. São Paulo: Julex, 1989, p. 267.

A interpretação sistemática deriva da própria Constituição de 1988, que, no art. 54 do ADCT[39], afasta a vedação contida na parte final do inciso IV do art. 7º para prestações que tenham natureza alimentícia.

Ora, sabe-se que é unívoco o entendimento de que a remuneração do empregado possui natureza nitidamente alimentar, sendo perfeitamente possível a utilização desse método interpretativo para descobrir o verdadeiro sentido e alcance da expressão "*para qualquer fim*", inserta no Código Supremo.

O inexcedível Carlos Maximiliano, com propriedade, ensina-nos, de outra parte, que à exegese constitucional aplica-se "o processo sistemático de Hermenêutica, e também o teleológico, assegurada ao último a preponderância"[40].

Mostra-se, assim, factível interpretar-se a vedação constitucional em exame buscando o método teleológico, isto é, no sentido de que a proibição se dirige apenas "para fins de fixação ou indexação de preços, tarifas, impostos, alugueres, contratos civis, comerciais etc.".

Em sintonia com esse entendimento, pedimos vênia para transcrever trecho de lúcido despacho, proferido em Agravo de Instrumento, denegatório de seguimento de Recurso Extraordinário, da lavra do Ministro do STF Ilmar Galvão, que com percuciência e serenidade enfrentou a *quaestio*:

> (...) A regra jurídica do inc. IV do art. 7º da Carta Federal, inserida no capítulo dos direitos sociais dos trabalhadores urbanos e rurais, veda, em sua parte final, a vinculação do salário mínimo para qualquer fim. Tal vedação visa a impedir a utilização do referido parâmetro como fato de indexação para obrigações sem conteúdo salarial ou alimentar. Entretanto, não pode abranger as hipóteses em que o objeto da prestação expressa em salários mínimos tem a finalidade de atender às mesmas garantias que a parte final do inciso concede ao trabalhador e à sua família, presumivelmente capazes de suprir as necessidades vitais básicas. Sendo assim, nenhum outro padrão seria mais adequado à estipulação da pensão[41].

No âmbito do TST, restou pacificada a possibilidade de vinculação ao salário mínimo no caso de salário profissional fixado por lei ou previsto em plano de cargos e salários. É o que se infere dos seguintes julgados:

> AGRAVO REGIMENTAL EM EMBARGOS REGIDOS PELA LEI N. 11.496/2007. ARQUITETO. SALÁRIO PROFISSIONAL. LEI N. 4.950-A/66. FIXAÇÃO EM MÚLTIPLOS

39. Dispõe o art. 54 do ADCT: *"Os seringueiros recrutados nos termos do Dec.-Lei n. 5.813, de 14.09.1943, e amparados pelo Dec.-Lei n. 9.882, de 16.09.1946, receberão, quando carentes, pensão mensal vitalícia no valor de dois salários mínimos"*.

40. *Hermenêutica e aplicação do direito*. 12. ed. Rio de Janeiro: Forense, 1992, p. 314.

41. Publicado na íntegra na *Revista Síntese Trabalhista*, n. 58, p. 94-95, abr. 1994.

DO SALÁRIO MÍNIMO. POSSIBILIDADE. DIVERGÊNCIA JURISPRUDENCIAL NÃO DEMONSTRADA. Trata-se de discussão acerca da possibilidade de fixação do salário profissional do reclamante, arquiteto, em múltiplos do salário mínimo, nos termos da Lei n. 4.950-A/66. A Turma deu provimento ao recurso de revista obreiro para restabelecer a sentença pela qual a reclamada foi condenada ao pagamento de diferenças salariais decorrentes da aplicação da referida lei, com reflexos. Este Tribunal já pacificou seu entendimento sobre o tema nesse sentido, conforme se observa do entendimento consubstanciado na Orientação Jurisprudencial n. 71 da Subseção II Especializada em Dissídios Individuais, que assim dispõe: "AÇÃO RESCISÓRIA. SALÁRIO PROFISSIONAL. FIXAÇÃO. MÚLTIPLO DE SALÁRIO MÍNIMO. ART. 7º, IV, DA CF/88. A estipulação do salário profissional em múltiplos do salário mínimo não afronta o art. 7º, inciso IV, da Constituição Federal de 1988, só incorrendo em vulneração do referido preceito constitucional a fixação de correção automática do salário pelo reajuste do salário mínimo". Nesse contexto, esta Corte vem firmando o entendimento de que as diferenças salariais decorrentes do descumprimento dos artigos 5º e 6º da Lei n. 4.950-A/66 devem ser apuradas com base no cotejo entre o salário efetivamente pactuado e o salário mínimo vigente no momento da contratação do trabalhador, aplicando-se aos reajustes posteriores os índices concedidos à categoria obreira, sem nenhuma vinculação às elevações anuais do salário mínimo nacional. Logo, não há falar em divergência jurisprudencial, tendo em vista o disposto no artigo 896, § 2º, da CLT. Agravo regimental desprovido (TST-AgR-E-RR 81-31.2012.5.20.0006, SBDI-1, Rel. Min. José Roberto Freire Pimenta, *DEJT* 06.10.2017).

(...) RECURSO DE EMBARGOS DO RECLAMANTE SINDICATO DOS ENGENHEIROS NO ESTADO DE SÃO PAULO - SEESP. INTERPOSIÇÃO SOB A ÉGIDE DA LEI 11.496/2007. PLANO DE CARGOS E SALÁRIOS. PROMOÇÕES. NÍVEIS SALARIAIS. VINCULAÇÃO AO PISO DA CATEGORIA. ENGENHEIROS. LEI 4.950-A/66. ALEGAÇÃO DE CONTRARIEDADE À OJ 71/SDI2/TST. 1. A Eg. Turma deu provimento parcial ao Recurso de Revista da reclamada para, "no tocante às diferenças salariais por inobservância do piso salarial da categoria (Lei n. 4.950-A/66), na forma da Orientação Jurisprudencial n. 71 da C. SBDI-2, restringir a condenação ao pagamento de diferenças salariais, acrescidas dos respectivos reflexos, dos trabalhadores que, admitidos após a implantação do Plano de Cargos e Salários da CODESP, recebiam, à época da contratação, salário-base inferior ao mínimo profissional legal (Lei n. 4.950-A/66), observando-se, a partir de então, os reajustes experimentados no período contratual, conforme se apurar em liquidação". 2. Assim, ao limitar a condenação, para que seja observado o piso salarial do momento da contratação, a fim de afastar suposta correção automática do salário pelo reajuste do salário mínimo, a Eg. Turma aplicou mal a OJ 71 da SDI-2/TST, segundo a qual "A estipulação do salário profissional em múltiplos do salário mínimo não afronta o art. 7º, inciso IV, da Constituição Federal de 1988, só incorrendo em vulneração do referido preceito constitucional a fixação de correção automática do salário pelo reajuste do salário mínimo". 3. Com efeito, não houve deferimento de correção automática do salário dos substituídos pelo reajuste do salário mínimo, tampouco é essa a pretensão do ora Embargante, que tão somente requer o cumprimento dos critérios de promoção salarial constantes do PCS da Reclamada. 4. Note-se que, consoante a jurisprudência sedimentada nesta Corte, "a estipulação do salário profissional em múltiplos do salário mínimo não afronta o art. 7º, inciso IV, da Constituição Federal de 1988". Por conseguinte, o estabelecimento no PCS de faixas salariais em múltiplos do salário profissional do engenheiro também não vulnera o referido dispositivo constitucional. 5. Ao que se depreende, tal estipulação visa a garantir que os profissionais que se encontram em estágios superiores ao inicial sejam remunerados de maneira condizente com a sua evolução na carreira. 6. Desse modo, o provimento do recurso de revista da reclamada, com fundamento no art. 7º, IV, da Constituição da República, importou em contrariedade à Orientação Jurisprudencial 71 da SBDI-2/TST, pois eventual majoração da remuneração dos substituídos a cada avanço de nível, não se confunde com correção automática do salário pelo reajuste do salário mínimo. Recurso de embargos conhecido e provido (TST-AgR-E-ED-ED-RR 153900-48.2003.5.02.0444, SBDI-1, Rel. Min. Hugo Carlos Scheuermann, *DEJT* 23.09.2016).

Entretanto, a mesma SBDI-1 do TST não admite a concessão de reajustes vinculados ao salário mínimo quando o piso salarial estiver previsto em acordo coletivo. Nesse sentido:

> (...) FAZENDA PÚBLICA DO ESTADO DE SÃO PAULO. DIFERENÇAS DE COMPLEMENTAÇÃO DE APOSENTADORIA. PISO SALARIAL ESTABELECIDO EM ACORDO COLETIVO DE TRABALHO. LEI ESTADUAL N. 9.343/96. REAJUSTAMENTO. INDEXAÇÃO EM 2,5 SALÁRIOS MÍNIMOS. IMPOSSIBILIDADE. Esta Corte Superior possui firme entendimento de que a concessão de reajuste automático para as demais classes salariais, em chamado "efeito cascata", razão do piso salarial de 2,5 salários mínimos previsto em norma coletiva, implica vinculação ao salário mínimo, o que encontra óbice no art. 7º, IV, da Carta Magna, na Súmula Vinculante 04 do STF e no entendimento sedimentado na Orientação Jurisprudencial n. 71 da SbDI-2 desta Corte. (...) (TSTE-ED-RR-67700-30.2009.5.15.0100, SBDI-1, Rel. Min. Hugo Carlos Scheuermann, *DEJT* 12.08.2016).

Como se pode notar, não há coerência entre os julgados da mais alta Corte de Justiça obreira nacional.

Na linha do pensamento retratado na decisão monocrática acima transcrita, a Col. 1ª Turma do STF havia firmado entendimento acompanhando a corrente que admite a vinculação do salário mínimo para fins trabalhistas e outras prestações de natureza alimentícia, como se depreende do seguinte julgado:

> *Ação de alimentos. Fixação de pensão alimentícia com base em salário mínimo. Alegação de maltrato ao art. 7º, inc. IV, da Constituição Federal.* A fixação de pensão alimentícia tem por finalidade garantir aos beneficiários as mesmas necessidades básicas asseguradas aos trabalhadores em geral pelo texto constitucional. De considerar-se afastada, por isso, relativamente a essa hipótese, a proibição da vinculação ao salário mínimo, prevista no inc. IV do art. 7º da CF. Recurso Extraordinário não conhecido (STF-RE 134.567 – Ac. 1ª T. – *DJU* 06.12.1991 – p. 17829 – Rel. Min. Ilmar Galvão).

Contraditoriamente, a mesma Turma, nos autos do RE 197.911/PE, em que funcionou como relator o Ministro Octávio Galotti, deixou assentado, ao depois de restringir sobremaneira a competência do poder normativo da Justiça do Trabalho, que

> (...) não pode a Justiça do Trabalho produzir normas ou condições contrárias à Constituição. Foi, todavia, o que, *data venia*, aqui sucedeu, com a elaboração da cláusula 2ª, que assegurou "durante o período de 01.10.1991 a 07.02.1992, o *salário unificado nunca inferior ao salário mínimo, acrescido de 20% (...). Manifesto se revela o conflito dessa disposição com o inc. IV (parte final) do art. 7º da Constituição, que proíbe a vinculação, para qualquer fim, de outros valores ao do salário mínimo, pouco importando, naturalmente, venha ela a ser traduzida em múltiplos inteiros ou fracionários*" (nossos os destaques).

Embora não vinculante, esta última decisão da 1ª Turma, ante a generalidade do seu conteúdo, traduziu a orientação futura adotada pelo Pretório Excelso, no sentido de considerar inconstitucional qualquer dispositivo legal ou cláusula de contrato individual, convenção coletiva, acordo coletivo ou sentença normativa que utilizem o salário mínimo para fins de fixação ou indexação do valor: a) do salário-base do empregado; b) do salário profissional ou normativo; c) do adicional de insalubridade etc.

Em 2008, o STF editou a Súmula Vinculante 4, *in verbis*:

> Salvo nos casos previstos na Constituição, o salário mínimo não pode ser usado como indexador de base de cálculo de vantagem de servidor público ou de empregado, nem ser substituído por decisão judicial.

Vê-se, portanto, que a Corte Suprema deixou de lado a interpretação sistemática e teleológica por ela mesma emprestada anteriormente ao art. 7º, IV, da Constituição, para valer-se única e exclusivamente da exegese gramatical, que, como é sabido, mostra-se a mais frágil dentro da moderna hermenêutica constitucional.

A Súmula Vinculante 4 incentivará, sem dúvida, o manejo de recursos extraordinários e ações rescisórias, retardando, assim, a entrega da prestação jurisdicional, com evidentes prejuízos para a pacificação dos conflitos trabalhistas, mormente para a classe trabalhadora. Provavelmente essa preocupação com a elevação de processos levou o STF a adotar uma posição rigorosamente inusitada nos autos da ADPF 151/MC/DF (rel. orig. Min. Joaquim Barbosa, red. p/ o acórdão Min. Gilmar Mendes, j. em 02.02.2011), em que o Plenário, por maioria, deferiu pedido de medida cautelar formulado em arguição de descumprimento de preceito fundamental ajuizada pela Confederação Nacional de Saúde, Hospitais e Estabelecimentos e Serviços – CNS, contra o art. 16 da Lei 7.394/85, que estabelece que o salário mínimo dos profissionais (técnicos em radiologia) que executam as técnicas definidas em seu art. 1º será equivalente a 2 salários mínimos profissionais da região, incidindo sobre esses vencimentos 40% de risco de vida e insalubridade. Ao se reportar à orientação fixada no julgamento do RE 565.714/SP (*DJe* de 07.11.2008), reputou-se, em princípio, que o art. 16 da Lei 7.394/85 seria incompatível com art. 7º, IV, da CF, mas, a fim de evitar uma anomia, resolveu-se continuar aplicando os critérios estabelecidos pela lei em questão até que sobrevenha norma que fixe nova base de cálculo, seja lei federal, editada pelo Congresso Nacional, sejam convenções ou acordos coletivos de trabalho, ou, ainda, lei estadual, editada conforme delegação prevista na Lei Complementar 103/2000. Determinou-se, ainda, o congelamento da base de cálculo em questão, para que seja calculada de acordo com o valor de 2 salários mínimos vigente na data do trânsito em julgado desta decisão, de modo a desindexar o salário mínimo, valor este que deverá ser corrigido com base nos índices de reajustes de salários.

6.3. Salário profissional

Salário profissional é o piso remuneratório mínimo previsto em lei para alguns profissionais diplomados em medicina e odontologia (Lei 3.999/61), engenharia, química, arquitetura, agronomia e veterinária (Lei 4.950-A/66) e radiologia (Lei 7.394/85).

No que concerne ao salário profissional dos médicos e dentistas, o TST editou a Súmula 143. Deve ele guardar "proporcionalidade com as horas efetivamente trabalhadas, respeitado o mínimo de 50 (cinquenta) horas".

Quanto aos radiologistas, a Súmula 358 do TST dispõe que o salário profissional dos técnicos em radiologia, previsto no art. 16 da Lei 7.394/85, é igual a dois salários mínimos, e não a quatro.

Na esteira do entendimento do TST (SBDI-2 OJ 71), a "estipulação do salário profissional em múltiplos do salário mínimo não afronta o art. 7º, inc. IV, da Constituição Federal de 1988, só incorrendo em vulneração do referido preceito constitucional a fixação de correção automática do salário pelo reajuste do salário mínimo".

O STF, porém, como já vimos no item 6.2.1, *supra*, ao se reportar à orientação fixada no julgamento do RE 565.714/SP (*DJe* de 07.11.2008), reputou, em princípio, que o art. 16 da Lei 7.394/85 é incompatível com o art. 7º, IV, da CF, mas, a fim de evitar uma anomia, resolveu permitir a aplicação dos critérios estabelecidos pela lei em questão, até que sobrevenha norma que fixe nova base de cálculo, seja lei federal, editada pelo Congresso Nacional, sejam convenções ou acordos coletivos de trabalho, ou, ainda, lei estadual, editada conforme delegação prevista na Lei Complementar 103/2000.

Houve durante muito tempo uma cizânia a respeito da vinculação jurídica entre a jornada de médicos ou engenheiros e o salário profissional, o que levou o TST a editar a Súmula 370, segundo a qual as Leis 3.999/61 e 4.950-A/66 não estipulam a jornada reduzida, mas apenas estabelecem o salário mínimo da categoria para uma jornada de 4 horas para os médicos e de 6 horas para os engenheiros, razão pela qual não há que se falar em horas extras, salvo as excedentes à oitava, desde que seja respeitado o salário mínimo/horário das categorias.

6.4. Piso salarial

Tradicionalmente, fixou-se o entendimento doutrinário de que o piso salarial "é o valor mínimo que pode ser pago a uma categoria profissional ou a determinadas profissões numa categoria profissional"[42]. Ele era previsto nas convenções e acordos coletivos de trabalho.

As Constituições brasileiras não dispuseram sobre o piso salarial, mas a CF de 1988 o prevê expressamente no seu art. 7º, V, como direito fundamental dos trabalhadores urbanos e rurais, nos seguintes termos: "piso salarial proporcional à extensão e à complexidade do trabalho".

Destarte, como a Constituição de 1988 também reconhece as convenções e acordos coletivos como fontes do direito do trabalho, parece-nos que o piso salarial pode ser previsto tanto nessas fontes de autocomposição quanto na lei.

Nesse passo, exsurge a Lei Complementar 103/2000, que autoriza os Estados e o Distrito Federal a instituírem o piso salarial a que se refere o inciso V do art. 7º da Constituição Federal, por aplicação do disposto no parágrafo único do seu art. 22.

Além disso, a Lei 11.738, de 16.07.2008, regulamentou o "piso salarial profissional nacional" para os profissionais do magistério público da educação básica, a que se refere a alínea *e* do inciso III do *caput* do art. 60 do Ato das Disposições Constitucionais Transitórias.

De acordo com o art. 2º da Lei 11.738, o piso salarial profissional nacional para os profissionais do magistério público da educação básica é de R$ 950,00 mensais (a partir de 01.01.2008), para a formação em nível médio, na modalidade Normal, prevista no art. 62 da Lei 9.394, de 20.12.1996, que estabelece as diretrizes e bases da

42. NASCIMENTO, Amauri Mascaro. *Iniciação ao direito do trabalho*. 36. ed. São Paulo: LTr, 2011, p. 355.

educação nacional, sendo certo que o piso salarial profissional nacional é o valor abaixo do qual a União, os Estados, o Distrito Federal e os Municípios não poderão fixar o vencimento inicial das Carreiras do magistério público da educação básica, para a jornada de, no máximo, quarenta horas semanais.

São destinatários do piso salarial nacional do magistério

> aqueles que desempenham as atividades de docência ou as de suporte pedagógico à docência, isto é, direção ou administração, planejamento, inspeção, supervisão, orientação e coordenação educacionais, exercidas no âmbito das unidades escolares de educação básica, em suas diversas etapas e modalidades, com a formação mínima determinada pela legislação federal de diretrizes e bases da educação nacional (Lei n. 11.738/2008, art. 2º, § 2º).

6.5. Salário normativo

Por salário normativo entende-se aquele que é fixado em sentença normativa nos dissídios coletivos de natureza econômica proferida pelos Tribunais Regionais do Trabalho ou Tribunal Superior do Trabalho e destinado a determinadas categorias profissionais representadas pelos sindicatos que figurarem como parte nos referidos dissídios coletivos.

Sobre salário normativo, o TST editou os seguintes verbetes:

> *Salário normativo. Contrato de experiência. Limitação. Tempo de serviço. Possibilidade.* Não fere o princípio da isonomia salarial (CF/88, art. 7º, XXX) a previsão de salário normativo tendo em vista o fator tempo de serviço (SDC OJ 25).
>
> *Salário normativo. Menor empregado. CF/88, art. 7º, XXX. Violação.* Os empregados menores não podem ser discriminados em cláusula que fixa salário mínimo profissional para a categoria *(SDC OJ 26).*
>
> *Remuneração por produção.* Quando o serviço for contratado por produção, a remuneração não poderá ser inferior à diária correspondente ao salário normativo (SDC Precedente Normativo positivo 67).

É importante lembrar que o Enunciado 36 aprovado na 2ª Jornada de Direito Material e Processual do Trabalho (2017) dispõe, *in verbis*:

> NEGOCIADO SOBRE LEGISLADO E REDUÇÃO SALARIAL – NEGOCIAÇÃO COLETIVA. CONTRATO INDIVIDUAL DE TRABALHO. OBJETO ILÍCITO. SALÁRIO MÍNIMO NORMATIVO. ART. 611-B, IV, DA CLT. As convenções coletivas, os acordos coletivos de trabalho e os acordos individuais de trabalho devem respeitar o salário mínimo normativo em qualquer modalidade de contratação, nos termos do art. 7º, IV, da CF.

7. EQUIPARAÇÃO SALARIAL

O princípio da equiparação salarial constitui corolário do princípio da igualdade salarial, que surgiu no início do capitalismo como forma de sanar as diferenças existentes para pagamento dos serviços iguais prestados por homens e mulheres, além do pagamento feito aos estrangeiros nas empresas multinacionais.

O princípio da igualdade salarial foi consagrado nos seguintes documentos internacionais: Tratado de Versalhes (1919), Resolução 12 da OIT (1946), Carta das Nações Unidas (1948), Convenção 100 da OIT (1951) e está previsto no art. 7º, XXX e XXXI, da Constituição Federal de 1988.

Na CLT, o art. 5º estabelece a igualdade salarial entre homens e mulheres, nos seguintes termos: "A todo trabalho de igual valor corresponderá salário igual, sem distinção de sexo".

Antes da vigência da Lei 13.467/2017, o art. 461 da CLT disciplinava a equiparação nos seguintes termos: "Sendo idêntica a função, a todo trabalho de igual valor, prestado ao mesmo empregador, na mesma localidade, corresponderá igual salário, sem distinção de sexo, nacionalidade ou idade" (*caput*).

Trabalho de igual valor, para fins de equiparação salarial, "será o que for feito com igual produtividade e com a mesma perfeição técnica, entre pessoas cuja diferença de tempo de serviço não for superior a 2 (dois) anos" (CLT, art. 461, § 1º).

Não há lugar para equiparação salarial "quando o empregador tiver pessoal organizado em quadro de carreira, hipótese em que as promoções deverão obedecer aos critérios de antiguidade e merecimento" (CLT, art. 461, § 2º).

A respeito da equiparação salarial, o TST editou a Súmula 6, *in verbis*:

> *Equiparação salarial. CLT, art. 461.* I – Para os fins previstos no § 2º do art. 461 da CLT, só é válido o quadro de pessoal organizado em carreira quando homologado pelo Ministério do Trabalho, excluindo-se, apenas, dessa exigência o quadro de carreira das entidades de direito público da administração direta, autárquica e fundacional aprovado por ato administrativo da autoridade competente. II – Para efeito de equiparação de salários em caso de trabalho igual, conta-se o tempo de serviço na função e não no emprego. III – A equiparação salarial só é possível se o empregado e o paradigma exercerem a mesma função, desempenhando as mesmas tarefas, não importando se os cargos têm, ou não, a mesma denominação. IV – É desnecessário que, ao tempo da reclamação sobre equiparação salarial, reclamante e paradigma estejam a serviço do estabelecimento, desde que o pedido se relacione com situação pretérita. V – A cessão de empregados não exclui a equiparação salarial, embora exercida a função em órgão governamental estranho à cedente, se esta responde pelos salários do paradigma e do reclamante. VI – Presentes os pressupostos do art. 461 da CLT, é irrelevante a circunstância de que o desnível salarial tenha origem em decisão

judicial que beneficiou o paradigma, exceto: a) se decorrente de vantagem pessoal ou de tese jurídica superada pela jurisprudência de Corte Superior; b) na hipótese de equiparação salarial em cadeia, suscitada em defesa, se o empregador produzir prova do alegado fato modificativo, impeditivo ou extintivo do direito à equiparação salarial em relação ao paradigma remoto, considerada irrelevante, para esse efeito, a existência de diferença de tempo de serviço na função superior a dois anos entre o reclamante e os empregados paradigmas componentes da cadeia equiparatória, à exceção do paradigma imediato. VII – Desde que atendidos os requisitos do art. 461 da CLT, é possível a equiparação salarial de trabalho intelectual, que pode ser avaliado por sua perfeição técnica, cuja aferição terá critérios objetivos. VIII – É do empregador o ônus da prova do fato impeditivo, modificativo ou extintivo da equiparação salarial. IX – Na ação de equiparação salarial, a prescrição é parcial e só alcança as diferenças salariais vencidas no período de 5 (cinco) anos que precedeu o ajuizamento. X – O conceito de "mesma localidade" de que trata o art. 461 da CLT refere-se, em princípio, ao mesmo município, ou a municípios distintos que, comprovadamente, pertençam à mesma região metropolitana.

O TST não admite a equiparação salarial entre atendente e auxiliar de enfermagem (SBDI-1, OJ 296). Igualmente, não cabe equiparação salarial entre empregado de cooperativa de crédito e bancário (TST/SBDI-1 OJ 379).

Também não é possível a equiparação salarial entre servidores da administração direta, autárquica ou fundacional, ainda que regidos pela CLT (TST/SBDI-1 OJ 297), pois esses entes são pessoas jurídicas de direito público.

Quanto aos servidores (ou trabalhadores) das sociedades de economia mista e das empresas públicas, não há vedação à equiparação salarial prevista no art. 37, XIII, da CF/88 (TST, Súmula 455), pois tais entes são pessoas jurídicas de direito privado (CF, art. 173, § 1º, II; DL 200/67, art. 5º).

Poder-se-ia afastar a equiparação salarial na hipótese de plano de cargos e salários instituído pela empresa e chancelado por convenção ou acordo coletivo de trabalho, prevendo promoção (sem alternância) por merecimento ou antiguidade por meio de instrumento coletivo.

A OJ 418 da SBDI-1 do TST, no entanto, firmou o entendimento de que "não constitui óbice à equiparação salarial a existência de plano de cargos e salários que, referendado por norma coletiva, prevê critério de promoção apenas por merecimento ou antiguidade, não atendendo, portanto, o requisito de alternância dos critérios, previsto no art. 461, § 2º, da CLT".

Convém lembrar que, mesmo havendo quadro de pessoal, organizado em carreira, aprovado pelo órgão competente, o que exclui, em princípio, a hipótese de equiparação, nada impede que o trabalhador possa ajuizar ação fundada em preterição, enquadramento ou reclassificação funcional (TST, Súmula 127).

Ocorre que o art. 461 da CLT, exceto o seu § 4º, foi substancialmente alterado pela Lei 13.467/2017, passando a ter a seguinte redação:

> Art. 461. Sendo idêntica a função, a todo trabalho de igual valor, prestado ao mesmo empregador, no mesmo estabelecimento empresarial, corresponderá igual salário, sem distinção de sexo, etnia, nacionalidade ou idade.
>
> § 1º Trabalho de igual valor, para os fins deste Capítulo, será o que for feito com igual produtividade e com a mesma perfeição técnica, entre pessoas cuja diferença de tempo de serviço para o mesmo empregador não seja superior a quatro anos e a diferença de tempo na função não seja superior a dois anos.
>
> § 2º Os dispositivos deste artigo não prevalecerão quando o empregador tiver pessoal organizado em quadro de carreira ou adotar, por meio de norma interna da empresa ou de negociação coletiva, plano de cargos e salários, dispensada qualquer forma de homologação ou registro em órgão público.
>
> § 3º No caso do § 2º deste artigo, as promoções poderão ser feitas por merecimento e por antiguidade, ou por apenas um destes critérios, dentro de cada categoria profissional.
>
> § 4º O trabalhador readaptado em nova função por motivo de deficiência física ou mental atestada pelo órgão competente da Previdência Social não servirá de paradigma para fins de equiparação salarial. (Incluído pela Lei n. 5.798, de 31.8.1972, não sendo alterado pela Lei 13.467/2017)
>
> § 5º A equiparação salarial só será possível entre empregados contemporâneos no cargo ou na função, ficando vedada a indicação de paradigmas remotos, ainda que o paradigma contemporâneo tenha obtido a vantagem em ação judicial própria.
>
> § 6º No caso de comprovada discriminação por motivo de sexo ou etnia, o juízo determinará, além do pagamento das diferenças salariais devidas, multa, em favor do empregado discriminado, no valor de 50% (cinquenta por cento) do limite máximo dos benefícios do Regime Geral de Previdência Social.

Como se vê, a Lei 13.467/2017, na contramão dos princípios constitucionais do valor social do trabalho, da progressividade e da vedação do retrocesso social, passou a exigir novos requisitos para o trabalhador obter equiparação salarial com o paradigma por ele indicado, o que, por certo, provocará inúmeros debates doutrinários e alteração da jurisprudência do TST.

O art. 358 da CLT impõe a igualdade salarial entre brasileiros e estrangeiros que exerçam funções análogas, nos seguintes termos:

> Art. 358 – **Nenhuma empresa**, ainda que não sujeita à proporcionalidade, **poderá pagar a brasileiro que exerça função análoga**, a juízo do Ministério do Trabalho,

Indústria e Comércio, à que é exercida por estrangeiro a seu serviço, **salário inferior ao deste**, excetuando-se os casos seguintes:

a) quando, nos estabelecimentos que não tenham quadros de empregados organizados em carreira, o brasileiro contar menos de 2 (dois) anos de serviço, e o estrangeiro mais de 2 (dois) anos;

b) quando, mediante aprovação do Ministério do Trabalho, Indústria e Comércio, houver quadro organizado em carreira em que seja garantido o acesso por antiguidade;

c) quando o brasileiro for aprendiz, ajudante ou servente, e não o for o estrangeiro;

d) quando a remuneração resultar de maior produção, para os que trabalham à comissão ou por tarefa.

Parágrafo único. Nos casos de falta ou cessação de serviço, a dispensa do empregado estrangeiro deve preceder à de brasileiro que exerça função análoga.

Como se vê, a regra constante do *caput* do art. 358 da CLT é menos rígida para permitir a isonomia salarial entre brasileiros e estrangeiros do que a prevista para permitir a equiparação salarial (art. 461 da mesma Consolidação), sendo suficiente que as funções exercidas por brasileiros e estrangeiros sejam análogas, e não idênticas.

Nesse sentido, correta a observação de Maurício Godinho Delgado, para quem "nenhuma empresa poderá pagar a trabalhador brasileiro que exerça função análoga à que é exercida por estrangeiro a seu serviço, salário inferior ao deste. Na interpretação desse enunciado geral do *caput* do art. 358 da CLT devem ser desprezadas as referências à proporcionalidade de estrangeiros, por ser critério manifestamente não recebido pela Constituição da República. Também não deve ser considerado o juízo de enquadramento da função análoga a ser feito pelo Ministério do Trabalho, também por ser manifestamente incompatível com a Constituição da República – desde o Texto Máximo de 1946, a propósito"[43].

E arremata o referido autor – com absoluta razão – que a "função destacada pela regra legal deve ser somente análoga – similar, parecida –, não necessitando ser idêntica (ao contrário do que exige o instituto da equiparação de salários, regulado pelo art. 461 da CLT)"[44].

---

43. DELGADO, Maurício Godinho. *Curso de direito do trabalho*. 15. ed. São Paulo: LTr, 2016, p. 901.

44. DELGADO, Maurício Godinho, op. cit., mesma página.

CAPÍTULO XI
Tempo de Serviço, Suspensão e Interrupção do Trabalho

1. NOÇÕES PROPEDÊUTICAS

O tempo de serviço corresponde à duração do contrato de trabalho, ressalvados os casos de suspensão dos efeitos do contrato de trabalho onde não há a contagem do mesmo.

Para Antônio Lamarca, tempo de serviço é aquele "em que o empregado fica à disposição do empregador, real ou ficticiamente, de acordo com o conceito de ano civil no nosso direito positivo"[1].

2. TEMPO À DISPOSIÇÃO E HORAS *IN ITINERE*

O *caput* do art. 4º da CLT considera como tempo de serviço efetivo o período em que o empregado esteja à disposição do empregador, aguardando ou executando ordens, salvo disposição especial expressamente consignada.

Dando interpretação extensiva a tal dispositivo consolidado, o TST editou as Súmulas 90, 320 e 324, que disciplinam as hipóteses em que são devidas horas *in itinere*, que correspondem ao tempo que o empregado gasta para sair de sua residência e chegar ao local de trabalho de difícil acesso e vice-versa.

Ocorre que a Lei 13.467/2017 inseriu dois parágrafos no lugar do parágrafo único do art. 4º da CLT, passando a dispor, *in verbis*:

> Art. 4º. Considera-se como de serviço efetivo o período em que o empregado esteja à disposição do empregador, aguardando ou executando ordens, salvo disposição especial expressamente consignada.
>
> § 1º Computar-se-ão, na contagem de tempo de serviço, para efeito de indenização e estabilidade, os períodos em que o empregado estiver afastado do trabalho prestando serviço militar e por motivo de acidente do trabalho.

1. Contrato individual de trabalho, p. 193, *apud* ANDRADE, Everaldo Gaspar Lopes de. *Curso de direito do trabalho.* 2. ed. São Paulo: Saraiva, 1992, p. 106.

§ 2º Por não se considerar tempo à disposição do empregador, não será computado como período extraordinário o que exceder a jornada normal, ainda que ultrapasse o limite de cinco minutos previsto no § 1º do art. 58 desta Consolidação, quando o empregado, por escolha própria, buscar proteção pessoal, em caso de insegurança nas vias públicas ou más condições climáticas, bem como adentrar ou permanecer nas dependências da empresa para exercer atividades particulares, entre outras: I – práticas religiosas; II – descanso; III – lazer; IV – estudo; V – alimentação; VI – atividades de relacionamento social; VII – higiene pessoal; VIII – troca de roupa ou uniforme, quando não houver obrigatoriedade de realizar a troca na empresa.

Além disso, a referida lei revogou o § 3º e alterou a redação do § 2º, ambos do art. 58 da CLT, não mais permitindo a existência de horas *in itinere*, na medida em que o tempo despendido pelo empregado desde a sua residência até a efetiva ocupação do posto de trabalho e para o seu retorno, caminhando ou por qualquer meio de transporte, inclusive o fornecido pelo empregador, não será computado na jornada de trabalho, por não ser tempo à disposição do empregador (CLT, art. 58, § 2º).

Não obstante a literalidade do novel § 2º do art. 4º da CLT, parece-nos que o juiz poderá interpretá-lo sistematicamente com o art. 9º da mesma Consolidação, de modo a reconhecer como tempo à disposição do empregador os casos em que verificar, à luz da prova carreada aos autos, a existência de manobra ardilosa patronal para impedir ou fraudar a aplicação dos direitos reconhecidos na CF e na própria CLT.

Não serão descontadas nem computadas como jornada extraordinária as variações de horário no registro de ponto não excedentes de cinco minutos, observado o limite máximo de dez minutos diários, nos termos do § 1º do art. 58 da CLT. Noutro falar, o tempo gasto pelo trabalhador entre a portaria da empresa e o seu local de trabalho ou o tempo que ele leva para assinalar o ponto quando já estiver dentro do estabelecimento do empregador deve, se a variação da marcação do ponto for superior a 10 (dez) minutos diários, ser remunerado como hora extra.

É importante ressaltar que a Súmula 366 do TST adota o seguinte entendimento:

> CARTÃO DE PONTO. REGISTRO. HORAS EXTRAS. MINUTOS QUE ANTECEDEM E SUCEDEM A JORNADA DE TRABALHO. Não serão descontadas nem computadas como jornada extraordinária as variações de horário do registro de ponto não excedentes de cinco minutos, observado o limite máximo de dez minutos diários. Se ultrapassado esse limite, será considerada como extra a totalidade do tempo que exceder a jornada normal, pois configurado tempo à disposição do empregador, não importando as atividades desenvolvidas pelo empregado ao longo do tempo residual (troca de uniforme, lanche, higiene pessoal, etc.).

O pagamento do tempo em que o empregado fica à disposição do empregador está imune à negociação coletiva, como se infere do seguinte julgado:

Agravo de instrumento. Admissibilidade. Recurso de revista. Horas in itinere. *Negociação coletiva. Supressão. Nulidade.* Esta Corte tem procurado dar efetividade ao comando constitucional, privilegiando as negociações coletivas como forma de resolução pacífica dos conflitos. Contudo, não pode validar cláusula de acordo coletivo ou convenção coletiva de trabalho a qual expressamente dispõe que as horas de trajeto não serão remuneradas, uma vez que se trata de direito legalmente assegurado ao empregado, não podendo ser suprimido por norma coletiva. Precedentes. Agravo de instrumento a que se nega provimento (TST AIRR 143940-11.2008.5.06.0241 – 5ª T. – Rel. Emmanoel Pereira – *DEJT* 10.06.2010).

No entanto, essa jurisprudência está sob censura do novel art. 611-A da CLT, que institui a prevalência das convenções e acordos coletivos sobre a lei. De nossa parte, consideramos inconstitucional o novo art. 611-A da CLT, pois está em colisão com o *caput* do art. 7º da CF.

Outrossim, há hipóteses em que o obreiro sequer está à disposição ou aguardando ordens, mas, ainda assim, terá computado o seu tempo de serviço, como ocorre nos afastamentos para prestação de serviço militar e por motivo de acidente do trabalho (CLT, art. 4º, *caput*), ou durante as férias e demais repousos remunerados.

3. SUSPENSÃO E INTERRUPÇÃO DO TRABALHO

Como é sabido, um dos princípios peculiares do direito do trabalho é o da continuidade da relação de emprego. É exatamente por isso que somente em situações especiais poderá haver paralisações provisórias, totais ou parciais, na execução do contrato de trabalho, ou melhor, na prestação do serviço.

Alguns autores preferem utilizar as expressões suspensão parcial ou suspensão total do contrato no sentido de interrupção ou suspensão do contrato, respectivamente.

A lei brasileira (CLT, Título IV, Capítulo IV) utiliza, literalmente, as expressões suspensão e interrupção, embora não defina nem uma nem outra.

Em rigor científico, contudo, não há suspensão ou interrupção do contrato, mas sim, dos seus efeitos, isto é, das obrigações atribuídas a cada uma das partes figurantes da relação de emprego. É por esta razão que melhor seria falar em suspensão ou interrupção do trabalho, e não do contrato, uma vez que este, em ambos os casos, continua vigendo e até produzindo efeitos.

Tanto a suspensão quanto a interrupção produzem efeitos comuns, quais sejam:

- a continuidade do vínculo empregatício;
- o direito de o empregado retornar ao emprego, com direito a "todas as vantagens que, em sua ausência, tenham sido atribuídas à categoria a que pertencia na empresa" (CLT, art. 471);
- a impossibilidade de extinção do contrato, por ato unilateral.

3.1. Suspensão

Dá-se a *suspensão* (ou suspensão total) quando inexistir obrigatoriedade da prestação de serviço e pagamento de salário, sendo certo que o tempo de serviço, em regra, não é computado para os efeitos legais.

Na suspensão, portanto, empregado e empregador ficam dispensados, transitoriamente, do cumprimento das suas obrigações ínsitas ao contrato de trabalho.

Cumpre registrar, contudo, que a Súmula 440 do TST assegura o direito à manutenção de plano de saúde ou de assistência médica oferecido pela empresa ao empregado, não obstante suspenso o contrato de trabalho em virtude de auxílio-doença acidentário ou de aposentadoria por invalidez.

São hipóteses de suspensão dos efeitos do contrato de trabalho:

- suspensão disciplinar, que não poderá ser superior a trinta dias (CLT, art. 474);
- afastamentos do empregado por motivo de doença ou acidente do trabalho (não obstante seja o tempo de serviço computado no caso de acidente do trabalho, de acordo com o art. 4º da CLT) a partir do 16º dia (art. 59 da Lei 8.213/91). Vale dizer, será considerado suspenso o contrato de trabalho se o benefício auxílio-doença durar mais de quinze dias, contando-se a suspensão a partir do 16º dia (artigo 476 da CLT, combinado com o artigo 65 do Regulamento dos Benefícios da Previdência Social). É importante lembrar que o § 1º do art. 4º da CLT, com redação dada pela Lei 13.467/2017, passou a dispor que: "Computar-se-ão, na contagem de tempo de serviço, para efeito de indenização e estabilidade, os períodos em que o empregado estiver afastado do trabalho prestando serviço militar e por motivo de acidente do trabalho";
- licença não remunerada;
- aposentadoria por invalidez (CLT, art. 475);
- exercício de cargo público não obrigatório (embora computado o tempo de serviço, nos termos do art. 472 da CLT);
- empregado eleito para cargo de administração sindical ou de representação profissional (CLT, art. 543, § 2º, salvo se continuar a perceber salários);
- a greve, em princípio, implica suspensão contratual (Lei 7.783/89, art. 7º), mas se houver pagamento ou compensação dos dias de paralisação poderá ocorrer a interrupção[2] do contrato de trabalho;

2. Ver Título III, Capítulo VI, item 13, sobre os efeitos da greve nos contratos individuais de trabalho.

- empregado eleito para ocupar cargo de diretor, salvo se permanecer a subordinação jurídica (TST, Súmula 269).

No tocante ao afastamento do empregado por motivo de doença ou acidente do trabalho (não obstante seja o tempo de serviço computado, de acordo com o art. 4º da CLT), há divergência doutrinária.

Segundo Valentin Carrion[3], o caso é de suspensão. Há autores, como Christovão Piragibe Tostes Malta[4], que sustentam ser de interrupção todo e qualquer período de afastamento do empregado por motivo de acidente do trabalho.

Amauri Mascaro Nascimento[5] advoga posição eclética, enaltecendo que os efeitos específicos do acidente do trabalho "não são enquadráveis em nenhuma das duas figuras".

Para nós, o afastamento do empregado por motivo de doença ou acidente do trabalho configura suspensão dos efeitos do contrato individual do trabalho, na medida em que o empregado passa a perceber, a partir do 16º dia de afastamento, benefício previdenciário, e não salário do seu empregador. O fato de o tempo de afastamento ser contado para fins de indenização (CLT, art. 4º) e o FGTS continuar sendo recolhido não excepcionam o critério básico de distinção entre as duas figuras: a) na suspensão não há trabalho, nem salário; b) na interrupção não há trabalho, mas o empregador continua obrigado a pagar salário.

3.1.1. Nova modalidade de suspensão temporária do contrato de trabalho

Além das já mencionadas modalidades de suspensão do contrato de trabalho, ou melhor, dos efeitos do contrato de trabalho, há uma outra introduzida pela Medida Provisória 1.726, de 03.11.1998, atualmente regulada pela Medida Provisória 2.164-41, de 2001, que acrescentou o art. 476-A à Consolidação das Leis do Trabalho.

Esta nova espécie de suspensão contratual já existe em alguns países da Europa, sendo, inclusive, prevista na Convenção 168 da Organização Internacional do Trabalho[6], que entrou em vigor no plano internacional em 17.10.1991 e no

3. *Comentários à consolidação das leis do trabalho*. 19. ed. São Paulo: Saraiva, 1995, p. 334-335.
4. *Teoria e prática do direito do trabalho*. 9. ed. São Paulo: LTr, p. 248.
5. *Iniciação ao direito do trabalho*. 22. ed. São Paulo: LTr, 1996, p. 220-221.
6. A referida Convenção declara, no art. 2, que "todo Membro deverá adotar medidas apropriadas para coordenar o seu regime de proteção contra o desemprego e a sua política de emprego". No art. 10, dispõe que "todo Membro deverá tentar estender a proteção da Convenção, nas condições prescritas, às seguintes contingências: a) a perda de rendimentos devido ao desemprego parcial, definido como uma redução temporária da duração normal ou legal do trabalho; b) a suspensão ou a redução de rendimentos como consequência de uma suspensão temporária do trabalho, sem término da relação de trabalho, particularmente por motivos econômicos, tecnológicos, estruturais ou análogos".

Brasil por força do Decreto-legislativo 89, entrou em vigor no plano interno em 10.12.1992.

A origem factual da nova modalidade de suspensão contratual foi desenvolvida no seio da categoria econômica e profissional da construção civil de São Paulo, tendo em vista que neste setor é comum a adoção dos contratos por obra certa, os quais, como é sabido, não permitem ao trabalhador a permanência no emprego e levam o empregador a gastos decorrentes da extinção do contrato de trabalho. É preferível a suspensão à extinção do contrato de trabalho porque isso representa redução de custos para o empregador e possibilidade de continuação no emprego para o trabalhador, após o término da suspensão.

É de se registrar, por oportuno, que a suspensão temporária do contrato de trabalho não é restrita ao referido setor e aos contratos por tempo determinado, uma vez que nenhuma limitação, nesse sentido, foi imposta.

Três são os requisitos cumulativos para a suspensão do contrato:

- a previsão em convenção ou acordo coletivo;
- a concordância formal do empregado, em documento escrito e pelo mesmo assinado;
- a inexistência de suspensão anterior (dentro do período de 16 meses) do contrato a idêntico título. Assim, a ausência de um só dos requisitos acima torna inválida a suspensão contratual.

A suspensão poderá durar de dois a cinco meses, consoante previsão na convenção ou acordo coletivo, não podendo o empregado ou grupo de empregados indivi-

E o art. 15 declara: "1. Em caso de desemprego total e de suspensão de rendimentos como consequência de uma suspensão temporária de trabalho, sem término da relação de trabalho, se esta última contingência estiver coberta, deverão ser abonadas indenizações na forma de pagamentos periódicos calculados da seguinte forma: a) quando essas indenizações sejam calculadas na base de contribuições pagas pela pessoa protegida no seu nome, ou em função de seus rendimentos anteriores, elas serão fixadas em pelo menos 50% dos rendimentos anteriores dentro do limite eventual de tetos de indenização ou de rendimentos referidos, por exemplo, ao salário de um operário qualificado ou ao salário médio dos trabalhadores na região em questão; b) quando essas indenizações sejam calculadas independentemente das contribuições ou dos rendimentos anteriores, elas serão fixadas em 50% por cento, pelo menos, do salário mínimo legal ou do salário de um trabalhador ordinário, ou na quantia mínima indispensável para cobrir as despesas essenciais, adotando-se o valor mais elevado. 2. Quando tiver sido formulada uma declaração em virtude do art. 5º, o montante das indenizações deverá ser pelo menos igual a) 45% dos rendimentos anteriores, ou então; b) 45% do salário mínimo legal ou do salário de um trabalhador ordinário, sendo que essa porcentagem não poderá ser inferior à quantia mínima indispensável para cobrir as despesas essenciais. 3. Quando for apropriado, as porcentagens especificadas nos §§ 1º e 2º poderão ser atingidas comparando-se os pagamentos periódicos líquidos de impostos e de contribuições com os rendimentos líquidos de impostos e contribuições". Art. 19: "As indenizações atribuídas em caso de desemprego completo e de suspensão de rendimentos como consequência de uma suspensão temporária de trabalho, sem término da relação de trabalho, deverão ser abonadas enquanto durarem essas contingências".

dualmente considerados ajustar prazo maior do previsto na norma coletiva. Isto quer dizer que, se empregado e empregador estipularem cláusula, no contrato individual de trabalho, prevendo prazo menor, esta será a regra aplicável à espécie, tendo em vista o princípio da aplicação da condição (ou cláusula) mais benéfica que informa o direito do trabalho.

É importante destacar que a Medida Provisória 2.164-41, de 2001, acrescentou ao art. 476-A da CLT o § 7º, segundo o qual,

> O prazo limite fixado no *caput* poderá ser prorrogado mediante convenção ou acordo coletivo de trabalho e aquiescência formal do empregado, desde que o empregador arque com o ônus correspondente ao valor da bolsa de qualificação profissional, no respectivo período.

Durante a suspensão, o empregado terá direito de receber:

- os benefícios espontaneamente concedidos pelo empregador;
- ajuda compensatória mensal (sem natureza salarial), cujo valor será definido pela norma decorrente da negociação coletiva;
- bolsa de qualificação profissional custeada pelo Fundo de Amparo ao Trabalhador – FAT, desde que não ultrapassado o período de 5 meses de suspensão, como ressalta o novel § 7º do art. 476-A da CLT.

Os valores estabelecidos na convenção ou acordo coletivo para a ajuda compensatória, por disposição expressa de Medida Provisória, não assumem, em princípio, natureza salarial.

No que atina aos benefícios espontaneamente concedidos pelo empregador, há divergências sobre a sua natureza jurídica. Para uns, não integra o salário. Outros proclamam a sua natureza salarial. Ora, se se trata de norma que restringe direitos, sua interpretação há de ser restritiva, razão pela qual pensamos que os valores espontaneamente concedidos pelo empregador possuem natureza salarial, salvo se existir disposição em contrário na convenção ou acordo coletivo.

É importante assinalar que durante a suspensão do contrato individual o trabalhador não perde a sua qualidade de segurado da Previdência Social.

Caso haja dispensa imotivada do empregado no transcurso da suspensão ou nos três meses subsequentes ao seu retorno ao trabalho, o empregador arcará com o pagamento de todas as verbas rescisórias, multa a ser estabelecida em convenção ou acordo coletivo sendo de, no mínimo, 100% (cem por cento) sobre o valor da última remuneração mensal anterior à suspensão.

De outra parte, se não for ministrado curso ou programa de qualificação profissional ou se o empregado permanecer trabalhando para o mesmo empregador, ficará descaracterizada a suspensão, sujeitando-se o empregador ao pagamento imediato dos salários e dos encargos sociais referentes ao período, além de outras sanções previstas em acordo ou convenção coletiva.

Decorrido o período alusivo à suspensão do contrato, duas situações poderão ocorrer:

- retorno do empregado, com o que o contrato volta a ter seu curso normal, assegurando-se ao empregado, daí por diante, todas as vantagens que, em sua ausência, tenham sido atribuídas à categoria a que pertence na empresa (CLT, art. 471);
- a extinção do contrato de trabalho, com pagamento das verbas resilitórias, calculadas sobre o salário do mês anterior à suspensão e, caso haja aumento de salários durante o período de suspensão, o cálculo tomará por base o novo salário, por aplicação do referido dispositivo legal.

3.2. Interrupção

Na *interrupção*, também chamada de suspensão parcial, o empregado fica desobrigado de prestar serviço, mas continua a receber salários, sendo que o tempo de serviço é sempre computado para todos os efeitos contratuais e legais.

Durante a interrupção, o empregado terá direito a todas vantagens de ordem pessoal, como adicional por tempo de serviço, licença-prêmio, adicionais que vinham sendo pagos etc.

São exemplos de interrupção do trabalho as previstas no art. 473 da CLT, a saber:

I – até 2 (dois) dias consecutivos, em caso de falecimento do cônjuge, ascendente, descendente, irmão ou pessoa que, declarada em sua carteira de trabalho e previdência social, viva sob sua dependência econômica;

II – até 3 (três) dias consecutivos, em virtude de casamento;

III – até 5 (cinco) dias, em caso de nascimento de filho (ADCT, art. 10, § 1º);

IV – por um dia, em cada 12 (doze) meses de trabalho, em caso de doação voluntária de sangue devidamente comprovada;

V – até 2 (dois) dias consecutivos ou não, para o fim de se alistar eleitor, nos termos da lei respectiva;

VI – no período de tempo em que tiver de cumprir as exigências do Serviço Militar referidas na letra *c* do art. 65 da Lei 4.375, de 17 de agosto de 1964 (Lei do Serviço Militar);

VII – nos dias em que estiver comprovadamente realizando provas de exame vestibular para ingresso em estabelecimento de ensino superior;

VIII – pelo tempo que se fizer necessário, quando tiver que comparecer a juízo;

IX – pelo tempo que se fizer necessário, quando, na qualidade de representante de entidade sindical, estiver participando de reunião oficial de organismo internacional do qual o Brasil seja membro;

X – até 2 (dois) dias para acompanhar consultas médicas e exames complementares durante o período de gravidez de sua esposa ou companheira (incluído pela Lei 13.257/2016);

XI – por 1 (um) dia por ano para acompanhar filho de até 6 (seis) anos em consulta médica (incluído pela Lei 13.257/2016).

Além dessas hipóteses, são também considerados como interrupção do trabalho:

- domingos e feriados, se o empregado trabalhou durante a semana (Lei 605/49);
- férias;
- licença-maternidade (CF, art. 7º, XVIII) de, no mínimo, 120 dias; de acordo com a Lei 13.257/2016, caso o empregador tenha aderido ao Programa da Empresa Cidadã, e a empregada requeira até o final do primeiro mês após o parto, a licença-maternidade será prorrogada por mais 60 dias, totalizando 180 dias, e, em se tratando de empregado, a licença-paternidade terá, além dos 5 dias estabelecidos no § 1º do art. 10 do ADCT, mais 15 dias, totalizando 20, desde que ele requeira o benefício no prazo de 2 dias úteis após o parto de;
- empregado que colabora com a Justiça, na condição de testemunha (CLT, art. 822);
- empregado que atua como parte em processo trabalhista (CLT, art. 473, VIII; TST, Súmula 155);
- ausências do empregado ao serviço, desde que o empregador efetue o pagamento salarial respectivo;
- doença ou acidente do trabalho (nos primeiros 15 dias);
- afastamento para inquérito judicial para apuração de falta grave julgado improcedente (CLT, art. 495);
- greve[7] (se houver pagamento de salários durante a paralisação e assim dispuser a decisão judicial);
- comparecimento de empregado como jurado ou testemunha a sessão do júri (CPP, arts. 441 e 459);
- afastamento do representante dos empregados para prestar serviços como conciliador nas Comissões de Conciliação Prévia (CLT, art. 625-B, § 2º).

7. A Lei 7.783/89 (art. 7º) dispõe que a greve implica sempre suspensão do contrato de trabalho. Sustentamos, porém, que tal dispositivo deve ser interpretado conforme a Constituição (art. 9º), de modo que, se houver decisão judicial declarando que a greve não é abusiva, então devem ser pagos os salários e o tempo de afastamento considerado interrupção.

CAPÍTULO XII
Duração do Trabalho

1. DURAÇÃO DO TRABALHO

As razões para a limitação da duração do trabalho são de ordem biológica, social, econômica, religiosa e familiar. Devido à sua importância, a Consolidação das Leis Trabalhistas (1943) dedicou um capítulo à duração do trabalho (arts. 57 a 75).

As normas referentes à duração do trabalho humano têm por escopo principal proteger a integridade física e psíquica do trabalhador (ordem biológica), evitando-lhe a fadiga e possíveis problemas de saúde decorrentes do intenso esforço físico e/ou mental que o labor diário e o estresse possam originar.

Em relação aos motivos de ordem econômica, a concessão do descanso (interjornada, intrajornada, semanal e anual) intensifica a produtividade do trabalhador, tanto em quantidade como em sua qualidade, influenciando diretamente o aumento do lucro do empregador. Além disso, o trabalhador utiliza parte do seu tempo com o descanso anual (férias) com viagens, consumo, turismo e lazer, especialmente com familiares, contribuindo, assim, para a circulação de riquezas no País.

Os fundamentos de ordem social e familiar são muito importantes, na medida em que é no período de descanso que o trabalhador tem a possibilidade de estar com seus amigos e familiares, o que contribui para uma maior satisfação pessoal e, consequentemente, reduz a probabilidade de advirem doenças de ordem psicológica, tais como: depressão, isolamento social, síndrome de Burnout, dentre outras.

As jornadas estafantes foram, durante o século XIX, uma das principais causas de movimentos revolucionários dos trabalhadores. Em 1919, a Organização Internacional do Trabalho (OIT) editou a sua 1ª Convenção (não ratificada pelo Brasil), cujo teor limitava a duração do trabalho nas indústrias em 40 horas semanais e 8 horas diárias. Há três expressões que se apresentam igualmente relevantes no que concerne ao tempo correspondente à duração do contrato de trabalho: duração do trabalho, jornada de trabalho e horário de trabalho.

Duração do trabalho é expressão que tem sentido amplo, compreendendo, em geral, todo o período correspondente ao contrato, inclusive os períodos relativos a repouso semanal remunerado e férias anuais remuneradas, sem fazer distinção quanto ao tempo em que o empregado esteja efetivamente à disposição do empregador, como já vimos no Capítulo XI.

Jornada de trabalho possui sentido mais restrito que o de duração de trabalho, abrangendo especificamente o tempo em que o empregado esteja não só efetivamente trabalhando como também colocando a sua força de trabalho à disposição do tomador do seu serviço, por um período contratual ou legalmente fixado, tal como ocorre com o tempo de prontidão ou de sobreaviso.

A Constituição da República de 1988 (art. 7º, XIII) estabelece o limite máximo da duração do trabalho normal diário (até 8 horas) e semanal (até 44 horas), facultada a compensação de horários e a redução da jornada, mediante acordo ou convenção coletiva de trabalho.

O trabalho exercido após a duração do trabalho normal é considerado trabalho extraordinário, momento em que surge para o trabalhador, em regra, o recebimento do adicional de hora extra de, no mínimo, 50% sobre o valor da hora normal (CF, art. 7º, XVI). É importante ressaltar que, nos termos da Súmula 428 do TST, o uso de instrumentos telemáticos ou informatizados fornecidos pela empresa ao empregado, por si só, não caracteriza o regime de sobreaviso. Mas se considera em sobreaviso o empregado que, a distância e submetido a controle patronal por instrumentos telemáticos ou informatizados, permanecer em regime de plantão ou equivalente, aguardando a qualquer momento o chamado para o serviço durante o período de descanso.

Concebida, inicialmente, com o sentido de tempo diário do trabalho, hoje em dia confere-se à expressão *jornada de trabalho* amplitude suficiente para alcançar, também, as noções de jornada semanal, jornada mensal e até jornada anual. A expressão jornada de trabalho é utilizada, via de regra, para designar duração do trabalho diário.

Horário de trabalho tem significado ainda mais restrito e concerne ao lapso temporal compreendido entre o início e o termo final de uma mesma jornada diária. Abarca, assim, o período relativo ao início e término da jornada, bem como os respectivos intervalos.

O art. 74 da CLT, com redação dada pela Lei 13.874/2019, dispõe que o "horário de trabalho será anotado em registro de empregados".

Para os estabelecimentos com mais de 20 (vinte) trabalhadores será obrigatória a anotação da hora de entrada e de saída, em registro manual, mecânico ou eletrônico, conforme instruções expedidas pela Secretaria Especial de Previdência e Trabalho do Ministério da Economia, permitida a pré-assinalação do período de repouso. Entretanto, se o trabalho for executado fora do estabelecimento, o horário dos empregados constará do registro manual, mecânico ou eletrônico em seu poder, sem prejuízo do que dispõe o *caput* deste artigo.

O § 4º do art. 74 da CLT, acrescentado pela Lei 13.874/2109, permite "a utilização de registro de ponto por exceção à jornada regular de trabalho, mediante acordo individual escrito, convenção coletiva ou acordo coletivo de trabalho". Trata-se da faculdade conferida às partes do contrato de trabalho para que o trabalhador anote apenas os horários que não coincidam com os regulares, ou seja, os trabalhadores poderão, após acordo, "bater ponto por exceção", registrando apenas os horários de entrada e saída fora do habitual. A nosso sentir, esta norma é parcialmente inconstitucional no tocante à excepcionalidade do registro de ponto por meio de acordo individual escrito, uma vez que o inciso XIII do art. 7º da CF somente permite a diminuição e a compensação de jornada por meio de convenção coletiva ou acordo coletivo de trabalho. Também é inconstitucional por impedir ou dificultar que o horário de trabalho seja o realmente praticado, reduzindo o direito fundamental do trabalhador a perceber as horas extras efetivamente trabalhadas.

A interpretação da Constituição e da lei nos autoriza dizer que o limite máximo da duração do trabalho normal é de:

- 8 horas para a jornada diária;
- 44 horas para a jornada semanal.

Após 12 meses de serviço, o empregado adquire direito (período aquisitivo) a férias de 30 dias, a serem gozadas no período concessivo. Daí falar-se em "jornada anual".

2. JORNADA DE TRABALHO

Embora o termo "jornada" seja tradicionalmente usado para designar a duração diária do trabalho, tem-se ampliado o significado do termo para a duração do trabalho por semana e até por ano.

Fala-se, assim, em jornada diária, semanal ou anual (férias anuais).

2.1. Jornada diária, horas *in itinere*, prorrogação e compensação de horários

A jornada de trabalho diária não diz respeito somente ao tempo em que o trabalhador se encontra, efetivamente, prestando seu labor, mas engloba também o tempo em que fica à disposição do empregador e, em alguns casos, o lapso temporal despendido pelo trabalhador no trajeto casa-trabalho-casa. Além disso, há também aqueles obreiros que trabalham em regime de prontidão ou de sobreaviso.

Conforme lição de Maurício Godinho Delgado[1], existem critérios básicos e especiais para fixação da jornada de trabalho. Os critérios básicos se subdividem em: tempo efetivamente trabalhado, tempo à disposição e tempo de deslocamento. Os critérios especiais são: tempo de prontidão e tempo de sobreaviso.

1. DELGADO, Maurício Godinho. *Curso de direito do trabalho*. São Paulo: LTr, 2016, p. 959-968.

O sistema jurídico brasileiro não adotou como critério para estipulação da jornada de trabalho o tempo efetivamente trabalhado, pois, conforme expressamente adotado pelo art. 4º da CLT, computa-se como tempo trabalhado aquele em que o trabalhador se encontra à disposição do empregador. Porém, ainda que não utilizado como regra no Brasil, é possível que o empregador estabeleça critérios de produtividade e, nesse caso, o salário do trabalhador será fixado por cada peça produzida (art. 78 da CLT).

Com efeito, computa-se o tempo de deslocamento (*horas in itinere* ou horas itinerantes) quando tratar-se de "local de difícil acesso ou não servido por transporte público" e o empregador fornecer a condução, conforme disposto no art. 58 da CLT. Tal critério ganhou tamanha relevância no cenário jurídico nacional que o TST editou a Súmula 90, determinando também que o tempo de deslocamento que extrapola a jornada legal deve ser considerado como extraordinário, incidindo, assim, o adicional de 50%.

Entretanto, a Lei 13.467/2017 inseriu o § 2º no art. 4º da CLT, dispondo que:

> Por não se considerar tempo à disposição do empregador, não será computado como período extraordinário o que exceder a jornada normal, ainda que ultrapasse o limite de cinco minutos previsto no § 1º do art. 58 desta Consolidação, quando o empregado, por escolha própria, buscar proteção pessoal, em caso de insegurança nas vias públicas ou más condições climáticas, bem como adentrar ou permanecer nas dependências da empresa para exercer atividades particulares, entre outras: I – práticas religiosas;
>
> II – descanso; III – lazer; IV – estudo; V – alimentação; VI – atividades de relacionamento social; VII – higiene pessoal; VIII – troca de roupa ou uniforme, quando não houver obrigatoriedade de realizar a troca na empresa.

Além disso, a Lei 13.467/2017, que deu nova redação ao § 2º do art. 58 da CLT, extinguiu as horas *in itinere*, nos seguintes termos: "O tempo despendido pelo empregado desde a sua residência até a efetiva ocupação do posto de trabalho e para o seu retorno, caminhando ou por qualquer meio de transporte, inclusive o fornecido pelo empregador, não será computado na jornada de trabalho, por não ser tempo à disposição do empregador".

A referida lei também revogou expressamente o § 3º do art. 58 da CLT, que previa a possibilidade de horas *in itinere* diferenciadas nas micro e pequenas empresas.

Essas alterações legislativas, a par de facilitarem e estimularem as fraudes no tocante ao tempo em que o empregado fica à disposição do empregador, constituem violação ao princípio da vedação do retrocesso social, além de reduzirem a produção do direito por meio de interpretação jurisprudencial (CLT, art. 8º, § 2º; TST, Súmula 90)[2].

2. O Enunciado 16 aprovado na 2ª Jornada de Direito Material e Processual do Trabalho (2017) dispõe, *in verbis*: "HORAS DE TRAJETO: HIPÓTESES DE CÔMPUTO NA JORNADA APÓS A LEI 13.467/2017. 1. A estrutura normativa matriz do art. 4º da CLT contempla a lógica do tempo à

As **horas de prontidão** referem-se ao trabalhador ferroviário "que ficar nas dependências da estrada, aguardando ordens" (art. 244, § 3º, da CLT) em escala não superior a 12 horas, sendo o seu valor equivalente a 2/3 do valor da hora normal.

As horas de sobreaviso, por sua vez, são aquelas em que "o empregado efetivo, que permanecer em sua própria casa, aguardando a qualquer momento o chamado para o serviço" (art. 244, § 2º, da CLT). Apesar de o artigo tratar especificamente dos trabalhadores ferroviários, o regime de sobreaviso vem sendo aplicado analogicamente àqueles empregados que, pelo avanço da tecnologia, ficam aguardando o chamado do empregador a qualquer momento para retornar ao trabalho.

O TST (Súmula 428) não aplica o instituto do sobreaviso de forma irrestrita, e não basta que o empregador forneça meios telemáticos ou informatizados ao trabalhador. O item II da referida Súmula considera em sobreaviso "o empregado que, à distância e submetido a controle patronal por instrumentos telemáticos ou informatizados, permanecer em regime de plantão ou equivalente, aguardando a qualquer momento o chamado para o serviço durante o período de descanso".

A jornada diária máxima, em regra, deve ser de 8 horas. Nesse sentido, não é vedado ao empregador estipular jornada diária inferior. Algumas categorias profissionais já desfrutam, por meio de normas autônomas ou heterônomas, de jornadas inferiores a 8 horas diárias, como os bancários, médicos, telefonistas etc.

Somente em casos excepcionais a lei admite a prorrogação da jornada diária. A duração do trabalho tem como pressuposto proteger a saúde física e psíquica do trabalhador. Portanto, a jornada elastecida é nociva ao trabalhador e a toda a sociedade, uma vez que, além de reduzir a oferta de emprego, pode redundar em fadiga, tornando-o suscetível a doenças.

A prestação do serviço após o limite máximo diário (8 horas) implica, em princípio, o direito de o trabalhador perceber adicional de horas extras, na base mínima de 50% do valor da hora normal (CF, art. 7º, XVI).

Não é vedado ao empregador estipular jornada diária inferior a 8 horas. Algumas categorias profissionais já desfrutam, por meio de normas autônomas ou heterônomas, de jornadas inferiores a oito horas diárias, como os bancários, médicos, telefonistas etc.

O art. 74 da CLT, com redação dada pela Lei 13.874/2019, passou a dispor que: a) o horário de trabalho será anotado em registro de empregados; b) para os estabele-

disposição, não eliminada a condição de cômputo quando se verificar concretamente que o transporte era condição e/ou necessidade irrefutável, e não de escolha própria do empregado, para possibilitar o trabalho no horário e local designados pelo empregador, mantendo-se o parâmetro desenvolvido pela Súmula 90 do TST, caso em que fará jus o trabalhador à contagem, como tempo de trabalho, do tempo de deslocamento gasto em trecho de difícil acesso ou sem transporte público por meio fornecido pelo empregador, na ida ou retorno para o trabalho. Inteligência do artigo 3º, C, da Convenção 155 DA OIT. 2. Inaplicabilidade do § 2º do art. 58 da Lei 13.467/2017 ao trabalho executado na atividade rural".

cimentos com mais de 20 (vinte) trabalhadores será obrigatória a anotação da hora de entrada e de saída, em registro manual, mecânico ou eletrônico, conforme instruções expedidas pela Secretaria Especial de Previdência e Trabalho do Ministério da Economia, permitida a pré-assinalação do período de repouso; c) se o trabalho for executado fora do estabelecimento, o horário dos empregados constará do registro manual, mecânico ou eletrônico em seu poder, sem prejuízo da anotação do horário de trabalho em registro de empregados; d) fica permitida a utilização de registro de ponto por exceção à jornada regular de trabalho, mediante acordo individual escrito, convenção coletiva ou acordo coletivo de trabalho, sendo este, seguramente, o aspecto mais polêmico, uma vez que nos parece inconstitucional estabelecer registro de ponto por exceção por meio de acordo individual, ainda que escrito.

2.1.1. Jornada 12 x 36 horas

Somente em casos excepcionais a lei admite a prorrogação da jornada diária. A jornada elastecida é nociva ao trabalhador e a toda a sociedade, uma vez que pode redundar em fadiga, tornando-o suscetível a doenças e acidentes do trabalho, além de reduzir a oferta de emprego.

A jurisprudência, no entanto, vem admitindo a jornada de trabalho em escala 12 por 36, desde que prevista em lei ou fixada por meio de convenção coletiva ou acordo coletivo de trabalho. É o que se infere da Súmula 444 do TST:

> É válida, em caráter excepcional, a jornada de doze horas de trabalho por trinta e seis de descanso, prevista em lei ou ajustada exclusivamente mediante acordo coletivo de trabalho ou convenção coletiva de trabalho, assegurada a remuneração em dobro dos feriados trabalhados. O empregado não tem direito ao pagamento de adicional referente ao labor prestado na décima primeira e décima segunda horas.

Trata-se de uma prática adotada há muito tempo em hospitais e no setor de vigilância, mas que também foi alargada aos bombeiros civis (Lei 11.901/2009), aos motoristas profissionais (Lei 13.103/2015) e aos trabalhadores domésticos (LC 150/2015).

É importante registrar que a Lei 13.467/2017 inseriu na CLT o art. 59-A, *in verbis*:

> Art. 59-A. Em exceção ao disposto no art. 59 desta Consolidação, é facultado às partes, mediante acordo individual escrito, convenção coletiva ou acordo coletivo de trabalho, estabelecer horário de trabalho de doze horas seguidas por trinta e seis horas ininterruptas de descanso, observados ou indenizados os intervalos para repouso e alimentação.
>
> Parágrafo único. A remuneração mensal pactuada pelo horário previsto no *caput* deste artigo abrange os pagamentos devidos pelo descanso semanal remunerado e pelo descanso em feriados, e serão considerados compensados os feriados e as prorroga-

ções de trabalho noturno, quando houver, de que tratam o art. 70 e o § 5º do art. 73 desta Consolidação.

Esse novel dispositivo, além de sua inconstitucionalidade por violação ao princípio da vedação do retrocesso social, em especial no tocante à permissão para o acordo individual instituir a jornada de 12x36 horas, é nitidamente prejudicial ao empregado, na medida em que este, isoladamente, não se encontra em condições reais de negociar cláusulas do contrato de trabalho, que, em regra, um contrato de adesão para o trabalhador.

Importa registrar que a Medida Provisória 808, de 14.11.2017, deu nova redação ao art. 59-A da CLT, procurou mitigar parcialmente o vício de inconstitucionalidade acima referido, nos seguintes termos:

> Art. 59-A. Em exceção ao disposto no art. 59 e em leis específicas, é facultado às partes, por meio de convenção coletiva ou acordo coletivo de trabalho, estabelecer horário de trabalho de doze horas seguidas por trinta e seis horas ininterruptas de descanso, observados ou indenizados os intervalos para repouso e alimentação.
>
> § 1º A remuneração mensal pactuada pelo horário previsto no *caput* abrange os pagamentos devidos pelo descanso semanal remunerado e pelo descanso em feriados e serão considerados compensados os feriados e as prorrogações de trabalho noturno, quando houver, de que tratam o art. 70 e o § 5º do art. 73.
>
> § 2º É facultado às entidades atuantes no setor de saúde estabelecer, por meio de acordo individual escrito, convenção coletiva ou acordo coletivo de trabalho, horário de trabalho de doze horas seguidas por trinta e seis horas ininterruptas de descanso, observados ou indenizados os intervalos para repouso e alimentação.

Ocorre que a Medida Provisória, por não ter sido convertida em lei, perdeu eficácia desde a sua edição (CF, art. 62, § 3º), razão pela qual o texto da Lei 13.467/2017 voltou a ter plena vigência, como se não tivesse existido a referida medida provisória.

No que tange ao divisor para cálculo do valor da hora normal desses trabalhadores, o TST tem aceitado o 210, tendo em vista que, se feita uma média diária do quanto o empregado trabalharia se o labor fosse diário, chega-se ao montante de 7 horas diárias.

Recentemente, o STF (ADI 4.842) decidiu que não é inconstitucional a jornada de 12h x 36h prevista no art. 5º da Lei federal 11.901/2009 para os bombeiros civis.

De nossa parte, tal decisão encontra-se na contramão dos princípios da progressividade e da vedação do retrocesso social (CF, arts. 5º, § 2º, e 7º, *caput*), mas provavelmente será a orientação a ser adotada pelo STF não apenas para as hipóteses de jornada superior a 8 horas diárias previstas em lei como também para as previstas em convenções e acordos coletivos, prevalecendo a lógica do negociado sobre o legislado.

No tocante ao acordo individual para instituição de jornada 12x36 horas, parece-nos que há, no mínimo, inconstitucionalidade material parcial do novel art. 59-A da CLT no que concerne à permissão para o acordo individual para instituir jornada de 12x36 horas, o que foi corrigido pelo *caput* do novel art. 59-A da CLT, com nova redação dada pela supracitada MP 808/2017, à exceção dos trabalhadores do setor de saúde, cujas "entidades atuantes" nesse setor poderão estabelecer jornada 12x36 horas "por meio de acordo individual escrito, convenção coletiva ou acordo coletivo de trabalho".

Cumpre advertir, contudo, que a Medida Provisória 808/2017, por não ter sido convertida em lei, perdeu eficácia desde a sua edição (CF, art. 62, § 3º), em função do que o texto da Lei 13.467/2017 voltou a ter plena vigência[3].

É importante destacar que o Enunciado 15 aprovado na 2ª Jornada de Direito Material e Processual do Trabalho (2017) prevê, *in verbis*:

> JORNADA 12X36. 1. Tratando-se de regime de compensação de jornada, é essencial para a sua validade a previsão em acordo coletivo ou convenção coletiva de trabalho, nos termos do artigo 7º, XIII, da Constituição Federal, inclusive em relação ao comerciário, em razão de lei especial (Lei 12.790/2013). 2. Artigo 60, parágrafo único da CLT. Dispensa de licença prévia para a realização de jornada 12X36. Matéria de saúde e segurança do trabalho. Inconstitucionalidade por infração ao artigo 7º, XXII, da CF. 3. Impossibilidade de regime "complessivo" quanto ao pagamento de feriados e prorrogação da jornada noturna, por infração ao artigo 7º, IX, da CF. 4. A prestação de horas extras, inclusive pela supressão do intervalo intrajornada (ainda que parcial), descaracteriza o regime de compensação de jornada 12x36, implicando o pagamento como hora extraordinária daquelas laboradas além da 8ª diária, por infração ao artigo 7º, XIII e XXVI, da CF.

Esse Enunciado não possui força vinculante, mas pode ser invocado como fonte doutrinária para fundamentar postulações e decisões na seara juslaboral.

2.1.2. Compensação de horas (semanas inglesa e espanhola)

O art. 7º, XIII, da CF/88 permite o *regime de compensação* de horário, ou seja, em vez de o empregado trabalhar 8 horas por dia, de segunda a sexta-feira, mais 4 horas no sábado, poderá laborar, por exemplo, 8,48 horas de segunda a sexta (a chamada semana inglesa), totalizando, assim, 44 horas semanais.

O TST tem se posicionado no sentido de validar a denominada "semana espanhola". Nesse tipo de regime de compensação de horas, desde que autorizado por

3. Sobre os efeitos da Medida Provisória não convertida em lei, remetemos o leitor ao Título I, Capítulo IV, item 2.1.

acordo ou convenção coletiva, o trabalhador em uma semana presta uma jornada semanal de 48 horas e na semana seguinte a jornada semanal se limita a 40 horas, e assim sucessivamente. Nesse sentido é a OJ 323 da SBDI-1 do TST:

> ACORDO DE COMPENSAÇÃO DE JORNADA. "SEMANA ESPANHOLA". VALIDADE. É válido o sistema de compensação de horário quando a jornada adotada é a denominada "semana espanhola", que alterna a prestação de 48 horas em uma semana e 40 horas em outra, não violando os arts. 59, § 2º, da CLT e 7º, XIII, da CF/1988 o seu ajuste mediante acordo ou convenção coletiva de trabalho.

Essas compensações, entretanto, somente serão válidas se precedidas de negociação coletiva, instrumentalizada em convenção coletiva ou acordo coletivo.

Não vale, no nosso entender, o acordo direto feito entre o empregado e o empregador. A expressão "acordo", contida no preceptivo em estudo (CF, art. 7º, XIII), só pode ser o "acordo coletivo". Interpretação outra colidiria com a *mens legis*, que, como se sabe, aponta no sentido de prestigiar a autonomia privada coletiva, mediante participação sindical obrigatória (CF, art. 8º, VI). O TST, no entanto, também reconhece como válido o acordo individual de compensação de horário de trabalho, desde que escrito. Dito doutro modo, não vale o acordo individual tácito ou verbal para compensação de horas extras.

Sobre compensação de jornada de trabalho, o TST editou a Súmula 85, *in verbis*:

> *Compensação de jornada*. I. A compensação de jornada de trabalho deve ser ajustada por acordo individual escrito, acordo coletivo ou convenção coletiva. II. O acordo individual para compensação de horas é válido, salvo se houver norma coletiva em sentido contrário. III. O mero não atendimento das exigências legais para a compensação de jornada, inclusive quando encetada mediante acordo tácito, não implica a repetição do pagamento das horas excedentes à jornada normal diária, se não dilatada a jornada máxima semanal, sendo devido apenas o respectivo adicional. IV. A prestação de horas extras habituais descaracteriza o acordo de compensação de jornada. Nesta hipótese, as horas que ultrapassarem a jornada semanal normal deverão ser pagas como horas extraordinárias e, quanto àquelas destinadas à compensação, deverá ser pago a mais apenas o adicional por trabalho extraordinário. V. As disposições contidas nesta súmula não se aplicam ao regime compensatório na modalidade banco de horas, que somente pode ser instituído por negociação coletiva. VI – Não é válido acordo de compensação de jornada em atividade insalubre, ainda que estipulado em norma coletiva, sem a necessária inspeção prévia e permissão da autoridade competente, na forma do art. 60 da CLT.

O TST (Súmula 349) também considerava válido o acordo coletivo (ou convenção coletiva) para a compensação de horas extras em atividade insalubre, independentemente de inspeção prévia da autoridade competente em matéria de higiene e segurança do trabalho.

A nosso ver, a referida súmula, *data venia*, colidia com o direito fundamental ao meio ambiente de trabalho saudável, pois a saúde dos trabalhadores está imune não apenas à negociação coletiva, como também à reforma (emenda) constitucional.

A autorização administrativa, *in casu*, é condição necessária para validar a compensação. Afinal, o art. 60 da CLT deve ser interpretado conforme o *caput* e o inc. XXII do art. 7º da CF.

Cumpre registrar que o TST editou a Res. 174/2011 (*DEJT* divulgado em 27, 30 e 31.05.2011), que *cancelou a Súmula 349*, sendo certo que o novo item VI da Súmula 85 daquela Corte passou a considerar inválido acordo de compensação de jornada em atividade insalubre, ainda que estipulado por convenção ou acordo coletivo, sem a necessária inspeção prévia e permissão da autoridade competente, na forma do art. 60 da CLT. Entendeu-se, assim, corretamente, que as normas que dispõem sobre saúde, higiene e segurança, isto é, meio ambiente do trabalho, são imunes à negociação coletiva *in pejus*, por serem normas de ordem pública e absolutamente indisponíveis, inclusive por meio de instrumentos coletivos derivantes da negociação coletiva.

É importante advertir, nesse passo, que, mesmo havendo acordo (individual ou coletivo) expresso de compensação de jornada, na hipótese de **extrapolação eventual** do horário avençado, o empregado terá direito às horas excedentes como extras, acrescidas do respectivo adicional de, no mínimo, 50%. Nesse caso, o acordo de compensação de jornada continua válido, sendo devidas apenas as horas extras que extrapolarem a oitava hora diária ou a quadragésima quarta semanal.

Todavia, quando houver **extrapolação habitual** do horário estabelecido no acordo de compensação de jornada, opera-se automaticamente a nulidade da avença. Nesse caso, porém, não é pacífica a questão dos efeitos da nulidade do acordo de compensação de jornada. Para uns, todas as horas trabalhadas após a oitava diária e aos sábados, domingos e feriados devem ser remuneradas como extras, acrescidas do adicional de, no mínimo, 50% do valor da hora normal. Nesse sentido, aliás, pode ser aplicada, por analogia, a Súmula 199, I, do TST, que considera nula a pré-contratação de horas extras.

Outra corrente doutrinária sustenta que a nulidade do acordo só atingirá o regime de compensação, mas não o regime da jornada de 44 horas semanais, sendo, pois, devidas apenas as horas excedentes à oitava diária e às que extrapolarem a jornada do sábado.

Finalmente, uma terceira corrente defende que, embora nulo o acordo, são consideradas como remuneradas as horas trabalhadas dentro da jornada semanal de 44 horas, mas as horas extras excedentes à oitava diária serão remuneradas apenas com o adicional de, no mínimo, 50%, e as horas trabalhadas aos sábados, remuneradas integralmente como extras.

O TST adotou a terceira corrente, como se depreende do item IV da Súmula 85 daquela Corte, segundo a qual:

> A prestação de horas extras habituais descaracteriza o acordo de compensação de jornada. Nesta hipótese, as horas que ultrapassarem a jornada semanal normal deverão ser pagas como horas extraordinárias e, quanto àquelas destinadas à compensação, deverá ser pago a mais apenas o adicional por trabalho extraordinário.

Os verbetes jurisprudenciais acima citados estão em rota de colisão com a "Lei da Reforma Trabalhista" (Lei 13.467/2017), que introduziu na CLT o art. 59-B, que dispõe textualmente:

> Art. 59-B. O não atendimento das exigências legais para compensação de jornada, inclusive quando estabelecida mediante acordo tácito, não implica a repetição do pagamento das horas excedentes à jornada normal diária se não ultrapassada a duração máxima semanal, sendo devido apenas o respectivo adicional.
>
> Parágrafo único. A prestação de horas extras habituais não descaracteriza o acordo de compensação de jornada e o banco de horas.

O Enunciado 22 aprovado na 2ª Jornada de Direito Material e Processual do Trabalho (2017), no entanto, sugere a seguinte interpretação:

> PRESTAÇÃO DE HORAS EXTRAS: DESCARACTERIZAÇÃO DO ACORDO DE COMPENSAÇÃO E BANCO DE HORAS – HORAS EXTRAS. DESCARACTERIZAÇÃO DO ACORDO DE COMPENSAÇÃO E BANCO DE HORAS. A prestação de horas extras habituais ou, ainda que eventuais, em número superior a duas horas diárias, implica descaracterização do acordo de compensação e do acordo de banco de horas, conforme artigos 7º, XIII e XVI, da CF, e 59 da CLT.

2.1.3. *Prorrogação de jornada*

A jornada laboral diária poderá ser prorrogada:

- *até duas horas* suplementares, *com acréscimo de 50%*, mediante acordo (direto) entre empregador e empregado ou norma coletiva (convenção ou acordo coletivo), como faculta o art. 59 da CLT;
- *até quatro horas* suplementares, *com acréscimo de 50%*, nos casos de serviços inadiáveis cuja inexecução possa acarretar prejuízos ao empregador (CLT, art. 61). Aqui também não é obrigatória a negociação coletiva;
- em até duas horas suplementares, *sem acréscimo*, desde que para *compensar* a jornada semanal de 44 horas, *mediante convenção ou acordo coletivo de trabalho*.

A prorrogação da jornada laboral *sem acréscimo* só é possível, portanto, na hipótese de *compensação* (TST, Súmula 85). Neste caso, por exemplo, o empregado trabalhará um pouco mais de segunda a sexta-feira e folgará aos sábados ou trabalhará mais em uma semana e menos na outra (semana inglesa ou semana espanhola) ou trabalhará um pouco mais num dia e folgará noutro.

Assim, com exceção do regime de compensação, todas as horas extraordinárias serão remuneradas com adicional de, *pelo menos*, 50% do valor da hora normal.

A Lei 13.467/2017 revogou o § 4º do art. 59 da CLT, passando a permitir que o trabalhador contratado por tempo parcial possa fazer horas extras, o que, na prática, além de implicar violação ao princípio da vedação do retrocesso social, acaba descaracterizando essa modalidade contratual.

É importante assinalar que, nos termos da Súmula 431 do TST, para os empregados a que alude o art. 58, *caput*, da CLT, quando sujeitos a 40 horas semanais de trabalho, aplica-se o divisor 200 (duzentos) para o cálculo do valor do salário-hora.

Outro destaque importante reside na inserção, pela Lei 13.467/2017, dos novos §§ 5º e 6º ao art. 59 da CLT, segundo os quais o banco de horas de que trata o § 2º do mesmo artigo 59 "poderá ser pactuado por acordo individual escrito, desde que a compensação ocorra no período máximo de seis meses", sendo "lícito o regime de compensação de jornada estabelecido por acordo individual, tácito ou escrito, para a compensação no mesmo mês". Parece-nos que esses novos dispositivos ofendem o princípio da vedação do retrocesso social, pois impõem condições menos vantajosas aos trabalhadores, os quais ficarão submetidos à vontade unilateral dos empregadores desde o início da contratação.

Lembramos, ainda, o art. 60 da CLT, segundo o qual

> nas atividades insalubres, assim consideradas as constantes dos quadros mencionados no capítulo 'Da Segurança e da Medicina do Trabalho', ou que neles venham a ser incluídas por ato do Ministro do Trabalho, Indústria e Comércio, quaisquer prorrogações só poderão ser acordadas mediante licença prévia das autoridades competentes em matéria de higiene do trabalho, as quais, para esse efeito, procederão aos necessários exames locais e à verificação dos métodos e processos de trabalho, quer diretamente, quer por intermédio de autoridades sanitárias federais, estaduais e municipais, com quem entrarão em entendimento para tal fim.

Entretanto, a Lei 13.467/2017 inseriu no referido artigo 60 da CLT o seguinte parágrafo único: "Excetuam-se da exigência de licença prévia as jornadas de doze horas de trabalho por trinta e seis horas ininterruptas de descanso". Esse novo parágrafo único do art. 60 da CLT é, a nosso sentir, duplamente inconstitucional, pois viola o princípio da vedação do retrocesso social e o direito fundamental do trabalhador à saúde e à segurança no trabalho, sabido que é justamente nas jornadas além das oito horas diárias que ocorrem acidentes e doenças do trabalho.

Na mesma linha de redução dos direitos dos trabalhadores, a Lei 13.467/2017 alterou a redação do § 1º do art. 61 da CLT para dispor que a prorrogação da jornada nos casos de imperiosa necessidade do serviço (CLT, art. 61, § 1º) "pode ser exigido independentemente de convenção coletiva ou acordo coletivo de trabalho".

2.1.4. Empregados excluídos da limitação da duração da jornada diária

Em conformidade com o disposto na redação original do art. 62 e seu parágrafo único da CLT, não estão sujeitos à jornada diária máxima de oito horas, portanto, não fazem jus a horas extras:

- os empregados que exercem atividade externa incompatível com a fixação de horário de trabalho, devendo tal condição ser anotada na CTPS e no Livro de Registro de Empregados (CLT, art. 62, I) – é o caso dos vendedores externos em que não haja qualquer tipo de controle da sua jornada;
- os gerentes, assim considerados os exercentes de cargos de gestão, aos quais se equiparam os diretores e chefes de departamento ou filial (CLT, art. 62, II), salvo quando o salário do cargo de confiança, compreendendo a gratificação de função, se houver, for inferior ao valor do respectivo salário efetivo acrescido de 40% (CLT, art. 62, parágrafo único).

A Lei 13.467/2017 acrescentou ao art. 62 da CLT o inciso III, excluindo do regime de limitação da duração da jornada "os empregados em regime de teletrabalho". Parece-nos que essa nova disposição acaba por discriminar o trabalhador a distância como se sua jornada não pudesse ser controlada, equiparando-os aos empregados que exercem atividade externa incompatível com a fixação de horário. A nosso ver, se houver possibilidade de controle de jornada do regime de teletrabalho ou do trabalho a distância, não se aplica a regra do novel inciso III do art. 62 da CLT.

É preciso destacar, não obstante, que o Enunciado 17 da 1ª Jornada de Direito Material e Processual do Trabalho (Brasília-DF, novembro/2007) adota posição mais restritiva:

> LIMITAÇÃO DA JORNADA. REPOUSO SEMANAL REMUNERADO. DIREITO CONSTITUCIONALMENTE ASSEGURADO A TODOS OS TRABALHADORES. INCONSTITUCIONALIDADE DO ART. 62 DA CLT. A proteção jurídica ao limite da jornada de trabalho, consagrada nos incisos XIII e XV do art. 7º da Constituição da República, confere, respectivamente, a todos os trabalhadores, indistintamente, os direitos ao repouso semanal remunerado e à limitação da jornada de trabalho, tendo-se por inconstitucional o art. 62 da CLT.

Embora sedutora e consistente a tese da não recepção do art. 62 da CLT pela CF contida no citado verbete, que serve ao menos como fonte doutrinária, o entendimento majoritário aponta no sentido da sua constitucionalidade.

O TST, entretanto, vem entendendo que o tacógrafo, por si só, é insuficiente para controle de jornada para afastar a incidência do inciso I do art. 62 da CLT ao empregado motorista que exerce atividade externa (SBDI-1 OJ 332).

O próprio TST, contudo, vem relativizando a aplicação da OJ 332, como se infere do seguinte julgado:

> (...) HORAS EXTRAS. MOTORISTA DE CAMINHÃO. ATIVIDADE EXTERNA. CONTROLE DA JORNADA DE TRABALHO. A sentença acolheu o pedido do reclamante – motorista – de horas extras, em relação a período anterior à vigência da Lei 12.619/2012. O fato de o empregado prestar serviços de forma externa, por si só, não enseja o seu enquadramento na exceção contida do artigo 62 da CLT. O rastreamento via satélite, diferentemente do tacógrafo, viabiliza o controle da jornada de trabalho do empregado motorista, porquanto se realiza mediante aparelho que capta sinais de GPS e permite a transmissão de dados, como a localização exata do veículo, o tempo no qual ficou parado e a velocidade em que trafegava. Viabilizava-se, dessa forma, o controle da jornada de trabalho pela Reclamada, com a utilização do rastreamento via satélite. Julgados. Recurso de revista de que se conhece e a que se dá provimento (TST-RR 24327-87.2015.5.24.0002, 6ª T., Rel. Min. Kátia Magalhães Arruda, *DEJT* 28.06.2019).

Há, na doutrina, vozes renomadas ecoando no sentido de que o empregado em domicílio, por não se encontrar sob fiscalização direta do empregador, também não tem direito às horas extraordinárias.

Nesse sentido, leciona Mozart Victor Russomano:

> A lei excluiu determinadas categorias profissionais dos benefícios do presente capítulo. Tirou de todos quantos trabalham em serviços externos, sem horário controlável, o direito à remuneração por horas extraordinárias. Isso porque existe a impossibilidade de se verificar o número de horas efetivamente trabalhadas e por haver obrigatoriedade de o empregado labutar mais ou menos horas, sendo ele o árbitro de sua atividade. Se assim não fosse, só poderiam advir controvérsias, litígios e insatisfações[4].

Acompanha tal entendimento Valentin Carrion, para quem:

> Serviços externos: o que caracteriza este grupo de atividades é a circunstância de estarem todos fora da permanente fiscalização e controle do empregador; há impossibilidade de conhecer-se o tempo realmente dedicado com exclusividade à empresa.

4. RUSSOMANO, Mozart Victor. *Comentários à consolidação das leis do trabalho*. 17. ed. Rio de Janeiro: Forense, 1997, v. I, p. 137.

É o caso do cobrador em domicílio, propagandista etc.[5].

Concessa venia, afigura-se-nos que o simples fato de o trabalhador laborar em sua própria residência, por si só, não impedirá o controle da duração efetiva do serviço, inexistindo qualquer óbice a que seja remunerado, como labor extraordinário, quando restar provada a jornada além das 8 horas diárias ou 44 horas semanais.

Ademais, dispõe o art. 6º da CLT não haver distinção "entre o trabalho realizado no estabelecimento do empregador e o executado no domicílio do empregado, desde que esteja caracterizada a relação de emprego", sendo certo que o conceito de trabalho em domicílio é extraído do art. 83 da CLT, ou seja, aquele que é "executado na habitação do empregado ou em oficina de família, por conta de empregador que o remunere".

Além disso, a regra contida no art. 62 da CLT encerra preceito *numerus clausus*, não admitindo interpretação extensiva, de modo que, como salienta Vólia Bomfim Cassar:

> Normalmente, o empregado que trabalha na sua própria casa não tem qualquer controle de jornada e, por isso, impera a presunção de exclusão do Capítulo "Da Duração do Trabalho". Se, entretanto, o patrão exigir-lhe número mínimo de produção diária ou, por outros meios, conseguir controlar sua jornada, o empregado terá direito ao capítulo em estudo. Assim, de fato, fizer horas extras e/ou noturnas, receberá por elas[6].

Enfim, se, à luz do princípio da primazia da realidade, for possível o controle da jornada, cujo ônus de provar o fato constitutivo do direito é do empregado em domicílio, fará este jus às horas extras e às horas noturnas. Esse entendimento se aplica também ao empregado em regime de teletrabalho ou trabalho a distância.

2.1.5. Banco de horas

O banco de horas foi instituído no Brasil por meio do art. 6º da Lei 9.601/88, que deu nova redação aos §§ 2º e 3º do art. 59 da CLT. Posteriormente, a Medida Provisória 2.164-41, de 28.04.2001, alterou a redação do § 2º e acrescentou o § 4º.

Em suma, o art. 59 e seus parágrafos da CLT passaram a ter a seguinte redação:

> Art. 59. A duração normal do trabalho poderá ser acrescida de horas suplementares, em número não excedente de 2 (duas), mediante acordo escrito entre empregador e empregado, ou mediante contrato coletivo de trabalho.

---

5. CARRION, Valentin. *Comentários à consolidação das leis do trabalho*. 24. ed. São Paulo: Saraiva, p. 115.
6. CASSAR, Vólia Bomfim. *Direito do trabalho*. 10. ed. Rio de Janeiro: Forense, 2014, p. 675.

§ 1º Do acordo ou do contrato coletivo de trabalho deverá constar, obrigatoriamente, a importância da remuneração da hora suplementar, que será, pelo menos, 50% (cinquenta por cento) superior à da hora normal. (*Vide* CF, art. 7º inc. XVI)

§ 2º Poderá ser dispensado o acréscimo de salário se, por força de acordo ou convenção coletiva de trabalho, o excesso de horas em um dia for compensado pela correspondente diminuição em outro dia, de maneira que não exceda, no período máximo de um ano, à soma das jornadas semanais de trabalho previstas, nem seja ultrapassado o limite máximo de dez horas diárias. (Redação dada pela Medida Provisória 2.164-41, de 2001)

§ 3º Na hipótese de rescisão do contrato de trabalho sem que tenha havido a compensação integral da jornada extraordinária, na forma do parágrafo anterior, fará o trabalhador jus ao pagamento das horas extras não compensadas, calculadas sobre o valor da remuneração na data da rescisão. (Incluído pela Lei 9.601, de 1998)

§ 4º Os empregados sob o regime de tempo parcial não poderão prestar horas extras. (Incluído pela Medida Provisória 2.164-41, de 2001)

A Lei 13.467/2017, no entanto, alterou consideravelmente o art. 59 da CLT, que passou a ter a seguinte redação:

Art. 59. A duração diária do trabalho poderá ser acrescida de horas extras, em número não excedente de duas, por acordo individual, convenção coletiva ou acordo coletivo de trabalho (parcialmente alterado pela Lei 13.467/2017).

§ 1º A remuneração da hora extra será, pelo menos, 50% (cinquenta por cento) superior à da hora normal (parcialmente alterado pela Lei 13.467/2017).

§ 2º Poderá ser dispensado o acréscimo de salário se, por força de acordo ou convenção coletiva de trabalho, o excesso de horas em um dia for compensado pela correspondente diminuição em outro dia, de maneira que não exceda, no período máximo de um ano, à soma das jornadas semanais de trabalho previstas, nem seja ultrapassado o limite máximo de dez horas diárias (não alterado pela Lei 13.467/2017).

§ 3º Na hipótese de rescisão do contrato de trabalho sem que tenha havido a compensação integral da jornada extraordinária, na forma dos §§ 2º e 5º deste artigo, o trabalhador terá direito ao pagamento das horas extras não compensadas, calculadas sobre o valor da remuneração na data da rescisão (alterado parcialmente pela Lei 13.467/2017).

§ 4º Os empregados sob o regime de tempo parcial não poderão prestar horas extras (este parágrafo foi expressamente revogado pela Lei 13.467/2017).

§ 5º O banco de horas de que trata o § 2º deste artigo poderá ser pactuado por acordo individual escrito, desde que a compensação ocorra no período máximo de seis meses (acrescentado pela Lei 13.467/2017).

§ 6º É lícito o regime de compensação de jornada estabelecido por acordo individual, tácito ou escrito, para a compensação no mesmo mês (acrescentado pela Lei 13.467/2017).

Pode-se dizer que "banco de horas" é um neologismo utilizado para denominar um novo instituto de "flexibilização" da jornada de trabalho, o qual permite a compensação do excesso de horas trabalhadas em um dia com a correspondente diminuição em outro dia, sem o pagamento de horas extras, desde que respeitado determinado período de tempo fixado em lei, acordo individual escrito, acordo coletivo ou convenção coletiva de trabalho.

Noutros termos, o valor correspondente às horas extras prestadas não é pago diretamente ao empregado, uma vez que fica "depositado no banco de horas" do empregador e, na hipótese de rescisão do contrato de trabalho sem que tenha havido a compensação integral das horas extras prestadas, fará o trabalhador jus ao pagamento dessas horas, que serão calculadas sobre o valor da remuneração na data da rescisão.

A compensação de horas extras, como já vimos no item 2.1, *supra*, antes da Lei 9.601/88, era prática adotada por muitas empresas, porém restritamente, ou seja, dentro de uma mesma semana. Depois da referida lei, a compensação passou a ser autorizada dentro de cento e vinte dias, e com o advento da MP 2.164, houve substancial aumento do espaço de tempo para a compensação do acúmulo de horas, que passou a ser anual (CLT, art. 59, § 2º).

Convém registrar que o banco de horas, a par de não guardar correspondência com a diretriz que informou o novel contrato a prazo (Lei 9.601/98), aplica-se a todos os contratos de trabalho, salvo os contratos em regime de tempo parcial (CLT, art. 59, § 4º). Entretanto, esse § 4º do art. 59 da CLT foi expressamente revogado pela Lei 13.467/2017.

Ocorre que o art. 7º, XIII, da CF disciplina que a duração do trabalho normal compreende, cumulativamente, duas jornadas:

- a diária, que não poderá ser superior a 8 horas; e
- a semanal, que não poderá exceder de 44 horas.

Observa-se que o constituinte originário utilizou o conectivo "*e*", e não o disjuntivo excludente "*ou*".

A *Lex Fundamentalis*, como já vimos, permite mediante convenção ou acordo coletivo a redução da jornada diária ou semanal, bem como a possibilidade de compensação de horários.

Desse modo, afigura-se-nos de clareza meridiana que a compensação de horários há de observar *sempre* o limite imposto à jornada semanal, que é de 44 horas, o que, a nosso ver, já desaguaria na inconstitucionalidade dos §§ 2º e 3º do art. 59 da CLT, com redações dadas pela MP 2.164-41 e art. 6º da Lei 9.601/98, respectivamente. Esse fundamento de inconstitucionalidade fica ainda mais reforçado com as novas redações impostas pela Lei 13.467/2017 aos §§ 1º a 6º do art. 59 da CLT, especialmente os §§ 5º e 6º, pois permitem o banco de horas por acordos individuais, inclusive tácitos, o que coloca os trabalhadores em situação de extrema vulnerabilidade diante do poder empregatício patronal.

A nosso ver, portanto, a prorrogação da jornada diária *sem acréscimo salarial*, portanto, só é possível na hipótese de *compensação derivante de negociação coletiva* e, ainda assim, desde que observado o limite diário de 10 horas e semanal de 44 horas. A inobservância destes parâmetros fere de morte o art. 7º, XIII e XVI, da Constituição da República e implica a obrigação de o empregador remunerar as horas excedentes com o adicional de, no mínimo, 50% sobre o valor da hora normal.

De toda a sorte, parece-nos que o banco de horas, por ter característica que transcende ao interesse meramente individual, só pode ser validamente implantado por meio de convenção ou acordo coletivo de trabalho. Noutro falar, não vale o acordo individual para instituir banco de horas. Além disso, é inválida a cláusula convencional que amplie o limite de dez horas diárias ou o período de um ano previsto em lei para a compensação.

A Súmula 85 do TST, como se sabe, chancela o regime de compensação de horas, inclusive por acordo individual escrito, mas exige negociação coletiva para a instituição do banco de horas. Esse verbete, no entanto, deverá sofrer alterações em função das modificações introduzidas pela Lei 13.467/2017 , que incluiu os §§ § 5º e 6º ao art. 59 da CLT para permitir que o banco de horas "poderá ser pactuado por acordo individual escrito, desde que a compensação ocorra no período máximo de seis meses", sendo "lícito o regime de compensação de jornada estabelecido por acordo individual, tácito ou escrito, para a compensação no mesmo mês".

Registre-se, de outro giro, o que dispõem os Enunciados aprovados na 2ª Jornada de Direito Material e Processual do Trabalho (2017)sobre banco de horas, os quais podem ser manejados como fontes doutrinárias:

> Enunciado 14 – BANCO DE HORAS POR ACORDO INDIVIDUAL. A compensação de horários requer intervenção sindical obrigatória, independentemente do seu prazo de duração, conforme artigo 7º, XIII, CF, que autoriza a compensação apenas mediante acordo ou convenção coletiva de trabalho.
>
> Enunciado 22 – PRESTAÇÃO DE HORAS EXTRAS: DESCARACTERIZAÇÃO DO ACORDO DE COMPENSAÇÃO E BANCO DE HORAS. Horas extras. Descaracterização do acordo de compensação e banco de horas. A prestação de horas extras habituais ou, ainda que eventuais, em número superior a duas horas diárias, implica descaracterização do acordo de compensação e do acordo de banco de horas, conforme artigos 7º, XIII e XVI, da Constituição Federal, e 59 da CLT.
>
> Enunciado 23 – BANCO DE HORAS: BASE DE CÁLCULO DAS HORAS SOBEJANTES – BANCO DE HORAS. COMPENSAÇÃO. PAGAMENTO. ARTIGO 59 DA CLT. O

pagamento das horas extras acumuladas em banco de horas e não compensadas será feito com base no valor do salário-hora mais vantajoso ao trabalhador.

Enunciado 30 – BANCO DE HORAS INDIVIDUAL. INCONSTITUCIONALIDADE. É inconstitucional o disposto no artigo 59, § 5º e § 6º da CLT (nova redação), haja vista que a Constituição Federal de 1988, no art. 7º, XIII, exige que a compensação de jornada seja por acordo coletivo ou convenção coletiva de trabalho.

Colecionamos alguns julgados do TST (posteriores à Lei 13.467/2017) sobre banco de horas:

(...) AGRAVO DE INSTRUMENTO EM RECURSO DE REVISTA DA SEGUNDA RECLAMADA INTERPOSTO NA VIGÊNCIA DA LEI N. 13.467/2017 – JORNADA DE TRABALHO – BANCO DE HORAS – SÚMULA N. 85 DO TST – INAPLICABILIDADE. As disposições contidas na Súmula n. 85 do TST não se aplicam ao regime compensatório na modalidade "banco de horas", que somente pode ser instituído por negociação coletiva. Inteligência da Súmula n. 85, V, do TST. (...) (TST-ARR 363-55.2015.5.09.0011, 8ª T., Rel. Min. Maria Cristina Irigoyen Peduzzi, *DEJT* 16.08.2019).

AGRAVO DE INSTRUMENTO EM RECURSO DE REVISTA. DIFERENÇAS DE HORAS EXTRAS. BANCO DE HORAS. O Tribunal de origem considerou inválido o regime de banco de horas, porque a reclamada não comprovou a existência de negociação coletiva que o teria instituído. A decisão, tal como posta , revela perfeita consonância com a jurisprudência pacificada desta Corte Superior, consubstanciada no item V da Súmula n. 85. Agravo de instrumento conhecido e não provido (TST-AIRR 218-98.2017.5.06.0144, 8ª T., Rel. Min. Dora Maria da Costa, *DEJT* 28.06.2019).

2.1.6. *Regime de trabalho a tempo parcial*

Seguindo tendência verificada nos EUA e em alguns países da Europa, o Governo brasileiro editou a Medida Provisória 1.709/98, instituindo o chamado contrato de *trabalho a tempo parcial*.

No Brasil, o trabalho a tempo parcial encontra-se regulado pelos arts. 58-A, 130-A e 476-A da CLT, cujas redações foram dadas pela MP 2.164-41, de 2001. A Lei 13.467/2017 alterou substancialmente o *caput* (e acrescentou os §§ 3º a 7º) do art. 58-A da CLT, que passou a ter a seguinte redação:

> Art. 58-A. Considera-se trabalho em regime de tempo parcial aquele cuja duração não exceda a trinta horas semanais, sem a possibilidade de horas suplementares semanais, ou, ainda, aquele cuja duração não exceda a vinte e seis horas semanais, com a possibilidade de acréscimo de até seis horas suplementares semanais.

§ 1º O salário a ser pago aos empregados sob o regime de tempo parcial será proporcional à sua jornada, em relação aos empregados que cumprem, nas mesmas funções, tempo integral (este parágrafo não foi alterado pela Lei 13.467).

§ 2º Para os atuais empregados, a adoção do regime de tempo parcial será feita mediante opção manifestada perante a empresa, na forma prevista em instrumento decorrente de negociação coletiva (este parágrafo não foi alterado pela Lei 13.467).

§ 3º As horas suplementares à duração do trabalho semanal normal serão pagas com o acréscimo de 50% (cinquenta por cento) sobre o salário-hora normal.

§ 4º Na hipótese de o contrato de trabalho em regime de tempo parcial ser estabelecido em número inferior a vinte e seis horas semanais, as horas suplementares a este quantitativo serão consideradas horas extras para fins do pagamento estipulado no § 3º, estando também limitadas a seis horas suplementares semanais.

§ 5º As horas suplementares da jornada de trabalho normal poderão ser compensadas diretamente até a semana imediatamente posterior à da sua execução, devendo ser feita a sua quitação na folha de pagamento do mês subsequente, caso não sejam compensadas.

§ 6º É facultado ao empregado contratado sob regime de tempo parcial converter um terço do período de férias a que tiver direito em abono pecuniário.

§ 7º As férias do regime de trabalho a tempo parcial serão regidas pelo disposto no art. 130 desta Consolidação.

De acordo com o *caput* do art. 58 da CLT, há duas modalidades de regimes de trabalho de tempo parcial:

- com duração de até 30 horas semanais sem possibilidade de horas extras semanais;
- com duração de até 26 horas semanais com possibilidade de até 6 horas extras semanais.

O salário a ser pago aos empregados sob o regime de tempo parcial poderá ser proporcional à duração reduzida da jornada, observados os quantitativos pagos para aqueles que cumprem, nas mesmas funções, tempo integral. Na verdade, a OJ 358, I, da SBDI-1/TST também permite o pagamento de salário de forma proporcional ao tempo trabalhado.

É bem de ver que nos *consideranda* da Convenção 175, de 22.02.1998, a Organização Internacional do Trabalho, reconhece

> a importância que apresenta para todos os trabalhadores, contar com um emprego produtivo e livremente escolhido, a importância que tem para a economia e o trabalho

por tempo parcial, a necessidade de que nas políticas de emprego se levem em conta a função do trabalho a tempo parcial como modo de abrir novas possibilidades de emprego e a necessidade de assegurar a proteção dos trabalhadores a tempo parcial nos campos do acesso ao emprego, das condições de trabalho e da seguridade social.

Amauri Mascaro Nascimento[7] observa que tal Convenção da OIT põe por terra as críticas que possam ser feitas no sentido de o regime de trabalho a tempo parcial prejudicar os trabalhadores.

Jean-Claude Javillier sublinha que, na França, "a noção propriamente dita de trabalho por tempo parcial assim como as consequências de sua utilização são definidas com a finalidade de limitar o crescimento do trabalho precário"[8].

A Convenção 175 da OIT conceitua trabalho a tempo parcial como aquele de "todo trabalhador assalariado cuja atividade laboral tem uma duração normal inferior à dos trabalhadores a tempo completo em situação comparável".

A referida Convenção esclarece, ainda, que a duração do trabalho a tempo parcial é calculada semanalmente ou em média durante determinado período, mas exclui de tal regime os trabalhadores afetados por uma redução coletiva e temporária da duração normal do trabalho, por motivos econômicos, tecnológicos ou estruturais.

A contratação de trabalhadores sob o regime de trabalho a tempo parcial pode ser feita nos moldes dos arts. 442 e 443 da CLT, isto é, para os novos empregados admite-se o contrato tácito ou expresso (verbal ou escrito). Entretanto, para os empregados já contratados por tempo indeterminado ou por tempo determinado, a alteração contratual dependerá de manifestação escrita do trabalhador e desde que haja autorização por convenção ou acordo coletivo de trabalho, como se infere do § 2º do art. 58-A da CLT.

É recomendável, de toda a sorte, que o contrato seja firmado por escrito, a fim de que não paire dúvida quanto à livre manifestação das partes, principalmente a do trabalhador.

Não há restrição a respeito da possibilidade de o regime de trabalho a tempo parcial ser celebrado em sede de contrato de trabalho por tempo determinado. No silêncio da lei, parece-nos que devem ser observados os requisitos exigidos pelo art. 443 e parágrafos da CLT.

O novo diploma permite a conversão do tempo integral em parcial. Trata-se de flexibilização da jornada de trabalho mediante tutela sindical. Vale dizer, para os empregados contratados sob o regime de jornada integral, a alteração do pactuado deverá atender a dois requisitos cumulativos:

- previsão em convenção ou acordo coletivo de trabalho da redução da jornada de tempo integral para tempo parcial, nos termos do art. 7º, XIII, da Constituição;

7. *In: Revista LTr 62-11/1.457.*
8. *Manual de direito do trabalho*. Tradução de Rita Asdine Bozaciyan. São Paulo: LTr, 1988, p. 133.

- opção formal manifestada pelo empregado perante o empregador, na forma prevista nos citados instrumentos decorrentes de negociação coletiva.

Isso não impede, a nosso ver, que o empregador possa, unilateralmente, reduzir a jornada sem a correspondente diminuição de salários, pois, neste caso, estar-se-á diante de alteração contratual mais benéfica ao trabalhador.

As férias anuais remuneradas do trabalhador contratado a tempo parcial são reduzidas proporcionalmente, nos termos do art. 130-A e seu parágrafo único da CLT.

A grande novidade instituída pela MP 2.164-41 residia no seu art. 3º, o qual introduziu o § 4º ao art. 59 da CLT, segundo o qual, "os empregados sob o regime de tempo parcial não poderão prestar horas extras".

Vê-se, claramente, que a intenção da referida Medida Provisória foi coibir a fraude. Ocorre que esse § 4º do art. 59 da CLT foi expressamente revogado pela Lei 13.467/2017 que, ao mesmo tempo, alterou o *caput* e acrescentou os §§ 3º a 5º ao art. 58-A da CLT, que preveem literalmente a possibilidade de horas suplementares à duração do trabalho semanal normal, que serão pagas com o acréscimo de 50% (cinquenta por cento) sobre o salário-hora normal.

Por defendermos que a previsão de elevação da duração da jornada no contrato a tempo parcial viola o princípio da vedação do retrocesso social, pensamos que a melhor solução, *in casu*, é a que preconiza, na hipótese de prestação de horas extras pelo trabalhador, a nulidade do regime em tempo parcial, ante o comando do art. 7º, *caput*, da CF e do art. 9º da CLT, sem prejuízo do pagamento das horas extras com o acréscimo de, no mínimo, cinquenta por cento do valor da hora normal.

Em outros termos, havendo descumprimento do preceito legal, o contrato sob o regime de tempo parcial deve converter-se automaticamente em contrato por tempo indeterminado, mas o empregado cumprirá, daí em diante, jornada reduzida, porém percebendo salários idênticos aos que, na mesma empresa, são pagos aos trabalhadores que cumprem jornada integral.

Além disso, caso tipificado o desvirtuamento do comando legal, o empregado deverá fazer jus a férias anuais remuneradas de, no mínimo, trinta dias, observada a regra do art. 130, e não a do art. 130-A, ambos da CLT, como, aliás, já consta do novel § 7º do art. 58-A da CLT. Registre-se, por oportuno, que a Lei 13.467/2017 revogou expressamente o art. 130-A da CLT.

Sobre contrato de trabalho a tempo parcial para os comerciários, lembramos que o Enunciado 92 aprovado na 2ª Jornada de Direito Material e Processual do Trabalho (Brasília, 2017), firmou a tese de que o "art. 58-A e seus parágrafos, da CLT, alterados por força da Lei 13.467/2017, não são aplicáveis aos comerciários, em virtude da aplicação obrigatória do art. 3º, § 1º, da Lei 12.790/2013, em decorrência da especificidade e da prevalência da norma mais favorável ao trabalhador".

2.2. Intervalos

Entre duas jornadas diárias ou dentro da mesma jornada contínua, o empregador é obrigado a conceder intervalos para repouso e alimentação do empregado.

Esses intervalos decorrem de razões biológicas, prevenindo a fadiga, e econômicas, para que o empregado possa melhor produzir.

Registre-se que os intervalos estão imunes à negociação coletiva. Nesse sentido, o Enunciado 37 aprovado na 2ª Jornada de Direito Material e Processual do Trabalho (2017), *in verbis*:

> SAÚDE E DURAÇÃO DO TRABALHO. É inconstitucional o parágrafo único do art. 611-B da CLT, pois as normas e institutos que regulam a duração do trabalho, bem como seus intervalos, são diretamente ligados às tutelas da saúde, higiene e segurança do trabalho como estabelecidas pelos arts. 7º, XIII, XIV e XXII, 196 e 225 da CF, pelos arts. 3º, "b" e "e", e 5º da Convenção 155 da OIT, pelo art. 7º, II, "b" e "d", do PIDESC (ONU), pelo art. 7º, "e", "g" e "h", do Protocolo de San Salvador (OEA), e pelo próprio art. 58 da CLT, que limita a jornada a oito horas diárias, sendo, assim, insuscetíveis de flexibilização por convenção ou acordo coletivos.

2.2.1. Intervalo interjornada

Denomina-se *intervalo interjornada* aquele que ocorre entre duas jornadas diárias de trabalho. Vale dizer, entre o término de uma jornada diária e o início da outra, a lei determina um específico número de horas para que o empregado possa repousar, geralmente fora do estabelecimento.

Nos termos do art. 66 da CLT, é obrigatório um *intervalo interjornada* mínimo de 11 horas. A inobservância deste intervalo gera multa, de natureza administrativa, para o empregador (CLT, art. 75).

Cumpre registrar que a concessão de intervalo interjornada inferior ao mínimo legal implica a obrigação patronal de pagar o seu valor integral, pois, segundo a OJ 355 da SBDI-1/TST,

> O desrespeito ao intervalo mínimo interjornadas previsto no art. 66 da CLT acarreta, por analogia, os mesmos efeitos previstos no § 4º do art. 71 da CLT e na Súmula 110 do TST, devendo-se pagar a integralidade das horas que foram subtraídas do intervalo, acrescidas do respectivo adicional.

No regime de revezamento, as horas trabalhadas em seguida ao repouso semanal de 24 horas, com prejuízo do intervalo mínimo de 11 horas consecutivas para descanso entre jornadas, devem ser remuneradas como extraordinárias, inclusive com o respectivo adicional (TST, Súmula 110).

Para o trabalhador rural o intervalo interjornada está regulado na segunda parte do art. 5º da Lei 5.889/1973, *in verbis*:

> Art. 5º (...) Entre duas jornadas de trabalho haverá um período mínimo de onze horas consecutivas para descanso.

2.2.2. Intervalo intrajornada

O intervalo intrajornada é o realizado dentro da mesma jornada diária de trabalho, normalmente para alimentação e repouso (de curta duração) do trabalhador.

O intervalo intrajornada está previsto no art. 71 da CLT e deverá ser observado nas seguintes hipóteses:

- se o trabalho for contínuo, cuja duração for superior a 6 horas, é obrigatória a concessão de um intervalo para repouso ou alimentação, o qual será, no mínimo, de 1 hora e, salvo convenção coletiva ou acordo individual (escrito) ou coletivo que disponha em sentido contrário, não poderá exceder de 2 horas (CLT, art. 71, *caput*);
- não excedendo de 6 horas o trabalho contínuo, será obrigatório um intervalo de 15 minutos quando a sua duração ultrapassar 4 horas (CLT, art. 71, § 1º);
- os intervalos de descanso não serão computados na duração do trabalho (CLT, art. 71, § 2º);
- o limite mínimo de 1 hora para repouso ou refeição poderá ser reduzido por ato de autoridade do Ministério do Trabalho, quando se verificar que o estabelecimento atende integralmente às exigências concernentes à organização dos refeitórios e quando os respectivos empregados não estiverem sob regime de trabalho prorrogado a horas suplementares (CLT, art. 71, § 3º);
- quando o intervalo para repouso e alimentação, previsto neste artigo, não for concedido pelo empregador, este ficará obrigado, além da multa administrativa (CLT, art. 75), a remunerar ao empregado o período correspondente com um acréscimo de, no mínimo, 50% (cinquenta por cento) sobre o valor da remuneração da hora normal de trabalho (CLT, art. 71, § 4º). O § 4º do art. 71 da CLT foi alterado pela Lei 13.467/2017, dispondo expressamente que: "A não concessão ou a concessão parcial do intervalo intrajornada mínimo, para repouso e alimentação, a empregados urbanos e rurais, implica o pagamento, de **natureza indenizatória**, apenas do período suprimido, com acréscimo de 50% (cinquenta por cento) sobre o valor da remuneração da hora normal de trabalho". (grifos nossos)

Essa nova regra, segundo pensamos, é flagrantemente inconstitucional, na medida em que viola o *caput* do art. 7º da CF, porquanto impõe uma condição contrária à melhoria das condições socioeconômicas dos trabalhadores, seja por retirar a natureza salarial da vantagem remuneratória, seja por frustrar a efetivação do direito fundamental ao repouso intrajornada, estimulando a prática empresarial de desconstrução dos direitos sociais dos trabalhadores.

Ademais, colacionamos o Enunciado 34 da 2ª Jornada de Direito Material e Processual (Brasília-DF, 2017), que aprovou duas teses sobre intervalo intrajornada:

> I. Regras sobre o intervalo intrajornada são consideradas como normas de saúde, higiene e segurança do trabalho e, por consequência, de ordem pública, apesar do que dispõe o art. 611-B, parágrafo único, da CLT (na redação da Lei 13.467/2017).
>
> II. O estabelecimento de intervalos intrajornadas em patamares inferiores a uma hora para jornadas de trabalho superiores a seis horas diárias é incompatível com os artigos 6º, 7º, inciso XXII, e 196 da Constituição.

Além disso, lembramos que na referida Jornada, também foi aprovado o Enunciado 12:

> INCONSTITUCIONALIDADE DO PARÁGRAFO ÚNICO DO ART. 611-B DA CLT. Saúde e segurança no trabalho. Negociado sobre o legislado: **inconstitucionalidade do parágrafo único do art. 611-B da CLT**. Revela-se inconstitucional esse dispositivo da Lei da Reforma Trabalhista **que permite a flexibilização** da jornada de trabalho e **do intervalo intrajornada**, por ofensa expressa à Constituição Federal, que assegura a todos os trabalhadores um ambiente laboral sadio, com jornada máxima e intervalos mínimos necessários, que permita o descanso e sua recuperação física, com a observância da redução dos riscos inerentes ao trabalho, conforme estabelecido no art. 7º, inciso XXII, visando a concretizar a Constituição, que tem como fundamentos da República a dignidade da pessoa humana e os valores sociais do trabalho, como estabelecido no art. 1º, incisos III e IV, da Carta Magna. (grifos nossos)

Em 2012, foi editada a Lei 12.619 que acrescentou o § 5º ao art. 71 da CLT, dispondo que os intervalos expressos no seu *caput* e no § 1º

> "poderão ser fracionados quando compreendidos entre o término da primeira hora trabalhada e o início da última hora trabalhada, desde que previsto em convenção ou acordo coletivo de trabalho, ante a natureza do serviço e em virtude das condições especiais do trabalho a que são submetidos estritamente os motoristas, cobradores, fiscalização de campo e afins nos serviços de operação de veículos rodoviários, empregados no setor de transporte coletivo de passageiros, mantida a mesma remuneração e concedidos intervalos para descanso menores e fracionados ao final de cada viagem, não descontados da jornada".

Esse § 5º do art. 71 da CLT foi novamente alterado pela Lei 13.103/2015, passando a ter a seguinte redação:

> O intervalo expresso no *caput* poderá ser reduzido e/ou fracionado, e aquele estabelecido no § 1º poderá ser fracionado, quando compreendidos entre o término da primeira hora trabalhada e o início da última hora trabalhada, desde que previsto em convenção ou acordo coletivo de trabalho, ante a natureza do serviço e em virtude das condições especiais de trabalho a que são submetidos estritamente os motoristas, cobradores, fiscalização de campo e afins nos serviços de operação de veículos rodoviários, empregados no setor de transporte coletivo de passageiros, mantida a remuneração e concedidos intervalos para descanso menores ao final de cada viagem.

Nos serviços permanentes de mecanografia (datilografia, escrituração, cálculo e digitação), a cada 90 minutos de trabalho consecutivo corresponderá um repouso de 10 minutos não deduzidos na duração normal de trabalho (CLT, art. 72).

Nos termos da Súmula 346 do TST,

> "Os digitadores, por aplicação analógica do art. 72 da CLT, equiparam-se aos trabalhadores nos serviços de mecanografia (datilografia, escrituração ou cálculo), razão pela qual têm direito a intervalos de descanso de 10 (dez) minutos a cada 90 (noventa) de trabalho consecutivo".

Objetivando sistematizar o instituto do intervalo intrajornada, o TST editou a Súmula 437, estabelecendo alguns critérios para a sua aplicação:

> I – Após a edição da Lei 8.923/94, a não concessão ou a concessão parcial do intervalo intrajornada mínimo, para repouso e alimentação, a empregados urbanos e rurais, implica o pagamento total do período correspondente, e não apenas daquele suprimido, com acréscimo de, no mínimo, 50% sobre o valor da remuneração da hora normal de trabalho (art. 71 da CLT), sem prejuízo do cômputo da efetiva jornada de labor para efeito de remuneração.
>
> II – É inválida cláusula de acordo ou convenção coletiva de trabalho contemplando a supressão ou redução do intervalo intrajornada porque este constitui medida de higiene, saúde e segurança do trabalho, garantido por norma de ordem pública (art. 71 da CLT e art. 7º, XXII, da CF/1988), infenso à negociação coletiva.
>
> III – Possui natureza salarial a parcela prevista no art. 71, § 4º, da CLT, com redação introduzida pela Lei 8.923, de 27 de julho de 1994, quando não concedido ou reduzido pelo empregador o intervalo mínimo intrajornada para repouso e alimentação, repercutindo, assim, no cálculo de outras parcelas salariais.
>
> IV – Ultrapassada habitualmente a jornada de seis horas de trabalho, é devido o gozo

do intervalo intrajornada mínimo de uma hora, obrigando o empregador a remunerar o período para descanso e alimentação não usufruído como extra, acrescido do respectivo adicional, na forma prevista no art. 71, *caput* e § 4º da CLT.

O item III da Súmula 437 do TST está em colisão com o novel (e inconstitucional, como vimos alhures) § 4º do art. 71 da CLT, com redação dada pela Lei 13.467/2017.

Além disso, a Súmula 438 do TST reconhece o intervalo para recuperação térmica do empregado submetido a trabalho contínuo em ambiente artificialmente frio, nos termos do parágrafo único do art. 253 da CLT, ainda que não labore em câmara frigorífica, tendo ele direito ao intervalo intrajornada por aplicação analógica do *caput* do referido dispositivo consolidado.

Em se tratando de trabalhador rural, em qualquer trabalho contínuo de duração superior a seis horas, será obrigatória a concessão de um intervalo intrajornada para repouso ou alimentação, observados os usos e costumes da região, não se computando este intervalo na duração do trabalho (Lei 5.889/73, art. 5º).

Para o trabalhador rural, o intervalo intrajornada está previsto na primeira parte do art. 5º da Lei 5.889/73, que remete à sua duração os usos e costumes da região, *in verbis*:

> Art. 5º Em qualquer trabalho contínuo de duração superior a seis horas, será obrigatória a concessão de um intervalo para repouso ou alimentação observados os usos e costumes da região, não se computando este intervalo na duração do trabalho (...)

No que tange à possibilidade de redução do intervalo intrajornada por convenção ou acordo coletivo com base em Portaria genérica do Ministério do Trabalho e Emprego, o TST vem adotando, a nosso ver, acertadamente, o seguinte entendimento:

> INTERVALO INTRAJORNADA. REDUÇÃO POR ACORDO OU CONVENÇÃO COLETIVA. PORTARIA N. 42/2007 DO MTE. AUTORIZAÇÃO GENÉRICA. INVALIDADE. NECESSIDADE DE AUTORIZAÇÃO ESPECÍFICA (ART. 71, § 3º, DA CLT). A Portaria n. 42/2007 do Ministério do Trabalho e Emprego disciplina que o intervalo intrajornada poderá ser diminuído por negociação coletiva. No entanto, referida Portaria, por ser genérica, não tem o condão de autorizar a redução do intervalo intrajornada por acordo ou convenção coletiva, sendo necessária autorização específica, nos termos do § 3º do art. 71 da CLT, após vistoria das instalações e do sistema de trabalho da empresa. Sob esse entendimento, a SBDI-1 decidiu, por unanimidade, conhecer dos embargos por divergência jurisprudencial e, no mérito, por maioria, deu-lhes provimento parcial para condenar a reclamada ao pagamento de uma hora diária, com acréscimo do adicional de 50%, decorrente da concessão parcial do intervalo intrajornada, nos dias efetivamente trabalhados em que não houve o gozo de uma hora integral de repouso para descanso e alimentação, atribuindo-se natureza

salarial à parcela, nos termos da Súmula n. 437, item III, do Tribunal Superior do Trabalho. Vencidos os Ministros João Oreste Dalazen e Renato de Lacerda Paiva, que negavam provimento ao recurso (TST-E-RR-53200-40.2013.5.21.0006 – SBDI-I – Rel. Min. José Roberto Freire Pimenta – j. 10.09.2015).

2.2.2.1. *Intervalo do art. 384 da CLT*

O art. 384 da CLT prevê um descanso de 15 minutos para a empregada mulher que for prorrogar a sua jornada diária normal, nos seguintes termos:

> Art. 384. Em caso de prorrogação do horário normal, será obrigatório um descanso de 15 (quinze) minutos no mínimo, antes do início do período extraordinário do trabalho.

O TST vem reconhecendo a validade do artigo em comento e a sua compatibilidade com a nova ordem constitucional de 1988, determinando o pagamento de 50% sobre o valor da hora normal pelo descanso não fruído pela empregada mulher.

Em 2014, o STF, em sede de julgamento de recurso extraordinário (RE 658.312), havia reconhecido a recepção do art. 384 da CLT em face da CF/88. No entanto, tal julgamento fora anulado por questão meramente formal, retornando à pauta da Sessão do dia 14.09.2016.

Entendemos que a disposição contida no art. 384 da CLT foi recepcionada pela Constituição Federal. Embora homens e mulheres sejam iguais em direitos e obrigações, há que se considerar que se diferenciam no aspecto fisiológico, merecendo a mulher, em razão disso, um tratamento diferenciado quando o trabalho lhe exige um desgaste físico maior, como nas hipóteses de prestação de horas extras.

A jurisprudência do TST está pacificada no sentido da validade do intervalo, sendo certo que o principal argumento da empresa recorrente no STF é o de que o art. 384 da CLT viola os princípios constitucionais da igualdade entre homens e mulheres (arts. 5º, inciso I, e 7º, inciso XXX) e da isonomia, ao estabelecer tratamento diferenciado apenas em razão de gênero.

Embora a Constituição de 1988 estabeleça a igualdade de gênero, ao mesmo tempo admite a possibilidade de tratamento diferenciado, desde que haja elementos legítimos e razoáveis para tal *discrímen*, entre eles as conjunturas sociais. Nesse sentido é o voto do relator, Min. Dias Toffoli, que entende que a distinção prevista na CLT leva em conta aspectos como a histórica exclusão da mulher do mercado de trabalho, a chamada dupla jornada e componentes orgânicos e biológicos.

A norma, a seu ver, não viola o art. 7º, inciso XXX, da Constituição, uma vez que não prevê tratamento diferenciado entre homens e mulheres em relação a salários, critérios diferenciados de admissão ou de exercício de funções diversas.

Sendo assim, parece-nos indene de dúvidas que a mulher empregada faz jus ao intervalo de 15 minutos antes do início do período extraordinário, importando o seu descumprimento em pagamento de hora extra.

Entretanto, o art. 5º, I, da Lei 13.467/2017 revogou expressamente o art. 384 da CLT, o que representa inegável retrocesso social e inegável discriminação de gênero do legislador em desfavor da mulher empregada.

2.3. Repouso semanal remunerado

É assegurado a todo empregado um repouso semanal remunerado de, no mínimo, 24 horas consecutivas, o qual deverá coincidir, preferencialmente, com o domingo.

O repouso semanal remunerado é, na verdade, o reconhecimento de que existe um direito à "jornada semanal" de trabalho. Não obstante o termo "jornada", oriundo de *giorno, giornata,* seja empregado normalmente para designar a jornada diária, o certo é que o nosso ordenamento jurídico consagra literalmente a expressão "jornada semanal", como se infere do art. 59, § 2º.

Trata-se de um direito fundamental social dos empregados urbanos e rurais (CF, art. 7º, XV), estendido aos trabalhadores avulsos, aos trabalhadores domésticos e aos servidores públicos (CF, art. 7º, XXXIV, parágrafo único, e art. 39, §§ 2º e 3º).

No plano infraconstitucional, o descanso semanal estava previsto originariamente no art. 67 da CLT. Posteriormente, a Lei 605/49 passou a disciplinar o repouso semanal remunerado e o pagamento de salários nos dias feriados civis e religiosos.

De acordo com o art. 1º da Lei 605/49, todo empregado tem direito ao repouso semanal remunerado de vinte e quatro horas consecutivas, preferentemente aos domingos e, nos limites das exigências técnicas das empresas, nos feriados civis e religiosos, de acordo com a tradição local.

No que concerne às atividades do comércio, foi editada, em 2007, a Lei 11.603, que alterou o art. 6º e acrescentou os arts. 6º-A e 6º-B na Lei 10.101/01, *in verbis*:

> Art. 6º Fica autorizado o trabalho aos domingos nas atividades do comércio em geral, observada a legislação municipal, nos termos do art. 30, inc. I, da Constituição Federal.
>
> Parágrafo único. O repouso semanal remunerado deverá coincidir, pelo menos uma vez no período máximo de três semanas, com o domingo, respeitadas as demais normas de proteção ao trabalho e outras a serem estipuladas em negociação coletiva.
>
> Art. 6º-A. É permitido o trabalho em feriados nas atividades do comércio em geral, desde que autorizado em convenção coletiva de trabalho e observada a legislação municipal, nos termos do art. 30, inc. I, da Constituição.

Art. 6º-B. As infrações ao disposto nos arts. 6º e 6º-A desta Lei serão punidas com a multa prevista no art. 75 da Consolidação das Leis do Trabalho, aprovada pelo Dec.-lei 5.452, de 01.05.1943.

Parágrafo único. O processo de fiscalização, de autuação e de imposição de multas reger-se-á pelo disposto no Título VII da Consolidação das Leis do Trabalho.

O repouso semanal ou hebdomadário tem origem religiosa e seu escopo é propiciar ao trabalhador o refazimento das energias despendidas durante uma semana de trabalho. O repouso semanal remunerado é estendido aos dias considerados feriados civis ou religiosos.

De acordo com o art. 6º da Lei 605/49, não será devida a remuneração quando, sem motivo justificado, o empregado não tiver trabalhado durante toda a semana anterior, cumprindo integralmente o seu horário de trabalho.

São considerados motivos justificados os previstos no § 1º do art. 6º da Lei 605.

Nas empresas em que vigorar regime de trabalho reduzido, a frequência exigida corresponderá ao número de dias em que o empregado tiver de trabalhar.

A remuneração do repouso semanal corresponderá:

- para os que trabalham por dia, semana, quinzena ou mês, à de um dia de serviço, computadas as horas extraordinárias habitualmente prestadas;
- para os que trabalham por hora, à de sua jornada de trabalho, computadas as horas extraordinárias habitualmente prestadas;
- para os que trabalham por tarefa ou peça, o equivalente ao salário correspondente às tarefas ou peças feitas durante a semana, no horário normal de trabalho, dividido pelos dias de serviço efetivamente prestados ao empregador;
- para o empregado em domicílio, o equivalente ao quociente da divisão por seis (6) da importância total da sua produção na semana.

Os empregados cujos salários não sofram descontos por motivo de feriados civis ou religiosos são considerados já remunerados nesses mesmos dias de repouso, conquanto tenham direito à remuneração dominical.

Consideram-se já remunerados os dias de repouso semanal do empregado mensalista ou quinzenalista, cujo cálculo de salário mensal ou quinzenal, ou cujos descontos por falta sejam efetuados na base do número de dias do mês ou de trinta (30) e quinze (15) diárias, respectivamente.

A prestação de serviços nos dias destinados ao seu repouso semanal confere ao empregado o direito à remuneração em dobro do dia trabalhado, salvo quando o empregador determinar outro dia de folga (Lei 605/49, art. 9º).

A respeito desse tema, a Súmula 146 do TST, em sua redação original, previa apenas que o trabalho realizado em dia feriado, não compensado, seria pago em dobro, e não em triplo.

Em 2003, o TST deu nova redação à Súmula 146, reconhecendo que o trabalho prestado em domingos e feriados, não compensado, deve ser pago em dobro, sem prejuízo da remuneração relativa ao repouso semanal.

Na hipótese de o repouso ser concedido após o sétimo dia, o TST/SBDI-1 editou a OJ 410, *in verbis*:

> *Repouso semanal remunerado. Concessão após o sétimo dia consecutivo de trabalho. CF, art. 7º, XV. Violação.* Viola o art. 7º, XV, da CF a concessão de repouso semanal remunerado após o sétimo dia consecutivo de trabalho, importando no seu pagamento em dobro.

Se o repouso semanal remunerado for concedido depois do sétimo dia, o TST vem entendendo que há violação ao art. 7º, XV, da CF, razão pela qual deve ser pago em dobro (SBDI-1 OJ 410).

No regime de revezamento, as horas trabalhadas em seguida ao repouso semanal de 24 horas, com prejuízo do intervalo mínimo de 11 horas consecutivas para descanso entre jornadas, devem ser remuneradas como extraordinárias, inclusive com o respectivo adicional (TST, Súmula 110).

A interpretação sistemática do art. 7º, § 2º, da Lei 605/49 e do art. 320 da CLT autoriza concluir que o professor que recebe salário mensal à base de hora-aula tem direito ao acréscimo de 1/6 a título de repouso semanal remunerado, considerando-se para esse fim o mês de quatro semanas e meia (TST, Súmula 351).

Nos termos da Súmula 360 do TST, a interrupção do trabalho destinada a repouso e alimentação, dentro de cada turno, ou o intervalo para repouso semanal, não descaracteriza o turno de revezamento com jornada de 6 (seis) horas previsto no art. 7º, XIV, da CF/88.

De acordo com a jurisprudência do TST:

> "Computam-se no cálculo do repouso remunerado as horas extras habitualmente prestadas" (Súmula 172).

Por outro lado, segundo o TST, o repouso semanal remunerado não repercute nos seguintes casos:

- O sábado do bancário é dia útil não trabalhado, não dia de repouso remunerado. Não cabe a repercussão do pagamento de horas extras habituais em sua remuneração (TST, Súmula 113).
- As gratificações por tempo de serviço e produtividade, pagas mensalmente, não repercutem no cálculo do repouso semanal remunerado (TST, Súmula 225).
- As gorjetas, cobradas pelo empregador na nota de serviço ou oferecidas espontaneamente pelos clientes, integram a remuneração do empregado, não servindo de

base de cálculo para as parcelas de aviso prévio, adicional noturno, horas extras e repouso semanal remunerado (TST, Súmula 354).

- O adicional de insalubridade já remunera os dias de repouso semanal e feriados (SBDI-1 OJ 103).
- A majoração do valor do repouso semanal remunerado, em razão da integração das horas extras habitualmente prestadas, não repercute no cálculo das férias, da gratificação natalina, do aviso prévio e do FGTS, sob pena de caracterização de *bis in idem* (SBDI-1 OJ 394).

3. TRABALHO NOTURNO

A CF/88 assegura aos trabalhadores urbanos e rurais (art. 7º, IX), bem como aos trabalhadores avulsos (art. 7º, XXXIV), o direito fundamental social à "remuneração do trabalho noturno superior à do diurno".

A CLT, em seu art. 73, disciplina que:

> "Salvo nos casos de revezamento semanal ou quinzenal, o trabalho noturno terá remuneração superior à do diurno e, para esse efeito, sua remuneração terá um acréscimo de 20% (vinte por cento), pelo menos, sobre a hora diurna".

A hora do trabalho noturno para o empregado urbano será computada como de 52 minutos e 30 segundos (§ 1º). Para o empregado rural, a hora noturna é de 60 minutos.

Para o empregado urbano, entende-se por trabalho noturno aquele realizado entre as 22 horas de um dia e as 5 horas do dia seguinte. Para o empregado rural, considera-se trabalho noturno o executado entre as 21 horas de um dia e as 5 do dia seguinte, na lavoura, e entre 20 horas de um dia e 4 horas do dia seguinte, na atividade pecuária, sendo que o adicional noturno será de 25% sobre a remuneração normal (Lei 5.889/73, art. 7º, parágrafo único).

Nos horários mistos, aplicam-se as regras previstas no art. 73 da CLT no que concerne às horas trabalhadas no horário noturno.

O acréscimo a que se refere esse artigo, em se tratando de empresas que não mantêm, pela natureza de suas atividades, trabalho noturno habitual, será feito tendo em vista os quantitativos pagos por trabalhos diurnos de natureza semelhante.

Em relação às empresas cujo trabalho noturno decorra da natureza de suas atividades, o aumento será calculado sobre o salário mínimo geral vigente na região, não sendo devido quando exceder desse limite, já acrescido da percentagem (CLT, art. 73, § 3º).

Ao menor de 18 anos é vedado o trabalho noturno (CF, art. 7º, XXXIII).

É importante destacar que o Brasil ratificou a Convenção 171 da OIT (Decreto 5.005, de 8.3.2004), cujo art. 1º, letra *a*, dispõe que a expressão "trabalho noturno" designa todo trabalho que seja realizado durante um período de pelo menos 7 horas consecutivas, que abranja o intervalo compreendido entre a meia-noite e as 5 horas da manhã, e que será determinado pela autoridade competente mediante consulta prévia com as organizações mais representativas dos empregadores e de trabalhadores ou através de convênios coletivos.

A expressão "trabalhador noturno", adotada pela Convenção 171 da OIT, designa todo trabalhador assalariado cujo trabalho exija a realização de horas de trabalho noturno em número substancial, superior a um limite determinado. Esse número será fixado pela autoridade competente mediante consulta prévia com as organizações mais representativas de empregadores e de trabalhadores, ou através de convênios coletivos.

O art. 2º da referida Convenção, no entanto, dispõe que suas disposições se aplicam "a todos os trabalhadores assalariados, com exceção daqueles que trabalham na agricultura, a pecuária, a pesca, os transportes marítimos e a navegação interior", ressaltando, ainda, que o País que a ratificar "poderá excluir total ou parcialmente da sua área de aplicação, com consulta prévia junto às organizações representativas dos empregadores e dos trabalhadores interessados, categorias limitadas de trabalhadores, quando essa aplicação apresentar, no caso das categorias citadas, problemas particulares e importantes".

O art. 3º da Convenção 171 da OIT manda adotar, "em benefício dos trabalhadores noturnos, as medidas específicas exigidas pela natureza do trabalho noturno (...), a fim de proteger a sua saúde, ajudá-los a cumprirem com suas responsabilidades familiares e sociais, proporcionar aos mesmos, possibilidades de melhoria na sua carreira e compensá-los de forma adequada. Essas medidas deverão também ser adotadas no âmbito da segurança e da proteção da maternidade, a favor de todos os trabalhadores que realizam trabalho noturno".

Nos termos do art. 4º da Convenção em apreço, se os trabalhadores solicitarem, eles poderão ter direito a que seja realizada uma avaliação do seu estado de saúde gratuitamente e a serem assessorados sobre a maneira de atenuar ou evitar problemas de saúde relacionados com seu trabalho: a) antes de sua colocação em trabalho noturno; b) em intervalos regulares durante essa colocação; c) no caso de padecerem durante essa colocação problemas de saúde que não sejam devidos a fatores alheios ao trabalho noturno. Salvo declaração de não serem aptos para o trabalho noturno, o teor dessas avaliações não será comunicado a terceiros sem o seu consentimento, nem utilizado em seu prejuízo.

Dispõe o art. 5º da Convenção 171 da OIT que "deverão ser colocados à disposição dos trabalhadores que efetuam trabalho noturno serviços adequados de primeiros socorros, inclusive disposições práticas que permitam que esses trabalhadores, em caso necessário, sejam transladados rapidamente até um local onde possam receber tratamento adequado".

O art. 6º da Convenção 171 da OIT prevê que os trabalhadores noturnos que, por razões de saúde, sejam declarados não aptos para o trabalho noturno serão colocados, quando for viável, em função similar para a qual estejam aptos. Se a colocação nessa função não for viável, serão concedidos a esses trabalhadores os mesmos benefícios que a outros trabalhadores não aptos para o trabalho ou que não podem conseguir emprego. Em qualquer situação, se um trabalhador noturno for declarado temporariamente não apto para o trabalhado noturno, gozará da mesma proteção contra a demissão ou a notificação de demissão que os outros trabalhadores que não possam trabalhar por razões de saúde.

É dever do empregador, nos termos do art. 7º da Convenção 171 da OIT, adotar medidas para assegurar que existe uma alternativa do trabalho noturno para as trabalhadoras que, à falta dessa alternativa, teriam que realizar esse trabalho:

> a) antes e depois do parto, durante o período de, pelo menos, 16 semanas, das quais 8, pelo menos, deverão ser tomadas antes da data estimada para o parto;
>
> b) com prévia apresentação de certificado médico indicando que isso é necessário para a saúde da mãe ou do filho, por outros períodos compreendidos;
>
> c) durante a gravidez;
>
> d) durante um lapso determinado além do período posterior ao parto, cuja duração será determinada pela autoridade competente e prévia consulta junto às organizações mais representativas dos empregadores e de trabalhadores.

Durante os período referidos no art. 7º da Convenção 171 da OIT, a) não deverá ser demitida, nem receber comunicação de demissão, a trabalhadora em questão, salvo por causas justificadas não vinculadas à gravidez ou ao parto; b) os rendimentos da trabalhadora deverão ser mantidos em nível suficiente para garantir o sustento da mulher e do seu filho em condições de vida adequadas; c) a trabalhadora não perderá benefícios relativos a grau, antiguidade e possibilidades de promoção que estejam vinculados ao cargo de trabalho noturno que desempenha regularmente.

É importante destacar, por fim, que surgirão discussões sobre a eficácia da Convenção 171 da OIT no ordenamento jurídico brasileiro, uma vez que seu art. 11 dispõe:

> Art. 11. 1. As disposições da presente Convenção poderão ser aplicadas mediante a legislação nacional, convênios coletivos, laudos arbitrais ou sentenças judiciais, através de uma combinação desses meios ou de qualquer outra forma conforme as condições e a prática nacionais. Deverão ser aplicadas por meio da legislação na medida em que não sejam aplicadas por outros meios.
>
> 2. Quando as disposições desta Convenção forem aplicadas por meio da legislação, deverão ser previamente consultadas as organizações mais representativas de empregadores e de trabalhadores.

Dito doutro modo, se a eficácia da Convenção 171 da OIT no ordenamento jurídico brasileiro depender de prévia consulta às organizações sindicais "mais representativas de empregadores e de trabalhadores", então será praticamente inviável aplicar suas disposições de imediato, pois elas teriam natureza de normas meramente programáticas.

No entanto, pensamos que os §§ 1º e 2º do art. 5º da CF autorizam a aplicação imediata das disposições mais favoráveis da Convenção 171 da OIT, que é um tratado internacional de Direitos Humanos Sociais, como princípios jurídicos, e, nessa perspectiva, seria irrelevante a referida consulta, mesmo porque o conceito de "organizações sindicais mais representativas" é inerente aos países que adotam o pluralismo sindical reconhecido pela Convenção 87 da OIT. Logo, inaplicável no Brasil, que, por força do art. 8º, I, II e IV, da CF, adota o princípio da unicidade sindical.

4. TURNOS ININTERRUPTOS DE REVEZAMENTO

O art. 7º, XIV, da CF assegura aos trabalhadores urbanos e rurais o direito fundamental social à "jornada de seis horas para o trabalho realizado em turnos ininterruptos de revezamento, salvo negociação coletiva".

A preocupação do legislador constituinte residiu, à evidência, nos transtornos biológicos, sociais, familiares e econômicos que o turno ininterrupto impõe ao trabalhador.

A jornada de seis horas para o turno ininterrupto de revezamento, segundo Francisco Meton Marques de Lima, "comporta flexibilidade no sentido ascendente, isto é, pode ser aumentada, mediante negociação coletiva de trabalho. Mas esse aumento deve ser remunerado como extraordinário"[9]. Aqui não há lugar para compensação, razão pela qual a hora excedente à sexta deve ser remunerada como adicional de hora extra.

Não é esse, porém, o entendimento do TST, como se vê da sua Súmula 423, segundo a qual, "*Estabelecida jornada superior a seis horas e limitada a oito horas por meio de regular n*egociação coletiva, os empregados submetidos a turnos ininterruptos de revezamento não têm direito ao pagamento da 7ª e 8ª horas como extras".

Não obstante, em se tratando de empregado ferroviário submetido a escalas variadas, com alternância de turnos, a SBDI-1 do TST editou a OJ 274, que lhe assegura o direito à jornada especial prevista no art. 7º, XIV, da CF/88, tendo direito, portanto, às horas extras que excederem à sexta hora.

Em relação ao empregado horista e inexistindo instrumento coletivo fixando jornada diversa, faz ele jus, quando submetido a turno ininterrupto de revezamento, ao pagamento das horas extraordinárias laboradas além da sexta, bem como ao respectivo adicional de 50% (TST/SBDI-1 OJ 275).

---

9. *Elementos de direito do trabalho e processo trabalhista*. 6. ed. São Paulo: LTr, 1994, p. 102.

Para que o empregado possa ter direito à jornada diária de seis horas pelo fato de trabalhar em regime de turno ininterrupto de revezamento, o art. 7º, XIV, da CF impõe, a nosso sentir, três requisitos cumulativos:

- trabalho em turno;
- sob o sistema de revezamento; e
- de forma ininterrupta, atentando-se aqui para o fato de que o importante é que a atividade do trabalhador seja ininterrupta, mesmo que em regime de alternância de dois turnos apenas.

José de Ribamar da Costa nos dá o seguinte exemplo:

> Uma empresa funciona 24 horas por dia e tem três turmas de trabalhadores. Estes obreiros têm jornada fixa das 6 às 14 horas, das 14 às 22 horas e das 22 às 6 horas. Se os trabalhadores têm horário fixo, a jornada normal de trabalho é de 44 horas semanais. Pode-se usar o mesmo exemplo da empresa que funciona 24 horas por dia. Só que nesta segunda hipótese, os trabalhadores não têm horário fixo, mas cumprem turnos de revezamento, isto é, cada trabalhador uma semana trabalha das 6 às 14, na outra de 14 às 22 horas e na seguinte das 22 às 6 horas. Neste caso existem turnos (ininterruptos, acrescentamos) de revezamento e aí os trabalhadores têm direito a uma jornada especial de 6 horas por dia[10].

É importante destacar, contudo, que, nos termos da OJ 360 da SBDI-1/TST,

> Faz jus à jornada especial prevista no art. 7º, XIV, da CF/88 o trabalhador que exerce suas atividades em sistema de alternância de turnos, ainda que em dois turnos de trabalho, que compreendam, no todo ou em parte, o horário diurno e o noturno, pois submetido à alternância de horário prejudicial à saúde, sendo irrelevante que a atividade da empresa se desenvolva de forma ininterrupta.

Urge lembrar, por outro lado, que a jornada contínua de seis horas, ainda que relativa a turno ininterrupto, autoriza um intervalo de 15 minutos (CLT, art. 71, § 1º). Nesse sentido é a Súmula 675 do STF: "Os intervalos fixados para descanso e alimentação durante a jornada de seis horas não descaracterizam o sistema de turnos ininterruptos de revezamento para o efeito do art. 7º, XIV, da Constituição".

O trabalho em regime de turnos ininterruptos de revezamento não retira o direito fundamental do trabalhador à hora noturna reduzida, não havendo incompatibili-

10. *Noções de direito do trabalho*. 6. ed. São Paulo: LTr, 1993, p. 147.

dade entre as disposições contidas nos arts. 73, § 1º, da CLT e 7º, XIV, da Constituição Federal (TST/SBDI-1 OJ 395).

Para o cálculo do salário-hora do empregado horista, submetido a turnos ininterruptos de revezamento, considerando a alteração da jornada de 8 para 6 horas diárias, aplica-se o divisor 180, em observância ao disposto no art. 7º, VI, da Constituição Federal, que assegura a irredutibilidade salarial (TST/SBDI-1 OJ 396).

5. FÉRIAS ANUAIS REMUNERADAS

Após cada período de 12 meses de vigência do contrato, o empregado adquire o direito a *férias anuais remuneradas* com, pelo menos, um terço a mais do seu salário normal (CF, art. 7º, XVII), isto é, da sua remuneração mensal. Trata-se de um direito fundamental social dos trabalhadores, porque previsto na Constituição, e de um direito humano universal, porquanto consagrado na Convenção 132 da OIT (ratificada pelo Brasil pelo Decreto 3.197/99), que, a nosso ver, possui natureza jurídica de tratado internacional de direito humano.

No plano infraconstitucional, as férias estão reguladas nos arts. 129 a 153 da CLT.

5.1. Convenção 132 da OIT

A Convenção 132 da OIT foi ratificada pelo Brasil em 1998 e se encontra em vigência no ordenamento jurídico nacional desde 23.09.1999. Esse instrumento jurídico fora elaborado em 1970 e tem como objeto a regulamentação do instituto das férias de todos os trabalhadores, à exceção dos marítimos.

A aplicação ou não das normas da convenção em análise ainda é alvo de muita discussão doutrinária e jurisprudencial, uma vez que uma parcela dos juristas aplica a teoria do conglobamento para afastar a incidência de suas regras nas relações empregatícias no Brasil, enquanto outra parte defende a aplicação da teoria da acumulação, visando adequar as normas mais benéficas ao ordenamento jurídico nacional.

A teoria do conglobamento consiste na análise de todas as normas de um mesmo instituto para, então, depois, ser escolhido o conjunto mais benéfico ao trabalhador. Dessa forma, tendo em vista que as normas da CLT, como um todo, são mais benéficas aos trabalhadores do que as normas da Convenção 132, aqueles que defendem a aplicação dessa teoria afastam a incidência das referidas normas internacionais no Brasil.

De outro giro, a teoria da acumulação visa aproveitar o máximo de normas mais benéficas de cada conjunto para então formar um único conjunto que possa melhor proteger o trabalhador. Portanto, para os juristas que sustentam a utilização dessa teoria, tanto a CLT quanto a Convenção devem ser aplicadas naquilo que melhores atender para os trabalhadores.

Comungamos deste último entendimento, porém o TST tem decidido de forma reiterada pela aplicação da teoria do conglobamento neste caso, tendo sido até editada a Súmula 171, que, apesar de reiterar a vigência da Convenção 132 no Brasil desde 1999, determina que o empregado demitido com justa causa não terá direito ao pagamento de férias proporcionais, contrariando diretamente o texto da norma internacional, como será visto a seguir.

5.2. Natureza e disciplina jurídica das férias

As férias possuem **natureza jurídica híbrida em relação ao empregado**, visto que se evidencia como um **direito fundamental** do trabalhador ao descanso, cuja gênese se assemelha à dos demais descansos concedidos ao obreiro (proteção à saúde física e psíquica, aumento da produtividade, diminuição dos acidentes do trabalho, intensificação da circulação de riquezas etc.) e como um **dever fundamental do trabalhador**, na medida que este deve se abster de prestar serviços ao mesmo ou a outro empregador durante suas férias, salvo em caso de vínculo empregatício previamente existente com outro empregador (art. 138 da CLT).

No que se refere ao empregador, as férias têm natureza jurídica de dever de não exigir ou dar serviço do trabalhador durante o período de férias.

Tal qual o repouso hebdomadário, o período de férias anuais remuneradas "será computado, para todos os efeitos legais, como tempo de serviço" (CLT, art. 130, § 2º).

As férias anuais remuneradas constituem ato jurídico complexo, uma vez que para o seu cabimento se levam em conta dois momentos distintos: o *período aquisitivo* (correspondente aos primeiros 12 meses contados da admissão do empregado) e o *período concessivo* (12 meses após o período aquisitivo).

O empregado só adquire o direito a férias após 12 meses de serviços prestados ao mesmo empregador. É o que se denomina período aquisitivo.

Mas o empregador tem a faculdade de conceder as férias nos 12 meses subsequentes ao período aquisitivo. É o chamado período concessivo. As exceções ao direito do empregador de escolher o período de férias do empregado encontram-se nos §§ 1º e 2º do art. 136 da CLT.

Em regra, as férias individuais devem ser concedidas em somente um período de 30 dias, sendo excepcionalíssimos os casos em que o período de descanso poderia ser dividido em dois períodos que não poderiam ser inferiores a 10 dias (art. 134, § 1º, da CLT).

No entanto, aos menores de 18 e aos maiores de 50 anos de idade, as férias deveriam ser sempre concedidas de uma só vez, não se admitindo o fracionamento (art. 134, § 2º, da CLT). Além disso, o empregado estudante menor de 18 anos teria o direito a fazer coincidir suas férias com as férias escolares (art. 136, § 2º, da CLT).

Essas regras do art. 134 da CLT foram substancialmente alteradas pela Lei 13.467/2017 que, além de revogar o § 2º, deu nova redação ao § 1º e acrescentou o § 3º, *in verbis*:

Art. 134 [...]

§ 1º Desde que haja concordância do empregado, as férias poderão ser usufruídas em até três períodos, sendo que um deles não poderá ser inferior a quatorze dias corridos e os demais não poderão ser inferiores a cinco dias corridos, cada um.

§ 2º (Revogado).

§ 3º É vedado o início das férias no período de dois dias que antecede feriado ou dia de repouso semanal remunerado.

Ao dispor, no § 1º supra, que o fracionamento das férias em até três períodos depende de "concordância do empregado", é praticamente certo que quem decidirá sobre tal fracionamento será o empregador, tendo em vista a vulnerabilidade do trabalhador ao poder empregatício patronal. A regra do § 3º é salutar, pois repouso semanal remunerado e feriado são causas de interrupção do contrato de trabalho e são dias destinados ao repouso, o que, na prática, implicaria redução do período de férias.

Os membros de uma família que trabalharem no mesmo estabelecimento ou empresa terão direito a gozar férias no mesmo período, cabendo ao empregador analisar se o descanso de ambos no mesmo período causará ou não prejuízo (art. 136, § 1º, da CLT).

Ultrapassado o período concessivo sem que o empregado tenha gozado férias anuais, o empregador fica obrigado a pagar em dobro a respectiva remuneração, nos termos do art. 137 do texto obreiro, sem prejuízo do direito de o empregado ajuizar ação trabalhista pedindo a fixação, por sentença, da época de gozo das férias (§ 1º), que fixará pena diária até que seja efetivamente cumprido o comando sentencial (§ 2º).

Conforme a Súmula 81 do TST, quando o empregador conceder parte do período de férias dentro do período concessivo e parte fora, a parte que ultrapassá-lo também deverá ser remunerada em dobro. O pagamento em dobro também será devido na hipótese em que, apesar de as férias serem concedidas dentro do período concessivo, o pagamento for realizado fora do prazo de até 2 dias antes do início do descanso, conforme previsão do art. 145 da CLT e da Súmula 450 da Corte Superior Trabalhista.

Assim, as férias são subdivididas em: simples, dobradas ou proporcionais. As férias proporcionais são aquelas concedidas ainda no curso do período aquisitivo e são calculadas na proporção de 1/12, sendo considerado 1 mês completo quando o labor já tiver sido prestado por 15 dias ou mais. As férias simples são aquelas concedidas dentro do período concessivo, já tendo o empregado laborado por 12 meses no período aquisitivo. As férias dobradas, por sua vez, são aquelas concedidas ultrapassado o período concessivo ou quando a remuneração for contraposta após o período legal de 2 dias antes do descanso anual.

O período de férias é, via de regra, de 30 dias. É, porém, facultado ao empregado converter, isto é, "vender" 10 dias de suas férias, recebendo um abono pecuniário equivalente a 1/3 da sua remuneração (art. 143 da CLT), sem prejuízo do adicional de 1/3 instituído pela nova Constituição da República (art. 7º, XVII). O § 3º do art. 143

da CLT vedava ao empregado contratado a tempo parcial "vender" as férias. A Lei 13.467/2017, no entanto, revogou expressamente esse dispositivo, inexistindo mais a proibição da venda de 10 dias de férias.

O abono de férias é, a rigor, um direito potestativo do empregado, porque não está sujeito à aceitação do empregador, desde que requerido até 15 dias antes do início do período das férias (art. 143, § 1º, da CLT).

As faltas injustificadas que excedam de 5 dias do período aquisitivo redundam na redução do período de férias, observada a gradação prevista no art. 130 da CLT, segundo o qual, após cada período de 12 meses de vigência do contrato (período aquisitivo), o empregado terá direito a férias, na seguinte proporção:

- 30 (trinta) dias corridos, quando não houver faltado ao serviço mais de 5 (cinco) vezes;
- 24 (vinte e quatro) dias corridos, quando houver tido de 6 (seis) a 14 (quatorze) faltas;
- 18 (dezoito) dias corridos, quando houver tido de 15 (quinze) a 23 (vinte e três) faltas;
- 12 (doze) dias corridos, quando houver tido de 24 (vinte e quatro) a 32 (trinta e duas) faltas.

No trabalho a tempo parcial, o art. 130-A da CLT dispunha sobre a proporcionalidade do período de férias. Todavia, este dispositivo foi expressamente revogado pela Lei 13.467/2017 (art. 5º, I, *e*), de modo que a proporcionalidade das férias dos empregados contratados a tempo parcial passa a ser idêntica à dos empregados contratados por tempo indeterminado (CLT, art. 130).

Ao empregador é vedado descontar do período de férias as faltas do empregado ao serviço, uma vez que a gradação acima já constitui sanção legal que tem por destinatário o laborista. No entanto, há de se ressaltar que, para utilizar a proporção do art. 130 da CLT, é necessário que, além de o empregador utilizar o poder fiscalizador (por meio de advertências ou suspensões), deverá ser feito o desconto do dia não trabalhado. Sem a existência desses dois requisitos no caso concreto, o empregador não poderá considerar a falta injustificada do trabalhador na redução do período de descanso (art. 131, IV, da CLT).

O art. 131 da CLT **não considera falta ao serviço**, para os efeitos do art. 130, a ausência do empregado: a) nos casos referidos no art. 473 consolidado; b) durante o licenciamento compulsório da empregada por motivo de maternidade ou aborto, observados os requisitos para percepção do salário-maternidade custeado pela Previdência Social; c) por motivo de acidente do trabalho ou enfermidade atestada pelo INSS, excetuada a hipótese do inciso IV do art. 133 da CLT; d) justificada pela empresa, entendendo-se como tal a que não tiver determinado o desconto do correspondente salário; e) durante a suspensão preventiva para responder a inquérito administrativo ou de prisão preventiva, quando for impronunciado ou absolvido; e f) nos dias em que não tenha havido serviço, salvo na hipótese do inciso III do art. 133 da CLT.

De outro giro, dispõe o art. 133 da CLT que **não terá direito a férias** o empregado que, no **curso do período aquisitivo**: a) deixar o emprego e não for readmitido dentro dos 60 (sessenta) dias subsequentes à sua saída; b) permanecer em gozo de licença, com percepção de salários, por mais de 30 (trinta) dias; c) deixar de trabalhar, com percepção do salário, por mais de 30 (trinta) dias em virtude de paralisação parcial ou total dos serviços da empresa; d) tiver percebido da Previdência Social prestações de acidente do trabalho ou de auxílio-doença por mais de 6 (seis) meses, embora descontínuos.

É importante destacar, no entanto, que a concessão de licença remunerada superior a 30 dias impede que o trabalhador tenha o direito de gozar férias anuais remuneradas, mas esse fato não lhe retira o direito de receber o adicional constitucional de um terço das férias. Nesse sentido:

> *Férias não gozadas. Licença remunerada superior a trinta dias. Terço constitucional.* 1. De conformidade com o artigo 133, inciso II da CLT, "não terá direito a férias" o empregado que, no curso do período aquisitivo, desfrutar de mais de 30 dias de licença remunerada, iniciando-se o decurso de novo período aquisitivo quando o empregado retornar ao serviço, após o período de licença (§ 2º do art. 133). 2. Ao assim dispor, a lei quis apenas evitar a duplicidade de gozo de férias conquistadas no mesmo período aquisitivo. A licença remunerada, contudo, não significa que o empregado não faça jus ao terço constitucional sobre a remuneração proporcional ao período de férias a que o empregado teria direito não fora a licença remunerada. Ao retirar o duplo gozo de férias, a lei não poderia subtrair-lhe também o acréscimo remuneratório contemplado no inciso XVII do artigo 7º da Constituição Federal. Essa não foi a intenção da lei, tanto que a Súmula n. 328 do TST assegura o terço constitucional mesmo em caso da remuneração atinente a férias, integrais ou proporcionais, gozadas ou não. Ademais, a não se interpretar assim a lei, haveria um indesejável estímulo a que o empregador frustrasse a aplicação do terço constitucional mediante a concessão de licença remunerada de 31 ou 32 dias. 3. Embargos de que se conhece, por divergência jurisprudencial, e a que se dá provimento para assegurar o terço constitucional sobre a remuneração proporcional ao período de férias a que o empregado teria direito não fora a licença remunerada (TST-E-ED-RR 175700-12.2002.5.02.0463 – Rel. Min. João Oreste Dalazen – SBDI-1 – *DEJT* 13-6-2014).

A interrupção da prestação de serviços deverá ser anotada na Carteira de Trabalho e Previdência Social, sendo certo que se iniciará o decurso de novo período aquisitivo quando o empregado, após o implemento de qualquer das condições previstas no art. 133 da CLT, retornar ao serviço.

Extinguindo-se o contrato sem justa causa, o empregado terá direito a férias simples (se a extinção se deu durante o período concessivo), em dobro (se não gozadas as férias no período concessivo) e/ou proporcionais (à razão de 1/12 avos, referente ao período aquisitivo incompleto), conforme preceitua o art. 146 e seu parágrafo da CLT.

O TST entendia que o empregado que pedisse espontaneamente a sua demissão durante o período aquisitivo perderia o direito a férias proporcionais. Em 2003, o TST deu a seguinte redação à Súmula 261: "O empregado que se demite antes de completar 12 (doze) meses de serviço tem direito a férias proporcionais".

Nos termos do parágrafo único do art. 146 da CLT, se a ruptura do contrato decorrer de justa causa do empregado, este perde o direito às férias proporcionais. Parece-nos, contudo, que, por força do art. 4º, n. 1, da Convenção 132 da OIT,

> Qualquer pessoa que tiver cumprido, no decorrer de determinado ano, um período de serviço de duração inferior ao período requerido para conferir o direito à totalidade das férias prescritas no anterior art. 3º terá direito, no referido ano, a férias pagas de duração proporcionalmente reduzida.

De tal arte, ainda que o empregado tenha sido dispensado por justa causa, fará ele jus às férias proporcionais, pois a Convenção 132 da OIT, *in casu*, por conter norma mais favorável à pessoa humana, prevalece sobre o parágrafo único do art. 146 da CLT. Nesse sentido:

> *Férias proporcionais na ocorrência de dispensa por justa causa. Convenção n. 132 da OIT.* Em nosso país a autoridade legislativa não estipulou o período mínimo de trabalho de que trata o § 2º do art. 5º da Convenção n. 132 da OIT, sendo certo que o art. 11 do mesmo diploma legislativo garante o direito à percepção das férias proporcionais em caso de cessação do contrato de trabalho, sem fazer qualquer ressalva quanto à modalidade de rescisão contratual. Analisando o teor da Convenção e ponderando o alcance das normas que regem a questão, entendo serem devidas as férias proporcionais, independentemente do número de meses trabalhados, ainda que a dispensa tenha ocorrido por justa causa (TRT 17ª R. – RO 00831.2005.007.17.00.6 – Rel. Des. Carlos Henrique Bezerra Leite – *DO* 20.06.2008).
>
> *Dispensa por justa causa. 13º salário proporcional e férias proporcionais.* Ainda que se trate de despedida por justa causa, são devidos o pagamento do 13º salário proporcional e férias proporcionais com 1/3, conforme artigo 7º, incisos VIII e XVII, da Constituição da República e Convenção n. 132 da OIT. Trata-se de direitos fundamentais do trabalhador, que não podem sofrer restrição por legislação ordinária, ficando limitada a regra do parágrafo único do artigo 146 da CLT e o artigo 3º da Lei n. 4.090/62. Aplicação da Súmula 93 deste Tribunal (TRT 4ª R. – RO 0021090-31.2016.5.04.0531 – 11ª T. – Rel. Des. Karina Saraiva Cunha – j. 1º.12.2017).

O TST, contudo, continua mantendo o entendimento consubstanciado na Súmula 171 (*DJ* 05.05.2004), segundo a qual o empregado dispensado por justa causa não tem direito a férias proporcionais. É o que se infere do seguinte julgado:

> (...) RESCISÃO DO CONTRATO DE TRABALHO POR JUSTA CAUSA. SÚMULA N. 171 DO TST. INDEVIDAS AS FÉRIAS PROPORCIONAIS. O Tribunal Regional, ao condenar a reclamada ao pagamento de férias proporcionais, não obstante o reconhecimento de justa causa para a dispensa da autora, contrariou o posicionamento consolidado na Súmula n. 171 desta Corte. Recurso de revista conhecido e provido. (...) (TST-RR 20685-63.2015.5.04.0261, 5ª T., Rel. Min. Emmanoel Pereira, *DEJT* 23.08.2019).

5.3. Férias coletivas

O empregador poderá conceder férias coletivas a todos os empregados da empresa ou de determinados estabelecimentos ou setores deste. É o que diz o art. 139 da CLT: "Poderão ser concedidas férias coletivas a todos os empregados de uma empresa ou de determinados estabelecimentos ou setores da empresa".

Ao contrário do objetivo das férias individuais, que é o de proteger, principalmente, a saúde do trabalhador, as férias coletivas visam assegurar os interesses da empresa, seja em virtude de uma crise econômica ou pela inviabilidade de manter o quadro de funcionários durante um período do ano, como acontece, por exemplo, nas instituições de ensino que não possuem atividades durante as férias escolares.

Da mesma forma, aqui as férias poderão ser gozadas em dois períodos anuais, desde que nenhum deles seja inferior a 10 dias corridos.

Ressalta-se que, "tratando-se de férias coletivas, a conversão de 1/3 do período de férias em abono pecuniário deverá ser objeto de acordo coletivo entre o empregador e o sindicato representativo da respectiva categoria profissional, independendo de requerimento individual a concessão do abono" (art. 143, § 2º, da CLT).

Para que o empregador possa conceder férias coletivas, deverá:

- comunicar ao órgão local do Ministério do Trabalho, com a antecedência mínima de 15 dias, as datas de início e fim das férias, precisando, se for o caso, quais os estabelecimentos ou setores abrangidos pela medida;
- em igual prazo, enviar cópia da aludida comunicação aos sindicatos representativos da respectiva categoria profissional, providenciando a afixação de aviso nos locais de trabalho.

A microempresa e a empresa de pequeno porte ficam dispensadas da comunicação ao Ministério do Trabalho, *ex vi* do art. 20 da Lei 8.864/94.

Os empregados com menos de 12 meses terão direito a férias proporcionais, sendo permitida sua convocação para executar trabalhos na empresa nos demais dias. Caso não sejam convocados, serão considerados em licença remunerada, sendo ilegal qualquer compromisso que tais empregados venham a assumir no sentido de devolver os valores recebidos a mais ou compensar o trabalho não executado. Trata-se, nesse caso, de direito que já se incorporou ao patrimônio do empregado, sendo, portanto, irrenunciável.

Valentin Carrion aponta uma saída:

> Não querendo ou não podendo a empresa convocar o empregado sem período aquisitivo completo para trabalhar na época de férias coletivas, poderá considerá-las como concessão antecipada, desde que o faça constar expressamente por escrito; não há violação de qualquer norma protetora; ao contrário, representa risco para a empresa, que se traduz em vantagem pessoal para o operário, perante o eventual abandono, pedido de demissão, justa causa, falecimento, acidente etc. Abono de férias coletivas (art. 143)[11].

Ante a literalidade do art. 134, § 2º, da CLT, afigura-se-nos ilegal o fracionamento das férias, ainda que coletivas, para menores de 18 e maiores de 50 anos.

5.4. Férias do trabalhador avulso

As férias do trabalhador avulso estão previstas na Lei 5.085, de 27.08.1966, regulamentada pelo Decreto 80.271, de 01.09.1977, cujo art. 2º dispõe que as férias do avulso serão pagas pelo requisitante ou tomador do serviço mediante contribuição equivalente a um adicional de 10%, calculado sobre a remuneração do trabalhador, sendo 9% destinados ao financiamento das férias do trabalhador avulso e contribuições previdenciárias e 1% destinado ao custeio dos encargos de administração (art. 3º do Decreto em tela).

As férias do trabalhador avulso serão de 30 dias corridos, salvo quando o montante do adicional for inferior ao salário-base diário multiplicado por 30, caso em que gozará férias proporcionais (Decreto 80.271/77, art. 7º).

Ao entrar em férias, o sindicato pagará ao avulso a importância equivalente à sua participação no adicional acima referido, deduzindo, nessa ocasião, a contribuição devida à Previdência Social (Decreto 80.271/77, art. 8º).

Seria o OGMO – Órgão Gestor de Mão de Obra, responsável pelo pagamento das férias ao trabalhador avulso? O entendimento dominante no TST é pela inadmissibilidade:

11. *Comentários à Consolidação das Leis do Trabalho*. Ed. em CD-ROM. São Paulo: Saraiva, 1996, nota 2 aos arts. 139 a 141.

Recurso de revista do reclamante interposto na vigência da Lei n. 13.015/2014. Anterior à instrução normativa n. 40 do TST e à Lei n. 13.467/2017. Trabalhador portuário avulso. Férias não gozadas. Pagamento em dobro indevido. 1. A despeito do comando constante no artigo 7º, inciso XXXIV, da Constituição Federal, que determina a igualdade de direitos entre o trabalhador com vínculo empregatício permanente e o avulso, não se pode desconsiderar o fato de que o trabalhador portuário avulso tem características que o distinguem daqueles com vínculo de emprego. 2. Em decorrência dessas peculiaridades, é inaplicável o artigo 137 da CLT ao caso. Isso porque a dobra prevista no referido dispositivo é cabível sempre que as férias forem concedidas após o prazo do art. 134 também da CLT, ou seja, nos 12 meses subsequentes à data em que o empregado tiver adquirido o direito. É necessário que o empregado trabalhe todo o período aquisitivo e concessivo para o mesmo empregador, o que, em regra, não corresponde à peculiaridade do serviço prestado pelo trabalhador portuário avulso, que dia a dia é recrutado em uma nova escala de trabalho para operadores portuários diversos. Julgados. 3. Recurso de revista de que não se conhece (TST-RR 454-49.2014.5.09.0022 – Rel. Min. Kátia Magalhães Arruda – 6ª T. – *DEJT* 14.09.2018). *Recurso de revista do reclamante – Trabalhador portuário avulso. Dobra de férias.* Não se reconhece ao trabalhador portuário avulso o direito ao pagamento em dobro de férias não usufruídas previsto no art. 137 da CLT. Embora garantida a igualdade de direitos entre o trabalhador com vínculo empregatício e o avulso, nos termos do art. 7º, XXXIV, da Constituição da República, certo é que para que referida garantia tenha incidência é necessário perquirir sobre as peculiaridades da prestação de serviço avulso. Recurso de revista não conhecido (TST-RR 383-47.2014.5.09.0022 – Rel. Min. Márcio Eurico Vitral Amaro – 8ª T. – *DEJT* 14.09.2018). *Agravo de instrumento em recurso de revista interposto pelo reclamante.* 1. Férias. Este Tribunal Superior do Trabalho entende que o pagamento em dobro das férias a que alude o artigo 137 da CLT não é aplicável ao trabalhador avulso, em razão das características especiais do trabalho (TST-ARR 20-57.2014.5.09.0411 – Rel. Min. Dora Maria da Costa – 8ª T. – *DEJT* 19.10.2018).

6. JORNADAS ESPECIAIS DE TRABALHO

O art. 7º, XIII, da CF trata da duração do trabalho normal.

Entretanto, existem vários tipos de empregados que têm direito a jornada de trabalho especial em virtude das condições peculiares com que exercem a atividade laboral, como os bancários, os professores, os telefonistas, os ferroviários, os que trabalham em frigoríficos, menores aprendizes, os advogados, dentre outros.

Sobre as condições especiais de trabalho, remetemos o leitor ao Capítulo IV deste Título.

CAPÍTULO XIII
Alteração do Contrato de Trabalho

1. CONSIDERAÇÕES PRELIMINARES

Podemos dizer que três princípios norteiam o instituto da alteração do contrato de trabalho: *pacta sunt servanda*, autonomia da vontade e inalterabilidade contratual.

Como nos contratos civis em geral, também no contrato de trabalho as condições ou cláusulas ajustadas devem ser rigorosamente cumpridas, por constituírem "lei" entre as partes. Os romanos utilizavam a expressão *pacta sunt servanda* no sentido de que os contratos foram feitos para serem cumpridos.

O princípio da autonomia da vontade decorre das prerrogativas que têm empregado e empregador de regular suas próprias relações jurídicas, desde que: I – tais relações estejam em conformidade com as regras impostas pelas normas legais e convencionais mínimas de proteção ao trabalho (CLT, art. 444); II – os fins por elas pretendidos coincidam com o interesse geral ou interesse público (CLT, art. 8º).

Vale dizer, o limite à liberdade de contratar é a ordem pública, entendida esta como um conjunto de interesses jurídicos e morais que devem ser preservados pelo Estado, pela sociedade e pelos indivíduos.

Com efeito, o art. 444 da CLT, estabelece que

> As relações contratuais de trabalho podem ser objeto de livre estipulação das partes interessadas em tudo quanto não contravenha às disposições de proteção ao trabalho, aos contratos coletivos (atualmente, convenções coletivas) que lhes sejam aplicáveis e às decisões das autoridades competentes.

O princípio da inalterabilidade contratual deita raízes no *caput* do art. 468 da CLT, que dispõe textualmente:

> Nos contratos individuais de trabalho só é lícita a alteração das respectivas condições por mútuo consentimento, e, ainda assim, desde que não resultem, direta ou indiretamente, prejuízos ao empregado, sob pena de nulidade da cláusula infringente desta garantia.

A letra deste dispositivo, portanto, só permite a alteração das condições ajustadas tácita ou expressamente quando, cumulativamente:

- as partes, de comum acordo, consentirem com a alteração;

- desta alteração não resultar prejuízo direto ou indireto para o empregado.

O art. 468 da CLT cuida, tão somente, das *alterações objetivas*, sabido que a mudança de um dos sujeitos da relação de emprego (empregador) também caracteriza *alteração contratual subjetiva*, como ocorre na sucessão de empregadores[1], que abrange tanto a alteração da propriedade da empresa quanto de sua estrutura jurídica.

O princípio da inalterabilidade contratual tem sido questionado modernamente em razão do surgimento do que se convencionou chamar de "flexibilização"[2], fenômeno decorrente da globalização e transformação da economia mundial, o qual consiste, basicamente, na possibilidade de se alterar *in pejus* direitos ou condições contratuais conquistados pelos trabalhadores.

A Constituição Federal, a nosso sentir, permite a chamada flexibilização apenas no que respeita à redução salarial e à alteração da jornada, desde que:

- por meio de convenção ou acordo coletivo de trabalho (art. 7º, VI, XIII e XIV);
- respeitadas as condições mínimas de dignidade da pessoa humana, previstas em normas heterônomas ou autônomas;
- haja outras cláusulas compensatórias nos acordos ou convenções coletivas em benefício dos trabalhadores.

O art. 114, § 2º, da CF corrobora tal assertiva ao outorgar à Justiça do Trabalho o poder (normativo) para "decidir o conflito, respeitadas as disposições mínimas legais de proteção ao trabalho, bem como as convencionadas anteriormente".

Entretanto, a Lei 13.467/2017, na contramão dos princípios de proteção ao trabalhador, inseriu o novel parágrafo único do art. 444 da CLT, nos seguintes termos:

> A livre estipulação a que se refere o *caput* deste artigo aplica-se às hipóteses previstas no art. 611-A desta Consolidação, com a mesma eficácia legal e preponderância sobre os instrumentos coletivos, no caso de empregado portador de diploma de nível superior e que perceba salário mensal igual ou superior a duas vezes o limite máximo dos benefícios do Regime Geral de Previdência Social.

Esse dispositivo, segundo nos parece, viola princípios constitucionais (CF, arts. 1º, III e IV, 3º, IV, 7º, *caput*, e XXXII), pois trata com odiosa discriminação os trabalhadores com diploma de nível superior que percebem salários superiores ao dobro do limite máximo dos benefícios pagos pela Previdência Social.

1. Sobre sucessão de empregadores, remetemos o leitor ao Título II, Capítulo III, item 4.
2. Sobre globalização, flexibilização e terceirização, remetemos o leitor ao Título II, Capítulo V.

Além disso, o parágrafo único do art. 468 da CLT, com redação dada pela Lei 13.467/2017, foi transformado em dois parágrafos, passando a ter a seguinte redação:

> Art. 468 [...]
>
> § 1º Não se considera alteração unilateral a determinação do empregador para que o respectivo empregado reverta ao cargo efetivo, anteriormente ocupado, deixando o exercício de função de confiança.
>
> § 2º A alteração de que trata o § 1º deste artigo, com ou sem justo motivo, não assegura ao empregado o direito à manutenção do pagamento da gratificação correspondente, que não será incorporada, independentemente do tempo de exercício da respectiva função.

Esse novel § 2º do art. 468 da CLT atrita com a Súmula 372 do TST, que reconhece o princípio da estabilidade financeira do empregado que percebeu por mais de dez anos a gratificação de função e impede a alteração contratual para reduzir o salário do empregado. Nesse sentido aponta o Enunciado 26 aprovado na 2ª Jornada de Direito Material e Processual do Trabalho (Brasília-DF, 2017), segundo o qual:

> I. Uma vez percebida a gratificação de função por dez ou mais anos pelo empregado, se o empregador, sem justo motivo, revertê-lo a seu cargo efetivo, não poderá retirar-lhe a gratificação, tendo em vista os princípios da razoabilidade, proporcionalidade e segurança jurídica, garantidores da estabilidade financeira.
>
> II. Mantido o empregado no exercício da função comissionada, não pode o empregador reduzir o valor da gratificação.

2. CLASSIFICAÇÃO

Não há uniformidade entre os doutrinadores a respeito da classificação das alterações do contrato de trabalho. Há, porém, um consenso no sentido de que elas podem ser subjetivas ou objetivas. As primeiras, de natureza subjetiva, dizem respeito à alteração dos sujeitos da relação empregatícia que, em virtude de o contrato de trabalho ser *intuitu personae* apenas em relação ao empregado, confunde-se com o instituto da sucessão de empregadores. Já as alterações objetivas são aquelas que afetam o conteúdo do contrato de trabalho[3].

Délio Maranhão[4] classifica as alterações das condições de trabalho:

3. DELGADO, Maurício Godinho. *Curso de direito do trabalho*. 10. ed. São Paulo: LTr, 2011, p. 1036.

4. *Direito do trabalho*. 17. ed. Rio de Janeiro: Fundação Getulio Vargas, 1993, p. 219-220.

2.1. Quanto à origem

As alterações do contrato de trabalho podem ser:

a) *Obrigatórias*

São as que resultam, imperativamente, de lei ou de norma a esta equiparada (convenção coletiva, acordo coletivo ou sentença normativa).

Neste caso, havendo cláusula contratual que deixe de se conformar com as normas autônomas ou heterônomas de proteção ao trabalho, dar-se-á a *substituição automática e obrigatória* daquela, passando estas a vigorar em seu lugar, salvo no caso de equiparação salarial (CLT, art. 461), pois, aqui, a alteração somente ocorrerá em virtude de uma situação concreta, tutelando interesse individual, isto é, o contrato não será automaticamente alterado, na medida em que dependerá de um direito subjetivo exclusivamente individual, através de uma ação de natureza constitutiva.

b) *Voluntárias*

São as que decorrem da vontade das partes, sendo que estas se subdividem em *unilaterais* (exceção) ou *bilaterais* (regra).

2.2. Quanto ao objeto

As alterações do contrato de trabalho podem ser:

a) *Qualitativas*

São as que dizem respeito à natureza do trabalho e à qualificação profissional do empregado. Ocorre a alteração qualitativa quando um empregado deixa de realizar determinados atos de trabalho, para os quais fora contratado, e passa a realizar outros diversos daqueles. Ex.: contador que recebe ordens para varrer ou o varredor que recebe ordens para fazer a contabilidade da empresa.

b) *Quantitativas*

São quantitativas as alterações contratuais referentes ao aumento ou redução do trabalho ou do *quantum* do salário. Ex.: o digitador que digitava, em média, trinta páginas em oito horas por dia e o empregador passa a exigir-lhe que digite noventa, mantendo o mesmo salário.

c) *Circunstanciais*

As alterações circunstanciais se relacionam com o local de trabalho, como a transferência do trabalhador para localidade diversa da prevista no contrato de trabalho (CLT, art. 469).

2.3. Quanto aos efeitos

As alterações do contrato de trabalho podem ser *favoráveis* ou *prejudiciais* ao empregado.

Valentin Carrion[5] sustenta que as alterações podem ser funcional, salarial, de jornada e de lugar.

A primeira, referente à função, pode ser modificada em três sentidos: a) ascendente (promoção); b) descendente (rebaixamento ou retorno); c) horizontal, que é a mudança de cargo, dentro do mesmo nível hierárquico. A segunda, respeitante ao salário, encontra resistência nos princípios da irredutibilidade e da proibição de retenção (dolosa) salarial. A terceira concerne ao local da prestação do serviço (transferência).

3. *JUS VARIANDI*

Há, independentemente de negociação individual ou coletiva, algumas exceções à regra da inalterabilidade contratual. É o que se convencionou cognominar de *jus variandi*, que significa o direito de o empregador, em situações excepcionais, alterar unilateralmente algumas cláusulas do contrato de trabalho, desde que o exercício de tal direito não implique, para o empregado, prejuízos diretos ou indiretos, materiais ou morais.

É da pena fluente de Délio Maranhão:

> Em face do art. 468 da Consolidação, no direito brasileiro, o *jus variandi* somente poderá ser admitido dentro de limites muito estritos, sob pena de tornar letra morta esta disposição legal, viga-mestra de nossa legislação do trabalho e principal garantia do empregado contra o arbítrio do empregador. A não ser, portanto, nos casos em que a lei, expressamente, o autorize, a alteração das condições de trabalho em virtude de ato do empregador não poderá ser tolerada, salvo a título excepcional, em situação de emergência e em caráter transitório, quando a recusa do empregado em acatar a ordem que lhe é dada, recusa, totalmente, aliás, injustificada, importe absoluta falta de espírito de colaboração; quando, para usarmos a expressão marcante de Barassi, a própria "dignidade do trabalhador" viesse a ser comprometida pelo seu comportamento. Não há critérios preestabelecidos que possam guiar o juiz na apreciação de tais fatos: caber-lhe-á verificar, em cada hipótese, se o empregador ultrapassou os limites normais do *jus variandi*, segundo o *standard jurídico* ditado pelas condições de meio e de momento (...). O *jus variandi* pressupõe, sempre, alteração *temporária* e que não afete, *fundamentalmente* a índole da prestação contratual. O respeito à personalidade moral do empregado constitui barreira intransponível ao uso daquele direito[6].

Assim, poderá o empregador alterar unilateralmente as condições avençadas no contrato nas seguintes hipóteses legais:

---

5. *Comentários à Consolidação das Leis do Trabalho*. Ed. em CD-ROM. São Paulo: Saraiva, 1996. Nota 2 ao art. 468.

6. *Direito do trabalho*. 17. ed. Rio de Janeiro: Fundação Getulio Vargas, 1993, p. 221-222.

- reversão do empregado exercente de função de confiança ao cargo efetivo (CLT, art. 468, § 1º);
- reversão do empregado estável ao cargo efetivo (CLT, art. 499, § 1º);
- transferência do empregado exercente de cargo de confiança para localidade diversa da que resultar o contrato (CLT, art. 469, § 1º);
- transferência do empregado quando ocorrer a extinção do estabelecimento (CLT, art. 469, § 2º);
- determinação para que o empregado ocupe interinamente cargo em comissão ou eventualmente exerça cargo diverso (CLT, art. 450);
- alteração funcional do empregado readaptado (CLT, art. 461, § 4º); e
- transferência da zona de trabalho do empregado vendedor (Lei 3.207/1957, art. 2º, § 2º).

O *jus variandi*, que constitui prerrogativa exclusiva do empregador, vem sendo admitido, por outro lado, nos casos de modificações de ordem técnica, produtiva, modernização do estabelecimento ou da própria organização empresarial.

A promoção do empregado também decorre do *jus variandi*, não podendo o laborista recusá-la, salvo quando este provar que a alteração lhe acarreta prejuízo direto ou indireto.

O rebaixamento de função – que é uma alteração qualitativa ilícita – do empregado não é permitido: ou o empregador dispensa o trabalhador ou não.

Não se deve, porém, confundir *rebaixamento* com *reversão ao cargo efetivo anterior*, pois esta pressupõe a existência de um cargo efetivo ocupado pelo empregado antes de ter sido guindado ao cargo de confiança (CLT, arts. 450 e 499), caso em que a alteração contratual será legalmente permitida, nos termos do novel § 1º do art. 468 da CLT, sendo certo que essa alteração, com ou sem justo motivo, não assegurará ao empregado o pagamento de gratificação correspondente, que não será incorporada ao contrato de trabalho, independentemente do tempo de exercício na respectiva função de confiança (CLT, art. 468, § 2º, acrescentado pela Lei 13.467/2017), ficando, assim, prejudicada a Súmula 372 do TST.

No que respeita ao entendimento jurisprudencial sobre o *jus variandi*, colecionamos os seguintes arestos:

> *Adicional noturno. Alteração de turno de trabalho. Possibilidade de supressão.* A transferência para o período diurno de trabalho implica a perda do direito ao adicional noturno (TST, Súmula 265).
>
> TROCA DE TURNO DE TRABALHO. AUSÊNCIA DE PREJUÍZO. *JUS VARIANDI*. Caso em que a alteração de turno se insere no *jus variandi* do empregador e não acarretou prejuízo ao empregado, pois a alteração do turno noturno para diurno é mais benéfica às condições de trabalho. Aplicação da sumula 265 do TST (TRT 4ª R., RO 00201124320175040006, 5ª T., Rel. Des. Manuel Cid Jardon, *DEJT* 03.04.2019).

ACÚMULO DE FUNÇÃO. ATIVIDADES CORRESPONDENTES. *JUS VARIANDI*. O acúmulo de funções se dá quando o empregador, no curso do contrato de trabalho, passa a atribuir ao empregado a execução de atividade mais complexa ou especializada e estranha ao conteúdo da função contratada. Em se tratando de atividades correspondentes, sem que para uma se exija maior capacitação técnica ou intelectual do que para outra, a ampliação das atribuições, por si só, não enseja o pagamento de plus salarial, pois se trata de manifestação do *jus variandi* do empregador (TRT 17ª R., RO 00006574720175170001, Rel. Des. Daniele Corrêa Santa Catarina, 3ª T., *DEJT* 22.03.2019).

4. *JUS RESISTENTIAE*

Em contraposição ao *jus variandi*, surge o *jus resistentiae* (direito de resistência) do empregado às alterações contratuais ilegais levadas a cabo pelo empregador.

O *jus resistentiae* encontra raízes na subordinação jurídica (emergente do contrato), conferindo ao empregado o direito de não cumprir as ordens ilegais, ilícitas ou contrárias às cláusulas previstas no contrato de trabalho.

Alerta José Augusto Rodrigues Pinto, com razão, que

> "o *jus resistentiae*, mesmo tendo estrita correspondência com o *jus variandi*, é dotado de abrangência bem maior, pois atinge áreas da relação de emprego que transpõem a fronteira da simples observância das condições do contrato, indo influir em áreas de interesse social, como a que diz respeito ao rigor excessivo e à urbanidade de tratamento dispensados ao empregado"[7].

Em excelente obra, com a qual obteve o título de doutor em direito, Márcio Túlio Viana[8] apresenta a seguinte síntese:

- *Jus resistentiae* não nega o próprio nome. É um direito, e – mais que isso – um direito fundamental, exercitável pelo indivíduo ou pelo grupo.
- No campo dos contratos, é específico do contrato de trabalho, derivando diretamente do uso irregular do poder diretivo patronal.
- Pode-se destinar tanto à defesa do direito posto como à luta para se pôr o direito. No último caso, apenas quando exercido coletivamente.
- Tal como o próprio poder diretivo, de que é contraface, sujeita-se a limites, que guardam semelhança com os da legítima defesa.

7. *Curso de direito individual do trabalho*. 2. ed. São Paulo: LTr, 1995, p. 408.
8. Viana, Márcio Túlio. *Direito de resistência*. São Paulo: LTr, 1996, p. 422.

- Embora fundamental, é fragilizado pelo contexto em que se insere: instabilidade no emprego, alto índice de desocupação, empresas monocráticas, leitura exegética da lei, prática burocrática do processo.
- Por ser fundamental, deve ser fortalecido por novo contexto: garantias de e no emprego, empresas democráticas, leitura criadora da lei, prática comprometida do processo.
- Cabe a todos nós essa outra luta de resistência.

5. TRANSFERÊNCIA DO EMPREGADO

Como corolário do princípio da inalterabilidade, a lei veda, via de regra, a transferência do empregado imposta, sem a sua anuência, pelo empregador.

Diz o art. 469 e seus parágrafos da CLT:

> Art. 469. Ao empregador é vedado transferir o empregado, sem a sua anuência, para localidade diversa da que resultar do contrato, não se considerando transferência a que não acarretar necessariamente a mudança do seu domicílio.
>
> § 1º Não estão compreendidos na proibição deste artigo os empregados que exerçam cargos de confiança e aqueles cujos contratos tenham como condição, implícita ou explícita, a transferência, quando esta decorra de real necessidade de serviço.
>
> § 2º É lícita a transferência quando ocorrer extinção do estabelecimento em que trabalhar o empregado.
>
> § 3º Em caso de necessidade de serviço o empregador poderá transferir o empregado para localidade diversa da que resultar do contrato, não obstante as restrições do artigo anterior, mas, nesse caso, ficará obrigado a um pagamento suplementar, nunca inferior a 25% (vinte e cinco por cento) dos salários que o empregado percebia naquela localidade, enquanto durar essa situação.

Entende-se por transferência ou remoção a alteração do local da prestação do serviço do empregado, de modo a acarretar necessariamente a mudança do seu *domicílio* (CLT, art. 469).

Sobre o conceito de *domicílio* diverge a doutrina. Para uns, o legislador consolidado utilizou a expressão domicílio com significado de residência. Outros advogam que o vocábulo deve ser interpretado literalmente.

A nosso sentir, havendo duas ou mais possibilidades de se interpretar uma mesma norma trabalhista, deve prevalecer a que for mais benéfica ao obreiro – *in dubio pro operario*. Destarte, acertado o entendimento de José Alberto Couto Maciel, para quem domicílio do empregado "é o local geográfico em que se estabelece o centro da sua existência, sendo limitado pela demonstração de que, removendo-se o empregado daquele espaço, terá um prejuízo de ordem moral e material"[9].

9. *Apud* OLIVEIRA, Fábio Leopoldo de. *Curso expositivo de direito do trabalho*. São Paulo: LTr, 1991, p. 160.

Importa destacar que o TST emprega o vocábulo domicílio no sentido de residência, como se deduz da Súmula 29: "Empregado transferido, por ato unilateral do empregador, para local mais distante de sua residência tem direito a suplemento salarial correspondente ao acréscimo da despesa de transporte".

Por outro lado, é bem de ver que as exceções praticamente aniquilam o princípio, porquanto a lei permite a transferência:

- quando não acarretar mudança de domicílio do empregado (CLT, art. 469, *caput*, parte final);
- dos empregados exercentes de cargos de confiança (CLT, art. 469, § 1º, 1ª parte);
- dos empregados cujos contratos tenham como condição, implícita ou explícita, a transferência, quando esta decorra da real necessidade do serviço (CLT, art. 469, § 1º, *in fine*);
- no caso de extinção do estabelecimento em que o obreiro exercia as suas funções (CLT, art. 469, § 2º);
- havendo (real) necessidade do serviço, situação em que o empregador pagará um adicional de 25% incidente, a nosso sentir, sobre a remuneração, enquanto perdurar a situação (CLT, art. 469, § 3º).

Contudo, na hipótese do § 1º do art. 469 da CLT, o TST editou a Súmula 43, *in verbis*: "Presume-se abusiva a transferência de que trata o § 1º do art. 469, da CLT, sem a comprovação da real necessidade do serviço".

Vale dizer, é ônus probatório do empregador a existência da real necessidade do serviço para que a transferência nas duas hipóteses do § 1º do art. 469 da CLT seja válida. Nesse caso, entendendo abusiva a transferência, o empregado poderá invocar o *jus resistentiae* e ajuizar ação objetivando, liminarmente, a suspensão do ato patronal até decisão final do processo (CLT, art. 659, IX), isto é, até o trânsito em julgado da sentença que acolher o pedido. O TST, *in casu*, entende que não é cabível mandado de segurança para impugnar a decisão que defere liminar que suspende o ato de transferência (SBDI-2 OJ 67).

Ainda que não seja abusiva a transferência a que alude o § 1º do art. 469 da CLT, ou seja, mesmo se o empregador comprovar a real necessidade do serviço, o adicional de transferência, na base mínima de vinte e cinco por cento da remuneração do empregado, será sempre devido tanto para o empregado exercente de cargo de confiança quanto para o empregado que tenha cláusula contratual prevendo a transferibilidade, desde que a transferência seja provisória. Nesse sentido, aliás, é a OJ 113 da SBDI-1/TST, *in verbis*:

> *Adicional de transferência. Cargo de confiança ou previsão contratual de transferência. Devido. Desde que a transferência seja provisória.* O fato de o empregado exercer cargo de confiança ou a existência de previsão de transferência no contrato de trabalho não

exclui o direito ao adicional. O pressuposto legal apto a legitimar a percepção do mencionado adicional é a transferência provisória.

No que concerne à natureza da transferência, isto é, se ela é definitiva ou provisória para fins de percepção do respectivo adicional, parece-nos que há necessidade de se examinar cada caso concreto.

Trazemos à colação um julgado do TST que procura distinguir transferência definitiva da provisória, salientando-se, porém, que aquela Corte entende que o adicional só é devido quando a transferência for provisória:

> *Recurso de revista. 1. Adicional de transferência. OJ 113/SBDI-1/TST. Definitividade* versus *transitoriedade. Critério de aferição.* Conforme entendimento sedimentado nesta Corte, o adicional de transferência é devido ainda quando o empregado tenha assinado contrato de trabalho prevendo essa hipótese e exerça cargo de confiança (OJ 113/SBDI/TST), já que o pressuposto legal apto a legitimar a percepção do mencionado adicional é a provisoriedade da mudança. Considera-se o seguinte critério para se estabelecer a provisoriedade ou definitividade da transferência: definitiva é aquela alteração que se estabilizou plenamente no contrato, de modo que sua causa, conteúdo e validade não podem mais ser sequer questionados e aferidos; em contraponto, provisória é aquela mudança ainda precária na história do contrato, uma vez que sua causa, conteúdo e validade podem ser questionados e aferidos. Assim, definitiva será a modificação circunstancial que tenha se produzido já no período prescrito do contrato, ao passo que provisória será aquela transferência que tenha ocorrido no período contratual não prescrito. Efetivando-se a remoção no período imprescrito, será, desse modo, considerada provisória para os fins do art. 469, § 3º, da CLT. No caso concreto, o Autor foi admitido em 06.12.1982, na agência de Barra de São Francisco/ES, e o v. acórdão registra que ele foi transferido uma única vez, em novembro de 1986, para Vitória/ES, onde permaneceu até a data de seu desligamento do Banco, em razão de aposentadoria (05.04.2004). Já a prescrição foi declarada quanto às parcelas anteriores a 29.04.1999. Tais dados fáticos permitem concluir que a única transferência do Reclamante ocorreu no período prescrito do contrato, cuja definitividade afasta o direito ao adicional respectivo. (...) (TST-RR 125500-32.2004.5.17.0004 – 6ª T. – Rel. Min. Mauricio Godinho Delgado – *DEJT* 08.04.2010).

De elevado alcance social e que pode ser invocado como fonte jurídica jurisprudencial (CLT, art. 8º) é o Precedente Normativo 77 da SDC, que assegura "ao empregado transferido, na forma do art. 469 da CLT, a garantia de emprego por 1 (um) ano após a data da transferência".

No que concerne à transferência de empregado para o exterior, ou seja, para fora do Brasil, o TST/SBDI-1 editou a OJ 232, *in verbis*:

FGTS. Incidência. Empregado transferido para o exterior. Remuneração. O FGTS incide sobre todas as parcelas de natureza salarial pagas ao empregado em virtude de prestação de serviços no exterior.

Nos termos do art. 470 da CLT, as "despesas resultantes da transferência correrão por conta do empregador". Trata-se, pois, de uma ajuda de custo, de natureza indenizatória, que deve ser paga pelo empregador que transferir o empregado. Tais despesas devem alcançar não apenas os gastos comprovados de deslocamento (transporte, mudança, passagens, combustível, alimentação no trajeto etc.) do empregado, como também de sua família.

6. GENERALIDADES SOBRE ALTERAÇÃO CONTRATUAL

De modo geral a quantidade de trabalho não pode ser sensivelmente aumentada, mas pode ser diminuída, desde que não implique prejuízo salarial.

O salário pode ser aumentado, mas não diminuído, salvo, neste último caso, se a redução for prevista em convenção ou acordo coletivo (CF, art. 7º, VI).

Não se considera alteração a perda:

- do adicional de horas extras eventuais;
- em se tratando de horas extras habituais, a Súmula 291 do TST prevê que a supressão total ou parcial, pelo empregador, de serviço suplementar prestado com habitualidade, durante pelo menos 1 (um) ano, assegura ao empregado o direito à indenização correspondente ao valor de 1 (um) mês das horas suprimidas, total ou parcialmente, para cada ano ou fração igual ou superior a seis meses de prestação de serviço acima da jornada normal. O cálculo observará a média das horas suplementares nos últimos 12 (doze) meses anteriores à mudança, multiplicada pelo valor da hora extra do dia da supressão;
- dos adicionais de transferência, de insalubridade, de periculosidade, desde que cessadas as razões que davam causa ao respectivo pagamento.

A mudança do turno noturno para o diurno não constitui alteração ilícita, razão pela qual o empregador pode, nesse caso, suprimir o pagamento do adicional noturno (TST, Súmula 265). Todavia, parece-nos que o empregado poderá opor-se à mudança do turno noturno para o diurno, ou deste para aquele, desde que comprove a existência de prejuízo, tal como ocorre comumente com o empregado que trabalha durante o horário diurno e estuda à noite.

Por força do novel § 2º do art. 468 da CLT (inserido pela Lei 13.467/2017), o empregador poderá suprimir gratificação de função, ainda que esta tenha sido percebida por mais de 10 anos, ficando, assim, superada a Súmula 372 do TST.

Outro exemplo é o do empregado que possui dois empregos, já que a lei, em princípio, não veda esta situação.

Segundo Christóvão Piragibe Toste Malta, "havendo interesse do empregado, podem reduzir-se a duração da jornada e a do salário na mesma proporção. Se o empregado é pago por produção, pode reduzir-se o valor da unidade de obra se o empregador introduz melhoramentos que permitam maior produção sem aumento de esforço"[10].

Se o pagamento do salário é feito por tempo, não pode passar a ser pago por produção (e vice-versa), salvo se houver acordo e este não redunde em prejuízo para o obreiro. O mesmo raciocínio é aplicado na hipótese em que o pagamento é feito em moeda e as partes, de comum acordo, pretenderem seja o mesmo feito em uma parte de utilidades.

Quanto à periodicidade para pagamento do salário, pode ser ela diminuída (empregado mensalista passa a ser semanalista, por exemplo), nunca aumentada.

A assinatura de ponto pode ser exigida, mesmo quando o empregado não estava, anteriormente, sujeito a tal, e isso decorre do poder de controle do empregador na fiscalização da jornada cumprida pelo empregado.

Ouçamos a jurisprudência sobre alteração contratual:

> RECURSO ORDINÁRIO. ALTERAÇÃO CONTRATUAL LESIVA. Constatando-se que o autor foi contratado na condição de bancário para prestar serviços em favor do banco reclamado, a sua transferência para a empresa financeira, integrante do mesmo grupo econômico, com a consequente supressão dos direitos inerentes à referida categoria, configurou alteração contratual lesiva, vedada pelo artigo 468 da CLT. Recurso ordinário provido, no ponto (TRT 6ª R., RO 0000896-25.2016.5.06.0023, Red. Des. Ana Claudia Petruccelli de Lima, 4ª T., *DEJT* 02.05.2019).

A respeito da prescrição decorrente de alteração contratual, remetemos o leitor ao item 8, *infra*.

7. EFEITOS

Perpetrada a alteração ilegal do contrato de trabalho, não obstante seja ela considerada nula de pleno direito (CLT, arts. 9º e 468), a ação judicial será imprescindível para o reconhecimento de tal nulidade, sendo certo que os efeitos da sentença retroagirão à data em que ocorrera a ilicitude contratual.

Traz-se à colação, nesse passo, as palavras de Cássio Mesquita Barros:

10. *Direito do trabalho resumido*. 15. ed. São Paulo: LTr, 1995, p. 37.

Enquanto na alteração bilateral, ocorre exclusivamente a nulidade da cláusula danosa ao empregado, na alteração unilateral, fora das hipóteses permitidas por lei, além da nulidade do ato, o empregado pode rescindir o contrato e pleitear a indenização a que faz jus. Nas duas situações o empregado é sempre protegido, tendo em vista o princípio de proteção ao trabalhador[11].

Parece-nos que, no caso de transferência ilícita, o empregado pode postular, além da obrigação de fazer (sustar a transferência), a obrigação de indenizar por danos materiais e morais.

8. PRESCRIÇÃO

No pertinente à prescrição para reclamar prestações sucessivas decorrentes de alteração contratual *in pejus*, havia grande celeuma na doutrina e na jurisprudência.

A Súmula 168 do TST adotava a tese de que, havendo qualquer lesão ao direito do empregado, inclusive por meio da alteração contratual ilícita, "que atinja prestações periódicas, de qualquer natureza, devidas ao empregado, a prescrição é sempre parcial e se conta do vencimento de cada uma delas e não do direito do qual se origina".

Posteriormente, o TST editou a Súmula 198, adotando o entendimento de que na "lesão de direito individual que atinja prestações periódicas devidas ao empregado, à exceção da que decorre de ato único do empregador, a prescrição é sempre parcial e se conta do vencimento de cada uma dessas prestações, e não da lesão do direito".

As referidas súmulas foram canceladas pela Súmula 294, *in verbis*:

> *Prescrição. Alteração contratual. Trabalhador urbano.* Tratando-se de ação que envolva pedido de prestações sucessivas decorrente de alteração do pactuado, a prescrição é total, exceto quando o direito à parcela esteja também assegurado por preceito de lei.

Vale dizer, o TST adotou o entendimento de que, em princípio, ocorre a prescrição total quanto à pretensão de prestações sucessivas oriundas de alteração do contrato de trabalho. Dito de outro modo, somente haverá prescrição parcial no caso de a pretensão à parcela remuneratória alterada (ou suprimida) estiver fundada em "preceito de lei".

Exemplificando, se o empregador alterar a base de cálculo do adicional noturno (CF, art. 7º, IX; CLT, art. 73) de 20% para 10%, a prescrição aplicável será a parcial, ou seja, no caso de ajuizamento de ação trabalhista, a prescrição alcançará apenas a pre-

11. BARROS, Cássio Mesquita. Alteração do contrato de trabalho. *In*: RIBEIRO, Lélia Guimarães Carvalho; PAMPLONA FILHO, Rodolfo. *Direito do trabalho*: estudos em homenagem ao prof. Pinho Pedreira da Silva. São Paulo: LTr, 1998, p. 241.

tensão referente às diferenças das parcelas anteriores aos cinco anos contados da propositura da demanda.

O próprio TST, entretanto, vem relativizando a aplicação da Súmula 294 no caso de parcela jamais paga. É o que se infere do seguinte julgado:

> SALÁRIO VARIÁVEL. PREVISÃO EM CLÁUSULA CONTRATUAL. INOBSERVÂNCIA. DIFERENÇAS. PRESCRIÇÃO. NÃO INCIDÊNCIA DA SÚMULA N. 294 DO TST E DA ORIENTAÇÃO JURISPRUDENCIAL N. 175 DA SBDI-I. Aplica-se a prescrição parcial ao pedido de diferenças de parcela variável da remuneração do empregado jamais paga, nos termos ajustados, durante o curso do contrato de emprego. No caso, é inaplicável a prescrição total a que alude a Súmula n. 294 do TST, visto não se tratar de alteração do pactuado, mas de descumprimento do ajuste firmado quando da admissão do reclamante. Ademais, não há falar em contrariedade à Orientação Jurisprudencial n. 175 da SBDI-I, que versa sobre supressão ou alteração quanto à forma de cálculo ou quanto ao percentual das comissões, pois no caso em análise a reclamada pagava o valor mínimo da parcela variável, sem observar, contudo, a obrigação de atrelá-la à rentabilidade da unidade de trabalho, conforme previsto no ajuste contratual. Sob esses fundamentos, a SBDI-I, por maioria, não conheceu dos embargos interpostos pela reclamada, mantendo incólume a decisão turmária mediante a qual se declarou a incidência da prescrição parcial. Vencido o Ministro Lelio Bentes Corrêa (TST-E-ED-RR-43940-03.2006.5.05.0014 - SBDI-I - Rel. Min. Hugo Carlos Scheuermann - 3.12.2015).

Por outro lado, se o empregador reduziu (alteração ilícita) o valor do adicional por tempo de serviço (sem previsão em lei) há mais de cinco anos contados da data do ajuizamento da ação trabalhista, a prescrição será a total.

No que concerne à alteração contratual decorrente de desvio funcional ou reenquadramento funcional, o TST, seguindo a tese adotada na Súmula 294, editou a Súmula 275, *in verbis*:

> *Prescrição. Desvio de função e reenquadramento.* I – Na ação que objetive corrigir desvio funcional, a prescrição só alcança as diferenças salariais vencidas no período de 5 (cinco) anos que precedeu o ajuizamento. II – Em se tratando de pedido de reenquadramento, a prescrição é total, contada da data do enquadramento do empregado.

Para encerrar esta epígrafe, advertimos que a Lei 13.467/2017 inseriu no art. 11 da CLT o § 2º, *in verbis*: "Tratando-se de pretensão que envolva pedido de prestações sucessivas decorrente de alteração ou descumprimento do pactuado, a prescrição é total, exceto quando o direito à parcela esteja também assegurado por preceito de lei".

9. CONSIDERAÇÕES FINAIS

Além das conclusões tópicas já lançadas nas linhas precedentes, podemos dizer que as alterações contratuais, ao contrário do que sugere o art. 468 da CLT, operam-se de diversos modos e, em alguns casos, até mesmo sem consentimento (e em prejuízo) do trabalhador, tal como se dá na reversão e na transferência do local da prestação do serviço (*jus variandi*), que são alterações legalmente permitidas em nosso ordenamento jurídico.

Nos demais casos, é preciso adotar solução que salvaguarde a dignidade da pessoa humana do trabalhador, isto é, deve o órgão julgador verificar concretamente a existência do prejuízo material ou imaterial. Para tanto, deverá levar em conta a fragilidade – notadamente a econômica – do empregado perante o empregador e buscar sempre a almejada justiça social.

CAPÍTULO XIV
Extinção do Contrato de Trabalho

1. NOÇÕES PRELIMINARES

O art. 7º, I, da CF consagra o direito fundamental social dos trabalhadores à proteção da relação de emprego contra a dispensa arbitrária ou sem justa causa e, paralelamente, estabelece uma indenização compensatória, dentre outros direitos, nos termos de lei complementar.

Enquanto não editada a precitada lei complementar, o art. 10 do ADCT elevou o valor da indenização em caso de dispensa sem justa causa – que anteriormente era de 10% – para 40% do total dos depósitos realizados na conta vinculada do FGTS do empregado.

Tirantes as discussões acaloradas sobre a proteção contra a dispensa arbitrária ou sem justa causa (*vide* Capítulo XV), o certo é que, lamentavelmente, tem prevalecido o entendimento segundo o qual, o empregado não tem direito à garantia no emprego ou à reintegração, e sim, à indenização prevista no art. 10, I, do ADCT.

Para se saber quais os créditos do empregado derivantes da extinção do contrato de emprego, é preciso analisar, primeiramente, a espécie de contrato: se por prazo determinado ou indeterminado.

Depois, aprecia-se o aspecto alusivo à iniciativa e à causa da extinção: se do empregado, do empregador ou de ambos, ou, ainda, ato ou fato de terceiro ou motivo de força maior; se por justa causa ou sem justa causa; por acordo etc.

É de se destacar, de pronto, que, de acordo com o § 2º do art. 477 da CLT, o

> instrumento de rescisão ou recibo de quitação, qualquer que seja a causa ou forma de dissolução do contrato, deve ter especificada a natureza de cada parcela paga ao empregado e discriminado o seu valor, sendo válida a quitação, apenas, relativamente às mesmas parcelas.

Interpretando o preceptivo em causa, o TST editou a Súmula 330, *in verbis*:

> *Quitação. Validade*. A quitação passada pelo empregado, com assistência de entidade sindical de sua categoria, ao empregador, com observância dos requisitos exigidos nos parágrafos do art. 477 da CLT, tem eficácia liberatória em relação às parcelas expressamente consignadas no recibo, salvo se oposta ressalva expressa e especificada ao valor dado à parcela ou parcelas impugnadas. I – A quitação não abrange parcelas não consignadas no recibo de quitação e, consequentemente, seus reflexos em

outras parcelas, ainda que estas constem desse recibo. II – Quanto a direitos que deveriam ter sido satisfeitos durante a vigência do contrato de trabalho, a quitação é válida em relação ao período expressamente consignado no recibo de quitação.

Ocorre que sobreveio a Lei 13.467/2017, que alterou o art. 477 da CLT, provocando profundas mudanças a respeito dos direitos dos trabalhadores na extinção do contrato de trabalho, *in verbis:*

> Art. 477. Na extinção do contrato de trabalho, o empregador deverá proceder à anotação na Carteira de Trabalho e Previdência Social, comunicar a dispensa aos órgãos competentes e realizar o pagamento das verbas rescisórias no prazo e na forma estabelecidos neste artigo.
>
> § 1º (*Revogado*).
>
> [...]
>
> § 3º (*Revogado*).
>
> § 4º O pagamento a que fizer jus o empregado será efetuado:
>
> I – em dinheiro, depósito bancário ou cheque visado, conforme acordem as partes; ou
>
> II – em dinheiro ou depósito bancário quando o empregado for analfabeto.
>
> [...]
>
> § 6º A entrega ao empregado de documentos que comprovem a comunicação da extinção contratual aos órgãos competentes bem como o pagamento dos valores constantes do instrumento de rescisão ou recibo de quitação deverão ser efetuados até dez dias contados a partir do término do contrato.
>
> a) (*revogada*);
>
> b) (*revogada*).
>
> § 7º (*Revogado*).
>
> [...]
>
> § 10. A anotação da extinção do contrato na Carteira de Trabalho e Previdência Social é documento hábil para requerer o benefício do seguro-desemprego e a movimentação da conta vinculada no Fundo de Garantia do Tempo de Serviço, nas hipóteses legais, desde que a comunicação prevista no *caput* deste artigo tenha sido realizada.

2. CONTRATO POR TEMPO INDETERMINADO

Como os demais contratos em geral, o contrato de trabalho pode ser extinto de diversos modos. Analisaremos nesta epígrafe, as principais formas de extinção do contrato de emprego.

Se o obreiro tivesse mais de um ano de serviço prestado ao mesmo empregador, o pedido de demissão ou o termo de rescisão contratual somente seria válido se contasse com a assistência do sindicato da sua correspondente categoria profissional sindical ou perante autoridade do Ministério do Trabalho e Emprego. Era o que dispunha o § 1º do art. 477 da CLT, revogado expressamente pela Lei 13.467/2017.

Entretanto, o *caput* do art. 477 da CLT foi alterado pela mesma lei, e passou a dispor que, independentemente da modalidade de duração do contrato de trabalho, na "extinção do contrato de trabalho, o empregador deverá proceder à anotação na Carteira de Trabalho e Previdência Social, comunicar a dispensa aos órgãos competentes e realizar o pagamento das verbas rescisórias no prazo e na forma estabelecidos neste artigo". Vale dizer, não há mais necessidade de assistência sindical ou homologação da rescisão como condição de validade do ato de dispensa ou do pedido de demissão do empregado com mais de um ano de serviço, mas, tão somente, simples comunicação da dispensa pelo empregador "aos órgãos competentes".

2.1. Iniciativa do empregador sem justa causa

a) *Empregado Optante pelo FGTS*

O empregador que resilir o contrato de trabalho deverá conceder o aviso prévio ou indenizar o valor correspondente (ao aviso).

Pagará saldo de salários (se existente), 13º proporcional (Lei 4.090/62) e férias vencidas ou proporcionais (CLT, arts. 146 e 147), além dos valores relativos aos depósitos do FGTS do mês da rescisão e o do mês imediatamente anterior (caso este ainda não tenha sido recolhido ao banco depositário).

Também deverá indenizar o empregado com o equivalente a 40% do total dos depósitos do FGTS[1] realizado durante a vigência do contrato (sem descontos dos saques efetuados no período), nos termos do art. 18 da Lei 8.036/90, e art. 10, I, do ADCT.

Caso a dispensa seja realizada no período de 30 dias, que antecede à data do reajuste salarial do empregado (data-base), este terá direito, ainda, a uma indenização adicional, no valor de um salário mensal (reajustado), com reflexos nas parcelas resilitórias, nos termos da Súmula 314 do TST:

---

1. A Lei 9.491, de 09.09.1997 (*DOU* 11.09.1997), alterou os dispositivos da Lei 8.036/90, que instituiu o FGTS. A alteração principal consiste na despedida do empregado sem justa causa. Anteriormente, os valores relativos à multa de 40% dos depósitos realizados na conta vinculada, bem como o percentual de 8% dos valores relativos aos depósitos referentes ao mês da rescisão, eram entregues diretamente ao empregado no ato rescisório. A citada Lei 9.491 dispõe que tais valores deverão ser depositados na conta vinculada do empregado despedido sem justa causa. Em consequência, o empregado dispensado nessas condições não poderá mais receber diretamente do empregador os valores apontados, evitando-se, com isso, as famosas fraudes contra o sistema fundiário.

Indenização adicional. Verbas rescisórias. Salário corrigido. Se ocorrer a rescisão contratual no período de 30 (trinta) dias que antecede à data-base, observado a Súmula 182 do TST, o pagamento das verbas rescisórias com o salário já corrigido não afasta o direito à indenização adicional prevista nas Leis 6.708, de 30.10.1979, e 7.238, de 28.10.1984.

b) *Empregado Não Optante*

Como é sabido, a partir da Constituição de 1988, o FGTS passou a ser o regime único de todos os trabalhadores (art. 7º, III), ressalvando-se apenas aqueles que já haviam adquirido o direito à estabilidade (CLT, art. 492) ou à indenização de antiguidade na data da promulgação da Constituição, desde que não fossem optantes (Lei 8.036/90, art. 14).

Não sendo o empregado estável, o empregador poderá dispensá-lo sem justa causa, pagando-lhe, além do aviso prévio, férias e gratificação natalina proporcionais.

O empregado terá direito, ainda, a uma indenização de antiguidade (CLT, arts. 477 e 478) referente ao período anterior a 05.10.88. Quanto ao período posterior à Constituição de 1988, o empregado terá direito ao FGTS acrescido de 40% (Lei 8.036/90, art. 18, § 1º).

c) *Empregado Estável*

Se o empregado for detentor do direito à estabilidade no emprego[2], a extinção do contrato de emprego, por iniciativa do empregador, só pode ser efetivada através de inquérito judicial para a apuração de falta grave (CLT, art. 494).

No caso de extinção da empresa ou fechamento do estabelecimento, sem a ocorrência de motivo de força maior, ao empregado estável é assegurada uma indenização correspondente a uma remuneração mensal por ano de serviço prestado, a ser paga em dobro, nos termos dos arts. 497 e 498 c/c o 478, todos da CLT.

2.2. Iniciativa do empregador com justa causa

Dá-se a justa causa quando o empregado pratica qualquer das faltas previstas no art. 482 da CLT, *in verbis*:

> Art. 482. Constituem justa causa para rescisão do contrato de trabalho pelo empregador:
>
> a) ato de improbidade;
>
> b) incontinência de conduta ou mau procedimento;

2. Exemplos: empregado não optante com mais de 10 anos de serviço (CLT, art. 492), servidor público celetista (ADCT, art. 19), dirigente sindical (CLT, art. 543; art. 8º, VIII, da CF/88; e Súmula 197 do STF).

c) negociação habitual por conta própria ou alheia sem permissão do empregador, e quando constituir ato de concorrência à empresa para a qual trabalha o empregado, ou for prejudicial ao serviço;

d) condenação criminal do empregado, passada em julgado, caso não tenha havido suspensão da execução da pena;

e) desídia no desempenho das respectivas funções;

f) embriaguez habitual ou em serviço;

g) violação de segredo da empresa;

h) ato de indisciplina ou de insubordinação;

i) abandono de emprego;

j) ato lesivo da honra ou da boa fama praticado no serviço contra qualquer pessoa, ou ofensas físicas, nas mesmas condições, salvo em caso de legítima defesa, própria ou de outrem;

k) ato lesivo da honra ou da boa fama ou ofensas físicas praticadas contra o empregador e superiores hierárquicos, salvo em caso de legítima defesa, própria ou de outrem;

l) prática constante de jogos de azar.

Parágrafo único. Constitui igualmente justa causa para dispensa de empregado a prática, devidamente comprovada em inquérito administrativo, de atos atentatórios à segurança nacional. (Incluído pelo Dec.-lei 3, de 27.01.1966)

A Lei 13.467/2017 acrescentou a alínea "m" ao artigo 482 da CLT, criando nova modalidade de justa causa autorizadora da resolução do contrato de trabalho por iniciativa do empregador, a saber: "perda da habilitação ou dos requisitos estabelecidos em lei para o exercício da profissão, em decorrência de conduta dolosa do empregado".

2.2.1. A justa causa

A estrutura da justa causa, salienta Amauri Mascaro Nascimento,

> importa na presença de alguns elementos que a corporificam e que são subjetivos e objetivos. O elemento subjetivo é a culpa do empregado entendida no sentido amplo, já que não será admissível responsabilizá-lo com os ônus que suporta se não agiu com imprevisão ou dolo. Os requisitos objetivos são: a gravidade do comportamento do empregado, porque não há justa causa se a ação ou omissão não representem nada; o imediatismo da rescisão, sem o que pode desaparecer a justa causa comprometida pelo perdão tácito com a falta de atualidade da dispensa em relação ao conhecimento do fato pelo empregador; a causalidade que é o nexo de causa e efeito entre a justa causa e a dispensa, observada com maior rigor nos sistemas jurídicos em que o empregador é obrigado a fornecer por escrito ao empregado o motivo da dispensa sem possibilidade de alegar outro em juízo; e a singularidade, para signifi-

car que é vedada a dupla punição pela mesma justa causa *non bis in idem* devendo a justa causa funcionar como ato motivador de uma penalidade, a advertência, ou a suspensão ou a dispensa. Não se confunde este último aspecto com outro. Há justa causa decorrente de ato instantâneo e de ato habitual. Exemplo deste último é a embriaguez habitual. Exemplo daquele é o ato de insubordinação. Havendo uma conduta habitual e se o empregado sofreu suspensão numa das etapas do seu iter, nada impede que na reiteração do comportamento venha a ser despedido sem que se comprometa a justa causa pela dupla punição[3].

A justa causa é altamente prejudicial ao empregado, não só no aspecto moral, mas, sobretudo, no aspecto patrimonial. Uma vez caracterizada a justa causa, o empregado terá direito apenas a saldo de salários e férias vencidas. Quanto às férias proporcionais, sustentamos que o empregado, ainda que tenha sido dispensado por justa causa, fará jus às férias proporcionais, pois a Convenção 132 da OIT, *in casu*, por conter norma mais favorável à pessoa humana, prevalece sobre o parágrafo único do art. 146 da CLT (*vide* Título II, Capítulo XII, item 5.1). Esse, porém, não é o entendimento consagrado na Súmula 171 do TST.

O empregado dispensado por justa causa não tem direito à indenização (se estável), aviso prévio e 13º salário.

Além disso, o empregado não poderá levantar imediatamente o Fundo de Garantia do Tempo de Serviço – FGTS (se optante)[4].

Teceremos rápidas palavras sobre as situações que configuram a justa causa praticada pelo empregado:

2.2.1.1. *Improbidade*

Para os fins da relação empregatícia, improbidade é o ato desonesto praticado pelo empregado contra o patrimônio do empregador, ou de terceiro, relacionado com o trabalho. Ex.: furto, roubo, extorsão, apropriação indébita etc.

Para a sua caracterização, a Justiça do Trabalho exige prova cabal, irrefutável, na medida em que implica comprometimento da honra e boa fama do empregado e, até mesmo, de sua família. Nesse sentido:

> ATO DE IMPROBIDADE. JUSTA CAUSA OBREIRA. APLICAÇÃO DO ART. 482, ALÍNEA a, DA CLT. A falta grave por ato de improbidade atinge diretamente a honra e boa fama do empregado, sendo imperioso que a prática do ato ilícito trabalhista que a ca-

3. *Iniciação ao direito do trabalho*. 22. ed. São Paulo: LTr, 1996, p. 418.
4. Na verdade, os depósitos só poderão ser levantados nos termos do art. 15 do Decreto 99.684, de 08.09.1990 (Regulamento do FGTS), isto é, nas hipóteses previstas nos incs. III a VIII do art. 35 do referido Regulamento.

racteriza seja claramente provada, não se admitindo, na espécie, mera prova indiciária. A teor do art. 818, da CLT, e do art. 373, do NCPC, de aplicação subsidiária, é ônus da reclamada provar satisfatoriamente os fatos motivadores da demissão por justa causa sob pena de ser condenada ao pagamento das verbas rescisórias. Desse ônus desincumbiu-se a contendo. Nada a reformar na sentença impugnada (TRT 7ª-R., RO 00017655720185070033, Rel. Des. Francisco José Gomes da Silva, *DEJT* 11.06.2019).

RECURSO ORDINÁRIO. ATO DE IMPROBIDADE. JUSTA CAUSA PARA RESCISÃO DO CONTRATO DE TRABALHO. Evidenciada a prática de ato de improbidade, em procedimento investigatório interno confirmado pela parte reclamante, sendo a esta assegurada a ampla defesa e o contraditório, e em se tratando de fato incontroverso nos autos a conduta abusiva da ex-empregada que confessa, na inicial, haver se valido de atestados médicos falsos para justificar sucessivas ausências ao trabalho, resta inconteste a quebra da fidúcia entre empregado e empregador e autorizada a rescisão por justa causa do contrato de trabalho, sob amparo do art. 482, a, da CLT (TRT 22ª R., RO 00003213152016522002, Rel. Des. Manoel Edilson Cardoso, 2ª T., *DEJT* 06.03.2018).

2.2.1.2. *Incontinência de conduta*

A incontinência de conduta diz respeito ao comportamento irregular do empregado, incompatível com a moral sexual.

Também caracteriza incontinência de conduta a importunação de colega com conotação sexual, a prática de atos libidinosos dentro do estabelecimento ou a utilização ou armazenamento de imagens que exponham sexo ou atos sexuais no meio ambiente de trabalho. Ouçamos a jurisprudência:

DISPENSA POR JUSTA CAUSA. INCONTINÊNCIA DE CONDUTA. CARACTERIZAÇÃO. A importunação, com conotação sexual, a colega de trabalho, configura incontinência de conduta que autoriza a resolução contratual, por justa causa, nos termos da alínea b do art. 482 da CLT (TRT 17ª R., RO 00006464820185170012, Rel. Des. Sônia das Dores Dionísio Mendes, *DEJT* 01.07.2019).

JUSTA CAUSA. INCONTINÊNCIA DE CONDUTA. ÔNUS. GRAVAÇÃO E PROVA TESTEMUNHAL. A justa causa, como forma mais severa de punir o trabalhador, exige prova robusta do ato por parte do empregador, a imediatidade na aplicação da punição, proporcionalidade na aplicação da pena e vedação à dupla punição. Cabe ao empregador fazer prova insofismável do ato indicado como faltoso. A exibição de gravação realizada por um empregado que ao adentrar em sala de uso comum dos funcionários flagrou o reclamante praticando ato libidinoso e filmou a situação com seu aparelho celular já serve como elemento de prova. Ratificando o autor da gravação a ocorrência dos fatos quando ouvido como testemunha, resta comprovada de forma robusta a prática de ato libidinoso no local de trabalho em ambiente público, o que justifica o rompimento motivado do contrato (TRT 1ª R., RO 01020147820175010401, Rel. Des. Celio Juacaba Cavalcante, *DEJT* 06.07.2019).

DIREITO DO TRABALHO. VALIDADE DA DISPENSA POR JUSTA CAUSA. INCONTINÊNCIA DE CONDUTA COMPROVADA. INCIDÊNCIA DO ART. 482, b, DA CLT. Na medida em que restou suficientemente comprovada a prática de incontinência de conduta por parte do empregado, materializada no acesso a material de conteúdo pornográfico armazenado em seu computador funcional, no ambiente de trabalho e durante o expediente laboral, válida é a dispensa por justa causa, por força do art. 482, b, da CLT. Recurso empresarial a que se dá provimento (TRT 6ª R., RO 0000375-18.2018.5.06.0312, Red. Des. Milton Gouveia da Silva Filho, 1ª T., *DEJT* 11.04.2019).

2.2.1.3. Mau procedimento

Há ligeira diferença entre incontinência de conduta e mau procedimento. A primeira, guarda pertinência com a moral sexual. A segunda, diz respeito a qualquer ato que fira a moral e os bons costumes dentro da empresa, no sentido lato do termo. Seria, então, mau procedimento o consumo de drogas levado a cabo por empregados dentro da empresa e no horário de trabalho.

Há julgados que mantêm a justa causa por mau procedimento, afastando a aplicação do princípio da bagatela do Direito Penal, como se infere da seguinte ementa:

JUSTA CAUSA. MAU PROCEDIMENTO. PROVA ROBUSTA E IMEDIATIDADE DA DISPENSA. NÃO APLICAÇÃO DO PRINCÍPIO DA BAGATELA DO DIREITO PENAL. O poder disciplinar do empregador permite-lhe aplicar pena aos empregados que cometem faltas durante o contrato de trabalho. A falta grave, para ser reconhecida em Juízo, deve ser comprovada de forma robusta pelo empregador. No caso dos autos, o mau procedimento foi comprovado, não se podendo coadunar com a atitude do empregado de subtração de produtos da reclamada, ainda que o valor não seja elevado. Não se aplica ao direito do Trabalho o princípio da bagatela do Direito Penal, já que a confiança entre empregador e empregado restou fortemente rompida, diante da subtração pelo empregado dos produtos comercializados pela reclamada. A conduta da empresa se mostra razoável e proporcional, já que se tratou de conduta gravíssima. Recurso do autor ao qual se rejeita (TRT 9ª R., RO 41138-2015-009-09-00-1, Rel. Des Marcus Aurelio Lopes, 4ª T., *DEJT* 06.06.2017).

2.2.1.4. *Negociação habitual*

A negociação habitual é uma modalidade de justa causa que se caracteriza pela prática reiterada (habitual) de atos de comércio praticados pelo empregado, por conta própria ou em favor de terceiros, que impliquem concorrência com a atividade econômica desenvolvida pelo empregador, salvo se houver autorização deste.

Exemplifica-se com a hipótese de o empregado vendedor efetuar venda de produtos de outra empresa concorrente a clientes de seu empregador ou o empregado que, secretamente, cria uma empresa que venda os mesmos produtos ou preste os mesmos serviços do seu empregador.

Negociação habitual, portanto, não se confunde com mau procedimento, pois aquela exige a presença de ato do empregado que implique concorrência desleal com o empregador. Ouçamos a jurisprudência:

> JUSTA CAUSA. MAU PROCEDIMENTO E NEGOCIAÇÃO HABITUAL. COMPROVAÇÃO. O mau procedimento do empregado, como infração passível de ruptura contratual por justa causa (artigo 482, b, da CLT), caracteriza-se por qualquer comportamento que evidencie a quebra do decoro, respeito ou a falta de compostura por parte do empregado, capazes de prejudicar o ambiente de trabalho, que não se enquadrem nas demais infrações previstas na norma consolidada. Já a negociação habitual consiste na concorrência desleal, concorrente, usando-se, comumente, do horário de trabalho e da estrutura laboral em proveito próprio ou de terceiros. Caso em que a reclamante simulava uma operação regular de venda a cliente, valendo-se destes para adquirir, para si, os produtos da reclamada, com finalidade comercial. Recurso conhecido e desprovido (TRT 7ª R., RO 00008761020155070001, Rel. Des. Maria Roseli Mendes Alencar, *DEJT* 27.09.2018).

A nosso sentir, nos termos da alínea c do art. 482 da CLT, há necessidade de dois elementos concomitantes para ensejar a justa causa ali prevista: I – negociação habitual, por conta própria ou alheia, e II – esses atos negociais habituais implicarem concorrência desleal com o empregador ou for prejudicial ao serviço.

Há, porém, julgados que interpretam o dispositivo em causa nos seguintes termos:

> RECURSO ORDINÁRIO. JUSTA CAUSA. NEGOCIAÇÃO HABITUAL. ATO DE CONCORRÊNCIA. MAU PROCEDIMENTO. 1. O simples fato de o autor, secretamente, estar praticando atos constitutivos de uma empresa concorrente já é suficiente para caracterizar um mau procedimento e justificar a quebra de fidúcia inerente ao pacto laborativo. 2. Ainda que não comprovada a negociação habitual, a mera tentativa de assim proceder já é suficiente para caracterizar o mau procedimento e autorizar o rompimento contratual com justa causa (TRT 24ª R., RO 00251093420155240022, Rel. Des. Amaury Rodrigues Pinto Junior, 2ª T., *DEJT* 16.03.2017).

2.2.1.5. *Condenação criminal sem* **sursis**

Dispõe a alínea *d* do art. 482 da CLT que também ocorre a justa causa pela "condenação criminal do empregado, passada em julgado, caso não tenha havido suspensão da execução da pena".

A *mens legis* do preceito em causa é este: o cumprimento de sentença criminal condenatória em regime de reclusão impede a prestação de serviços, ou seja, impede o cumprimento da principal obrigação do empregado na relação empregatícia.

Não há necessidade de que os fatos que culminaram com a condenação do empregado tenham correlação com o contrato de trabalho, pois a razão da regra em exame é o impedimento físico do empregado em comparecer ao serviço. Nesse sentido:

> JUSTA CAUSA. CONDENAÇÃO CRIMINAL DO EMPREGADO. ART. 482, *d*, DA CLT. NECESSIDADE DE INCOMPATIBILIDADE ENTRE O CUMPRIMENTO DA PENA E A CONTINUIDADE DA RELAÇÃO DE EMPREGO. Para revelar o sentido e alcance da norma, não se pode deixar de considerar a interpretação lógico-sistemática e teleológica. A interpretação literal é apenas o início do processo exegético, devendo o intérprete aprofundar o exame da norma através dos demais mecanismos de interpretação. No que diz respeito ao art. 482, *d*, da CLT, este afirma literalmente que a condenação criminal transitada em julgado é motivo para a justa causa. O texto consolidado compreende que, nessa situação, haveria incompatibilidade da continuidade da relação jurídica de emprego, já que o obreiro deveria ficar encarcerado. E isso tanto é verdade, que a parte final do dispositivo ressalva que não caberá a justa causa se houver suspensão da execução da pena, revelando que, na hipótese de ser viável a continuidade da relação de emprego, esta deve ser mantida. Noutras palavras, é preciso observar se o pacto empregatício não pode ser mantido em virtude de o trabalhador ter sido condenado pela Justiça Penal, sendo condenado a pena incompatível com a manutenção do trabalho. A condenação criminal e o respectivo cumprimento da pena devem irradiar efeitos sobre a relação de emprego para que o empregador possa então demitir o trabalhador por justa causa. Esse é o entendimento da norma justrabalhista em conformidade com o princípio da proteção, da continuidade da relação de emprego e com o texto constitucional, que informa que o valor social do trabalho é pilar axiológico fundamental da República Federativa do Brasil (art. 1º, IV, da CRFB). O trabalho é, indubitavelmente, medida de extrema importância na reinserção social e reeducação do apenado. Justa causa revertida. TRANSPORTE IRREGULAR DE VALORES. DANO MORAL. INDENIZAÇÃO DEVIDA – O transporte de valores exige habilitação profissional, de acordo com a disposição contida na Lei n. 7.102/83. Foge às atribuições de um ajudante de entregas, que não é contratado como segurança, com todas as condicionantes que a lei exige, fazer o transporte de valores, que exige profissionais especializados a fim de resguardar não só o patrimô-

> nio da empresa, mas a própria integridade física dos que operam nessa função. Pratica ato ilícito a ré ao submeter o reclamante a esse tipo de tarefa, além de suas responsabilidades, considerado o alto grau de risco, o que, por certo, causa abalos psicológicos em face do temor que se instalava diante da possibilidade de assaltos, e a exposição a situação que podia desaguar em risco real de morte ou debilidade física permanente. Devida a indenização por danos morais. Recurso empresarial improvido nesse aspecto (TRT 6ª R., RO 0000001-81.2018.5.06.0221, Red. Des. Fabio Andre de Farias, 2ª T., *DEJT* 07.12.2018).

2.2.1.6. Desídia

Outra espécie de justa causa para a resolução do contrato por iniciativa do empregador é a desídia do empregado no desempenho de suas funções (CLT, art. 482, *e*).

Em termos coloquiais, desídia significa falta de atenção, de zelo; desleixo, incúria. Em linguagem científica, desídia pode decorrer de imperícia, imprudência ou negligência do empregado no desempenho de suas funções laborativas.

Em regra, a desídia só se configura pela reiteração de atos comissivos ou omissivos que importem desleixo, displicência, falta de atenção ou de zelo no exercício das funções do trabalhador.

A jurisprudência, não raro, exige a aplicação didática de sanções anteriores (advertência, suspensão) e somente constatada a existência de tais punições é que o empregador poderá aplicar a pena capital. Ex.: a falta de zelo do empregado no desempenho de suas tarefas diárias, o atraso reiterado ao início da jornada laboral. Nesse sentido:

> GESTANTE – ESTABILIDADE PROVISÓRIA – DESÍDIA – JUSTA CAUSA. Evidenciada nos autos a conduta desidiosa da Reclamante que, mesmo após a aplicação de advertências e suspensões, como medidas pedagógicas, continuou incorrendo em ausências injustificadas, impõe-se reconhecer a legitimidade da dispensa por justa causa aplicada, afastado o direito à estabilidade provisória gestacional, prevista no ADCT, art. 10, II, *b* (TRT 3ª R., RO 0010515-42.2015.5.03.0008, Rel. Juíza conv. Maria Cristina Diniz Caixeta, 4ª T., *DEJT* 18.04.2017).

Às vezes, porém, um único ato do empregado pode caracterizar a desídia, como é o caso do médico que "esquece" uma tesoura dentro da barriga do paciente que acabara de operar. Trata-se de imperícia decorrente de um único ato desidioso, mas que, a rigor, é suficiente para caracterizar a justa causa. Nesse sentido:

> DESÍDIA. JUSTA CAUSA. CONFIGURADA. A reclamada não agiu com rigor excessivo na aplicação da pena de justa causa, após instauração de regular procedimento

administrativo, pois é incontroverso nos autos que o reclamante abandonou seu posto de trabalho, delegando suas atribuições a pessoa estanha ao quadro de funcionários da empresa, conduta absolutamente reprovável, ainda que tenha ocorrido em virtude de urgência familiar – o que sequer está provado – e que este terceiro possua a necessária habilitação para o desempenho do mister – o que tampouco restou demonstrado. Recurso autoral a que se nega provimento (TRT 6ª R., RO 0000922-32.2016.5.06.0311, Red. Juiz conv. Milton Gouveia da Silva Filho, *DEJT* 27.11.2018).

2.2.1.7. Embriaguez

A embriaguez pode resultar do consumo de álcool ou de tóxicos. A lei disciplina duas formas: a *embriaguez habitual fora do serviço* e na vida privada do empregado, mas desde que repercutam no ambiente de trabalho os efeitos dessa situação de ebriedade; e a *embriaguez no serviço*, que se consuma em um só ato, mediante a simples apresentação do trabalhador no local de trabalho em estado de embriaguez ou desde que se ponha em tal estado durante o serviço.

O alcoolismo vem se constituindo numa doença e, no nosso entender, a família, a sociedade, o poder público e, principalmente, o empregador devem procurar adotar medidas que visem à recuperação do empregado, evitando-se, assim, que a ruptura imediata do contrato possa trazer consequências ainda mais danosas para o trabalhador e sua família, bem como para a sociedade.

Em algumas atividades laborativas, contudo, não se admite, em absoluto, a ingestão de bebidas alcoólicas, como o motorista de uma ambulância. Nesse caso, a justa causa avulta inevitável, até mesmo para proteger a própria integridade física do laborista ou de terceiros. Ex.: motorista de transporte coletivo que ingere bebida alcoólica no intervalo para refeição e causa acidente de trânsito. Ouçamos a jurisprudência:

> EMBRIAGUEZ. JUSTA CAUSA. A embriaguez: a) habitual – sugere a existência de patologia crônica, assim reconhecida pela Organização Mundial de Saúde (OMS), que a classifica sob o título de síndrome de dependência do álcool (CID F-10.2). "Clama, pois, por tratamento e não por punição" (TST-ED-E-RR-586320-51.1999.5.10.5555); b) em serviço – que possibilita, diante de uma única conduta dessa natureza, a dispensa por justa causa, necessariamente deve ser agregada de elementos que revelem a repercussão da conduta do empregado no âmbito funcional do empregador (TRT 24ª R., RO 00008253020125240001, Rel. Des. Júlio César Bebber, 1ª T., *DEJT* 25.06.2013).
>
> JUSTA CAUSA. EMBRIAGUEZ EM SERVIÇO. A embriaguez em serviço (CLT, art. 482, *f*), não decorrendo de doença comprovada (alcoolismo), é causa eficiente e suficiente para o rompimento do vínculo de emprego, sem justa causa. GRAVIDADE,

PROPORCIONALIDADE DA SANÇÃO E PERDÃO TÁCITO. Não há necessidade de gradação das sanções e/ou de apenamento de eventuais condutas anteriores, na hipótese em que a infração, isoladamente, demonstra gravidade suficiente para se operar a quebra da fidúcia. Não há perdão tácito se não provado que a punição se deu após lapso considerável de tempo. O simples comparecimento ao trabalho em estado de embriaguez, sob efeito de consumo alcoólico excessivo, deflagra, diretamente, sem necessidade de se recorrer a um juízo de proporcionalidade. SEGURO-DESEMPREGO. INDENIZAÇÃO. JUSTA CAUSA. A demissão por justa causa é fato impeditivo do direito à percepção do seguro-desemprego. Recurso conhecido e não provido (TRT 7ª R., RO 00011838520165070014, Rel. Des. Maria Roseli Mendes Alencar, *DEJT* 06.11.2018).

2.2.1.8. Violação de segredo

A alínea *g* do art. 482 da CLT considera justa causa para a resolução do contrato por iniciativa do empregado a "violação de segredo da empresa".

Trata-se de prática de ato do emprego que implique divulgação pelo empregado das patentes de invenção ou de qualquer outro bem (corpóreo ou incorpóreo) de uso ou conhecimento exclusivo da empresa sem autorização desta, como banco de dados contendo lista ou carteira de clientes, e-mails, telefones etc.

JUSTA CAUSA. REVERSÃO. ATO DE CONCORRÊNCIA. VIOLAÇÃO DE SEGREDO DA EMPRESA. Por ser a justa causa a punição extrema no contrato de trabalho, é imprescindível que o motivo pelo qual se deu a dispensa esteja robustamente comprovado, de maneira a caracterizar uma das hipóteses do art. 482 da CLT, sob pena de reversão da justa causa e pagamento das verbas atinentes à dispensa sem justa causa, em homenagem ao princípio da continuidade da relação de emprego. Caso em que comprovado o fato de que o reclamante passou a compor quadro societário de empresa concorrente da reclamada ainda no curso de seu contrato de trabalho. Ainda, também restou evidenciado que mesmo antes de ser despedido pela reclamada, ele já negociava, em atos de concorrência com a empresa para a qual trabalhava. Mesmo na hipótese de despedida motivada, faz jus o empregado a férias proporcionais e 13º salário proporcional. Tendo sido adimplida a proporção das férias devidas, dá-se provimento parcial ao recurso para condenar a reclamada ao pagamento de 13º salário proporcional (TRT-4 –RO: 00204031520175040662, Data de Julgamento: 19.07.2019, 4ª Turma).

JUSTA CAUSA. VIOLAÇÃO DE SEGREDO DA EMPRESA. IMPOSSIBILDIADE DE REVERSÃO. Para a configuração da justa causa prevista no artigo 482, g, da CLT não é necessário que o empregado divulgue a informação para terceiros, pois a falta se configura pelo ato de violar, que significa desrespeitar, infringir, transgredir, abrir sem a permissão do dono, forçar a abertura, entrar sem permissão, invadir, devassar, divulgar, tornar público, propalar, tornar conhecido. A configuração da justa causa também prescinde da prova de prejuízo da empresa, vez que esse pode ser remoto, provável ou imediato (TRT 17ª R., 0044800-70.2012.5.17.0010, Rel. Desembargador José Luiz Serafini, *DEJT* 14.05.2013).

JUSTA CAUSA. APROPRIAÇÃO INDEVIDA DE DADOS SIGILOSOS PARA FAVORECIMENTO PRÓPRIO E DA CONCORRÊNCIA. VIOLAÇÃO DE SEGREDO DE EMPRESA. MAU PROCEDIMENTO CONFIGURADO. Postas as premissas de que o emprego é a fonte essencial de subsistência do trabalhador e que a continuidade do contrato de trabalho se presume, é forçoso concluir que a irregularidade de conduta, pondo em risco a manutenção do emprego, do qual o trabalhador necessita para seu sustento, contraria a ordem natural do sistema de relações do trabalho e,assim, deve ser cabalmente provada. *In casu*, ficou constatado que o autor apoderou-se de um bem incorpóreo e sigiloso da reclamada, qual seja, a lista de clientes e potenciais clientes constante do banco de dados da ré, e a utilizou com a nítida intenção de captar clientes para sua nova empregadora, caracterizando violação de segredo. Configurado, ainda, o mau procedimento, em virtude da desleal atitude do empregado, ao trair a confiança e a fidelidade necessárias na prestação de serviços em prol da reclamada. Desse modo, logrou êxito a ré em demonstrar um quadro comportamental de mau procedimento por parte do demandante, bem como a violação de segredo de empresa, e que a punição aplicada não se revelou excessivamente rigorosa. Acolhe-se, portanto, a alegação de falta grave atribuída ao demandante, sendo, pois, de rigor, o reconhecimento do despedimento motivado. Recurso do autor ao qual se nega provimento (TRT 2ª R., RO 00030748620135020079, Rel. Des. Ricardo Artur Costa e Trigueiros, 4ª T., *DJ* 09.01.2015).

2.2.1.9. Indisciplina

O ato de indisciplina a ensejar a justa causa prevista na alínea *h* do art. 482 da CLT caracteriza-se pelo descumprimento de ordens gerais de serviço, contidas em portarias, códigos de ética, instruções gerais da empresa, regulamentos etc. Ex.: fumar em local expressamente proibido dentro da empresa.

Ouçamos a jurisprudência:

RECURSO ORDINÁRIO. JUSTA CAUSA. ATO DE INDISCIPLINA. Constitui ato de indisciplina o descumprimento de normas do regulamento interno e do código de ética da empresa, consubstanciado em práticas proibidas, a bordo de uma embarcação, a despeito da ciência do risco de acidentes, sendo evidente a quebra da fidúcia a amparar a imediata ruptura do contrato de trabalho por falta grave, nos termos do art. 482, *h*, da CLT. Recurso improvido (TRT 1ª R., RO 01025731720165010483, Rel. Des. Antonio Cesar Coutinho Daiha, *DEJT* 14.12.2018).

JUSTA CAUSA. RECONHECIMENTO. ATO DE INDISCIPLINA. A justa causa do empregado é todo ato faltoso por ele cometido, capaz de fazer desaparecer a confiança e a boa-fé existentes entre as partes, tornando indesejável o prosseguimento da relação empregatícia. No caso dos autos, a reclamante foi demitida por ato de indisciplina (descumprimento de norma regulamentar), por ter se valido de seu acesso ao sistema informatizado da empresa para alterar a data de vencimento de sua própria conta de telefone, conduta que lhe era vedada. Nessa situação, evidencia-se que não mais subsiste o elo de fidúcia, elemento essencial em qualquer atividade profissional, cuja ausência torna inviável a permanência do vínculo empregatício (TRT 7ª R., RO 00018681920175070027, Rel. Des. Clóvis Valença Alves Filho, *DEJT* 11.12.2018).

2.2.1.10. *Insubordinação*

A insubordinação que pode tipificar a justa causa prevista na alínea *h* do art. 482 da CLT diz respeito ao descumprimento de ordens legais, pessoais e diretas feitas pelo empregador. Ex.: recusar-se, sem motivo plausível, o empregado a redigir um ofício, contrariando determinação direta do superior hierárquico.

Colecionamos alguns julgados sobre caracterização da insubordinação:

RECURSO ORDINÁRIO. JUSTA CAUSA POR INSUBORDINAÇÃO. CONFIGURAÇÃO. O comportamento reprovável do empregado em descumprir as ordens recebidas de seus superiores hierárquicos, de modo reiterado, justifica plenamente a aplicação da penalidade prevista no artigo 482, *h*, da CLT, por insubordinação. Por consequência, não há que se falar em reintegração no emprego, em virtude da estabilidade provisória do acidentado, ou até mesmo em indenização correspondente aos salários do período estabilitário, parcelas vencidas e vincendas, diante da incompatibilidade entre os dois institutos. Nesse passo, a garantia de emprego prevista no artigo 118, da Lei n. 8.213/91, não pode servir como salvo-conduto para que o trabalhador se comporte como bem entender em seu cotidiano laboral, a ponto de descumprir as cláusulas insertas no contrato de emprego, dentre as quais aquela afeta à obediência às ordens diretas e não abusivas de seu empregador. Recurso do reclamante ao qual se nega provimento, no particular (TRT 2ª R., RO 00322003120095020045, Rel. Des. Rita Maria Silvestre, 8ª T., *DEJT* 27.05.2013).

JUSTA CAUSA. INDISCIPLINA. INSUBORDINAÇÃO. Comprovado nos autos que o empregado apresentou conduta insubordinada ao descumprir o regulamento interno da empresa, incorrendo em conflito de interesses, bem como ao não respeitar as ordens para a transferência de equipamentos pertencentes à Reclamada, é de se acolher a alegação de rescisão por justa causa (TRT 10ª R., RO 00310-2012-006-10-00-0 RO, Rel. Des. José Leone Cordeiro Leite , 3ª T., *DEJT* 08.02.2013).

DESPEDIDA POR JUSTA CAUSA. INSUBORDINAÇÃO. Nos termos do art. art. 456 da CLT, inexistindo cláusula expressa a tal respeito, entender-se-á que o empregado se obrigou a todo e qualquer serviço compatível com a sua condição pessoal. Posto ter sido comprovado em Juízo o ato de insubordinação do empregado decorrente da recusa em efetuar uma tarefa determinada pelo empregador, bem como de que essa determinação era compatível com a condição pessoal do obreiro, é cabível sua despedida por justa causa, por insubordinação (TRT 12ª R., RO 0003219-08.2012.5.12.0045, Rel. Des. Roberto Basilone Leite, 2ª T., *DEJT* 02.05.2014).

2.2.1.11. *Abandono de emprego*

Dispõe a alínea *i* do art. 482 da CLT que o "abandono de emprego" tipifica justa causa.

A despeito da controvérsia acerca da natureza jurídica do abandono de emprego, o certo é que o ordenamento positivo brasileiro considera esta figura como justa causa para extinção do contrato de labor.

Dois requisitos, cumulativos, avultam imprescindíveis para a caracterização dessa modalidade de justa causa praticada pelo empregado:

- requisito objetivo – caracteriza-se pelo decurso de um prazo, fixado pela jurisprudência em 30 (trinta) dias, sem que o empregado compareça ao serviço ou comunique a razão da sua ausência ao trabalho;
- requisito subjetivo – caracteriza-se pelo *animus abandonandi*, isto é, a intenção manifesta do empregado de pôr fim à relação de emprego por não ter mais interesse em continuar prestando serviços ao empregador.

De acordo com a Súmula 32 do TST: "Presume-se o abandono de emprego se o trabalhador não retornar ao serviço no prazo de 30 (trinta) dias após a cessação do benefício previdenciário nem justificar o motivo de não o fazer".

Tendo em vista o princípio da continuidade da relação empregatícia, cabe ao empregador o ônus da prova do abandono de emprego.

Caso o empregado deixe de comparecer ao emprego e o empregador comprovar, ainda que em período inferior a trinta dias, que o empregado conseguiu novo emprego no mesmo horário de trabalho, caracterizada estará a justa causa por abandono de emprego.

Outra forma de se comprovar o abandono de emprego é pela convocação, por prova documental ou testemunhal, do empregado para reassumir suas funções no empregador, sob pena de caracterizar a falta prevista na alínea *i* do art. 482 da CLT.

Prevê a Súmula 62 do TST que, no caso de o empregado gozar do direito de somente ser dispensado se cometer falta grave, "o prazo de decadência do direito do empregador de ajuizar inquérito em face do empregado que incorre em abandono de emprego é contado a partir do momento em que o empregado pretendeu seu retorno ao serviço".

Trazemos à colação alguns julgados sobre abandono de emprego:

> RECURSO ORDINÁRIO. ABANDONO DE EMPREGO. JUSTA CAUSA. Tendo ajuizado reclamação trabalhista quase 4 meses depois do último dia de trabalho, merece manutenção a sentença que reconheceu o abandono de emprego, eis que presentes os fatores objetivo e subjetivo, este resumido pelo lastro de tempo longo entre o último dia trabalhado e qualquer ânimo de busca de direitos. Recurso ordinário conhecido e improvido (TRT 7ª R., RO 00001160320175070030, Rel. Des. Jose Antonio Parente da Silva, *DEJT* 07.03.2019).
>
> ABANDONO DE EMPREGO. JUSTA CAUSA CONFIGURADA. Para se saber se a conduta, de abandono do emprego, atribuída ao empregado, implicou justa causa para o desfazimento do vínculo empregatício, necessário se faz verificar se foram preenchidos os requisitos exigidos para a sua ocorrência. Restando demonstrados tanto o requisito objetivo (ausência injustificada ao trabalho por período superior a trinta dias), quanto o subjetivo (o ânimo de não mais comparecer ao trabalho por esse mesmo período), tem-se que o reclamante deu causa à descontinuidade da relação laboral, impondo-se concluir que a dissolução do contrato se deu por justa causa, não comportando o deferimento das parcelas requeridas na petição inicial. Recurso autoral improvido (TRT 6ª R., RO 0000858-50.2017.5.06.0161, Red. Des. Milton Gouveia da Silva Filho, 3ª T., *DEJT* 07.02.2019).
>
> ABANDONO DE EMPREGO. JUSTA CAUSA. O abandono de emprego caracteriza-se pela ocorrência de faltas seguidas e prolongadas ao trabalho, estando em vigor o dever de trabalhar. Além disso, exige-se a presença da intenção do empregado de não mais retornar ao trabalho até então exercido. A Súmula n. 32 do C. TST dispõe que "presume-se o abandono de emprego se o trabalhador não retornar ao serviço no prazo de 30 (trinta) dias após a cessação do benefício previdenciário nem justificar o motivo de não o fazer (TRT 17ª R., RO 00014368220155170191, Rel. Des. Gerson Fernando da Sylveira Novais, *DEJT* 28.06.2017).
>
> ABANDONO DE EMPREGO. JUSTA CAUSA. INOCORRÊNCIA. Para que se caracterize o abandono de emprego é mister que o empregador comprove a ausência do empregado, em período superior a 30 dias, sendo necessário para tanto a demonstração de que convocado o empregado a retornar ao trabalho, não atendeu o chamado do empregador, ou ainda que a prova revele a intenção do laborista em não mais retornar, ainda que não ultrapassado aquele prazo. Sentença que se mantém no particular (TRT 1ª R., RO 00110133420145010266, Rel. Des. Jose Antonio Teixeira da Silva, 8ª T., *DEJT* 06.03.2017).

2.2.1.12. Ato lesivo à honra e à boa fama e ofensas físicas

As alíneas *j* e *k* do art. 482 da CLT consideram justa causa praticada pelo empregado, respectivamente:

- o "ato lesivo da honra ou da boa fama praticado no serviço contra qualquer pessoa, ou ofensas físicas, nas mesmas condições";
- o "ato lesivo da honra ou da boa fama ou ofensas físicas praticadas contra o empregador e superiores hierárquicos".

Em ambos os casos, o ato caracterizador da justa causa implica lesão a direitos da personalidade, na medida em que são atos ofensivos à integridade física, psíquica ou moral do empregador ou de terceiros.

O ato lesivo da honra ou da boa fama (ou ofensas físicas) apto a caracterizar a justa causa pode ter como vítima(s):

- colega de trabalho;
- terceiro não vinculado ao empregador (*v.g.*, cliente);
- empregador ou superiores hierárquicos.

No que tange ao ato praticado contra terceiro (qualquer pessoa distinta do empregador ou superiores hierárquicos) é preciso que seja praticado no serviço, ou seja, no ambiente do trabalho.

Quanto ao ato lesivo à honra e boa fama do empregador ou superiores hierárquicos, a justa causa pode ocorrer mesmo fora do ambiente de trabalho.

A ofensa física é a agressão contra a pessoa do empregador, superior hierárquico, colegas de trabalho ou terceiros, no local do trabalho ou em estreita relação com o serviço.

Admite-se a tentativa da agressão como suficiente à caracterização da falta. Ex.: um soco desferido pelo empregado no rosto de um colega ou do superior hierárquico.

Em qualquer caso, nos termos das partes finais das alíneas *j* e *k* do art 482 da CLT, estará descaracterizada a justa causa se o empregado praticou o ato em legítima defesa, própria (como o revide imediato a uma agressão à sua honra) ou de outrem (no caso de revide a agressão a pessoa de sua família).

Ouçamos a jurisprudência:

> JUSTA CAUSA. PRÁTICA PELO EMPREGADO DE ATO LESIVO DA HONRA OU DA BOA FAMA PRATICADO NO SERVIÇO CONTRA QUALQUER PESSOA, OU OFENSAS FÍSICAS, NAS MESMAS CONDIÇÕES, SALVO EM CASO DE LEGÍTIMA DEFESA, PRÓPRIA OU DE OUTREM. PUBLICAÇÃO NO *FACEBOOK*. Publicação e manutenção em rede social de comentários desairosos à reclamada, justamente relativos

ao armazenamento dos produtos que comercializa, viola a boa-fé objetiva e autoriza o rompimento do contrato de trabalho por justa causa (TRT 4ª R., RO 00201952620165040772, 4ª T., *DEJT* 12.05.2017).

JUSTA CAUSA. AGRESSÃO FÍSICA. O artigo 482, alínea *j*, da CLT dispõe que constitui justa causa, para rescisão do contrato de trabalho pelo empregador, ato lesivo da honra ou da boa fama praticado no serviço contra qualquer pessoa, ou ofensas físicas, nas mesmas condições, salvo em caso de legítima defesa, própria ou de outrem, sendo o ônus probatório desta excludente da infração trabalhista da parte que a alegar, ou seja, do empregado. Assim, a ocorrência de agressão física em local de trabalho, sem comprovação quanto à legítima defesa, caracteriza falta grave, que impossibilita a continuidade do contrato de trabalho. Recurso ordinário a que se nega provimento (TRT 17ª R., RO 00005424520165170006, Rel. Des. Jailson Pereira da Silva, *DEJT* 16.04.2019).

JUSTA CAUSA. CONFIGURAÇÃO. LEGÍTIMA DEFESA. Como cediço, constitui justa causa para rescisão do contrato de trabalho pelo empregador, o ato lesivo da honra ou da boa fama praticado pelo empregado no serviço contra qualquer pessoa, ou ofensas físicas, nas mesmas condições, salvo em caso de legítima defesa, própria ou de outrem (art. 482, *caput* e alínea *j*, CLT). Nesse contexto, não se desvencilhando a trabalhadora do encargo probatório que lhe cabia, concernente ao fato de ter agido em legítima defesa de sua integridade física, em face de agressão física sofrida no ambiente de trabalho, que configura excludente da infração trabalhista, evidencia-se suporte fático-jurídico ensejador da dispensa por justa causa perpetrada pela empregadora (TRT 3ª R., RO 0001964-61.2012.5.03.0143, Rel. Des. Heriberto de Castro, Turma Recursal de Juiz de Fora, *DEJT* 10.04.2014).

2.2.1.13. Prática constante de jogos de azar

Nos termos do art. 482, alínea *l*, da CLT, ocorre justa causa do empregado pela "prática constante de jogos de azar".

Segundo a doutrina, são considerados jogos de azar apenas aqueles assim descritos pela legislação penal. Ex.: jogo do bicho.

É imprescindível a habitualidade no comportamento do empregado.

Eis o entendimento jurisprudencial:

RECURSO ORDINÁRIO. FALTA GRAVE. PRÁTICA CONSTANTE DE JOGOS DE AZAR. INFRAÇÃO TIPIFICADA NA ALÍNEA *L* DO ART. 482 DA CLT. FATO IMPEDITIVO DO DIREITO DO AUTOR. ÔNUS DA PROVA. DESINCUMBÊNCIA. JUSTA CAUSA CONFIGURADA. I – O ato faltoso grave é aquele que, uma vez caracterizado, mais danosos efeitos provoca em face da vida social, familiar e profissional do trabalhador. O Princípio da Continuidade do Vínculo de Emprego, por seu turno, requer prova estreme de dúvida, a cargo do empregador, que assume o ônus da prova ao apontar qualquer das condutas tipificadas no art. 482 da CLT. Trata-se de fato impeditivo do direito, que atrai a aplicação do art. 373, inciso II, do CPC c/c com o art. 818 da CLT. II - No caso, o conjunto probatório evidência que o trabalhador, de forma habitual, dedicava-se à prática de jogos de azar, realizando apostas e conferindo resultados durante o expediente de trabalho, afetando diretamente a sua produtividade laborativa, procedimento que se enquadra na infração tipificada na alínea *l* do art. 482 da CLT. III – Apelo do autor a que se nega provimento (TRT 6ª R., RO 0000885-05.2016.5.06.0311, Red. Des. Valeria Gondim Sampaio, 1ª T., *DEJT* 13.03.2018).

A prática de jogos de azar reconhecidos pelo Estado, como sena, loto, loteria esportiva etc., não caracteriza justa causa para a resolução do contrato de trabalho.

2.2.1.14. *Atos atentatórios à segurança nacional*

De acordo com o Parágrafo único do art. 482 da CLT (incluído pelo Decreto-lei 03, de 27.01.1966), "constitui igualmente justa causa para dispensa de empregado a prática, devidamente comprovada em inquérito administrativo, de atos atentatórios à segurança nacional".

Tal figura de justa causa, criada durante a vigência do Golpe Militar (Presidência de Castello Branco), é incompatível com o regime democrático instalado a partir da Constituição Federal de 1988, máxime considerando o princípio da inafastabilidade de apreciação, pelo Poder Judiciário, de lesão ou ameaça a direito (art. 5º, XXXV).

2.2.1.15. *Perda de habilitação*

A Lei 13.467/2017 acrescentou a alínea "m" ao art. 482 da CLT, dispondo que o empregador poderá dispensar o empregado por justa causa na hipótese de "perda da habilitação ou dos requisitos estabelecidos em lei para o exercício da profissão, em decorrência de conduta dolosa do empregado".

Trata-se de nova hipótese de justa causa decorrente da cassação da habilitação profissional do empregado, desde que caracterizada a sua conduta dolosa. A nova regra, ao que nos parece, foi concebida para justificar a dispensa por justa causa do motorista profissional que teve a sua carteira de habilitação cassada por conduta dolosa. Mas ela poderá tambémser aplicada a outros profissionais, como médicos, advogados, dentistas, contadores etc. Assim, por exemplo, se um médico empregado de um hospital que teve seu registro cassado pelo Conselho de Medicina em decorrência de sua conduta dolosa, o empregador poderá dispensá-lo por justa causa.

Se a perda da habilitação ocorreu por conduta culposa não poderá o empregador dispensar o empregado por justa causa. Igualmente, a suspensão transitória da habilitação profissional não enseja a justa causa prevista na novel alínea "m" do art. 482 da CLT.

2.2.1.16. *Outras figuras especiais de justa causa*

Além das figuras de justa causa previstas no art. 482 da CLT, outras há espalhadas por outros dispositivos da CLT, tais como:

- a do bancário que não pagasse dívidas legalmente exigíveis (art. 508). Este dispositivo, contudo, foi expressamente revogado pela Lei 12.347, de 10.12.2010 (*DOU* de 13.12.2010).
- a do aprendiz que tem desempenho insuficiente ou não consegue adaptar-se ao trabalho; que comete falta disciplinar grave; ou que tenha ausência injustificada à escola que implique perda do ano letivo (CLT, art. 433, I, II e III);
- a do ferroviário que, nos casos de urgência ou acidente, recusa-se, sem causa justificada, à execução de serviço extraordinário (CLT, art. 240, parágrafo único);
- a do empregado que se recusa, injustificadamente, a observar as instruções e procedimentos relativos à segurança do trabalho ou a usar os equipamentos de proteção individual fornecidos pelo empregador (CLT, art. 158, parágrafo único).

2.3. Iniciativa do empregado e rescisão indireta

A terminação do pacto de labor por iniciativa do empregado pode se dar de duas formas: rescisão indireta ou por pedido de demissão.

Na **demissão espontânea** com iniciativa do empregado, devem ser analisadas três situações:

Empregado com **menos de um ano** de serviço;

Empregado com **mais de um ano de serviço**; ou

Empregado que aderiu **ao plano de demissão incentivada**.

É o que veremos nos itens 2.3.2, 2.3.2 e 2.3.4, *infra*.

2.3.1. *Rescisão indireta*

Na **rescisão indireta**, também chamada de despedimento indireto, ocorre a extinção do contrato de trabalho por iniciativa do empregado, que tem o ônus de provar a justa causa perpetrada pelo empregador (CLT, art. 483).

Nesse caso, se o empregado se desincumbir do referido ônus, terá os mesmos direitos como se a extinção fosse por iniciativa do empregador sem justa causa, inclusive fazendo jus o empregado ao aviso prévio (CLT, art. 487, § 4º).

As hipóteses de rescisão indireta estão no art. 483 da CLT, segundo o qual o empregado poderá considerar rescindido o contrato e pleitear a devida indenização quando:

a) **Forem exigidos serviços superiores às suas forças, defesos por lei, contrários aos bons costumes, ou alheios ao contrato** – é o que ocorre, por exemplo, quando o empregador viola o disposto nos arts. 198, 390 ou 405, § 5º, da CLT, exigindo remoção de qualquer objeto com peso superior a: 60 quilogramas, se empregado; 20 quilogramas (trabalho contínuo) ou 25 quilogramas (trabalho ocasional), se empregada ou empregado(a) menor.

Também pode incidir na infração da alínea ora focalizada o empregador que exige serviços intelectuais excessivos às forças psíquicas do empregado, como nos casos em que o empregador exige o cumprimento de metas inatingíveis ou que comprometam a incolumidade da saúde física ou psíquica do trabalhador. Incide, igualmente, na violação à presente alínea o empregador que dá ordens ou exige serviços ilegais tipificados como crime ou contravenção penal, ou, ainda, alheios ao contrato de trabalho.

Em todos esses casos, o empregado poderá deixar de cumprir a ordem manifestamente ilegal, imoral ou contrária aos bons costumes e postular a rescisão indireta do contrato de trabalho.

Ouçamos a jurisprudência:

> (...) RESCISÃO INDIRETA DO CONTRATO DE TRABALHO. O Regional asseverou que o hospital reclamado exigiu de sua empregada atividade alheia àquela para a qual fora contratada. Destacou que a Resolução n. 280/2003 do Conselho Federal de Enfermagem adota posição contrária ao desempenho, por técnico de enfermagem, de auxílio em centros cirúrgicos, situação configurada nos presentes autos, visto que a empregada auxiliava médicos dentro do centro cirúrgico, local em que, inclusive, sofreu acidente do trabalho. Logo, a decisão regional, que reconhece a rescisão indireta do contrato de trabalho, não viola o art. 483, "a", da CLT, ao revés, observa estritamente o teor da referida norma. Agravo de instrumento conhecido e não provido (TST-AIRR 666-44.2018.5.14.0005, 8ª T., Rel. Min. Dora Maria da Costa, *DEJT* 23.08.2019).

b) **For tratado pelo empregador ou por seus superiores hierárquicos com rigor excessivo** – é o que ocorre quando o empregador discrimina determinado empregado, tratando-o de forma bem mais rigorosa que a adotada com outros empregados, por meio de repreensões ou punições sem fundamentação razoável ou desproporcional. Em regra, a intenção do empregador é criar um "clima" que induza o empregado a pedir a sua demissão.

c) **Correr perigo manifesto de mal considerável** – o espírito desta regra é impedir que o empregador submeta o empregado a situações que coloquem em risco iminente os seus direitos fundamentais à vida, à segurança ou à saúde, como exigir o serviço sem dar as condições adequadas ao exercício do labor, como o não fornecimento de EPI (Equipamentos de Proteção Individual) em perfeito funcionamento ou a exigência de transportes de valores por empregado não qualificado para tal função.

d) **Não cumprir o empregador as obrigações do contrato** – esta hipótese é a mais comum nas lides trabalhistas e, paradoxalmente, a mais controvertida. Segundo entendimento doutrinário dominante, não é qualquer obrigação contratual inadimplida que enseja a rescisão indireta, sendo imprescindível que fique caracterizada a "falta grave" do empregador.

Pensamos, contudo, que o art. 483, *d*, da CLT deve ser reinterpretado conforme a Constituição Federal, de modo que, se for comprovada a violação, ainda que parcial, das obrigações de pagar, de fazer ou de não fazer relacionadas aos direitos fundamentais sociais do trabalhador, por exemplo, a falta ou o atraso no pagamento dos salários ou do décimo terceiro, a não concessão de férias ou a ausência do recolhimento do FGTS, implicará justa causa perpetrada do empregador, o que autorizará a rescisão indireta do contrato de trabalho pelo empregado. Afinal, nesses casos não haverá apenas a violação aos direitos previstos na lei ou no contrato como também ofensa aos direitos fundamentais insculpidos na própria Constituição da República.

Há cizânia jurisprudencial a respeito da interpretação da alínea *d* do art. 483 da CLT:

> RECURSO DE REVISTA. RESCISÃO INDIRETA. IRREGULARIDADE NO RECOLHIMENTO DO FGTS. Segundo a jurisprudência desta Corte Superior, a reiterada ausência ou a insuficiência do recolhimento dos valores devidos a título de FGTS constitui falta grave, capaz de justificar a rescisão indireta do contrato de trabalho, nos termos do art. 483, "d", da CLT. Outrossim, este Tribunal Especializado tem perfilhado o entendimento de que a condição de hipossuficiente do empregado impede a aplicação do princípio da imediatidade nos casos envolvendo o rompimento do contrato laboral por justa causa do empregador. Recurso de revista conhecido e provido (TST-RR 128-29.2018.5.12.0002, 8ª T., Rel. Min. Dora Maria da Costa, *DEJT* 16.08.2019).
>
> RESCISÃO INDIRETA. ART. 483, *d*, da CLT. A rescisão indireta é forma de resolução do contrato de trabalho em razão de falta grave praticada pelo empregador. O art. 483, *d*, da CLT prevê que "O empregado poderá considerar rescindido o contrato e pleitear a devida indenização quando: (...) *d)* não cumprir o empregador as obrigações do contrato". A análise do fato tipificado na alínea *d* do art. 483 é objetiva, ou seja, independe de dolo ou de culpa do empregador. Porém, é necessário que a irregularidade cometida pelo empregador seja de tal gravidade que torne impossível a

manutenção do contrato, como é o caso do atraso reiterado no pagamento de salários, juntamente com outras parcelas decorrentes do contrato (TRT 4ª R., RO 00208694320185040801, j. 21.08.2019, 5ª Turma, *DEJT* 21.08.2019).

RESCISÃO INDIRETA DO CONTRATO DE TRABALHO. ART. 483 DA CLT. A rescisão do contrato de trabalho, com fundamento no art. 483 da CLT, alínea *d*, da CLT, exige a comprovação do descumprimento contratual capaz de impedir a manutenção do vínculo de emprego. No caso dos autos, restou comprovado o descumprimento das obrigações contratuais por parte do empregador, a exemplo dos descontos do valor do vale transporte sem a respectiva entrega do benefício ao empregado, o que, por si só, é motivo suficiente para ensejar a rescisão indireta. MULTA DO ART. 477, § 8º DA CLT. INAPLICABILIDADE. Indevida a multa do art. 477, § 8º da CLT, por se tratar de reconhecimento judicial de rescisão indireta justa e a consequente inclusão das verbas desta última modalidade rescisória (TRT 22ª R., RO 00003210572016522000З, Rel. Des. Basilica Alves Da Silva, j. 01.10.2018, 1ª T., *DEJT* 01.10.2018).

RESCISÃO INDIRETA. ART. 483, *d*, DA CLT. NÃO CARACTERIZAÇÃO. A hipótese de rescisão indireta consubstanciada no art. 483, *d*, da CLT, apenas se configura com a prova contundente de que o empregador descumpriu obrigações decorrentes do liame empregatício que impossibilitam a continuidade da prestação de serviços, ante a quebra da confiança que permeia o contrato de trabalho, o que não aconteceu na hipótese dos autos. A falta de pagamento de vale transporte ou pagamento a menor, bem como o exercício cumulativo de funções não são suficientes para a decretação da rescisão indireta do contrato de trabalho, pois não inviabilizam a manutenção da relação laboral, principalmente porque a mora pode ser purgada a qualquer tempo, com a aplicação dos acréscimos legais incidentes, tendo, ainda, o empregado a via acionária para obter a sua satisfação, inclusive na vigência do contrato de emprego. Recurso a que se nega provimento (TRT 6ª R. RO 0000662-24.2018.5.06.0233, Red. Des. Eduardo Pugliesi, 1ª T., *DEJT* 25.01.2019).

RESCISÃO INDIRETA. ART. 483, ALÍNEA *d*, DA CLT. CONFIGURAÇÃO. A ausência de recolhimento da integralidade dos valores alusivos ao FGTS constitui ato faltoso da empresa reclamada, nos termos do art. 483, alínea *d*, da CLT, autorizando, portanto, a rescisão indireta do contrato de trabalho (TRT 7ª R., RO 00009208020165070005, Rel. Des. Francisco Tarcisio Guedes Lima Verde Junior, *DEJT* 04.07.2018).

Ocorrendo a hipótese prevista na alínea *d* sob exame, poderá o empregado, nos termos do § 3º do art. 483 da CLT, "pleitear a rescisão de seu contrato de trabalho e o pagamento das respectivas indenizações, permanecendo ou não no serviço até final decisão do processo". Nesse sentido:

RECURSO DE REVISTA INTERPOSTO ANTES DA LEI 13.015/2014. RESCISÃO INDIRETA DO CONTRATO DE TRABALHO. IMEDIATIDADE. ARTIGO 483 DA CLT. Esta Corte tem reiteradamente decidido pela relativização do requisito da imediatidade no tocante à rescisão indireta, em observância aos princípios da continuidade da prestação laboral e da proteção ao hipossuficiente. O artigo 483, *caput* e § 3º, da CLT, faculta ao empregado considerar rescindido o contrato de trabalho antes de pleitear em juízo as verbas decorrentes da rescisão indireta. Todavia, o referido dispositivo não estabelece o procedimento a ser adotado pelo empregado quando o empregador incidir em uma das hipóteses de justa causa. Vale dizer, não há qualquer exigência formal para o exercício da opção de se afastar do emprego antes do ajuizamento da respectiva ação trabalhista. Comprovada em juízo a justa causa do empregador, presume-se a relação entre a falta patronal e a iniciativa do empregado de rescindir o contrato de trabalho. No caso, extrai-se do acórdão recorrido o descumprimento de obrigações patronais, tais como ausência de remuneração das horas extras, não concessão de folga compensatória pelo labor em feriados e não ressarcimento de despesas com uniforme e trabalho no período de férias, o que autoriza o reconhecimento da rescisão indireta, com o consequente pagamento das verbas rescisórias pertinentes a essa modalidade de ruptura do pacto laboral, sendo procedente o pedido obreiro quanto a esse aspecto. Nesse contexto, a decisão recorrida encontra-se em consonância com a atual, notória e reiterada jurisprudência desta Corte. Assim, a divergência jurisprudencial suscitada não prospera, ante a previsão do art. 896, § 4º, da CLT (atual § 7º), e a alegação de violação ao art. 483, *d*, da CLT, por sua vez, encontra óbice na Súmula 333 do TST. Recurso de revista não conhecido. (...) (TST-RR 891-05.2011.5.15.0095, 6ª T., Rel. Min. Augusto César Leite de Carvalho, *DEJT* 16.08.2019).

e) **Praticar o empregador ou seus prepostos, contra ele ou pessoas de sua família, ato lesivo da honra e boa fama** – esta hipótese se dá quando o empregador (ou seus prepostos) violar direitos da personalidade de cidadão-trabalhador ou de pessoas integrantes da sua família[5].

Ocorrendo a hipótese da alínea *e* do art. 483 da CLT, o empregado poderá rescindir indiretamente o contrato de trabalho e postular indenização por danos morais, sem prejuízo das verbas rescisórias pertinentes como se fosse dispensa sem justa causa.

f) **O empregador ou seus prepostos o ofenderem fisicamente, salvo em caso de legítima defesa, própria ou de outrem** – a incolumidade física do empregado também é um direito da personalidade do cidadão-trabalhador, devendo o empregador (ou seus propostos) respeitá-lo com a maior efetividade possível.

5. Sobre direitos da personalidade, remetemos o leitor ao Título I, Capítulo I, item 11.

É ônus do empregado provar que sofreu a ofensa física em si ou em membro da sua família. É do empregador o ônus de provar a legítima defesa, própria ou de outrem.

O descumprimento pelo empregador do dever legal de zelar pela integridade física do empregado implica a possibilidade de rescisão indireta com a incidência de indenizações por danos materiais (se for o caso) e morais, além dos direitos do empregado inerentes à rescisão contratual como se fosse dispensado sem justa causa.

g) **O empregador reduzir o seu trabalho, sendo este por peça ou tarefa, de forma a afetar sensivelmente a importância dos salários** – a presente hipótese caracteriza alteração contratual *in pejus* para o empregado quando o trabalho é realizado por peça ou tarefa (salário por unidade de obra ou por tarefa), mas só ensejará a rescisão indireta se a diminuição do trabalho "afetar sensivelmente a importância dos salários". Essa expressão é um conceito indeterminado que deverá ser interpretado e aplicado em cada caso concreto, com observância dos princípios da razoabilidade ou proporcionalidade. Em qualquer caso, parece-nos que ao empregado será sempre garantido o direito ao salário mínimo, isto é, a redução terá como limite o salário mínimo, pois este corresponde ao piso vital mínimo ou mínimo existencial.

Ocorrendo a redução sensível dos salários por tarefa ou unidade de obra, nos termos do § 3º do art. 483 da CLT, "poderá o empregado pleitear a rescisão de seu contrato de trabalho e o pagamento das respectivas indenizações, permanecendo ou não no serviço até final decisão do processo".

h) **Desempenho de obrigação legal** – na hipótese em que o empregado tenha de desempenhar obrigação legal, prevê o § 1º do art. 483 da CLT, o "empregado poderá suspender a prestação dos serviços ou rescindir o contrato, quando tiver de desempenhar obrigações legais, incompatíveis com a continuação do serviço". É o que se dá, por exemplo, quando o empregado é convocado para prestar serviço militar obrigatório ou para atuar no Tribunal do Júri. Para ensejar a rescisão indireta, é ônus do empregado provar a incompatibilidade do desempenho da atividade legal com a continuidade da relação empregatícia. Quando a obrigação legal for por iniciativa do empregado, como no caso de investidura em cargo de representação eletiva (vereador, deputado, prefeito, governador etc.), parece-nos que o empregado terá a opção de suspensão do contrato de trabalho ou rescisão indireta.

i) **Morte do empregador** – no caso de morte do empregador, é facultado ao empregado rescindir o contrato de trabalho (CLT, art. 483, § 2º). Essa regra é aplicável apenas quando o empregador for pessoa física (*v. g.*, profissional liberal) ou empresário individual ou empresa individual de responsabilidade limitada, também chamada de "EIRELI" (CC, art. 980-A).

2.3.1.1. Rescisão indireta e danos morais

Ocorrendo a rescisão indireta, o empregado também poderá, em algumas hipóteses, além dos danos materiais consubstanciados nos direitos trabalhistas devidos como se fosse dispensado sem justa causa pelo empregador, postular a condenação do empregador em danos morais por ofensa aos seus direitos da personalidade ou por ato de discriminação (Lei 9.029/95). Nesse sentido:

> AGRAVO. AGRAVO DE INSTRUMENTO. RECURSO DE REVISTA. CERCEAMENTO DO DIREITO DE DEFESA. RESCISÃO INDIRETA. DANOS MORAIS. INDENIZAÇÃO. ADICIONAL DE INSALUBRIDADE. 1. A parte agravante não apresenta argumentos novos capazes de desconstituir a juridicidade da decisão agravada, no sentido de que o recurso de revista não observou pressuposto intrínseco previsto no art. 896 da CLT. 2. Na hipótese vertente, o Tribunal Regional, ao afastar a inépcia da inicial, sob o fundamento de que o reclamante descreveu os fatos e indicou os fundamentos da sua pretensão, possibilitando à reclamada defender-se, asseverou que a informalidade e a simplicidade são princípios norteadores do Processo do Trabalho, não havendo cogitar de defeito da petição inicial ou cerceamento de defesa. 3. A Corte Regional, valorando fatos e provas, concluiu que a reclamada se obrigou, por norma coletiva, a manter sanitários masculino e feminino para uso dos empregados, inclusive nos pontos de controle das linhas de ônibus. A inobservância do pactuado, ainda que parcial, ensejou a rescisão indireta do contrato de trabalho, na forma do art. 483, *d*, da CLT. A Corte de origem ressaltou que o descumprimento das referidas cláusulas resultou em constrangimentos ao reclamante, inclusive o de ter que fazer suas necessidades em ambientes com falta de higiene, o que ensejou a indenização por danos morais. 4. Não há como alterar, nesta fase, a decisão regional que reconheceu o direito ao adicional de insalubridade, fundamentada em laudo pericial conclusivo quanto à existência de agentes físicos danosos à saúde (ruído e vibração), porque não desconstituído ou infirmado por prova em sentido contrário. 5. Consoante a decisão agravada, não resultou demonstrada a literalidade dos arts. 5º e 7º, XV e XXVI, da Constituição Federal, 67, 193, 483 e 853-B da CLT, 426 do CPC, 1º da Lei n. 605/49, por incidência da Súmula 126 do TST. Agravo a que se nega provimento (TST-Ag-AIRR 20439620125030092 – Rel. Min. Walmir Oliveira da Costa – 1ª T. – *DEJT* 31.03.2015).

> RESCISÃO INDIRETA. OFENSA À HONRA E À AUTOESTIMA DA EMPREGADA. ART. 483, *e*, DA CLT. CONFIGURAÇÃO. INDENIZAÇÃO POR DANOS MORAIS DEVIDA. Provado nos autos que a reclamante sofria constantes humilhações por parte de sua superior hierárquica, com adjetivações impróprias, resta configurada a hipótese do art. 483, alínea *e*, da CLT, pelo que faz jus à rescisão indireta do contrato de trabalho com as parcelas daí decorrentes, bem como à indenização reparatória pelo

dano moral sofrido (TRT 11ª 00111464720135110003, Rel. Des. Francisca Rita Alencar Albuquerque, *DEJT* 02.07.2015).

RESCISÃO INDIRETA. DANOS MORAIS. Evidenciado o tratamento rude e inadequado à reclamante, por parte de sua superiora hierárquica e o descumprimento de obrigações contratuais, concretiza-se o suporte fático para a aplicação do art. 483, *d*, da CLT, a autorizar a rescisão indireta do contrato de trabalho e a indenização por assédio moral. Sentença mantida (TRT 4ª R., RO 00212822020175040404, j. 13.08.2019, 3ª T., *DEJT* 13.08.2019).

Outra questão controvertida é a incidência ou não das multas previstas nos arts. 467 e 477, § 8º, da CLT nas rescisões indiretas. Ouçamos a jurisprudência do TST:

MULTA DO ARTIGO 477 DA CLT. RESCISÃO INDIRETA DO CONTRATO DE TRABALHO. POSSIBILIDADE. I – O Regional considerou indevida a condenação à multa do artigo 477, § 8º, da CLT, sob o fundamento de que havendo controvérsia sobre modalidade de rescisão do liame empregatício, não se há falar em aplicação de penalidade. II – Da interpretação teleológica da norma do § 8º do artigo 477 da CLT extrai-se a conclusão de o legislador ter instituído a multa ali preconizada, para o caso de as verbas rescisórias devidas ao empregado serem incontroversas, cujo pagamento não seja efetuado nos prazos contemplados no § 6º daquele artigo, salvo eventual mora que lhe seja atribuída. III – No caso dos autos, a despeito de a rescisão contratual ter sido reconhecida apenas em juízo e consequentemente as parcelas rescisórias, tal condição não obstaculiza a condenação ao pagamento da multa do artigo 477 da CLT. IV – Isso porque, com o cancelamento da OJ 351 da SDI-I do TST, não mais prevalece o entendimento de que, em havendo controvérsia sobre a obrigação cujo inadimplemento gerou a multa, esta seria descabida. V – Com efeito, a atual iterativa e notória jurisprudência desta Corte é a de que a multa em questão somente não seria devida quando o próprio trabalhador tiver dado causa à mora, hipótese não verificada nos autos. VI – Recurso de revista conhecido e provido, no particular (TST-ARR 104600-45.2009.5.01.0021 – Rel. Min. Antonio José de Barros Levenhagen – 5ª T. – *DEJT* 09.09.2016).

(...) MULTA DO ARTIGO 467 DA CLT. PEDIDO DE RECONHECIMENTO DA RESCISÃO INDIRETA. VERBAS RESCISÓRIAS CONTROVERSAS. Discute-se a incidência da multa do artigo 467 da CLT ao caso em questão. O pressuposto fático-jurídico para a incidência da sanção prevista no artigo 467 da CLT é a incontrovérsia sobre o montante das verbas rescisórias devidas na data do comparecimento à Justiça do Trabalho, não se justificando a aplicação da penalidade se houver controvérsia sobre a existência do direito às parcelas rescisórias ou sobre o respectivo pagamento. No caso dos autos, havia controvérsia quanto à modalidade da rescisão contratual, havendo pedido inicial pelo reconhecimento da rescisão indireta. Logo, era inexigível o pagamento das parcelas rescisórias pleiteadas pelo autor à data do comparecimento da reclamada à Justiça do Trabalho, visto que controversas, razão pela qual não incide a multa de que trata o artigo 467 da CLT. Precedentes de Turmas. Recurso de revista não conhecido (TST-RR 1610-97.2014.5.12.0019 – Rel. Min. José Roberto Freire Pimenta, 2ª T., *DEJT* 02.09.2016).

2.3.2. *Demissão espontânea do empregado com mais de um ano de serviço*

Em se tratando de empregado com mais de um ano de serviço, o seu pedido de demissão ou recibo de quitação do contrato de trabalho só seria válido com a assistência do respectivo sindicato da categoria profissional a que pertence ou perante a autoridade do Ministério do Trabalho (CLT, art. 477, § 1º). Nesse caso, o ato demissionário do empregado sem a chancela sindical ou do Ministério do Trabalho era considerado nulo e o empregado teria os mesmos direitos como se tivesse sido dispensado sem justa causa.

Entretanto, o § 1º do art. 477 da CLT foi expressamente revogado pela Lei 13.467/2017, de modo que não é mais exigida a assistência sindical ou a homologação da autoridade do Ministério do Trabalho como condição de validade do pedido de dispensa, sendo certo que, nos termos do novel *caput* do art. 477 da CLT, não há sequer necessidade de comunicação da extinção do contrato de trabalho aos órgãos competentes, pois não se trata de dispensa, e sim de pedido de demissão.

Tratando-se de pedido de demissão, o trabalhador terá direito apenas a saldo de salários, férias vencidas e/ou proporcionais acrescidas do terço constitucional e 13º salário (integral ou proporcional).

Não fará jus a aviso prévio (ao revés deverá dá-lo ao empregador), indenização e levantamento dos depósitos do FGTS.

2.3.3. *Demissão espontânea do empregado com menos de um ano de serviço*

O empregado com menos de um ano de serviço que pede demissão terá direito apenas a saldo de salários, 13º salário proporcional (TST, Súmula 157) e férias proporcionais acrescida do terço constitucional (TST, Súmula 261).

Não terá direito a aviso prévio (ao revés, deve dá-lo ao empregador), indenização e levantamento dos depósitos do FGTS.

2.3.4. *Pedido de demissão e plano de demissão incentivada*

O pedido de demissão formulado pelo empregado como condição para beneficiar-se das vantagens instituídas por PDI-Programa de Demissão Incentivada, ou PDV-Programa de Demissão Voluntária, tem, segundo a jurisprudência majoritária, natureza de transação extrajudicial e autoriza apenas a quitação referente às parcelas e valores constantes do recibo correspondente. Nesse sentido:

> *Programa de incentivo à demissão voluntária. Transação extrajudicial. Parcelas oriundas do extinto contrato de trabalho. Efeitos.* A transação extrajudicial que importa rescisão do contrato de trabalho ante a adesão do empregado a plano de demissão voluntária implica quitação exclusivamente das parcelas e valores constantes do recibo (TST/SBDI-1 OJ 270).

A Lei 13.467/2017, no entanto, inseriu na CLT o art. 477-B, *in verbis*:

> Art. 477-B. Plano de Demissão Voluntária ou Incentivada, para dispensa individual, plúrima ou coletiva, previsto em convenção coletiva ou acordo coletivo de trabalho, enseja quitação plena e irrevogável dos direitos decorrentes da relação empregatícia, salvo disposição em contrário estipulada entre as partes.

Como se vê, a nova regra trata apenas do plano de demissão voluntária ou incentivada previsto em convenção ou acordo coletivo de trabalho, que não se confunde com aquele instituído unilateralmente pelo empregador e disciplinado pela OJ 270 da SBDI-1/TST.

2.4. Rescisão por culpa recíproca

A culpa recíproca ocorre quando o empregado (CLT, art. 482) e o empregador (CLT, art. 483) cometem, ao mesmo tempo, faltas que constituem justa causa para a extinção do contrato. É imprescindível para configurar a culpa recíproca que as justas causas do empregado e do empregador sejam contemporâneas.

Ocorrendo a culpa recíproca, o empregado terá direito a saldo de salários, férias vencidas, indenização pela metade (se era não optante pelo FGTS). Se for regido pelo regime do FGTS, a indenização de que cuida o art. 10 do ADCT deve ser reduzida à metade, ou seja, 20% sobre o valor dos depósitos fundiários.

Na culpa recíproca, o trabalhador não tem direito a aviso prévio e 13º salário. Quanto às férias proporcionais, parece-nos que elas são devidas por força da Convenção 132 da OIT (*vide* Título II, Capítulo XII, item 5.1).

Vale lembrar que, nos termos da Súmula 14 do TST, "Reconhecida a culpa recíproca na rescisão do contrato de trabalho (art. 484 da CLT), o empregado tem direito a 50% (cinquenta por cento) do valor do aviso prévio, do décimo terceiro salário e das férias proporcionais".

Por força da ampliação da competência da Justiça do Trabalho para processar e julgar ações de indenização por danos materiais e morais (CF, art. 114, VI), tem-se discutido a questão da culpa recíproca em ações acidentárias para fins de indenização.

Ouçamos a jurisprudência:

> AGRAVO DE INSTRUMENTO. RECURSO DE REVISTA. *QUANTUM* INDENIZATÓRIO. DANO MORAL. PENSÃO MENSAL. CULPA RECÍPROCA. INCAPACIDADE PERMA-

NENTE. NÃO PROVIDO. A fixação da indenização, por danos morais, decorrente do acidente de trabalho, em R$ 50.000,00 (cinquenta mil reais), teve por fundamento o laudo pericial, que concluiu pela existência do nexo de causalidade entre o acidente, que resultou na amputação das falanges média e distal do 3º quirodáctilo esquerdo, da falange distal e parte da falange média do 4º quirodáctilo esquerdo, e as atividades laborais da empregada. Além disso, ficou consignada a culpa recíproca das partes no evento danoso e observado o escopo compensatório e pedagógico do instituto. A pensão mensal, no percentual de 12,5% (doze vírgula cinco por cento) da remuneração da obreira foi estipulada em equivalência ao grau da incapacidade permanente, acarretada pelo acidente de trabalho. O termo final teve por base a tabela do IBGE, que estima a expectativa de vida do brasileiro. A Turma do Regional, ao fixar o montante indenizatório, balizou sua decisão pelo princípio da razoabilidade, obedecendo aos critérios de justiça e equidade, considerando a gravidade do ato, o grau de culpa, a capacidade econômica das partes, o caráter compensatório da medida e a eficácia desestimulante da condenação. Não se justifica, portanto, a excepcional intervenção desta Corte Superior. No caso, não se trata de *quantum* indenizatório excessivo, pois em observância a parâmetros que permitiram a fixação do montante. Incidência da Súmula 333 do TST. Agravo de instrumento não provido (TST-AIRR 11279320135020435, *DEJT* 01.07.2015).

RECURSO DE REVISTA. ATRASO NO PAGAMENTO DE SALÁRIOS. DESCUMPRIMENTO DO CONTRATO DE TRABALHO QUE ENSEJA A RESCISÃO INDIRETA. POSSILIDADE DE AFASTAMENTO DAS ATIVIDADES. ART. 483, § 3º, DA CLT. NÃO CONFIGURAÇÃO DO ABANDONO DE EMPREGO OU DE CULPA RECÍPROCA. Extrai-se do v. julgado regional que a reclamada vinha reiteradamente atrasando o pagamento dos salários, o que possibilita ao empregado a rescisão indireta do contrato, bem como o afastamento de suas atividades, nos termos do art. 483, § 3º, da CLT, sem que tal conduta configure abandono de emprego. O fato de ter o reclamante firmado novo contrato de trabalho, com a UERJ, na data da rescisão do contrato de trabalho com a reclamada, em 22.06.2010, não configura abandono de emprego, ou quebra da dedicação exclusiva, razão por que se afasta a culpa recíproca aplicada pelo Tribunal de origem. Recurso de revista conhecido e provido (TST-RR 7171120105010001 – Rel. Min. Aloysio Corrêa da Veiga – 6ª T. – *DEJT* 15.08.2014).

2.5. Iniciativa de terceiros

A extinção do contrato de trabalho por iniciativa de terceiros estranhos à relação de emprego pode ocorrer de duas maneiras: *factum principis* ou iniciativa do representante legal do empregado menor de idade.

2.5.1. Factum principis

Em linhas gerais, podemos dizer que o *factum principis* é o ato administrativo (a desapropriação é a hipótese mais comum) emanado de autoridade federal, estadual ou municipal que implica a paralisação definitiva da atividade econômica da empresa (CLT, art. 486), que resulta na extinção do contrato de emprego.

O empregador não pode concorrer com culpa para a expedição do referido ato administrativo, sob pena de arcar com os ônus decorrentes da extinção do contrato de emprego. Também não vinga o argumento de força maior. Nesse sentido:

> *Força Maior*. Não há *factum principis* ou força maior a ser declarada no atraso de salários por falta de repasse de verba pública. A reclamada tem personalidade jurídica própria e apesar de ser entidade filantrópica assume os riscos de sua atividade ao contratar empregados. Não há exceção legal que beneficie a ré. Devidas multas pelo atraso no pagamento de salários (TRT 2ª R. – RO 00277200604702009 – 15ª T. – Rel. Des. Silvana Abramo Margherito Ariano – *DOE* 13.07.2010).

Ocorrendo o *factum principis*, o pagamento das verbas rescisórias será feito pelo poder público responsável pela paralisação das atividades da empresa. Nesse sentido:

> *Fato do príncipe*. Ocorrendo a paralisação do serviço por ato da autoridade municipal, configura-se a hipótese de fato do príncipe (*factum principis*), de que trata o art. 486 da CLT. Cabe ao município a responsabilidade pelo pagamento das parcelas trabalhistas (TRT 6ª R. – RO 00982-2007-311-06-00-0 – 2ª T. – Rel. Des. Patrícia Coelho Brandão Vieira – *DOE* 03.07.2008).

2.5.2. *Iniciativa do representante legal do empregado menor*

O contrato de trabalho pode ser extinto por ato do representante legal do empregado menor, entre 14 (aprendiz) e 18 anos de idade, quando se verificar que o serviço possa acarretar para o trabalhador adolescente prejuízos de ordem física, psíquica ou moral (CLT, art. 408). Nesse caso, parece-nos que o empregado adolescente deverá ter os mesmos direitos como se houvesse sido dispensado sem justa causa.

2.5.3. *Iniciativa do juiz da infância e adolescência*

Se, nos termos do art. 407 da CLT, o juiz de direito da Vara de Infância e Adolescência verificar que o trabalho executado pelo menor é prejudicial à sua saúde, ao seu desenvolvimento físico ou à sua moralidade, poderá obrigá-lo a abandonar o serviço, devendo a respectiva empresa, quando for o caso, proporcionar ao menor todas as facilidades para mudar de funções. Se a empresa não tomar as medidas possíveis e recomendadas pela autoridade competente para que o menor mude de função, configurar-se-á a rescisão do contrato de trabalho, na forma do art. 483 da

CLT, ou seja, o empregado adolescente terá os direitos inerentes à rescisão indireta (*vide* item 2.3, *supra*).

2.6. Extinção da empresa

Quando a terminação do contrato decorrer de extinção da empresa, temos algumas situações a considerar.

Se a empresa for individual (morte do empresário-empregador), o empregado terá a faculdade de rescindir o contrato (CLT, art. 483, § 2º), eximindo-se da obrigação de indenizar ou dar aviso prévio aos sucessores do empregador.

Se o empregador não se constituir em empresa individual (qualquer que seja a modalidade de sociedade empresária) e a extinção não for resultante de força maior (CLT, arts. 501 a 504), o empregado terá direito a saldo de salários, férias vencidas e/ou proporcionais, 13º salário proporcional, aviso prévio, FGTS (+ 40%) e indenização integral (se estável).

Havendo força maior, o empregado terá os mesmos direitos acima, salvo com relação à indenização ou FGTS, os quais serão reduzidos à metade, nos termos do inciso II do art. 502 da CLT.

2.7. Morte do empregado

Tendo em vista que o contrato de emprego é *intuitu personae* em relação ao empregado, a sua morte implica a extinção automática do pacto de labor.

Nesse caso, seus herdeiros terão direito a saldo de salários, férias vencidas e/ou proporcionais, 13º salário proporcional e levantamento do FGTS.

Não são devidos aviso prévio e indenização de 40% referente ao FGTS.

É preciso alertar, de outra parte, que, se a morte do empregado for decorrente de acidente do trabalho, os herdeiros do empregado falecido poderão pleitear indenização por danos morais e, se for o caso, por danos materiais (pensionamento), sendo a Justiça do Trabalho competente para processar e julgar a ação (CF, art. 114, VI; STF, Súmula Vinculante 22)[6].

3. CONTRATO POR TEMPO DETERMINADO

Extinguindo-se naturalmente o contrato por tempo determinado, isto é, no prazo avençado pelas partes, o empregado terá direito a saldo de salários, férias

6. Sobre danos morais na relação empregatícia, *vide* Título I, Capítulo II, item 12.

vencidas e/ou proporcionais, 13º salário e aos depósitos do FGTS (Lei 8.036/90, art. 20, IX). Logo, não fará jus ao aviso prévio[7] ou à indenização.

Em caso de extinção antecipada do contrato por tempo determinado, duas situações devem ser realçadas:

3.1. Por iniciativa do empregado

Ocorrendo extinção antecipada do contrato por tempo determinado por iniciativa do empregado, este deverá indenizar o empregador, sendo-lhe descontados das verbas resilitórias o equivalente a 50% da remuneração correspondente aos dias que faltarem para o término do contrato.

O empregado terá direito apenas a saldo de salários, 13º salário e férias proporcionais (TST, Súmula 171), sendo certo que não poderá levantar os depósitos do FGTS.

Se o contrato tiver durado mais de um ano, o empregado terá direito, ainda, a férias vencidas e/ou proporcionais acrescidas do terço constitucional.

3.2. Por iniciativa do empregador

Se o contrato por tempo determinado for extinto antecipadamente pelo empregador, o empregado terá direito a saldo de salários, 13º salário proporcional, férias proporcionais, levantamento dos depósitos do FGTS, acrescido de 40%, indenização de 50% dos dias faltantes para o término do contrato.

É importante notar que, se o empregado for destinatário de garantia no emprego, mesmo no caso de contrato por tempo determinado, o empregador não poderá dispensá-lo arbitrariamente ou sem justa causa, pois o art. 10, II, do ADCT veda a dispensa arbitrária ou sem justa causa da gestante e do cipeiro. Nesse caso, defendemos a aplicação analógica do disposto no § 4º do art. 1º da Lei 9.601/98.

4. EXTINÇÃO POR ACORDO ENTRE AS PARTES

Empregado e empregador podem celebrar acordo para pôr fim à relação de emprego. É o chamado distrato.

O tempo anterior à atual Constituição (empregado não optante) poderá ser transacionado, respeitado o limite mínimo de 60% do valor da indenização (Lei 8.036/90, art. 14, § 2º).

O acordo deverá obedecer aos cânones do art. 477 da CLT, pois, como bem observa Renato Saraiva, "tendo em vista os princípios protetivos vinculados ao direito do

7. Quando houver cláusula assecuratória do direito de rescisão antecipada, e sendo exercido tal direito, deverão ser aplicadas as regras pertinentes aos contratos por tempo indeterminado, inclusive no que concerne ao aviso prévio.

trabalho, que objetivam proteger o obreiro, parte hipossuficiente na relação jurídica de emprego, mesmo que operacionalizado o distrato, ao trabalhador deverão ser assegurados todos os direitos, como se a ruptura contratual fosse imotivadamente deliberada pelo empregador"[8].

Não há previsão legal para o levantamento do FGTS (Lei 8.036/90, art. 20). Salienta, no entanto, José de Ribamar da Costa que "Na realidade, porém, as partes sempre arranjam uma forma para movimentar os depósitos, como é de sobejo conhecimento de todos"[9]. Esse "jeitinho" consistia em simular a verdadeira causa da extinção do vínculo. Ocorre que, por força da Lei 9.491, de 09.09.1997 (*DOU* 11.09.1997), os valores relativos à indenização de 40% dos depósitos realizados na conta vinculada, bem como o percentual de 8% dos valores relativos aos depósitos referentes ao mês da rescisão, deixaram de ser entregues diretamente ao empregado no ato rescisório. Tais valores, portanto, passaram a ser depositados na conta vinculada do empregado.

Cumpre frisar que na hipótese de acordo não poderão ser negociados os direitos irrenunciáveis do trabalhador, tais como salários, férias e 13º salário. Nesse sentido:

> *Despedida arbitrária. Nulidade. Indenização do período de doença.* Reputa-se arbitrária e abusiva a dispensa do trabalhador doente, perdendo a cobertura previdenciária. Cabe à Justiça do Trabalho conceder a tutela protetiva e declarar nulo o distrato, deferindo a indenização estabilitária até a data da recuperação do empregado. O depósito de 40% do FGTS não substitui o direito à proteção encartado no art. 7º, inc. I, da CR, apenas disciplina seus efeitos pecuniários. Empresta-se à referida norma interpretação harmônica com o art. 5º, § 1º, também da CR, levando em conta que o valor social do trabalho é fundamento do Estado democrático de direito (CR, art. 1º, inc. IV), que o trabalho constitui um dos direitos sociais (CR, art. 6º), que sua valorização é estruturante da ordem econômica (CR, art. 170) e a ordem social tem nele a sua base (CR, art. 193). A Constituição como um todo busca proteger e dignificar o trabalhador (TRT 11ª R. – RO 00654/2009-019-11-00.4 – 1ª T. – Rel. Des. Francisca Rita Alencar Albuquerque – *DOEJT* 01.07.2010).

Todas as considerações doutrinária e jurisprudencial supracitadas devem ser reexaminadas à luz do novel art. 484-A da CLT inserido pela Lei 13.467/2017, *in verbis:*

> Art. 484-A. O contrato de trabalho poderá ser extinto por acordo entre empregado e empregador, caso em que serão devidas as seguintes verbas trabalhistas:
>
> I – por metade:
>
> a) o aviso prévio, se indenizado; e
>
> b) a indenização sobre o saldo do Fundo de Garantia do Tempo de Serviço, prevista no § 1º do art. 18 da Lei n. 8.036, de 11 de maio de 1990;

---

8. SARAIVA, Renato. *Direito do trabalho*: versão universitária. São Paulo: Método, 2008, p. 326.
9. COSTA, José de Ribamar da. *Noções de direito do trabalho*. 6. ed. São Paulo: LTr, 1993, p. 80.

II – na integralidade, as demais verbas trabalhistas.

§ 1º A extinção do contrato prevista no *caput* deste artigo permite a movimentação da conta vinculada do trabalhador no Fundo de Garantia do Tempo de Serviço na forma do inciso I-A do art. 20 da Lei no 8.036, de 11 de maio de 1990, limitada até 80% (oitenta por cento) do valor dos depósitos.

§ 2º A extinção do contrato por acordo prevista no *caput* deste artigo não autoriza o ingresso no Programa de Seguro-Desemprego.

Parece-nos de duvidosa constitucionalidade as alíneas "a" e "b" do inciso I do art. 484-A da CLT, pois reduzem valores de dois direitos fundamentais dos trabalhadores (aviso prévio e FGTS), contrariando o disposto no *caput* do art. 7º e os incisos III e IV do art. 1º da CF.

Teme-se, por outro lado, que esta nova modalidade legal de extinção do contrato de trabalho por acordo entre as partes estimule as fraudes ou os vícios de consentimento do trabalhador, especialmente quando este último for recontratado pelo mesmo empregador.

O Enunciado 59 aprovado na 2ª Jornada de Direito Material e Processual do Trabalho (Brasília, 2017) adota a tese de que a "extinção do contrato de trabalho por mútuo consentimento prevista no artigo 484-A da CLT se encontra submetida ao escrutínio quanto à validade formal e substancial do termo de rescisão, à luz dos artigos 138 a 188 do Código Civil c/c o artigo 8º, § 1º, da CLT e do artigo 9º da CLT".

Parece-nos que também nessa modalidade de extinção do contrato de trabalho, o empregador deverá comunicar a dispensa aos órgãos competentes, nos termos do art. 477, *caput*, da CLT.

Em qualquer hipótese, pensamos que o aviso prévio proporcional permanece incólume e não é alcançado pelo disposto no novel art. 484-A da CLT.

5. APOSENTADORIA

De plano, é importante salientar que a aposentadoria por invalidez não extingue o contrato de trabalho, pois este fica suspenso por um período de cinco anos (STF, Súmula 217). Contudo, a Súmula 160 do TST dispõe que, se a aposentadoria por invalidez for cancelada, "mesmo após cinco anos, o trabalhador terá direito de retornar ao emprego, facultado, porém, ao empregador, indenizá-lo na forma da lei".

No tocante à aposentadoria espontânea do empregado, havia cizânia doutrinária e jurisprudencial a respeito de ser ela causa de extinção do contrato de trabalho.

Com efeito, o art. 453 e seus §§ 1º e 2º da CLT deixam transparecer que a aposentadoria espontânea implicaria extinção do contrato de trabalho. Nesse sentido, aliás, era a Súmula 295 do TST, segundo a qual "A cessação do contrato de trabalho em razão de aposentadoria espontânea do empregado exclui o direito ao recebimento de indenização relativa ao período anterior à opção". Tal súmula, porém, foi cancelada em

2008, tendo em vista a decisão do STF (ADIs 1.770-4 e 1.721-3), que declarou inconstitucionais os §§ 1º e 2º do art. 453 da CLT, que assim dispunham:

> § 1º Na aposentadoria espontânea de empregados de empresas públicas e sociedades de economia mista é permitida a sua readmissão desde que atendidos aos requisitos do art. 37, inc. XVI, da Constituição, e condicionada à prestação de concurso público.
>
> § 2º O ato de concessão de benefício de aposentadoria a empregado que não tiver completado 35 (trinta e cinco) anos de serviço, se homem, ou trinta, se mulher, importa em extinção do vínculo empregatício.

O STF, na ADI 1.721-3, assim se posicionou:

> Ementa: *Ação direta de inconstitucionalidade. Art. 3º da Medida Provisória 1.596-14/97, convertida na Lei 9.528/97, que adicionou ao art. 453 da Consolidação das Leis do Trabalho um segundo parágrafo para extinguir o vínculo empregatício quando da concessão da aposentadoria espontânea. Procedência da ação*. 1. A conversão da medida provisória em lei prejudica o debate jurisdicional acerca da "relevância e urgência" dessa espécie de ato normativo. 2. Os valores sociais do trabalho constituem: a) fundamento da República Federativa do Brasil (CF, inc. IV do art. 1º); b) alicerce da Ordem Econômica, que tem por finalidade assegurar a todos existência digna, conforme os ditames da justiça social, e, por um dos seus princípios, a busca do pleno emprego (art. 170, *caput* e inc. VIII); c) base de toda a Ordem Social (art. 193). Esse arcabouço principiológico, densificado em regras como a do inc. I do art. 7º da Magna Carta e as do art. 10 do ADCT/88, desvela um mandamento constitucional que perpassa toda relação de emprego, no sentido de sua desejada continuidade. 3. A Constituição Federal versa a aposentadoria como um benefício que se dá mediante o exercício regular de um direito. E o certo é que o regular exercício de um direito não é de colocar o seu titular numa situação jurídico-passiva de efeitos ainda mais drásticos do que aqueles que resultariam do cometimento de uma falta grave (sabido que, nesse caso, a ruptura do vínculo empregatício não opera automaticamente). 4. O direito à aposentadoria previdenciária, uma vez objetivamente constituído, se dá no âmago de uma relação jurídica entre o segurado do Sistema Geral de Previdência e o Instituto Nacional de Seguro Social. Às expensas, portanto, de um sistema atuarial-financeiro que é gerido por esse Instituto mesmo, e não às custas desse ou daquele empregador. 5. O Ordenamento Constitucional não autoriza o legislador ordinário a criar modalidade de rompimento automático do vínculo de emprego, em desfavor do trabalhador, na situação em que este apenas exercita o seu direito de aposentadoria espontânea, sem cometer deslize algum. 6. A mera concessão da aposentadoria voluntária ao trabalhador não tem por efeito extinguir, instantânea e automaticamente, o seu vínculo de emprego. 7. Inconstitucionalidade do § 2º do art. 453 da Consolidação das Leis do Trabalho, introduzido pela Lei 9.528/97.

Já na ADI 1.770-4, o Pretório Excelso adotou o seguinte entendimento:

> *Ação direta de inconstitucionalidade. Readmissão de empregados de empresas públicas e sociedades de economia mista. Acumulação de proventos e vencimentos. Extinção do vínculo empregatício por aposentadoria espontânea. Não conhecimento. Inconstitucionalidade.* Lei 9.528/97, que dá nova redação ao § 1º do art. 453 da Consolidação das Leis do Trabalho – CLT –, prevendo a possibilidade de readmissão de empregado de empresa pública e sociedade de economia mista aposentado espontaneamente. Art. 11 da mesma lei, que estabelece regra de transição. Não se conhece de ação direta de inconstitucionalidade na parte que impugna dispositivos cujos efeitos já se exauriram no tempo, no caso, o art. 11 e parágrafos. É inconstitucional o § 1º do art. 453 da CLT, com a redação dada pela Lei 9.528/97, quer porque permite, como regra, a acumulação de proventos e vencimentos – vedada pela jurisprudência do Supremo Tribunal Federal –, quer porque se funda na ideia de que a aposentadoria espontânea rompe o vínculo empregatício. Pedido não conhecido quanto ao art. 11, e parágrafos, da Lei 9.528/97. Ação conhecida quanto ao § 1º do art. 453 da Consolidação das Leis do Trabalho, na redação dada pelo art. 3º da mesma Lei 9.528/97, para declarar sua inconstitucionalidade.

Assim, é facultado ao empregado que se aposenta espontaneamente o direito de continuar na mesma empresa. Depois de obtida a aposentadoria, se o empregado desejar extinguir o contrato de trabalho, deverá conceder aviso prévio ao empregador e terá direito apenas às verbas resilitórias inerentes à extinção do contrato por tempo indeterminado por iniciativa do empregado sem justa causa. Se a iniciativa for do empregador, terá que arcar com o aviso prévio e as verbas resilitórias, inclusive os 40% do FGTS, isto é, todas as verbas resilitórias decorrentes da extinção do contrato por tempo indeterminado por iniciativa patronal sem justa causa.

6. DISPENSA COLETIVA

Contrariando a jurisprudência do TST (RO-6155-89.2014.5.15.0000, SDC, Rel. Min. Maria de Assis Calsing), que caminha no sentido de que a dispensa imotivada coletiva (ou em massa) de trabalhadores caracteriza abuso de direito e necessita de autorização prévia do sindicato da correspondente categoria profissional ou previsão em instrumento coletivo, a Lei 13.467/2017 inseriu na CLT o art. 477-A, que dispõe, *in verbis*:

> Art. 477-A. As dispensas imotivadas individuais, plúrimas ou coletivas equiparam-se para todos os fins, não havendo necessidade de autorização prévia de entidade sindical ou de celebração de convenção coletiva ou acordo coletivo de trabalho para sua efetivação.

A nosso sentir, andou mal o legislador, pois se advogamos a incompatibilidade das dispensas imotivadas individuais, com muito mais razão defenderemos as dispensas imotivadas plúrimas ou coletivas. Ademais, o Enunciado 57 aprovado na 2ª Jornada de Direito Material e Processual do Trabalho (Brasília, 2017) sustenta que o "art. 477-A da CLT padece de inconstitucionalidade, além de inconvencionalidade, pois viola os artigos 1º, III, IV, 6º, 7º, I, XXVI, 8º, III, VI, 170, *caput*, III e VIII, 193, da Constituição Federal, como também o artigo 4º da Convenção 98, o artigo 5º da Convenção 154 e o art. 13 da Convenção 158, todas da OIT. Viola, ainda, a vedação de proteção insuficiente e de retrocesso social. As questões relativas à dispensa coletiva deverão observar: a) o direito de informação, transparência e participação da entidade sindical; b) o dever geral de boa-fé objetiva; e c) o dever de busca de meios alternativos às demissões em massa".

Afinal, os princípios constitucionais do valor social do trabalho, a relação de emprego protegida contra a dispensa arbitrária ou sem justa causa, a busca do pleno emprego e a função social da empresa, bem como os princípios da infraconstitucionais da função social do contrato de trabalho e o da boa-fé objetiva, devem servir de critérios hermenêuticos para a interpretação e aplicação do novel art. 477-A da CLT, de modo a exigir motivação do ato patronal de dispensa, impedindo o exercício abusivo do seu direito de tomar a iniciativa da extinção do contrato de trabalho, seja no plano individual, plúrimo ou coletivo.

7. TERMO DE QUITAÇÃO ANUAL DE OBRIGAÇÕES TRABALHISTAS

A Lei 13.467/2017, estranhamente, inseriu na CLT o art. 707-B, cuja redação é a seguinte:

> Art. 507-B. É facultado a empregados e empregadores, na vigência ou não do contrato de emprego, firmar o termo de quitação anual de obrigações trabalhistas, perante o sindicato dos empregados da categoria.
>
> Parágrafo único. O termo discriminará as obrigações de dar e fazer cumpridas mensalmente e dele constará a quitação anual dada pelo empregado, com eficácia liberatória das parcelas nele especificadas.

Este dispositivo revela a intenção do legislador em estimular as partes a instituírem, na vigência do contrato ou depois de sua extinção, uma nova espécie de quitação ampla, geral e irrestrita das obrigações trabalhistas.

Trata-se de "faculdade" conferida a empregados e empregadores, porém a vulnerabilidade, a hipossuficiência econômica e, sobretudo, a subordinação jurídica do empregado tende a fazer com que este simplesmente adira à vontade unilateral do empregador e "aceite" a inserção no contrato de trabalho dessa nova modalidade de quitação anual perante o sindicato da categoria profissional correspondente.

Na verdade, essa quitação anual das obrigações trabalhistas interessa apenas, jurídica e economicamente, ao empregador, uma vez que o termo que for firmado entre as partes constará as obrigações de dar e fazer cumpridas mensalmente, bem como a quitação anual pelo empregado, com eficácia liberatória das parcelas discriminadas.

Daí por que, a nosso sentir, o juiz poderá inverter o ônus da prova (CLT art. 818, § 1º) e determinar que, não obstante o termo de quitação assinado pelo empregado e apresentado com a contestação, o empregador comprove documentalmente o cumprimento das obrigações de fazer, dar e pagar (aliás, esta última sequer foi mencionada pelo legislador).

Importante lembrar que o § 2º do art. 477 da CLT (que não foi alterado pela Lei 13.467/2017) já dispõe que o instrumento de rescisão ou recibo de quitação, qualquer que seja a causa ou a forma de extinção do contrato de trabalho, deve ter especificada a natureza de cada parcela paga ao empregado e discriminado o seu valor, sendo válida a quitação, apenas, relativamente às mesmas parcelas, o que levou o TST a editar a Súmula 330, que reconhece que a quitação passada pelo empregado, com assistência de entidade sindical de sua categoria, ao empregador, com observância dos requisitos exigidos nos parágrafos do art. 477 da CLT, tem eficácia liberatória em relação às parcelas expressamente consignadas no recibo, salvo se oposta ressalva expressa e especificada ao valor dado à parcela ou parcelas impugnadas, observando-se que: I – A quitação não abrange parcelas não consignadas no recibo de quitação e, consequentemente, seus reflexos em outras parcelas, ainda que estas constem desse recibo; II – Quanto a direitos que deveriam ter sido satisfeitos durante a vigência do contrato de trabalho, a quitação é válida em relação ao período expressamente consignado no recibo de quitação.

Registre-se que a respeito da temática em questão, o Enunciado 58 aprovado na 2ª Jornada de Direito Material e Processual do Trabalho (Brasília, 2017) adotou a seguinte tese:

> TERMO DE QUITAÇÃO ANUAL. I – Os pagamentos efetuados por conta de termo de compromisso arbitral, "quitação anual" de obrigações trabalhistas, extinção do contrato por "mútuo acordo" e plano de demissão voluntária ou incentivada só podem produzir eficácia liberatória limitada aos valores efetivamente adimplidos das parcelas discriminadas. Em respeito à garantia constitucional de acesso à jurisdição (art. 5º, XXXV) e ao artigo 25 da Convenção Americana de Direitos Humanos, mantém-se o pleno direito de acesso ao Judiciário para solucionar situações conflituosas, inclusive para satisfação de diferenças sobre rubricas parcialmente pagas. II – O termo de quitação deverá estar necessariamente acompanhado de documentos comprobatórios, sob assistência efetiva do sindicato. III – O termo de quitação deve, pois, ser interpretado restritivamente, com eficácia liberatória de alcance limitado aos valores das parcelas expressamente especificadas no documento, sem implicar renúncia ou extinção da obrigação e nem impedir o exercício do direito fundamental de ação. IV – O referido termo será nulo de pleno direito se desvirtuar, impedir ou fraudar as disposições de proteção ao trabalho, os contratos coletivos e as decisões das autoridades trabalhistas competentes.

CAPÍTULO XV
Estabilidade e Garantia no Emprego

1. GARANTIA DE EMPREGO: NOÇÕES BÁSICAS

Preferimos fazer distinção entre os institutos da estabilidade e da garantia no emprego que são espécies do gênero garantia de emprego.

Vale dizer, *garantia de emprego* concerne aos valores eleitos no vértice do ordenamento jurídico ao estabelecer princípios voltados a políticas públicas, valorização do trabalho humano e geração de empregos, como o princípio fundamental do valor social do trabalho (CF, art. 1º, IV) e o princípio da busca do pleno emprego (CF, art. 170, VIII).

A *garantia no emprego* é um direito fundamental conferido ao empregado, que protege a sua relação empregatícia contra a dispensa arbitrária ou sem justa causa apurada em processo administrativo ou em defesa do empregador em ação proposta pelo empregado. A garantia no emprego pode ser permanente ou provisória, como veremos mais adiante.

Já a *estabilidade no emprego* também visa à manutenção da relação empregatícia, protegendo-a contra a vontade do empregador, salvo nos casos de falta grave cometida pelo empregado e apurada em inquérito judicial ajuizado pelo empregador ou, ainda, na hipótese de força maior devidamente comprovada.

Passaremos a estudar os institutos da estabilidade e da garantia no emprego.

2. ESTABILIDADE

A doutrina, de modo geral, classifica a estabilidade em: *estabilidade definitiva* (absoluta ou decenal), que é destinada, em princípio, àquele empregado que, não tendo feito opção pelo regime do FGTS, contasse com dez anos ou mais de serviço na mesma empresa (CLT, art. 492); *estabilidade provisória* (relativa ou especial), que é destinada a alguns trabalhadores em situações especiais, como os dirigentes sindicais, os representantes do Conselho Curador do FGTS, a empregada gestante, os empregados eleitos para CIPA – Comissões Internas de Prevenção de Acidentes, o empregado acidentado etc.

Há autores que preferem classificar a estabilidade segundo a fonte normativa da qual se origina. Haveria, então, estabilidade legal, judicial (sentença normativa) e contratual (prevista em contratos individuais de trabalho, convenções e acordos coletivos).

Como o próprio nome está a indicar, o termo *estabilidade* nos dá a ideia de firmeza, solidez, segurança, perenidade, razão pela qual afigura-se-nos contraditória a expressão "estabilidade provisória".

Pode-se dizer que estabilidade, para os fins justrabalhistas, consiste no direito que o empregado tem de permanecer no emprego, mesmo contra a vontade do empregador, salvo quando existir grave motivo que justifique a sua dispensa que torne incompatível a sua permanência na empresa ou no caso de força maior devidamente comprovada.

Pode ser estável, por outro lado, o empregado que for contemplado com este direito mediante cláusula prevista no contrato de trabalho, já que a lei não proíbe o empregador de conceder qualquer vantagem ao empregado. Convém frisar que esta espécie de estabilidade (contratual) constitui raridade no direito do trabalho pátrio.

Um outro aspecto deve ser ressaltado a respeito da possibilidade de o empregador fraudar a garantia estabilitária conferida ao empregado. É o que se convencionou chamar de "despedida obstativa", que pode ocorrer: a) mesmo com o pagamento de indenização; b) quando o empregado completasse nove anos na mesma empresa (TST, Súmula 26 que, embora cancelada, constitui fonte principiológica); c) embora despedido depois de nove anos de serviços à empresa, não teria direito ao pagamento de indenização em dobro, se se demonstrasse que não houve intuito de obstar a aquisição de estabilidade; d) antes de nove anos, a presunção é de que o despedimento não teria aquele vício, admitindo, porém, prova em contrário.

2.1. Estabilidade decenal

À luz do art. 492 da CLT:

> O empregado que contar mais de 10 (dez) anos de serviço na mesma empresa não poderá ser despedido senão por motivo de falta grave ou circunstância de força maior, devidamente comprovadas.

Na verdade, o empregado que completasse 10 anos de serviço prestado ao mesmo empregador e que não tivesse feito opção pelo regime do FGTS, nem fosse exercente de cargo de diretoria, gerência ou de outros de confiança imediata do empregador (CLT, art. 499), adquiriria o direito à estabilidade.

Eis a chamada estabilidade absoluta, decenal ou definitiva.

Tal espécie de estabilidade não foi recepcionada pela atual Constituição, uma vez que esta, ao contrário da Carta de 1967, com redação dada pela EC 1/69 ao art. 165, XIII, que previa dois regimes ("estabilidade, com indenização ao trabalhador despedido ou fundo de garantia equivalente"), instituiu um único regime jurídico inerente à relação empregatícia: o regime do FGTS.

Restou preservado, no entanto, o direito adquirido daqueles trabalhadores não optantes que já contavam, em 05.10.1988, com dez anos de serviço efetivo na empresa, como se infere do art. 14 da Lei 8.036/90.

O empregado detentor do direito à estabilidade decenal somente pode ser despedido mediante inquérito judicial em que seja apurado o cometimento de falta grave (que é mais ampla do que a simples justa causa, a teor do art. 493 da CLT) ou circunstância de força maior, devidamente comprovada, como, por exemplo, extinção da empresa ou do estabelecimento, nos termos dos arts. 497 e 498 da CLT, caso em que terá o trabalhador direito à indenização em dobro.

2.2. Estabilidade do servidor público

2.2.1. Servidor não concursado

É estável o servidor público "celetista" que, na data da promulgação da atual Constituição (05.10.1988), tivesse completado cinco ou mais anos de serviço público prestado a pessoas jurídicas de direito público (não se incluem as empresas públicas e as sociedades de economia mista), nos termos do art. 19 do ADCT. No que tange à extensão desta estabilidade aos servidores de fundações públicas, a SBDI-1/TST editou a OJ 364:

> *Estabilidade. ADCT, art. 19. Servidor público de fundação regido pela CLT (DJ 20, 21 e 23.05.2008).* Fundação instituída por lei e que recebe dotação ou subvenção do Poder Público para realizar atividades de interesse do Estado, ainda que tenha personalidade jurídica de direito privado, ostenta natureza de fundação pública. Assim, seus servidores regidos pela CLT são beneficiários da estabilidade excepcional prevista no art. 19 do ADCT.

Afora a hipótese do art. 19 do ADCT, nenhum servidor público adquire estabilidade sem ter sido aprovado em concurso público de provas ou de provas e títulos.

2.2.2. Servidor concursado

É igualmente estável o servidor da administração direta, autárquica ou fundacional que tenha sido aprovado em concurso público de provas ou de provas e títulos para investidura em cargo ou emprego público, desde que aprovado no estágio probatório (CF, art. 37, II, e 41)[1].

1. Alguns entes públicos da Federação, com base no art. 39 da CF (redação original) instituíram regime jurídico único celetista para os servidores da administração direta, autárquica e fundacional.

Com efeito, dispõe o art. 41 da CF (com redação dada pela EC 19/98):

> São estáveis após três anos de efetivo exercício os servidores nomeados para cargo de provimento efetivo em virtude de concurso público.

A interpretação literal do dispositivo em causa autorizaria a ilação de que apenas o servidor "nomeado para cargo de provimento efetivo", ou seja, o servidor investido em cargo público sujeito ao regime administrativo/institucional, seria o destinatário da estabilidade. O TST, porém, dando interpretação teleológica ao art. 41 da CF, estende a estabilidade ao servidor concursado investido em emprego público contratado pelas pessoas jurídicas de direito público. É o que se infere da Súmula 390, item I, do TST.

Para os fins do direito do trabalho brasileiro, interessa-nos apenas o servidor aprovado em concurso e investido em emprego público, pois este é regido pela legislação trabalhista, sendo da Justiça do Trabalho a competência para apreciar as demandas por ele propostas em face do empregador público oriundas da relação de emprego. Isso porque, conforme decidiu o STF (ADI 3.395), o servidor aprovado em concurso e investido em cargo público é regido pelo direito administrativo, cabendo à Justiça Comum (federal ou estadual) apreciar as demandas decorrentes da relação institucional de trabalho.

Como já ressaltado, o TST reconhece a estabilidade do servidor público investido em emprego e aprovado em concurso público da administração direta, autárquica e fundacional, mas não estende tal estabilidade aos servidores concursados das empresas públicas e sociedades de economia mista. Nesse sentido dispõe a Súmula 390 daquela Corte:

> *Estabilidade. CF/88, art. 41. Celetista. Administração direta, autárquica ou fundacional. Aplicabilidade. Empregado de empresa pública e sociedade de economia mista. Inaplicável.* I – O servidor público celetista da administração direta, autárquica ou fundacional é beneficiário da estabilidade prevista no art. 41 da CF/88. II – Ao empregado de empresa pública ou de sociedade de economia mista, ainda que admitido mediante aprovação em concurso público, não é garantida a estabilidade prevista no art. 41 da CF/88.

Com relação ao item II da Súmula 390 do TST ressaltamos apenas que, muito embora o servidor concursado das empresas públicas e sociedades de economia mista não seja destinatário da estabilidade do art. 41 da CF, o certo é que, por força dos princípios da impessoalidade e da moralidade administrativas, parece-nos que ele so-

O Plenário do STF, no julgamento em sede cautelar, proferido na ADI 2.135-MC, suspendeu a eficácia do *caput* do art. 39 da CF, na redação dada pela EC 19/98, com efeitos *ex nunc*, subsistindo a legislação editada nos termos da emenda declarada suspensa. Em suma, o regime jurídico único deve ser obrigatoriamente o estatutário, ressalvando-se apenas aqueles casos em que a lei tenha instituído o regime jurídico único celetista.

mente poderá ser dispensado motivadamente em processo administrativo em que lhe seja assegurado o direito ao contraditório e à ampla defesa.

O STF, num primeiro momento, decidiu que o servidor das empresas públicas e sociedades de economia mista poderia ser dispensado sem justa causa, isto é, sem nenhuma motivação por parte do administrador público e sem necessidade de inquérito ou processo administrativo. É o que se infere do seguinte julgado:

> A decisão agravada está em conformidade com entendimento firmado por ambas as Turmas desta Corte, no sentido de que não se aplica a empregado de sociedade de economia mista, regido pela CLT, o disposto no art. 41 da CF, o qual somente disciplina a estabilidade dos servidores públicos civis. Ademais, não há ofensa aos princípios de direito administrativo previstos no art. 37 da Carta Magna, porquanto a pretendida estabilidade não encontra respaldo na legislação pertinente, em face do art. 173, § 1º, da Constituição, que estabelece que os empregados de sociedade de economia mista estão sujeitos ao regime jurídico próprio das empresas privadas, inclusive quanto às obrigações trabalhistas (STF-AI 465.780-AgR – Rel. Min. Joaquim Barbosa – j. em 23.11.2004 – 2ª T. – *DJ* de 18.02.2005). No mesmo sentido: AI 660.311-AgR – Rel. Min. Eros Grau – j. 09.10.2007 – 2ª T. – *DJ* de 23.11.2007.

No mesmo sentido é o item I da OJ 247 da SBDI-1/TST, *in verbis*

> A despedida de empregados de empresa pública e de sociedade de economia mista, mesmo admitidos por concurso público, independe de ato motivado para sua validade.

Em se tratando de servidor empregado da ECT-Empresa Brasileira de Correios e Telégrafos, embora empresa pública, o TST, em função de recentes decisões do STF no sentido de conferir a tal empresa pública algumas prerrogativas da Fazenda Pública, editou o item II da referida OJ 247, segundo a qual,

> A validade do ato de despedida do empregado da Empresa Brasileira de Correios e Telégrafos (ECT) está condicionada à motivação, por gozar a empresa do mesmo tratamento destinado à Fazenda Pública em relação à imunidade tributária e à execução por precatório, além das prerrogativas de foro, prazos e custas processuais.

Recentemente, porém, o STF mudou radicalmente a sua jurisprudência para considerar inválida a dispensa de servidor concursado de empresa pública ou sociedade de economia mista que não seja precedida de motivação, nos seguintes termos:

> I – Os empregados públicos não fazem jus à estabilidade prevista no art. 41 da CF, salvo aqueles admitidos em período anterior ao advento da EC 19/98. Precedentes.

II – Em atenção, no entanto, aos princípios da impessoalidade e isonomia, que regem a admissão por concurso público, a dispensa do empregado de empresas públicas e sociedades de economia mista que prestam serviços públicos deve ser motivada, assegurando-se, assim, que tais princípios, observados no momento daquela admissão, sejam também respeitados por ocasião da dispensa. III – A motivação do ato de dispensa, assim, visa a resguardar o empregado de uma possível quebra do postulado da impessoalidade por parte do agente estatal investido do poder de demitir (STF-RE 589998-PI – Rel. Min. Ricardo Lewandowski, TP, com repercussão geral – j. 20.03.2013 – *DJe*-179 – div. 11.09.2013 – publ. 12.09.2013).

Vê-se, assim, que necessidade de motivação não se confunde com estabilidade, pois aquela pode ser apurada em processo administrativo ou como matéria de defesa do ente público demandado judicialmente, enquanto esta exige o inquérito judicial para a de falta grave, cuja iniciativa é exclusiva do empregador público que contratou o servidor estável.

Não há previsão legal expressa quanto à necessidade do inquérito judicial para a apuração de falta grave para a extinção do contrato para servidor "celetista" estável da administração direta, autárquica ou fundacional (CF, art. 41; ADCT, art. 19).

Por analogia, e tendo em conta o caráter de perenidade ínsito a esta modalidade estabilitária, afigura-se-nos perfeitamente factível a aplicação do preceito contido no art. 494 da CLT, mesmo porque é sabido que, quando a administração pública contrata servidor pelo regime celetista passa a equiparar-se, no que couber, ao empregador comum.

Ora, se o regime é o justrabalhista, não há como ser agasalhada a tese de que a apuração da falta grave seja feita por meio de inquérito (ou processo) administrativo, visto que este assegura ao servidor estável o direito à ampla defesa e ao contraditório. Parece-nos, portanto, que a pendenga há de ser dirimida perante a justiça especializada, por meio do inquérito judicial para a apuração de falta grave (CLT, art. 853). O TST, contudo, admite tanto o inquérito judicial para a apuração de falta grave quanto o processo administrativo que assegure o direito de ampla defesa do servidor. Nesse sentido:

Agravo de instrumento. Servidor público celetista. Demissão imotivada. Impossibilidade. Item I da Súmula 390. Não provimento. 1. A jurisprudência desta Corte Superior é no sentido de que o servidor público celetista da Administração direta, autárquica ou fundacional não pode ser exonerado nem demitido sem inquérito ou sem as formalidades legais de apuração de sua capacidade. Incidência do item I da Súmula 390. 2. Agravo de instrumento a que se nega provimento (TST-AIRR 121940-96.2002.5.02.0060 – 7ª T. – Rel. Min. Guilherme Augusto Caputo Bastos. Unânime – *DEJT* 13.05.2010).

3. GARANTIA NO EMPREGO

A garantia no emprego, como já ressaltamos, protege o trabalhador contra a dispensa arbitrária ou sem justa causa.

Ao contrário da estabilidade, que é sempre permanente, a garantia no emprego pode ser provisória ou permanente. Exemplos de garantia provisória no emprego são os previstos no art. 10, II, "a" e "b", do ADCT. A garantia no emprego prevista no art. 4º da Convenção 158 da OIT é a permanente (STF-ADI 1.625-DF).

A configuração da garantia no emprego prescinde da falta grave prevista no art. 493 da CLT, *in verbis*:

> Constitui falta grave a prática de qualquer dos fatos a que se refere o art. 482, quando por sua repetição ou natureza representem séria violação dos deveres e obrigações do empregado.

Pode-se afirmar, portanto, que a falta grave é muito mais complexa e, portanto, mais difícil de provar do que a justa causa, pois aquela exige repetição do ato faltoso ou uma condição específica que torne insuportável a continuidade da relação empregatícia. Daí a existência do inquérito judicial para a apuração da falta grave (CLT, arts. 494 e 853).

Para justificar a dispensa do empregado destinatário da garantia no emprego, é condição suficiente que este pratique um ato tipificado como justa causa (CLT, art. 482), independentemente da conotação de grave e séria violação dos deveres funcionais, ou o empregador comprove a existência de motivo técnico, econômico ou financeiro, para que o obreiro perca o direito de permanecer no emprego.

Em suma, a garantia no emprego, permanente ou provisória, protege o trabalhador da dispensa injusta ou arbitrária.

3.1. Garantia provisória no emprego

A garantia provisória no emprego é destinada ao trabalhador que esteja, num determinado lapso de tempo, em situação especial que impeça a sua dispensa arbitrária ou sem justa causa do emprego.

Cessada a causa especial que garantia provisoriamente a manutenção do contrato de trabalho, o empregado poderá ser despedido, sem necessidade de motivação do empregador. Esse é o entendimento doutrinário e jurisprudencial que vem prevalecendo no Brasil.

Data venia, ousamos divergir desse entendimento, porquanto pensamos que, à luz da moderna hermenêutica constitucional, a construção teórica do direito potestativo patronal de resilir o contrato de trabalho típica do Estado liberal mostra-se incompatível com os princípios que fundamentam o Estado Democrático de Direito inaugurado com a CF/88, como os princípios da dignidade da pessoa humana, do valor social do trabalho e da livre-iniciativa, da função social da empresa, da função social do contrato, da busca do pleno emprego e da relação empregatícia protegida contra a dispensa arbitrária ou sem justa causa.

Na garantia provisória no emprego, o empregador que pretender dispensar o obreiro não necessitará, em linha de princípio, propor a ação judicial prevista no art. 494 consolidado.

Diz-se em princípio porque, há exceções expressamente previstas em lei em que o *inquérito judicial para apuração de falta grave* é condição de validade da dispensa, não só do empregado portador de estabilidade, como já vimos, mas também de alguns seguintes trabalhadores em situações especiais.

3.1.1. Garantia provisória no emprego sujeita a inquérito judicial para a apuração de falta grave

Como já destacamos nos tópicos precedentes, há alguns trabalhadores que, malgrado não sejam portadores de estabilidade, a lei exige o requisito da falta grave praticada pelo empregado para a validade da sua dispensa, ou seja, o inquérito judicial é condição de validade da resolução do contrato de trabalho por iniciativa do empregador.

Eis os empregados portadores de garantia provisória no emprego que só podem ser validamente dispensados pelo empregador em caso de procedência da ação de inquérito para a apuração de falta grave: dirigente sindical, dirigente de sociedade cooperativa de empregados, empregado membro do Conselho Nacional de Previdência Social – CNPS, empregado membro do Conselho Curador do FGTS e representante dos empregados nas Comissões de Conciliação Prévia.

3.1.1.1. Dirigente sindical

O art. 8º, VIII, da Constituição de 1988 dispõe, *in verbis*:

> é vedada a dispensa do empregado sindicalizado a partir do registro da candidatura a cargo de direção ou representação sindical e, se eleito, ainda que suplente, até um ano após o final do mandato, salvo se cometer falta grave nos termos da lei.

Houve, portanto, uma recepção qualificada do art. 543, § 3º, da CLT, *in verbis*:

> Fica vedada a dispensa do empregado sindicalizado ou associado, a partir do momento do registro de sua candidatura a cargo de direção ou representação de entidade sindical ou de associação profissional, até 1 (um) ano após o final do seu mandato, caso seja eleito, inclusive como suplente, salvo se cometer falta grave devidamente apurada nos termos desta Consolidação.

Logo, a apuração de falta grave do dirigente sindical deve ser executada por meio da ação de inquérito judicial (CLT, arts. 494 e 853). Se o empregador não propõe tal ação, o ato de dispensa é nulo de pleno direito. Nesse sentido, lembramos a Súmula 197 do STF, assim redigida:

> *Estabilidade. Dirigente sindical.* O empregado com representação sindical só pode ser despedido mediante inquérito em que se apure falta grave.

Na mesma linha, o TST editou a Súmula 379:

> *Dirigente sindical. Despedida. Falta grave. Inquérito judicial. Necessidade.* O dirigente sindical somente poderá ser dispensado por falta grave mediante a apuração em inquérito judicial, inteligência dos arts. 494 e 543, § 3º, da CLT.

Nos termos do § 4º do art. 543 da CLT, considera-se "cargo de direção ou de representação sindical aquele cujo exercício ou indicação decorre de eleição prevista em lei".

O § 5º do art. 543 da CLT exige a comunicação ao empregador do registro da candidatura como requisito para o dirigente sindical ser destinatário da garantia provisória no emprego, nos seguintes termos:

> Para os fins deste artigo, a entidade sindical comunicará por escrito à empresa, dentro de 24 (vinte e quatro) horas, o dia e a hora do registro da candidatura do seu empregado e, em igual prazo, sua eleição e posse, fornecendo, outrossim, a este, comprovante no mesmo sentido. O Ministério do Trabalho fará no mesmo prazo a comunicação no caso da designação referida no final do § 4º.

Parece-nos, no entanto, que o preceptivo em causa não foi recepcionado pelo inc. VIII do art. 8º da CF, uma vez que o texto constitucional exige apenas o registro da candidatura como condição para a aquisição da garantia no emprego. Tal registro se faz no sindicato e não, na empresa. Todavia, o STF fixou o seguinte entendimento:

> A formalidade prevista no art. 543, § 5º, da CLT – ciência do empregador da candidatura do empregado – não se mostrou incompatível com a norma do inc. VIII do art. 8º da CF, isto diante do princípio da razoabilidade (STF-RE 224.667 – Rel. Min. Marco Aurélio – j. 13.04.1999 – 2ª T. – *DJ* 04.06.1999).

A interpretação do Pretório Excelso levou o TST a editar a OJ 34 da SBDI-1 (posteriormente convertida no item I da Súmula 369), segundo a qual: "É assegurada a estabilidade provisória ao empregado dirigente sindical, ainda que a comunicação do registro da candidatura ou da eleição e da posse seja realizada fora do prazo previsto no art. 543, § 5º, da CLT, desde que a ciência ao empregador, por qualquer meio, ocorra na vigência do contrato de trabalho".

Sob o prisma da liberdade sindical, plasmada pelos princípios da não intervenção e da não interferência do Estado e do empregador da organização sindical, caberia aos sindicatos, com base apenas nos seus estatutos, estabelecer o número de dirigentes que seriam albergados pela garantia provisória prevista no art. 8º, VIII, da CF, que, *in casu*, atritaria com o disposto no art. 522 da CLT.

O TST, no entanto, editou a OJ 266 (posteriormente convertida no item II da Súmula 369), firmando o entendimento de que "o art. 522 da CLT, que limita a sete o número de dirigentes sindicais, foi recepcionado pela Constituição Federal de 1988".

Ocorre que o TST, pressionado politicamente pelas Centrais Sindicais, resolveu alterar a redação do item II da Súmula 369 (Res. 174/11, DEJT divulgado em 27, 30 e 31.05.2011), que passou a ter o seguinte teor:

> O art. 522 da CLT foi recepcionado pela Constituição Federal de 1988. Fica limitada, assim, a estabilidade a que alude o art. 543, § 3º, da CLT a sete dirigentes sindicais e igual número de suplentes.

Assim, se a entidade sindical possuir oito ou mais dirigentes, apenas os sete titulares e os sete suplentes serão destinatários da garantia prevista no art. 8º, VIII, da CF; os demais dirigentes não. A nosso ver, contudo, à luz dos princípios da liberdade e autonomia sindicais, cabe ao sindicato indicar os dirigentes que serão considerados "estáveis" e não, ao empregador. Mesmo porque a proteção da relação empregatícia é um direito fundamental de todos os trabalhadores, especialmente àqueles que exercem funções de defesa dessa classe economicamente vulnerável.

Outra questão polêmica diz respeito ao dirigente sindical de sindicato de categoria profissional diferenciada, pois, de acordo com o item III da Súmula 369 do TST, "O empregado de categoria diferenciada eleito dirigente sindical só goza de estabilidade se exercer na empresa atividade pertinente à categoria profissional do sindicato para o qual foi eleito dirigente".

À guisa de exemplo, com base no item III da Súmula 369 do TST, se um médico eleito dirigente sindical do sindicato dos médicos exercer a função de auxiliar administrativo numa empresa não terá a garantia provisória no emprego.

O dirigente sindical de categoria econômica pode ser portador de garantia provisória no emprego se ocupar cargo de confiança na empresa em que trabalha? O STF já decidiu:

> Interpretação restritiva do inc. VIII do art. 8º da CF: impossibilidade. Inexistência de norma legal ou constitucional que estabeleça distinção entre o dirigente sindical patronal e o dos trabalhadores. Não perde a condição de empregado o trabalhador que, malgrado ocupe cargo de confiança na empresa empregadora, exerça mandato sindical como representante da categoria econômica. Representante sindical patronal.

Dispensa no curso do mandato. Indenização e consectários legais devidos desde a data da despedida até um ano após o final do mandato. *(STF-RE 217.355 - Rel. Min. Maurício Corrêa - j. 29.08.2000 - 2ª T. - DJ de 02.02.2001)*

Não se reconhece garantia no emprego ao dirigente sindical na hipótese de extinção da atividade empresarial no âmbito da base territorial do sindicato. É o que prevê o item IV da Súmula 369 do TST.

Outra restrição à garantia no emprego do dirigente sindical é a prevista no item V da Súmula 369 do TST, porquanto o "registro da candidatura do empregado a cargo de dirigente sindical durante o período de aviso prévio, ainda que indenizado, não lhe assegura a estabilidade, visto que inaplicável a regra do § 3º do art. 543 da Consolidação das Leis do Trabalho".

Cumpre assinalar que a Lei 9.270, de 17.04.1996, acrescentou ao art. 659 da CLT o inc. X, conferindo competência privativa ao juiz de Vara do Trabalho para "conceder medida liminar, até decisão final do processo, em reclamações trabalhistas que visem reintegrar no emprego dirigente sindical afastado, suspenso ou dispensado pelo empregador".

O § 6º do art. 543 da CLT prevê punição administrativa, prevista na letra "a" do art. 553 da CLT, da empresa que, por qualquer modo, procurar impedir que o empregado se associe a sindicato, organize associação profissional ou sindical ou exerça os direitos inerentes à condição de sindicalizado, sem prejuízo da reparação a que tiver direito o empregado prejudicado.

Ademais, a violação do direito de associação, organização ou exercício dos direitos inerentes à condição de associado a sindicato pode caracterizar conduta antissindical, tal como previsto nos arts. 1º a 3º da Convenção 98 da OIT, ratificada pelo Brasil (Decreto 33.196, de 29.06.1953).

Finalmente, cabe trazer à baila o entendimento consubstanciado na OJ 365 da SBDI-1/TST, que não estende ao Membro de Conselho Fiscal de sindicato o "direito à estabilidade prevista nos arts. 543, § 3º, da CLT e 8º, VIII, da CF/88, porquanto não representa ou atua na defesa de direitos da categoria respectiva, tendo sua competência limitada à fiscalização da gestão financeira do sindicato (CLT, art. 522, § 2º)". Parece-nos, *data venia*, equivocado tal entendimento, porquanto é sabido que os membros do conselho fiscal dos sindicatos são eleitos juntamente com os seus diretores, razão pela qual devem ser destinatários da mesma proteção destes.

Outro entendimento que nos parece equivocado é o constante da OJ 369 da SBDI-1, segundo o qual: "O delegado sindical não é beneficiário da estabilidade provisória prevista no art. 8º, VIII, da CF/88, a qual é dirigida, exclusivamente, àqueles que exerçam ou ocupem cargos de direção nos sindicatos, submetidos a processo eletivo".

Cremos que o fundamento da garantia provisória dos empregados que integram os órgãos de direção e fiscalização dos sindicatos é protegê-los contra os atos de ingerência do empregador e do Estado. Ao facultar a dispensa arbitrária ou sem justa causa de tais trabalhadores, há, sem dúvida, o enfraquecimento da autonomia e da liberdade sindical, o que acaba comprometendo, em última análise, a efetividade dos direitos humanos e fundamentais dos trabalhadores.

3.1.1.2. *Dirigente de sociedade cooperativa de empregados*

Dispõe o art. 55 da Lei 5.764/71, *in verbis*:

> Os empregados de empresas que sejam eleitos diretores de sociedades cooperativas pelos mesmos criadas gozarão das garantias asseguradas aos dirigentes sindicais pelo art. 543 da Consolidação das Leis do Trabalho.

Assim, o dirigente de cooperativa de empregados de uma determinada empresa só poderá ser dispensado se praticar falta grave devidamente apurada em inquérito judicial (CLT, arts. 494 e 853).

Em que pese a norma em apreço assegurar aos diretores eleitos das cooperativas criadas pelos empregados de dada empresa as mesmas garantias conferidas aos dirigentes sindicais, a OJ 253 da SBDI-1 do TST interpreta-a restritivamente nos seguintes termos:

> *Estabilidade provisória. Cooperativa. Lei 5.764/71. Conselho fiscal. Suplente. Não assegurada (inserida em 13.03.2002).* O art. 55 da Lei 5.764/71 assegura a garantia de emprego apenas aos empregados eleitos diretores de Cooperativas, não abrangendo os membros suplentes.

Parece-nos equivocada tal interpretação, uma vez que os arts. 55 da Lei 5.764/71 e o art. 543 da CLT devem ser interpretados conforme a Constituição Federal (art. 8º, VIII). De tal arte, reconhece-se a garantia provisória no emprego tanto do dirigente sindical e seu suplente quanto do dirigente de cooperativa de empregados e seu suplente. Ademais, a interpretação sistemática e teleológica das normas em apreço em sintonia com os princípios da dignidade da pessoa humana, do valor social do trabalho, da função social da empresa, da busca do pleno emprego e da relação empregatícia protegida contra a dispensa arbitrária ou sem justa causa, autorizam a ilação no sentido de se estender aos suplentes de diretores eleitos de cooperativa os mesmos direitos fundamentais destinados pelo art. 8º, VIII, da CF aos suplentes de dirigentes sindicais eleitos.

3.1.1.3. *Empregado membro do Conselho Nacional de Previdência Social – CNPS*

Segundo o disposto no art. 3º, § 7º, da Lei 8.213/91,

> Aos membros do CNPS, enquanto representantes dos trabalhadores em atividade, titulares e suplentes, é assegurada estabilidade no emprego, da nomeação até um ano após o término do mandato de representação, somente podendo ser demitidos

por motivo de *falta grave*, regularmente comprovada através de *processo judicial*. (grifos nossos)

Destarte, os membros titulares e suplentes do Conselho Nacional de Previdência Social – CNPS, que atuarem como representantes dos trabalhadores em atividade, só poderão ser dispensados de seus respectivos empregos se praticarem falta grave devidamente apurada em inquérito judicial (CLT, arts. 494 e 853).

Vale dizer, o § 7º do art. 3º da Lei 8.213/91 assegura aos representantes dos trabalhadores, titulares e suplentes, no CNPS os mesmos direitos dos dirigentes sindicais no que concerne à garantia provisória no emprego.

3.1.1.4. Empregado membro do Conselho Curador do FGTS

Com base no art. 3º, § 9º, da Lei 8.036/90,

> Aos membros do Conselho Curador, enquanto representantes dos trabalhadores, efetivos e suplentes, é assegurada estabilidade no emprego, da nomeação até um ano após o término do mandato de representação, somente podendo ser demitidos por motivo de *falta grave*, regularmente comprovada através de *processo sindical*. (grifos nossos)

Há evidente erronia redacional na parte final do preceptivo em causa, porquanto falta grave, segundo o método de interpretação sistemática, há de ser apurada em processo judicial e não em "processo sindical".

De tal arte, o § 9º do art. 3º da Lei 8.036/90 assegura aos representantes dos trabalhadores, titulares e suplentes, no Conselho Curador do FGTS os mesmos direitos dos dirigentes sindicais no que concerne à garantia provisória no emprego (CF, art. 8º, VIII). Logo, somente poderão ser dispensados mediante inquérito judicial para a apuração de falta grave (CLT, arts. 494 e 853).

3.1.1.5. Representante dos empregados nas comissões de conciliação prévia

De acordo com o art. 625-B, § 1º, da CLT (Lei 9.858, de 12.01.2000),

> É vedada a dispensa dos representantes dos empregados membros da Comissão de Conciliação Prévia, titulares e suplentes, até um ano após o final do mandato, salvo se cometerem falta grave, nos termos da lei.

Destarte, nos termos do § 1º do art. 625-B da CLT, os empregados que atuarem nas Comissões de Conciliação Prévia, como titulares ou suplentes, terão os mesmos direitos dos dirigentes sindicais no que concerne à garantia provisória no emprego (CF, art. 8º, VIII). Logo, a dispensa de tais empregados está condicionada ao ajuizamento, pelo empregador, do inquérito judicial para a apuração de falta grave (CLT, arts. 494 e 853).

3.1.2. Garantia provisória no emprego não sujeita a inquérito judicial para a apuração de falta grave

Ressalvados os casos indicados nas epígrafes precedentes, nos quais se exige a prática de falta grave devidamente apurada em inquérito judicial (CLT, arts. 494 e 853), todos os demais trabalhadores destinatários de garantia provisória no emprego, como os "cipeiros" eleitos (ADCT, arts. 10, II, "a", e 165 consolidado), a empregada gestante (ADCT, art. 10, II, "b"), a empregada em gozo de licença-maternidade (CF, art. 7º, XVIII) e o empregado acidentado (Lei 8.213/91, art. 118), podem ser dispensados sem a formalidade da ação constitutiva negativa (inquérito judicial), sendo necessário, apenas, que a dispensa não seja arbitrária ou sem justa causa, entendendo-se como tais, por aplicação analógica do art. 165 da CLT, aquelas que não derivem de motivos de ordem disciplinar, técnica, econômica ou financeira.

A prova da dispensa arbitrária ou sem justa causa, *in casu*, será feita por meio de reclamação trabalhista comum, sendo desnecessário, repita-se, o inquérito judicial, que é uma ação especial. Noutro falar, em se tratando dispensa de "cipeiro", empregada gestante ou em gozo de licença-maternidade ou empregado acidentado, o empregador não tem interesse processual em ajuizar inquérito para a apuração de falta grave, por ausência de necessidade, sendo, além disso, inadequada a via eleita. Logo, o processo será extinto sem resolução do mérito (CPC, art. 485, VI).

Assim, se o empregado portador de garantia provisória no emprego entender que foi dispensado de forma arbitrária ou sem justa causa, poderá ajuizar reclamação trabalhista visando à sua reintegração ao emprego. Caberá ao empregador, em contestação, o ônus de provar a licitude da dispensa, nos termos do parágrafo único do art. 165 da CLT:

> Ocorrendo a despedida, caberá ao empregador, em caso de reclamação à Justiça do Trabalho, comprovar a existência de qualquer dos motivos mencionados neste artigo, sob pena de ser condenado a reintegrar o empregado.

Vale dizer, se o empregador, em contestação, não se desincumbir de provar que a dispensa do empregador portador de garantia provisória no emprego é fundada em motivo disciplinar, técnico, econômico ou financeiro, a ação será julgada procedente e será o empregador condenado a reintegrar o empregado (obrigação de fazer) e a pagar todas as verbas contratuais devidas a partir do afastamento.

Os trabalhadores portadores da garantia provisória têm direito à reintegração ao emprego enquanto vigorar a condição especial prevista em norma autônoma ou heterônoma que garanta tal direito.

3.1.2.1. Empregado de Comissão Interna de Prevenção de Acidentes – CIPA

O empregado eleito membro de CIPA, ainda que suplente, só poderá ser dispensado validamente se o empregador motivar a dispensa, ou seja, a sua dispensa será válida se o empregador provar a existência de motivo disciplinar (CLT, art. 482) ou outro motivo de ordem econômica, técnica ou financeira.

Com efeito, o art. 165 da CLT dispõe, *in verbis*:

> Os titulares da representação dos empregados nas CIPA(s) não poderão sofrer despedida arbitrária, entendendo-se como tal a que não se fundar em motivo disciplinar, técnico, econômico ou financeiro.

Houve a constitucionalização da garantia provisória no emprego do titular de representação dos empregados na CIPA, uma vez que o art. 10, II, "a", do ADCT dispõe que até que seja promulgada a lei complementar a que se refere o art. 7º, I, da Constituição, fica vedada a dispensa arbitrária ou sem justa causa "do empregado eleito para cargo de direção de comissões internas de prevenção de acidentes, desde o registro de sua candidatura até um ano após o final de seu mandato".

Outra questão relevante diz respeito à extensão da garantia ora focalizada ao suplente de empregado eleito para CIPA. A nosso ver, por analogia à garantia conferida ao dirigente sindical, já que ambos atuam em defesa de interesses de uma categoria profissional, ou parte dela, os suplentes eleitos são destinatários da garantia provisória no emprego.

Esse, aliás, é o entendimento adotado na Súmula 676 do STF: "A garantia da estabilidade provisória prevista no art. 10, II, "a", do Ato das Disposições Constitucionais Transitórias, também se aplica ao suplente do cargo de direção de Comissões Internas de Prevenção de Acidentes (CIPA)".

O TST, por sua vez, adotou tal tese, como se infere do item I da sua Súmula 339: "O suplente da CIPA goza da garantia de emprego prevista no art. 10, II, "a", do ADCT a partir da promulgação da Constituição Federal de 1988".

De toda a sorte, o item II da referida Súmula ressalva que a

> estabilidade provisória do cipeiro não constitui vantagem pessoal, mas garantia para as atividades dos membros da CIPA, que somente tem razão de ser quando em atividade a empresa. Extinto o estabelecimento, não se verifica a despedida arbitrária, sendo impossível a reintegração e indevida a indenização do período estabilitário.

À luz do princípio da razoabilidade, afigura-se-nos que, se o "cipeiro" eleito e dispensado arbitrariamente ou sem justa causa não ajuizar a ação postulando a sua reintegração dentro de um prazo razoável ou depois de extinto o prazo da garantia provisória no emprego, não fará jus à indenização do período respectivo, salvo se provar a existência de motivo relevante para a sua inércia. Afinal, a garantia conferida ao "cipeiro" eleito é destinada à proteção da incolumidade física, moral e mental de todos os trabalhadores da empresa, e não uma vantagem pessoal. Ele não pode simplesmente deixar a representação dos trabalhadores na empresa e postular apenas indenização substitutiva da garantia provisória no emprego. Não é esse, porém, o entendimento adotado na OJ 399 da SBDI-1/TST.

3.1.2.2. Empregada gestante

Há diversos meios de proteção ao trabalho da mulher, como veremos no Capítulo XVIII deste Título.

Interessa-nos nesta epígrafe a proteção da relação empregatícia da empregada em estado de gravidez.

Nos termos do art. 391 da CLT:

> Não constitui justo motivo para a rescisão do contrato de trabalho da mulher o fato de haver contraído matrimônio ou de encontrar-se em estado de gravidez.

Houve recepção qualificada dessa norma pelo art. 10, II, "b", do ADCT, porquanto o art. 10, II, "a", do ADCT dispõe que até que seja promulgada a lei complementar a que se refere o art. 7º, I, da Constituição, fica vedada a dispensa arbitrária ou sem justa causa "da empregada gestante, desde a confirmação da gravidez até cinco meses após o parto".

Há divergência doutrinária e jurisprudencial acerca da interpretação do termo "desde a confirmação da gravidez" para fins de aquisição pela empregada da garantia provisória no emprego. Para alguns, significa desde o momento em que a empregada comunica a sua gravidez ao empregador; outros sustentam que é partir do instante em que a empregada faz prova da gravidez mediante atestado médico; existem, ainda, os defensores da tese de que o desconhecimento da gravidez pelo empregador no momento em que este dispensa a empregada grávida desabriga a gestante do direito previsto na citada norma constitucional. A cizânia perpassa também pelo enfoque da responsabilidade patronal, ou seja, se a responsabilidade é objetiva ou subjetiva.

A jurisprudência majoritária adotou, a nosso sentir, a tese da responsabilidade objetiva pelo fato da gravidez. Vale dizer, o que importa ao intérprete, *in casu*, é verificar se no momento da dispensa a empregada encontrava-se em estado gravídico ou não, já que, nos termos do item I da Súmula 244 do TST, o "desconhecimento do estado gravídico pelo empregador não afasta o direito ao pagamento da indenização decorrente da estabilidade (ADCT, art. 10, II, "b")".

Ademais, de acordo com o item II da Súmula 244 do TST, a garantia de emprego à gestante só autoriza a reintegração se esta se der durante o período de estabilidade.

Do contrário, a garantia restringe-se aos salários e demais direitos correspondentes ao período de estabilidade.

É importante lembrar que de acordo com a nova redação do item III da Súmula 244 do TST: "A empregada gestante tem direito à estabilidade provisória prevista no art. 10, inciso II, alínea "b", do Ato das Disposições Constitucionais Transitórias, mesmo na hipótese de admissão mediante contrato por tempo determinado". Esse novo entendimento do TST passa a superar, pelo menos no que respeita ao contrato de trabalho com determinação de tempo (*v. g.*, o contrato de experiência) da empregada gestante, tradicional posição doutrinária e jurisprudencial que considera incompatíveis os institutos da estabilidade com os contratos por tempo determinado.

Entretanto, no julgamento do Incidente de Assunção de Competência 5639-31.2013.5.12.0051 (Tema 02), o Tribunal Pleno do TST fixou no sentido de que "é inaplicável ao regime de trabalho temporário, disciplinado pela Lei n. 6.019/1974, a garantia de estabilidade provisória à empregada gestante, prevista no art. 10, II, *b*, do Ato das Disposições Constitucionais Transitórias"[2].

O art. 391-A e seu parágrafo único da CLT ampliam a garantia provisória do emprego, *in verbis*:

> Art. 391-A. A confirmação do estado de gravidez advindo no curso do contrato de trabalho, ainda que durante o prazo do aviso prévio trabalhado ou indenizado, garante à empregada gestante a estabilidade provisória prevista na alínea *b* do inciso II do art. 10 do Ato das Disposições Constitucionais Transitórias. (incluído pela Lei 12.812/2013).
>
> Parágrafo único. O disposto no *caput* deste artigo aplica-se ao empregado adotante ao qual tenha sido concedida guarda provisória para fins de adoção (incluído pela Lei 13.509/2017).

Para encerrar este tópico, é importante lembrar que a atual jurisprudência do TST, afastando a tese de abuso de direito, assegura à empregada gestante o direito de postular indenização correspondente ao período de garantia provisória no emprego da gestante mesmo quando a ação é ajuizada depois de exaurido tal período. É o que se infere da OJ 399 da SBDI-1, *in verbis*:

> O ajuizamento de ação trabalhista após decorrido o período de garantia de emprego não configura abuso do exercício do direito de ação, pois este está submetido apenas ao prazo prescricional inscrito no art. 7º, XXIX, da CF/1988, sendo devida a indenização desde a dispensa até a data do término do período estabilitário.

3.1.2.3. *Empregado acidentado*

De acordo com o art. 118 da Lei 8.213/91:

2. Sobre esse julgamento remetemos o leitor ao item 2.1 do Capítulo XVIII.

O segurado que sofreu acidente do trabalho tem garantida, pelo prazo mínimo de doze meses, a manutenção do seu contrato de trabalho na empresa, após a cessação do auxílio-doença acidentário, independentemente de percepção de auxílio-acidente.

A primeira pergunta que se pode fazer é a seguinte: O art. 118 da Lei 8.213/91 é inconstitucional?

Há duas correntes doutrinárias, com posições absolutamente conflitantes, que procuram responder à indagação.

Alguns autores, capitaneados por Octavio Bueno Magano[3], partindo da interpretação lógico-formal, sustentam que o preceptivo em relevo padece de inconstitucionalidade, na medida em que somente através de lei complementar (CF, art. 7º, I) é que se poderiam criar outros tipos de estabilidade além das expressamente previstas na Constituição.

Outros, como Nei Frederico Cano Martins[4], invocando a lógica do razoável, advogam a tese da constitucionalidade do art. 118 da Lei 8.213/91 ao fundamento de que o legislador ordinário pode

> estabelecer quantos tipos de estabilidade provisória no emprego entenda sejam necessários, desde que para atender a situações peculiares. O que lhe é vedado é o estabelecimento de estabilidade que se estenda à generalidade dos trabalhadores. Tal tipo de garantia, aliás, sequer por lei complementar poderá vir a ser criado, ao menos enquanto prevalecer a atual redação do inc. I, do art. 7º, da Lei Maior[5].

Embora reconheçamos a autoridade dos autores que defendem a inconstitucionalidade do art. 118 da Lei de Benefícios, estamos com a segunda corrente doutrinária.

Com efeito, a garantia no emprego decorrente de acidente do trabalho, instituída pelo art. 118, da Lei 8.213/91, não colide com a garantia no emprego a que se refere o art. 7º, I, da *Lex Legum*.

Basta ler o *caput* do dispositivo constitucional em estudo para se constatar que a Lei Maior não exclui a aplicação de outros direitos que visem à melhoria da condição social do trabalhador.

Ademais, a garantia infraconstitucional é específica e se destina ao trabalhador vítima de acidente de trabalho, *tout court*. A garantia de emprego prevista na Lei Maior é genérica e tem por destinatários todos os trabalhadores, indistintamente. Logo, não há falar em inconstitucionalidade (formal) do precitado art. 118 da Lei 8.213/91.

3. *Política do trabalho*. São Paulo: LTr, 1995, v. 2, p. 21-28.
4. *Estabilidade provisória no emprego*. São Paulo: LTr, 1995, p. 115-133.
5. *Op. cit.*, p. 129.

De outra parte, cremos que a garantia provisória no emprego conferida ao empregado acidentado tem alcance social indiscutível, pelo que a interpretação sistêmica do art. 118 da Lei de Benefícios, em cotejo com os arts. 1º, IV, 7º, *caput*, 170, *caput* e VIII, e 193 da Constituição da República, deixa patente que a *mens legis* é no sentido de não inibir o legislador ordinário a instituir, independentemente de lei complementar, novos tipos de garantias no emprego a trabalhadores que se encontrem em situações que demandem proteção especial do Estado.

Nesse sentido, aliás, dispõe o art. 4º da Lei 9.029, de 13.04.1995[6], que protege a relação de emprego contra ato discriminatório do empregador, por motivo de sexo, origem, raça, cor, estado civil, situação familiar ou idade, facultando ao empregado optar entre:

> a) a readmissão com ressarcimento integral de todo o período de afastamento, mediante pagamento das remunerações devidas, corrigidas monetariamente, acrescidas dos juros legais; ou
>
> b) a percepção, em dobro, da remuneração do período de afastamento, corrigida monetariamente e acrescida dos juros legais.

Prestigiar a corrente que defende a inconstitucionalidade do dispositivo em questão, implicaria, também, considerar como *não recepcionados* outros tipos de garantia no emprego previstas em diplomas anteriores à atual Constituição, como, *v. g.*, a dos empregados de empresas que sejam eleitos diretores de sociedades cooperativas por eles criadas (Lei 5.764/71, art. 55).

Urge lembrar, ainda, que o Pretório Excelso, ao apreciar ação direta de inconstitucionalidade (STF-ADIn 639-8/600, Rel. Min. Moreira Alves[7]) do art. 118 da Lei de Benefícios, denegou a liminar ali postulada, sendo, no mérito, julgada improcedente a demanda, o que, certamente, levou a SBDI-1 do TST a editar a OJ 105, posteriormente convertida no item 1 da Súmula 378 daquela Corte.

Quais os requisitos para a aquisição do direito previsto no art. 118 da Lei 8.213/91?

O primeiro requisito que o preceptivo em questão exige é o de que o trabalhador tenha sofrido um acidente do trabalho, entendendo-se como tal, nos termos da Lei 8.213/91: a) o acidente típico (art. 19); b) as moléstias profissionais ou do trabalho (art. 20); ou c) os eventos equiparados ao acidente do trabalho (art. 21).

O segundo requisito está em que a garantia no emprego somente terá início após a cessação do benefício previdenciário. Aqui há uma explicação lógica: é que durante o período em que o obreiro percebe o auxílio-doença acidentário o seu contrato de trabalho (tecnicamente, os seus efeitos) fica suspenso, impedindo, assim, a prática do ato patronal de dispensa.

---

6. Publicada no *DOU* de 17.04.1995.

7. *DJU* de 22.05.1992.

Situação interessante ocorre quando o empregado, dizendo-se vítima de moléstia de origem profissional, tenha percebido apenas auxílio-doença normal, mas não o auxílio-doença acidentário. Em tal circunstância, adverte Nei Frederico Cano Martins:

> deve-se admitir ao empregado a possibilidade de discutir, até pelas vias judiciais, a natureza do evento danoso. Assim, o dispositivo deve ser entendido de forma mais ampla, ou seja, de que a estabilidade tem início após a cessação do auxílio-doença acidentário, mas pode iniciar-se também após o auxílio-doença normal, desde que concedido indevidamente no lugar do acidentário[8].

Essa, entretanto, não era a posição do Tribunal Superior do Trabalho, como se infere do seguinte julgado:

> *Estabilidade provisória. Acidente do trabalho.* O art. 118 da Lei 8.213/91 estabelece que "o segurado que sofreu acidente do trabalho tem garantida, pelo prazo mínimo de doze meses, a manutenção do seu contrato de trabalho na empresa, após a cessação do auxílio-doença acidentário, independentemente de percepção de auxílio-acidente". Para a aquisição do direito à estabilidade é necessário que o empregado afastado ultrapasse os primeiros quinze dias de interrupção do contrato de trabalho, adentrando no período de suspensão contratual, quando então perceberá o auxílio-doença acidentário, condição *sine qua non* para a configuração estabilitária (TST-RR-159.601/95.1 – 1ª T – j. 30.08.1995 – Rel. Min. Ursulino Santos. *Revista LTr* 60-01/69).

Tal orientação vigorou durante vários anos, mas o TST acabou dando nova interpretação ao art. 118 da Lei 8.213/91, editando a Súmula 378, cujo item II estabelece que "São pressupostos para a concessão da estabilidade o afastamento superior a 15 dias e a consequente percepção do auxílio-doença acidentário, salvo se constatada, após a despedida, doença profissional que guarde relação de causalidade com a execução do contrato de emprego".

Assim, no caso de doença profissional que tenha nexo de causalidade com a atividade exercida pelo trabalhador na empresa, a garantia provisória do emprego prevista no art. 118 da Lei 8.213/91 será assegurada, independentemente de ter havido afastamento do trabalhador ou a percepção de auxílio-doença comum ou acidentário.

Antes de encerrar este tópico, é importante lembrar que o TST, recentemente, inseriu o item III à Súmula 378, superando antiga cizânia doutrinária e jurisprudencial, para reconhecer que o "empregado submetido a contrato de trabalho por tempo determinado goza da garantia provisória de emprego, decorrente de acidente de trabalho, prevista no art. 118 da Lei 8.213/91".

8. *Op., cit.*, p. 122.

3.1.2.4. Representante da comissão de empregados

O § 3º do art. 510-D da CLT, introduzido pela Lei 13.467/2017, dispõe que:

> Desde o registro da candidatura até um ano após o fim do mandato, o membro da comissão de representantes dos empregados não poderá sofrer despedida arbitrária, entendendo-se como tal a que não se fundar em motivo disciplinar, técnico, econômico ou financeiro.

Esse novel dispositivo assegura ao membro eleito da Comissão de Representantes dos Empregados nas empresas com mais de duzentos empregados (CLT, art. 510-A) uma garantia provisória no emprego de um ano, desde o registro de sua candidatura até um ano após o fim do mandato, salvo se o empregador comprovar, em caso de reclamação do trabalhador perante a Justiça do Trabalho, que a dispensa não foi arbitrária, isto é, a despedida encontra-se fundada em motivo disciplinar (justa causa), técnico, econômico ou financeiro.

Aplica-se, por analogia, ao empregado membro da Comissão de Representantes na Empresa o disposto no parágrafo único do art. 165 da CLT.

3.1.3. Dispensa arbitrária ou sem justa causa: reintegração ou indenização?

O empregado portador de garantia provisória no emprego que for dispensado de forma arbitrária ou sem justa causa deverá propor a ação buscando a sua reintegração no emprego, no cargo e na função em que se encontrava antes da ruptura do pacto laboral.

Essa reintegração poderá, no nosso entender, ser concedida a título de tutela de urgência antecipada (CPC, art. 300) ou mediante tutela de urgência cautelar (CPC, art. 301), já que o texto obreiro é omisso a respeito deste tipo de provimento jurisdicional solicitado, sendo certo que não há incompatibilidade da aplicação supletória do direito processual comum.

Todavia, há casos revelados pela prática forense em que o empregado deixa passar o período de garantia no emprego e postula tão somente a condenação do empregador a indenizá-lo pelo valor da remuneração correspondente àquele período. Há situações, inclusive, em que o empregador oferece de volta o emprego, e o empregado, recusando-se perante o juiz, prefere apenas a indenização do período "estabilitário".

Em todos esses casos, pensamos ser imprescindível que o empregado tenha ajuizado a ação trabalhista no prazo da garantia provisória no emprego, pois, caso deixe ultrapassar tal prazo e formule pedido único de indenização deverá, a nosso sentir, ter seu pedido julgado improcedente. Afinal, o bem da vida protegido pelo ordenamento jurídico é o emprego e não, a indenização.

Excepcionalmente, no caso de a entrega da prestação jurisdicional efetivar-se ao depois de decorrido o período "estabilitário" é que se poderá falar em indenização.

Além disso, não se pode olvidar que a conversão da reintegração em indenização constitui poder discricionário do juiz, caso este, diante do caso concreto, verificar que é desaconselhável a reintegração, dada a incompatibilidade entre o empregado e o empregador, a teor do art. 496 da CLT, aplicado analogicamente à espécie.

Decorrentemente, na hipótese em que a reintegração não for efetivada por inércia do próprio empregado, não há previsão legal, *in casu*, para se condenar o empregador a pagar salário, a título de indenização, sem contar com a contraprestação do serviço. Dito doutro modo, o pedido apenas de indenização referente ao período de "estabilidade" já exaurido sem oportunizar ao empregador o direito de contar com a prestação de serviço configuraria abuso do exercício do direito de ação. Nesse sentido, colecionamos o seguinte verbete do TST:

> *Gestante. Despedida sem justa causa. Desconhecimento do estado gravídico por parte do empregador. Abuso do direito de ação. Delonga injustificada no ajuizamento da ação. Direito apenas aos salários do período restante da estabilidade.* Configura-se abuso do direito de ação, justificando o deferimento dos salários apenas a partir do seu ajuizamento, quando há delonga injustificada por parte da empregada no ajuizamento da ação, quando o empregador não tinha conhecimento do estado gravídico. Recurso de revista conhecido e parcialmente provido para condenar a reclamada a pagar à reclamante apenas os salários do período restante da estabilidade, contados a partir da data do ajuizamento da ação (TST – RR 650.074/2000.8 – 2ª T. – Rel. p/ o Ac. Min. Vantuil Abdala – *DJU* 15.12.2000).

Em passado recente, porém, o próprio TST adotou o seguinte entendimento acerca da garantia provisória no emprego da gestante:

> *Recurso de embargos. Gestante. Estabilidade provisória. Demora injustificada para ajuizar ação buscando garantia de emprego, impossibilidade de se presumir abuso de direito. Indenização. Responsabilidade objetiva.* Não demonstrado o exercício abusivo do direito, já que sobre isso não há notícia nos autos, configura-se o direito da reclamante à indenização relativa à estabilidade provisória, nos termos como decidido pela col. Turma. A regra legal, contida no art. 10, II, letra "b", do ADCT, dispõe que é vedada a despedida da empregada gestante, desde a confirmação da gravidez até cinco meses após o parto. O abuso de direito não se presume. Decorre ele da demonstração de que a parte utiliza o controle jurisdicional com o fim de, maliciosamente, retirar da outra parte a possibilidade de reparar, por outro meio, a lesão de direito ou a minorar seus efeitos. A demora injustificada para o ajuizamento da reclamação trabalhista não é motivação excludente da reparação do direito violado. A opção de uma das partes da relação jurídica em conduzir-se contrariamente à ordem jurídica atrai a ilicitude do ato praticado, provocando a lesão a um direito. Na ordem constitucional a finalidade da proteção à maternidade mais se dirige ao nascituro do que propriamente à mãe. Daí, objetivamente, não há que se perquirir culpa. O tempo decorrido entre a dispensa e a propositura

da ação não revela abuso. Ao contrário, está a revelar a inércia; a negligência que, ao fim irá desaguar no interesse social da segurança das relações jurídicas, consubstanciada no direito tornado incerto. Para tanto, a prescrição, o que não ocorreu no presente caso. Embargos conhecidos e desprovidos (TST – E-RR 577/2007-049-12-00 – Rel. Min. Aloysio Corrêa da Veiga – *DJe* 19.02.2010).

Esse julgado, como se vê, foi adotado em relação à garantia provisória no emprego da empregada gestante sobre o fundamento de que "na ordem constitucional a finalidade da proteção à maternidade mais se dirige ao nascituro do que propriamente à mãe".

Ocorre que a SBDI-1/TST editou a OJ 399, estendendo a todos os destinatários da garantia provisória no emprego – e não apenas à empregada gestante – o direito de receberem indenização, mesmo quando ajuizarem ação depois de exaurido o período da "estabilidade" provisória. Ei-la:

> *Estabilidade provisória. Ação trabalhista ajuizada após o término do período de garantia no emprego. Abuso do exercício do direito de ação. Não configuração. Indenização devida. (DEJT divulgado em 02, 03 e 04.08.2010).* O ajuizamento de ação trabalhista após decorrido o período de garantia de emprego não configura abuso do exercício do direito de ação, pois este está submetido apenas ao prazo prescricional inscrito no art. 7º, XXIX, da CF/88, sendo devida a indenização desde a dispensa até a data do término do período estabilitário.

3.1.4. Dispensa discriminatória

Modalidade de extinção contratual que se se aproxima da despedida arbitrária é a dispensa discriminatória, cujo fundamento repousa na Lei 9.029/1995, cujo art. 1º dispõe:

> Art. 1º É proibida a adoção de qualquer prática discriminatória e limitativa para efeito de acesso à relação de trabalho, ou de sua manutenção, por motivo de sexo, origem, raça, cor, estado civil, situação familiar, deficiência, reabilitação profissional, idade, entre outros, ressalvadas, nesse caso, as hipóteses de proteção à criança e ao adolescente previstas no inciso XXXIII do art. 7º da Constituição Federal.

De acordo com o art. 4º da referida Lei 9.029, o rompimento da relação de trabalho por ato discriminatório, nos moldes desta Lei, além do direito à reparação pelo dano moral, faculta ao empregado optar entre:

> I – a reintegração com ressarcimento integral de todo o período de afastamento, mediante pagamento das remunerações devidas, corrigidas monetariamente e acrescidas de juros legais;

II – a percepção, em dobro, da remuneração do período de afastamento, corrigida monetariamente e acrescida dos juros legais.

É importante assinalar que o TST editou a Súmula 443, *in verbis*:

Presume-se discriminatória a despedida de empregado portador do vírus HIV ou de outra doença grave que suscite estigma ou preconceito. Inválido o ato, o empregado tem direito à reintegração no emprego.

Parece-nos, porém, que a parte final da súmula em questão deve adequar-se aos termos do art. 4º da Lei 9.029, de modo a facultar ao empregado dispensado por ato discriminatório o direito de optar entre a reintegração com ressarcimento integral de todo o período de afastamento ou o pagamento em dobro da remuneração do período de afastamento, corrigida monetariamente e acrescida dos juros legais.

Qualquer que seja a opção do empregado (Lei 9.029, art. 4º, I ou II), ele terá direito, ainda, ao pagamento da indenização por danos morais.

3.2. Garantia permanente no emprego e a Convenção 158 da OIT

A garantia permanente no emprego não se confunde com estabilidade. Embora destinada, em princípio, a todos os empregados, não leva em conta se o empregado está, num dado momento, sob o manto de proteção especial contra a dispensa do emprego.

A extensão da proteção da relação de emprego contra a despedida arbitrária ou sem justa causa a todos os trabalhadores tem despertado a atenção de quase todos os países do mundo, mormente em função da crise do desemprego que assola inclusive as nações mais desenvolvidas.

Convém lembrar que a própria Organização Internacional do Trabalho editou a Convenção 158, em vigor no plano internacional desde 23.11.1985. No Brasil, o Congresso Nacional aprovou, em 16.09.1992, o Decreto Legislativo 68, ratificando os termos da referida Convenção, tendo a Missão Permanente do Brasil, em Genebra, feito o respectivo depósito perante a OIT, razão pela qual muitos autores nacionais, entre eles Antônio Álvares da Silva e José Alberto Couto Maciel, já sustentavam que a garantia (permanente) no emprego estaria em vigor, no nosso país, desde 05.01.1996, isto é, um ano após o aludido depósito, independentemente de decreto presidencial.

A par disso, o então Presidente da República, Fernando Henrique Cardoso, editou o Decreto 1.855, de 10.04.1996 (*DOU* de 11.04.1996), cujo art. 1º estabelece a aplicação obrigatória da referida Convenção "tão inteiramente como nela se contém".

No nosso entender, a Convenção 158 da Organização Internacional do Trabalho encontrava-se em plena vigência no Brasil desde a publicação do decreto presidencial, inexistindo, como advogam alguns, inconstitucionalidade[9] formal nos diplomas normativos nacionais, uma vez que a Constituição não prevê hierarquia entre lei complementar e tratado.

A grande novidade trazida com a Convenção *sub examine* estaria em que o empregador não deteria mais o "direito potestativo" de resilir o contrato de trabalho, podendo o empregado pleitear a sua reintegração ao emprego ou optar por perceber indenização compensatória, prevista, provisoriamente, no art. 10 do ADCT, sendo que esta passou a ser devida também quando a causa da dispensa vincular-se à capacidade ou ao comportamento ou a motivo técnico, econômico ou financeiro da empresa.

Com efeito, dispõe o art. 4º da Convenção 158, *in verbis*:

> Não se dará término à relação de trabalho de um trabalhador a menos que exista para isso uma causa justificada relacionada com sua capacidade ou seu comportamento ou baseada nas necessidades de funcionamento da empresa, estabelecimento ou serviço.

É de se lamentar, porém, que o Presidente da República Fernando Henrique Cardoso, antes mesmo do pronunciamento do STF (ADIn 1.480-3-DF), tenha editado o Decreto 2.100, de 20.12.1996 (*DOU* de 23.12.1996), denunciando a Convenção 158 à OIT. Vale dizer, esse tratado de direitos humanos sociais só vigorou internamente no nosso País por mais um ano após o registro de sua denúncia àquele organismo internacional, o qual se deu em 20.11.1996.

Há quem sustente a inconstitucionalidade do decreto de denúncia, vez que é da competência exclusiva do Congresso Nacional resolver definitivamente sobre tratados, acordos ou atos internacionais que acarretem encargos ou compromissos gravosos ao patrimônio nacional (CF, art. 49, I) e não do Presidente da República, isoladamente.

De toda a sorte, o gesto do Governo brasileiro causou indignação no meio jurídico nacional, cabendo aqui lembrar a advertência do jurista Antônio Álvares da Silva feita antes mesmo da publicação do Decreto de denúncia da Convenção 158:

> O Brasil, livremente, ratificou um tratado. Submeteu-o à aprovação interna na forma de sua Constituição. Depositou-o no órgão de origem, publicou o decreto promulgador. Agora, contrariamente ao art. 46 do Tratado de Viena e art. 11 da Convenção de Havana, querem subtrair-lhe a validade interna e, o que é pior, com argumentos formais e inconvincentes. Estamos dizendo "sim" para a sociedade das nações e dizendo "não" internamente ao que perante eles livremente convencionamos. A dubiedade nunca foi um atributo recomendável nos homens ou nos povos. Ao Supremo Tribunal Federal cabe, mais uma vez, repor o país no leito da História. O Brasil não pode fugir

9. A matéria está sendo objeto de apreciação pelo Pretório Excelso, através da ADIn 1.480-3/DF, em que figura como requerentes a Confederação Nacional dos Transportes – CNT, e outro, e requerido o Presidente da República. Nessa ação, o requerente pleiteia, com pedido de liminar, a declaração de inconstitucionalidade do Decreto Legislativo 68/92 e do Decreto 1.855/96.

a seus compromissos livremente assumidos na comunidade internacional. É hora de dizermos, perante nós mesmos e perante o mundo, que somos um país sério[10].

Em suma, segundo o decreto de denúncia, a Convenção 158 deixou de ter vigência no Brasil desde 20.11.1997. Cumpre registrar que, ao mesmo tempo em que denunciou a Convenção 158 à OIT, o Presidente da República submeteu à consulta dos interlocutores sociais anteprojeto de lei complementar, regulamentando o art. 7º, I, da CF.

O anteprojeto incorpora alguns princípios da Convenção 158 da OIT, mas, lamentavelmente, confere ao empregador, e não à Justiça do Trabalho, a faculdade de reintegrar ou indenizar o empregado na hipótese de dispensa arbitrária ou sem justa causa.

É importante assinalar que a ADI 1.480 foi arquivada em função da edição do Decreto presidencial 2.100/96, que denunciou a Convenção 158 da OIT.

O STF, entretanto, está julgando a ADI 1.625-3, em que se discute a (in)constitucionalidade do Decreto 2.100/96.

O exame da ADI 1.625 foi iniciado em 2003, com o voto do relator, Ministro Maurício Corrêa (falecido), pela procedência parcial da ação para dar interpretação conforme a Constituição ao decreto, para que ele só produza efeitos a partir da ratificação do ato pelo Congresso Nacional. Ele foi seguido pelo Ministro Ayres Britto (aposentado). Em 2006, o Ministro Nelson Jobim (aposentado) votou pela improcedência do pedido. Em 2009, o Ministro Joaquim Barbosa trouxe voto-vista pela procedência total da ação – nos mesmos termos do voto proferido, em 11.11.2015, pela Ministra Rosa Weber.

Em 14.09.2016, o Plenário do STF retomou o julgamento da ADI 1.625-3, tendo votado o Ministro Teori Zavascki, que julgou improcedente o pedido, mas entendeu, contudo, que a denúncia de tratados internacionais pelo presidente da República dependeria de autorização do Congresso Nacional. Propôs, então, que se outorgasse eficácia apenas prospectiva. Assim, seriam preservados dos efeitos da declaração de inconstitucionalidade o decreto atacado – o que ensejaria juízo de improcedência do pedido formulado na ADI – e os demais atos de denúncia isoladamente praticados pelo presidente da República até a data da publicação da ata de julgamento da referida ação. Em seguida, pediu vista dos autos o Ministro Dias Toffoli.

É importante ressaltar que, segundo o ministro aposentado Joaquim Barbosa, em virtude de a denúncia já estar produzindo efeitos no plano internacional, duas consequências poderão surgir em decorrência da declaração de inconstitucionalidade: 1) a declaração de inconstitucionalidade somente teria o efeito de tornar o ato de denúncia não obrigatório no Brasil, por falta de publicidade. Como consequência, o Decreto que internalizou a Convenção 158 da OIT continuaria em vigor. Caso o presidente da República desejasse que a denúncia produzisse efeitos também internamente, teria de pedir

10. SILVA, Antonio Álvares da. *A Constitucionalidade da Convenção 158 da OIT*. Belo Horizonte: RTM, 1996, p. 105-106.

a autorização do Congresso Nacional e, somente então, promulgar novo decreto dando publicidade da denúncia já efetuada no plano internacional; 2) a declaração de inconstitucionalidade somente atingiria o Decreto que deu a conhecer a denúncia, nada impedindo que o presidente da República ratificasse novamente a Convenção 158 da OIT. De tal arte, parece-nos que, se for declarado inconstitucional o Decreto 2.100/96, a Convenção 158 da OIT (Decreto legislativo 68/92 e Decreto 1.855/96) voltará a vigorar no Brasil, impossibilitando a dispensa arbitrária ou sem justa causa. É provável, no entanto, que o STF module os efeitos da decisão, para declarar que somente valerá a decisão para as dispensas ocorridas posteriormente ao julgamento definitivo a ação.

4. POLÍTICA DE PROTEÇÃO AO EMPREGO

Em decorrência da crise econômica vivenciada pelo Brasil nos últimos anos, o Governo Brasileiro editou a Medida Provisória 680, posteriormente convertida na Lei 13.189, de 19.11.2015, que instituiu o Programa de Proteção ao Emprego – PPE, cujos objetivos, nos termos do seu art. 1º, se destinam a:

> I – possibilitar a preservação dos empregos em momentos de retração da atividade econômica;
> II – favorecer a recuperação econômico-financeira das empresas;
> III – sustentar a demanda agregada durante momentos de adversidade, para facilitar a recuperação da economia;
> IV – estimular a produtividade do trabalho por meio do aumento da duração do vínculo empregatício; e
> V – fomentar a negociação coletiva e aperfeiçoar as relações de emprego.

De acordo com o art. 11 da Lei 13.189/2015, o "PPE extingue-se em 31 de dezembro de 2017".

Todavia, a Lei 13.456, de 26.06.2017, fruto de conversão da Medida Provisória 761/2016, alterou o "Programa de que trata a Lei 13.189, de 19 de novembro de 2015, para denominá-lo Programa Seguro-Emprego e para prorrogar seu prazo de vigência".

Nos termos do art. 1º da Lei 13.456/2017, o Programa de Proteção ao Emprego (PPE), instituído pela Lei 13.189, de 19 de novembro de 2015, passa a ser denominado Programa Seguro-Emprego (PSE), como política pública de emprego ativa.

O art. 11 da Lei 13.456/2017 dispõe que "o PSE extingue-se em 31 de dezembro de 2018"[11].

---

11. Com a extinção do Ministério do Trabalho e Emprego pelo Governo do Presidente Jair Bolsonaro, este autor não mais encontrou no site do Ministério da Economia política pública de empregabilidade como o PSE.

CAPÍTULO XVI
Fundo de Garantia do Tempo de Serviço

1. NATUREZA JURÍDICA

Não há, em doutrina, uniformidade quanto à natureza jurídica do Fundo de Garantia do Tempo de Serviço. Para uns, ele teria natureza tributária, na medida em que é coercitivamente imposto pelo Estado a todo empregador. Outros sustentam que seria salário diferido (futuro), a ser utilizado pelo empregado quando da perda do emprego. Há quem advogue ser o FGTS simplesmente um crédito que poderá ser utilizado pelo trabalhador nas hipóteses previstas em lei.

Amauri Mascaro Nascimento[1], ressaltando sua natureza múltipla diante dos diferentes ângulos de sua estrutura, reconhece que, visto "de modo global e pelos aspectos preponderantes, o Fundo de Garantia é um instituto de natureza trabalhista com tendência de expandir-se para âmbito maior".

Para nós, o FGTS tem natureza dúplice:

a) indenizatória, uma vez que surgiu para substituir a estabilidade e a indenização previstas no texto obreiro consolidado (arts. 477 e 492);

b) parafiscal, porquanto cobrado compulsoriamente do empregador pelo Estado, sendo os recursos do Fundo destinados à sociedade para fins de financiamento da construção de moradias populares, saneamento básico e infraestrutura urbana, em consonância com a política nacional de desenvolvimento urbano e as políticas setoriais de habitação popular estabelecidas pelo Governo Federal.

Para o STF, o FGTS, ao contrário do que sucede com as cadernetas de poupança, não tem natureza contratual, mas, sim, estatutária, por decorrer da Lei e por ela ser disciplinado. Assim, é de aplicar-se a ele a firme jurisprudência desta Corte no sentido de que não há direito adquirido a regime jurídico (STF-RE 226.855 – Rel. Min. Moreira Alves – j. 31.08.2000 – Plenário – *DJ* 13.10.2000).

1. *Iniciação ao direito do trabalho*. 22. ed. São Paulo: LTr, 1995, p. 350.

2. REGIME ÚNICO

O FGTS, instituído pela Lei 5.107/66 como regime opcional para os trabalhadores (na prática a "opção" era condição imposta pelo empregador para admitir o empregado), passou a ser, por força do art. 7º, III, da Constituição Federal, regime obrigatório para todos os empregados urbanos e rurais, bem como para os trabalhadores avulsos (Carta Magna, art. 7º, XXXIV).

Atualmente, o FGTS é regido pela Lei 8.036[2], de 11.05.1990, posteriormente regulamentada pelo Decreto 99.684, de 08.11.1990.

3. OBJETIVO DO REGIME FUNDIÁRIO

O principal objetivo do Fundo de Garantia do Tempo de Serviço foi acabar com o regime da estabilidade e indenização prevista no art. 477 da CLT.

A própria Lei 8.036/90 (art. 14), contudo, ressalvou o direito adquirido dos trabalhadores que, em 05.10.1988, já tinham o direito à estabilidade no emprego, nos termos do art. 492 da CLT.

Também ficou assegurado, a teor dos arts. 12 e 13 da Lei 8.036/90, o direito adquirido à indenização prevista nos arts. 477 a 486 e 497 da CLT aos empregados que, embora não estáveis antes da promulgação da Constituição de 1988, não tivessem feito opção pelo regime do FGTS referente àquele período.

Destacando as vantagens e desvantagens do regime fundiário, Valentin Carrion leciona:

> O alcance social do FGTS foi estranho ao direito do trabalho; pretendeu-se com a arrecadação de grandes somas de dinheiro, aplicadas na construção de moradias, minorar a crise da habitação; mas o objetivo específico era a suspensão da estabilidade. No campo do direito do trabalho, o empregado ou seus dependentes recebem os depósitos em caso de aposentadoria, falecimento e extinção de contrato por tempo determinado, o que não aconteceria pela CLT; ainda, o depósito é uma garantia em caso de falência ou fechamento abrupto das pequenas empresas (caso os depósitos tenham sido efetuados). O sistema da opção inexistiu como tal, pois o empregado era levado a optar no primeiro dia, quebrando qualquer possibilidade de resistência para defesa de seus direitos dentro da empresa[3].

2. Com as alterações da Lei 8.678/93 e outros diplomas legais, tais como: Lei 9.649/98, MP 2.216-37/01; Lei 9.711/98; Lei 11.491/07; Lei 9.491/97; Lei 10.931/04; Lei 9.467/97; Lei 8.692/93; MP 2.197-43/01; MP 2.196-3/01; Lei 10.878/04. Além disso, há inúmeros atos normativos editados pelo Conselho Curador do FGTS.

3. *Comentários à Consolidação das Leis do Trabalho*. 19. ed. São Paulo: Saraiva, 1995, p. 347-348.

4. ADMINISTRAÇÃO DO FGTS

O Conselho Curador do FGTS – CCFGTS, é o órgão que rege o fundo, incumbindo-lhe traçar normas e diretrizes para o seu funcionamento. Trata-se de um colegiado tripartite composto por entidades representativas dos trabalhadores, dos empregadores e representantes do Governo Federal.

De acordo com o art. 3º da Lei 8.036/1990, oFGTS será regido por normas e diretrizes estabelecidas por um Conselho Curador, composto por representação de trabalhadores, empregadores e órgãos e entidades governamentais, na forma estabelecida pelo Poder Executivo.

São representantes dos trabalhadores no CCFGTS as seguintes entidades (centrais sindicais): Força Sindical, Central Única dos Trabalhadores, União Geral dos Trabalhadores, Central dos Trabalhadores e Trabalhadoras do Brasil, Central Geral dos Trabalhadores do Brasil, Nova Central Sindical de Trabalhadores.

São representantes dos empregadores no CCFGTS as seguintes entidades associativas sindicais de terceiro grau: Confederação Nacional da Indústria, Confederação Nacional do Sistema Financeiro, Confederação Nacional do Comércio de Bens, Serviços e Turismo, Confederação Nacional de Serviços, Confederação Nacional de Saúde, Hospitais, Estabelecimentos e Serviços, Confederação Nacional do Transporte.

Nos termos do § 1º do art. 3º da Lei 8.036/1990, o CCFGTS "é presidido pelo Ministro de Estado do Trabalho e Emprego" (extinto no Governo do Presidente Jair Bolsonaro), sendo certo que o art. 4º da mesma lei dispõe que a" gestão da aplicação do FGTS será efetuada pelo Ministério da Ação Social, cabendo à Caixa Econômica Federal (CEF) o papel de agente operador".

Compete à Procuradoria-Geral da Fazenda Nacional – PGFN, a inscrição em Dívida Ativa dos débitos para com o Fundo de Garantia do Tempo de Serviço – FGTS, bem como, diretamente ou por intermédio da Caixa Econômica Federal, mediante convênio, a representação judicial e extrajudicial do FGTS, para a correspondente cobrança.

Os representantes dos trabalhadores e dos empregadores e seus respectivos suplentes são indicados pelas respectivas centrais sindicais e confederações nacionais e nomeados pelo Ministro do Trabalho e Emprego. O mandato desses representantes é de 2 (dois) anos, permitida uma única recondução.

As decisões do Conselho serão tomadas com a presença da maioria simples de seus membros, tendo o presidente voto de qualidade. As despesas porventura exigidas para o comparecimento às reuniões do Conselho constituirão ônus das respectivas entidades representadas, sendo certo que as ausências ao trabalho dos representantes dos trabalhadores no Conselho Curador, decorrentes das atividades desse órgão, serão abonadas, computando-se como jornada efetivamente trabalhada para todos os fins e efeitos legais.

De acordo com o § 9º do art. 3º da Lei 8.036/90, aos

membros do Conselho Curador, enquanto representantes dos trabalhadores, efetivos e suplentes, é assegurada a estabilidade no emprego, da nomeação até um ano após o término do mandato de representação, somente podendo ser demitidos por motivo de falta grave, regularmente comprovada através de processo sindical.

Dispõe o art. 5º da Lei 8.036/90 que compete ao CCFGTS:

I – estabelecer as diretrizes e os programas de alocação de todos os recursos do FGTS, de acordo com os critérios definidos nesta lei, em consonância com a política nacional de desenvolvimento urbano e as políticas setoriais de habitação popular, saneamento básico e infraestrutura urbana estabelecidas pelo Governo Federal;

II – acompanhar e avaliar a gestão econômica e financeira dos recursos, bem como os ganhos sociais e o desempenho dos programas aprovados;

III – apreciar e aprovar os programas anuais e plurianuais do FGTS;

IV – pronunciar-se sobre as contas do FGTS, antes do seu encaminhamento aos órgãos de controle interno para os fins legais;

V – adotar as providências cabíveis para a correção de atos e fatos do Ministério da Ação Social e da Caixa Econômica Federal, que prejudiquem o desempenho e o cumprimento das finalidades no que concerne aos recursos do FGTS;

VI – dirimir dúvidas quanto à aplicação das normas regulamentares, relativas ao FGTS, nas matérias de sua competência;

VII – aprovar seu regimento interno;

VIII – fixar as normas e valores de remuneração do agente operador e dos agentes financeiros;

IX – fixar critérios para parcelamento de recolhimentos em atraso;

X – fixar critério e valor de remuneração para o exercício da fiscalização;

XI – divulgar, no *Diário Oficial da União*, todas as decisões proferidas pelo Conselho, bem como as contas do FGTS e os respectivos pareceres emitidos;

XII – fixar critérios e condições para compensação entre créditos do empregador, decorrentes de depósitos relativos a trabalhadores não optantes, com contratos extintos, e débitos resultantes de competências em atraso, inclusive aqueles que forem objeto de composição de dívida com o FGTS (Incluído pela Lei 9.711, de 1998);

XIII – em relação ao Fundo de Investimento do Fundo de Garantia do Tempo de Serviço – FI-FGTS: a) aprovar a política de investimento do FI-FGTS por proposta do Comitê de Investimento; b) decidir sobre o reinvestimento ou distribuição dos resultados positivos aos cotistas do FI-FGTS, em cada exercício; c) definir a forma de deliberação, de funcionamento e a composição do Comitê de Investimento; d) estabelecer o valor da remuneração da Caixa Econômica Federal pela administração e gestão do FI-FGTS, inclusive a taxa de risco; e) definir a exposição máxima de risco dos investimentos do FI-FGTS; f) estabelecer o limite máximo de participação dos recursos do FI-FGTS por setor, por empreendimento e por classe de ativo, observados os requisitos técnicos aplicáveis; g) estabelecer o prazo mínimo de resgate das cotas e de retorno dos recursos à conta vinculada, observado o disposto no § 19 do art. 20 desta Lei; h) aprovar o regulamento do FI-FGTS, elaborado pela Caixa Econômica Federal; e i) autorizar a integralização de cotas do FI-FGTS pelos trabalhadores, estabelecendo previamente os limites globais e individuais, parâmetros e condições de aplicação e resgate. (Incluído pela Lei 11.941, de 20.06.2007)

5. RECURSOS DO FUNDO

Os recursos do FGTS são provenientes dos saldos depositados pelos empregadores nas contas vinculadas dos trabalhadores (8% incidente sobre a remuneração mensal do empregado), bem como de outros recursos incorporados ao Fundo, tais como os resultantes de eventuais saldos apurados nos termos do art. 12, § 4º, da sobredita lei; as dotações orçamentárias específicas; multas, correção monetária e juros moratórios; resultado das aplicações dos recursos do fundo, sendo que as contas vinculadas em nome dos trabalhadores são absolutamente impenhoráveis (art. 2º, § 2º).

6. PARCELAS REMUNERATÓRIAS QUE SOFREM INCIDÊNCIA DO FGTS

De acordo com o art. 15 da Lei 8.036/90, todo empregador é obrigado a depositar, *até o dia sete de cada mês*, em conta bancária vinculada, a importância correspondente a 8% da remuneração paga ou devida, no mês anterior, a cada trabalhador, incluídas na remuneração as parcelas de que tratam os arts. 457 e 458 da CLT e a gratificação de Natal a que se refere a Lei 4.090, de 13.07.1962, com as modificações da Lei 4.749, de 12.08.1965.

É importante registrar que a Lei 10.097/00 inseriu o § 7º no art. 15 da Lei 8.036/90, reduzindo a alíquota do FGTS nos contratos de aprendizagem para 2%.

Considera-se remuneração, para efeito de incidência do FGTS[4], não apenas o salário-base, mas também:

a) o salário *in natura*;

b) adicionais de insalubridade, periculosidade e noturno, bem como de tempo de serviço e de transferência;

4. Ver Súmula 63 do TST.

c) salário-família, no que exceder do valor legal obrigatório;

d) abono de férias, no valor que exceder a vinte dias do salário (CLT, art. 144), concedido em virtude de cláusula contratual, regulamento da empresa ou convenção ou acordo coletivo;

e) comissões e percentagens;

f) gratificações ajustadas (expressas ou tácitas), tais como de férias (terço constitucional), de produtividade, de balanço, de função ou cargo de confiança;

g) 13º salário;

h) diárias para viagem quando excederem a 50% do salário do empregado;

i) gorjetas;

j) prêmios, inclusive licença-prêmio quando convertida em pecúnia;

k) repouso semanal e em feriados;

l) retiradas de diretores não empregados, quando haja deliberação da empresa, garantindo-lhes os direitos decorrentes do contrato de trabalho (Lei 8.036/90, art. 16);

m) aviso prévio trabalhado ou não trabalhado, nos termos da Súmula 305 do TST.

Nos casos de interrupção (dos efeitos) do contrato de trabalho, bem como nas hipóteses de afastamento do empregado para serviço militar obrigatório e licença por acidente do trabalho, o depósito do FGTS também é obrigatório.

7. PARCELAS QUE NÃO SOFREM INCIDÊNCIA DO FGTS

Sobre as parcelas de natureza indenizatória não há, em princípio, incidência do FGTS. O FGTS não incide sobre vale-transporte (Decreto 95.247/87).

Também não sofrem incidência as seguintes parcelas:

a) participação do empregado nos lucros ou resultados da empresa (CF, art. 7º, XI);

b) abonos, quando expressamente desvinculados dos salários;

c) abono pecuniário correspondente à conversão de um terço das férias (CLT, art. 143);

d) abono ou gratificação de férias concedido em virtude do contrato de trabalho, regulamento empresarial, convenção ou acordo coletivo cujo valor não exceda a 20 (vinte) dias do salário (CLT, art. 144);

e) auxílio-doença complementar ao da Previdência Social, pago por liberalidade pelo empregador;

f) diárias para viagem que não excederem a 50% do salário do empregado;

g) gratificação ou prêmio pago direta e espontaneamente ao empregado a título de incentivo à aposentadoria;

h) quebra de caixa, exceto para o bancário (TST, Súmula 247);

i) salário-família, quando pago nos termos e limites legais;

j) ajuda-alimentação, quando paga em decorrência de credenciamento do empregador junto ao PAT – Programa de Alimentação do Trabalhador (Lei 6.321/76, art. 3º);

k) vale-transporte (art. 2º, alíneas "a" e "b", da Lei 7.418/85, alterada pela Lei 7.619/87);

l) férias indenizadas, indenização por tempo de serviço e indenização adicional a que se refere o art. 9º da Lei 7.238/84 (dispensa até 30 dias antes da data-base);

m) multas previstas no § 8º do art. 477 da CLT;

n) dobra das férias (CLT, art. 137, *caput*).

8. DIRETORES NÃO EMPREGADOS E TRABALHADORES DOMÉSTICOS

É facultado às empresas estender o FGTS aos diretores não empregados, nos termos do art. 16 da Lei 8.036/90. Trata-se de uma exceção à regra, porquanto, nesse caso específico, o FGTS é devido não ao trabalhador, e sim ao diretor não subordinado (portanto, autônomo) de uma empresa. Poder-se-ia questionar a constitucionalidade de tal regra, uma vez que o art. 7º, III, da CF tem por destinatários exclusivos os trabalhadores urbanos e rurais, além dos trabalhadores avulsos, por equiparação constitucional.

Por força da EC 72/2013, o FGTS deixou de ser facultativo e passou a ser obrigatório para o trabalhador doméstico. No entanto, o exercício desse direito fundamental social do trabalhador doméstico dependeria, segundo o item 3 da Cartilha do Ministério do Trabalho e Emprego[5], de regulamentação.

Sobreveio a LC 150/2015, cujo art. 21 torna obrigatório o regime do FGTS para o trabalhador doméstico, "na forma do regulamento a ser editado pelo Conselho Curador e pelo Agente Operador do FGTS", como já vimos neste Título II, Capítulo II, item 9.7.

9. INFORMAÇÕES AO TRABALHADOR

O empregador é obrigado a comunicar mensalmente ao trabalhador os valores depositados na sua conta vinculada, fornecendo-lhe todas as informações pertinentes (Lei 8.036/90, art. 17).

---

5. Disponível em: <www.mte.gov.br>.

Nos termos do art. 911-A, *caput*, da CLT, acrescentado pela MP 808/2017: "O empregador efetuará o recolhimento das contribuições previdenciárias próprias e do trabalhador e o depósito do FGTS com base nos valores pagos no período mensal e fornecerá ao empregado comprovante do cumprimento dessas obrigações".

Entretanto, essa Medida Provisória, por não ter sido convertida em lei, perdeu eficácia desde a sua edição (CF, art. 62, § 3º)[6].

10. MOVIMENTAÇÃO DA CONTA VINCULADA

Prescreve o art. 20 da Lei 8.036/1990 que a conta vinculada do trabalhador no FGTS poderá ser movimentada nas seguintes situações:

> I – despedida sem justa causa, inclusive a indireta, de culpa recíproca e de força maior;
>
> I-A – extinção do contrato de trabalho prevista no art. 484-A da CLT; (incluído pela Lei 13.467/2017)
>
> II – extinção total da empresa, fechamento de quaisquer de seus estabelecimentos, filiais ou agências, supressão de parte de suas atividades, declaração de nulidade do contrato de trabalho nas condições do art. 19-A, ou ainda falecimento do empregador individual sempre que qualquer dessas ocorrências implique rescisão de contrato de trabalho, comprovada por declaração escrita da empresa, suprida, quando for o caso, por decisão judicial transitada em julgado;
>
> III – aposentadoria concedida pela Previdência Social;
>
> IV – falecimento do trabalhador, sendo o saldo pago a seus dependentes, para esse fim habilitados perante a Previdência Social, segundo o critério adotado para a concessão de pensões por morte. Na falta de dependentes, farão jus ao recebimento do saldo da conta vinculada os seus sucessores previstos na lei civil, indicados em alvará judicial, expedido a requerimento do interessado, independente de inventário ou arrolamento;
>
> V – pagamento de parte das prestações decorrentes de financiamento habitacional concedido no âmbito do Sistema Financeiro da Habitação (SFH), desde que: a) o mutuário conte com o mínimo de 3 (três) anos de trabalho sob o regime do FGTS, na mesma empresa ou em empresas diferentes; b) o valor bloqueado seja utilizado, no mínimo, durante o prazo de 12 (doze) meses; c) o valor do abatimento atinja, no máximo, 80 (oitenta) por cento do montante da prestação;

6. Sobre os efeitos da Medida Provisória não convertida em lei, remetemos o leitor ao Título I, Capítulo IV, item 2.1.

VI – liquidação ou amortização extraordinária do saldo devedor de financiamento imobiliário, observadas as condições estabelecidas pelo Conselho Curador, dentre elas a de que o financiamento seja concedido no âmbito do SFH e haja interstício mínimo de 2 (dois) anos para cada movimentação;

VII – pagamento total ou parcial do preço de aquisição de moradia própria, ou lote urbanizado de interesse social não construído, observadas as seguintes condições: a) o mutuário deverá contar com o mínimo de 3 (três) anos de trabalho sob o regime do FGTS, na mesma empresa ou empresas diferentes; b) seja a operação financiável nas condições vigentes para o SFH;

VIII – quando o trabalhador permanecer três anos ininterruptos, a partir de 1º de junho de 1990, fora do regime do FGTS, podendo o saque, neste caso, ser efetuado a partir do mês de aniversário do titular da conta.

IX – extinção normal do contrato a termo, inclusive o dos trabalhadores temporários regidos pela Lei 6.019, de 3 de janeiro de 1974;

X – suspensão total do trabalho avulso por período igual ou superior a 90 (noventa) dias, comprovada por declaração do sindicato representativo da categoria profissional.

XI – quando o trabalhador ou qualquer de seus dependentes for acometido de neoplasia maligna.

XII – aplicação em quotas de Fundos Mútuos de Privatização, regidos pela Lei n. 6.385, de 7 de dezembro de 1976, permitida a utilização máxima de 50 % (cinquenta por cento) do saldo existente e disponível em sua conta vinculada do Fundo de Garantia do Tempo de Serviço, na data em que exercer a opção.

XIII – quando o trabalhador ou qualquer de seus dependentes for portador do vírus HIV;

XIV – quando o trabalhador ou qualquer de seus dependentes estiver em estágio terminal, em razão de doença grave, nos termos do regulamento;

XV – quando o trabalhador tiver idade igual ou superior a setenta anos.

XVI – necessidade pessoal, cuja urgência e gravidade decorra de desastre natural, conforme disposto em regulamento, observadas as seguintes condições: a) o trabalhador deverá ser residente em áreas comprovadamente atingidas de Município ou do Distrito Federal em situação de emergência ou em estado de calamidade pública, formalmente reconhecidos pelo Governo Federal; b) a solicitação de movimentação da conta vinculada será admitida até 90 (noventa) dias após a publicação do ato de reconhecimento, pelo Governo Federal, da situação de emergência ou de estado de calamidade pública; e c) o valor máximo do saque da conta vinculada será definido na forma do regulamento;

XVII – integralização de cotas do FI-FGTS, respeitado o disposto na alínea *i* do inciso XIII do art. 5º desta Lei, permitida a utilização máxima de 30% (trinta por cento) do saldo existente e disponível na data em que exercer a opção.

XVIII – quando o trabalhador com deficiência, por prescrição, necessite adquirir órtese ou prótese para promoção de acessibilidade e de inclusão social.

XIX – pagamento total ou parcial do preço de aquisição de imóveis da União inscritos em regime de ocupação ou aforamento, a que se referem o art. 4º da Lei n. 13.240, de 30 de dezembro de 2015, e o art. 16-A da Lei n. 9.636, de 15 de maio de 1998, respectivamente, observadas as seguintes condições: a) o mutuário deverá contar com o mínimo de três anos de trabalho sob o regime do FGTS, na mesma empresa ou em empresas diferentes; b) seja a operação financiável nas condições vigentes para o Sistema Financeiro da Habitação (SFH) ou ainda por intermédio de parcelamento efetuado pela Secretaria do Patrimônio da União (SPU), mediante a contratação da Caixa Econômica Federal como agente financeiro dos contratos de parcelamento; c) sejam observadas as demais regras e condições estabelecidas para uso do FGTS.

Com o advento da Medida Provisória 889/2019, foram inseridos no art. 20 da Lei 8.036/1990, os incisos XX e XXI, os quais permitem o saque do FGTS:

XX – anualmente, no mês de aniversário do trabalhador, por meio da aplicação dos valores da tabela constante do Anexo, observado o disposto no art. 20-D; e

XXI – a qualquer tempo, quando seu saldo for inferior a R$ 80,00 (oitenta reais) e não tiverem ocorrido depósitos ou saques por, no mínimo, um ano, exceto na hipótese prevista no inciso I do § 5º do art. 13 da Lei 8.036/1990.

Também por força da referida Medida Provisória 889/2019, foram acrescentados à Lei 8.036/1990 os arts. 20-A a 20-D.

Assim, nos termos do art. 20-A da Lei 8.036/1990, o titular de contas vinculadas do FGTS estará sujeito a somente uma das seguintes sistemáticas de saque:

I – saque-rescisão; ou

II – saque-aniversário.

E o § 1º do novo art. 20-A da Lei 8.036/1990 deixa claro que: “Todas as contas do mesmo titular estarão sujeitas à mesma sistemática de saque”.

Já o § 2º do mesmo artigo 20-A manda aplicar às sistemáticas de saque as seguintes hipóteses de movimentação de conta:

I – para o saque-rescisão – aquelas previstas no art. 20 da Lei 8.036, exceto quanto àquela prevista em seu inciso XX; e

II – para o saque-aniversário – aquelas previstas no art. 20 da Lei 8.036, exceto quanto àquelas previstas em seus incisos I, I-A, II, IX e X.

Importante salientar que o art. 20-B da Lei 8.036 passou a prever que o titular de contas vinculadas do FGTS estará sujeito originalmente à sistemática de saque--rescisão a que se refere o inciso I, *caput*, do art. 20-A, mas poderá optar por alterá-la, observado o disposto no art. 20-C, segundo o qual: "A primeira opção pela sistemática de saque-aniversário poderá ser feita a qualquer tempo e terá efeitos imediatos".

Entretanto, prevê o § 1º do art. 20-C da Lei 8.036 que se o titular solicitar novas alterações de sistemática será observado o seguinte:

> I – a alteração será efetivada no primeiro dia do vigésimo quinto mês subsequente ao da solicitação;
> II – a solicitação poderá ser cancelada pelo titular antes da sua efetivação; e
> III – na hipótese de cancelamento, a nova solicitação estará sujeita ao disposto no inciso I.

Importante assinalar que o § 2º do art. 20-C dispõe que, para fins do disposto no § 2º do art. 20-A, o saque obedecerá à sistemática a que o titular estiver sujeito no momento do evento que o ensejar.

Finalmente, o art. 20-D da Lei 8.036/1990, também incluído pela MP 889/2019, dispõe que na sistemática de saque-aniversário, o valor do saque será determinado:

> I – pela aplicação, à soma de todos os saldos das contas vinculadas do titular, apurados na data do débito, da alíquota correspondente, estabelecida na tabela constante do Anexo; e
> II – pelo acréscimo da parcela adicional correspondente, estabelecida na tabela constante do Anexo, ao valor apurado de acordo com o inciso I do *caput*.

O § 1º do art. 20-D da Lei 8.036 dispõe que na hipótese de o titular possuir mais de uma conta vinculada, o saque-aniversário será feito na seguinte ordem:

> I – contas vinculadas relativas a contratos de trabalho extintos, iniciado pela conta que tiver o menor saldo; e
> II – demais contas vinculadas, iniciado pela conta que tiver o menor saldo.

O Poder Executivo federal, respeitada a alíquota mínima de cinco por cento, poderá alterar, até o dia 30 de junho de cada ano, os valores das faixas, das alíquotas e das parcelas adicionais de que trata o *caput* do art. 20-D para vigência no primeiro dia do ano subsequente (§ 2º do art. 20-D da Lei 8.036/1990).

Com o claro intuito de beneficiar as instituições do Sistema Financeiro Nacional, o § 3º do art. 20-D permite que, sem prejuízo de outras formas de alienação, a critério do titular da conta vinculada do FGTS, os direitos aos saques anuais de que trata o *caput* do art. 20-D poderão ser objeto de alienação ou cessão fiduciária, nos termos do disposto no art. 66-B da Lei 4.728/1965, em favor de qualquer instituição financeira do Sistema

Financeiro Nacional, cabendo, ao Conselho Curador, por autorização do § 4º do art. 20-D, regulamentar as formas de alienação ou cessão fiduciária, inclusive quanto ao bloqueio de percentual do saldo total existente nas contas vinculadas e ao saque em favor do credor, com vistas ao cumprimento das obrigações financeiras de seu titular.

Os saques de que trata o § 3º do art. 20-A serão realizados com observância ao limite decorrente do bloqueio referido no § 4º do art. 20-D da Lei 8.036/1990.

O § 6º do art. 20-D da Lei 8.036 prevê que na hipótese de despedida sem justa causa, o trabalhador que optar pela sistemática saque-aniversário também fará jus ao saque da multa rescisória de que tratam os § 1º e § 2º do art. 18 da referida lei.

Reiterando a *mens legislatoris* no sentido de favorecer as instituições financeiras diversas da Caixa Econômica Federal e sob a engenhosa alegação de favorecimento individual aos trabalhadores, o art. 20-E da Lei 8.036 dispõe que os "recursos disponíveis para movimentação em decorrência das hipóteses previstas no art. 20 poderão ser transferidos, a critério do trabalhador, para conta de depósitos de sua titularidade em qualquer instituição financeira do Sistema Financeiro Nacional", sendo certo que, nos termos do parágrafo único do mesmo art. 20-E: "As transferências de que trata este artigo poderão acarretar cobrança de tarifa pela instituição financeira". Trata-se, segundo nos parece, uma clara política pública de transferência de renda dos trabalhadores para os banqueiros, ou seja, dos mais pobres para os mais ricos, o que, a nosso sentir, viola claramente um dos objetivos fundamentais da República Federativa do Brasil (CF, art. 3º).

11. PRESCRIÇÃO

No que respeita ao empregado rural, não incidia[7] a prescrição durante a relação de emprego. Vale dizer, só havia lugar para a prescrição dos créditos do empregado rural a partir do decurso de dois anos da extinção do contrato de trabalho, nos termos do art. 7º, XXIX, "b", da CF. Tal dispositivo, no entanto, foi alterado pela EC 28/2000, que igualou o prazo prescricional dos empregados rurais ao dos empregados urbanos. A Lei 13.467/2017 alterou o *caput* do art. 11 da CLT dispondo no mesmo sentido da EC 28/2000.

Há quem sustente que a prescrição durante o pacto laboral é a quinquenal, ainda que relativa aos depósitos fundiários não recolhidos pelo empregador, uma vez que este constitui um crédito trabalhista, e o art. 7º, XXIX, da CF não faz qualquer ressalva no pertinente ao FGTS.

O STF entendia que o prazo para reclamar o depósito do FGTS era de trinta anos (*STF-AI 545.702-AgR – Rel. Min. Ayres Britto – 2ª T. – DJe 26.11.2010*). Recentemente, porém, o Pleno do STF declarou a inconstitucionalidade dos arts. 23, § 5º, da Lei

7. Observada a regra do art. 233 da CF/88, sendo que este dispositivo foi expressamente revogado pela EC 28/00.

8.036/90, e 55 do Decreto 99.684/90, na parte em que ressalvam o "privilégio do FGTS à prescrição trintenária", por afronta ao art. 7º, XXIX, da CF. Assim, passa a ser de 5 (cinco) anos o prazo para o trabalhador reclamar o FGTS não depositado pelo empregador (*STF-ARE 709212/DF – Rel. Min. Gilmar Mendes – DJe 13.11.2014*). Quanto à modulação, o STF atribuiu à decisão efeitos *ex nunc*, nos termos do voto do Relator.

A decisão do STF provocou a alteração da Súmula 362 do TST, que passou a ter a seguinte redação:

> FGTS. PRESCRIÇÃO. I – Para os casos em que a ciência da lesão ocorreu a partir de 13.11.2014, é quinquenal a prescrição do direito de reclamar contra o não recolhimento de contribuição para o FGTS, observado o prazo de dois anos após o término do contrato; II – Para os casos em que o prazo prescricional já estava em curso em 13.11.2014, aplica-se o prazo prescricional que se consumar primeiro: trinta anos, contados do termo inicial, ou cinco anos, a partir de 13.11.2014. *(STF-ARE 709212/DF)*

É de se registrar, por outro lado, que a "prescrição da pretensão relativa às parcelas remuneratórias alcança o respectivo recolhimento da contribuição para o FGTS" (TST, Súmula 206). Noutros termos, prescrita a pretensão relativa à parcela principal (férias, horas extras etc.), prescrita também estará a pretensão concernente ao recolhimento da contribuição para o FGTS, que, *in casu*, tem natureza de obrigação acessória.

No que tange à ação para cobrança do FGTS pela União ou Caixa Econômica Federal, a Súmula 210 do STJ, que prevê o prazo prescricional de trinta anos, também deverá ser alterada em função da referida decisão do Pleno do STF.

12. COMPATIBILIDADE ENTRE ESTABILIDADE CONTRATUAL E FGTS

Não há incompatibilidade entre o regime do FGTS com os institutos da estabilidade (salvo a estabilidade decenal) ou da garantia no emprego. Vale dizer, o fato de o trabalhador ter direito ao FGTS não lhe retira o direito à estabilidade legal ou contratual.

Assim, o servidor público celetista da administração pública direta, autárquica e fundacional não concursado e beneficiado com a estabilidade prevista no art. 19 do ADCT faz jus, simultaneamente, ao FGTS e à estabilidade.

Quanto aos demais trabalhadores, o TST editou a Súmula 98, *in verbis*:

> *FGTS. Indenização. Equivalência. Compatibilidade.* I – A equivalência entre os regimes do Fundo de Garantia do Tempo de Serviço e da estabilidade prevista na CLT é meramente jurídica e não econômica, sendo indevidos valores a título de reposição de diferenças. II – A estabilidade contratual ou a derivada de regulamento de empresa são compatíveis com o regime do FGTS. Diversamente ocorre com a estabilidade legal (decenal, CLT, art. 492), que é renunciada com a opção pelo FGTS.

CAPÍTULO XVII
Aviso Prévio

1. CONCEITO E NATUREZA JURÍDICA

O instituto do aviso prévio encontra raízes históricas no Código Comercial de 1850 (art. 81) e no Código Civil de 1916 (art. 1.221).

No âmbito da legislação trabalhista, o Decreto 16.107/23 previa o aviso prévio na locação de serviços domésticos, que tinha prazo determinado.

Posteriormente, a Lei 62/35 previa o aviso prévio como obrigação apenas do empregado, ou seja, o empregador que desejasse rescindir o contrato de trabalho não estava obrigado a dar aviso prévio ao empregado.

Com o advento da CLT, de 1943 (arts. 487 a 491), o aviso prévio passou a ser obrigatório para a parte (empregado ou empregador) que desejasse tomar a iniciativa de extinguir o contrato de trabalho por tempo indeterminado.

Pode-se dizer, assim, que, à luz da CLT, o aviso prévio é uma declaração unilateral de vontade da parte que pretende dar por extinto o contrato de trabalho que não tenha prazo determinado.

Tal declaração possui natureza:

a) *receptícia*, porque o aviso só se formaliza após a comunicação efetiva – do empregado ou do empregador – da deliberação de resilir o contrato; e

b) *previdencial*, uma vez que dá oportunidade de prevenção ao empregado (para procurar novo emprego) e ao empregador (para que possa contratar um novo empregado).

Além disso, é possível afirmar que é híbrida a natureza jurídica do aviso prévio, ou seja, quando há trabalho durante o prazo respectivo, ele possui *natureza salarial*. Caso contrário, isto é, inexistindo trabalho durante o aviso, este passa a ter *natureza indenizatória*.

Para Valentin Carrion:

> O caráter indenizatório que se concede ao pagamento do aviso prévio não trabalhado, que a lei denomina erradamente salário, não lhe retira uma diferença que a realidade impõe: o de seu caráter eminentemente alimentar, o que não acontece com as demais verbas tipicamente indenizatórias. Atribuem-lhe caráter salarial Oliveira Viana, Hirosê Pimpão e Dorval Lacerda, *apud Iniciação*, Amauri Mascaro Nascimento. O caráter alimentar do paga-

mento poderia permitir sua inclusão na falência, como crédito privilegiado (agora superado, cf. art. 449), e seu aspecto indenizatório deveria excluí-lo da incidência das contribuições previdenciárias. Russomano e o próprio STF já mudaram de orientação; o primeiro fixou-se na corrente dos que atribuem caráter indenizatório (*Curso*). O STF, recordando que já havia declarado a natureza indenizatória do aviso prévio (para negar-lhe incidência previdenciária), reafirmou essa qualificação jurídica para rejeitar a incidência do FGTS *(RE 89.328 – 2ª T. – j. 09.05.1978, unânime, LTr 42/1111)*. A Previdência Social havia aderido a esse entendimento (Parecer 40/81). A jurisprudência, entretanto, enveredou pela incidência do FGTS, preferindo considerar o pagamento como salarial[1].

Indenizado ou não, o aviso prévio projeta a extinção do contrato de emprego para o término deste (CLT, art. 487, § 1º, *in fine*), devendo tal fato, inclusive, ser anotado na CTPS do trabalhador. Nesse sentido, dispõe a OJ 82 da SBDI-1/TST: "A data de saída a ser anotada na CTPS deve corresponder à do término do prazo do aviso prévio, ainda que indenizado".

Além disso, a OJ 83 da SBDI-1/TST dispõe que "a prescrição começa a fluir no final da data do término do aviso prévio (art. 487, § 1º, CLT)", o que reforça a interpretação de que o termo final do aviso corresponde à data da extinção do contrato.

É imperioso ressaltar que a Constituição Federal de 1988 (art. 7º, XXI) elevou o aviso prévio à categoria de direito fundamental social dos trabalhadores, nos seguintes termos: "aviso prévio proporcional ao tempo de serviço, sendo no mínimo de trinta dias, nos termos da lei".

2. ESPÉCIES DE AVISO PRÉVIO

Há, nos termos do inc. XXI do art. 7º da CF, duas espécies de aviso prévio, ambas constituindo direitos fundamentais sociais dos trabalhadores: aviso prévio de, no mínimo, trinta dias, e aviso prévio proporcional ao tempo de serviço.

2.1. Aviso prévio de (no mínimo) trinta dias

Trata-se de aviso prévio que atualmente encontra-se regulado na CLT (arts. 487 a 491), como direito que pode ser imediatamente exercitado pelo trabalhador.

Houve, aqui, o fenômeno da recepção constitucional parcial deste importante instituto justrabalhista, uma vez que não mais subsiste, por incompatibilidade com o inc. XXI do art. 7º da CF, o aviso prévio de oito dias previsto no inc. I do art. 487 da CLT.

A CLT trata do instituto nos arts. 487 a 491.

1. *Comentários à Consolidação das Leis do Trabalho*. 19. ed. São Paulo: Saraiva, 1995, p. 378.

2.2. Aviso prévio proporcional ao tempo de serviço

Ampliando o catálogo dos direitos fundamentais sociais trabalhistas, o inc. XXI do art. 7º da CF outorgou aos trabalhadores urbanos, rurais e avulsos (por equiparação), além do aviso prévio previsto na CLT, o aviso prévio proporcional ao tempo de serviço.

Trata-se de instituto trabalhista novo, com natureza jurídica de direito fundamental social, que se encontra em harmonia com os princípios de proteção ao trabalhador, mormente o princípio da relação empregatícia protegida contra a dispensa arbitrária ou sem justa causa (CF, art. 7º, *caput* e I), uma vez que a elevação dos custos econômicos para o empregador desestimula, pelo menos do ponto de vista financeiro, a dispensa do trabalhador.

Reconhecendo tratar-se de instituto novo, o STF firmou entendimento no sentido de que o aviso prévio proporcional seria direito fundamental cujo exercício estaria sujeito à regulamentação infraconstitucional.

Assim, em sede de mandado de injunção, o STF, num primeiro momento: a) reconhecia ser o aviso prévio proporcional ao tempo de serviço um direito fundamental; b) declarava a *mora legislatoris*; e c) comunicava a decisão ao Congresso Nacional para a correspondente regulamentação do direito. Nesse sentido:

> Mandado de injunção: ausência de regulamentação do direito ao aviso prévio proporcional previsto no art. 7º, XXI, da Constituição da República. Mora legislativa: critério objetivo de sua verificação: procedência para declarar a mora e comunicar a decisão ao Congresso Nacional para que a supra (STF-MI 695 - Rel. Min. Sepúlveda Pertence - j. 01.03.2007 - Plenário - *DJ* 20.04.2007).

É importante lembrar que, segundo o Pretório Excelso, nem mesmo por meio de dissídio coletivo seria possível sanar a *mora legislatoris* do Congresso Nacional, como se depreende do seguinte julgado:

> *Dissídio coletivo*. Recursos extraordinários providos, para excluir as cláusulas 2ª (piso correspondente ao salário mínimo acrescido de percentual) e 24ª (estabilidade temporária), por contrariarem, respectivamente, o inc. IV (parte final) e I do art. 7º da Constituição, este último juntamente com o art. 10 do ADCT, bem como a cláusula 29ª (aviso prévio de sessenta dias), por ser considerada invasiva da reserva legal específica, instituída no art. 7º, XXI, da Constituição (STF-RE 197.911 - Rel. Min. Octavio Gallotti - j. 24.09.1996 - 1ª T. - *DJ* de 07.11.1997).

Posteriormente, porém, o STF, fundado no fenômeno da mutação constitucional, passou a dar nova interpretação a respeito do papel do mandado de injunção para a efetivação de direitos fundamentais, pois, além de declarar a *mora legislatoris*, a Suprema Corte passou a atuar como legislador positivo (ativismo judicial) enquanto perdurar a omissão do Congresso Nacional. Nesse sentido:

Mandado de injunção. Garantia fundamental (CF, art. 5º, inc. LXXI). Direito de greve dos servidores públicos civis (CF, art. 37, inc. VII). Evolução do tema na jurisprudência do STF. Definição dos parâmetros de competência constitucional para apreciação no âmbito da Justiça Federal e da Justiça estadual até a edição da legislação específica pertinente, nos termos do art. 37, VII, da CF. Em observância aos ditames da segurança jurídica e à evolução jurisprudencial na interpretação da omissão legislativa sobre o direito de greve dos servidores públicos civis, fixação do prazo de 60 (sessenta) dias para que o Congresso Nacional legisle sobre a matéria. Mandado de injunção deferido para determinar a aplicação das Leis 7.701/88 e 7.783/89. Sinais de evolução da garantia fundamental do mandado de injunção na jurisprudência do STF. No julgamento do MI 107/DF, Rel. Min. Moreira Alves, *DJ* de 21.09.1990, o Plenário do STF consolidou entendimento que conferiu ao mandado de injunção os seguintes elementos operacionais: i) os direitos constitucionalmente garantidos por meio de mandado de injunção apresentam-se como direitos à expedição de um ato normativo, os quais, via de regra, não poderiam ser diretamente satisfeitos por meio de provimento jurisdicional do STF; ii) a decisão judicial que declara a existência de uma omissão inconstitucional constata, igualmente, a mora do órgão ou poder legiferante, insta-o a editar a norma requerida; iii) a omissão inconstitucional tanto pode referir-se a uma omissão total do legislador quanto a uma omissão parcial; iv) a decisão proferida em sede do controle abstrato de normas acerca da existência, ou não, de omissão é dotada de eficácia *erga omnes*, e não apresenta diferença significativa em relação a atos decisórios proferidos no contexto de mandado de injunção; iv) o STF possui competência constitucional para, na ação de mandado de injunção, determinar a suspensão de processos administrativos ou judiciais, com o intuito de assegurar ao interessado a possibilidade de ser contemplado por norma mais benéfica, ou que lhe assegure o direito constitucional invocado; v) por fim, esse plexo de poderes institucionais legitima que o STF determine a edição de outras medidas que garantam a posição do impetrante até a oportuna expedição de normas pelo legislador. Apesar dos avanços proporcionados por essa construção jurisprudencial inicial, o STF flexibilizou a interpretação constitucional primeiramente fixada para conferir uma compreensão mais abrangente à garantia fundamental do mandado de injunção. A partir de uma série de precedentes, o Tribunal passou a admitir soluções "normativas" para a decisão judicial como alternativa legítima de tornar a proteção judicial efetiva (CF, art. 5º, XXXV). Precedentes: MI 283, Rel. Min. Sepúlveda Pertence, *DJ* de 14.11.1991; MI 232/RJ, Rel. Min. Moreira Alves, *DJ* de 27.03.1992; MI 284, Rel. Min. Marco Aurélio, Rel. p/ o ac. Min. Celso de Mello, *DJ* de 26.06.1992; MI 543/DF, Rel. Min. Octavio Gallotti, *DJ* de 24.05.2002; MI 679/DF, Rel. Min. Celso de Mello, *DJ* de 17.12.2002; e MI 562/DF, Rel. Min. Ellen Gracie, *DJ* de 20.06.2003. (...) Em razão da evolução jurisprudencial sobre o tema da interpretação da omissão legislativa do direito de greve dos servidores públicos civis e em respeito aos ditames de segurança jurídica, fixa-se o prazo de 60 (sessenta) dias para que o Congresso Nacional legisle sobre a matéria. Mandado de injunção conhecido e, no mérito, deferido para, nos termos acima especificados, determinar a aplicação das Leis 7.701/88 e 7.783/89 aos conflitos e às ações judiciais que envolvam a interpretação do direito de greve dos servidores públicos civis (STF-MI 708 – Rel. Min. Gilmar Mendes – j. 25.10.2007 – Plenário – *DJE* 31.10.2008)[2].

Seguindo essa nova orientação, o Plenário do STF, apreciando mandados de injunção[3] impetrados por trabalhadores dispensados sem justa causa com mais de dez anos de serviço na mesma empresa, nos quais alegam omissão legislativa dos Presidentes da República e do Congresso Nacional, ante a ausência de regulamentação do art. 7º, XXI, da CF, relativamente ao aviso prévio proporcional ao tempo de serviço (CF, art. 7º, XXI). O Min. Gilmar Mendes, relator, ao reconhecer a mora legislativa, julgou procedente o pedido. Inicialmente, fez um retrospecto sobre a evolução do Supremo quanto às decisões proferidas em sede de mandado de injunção: da simples comunicação da mora à solução normativa e concretizadora. Destacou que, no tocante ao aviso prévio proporcional ao tempo de serviço, o Min. Carlos Velloso, em voto vencido, construíra solução provisória fixando-o em "10 dias por ano de serviço ou fração superior a 6 meses, observado o mínimo de 30 dias". Aduziu, entretanto, que essa equação também poderia ser objeto de questionamento, porquanto careceria de amparo fático ou técnico, uma vez que a Constituição conferira ao Poder Legislativo a legitimidade democrática para resolver a lacuna. O Min. Luiz Fux acrescentou que o art. 8º da CLT admitiria como método de heterointegração o direito comparado e citou como exemplos legislações da Alemanha, Dinamarca, Itália, Suíça, Bélgica, Argentina e outras. Apontou, ainda, uma recomendação da Organização Internacional do Trabalho – OIT sobre a extinção da relação trabalhista. Por sua vez, o Min. Marco Aurélio enfatizou que o critério a ser adotado deveria observar a proporcionalidade exigida pelo texto constitucional e propôs que também se cogitasse de um aviso prévio de 10 dias – respeitado o piso de 30 dias – por ano de serviço transcorrido. O Min. Cezar Peluso sugeriu como regra para a situação em comento que o benefício fosse estipulado em um salário mínimo a cada 5 anos de serviço. O Min. Ricardo Lewandowski, por seu turno, mencionou alguns projetos de lei em trâmite no Congresso Nacional. Diante desse panorama, o relator acentuou a existência de consenso da Corte quanto ao provimento do *writ* e à necessidade de uma decisão para o caso concreto, cujos efeitos, inevitavelmente, se projetariam para além da hipótese sob apreciação. Após salientar que a mudança jurisprudencial referente ao mandado de injunção não poderia retroceder e, tendo em conta a diversidade de parâmetros que poderiam ser adotados para o deslinde da controvérsia, indicou a suspensão do julgamento, o qual deverá prosseguir para a explicitação do dispositivo final (STF-MI 943/DF – Rel. Min. Gilmar Mendes – j. 22.06.2011).

Antes mesmo do prosseguimento dos julgamentos dos referidos mandados de injunção pelo STF, entrou em vigor, na data de sua publicação, a Lei 12.506, de

2. No mesmo sentido: MI 670, Rel. p/ o ac. Min. Gilmar Mendes, e MI 712, Rel. Min. Eros Grau, j. 25.10.2007, Plenário, *DJE* de 31.10.2008.

3. MI 1.010/DF, Rel. Min. Gilmar Mendes, j. 22.06.2011; MI 1.074/DF, Rel. Min. Gilmar Mendes, j. 22.06.2011; MI 1.090/DF, Rel. Min. Gilmar Mendes, j. 22.06.2011.

11.10.2011 (*DOU* 13.10.2011), sancionada pela Presidenta da República Dilma Rousseff, que dispõe sobre o aviso prévio e dá outras providências nos seguintes termos:

> Art. 1º O aviso prévio, de que trata o Capítulo VI do Título IV da Consolidação das Leis do Trabalho – CLT, aprovada pelo Dec.-lei 5.452, de 01.05.1943, será concedido na proporção de 30 (trinta) dias aos empregados que contem até 1 (um) ano de serviço na mesma empresa.
>
> Parágrafo único. Ao aviso prévio previsto neste artigo serão acrescidos 3 (três) dias por ano de serviço prestado na mesma empresa, até o máximo de 60 (sessenta) dias, perfazendo um total de até 90 (noventa) dias.

Buscando dirimir a controvérsia sobre a aplicação da referida lei no tempo, o TST editou a Súmula 441, segundo a qual o "direito ao aviso prévio proporcional ao tempo de serviço somente é assegurado nas rescisões de contrato de trabalho ocorridas a partir da publicação da Lei 12.506, em 13 de outubro de 2011".

A nosso sentir, o aviso prévio proporcional tem por destinatário exclusivo o empregado, pois é um direito fundamental social do trabalhador, e não do empregador. Logo, não se trata de um direito da parte (empregado ou empregador) que pretende resilir o contrato individual de trabalho, mas de um direito apenas do empregado. Portanto, não se confunde com o aviso prévio de 30 dias.

Só faz jus ao aviso prévio proporcional o empregado que tenha no mínimo 1 (um) ano de serviço prestado ao mesmo empregador.

Não nos parece razoável a limitação de 90 (noventa) dias do aviso prévio proporcional, pois o texto constitucional leva tão somente em conta o tempo de serviço, não sendo permitido ao legislador infraconstitucional interpretar restritivamente norma constitucional geradora de direito fundamental.

O trabalhador doméstico tem direito ao aviso prévio proporcional, pois a ele se aplica expressamente o inc. XXI do art. 7º da CF, por força do parágrafo único deste mesmo artigo. Trata-se da aplicação do princípio da máxima eficácia da norma constitucional definidora de direitos fundamentais. Além disso, o art. 23 da LC 150/2015 reconhece expressamente o aviso prévio para o trabalhador doméstico.

3. CABIMENTO

O aviso prévio é cabível, em regra, nos contratos por tempo indeterminado.

Segundo Amauri Mascaro Nascimento, "o aviso prévio é exigível nos contratos de trabalho por prazo indeterminado, bem como nos contratos de aprendizagem e de trabalho em domicílio"[4].

Estão excluídos, portanto, os contratos com data prefixada, os de execução de determinado serviço ou os que dependam de acontecimento previsto (CLT, art. 443, §§ 1º e 2º).

4. *Curso de direito do trabalho*. 10. ed. São Paulo: Saraiva, 1992, p. 418.

A doutrina e a jurisprudência (TST, Súmula 163) admitem, com base no art. 481 da CLT, o aviso prévio na resilição antecipada do contrato de experiência, desde que o contrato estabeleça o direito recíproco de tal modalidade resilitória.

4. PRAZO DO AVISO PRÉVIO

O aviso prévio deve ser dado com antecedência mínima de 30 dias, razão pela qual também os semanalistas e os que recebem dia a dia seu salário passam a ter direito àquele prazo.

Pode-se afirmar, então, que, *quando o aviso prévio for dado pelo empregador*, o prazo respectivo será sempre de 30 dias e não mais de 8 dias, uma vez que o art. 7º, XXI, da CF/88, nesse caso específico, não recepcionou o inc. I do art. 487 da CLT, sendo que o inc. II desse mesmo artigo deve ser compatibilizado com a nova ordem constitucional.

Discussão interessante pode surgir quando o dador do aviso prévio for empregado que recebe salários por semana ou tempo inferior. Para nós, o inc. I do art. 487 da CLT, nesse caso, encerra norma mais favorável ao trabalhador, razão pela qual o prazo do aviso por ele dado continua sendo de 8 dias. O art. 7º, *caput*, da CF/88 admite esta interpretação ("são direitos dos trabalhadores urbanos e rurais, *além de outros*...").

Corrente majoritária, entretanto, advoga a tese do prazo único de 30 dias do aviso prévio, ainda quando dado por empregado horista, diarista ou semanalista.

5. AUSÊNCIA DO AVISO

Se a rescisão contratual for brusca, a parte que lhe deu causa deverá indenizar a outra, o período alusivo ao aviso prévio:

a) o empregador pagando, em pecúnia, o valor correspondente ao prazo do aviso;

b) o empregado terá descontado dos salários o valor respectivo (o empregado poderá pedir dispensa do cumprimento do aviso, cabendo exclusivamente ao empregador atender, ou não, à solicitação).

6. DESPEDIDA INDIRETA

É devido o aviso prévio na despedida indireta ("justa causa" do empregador), nos termos do art. 487, § 4º, da CLT.

7. RECONSIDERAÇÃO DO AVISO

Dado o aviso, a parte notificante pode reconsiderar o ato, antes do seu termo, sendo facultado à outra aceitar ou não a reconsideração (CLT, art. 489).

Caso aceita a reconsideração, o contrato continuará como se não tivesse existido o aviso prévio.

8. JUSTA CAUSA NO CURSO DO AVISO

Se durante o prazo do aviso o empregado praticar ato que justifique a ruptura contratual por justa causa (CLT, art. 482), perderá o direito ao restante do respectivo prazo. É o que dispõe o art. 491 da CLT.

Se a causa da extinção for perpetrada pelo empregador (CLT, art. 483), este se sujeitará ao pagamento da remuneração correspondente ao prazo do aviso, sem prejuízo das indenizações cabíveis, *ex vi* do art. 490 da mesma Consolidação.

9. ESTABILIDADE NO CURSO DO AVISO

De acordo com a Súmula 348 do TST, é inválida a concessão do aviso prévio na fluência da garantia de emprego, ante a incompatibilidade dos dois institutos. Noutro falar, o empregador não pode dar aviso prévio ao empregado destinatário de estabilidade ou garantia no emprego.

De outro lado, indaga-se: durante o curso do aviso prévio é possível o empregado adquirir a garantia no emprego?

Segundo o entendimento adotado na Súmula 371 do TST,

> A projeção do contrato de trabalho para o futuro, pela concessão do aviso prévio indenizado, tem efeitos limitados às vantagens econômicas obtidas no período de pré-aviso, ou seja, salários, reflexos e verbas rescisórias. No caso de concessão de auxílio-doença no curso do aviso prévio, todavia, só se concretizam os efeitos da dispensa depois de expirado o benefício previdenciário.

Há, a nosso sentir, manifesta contradição entre a primeira parte da Súmula 371 do TST e as OJs 82 e 83 da SBDI-1/TST:

> *Aviso prévio. Baixa na CTPS*. A data de saída a ser anotada na CTPS deve corresponder à do término do prazo do aviso prévio, ainda que indenizado (OJ 82).
>
> *Aviso prévio. Prescrição*. Começa a fluir no final da data do término do aviso prévio. CLT, art. 487, § 1º (OJ 83).

Ora, se o aviso prévio é computado para todos os efeitos legais, inclusive para fins de aquisição do direito à garantia no emprego, não pode haver duas interpretações dissidentes sobre o mesmo instituto. Os exemplos da vida dão a exata medida da advertência aqui feita. Será que há má-fé presumida da empregada em engravidar no curso do aviso prévio? Ou do empregado registrar sua candidatura a cipeiro ou dirigente sindical no curso do aviso prévio? Na verdade, em todos esses casos está-se diante de direitos fundamentais que não podem ser restringidos por interpretação destoante do texto constitucional.

10. REDUÇÃO DO HORÁRIO

No curso do aviso prévio dado pelo empregador, o horário normal de trabalho será reduzido em duas horas diárias, sem prejuízo salarial.

É facultado ao empregado, porém, substituir a redução de duas horas diárias por sete dias corridos.

Em nenhuma hipótese poderá o empregador substituir a redução do horário ou da jornada pelo pagamento de horas extras (TST, Súmula 230). Caso isso ocorra, o aviso prévio será ineficaz pela frustração da intenção legal, razão pela qual deve ser tido como inexistente. Se não houve opção expressa (redução de 2 horas diárias ou 7 dias corridos) do empregado, cabe ao empregador fixar o horário em que aquele será dispensado de cumprir (no início ou término da jornada diária).

No que tange ao trabalhador doméstico, o art. 24 da LC 150/2015 também dispõe que seu "horário normal de trabalho durante o aviso prévio, quando a rescisão tiver sido promovida pelo empregador, será reduzido de 2 (duas) horas diárias, sem prejuízo do salário integral", sendo certo que o parágrafo único do mesmo artigo faculta "ao empregado doméstico trabalhar sem a redução das 2 (duas) horas diárias, caso em que poderá faltar ao serviço, sem prejuízo do salário integral, por 7 (sete) dias corridos, na hipótese dos §§ 1º e 2º do art. 23" da referida lei.

Se o empregador não conceder a redução de 2 horas ou 7 dias corridos, considerar-se-á como não dado o aviso prévio. Nesse sentido, é a Súmula 230 do TST: "É ilegal substituir o período que se reduz da jornada de trabalho, no aviso prévio, pelo pagamento das horas correspondentes". Consequentemente, o trabalhador terá direito de receber, em dinheiro, a título de indenização, o valor correspondente a um novo aviso prévio. É o que vêm decidindo os tribunais:

> AVISO PRÉVIO. REDUÇÃO DA JORNADA NÃO CONCEDIDA. INDENIZAÇÃO. De acordo com a Súmula n. 230 do C. TST, é ilegal substituir o período que se reduz da jornada de trabalho, no aviso prévio, pelo pagamento das horas correspondentes, uma vez que prejudica o obreiro na busca de uma nova colocação no mercado de trabalho. Dessa forma, considera-se que o aviso prévio não foi dado pela empresa quando não concedida a redução da carga horária na forma prevista no art. 488 da CLT, acarretando o dever de a empresa indenizar o período correspondente (TRT 1ª R., RO 00007262020145010522, Rel. Des. José Luís Campos Xavier, 7ª T. *DEJT* 08.02.2019).
>
> AVISO PRÉVIO TRABALHADO – REDUÇÃO DA CARGA HORÁRIA NÃO OBSERVADA. Nas hipóteses de burla ou fraude à norma disciplinadora do aviso prévio, quando este é concedido apenas formalmente, sem redução da carga horária, *v.g.*, o

empregado possui direito à indenização, porquanto reputa-se não cumprida a parte patronal na obrigação tutelada. Nesse contexto, se o réu exercia, efetivamente, o controle de jornada, durante todo o período em que vigorou a relação empregatícia, a ele incumbia o ônus da prova – *in casu*, pré-constituída – no tocante ao respeito à redução da carga horária no período do aviso prévio, por força do disposto no art. 818 da CLT, c/c art. 333, II, do CPC (TRT 3ª R. – RO 00373-2009-074-03-00-7 – Rel. Des. José Miguel de Campos – Turma Recursal de Juiz de Fora – *DEJT* 25.08.2009).

11. REAJUSTE SALARIAL NO CURSO DO AVISO

Havendo dispensa sem justa causa no período de 30 dias que antecede a data do reajuste salarial da categoria profissional a que pertencer o empregado, terá ele direito a um salário de indenização adicional (Lei 6.708/79, art. 9º, e Lei 7.238/84, art. 9º), uma vez que o aviso prévio, mesmo indenizado, conta como tempo de serviço para efeito de dilatar a rescisão para o término do aviso (TST, Súmulas 182 e 314).

12. CULPA RECÍPROCA

Na hipótese de culpa recíproca na rescisão do contrato de trabalho (CLT, art. 484), o empregado tem direito a 50% (cinquenta por cento) do valor do aviso prévio, do décimo terceiro salário e das férias proporcionais (TST, Súmula 14).

13. HORAS EXTRAS HABITUAIS E AVISO PRÉVIO

Segundo Valentin Carrion[5], quem trabalha habitualmente horas extras está desobrigado de continuar a prestá-las, em face da finalidade do instituto (obter nova colocação), sem prejuízo da remuneração de oito horas, pelo trabalho de seis.

Como decorrência de tal interpretação, pode-se afirmar que as horas extras habitualmente prestadas devem integrar o cálculo do aviso prévio. Nesse sentido, aliás, era a Súmula 94 do TST: "O valor das horas extraordinárias habituais integra o aviso prévio indenizado".

Ocorre que tal súmula foi cancelada pela Resolução TST 121/2003, uma vez que o entendimento daquela Corte passou a ser o de que as horas extras habituais não mais se incorporam ao contrato de trabalho, gerando apenas uma indenização (TST, Súmula 291).

É importante destacar que o § 5º do art. 23 da LC 150/2015 prevê expressamente que para o trabalhador doméstico "o valor das horas extraordinárias habituais integra o aviso prévio indenizado". Esta regra, ao que nos parece, deve ser estendida, por analogia, aos empregados urbanos e rurais, tendo em vista o disposto nos arts. 5º, § 2º, e 7º, *caput*, da CF e os princípios da razoabilidade e da proporcionalidade, porquanto a EC 72/2013

5. *Comentários*..., 21. ed. nota 1 ao art. 488 da Consolidação das Leis do Trabalho.

promete igualdade entre trabalhadores urbanos, rurais e domésticos, o que justifica, por si só, a restauração da Súmula 94 do TST.

14. AVISO PRÉVIO "CUMPRIDO EM CASA"

Questão polêmica apresenta-se quando o empregado cumpre o aviso prévio em sua própria casa.

Não obstante os abalizados entendimentos em contrário, sustentamos que, *de lege lata*, inexiste a figura do "aviso prévio cumprido em casa".

Ocorre que a OJ 14 da SBDI-1/TST passou a admitir o aviso prévio cumprido em casa, mas "o prazo para pagamento das verbas rescisórias é até o décimo dia da notificação de despedida". Vale dizer, para o TST os efeitos práticos do aviso prévio cumprido em casa são os mesmos do aviso prévio indenizado, que são aqueles previstos na alínea "b" do § 6º do art. 477 da CLT.

Colhe-se, a propósito, a seguinte ementa:

> RECURSO DE REVISTA. AVISO PRÉVIO CUMPRIDO EM CASA. MULTA PREVISTA NO ART. 477, § 8º, DA CLT. I. A jurisprudência desta Corte Superior está pacificada no sentido de que o aviso prévio pode também ser cumprido em casa. Todavia, entende esta Corte Superior que, para essa hipótese, o pagamento das parcelas rescisórias deve ser efetuado até o décimo dia após a notificação da dispensa (Orientação Jurisprudencial n. 14 da SBDI-1). II. Extrai-se do acórdão recorrido que o aviso prévio foi cumprido em casa, que a notificação da demissão ocorreu em 13 de setembro e que o pagamento das parcelas da rescisão ocorreu em 13 de outubro. Diante desse quadro fático, a decisão regional, em que se condenou a Reclamada ao pagamento da multa prevista no art. 477, § 8º, da CLT está em conformidade com a jurisprudência desta Corte Superior, pois as parcelas da rescisão foram pagas após o décimo dia da notificação da despedida. III. Estando a decisão regional em conformidade com a jurisprudência desta Corte Superior, o conhecimento do recurso de revista por divergência jurisprudencial encontra óbice no § 7º do art. 896 da CLT e na Súmula n. 333 do TST. IV. Recurso de revista de que não se conhece (TST-RR 2126520115120005 – Rel. Min. Fernando Eizo Ono – 4ª T. – *DEJT* 17.04.2015).

15. PAGAMENTO DAS VERBAS RESCISÓRIAS

Em caso de resilição do contrato de trabalho por tempo indeterminado, o empregador deverá pagar as parcelas constantes do instrumento de resilição ou recibo de quitação até o (10º) décimo dia contado a partir da extinção do contrato de trabalho (CLT, art. 477, § 6º, com redação dada pela Lei 13.467/2017), sob pena de pagar: a) multa (de natureza administrativa) de 160 BTN (atualmente UFIR), por trabalhador atingido; e b) multa, em favor do empregado, em valor equivalente ao seu salário, devidamente corrigido, salvo quando ele comprovadamente, tiver dado causa à mora (CLT, art. 477, §§ 6º e 8º).

CAPÍTULO XVIII
Trabalho da Mulher

1. FUNDAMENTOS DA TUTELA ESPECIAL

O trabalho da mulher sempre gozou de proteção especial no plano internacional e no direito do trabalho pátrio (CLT, arts. 372 a 401).

A Constituição brasileira de 1988 prevê expressamente, na categoria de direito fundamental social trabalhista, a "proteção do mercado de trabalho da mulher, mediante incentivos específicos, nos termos da lei".

Os fundamentos da proteção jurídica especial destinada à mulher são de ordem fisiológica, já que a mulher não é dotada da mesma resistência física do homem, e social, porque interessa a toda a sociedade a defesa e proteção da família humana.

A atual Constituição Federal estabelece, no seu art. 5º, inc. I, que "homens e mulheres são iguais em direitos e obrigações, nos termos desta Constituição".

Nessa ordem, quando se está diante da mulher empregada, deve-se observar o preceito contido no art. 7º, *caput*, da Lei Maior, segundo o qual "são direitos dos trabalhadores (homens e mulheres, acrescentamos) urbanos e rurais, além de outros que visem à melhoria de sua condição social".

Assim, ao contrário do que sustentam alguns autores, as disposições legais mais favoráveis à empregada mulher insculpidas no texto obreiro consolidado continuam em pleno vigor, na medida em que foram, a nosso sentir, recepcionadas pela nova ordem constitucional.

Somente os arts. 374, 375, 376, 378, 379, 380 e 387, todos da CLT, foram revogados expressamente. Os demais dispositivos consolidados concernentes à proteção específica do trabalho da mulher continuam vigentes, por não serem incompatíveis com a Constituição de 1988.

O próprio Tribunal Superior do Trabalho tem decidido:

> *Recurso de revista. Trabalho da mulher. Prorrogação de jornada. Intervalo para descanso. CLT, art. 384.* I – Conquanto homens e mulheres, à luz do inc. I do art. 5º da Constituição, sejam iguais em direitos e obrigações, é forçoso reconhecer que elas se distinguem dos homens, sobretudo em relação às condições de trabalho, pela sua peculiar identidade biossocial. II – Inspirado nela é que o legislador, no art. 384 da CLT, concedeu às mulheres, no caso de prorrogação da jornada normal, um intervalo de

quinze minutos antes do início do período de sobretrabalho, cujo sentido protetivo, claramente discernível na *ratio legis* da norma consolidada, afasta, a um só tempo, a pretensa agressão ao princípio da isonomia e a avantajada ideia de *capitis deminutio* em relação às mulheres. III – Aliás, a se levar às últimas consequências o que prescreve o inc. I do art. 5º da Constituição, a conclusão então deveria ser no sentido de se estender aos homens o mesmo direito reconhecido às mulheres, considerando a penosidade inerente ao sobretrabalho, comum a ambos os sexos, e não a que preconizam aqui e acolá o princípio da isonomia, expresso também no tratamento desigual dos desiguais na medida das respectivas desigualdades, prestar-se como fundamento para a extinção do direito consagrado no art. 384 da CLT. IV – Nesse sentido, consolidou-se a jurisprudência desta Corte, no julgamento do Processo TST-IIN-RR-1.540/2005-046-12-00.5, ocorrido na sessão do Pleno do dia 17.11.2008, em acórdão da relatoria do Ministro Ives Gandra da Silva Martins Filho. V – Recurso provido (TST-RR 42400-97.2009.5.04.0221 – Rel. Min. Antônio José de Barros Levenhagen – *DJe* 17.12.2010).

Importa referir que o Pleno do STF, em repercussão geral no RE 658.312, reconheceu que o art. 384 da CLT foi recepcionado pela Constituição. O empregador recorrente sustentava que a referida regra celetista afrontaria a isonomia entre homens e mulheres prevista na Constituição (arts. 5º, I, e 7º, XXX). O STF esclareceu que a própria Constituição permite tratamento diferenciado para as situações expressas de tratamento desigual, a exemplo dos arts. 7º, XX; e 40, § 1º, III, *a* e *b*.

O art. 384 da CLT, no entanto, foi expressamente revogado pela Lei 13.467/2017, a nosso ver, em clara violação ao princípio da vedação do retrocesso social.

De outro giro, o descanso semanal da empregada deverá coincidir com o domingo (CLT, art. 385), salvo motivo de conveniência pública ou necessidade imperiosa do serviço.

Além disso, é vedado ao empregador exigir da mulher serviço que demande o emprego de força muscular superior a 20 quilos, para o trabalho contínuo, ou 25 quilos, para o trabalho ocasional (CLT, art. 390).

2. PROTEÇÃO À MATERNIDADE

Também estão em vigor, por não serem incompatíveis com o texto constitucional, as normas consolidadas de proteção à maternidade.

A empregada tem direito à licença à gestante, de no mínimo 120 dias, em decorrência do nascimento do seu filho, sem prejuízo do emprego e do salário (CF, art. 7º, XVIII, e CLT, arts. 392 e 393).

Além disso, a Lei 10.421, de 15.04.2002, deu nova redação ao art. 392 e seus §§ 1º a 3º da CLT, nos seguintes termos:

> Art. 392. A empregada gestante tem direito à licença-maternidade de 120 (cento e vinte) dias, sem prejuízo do emprego e do salário.
>
> § 1º A empregada deve, mediante atestado médico, notificar o seu empregador da data do início do afastamento do emprego, que poderá ocorrer entre o 28º (vigésimo oitavo) dia antes do parto e ocorrência deste.
>
> § 2º Os períodos de repouso, antes e depois do parto, poderão ser aumentados de 2 (duas) semanas cada um, mediante atestado médico. *(Redação dada pela Lei 10.421, 15.04.2002)*
>
> § 3º Em caso de parto antecipado, a mulher terá direito aos 120 (cento e vinte) dias previstos neste artigo.
>
> De acordo com a OJ 44 da SBDI-1/TST,
>
> é devido o salário-maternidade, de 120 dias, desde a promulgação da CF/88, ficando a cargo do empregador o pagamento do período acrescido pela Carta.

Com relação à proteção da mulher durante a gravidez, o § 4º do art. 392 da CLT, com redação dada pela Lei 9.799/99, dispõe textualmente que é garantido à empregada, durante a gravidez, sem prejuízo do salário e demais direitos:

> I – transferência de função, quando as condições de saúde o exigirem, assegurada a retomada da função anteriormente exercida, logo após o retorno ao trabalho;
>
> II – dispensa do horário de trabalho pelo tempo necessário para a realização de, no mínimo, seis consultas médicas e demais exames complementares.

Ainda durante o período de licença-maternidade, a empregada mulher terá direito ao salário integral e, quando variável, calculado de acordo com a média dos 6 (seis) últimos meses de trabalho, bem como os direitos e vantagens adquiridos, sendo-lhe ainda facultado reverter à função que anteriormente ocupava (CLT, art. 393).

Outra regra de relevante interesse social reside no art. 392-A da CLT (com redação dada pela Lei 13.509/2017), segundo o qual à "empregada que adotar ou obtiver guarda judicial para fins de adoção de criança ou adolescente será concedida licença-maternidade", nos termos do art. 392 da CLT.

A Lei 11.770/08 possibilitou a prorrogação de 60 dias na licença-maternidade em caso de o empregador aderir ao Programa Empresa Cidadã, *in verbis*:

> Art. 1º É instituído o Programa Empresa Cidadã, destinado a prorrogar por 60 (sessenta) dias a duração da licença-maternidade prevista no inc. XVIII do *caput* do art. 7º da Constituição Federal.
>
> § 1º A prorrogação será garantida à empregada da pessoa jurídica que aderir ao Programa, desde que a empregada a requeira até o final do primeiro mês após o parto, e

concedida imediatamente após a fruição da licença-maternidade de que trata o inc. XVIII do *caput* do art. 7º da Constituição Federal.

§ 2º A prorrogação será garantida, na mesma proporção, também à empregada que adotar ou obtiver guarda judicial para fins de adoção de criança.

Art. 2º É a administração pública, direta, indireta e fundacional, autorizada a instituir programa que garanta prorrogação da licença-maternidade para suas servidoras, nos termos do que prevê o art. 1º desta Lei.

Art. 3º Durante o período de prorrogação da licença-maternidade, a empregada terá direito à sua remuneração integral, nos mesmos moldes devidos no período de percepção do salário-maternidade pago pelo regime geral de previdência social.

Art. 4º No período de prorrogação da licença-maternidade de que trata esta Lei, a empregada não poderá exercer qualquer atividade remunerada e a criança não poderá ser mantida em creche ou organização similar.

Parágrafo único. Em caso de descumprimento do disposto no *caput* deste artigo, a empregada perderá o direito à prorrogação.

Art. 5º A pessoa jurídica tributada com base no lucro real poderá deduzir do imposto devido, em cada período de apuração, o total da remuneração integral da empregada pago nos 60 (sessenta) dias de prorrogação de sua licença-maternidade, vedada a dedução como despesa operacional.

Parágrafo único. (VETADO)

Art. 6º (VETADO)

Art. 7º O Poder Executivo, com vistas no cumprimento do disposto no inc. II do *caput* do art. 5º e nos arts. 12 e 14 da Lei Complementar 101, de 04.05.2000, estimará o montante da renúncia fiscal decorrente do disposto nesta Lei e o incluirá no demonstrativo a que se refere o § 6º do art. 165 da Constituição Federal, que acompanhará o projeto de lei orçamentária cuja apresentação se der após decorridos 60 (sessenta) dias da publicação desta Lei.

Art. 8º Esta Lei entra em vigor na data de sua publicação, produzindo efeitos a partir do primeiro dia do exercício subsequente àquele em que for implementado o disposto no seu art. 7º.

Em caso de aborto não criminoso, a mulher empregada faz jus à licença remunerada de duas semanas, assegurado o direito ao retorno à função que ocupava antes do afastamento (CLT, art. 395).

É importante notar que pode ocorrer assédio moral do empregador que se recusa a aceitar o atestado médico que corrobora o aborto não criminoso. Nesse sentido:

Assédio moral. Indenização. Constitui desrespeito à honra e à intimidade da trabalhadora a desconsideração do empregador no atendimento ao atestado médico de afastamento para licença em razão de aborto. A prática, coroando atitudes de menoscabo pessoal da trabalhadora, de distinguir negativamente a pessoa no universo do trabalho, confirma a existência do assédio. A indenização não pode funcionar como incentivo à reiteração da prática ilícita, o que se alcança com a fixação de valor irrisório. Recurso a que se dá provimento, para elevação do valor indenizatório (TRT 2ª R. – RO 00657200843202009 – Rel. Des. Marcos Neves Fava – *DJe* 17.11.2010).

Há entendimento jurisprudencial, com o qual não concordamos, *data venia*, que não reconhece a estabilidade provisória da empregada gestante em caso de aborto espontâneo. Nesse sentido:

> *Agravo de instrumento em recurso de revista. Gestante. Estabilidade provisória. Aborto espontâneo.* Não enseja conhecimento de recurso de revista fundado em violação dos arts. 7º, XXVIII, da Constituição Federal e 10, II, "b", do ADCT, quando a decisão regional que indeferiu o pedido de indenização pela estabilidade provisória da gestante tenha sido baseada na ocorrência de aborto voluntário no 4º mês de gestação, após a demissão. O escopo maior da garantia constitucional é a proteção à maternidade e à infância, e não apenas resguardar a gestante contra a dispensa arbitrária. Não sendo possível exercer a tutela do nascituro, a aplicação da norma em comento, perde o sentido. Agravo conhecido e desprovido (TST-AI-RR 222540-50.1999.5.01.0031 – 2ª T. – Rel. Juiz Convocado Décio Sebastião Daidone – *DOU* 14.05.2004).

A nosso sentir, o escopo do ordenamento jurídico é a proteção tanto da mulher quanto do nascituro e não apenas deste. Certamente, as sequelas físicas e psicológicas suportadas pela empregada decorrentes do aborto espontâneo justificam a interpretação do art. 393 da CLT conforme à Constituição (art. 7º, *caput*, incs. I e XX), para assegurar-lhe a proteção da relação empregatícia contra a dispensa arbitrária ou sem justa causa.

Para amamentar o filho, a empregada terá direito a dois descansos intrajornadas especiais, com duração de 30 minutos cada, sem prejuízo do salário e do seu cômputo na duração do trabalho diário.

Recentemente, foi editada a Lei 13.287/2016, que acrescentou o art. 394-A à CLT, dispondo que: "A empregada gestante ou lactante será afastada, enquanto durar a gestação e a lactação, de quaisquer atividades, operações ou locais insalubres, devendo exercer suas atividades em local salubre".

No entanto, a Lei 13.467/2017 derrogou o art. 394-A da CLT, que passou a ter a seguinte redação:

> Art. 394-A. Sem prejuízo de sua remuneração, nesta incluído o valor do adicional de insalubridade, a empregada deverá ser afastada de:
>
> I – atividades consideradas insalubres em grau máximo, enquanto durar a gestação;

II – atividades consideradas insalubres em grau médio ou mínimo, **quando apresentar atestado de saúde, emitido por médico de confiança da mulher, que recomende o afastamento durante a gestação;**

III – atividades consideradas insalubres em qualquer grau, **quando apresentar atestado de saúde, emitido por médico de confiança da mulher, que recomende o afastamento durante a lactação.**

§ 1º (*excluída previsão*)

§ 2º Cabe à empresa pagar o adicional de insalubridade à gestante ou à lactante, efetivando-se a compensação, observado o disposto no art. 248 da Constituição Federal, por ocasião do recolhimento das contribuições incidentes sobre a folha de salários e demais rendimentos pagos ou creditados, a qualquer título, à pessoa física que lhe preste serviço.

§ 3º Quando não for possível que a gestante ou a lactante afastada nos termos do *caput* deste artigo exerça suas atividades em local salubre na empresa, a hipótese será considerada como gravidez de risco e ensejará a percepção de salário-maternidade, nos termos da Lei n. 8.213, de 24 de julho de 1991, durante todo o período de afastamento.

Como se vê, esse novel art. 394-A e seus parágrafos da CLT revelam dupla discriminação inconcebível no Estado Democrático de Direito: uma contra a mulher gestante ou lactante; outra contra o nascituro ou a criança.

Ora, as normas de proteção ao trabalho da mulher são normas de ordem pública que visam, sobretudo, à igualdade material, de modo que a regra em apreço mostra-se em conflito com os princípios da vedação à discriminação e ao preconceito (CF, art. 3º, IV), da redução das desigualdades sociais (CF, art. 3º, III), da progressividade e da vedação do retrocesso (CF, art. 7º) etc. Além disso, viola o art. 227 da CF, na medida em que olvida o dever do Estado, da Família e da Sociedade para assegurar, com absoluta prioridade, os direitos fundamentais das crianças, dentre eles o direito à vida, à saúde, à dignidade, ao respeito etc.

A MP 808/2017 procurou, sem sucesso, afastar os vícios de inconstitucionalidade (redução salarial pela exclusão temporária do adicional e discriminação contra a mulher, o nascituro ou a criança) acima apontados, alterando a redação do *caput* do art. 394-A e dos §§ 2º e 3º da CLT, *in verbis*:

> Art. 394-A. A empregada gestante será afastada, enquanto durar a gestação, de quaisquer atividades, operações ou locais insalubres e exercerá suas atividades em local salubre, excluído, nesse caso, o pagamento de adicional de insalubridade.
>
> (...)
>
> § 2º O exercício de atividades e operações insalubres em grau médio ou mínimo, pela gestante, somente será permitido quando ela, voluntariamente, apresentar atestado de saúde, emitido por médico de sua confiança, do sistema privado ou público de saúde, que autorize a sua permanência no exercício de suas atividades.

> § 3º A empregada lactante será afastada de atividades e operações consideradas insalubres em qualquer grau quando apresentar atestado de saúde emitido por médico de sua confiança, do sistema privado ou público de saúde, que recomende o afastamento durante a lactação.

Ocorre que a Medida Provisória 808/2017, por não ter sido convertida em lei, perdeu eficácia desde a sua edição (CF, art. 62, § 3º), razão pela qual o texto da Lei 13.467/2017 voltou a ter plena vigência[1].

Importa destacar que o STF, em 29.05.2019, por maioria, confirmou a medida cautelar e julgou procedente o pedido formulado na ADI 5938 para declarar a inconstitucionalidade da expressão "quando apresentar atestado de saúde, emitido por médico de confiança da mulher, que recomende o afastamento", contida nos incisos II e III do art. 394-A da CLT, inseridos pelo art. 1º da Lei 13.467/2017, nos termos do voto do Relator Alexandre de Morais, vencido o Ministro Marco Aurélio.

Ademais, lembramos que o Enunciado 50 aprovado na 2ª Jornada de Direito Material e Processual do Trabalho (2017) adverte que:

> A autorização legal permitindo o trabalho da gestante e lactante em ambiente insalubre é inconstitucional e inconvencional porque violadora da dignidade humana, do direito à redução dos riscos inerentes ao trabalho, da proteção integral ao nascituro e à criança e do direito social à saúde. Ademais, o meio ambiente do trabalho saudável é direito fundamental garantido pela Constituição da República, revestido de indisponibilidade absoluta. Incidência dos arts. 1º, III; 6º; 7º, XXII; 196; 200; 201, II; 203, I; 225; 226 e 227 da CF; Convenção 103 e 183 da OIT; arts. 25, I e II da DUDH.

Registre-se que o art. 396 da CLT (com redação dada pela Lei 13.509/2017) prescreve que para "amamentar seu filho, inclusive se advindo de adoção, até que este complete 6 (seis) meses de idade, a mulher terá direito, durante a jornada de trabalho, a 2 (dois) descansos especiais de meia hora cada um".

O parágrafo único do art. 396 da CLT dispõe que quando o exigir a saúde do filho, o período de 6 (seis) meses poderá ser dilatado, a critério da autoridade competente.

No entanto, a Lei 13.467/2017 converteu o parágrafo único em § 1º e acrescentou o § 2º ao art. 396 da CLT, cuja redação passou a ser a seguinte: "Os horários dos descansos previstos no *caput* deste artigo deverão ser definidos em acordo individual entre a mulher e o empregador".

Em tempos de crise econômica e desemprego, aliados ao entendimento dominante de que o empregador detém o "poder potestativo" de dispensar o empregado, o

1. Sobre os efeitos da Medida Provisória não convertida em lei, remetemos o leitor ao Título I, Capítulo IV, item 2.1.

referido acordo individual implicará, não raro, em verdadeira renúncia por parte da trabalhadora lactante. Esse novel dispositivo viola, portanto, os mesmos princípios por nós apontados em linhas transatas, relativamente ao art. 394-A da CLT.

2.1. Garantia provisória no emprego "desde a confirmação da gravidez"

À empregada gestante é assegurado o direito à garantia no emprego, *desde a confirmação da gravidez* até cinco meses após o parto (ADCT, art. 10, II, "b"), isto é, caso a sua dispensa seja arbitrária ou sem justa causa, poderá pleitear reintegração.

A expressão "desde a confirmação da gravidez" ainda tem suscitado discussão doutrinária e jurisprudencial, traduzida na seguinte indagação: Para que a empregada gestante adquira o direito à garantia provisória no emprego há necessidade de comunicar ao empregador o seu estado gravídico?

Duas correntes doutrinárias apresentam respostas distintas.

Nas palavras de Amauri Mascaro Nascimento:

> A Constituição dispõe que o início da estabilidade da gestante ocorrerá com a confirmação da gravidez. A confirmação é um ato formal a ser praticado. Caberá à interessada a demonstração da gravidez, porém só depois que o fizer estará protegida. Diverge o critério ora adotado da concepção objetivista sufragada pelos Tribunais do Trabalho segundo a qual a garantia, pela sua finalidade social, independe, para que se efetive, da comunicação da gravidez. Esta, sempre que constatada, é o bastante para atribuir à gestante todos os direitos, desde a concepção[2].

Opondo-se a esse entendimento, leciona Nei Frederico Cano Martins que o "legislador constituinte não utilizou o termo confirmação com o sentido de comunicação, já que, à obviedade, não teve por escopo contrariar um longo caminho já percorrido pelo nosso direito laboral na senda da tese objetivista"[3].

Estamos com a segunda corrente.

Com efeito, afigura-se-nos que a *mens legis* é no sentido de se proteger o nascituro, razão pela qual o termo "confirmação" há de ser interpretado teleologicamente, isto é, visando aos fins sociais a que se destina esta espécie de garantia provisória no emprego.

O próprio Tribunal Superior do Trabalho reconhece implicitamente a responsabilidade objetiva do empregador, como se infere da Súmula 244 daquela Corte:

---

2. *O direito do trabalho na Constituição de 1988*. 2. ed. atual. São Paulo: Saraiva, 1991, p. 46.
3. *Estabilidade provisória no emprego*, p. 87.

> *Gestante. Estabilidade provisória.* I – O desconhecimento do estado gravídico pelo empregador não afasta o direito ao pagamento da indenização decorrente da estabilidade (ADCT, art. 10, II, "b"). II – A garantia de emprego à gestante só autoriza a reintegração se esta se der durante o período de estabilidade. Do contrário, a garantia restringe-se aos salários e demais direitos correspondentes ao período de estabilidade. III – A empregada gestante tem direito à estabilidade provisória prevista no art. 10, inciso II, alínea "b", do Ato das Disposições Constitucionais Transitórias, mesmo na hipótese de admissão mediante contrato por tempo determinado.

É importante lembrar que o *caput* do art. 391-A da CLT dispõe que a "confirmação do estado de gravidez advindo no curso do contrato de trabalho, ainda que durante o prazo do aviso prévio trabalhado ou indenizado, garante à empregada gestante a estabilidade provisória prevista na alínea b do inciso II do art. 10 do ADCT", sendo que seu parágrafo único (incluído pela Lei 13.509/2017) estende tal garantia "ao empregado adotante ao qual tenha sido concedida guarda provisória para fins de adoção".

Advertimos que, no julgamento do Incidente de Assunção de Competência 5639-31.2013.5.12.0051 (Tema 02), o Tribunal Pleno do TST fixou tese no sentido de que "é inaplicável ao regime de trabalho temporário, disciplinado pela Lei n. 6.019/1974, a garantia de estabilidade provisória à empregada gestante, prevista no art. 10, II, *b*, do Ato das Disposições Constitucionais Transitórias".

Dessa forma, o TST fez distinção entre "empregada gestante" (contratada por tempo indeterminado ou determinado) e "trabalhadora temporária gestante", o que revela, em última análise, segundo a tese adotada pelo TST, que o nascituro (ou criança) destas duas trabalhadoras pode ser tratado com desigualdade, o que, a nosso sentir, implica discriminação não albergada pelo Texto Constitucional, cujo art. 10, II, *b*, do ADCT comporta interpretação sistemática, teleológica e extensiva, no particular.

2.2. Proibição de discriminação

O art. 7º, XX, da CF, que contempla uma norma que busca corrigir as desigualdades materiais entre homens e mulheres, determina ao Estado editar leis de proteção ao mercado de trabalho da mulher.

Nessa ordem, em 1999, foi editada a Lei 9.799 (*DOU* de 27.05.1999), que inseriu na Consolidação das Leis do Trabalho algumas regras sobre a proteção do mercado de trabalho da mulher.

Assim, nos termos do art. 373-A da CLT:

> Art. 373-A. Ressalvadas as disposições legais destinadas a corrigir as distorções que afetam o acesso da mulher ao mercado de trabalho e certas especificidades estabelecidas nos acordos trabalhistas, é vedado:

I – publicar ou fazer publicar anúncio de emprego no qual haja referência ao sexo, à idade, cor ou situação familiar, salvo quando a natureza da atividade a ser exercida, pública e notoriamente, assim o exigir;

II – recusar emprego, promoção ou motivar a dispensa do trabalho em razão de sexo, idade, cor, situação familiar ou estado de gravidez, salvo quando a natureza da atividade seja notória e publicamente incompatível;

III – considerar o sexo, a idade, a cor ou situação familiar como variável determinante para fins de remuneração, formação profissional e oportunidades de ascensão profissional;

IV – exigir atestado ou exame, de qualquer natureza, para comprovação de esterilidade ou gravidez, na admissão ou permanência no emprego;

V – impedir o acesso ou adotar critérios subjetivos para deferimento de inscrição ou aprovação em concursos, em empresas privadas, em razão de sexo, idade, cor, situação familiar ou estado de gravidez;

VI – proceder o empregador ou preposto a revistas íntimas nas empregadas ou funcionárias.

Parágrafo único. O disposto neste artigo não obsta a adoção de medidas temporárias que visem ao estabelecimento das políticas de igualdade entre homens e mulheres, em particular as que se definam a corrigir as distorções que afetam a formação profissional, o acesso ao emprego e as condições gerais de trabalho da mulher.

Além disso, o art. 390-B da CLT passou a dispor que as "vagas dos cursos de formação de mão de obra, ministrados por instituições governamentais, pelos próprios empregadores ou por qualquer órgão de ensino profissionalizante, serão oferecidas aos empregados de ambos os sexos".

Outra norma importante para a otimização do mercado de trabalho da mulher está prevista no art. 390-C da CLT, segundo a qual as "empresas com mais de cem empregados, de ambos os sexos, deverão manter programas especiais de incentivos e aperfeiçoamento profissional da mão de obra". Para tanto, a pessoa jurídica poderá associar-se a entidade de formação profissional, sociedades civis, sociedades cooperativas, órgãos e entidades públicas ou entidades sindicais, bem como firmar convênios para o desenvolvimento de ações conjuntas, visando à execução de projetos relativos ao incentivo ao trabalho da mulher (CLT, art. 390-E).

No plano da tutela coletiva de combate à discriminação contra as mulheres trabalhadoras, colhemos o seguinte julgado:

AGRAVO DE INSTRUMENTO. RECURSO DE REVISTA. 1. PRELIMINAR DE NULIDADE POR NEGATIVA DE PRESTAÇÃO JURISDICIONAL. NÃO CONFIGURAÇÃO. 2. CARACTERIZAÇÃO DE DANO MORAL COLETIVO. DISCRIMINAÇÃO CONTRA

AS MULHERES TRABALHADORAS, QUE FAZIAM SUA REFEIÇÃO NO CHÃO DO BANHEIRO FEMININO. DECISÃO DENEGATÓRIA. MANUTENÇÃO. A prática da Reclamada – de permitir que as mulheres que trabalham na empresa façam suas refeições no banheiro feminino, impedindo-as de frequentar o refeitório masculino – contrapõe-se aos princípios basilares da atual Constituição Federal, mormente àqueles que dizem respeito à proteção da dignidade humana e da valorização do trabalho humano (art. 1º, III e IV, da CR/88), além de traduzir injustificável e gravíssima discriminação. Dessa maneira, é forçoso concluir pela manutenção da condenação da Reclamada ao pagamento de indenização por dano moral coletivo, no valor de RS 50.000,00. Registre-se que os critérios da razoabilidade e proporcionalidade foram observados no caso em análise, em que o direito lesado se referiu à discriminação contra as mulheres trabalhadoras, de modo a produzir dano coletivo, independentemente do aspecto individual da lesão. Portanto, não há como assegurar o processamento do recurso de revista quando o agravo de instrumento interposto não desconstitui os termos da decisão denegatória que, assim, subsiste por seus próprios fundamentos. Agravo de instrumento desprovido (TST-AIRR-99-60.2011.5.14.0101, 3ª T., Rel. Min. Mauricio Godinho Delgado, *DEJT* 03.10.2014).

CAPÍTULO XIX
Trabalho da Criança e do Adolescente

1. NECESSIDADE DA TUTELA ESPECIAL DO ESTADO

Preferimos utilizar a expressão "trabalho da criança ou adolescente" em vez de "trabalho do menor", em face do que preceitua o art. 61 do Estatuto da Criança e do Adolescente e, também, porquanto a referida expressão tem, em realidade, sentido discriminatório.

Com efeito, escutam-se diariamente pessoas, inclusive autoridades, falando: "menor mata criança"; "menor assalta banco" etc., o que é inconcebível, uma vez que a Constituição Federal de 1988 positivou no ordenamento jurídico brasileiro a doutrina da proteção integral à criança, ao adolescente e ao jovem, como se depreende do art. 227 do Texto Magno (com nova redação dada pela EC 65/10), *in verbis*:

> É dever da família, da sociedade e do Estado assegurar à criança, ao adolescente e ao jovem, com absoluta prioridade, o direito à vida, à saúde, à alimentação, à educação, ao lazer, à profissionalização, à cultura, à dignidade, ao respeito, à liberdade e à convivência familiar e comunitária, além de colocá-los a salvo de toda forma de negligência, discriminação, exploração, violência, crueldade e opressão.

Além disso, a Constituição (redação dada pela EC 20/98, art. 7º, XXXIII) proíbe o trabalho noturno, perigoso ou insalubre aos menores de 18 anos e de qualquer trabalho a menores de 16 anos, salvo (com relação a estes) na condição de aprendiz, a partir dos 14 anos.

Sabemos da cruel realidade por que passam os países do terceiro mundo, entre os quais se encontra o Brasil. De um lado, a letra fria da lei; do outro, a realidade das crianças de rua e dos adolescentes infratores colocados à margem do processo produtivo e do trabalho decente.

Se o Estado, a Sociedade e a Família não resgatarem o seus deveres constitucionais no sentido de efetivar o art. 227 da CF, teremos, num futuro próximo, uma nação de delinquentes, de drogados, de párias, alienada, improdutiva e com altíssimo risco para o desenvolvimento nacional. Todos devem se engajar nessa empreitada de promover a educação emancipatória e inclusiva das crianças, adolescentes e jovens.

2. ESPÉCIES DE TRABALHADORES ADOLESCENTES PROTEGIDOS

A proteção do trabalho do adolescente tem como fontes, além da Constituição (arts. 7º, XXXIII, e 227, § 3º, I, II e III), os arts. 402 a 441 da CLT e os arts. 60 a 69 da Lei 8.069, de 13.07.1990.

São, portanto, três tipos de trabalhadores adolescentes e protegidos pela legislação brasileira: a) o empregado; b) o aprendiz; e c) o assistido.

2.1. Adolescente empregado

O adolescente empregado é aquele sujeito de uma relação empregatícia com idade entre 16 e 18 anos. A ele são assegurados os mesmos direitos trabalhistas e previdenciários do empregado adulto.

Caso seja realizado contrato de emprego com adolescente com idade inferior a 16 anos (salvo se for contrato especial de aprendizagem, a partir dos 14 anos), ainda assim terá ele direito a todos os direitos trabalhistas como se válida fosse a relação empregatícia, uma vez que o tomador do serviço não pode se beneficiar de um trabalho prestado por uma pessoa humana em desenvolvimento que o ordenamento proíbe de trabalhar. O juiz, todavia, deverá mandar cessar imediatamente a prestação do serviço e ordenar o pagamento de todos os direitos trabalhistas e previdenciários.

Contra o empregado menor de 18 anos não corre prazo prescricional (CLT, art. 440).

É lícito ao menor firmar recibo pelo pagamento dos salários. Tratando-se, porém, de rescisão do contrato de trabalho, é vedado ao menor de 18 (dezoito) anos dar, sem assistência dos seus responsáveis legais, quitação ao empregador pelo recebimento da indenização que lhe for devida (CLT, art. 439).

2.2. Adolescente aprendiz

O art. 62 da Lei 8.069/90 considera "aprendizagem a formação técnico-profissional ministrada segundo as diretrizes e bases da legislação de educação em vigor".

O adolescente aprendiz é um dos sujeitos do contrato de aprendizagem, cuja definição encontra residência no art. 428 da CLT, *in verbis*:

> Art. 428. Contrato de aprendizagem é o contrato de trabalho especial, ajustado por escrito e por prazo determinado, em que o empregador se compromete a assegurar ao maior de 14 (quatorze) e menor de 24 (vinte e quatro) anos inscrito em programa de aprendizagem formação técnico-profissional metódica, compatível com o seu desenvolvimento físico, moral e psicológico, e o aprendiz, a executar com zelo e diligência as tarefas necessárias a essa formação.

§ 1º A validade do contrato de aprendizagem pressupõe anotação na Carteira de Trabalho e Previdência Social, matrícula e frequência do aprendiz na escola, caso não haja concluído o ensino médio, e inscrição em programa de aprendizagem desenvolvido sob orientação de entidade qualificada em formação técnico-profissional metódica.

§ 2º Ao menor aprendiz, salvo condição mais favorável, será garantido o salário mínimo hora.

§ 3º O contrato de aprendizagem não poderá ser estipulado por mais de 2 (dois) anos, exceto quando se tratar de aprendiz portador de deficiência.

§ 4º A formação técnico-profissional a que se refere o *caput* deste artigo caracteriza-se por atividades teóricas e práticas, metodicamente organizadas em tarefas de complexidade progressiva desenvolvidas no ambiente de trabalho.

§ 5º A idade máxima prevista no *caput* deste artigo não se aplica a aprendizes portadores de deficiência.

§ 6º Para os fins do contrato de aprendizagem, a comprovação da escolaridade de aprendiz com deficiência deve considerar, sobretudo, as habilidades e competências relacionadas com a profissionalização (Incluído pela Lei 13.146/2015).

§ 7º Nas localidades onde não houver oferta de ensino médio para o cumprimento do disposto no § 1º deste artigo, a contratação do aprendiz poderá ocorrer sem a frequência à escola, desde que ele já tenha concluído o ensino fundamental.

§ 8º Para o aprendiz com deficiência com 18 (dezoito) anos ou mais, a validade do contrato de aprendizagem pressupõe anotação na CTPS e matrícula e frequência em programa de aprendizagem desenvolvido sob orientação de entidade qualificada em formação técnico-profissional metódica (Incluído pela Lei 13.146/2015).

Vê-se, assim, que podem ser sujeitos de um contrato de aprendizagem o adolescente aprendiz (entre 14 e 18 anos) e o jovem/adulto aprendiz (entre 19 e 24 anos). Ao aprendiz com deficiência não se aplica o limite de 24 anos de idade.

A validade do contrato de aprendizagem, nos termos do § 1º do art. 428 da CLT, pressupõe anotação na Carteira de Trabalho e Previdência Social, matrícula e frequência do aprendiz na escola, caso não haja concluído o ensino médio, e inscrição em programa de aprendizagem desenvolvido sob orientação de entidade qualificada em formação técnico-profissional metódica. Nas localidades onde não houver oferta de ensino médio, a contratação do aprendiz poderá ocorrer sem a frequência à escola, desde que ele já tenha concluído o ensino fundamental.

A ausência de qualquer um desses requisitos espaciais para a celebração de um contrato de aprendizagem implica a sua nulidade absoluta, atraindo a ira do art. 9º da CLT; consequentemente, o aprendiz terá todos os direitos trabalhistas do empregado comum.

A formação técnico-profissional prevista no *caput* do art. 428 da CLT caracteriza-se por atividades teóricas e práticas, metodicamente organizadas em tarefas de complexidade progressiva desenvolvidas no ambiente de trabalho.

A comprovação da escolaridade de aprendiz com deficiência, e não apenas o deficiente com deficiência mental, deve considerar, sobretudo, as habilidades e competências relacionadas com a profissionalização (CLT, art. 428, § 6º, com redação dada pela Lei 13.146/2015).

O adolescente aprendiz, salvo condição mais favorável prevista em qualquer fonte normativa autônoma ou heterônoma, tem direito de perceber remuneração mínima equivalente ao salário mínimo hora (CLT, art. 428, § 2º).

Nos termos do art. 429 da CLT, que consagra uma medida de ação afirmativa de inclusão social,

> Os estabelecimentos de qualquer natureza são obrigados a empregar e matricular nos cursos dos Serviços Nacionais de Aprendizagem número de aprendizes equivalente a cinco por cento, no mínimo, e quinze por cento, no máximo, dos trabalhadores existentes em cada estabelecimento, cujas funções demandem formação profissional.

O limite fixado no *caput* do art. 429 da CLT não se aplica quando o empregador for entidade sem fins lucrativos, que tenha por objetivo a educação profissional, sendo certo que as frações de unidade, no cálculo da percentagem prevista no preceptivo em causa, darão lugar à admissão de um aprendiz.

É importante assinalar que foi editada a Lei 12.594/2012, que acrescentou o § 2º ao art. 429 da CLT, dispondo que os estabelecimentos de que trata o *caput* do referido artigo "ofertarão vagas de aprendizes a adolescentes usuários do Sistema Nacional de Atendimento Socioeducativo (Sinase) nas condições a serem dispostas em instrumentos de cooperação celebrados entre os estabelecimentos e os gestores dos Sistemas de Atendimento Socioeducativo locais". Trata-se de importante medida que visa à ressocialização do adolescente que tenha praticado ato infracional[1].

---

1. A Lei 12.594/2012 institui o Sistema Nacional de Atendimento Socioeducativo (Sinase) e regulamenta a execução das medidas destinadas a adolescente que pratique ato infracional. De acordo com o § 1º do art. 1º desta Lei, entende-se por Sinase o conjunto ordenado de princípios, regras e critérios que envolvem a execução de medidas socioeducativas, incluindo-se nele, por adesão, os sistemas estaduais, distrital e municipais, bem como todos os planos, políticas e programas específicos de atendimento a adolescente em conflito com a lei. E, nos termos do § 2º do art. 1º da lei em questão, entendem-se por medidas socioeducativas as previstas no art. 112 da Lei 8.069, de 13.07.1990 (Estatuto da Criança e do Adolescente), as quais têm por objetivos: I – a responsabilização do adolescente quanto às consequências lesivas do ato infracional, sempre que possível incentivando a sua reparação; II – a integração social do adolescente e a garantia de seus direitos

Outra importante medida foi a inserção, pela Lei 13.840/2019, do § 3º ao art. 429 da CLT, segundo o qual os estabelecimentos de qualquer natureza poderão ofertar vagas de aprendizes a adolescentes usuários do Sistema Nacional de Políticas Públicas sobre Drogas – SISNAD nas condições a serem dispostas em instrumentos de cooperação celebrados entre os estabelecimentos e os gestores locais responsáveis pela prevenção do uso indevido, atenção e reinserção social de usuários e dependentes de drogas.

A extinção do contrato de aprendizagem, nos termos do art. 433 da CLT, ocorrerá em qualquer das seguintes situações:

a) no termo final expressamente previsto no contrato; ou

b) quando o aprendiz completar 24 (vinte e quatro) anos, ressalvada a hipótese do aprendiz com deficiência (§ 5º do art. 428 da CLT).

O contrato de aprendizagem poderá ser extinto antecipadamente nas seguintes hipóteses:

I – desempenho insuficiente ou inadaptação do aprendiz, salvo para o aprendiz com deficiência quando desprovido de recursos de acessibilidade, de tecnologias assistivas e de apoio necessário ao desempenho de suas atividades.

II – falta disciplinar grave;

III – ausência injustificada à escola que implique perda do ano letivo;

V – a pedido do aprendiz.

Ao contrato de aprendizagem não se aplicam as regras de indenização por extinção antecipada dos contratos de trabalho por tempo determinado previstas nos arts. 479 e 480 da CLT. É o que dispõe o § 2º do art. 433 da CLT.

2.3. Adolescente assistido (trabalho educativo)

Adolescente assistido é o trabalhador com idade inferior a 18 anos assistido por uma instituição de assistência social e por esta encaminhado às empresas. Este tipo de trabalho foi criado no Brasil pelo Dec.-lei 2.318, de 30.12.1986.

Atualmente, o art. 68 do Estatuto da Criança e do Adolescente prevê semelhante espécie de relação de trabalho, sob a denominação "trabalho educativo".

Amauri Mascaro Nascimento, debruçando-se sobre o Dec.-lei 2.318, leciona:

---

individuais e sociais, por meio do cumprimento de seu plano individual de atendimento; e III – a desaprovação da conduta infracional, efetivando as disposições da sentença como parâmetro máximo de privação de liberdade ou restrição de direitos, observados os limites previstos em lei.

As empresas são obrigadas a admitir, como assistidos, com duração de quatro horas diárias de trabalho e sem vinculação com a previdência social, menores entre 12 e 18 anos de idade, que frequentem escola, em número correspondente a 5% do total de empregados. Não há recolhimentos para o FGTS nem encargos do Funrural. A referida norma não esclarece se essa preparação profissional gera vínculo empregatício. Pela origem, a figura é de natureza assistencial, portanto configurando um vínculo do tipo previdenciário, não configurador de relação de emprego. Todavia, como o Dec.-lei 2.318 silenciou sobre esse aspecto, a questão é controvertida. Não é infundado interpretar que no silêncio do texto é aplicável o art. 3º da Consolidação das Leis do Trabalho. Porém, essa conclusão contraria a finalidade e o espírito da nova figura de relação de trabalho[2].

O trabalhador assistido difere do trabalhador aprendiz, porque este celebra um contrato individual de trabalho com a empresa que irá lhe propiciar formação profissional mediante convênio com o Senai, Senac ou Senar; aquele – lembra Antônio Carlos Flores de Moraes – "deverá ser encaminhado à empresa ou entidade concedente da bolsa de iniciação pelos Conselhos Tutelares, Conselhos Municipais de Defesa do Direito da Criança e do Adolescente, bem como, pelas entidades governamentais ou não governamentais sem fins lucrativos"[3].

Ressaltamos que a controvérsia sobre a existência ou não de vínculo empregatício é ainda mais acirrada, uma vez que o art. 68 da Lei 8.069/90 é omisso a respeito da natureza jurídica da relação de trabalho entre o adolescente e a empresa tomadora do serviço. Apenas define o que é trabalho educativo (§ 1º do art. 68 da Lei 8.069/90) e estabelece que a "remuneração que o adolescente recebe pelo trabalho efetuado ou a participação na venda dos produtos de seu trabalho não desfigura o seu caráter educativo" (§ 2º do art. 68 da Lei 8.069/90).

2. *Ibidem*, p. 375.

3. MORAES, Antonio Carlos Flores de. *O adolescente e o trabalho educativo*. Disponível em: <http://www.egov.ufsc.br/portal/sites/default/files/anexos/28465-28476-1-PB.html>. Acesso em: 22 abr. 2012.

CAPÍTULO XX
Meio Ambiente do Trabalho

1. AS DIMENSÕES DOS DIREITOS HUMANOS E A CIDADANIA

A expressão "direitos fundamentais", empregada no Título II da Constituição Brasileira de 1988, é corolário da construção teórica dos direitos humanos, porquanto calcada na trilogia universal da humanidade: a vida, a liberdade e a dignidade da pessoa humana.

E é essa vinculação essencial dos direitos fundamentais à vida, à liberdade e à dignidade humana, enquanto valores históricos e filosóficos, que nos conduzirá à característica da universalidade inerente aos direitos humanos.

Há, no entanto, uma tradicional classificação doutrinária que identifica, com base em momentos sucessivos da História, três categorias distintas de direitos fundamentais, a saber: os direitos fundamentais de primeira, de segunda e de terceira geração.

A primeira geração dos direitos fundamentais surgiu com as revoluções burguesas dos séculos XVII e XVIII. Esses direitos assentam-se no liberalismo clássico, encontrando, pois, inspiração no iluminismo racionalista, base do pensamento ocidental entre os séculos XVI e XIX. São também chamados de direitos individuais ou direitos de liberdade e têm por destinatários os indivíduos isoladamente considerados e são oponíveis ao Estado. Os direitos civis e políticos constituem, portanto, os direitos fundamentais de primeira geração.

Segue-se a segunda geração dos direitos fundamentais: os direitos sociais, econômicos e culturais, não havendo exagero na afirmação de que os direitos sociais dominaram o século XX (e, provavelmente, dominarão o século em curso) do mesmo modo que os direitos da primeira geração dominaram o século XIX.

É voz corrente na doutrina que os direitos fundamentais de primeira geração são uma espécie de comando negativo (*status negativus*) imposto ao poder estatal, limitando a atuação deste em função das liberdades públicas asseguradas ao indivíduo; enquanto os direitos fundamentais de segunda geração impõem ao Estado uma prestação positiva (*status positivus*), no sentido de fazer algo de natureza social em favor do indivíduo. Dito de outro modo, o conteúdo dos direitos individuais repousa em um dever de não fazer por parte do Estado em prol de certos interesses ou direitos, como o direito à vida, à liberdade nos seus multifários aspectos (locomoção, expressão, religião, organização de grupos); ao passo que os direitos sociais constituem um dever de fazer, de contribuir, de ajudar por parte dos órgãos que compõem o poder público[1].

A positivação desses direitos deu origem ao que se convencionou chamar de "constitucionalismo social", a demonstrar que os direitos fundamentais de primeira geração, quando do seu exercício, têm que cumprir uma função social.

Os direitos de segunda geração traduzem-se, portanto, em direitos de participação. Requerem, por isso, uma política pública que tenha por objeto, sobretudo, a garantia do efetivo exercício das condições materiais de existência de contingentes populacionais[2]. São direitos de igualdade substancial entre as espécies humanas. Inserem-se no rol dos direitos fundamentais de segunda geração os direitos sociais, culturais e econômicos, bem como os direitos coletivos ou de coletividades.

Os direitos fundamentais de terceira geração, também chamados de direitos de fraternidade ou de solidariedade, aparecem com a conscientização de que o mundo é dividido em nações desenvolvidas e subdesenvolvidas ou em fase de desenvolvimento. Decorrem, pois, da reflexão acerca de temas referentes ao desenvolvimento, à paz, ao meio ambiente, à comunicação e ao patrimônio comum da humanidade.

Dotados de altíssima dose de humanismo e universalidade, os direitos de terceira geração não se destinam especificamente à proteção de um indivíduo, de um grupo de pessoas ou de um determinado Estado, pois os seus titulares são, via de regra, indeterminados. A rigor, seu destinatário, por excelência, é o próprio gênero humano, num momento expressivo de sua afirmação como valor supremo em termos existenciais.

Além das três gerações dos direitos fundamentais já mencionadas, há ainda uma quarta geração de direitos, que emerge da globalização política, tão necessária para amenizar os efeitos devastadores do neoliberalismo extraído da globalização econômica deste final de milênio. "Globalizar direitos fundamentais equivale a universalizá-los no campo institucional." São direitos de quarta geração o direito à democracia, à informação e ao pluralismo.

Essa classificação tradicional dos direitos fundamentais tem sido alvo de fundadas críticas, devido à não correspondência entre as gerações dos direitos e o seu processo histórico de nascimento e desenvolvimento.

Com efeito, se a expressão "geração" induz a ideia de sucessão cronológica dos direitos, avulta o descompasso entre o direito interno de alguns países, nos quais a constitucionalização dos direitos sociais foi posterior à dos direitos civis e políticos, e o direito internacional, que teve na criação da Organização Internacional do Trabalho, em 1919, a institucionalização de diversas convenções que regulamentaram direitos sociais dos trabalhadores, bem antes da internacionalização dos direitos civis e políticos.

Além disso, não se pode olvidar que essa classificação ortodoxa, ao aduzir o *non facere* do Estado como característica dos direitos individuais e o *facere* como características dos

1. LEITE, Carlos Henrique Bezerra. *Constituição e direitos sociais dos trabalhadores*. São Paulo: LTr, 1997, p. 11.
2. WEIS, Carlos. *Direitos humanos contemporâneos*. São Paulo: Malheiros, 1999, p. 19.

direitos sociais, aflora-se insuficiente para explicar e tipificar alguns direitos sociais. O direito de greve, por exemplo, que nas modernas democracias é considerado um direito social dos trabalhadores, constitui, na verdade, um não fazer por parte do Estado, já que este simplesmente se limita a não impedir (*non facere*) o exercício do direito de um grupo de trabalhadores de suspender, temporariamente, a prestação de serviços a empregador.

Por outro lado, tem-se admitido que o termo "dimensão" poderia substituir, com vantagem lógica e qualitativa, o vocábulo "geração". E essa substituição não se justifica apenas pelo preciosismo de que as gerações anteriores não desaparecem com o surgimento das mais novas, na medida em que o mais importante é que os direitos nascidos em uma geração, quando surgem em um dado ordenamento jurídico, assumem uma outra dimensão, pois os direitos de geração mais recentes tornam-se um pressuposto para entendê-los de forma mais adequada, o que propicia a sua melhor realização.

Oportuno é o exemplo de Willis Santiago Guerra Filho, para quem "o direito individual de propriedade, num contexto em que se reconhece a segunda dimensão dos direitos fundamentais, só pode ser exercido observando-se sua função social, e com o aparecimento da terceira dimensão, observando-se igualmente sua função ambiental"[3].

A questão terminológica, ora focalizada, é extremamente importante, uma vez que os direitos de primeira, segunda e terceira dimensões se fundem, abrindo caminho para uma nova concepção de universalidade dos direitos humanos fundamentais, cujas características básicas são a indivisibilidade e interdependência.

A concepção contemporânea dos direitos fundamentais da pessoa humana imbrica, portanto, a liberdade (direitos civis e políticos), a igualdade (direitos sociais, econômicos e culturais) e a fraternidade ou solidariedade (direitos ou interesses metaindividuais) como valores indissociáveis, o que implica, por consequência, as características da universalidade, indivisibilidade, interdependência e complementaridade que esses direitos assumem no âmbito do nosso ordenamento jurídico e do direito internacional.

Os preâmbulos e os arts. 1º, 3º e 5º dos dois Pactos Internacionais dos Direitos Humanos, ambos ratificados pelo Brasil, são praticamente idênticos, pois exaltam a obrigação dos Estados de promover os direitos humanos, lembram ao indivíduo a responsabilidade de se empenhar na luta pela promoção e cumprimento desses direitos e reconhecem, de acordo com a Declaração Universal dos Direitos do Homem, que o ideal do ser humano livre no gozo das liberdades civil e política e liberto do terror e da miséria só pode ser alcançado quando estiverem criadas as condições que permitam a cada um desfrutar dos seus direitos civis e políticos, bem como dos seus direitos econômicos, sociais e culturais.

É de se estranhar, portanto, a posição daqueles que consideram a expressão "gerações de direitos" como se fossem compartimentos estanques, uma vez que, além de consolidar a inexatidão do seu verdadeiro significado à luz da moderna concepção dos direitos humanos fundamentais, pode se prestar a justificar políticas públicas que não

3. *Ibid.*, mesma página.

reconhecem a indivisibilidade da pessoa humana, geralmente em detrimento dos direitos sociais, econômicos e culturais ou dos direitos civis e políticos previstos nos tratados internacionais sobre direitos humanos[4].

Vê-se, portanto, que a temática dos direitos humanos está intimamente vinculada à teoria geral da cidadania[5]. E esta, por sua vez, encontra-se indissoluvelmente ligada ao ideal de preservação e respeito à dignidade da pessoa humana.

A cidadania, portanto, deixa de ser considerada simples emanação do direito subjetivo do indivíduo de participar dos negócios do Estado para se transformar na ideia que, por sua extensão, pela abertura interdisciplinar, pela conotação política que exibe e pela multiplicidade de suas dimensões, pode servir de sustentáculo para a superação das contradições e perplexidades que gravitam em torno de temas como liberdade e justiça social, igualdade e solidariedade, universalismo e nacionalismo, direitos fundamentais e direitos sociais e econômicos, nesta fase de transição para o século XXI.

Oportuna a nova formulação conceitual de Ricardo Lobo Torres, para quem cidadania define-se como

> o pertencer à comunidade, que assegura ao homem a sua constelação de direitos e o seu quadro de deveres, só a análise ética e jurídica abre a possibilidade de compreensão desse complexo *status*. A cidadania já não está ligada à cidade nem ao Estado nacional, pois se afirma também no espaço internacional e supranacional. Apenas as ideias de direitos humanos e de justiça podem constituí-la no sentido ontológico[6].

Referindo a passagem do Estado absoluto ao Estado de direito, Norberto Bobbio obtempera que é

> com o nascimento do Estado de direito que ocorre a passagem final do ponto de vista do príncipe para o ponto de vista dos cidadãos. No Estado despótico, os indivíduos singulares só têm deveres e não direitos. No Estado absoluto, os indivíduos possuem, em relação ao soberano, direitos privados. No Estado de direito, o indivíduo

---

4. Exemplo típico da negativa de implementação da indivisibilidade da dignidade da pessoa humana é o Programa Nacional de Direitos Humanos do Governo brasileiro que, para eximir-se da efetiva proteção aos direitos sociais, parte da premissa absolutamente equivocada de que "O fato de os direitos humanos em todas as suas gerações – a dos direitos civis e políticos, a dos direitos sociais, econômicos e culturais, e a dos direitos coletivos – serem indivisíveis não implica que, na definição de políticas específicas – dos direitos civis – o Governo deixe de contemplar de forma específica cada uma dessas outras dimensões" (Brasil. Leis etc. Documentação civil. Política antidiscriminatória. Crimes de tortura. Declaração universal dos direitos humanos. Programa nacional de direitos humanos, p. 65).
5. BARACHO, José Alfredo de Oliveira. *Teoria geral da cidadania*. São Paulo: Saraiva, 1995, p. 1-8.
6. A cidadania multidimensional na era dos direitos. *In*: TORRES, Ricardo Lobo (Coord.). *Teoria dos Direitos Fundamentais*. Rio de Janeiro: Renovar, 1999, p. 242-247.

tem, em face do Estado, não só direitos privados, mas também direitos públicos. O Estado de direito é o Estado dos cidadãos[7].

A bem ver, pois, o conceito moderno de cidadania compreende os direitos fundamentais da pessoa humana, é dizer, os direitos civis e políticos, os direitos sociais, econômicos e culturais e os direitos coletivos *lato sensu*, em constante tensão com as ideias de liberdade, de justiça política, social e econômica, de igualdade, de chances e de resultados, e de solidariedade, a que se vinculam[8].

2. A TRÍPLICE FUNÇÃO DOS PRINCÍPIOS FUNDAMENTAIS DA CONSTITUIÇÃO FEDERAL DE 1988

Encampando explicitamente a teoria dos direitos humanos, a Constituição Federal de 1988 elege como princípios fundamentais do Estado Democrático de Direito brasileiro: a cidadania, a dignidade da pessoa humana, o valor social do trabalho e o valor social da livre-iniciativa.

Os princípios fundamentais do Estado social brasileiro passam, portanto, a ser as normas jurídicas que cumprem tríplice função no ordenamento jurídico brasileiro: a função normativa, a função interpretativa e a função informativa.

A função normativa rompe com o paradigma clássico de que os princípios seriam meras fontes subsidiárias do direito, tal como prevê o art. 5º da Lei de Introdução às Normas do Direito Brasileiro. Vale dizer, a função normativa dos princípios fundamentais insertos no art. 1º da CF/88 determina que no exercício da atividade jurisdicional o juiz deve, em primeiro lugar, invocar um princípio fundamental para a solução do caso que lhe é submetido à decisão. Os princípios fundamentais passam, portanto, à dignidade de "normas de introdução ao ordenamento jurídico brasileiro". Violar um princípio fundamental, pois, é muito mais grave do que violar uma regra jurídica prevista no direito positivo, na medida em que implica tal violação manifesta inconstitucionalidade, em virtude da supremacia dos princípios fundamentais sobre as demais normas positivadas na legislação infraconstitucional.

A *função interpretativa* exige uma nova hermenêutica constitucional, de modo que, havendo conflito entre as interpretações possíveis de uma dada norma jurídica, o intérprete deve adotar a interpretação que se coadune com a gênese dos princípios fundamentais. Daí a adoção da moderna técnica da interpretação conforme a Constituição.

Finalmente, a *função informativa* tem por destinatário o legislador. Dito de outro modo, no processo legislativo, tanto o Executivo quanto o Legislativo devem pautar as suas atribuições e competências com base nos princípios fundamentais. Daí a importân-

7. BOBBIO, Norberto. *A era dos direitos*. Rio de Janeiro: Campos, 1992, p. 61.
8. TORRES, Ricardo Lobo. *Op. cit.*, p. 254.

cia das comissões de constituição e justiça para o exame da constitucionalidade dos projetos das espécies normativas.

3. O MEIO AMBIENTE NA CONSTITUIÇÃO FEDERAL DE 1988

A Constituição brasileira de 1988 contempla inúmeros aspectos a respeito do meio ambiente, reservando, de forma inédita no constitucionalismo brasileiro, um capítulo específico sobre o tema, o qual não deve ser interpretado isoladamente. Ao revés, a compreensão holística do meio ambiente requer a interpretação sistemática de todos os princípios e normas contidas na própria Constituição e dos tratados internacionais.

O conceito fundamental de meio ambiente é extraído do art. 225 da CF, *in verbis*:

> Todos têm direito ao meio ambiente ecologicamente equilibrado, bem de uso comum do povo e essencial à sadia qualidade de vida, impondo-se ao Poder Público e à coletividade o dever de defendê-lo e preservá-lo para as presentes e futuras gerações.

Este conceito foi recepcionado pelo art. 3º, I, da Lei 6.938/81, que define o meio ambiente como "o conjunto de condições, leis, influências e interações de ordem física, química e biológica, que permite, abriga e rege a vida em todas as suas formas".

Vê-se, assim, que a definição de meio ambiente é bastante ampla, constituindo, na verdade, um conceito jurídico indeterminado, permitindo, de tal arte, a abertura no ordenamento jurídico para a concretização da terceira dimensão dos direitos humanos.

Visando à concretização do conceito de meio ambiente, a doutrina classifica-o, para fins didáticos, em: meio ambiente natural, meio ambiente artificial, meio ambiente cultural e meio ambiente do trabalho.

4. POR UM NOVO CONCEITO DE MEIO AMBIENTE DO TRABALHO

Visando à operacionalização do direito ao meio ambiente do trabalho, parece-nos que o intérprete deverá valer-se das seguintes normas e princípios:

a) da Constituição Federal: arts. 1º, III e IV, 6º, 7º, XXII, XXIII, XXVIII, XXXIII, 200, VIII, 225 (a saúde como bem ambiental);

b) dos Tratados Internacionais: Convenções da Organização Internacional do Trabalho 148, 155, 161 e 170.

As normas relativas à segurança e medicina do trabalho, previstas na CLT, Título II, Capítulo V (arts. 154 a 223), na Lei 6.514/77 e Portaria 3.214/78 e respectivas Normas Regulamentares, devem ser adaptadas aos princípios e normas constitucionais, bem como aos tratados internacionais acima referidos.

A concepção moderna de meio ambiente do trabalho, portanto, está relacionada com os direitos humanos, notadamente o direito à vida, à segurança e à saúde. Esses direitos, na verdade, constituem corolários dos princípios fundamentais da dignidade da pessoa humana e da cidadania.

Supera-se, assim, a concepção tradicional da doutrina juslaboralista pátria, calcada apenas nas normas técnicas da CLT e das Normas Regulamentadoras do Ministério do Trabalho e Emprego, que preconizam o meio ambiente do trabalho tão somente sob a perspectiva da medicina, higiene e segurança do trabalho.

O novo conceito de meio ambiente do trabalho é extraído da interpretação sistemática das referidas normas em cotejo com as previstas nos arts. 200, VII, 7º, XXII e XXVIII, da CF, *in verbis*:

> Art. 200. Ao sistema único de saúde compete, além de outras atribuições, nos termos da lei:
>
> (...)
>
> VIII – colaborar na proteção do meio ambiente, nele compreendido o do trabalho.
>
> Art. 7º São direitos dos trabalhadores urbanos e rurais, além de outros que visem à melhoria de sua condição social:
>
> (...)
>
> XXII – redução dos riscos inerentes ao trabalho, por meio de normas de saúde, higiene e segurança;
>
> (...)
>
> XXVIII – seguro contra acidentes de trabalho, a cargo do empregador, sem excluir a indenização a que este está obrigado, quando incorrer em dolo ou culpa.

Feita esta operação, chega-se ao conceito de meio ambiente do trabalho, que passa a ser, segundo Sidnei Machado, o "conjunto das condições internas e externas do local de trabalho e sua relação com a saúde dos trabalhadores"[9].

"Para o mundo do trabalho" – prossegue o citado autor –

> essa aproximação do meio ambiente com a saúde do trabalhador, numa perspectiva antropocêntrica, coloca a ecologia dentro da política. O produtivismo é a lógica do modo de produção capitalista, cuja irracionalidade dilapida a natureza para sua reprodução. Essa é a verdadeira fonte da crise ecológica, que também gera a exploração desenfreada da força de trabalho que coloca em perigo a vida, a saúde ou o equilíbrio psíquico dos trabalhadores[10].

9. *O direito à proteção ao meio ambiente de trabalho no Brasil*. São Paulo: LTr, 2001, p. 66-67.

10. *Op. cit.*, p. 67.

Nesse sentido, trazemos à colação julgado em que foi adotada a interpretação sistemática do texto constitucional respeitante à proteção do meio ambiente laboral:

> MEIO AMBIENTE DO TRABALHO. DIREITO FUNDAMENTAL SOCIAL. NEGLIGÊNCIA. DANO MORAL. Se há prova de que a empresa é negligente quanto à adoção de medidas aptas à neutralização de riscos à sadia qualidade de vida do trabalhador, resta tipificado o descuido com a obrigação empresarial básica de manter um meio ambiente do trabalho livre de qualquer risco, o que gera para o trabalhador o direito à reparação pelo dano moral resultante da redução de sua capacidade laborativa. Tal solução decorre não só da culpa do empregador a qual restou comprovada, mas de sua responsabilidade objetiva prevista no art. 927, parágrafo único, do Código Civil. Há que se mencionar, por oportuno, que o inciso XXVIII do art. 7º da Constituição da República, não constitui óbice ao reconhecimento da responsabilidade objetiva do empregador, porquanto o *caput* do referido dispositivo constitucional recepciona quaisquer normas infraconstitucionais que visem à melhoria da condição social dos trabalhadores (TRT 17ª R., RO 00218.2006.161.17.00.3, Rel. Des. Carlos Henrique Bezerra Leite, *DJ* 01.06.2010).

5. A EFETIVAÇÃO DO DIREITO AO MEIO AMBIENTE DO TRABALHO

A efetivação do direito ao meio ambiente do trabalho pode ser implementada nos planos político, educativo e jurídico.

5.1. No plano político

No plano político, é de curial sabença que a degradação do meio ambiente natural tem início dentro das empresas, ou seja, no meio ambiente do trabalho.

De tal modo que cabe ao poder público, como determina o art. 225, § 1º, I, III, IV, V, VI, VII, da CF, instituir políticas públicas, visando:

> I – preservar e restaurar os processos ecológicos essenciais e prover o manejo ecológico das espécies e ecossistemas;
>
> III – definir, em todas as unidades da Federação, espaços territoriais e seus componentes a serem especialmente protegidos, sendo a alteração e a supressão permitidas somente através de lei, vedada qualquer utilização que comprometa a integridade dos atributos que justifiquem sua proteção;
>
> IV – exigir, na forma da lei, para instalação de obra ou atividade potencialmente causadora de significativa degradação do meio ambiente, estudo prévio de impacto ambiental, a que se dará publicidade;

V – controlar a produção, a comercialização e o emprego de técnicas, métodos e substâncias que comportem risco para a vida, a qualidade de vida e o meio ambiente;

VI – promover a educação ambiental em todos os níveis de ensino e a conscientização pública para a preservação do meio ambiente;

VII – proteger a fauna e a flora, vedadas, na forma da lei, as práticas que coloquem em risco sua função ecológica, provoquem a extinção de espécies ou submetam os animais a crueldade.

5.2. No plano educativo

No plano educativo, cremos que a efetivação das normas de proteção ao meio ambiente do trabalho não se limita às políticas públicas dos Governos federal, estadual e municipal. É preciso, paralelamente, uma mudança de mentalidade dos atores sociais diretamente envolvidos, isto é, dos trabalhadores e dos empresários, principalmente a mudança de postura das correspondentes lideranças das entidades sindicais representativas.

Para tanto, é imprescindível, além do fomento à cultura dos direitos humanos em geral, a conscientização de que a educação ambiental passa, necessariamente, pela instituição da cogestão democrática dentro da empresa. Aliás, a cogestão é um direito social dos trabalhadores, tal como desenhado no art. 7º, XI, da CF.

A ideia da monetização do risco, que é linguagem corrente entre os empresários, mediante pagamento de adicionais de insalubridade, periculosidade e penosidade (este ainda dependente de regulamentação), tal como prevê o art. 7º, XXIII, da CF, não pode ser compreendida isoladamente, ou seja, não pode olvidar os princípios fundamentais e demais normas constitucionais acima referidos.

Noutro falar, o princípio da dignidade humana do cidadão trabalhador e o seu direito fundamental à vida, à segurança, à higiene e à saúde exigem que a utilização de EPIs só deve ser implementada se, depois de terem sido utilizados todos os recursos e medidas materiais e técnicas destinadas à sua eliminação, ainda permanecer o risco.

Nesse sentido, abre-se espaço nas convenções e acordos coletivos para a instituição de um sistema democrático de gestão empresarial, calcado nos seguintes princípios:

a) humanizar o trabalho adaptando-o às pessoas;
b) direito à livre organização;
c) direito à informação, direito de saber;
d) direito de recusa ao trabalho perigoso à saúde e meio ambiente;
e) conhecer e dominar o ciclo da vida do produto;
f) eliminação dos riscos na sua origem;
g) participação dos trabalhadores em comunidade nas mudanças tecnológicas;
h) impedir a transferência dos riscos;
i) recusar a venda e compra da saúde;

j) associar a saúde do trabalhador à preservação ambiental;

k) não delegar a outros a defesa da saúde e meio ambiente;

l) alterar a responsabilização do empregador devido a danos à saúde e meio ambiente;

m) estabelecer o controle social em saúde e meio ambiente; e

n) um Estado facilitador da democracia[11].

De outra parte, os sindicatos das categorias profissionais devem mudar radicalmente a forma de postular em juízo. Isso requer a mudança da cultura da representação ou "assistência" processual, tradicionalmente voltada para a formulação de pedidos de pagamento de adicionais de periculosidade ou insalubridade, sob a perspectiva simplista da "reversão de honorários advocatícios", até certo ponto "lucrativa" para a entidade sindical, nos termos do art. 16 da Lei 5.584/70, sendo que esse dispositivo foi expressamente revogado pela Lei 13.725/2018, passando a dispor que os honorários advocatícios assistenciais pertencem ao advogado, e não mais ao sindicato.

5.3. No plano jurídico

No plano jurídico, acreditamos que os sindicatos e o Ministério Público do Trabalho têm um importantíssimo papel a cumprir, uma vez que os arts. 8º, III, e 129, e seu § 1º, da CF lhes conferem a legitimação para a ação civil pública trabalhista destinada à proteção e preservação do meio ambiente do trabalho.

Trata-se de legitimação concorrente e disjuntiva, permitindo, assim, o amplo acesso dos trabalhadores, coletivamente considerados, à tutela jurisdicional do Estado.

Ao Ministério Público do Trabalho é reservada, ainda, no plano administrativo, a possibilidade de instauração de inquérito civil, visando à prevenção e à regularização da atividade empresarial nociva ao meio ambiente do trabalho.

Lamentavelmente, a prática demonstra que os sindicatos, embora tenham à sua disposição os remédios constitucionais acima citados, raramente ajuízam ação civil pública no âmbito da Justiça do Trabalho, sendo inúmeros os fatores que podem justificar essa anomalia: o despreparo técnico dos advogados dos sindicatos, a cultura financista dos honorários de sucumbência[12] das ações individuais ou plúrimas, a resistência da Justiça do Trabalho no tocante à aceitação da substituição processual etc.

---

11. Consultar o excelente artigo de Rodolfo Andrade de Gouveia Vilela e Paulo Roberto Martins, cujo título é "Saúde, Ambiente e Contrato Coletivo de Trabalho – Experiências em Negociação Coletiva", *apud* SILVA, Lisyane Motta Barbosa da. Implementação da segurança e saúde no trabalho e proteção ambiental. *Revista do MPT*. Brasília: LTr, n. 17, p. 125 *et seq*.

12. A Lei 13.725, de 4-10-2018, alterou a Lei 8.906, de 4-7-1994, revogou o art. 16 da Lei 5.584, de 26-6-1970, passando a dispor sobre o cabimento de honorários advocatícios assistenciais, "compreendidos como os fixados em ações coletivas propostas por entidades de classe em substituição processual, sem prejuízo aos honorários convencionais", dispondo, ainda, que os "honorários convencionados com entidades de classe para atuação em substituição processual poderão prever a faculdade de indicar os

6. FISCALIZAÇÃO DO TRABALHO

Determinadas atividades desenvolvidas pelo empregado podem acarretar-lhe lesão ou ameaça à sua saúde ou à sua integridade física, psíquica ou moral.

Em virtude da deficiência técnica e operacional do Estado, responsável pela fiscalização administrativa da legislação trabalhista, da proliferação de diversos tipos de empresas, grandes, médias, pequenas e micro, além do baixo nível de educação de nosso povo, é inegável que as normas relativas à medicina, higiene e segurança do trabalho acabam carecendo de efetividade em nosso País.

Observa Ronald Amorim e Souza que

> a certeza da impunidade, o desconhecimento das normas, a ignorância das sanções, tudo isso a que se aliam a preocupação de ganho e a constante ameaça de fechamento do estabelecimento e desemprego, fazem com que as populações acostumem-se aos graves problemas de saúde, às ameaças à integridade física dos seus trabalhadores, às doenças que a falta de melhor educação formal pode propagar[13].

A legislação relativa à higiene, segurança e medicina do trabalho está prevista no Título II, Capítulo V (arts. 154 a 223), da CLT; Lei 6.514/77; Portaria 3.214/78; Portaria GM/MPTS 3.435/90. Mas o art. 154 consolidado preceitua, *in verbis*:

> A observância, em todos os locais de trabalho, do disposto neste Capítulo, não desobriga as empresas do cumprimento de outras disposições que, com relação à matéria, sejam incluídas em códigos de obras ou regulamentos sanitários dos Estados ou Municípios em que se situem os respectivos estabelecimentos, bem como daquelas oriundas de convenções coletivas de trabalho.

A Constituição Federal, recepcionando os referidos diplomas, assegura aos trabalhadores urbanos e rurais, além de outros, os seguintes direitos:

> Art. 7º...
>
> XXII – redução dos riscos inerentes ao trabalho, por meio de normas de saúde, higiene e segurança;
>
> XXIII – adicional de remuneração para as atividades penosas, insalubres ou perigosas, na forma da lei;
>
> XXVIII – seguro contra acidentes de trabalho, a cargo do empregador, sem excluir a indenização a que este está obrigado quando incorrer em dolo ou culpa.

O art. 160 da CLT determina que nenhum estabelecimento poderá iniciar suas atividades sem prévia inspeção e aprovação das respectivas instalações pela autoridade

---

beneficiários que, ao optarem por adquirir os direitos, assumirão as obrigações decorrentes do contrato originário a partir do momento em que este foi celebrado, sem a necessidade de mais formalidades".

13. *Manual de legislação social*. 3. ed. São Paulo: LTr, 1997, p. 111.

regional competente em matéria de segurança e medicina do trabalho, sendo que nova inspeção deverá ser feita quando ocorrer modificação substancial nas instalações, inclusive equipamentos, que a empresa fica obrigada a comunicar, prontamente, à Superintendência Regional do Trabalho – SRT. Em qualquer caso, é facultado às empresas solicitar prévia aprovação, pela SRT, dos projetos de construção e respectivas instalações.

O Superintendente Regional do Trabalho, à vista do laudo técnico do serviço competente que demonstre grave e iminente risco para o trabalhador, poderá *interditar* estabelecimento, setor de serviço, máquina ou equipamento, ou *embargar* obra, indicando na decisão, tomada com a brevidade que a ocorrência exigir, as providências que deverão ser adotadas para prevenção de infortúnios de trabalho.

Dá-se o *embargo* quando ainda se esteja preparando ou estruturando o local para funcionamento da atividade empresarial. Já a *interdição* ocorre quando, já iniciada a atividade, constata a fiscalização do Ministério do Trabalho grave e iminente risco para o trabalhador. Durante a paralisação dos serviços, em decorrência da interdição ou embargo, os empregados receberão os salários como se estivessem em efetivo exercício (CLT, art. 161, § 6º).

Como bem acentua Ronald Amorim e Souza,

> Os locais de trabalho devem atender às exigências mínimas legais trabalhistas, independentemente daquelas municipais por meio do Código de Obras, e vão da altura do pé-direito das edificações aos pisos, às aberturas nos pisos e paredes, escadas, rampas de acesso, passarelas, corredores (CLT, arts. 170/174); a adequada iluminação, seja natural ou artificial, sempre levando em consideração a natureza da atividade, em moldes a evitar sombras, reflexos incômodos, contrastes excessivos e ofuscamento (art. 175). Do conforto térmico também cuida a lei, exigindo a ventilação natural adequada ao serviço e, supletivamente, a artificial quando insuficiente aquela. O desconforto do ambiente, em virtude do frio ou do calor, ensejará o uso de vestes adequadas à circunstância ou de recursos técnicos que representem proteção aos empregados (arts. 176/178). As regras de proteção estendem-se, ainda, às instalações elétricas e sua operação, inspeção ou reparo (arts. 179/181), às precauções quanto à segurança na movimentação, armazenagem e manuseio de materiais (arts. 182/183), a prevenção de acidentes com a utilização de máquinas e equipamentos, seus reparos, limpeza e ajustes (arts. 184/186), além dos trabalhos com caldeiras, fornos e recipientes sob pressão (arts. 187/188)[14].

É obrigatória a realização de exame médico, a cargo do empregador e de acordo com as instruções baixadas pelo Ministério do Trabalho: a) na contratação do empregado; b) na extinção do contrato de trabalho; c) anualmente; d) complementares.

Nas atividades consideradas insalubres, o exame médico será realizado semestralmente.

14. *Op. cit.*, p. 113.

7. INSALUBRIDADE E PERICULOSIDADE

Sobre adicional de insalubridade, adicional de periculosidade, adicional de risco portuário e adicional de penosidade, remetemos o leitor ao Capítulo X, subitem 5.2, deste Título II.

8. PREVENÇÃO DOS INFORTÚNIOS

A prevenção dos infortúnios – acidentes do trabalho e doenças profissionais – decorrentes das relações de trabalho é realizada através de:

a) imposição de deveres gerais a cargo dos empregadores e trabalhadores (CLT, arts. 157 e 158);

b) inspeção prévia dos estabelecimentos (CLT, art. 160);

c) embargo ou interdição (CLT, art. 161);

d) outras medidas especiais de prevenção (CLT, arts. 170 a 188, 198 e 199, além do art. 200, que atribui ao Ministério do Trabalho e Emprego competência para expedir Normas Regulamentadoras – NR, destinadas ao atendimento das "peculiaridades de cada atividade ou setor de trabalho"). As NR estão previstas na Portaria MTb 3.214/78.

No que tange à prevenção contra a fadiga, mormente quanto ao deslocamento de peso pelo empregado, o Governo brasileiro aderiu à Convenção 127 da OIT – Organização Internacional do Trabalho, fixando em 60 kg o peso máximo a ser removido ou transportado por um trabalhador adulto do sexo masculino, salvo se o transporte ou deslocamento se der por meios mecânicos, quando então não será considerado esse limite. Para a mulher empregada, o limite é de 20 kg em atividade contínua ou 25 em atividade ocasional, observada a mesma regra quanto à utilização de equipamento mecânico.

As regras também determinam que os empregados, cujos trabalhos possam ser executados por eles, sentados, tenham à disposição assentos que assegurem uma postura correta. Quando deva ser cumprido em pé, os assentos estarão à disposição para serem utilizados quando o permita o trabalho.

O descumprimento das normas concernentes à medicina e segurança do trabalho implica a aplicação das sanções mais severas contidas na Consolidação. De toda a sorte, como bem assinala Ronald Amorim e Souza,

> tais sanções são exclusivamente monetárias, e dinheiro pode não representar o maior problema a ser enfrentado por uma indústria cujos empregados estejam correndo riscos tão elevados quanto passíveis de ser superados, e a inércia, o desinteresse, o alheamento pela saúde e vida do semelhante cedem vez ao ganho constante e crescente. Por vezes, os danos não se limitam ao campo de atuação dos empregados e espraiam-se pelos bairros, pela cidade ou por toda uma região, com graves prejuízos para a vida humana, mormente de crianças e idosos, à fauna, à flora, enfim, a todo o ecossistema. Não são novos nem poucos os casos de indústrias que, pelas

emanações gasosas, pelos efluentes líquidos despejados nos rios e lagos, no próprio mar, pelos detritos inconsequentemente despejados fora do seu controle, com isso impondo à comunidade os prejuízos que elas não absorvem, por eles respondem, na proporção do dano causado, por inércia ou incompetência do Poder Público.

As sanções deveriam ser mais efetivas e materializadas, a ponto de impor o fechamento temporário da atividade que causasse o prejuízo, aos empregados ou à comunidade, para, esgotadas as hipóteses de atendimento ao respeito à sociedade ou aos colaboradores, fechá-las até que se equipassem de recursos capazes de superar os danos. Ademais disso, há de responsabilizar-se os dirigentes empresários, pessoalmente, até com o rigor de penas privativas de liberdade, para que se conscientizem os mais renitentes, do verdadeiro crime que podem estar perpetrando. Tais providências, à primeira vista excessivamente rigorosas, encontram paradigmas no Direito Comparado e justamente na legislação de países industrialmente desenvolvidos[15].

9. EPI – EQUIPAMENTO DE PROTEÇÃO INDIVIDUAL

Reza o art. 166 da CLT que

A empresa é obrigada a fornecer aos empregados, gratuitamente, equipamento de proteção individual adequado ao risco e em perfeito estado de conservação e funcionamento, sempre que as medidas de ordem geral não ofereçam completa proteção contra os riscos de acidentes e danos à saúde dos empregados.

O TST, a respeito, editou a Súmula 289, *in verbis*:

O simples fornecimento do aparelho de proteção pelo empregador não o exime do pagamento do adicional de insalubridade, cabendo-lhe tomar as medidas que conduzam à diminuição ou eliminação da nocividade, dentre as quais as relativas ao uso efetivo do equipamento pelo empregado.

Visando ao controle de qualidade dos EPIs, o art. 167 da CLT[16] estabelece que o equipamento de proteção só poderá ser posto à venda ou utilizado com a indicação do Certificado de Aprovação do Ministério do Trabalho.

É importante ressalvar que é responsabilidade do empregador (CLT, art. 157) fornecer o EPI em perfeito estado de conservação e utilização, inclusive fiscalizando o efetivo uso pelo empregado, cabendo a este usar o EPI fornecido pelo empregador (CLT, art. 158, parágrafo único, "b").

15. *Op. cit.*, p. 116-117.
16. Sobre a emissão dos certificados de aprovação de equipamentos de proteção individual, consultar as Portarias MTE/SIT 125 e 126, ambas de 2009.

A respeito da utilização de EPI, colecionamos o seguinte julgado:

Dano moral e estético. Meio ambiente do trabalho. Negligência. Comprovado que a reclamada negligenciou quanto à adoção de medidas aptas à neutralização de riscos, delegando ao obreiro a responsabilidade pelo funcionamento do equipamento de trabalho quando apresentasse defeito no funcionamento, conclui-se que descuidou de sua obrigação básica de proteger a integridade física de seu empregado, garantindo-lhe um meio ambiente do trabalho livre de qualquer risco, restando inegável o direito à reparação pelo dano moral resultante da redução da capacidade laborativa e estético em razão de ter o autor a parte superior dos dedos anular e médio da mão direita esmagados e amputados. Tal solução decorre não só da culpa do empregador a qual restou comprovada, mas de sua responsabilidade objetiva prevista no art. 927, parágrafo único, do Código Civil. Há que se mencionar, por oportuno, que o inc. XXVIII do art. 7º da Constituição da República, não constitui óbice à aplicação da disposição contida no Código Civil, visto que o *caput* do referido dispositivo constitucional garante a inclusão de outros direitos que visem à melhoria da condição social dos trabalhadores (TRT 17ª R. – RO 0004000-60.2008.5.17.0003 – Rel. Des. Carlos Henrique Bezerra Leite – j. 28.05.2009 – 2ª T. – *DOJT* 22.07.2009).

10. CIPA – COMISSÃO INTERNA DE PREVENÇÃO DE ACIDENTES

A partir de um número mínimo de vinte empregados – este número poderá variar mediante portaria do Ministério do Trabalho –, os empregadores estão obrigados a constituir uma Comissão Interna de Prevenção de Acidentes – CIPA, cujas atribuições, estrutura e funcionamento também dependem de ato daquela autoridade.

As CIPAs são compostas de representantes (titulares e suplentes) do empregador dos empregados. Os primeiros, designados pelo empregador; os segundos, são eleitos pelos próprios empregados.

Os membros da CIPA representantes dos empregados serão escolhidos por escrutínio secreto, podendo participar aqueles que se interessarem, independentemente de vinculação a qualquer sindicato. A presidência da comissão será, sempre, do representante patronal e a vice-presidência, do empregado eleito. O mandato é de um ano, permitida uma reeleição, excluindo-se o suplente, a menos que este tenha atuado em mais da metade das reuniões da CIPA.

O empregado eleito, ainda que suplente (TST, Súmula 339), goza da garantia no emprego e somente pode ser despedido por motivo disciplinar, técnico, econômico ou financeiro, a teor do art. 165 da CLT. É do empregador o ônus de provar o motivo do despedimento se houver reclamação perante a Justiça do Trabalho (CLT, art. 165, parágrafo único), e, não o fazendo, o empregado, injustamente afastado do emprego, terá direito à reintegração até que se ultime o prazo relativo à garantia no emprego.

A função da CIPA, assinala Ronald Amorim e Souza,

é educar e orientar a todos os empregados; exigir do empregador o respeito às normas de segurança e de medicina do trabalho; promover campanhas educativas; apurar as causas e prevenir a repetição de acidentes; fiscalizar o fornecimento obrigatório e gratuito, pelo empregador, dos equipamentos de proteção individual, que deverão estar em perfeito estado de conservação e funcionamento e com certificado de aprovação do Ministério do Trabalho. Deve, por outro lado, velar para que os empregados façam o adequado e correto uso do equipamento individual, o que, aliás, é imposição legal (art. 158, parágrafo único, "b"), sob pena de constituir-se ato faltoso, isto é, ensejar punição pelo empregador[17].

11. MEIO AMBIENTE DO TRABALHO, REFORMA TRABALHISTA E PANDEMIA DO CORONAVÍRUS

Já vimos que o novo conceito de Meio Ambiente do Trabalho deve ser extraído da interpretação sistemática dos arts. 1º, III e IV, 6º, 7º, XXII, XXIII, XXVIII, XXXIII, 200, VIII, e 225 (a saúde como bem ambiental) em sintonia com as Convenções da OIT 148, 155, 161 e 170, de modo que as disposições da CLT e demais diplomas normativos devem ser interpretados em conformidade aos referidos dispositivos.

No entanto, a Lei 13.467/2017, a nosso sentir, instituiu novas regras que enfraquecem o referido conceito e, principalmente, a eficácia protetiva ambiental trabalhista.

Com efeito, o art. 611-A da CLT, inserido pela referida lei, ao estabelecer a supremacia absoluta da convenção coletiva e do acordo coletivo de trabalho sobre a lei no tocante a jornada de trabalho, banco de horas anual, modalidade de registro de jornada de trabalho, intervalo intrajornada, representante dos trabalhadores no local de trabalho, teletrabalho, regime de sobreaviso, trabalho intermitente, remuneração por produtividade, incluídas as gorjetas percebidas pelo empregado, remuneração por desempenho individual, enquadramento do grau de insalubridade, prorrogação de jornada em ambientes insalubres, sem licença prévia das autoridades competentes, rompe com o princípio/direito fundamental dos trabalhadores à proteção normativa progressiva da melhoria das condições de trabalho (CF, art. 7º, *caput* e inciso XXII) e da redução dos riscos inerentes ao trabalho, por meio de normas de saúde, higiene e segurança.

Além disso, o § 1º do art. 611-A da CLT, ao dispor que, "no exame da convenção coletiva ou do acordo coletivo de trabalho, a Justiça do Trabalho observará o disposto no § 3º do art. 8º desta Consolidação", reduz a possibilidade interpretativa sistemática

17. *Op. cit.*, p. 113.

conforme a Constituição, o que, a nosso ver, implica manifesta inconstitucionalidade por violação, dentre outros, ao princípio da separação dos poderes, pois o Judiciário como um todo, incluída a sua particularidade especializada (Justiça do Trabalho), tem liberdade de interpretação de qualquer norma heterônoma ou autônoma.

No entanto, o § 2º do art. 611-A da CLT, ao permitir a negociação coletiva prejudicial aos trabalhadores, inclusive na temática do meio ambiente laboral, sem expressa indicação de contrapartidas recíprocas em convenção coletiva ou acordo coletivo de trabalho, retira a eficácia do *caput* e do inciso XXII do art. 7º e do § 2º do art. 5º da CF no tocante à progressão normativa progressiva do meio ambiente laboral.

Igualmente em relação ao parágrafo único do art. 611-B da CLT (incluído pela Lei 13.467/2017), que dispõe que as regras sobre duração do trabalho e intervalos não são consideradas como normas de saúde, higiene e segurança do trabalho e, por conseguinte, podem ser reduzidas ou suprimidas por meio de convenção coletiva ou acordo coletivo de trabalho.

No tocante ao estado de calamidade decorrente da Pandemia do Coronavírus, a MP 927/2020 previa alterações prejudiciais aos trabalhadores por vontade unilateral do empregador e por meio de acordo individual escrito a respeito de instituição de teletrabalho, antecipação de férias, banco de horas negativo etc.

CAPÍTULO XXI
Nacionalização do Trabalho

1. NOÇÕES GERAIS

A exemplo do que ocorre em quase todos os países, o Brasil possui normas a respeito da nacionalização do trabalho, que visam à proteção dos trabalhadores nacionais, sobretudo no pertinente à proporcionalidade do número de empregados brasileiros nas empresas e à isonomia salarial.

Existem países onde há emigração da mão de obra. Mas há, também, os que praticam a imigração.

Ressalta Ronald Amorim e Souza que o

> Brasil de hoje, sob certos aspectos e mercê da grave crise econômica, é um país de emigração. Há muita mão de obra brasileira que sai em busca de melhor lugar para exercer a atividade e lograr seu sustento.
>
> O normal, entretanto, nos países de economia em desenvolvimento, como acontece com o nosso, é que haja imigração de mão de obra, isto é, que cheguem os trabalhadores. Assim tem sido há bastante tempo. A eventual debandada de brasileiros em busca de lugar onde possam ter seu trabalho melhor remunerado não desnatura o Brasil como país típico de imigração[1].

A legislação brasileira estabelece critérios que dão prioridade ao trabalho realizado por brasileiro, sem, contudo, discriminar o estrangeiro. É o que consta do Título III, Capítulo III, da CLT, que dispõe sobre: a) proporcionalidade de empregados brasileiros, que é, via de regra, de dois terços (arts. 352 a 358); b) Relações Anuais de Empregados[2] (arts. 359 a 362); c) as penalidades aplicáveis às empresas infratoras (arts. 363 e 364); d) as disposições gerais sobre a exigência de brasileiros para determinadas

1. *Manual de Legislação Social*. 3. ed. São Paulo: LTr, 1997, p. 173.
2. Não há mais exigência de tal relação específica para estrangeiros, sendo ela substituída pela RAIS, a teor do art. 1º, alínea "b", do Decreto 76.900, de 23.12.1975. Assim, todas as empresas – nacionais ou estrangeiras – são obrigadas a apresentar a RAIS, anualmente, no período preestabelecido, que vai de 3 de janeiro a 21 de fevereiro para as empresas com o máximo de cinquenta empregados, ou sem empregados, que é chamada RAIS negativa. Para as empresas com mais de cinquenta empregados, o prazo estende-se até 31 de março, exceto aquelas que o fazem por fita magnética (RAIS especial), cujo prazo expira-se em 15 de março.

profissões e redução da proporcionalidade; e) nacionalização na Marinha Mercante[3] (arts. 368 a 371).

2. O ESTRANGEIRO E A CONSTITUIÇÃO

Diz o art. 5º, *caput*, da Constituição Federal de 1988 que

> Todos são iguais perante a lei, sem distinção de qualquer natureza, garantindo-se aos brasileiros e aos estrangeiros residentes no País, a inviolabilidade do direito à vida, à liberdade, à igualdade, à segurança e à propriedade, nos seguintes termos.

A leitura do preceptivo em causa poderia levar o leitor mais apressado à conclusão de que as disposições consolidadas referentes à nacionalização do trabalho estariam eivadas de inconstitucionalidade, por prestigiarem o trabalhador nacional em detrimento do estrangeiro.

A interpretação sistemática e teleológica do texto constitucional, contudo, autoriza ilação em sentido contrário. É dizer, as regras brasileiras de nacionalização do trabalho têm por escopo a proteção do trabalhador brasileiro, impondo obrigações e sanções às empresas, e não aos empregados (nacionais ou estrangeiros).

Observa Ronald Amorim e Souza, com propriedade, que a

> circunstância de o *caput* do art. 5º da CF/88 garantir aos brasileiros e estrangeiros os direitos à vida, à liberdade, à segurança e à proporcionalidade não constitui qualquer inovação no Direito brasileiro.
>
> Com efeito, tal preceito em nada difere do art. 153 da EC 1, de 17.10.1969; do art. 150 da Carta Política de 24.01.1967, ou mesmo do art. 141, da Constituição de 18.09.1946. Os parágrafos de tais artigos que se reportam ao exercício profissional, respectivamente 23, 23 e 14, não contrariam o conteúdo do atual inc. VIII.
>
> A vingar a interpretação excessivamente ampla que alguns lograram ver nos preceitos constitucionais, estaríamos excluindo do ordenamento jurídico pátrio a noção de estrangeiro[4].

É de se destacar, ainda, a preocupação do legislador em proteger não só o brasileiro mas também o estrangeiro que elege o Brasil para trabalhar, principalmente quando este for especialista. Parte-se, assim, da premissa de que o trabalhador nacional somente tem a ganhar com os conhecimentos que lhe possam ser transferidos pelos estrangeiros que elegem o nosso território para exercer atividade laborativa.

3. Revogada pela Lei 6.192/74, que vedou qualquer distinção entre brasileiro nato e naturalizado. Ressalte-se, porém, que a Constituição de 1988 reserva a brasileiros natos o exercício de alguns cargos (art. 12, §§ 2º e 3º).

4. *Op. cit.*, p. 174.

A doutrina dominante, contudo, defende a inconstitucionalidade dos dispositivos consolidados que dispõem sobre a nacionalização do trabalho[5].

Parece-nos que assiste razão à corrente dominante, uma vez que o Brasil ratificou, por meio do Decreto promulgador 62.150/68, a Convenção 111 da OIT, que veda qualquer discriminação, inclusive entre nacionais e estrangeiros. Tal tratado de direitos humanos foi recepcionado pela Constituição de 1988 (art. 5º, § 2º), razão pela qual mostra-se incompatível com o texto constitucional qualquer discriminação entre empregados nacionais e estrangeiros.

Convém lembrar que a Constituição de 1988 (art. 12, § 1º) assegura que aos "portugueses com residência permanente no País, se houver reciprocidade em favor dos brasileiros, serão atribuídos os direitos inerentes ao brasileiro nato, salvo os casos previstos nesta Constituição".

Serão também equiparados ao brasileiro, para os fins específicos de proporcionalidade, os empregados em cada estabelecimento da empresa, quando contarem com mais de dez anos de residência no País e tiverem cônjuge ou filho brasileiros.

3. ISONOMIA SALARIAL

A proporcionalidade a que alude o art. 354 da CLT alcança também a respectiva folha de pagamento. Dessa forma, o salário do trabalhador estrangeiro não pode, em princípio, superar o do brasileiro.

Aliás, esse princípio é expressamente consagrado no art. 358 consolidado, que proíbe à empresa pagar ao estrangeiro salário superior ao do brasileiro que nela exerça função análoga. Este preceito não se confunde com o disposto no art. 461 da CLT, que exige "igualdade de funções".

Calha, nesse passo, a lição de Ronald Amorim e Souza, para quem o

> senso de analogia, aí, parece ter uma interpretação diversa daquela que trata o art. 461 da CLT, quando cogita da isonomia salarial. Um, em relação ao estrangeiro, dispõe sobre analogia, isto é, sobre a semelhança de funções; o outro, mais amplo, que não busca distinguir entre nacional e estrangeiro, pretende que haja identidade de funções. Parece-nos que tem cabimento a distinção. Quando se tratou de proteger o nacional, em um confronto com o estrangeiro, a lei foi menos exigente que a regra geral do art. 461 da mesma Consolidação. Se assim não fosse, despropositada parece-nos a inserção da regra do art. 358, a fazer uma exigência que já estaria consagrada em dois outros dispositivos do mesmo diploma legal, no caso os arts. 5º e 461, referido[6].

5. MOURA, Marcelo. *Consolidação das leis do trabalho para concursos*. Salvador: JusPodivm, 2011, p. 394.
6. *Manual...*, p. 176.

E prossegue:

> Observada a analogia de função e a equivalência do trabalho, não se poderá atribuir ou pagar ao estrangeiro salário maior que ao brasileiro. Consagra, entretanto, o mesmo art. 358 da CLT, algumas exceções, a saber:
>
> a) se a empresa não tiver quadro de pessoal organizado em carreira, homologado pelo Ministério do Trabalho, o empregado brasileiro contar com menos de dois anos de serviço (observe-se que o tempo aqui exigido não é na função, mas no serviço) e o estrangeiro contar mais de dois anos. De toda Justiça, o critério que objetiva premiar a maior antiguidade e consequente confiabilidade que o serviço estrangeiro pode representar em confronto com o nacional, mercê do seu maior tempo de serviço;
>
> b) também pode ocorrer diferença de salário em favor do estrangeiro quando a empresa tiver quadro de carreira organizado e homologado pelo Ministério do Trabalho e que, nesse quadro, assegure-se ao trabalhador o acesso por antiguidade. Aí também se considera um fator que independe da preferência do empregador: o fato objetivo da antiguidade do empregado, que tanto pode beneficiar o nacional quanto o estrangeiro. Há, entretanto, uma exigência de estar o quadro homologado pelo Ministério do Trabalho, diligência que inibe uma possível alteração constante do quadro;
>
> c) em outro ponto, também pode ocorrer desnível salarial entre o brasileiro e o estrangeiro: é quando o brasileiro esteja apenas na condição de aprendiz, ajudante ou servente. Parece-nos de transparência solar que não há como nivelar por baixo, isto é, impor ao estrangeiro perceber salário de aprendiz, de servente ou de ajudante, pela mera circunstância de existirem brasileiros em tal situação, na empresa, enquanto o estrangeiro já esteja em posição funcional superior; e,
>
> d) por último, a óbvia situação da remuneração resultar da maior produção, para quantos trabalhem por comissão ou tarefa. Nesse particular, bem se pode ver que o valor da retribuição depende, exclusivamente, da competência e do empenho do trabalhador, independente de sua nacionalidade. Vale, entretanto, considerar que não pode o empregador discriminar os trabalhadores, concedendo uma melhor condição, melhor material, maior apoio publicitário, matéria-prima de qualidade superior, enfim, criar condições mais favoráveis a um dos empregados, seja o nacional, seja o estrangeiro[7].

Cumpre assinalar, por oportuno, que a lei admite exceção à regra da proporcionalidade e da igualdade salarial entre nacionais e estrangeiros. Isso ocorre quando a mão de obra nacional mostrar-se insuficiente para atender à demanda das empresas e estas admitam estrangeiros para o exercício de funções técnicas especializadas (CLT, art. 357).

---

7. *Manual...*, p. 176-177.

4. TÉCNICO ESTRANGEIRO

Os contratos de trabalho de técnicos estrangeiros, domiciliados ou residentes no exterior, que venham, em caráter provisório, prestar serviços especializados no Brasil, são regulados pelo Dec.-lei 691, de 18.07.1969.

Com efeito, disciplina o art. 1º (e seu parágrafo) do referido diploma, *in verbis*:

> Art. 1º Os contratos de técnicos estrangeiros domiciliados ou residentes no exterior, para execução, no Brasil, de serviços especializados e, em caráter provisório, com estipulação de salários em moeda estrangeira, serão, obrigatoriamente, celebrados por prazo determinado e prorrogáveis sempre a termo certo, ficando excluídos da aplicação do disposto nos arts. 451, 453, do Capítulo VII do Título IV da Consolidação das Leis do Trabalho e na Lei 5.107 de 13.09.1966, com as alterações do Dec.-lei 20, de 14.09.1966, e legislação subsequente.
>
> Parágrafo único. A rescisão dos contratos de que trata este artigo reger-se-á pelas normas estabelecidas nos arts. 479, 480, e seu § 1º, e 481 da Consolidação das Leis do Trabalho.

Assim, o contrato do técnico estrangeiro será sempre por tempo determinado e poderá ser prorrogado mais de uma vez sem que se transforme em contrato por tempo indeterminado. Trata-se de uma exceção à regra do art. 451 consolidado.

A partir da Constituição Federal de 1988, que elegeu o FGTS como regime único dos trabalhadores urbanos e rurais (art. 7º, III), afigura-se-nos que o regime fundiário também se aplica aos contratos dos técnicos estrangeiros. Ademais, a Lei 8.036/90 (arts. 15, § 2º, 20, IX), além de não excluir do âmbito de sua aplicação os técnicos estrangeiros, estatui que a extinção normal de qualquer contrato a termo, inclusive os dos trabalhadores temporários regidos pela Lei 6.019/74, autoriza o levantamento da conta vinculada.

Aos técnicos estrangeiros são asseguradas, além das vantagens previstas no contrato, apenas as garantias relativas a salário mínimo, repouso semanal remunerado, férias anuais, duração, segurança e higiene do trabalho, seguro contra acidente do trabalho e previdência social deferidas ao trabalhador que perceba salário exclusivamente em moeda nacional, sendo vedada a estipulação contratual de participação nos lucros da empresa (Dec.-lei 691/69, art. 2º, parágrafo único).

A lei permite que os salários do técnico estrangeiro possam ser estipulados em moeda estrangeira, operando-se a sua conversão pela cotação da moeda na data do vencimento da obrigação. É que o art. 463 da CLT determina que o pagamento do salário seja feito em moeda corrente brasileira.

É da Justiça do Trabalho a competência para dirimir as controvérsias oriundas das relações estabelecidas sob o regime do Dec.-lei 691/69.

CAPÍTULO XXII
Prescrição e Decadência

1. NOÇÕES GERAIS

É inegável que o tempo exerce forte influência sobre as relações jurídicas, ora extinguindo, ora criando direitos. A prescrição, portanto, deita raízes históricas no direito romano, havendo registros de que tenha surgido na época da Lei das XII Tábuas.

O direito, contudo, cuidou de criar duas espécies de efeitos de decurso do tempo sobre as relações jurídicas. Estamos falando da prescrição aquisitiva (ou usucapião) e da prescrição liberatória (ou extintiva).

A prescrição extintiva é também denominada simplesmente prescrição. Trata-se de instituto que pode ser utilizado pelo devedor com vistas à extinção da pretensão relativa à obrigação de pagar, sendo aplicável em todos os ramos do direito com o objetivo de garantir a estabilidade das relações jurídicas e a paz social, bem como impedir a eternização dos conflitos.

De lege lata, a nossa lei civil de 1916 englobava, sem qualquer distinção e sob a mesma denominação, os institutos da prescrição e da decadência.

A doutrina, no entanto, adotou e consagrou dois critérios científicos para distinguir a prescrição da decadência: um critério capitaneado por Câmara Leal[1], para quem a distinção decorre da origem da ação; outro critério, adotado por Agnelo Amorim Filho[2], aponta no sentido de que a prescrição tem início com a violação do direito, sendo este atrelado a uma ação correspondente.

Assim, aplicados os dois critérios simultaneamente, firmou-se o consenso doutrinário de que: a) as ações de cunho condenatório se sujeitariam à prescrição; b) as ações de natureza declaratória seriam imprescritíveis; c) as ações constitutivas estariam sujeitas à decadência.

É importante notar, no entanto, que o Código de Defesa do Consumidor (Lei 8.078/90) reconheceu, ainda que timidamente, a diferenciação entre os institutos da prescrição e da decadência (arts. 26 e 27).

1. LEAL, Câmara. *Da prescrição e da decadência*. 3. ed. Rio de Janeiro: Forense, 1978. *passim*.
2. AMORIM FILHO, Agnelo. Critério científico para distinguir a prescrição da decadência e identificar as ações imprescritíveis. *Revista dos Tribunais*. São Paulo, RT, n. 300, p. 7.

Com o Código Civil de 2002, o debate doutrinário ganhou novos contornos, uma vez que os institutos da prescrição e da decadência receberam tratamentos normativos específicos.

1.1. Da prescrição

Nos termos do art. 189 do CC: "Violado o direito, nasce para o titular a pretensão, a qual se extingue, pela prescrição (...)". Vale dizer, a prescrição atinge a pretensão do titular de um direito violado. O que se extingue, portanto, é a pretensão, e não o direito em si.

O *caput* do art. 11 da CLT, com redação dada pela Lei 13.467/2017, seguiu a orientação doutrinária dispondo que a prescrição atinge a pretensão.

Outras regras alusivas à prescrição são extraídas dos arts. 190 a 196 do CC, a saber: a) a renúncia da prescrição pode ser expressa ou tácita, e só valerá, sendo feita, sem prejuízo de terceiro, depois que a prescrição se consumar; tácita é a renúncia quando se presume de fatos do interessado, incompatíveis com a prescrição; b) os prazos de prescrição não podem ser alterados por acordo das partes; c) a prescrição pode ser alegada em qualquer grau de jurisdição, pela parte a quem aproveita; d) os relativamente incapazes e as pessoas jurídicas têm ação contra os seus assistentes ou representantes legais, que derem causa à prescrição, ou não a alegarem oportunamente; e) a prescrição iniciada contra uma pessoa continua a correr contra o seu sucessor.

No que tange às causas que impedem ou suspendem a prescrição, o Código Civil dispõe, em seus arts. 197 a 199, que *não corre a prescrição*: entre os cônjuges, na constância da sociedade conjugal; entre ascendentes e descendentes, durante o poder familiar; entre tutelados ou curatelados e seus tutores ou curadores, durante a tutela ou curatela; contra os incapazes; contra os ausentes do País em serviço público da União, dos Estados ou dos Municípios; contra os que se acharem servindo nas Forças Armadas, em tempo de guerra; pendendo condição suspensiva; não estando vencido o prazo; pendendo ação de evicção.

Quanto à *interrupção da prescrição*, que só pode ocorrer uma única vez, dispõe o art. 202 do CC que ela poderá acontecer: por despacho do juiz, mesmo incompetente, que ordenar a citação, se o interessado a promover no prazo e na forma da lei processual; por protesto, nas condições do inciso antecedente; por protesto cambial; pela apresentação do título de crédito em juízo de inventário ou em concurso de credores; por qualquer ato judicial que constitua em mora o devedor; por qualquer ato inequívoco, ainda que extrajudicial, que importe reconhecimento do direito pelo devedor.

Além disso, a nova lei civil estabeleceu alguns regramentos a respeito da interrupção da prescrição: a) a "prescrição interrompida recomeça a correr da data do ato que a interrompeu, ou do último ato do processo para a interromper" (CC, art. 202, parágrafo único); b) a prescrição pode ser interrompida por qualquer interessado; c) a interrupção da prescrição por um credor não aproveita aos outros; d) a interrupção operada contra o codevedor, ou seu herdeiro, não prejudica aos demais coobrigados; e) a interrupção por um dos credores solidários aproveita aos outros e a interrupção efetuada contra o devedor solidário envolve os demais e seus herdeiros; f) a interrupção operada contra um dos herdeiros do devedor solidário não prejudica os outros herdeiros ou devedores, senão quando se trate de obrigações e direitos indivisíveis; g) a interrupção produzida contra o principal devedor prejudica o fiador.

A Lei 13.467/2017, no entanto, inseriu o § 3º no art. 11 da CLT, dispondo que: "A interrupção da prescrição somente ocorrerá pelo ajuizamento de reclamação trabalhista, mesmo que em juízo incompetente, ainda que venha a ser extinta sem resolução do mérito, produzindo efeitos apenas em relação aos pedidos idênticos".

Essa nova regra se inspirou na Súmula 268 do TST ("A ação trabalhista, ainda que arquivada, interrompe a prescrição somente em relação aos pedidos idênticos"). Entretanto, ao estabelecer que a interrupção da prescrição "somente" ocorrerá, parece-nos que o legislador quis afastar a incidência das demais causas de interrupção da prescrição previstas no Código Civil. Pensamos, contudo, que esse novel § 3º do art. 11 da CLT deve ser interpretado sistematicamente com o § 1º do art. 8º da CLT, de modo a se reconhecer lacuna do texto obreiro no tocante às demais causas de interrupção da prescrição e aplicar subsidiariamente as regras do Código Civil.

1.2. Da decadência

Diferentemente da prescrição, que extingue a pretensão de natureza condenatória, a decadência extingue o próprio direito material. Mas não é qualquer direito material que se sujeita à decadência, mas, tão somente, os direitos potestativos, isto é, aqueles direitos que podem ser incontroversamente exercidos por uma pessoa, cabendo a outra apenas aceitá-lo sem qualquer resistência. Dito doutro modo, o direito potestativo é aquele que não se contrapõe a um dever, mas tão somente a uma sujeição.

Direito potestativo não se confunde com direito subjetivo, pois este implica o dever de alguém a uma prestação, enquanto aquele atua na esfera jurídica de uma pessoa, sem que esta tenha nenhum dever a cumprir.

É importante assinalar que, de acordo com o art. 207 do CC, salvo disposição legal em contrário, não se aplicam à decadência as normas que impedem, suspendem ou interrompem a prescrição. Todavia, aplica-se à decadência o disposto nos arts. 195 e 198, inc. I, do CC.

A interpretação que se extrai do art. 209 do CC é no sentido de que há dois tipos de decadência: a legal e a convencional. É irrenunciável a decadência prevista em lei, caso em que o juiz a pronunciará de ofício, isto é, independentemente de arguição da parte ou do Ministério Público (CC, art. 210). Se a decadência for convencional, a parte a quem aproveita pode alegá-la em qualquer grau de jurisdição, mas o juiz não pode suprir a alegação (CC, art. 211).

2. PRESCRIÇÃO TRABALHISTA E A CONSTITUIÇÃO DE 1988

A prescrição no direito do trabalho estava prevista na redação original do art. 11 da CLT[3], segundo o qual,

> Não havendo disposição especial em contrário nesta Consolidação, prescreve em dois anos o direito de pleitear a reparação de qualquer ato infringente de dispositivo nela contido.

Não obstante as críticas formuladas por alguns, no sentido de que a prescrição não seria instituto materialmente constitucional, o certo é que a Constituição Federal de 1988, em sua redação original, tratou explicitamente da matéria, fixando critérios diferenciados alusivos a prazos prescricionais, nos seguintes termos:

> Art. 7º ....
>
> XXIX – ação, quanto a créditos resultantes das relações de trabalho, com prazo prescricional de:
>
> a) cinco anos para o trabalhador urbano, até o limite de dois anos após a extinção do contrato;
>
> b) até dois anos após a extinção do contrato, para o trabalhador rural.

Parece-nos que, em rigor, os dispositivos supracitados não deveriam constar do texto constitucional, sabido que prescrição não é direito, muito menos direito fundamental social.

De toda a sorte, a norma refere-se apenas à prescrição "quanto a créditos resultantes das relações de trabalho", pelo que não se pode ignorar que outros direitos que não traduzam expressão creditícia não estariam sujeitos à regra prescricional. Aliás, o § 3º do art. 11 da CLT, com a nova redação dada pela Lei 9.658/98, autoriza a ilação.

Com o advento da EC 28/00, que deu nova redação ao inc. XXIX do art. 7º da CF, houve unificação dos prazos prescricionais das ações propostas por empregados urbanos e rurais. Vale dizer, ambos têm direito de

> quanto aos créditos resultantes das relações de trabalho, com prazo prescricional de cinco anos para os trabalhadores urbanos e rurais, até o limite de dois anos após a extinção do contrato de trabalho.

3. Este dispositivo foi expressamente revogado pela Lei 9.658, de 08.06.1998, que dispõe, *in verbis*: "Art. 11. O direito de ação quanto a créditos resultantes das relações de trabalho prescreve: I – em cinco anos para o trabalhador urbano, até o limite de dois anos após a extinção do contrato; II – em dois anos, após a extinção do contrato de trabalho, para o trabalhador rural. § 1º O disposto neste artigo não se aplica às ações que tenham por objeto anotações para fins de prova junto à Previdência Social".

Na mesma linha, a Lei 13.467/2017 alterou o *caput* do art. 11 da CLT, que passou a ter a seguinte redação:

> Art. 11. A pretensão quanto a créditos resultantes das relações de trabalho prescreve em cinco anos para os trabalhadores urbanos e rurais, até o limite de dois anos após a extinção do contrato de trabalho.

A título de exemplo, se o contrato de trabalho foi extinto em 10.01.2010, o empregado terá até o dia 10.01.2012 para ajuizar a reclamação trabalhista. Se ajuizar a ação depois desta data, haverá prescrição bienal extintiva da pretensão do direito material trabalhista invocado na demanda, ou seja, todos os créditos decorrentes do contrato de trabalho estarão irremediavelmente prescritos. Se, porém, ajuizar a ação até o dia 10.01.2012, haverá prescrição quinquenal extintiva da pretensão referente aos créditos anteriores a 10.01.2007, ou seja, estarão prescritos todos os créditos anteriores a cinco anos contados da data do ajuizamento da ação, salvo se o direito vindicado decorrer de alteração contratual e estiver assegurado por preceito de lei (TST, Súmula 294).

Pode-se dizer, portanto, que, em se tratando de pretensão deduzida em ação oriunda da relação empregatícia, a prescrição extintiva divide-se em:

> a) *Prescrição bienal total*, ou simplesmente prescrição bienal – 2 anos contados da extinção do contrato de trabalho;
>
> b) *Prescrição quinquenal total* – 5 anos anteriores ao ajuizamento da ação trabalhista, desde que o crédito decorra de ato único do empregador ou não esteja previsto em lei;
>
> c) *Prescrição quinquenal parcial* – 5 anos anteriores ao ajuizamento da ação trabalhista, desde que o crédito seja de trato sucessivo e esteja previsto em lei.

Além dessas modalidades de prescrição na seara laboral, a Lei 13.467/2017 inseriu na CLT o art. 11-A, que reconhece a prescrição intercorrente no processo do trabalho[4], *in verbis*:

> Art. 11-A. Ocorre a prescrição intercorrente no processo do trabalho no prazo de dois anos.
>
> § 1º A fluência do prazo prescricional intercorrente inicia-se quando o exequente deixa de cumprir determinação judicial no curso da execução.
>
> § 2º A declaração da prescrição intercorrente pode ser requerida ou declarada de ofício em qualquer grau de jurisdição.

---

4. Sobre prescrição intercorrente, recomendo a leitura do meu *Curso de direito processual do trabalho*, 16. ed., Saraiva, 2018.

3. HIPÓTESES DE DECADÊNCIA TRABALHISTA

A doutrina justrabalhista majoritária – com a qual não concordamos[5], *data venia* – costuma invocar o direito potestativo de o empregador resilir o contrato de trabalho sem justa causa como início do prazo decadencial de dois anos para o empregado ajuizar a ação trabalhista.

Outro exemplo de prazo decadencial nos domínios do direito do trabalho é aquele de 30 (trinta) dias entre a suspensão do empregado estável e a propositura do inquérito judicial para apuração de falta grave. É dizer, se o empregador resolve suspender o empregado, terá, a partir daí, o prazo decadencial de 30 dias para ajuizar a ação de inquérito. Nesse sentido, a Súmula 403 do STF: "É de decadência o prazo de trinta dias para a instauração de inquérito judicial, a contar da suspensão, por falta grave, de empregado estável".

No âmbito do TST, diversas orientações jurisprudenciais dispersas foram aglutinadas nas Súmulas 62 e 100:

> *Súmula 62. Abandono de emprego*. O prazo de decadência do direito do empregador de ajuizar inquérito em face do empregado que incorre em abandono de emprego é contado a partir do momento em que o empregado pretendeu seu retorno ao serviço.
>
> *Súmula 100. Ação rescisória. Decadência (incorporadas as Orientações Jurisprudenciais 13, 16, 79, 102, 104, 122 e 145 da SBDI-2)*. I – O prazo de decadência, na ação rescisória, conta-se do dia imediatamente subsequente ao trânsito em julgado da última decisão proferida na causa, seja de mérito ou não. II – Havendo recurso parcial no processo principal, o trânsito em julgado dá-se em momentos e em tribunais diferentes, contando-se o prazo decadencial para a ação rescisória do trânsito em julgado de cada decisão, salvo se o recurso tratar de preliminar ou prejudicial que possa tornar insubsistente a decisão recorrida, hipótese em que flui a decadência a partir do trânsito em julgado da decisão que julgar o recurso parcial. III – Salvo se houver dúvida razoável, a interposição de recurso intempestivo ou a interposição de recurso incabível não protrai o termo inicial do prazo decadencial. IV – O juízo rescindente não está adstrito à certidão de trânsito em julgado juntada com a ação rescisória, podendo formar sua convicção através de outros elementos dos autos quanto à antecipação ou postergação do *dies a quo* do prazo decadencial. V – O acordo homologado judicialmente tem força de decisão irrecorrível, na forma do art. 831 da CLT. Assim sendo, o termo conciliatório transita em julgado na data da sua homologação judicial. VI – Na hipótese de colusão das partes, o prazo decadencial da ação rescisória somente começa a fluir para o Ministério Público, que não interveio no processo principal, a partir do momento em que tem ciência da fraude. VII – Não ofende o princípio do duplo grau de jurisdição a decisão do TST que, após afastar a decadência em sede de recurso ordinário, aprecia

5. *Vide* Título II, Capítulo XV, item 3.

desde logo a lide, se a causa versar questão exclusivamente de direito e estiver em condições de imediato julgamento. VIII – A exceção de incompetência, ainda que oposta no prazo recursal, sem ter sido aviado o recurso próprio, não tem o condão de afastar a consumação da coisa julgada e, assim, postergar o termo inicial do prazo decadencial para a ação rescisória. IX – Prorroga-se até o primeiro dia útil, imediatamente subsequente, o prazo decadencial para ajuizamento de ação rescisória quando expira em férias forenses, feriados, finais de semana ou em dia em que não houver expediente forense. Aplicação do art. 775 da CLT. X – Conta-se o prazo decadencial da ação rescisória, após o decurso do prazo legal previsto para a interposição do recurso extraordinário, apenas quando esgotadas todas as vias recursais ordinárias.

4. HIPÓTESES DE PRESCRIÇÃO TRABALHISTA

A prescrição é instituto largamente utilizado nos sítios do direito do trabalho, razão pela qual citaremos os verbetes jurisprudenciais mais importantes adotados pelo TST:

Súmula 6, item IX. Equiparação salarial. CLT, art. 461. (...) Na ação de equiparação salarial, a prescrição é parcial e só alcança as diferenças salariais vencidas no período de 5 (cinco) anos que precedeu o ajuizamento.

Súmula 156. Prescrição. Prazo. Da extinção do último contrato começa a fluir o prazo prescricional do direito de ação em que se objetiva a soma de períodos descontínuos de trabalho.

Súmula 199, item II. Bancário. Pré-contratação de horas extras. (...) Em se tratando de horas extras pré-contratadas, opera-se a prescrição total se a ação não for ajuizada no prazo de cinco anos, a partir da data em que foram suprimidas.

Súmula 206. FGTS. Incidência sobre parcelas prescritas. A prescrição da pretensão relativa às parcelas remuneratórias alcança o respectivo recolhimento da contribuição para o FGTS.

Súmula 268. Prescrição. Interrupção. Ação trabalhista arquivada. A ação trabalhista, ainda que arquivada, interrompe a prescrição somente em relação aos pedidos idênticos.

Súmula 275. Prescrição. Desvio de função e reenquadramento. I – Na ação que objetive corrigir desvio funcional, a prescrição só alcança as diferenças salariais vencidas no período de 5 (cinco) anos que precedeu o ajuizamento. II – Em se tratando de pedido de reenquadramento, a prescrição é total, contada da data do enquadramento do empregado.

Súmula 294. Prescrição. Alteração contratual. Trabalhador urbano. Tratando-se de ação que envolva pedido de prestações sucessivas decorrente de alteração do pactuado, a prescrição é total, exceto quando o direito à parcela esteja também assegurado por preceito de lei. (Ver § 3º do art. 11 da CLT, com redação dada pela Lei 13.467/2017).

Súmula 308. Prescrição Quinquenal. I. Respeitado o biênio subsequente à cessação contratual, a prescrição da ação trabalhista concerne às pretensões imediatamente anteriores a cinco anos, contados da data do ajuizamento da reclamação e, não, às anteriores ao quinquênio da data da extinção do contrato. II. A norma constitucional que ampliou o prazo de prescrição da ação trabalhista para 5 (cinco) anos é de aplicação imediata e não atinge pretensões já alcançadas pela prescrição bienal quando da promulgação da CF/88.

Súmula 326. Complementação de aposentadoria. Prescrição total. A pretensão à complementação de aposentadoria jamais recebida prescreve em 2 (dois) anos contados da cessação do contrato de trabalho.

Súmula 327. Complementação de aposentadoria. Diferenças. Prescrição parcial. A pretensão a diferenças de complementação de aposentadoria sujeita-se à prescrição parcial e quinquenal, salvo se o pretenso direito decorrer de verbas não recebidas no curso da relação de emprego e já alcançadas pela prescrição, à época da propositura da ação.

Súmula 350. Prescrição. Termo inicial. Ação de cumprimento. Sentença normativa. O prazo de prescrição com relação à ação de cumprimento de decisão normativa flui apenas da data de seu trânsito em julgado.

Súmula 362. FGTS. Prescrição. I – Para os casos em que a ciência da lesão ocorreu a partir de 13.11.2014, é quinquenal a prescrição do direito de reclamar contra o não recolhimento de contribuição para o FGTS, observado o prazo de dois anos após o término do contrato; II – Para os casos em que o prazo prescricional já estava em curso em 13.11.2014, aplica-se o prazo prescricional que se consumar primeiro: trinta anos, contados do termo inicial, ou cinco anos, a partir de 13.11.2014 (STF-ARE-709212/DF).

Súmula 373. Gratificação semestral. Congelamento. Prescrição parcial. Tratando-se de pedido de diferença de gratificação semestral que teve seu valor congelado, a prescrição aplicável é a parcial.

Súmula 382. Mudança de regime celetista para estatutário. Extinção do contrato. Prescrição bienal. A transferência do regime jurídico de celetista para estatutário implica extinção do contrato de trabalho, fluindo o prazo da prescrição bienal a partir da mudança de regime.

OJ-SDI1-38. Empregado que exerce atividade rural. Empresa de reflorestamento. Prescrição própria do rurícola (Lei 5.889/73, art. 10 e Decreto 73.626/74, art. 2º, § 4º). O empregado que trabalha em empresa de reflorestamento, cuja atividade está diretamente ligada ao manuseio da terra e de matéria-prima, é rurícola e não industriário, nos termos do Decreto 73.626, de 12.02.1974, art. 2º, § 4º, pouco importando que o fruto de seu trabalho seja destinado à indústria. Assim, aplica-se a prescrição própria dos rurícolas aos direitos desses empregados.

OJ-SDI1-76. Substituição dos avanços trienais por quinquênios. Alteração do contrato de trabalho. Prescrição total. CEEE. A alteração contratual consubstanciada na substituição dos avanços trienais por quinquênios decorre de ato único do empregador, momento em que começa a fluir o prazo fatal de prescrição.

OJ-SDI1-83. Aviso prévio. Indenizado. Prescrição. A prescrição começa a fluir no final da data do término do aviso prévio. CLT, art. 487, § 1º.

OJ-SDI1-129. Prescrição. Complementação da pensão e auxílio-funeral. A prescrição extintiva para pleitear judicialmente o pagamento da complementação de pensão e do auxílio-funeral é de 2 anos, contados a partir do óbito do empregado.

OJ-SDI1-175. Comissões. Alteração ou supressão. Prescrição total. A supressão das comissões, ou a alteração quanto à forma ou ao percentual, em prejuízo do empregado, é suscetível de operar a prescrição total da ação, nos termos da Súmula 294 do TST, em virtude de cuidar-se de parcela não assegurada por preceito de lei.

OJ-SDI1-242. Prescrição total. Horas extras. Adicional. Incorporação. Embora haja previsão legal para o direito à hora extra, inexiste previsão para a incorporação ao salário do respectivo adicional, razão pela qual deve incidir a prescrição total.

OJ-SDI1-243. Prescrição total. Planos econômicos. Aplicável a prescrição total sobre o direito de reclamar diferenças salariais resultantes de planos econômicos.

OJ-SDI1-271. Rurícola. Prescrição. Contrato de emprego extinto. Emenda Constitucional 28/00. Inaplicabilidade. O prazo prescricional da pretensão do rurícola, cujo contrato de emprego já se extinguira ao sobrevir a Emenda Constitucional 28, de 26.05.2000, tenha sido ou não ajuizada a ação trabalhista, prossegue regido pela lei vigente ao tempo da extinção do contrato de emprego.

OJ-SDI1-344. FGTS. Multa de 40%. Diferenças decorrentes dos expurgos inflacionários. Prescrição. Termo inicial. O termo inicial do prazo prescricional para o empregado pleitear em juízo diferenças da multa do FGTS, decorrentes dos expurgos inflacionários, deu-se com a vigência da Lei Complementar 110, em 30.06.2001, salvo comprovado trânsito em julgado de decisão proferida em ação proposta anteriormente na Justiça Federal, que reconheça o direito à atualização do saldo da conta vinculada.

OJ-SDI1-359. Substituição processual. Sindicato. Legitimidade. Prescrição. Interrupção. A ação movida por sindicato, na qualidade de substituto processual, interrompe a prescrição, ainda que tenha sido considerado parte ilegítima *ad causam*.

OJ-SDI1-370. FGTS. Multa de 40%. Diferenças dos expurgos inflacionários. Prescrição. Interrupção decorrente de protestos judiciais. O ajuizamento de protesto judicial dentro do biênio posterior à Lei Complementar 110, de 29.06.2001, interrompe a prescrição, sendo irrelevante o transcurso de mais de dois anos da propositura de outra medida acautelatória, com o mesmo objetivo, ocorrida antes da vigência da referida lei, pois ainda não iniciado o prazo prescricional, conforme disposto na Orientação Jurisprudencial 344 da SBDI-1.

OJ-SDI1-375. Auxílio-doença. Aposentadoria por invalidez. Suspensão do contrato de trabalho. Prescrição. Contagem. A suspensão do contrato de trabalho, em virtude da percepção do auxílio-doença ou da aposentadoria por invalidez, não impede a fluência da prescrição quinquenal, ressalvada a hipótese de absoluta impossibilidade de acesso ao Judiciário.

OJ-SDI1-392. Prescrição. Interrupção. Ajuizamento de protesto judicial. Marco inicial. O protesto judicial é medida aplicável no processo do trabalho, por força do art. 769 da CLT, sendo que o seu ajuizamento, por si só, interrompe o prazo prescricional, em razão da inaplicabilidade do § 2º do art. 219 do CPC, que impõe ao autor da ação o ônus de promover a citação do réu, por ser ele incompatível com o disposto no art. 841 da CLT.

OJ-SDI1-404. Diferenças salariais. Plano de cargos e salários. Descumprimento. Critérios de promoção não observados. Prescrição parcial. Tratando-se de pedido de pagamento de diferenças salariais decorrentes da inobservância dos critérios de promoção estabelecidos em Plano de Cargos e Salários criado pela empresa, a prescrição aplicável é a parcial, pois a lesão é sucessiva e se renova mês a mês.

OJ-SDI1-417. Prescrição. Rurícola. Emenda Constitucional 28, de 26.05.2000. Contrato de trabalho em curso. Não há prescrição total ou parcial da pretensão do trabalhador rural que reclama direitos relativos a contrato de trabalho que se encontrava em curso à época da promulgação da Emenda Constitucional 28, de 26.05.2000, desde que ajuizada a demanda no prazo de cinco anos de sua publicação, observada a prescrição bienal.

TÍTULO III
DIREITO COLETIVO DO TRABALHO

CAPÍTULO I
Introdução ao Direito Coletivo do Trabalho

1. ESCORÇO HISTÓRICO

O direito coletivo do trabalho nasce com o reconhecimento do direito de associação dos trabalhadores, o que efetivamente só se deu após a Revolução Industrial (século XVIII).

O desaparecimento das corporações de ofício, criadas com o propósito de união dos trabalhadores em busca de melhores condições de vida, propiciou a ideia básica da associação dos grupos de trabalhadores.

É de se registrar que, na prática, o funcionamento das corporações provocou um choque de interesses entre os seus membros, na medida em que a autoridade dos mestres acabava por impedir as aspirações dos companheiros e aprendizes.

Diz-se, comumente, que o surgimento do direito coletivo do trabalho aconteceu em 1720, especificamente em Londres, quando surgiram as *trade unions*, primeiras associações de trabalhadores cujo objetivo repousava na reivindicação de melhores salários e limitação da jornada de trabalho.

A partir de 1824, seguiu-se uma fase de tolerância aos sindicatos, mas somente em 21 de junho daquele ano, o parlamento inglês editou ato normativo que permitia o direito de reunião dos trabalhadores, embora não reconhecesse o direito de greve.

Há autores, porém, que invocam uma lei inglesa de 1875, consolidada em 1906, como instrumento formal que possibilitou a criação livre dos sindicatos[1].

Observa Sérgio Pinto Martins que, na França,

> a Lei francesa *Le Chapellier*, de 17.07.1791, proibia que "os cidadãos de um mesmo Estado ou profissão tomassem decisões ou deliberações a respeito de seus pretensos interesses comuns". O Código de Napoleão, de 1810, também punia a associação de trabalhadores. Só se observa a liberdade de associação dos trabalhadores a partir de 1884, quando foi reconhecida[2].

1. Cf. MARTINS, Sérgio Pinto. *Direito do trabalho*. 6. ed. São Paulo: Atlas, 1988, p. 555.
2. *Op. cit.*, p. 555.

A primeira Constituição que reconheceu o direito de livre sindicalização foi a do México, de 1917, em cujo art. 123 assegurou-se o direito:

a) "de coligação para a defesa dos interesses, tanto de trabalhadores como de empregadores, através de sindicatos, associações profissionais etc." (inc. XVI);

b) "dos trabalhadores à greve e dos patrões ao *lockout*" (incs. XVII, XVIII e XIX).

O direito de associação foi igualmente reconhecido pela Constituição de *Weimar*, de 1919, considerada a primeira constituição europeia a tratar de matéria trabalhista e do direito coletivo do trabalho, o que certamente propagou o chamado *constitucionalismo social*, não só naquele continente, mas também no mundo inteiro.

A Declaração Universal dos Direitos do Homem, de 1948, afirma, no art. XXIII, item 4, que

> Toda pessoa, todo homem tem direito a organizar sindicatos e a neles ingressar para proteção de seus interesses.

A Organização Internacional do Trabalho editou diversos tratados sobre o tema, sendo os mais importantes a Convenção 87 (1948) – lamentavelmente, ainda não ratificada pelo Brasil –, que dispõe sobre a liberdade sindical, e a Convenção 98, que trata, basicamente, da negociação coletiva.

No Brasil, o berço do direito coletivo do trabalho coincide com o surgimento das Ligas Operárias, como a de Socorros Mútuos (1872), a de Resistência dos Trabalhadores em Madeira (1901), a dos Operários em Couro (1901), a de Resistência das Costureiras (1906).

Posteriormente, foram criadas as chamadas uniões operárias, a saber: União dos Trabalhadores em Fábricas de Tecidos (1907), União dos Empregados no Comércio (1903), União Geral dos Chapeleiros (1904), União dos Trabalhadores Gráficos (1904) etc.

A expressão "sindicato" passou a ser largamente utilizada a partir de 1903, sendo os primeiros sindicatos criados por normas estatais de 1903 (Decreto 979 – trabalhadores rurais) e de 1907 (Decreto 1.637 – trabalhadores urbanos).

2. OBJETO

Enquanto as relações jurídicas individuais são tradicionalmente comuns a todos os ramos do direito, as relações coletivas traduzem algo típico e especial do direito do trabalho[3], especificamente na parte referente ao direito coletivo do trabalho.

3. Atualmente, há uma tendência à coletivização dos direitos, a exemplo do que ocorre com as relações de consumo (Lei 8.078/90, que instituiu o Código de Defesa do Consumidor).

O direito coletivo do trabalho ocupa-se das relações coletivas de trabalho, isto é, das relações jurídicas nas quais os seus titulares atuam, em regra, na qualidade de representantes de grupos sociais e econômicos.

Os interesses que constituem objeto dessas relações são abstratos, porque destinados ao grupo social de forma imediata, somente atingindo mediatamente os interesses dos sujeitos que a ele pertençam ou venham a pertencer.

Pode-se dizer, portanto, que o direito coletivo assume caráter instrumental, constituindo, geralmente, um complexo de normas autônomas, que são as criadas pelos próprios atores sociais diretamente interessados. Isto porque, como se sabe, além dessa forma autocompositiva, há países que adotam também a solução heterônoma dos conflitos. É o caso do Brasil, onde o Estado exerce o poder normativo por intermédio da Justiça do Trabalho (CF, art. 114, § 2º).

3. DENOMINAÇÃO

Há duas expressões utilizadas na doutrina para denominar a disciplina que ora estamos a estudar: direito coletivo do trabalho e direito sindical.

Alguns autores, entre eles Amauri Mascaro Nascimento[4], Gino Giugni[5], Antonio Ojeda Avilés[6], preferem os termos "direito sindical", sobre o fundamento de que tradicionalmente este setor do direito do trabalho confunde-se com a própria história do sindicalismo, além de ter por objeto preponderante o estudo e a regulação dos institutos que dizem respeito ao sindicato, sua organização, formas de representação, de atuação etc.

Outros, como Sérgio Pinto Martins[7] e Octavio Bueno Magano[8], utilizam a expressão "direito coletivo do trabalho", não obstante as críticas que lhes são dirigidas no sentido de que, em verdade, todo direito é coletivo ou feito para a coletividade. Decerto que todo direito, em linha de princípio, tem por destinatário a coletividade, mas não se pode negar que o direito coletivo do trabalho constitui uma parte específica do direito do trabalho, cujo escopo repousa no estudo dos institutos, das normas e dos princípios que norteiam relações coletivas aplicáveis aos contratos individuais de trabalho, produzindo sobre eles efeitos jurídicos.

Adotando posição intermediária, José Augusto Rodrigues Pinto editou obra intitulada de *Direito Sindical e Coletivo do Trabalho*[9], *exatamente para evitar a polêmica travada em torno do nomen iuris* da disciplina ora focalizada.

4. *Direito sindical*. 2. ed. São Paulo: LTr, 1991. *passim*.
5. *Diritto sindicale*. 5. ed. Bari: Cacucci, 1980. *passim*.
6. *Derecho sindical*. Madrid: Tecnos, 1984. *passim*.
7. *Direito do trabalho*. 6. ed. São Paulo: Atlas, 1998. *passim*.
8. *Manual de direito do trabalho/Direito coletivo do trabalho*. 3. ed. São Paulo: LTr, 1993. v. III.
9. PINTO, José Augusto Rodrigues. *Direito sindical e coletivo do trabalho*. São Paulo: LTr, 1998.

A discussão, a nosso sentir, assume fundamental importância, já que está diretamente relacionada com o problema da autonomia (ou não) do direito coletivo do trabalho frente ao direito do trabalho, consoante veremos mais adiante.

De toda a sorte, preferimos a expressão direito coletivo do trabalho, porquanto tal denominação constitui forma básica de oposição ao *direito individual do trabalho*. Este, ocupando-se, em geral, do contrato individual de trabalho; aquele, das relações coletivas de trabalho, mediante fixação de regras gerais aplicáveis às relações individuais de trabalho.

Esta, no entanto, não é a posição de José Francisco Siqueira Neto, para quem

> a diferenciação terminológica deve contemplar necessariamente um exame de finalidade do ramo específico (...) tratar e conceber essa parte do Direito como um agrupamento de interesses individuais ou desqualificados sob a ótica da estrutura social de classes, inclusive, significa, em última análise, adotar os caminhos certos e predeterminados do neoliberalismo[10].

Abstraindo-se o aspecto político-ideológico, acreditamos que, do ponto de vista exclusivamente jurídico, a expressão *direito sindical*, por dizer respeito especificamente ao sindicato ou à sua organização, mostra-se bastante restritiva, uma vez que não trata dos direitos coletivos dos grupos não organizados em sindicatos, como a representação dos trabalhadores nas empresas (CF, art. 11), os Conselhos de Fábrica, a Comissão de Negociação prevista no art. 617, §§ 1º e 2º, da CLT etc.

4. CONCEITO

É muito comum confundir o conceito com a definição, mas há uma diferença muito grande: o conceito é uma palavra que tem um conteúdo genérico; a definição é a delimitação deste conteúdo pela enumeração dos seus elementos.

Em linguagem científica, conceito é um objeto intelectual de natureza lógica e não sensível[11]. À luz da ciência do direito, pode-se dizer que conceito é a ideia, que se expressa mediante palavras, de um dado instituto jurídico.

Feita a digressão, podemos dizer que existem três correntes doutrinárias que procuram conceituar o direito coletivo do trabalho: a subjetivista, a objetivista e a mista.

4.1. Corrente subjetivista

Para esta corrente, a conceituação do direito coletivo do trabalho leva, preponderantemente, em conta os aspectos subjetivos, como apregoa Cesarino Júnior, para

10. *Contrato coletivo de trabalho – perspectivas de rompimento com a legalidade repressiva*. São Paulo: LTr, 1991, p. 68-69.
11. TELLES JÚNIOR, Gofredo. *Curso de lógica formal*. São Paulo: Bushatsky, 1973.

quem, "ao conjunto de leis sociais que consideram os empregados e empregadores coletivamente reunidos, principalmente na forma de entidades sindicais, dá-se o nome de direito coletivo de trabalho"[12].

4.2. Corrente objetivista

Os seus defensores tomam como ponto de partida não os sujeitos, mas as normas jurídicas, isto é, a matéria tratada no direito coletivo do trabalho. É bem de ver, no entanto, que essa teoria acaba por admitir a inserção dos sujeitos na conceituação: os grupos profissionais ou sindicais. É o que se infere das palavras de Alberto José Carro Igelmo, que define direito sindical como o "ramo da Ciência Jurídica referente à estrutura e organização das instituições resultantes do exercício da faculdade de associação profissional, assim como as normas emanantes de tais agrupações"[13].

4.3. Corrente mista

A corrente mista congrega tanto os aspectos subjetivos quanto os objetivos. Um dos seus defensores, Amauri Mascaro Nascimento, leciona que o direito coletivo do trabalho: "é o ramo do direito do trabalho que tem por objeto o estudo das relações coletivas de trabalho e estas são as relações jurídicas que têm como sujeitos grupos de pessoas e como objetos interesses coletivos"[14].

É seguido por Fábio Leopoldo de Oliveira, para quem o direito coletivo do trabalho: "é a parte do direito do trabalho que estuda a organização sindical, o desenvolvimento das negociações coletivas, os conflitos coletivos do trabalho e suas soluções, bem como, a representação dos empregados nas empresas"[15].

Mozart Victor Russomano assinala que o direito coletivo do trabalho: "é a parte do direito do trabalho que estuda as organizações sindicais, a negociação coletiva e os conflitos coletivos"[16].

Maurício Godinho Delgado define direito coletivo do trabalho "como o complexo de institutos, princípios e regras jurídicas que regulam as relações laborais de empregados e empregadores e outros grupos jurídicos normativamente especificados, considerada sua atuação coletiva, realizada autonomamente ou através das respectivas entidades sindicais"[17].

---

12. *Apud* NASCIMENTO, Amauri Mascaro. *Curso de direito do trabalho*. 14. ed. São Paulo: Saraiva, 1997, p. 732.
13. *Idem, ibidem*, p. 733.
14. *Iniciação ao direito do trabalho*. 14. ed. São Paulo: LTr, 1989, p. 379.
15. *Curso expositivo de direito do trabalho*. São Paulo: LTr, 1991, p. 248.
16. *Princípios gerais de direito sindical*. 2. ed. Rio de Janeiro: Forense, 1997, p. 48.
17. *Curso de direito do trabalho*. 11. ed. São Paulo: LTr, 2012, p. 1.308.

Acompanhamos a corrente mista, uma vez que, a nosso sentir, o direito coletivo não constitui ramo autônomo do direito, e sim é parte integrante do direito do trabalho, na medida em que o seu objeto reside, como já apontado alhures, não apenas no estudo da organização sindical, das negociações coletivas e dos conflitos coletivos do trabalho e suas soluções, mas também na representação dos trabalhadores na empresa, dos conselhos de fábrica, da greve, do *lockout* etc.

5. O PROBLEMA DA AUTONOMIA

É possível identificar três correntes doutrinárias que procuram enquadrar a posição enciclopédica do direito coletivo do trabalho na ciência do direito. A primeira afirma a *unidade do direito do trabalho*; a segunda advoga a *autonomia do direito coletivo do trabalho* e a terceira, embora não afirme a autonomia do direito coletivo do trabalho, admite que este se encontra em *fase de transição*[18].

5.1. Teoria da unidade do direito do trabalho

Para esta corrente, o direito coletivo do trabalho nada mais é do que um segmento, uma parte, do direito do trabalho. Vale dizer, o direito do trabalho é o gênero, sendo espécies o direito individual do trabalho e o direito coletivo do trabalho.

José Martins Catharino sustenta que o direito coletivo do trabalho é espécie, parte ou ramo do direito do trabalho, mas adverte que poderá vir a ser autônomo, uma vez que,

> assim como as diferenças crescem entre gêneros e diminuem entre espécies, reciprocamente considerados ou comparados, as diferenças entre o Direito Sindical, Direito Individual do Trabalho e Direito Judiciário do Trabalho, que formam o conteúdo do direito do trabalho *stricto sensu*, são menores que as destes em relação às outras espécies do Direito, sem adjetivo, embora em grau variável (...) a autonomia, sempre relativa, sendo questão de grau, é maior ou menor em função de determinada essência com outra comparada, pode-se afirmar ser quase nenhuma a do Direito Sindical, compreendido na essência do direito do trabalho, e que a este serve, por notável e adequado modo, servindo à pessoa trabalhadora[19].

Na mesma direção, Mozart Victor Russomano leciona que:

18. Cf. NASCIMENTO, Amauri Mascaro. *Direito sindical*. 2. ed. São Paulo: Saraiva, 1991, p. 16.
19. *Tratado elementar de direito sindical*. São Paulo: LTr, 1977, p. 69.

O direito do trabalho, internamente, está dividido em dois hemisférios: o hemisfério das relações individuais (que oferece poucas diferenças estruturais relativamente ao Direito Comum) e o hemisfério das relações coletivas (totalmente original).

Esses hemisférios são distintos entre si, porque as relações individuais são diferentes das relações coletivas e o Direito não pode deixar desapercebida essa realidade. Estão, porém, intimamente acoplados, não existindo força histórica, nem concepção jurídica capaz de desligá-los.

A separação entre ambos, ao contrário do que acontece na geografia, não é a linha de um equador imaginário e não se pode fazer a desvinculação daqueles dois hemisférios, porque, como no globo terrestre, existe um núcleo essencial e comum que os mantém fundidos.

Esse núcleo é o trabalho desenvolvido pelo homem, a necessidade de defesa dos seus direitos inalienáveis e a complementação das leis de proteção ao trabalho pela autotutela das prerrogativas operárias, através da organização e dos métodos de atuação dos sindicatos.

Essa união é assaz profunda, a ponto de, se fizermos a dicotomia entre o Direito Individual e o Direito Coletivo, corrermos o risco de não os compreendermos bem e de não compreendermos, igualmente, o sentido histórico (passado, atual e futuro) do direito do trabalho.

O Direito Individual regulamenta o trabalho e disciplina o exercício dos direitos dos empregados e dos empregadores. O Direito Coletivo formula princípios e normas que mantêm o sistema sindical de cada país e coordenam todos os processos de sua atuação, dirigida no sentido do equilíbrio e da tutela dos direitos do trabalhador.

O Direito Coletivo protege esses direitos, procurando ampliá-los e participando das lutas e dos conflitos dos trabalhadores modernos, o que significa dizer que, em última análise, o Direito Coletivo robustece e completa o Direito Individual[20].

Para Cesarino Júnior[21], o direito sindical faz parte do que ele denomina direito social (gênero), mais precisamente um dos setores do direito coletivo do trabalho. Sabe-se que para esse saudoso jurista o direito social consiste num sistema jurídico de proteção aos hipossuficientes, no qual a autoproteção aos mesmos se faz pelo direito coletivo do trabalho.

Segundo Arion Romita, o problema da autonomia deve ser resolvido em cada caso concreto, em função do respectivo sistema jurídico e, "no caso particular do

20. *Princípios gerais de direito sindical*. 2. ed. Rio de Janeiro: Forense, 1997, p. 49-50.

21. *Direito social*. São Paulo: LTr, 1980, p. 26.

Brasil, não existem ainda motivos suficientes que justifiquem a distinção entre direito do trabalho e Direito Sindical"[22].

5.2. Teoria da autonomia do direito coletivo do trabalho

Entre os autores nacionais, encontramos em Antonio Álvares da Silva o mais ardoroso defensor da corrente que advoga a autonomia do direito coletivo do trabalho. E o faz, apontando, em primeiro lugar, que "os sujeitos participantes do Direito Coletivo não são os mesmos que participam do direito do trabalho (...). Aqui o trabalhador, ali a categoria (...). Por outro lado, o objeto do direito coletivo é outro que o do direito individual. Este, satisfazendo os interesses do trabalhador como pessoa, aquele os do trabalhador como categoria"[23].

E conclui, apoiando-se em Mario de la Cueva, Euquerio Guerrero e Krotoschin:

> O tipo de relação jurídica tutelado pelo direito coletivo é também totalmente diverso do direito individual. A relação de trabalho fixa obrigações de ordem contratual e, portanto, bilaterais, entre as partes contratantes. O direito coletivo não estabelece obrigações bilaterais mas atua unilateralmente como princípio mais favorável, como conteúdo mínimo de todos os contratos que se concluírem[24].

Luiz Augusto Rego Monteiro, com a autoridade de ter sido um dos pais da CLT, pontifica:

> Estabelecida a especificação do sindicato, como instituto jurídico-político destinado a realizar o equilíbrio entre as forças sociais da ordem econômica – empresa e trabalho, e discriminadas as normas de integração social do sindicato, temos, assim, o caráter de juridicidade de uma dada classe especial de fatos da vida em sociedade necessário e suficiente para a afirmação da "autonomia" de um Direito Sindical[25].

Digna de nota é a observação de José Cláudio Monteiro de Brito Filho que critica a corrente que repele a autonomia do direito sindical, nos seguintes termos:

> Acreditamos que esse entendimento merece uma reflexão, principalmente a partir da sindicalização do servidor público, garantida em 05.10.1988.
>
> É que as normas relativas ao Direito Sindical servem agora para regular não só relações que envolvem entidades sindicais que representam empregados e empregadores

22. *Direito sindical brasileiro*. Rio de Janeiro: Brasília, 1976, p. 16.
23. *Direito coletivo do trabalho*. Rio de Janeiro: Forense, 1979, p. 45.
24. *Op. cit.*, p. 45-46.
25. *Revista de Direito*. Rio de Janeiro: F. Bastos, a. II, p. 22, set./out. 1941.

– ligados por uma relação contratual, de emprego – mas também para regular as relações das entidades sindicais que congreguem servidores públicos, via de regra sujeitos a um regime administrativo, e que mantêm relações com a Administração Pública. Nota-se então a inaplicabilidade das normas previstas na CLT, por uma razão que nos parece óbvia, qual seja a de que os servidores sujeitos ao regime administrativo não são destinatários das normas celetistas, sujeitando-se, isso sim, às normas estabelecidas pelos diversos entes públicos que compõem a Federação.

O Direito Sindical alcançou um espectro mais amplo, encontrando-se parte de suas normas completamente alheias à CLT, e desvinculadas, por consequência, do regime celetista de trabalho.

Logo, ficou o Direito Sindical, ou suas normas, ligado a duas disciplinas, o direito do trabalho e o Direito Administrativo, o que impede que seja considerado apenas como parte integrante da primeira disciplina mencionada.

Como regra geral, uma disciplina é considerada autônoma quando dotada de autonomia em três aspectos: científico, didático, e legislativo. Não entendemos que a autonomia jurisdicional deva ser considerada como um aspecto importante.

O Direito Sindical não tem autonomia legislativa, ou seja, um corpo próprio de leis, mas sim, encontram-se suas normas inseridas no texto constitucional, na CLT e nos regimes jurídicos próprios de cada ente público. Desconhecemos ainda sua autonomia didática, sendo o Direito Sindical normalmente ministrado como parte do direito do trabalho.

Não quer dizer que não se possa considerar uma disciplina como autônoma sem que todos os seus aspectos estejam presentes (...). Não, a autonomia pode existir, de fato, sem a ocorrência de todos os aspectos, bastando que esteja presente a autonomia científica.

É o caso do Direito Sindical, que possui autonomia científica, já que tem objeto de estudo próprio, que não se confunde com as demais disciplinas jurídicas, e, mais ainda, não pode ser considerado como compartimento de determinada disciplina, no caso do direito do trabalho.

Referido entendimento, que não se constitui propriamente no objeto deste estudo, e que por isso se limitará ao já enunciado acima, serve para a perfeita compreensão da sindicalização do servidor público, demonstrando o não cabimento da aplicação das normas sobre sindicatos e sindicalização previstas na CLT, para as organizações sindicais de servidores sujeitos ao regime administrativo[26].

26. *A sindicalização do servidor público*. Curitiba: Gênesis, 1996, p. 13-15.

5.3. Autonomia do direito coletivo do trabalho (ou direito sindical) em fase de transição

Esta corrente não chega a afirmar solenemente a autonomia do direito coletivo do trabalho, mas admite a sua crescente independência.

Colhe-se, por oportuno, o escólio de João Régis F. Teixeira, quando salienta que o direito sindical é ramo ainda *jus novum*, engatinhando para uma futura libertação: "o Direito Sindical existe, já nascido e crescendo. Sem dúvida, emergindo do braço forte do direito do trabalho. Dependente, ainda, deste. Mas caminhando, tranquilamente, para uma autonomia que virá, se é que realmente já não está aí, mas que não deve ser revelada, ainda"[27].

Idêntico é o entendimento de José Francisco Siqueira Neto, para quem, "em relação ao problema da autonomia do Direito Sindical sobre o direito do trabalho em nível mundial, por força dos argumentos relativos a opção do marco de legalidade, o Direito Sindical encontra-se em transição para a autonomia"[28].

O referido autor reconhece, entretanto, que,

> no estágio atual, respeitadas algumas situações mais evoluídas, nós o concebemos como parte do direito do trabalho (...). No Brasil, sem prejuízo das considerações gerais mencionadas apesar de mais lenta a transição, somos de opinião que gravitamos no sentido de se assegurarem os caminhos graduais da autonomia do Direito Sindical. Tal se dará com maior ou menor intensidade, de acordo com o avanço das relações de representação e institucionalização condizentes com o grau de balizamento interno das relações de trabalho e sociais[29].

Relevante é a posição de Maurício Godinho Delgado, para quem há uma autonomia relativa do direito coletivo do trabalho em relação ao direito do trabalho, mas adverte que tal autonomia não significa isolamento, pois "não há como se pensar o Direito Coletivo sem seu ramo associado, o Direito Individual, ambos formando o complexo jurídico conhecido pelo epíteto simples de direito do trabalho"[30].

5.4. Direito coletivo do trabalho como parte integrante do direito do trabalho

Consoante magistério de Amauri Mascaro Nascimento, o "método tradicional, para saber se há autonomia de um ramo do direito, impõe-se observar os ângulos

---

27. *Introdução do direito sindical*. São Paulo: Revista dos Tribunais, 1979, p. 89, *apud* NASCIMENTO, Amauri Mascaro. *Direito sindical*. 2. ed. São Paulo: LTr, 1991, p. 18.

28. *Contrato coletivo de trabalho*. São Paulo: LTr, 1991. p. 57.

29. *Op. cit.*, p. 57.

30. DELGADO, Maurício Godinho. *Curso de direito do trabalho*. 11. ed. São Paulo: LTr, 2012, p. 1.322.

legislativo, doutrinário, didático e jurisdicional, e a conclusão a que nos leva pende para a unidade do direito do trabalho, isto é, ao direito sindical não como ramo autônomo, mas como um dos setores em que se divide o direito do trabalho"[31].

Adotando método diverso para a caracterização da autonomia, Alfredo Rocco pontifica que "o ramo deve ser bastante vasto para merecer um estudo adequado e particular, com doutrinas homogêneas, dominadas por conceitos gerais, comuns e distintos dos conceitos informadores de outras disciplinas, e método próprio, ou seja, que use processos especiais para o conhecimento da verdade que constitui o objeto de sua pesquisa"[32].

Analisando os dois métodos supracitados, cremos que assiste razão a Amauri Mascaro Nascimento, cujas palavras merecem ser transcritas:

> Não há autonomia legislativa no Brasil porque as normas do direito sindical encontram-se por ora reunidas, no mesmo texto legal – a Consolidação das Leis do Trabalho –, com o direito individual e o direito processual do trabalho[33]. *Há países nos quais, ao contrário, há uma lei sindical esparsa, separada das leis sobre o contrato individual de trabalho.*
>
> Não há autonomia doutrinária, uma vez que os mesmos doutrinadores do direito do trabalho tratam do direito sindical, em obras monográficas ou gerais, estas em muito maior número. Nem mesmo em princípios próprios se poderá falar, a não ser o princípio da liberdade sindical, necessário para que se assegure a autonomia da ordem sindical em função das normas a serem produzidas para os contratos individuais de trabalho.
>
> Não há autonomia didática, e o direito sindical é, nos currículos escolares, parte da cadeira direito do trabalho.
>
> Não há autonomia jurisdicional, porque cabe a um mesmo órgão judicial decidir as questões de direito do trabalho, tanto os dissídios individuais como os coletivos, inexistindo tribunais específicos para lides em torno de relações coletivas de trabalho. Os sujeitos, o objeto e os tipos de relações jurídicas do direito sindical também o são do direito do trabalho, nada justificando a separação, a não ser para fins didáticos.
>
> Cabe um esclarecimento sobre a afirmação de que o mesmo órgão judicial que aprecia questões de direito do trabalho o faz quanto às controvérsias de direito sindical.

---

31. *Direito sindical*. 2. ed. São Paulo: LTr, 1991, p. 19.
32. *Apud* SIQUEIRA NETO, José Francisco. *Contrato coletivo de trabalho*. São Paulo: LTr, 1991, p. 62.
33. Quanto ao direito processual do trabalho, pedimos vênia para dissentir do renomado autor, porquanto a moderna teoria geral do processo reconhece a autonomia do direito processual em relação ao direito material. Cf. LEITE, Carlos Henrique Bezerra. *Curso de direito processual do trabalho*. 10. ed. São Paulo: LTr, 2012. *passim*.

É assim em se tratando de dissídios coletivos de trabalho nos quais figuram os sindicatos como parte legítima para a ação perante a Justiça do Trabalho. Não é assim no caso de conflitos entre sindicatos ou outras entidades sindicais, sobre interesses dos próprios sindicatos e não dos seus representados. Uma disputa de base territorial entre dois sindicatos não é decidida pela Justiça do Trabalho, mas pela Justiça Comum. Um ato do Ministro do Trabalho que possa concretamente ferir um direito do sindicato é judicialmente impugnado perante a Justiça Federal, por se tratar de julgamento de ato de Ministro de Estado. Assim, fragmenta-se a competência conforme a natureza da questão de direito sindical de que se trate, tema que será melhor desenvolvido oportunamente[34].

Seguindo as pegadas de Alfredo Rocco, Octavio Bueno Magano assevera que

> a autonomia de uma disciplina se determina pela conjugação de três elementos: domínio de vasta matéria, princípios próprios e institutos peculiares. O direito coletivo de trabalho não se refere à matéria excepcionalmente vasta, mormente no Brasil onde se traduz em parca experiência. Os seus princípios são os mesmos aplicáveis às outras áreas do direito do trabalho, a saber, o da instrumentalização das regras trabalhistas, no sentido da melhoria da condição social do trabalhador e os demais que deste derivam. As suas peculiaridades encontram-se estreitamente vinculadas às restantes áreas do direito do trabalho, a ponto de haver Paul Durand caracterizado o direito coletivo como instrumento de ação social, de que resulta proteção efetiva aos trabalhadores, mas de modo indireto (...). Mario de la Cueva, a seu turno, o considerou como a envoltura das demais partes, mostrando, assim, a sua visão orgânica do todo (...). As razões invocadas excluem, pois, a possibilidade de se considerar o direito coletivo como ramo autônomo do Direito[35].

Estamos, portanto, com a corrente que sustenta ser o direito coletivo do trabalho parte do direito do trabalho.

Com efeito, além das ponderações já mencionadas, acrescentamos que uma das razões mais aceitas para justificar a autonomia do próprio direito do trabalho reside exatamente na existência das relações coletivas, que historicamente constituem algo peculiar do direito coletivo do trabalho.

6. DIVISÃO METODOLÓGICA

Não há uniformidade doutrinária acerca dos critérios utilizados para a divisão metodológica do direito coletivo do trabalho.

34. *Direito sindical*. 2. ed. São Paulo: LTr, 1991, p. 19-20.

35. *Manual de direito do trabalho (direito coletivo do trabalho)*. 3. ed. São Paulo: LTr, 1993, p. 10-11.

Para Amauri Mascaro Nascimento, o direito sindical compõe-se do estudo: a) da organização sindical, precedido da história e da introdução; b) da atividade ou das funções sindicais, em especial as negociações coletivas das quais resultam as convenções coletivas de trabalho; c) dos conflitos coletivos de trabalho e suas formas de composição[36].

São institutos do direito coletivo, segundo Délio Maranhão[37]:

> a) Liberdade de coalizão, que é a ideia fundamental que propiciou o surgimento do direito coletivo de trabalho. Significa a possibilidade jurídica da união dos trabalhadores em defesa de interesses comuns, como o direito de reunião e o direito de greve; b) Associação Profissional, que é a organização permanente de empregados, ou de empregadores, em defesa dos interesses dos seus associados e/ou representados; c) Convenção Coletiva, que tem por objeto a criação de normas sobre condições de trabalho fixadas pelos próprios atores sociais interessados; d) Dissídios Coletivos de Trabalho, que são o reconhecimento, pelo direito, de que os conflitos coletivos decorrentes das relações de trabalho podem ser judicialmente solucionados.

Entendemos, *venia concessa*, que os dissídios coletivos concernem a outro ramo: o do direito processual do trabalho, sendo certo que há autores, inclusive, que advogam a autonomia do direito processual coletivo do trabalho[38].

Para Octavio Bueno Magano, o direito coletivo do trabalho divide-se em: a) organização sindical; b) convenção coletiva de trabalho; c) conflitos coletivos de trabalho; d) solução dos conflitos coletivos de trabalho.

E esclarece:

> Antecipando-nos ao estudo pormenorizado de cada um dos segmentos mencionados, parece-nos oportuno frisar, desde logo, que, sob a rubrica de organização sindical, devem ser estudados os grupos profissionais e econômicos, organizados ou não em sindicatos. Cumpre, a seguir, estudar a convenção coletiva dando-se realce à negociação coletiva, como processo conducente a sua celebração. Por último, convém chamar atenção para o fato de que o estudo dos conflitos coletivos, como a greve e o *lockout*, não compreende o das suas soluções, como a conciliação, a mediação e a arbitragem[39].

Para fins didáticos, parece-nos que o direito coletivo do trabalho comporta a seguinte divisão:

---

36. *Direito sindical*. 2. ed. São Paulo: LTr, 1991, p. 4.
37. *Direito do trabalho*. 17. ed. Rio de Janeiro: Getúlio Vargas, 1993, p. 301.
38. Cf. MARTINS FILHO, Ives Gandra da Silva. *Processo coletivo do trabalho*. 2. ed. São Paulo: LTr, 1997. *passim*.
39. *Op. cit.*, p. 11-12.

a) *introdução*: estudo do direito coletivo do trabalho, a história, o conceito, a denominação, o problema da autonomia e o objeto;

b) *liberdade sindical* em suas diversas manifestações;

c) *organização sindical*, que compreende o conceito, a natureza jurídica, a classificação, os objetivos, a criação, o funcionamento e a administração dos sindicatos;

d) *negociação coletiva*, como condição prévia à celebração dos acordos coletivos, convenções coletivas, contratos coletivos etc.;

e) *conflitos coletivos de trabalho*, como a greve e o *lockout*;

f) *representação dos trabalhadores nas empresas*.

CAPÍTULO II
Liberdade Sindical

1. PALAVRAS INTRODUTÓRIAS

O sindicalismo teve origem nas lutas e reivindicações da classe operária, fato que traduz, necessariamente, a ideia de liberdade do indivíduo não só frente ao Estado, mas também frente a outros indivíduos: os detentores do capital e dos meios de produção.

Pode-se dizer, nesse passo, que a liberdade sindical constitui o sustentáculo desse movimento de ideias, cujo berço deita raízes na Revolução Industrial, vindo, paulatinamente, ganhando espaço na consciência coletiva da classe trabalhadora. A consolidação desse movimento encontrou solo fértil na segunda metade do século XIX, projetando seus efeitos sobre a primeira metade do século XX, e perdura até os dias atuais.

Mas o que vem a ser liberdade sindical?

A expressão *liberdade sindical* pode ser analisada sob diversas perspectivas, a começar pelas formas eleitas pelo estudioso do tema, que podem ser a forma metodológica e a forma conceitual.

A *forma metodológica* concerne a todo o direito sindical, desde as suas raízes históricas até as novas estruturas sociais, políticas, econômicas e jurídicas contemporâneas. Nesse sentido, leciona Amauri Mascaro Nascimento que liberdade sindical "é o método epistemológico, de caráter didático e expositivo, do direito sindical e seus institutos. Assim, da garantia ou não da liberdade sindical em um sistema jurídico é que dependem a descrição e o confronto das técnicas de que se utiliza"[1].

Já a *forma conceitual* tem por objeto o conteúdo da liberdade sindical e suas diversas manifestações, de maneira a se conferir garantias aos sindicatos para que estes possam alcançar e cumprir os seus objetivos maiores. Desse modo, estudam-se as dimensões da liberdade sindical, como pedra de toque dos ordenamentos jurídicos de cada Estado.

Parece-nos inelutável, porém, afirmar que a liberdade sindical constitui o fundamento, por excelência, do sindicalismo.

1. *Direito sindical*. São Paulo: Saraiva, 1991, p. 114.

2. CONCEITO

Conceituar liberdade sindical não é tarefa fácil, haja vista a variedade de opiniões doutrinárias. Alguns autores preferem – a nosso ver com razão – classificar as diversas formas de liberdade sindical ao invés de conceituá-las.

De toda a sorte, convém trazer à colação o conceito de *Gros Espiell*, para quem liberdade sindical é "um direito ou conjunto de direitos que se atribui, enquanto titulares dos mesmos, ao sindicato ou à organização patronal"[2].

Alfredo Ruprecht, criticando tal conceituação, invoca a interpretação dada pela Organização Internacional do Trabalho, acrescentando que a liberdade sindical: "tem um sentido muito mais amplo, pois não só se integra com as liberdades de associação e expressão em direitos individuais, mas, além disso, a liberdade sindical deve ser compreendida integrando-se plenamente no sistema de liberdades fundamentais do homem"[3].

José Martins Catharino considera: "ousadia e impertinência nossas aqui falarmos sobre a liberdade do ponto de vista filosófico, da sua problemática essencial e existencial, bem assim dos vários sentidos ou espécies em que pode ser considerada ou dividida"[4].

Não é por outro motivo que Pergolesi e Santoro-Passarelli pontificam que a liberdade sindical é "uma liberdade complexa"[5], porquanto derivante de outra figura complexa, que é a própria liberdade.

José Augusto Rodrigues Pinto prefere

> compreender a ideia do que é liberdade sindical, considerando-a como fração da ideia ampla de liberdade que, para nós, é um estado de espírito do homem, através do qual tenta alcançar a plenitude de seu ser individual mediante o exercício de um exclusivo poder de escolha de sua postura diante do universo exterior ao seu ego (...). Representando a liberdade sindical, como representa, uma área restrita, da liberdade, concernente ao homem considerado em face de seu trabalho, impõe-se substituirmos um esforço baldado para conceituá-la por uma sólida compreensão do vasto círculo de seu alcance, formado por uma pluralidade de princípios de apoio que lhe dão definitiva consistência[6].

2. *Apud* RUPRECHT, Alfredo J. *Relações coletivas de trabalho*. São Paulo: LTr, 1995, p. 86.

3. *Op. et loc. cits.*

4. *Tratado Elementar de Direito Sindical*. São Paulo: LTr, 1982, p. 79.

5. PERGOLESI, Ferruccio. *Diritto Sindicale*. Pádua, 1961, p. 50; PASSARELLI, Francesco Santoro. *Noções de direito do trabalho*. Tradução brasileira. São Paulo, 1978, p. 14; *apud* RUSSOMANO, Mozart Victor. *Princípios Gerais de Direito Sindical*. 2. ed. Rio de Janeiro: Forense, 1997, p. 65.

6. Reflexões em Torno do Registro Sindical. *In:* FRANCO FILHO, Georgenor de Souza (Coord.). *Curso de Direito Sindical*: estudos em homenagem ao Ministro Orlando Teixeira da Costa. São Paulo: LTr, 1998, p. 97.

Da pena lapidar de Jean-Claude Javillier extrai-se que a liberdade sindical é

> um elemento indispensável a todo sistema de relações profissionais entre empregadores e assalariados, e também a toda democracia política. Portanto, seu estudo deve ser minucioso e seus vários elementos - individual (aderir) e coletivo (agrupar-se); positivo (ser membro) e negativo (não sê-lo) - devem ser demoradamente pensados a fim de serem articulados de forma pertinente. Mas também se deve ter conhecimento das diferentes concepções da liberdade sindical que são aplicadas em todo o mundo. Sem dúvida é necessário um certo recuo e uma humildade intelectual, especial para convencer-se de que há diferentes modos (normativos) de se aplicar a liberdade sindical. Também, deve-se desconfiar das solenes proclamações jurídicas ou, pelo menos preocupar-se constantemente com sua aplicação no quotidiano. A liberdade sindical condiciona ela mesma outras liberdades e direitos fundamentais, tal como o direito à negociação coletiva, e, em parte, o direito à greve. Trata-se de alguma maneira de uma "liberdade-condição". Sem a liberdade sindical, não é exagero considerar que vários direitos dos assalariados, vários elementos do sistema de relações profissionais seriam somente normas de fachada, regras desprovidas de qualquer abrangência prática[7].

Afirma Octavio Bueno Magano: "Liberdade Sindical é o direito dos trabalhadores e empregadores de não sofrerem interferência nem dos poderes públicos nem de uns em relação aos outros, no processo de se organizarem, bem como o de promoverem interesses próprios ou dos grupos a que pertençam"[8].

Gino Giugni preleciona que só há liberdade sindical quando a

> faculdade de efetuar a defesa e promoção dos interesses envolvidos no mundo do trabalho é atribuída aos próprios sujeitos protagonistas do conflito, como afirmação de sua posição de liberdade. A eles é reconhecida a faculdade de unirem-se para prover a defesa dos próprios interesses, escolhendo livremente, no exercício da própria autonomia, os meios mais convenientes para tal fim[9].

É necessário refletir, contudo, que, se não há em nenhum lugar do mundo liberdade absoluta, o mesmo se dá com a liberdade sindical.

Colhe-se, a propósito, a observação de José Francisco Siqueira Neto, ao assinalar que, "para que haja a liberdade sindical efetiva, necessária se faz a existência de um ordenamento jurídico que viabilize o exercício da liberdade sindical sem qualquer tipo

7. *Manual de direito do trabalho*. Tradução de Rita Asdine Bozaciyan. São Paulo: LTr, 1988, p. 148.
8. *Manual de direito do trabalho. Direito coletivo do trabalho*. São Paulo: LTr, 1993. v. III, p. 24.
9. *Direito Sindical*. São Paulo: LTr, 1991, p. 47.

de restrição, seja em relação à organização, seja em relação à negociação coletiva e, também, em relação ao direito de greve"[10].

Convém lembrar, para encerrar este tópico, as palavras precisas de Arion Sayão Romita, para quem o

> modelo de regulação das relações de trabalho adotado por um país reflete-se naturalmente nos processos de solução dos conflitos coletivos de trabalho. O Estado autoritário repele a negociação coletiva porque esta pressupõe sindicato livre e entendimento direto entre os interessados com possibilidade de greve. Nessa linha de raciocínio, o Estado autoritário proíbe a greve e cria uma justiça especializada dotada de poder normativo, pois os interessados não devem aproximar-se para solucionar diretamente suas controvérsias; devem, antes, acostumar-se a ver no Estado o regulador supremo da vida em sociedade, pois ele não só dispensa benefícios como supervisiona o cumprimento das normas e dá solução aos dissídios surgidos no dia a dia, assim individuais como coletivos. Já o Estado democrático de direito reconhece que os conflitos coletivos de trabalho fazem parte da realidade econômica e social e privilegia o modelo da autonomia coletiva porque, ao invés de desconfiar dos grupos interessados e reprimir sua ação espontânea, neles deposita confiança e estimula as soluções derivadas da negociação coletiva[11].

3. CLASSIFICAÇÃO

Há diversas classificações doutrinárias acerca da liberdade sindical. Para uns, a liberdade sindical pode ser simplesmente individual ou coletiva. Aquela pertinente à(s) pessoa(s) isoladamente considerada(s). Esta, guarda correspondência com os grupos profissionais ou econômicos. Outros sustentam que a liberdade sindical diz respeito à liberdade de organização e administração dos sindicatos, à liberdade de negociação coletiva, à liberdade de filiação e à autotutela dos grupos.

Amauri Mascaro Nascimento[12] prefere falar em princípios de apoio à liberdade sindical, a saber:

a) **Liberdade de Associação**

Não basta que a ordem jurídica garanta a existência de sindicatos, porquanto a "liberdade sindical é um juízo de valor, dependendo do modo como o sindicato, numa dada ordem jurídica, é concebido, se relaciona com o Estado, com seus congêneres e com seus representados"[13].

---

10. *Direito do trabalho e Democracia*. São Paulo: LTr, 1996, p. 171.
11. *Sindicalismo, Economia, Estado Democrático – Estudos*. São Paulo: LTr, 1993, p. 20.
12. *Direito Sindical*. São Paulo: Saraiva, 1989, p. 115.
13. *Op. cit.*, p. 116.

b) **Liberdade de Organização**

Parafraseando Gino Giugni, Amauri Mascaro Nascimento aponta que

> o direito de organização funciona no sentido de inibir o Estado de praticar atos que possam ferir o direito público subjetivo de liberdade, e atua como uma garantia constitucional deferida aos grupos, não admitindo, por exemplo, uma legislação com a qual o Estado venha a determinar com caráter de exclusividade os fins ou as formas organizativas da realidade sindical[14].

c) **Liberdade de Administração**

A liberdade de administração sindical exige a presença de dois requisitos: a democracia interna e a autarquia externa. Aquela representa a garantia de que, internamente, haverá a legitimidade das relações entre os sócios, permitida a livre disputa do poder. Esta concerne à garantia de inexistência, do lado externo, de qualquer tipo de pressão que interfira na administração da entidade.

d) **Liberdade do Exercício das Funções**

Tem por objeto assegurar os meios para que o sindicato possa exercer as funções de representação, de negociação, assistenciais, de cobrar contribuições, de colaborar com o poder público etc.

e) **Garantias aos Dirigentes Sindicais**

Protege a ação sindical, mediante repressão à conduta antissindical, proibição de atos desleais e *fuero* sindical. Aqui também se encaixa a garantia de estabilidade no emprego conferida aos dirigentes sindicais.

f) **Liberdade de Filiação Sindical**

Também denominada liberdade negativa: "ninguém está obrigado a ingressar ou a não ingressar num sindicato".

Orlando Gomes e Elson Gottschalk[15] classificam a liberdade sindical segundo uma ordem:

a) **Em Relação ao Indivíduo**

Consiste na liberdade de aderir, de não se filiar ou de se demitir de um sindicato.

b) **Em Relação ao Grupo Profissional**

Caracteriza-se pela liberdade de fundar um sindicato; de determinar o quadro sindical na ordem profissional e territorial; de estabelecer relações entre sindicatos para formar agrupações mais amplas; para fixar as regras internas, formais e de fundo para regular a vida sindical; nas relações entre o sindicalizado e o grupo profissional; nas relações entre o sindicato de empregados e o de empregadores; no exercício

---

14. *Ibidem*, p. 117.

15. *Curso de direito do trabalho*. Rio de Janeiro: Forense, 1993, p. 528.

do direito sindical em relação à profissão; no exercício do direito sindical em relação à empresa.

c) **Em Relação ao Estado**

Tem por fundamento a independência do sindicato em relação ao Estado; o conflito entre a autoridade do Estado e a ação sindical; integração dos sindicatos no Estado.

Arnaldo Süssekind, inspirado nos princípios consubstanciados na Convenção da OIT 87 (Genebra, 1948) e no Pacto Internacional dos Direitos Econômicos, Sociais e Culturais da ONU (Nova York, 1966), acentua que a liberdade sindical deve ser vista sob um tríplice aspecto:

a) **Liberdade Sindical Coletiva**

Corresponde ao direito dos grupos de empresários e de trabalhadores, vinculados por uma atividade comum, similar ou conexa, de constituir o sindicato de sua escolha, com a estruturação que lhes convier.

b) **Liberdade Sindical Individual**

É o direito assegurado a cada trabalhador ou empresário de filiar-se ao sindicato de sua preferência, representativo do grupo a que pertence, e dele desligar-se.

c) **Autonomia Sindical**

Concerne à liberdade de organização interna e de funcionamento da associação sindical e, bem assim, à faculdade de constituir federações e confederações ou de filiar-se às já existentes, visando sempre aos fins que fundamentam sua instituição.

Mozart Victor Russomano destaca que a liberdade sindical é figura triangular, formada, conceitualmente, por três partes distintas, que se tocam nas extremidades:

a) **Sindicalização Livre contra a Sindicalização Obrigatória**

Nas palavras do citado mestre gaúcho, a

> sindicalização livre decorre da inclinação do homem para conviver com seus semelhantes. Nesse sentido, é um direito natural. Queremos dizer, dessa forma, que o direito de associação está no curso espontâneo da vida (humana e social), como condição *sine qua non* de sobrevivência da espécie e expansão da personalidade do indivíduo. É, portanto, um direito humano. O sindicato – fato social, político e jurídico – é forma ou modalidade do direito de associação. Como esse direito crava raízes no ser, naquilo que de mais profundo possui o homem, podemos afirmar que esse direito de associação é parte integrante do conceito de liberdade. Para o trabalhador, a liberdade individual não se reduz às garantias outorgadas, pela ordem jurídica, a todos os cidadãos e, particularmente, à liberdade de trabalho. Abrange, igualmente, o direito de se associar, no sindicato, aos seus companheiros de ofício ou profissão. Para nós, a sindicalização livre ultrapassa esses limites: alcança, também, a prerrogativa do sindicato de se aliar a outros sindicatos congêneres, constituindo federações e confederações, em planos sucessivos e ascendentes. É uma nova visão da ideia de sindicalização livre. Assim como o trabalhador não pode ser impedido de ou compe-

lido a participar do sindicato, este tem a prerrogativa de criar, ou não, os órgãos sindicais de grau superior[16].

b) **Autonomia Sindical contra o Dirigismo**

Ainda na voz de Russomano, o sindicato é o senhor único de suas deliberações, não podendo ficar submetido ao *dirigismo* exercido por forças ou poderes estranhos à sua organização interna. Salienta que esse *dirigismo*, ao contrário do que se possa imaginar, pode não ser exercido apenas pelo Estado. Órgãos sindicais superiores, por exemplo, podem agir de modo despótico em relação aos órgãos de grau inferior. Neste caso, o *dirigismo* ocorre dentro mesmo da estrutura sindical.

Não se pode afastar a hipótese de ser o sindicato "teleguiado" pelo poder econômico do empresariado. Aqui, o *dirigismo* provém da classe patronal, criando os chamados "sindicatos servis", como ocorre na América do Norte, onde há registros de lideranças sindicais que se submetem aos interesses dos empregadores em troca de vantagens e favores pessoais inconfessáveis.

Não há dúvida, contudo, de que a forma mais usual de *dirigismo* é a que emana do próprio Estado, o qual pode intervir na organização sindical de duas maneiras: *diretamente*, por meio de normas (leis, decretos etc.), ou *indiretamente*, mediante concessões de benefícios ou cargos públicos aos dirigentes sindicais, tornando-os subservientes à vontade dos governantes.

A autonomia do sindicato pressupõe, segundo Russomano, o direito de criar novas entidades, preenchidas, naturalmente, as exigências de direito positivo, variáveis de lugar para lugar e de época para época; o direito de livre organização interna, que, basicamente, é a prerrogativa do sindicato de votar o seu estatuto (*Kaskel-Dersh*), mesmo quando existem modelos oficiais que devem ser adotados a título de mero esclarecimento ou orientação; o direito de funcionar livremente, dentro da lei em vigor, mas sem que essa lei comprima o exercício da representação, pelo sindicato, dos interesses de seus associados, da categoria em geral e da própria entidade; o direito de formar associações de nível superior, princípio que pode conduzir à formação das centrais de sindicatos ou confederações gerais de trabalhadores. Contra elas existem lamentáveis exemplos históricos de desvirtuamento das suas verdadeiras finalidades. Se as CGTs, teoricamente, correspondem à unidade operária, sua existência pode envolver riscos para a autonomia das entidades de nível inferior. A presença da CGT, como órgão de centralização, não deve estimular o fluxo da vida sindical a que corra do vértice para baixo, e sim, como a democracia sindical pressupõe, das bases para a cúspide.

E arremata:

> É essencial sublinhar, no entanto, que a autonomia sindical, embora ampla, não é absoluta. Ela está sempre condicionada à necessidade de segurança interna das

16. *Op. cit.*, p. 66.

nações e à ordem pública. Essa expressão – ordem pública – nos parece, em certos momentos, excessivamente vaga. Em nome dela, muitas vezes, tem sido ferida, a fundo, a liberdade sindical de vários países. Como Werner Sombart escreveu certa vez, a liberdade sindical é como a liberdade política: fácil de ser declarada, no papel; difícil de ser respeitada, na prática[17].

c) **Pluralidade Sindical contra a Unicidade Sindical**

Sendo a liberdade de associação gênero do qual liberdade sindical é espécie, cabe ao indivíduo – e somente a ele – não só o direito de participar, mas também o de não participar de um sindicato. Este direito vai além, de maneira que "a liberdade sindical não se reduz a simples opção, a mera alternativa entre 'sim' e 'não'. Quando o indivíduo, no caso, o trabalhador, opta pela negativa, tem o direito de, no uso dela, ir adiante, divergindo dos sindicatos existentes e fundando, inclusive, entidade congênere dissidente e minoritária"[18].

Voltaremos a falar sobre unicidade e pluralidade sindical nos tópicos seguintes. Por enquanto, convém mencionar, para fins didáticos, que existem outros critérios classificatórios da liberdade sindical, como, por exemplo, o que leva em conta o sentido político *versus* o sentido individualístico.

Wilson de Souza Campos Batalha, defensor desta classificação, advoga que a liberdade sindical pode ser entendida em duplo sentido.

> No sentido político, a liberdade sindical consiste em reconhecer ao sindicato caráter privatístico, desligado dos aspectos de entidade de direito público de que se revestiam os sindicatos nos regimes totalitários. O sindicato como entidade de direito público é segmento do Estado, a seu serviço e para a satisfação de seus desígnios. Ao contrário, o sindicato como entidade de direito privado está alheio ao controle estatal sob todos os aspectos – sob o aspecto de sua constituição, de sua organização, da elaboração de seus estatutos, da definição da categoria que intenta representar, da indicação da base territorial, da eleição de seus próprios diretores e controladores. Num sentido individualístico, a liberdade sindical consiste no direito de qualquer trabalhador ou empresa participar deste ou daquele sindicato, de filiar-se, ou não, a qualquer entidade sindical. Num regime de unicidade sindical, como o vigente no Brasil nos termos da Constituição de 1988, qualquer trabalhador ou empresa pode filiar-se ou deixar de filiar-se, como associado, a uma entidade sindical, embora não possa evadir-se à representação da categoria, em que se integra, e que totalitariamente é representada pelo sindicato monolítico[19].

17. *Op. cit.*, p. 72.
18. *Idem*, p. 74.
19. BATALHA, Wilson de Souza Campos; BATALHA, Sílvia Marina Labate. *Sindicatos – Sindicalismo*. São Paulo: LTr, 1992, p. 82.

4. A LIBERDADE SINDICAL E A POSIÇÃO DA ORGANIZAÇÃO INTERNACIONAL DO TRABALHO

Entre os principais objetivos que fundamentam a atuação da Organização Internacional do Trabalho – OIT, encontra-se o de difundir e universalizar o princípio da liberdade sindical.

Há tratados multilaterais emanados daquele organismo internacional que adotam explicitamente o princípio da liberdade sindical. Os dois mais importantes são a Convenção 87, de 1948[20], que dispõe sobre liberdade sindical e direito de sindicalização, e a Convenção 98, de 1949[21], respeitante à aplicação dos princípios do direito de sindicalização e de negociação coletiva.

Para se chegar à edição das referidas convenções, diversas batalhas jurídicas e, principalmente, políticas foram travadas. Tanto é assim que a 16ª Conferência Internacional do Trabalho, realizada em Genebra, em maio de 1927, cuja pauta tratava basicamente da liberdade sindical, não logrou avanço algum, ante as acirradas divergências entre as delegações classistas presentes. Ao revés, ficou decidido, naquela oportunidade, que a matéria não entraria na ordem do dia das próximas conferências.

Somente em 1947, a Assembleia Geral voltou a tratar do tema, aprovando a Convenção 84, que dispõe sobre o direito de criação de associações, mas limitou tal direito ao âmbito dos territórios não metropolitanos. De toda sorte, o art. 2º deste tratado já dispunha:

> Dever-se-á garantir, por meio de disposições apropriadas, o direito de empregadores e dos trabalhadores se associar para qualquer fim lícito.

Em Berlim (1962), o VII Congresso Mundial da Confederação Internacional das Organizações Sindicais Livres reafirmou

> os direitos fundamentais dos trabalhadores de todo mundo de estabelecer e aderir a organizações sindicais livres e independentes de todo controle, seja dos governos ou dos patrões.

4.1. A Convenção 87 da OIT

Na 31ª Sessão da Conferência Internacional do Trabalho, realizada a 17.06.1948, em São Francisco, foi aprovada a Convenção 87, que versa sobre liberdade sindical e

20. A Convenção 87 já foi ratificada por mais de 119 países. Lamentavelmente, o Brasil, por ter mantido no art. 8º, I, II e VI, da CF a unicidade sindical e o cognominado "*imposto sindical*", está impedido de ratificá-la.
21. A Convenção 98 foi ratificada por 133 países, inclusive o Brasil.

proteção do direito de associação. Dois de seus *consideranda* revelam o espírito que anima o seu conteúdo:

> Considerando que o preâmbulo da Constituição da Organização Internacional do Trabalho enuncia, entre os meios suscetíveis de melhorar as condições de trabalho e de garantir a paz, a afirmação do princípio da liberdade sindical.
>
> Considerando que a Declaração de Filadélfia proclamou novamente que a liberdade de expressão e de associação é essencial para o progresso constante...

A Convenção 87 é dividida em *quatro partes*, sendo que as duas primeiras dizem respeito à *liberdade sindical propriamente dita* e à *proteção do direito sindical*. Já as duas últimas dispõem sobre *medidas diversas* e *disposições finais*.

Reproduziremos, a seguir, as duas primeiras partes da Convenção 87, por serem as que mais interessam ao presente estudo:

> Parte I
>
> Liberdade Sindical
>
> Art. 1º
>
> Todo País-Membro da Organização Internacional do Trabalho, para o qual esteja em vigor *a presente Convenção, obriga-se a pôr em prática as disposições seguintes.*
>
> Art. 2º
>
> Os trabalhadores e os empregadores, sem qualquer distinção e sem autorização prévia, têm o direito de constituir as organizações que julguem convenientes, assim como de se filiar a essas organizações, com a única condição de observar seus estatutos.
>
> Art. 3º
>
> 1. As organizações de trabalhadores e empregadores têm o direito de redigir seus estatutos e regulamentos administrativos, o de eleger livremente seus representantes, o de organizar sua administração e suas atividades e de formular seu programa de ação.
>
> 2. As autoridades públicas deverão se abster de toda intervenção que vise a limitar esse direito ou a dificultar seu exercício legal.
>
> Art. 4º
>
> As organizações de trabalhadores e de empregadores não estarão sujeitas à dissolução ou suspensão por via administrativa.
>
> Art. 5º
>
> As organizações de trabalhadores e de empregadores têm direito de se constituir em federações e confederações assim como de filiar-se às mesmas, e toda organização, federação ou confederação tem o direito de filiar-se a organizações internacionais de trabalhadores e de empregadores.

Art. 6º

As disposições dos arts. 2º, 3º e 4º desta Convenção aplicam-se às federações e confederações de organizações de trabalhadores e de empregadores.

Art. 7º

A aquisição da personalidade jurídica pelas organizações de trabalhadores e de empregadores, suas federações e confederações, não pode estar sujeita a condições cuja natureza limite a aplicação das disposições dos arts. 2º, 3º e 4º desta Convenção.

Art. 8º

1. Ao exercer os direitos que lhe são reconhecidos na presente Convenção, os trabalhadores, os empregadores e suas respectivas organizações estão obrigados, do mesmo modo que as demais pessoas ou as coletividades organizadas, a respeitar a lei.
2. A legislação nacional não reduzirá nem será aplicada de modo a reduzir as garantias previstas pela presente Convenção.

Art. 9º

1. A legislação nacional deverá determinar até que ponto serão aplicadas às forças armadas e à polícia as garantias previstas pela presente Convenção.
2. De conformidade com os princípios estabelecidos no § 8º do art. 19 da Constituição da Organização Internacional do Trabalho, a ratificação desta Convenção por um País-Membro não deverá, de modo algum, ser entendida como derrogatória de leis, sentenças, costumes e acordos já existentes que concedam aos membros das forças armadas e da polícia garantias prescritas por esta Convenção.

Art. 10

Na presente Convenção, o termo "organização" significa toda organização de trabalhadores ou de empregadores que tenha por objetivo fomentar e defender os interesses dos trabalhadores ou dos empregadores.

Parte II

Proteção do Direito Sindical

Art. 11

Todo País-Membro da Organização Internacional do Trabalho, para o qual esteja em vigor a presente Convenção, obriga-se a adotar todas as medidas necessárias e apropriadas para garantir aos trabalhadores e empregadores o livre exercício do direito sindical...

O escopo da Convenção 87, portanto, é garantir a todos os trabalhadores e empregadores, sem qualquer distinção e sem prévia autorização, o direito de constituir as organizações que acharem convenientes e de a elas se filiarem. Essas organizações devem ter o direito de elaborar seus próprios estatutos e regulamentos, eleger seus representantes com total liberdade, organizar sua administração e suas atividades e formular seus programas de ação, sem interferência das autoridades públicas. Além disso, não podem ser dissolvidas nem suspensas por via administrativa.

Numa palavra, a finalidade geral da Convenção 87 é proteger a liberdade sindical contra possíveis ingerências do Estado.

A Convenção 87, sem embargo das discussões doutrinárias a respeito, consagra, a nosso sentir, a pluralidade sindical, muito embora não impeça o sistema da unicidade, ou melhor, da unidade, desde, é claro, que este resulte da livre manifestação dos próprios atores sociais interessados, sem interferência ou imposição do poder público quanto ao sistema por eles escolhido.

4.2. A Convenção 98 da OIT

Convenção 98, de 1949 – que dispõe sobre o direito sindical e a negociação coletiva –, em rigor, complementa a Convenção 87, já que canaliza seu objeto para as questões referentes às relações entre empregadores e trabalhadores.

A diferença basilar entre as Convenções 98 e 87 reside no fato de que esta protege a liberdade sindical dos trabalhadores e empregadores contra ingerências ilegais ou abusivas do poder público; ao passo que aquela protege os trabalhadores contra atos de ingerência ou de discriminação antissindical por parte dos empregadores.

Vale a pena transcrever os principais trechos da Convenção 98:

A Conferência Geral da Organização Internacional do Trabalho: convocada em Genebra pelo Conselho de Administração do Secretariado da Organização Internacional do Trabalho e reunida na dita cidade, em 08.06.1949, em sua trigésima segunda reunião,

Depois de haver decidido adotar diversas proposições relativas à aplicação dos princípios do direito sindical e de negociação coletiva, questão que constitui o quarto item da ordem do dia da reunião;

Depois de haver decidido que as ditas proposições se revestem da forma de uma convenção internacional, adota, na data de primeiro de julho de mil novecentos e quarenta e nove, a seguinte Convenção, que poderá ser citada como a Convenção sobre o direito sindical e de negociação coletiva, de 1949:

Art. 1º

1. Os trabalhadores deverão gozar de adequada proteção contra todo ato de discriminação tendente a reduzir a liberdade sindical com relação a seu emprego.

2. A dita proteção deverá ser exercida especialmente contra todo ato que tenha por objeto:

a) sujeitar o emprego de um trabalhador à condição de que não se filie a um sindicato ou à de deixar de ser membro de um sindicato;

b) demitir um trabalhador ou prejudicá-lo de qualquer outra forma por causa de sua filiação sindical ou de sua participação em atividades sindicais fora das horas de trabalho ou, com o consentimento do empregador, durante as horas de trabalho.

Art. 2º

1. As organizações de trabalhadores e de empregadores deverão gozar de adequada proteção contra todo ato de ingerência de umas nas outras, em sua constituição, funcionamento ou administração, quer se realize diretamente ou por meio de seus agentes ou membros.

2. Consideram-se atos de ingerência, no sentido do presente artigo, principalmente as medidas que tendam a fomentar a constituição de organizações de trabalhadores dominadas por um empregador ou por uma organização de empregadores ou a sustentar, economicamente ou de outra forma, organizações de trabalhadores, com o objetivo de mantê-las sob o controle de um empregador ou de uma organização de empregadores.

Art. 3º

Deverão ser criados, quando necessários, organismos adequados às condições nacionais, para garantir o respeito ao direito sindical definido nos artigos anteriores.

Art. 4º

Deverão ser adotadas, quando necessárias, medidas adequadas às condições nacionais, para estimular e fomentar, entre os empregadores e as organizações de empregadores, de uma parte, e as organizações de trabalhadores, de outra, o pleno desenvolvimento e uso dos procedimentos de negociação voluntária, com o objetivo de regulamentar, por meio de contratos coletivos, as condições de emprego.

Art. 5º

1. A legislação nacional deverá definir o alcance das garantias previstas na presente Convenção no que se refere à sua aplicação às forças armadas e à polícia.

2. De acordo com os princípios estabelecidos no § 8 do art. 19 da Constituição da Organização Internacional do Trabalho, a ratificação desta Convenção por um País-Membro não poderá, de modo algum, ser entendida como derrogatória de leis, sentenças, costumes ou acordos já existentes que concedam aos membros das forças armadas e da polícia as garantias prescritas nesta Convenção.

Art. 6º

A presente Convenção não trata da situação dos funcionários públicos na administração do Estado e, de modo algum, deverá ser interpretada em detrimento de seus direitos ou de seu regime.

4.3. Outros instrumentos

Preocupada em dar efetividade às citadas convenções internacionais, a OIT instituiu a Comissão de Investigação e de Conciliação em Matéria de Liberdade Sindical, tendo por objeto examinar os casos de supostas infrações aos direitos sindicais que lhe sejam submetidos, apurar os fatos e examinar a situação com o governo interessado, com a finalidade de lograr uma solução, por via de acordo.

Cumpre sublinhar que, além da Comissão de Investigação, há o Comitê de Liberdade Sindical, que é órgão integrante do Conselho de Administração da Organização Internacional do Trabalho, cuja função precípua é determinar em que circunstâncias se justifica o exame dos casos sobre queixas contra a liberdade sindical pelo Conselho de Administração, o qual, por sua vez, pode encaminhar o assunto à Comissão de Investigação e Conciliação. O Comitê edita súmulas que formam uma verdadeira jurisprudência sobre a matéria, destacando-se a de número 88, que abomina qualquer forma de discriminação quanto à participação de comunistas no sindicalismo.

5. O PROBLEMA DA UNICIDADE OU PLURALIDADE SINDICAL

Procuraremos, nas linhas que seguem, formular conceitos para os institutos da unicidade e da pluralidade sindical, indicando os seus aspectos positivos e negativos.

5.1. Unicidade, unidade ou monismo sindical

Registre-se, inicialmente, que não há, em doutrina, a desejada homogeneidade acerca das expressões "unidade" ou "unicidade" sindical.

Alguns utilizam as referidas denominações como se fossem sinônimas. Outros sustentam ser preciosismo inútil a expressão "unicidade sindical", pois "unidade sindical" é expressão universalmente aceita. Existem, ainda, os que preferem falar em "monismo sindical".

Seguindo as pegadas de Cássio Mesquita Barros: "Unidade sindical é o sistema que possibilita a criação, em um mesmo local e em um mesmo momento, de um único sindicato representativo dos trabalhadores ou empresários da mesma profissão".

Amauri Mascaro Nascimento[22], a nosso sentir acertadamente, reserva este conceito para "unicidade sindical" ou "sindicato único", deixando os termos "unidade sindical" para explicitar a união de trabalhadores, não em consequência de uma imposição da lei, mas como livre opção dos atores sociais interessados.

Para Wilson de Souza Campos Batalha, a "unicidade sindical implica a existência de uma única entidade representativa da mesma categoria em determinada base territorial"[23].

22. *Curso de direito do trabalho*. 13. ed. São Paulo: Saraiva, 1997, p. 751.

23. *Sindicatos, Sindicalismo*. 2. ed. São Paulo: LTr, 1994, p. 83.

Mais completa, segundo a nossa ótica, é a definição de Rodolfo Pamplona Filho, para quem "unicidade sindical consiste no sistema em que há uma única entidade representativa dos trabalhadores, de acordo com a forma de representação adotada (seja por categoria, base territorial, profissão ou empresa)"[24].

Realmente, unicidade sindical implica a existência de apenas uma entidade sindical que detém a exclusividade da representação dos trabalhadores ou empregadores, em conformidade com a forma imposta, pelo poder público, para tal representação.

As vantagens do sistema da unicidade sindical são a possibilidade de união maciça de vontades e a maior coalizão e solidez dos interessados, tanto na tomada de deliberações como na colocação de reivindicações perante a categoria contraposta.

Entre as desvantagens da unicidade sindical, destacam-se: o artificialismo da vontade dos atores sociais interessados, porquanto imposta por lei; o cerceamento do direito de liberdade na constituição de sindicatos, não restando opções para a criação de uma nova organização sindical àqueles que eventualmente discordarem de orientação traçada pelo sindicato já existente; o intervencionismo exacerbado por parte do Estado.

Parafraseando Santoro Passareli, Cássio Mesquita Barros leciona que a unicidade constitui um engenho formalmente perfeito, que evita todas as dificuldades da ação sindical; com ele, porém, desaparece a razão mesma da instituição, que é a autotutela dos interesses dos trabalhadores. Estimula a acomodação das lideranças antigas que, na pluralidade, geralmente sofrem o perigo da concorrência. Incentiva também o nascimento da "profissão" de dirigente sindical[25].

George Scelle, Oliveira Viana, José Martins Catharino, Segadas Vianna, Evaristo de Morais Filho, Orlando Gomes e Elson Gottschalk apontam a unicidade como o melhor sistema de representação sindical.

5.2. Pluralidade sindical

No regime de pluralidade sindical – preleciona Cássio Mesquita Barros –, ao contrário do que ocorre na unicidade, é facultada a criação, simultânea ou não, numa mesma base territorial, de mais de um sindicato representativo de trabalhadores ou de empresários da mesma profissão[26].

Após as considerações que tecemos a respeito da unicidade sindical, visualizamos, com Rodolfo Pamplona Filho, a pluralidade sindical não como a mera possibilidade de coexistência de várias entidades, na mesma base territorial, para exercerem a representação da mesma categoria, mas

24. *Pluralidade Sindical e Democracia*. São Paulo: LTr, 1997, p. 42.
25. Pluralidade, unidade e unicidade sindical. *In*: *Curso de direito coletivo do trabalho*: Estudos em Homenagem ao Ministro Orlando Teixeira da Costa. São Paulo: LTr, 1998, p. 86-88.
26. *Loc. cit.*, p. 77.

nos afastando das "amarras" da representação sindical por categoria, dentro de uma determinada base territorial, para propor uma nova conceituação de pluralidade sindical, em que esta seja entendida como a liberdade total dos trabalhadores de se organizarem, constituindo as entidades representativas da forma que considerarem conveniente, com a única condição de observância dos seus estatutos, o que é regra básica do Estado de Direito para a formação de organizações civis. Este conceito, no nosso entender, se ajusta mais adequadamente à própria realidade do que é aceito, do ponto de vista global, como "pluralidade sindical", eis que a maioria dos países estrangeiros não adota (ao contrário do Brasil), a representação da categoria por base territorial, bem como se afina com a tendência internacional, propugnada pela Organização Internacional do Trabalho, através de sua Convenção 87, de 1948, sobre liberdade sindical e a proteção do direito sindical[27].

Entendemos que a autêntica liberdade sindical só pode existir efetivamente no sistema da pluralidade[28]. A doutrina reconhece, porém, que há alguns inconvenientes, de natureza fática, para a implantação do regime pluralista.

Oportuno lembrar, nesse passo, o pensamento de Alfredo J. Ruprecht, quando adverte que a

> liberdade sindical absoluta, isto é, a faculdade de poder aderir ou não a um sindicato e de deixá-lo, quando se quiser, reduz as possibilidades de defesa da classe trabalhadora, que vê diluídos seus esforços em várias associações profissionais e com trabalhadores não filiados que, apesar disso, se beneficiam das conquistas dos filiados, muitas vezes obtidos com muito suor e luta. Por outro lado, dá maior flexibilidade ao

---

27. *Op. cit.*, p. 45.

28. "Apesar de que os trabalhadores podem ter interesse em evitar que se multipliquem as organizações sindicais, a unidade do movimento sindical não deve ser imposta, mediante intervenção do Estado, por via legislativa, pois essa intervenção é contrária ao princípio incorporado nos arts. 2º e 11 da Convenção 87" (Verbete 224 do Comitê de Liberdade Sindical, *op. cit.*, p. 48). "Corresponde aos próprios trabalhadores reagrupar-se numa só estrutura sindical, se consideram que isto favorece os seus integrantes; mas a legislação não pode institucionalizar esta situação de fato. Os trabalhadores devem poder conservar para o futuro a possibilidade de livre decisão para criar sindicatos, se assim o desejam. A Convenção, porém, não é obstáculo para que se estabeleça uma distinção entre os sindicatos mais representativos e os demais, sob a condição de que essa distinção só limite a reconhecer certos direitos, especialmente em matéria de representação em negociação coletiva, de consulta por parte dos governos ou de designação de delegados junto a organismos internacionais, e que os sindicatos mais representativos sejam determinados segundo critérios objetivos preestabelecidos. Em todo caso, as organizações minoritárias devem estar autorizadas a formular os seus programas de ação, ter o direito de ser porta-vozes dos seus membros e representá-los em casos de reclamação individual" (*Comisión de Expertos*. Informe III, Parte 4-A. Genebra: OIT, 1989, p. 210 e 211).

empregador, que pode escolher seus trabalhadores entre trabalhadores não filiados que costumam ser mais dóceis às imposições patronais ou às de um sindicato mais afinado com os interesses da empresa. A unidade de ação do sindicato pode-se ressentir, sobretudo, quando se chega a medidas extremas como a greve[29].

Além disso, Rodolfo Pamplona Filho ressalta que a implantação da pluralidade sindical com o atual ordenamento jurídico brasileiro pode ainda trazer alguns outros inconvenientes, como, por exemplo:

a) como conciliar os efeitos *erga omnes* ou *ultra contraentes* das convenções coletivas, num sistema de pluralidade sindical, principalmente admitindo-se a estipulação de cláusulas renunciadoras de direitos, sem desestimular a atividade sindical?

b) se o sindicato é o representante da categoria, inclusive em questões administrativas e judiciais, como saber qual sindicato é o representante de determinados trabalhadores, se estes não se filiarem a nenhum?

c) qual o critério de fixação de representatividade e quem pode escolhê-lo, uma vez que é vedada a interferência e intervenção do Poder Público?

Aquele autor, inspirando-se em Arnaldo Süssekind e Segadas Vianna, rebate as inconveniências citadas, uma vez que a

> unidade sindical constitui meta defendida por expressivos movimentos sindicais, visando ao fortalecimento das respectivas associações. Mas ela deve resultar da conscientização dos trabalhadores e dos empresários, que se irradia na medida em que os sindicatos trabalhem com êxito na promoção dos interesses e na defesa dos direitos de seus representados. Por seu turno, a realidade evidencia que essa unidade de representação não se sustenta quando as entidades sindicais se vinculam a doutrinas políticas ou religiosas, às quais subordinam os interesses profissionais ou econômicos. Na maioria dos países há pluralidade de direito e de fato (p. ex.: França, Itália, Espanha); em alguns, é facultada a pluralidade sindical, mas, por conscientização dos trabalhadores, vigora, de fato, a unidade de representação (p. ex.: Alemanha e Reino Unido); em outros, o monopólio de representação sindical é imposto por lei (p. ex.: Brasil, Colômbia, Peru). O princípio da liberdade sindical, como tem ressaltado a OIT, aceita a unidade fática de representação, exigindo apenas que o sistema jurídico possibilite a pluralidade de associações, em qualquer nível; admite, outrossim, a designação do sindicato mais representativo como porta-voz do grupo em determinadas questões. Quanto à estruturação, devem os trabalhadores ter a facul-

29. *Relações coletivas de trabalho*. São Paulo: LTr, 1995, p. 90.

dade de organizar sindicatos de categoria, profissão, ofício, empresa e até de estabelecimento. Nos sistemas que facultam a pluralidade sindical, a lei, ou a jurisprudência, deve editar regras sobre: a) aferição do sindicato mais representativo para falar em nome do correspondente grupo nos procedimentos da negociação coletiva; b) critérios para a solução dos conflitos de representação, sobretudo quando estes ocorrem entre um sindicato de categoria e outro de empresa ou de profissão...[30].

Mozart Victor Russomano advoga que a pluralidade sindical, efetivamente, garante melhor a liberdade dos sindicatos:

A circunstância de que a designação do sindicato mais representativo pode fazer com que ele absorva os sindicatos inexpressivos, não nos parece mal maior. Ao contrário, será gesto espontâneo de adesão do trabalhador ao sindicato que inspira confiança. A fórmula – que pode parecer contraditória – é, na verdade, ideal: o sindicato único deve nascer da pluralidade sindical, ou seja, deve perdurar a unidade da categoria profissional ou econômica à margem da possibilidade, espontaneamente abandonada, de formação dos sindicatos dissidentes. Essa fórmula ideal não é utópica. Pergolesi, com habilidade, apontou, nesse sentido, o exemplo, dos sindicatos de empregadores, que, nos regimes pluralistas, quase não enfrentam o risco do fracionamento e da divisão de forças. O sindicato único imposto por lei é artificial. Ao contrário, quando nasce da vontade uniforme de todos os integrantes da categoria, está cheio de vida. O sindicato único imposto e o sindicato único voluntariamente construído, conscientemente desejado, podem ter a mesma aparência e o mesmo colorido. Não têm, entretanto, o mesmo conteúdo. Dentro de um pode estar a morte do sindicalismo. Dentro do outro pode estar a vida integral desse esplêndido movimento associativo, essencial à libertação definitiva do trabalhador como homem e como trabalhador[31].

Vale trazer à liça a abalizada opinião de Carlos Alberto Chiarelli, relator do documento "Fundamentos básicos para uma nova política trabalhista", que encerra as conclusões da Comissão de Legislação Social da Câmara dos Deputados a respeito da reforma da CLT:

Se o modelo que se quer erigir na legislação a ser elaborada inspira-se em princípios democráticos, não se poderá fugir da pluralidade sindical. Matéria controversa, muitos são os defensores da unidade, até porque, consagrando o monopólio, gera uma

30. SÜSSEKIND, Arnaldo; VIANNA, Segadas *et alii*. *Instituições de Direito do Trabalho*. 16. ed. São Paulo: LTr, 1996. v. 2, p. 1.082-1.083.
31. RUSSOMANO, Mozart Victor. *Princípios gerais de direito sindical*. 2. ed. Rio de Janeiro: Forense, 1997, p. 91.

exclusividade de representação classista que assegura certa acomodação das lideranças antigas, que, muitas vezes, na pluralidade, corre o perigo da concorrência renovadora. Claro que se erguem também contra a pluralidade a crítica do "dividir para governar", alegando-se que, fracionados em vários segmentos representativos os trabalhadores, mais fácil será ao poder econômico enfrentá-los. A afirmativa poderá ter certa dose de razão mas não é necessariamente certa. Os países em que há maior vigor reivindicatório e mais expressiva capacidade de mobilização sindical são aqueles que ostentam a pluralidade entre as prerrogativas constitutivas da obrigatoriedade da pluralidade. Esta vale como prerrogativa, como direito. Se os trabalhadores, apesar de terem a faculdade, preferirem agrupar-se em representações unitárias, estaremos diante do ideal: a unidade na pluralidade.

Um dos maiores entraves à implantação do pluralismo sindical reside, a nosso sentir, no problema da escolha do sindicato que irá representar o grupo quando da celebração das convenções coletivas de trabalho. Há diversos sistemas que se ocupam desse problema[32]:

a) *Sistema de eleição*

É adotado nos Estados Unidos (EUA). Contestada a representatividade majoritária do sindicato, será levada a efeito uma votação, supervisionada e processada pelo Conselho Nacional das Relações do Trabalho, que é um órgão do Governo.

b) *Sistema de sindicato livre na profissão corporativamente organizada*

Este sistema é baseado nas encíclicas papais, bem como no Código de *Malines*, de 1933. Prega um corporativismo com liberdade sindical. Acima dos vários sindicatos haveria um organismo único, formado por representantes designados por esses sindicatos, que celebraria a convenção coletiva.

c) *Sistema da intervenção do Poder Judiciário*

Trata-se de sistema que procura conciliar o sistema da unidade com o da pluralidade sindical, podendo, inclusive, o Poder Judiciário intervir sempre que eventuais arbitrariedades fossem cometidas.

d) *Sistema do sindicato mais representativo*

Segundo Luisa Riva Sanseverino[33], esse sistema é, seguramente, o mais indicado e o mais apto a defender os interesses de todo o grupo. Todavia, há alguns inconvenientes para se estabelecerem os critérios de escolha do sindicato mais representativo: o que possuir maior número de associados? O mais antigo? A quem compete escolher o sindicato mais representativo?

32. *Apud* GOMES, Orlando; GOTTSCHALK, Elson. *Curso de direito do trabalho*, p. 599.

33. *Diritto sindicale*. Roma, 1959, p. 223.

Cremos que o sistema do sindicato mais representativo é o que melhor se harmoniza com o pluralismo sindical e com os princípios do Estado democrático de direito. O ideal é que seja adotado não somente um, mas diversos critérios objetivos que formarão um conjunto de regras destinadas à escolha do sindicato mais representativo. Nesse passo, a lei poderia – sem que isso implique intervenção ou interferência na organização sindical – estabelecer os critérios:

I – de aferição do sindicato mais representativo para falar em nome do grupo nos procedimentos da negociação coletiva, como o número de associados, melhores condições estabelecidas nas negociações anteriores, conduta dos seus dirigentes, organização interna e recursos financeiros, qualidade dos serviços prestados a seus associados[34];

II – de solução dos conflitos de representação, mormente quando tais conflitos ocorrerem entre sindicatos de categoria e de empresa ou de profissão etc.[35].

No elenco dos defensores da pluralidade sindical destacamos Gallart Folch, Mozart Victor Russomano, Arion Sayão Romita, João Regis Fassbender Teixeira, Délio Maranhão, Roberto Barretto Prado, Cássio Mesquita Barros e Arnaldo Süssekind. Este último autor, inclusive, chegou a defender a unicidade sindical, mas, atualmente, reconhece que "o ideal seja a unidade de representação decorrente da conscientização dos grupos de trabalhadores ou de empresários interligados por uma atividade comum. Outrossim, as centrais sindicais brasileiras, de diferentes matizes filosóficos, criaram uma realidade, que não pode ser desprezada, justificadora da pluralidade sindical"[36].

6. A CONSTITUIÇÃO FEDERAL DE 1988

Já apontamos que a Convenção 87 da OIT, ratificada por mais de 120 países, enaltece como princípio fundamental a ampla liberdade sindical, assegurando aos trabalhadores e empregadores, sem nenhuma distinção e sem autorização prévia, o direito de constituir as organizações que entenderem convenientes, bem como o direito de filiação (e desfiliação) a essas organizações, tendo como única condição a observância dos seus respectivos estatutos.

A leitura atenta do art. 8º e seus incisos da Constituição Federal de 1988, à luz do referido tratado internacional, revela-nos, lamentavelmente, que a liberdade sindical no Brasil encerra, como bem salienta Arion Sayão Romita, "mera norma de fachada"[37], uma vez que, entre as diversas espécies de liberdades propugnadas pela Convenção 87 da OIT, somente restou assegurada a autonomia sindical (CF, art. 8º, I),

34. RUSSOMANO, Mozart Victor. *Princípios de direito sindical*, p. 87.

35. PAMPLONA FILHO, Rodolfo. *Pluralidade sindical e democracia*, p. 47.

36. *Instituições...*, p. 1.089.

37. Sindicalização por categoria. *In*: *Revista da Academia Nacional de Direito do Trabalho*, n. 4, p. 34, 1996.

assim mesmo com o condicionamento da criação de sindicatos ao registro prévio no órgão competente[38].

É importante notar que o STF editou, em 2003, a Súmula 677, *in verbis*: "Até que lei venha a dispor a respeito, incumbe ao Ministério do Trabalho proceder ao registro das entidades sindicais e zelar pela observância do princípio da unicidade".

No respeitante à liberdade de filiação, positiva (filiar-se) ou negativa (desfiliar-se da entidade), a Constituição vigente adotou-a parcialmente, já que o trabalhador é livre para associar-se a sindicato, desde que este seja o que detenha o monopólio de representação da categoria profissional à qual pertença. É dizer, a Constituição impõe a noção de sindicalização por categoria como se fosse a única forma possível de organização sindical[39], impedindo que trabalhadores e empregadores tenham o direito de se associarem a outras organizações sindicais de sua livre escolha ou preferência.

Houve avanço, porém, no que tange à garantia contra a extinção ou suspensão de qualquer associação – aí incluídas as sindicais – pelo Estado, por via administrativa (CF, art. 5º, XIX).

Retornando ao problema da unicidade ou pluralidade, a *Lex Fundamentalis* optou por esta última, com a advertência de José Afonso da Silva, no sentido de que os

> que propugnam pela pluralidade sindical pretendem a livre possibilidade de constituir vários sindicatos (fragmentação sindical) para uma mesma categoria profissional ou econômica na mesma base territorial, enquanto a unicidade sindical consiste na possibilidade de criação de um só sindicato para cada categoria profissional ou econômica na mesma base territorial. A Constituição tomou partido explícito na controvérsia e a solucionou pela unidade sindical, conforme o art. 8º, II: "É vedada a criação de mais de uma organização sindical, em qualquer grau, representativa de categoria profissional ou econômica, na mesma base territorial, que será definida pelos trabalhadores ou empregadores interessados, não podendo ser inferior à área de um Município". Mantém-se, em princípio, o sistema anterior, que concilia a pluralidade de base territorial com a unicidade sindical por categoria. Há unicidade sindical em cada base porque nela só poderá existir um sindicato da mesma categoria

38. A Solicitação de Registro Sindical é regida pela Portaria MTE 186/08 e é realizada por meio de formulário eletrônico. O Ministério do Trabalho e Emprego é o órgão competente para conceder o registro sindical à organização representativa de categoria econômica, profissional ou diferenciada, com o fim precípuo de zelar pela unicidade sindical. Trata-se de atividade atributiva de personalidade, o que não implica, segundo o STF (Súmula 677), interferência do Poder Público na organização sindical, mas ato administrativo vinculado, tornando pública a existência da entidade, revestindo-a de personalidade sindical.
39. Mantém-se, assim, o modelo adotado pela antiga Itália fascista, o qual impunha a sindicalização por categoria, facilitando ao Governo manter os sindicatos sob seu controle.

profissional ou econômica, mas, como existe pluralidade de base territorial, manifesta-se aí uma espécie de pluralidade sindical no nível supramunicipal[40].

Arnaldo Süssekind pontifica que "o que se segue, nos incs. II e IV (do art. 8º da CF, ressaltamos), é uma afronta ao princípio universalizado de liberdade sindical, visto que impõe a unicidade sindical compulsória por categoria e autoriza contribuições obrigatórias em favor das associações que formam o sistema confederativo de representação sindical"[41].

Importa notar que, muito embora a Constituição de 1988 garanta "ao servidor público civil o direito à livre associação sindical" (art. 37, VI), silencia-se no § 3º do seu art. 39 a respeito de aplicação do art. 8º, que cuida da organização sindical em geral do trabalhador do setor privado. O silêncio constitucional tem levado ao entendimento de que a unicidade sindical também alcança os servidores públicos da administração pública direta, autárquica e fundacional.

Aliás, a jurisprudência do STF aponta no sentido de que a sindicalização dos servidores públicos estatutários, no que se refere a enquadramento por categoria, contribuição sindical e unicidade sindical, segue as mesmas regras destinadas aos trabalhadores do setor privado, como se extrai da seguinte ementa:

> Sindicato de servidores públicos: direito à contribuição sindical compulsória (CLT, arts. 578 e ss.), recebida pela Constituição (art. 8º, IV, *in fine*), condicionado, porém, à satisfação do requisito da unicidade. A Constituição de 1988, à vista do art. 8º, IV, *in fine*, recebeu o instituto da contribuição sindical compulsória, exigível nos termos dos arts. 578 e ss., CLT, de todos os integrantes da categoria, independentemente de sua filiação ao sindicato (STF-ADI 1.076, rel. min. Sepúlveda Pertence, 15.06.1994). Facultada a formação de sindicatos de servidores públicos (CF, art. 37, VI), não cabe excluí-los do regime da contribuição legal compulsória exigível dos membros da categoria (ADIn 962, 11.11.1993, Galvão). A admissibilidade da contribuição sindical imposta por lei é inseparável, no entanto, do sistema de unicidade (CF, art. 8º, II), do qual resultou, de sua vez, o imperativo de um organismo central de registro das entidades sindicais, que, à falta de outra solução legal, continua sendo o Ministério do Trabalho (MI 144, 03.08.1993, Pertence). Dada a controvérsia de fato sobre a existência, na mesma base territorial, de outras entidades sindicais da categoria que o impetrante congrega, não há como reconhecer-lhe, em mandado de segurança, o direito a exigir o desconto em seu favor da contribuição compulsória pretendida (STF

40. SILVA, José Afonso da. *Curso de direito constitucional positivo*. 24. ed. São Paulo: Malheiros, 2005, p. 303.

41. SÜSSEKIND, Arnaldo. *Direito constitucional do trabalho*. 2. ed. Rio de Janeiro: Renovar, 2001, p. 347.

– Rec. em Mand. Seg. 21.758-1 – Rel. Min. Sepúlveda Pertence – in *Diário da Justiça* de 04.11.1994 – p. 29.831).

Esse entendimento sofrerá alteração em função dos arts. 578, 579, 582, 583, 587 e 602 da CLT, com redações dadas pela Lei 13.467/2017, que afastam a compulsoriedade das contribuições sindicais, o que foi confirmado pelo STF (ADI 5.794).

Outro aspecto que merece relevo diz respeito à natureza jurídica das centrais sindicais, pois a Lei 11.648/08 reconhece oficialmente as centrais sindicais no Brasil como entidades associativas de direito privado de representação geral dos trabalhadores, constituídas em âmbito nacional.

No art. 1º da referida lei estão definidas as atribuições e prerrogativas das centrais sindicais. Para fins de verificação da representatividade, deverão as centrais sindicais se cadastrar no Sistema Integrado de Relações do Trabalho (SIRT/MTE), devendo manter seus dados cadastrais atualizados, conforme estabelecido no art. 1º da Portaria 194/08.

Por meio de despacho publicado no *DOU*, de 25.05.2012, o então Ministro do Trabalho e Emprego Carlos Daudt Brizola divulgou:

> (...) as Centrais Sindicais que atendem aos requisitos previstos no art. 2º da referida Lei, com seus índices de representatividade, às quais serão fornecidos os respectivos Certificados de Representatividade – CR: a) Central Única dos Trabalhadores, com índice de representatividade de 36,7%; b) Força Sindical, com índice de representatividade de 13,7%; c) UGT – União Geral dos Trabalhadores, com índice de representatividade de 11,3%; d) CTB – Central dos Trabalhadores e Trabalhadoras do Brasil, com índice de representatividade de 9,2%; e e) NCST – Nova Central Sindical de Trabalhadores, com índice de representatividade de 8,1%.

Ocorre que, diante do monismo (ou unicidade) sindical em qualquer grau adotado pelo inc. II do art. 8º da Constituição, pode-se afirmar que as centrais sindicais não integram o sistema sindical pátrio, não possuindo, portanto, natureza sindical. É dizer, tais centrais são simples associações civis, sem "personalidade sindical" para representar "categorias".

Sobre o tema, assinala Eduardo Gabriel Saad: "Semelhante dispositivo constitucional não deixa espaço para que as Centrais Sindicais se organizem legitimamente. Numa palavra, é inadmissível que haja pluralismo na cúpula sindical (CUT, CGT etc.) e unitarismo nos planos inferiores"[42].

42. *Constituição e direito do trabalho*. São Paulo: LTr, 1989, p. 180.

Com razão Arnaldo Süssekind, ao assinalar que a "posição das centrais sindicais de trabalhadores no cenário sindical brasileiro é, no mínimo, extravagante. Elas não integram o sistema confederativo previsto na Constituição e na CLT, o qual se esteia no princípio da unicidade de representação em todos os níveis"[43].

No mesmo sentido, é a jurisprudência do Pretório Excelso:

> O citado inc. II do art. 8º da Constituição estabelece o princípio da unicidade sindical em qualquer grau, ou seja, no plano dos sindicatos, das federações e das confederações. Representa, assim, uma limitação à liberdade de confederações" (STF – Pleno – MS-2082985 – Rel. Min. Célio Borja – *DJ* de 23.06.1989).

Em outra oportunidade, o Plenário do STF decidiu que, não sendo a central sindical em causa "uma confederação sindical, nem uma entidade de classe de âmbito nacional, não tem legitimidade para a propositura de ação direta de inconstitucionalidade" (ADIn-928-I, Rel. Min. Sydney Sanches, in *Rev. LTr*, n. 58, 1994, p. 210).

Mesmo depois da vigência da Lei 11.648/08, o STF manteve o seguinte entendimento: União Geral dos Trabalhadores (UGT). (...) Mantida a decisão de reconhecimento da inaptidão da agravante para instaurar controle abstrato de normas, visto não se amoldar à hipótese de legitimação prevista no art. 103, IX, "parte inicial", da CF. Muito embora ocorrido o reconhecimento formal das centrais sindicais com a edição da Lei 11.648/08, a norma não teve o condão de equipará-las às confederações, de modo a sobrelevá-las a um patamar hierárquico superior na estrutura sindical. Ao contrário, criou-se um modelo paralelo de representação, figurando as centrais sindicais como patrocinadoras dos interesses gerais dos trabalhadores, e permanecendo as confederações como mandatárias máximas de uma determinada categoria profissional ou econômica (STF-ADI 4.224-AgR – Rel. Min. Dias Toffoli – j. 01.08.2011 – Plenário – *DJE* de 08.09.2011).

Sobreleva ressaltar, porém, que a Lei 11.648/2008 reconhece formalmente a existência das centrais sindicais, nos seguintes termos:

> Art. 1º A central sindical, entidade de representação geral dos trabalhadores, constituída em âmbito nacional, terá as seguintes atribuições e prerrogativas:
>
> I – coordenar a representação dos trabalhadores por meio das organizações sindicais a ela filiadas; e
>
> II – participar de negociações em fóruns, colegiados de órgãos públicos e demais espaços de diálogo social que possuam composição tripartite, nos quais estejam em discussão assuntos de interesse geral dos trabalhadores.

43. SÜSSEKIND, Arnaldo. *Direito constitucional do trabalho*. 2. ed. Rio de Janeiro: Renovar, 2001, p. 388.

Parágrafo único. Considera-se central sindical, para os efeitos do disposto nesta Lei, a entidade associativa de direito privado composta por organizações sindicais de trabalhadores.

Art. 2º Para o exercício das atribuições e prerrogativas a que se refere o inc. II do *caput* do art. 1º desta Lei, a central sindical deverá cumprir os seguintes requisitos:

I – filiação de, no mínimo, 100 (cem) sindicatos distribuídos nas 5 (cinco) regiões do País;

II – filiação em pelo menos 3 (três) regiões do País de, no mínimo, 20 (vinte) sindicatos em cada uma;

III – filiação de sindicatos em, no mínimo, 5 (cinco) setores de atividade econômica; e

IV – filiação de sindicatos que representem, no mínimo, 7% (sete por cento) do total de empregados sindicalizados em âmbito nacional.

Parágrafo único. O índice previsto no inc. IV do *caput* deste artigo será de 5% (cinco por cento) do total de empregados sindicalizados em âmbito nacional no período de 24 (vinte e quatro) meses a contar da publicação desta Lei.

Art. 3º A indicação pela central sindical de representantes nos fóruns tripartites, conselhos e colegiados de órgãos públicos a que se refere o inc. II do *caput* do art. 1º desta Lei será em número proporcional ao índice de representatividade previsto no inc. IV do *caput* do art. 2º desta Lei, salvo acordo entre centrais sindicais.

§ 1º O critério de proporcionalidade, bem como a possibilidade de acordo entre as centrais, previsto no *caput* deste artigo não poderá prejudicar a participação de outras centrais sindicais que atenderem aos requisitos estabelecidos no art. 2º desta Lei.

§ 2º A aplicação do disposto no *caput* deste artigo deverá preservar a paridade de representação de trabalhadores e empregadores em qualquer organismo mediante o qual sejam levadas a cabo as consultas.

Art. 4º A aferição dos requisitos de representatividade de que trata o art. 2º desta Lei será realizada pelo Ministério do Trabalho e Emprego.

§ 1º O Ministro de Estado do Trabalho e Emprego, mediante consulta às centrais sindicais, poderá baixar instruções para disciplinar os procedimentos necessários à aferição dos requisitos de representatividade, bem como para alterá-los com base na análise dos índices de sindicalização dos sindicatos filiados às centrais sindicais.

§ 2º Ato do Ministro de Estado do Trabalho e Emprego divulgará, anualmente, relação das centrais sindicais que atendem aos requisitos de que trata o art. 2º desta Lei, indicando seus índices de representatividade.

Art. 5º Os arts. 589, 590, 591 e 593 da Consolidação das Leis do Trabalho – CLT, aprovada pelo Dec.-lei 5.452, de 01.05.1943, passam a vigorar com a seguinte redação:

"Art. 589. ....

I – para os empregadores:

a) 5% (cinco por cento) para a confederação correspondente;

b) 15% (quinze por cento) para a federação;

c) 60% (sessenta por cento) para o sindicato respectivo; e

d) 20% (vinte por cento) para a 'Conta Especial Emprego e Salário';

II – para os trabalhadores:

a) 5% (cinco por cento) para a confederação correspondente;

b) 10% (dez por cento) para a central sindical;

c) 15% (quinze por cento) para a federação;

d) 60% (sessenta por cento) para o sindicato respectivo; e

e) 10% (dez por cento) para a 'Conta Especial Emprego e Salário';

III – (revogado);

IV – (revogado).

§ 1º O sindicato de trabalhadores indicará ao Ministério do Trabalho e Emprego a central sindical a que estiver filiado como beneficiária da respectiva contribuição sindical, para fins de destinação dos créditos previstos neste artigo.

§ 2º A central sindical a que se refere a alínea 'b' do inc. II do *caput* deste artigo deverá atender aos requisitos de representatividade previstos na legislação específica sobre a matéria". (NR)

"Art. 590. Inexistindo confederação, o percentual previsto no art. 589 desta Consolidação caberá à federação representativa do grupo.

§ 1º (Revogado).

§ 2º (Revogado).

§ 3º Não havendo sindicato, nem entidade sindical de grau superior ou central sindical, a contribuição sindical será creditada, integralmente, à 'Conta Especial Emprego e Salário'.

§ 4º Não havendo indicação de central sindical, na forma do § 1º do art. 589 desta Consolidação, os percentuais que lhe caberiam serão destinados à 'Conta Especial Emprego e Salário'". (NR)

"Art. 591. Inexistindo sindicato, os percentuais previstos na alínea 'c' do inciso I e na alínea 'd' do inc. II do *caput* do art. 589 desta Consolidação serão creditados à federação correspondente à mesma categoria econômica ou profissional.

Parágrafo único. Na hipótese do *caput* deste artigo, os percentuais previstos nas alíneas 'a' e 'b' do inc. I e nas alíneas 'a' e 'c' do inc. II do *caput* do art. 589 desta Consolidação caberão à confederação". (NR)

"Art. 593. As percentagens atribuídas às entidades sindicais de grau superior e às centrais sindicais serão aplicadas de conformidade com o que dispuserem os respectivos conselhos de representantes ou estatutos.

Parágrafo único. Os recursos destinados às centrais sindicais deverão ser utilizados no custeio das atividades de representação geral dos trabalhadores decorrentes de suas atribuições legais". (NR)

Art. 6º (VETADO)

Art. 7º Os arts. 578 a 610 da Consolidação das Leis do Trabalho – CLT, aprovada pelo Dec.-lei 5.452, de 01.05.1943, vigorarão até que a lei venha a disciplinar a contribuição negocial, vinculada ao exercício efetivo da negociação coletiva e à aprovação em assembleia geral da categoria.

Art. 8º Esta Lei entra em vigor na data de sua publicação.

De outra parte, a Portaria 194/08 do MTE prevê, ainda, os requisitos para a representatividade das centrais sindicais, *in verbis*:

Art. 1º Para fins de verificação da representatividade, as centrais sindicais deverão se cadastrar no Sistema Integrado de Relações do Trabalho – SIRT, devendo seu cadastro ser atualizado constantemente, de acordo com instruções expedidas pela Secretaria de Relações do Trabalho – SRT.

Parágrafo único. Para o cadastramento e atualização do cadastro no SIRT, a central sindical deverá protocolizar, na sede do Ministério do Trabalho e Emprego (MTE), os seguintes documentos:

I – atos constitutivos, registrados em cartório;

II – comprovante de posse da diretoria e duração do mandato;

III – indicação dos dirigentes com nome, cargo e número do Cadastro Pessoa Física – CPF;

IV – informação do representante legal junto ao Ministério do Trabalho e Emprego;

V – indicação do tipo de diretoria, se singular ou colegiada;

VI – Certidão do Cadastro Nacional da Pessoa Jurídica – CNPJ, do Ministério da Fazenda;

VII – Comprovante de endereço em nome da entidade.

Art. 2º As entidades que pretendam a aquisição das atribuições e prerrogativas de centrais sindicais deverão atender aos requisitos constantes do art. 2º da Lei 11.648, de 2008.

Art. 3º A verificação da observância dos requisitos previstos nos incs. I e II do art. 2º da Lei 11.648, de 2008, utilizará como parâmetros as declarações de filiação de sindicatos a centrais sindicais informadas no Cadastro Nacional de Entidades Sindicais – CNES.

Art. 4º Para análise do cumprimento do previsto no inc. III do art. 2º da Lei 11.648, de 2008, serão utilizados como parâmetros de pesquisa os dados do CNES e da Classificação Nacional de Atividades Econômicas – CNAE apurados pelo Departamento Intersindical de Estatística e Estudos Socioeconômicos – DIEESE.

Parágrafo único. Na impossibilidade de apuração dos dados de que trata o *caput*, serão utilizados como parâmetros de pesquisa os dados do CNES e da CNAE informados na Relação Anual de Informações Sociais – RAIS correspondente.

Art. 5º A aferição do índice previsto no inc. IV do art. 2º da Lei 11.648, de 2008, será realizada anualmente pelo MTE, utilizando-se das informações da RAIS do ano-base correspondente a dois anos anteriores, outros dados de órgãos oficiais e do CNES do dia 31 de dezembro do ano anterior ao do ano-base de referência.

§ 1º Excepcionalmente, para o ano-base de referência 2008, serão utilizados os dados constantes do CNES, atualizados com as declarações de filiação de sindicatos com cadastro ativo, transmitidas para a base de dados do sistema do MTE até a data de publicação desta Portaria.

§ 2º Nos casos em que não houver obrigatoriedade legal de declaração de empregados na RAIS, a filiação ao sindicato poderá ser comprovada por meio da apresentação do estatuto e da ata da última eleição da entidade sindical, devidamente registrada em cartório até a data prevista para a aferição.

§ 3º Atenderá ao requisito previsto no *caput*, relativo aos exercícios de 2008 e 2009, a central sindical que apresentar índice de representatividade de, no mínimo, 5% (cinco por cento).

§ 4º Para os exercícios seguintes o percentual deverá ser de, no mínimo, 7% (sete por cento).

Art. 6º O índice de representatividade (IR) será calculado utilizando-se a seguinte fórmula:

- IR = TFS / TSN * 100, onde:
- IR = índice de representatividade;
- TFS = total de trabalhadores filiados aos sindicatos integrantes da estrutura organizativa da central sindical, comprovado nos termos do art. 5º;
- TSN = total de trabalhadores sindicalizados em âmbito nacional, comprovado nos termos do art. 5º.

Art. 7º As centrais sindicais que, no ano-base de referência, atingirem os requisitos legais serão consideradas para efeito de cálculo da taxa de proporcionalidade (TP).

Parágrafo único. A indicação de representantes para participação nos fóruns tripartites, conselhos e colegiados de órgãos públicos a que se refere o inc. II do *caput* do art.

1º da Lei 11.648, de 2008, será feita observando-se o disposto no art. 3º desta mesma Lei e seus parágrafos, bem como a TP, obtida utilizando-se a seguinte fórmula:

- TP = TFS / TSC * 100, onde:
- TP = Taxa de Proporcionalidade
- TFS = total de trabalhadores filiados aos sindicatos integrantes da estrutura organizativa da Central Sindical, comprovado nos termos do art. 5º;
- TSC = total de trabalhadores filiados aos sindicatos integrantes da estrutura organizativa das centrais sindicais que atenderem aos requisitos do art. 2º da Lei 11.648, de 2008, comprovado nos termos do art. 5º.

Art. 8º O MTE divulgará anualmente, no mês de fevereiro do correspondente ano, a relação das centrais sindicais que atenderem aos requisitos de que trata o art. 2º da Lei 11.648, de 2008, indicando seus índices de representatividade.

Parágrafo único. Às centrais sindicais que atenderem aos requisitos legais, será fornecido Certificado de Representatividade (CR) contendo a TP, calculada nos termos do artigo anterior, e a partir de então, deverão publicar seus balanços contábeis no *Diário Oficial da União* e no sítio eletrônico do MTE.

Art. 9º Até que a Caixa Econômica Federal – CAIXA automatize os procedimentos de apuração e transferência da contribuição sindical relativa às centrais sindicais, o MTE apurará e enviará as informações sobre o montante devido às entidades que cumpriram os requisitos, para que a CAIXA proceda ao repasse dos percentuais previstos nos arts. 589 e 590 da CLT.

Parágrafo único. A comunicação à CAIXA sobre o montante a ser repassado mensalmente a cada central sindical será feita por ofício expedido pela Coordenação-Geral de Recursos do Fundo de Amparo ao Trabalhador do MTE.

Art. 10. A CAIXA encaminhará ao MTE, até o dia 10 de cada mês, arquivo contendo informações referentes às Guias de Recolhimento da Contribuição Sindical Urbana recolhidas no mês anterior.

Parágrafo único. Concomitantemente ao encaminhamento do arquivo referido no *caput*, a CAIXA encaminhará em meio magnético relação atualizada das entidades sindicais titulares das contas referidas no art. 588 da CLT, do qual constará o CNPJ, Razão Social, Código Sindical e valor recolhido no exercício.

Art. 11. Esta portaria entra em vigor na data de sua publicação.

CAPÍTULO III
Organização Sindical

1. CONSIDERAÇÕES PRELIMINARES

De há muito já se dizia que não há sindicalismo verdadeiro sem o autogoverno democrático das associações civis representativas de movimentos sociais organizados. Daí a importância de fazermos um breve passeio sobre os sistemas sindicais em alguns países democráticos.

O sistema sindical francês está edificado sobre três grandes princípios: o da liberdade, o da pluralidade e o da autonomia. Os sindicatos franceses encontram-se reunidos em quatro grandes entidades de cúpula: a Confederação Geral do Trabalho (CGT), a Confederação Geral do Trabalho-Força Operária (CGT-FO), a Confederação Francesa dos Trabalhadores Cristãos (CFTC) e a Confederação Geral dos Quadros (CGQ).

A Inglaterra, desde 1906, assegurou, por lei, a liberdade sindical plena, sendo nesse mesmo ano fundado o Partido Trabalhista (*Labour Party*). O Congresso dos Sindicatos é o órgão de cúpula da organização sindical inglesa.

Na Alemanha Ocidental, a liberdade sindical foi reconquistada após a II Guerra Mundial, sendo a principal organização sindicalista a Confederação dos Sindicatos Alemães (DGB), sediada em Düsseldorf.

No Brasil, como já vimos no capítulo precedente, a Constituição Federal de 1988, de índole democrática, consagrou a autonomia sindical, a liberdade de filiação, mas manteve, contraditoriamente, o sistema da unicidade sindical ou sindicato único, que consiste na permissão, por meio de norma jurídica estatal, de existência, na mesma base territorial, de apenas um sindicato representativo da mesma categoria profissional ou econômica (art. 8º, II), e a contribuição sindical obrigatória ("imposto sindical")[1], independentemente da contribuição confederativa instituída pela assembleia geral da categoria (art. 8º, IV, *in fine*).

2. CONCEITO DE SINDICATO

Vários autores formulam conceitos distintos para sindicato. Para uns, é toda instituição ou associação, via de regra de caráter profissional, cujo objeto repousa na defe-

1. A Lei 13.467/2017 alterou os arts. 578, 579, 582, 583, 587 e 602 da CLT que torna facultativa a contribuição sindical, o que foi confirmado pelo STF na ADI 5.794.

sa dos interesses comuns de uma classe ou de um grupo de pessoas. Outros advogam que o sindicato é uma associação profissional, reconhecida pelo Estado e investida nas prerrogativas e obrigações legais, como representante legal de uma categoria.

Amauri Mascaro Nascimento[2] advoga que sindicato "é uma organização social constituída para, segundo um princípio da autonomia privada coletiva, defender os interesses trabalhistas e econômicos nas relações coletivas entre os grupos sociais".

Nas palavras de Laski[3], constitui-se o sindicato num "elemento necessário ao processo, em desenvolvimento, da vida democrática".

Para nós, o sindicato constitui espécie do gênero associação, cuja missão precípua é a defesa dos interesses profissionais e econômicos dos que a integram.

Numa síntese, os sociólogos americanos Mac Iver; Page, Charles fornecem a seguinte noção:

> O sindicato constitui um fenômeno próprio de uma sociedade industrializada, em que o trabalhador não é senão um empregado que se aluga e que tem poucos ou nenhum vínculo que o ligue à fábrica ou à oficina, a não ser o *nexo-salário* semanal. Os sindicatos primitivos constituíram pequenas organizações de trabalhadores que procuravam encontrar algum meio de mitigar sua fraqueza individual ante o patrão, tendo de arrostar a hostilidade dos governos assim como a falta de prestígio social, que acompanhavam seu humilde *status* e que bloqueavam seus esforços para modificar a ordem estabelecida. Os economistas da época – princípios do século passado – sustentavam que estes esforços eram vãos em face da inexorável *lei* do mercado. O volume e o número dos sindicatos cresceram enormemente nos últimos tempos, de tal modo que na maioria dos países industrializados desempenham hoje um papel fundamental, através de suas federações e uniões nacionais, de determinação das escalas de salário, horas e condições de trabalho etc., exercendo, ao mesmo tempo, considerável influência política. A principal fonte de sua força é a greve[4].

3. BREVE HISTÓRICO DO SINDICALISMO NO BRASIL

Cognominadas Ligas Operárias e sob forte influência dos trabalhadores estrangeiros que para cá migraram, surgiram no Brasil, no final do séc. XIX e início do séc. XX, os primeiros passos do sindicalismo nacional.

Os primeiros a serem reconhecidos legalmente foram os sindicatos rurais (1903). Depois, os sindicatos urbanos (1907). A partir de 1930, o modelo sindical brasileiro

2. *Op. cit.*, p. 602.
3. *Los Sindicatos*. México-Buenos Aires: Fondo de Cultura Económica, 1951, p. 190. *Apud* MARANHÃO, Délio. *Op. cit.*, p. 308.
4. *Sociologia*. Madrid: Tecnos, 1963, p. 499-500. *Apud* MARANHÃO, Délio. *Op. cit.*, p. 308-309.

sofreu a influência do corporativismo italiano (fascismo), resultando em acentuada interferência estatal na sua organização e funcionamento.

A Revolução de 1930 deu contornos mais precisos a respeito da nossa organização sindical, sendo que o Decreto 19.770, de 19.03.1931, estabeleceu distinção mais nítida entre sindicatos de empregados e de empregadores. A partir daí, foi exigido o reconhecimento dos sindicatos pelo Ministério do Trabalho, então criado.

A Constituição de 1934 garantiu a pluralidade e a autonomia sindicais. Por falta de regulamentação infraconstitucional, tais preceitos caíram no esquecimento.

A Carta de 1937 consagrou o sindicato único, cuja criação, organização e funcionamento eram regulados pelo Decreto 1.402, de 05.07.1939. Permitiu-se a intervenção estatal na vida sindical. A investidura sindical passou a ser conferida à associação mais representativa, a critério do Ministério do Trabalho. A greve era considerada infração penal. Esse sistema, de índole fascista, foi posteriormente adotado pela Consolidação das Leis do Trabalho.

A Constituição de 1943 reconhece o direito de greve, que foi regulamentado muito tempo depois (Lei 4.330, de 01.06.1964), e declara ser "livre a associação sindical", mas as formas de constituição, organização, representação e exercício de funções delegadas do Poder Público serão reguladas por lei.

A Constituição de 1967/69 praticamente nada inovou em relação ao regime anterior.

4. A CONSTITUIÇÃO DE 1988

A organização sindical brasileira sofreu, embora com indisfarçável caráter conservador, sensíveis alterações com o novo modelo instituído pela Constituição Federal de 05.10.1988.

O regime, de forte interferência estatal, cedeu lugar ao sistema da autonomia das entidades sindicais, sem que fosse, contudo, adotada a liberdade sindical plena.

Com efeito, o art. 8º da novel Carta Política dispõe:

> Art. 8º É livre a associação profissional ou sindical, observado o seguinte:
>
> I – a lei não poderá exigir autorização do Estado para a fundação de sindicato, ressalvado o registro no órgão competente, vedadas ao Poder Público a interferência e a intervenção na organização sindical;
>
> II – é vedada a criação de mais de uma organização sindical, em qualquer grau, representativa de categoria profissional ou econômica, na mesma base territorial, que será definida pelos trabalhadores ou empregadores interessados, não podendo ser inferior à área de um Município;
>
> III – ao sindicato cabe a defesa dos direitos e interesses coletivos ou individuais da categoria, inclusive em questões judiciais ou administrativas;

IV – a assembleia geral fixará a contribuição que, em se tratando de categoria profissional, será descontada em folha, para custeio do sistema confederativo da representação sindical respectiva, independentemente da contribuição prevista em lei;

V – ninguém será obrigado a filiar-se ou a manter-se filiado a sindicato;

VI – é obrigatória a participação dos sindicatos nas negociações coletivas de trabalho;

VII – o aposentado filiado tem direito a votar e ser votado nas organizações sindicais;

VIII – é vedada a dispensa do empregado sindicalizado a partir do registro da candidatura a cargo de direção ou representação sindical e, se eleito, ainda que suplente, até um ano após o final do mandato, salvo se cometer falta grave nos termos da lei.

Parágrafo único. As disposições deste artigo aplicam-se à organização de sindicatos rurais e de colônias de pescadores, atendidas as condições que a lei estabelecer[5].

5. NATUREZA JURÍDICA DO SINDICATO

A natureza jurídica dos sindicatos varia de acordo com o ordenamento jurídico de cada Estado.

5.1. Pessoa jurídica de direito público

Nos países totalitários não há liberdade sindical. Os sindicatos não têm qualquer autonomia perante o Estado. São, ao revés, órgãos do próprio Estado, do qual dependem diretamente. São exemplos de sindicatos de natureza publicística os sindicatos nos países que integravam o antigo bloco socialista e os que existiam na Itália fascista.

5.2. Pessoa jurídica de direito privado

Quando o sindicato tem plena autonomia perante o Estado, sua disciplina jurídica resulta do seu poder normativo ou de normas que o situam como associação nos moldes de direito comum, aflora aí a sua natureza de pessoa jurídica de direito privado, embora com algumas peculiaridades, é claro, para que possa cumprir sua função precípua em defesa de interesses de grupos. São exemplos os sindicatos de natureza privatística, os da Itália contemporânea, Estados Unidos, França etc.

5. Em 2008, surgiu a Lei 11.699, que regulamenta o parágrafo único do art. 8º da CF, dispondo, em seu art. 1º, que "As Colônias de Pescadores, as Federações Estaduais e a Confederação Nacional dos Pescadores ficam reconhecidas como órgãos de classe dos trabalhadores do setor artesanal da pesca, com forma e natureza jurídica próprias, obedecendo ao princípio da livre organização previsto no art. 8º da Constituição Federal".

5.3. Pessoa jurídica de direito social

Autores há, entre nós, Cesarino Júnior, que referem o sindicato como pessoa jurídica de direito social, isto é, uma instituição coletiva de proteção aos fracos.

5.4. Modelo brasileiro

O sindicato, hoje, no Brasil, adverte acertadamente Amauri Mascaro Nascimento:

> é pessoa jurídica de direito privado que exerce a função de defender os interesses coletivos dos membros da categoria que representa, bem como os interesses individuais dos membros da respectiva categoria, não mais desempenhando, como antes de 1988, funções delegadas do Poder Público. É criado pelos próprios interessados através de registro no órgão competente. Assim, o princípio seguido é o da autonomia organizativa sindical, assegurado em nível constitucional, não limitável nem mesmo através de lei ordinária [...] passando-se a observar o princípio da autonomia administrativa, em razão do qual foi afastada a possibilidade de tutela dos sindicatos pelo Ministério do Trabalho, como o que, nas relações com o Estado, a organização sindical tem uma liberdade que, durante maior parte da sua história, não conheceu. Porém, a mesma democratização não se observa na relação dos sindicatos entre si, com a manutenção, pela maioria deles desejada, da unicidade sindical, aparentemente contraditória com a autonomia organizativa[6].

A nosso sentir, sindicato, no Brasil, possui natureza de pessoa jurídica de direito privado sob a forma de associação civil, que representa categoria (econômica ou profissional), tendo por objetivo atuar, judicial e extrajudicialmente, em defesa dos direitos e interesses coletivos ou individuais da correspondente categoria com permissão constitucional e legal para promover a negociação coletiva e celebrar acordos coletivos e convenções coletivas de trabalho.

6. CRITÉRIOS DE REPRESENTAÇÃO SINDICAL

Tendo em vista que a árvore sindical brasileira é bifurcada em dois ramos – um, integrado pelos trabalhadores e outro, pelos empregadores –, é possível encontrar alguns critérios que procuram explicar a base sociológica sobre a qual o sindicato se assenta. Tudo dependerá, como veremos adiante, do modelo sindical a ser adotado pelo respectivo Estado.

6. *Op. cit.*, p. 58.

Assim, pode haver *sindicato por profissão*, que reúne todos os que militam numa determinada atividade profissional, independentemente da empresa ou do setor de atividade em que trabalhem. Exemplo: todos os engenheiros que se reúnem num sindicato, os motoristas, os médicos, os advogados etc.

Um outro critério é o do *sindicato por empresa*, que seria aquele representativo de todos os trabalhadores que laboram numa empresa, independentemente da profissão que nela exerçam. Estados Unidos, Itália contemporânea e Chile adotam esse modelo.

É possível, ainda, a existência do *sindicato por categoria profissional ou econômica*, entendendo-se por categoria, segundo o referido Amauri Mascaro Nascimento,

> o conjunto de pessoas de qualquer profissão e de qualquer empresa que exerçam o seu trabalho num setor da economia, determinado pela atividade preponderante da empresa em questão. Assim, exemplificando, todos os empregados das empresas hoteleiras, independentemente da sua profissão, reúnem-se numa categoria que é representada por um sindicato. Não se trata de um sindicato por empresa, nem sindicato por profissão. Ultrapassa o limite de uma empresa. Esta apenas serve de indicativo da atividade preponderante para que aqueles que nela se encontram se vinculem para fins sindicais[7].

O Brasil adota, como regra, o sindicalismo por categorias econômicas e profissionais, admitindo, excepcionalmente, o sindicato por profissão, também chamada de sindicato representativo de categoria profissional diferenciada (CLT, art. 511, § 3º).

Em 2005, o TST editou a Súmula 374, segundo a qual, "Empregado integrante de categoria profissional diferenciada não tem o direito de haver de seu empregador vantagens previstas em instrumento coletivo no qual a empresa não foi representada por órgão de classe de sua categoria".

De lege lata, não há falar em sindicato por empresa no nosso país, na medida em que o enquadramento sindical elaborado pelo Estado foi mantido, embora passível de sofrer modificações em virtude do princípio da liberdade de constituição de sindicatos previsto no art. 8º da Carta Suprema.

O sindicato por profissão é tradicional e, em face da sua disposição horizontal, permite homogeneidade de interesses coletivos a serem defendidos.

A organização sindical por categorias econômicas e profissionais vem recebendo críticas da doutrina por representar um modelo corporativista, inibidor, portanto, da espontânea criação de sindicatos. Tem de positivo a possibilidade de um agrupamento forte e com maiores poderes de reivindicação.

O sindicato por empresa constitui forma descentralizada que visa ao atendimento das peculiaridades que caracterizam as relações de trabalho mantidas com cada

7. *Idem*, p. 589.

empregador, suas reais possibilidades econômicas e sua produtividade para fins de aumentos salariais. Aqui, o sindicato fica mais próximo da realidade da empresa, contribuindo, assim, para a otimização das negociações coletivas.

Há outros critérios, a saber:

a) *base territorial*, segundo a qual a área geográfica de circunscrição do sindicato é limitada geograficamente (no Brasil, deve necessariamente ser de, no mínimo, a correspondente a um município, nos termos do art. 8º, II, da Constituição Federal);

b) *associações sindicais de grau superior*, como as confederações (3º grau) e as federações (2º grau). Aqui, portanto, o sindicato seria entidade de primeiro grau.

Na alta cúpula das relações coletivas de trabalho existem as denominadas *centrais sindicais*. A Lei 11.648/2008 reconheceu formalmente a existência das centrais sindicais, dispondo, no seu art. 1º, que elas são entidades de representação geral dos trabalhadores, constituída em âmbito nacional, cabendo-lhes coordenar a representação dos trabalhadores por meio das organizações sindicais a ela filiadas e participar de negociações em fóruns, colegiados de órgãos públicos e demais espaços de diálogo social que possuam composição tripartite, nos quais estejam em discussão assuntos de interesse geral dos trabalhadores. O parágrafo único do preceptivo em causa considera central sindical "a entidade associativa de direito privado composta por organizações sindicais de trabalhadores". Não existe central sindical de representação geral dos empregadores ou empresários.

Há países em que existe apenas uma central sindical.

No Brasil, existem a CGT – Central Geral dos Trabalhadores, a CUT – Central Única dos Trabalhadores, a FS – Força Sindical, a USI – União Sindical Independente e a CGT (segunda) desdobramento da primeira.

Há, ainda, *outras formas de organização*, como os sindicatos *verticais* (por ramo ou setor da produção, sem discriminações quanto aos diferentes profissionais neles existentes ou ofício que exercem) e os *horizontais* (organizados com base numa profissão ou ofício, sem discriminação quanto aos ramos de atividades a que pertençam, em que os trabalhadores de uma empresa pertenceriam a vários sindicatos, tantos quantos forem os tipos de profissões nela encontrados, como, por exemplo, sindicato dos desenhistas, ferramenteiros, motoristas, telefonistas etc. Também há os sindicatos *abertos* (não há restrição para ingresso) e *fechados*; *puros e mistos* (compostos de trabalhadores e empregadores); *simples* (integrados por trabalhadores individualmente considerados) e *complexos* (formados da união de sindicatos primários); *de direito e de fato*; *amarelos* (sindicatos espúrios, criados ou financiados por empresários para enfraquecer a ação dos verdadeiros sindicatos – nos EUA também são chamados de *sindicatos brancos*).

7. A QUESTÃO DO REGISTRO SINDICAL

O art. 8º, inc. I, da Constituição Federal preceitua que

> a lei não poderá exigir autorização do Estado para fundação de sindicato, *ressalvado o registro no órgão competente*, vedadas ao Poder Público a interferência e a intervenção na organização sindical.

Até 1994, reinava o entendimento de que, em face da literalidade do texto constitucional, o Ministério do Trabalho exercia unicamente uma função cadastral dos novos sindicatos, isto é, não apreciava aspectos meritórios relativos à validade ou não da criação das entidades sindicais.

Com o advento da Instrução Normativa 03, de 10.08.1994, do Ministério do Trabalho, criando o Cadastro Nacional das Entidades Sindicais, organizado pela Secretaria das Relações de Trabalho daquele órgão estatal, o entendimento anterior foi modificado. Assim, compete ao Ministro do Trabalho decidir sobre registro de sindicatos, federações e confederações para os efeitos de eventuais impugnações que poderão ser apresentadas por outras entidades sindicais que se sentirem prejudicadas com a criação do novo sindicato.

Cumpre dizer que o STF, no julgamento da ADIn 813-5/DF, deixou assentado:

> Sem o registro no órgão estatal competente – que ainda continua a ser o Ministério do Trabalho, circunstância esta que confere maior efetividade ao princípio da unicidade sindical, posto que permite a um órgão estatal tecnicamente aparelhado a possibilidade de realizar fiscalização mais intensa sobre a integridade deste postulado fundamental da organização sindical – torna-se inviável a aquisição, pelo interessado, da personalidade jurídica de natureza sindical. Sem a integral realização desse procedimento... a entidade sindical, ainda que registrada no Registro Civil das Pessoas Jurídicas, não terá caráter sindical, desvestindo-se de qualquer validade, para esse específico efeito de direito, a concretização do registro meramente civil.

De outra parte, a jurisprudência do STF, interpretando a norma inscrita no art. 8º, I, da Carta Política, firmou orientação no sentido de que não ofende o texto da Constituição a exigência de registro sindical no Ministério do Trabalho, órgão este que, sem prejuízo de regime diverso passível de instituição pelo legislador comum, ainda continua a ser o órgão estatal incumbido de atribuição normativa para proceder à efetivação do ato registral (precedente: *RTJ* 147/868, Rel. Min. Sepúlveda Pertence). O registro sindical, segundo o STF, "qualifica-se como ato administrativo essencialmente vinculado, devendo ser praticado pelo Ministro do Trabalho, mediante resolução fundamentada, sempre que, respeitado o postulado da unicidade sindical e observada a exigência de regularidade, autenticidade e representação, a entidade sindical interessada preencher, integralmente, os requisitos fixados pelo ordenamento positivo e por este considerados como necessários à formação dos organismos sindicais"[8].

Em 2003, o STF editou a Súmula 677, dispondo que: "Até que lei venha a dispor a respeito, incumbe ao Ministério do Trabalho proceder ao registro das entidades sindicais e zelar pela observância do princípio da unicidade".

Durante algum tempo, o registro sindical foi regulado pela Instrução Normativa MTb/GM 1, de 17.07.1997 (*DOU* 29.08.1997). Atualmente, a Solicitação de Registro Sindical (para as entidades de primeiro grau – sindicatos) é regida pela Portaria MTE 326/2013 de 1º de março de 2013. Para as entidades de grau superior (Federações e Confederações) estas continuam a ser regidas pela Portaria MTE 186/2008.

É importante ressaltar que registro sindical no Ministério do Trabalho constitui ato vinculado, subordinado apenas à verificação de pressupostos legais, e não de autorização ou de reconhecimento discricionários, segundo orientação do Supremo Tribunal Federal[9].

8. ADMINISTRAÇÃO DO SINDICATO

No ordenamento jurídico brasileiro, o sindicato é administrado nos termos dos seus estatutos, os quais, no entanto, devem observar as regras estabelecidas na legislação pertinente.

Assim, de acordo com o art. 522 da CLT, a administração do sindicato será exercida por uma diretoria constituída no máximo de sete e no mínimo de três membros e de um Conselho Fiscal composto de três membros, eleitos esses órgãos pela assembleia geral.

A diretoria elegerá, dentre os seus membros, o presidente do sindicato, sendo certo que a competência do conselho fiscal é limitada à fiscalização da gestão financeira do sindicato.

Além disso, prevê o art. 523 da CLT que a diretoria poderá designar, dentre os associados radicados no território da correspondente delegacia, delegados sindicais destinados à direção das delegacias ou seções instituídas na forma estabelecida no § 2º do art. 517 do mesmo diploma normativo.

Constituem órgãos da estrutura interna dos sindicatos:

a) *Assembleia geral*, seu órgão soberano, que é constituída dos associados do sindicato, com direito a voto nas suas deliberações de sua competência;

---

8. STF-ADI 1.121-MC, Rel. Min. Celso de Mello, j. em 06.09.1995, Plenário, DJ de 06.10.1995. No mesmo sentido: ADI 3.805-AgR, Rel. Min. Eros Grau, j. 22.04.2009, Plenário, *DJE* de 14.08.2009; Rcl 4.990-AgR, Rel. Min. Ellen Gracie, j. 04.03.2009, Plenário, *DJE* de 27.03.2009.
9. STF-MI 144/SP, Tribunal Pleno; ADIMC 1.121/RS, Tribunal Pleno.

b) *Conselho Fiscal*, integrado por três membros eleitos pela assembleia geral, a quem compete a fiscalização da gestão financeira;

c) *Diretoria*, que é órgão executivo na estrutura sindical eleito pela assembleia geral, é constituída de no mínimo três e no máximo sete membros, dentre os quais um será eleito, pelos demais diretores, presidente do sindicato.

Os membros da diretoria e do conselho fiscal são destinatários da garantia provisória no emprego, a partir do registro da candidatura, e, se eleitos, ainda que suplentes, até um ano após o final do mandato, salvo se cometerem falta grave nos termos da lei (CF, art. 8º, VIII, c/c CLT, art. 493).

É importante ressaltar que de acordo com a Súmula 369 do TST:

I – É assegurada a estabilidade provisória ao empregado dirigente sindical, ainda que a comunicação do registro da candidatura ou da eleição e da posse seja realizada fora do prazo previsto no art. 543, § 5º, da CLT, desde que a ciência ao empregador, por qualquer meio, ocorra na vigência do contrato de trabalho (redação do item I alterada na sessão do Tribunal Pleno realizada em 14.09.2012).

II – O art. 522 da CLT foi recepcionado pela Constituição Federal de 1988. Fica limitada, assim, a estabilidade a que alude o art. 543, § 3º, da CLT a sete dirigentes sindicais e igual número de suplentes[10].

III – O empregado de categoria diferenciada eleito dirigente sindical só goza de estabilidade se exercer na empresa atividade pertinente à categoria profissional do sindicato para o qual foi eleito dirigente[11].

IV – Havendo extinção da atividade empresarial no âmbito da base territorial do sindicato, não há razão para subsistir a estabilidade.

V – O registro da candidatura do empregado a cargo de dirigente sindical durante o período de aviso prévio, ainda que indenizado, não lhe assegura a estabilidade, visto que inaplicável a regra do § 3º do art. 543 da CLT.

10. No mesmo sentido, assim vem decidindo o STF. (RE 193.345, Rel. Min. Carlos Velloso, j. em 13.04.1999, 2ª T., DJ 28.05.1999; AI 558.181-AgR, Rel. Min. Ayres Britto, j. 20.03.2012, 2ª T., *DJE* 11.04.2012; AI 735.158-AgR, Rel. Min. Cármen Lúcia, j. 09.06.2009, 1ª T., *DJE* de 07.08.2009)

11. Não é esse, porém, o entendimento do STF, que reconhece a garantia provisória até para o empregado que ocupa cargo de confiança e é dirigente sindical da categoria econômica. É o que se infere do seguinte aresto: "Interpretação restritiva do inc. VIII do art. 8º da CF: impossibilidade. Inexistência de norma legal ou constitucional que estabeleça distinção entre o dirigente sindical patronal e o dos trabalhadores. Não perde a condição de empregado o trabalhador que, malgrado ocupe cargo de confiança na empresa empregadora, exerça mandato sindical como representante da categoria econômica. Representante sindical patronal. Dispensa no curso do mandato. Indenização e consectários legais devidos desde a data da despedida até um ano após o final do mandato" (STF-RE 217.355 – Rel. Min. Maurício Corrêa – j. 29.08.2000 – 2ª T. – *DJ* de 02.02.2001).

9. RECURSOS FINANCEIROS

São basicamente quatro as fontes dos recursos financeiros das entidades sindicais:

9.1. Contribuição confederativa

Criada pela Constituição Federal (art. 8º, IV), é destinada ao custeio do sistema confederativo sindical brasileiro, sendo fixada pela assembleia geral. Há cizânia sobre a aplicabilidade deste dispositivo constitucional. Para uns, teria eficácia plena. Outros sustentam sua eficácia limitada, dependendo, pois, de regulamentação via lei ordinária.

A nosso ver, a contribuição confederativa, por não ter natureza tributária, não depende de lei para a sua instituição, uma vez que o inc. IV do art. 8º da CF confere à assembleia geral da categoria a competência para a sua instituição, independentemente de lei ordinária. Por não ter natureza tributária, somente é devida pelos trabalhadores ou empregadores filiados à entidade sindical correspondente.

O STF firmou posição no sentido da eficácia plena e aplicabilidade imediata do inc. IV do art. 8º da CF:

> *Sindicato*: contribuição confederativa instituída pela assembleia geral: eficácia plena e aplicabilidade imediata da regra constitucional que a previu (CF, art. 8º, IV). Coerente com a sua jurisprudência no sentido do caráter não tributário da contribuição confederativa, o STF tem afirmado a eficácia plena e imediata da norma constitucional que a previu (CF, art. 8º, IV): se se limita o recurso extraordinário – porque parte da natureza tributária da mesma contribuição – a afirmar a necessidade de lei que a regulamente, impossível o seu provimento (STF-RE 161.547 – Rel. Min. Sepúlveda Pertence – j. 24.03.1998 – 1ª T. – *DJ* de 08.05.1998).

Coerentemente, o STF editou, em 2003, a Súmula 666, dispondo que "A contribuição confederativa de que trata o art. 8º, IV, da Constituição, só é exigível dos filiados ao sindicato respectivo".

9.2. Contribuição sindical

A contribuição sindical compulsória estava prevista nos arts. 578 a 610 da CLT. Como espécie de receita sindical, a contribuição sindical, nos termos do art. 579 da CLT, era "devida por todos aqueles que participarem de uma determinada categoria econômica ou profissional, ou de uma profissão liberal, em favor do sindicato representativo da mesma categoria ou profissão".

Esta contribuição, que também era chamada de "imposto sindical", possuía natureza tributária e foi recepcionada pelo art. 8º, IV, *in fine*, e art. 149 da CF.

A natureza tributária da contribuição sindical foi reconhecida pelo STF:

A contribuição confederativa, instituída pela assembleia geral – CF, art. 8º, IV – distingue-se da contribuição sindical, instituída por lei, com caráter tributário – CF, art. 149 – assim compulsória. A primeira é compulsória apenas para os filiados do sindicato (RE 198.092 – Rel. Min. Carlos Velloso – j. 27.08.1996 – 2ª T. – *DJ* de 11.10.1996)[12].

Quanto à cobrança da contribuição sindical dos servidores públicos, o STF adotou a seguinte posição:

> Sindicato de servidores públicos: direito à contribuição sindical compulsória (CLT, art. 578 seguintes), recebida pela Constituição (art. 8º, IV, *in fine*), condicionado, porém, à satisfação do requisito da unicidade. A Constituição de 1988, à vista do art. 8º, IV, *in fine*, recebeu o instituto da contribuição sindical compulsória, exigível, nos termos do art. 578 e seguintes, CLT, de todos os integrantes da categoria, independentemente de sua filiação ao sindicato (cf. ADI 1.076-MC, Pertence, 15.06.1994). Facultada a formação de sindicatos de servidores públicos (CF, art. 37, VI), não cabe excluí-los do regime da contribuição legal compulsória exigível dos membros da categoria (ADI 962 – 11.11.1993 – Min. Ilmar Galvão) (STF-RMS 21.758 – Rel. Min. Sepúlveda Pertence – j. 20.09.1994 – 1ª T. – *DJ* de 04.11.1994).

A Lei 13.467/2017, no entanto, alterou radicalmente a natureza jurídica da contribuição sindical, na medida em que esta deixou de ser compulsória e passou a ser facultativa para os integrantes de categorias profissionais ou econômicas, assim como para os integrantes das categorias profissionais diferenciadas.

Com efeito, o novel art. 545 da CLT dispõe literalmente que os "empregadores ficam obrigados a descontar da folha de pagamento dos seus empregados, desde que por eles devidamente autorizados, as contribuições devidas ao sindicato, quando por este notificados".

Não há mais a ressalva da contribuição sindical, que não exigia a referida autorização do empregado para o empregador descontá-la na folha de salários. Noutros termos, qualquer desconto salarial destinado ao sindicato da categoria profissional dependerá de prévia autorização, por escrito, do empregado.

Além disso, a Lei 13.467/2017 alterou os arts. 578, 579 e 582 da CLT, que passaram a ter as seguintes redações:

> Art. 578. As contribuições devidas aos sindicatos pelos participantes das categorias econômicas ou profissionais ou das profissões liberais representadas pelas referidas entidades serão, sob a denominação de contribuição sindical, pagas, recolhidas e aplicadas na forma estabelecida neste Capítulo, **desde que prévia e expressamente autorizadas**.

12. No mesmo sentido, indicamos os seguintes julgados do STF: AI 751.998-AgR, Rel. Min. Marco Aurélio, j. 17.08.2010, 1ª T., *DJE* 17.09.2010; AI 692.369-AgR, Rel. Min. Cármen Lúcia, j. 30.06.2009, 1ª T., *DJE* 21.08.2009.

Art. 579. O **desconto da contribuição sindical está condicionado à autorização prévia e expressa dos que participarem de uma determinada categoria econômica ou profissional, ou de uma profissão liberal**, em favor do sindicato representativo da mesma categoria ou profissão ou, inexistindo este, na conformidade do disposto no art. 591 desta Consolidação.

Art. 582. Os empregadores são obrigados a descontar da folha de pagamento de seus empregados relativa ao mês de março de cada ano a **contribuição sindical dos empregados que autorizaram prévia e expressamente o seu recolhimento aos respectivos sindicatos**. (grifos nossos)

É importante ressaltar que em 29.06.2018, nos autos da ADI 5.794 (Processos Apensados: ADI 5.912, ADI 5.923, ADI 5.859, ADI 5.865, ADI 5.813, ADI 5.885, ADI 5.887, ADI 5.913, ADI 5.810, ADC 55, ADI 5.811, ADI 5888, ADI 5.892, ADI 5.806, ADI 5.815, ADI 5.850, ADI 5.900, ADI 5.950 e ADI 5.945), o Pleno do STF, por maioria e nos termos do voto do Ministro Luiz Fux, que redigirá o acórdão, julgou improcedentes os pedidos formulados nas ações diretas de inconstitucionalidade e procedente o pedido formulado na ação declaratória de constitucionalidade[13].

Dessa forma, o STF considerou válidos os citados dispositivos da CLT, com as redações da Lei 13.467/2017, que afastaram o caráter compulsório da contribuição sindical.

O recolhimento da contribuição sindical referente aos empregados e trabalhadores avulsos será efetuado no mês de abril de cada ano, e o relativo aos agentes ou trabalhadores autônomos e profissionais liberais realizar-se-á no mês de fevereiro, observada a exigência de autorização prévia e expressa prevista no novel art. 579 da CLT.

Os empregadores que optarem pelo recolhimento da contribuição sindical deverão fazê-lo no mês de janeiro de cada ano, ou, para os que venham a se estabelecer após o referido mês, na ocasião em que requererem às repartições o registro ou a licença para o exercício da respectiva atividade (CLT, art. 587).

Os empregados que não estiverem trabalhando no mês destinado ao desconto da contribuição sindical e que venham a autorizar prévia e expressamente o recolhimento serão descontados no primeiro mês subsequente ao do reinício do trabalho (CLT, art. 602).

É importante lembrar que, a despeito da discussão sobre a sua natureza de tributo[14], as contribuições sindicais continuam sendo recolhidas à Caixa Econômica Fede-

13. Vencidos os Ministros Edson Fachin (Relator), Rosa Weber e Dias Toffoli. Ausentes, justificadamente, os Ministros Celso de Mello, Ricardo Lewandowski e Luiz Fux. Presidiu o julgamento a Ministra Cármen Lúcia.

14. O Enunciado 47 aprovado na 2ª Jornada de Direito Material e Processual do Trabalho (Brasília, 2017) sustenta a natureza jurídica tributária da contribuição sindical, nos seguintes termos: "A contribuição sindical legal (art. 579 da CLT) possui natureza jurídica tributária, conforme consignado no art. 8º c/c art. 149 do CTN, tratando-se de contribuição parafiscal. Padece de vício de origem a alteração do art. 579 da CLT por lei ordinária (reforma trabalhista), uma vez que

ral ou aos demais bancos integrantes do Sistema de Arrecadação dos Tributos Federais, de acordo com instruções expedidas pelo Conselho Monetário Nacional, que repassarão à Caixa Econômica Federal as importâncias arrecadas (CLT, art. 586).

Com efeito, dispõe o art. 589 da CLT, mantido incólume pela Lei 13.467/2017, que:

> Art. 589. Da importância da arrecadação da contribuição sindical serão feitos os seguintes créditos pela Caixa Econômica Federal, na forma das instruções que forem expedidas pelo Ministro do Trabalho:
>
> I – para os empregadores:
>
> a) 5% (cinco por cento) para a confederação correspondente;
>
> b) 15% (quinze por cento) para a federação;
>
> c) 60% (sessenta por cento) para o sindicato respectivo; e
>
> d) 20% (vinte por cento) para a "Conta Especial Emprego e Salário";
>
> II – para os trabalhadores:
>
> a) 5% (cinco por cento) para a confederação correspondente;
>
> b) 10% (dez por cento) para a central sindical;
>
> c) 15% (quinze por cento) para a federação;
>
> d) 60% (sessenta por cento) para o sindicato respectivo; e
>
> e) 10% (dez por cento) para a "Conta Especial Emprego e Salário";
>
> III – (revogado);
>
> IV – (revogado).
>
> § 1º O sindicato de trabalhadores indicará ao Ministério do Trabalho e Emprego a central sindical a que estiver filiado como beneficiária da respectiva contribuição sindical, para fins de destinação dos créditos previstos neste artigo.
>
> § 2º A central sindical a que se refere a alínea *b* do inciso II do *caput* deste artigo deverá atender aos requisitos de representatividade previstos na legislação específica sobre a matéria.

Na hipótese de inexistência de confederação, prevê o art. 590 da CLT que o percentual previsto no art. 589 da CLT "caberá à federação representativa do grupo", sendo certo que nos termos dos §§ 3º e 4º do art. 590 da CLT, não havendo sindicato, nem entidade sindical de grau superior ou central sindical, a contribuição sindical será creditada, integralmente, à "Conta Especial Emprego e Salário" e não havendo indicação

somente lei complementar poderá ensejar sua alteração". Esse entendimento está superado pela decisão proferida pelo STF na ADI 5794.

de central sindical, na forma do § 1º do art. 589 da CLT, os percentuais que lhe caberiam serão destinados à "Conta Especial Emprego e Salário".

Inexistindo sindicato, os percentuais previstos na alínea *c* do inciso I e na alínea *d* do inciso II do *caput* do art. 589 da CLT serão creditados à federação correspondente à mesma categoria econômica ou profissional. Igualmente, se não existir sindicato, os percentuais previstos nas alíneas *a* e *b* do inciso I e nas alíneas *a* e *c* do inciso II do *caput* do art. 589 da CLT caberão à confederação.

Os arts. 592 a 594 da CLT dispõem sobre a destinação dos recursos arrecadados a título de contribuição sindical. Além das despesas vinculadas à sua arrecadação, recolhimento e controle, a contribuição sindical será aplicada pelos sindicatos, na conformidade dos respectivos estatutos, com os seguintes objetivos, dentre outros: assistência técnica e jurídica; assistência médica, dentária, hospitalar e farmacêutica; realização de estudos econômicos e financeiros; agências de colocação; cooperativas; bibliotecas; creches; congressos e conferências; feiras e exposições; prevenção de acidentes do trabalho; finalidades desportivas.

A crítica que fazemos às alterações introduzidas pela Lei 13.467/2017 repousam na ausência de regras de transição e de debates democráticos para a extinção gradativa da contribuição sindical. Certamente, os sindicatos das categorias profissionais serão os mais prejudicados com a queda vertiginosa de arrecadação, o que implicará a redução da defesa dos direitos dos trabalhadores, porquanto dispõe o inciso III do art. 8º da CF que os sindicatos são instituições de defesa dos direitos e interesses coletivos e individuais da categoria, sendo que a contribuição sindical constitui elemento econômico imprescindível para o desempenho de tal missão constitucional.

Já as entidades sindicais patronais não sofrerão impactos tão gigantescos em sua gestão financeira, na medida em que recebem outras "contribuições" muito mais vultosas oriundas do Sistema "S" (SESC, SENAI, SENAR etc.), sendo certo, ainda, que, costumeiramente, os empregadores não se opõem ao recolhimento da contribuição sindical patronal.

O mais estranho é que paralelamente à "extinção" da contribuição sindical para os sindicatos dos trabalhadores, sob o engenhoso argumento de introduzir mais liberdade e modernidade nas relações de trabalho, deveria o Congresso Nacional ter ratificado a Convenção 87 da Organização Internacional do Trabalho (mediante simples Decreto Legislativo), que consagra a mais ampla liberdade sindical, tal como ocorre com os países mais desenvolvidos.

De toda a sorte, o STF (ADC 55), em 29.06.2018, declarou a constitucionalidade dos dispositivos pertinentes da CLT alterados ou incluídos pela Lei 13.467/2017 que tornaram facultativa a contribuição sindical.

Lembramos, ainda, que foi aprovado o Enunciado 38 na 2ª Jornada de Direito Material e Processual do Trabalho, *in verbis*:

CONTRIBUIÇÃO SINDICAL. I – É lícita a autorização coletiva prévia e expressa para o desconto das contribuições sindical e Assistencial, Mediante Assembleia Geral, nos termos do estatuto, se obtida mediante convocação de toda a categoria representada especificamente para esse fim, independentemente de associação e sindicalização. II – A decisão da assembleia geral será obrigatória para toda a categoria, no caso das convenções coletivas, ou para todos os empregados das empresas signatárias do acordo coletivo de trabalho. III – O poder de controle do empregador sobre o desconto da contribuição sindical é incompatível com o *caput* do art. 8º da CF e com o art. 1º da Convenção 98 da OIT, por violar os princípios da liberdade e da autonomia sindical e da coibição aos atos antissindicais.

Para encerrar este tópico, é relevante destacar que o Presidente da República Jair Bolsonaro editou a Medida Provisória 873, de 01.03.2019, que alterou artigos da CLT referentes às contribuições facultativas ou às mensalidades devidas ao sindicato, previstas no estatuto da entidade ou em norma coletiva, independentemente de sua nomenclatura, disciplinando como elas seriam recolhidas, cobradas e pagas.

Sem embargo da manifesta inconstitucionalidade da referida Medida Provisória, seja pela ausência de urgência e relevância para a sua edição, seja pela clara interferência do Estado na organização sindical (CF, art. 8º, I), não houve a sua conversão em lei, razão pela qual perdeu eficácia desde a sua edição conforme Ato Declaratório do Presidente da Mesa do Congresso Nacional n. 43/2019.

9.3. Mensalidade sindical

A mensalidade sindical ou contribuição do associado é uma espécie de receita sindical prevista no respectivo estatuto social do sindicato ou na Assembleia Geral, sendo constituída de pagamentos realizados exclusivamente pelos associados/filiados, isto é, pelos sócios inscritos na entidade sindical.

Com efeito, dispõe a alínea *b* do art. 548 da CLT que "constituem o patrimônio das associações sindicais (...) *b)* as **contribuições dos associados**, na forma estabelecida nos estatutos ou pelas Assembleias Gerais".

A distinção entre mensalidade sindical e contribuição sindical não se faz mais pela facultatividade daquela e compulsoriedade desta, pois a Lei 13.467/2017, também tornou a contribuição sindical facultativa, como vimos na epígrafe anterior.

Parece-nos que a mensalidade sindical e a contribuição sindical não se confundem porque:

a) a mensalidade sindical é paga apenas pelos filiados ao sindicato, enquanto a contribuição sindical é paga por todos os integrantes da categoria, inclusive os filiados;

b) na mensalidade sindical, os percentuais e a aplicação dos recursos arrecadados dependem apenas da previsão no Estatuto, enquanto na contribuição sindical, os percentuais e a aplicação estão previstos em lei, não podendo o Estatuto contrariá-la.

Ambas, porém, dependem de autorização expressa do empregado (e do empregador) para que o sindicato da categoria profissional (ou econômica) possa cobrá-las, como se infere dos arts. 545, 578, 579 e 582 da CLT, todos com redação dada pela Lei 13.467/2017.

9.4. Taxa assistencial (ou desconto assistencial, ou taxa de fortalecimento sindical)

Esta espécie de receita sindical é autorizada pelas Assembleias Gerais e é fixada em acordos coletivos, convenções coletivas ou sentença normativa, como forma de custeio das despesas realizadas durante a negociação coletiva.

No que diz respeito à incidência da contribuição confederativa e da taxa assistencial para trabalhadores não filiados ao sindicato, a SDC do TST editou o Precedente Normativo 119, *in verbis*:

> *Contribuição sindical de trabalhadores não filiados a sindicato (positivo)*: A CF/88, em seus arts. 5º, XX e 8º, V, assegura o direito de livre associação e sindicalização. É ofensiva a essa modalidade de liberdade cláusula constante de acordo, convenção coletiva ou sentença normativa estabelecendo contribuição em favor de entidade sindical a título de taxa para custeio do sistema confederativo, assistencial, revigoramento ou fortalecimento sindical e outras da mesma espécie, obrigando trabalhadores não sindicalizados. Sendo nulas as estipulações que inobservem tal restrição, tornam-se passíveis de devolução os valores irregularmente descontados.

No mesmo sentido, a SDC do TST editou a OJ 17, *in verbis*:

> *Contribuições para entidades sindicais. Inconstitucionalidade de sua extensão a não associados*. As cláusulas coletivas que estabeleçam contribuição em favor de entidade sindical, a qualquer título, obrigando trabalhadores não sindicalizados, são ofensivas ao direito de livre associação e sindicalização, constitucionalmente assegurado, e, portanto, nulas, sendo passíveis de devolução, por via própria, os respectivos valores eventualmente descontados.

Para finalizar este tópico, é importante registrar a distinção feita pelo STF entre contribuições assistencial, confederativa e sindical, nos seguintes termos:

A contribuição assistencial visa a custear as atividades assistenciais dos sindicatos, principalmente no curso de negociações coletivas. A contribuição confederativa destina-se ao financiamento do sistema confederativo de representação sindical patronal ou obreira. Destas, somente a segunda encontra previsão na CF (art. 8º, IV), que confere à assembleia geral a atribuição para criá-la. Este dispositivo constitucional garantiu a sobrevivência da contribuição sindical, prevista na CLT. Questão pacificada nesta Corte, no sentido de que somente a contribuição sindical prevista na CLT, por ter caráter parafiscal, é exigível de toda a categoria independente de filiação (STF-RE 224.885-AgR – Rel. Min. Ellen Gracie – j. 08.06.2004 – 2ª T. – *DJ* de 06.08.2004).

CAPÍTULO IV
Negociação Coletiva: Acordo Coletivo, Convenção Coletiva e Contrato Coletivo

1. TERMINOLOGIA

Não há uniformidade acerca do emprego da expressão "negociação coletiva" em nosso ordenamento jurídico, seja no plano constitucional ou infraconstitucional.

O inc. XIII do art. 7º da CF, por exemplo, prevê a "duração do trabalho normal não superior a oito horas diárias e quarenta e quatro semanais, facultada a compensação de horários e a redução da jornada, *mediante acordo ou convenção coletiva de trabalho*", enquanto o inc. XIV do mesmo artigo prescreve a "jornada de seis horas para o trabalho realizado em turnos ininterruptos de revezamento, *salvo negociação coletiva*".

Por outro lado, o art. 8º, inc. VI, da CF determina que "é obrigatória a participação dos sindicatos nas *negociações coletivas de trabalho*". Todavia, sabe-se que nos acordos coletivos de trabalho não há participação do sindicato representante da categoria econômica.

O § 2º do art. 114 da CF permite o ajuizamento de dissídio coletivo, "de comum acordo", quando qualquer das partes recusar-se "à *negociação coletiva* ou à arbitragem", podendo "a Justiça do Trabalho decidir o conflito, respeitadas as disposições mínimas legais de proteção ao trabalho, bem como as convencionadas anteriormente".

No plano infraconstitucional, o § 2º do art. 58-A da CLT permite o chamado contrato de trabalho sujeito ao regime de tempo parcial, estabelecendo que para "os atuais empregados, a adoção do regime de tempo parcial será feita mediante opção manifestada perante a empresa, na forma prevista em *instrumento decorrente de negociação coletiva*", sendo certo que o art. 616 do mesmo diploma legal prevê que os "sindicatos representativos de categorias econômicas ou profissionais e as empresas, inclusive as que não tenham representação sindical, quando provocados, não podem *recusar-se à negociação coletiva*".

Vê-se, assim, que o termo "negociação coletiva" aparece ora como sinônimo de convenção coletiva ou de acordo coletivo de trabalho, isto é, como *fonte normativa autônoma*, ora como *procedimento prévio* de uma fonte normativa, que pode ser autônoma (convenção ou acordo coletivo) ou heterônoma ("sentença normativa").

2. CONCEITO

Não há definição legal acerca da negociação coletiva, o que exige o recurso às lições doutrinárias para formular o seu conceito. Daí a pluralidade de conceitos.

Para uns, é fonte normativa típica do direito do trabalho.

Leciona Amauri Mascaro Nascimento que a "negociação coletiva da qual resultam convenções coletivas de diferentes tipos, graus de obrigatoriedade e âmbitos de aceitações, é uma fonte de produção normativa típica do direito do trabalho"[1].

No mesmo sentido é a posição de Maurício Godinho Delgado, para quem a "negociação coletiva é um dos importantes métodos de solução de conflitos existentes na sociedade contemporânea. Sem dúvida, é o mais destacado no tocante a conflitos trabalhistas de natureza coletiva"[2].

Para outros, a negociação é um processo, como expõe José Cláudio Monteiro de Brito Filho: negociação coletiva é "o processo de entendimento entre empregados e empregadores visando à harmonização de interesses antagônicos com a finalidade de estabelecer normas e condições de trabalho"[3].

Na mesma linha, Enoque Ribeiro dos Santos pondera que a negociação coletiva é o "processo dialético por meio do qual os trabalhadores e as empresas, ou seus representantes, debatem uma agenda de direitos e obrigações, de forma democrática e transparente, envolvendo matérias pertinentes à relação trabalho-capital, na busca de um acordo que possibilite o alcance de uma convivência pacífica, em que impere o equilíbrio, a boa-fé e a solidariedade humana"[4].

Há, finalmente, os que concebem a negociação coletiva como "procedimento multifacetado que desempenha muitos papéis e serve a diferentes propósitos"[5].

O art. 2º da Convenção 154 da Organização Internacional do Trabalho – OIT, ratificada pelo Brasil (Decreto Legislativo 22, de 12.05.1992, e Decreto Presidencial 1.256, de 29.09.1994) preceitua que a negociação coletiva

> compreende todas as negociações que tenham lugar entre, de uma parte, um empregador, um grupo de empregadores ou uma organização ou várias organizações de empregadores e, de outra parte, uma ou várias organizações de trabalhadores, com o fim de:

1. *Teoria geral do direito do trabalho*, p. 123. Acrescentaríamos que o Código de Defesa do Consumidor (art. 107) também prevê a convenção coletiva de consumo. Assim, não se pode mais dizer que a negociação coletiva é instituto exclusivo do direito do trabalho.
2. *Curso de direito do trabalho*, p. 1368.
3. *Direito sindical*, p. 176.
4. *Direitos humanos na negociação coletiva*, p. 90.
5. CORDOBA. Reseña comparativa de la negociación colectiva en países industrializados. *In*: *Revista Internacional del Trabajo*. Genebra, v. 97, n. 3, p. 345-346, 1978. *Apud* RUPRECHT, Alfredo R. *Relações coletivas de trabalho*, p. 265.

- fixar as condições de trabalho e emprego; ou
- regular as relações entre empregadores e trabalhadores; ou
- regular as relações entre os empregadores ou suas organizações e uma ou várias organizações de trabalhadores, ou alcançar todos estes objetivos de uma só vez.

Vale dizer, a OIT condiciona a definição ampla de negociação coletiva aos seus fins, os quais devem residir na fixação de condições de trabalho ou regulação das relações entre empregados e empregadores, ou entre estes ou suas organizações e uma ou mais organizações de trabalhadores.

Parece-nos, pois, que a OIT emprega os termos negociação coletiva no sentido de procedimento que tenha por fim a fixação de condições de trabalho ou emprego ou a regulação das relações entre as forças do capital e do trabalho.

Importante é a observação de Alfredo R. Ruprecht, para quem "negociação coletiva é a que se celebra entre empregadores e trabalhadores ou seus respectivos representantes, de forma individual ou coletiva, com ou sem a intervenção do Estado, para procurar definir condições de trabalho ou regulamentar as relações laborais entre as partes"[6].

Mas esse mesmo autor esclarece, com razão, que se deve "entender por negociação coletiva os entendimentos para se chegar ao acordo, sento totalmente irrelevante que se chegue ou não a um acordo. A negociação aconteceu; o resultado é contingente, pode ou não acontecer, mas não influi na existência de diálogo"[7].

Para nós, **negociação coletiva de trabalho constitui procedimento prévio, fruto do princípio da autonomia privada coletiva, que tem por objeto a criação de uma fonte formal – autônoma ou heterônoma – que solucionará o conflito coletivo de trabalho**.

Caracteriza-se, pois, como procedimento genérico e preliminar da autocomposição ou da heterocomposição. É a "mesa-redonda", a "rodada de entendimentos", o "protocolo de intenções" ou qualquer outro meio que irá culminar, no nosso sistema, em um acordo coletivo, uma convenção coletiva, uma sentença arbitral ou uma sentença normativa.

Reconhecemos que o nosso conceito é aplicável especialmente no interior do ordenamento jurídico brasileiro, pois a negociação coletiva é procedimento prévio obrigatório tanto para a celebração de convenção coletiva ou acordo coletivo de trabalho quanto para o ajuizamento de dissídio coletivo de natureza econômica (CF, art. 114, §§ 1º e 2º; CLT, art. 616, *caput*, §§ 1º e 4º).

6. *Relações coletivas de trabalho*, p. 265.

7. *Op. cit.*, mesma página.

3. NATUREZA JURÍDICA

Em decorrência da pluralidade de conceitos, também há diversidades de proposições doutrinárias a respeito da natureza jurídica da negociação coletiva.

O problema, a nosso ver, reside em confundir a negociação coletiva (procedimento) com o seu resultado (convenção ou acordo coletivo), o que foi bem identificado por Enoque Ribeiro dos Santos ao observar que:

> Orlando Gomes, ao estudar o fenômeno da negociação coletiva, utilizou a expressão convenção coletiva, ou seja, ao invés de tratar do processo como um todo – a negociação coletiva – focava um dos seus instrumentos normativos – a convenção coletiva. Esse fato pode explicar, por si só, porque o legislador pátrio, ao legislar sobre o fenômeno, no ordenamento jurídico ordinário, deu mais destaque à convenção e ao acordo coletivo[8].

No direito estadunidense, a negociação coletiva é ora tratada como um procedimento (*collective bargaining*), ora como acordos bem-sucedidos (*collective bargaining agreements*), o que, de certo modo, acabou influindo a *mens legislatoris*, devido à influência da concepção norte-americana em nosso país, especialmente no setor automobilístico.

Posta assim a questão, podemos dizer que a natureza jurídica da negociação coletiva não se confunde com a da convenção coletiva ou do acordo coletivo de trabalho.

Ademais, é preciso identificar a natureza jurídica da negociação coletiva de acordo com o sistema (ou modelo) jurídico dos diversos países que a adotam.

A natureza da negociação coletiva é instrumental, pois, como adverte João de Lima Teixeira Filho, ela é "o meio pelo qual a autonomia privada coletiva se exercita"[9].

Já para Amauri Mascaro Nascimento[10], trata-se de um "poder social", fruto da concepção democrática das relações de trabalho.

No Brasil, parece-nos que a natureza jurídica da negociação coletiva constitui autêntico *instrumento decorrente do poder negocial coletivo*, conferido aos sindicatos representativos das categorias profissionais e empregadores ou sindicatos representativos das categorias econômicas para que promovam a defesa dos interesses coletivos dos seus representados.

A rigor, da negociação coletiva não resulta uma lei (à exceção do setor público, ante o princípio da legalidade), e sim um acordo coletivo ou convenção coletiva, ou, ainda, uma sentença arbitral ou, no caso brasileiro, uma sentença normativa.

8. *Direitos humanos na negociação coletiva*, p. 101.
9. *Instituições de direito do trabalho*, p. 1193.
10. *Op. cit.*, p. 124.

Não obstante, da negociação coletiva "pode resultar uma lei consentida, valendo como projeto absorvido pelas instâncias jurídicas estatais"[11].

Nas sempre oportunas palavras de Amauri Mascaro Nascimento:

> Há um direito positivo do trabalho resultante da atuação das organizações não estatais representantes dos trabalhadores e dos empregadores, surgindo, em consequência, a difícil questão das relações entre o domínio do Estado, expressando-se no interesse público, e dos grupos econômicos e profissionais e do equilíbrio necessário para que a atuação do Estado não venha a aniquilar as liberdades econômica e sindical, e estas não se voltem contra a soberania do Estado. Delineadas devem ser, de modo o quanto possível nítido, as fronteiras entre a soberania do Estado, a autonomia coletiva dos particulares e a liberdade individual, portanto, entre o Estado, os sindicatos e os indivíduos. O Estado, com o direito do trabalho, reagindo contra os postulados do liberalismo da Revolução Francesa de 1789, limitou, em nome da vontade geral, a autonomia individual. O corporativismo e o socialismo restringiram, em nome do interesse do Estado, a autonomia coletiva. O Estado contemporâneo ainda à procura do seu novo papel perante a economia de mercado, sem se deixar absorver, supera a dicotomia *público e privado* para interpor entre ambas, o coletivo, que não se confunde com o público, porque se manifesta no plano da atuação da vontade dos particulares, nem com o privado, tal como o concebe o individualismo[12].

4. PRINCÍPIOS

A coerência interna de um sistema jurídico decorre dos princípios sobre os quais se organiza. Para operacionalizar o funcionamento desse sistema, torna-se necessária a subdivisão dos princípios jurídicos. Extraem-se, assim, os princípios gerais e os princípios especiais, conforme a natureza de cada subdivisão.

Debruçando-nos sobre a negociação coletiva, verificaremos que ela, por ser instituto do direito do trabalho, do direito constitucional do trabalho e do direito coletivo do trabalho (para aqueles que sustentam a sua autonomia) possui princípios gerais e princípios especiais.

A harmonização do sistema ocorre porque os princípios especiais ou estão de acordo com os princípios gerais ou funcionam como exceção.

Nessa ordem, as normas, regras, princípios especiais e princípios gerais seguem a mesma linha de raciocínio, com coerência lógica entre si.

11. *Idem*, p. 125.
12. *Idem*, p. 125.

Além da coerência lógica, deve haver uma coerência teleológica entre os princípios que compõem o sistema, consentânea com determinados fins políticos, filosóficos, jurídicos, éticos e sociológicos.

É importante assinalar que o projeto de reforma sindical elaborado pelo Fórum Nacional do Trabalho prevê, no capítulo reservado à negociação coletiva, os seguintes princípios: a) a obrigatoriedade da negociação; b) a publicidade do processo de negociação coletiva; c) o não cerceamento do processo de negociação coletiva pela lei; d) os instrumentos normativos decorrentes das negociações coletivas, desenvolvidos na forma da lei, terão plena eficácia e reconhecimento jurídico; e) estabelecimento de critérios relativos à prevalência dos níveis e abrangência dos instrumentos; f) com base no princípio de acesso à informação, as partes definirão de comum acordo o elenco de informações necessárias ao processo de negociação coletiva.

Dito isso, podemos dizer que a negociação coletiva é informada pelos seguintes princípios:

4.1. Princípio da boa-fé

A negociação coletiva deve ter por escopo pacificar o conflito coletivo de trabalho, e não instigá-lo ainda mais. Dessa forma, as condutas na negociação devem observar os deveres morais da ética e lealdade entre as partes, sem que haja o intuito de umas prejudicarem as outras.

Trata-se de princípio reconhecido pelo Comitê de Liberdade Sindical da OIT, como se infere dos seus Verbetes 934, 935, 936, 938 e 1.071, *in verbis*:

> 934. O Comitê recorda a importância concedida à obrigação de negociar de boa-fé para a manutenção de um desenvolvimento harmonioso das relações profissionais.
>
> 935. É importante que tanto os empregadores quanto os sindicatos participem das negociações de boa-fé e que façam todo o possível para obterem um acordo, e a celebração de negociações verdadeiras e construtivas é necessária para o estabelecimento e para a manutenção de uma relação de confiança entre as partes.
>
> 936. Tanto os empregadores como os sindicatos devem negociar de boa-fé, realizando esforços para chegar a um acordo, e a existência de relações de trabalho satisfatórias depende primordialmente da atuação recíproca das partes e de sua confiança mútua.
>
> (...)
>
> 938. Ainda que a atitude conciliadora ou intransigente adotada por uma das partes ante as reivindicações de outra seja matéria de negociação entre as partes, tanto os empregadores como os sindicatos devem negociar de boa-fé realizando esforços para chegar a um acordo.
>
> (...)

> 1.071. Destaca-se a importância de que nas consultas reine a boa-fé, a confiança e o respeito mútuo e que as partes tenham tempo suficiente para expressar seus pontos de vista e discuti-los em profundidade com o objetivo de poderem obter um compromisso adequado.

A boa-fé na negociação coletiva há de ser tanto a subjetiva quanto a objetiva.

Na verdade, o princípio em tela implica também o dever geral de boa-fé (CC, arts. 187 e 422) aplicável não apenas à negociação coletiva como também a todos atos e negócios jurídicos, o qual determina que os contratantes devem exercer os seus direitos de acordo com os fins econômicos e sociais da negociação coletiva como procedimento prévio para a celebração de contratos de natureza coletiva.

Nesse sentido, colhemos o seguinte julgado:

> *Estabilidade pré-aposentadoria. Dispensa obstativa. Nulidade.* A dispensa de obreira, que laborou por mais de 20 anos em favor da reclamada, meses antes da aquisição da estabilidade pré-aposentadoria estabelecida em norma coletiva tem nítido fim de obstar o gozo desse direito. Trata-se de verdadeiro abuso de direito, que afronta visceralmente a boa-fé e à função social, princípios norteadores dos contratos, especialmente do contrato de trabalho (TRT 17ª R. – RO 0091500-41.2011.5.17.0010 – Rel. Des. Cláudio Armando Couce de Menezes – *DEJT* 22.06.2012).

4.2. Princípio do dever de informação

O princípio do dever de informação é corolário do princípio da boa-fé na negociação coletiva. Aliás, o direito fundamental à informação em geral está assegurado no art. 5º, XIV, da CF de 1988.

É fundamental o conhecimento da situação real da empresa, bem como das necessidades dos trabalhadores, por ambas as partes, a fim de que a negociação coletiva possa se embasar o mais proximamente dos elementos da realidade econômica, política e social dos atores sociais.

Até porque, se o grande mérito da negociação coletiva está no fato de que ela pode melhor refletir os interesses das partes por ter condições de conhecer melhor a realidade da empresa e dos trabalhadores, é óbvio que deve ser observado o dever de repassar as informações necessárias ao objeto da negociação.

Vale ressaltar que a informação adquirida para efeitos de negociação coletiva deve ser preservada, não dando à parte que obteve a informação o direito de divulgá-la ilimitadamente, aplicando-a a fins estranhos à negociação. Afinal de contas, todo direito deve ser exercido dentro de seus limites e da finalidade para a qual se destina, sob pena de abusos e ilegalidades.

Obtempera magistralmente Maurício Godinho Delgado:

É evidente que a responsabilidade social de se produzirem normas (e não meras cláusulas) conduz à necessidade de clareza quanto às condições subjetivas e objetivas envolvidas na negociação. Não se trata aqui de singela pactuação de negócio jurídico entre indivíduos, onde a privacidade prepondera; trata-se de negócio jurídico coletivo, no exercício da chamada autonomia privada coletiva, dirigida a produzir universos normativos regentes de importantes comunidades humanas. A transparência aqui reclamada é, sem dúvida, maior do que a que cerca negócios jurídicos estritamente individuais. Por isso aqui é mais largo o acesso a informações adequadas à formulação de normas compatíveis ao segmento social envolvido[13].

No mesmo sentido, lembra Eduardo Pragmácio Filho:

> A maioria das informações que são necessárias para que a negociação coletiva trabalhista logre êxito está nas mãos do empresariado. E boa parte dela constitui-se de informação sigilosa, caso seja revelada poderá trazer vários prejuízos. A representação dos trabalhadores tem o dever de guardar sigilo das informações reveladas na mesa de negociação, não podendo divulgar para terceiros nem para outros trabalhadores. Esse dever de sigilo e reserva é um complemento natural do direito à informação (...)[14].

O dever de sigilo encontra-se regulado em alguns ordenamentos estrangeiros, como o português (Código do Trabalho de Portugal, art. 412), que desobriga o empregador de prestações informações quando demonstrar que elas sejam suscetíveis de prejudicar ou afetar gravemente o funcionamento da empresa. O art. 4º, letra "d", da Lei 23.547 da Argentina também prevê o dever de sigilo sobre as informações obtidas em decorrência da negociação coletiva. Além disso, está previsto na Recomendação 163 da OIT.

Tais normas, por força do art. 8º da CLT, podem ser aplicadas no ordenamento jurídico brasileiro.

Colhe-se, nesse passo, um julgado do TST:

> (...) *Dispensa coletiva. Negociação coletiva.* A despedida individual é regida pelo Direito Individual do Trabalho, que possibilita à empresa não motivar nem justificar o ato, bastando homologar a rescisão e pagar as verbas rescisórias. Todavia, quando se trata de despedida coletiva, que atinge um grande número de trabalhadores, devem ser observados os princípios e regras do direito coletivo do trabalho, que seguem determinados procedimentos, tais como a negociação coletiva. Não há proibição de

13. *Curso de direito do trabalho*. 11. ed. São Paulo: LTr, 2005, p. 1339.
14. *O dever de sigilo nas negociações coletivas.* Disponível em: <http://espaco-vital.jusbrasil.com.br/noticias/2489614/o-dever-de-sigilo-nas-negociacoes-coletivas>. Acesso em: 20 jul. 2012.

despedida coletiva, principalmente em casos em que não há mais condições de trabalho na empresa. No entanto, devem ser observados os princípios previstos na Constituição Federal, da dignidade da pessoa humana, do valor social do trabalho e da função social da empresa, previstos nos arts. 1º, III e IV, e 170, *caput* e III, da CF; da democracia na relação trabalho capital e da negociação coletiva para solução dos conflitos coletivos (CF, arts. 7º, XXVI, 8º, III e VI, e 10 e 11), bem como as Convenções Internacionais da OIT, ratificadas pelo Brasil, nas Recomendações 98, 135 e 154, e, finalmente, o *princípio do direito à informação* previsto na Recomendação 163, da OIT, e no art. 5º, XIV, da CF. No caso dos autos, a empresa, além de dispensar os empregados de forma arbitrária, não pagou as verbas rescisórias, deixando de observar os princípios básicos que devem nortear as relações de trabalho. A negociação coletiva entre as partes é essencial nestes casos, a fim de que a dispensa coletiva traga menos impacto social, atendendo às necessidades dos trabalhadores, considerados hipossuficientes. Precedente. Todavia, não há fundamento para deferimento de licença remunerada pelo prazo de sessenta dias, principalmente porque a empresa encontra-se em processo de recuperação judicial. Recurso ordinário a que se dá provimento parcial (TST – RODC 2004700-91.2009.5.02.0000 – j. 14.11.2011 – Rel. Min. Kátia Magalhães Arruda – SDC – *DEJT* 16.12.2011).

4.3. Princípio da inescusabilidade da negociação

A negociação das partes é um dever jurídico das entidades sindicais representativas dos empregadores e dos trabalhadores, cujo princípio está consagrado no art. 616 da CLT, segundo o qual, os "sindicatos representativos de categorias econômicas ou profissionais e as empresas, inclusive as que não tenham representação sindical, quando provocados, não podem recusar-se à negociação coletiva".

De outro giro, o princípio da inescusabilidade da negociação coletiva também é observado nas hipóteses de deflagração da greve (Lei 7.783/89, art. 3º) ou de ajuizamento do dissídio coletivo (CF, art. 114, § 2º), situações essas que exigem o exaurimento da negociação coletiva, o que pressupõe o dever de negociar.

4.4. Princípio da razoabilidade

Já estudamos o princípio da razoabilidade na primeira parte desta obra aplicável ao direito individual do trabalho. Este princípio, quando aplicado no direito coletivo do trabalho, impõe que as partes atuem com bom senso e equilíbrio na negociação coletiva, de forma que não cabe aos empregados, por exemplo, exigir condições que coloquem em risco a própria sobrevivência da empresa, assim como as empresas não devem conceder condições socioeconômicas e ambientais aquém de suas reais possibilidades.

O princípio em tela também pode ser invocado no caso de ausência de alguma formalidade para o exercício do direito constitucional de greve. Nesse sentido:

> *Recurso ordinário em dissídio coletivo de greve. Não abusividade do movimento paredista. Direito fundamental coletivo inscrito no art. 9º da CF. Lei 7.783/89, arts. 3º e 4º*. A Constituição reconhece a greve como um direito fundamental de caráter coletivo, resultante da autonomia privada coletiva inerente às sociedades democráticas. Não se considera abusivo o movimento paredista se observados os requisitos estabelecidos pela ordem jurídica para sua validade: tentativa de negociação; aprovação da respectiva assembleia de trabalhadores; aviso prévio à parte adversa. Embora se reconheça que o direito de greve se submete às condições estabelecidas pelos arts. 3º e 4º da Lei 7.783/89, em casos concretos – revestidos de peculiaridades que demonstrem o justo exercício, pelos trabalhadores, da prerrogativa de pressionaram a classe patronal para obtenção de melhores condições de trabalho –, não se pode interpretar a Lei com rigor exagerado, compreendendo um preceito legal de forma isolada, sem integrá-lo ao sistema jurídico. A regulamentação do instituto da greve não pode traduzir um estreitamento ao direito de deflagração do movimento, sobretudo porque a Constituição Federal – que implementou o mais relevante avanço democrático no Direito Coletivo brasileiro –, em seu art. 9º, *caput*, conferiu larga amplitude a esse direito: "É assegurado o direito de greve, competindo aos trabalhadores decidir sobre a oportunidade de exercê-lo e sobre os interesses que devam por meio dele defender". Dessa forma, a aprovação por assembleia não pode – em situações especiais em que a greve foi realizada com razoabilidade, aprovação e adesão dos obreiros – exprimir uma formalidade intransponível a cercear o legítimo exercício do direito de greve. Dessa forma, a despeito da inexistência de prova escrita de assembleia-geral regular, se os elementos dos autos permitem a convicção de ter havido aprovação da greve pela parcela de empregados envolvidos, considera-se superado o requisito formal estabelecido pelo art. 4º da Lei 7.783/89 (...) (TST-RODC 2017400-02.2009.5.02.0000 – j. 12.03.2012 – Rel. Min. Mauricio Godinho Delgado – SDC – *DEJT* 30.03.2012).

4.5. Princípio da participação obrigatória das entidades sindicais

Este princípio está consagrado no art. 8º, inc. VI, que torna "obrigatória a participação dos sindicatos nas negociações coletivas de trabalho".

Interpretando o referido dispositivo constitucional, o STF deixou assentado (ADIns 1.861-MC e 1.361-MC) que nenhuma norma infraconstitucional pode estabelecer restrições à participação dos sindicatos no processo de instituição da participação nos lucros ou resultados, como, por exemplo, a comissão de empregados da empresa:

> Ação direta de inconstitucionalidade: medida cautelar: impugnação da parte final do inc. I do art. 2º da MP 1.698-46, de 30.06.1998, que prevê, como alternativa à

convenção ou ao acordo coletivo, que se estabeleça, para o fim de compor a fórmula de participação dos empregados nos resultados das empresas, uma comissão "escolhida pelas partes, integrada, também, por um representante indicado pelo sindicato da respectiva categoria, dentre os empregados da sede da empresa". A expressão impugnada, ao restringir aos filiados que servem na empresa, a escolha, a ser feita pelo sindicato, daquele que deverá compor a comissão destinada a, alternativamente, negociar a participação dos empregados nos lucros e resultados da empregadora, é de ter-se por ofensiva ao art. 8º, III, da Constituição, que consagra o princípio da defesa, pelo sindicato, "dos direitos e interesses coletivos ou individuais da categoria", em razão do qual goza a entidade da prerrogativa de representar os interesses gerais da respectiva categoria e os interesses individuais dos associados relativos à atividade ou profissão exercida: limitação da independência do sindicato na sua participação, que a Constituição impôs, nessa modalidade de negociação coletiva (CF, art. 8º, VI). Introdução de um mecanismo típico de sindicalismo de empresa, que o nosso sistema constitucional não admite. Deferida a suspensão cautelar da expressão "dentre os empregados da sede da empresa" (STF-ADI 1.861-MC – Rel. p/ o ac. Min. Sepúlveda Pertence – j. 16.09.1998 – Plenário – *DJ* de 06.09.2007).

Ação direta de inconstitucionalidade. Art. 2º, *caput*, da MP 1.136, de 26.09.1995, repetido na MP 1.239, de 14.12.1995, que regula a representação dos empregados, em convenção celebrada para regular a forma de sua participação nos lucros da empresa. Alegada afronta ao art. 8º, VI, da CF. Plausibilidade da alegação, relativamente às expressões "por meio de comissão por eles escolhida", contida no texto da referida norma, requisito a que se alia, por motivos óbvios, a conveniência da pronta suspensão de sua vigência. Cautelar parcialmente deferida (STF-ADI 1.361-MC – Rel. Min. Ilmar Galvão – j. 12.12.1995 – Plenário – *DJ* de 12.04.1996).

A jurisprudência especializada vinha sendo exigente a respeito da obrigatoriedade da participação sindical nas negociações coletivas, como se vê do seguinte julgado:

Redutibilidade salarial. Suprimento da representação sindical. Impossibilidade. A negociação coletiva é um processo que poderá conduzir à celebração de um acordo ou convenção coletiva de trabalho. É obrigatória a participação do Sindicato profissional não só no processo de negociação coletiva de trabalho (CF, art. 8º, inc. VI). O art. 7º, inc. VI, da Constituição da República assegurou como direito dos trabalhadores a irredutibilidade do salário, salvo o disposto em convenção ou acordo coletivo. Negando-se o Sindicato da categoria profissional a firmar com a empresa acordo coletivo do trabalho, visando a redução do salário, não tem esta direito à ação de Dissídio Coletivo, objetivando suprir a vontade sindical, pois a hipótese não está prevista no texto constitucional, configurando-se, pois, verdadeira impossibilidade jurídica do pedido. Não se trata, aqui, de lesão ou ameaça a direito, pois o empregador não tem o direito de reduzir os salários de seus empregados, salvo acordo ou convenção coletiva, que deverá contar com a chancela da entidade sindical que representa os trabalhadores. Recurso conhecido e desprovido (TST-RO-DC 108612/94.3 – Ac. SDC 1013/94 – Rel. Min. Indalécio Gomes Neto – *DJU* 30.09.1994).

Todavia, o art. 617 da CLT prevê a possibilidade de celebração de acordo coletivo diretamente entre comissão de empregados e o empregador na excepcional hipótese de o sindicato, notificado para assumir a direção da negociação coletiva, recusar-se injustificadamente ou silenciar-se. Trata-se, a nosso ver, de uma exceção que não invalida o princípio. Nesse sentido:

> RECURSO ORDINÁRIO EM AÇÃO ANULATÓRIA. 1. NULIDADE DO ACORDO COLETIVO DE TRABALHO 2015/2016. ILEGITIMIDADE DO SINDICATO PROFISSIONAL QUE SUBSCREVEU A NORMA COLETIVA. A questão objeto da controvérsia não se limita apenas à definição da representatividade dos empregados da AFFEMG – Associação dos Funcionários Fiscais do Estado de Minas Gerais, mas principalmente à possibilidade de que, diante da alegada inércia do legítimo representante dos empregados (SENALBA), a Associação pudesse celebrar a norma coletiva com outro ente sindical (SINDEC) . O art. 8º da Constituição Federal, em seu inciso VI, ao declarar a participação obrigatória do sindicato na negociação coletiva de trabalho, revela natureza de preceito de observância inafastável, reforçando as disposições trazidas no art. 611 da CLT. Contudo, em que pese tal exigência constitucional, não se pode admitir que, inviabilizada a negociação por culpa da entidade sindical, fique a categoria profissional indefinidamente desguarnecida das normas coletivas. Nesse sentido, o referido preceito constitucional não retirou a vigência e a eficácia do art. 617 da CLT, o qual faculta aos empregados o direito de negociarem diretamente com seus empregadores, caso o sindicato que os represente ou a federação à qual esse é filiado, não assumam a direção dos entendimentos. Nessas circunstâncias, para que seja dispensada a intermediação do ente sindical, é necessária a comprovação não só da livre manifestação da categoria profissional interessada no conflito, mas, também, que seja patente a recusa do Sindicato profissional, ou a sua inércia. Ocorre que as hipóteses admitidas pela lei para a celebração do acordo coletivo, sem a participação do sindicato legitimado para tal, são aquelas previstas no art. 617 da CLT, que diz respeito à comissão de empregados, ou a do art. 611 desse diploma legal, que trata da representação das categorias inorganizadas em sindicatos, não havendo nenhuma previsão legal para que outro sindicato, que não o legítimo representante da categoria envolvida, possa firmar, em nome dela, instrumentos negociais autônomos, ou ainda, a possibilitar que a vinculação sindical resulte simplesmente da vontade e/ou da escolha de trabalhadores e empregadores. Nesse con-

texto, mantém-se a decisão regional que declarou a nulidade do ACT 2015/2016, celebrado entre a AFFEMG e o SINDEC/MG e nega-se provimento ao recurso. 2. HONORÁRIOS ADVOCATÍCIOS. SUCUMBÊNCIA RECÍPROCA. POSSIBILIDADE. Em decorrência do CPC de 2015, a Súmula n. 219 do TST sofreu alterações em sua redação, e teve acrescido, entre outros, o item IV, segundo o qual "na ação rescisória e nas lides que não derivem de relação de emprego, a responsabilidade pelo pagamento dos honorários advocatícios da sucumbência submete-se à disciplina do Código de Processo Civil (arts. 85, 86, 87 e 90)". Nesse contexto, em que este litígio não decorre da relação de emprego – já que se trata de uma ação anulatória de acordo coletivo de trabalho – e em que os pedidos do autor foram parcialmente deferidos, há de ser reformada em parte, a decisão, aplicando-se a sucumbência recíproca, de forma a que o ônus relativo aos honorários advocatícios seja partilhado. Assim, dá-se provimento parcial ao recurso, atribuindo-se, ao autor, o pagamento da metade do valor fixado pelo Regional, a título de honorários advocatícios, cabendo aos réus a outra metade. 3. CUSTAS PROCESSUAIS. REDUÇÃO. SUCUMBÊNCIA RECÍPROCA. A teor do art. 3º, § 3º, da Instrução Normativa n. 27/2005 do TST, "salvo nas lides decorrentes da relação de emprego, é aplicável o princípio da sucumbência recíproca, relativamente às custas processuais". Adotando-se os fundamentos expostos no item anterior, quanto à razoabilidade do valor da causa, arbitrado pelo Regional, dá-se provimento ao recurso, no tópico, para, aplicando a sucumbência recíproca em relação às custas processuais, reduzir para R$100,00 o valor atribuído, a tal título, às partes rés, de forma solidária, ficando a cargo do Sindicato autor o ônus ao pagamento de R$100,00. Recurso ordinário conhecido e parcialmente provido (TST-RO 10818820155030000, Rel. Des. Dora Maria da Costa, SDC, *DEJT* 30.11.2016).

4.6. Princípio da supremacia das normas de ordem pública e a Lei 13.467/2017

Embora a Constituição reconheça aos sindicatos o poder negocial para criar normas autônomas, este poder há de observar o princípio da supremacia das normas de ordem pública.

O princípio em tela já encontrava albergue no art. 8º, *in fine*, da CLT e atualmente é reconhecido pela jurisprudência do TST, como se infere do item I da OJ 342 da SBDI-1 (convertida no item II da Súmula 437 do TST): "É inválida cláusula de acordo ou convenção coletiva de trabalho contemplando a supressão ou redução do intervalo intrajornada porque este constitui medida de higiene, saúde e segurança do trabalho, garantido por norma de ordem pública (CLT, art. 71 e CF/88, art. 7º, XXII), infenso à negociação coletiva".

A Lei 13.467/2017, no entanto, alterou substancialmente o princípio em tela, na medida em que instituiu o chamado modelo "negociado sobre o legislado", isto é, um novo sistema de hierarquia das fontes em que as cláusulas previstas em convenções ou acordos coletivos prevalecem quando se apresentarem em antinomia com as disposições previstas em lei.

Com efeito, dispõe o art. 611-A da CLT, com redação dada pela Lei 13.467/2017, *in verbis*:

> Art. 611-A. A convenção coletiva e o acordo coletivo de trabalho têm prevalência sobre a lei quando, entre outros, dispuserem sobre:
>
> I – pacto quanto à jornada de trabalho, observados os limites constitucionais;
>
> II – banco de horas anual;
>
> III – intervalo intrajornada, respeitado o limite mínimo de trinta minutos para jornadas superiores a seis horas;
>
> IV – adesão ao Programa Seguro-Emprego (PSE), de que trata a Lei n. 13.189, de 19 de novembro de 2015;
>
> V – plano de cargos, salários e funções compatíveis com a condição pessoal do empregado, bem como identificação dos cargos que se enquadram como funções de confiança;
>
> VI – regulamento empresarial;
>
> VII – representante dos trabalhadores no local de trabalho;
>
> VIII – teletrabalho, regime de sobreaviso, e trabalho intermitente;
>
> IX – remuneração por produtividade, incluídas as gorjetas percebidas pelo empregado, e remuneração por desempenho individual;
>
> X – modalidade de registro de jornada de trabalho;
>
> XI – troca do dia de feriado;
>
> XII – enquadramento do grau de insalubridade;
>
> XIII – prorrogação de jornada em ambientes insalubres, sem licença prévia das autoridades competentes do Ministério do Trabalho;
>
> XIV – prêmios de incentivo em bens ou serviços, eventualmente concedidos em programas de incentivo;
>
> XV – participação nos lucros ou resultados da empresa.
>
> § 1º No exame da convenção coletiva ou do acordo coletivo de trabalho, a Justiça do Trabalho observará o disposto no § 3º do art. 8º desta Consolidação.
>
> § 2º A inexistência de expressa indicação de contrapartidas recíprocas em convenção coletiva ou acordo coletivo de trabalho não ensejará sua nulidade por não caracterizar um vício do negócio jurídico.
>
> § 3º Se for pactuada cláusula que reduza o salário ou a jornada, a convenção coletiva ou o acordo coletivo de trabalho deverão prever a proteção dos empregados contra dispensa imotivada durante o prazo de vigência do instrumento coletivo.

§ 4º Na hipótese de procedência de ação anulatória de cláusula de convenção coletiva ou de acordo coletivo de trabalho, quando houver a cláusula compensatória, esta deverá ser igualmente anulada, sem repetição do indébito.

§ 5º Os sindicatos subscritores de convenção coletiva ou de acordo coletivo de trabalho deverão participar, como litisconsortes necessários, em ação individual ou coletiva, que tenha como objeto a anulação de cláusulas desses instrumentos.

As regras constantes do novel art. 611-A, *caput*, da CLT são, a nosso sentir, inconstitucionais, por diversos fundamentos.

Primeiro, porque o art. 7º, *caput*, da CF só permite validamente a edição de regras (ou cláusulas) que impliquem melhoria da condição socioeconômica dos trabalhadores urbanos e rurais. Logo, nem mesmo por emenda constitucional seria possível restringir ou reduzir o núcleo duro do art. 7º da CF, já que este veicula normas de direitos fundamentais (CF, art. 60, § 4º, IV) que, por sua vez, são, em regra, de ordem pública.

Segundo, porque as convenções e os acordos coletivos de trabalho são direitos fundamentais sociais dos trabalhadores (CF, art. 7º, XXVI) e devem ter por objeto o que consta do *caput* do mesmo artigo 7º do Texto Magno, ou seja, melhorar as condições sociais dos trabalhadores.

Terceiro, porque o próprio legislador constituinte originário estabeleceu as três hipóteses excepcionais em que os direitos fundamentais sociais dos trabalhadores podem ser reduzidos (ou flexibilizados) por meio de convenções coletivas ou acordos coletivos de trabalho, a saber: a redução de salários (CF, art. 7º, VI), a compensação ou redução da jornada (CF, art. 7º, XIII) e o estabelecimento da jornada em turnos ininterruptos de revezamento (CF, art. 7º, XIV).

Quarto, porquanto o novel art. 611-A da CLT não faz distinção entre trabalhadores filiados e não filiados ao sindicato. E isso é de extrema importância, já que a contribuição sindical deixou de ser obrigatória, deixando, assim, de existir o principal fundamento para que ele seja atingido pelos ônus e bônus previstos em convenções e acordos coletivos.

É de sabença geral que os incisos de um artigo devem estar em perfeita harmonia com o seu *caput*. Entretanto, art. 611-A da CLT, com redação dada pela Lei 13.467/2017, inverteu essa lógica, pois tornou a exceção uma regra, o que colide com o escopo dos direitos fundamentais sociais dos trabalhadores.

Nesse contexto, são inconstitucionais todos incisos do art. 611-A da CLT, à exceção dos incisos I, IV, V, VI, VII, IX, XI, XIV e XV, os quais deverão ser apreciados concretamente, a fim de que o intérprete avalie se as regras da convenção ou do acordo coletivo estão em conformidade aos princípios da vedação do retrocesso social, da progressividade, da razoabilidade e da proporcionalidade.

No tocante ao § 1º do art. 611-A da CLT, a sua inconstitucionalidade é manifesta, uma vez que viola literal disposição do art. 5º, XXXV, da CF, segundo o qual a lei não poderá excluir da apreciação do Judiciário lesão ou ameaça a direitos (individuais ou metaindividuais).

O § 2º do art. 611-A da CLT é inconstitucional porque impede a Justiça do Trabalho a examinar o conteúdo da cláusula e declarar a sua nulidade por descaracterizar a essência da negociação coletiva, que reside na existência de reciprocidade de interesses contrapostos, sem falar no obstáculo que este dispositivo produz no efetivo acesso à Justiça do Trabalho.

O § 3º do art. 611-A da CLT, ao que nos parece, não é inconstitucional, na medida em que cria uma situação de vantagem para o trabalhador, consistente na proteção da relação empregatícia durante a vigência da convenção e do acordo coletivo que reduzam salários e reduzam (sic) jornada de trabalho. Parece-nos que a *mens legis* aponta no sentido de se interpretar este dispositivo da seguinte forma: "Se for pactuada cláusula que reduza o salário ou aumente a jornada, a convenção coletiva ou o acordo coletivo de trabalho deverão prever a proteção dos empregados contra dispensa imotivada durante o prazo de vigência do instrumento coletivo".

O § 4º do art. 611-A da CLT, a par da sua confusa redação e de destoar da boa técnica legislativa, já que insere promiscuamente regra de direito processual dentro de um projeto de lei de direito material, é inconstitucional porque invade área reservada ao Poder Judiciário de decidir sobre os efeitos da decisão proferida em ação anulatória de cláusula de acordo ou convenção coletiva.

Tentando demonstrar a preocupação com a proibição de cláusulas que contrariem normas de ordem pública, o art. 611-B da CLT, com redação dada pela Lei 13.467/2017, dispõe *in verbis*:

> Art. 611-B. Constituem objeto ilícito de convenção coletiva ou de acordo coletivo de trabalho, exclusivamente, a supressão ou a redução dos seguintes direitos:
>
> I – normas de identificação profissional, inclusive as anotações na Carteira de Trabalho e Previdência Social;
>
> II – seguro-desemprego, em caso de desemprego involuntário;
>
> III – valor dos depósitos mensais e da indenização rescisória do Fundo de Garantia do Tempo de Serviço (FGTS);
>
> IV – salário mínimo;
>
> V – valor nominal do décimo terceiro salário;
>
> VI – remuneração do trabalho noturno superior à do diurno;
>
> VII – proteção do salário na forma da lei, constituindo crime sua retenção dolosa;
>
> VIII – salário-família;
>
> IX – repouso semanal remunerado;
>
> X – remuneração do serviço extraordinário superior, no mínimo, em 50% (cinquenta por cento) à do normal;

XI – número de dias de férias devidas ao empregado;

XII – gozo de férias anuais remuneradas com, pelo menos, um terço a mais do que o salário normal;

XIII – licença-maternidade com a duração mínima de cento e vinte dias;

XIV – licença-paternidade nos termos fixados em lei;

XV – proteção do mercado de trabalho da mulher, mediante incentivos específicos, nos termos da lei;

XVI – aviso prévio proporcional ao tempo de serviço, sendo no mínimo de trinta dias, nos termos da lei;

XVII – normas de saúde, higiene e segurança do trabalho previstas em lei ou em normas regulamentadoras do Ministério do Trabalho;

XVIII – adicional de remuneração para as atividades penosas, insalubres ou perigosas;

XIX – aposentadoria;

XX – seguro contra acidentes de trabalho, a cargo do empregador;

XXI – ação, quanto aos créditos resultantes das relações de trabalho, com prazo prescricional de cinco anos para os trabalhadores urbanos e rurais, até o limite de dois anos após a extinção do contrato de trabalho;

XXII – proibição de qualquer discriminação no tocante a salário e critérios de admissão do trabalhador com deficiência;

XXIII – proibição de trabalho noturno, perigoso ou insalubre a menores de dezoito anos e de qualquer trabalho a menores de dezesseis anos, salvo na condição de aprendiz, a partir de quatorze anos;

XXIV – medidas de proteção legal de crianças e adolescentes;

XXV – igualdade de direitos entre o trabalhador com vínculo empregatício permanente e o trabalhador avulso;

XXVI – liberdade de associação profissional ou sindical do trabalhador, inclusive o direito de não sofrer, sem sua expressa e prévia anuência, qualquer cobrança ou desconto salarial estabelecidos em convenção coletiva ou acordo coletivo de trabalho;

XXVII – direito de greve, competindo aos trabalhadores decidir sobre a oportunidade de exercê-lo e sobre os interesses que devam por meio dele defender;

XXVIII – definição legal sobre os serviços ou atividades essenciais e disposições legais sobre o atendimento das necessidades inadiáveis da comunidade em caso de greve;

XXIX – tributos e outros créditos de terceiros;

XXX – as disposições previstas nos arts. 373-A, 390, 392, 392-A, 394, 394-A, 395, 396 e 400 desta Consolidação.

Parágrafo único. Regras sobre duração do trabalho e intervalos não são consideradas como normas de saúde, higiene e segurança do trabalho para os fins do disposto neste artigo.

Por fim, a Lei 13.467/2017 alterou substancialmente o art. 620 da CLT, rompendo com o princípio da norma mais favorável, uma vez que as "condições estabelecidas em acordo coletivo de trabalho sempre prevalecerão sobre as estipuladas em convenção coletiva de trabalho".

5. FUNÇÕES

A negociação coletiva possui inúmeras funções, a saber:

5.1. Função normativa

A função normativa é a mais importante, pois tem por objeto a criação de instrumentos normativos que estabelecerão normas e condições aplicáveis aos contratos individuais de trabalho dos representados pelos sujeitos dos instrumentos coletivos correspondentes.

5.2. Função obrigacional

O objeto da função obrigacional repousa na fixação de regras diretamente para os sujeitos signatários dos instrumentos coletivos, sem repercussão para os contratos individuais de trabalho.

5.3. Função compositiva

É a que estabelece mecanismos de autocomposição entre as partes, a fim de evitar a utilização de fontes heterônomas para a solução do impasse, principalmente a atuação jurisdicional, objetivando a paz social entre as partes conflitantes na relação de emprego.

5.4. Função política

A negociação coletiva tem também a função de democratizar as relações sociais, uma vez que favorece o diálogo entre as partes para que elas mesmas determinem os rumos da regulação aplicável às suas relações.

5.5. Função econômica

Esta função diz respeito à possibilidade de as partes, através do diálogo promovido pela negociação, definirem formas de distribuição de riqueza, finalidade esta que inevitavelmente possui um caráter econômico.

5.6. Função social

A função social permite a participação dos trabalhadores, através de seus representantes, na vida e no desenvolvimento da empresa, o que implica inúmeras consequência nas suas próprias condições sociais e de suas famílias.

De outro lado, sendo a negociação coletiva um meio para se chegar a uma convenção ou acordo coletivo de trabalho, salta aos olhos que a sua principal função decorre da premissa da promoção da melhoria das condições sociais dos trabalhadores, como preconizado no art. 7º, *caput*, da CF.

Além disso, a negociação coletiva pode exercer importante influência na operacionalização do princípio da função social da empresa.

5.7. Função ambiental

Tendo em conta que a preservação da saúde do trabalhador constitui um dos importantes temas alusivos à proteção do meio ambiente do trabalho, salta aos olhos que a negociação coletiva pode desempenhar destacado papel através da participação dos trabalhadores na preservação e gestão ambiental das empresas.

Aliás, a negociação coletiva pode (e deve) incentivar a criação de cláusulas em convenções e acordos coletivos que disponham sobre prevenção dos riscos inerentes ao trabalho por meio de normas de higiene, medicina e segurança, bem como a proteção dos trabalhadores em face da automação, preservando, assim, a sadia qualidade de vida no ambiente do trabalho.

5.8. Função pedagógica

Tendo em vista a necessária periodicidade das negociações coletivas, pois elas são instrumento procedimental para a celebração de convenções e acordos coletivos, que têm vigência temporária, as partes da negociação terão que se aperfeiçoar cada vez mais em decorrência das novas e complexas formas de relações sociotrabalhistas que vão surgindo na sociedade pós-moderna. Com isso, necessitarão não apenas de assessoramento técnico, mas, sobretudo, das lições e dos pareceres de sociólogos, filósofos, juristas, cientistas políticos, estatísticos etc. para se capacitarem e se adequarem a essas novas e complexas formas de trabalho humano.

6. ÂMBITOS (OU NÍVEIS) DE NEGOCIAÇÃO COLETIVA

A negociação coletiva pode ser realizada em diferentes âmbitos ou níveis (como preferem alguns autores), de acordo com o ordenamento (ou sistema) jurídico e com o grau de liberdade sindical de cada país.

Ela pode ficar restrita ao âmbito de uma ou mais empresas singularmente consideradas, mas é possível ampliar-se para o âmbito das categorias profissionais e econômicas.

É possível, ainda, em países que adotam a ampla liberdade sindical, que a negociação coletiva se generalize a ponto de alcançar um âmbito supracategorial, por setor ou ramo de atividade econômica.

No âmbito da empresa, a negociação pode ser restringida de modo a abranger apenas determinados estabelecimentos, como filiais, agências, setores ou departamentos, tomando por base as condições específicas de trabalho nas unidades técnicas de produção.

A Recomendação 136 da OIT preconiza a possibilidade de negociação coletiva em três níveis, ou seja, de acordo com os graus da organização sindical, a saber: sindicatos, federações e confederações.

Lamentavelmente, a Constituição brasileira de 1988, não obstante estabeleça o pluralismo como princípio fundamental (art. 1º, V) e prestigie a negociação coletiva e seus instrumentos como direito coletivo fundamental dos trabalhadores (arts. 7º, XXVI, e 8º, VI), acabou limitando a liberdade sindical e, por via de consequência, uma de suas vertentes: a negociação coletiva.

Com efeito, ao prescrever o regime da unicidade sindical, a Carta Magna de 1988 só permite dois âmbitos de negociação: no âmbito das categorias e no âmbito da empresa.

No âmbito das categorias, porquanto na CCT – Convenção Coletiva de Trabalho, as suas cláusulas e condições alcançam apenas aos integrantes da categoria econômica e profissional.

Já no âmbito da empresa, temos o ACT – Acordo Coletivo de Trabalho, cujas cláusulas e condições são aplicáveis restritivamente aos trabalhadores da(s) empresa(s) que dele participaram.

Além disso, a negociação coletiva em nosso ordenamento jurídico acaba sendo, na prática, monopólio sindical, seja em função da regra expressa no inciso VI do art. 8º da CF, seja porque as federações e confederações somente comparecem e participam das negociações coletivas quando não existirem sindicatos em determinada base territorial ou quando estes se recusarem a assumir a direção negocial. É o que se infere dos arts. 611, §§ 1º e 2º, 613, I, 614 e 617 da CLT.

É certo, porém, que as centrais sindicais brasileiras – embora sem personalidade sindical e sem permissão legal para celebrarem convenções e acordos coletivos – ganharam considerável força política nos últimos governos, os quais passaram reiteradamente a convidá-las para as negociações mais amplas – supracategoriais – que tenham por objeto a implantação de políticas públicas de interesse da classe trabalhadora em geral.

7. INSTRUMENTOS NORMATIVOS NEGOCIADOS: CONVENÇÃO, ACORDO E CONTRATO COLETIVO DE TRABALHO

Os instrumentos normativos negociados, também chamados de "contratação coletiva" ou "contratos coletivos *lato sensu*", constituem o gênero que tem como espécies a convenção coletiva de trabalho, o acordo coletivo de trabalho e o contrato coletivo de trabalho *stricto sensu*.

A OIT não faz distinção entre acordos coletivos e convenções coletivas, preferindo chamá-los genericamente de convênios coletivos.

A contratação coletiva, que é uma das fontes formais mais importantes do direito do trabalho, não se confunde com a negociação coletiva. Aquela é o resultado, a formalização desta. A negociação coletiva, como já vimos, é o instrumento procedimental necessário para se chegar à contratação coletiva.

É importante também não confundir contratação coletiva (ou contrato coletivo *lato sensu*) com contrato coletivo *stricto sensu*, pois aquele é gênero; este, uma de suas espécies.

7.1. Convenção coletiva de trabalho

A convenção coletiva de trabalho constitui direito social fundamental dos trabalhadores, sendo reconhecida no art. 7º, inc. XXVI, da CF.

Como a Carta Magna não define a convenção coletiva, devemos nos socorrer do art. 611 da CLT, *in verbis*: "Convenção Coletiva de Trabalho é o acordo de caráter normativo pelo qual dois ou mais sindicatos representativos de categorias econômicas e profissionais estipulam condições de trabalho aplicáveis, no âmbito das respectivas representações, às relações individuais de trabalho".

Acentua Arion Sayão Romita que a convenção coletiva de trabalho,

> como contrato normativo, regula antecipadamente, de maneira abstrata, relações jurídicas existentes ou que as partes se obrigam a constituir. É próprio do contrato, em acepção ampla (como negócio jurídico bilateral), regular relações jurídicas, subordinando-as a regras preestabelecidas. Tais disposições negociais, agora fixadas para produzirem efeito adiante, destinam-se a reger as relações concretas das partes que se submeteram ou venham a se submeter às condições estipuladas[15].

Sublinha o saudoso Valentin Carrion que

15. A natureza jurídica da convenção coletiva de trabalho, segundo Orlando Gomes: significado atual. *In*: *Revista Síntese Trabalhista*, n. 112, p. 8, out. 1998.

A distinção fundamental entre o contrato individual de trabalho e a convenção coletiva *lato sensu*, é que, enquanto o primeiro cria a obrigação de trabalhar e a de remunerar, a convenção coletiva prevê direitos e obrigações para os contratos individuais em vigor ou que venham a celebrar-se; como se diz, é mais uma lei do que um contrato. Tem a vantagem de descer a minúcias e, melhor que a lei, adaptar-se às circunstâncias específicas das partes, do momento e do lugar[16].

Outra característica da convenção coletiva é a de produzir efeitos não só para as partes que a subscrevem, mas também para terceiros. Daí a sua natureza híbrida que levou Carnelutti a afirmar: "ur ibrido che a la forma del contratto e l'anima della legge"[17].

Entre os diversos aspectos importantes da convenção coletiva, podemos destacar os seguintes:

a) permite ao empregado influir nas condições de trabalho, tornando-as bilaterais;

b) atenua o choque social e reforça a solidariedade do operariado;

c) é uma autêntica fonte do direito do trabalho, com a vantagem de não estar atrelada aos inconvenientes da lentidão legislativa, o que redunda em possibilidade de edição célere de novas regras entre os atores sociais;

d) é uma tentativa nobre de reabilitar a dignidade humana, aviltada pelo individualismo jurídico[18].

Os sujeitos, por excelência, das convenções coletivas são os sindicatos. Mas o § 3º do art. 611 da CLT preceitua:

> As Federações e, na falta destas, as Confederações representativas de categorias econômicas ou profissionais poderão celebrar convenções coletivas de trabalho para reger as relações das categorias a elas vinculadas, inorganizadas em sindicatos, no âmbito de suas representações.

Trata-se, pois, de uma contratação coletiva intersindical, cuja principal consequência é vincular juridicamente todos os representados pelas entidades sindicais signatárias, independentemente de serem seus sócios. Basta, pois, pertencer à categoria econômica ou profissional representada pelos sindicatos que firmaram a CCT para ser alcançado pelos efeitos *ultra partem* de suas cláusulas normativas.

---

16. *Comentários à Consolidação das Leis do Trabalho*. Ed. em CD-ROM. São Paulo: Saraiva, 1996 (arts. 611 e ss.).
17. Numa tradução livre: a convenção coletiva é híbrida, porque tem a forma de contrato mas a alma de lei.
18. CARRION, Valentin. *Op. cit.*, mesmo artigo.

A única ressalva é a dos trabalhadores integrantes de categorias profissionais diferenciadas, como: médicos, dentistas, engenheiros, motoristas etc., pois estes, geralmente, não se enquadram no âmbito de representação do sindicato que negociou.

A rigor, aos trabalhadores das categorias profissionais diferenciadas serão aplicadas as normas coletivas elaboradas com a participação dos respectivos sindicatos das categorias profissionais diferenciadas, independentemente da área econômica em que se insira a empresa para a qual trabalham. O TST, no entanto, editou a Súmula 374, que prevê que o empregado integrante de categoria profissional diferenciada não tem o direito de haver de seu empregador vantagens previstas em instrumento coletivo no qual a empresa não foi representada por órgão de classe de sua categoria.

No que diz respeito ao conteúdo da CCT, parece-nos que ela deve ter por objeto a melhoria das condições sociais dos trabalhadores, razão pela qual somente em situações excepcionais serão admitidas as condições que lhes sejam menos benéficas.

A rigor, existem limites acerca do conteúdo da CCT, os quais decorrem das normas de ordem pública e da ponderação entre o princípio da proteção, que abrange os princípios da norma mais favorável, da condição mais benéfica e *in dubio pro operario*, e a possibilidade de flexibilização *in pejus* prevista em lei.

A Lei 13.467/2017, no entanto, ao inserir o art. 611-A na CLT, introduziu um novo sistema de prevalência das cláusulas previstas em CCT ou ACT sobre as disposições previstas em lei.

Com efeito, dispõe o novel art. 611-A da CLT que a convenção coletiva e o acordo coletivo de trabalho têm prevalência sobre a lei quando, entre outros, dispuserem sobre: I – pacto quanto à jornada de trabalho, observados os limites constitucionais; II – banco de horas anual; III – intervalo intrajornada, respeitado o limite mínimo de trinta minutos para jornadas superiores a seis horas; IV – adesão ao Programa Seguro-Emprego (PSE), de que trata a Lei no 13.189, de 19 de novembro de 2015; V – plano de cargos, salários e funções compatíveis com a condição pessoal do empregado, bem como identificação dos cargos que se enquadram como funções de confiança; VI – regulamento empresarial; VII – representante dos trabalhadores no local de trabalho; VIII – teletrabalho, regime de sobreaviso, e trabalho intermitente; IX – remuneração por produtividade, incluídas as gorjetas percebidas pelo empregado, e remuneração por desempenho individual; X – modalidade de registro de jornada de trabalho; XI – troca do dia de feriado; XII – enquadramento do grau de insalubridade; XIII – prorrogação de jornada em ambientes insalubres, sem licença prévia das autoridades competentes do Ministério do Trabalho; XIV – prêmios de incentivo em bens ou serviços, eventualmente concedidos em programas de incentivo; XV – participação nos lucros ou resultados da empresa.

Sustentamos a inconstitucionalidade parcial do novel art. 611-A da CLT como já vimos no item 4.6, *supra*, para onde remetemos o leitor.

É importante ressaltar que o art. 611-B da CLT, inserido pela Lei 13.467/2017, dispõe sobre o conteúdo que não pode constar em CCT ou ACT, isto é, constituem objeto ilícito de convenção coletiva ou de acordo coletivo de trabalho, exclusivamente, a supressão ou a redução dos seguintes direitos: I – normas de identificação profissional, inclusive as anotações na Carteira de Trabalho e Previdência Social; II – seguro-desemprego, em caso de desemprego involuntário; III – valor dos depósitos mensais e da indenização rescisória do Fundo de Garantia do Tempo de Serviço (FGTS); IV – salário mínimo; V – valor nominal do décimo terceiro salário; VI – remuneração do trabalho noturno superior à do diurno; VII – proteção do salário na forma da lei, constituindo crime sua retenção dolosa; VIII – salário-família; IX – repouso semanal remunerado; X – remuneração do serviço extraordinário superior, no mínimo, em 50% (cinquenta por cento) à do normal; XI – número de dias de férias devidas ao empregado; XII – gozo de férias anuais remuneradas com, pelo menos, um terço a mais do que o salário normal; XIII – licença-maternidade com a duração mínima de cento e vinte dias; XIV – licença-paternidade nos termos fixados em lei; XV – proteção do mercado de trabalho da mulher, mediante incentivos específicos, nos termos da lei; XVI – aviso prévio proporcional ao tempo de serviço, sendo no mínimo de trinta dias, nos termos da lei; XVII – normas de saúde, higiene e segurança do trabalho previstas em lei ou em normas regulamentadoras do Ministério do Trabalho; XVIII – adicional de remuneração para as atividades penosas, insalubres ou perigosas; XIX – aposentadoria; XX – seguro contra acidentes de trabalho, a cargo do empregador; XXI – ação, quanto aos créditos resultantes das relações de trabalho, com prazo prescricional de cinco anos para os trabalhadores urbanos e rurais, até o limite de dois anos após a extinção do contrato de trabalho; XXII – proibição de qualquer discriminação no tocante a salário e critérios de admissão do trabalhador com deficiência; XXIII – proibição de trabalho noturno, perigoso ou insalubre a menores de dezoito anos e de qualquer trabalho a menores de dezesseis anos, salvo na condição de aprendiz, a partir de quatorze anos; XXIV – medidas de proteção legal de crianças e adolescentes; XXV – igualdade de direitos entre o trabalhador com vínculo empregatício permanente e o trabalhador avulso; XXVI – liberdade de associação profissional ou sindical do trabalhador, inclusive o direito de não sofrer, sem sua expressa e prévia anuência, qualquer cobrança ou desconto salarial estabelecidos em convenção coletiva ou acordo coletivo de trabalho; XXVII – direito de greve, competindo aos trabalhadores decidir sobre a oportunidade de exercê-lo e sobre os interesses que devam por meio dele defender; XXVIII – definição legal sobre os serviços ou atividades essenciais e disposições legais sobre o atendimento das necessidades inadiáveis da comunidade em caso de greve; XXIX – tributos e outros créditos de terceiros; XXX – as disposições previstas nos arts. 373-A, 390, 392, 392-A, 394, 394-A, 395, 396 e 400 desta Consolidação.

Contrariando o entendimento jurisprudencial dominante no TST (Súmula 437, II), o parágrafo único do art. 611-B da CLT, com redação dada pela Lei 13.467/2017, dispõe que as "regras sobre duração do trabalho e intervalos não são consideradas como normas de saúde, higiene e segurança do trabalho para os fins do disposto neste artigo".

O art. 613 da CLT prescreve requisitos das convenções e dos acordos coletivos.

As convenções coletivas e os acordos coletivos serão celebrados por escrito, sem emendas nem rasuras, em tantas vias quantos forem os sindicatos convenentes, além de uma, destinada a registro (CLT, art. 613, parágrafo único). Tais instrumentos caracterizam-se como contratos bilaterais e solenes.

As convenções coletivas e os acordos coletivos também dependem da manifestação dos associados do sindicato a serem atingidos pela norma coletiva, mediante assembleia geral, conforme dispõe o art. 612 da CLT, que exige quórum de instalação e votação para aprovação das propostas, regra esta que é contestada por parte da doutrina, que a considera incompatível com o art. 8º, I, da CF, ao tratar da liberdade de administração e atuação do sindicato. O TST (SDC, OJ 13) entendia estar em vigor o quórum exigido pelo art. 612. Esta orientação jurisprudencial, todavia, foi cancelada pela SDC, de modo que, ao que nos parece, não houve recepção do art. 612 da CLT pelo art. 8º, I, da CF.

No que atina ao campo de aplicação, há de ser observado o princípio da unicidade sindical, de modo que a CCT limitar-se-á aos trabalhadores e às empresas das categorias econômica e profissional pertencentes à base territorial equivalente à do sindicato.

O art. 614 da CLT determina a obrigatoriedade do registro e arquivo da CCT e do ACT junto ao Ministério do Trabalho, o qual tem o poder de recusar a homologação do registro.

Tal recusa, porém, mostra-se incompatível com os princípios da não intervenção e da não interferência estatal na organização sindical (CF, art. 8º, I).

Dessa forma, como bem observa Valentin Carrion,

> A autoridade não pode recusar-se a receber o instrumento; a simples entrega no protocolo é suficiente; vedada a apreciação do seu mérito e dispensada a publicação no Diário Oficial; a incompatibilidade de suas cláusulas com a lei enseja apenas comunicação à chefia de fiscalização, que denunciará à Procuradoria do Trabalho, quando for o caso (Portaria MT/GM 865/95, v. Índice da Legislação)[19].

Em nível administrativo, a matéria é disciplinada pela Instrução Normativa SRT/MTE 11/09, que dispõe sobre depósito, registro e arquivo de CCT e ACT nos órgãos do Ministério do Trabalho e Emprego.

O papel da autoridade administrativa se limita à verificação dos aspectos formais de validade da negociação coletiva e dos instrumentos normativos dela decorrentes.

A jurisprudência (TST/SDC OJ 34) reconhece a desnecessidade de homologação de convenção ou acordo coletivo pelos órgãos da Justiça do Trabalho, sendo suficiente, para que surta seus efeitos, a mera formalização do registro e depósito do instrumento negociado normativo perante o Ministério do Trabalho.

19. *Ibid.*; *vide* comentário ao art. 613.

Somente quando a autoridade administrativa do Ministério do Trabalho e Emprego verificar que o instrumento normativo depositado apresenta indícios de irregularidade quanto à legitimidade ou representatividade das partes convenentes ou acordantes, ou quanto ao conteúdo das cláusulas, deverá representar ao Ministério Público do Trabalho, pois a este incumbe a função de defender o ordenamento jurídico, o regime democrático e os interesses sociais e individuais indisponíveis dos trabalhadores, bem como a de promover ação anulatória de cláusula de CCT ou ACT que viole as liberdades individuais ou coletivas ou os direitos indisponíveis dos trabalhadores (LC 75/93, art. 83, IV).

O termo inicial de vigência da convenção ou acordo coletivo ocorre no terceiro dia após o depósito no Ministério do Trabalho e Emprego (CLT, art. 614, § 1º). Há quem sustente a incompatibilidade entre o art. 8º, I, da CF e o § 1º do art. 614 da CLT. O TST, no entanto, considera em vigor a referida norma consolidada (SDC OJ 34).

No que concerne à duração da CCT, a SDI-1 do TST editou a OJ 322, *in verbis:*

> *Acordo coletivo de trabalho. Cláusula de termo aditivo prorrogando o acordo para prazo indeterminado. Inválida (DJ 09.12.2003).* Nos termos do art. 614, § 3º, da CLT, é de 2 anos o prazo máximo de vigência dos acordos e das convenções coletivas. Assim sendo, é inválida, naquilo que ultrapassa o prazo total de 2 anos, a cláusula de termo aditivo que prorroga a vigência do instrumento coletivo originário por prazo indeterminado.

Quanto à publicidade dos instrumentos coletivos, o art. 614, § 2º, da CLT determina que cópias autênticas das convenções e dos acordos deverão ser afixadas de modo visível, pelos sindicatos convenentes, nas respectivas sedes e nos estabelecimentos das empresas compreendias no seu campo de aplicação, dentro de 5 (cinco) dias da data do depósito previsto neste artigo.

7.2. Acordo coletivo de trabalho

A definição de acordo coletivo de trabalho está prevista no § 1º do art. 611 da CLT, segundo o qual, "É facultado aos sindicatos representativos de categorias profissionais celebrar acordos coletivos com uma ou mais empresas da correspondente categoria econômica, que estipulem condições de trabalho, aplicáveis no âmbito da empresa ou das empresas acordantes às respectivas relações de trabalho".

No que tange ao conteúdo dos acordos coletivos, deve-se levar em conta as mesmas considerações que tecemos no tópico precedente a respeito do conteúdo das convenções coletivas de trabalho.

Na verdade, a distinção básica entre ACT e CCT reside nos seus sujeitos e na sua abrangência. No acordo coletivo de trabalho são sujeitos, de um lado, sindicato representante dos trabalhadores e, de outro, uma ou mais empresas, atuando diretamente, isto é, sem representação do correspondente sindicato patronal. No ACT, portanto, não participa a representação sindical dos empregadores.

A abrangência dos efeitos normativos do ACT é inferior à da CCT, pois naquele os efeitos jurídicos ficam limitados aos contratos de trabalho dos empregados da empresa signatária da avença, enquanto nesta os efeitos são estendidos aos empregados de todas as empresas pertencentes à categoria econômica representada pelo sindicato patronal signatário da avença.

Poder-se-ia indagar sobre a recepção do § 1º do art. 611 da CLT pela Constituição de 1988, tendo em vista a literalidade do seu art. 8º, VI, que declara ser obrigatória a participação dos sindicatos nas negociações coletivas.

Ocorre que tanto a CCT quanto o ACT estão previstos no art. 7º, inc. XXVI, da CF, e ambos são reconhecidos como direitos fundamentais dos trabalhadores. Mesmo porque os incs. VI e XIII do mesmo art. 7º da CF preveem o acordo coletivo e a convenção coletiva como instrumentos normativos de autocomposição dos conflitos trabalhistas. Vê-se, pois, que não há qualquer incompatibilidade do ACT com a Carta Democrática de 1988.

Surge outra indagação: É válido o acordo coletivo sem a participação do sindicato? Preceitua o art. 617 e seus §§ 1º e 2º da CLT, *in verbis*:

> Art. 617. Os empregados de uma ou mais empresas que decidirem celebrar Acordo Coletivo de Trabalho com as respectivas empresas darão ciência de sua resolução, por escrito, ao Sindicato representativo da categoria profissional, que terá o prazo de 8 (oito) dias para assumir a direção dos entendimentos entre os interessados, devendo igual procedimento ser observado pelas empresas interessadas com relação ao Sindicato da respectiva categoria econômica.
>
> § 1º Expirado o prazo de 8 (oito) dias sem que o Sindicato tenha-se desincumbido do encargo recebido, poderão os interessados dar conhecimento do fato à Federação a que estiver vinculado o Sindicato e, em falta dessa, à correspondente Confederação, para que, no mesmo prazo, assuma a direção dos entendimentos. Esgotado esse prazo, poderão os interessados prosseguir diretamente na negociação coletiva até final.
>
> § 2º Para o fim de deliberar sobre o Acordo, a entidade sindical convocará Assembleia Geral dos diretamente interessados, sindicalizados ou não, nos termos do art. 612.

Já vimos que o princípio da participação obrigatória dos sindicatos na negociação coletiva não é invalidado pela excepcional possibilidade da celebração de ACT diretamente entre empregados e empregador, tal como prescreve o art. 617 da CLT, o qual, a nosso ver, foi recepcionado pela novel Carta Magna, porquanto esta reconhece os acordos coletivos (ao lado das convenções coletivas) como direito fundamental dos trabalhadores. Logo, não pode o sindicato, por mero capricho de seus dirigentes ou por interesses espúrios ou secundários, impedir a operacionalização de um direito fundamental.

Além disso, a própria Constituição, em seu art. 11, prevê a possibilidade de eleição de um representante dos empregados, nas empresas com mais de duzentos trabalhadores, com a finalidade de promover o entendimento direto com os empregadores. Na hipótese prevista na CLT, a situação é mais abrangente, pois pressupõe a formação de uma "comissão de trabalhadores interessados".

Corroborando a tese de que o princípio da participação obrigatória do sindicato no acordo coletivo não é absoluto, o art. 4º e seus §§ 1º e 2º da Lei 7.783, de 28.06.1989 (Lei de Greve), que é posterior à CF, dispõem textualmente que "na falta de entidade sindical" para convocar assembleia geral que definirá as reivindicações da categoria e deliberará sobre a suspensão coletiva da prestação de serviços, a assembleia geral dos trabalhadores interessados deliberará a respeito, "constituindo comissão de negociação".

Ademais, a Constituição exige a participação do sindicato na negociação, que é procedimento prévio, mas não impõe a participação no acordo coletivo, que é o resultado da negociação coletiva. Vale dizer, mesmo que o sindicato participe da negociação, poderá haver situação em que ele se recuse a assinar o ACT.

O TST vem considerando válido o acordo coletivo sem sindicato, desde que observado o procedimento previsto no art. 617 da CLT. É o que se infere dos seguintes julgados:

> *Acordo coletivo. Celebração sem a participação do sindicato.* Nos termos do art. 8º, VI, da Constituição da República e *caput* do art. 617 da CLT, é obrigatória a participação dos sindicatos nas negociações coletivas, sem a qual o ajuste não será considerado válido, salvo se cumprida a formalidade constante no § 1º do art. 617 da CLT (Expirado o prazo de 8 (oito) dias sem que o Sindicato tenha se desincumbido do encargo recebido, poderão os interessados dar conhecimento do fato à Federação a que estiver vinculado o Sindicato e, em falta dessa, à correspondente Confederação, para que, no mesmo prazo, assuma a direção dos entendimentos. Esgotado esse prazo, poderão os interessados prosseguir diretamente na negociação coletiva até final.), procedimento não respeitado no caso em apreço (...) (TST - ROAA 749835 - SBDI 2 - Rel. Min. Conv. Anelia Li Chum - *DJU* 09.11.2001 - p. 658).
>
> *Redução salarial. Aumento real convertido em antecipação salarial. Acordo sem a participação sindical.* Se o representante da categoria profissional dos empregados não estava presente à negociação, a alteração em questão é inválida, pois, embora tenha sido chamado a participar da negociação, sua ausência não implica concordância tácita. O fato de a maioria dos empregados ter concordado com a alteração contratual também não é suficiente para atribuir-lhe validade, principalmente se levando em conta que a mudança foi realizada na vigência dos contratos de trabalho, quando o empregado, parte mais fraca da relação de emprego, sujeitar-se-ia a qualquer proposta para não perder sua única fonte de renda. Ademais, toda alteração contratual deveria seguir as regras dos arts. 612, 613 e 617, § 1º, da CLT, os quais apenas autorizam a negociação direta, caso esgotadas todas as formas legais dispostas em seu *caput*, o

que não ficou configurado na hipótese dos autos, máxime o que estabelecem os incs. VI e XXVI do art. 7º da Constituição da República e o art. 468 da CLT. Recurso de Revista de que se conhece e a que se nega provimento (TST – RR 523640 – 5ª T. – Rel. Min. João Batista Brito Pereira – *DJU* 07.03.2003).

Caso o sindicato se recuse, por escrito, a assumir a direção da negociação coletiva, caberá ao Judiciário, se provocado, apreciar e julgar a validade das cláusulas inseridas, posteriormente, no acordo coletivo celebrado sem a participação do sindicato.

Uma outra diferença entre o ACT e a CCT diz respeito aos respectivos *campos de aplicação*. Isto porque o segundo tem abrangência mais restrita do que a primeira, na medida em que o ACT deverá alcançar apenas as empresas que participaram da contratação coletiva, bem como os empregados destas empresas que fazem parte da categoria do sindicato profissional que atuou na contratação.

Tal como ocorre com a CCT, as cláusulas do ACT também serão estendidas aos trabalhadores associados ou não associados ao sindicato signatário do respectivo instrumento normativo. Todavia, tal extensão somente alcançará os trabalhadores da categoria profissional que trabalhem na(s) empresa(s) signatária(s) do acordo coletivo de trabalho. É dizer, sua aplicação só atinge os trabalhadores das empresas que firmaram o pacto coletivo de labor.

Uma advertência importante: as mesmas considerações que fizemos a respeito da aplicação da CCT aos trabalhadores de categoria profissional diferenciada também devem ser aqui observadas.

7.3. Contrato coletivo de trabalho

A expressão "contrato coletivo" de trabalho sempre foi usada no Brasil em contraposição a contrato individual de trabalho, mas com o sentido de convenção coletiva de trabalho, como se infere, por exemplo, do disposto nos arts. 59 e 462 do texto consolidado.

Tanto é assim que, pelo Dec.-lei 229, de 28.02.1968, foram modificadas as redações dos arts. 611 e 625 da Consolidação das Leis do Trabalho, que adotavam os termos *contrato coletivo*.

Hoje em dia, porém, ressurge a expressão "contrato coletivo", segundo José Francisco Siqueira Neto[20], com significado de negociação de âmbito nacional e supracategorial que visa estabelecer regras básicas para os demais instrumentos coletivos. Assim, seria criada uma forma de rompimento com o sistema corporativo atual para adotar um novo regime sindical, prestigiando a autonomia privada coletiva, erigida esta a patamar constitucional. O contrato coletivo, portanto, iria substituir a lei, que prevalece-

20. *Contrato coletivo de trabalho*. São Paulo: LTr, 1991, p. 130-131.

ria apenas nas questões de ordem pública ou de natureza constitucional. Teria, então, caráter normativo, de modo a regulamentar, criar ou estipular condições de trabalho.

O contrato coletivo de trabalho seria, então, negociado, no Brasil, pelas centrais sindicais. Há, no entanto, alguns entraves à implantação, hoje, do contrato coletivo no nosso sistema.

A unicidade sindical e a obrigatoriedade da participação dos sindicatos nas negociações coletivas, por exemplo, constituem obstáculos de natureza jurídica, razão pela qual sustentam alguns que somente através de reforma dos incs. II e VI do art. 8º da CF/88 poder-se-ia falar em contrato coletivo no nosso país.

E isto porque, não sendo as centrais sindicais consideradas, legalmente, como entidades sindicais propriamente ditas, mas, sim, associações de natureza civil, não poderiam firmar instrumentos coletivos.

Os sindicatos, por sua vez, não poderiam firmar ajustes em âmbito supracategorial, já que representam apenas uma categoria certa e determinada.

Outros entraves seriam: a) as matérias objeto do contrato coletivo: trabalhistas apenas ou políticas (de saúde, de previdência etc.); b) a prevalência, no nosso direito, do princípio da norma mais favorável (relativizado pela Lei 13.467/2017); c) a possibilidade de supressão de direito adquirido.

A grande vantagem do contrato coletivo é que ele poderia prever situações mais genéricas, comuns a várias categorias diferentes. E mais, como não estaria restrita à categoria, poderia ainda ultrapassar os limites da base territorial concernente à categoria, alcançando trabalhadores de vários Estados, podendo inclusive se dar em âmbito nacional.

Daí falar-se em um sistema de negociação coletiva articulada, semelhante à existente na Itália, em que os contratos coletivos de trabalho formariam normas coletivas supracategoriais, atendendo a interesses genéricos, nacionais, comuns a diversas classes de trabalhadores e empresas; a *convenção coletiva de trabalho ficaria numa posição intermediária*, pois atenderia especificamente aos interesses da categoria apenas, no entanto, seria genérica dentro dessa categoria; e os *acordos coletivos de trabalho* seriam bastante específicos, considerando as diferenças até mesmo dentro da categoria, particularizando as situações dos trabalhadores nas empresas.

8. CLÁUSULAS OBRIGACIONAIS E CLÁUSULAS NORMATIVAS

É inegável que tanto a convenção quanto o acordo coletivo de trabalho têm como principal objeto a instituição de *cláusulas normativas*, que são as destinadas a regulamentar os contratos individuais de trabalho já existentes ou que virão a existir no curso dessas espécies de instrumentos coletivos. São, pois, exemplos de cláusulas normativas aquelas que versam sobre reajustes salariais, fixação de piso salarial, compensação de jornada e outras condições de trabalho que repercutirão nos domínios dos contratos individuais de trabalho.

As convenções e os acordos coletivos contêm ainda *cláusulas obrigacionais*, aplicáveis apenas às partes contratantes, isto é, vinculam somente os signatários da avença coletiva, razão pela qual não atingem os representados pelas entidades sindicais. Podemos dizer, portanto, que as cláusulas obrigacionais são aquelas que estabelecem, por exemplo, os deveres de paz e de cumprimento do pacto coletivo, evitando-se, com isso, que as matérias e as questões solucionadas através da norma coletiva não sejam novamente objeto de reivindicação dentro do período de duração do instrumento coletivo, salvo em casos de alterações fáticas imprevisíveis (cláusula: *rebus sic stantibus*) que tornem impossível ou excessivamente oneroso o cumprimento das condições ajustadas no pacto coletivo de labor.

Além das cláusulas normativas e obrigacionais, há quem sustente a existência de *cláusulas instrumentais*, também chamadas de *cláusulas de garantia*, que são aquelas que cuidam dos aspectos formais do instrumento coletivo, como as relacionadas à vigência, duração, denúncia, renovação. Não há, porém, unanimidade acerca desta espécie de cláusula.

Para José Cláudio Monteiro de Brito[21], as cláusulas instrumentais nada mais são do que cláusulas obrigacionais, na medida em que dispõem sobre direitos e obrigações dos próprios convenentes.

Diversa é a opinião de Maurício Godinho Delgado[22], para quem tais cláusulas são também cláusulas normativas, porquanto atingem os interesses dos empregados e empregadores abrangidos pela norma coletiva em suas relações individuais.

Diferentemente das duas posições acima, Mozart Victor Russomano[23] considera tais cláusulas espécies autônomas.

Para nós, as chamadas cláusulas instrumentais não constituem espécie autônoma, mas podem ser enquadradas ora como normativas, ora como obrigacionais, ou ambas ao mesmo tempo, dependendo do caso concreto. O enquadramento, pois, é casuístico. Um exemplo talvez elucide a questão: a cláusula convencional que estabelece multa em caso de descumprimento de qualquer cláusula do ACT ou da CCT pode ser normativa, se a multa for destinada ao trabalhador, ou obrigacional, se destinada a um dos signatários do pacto coletivo.

Em arremate, cumpre assinalar a existência de cláusulas aplicáveis não aos signatários do instrumento coletivo, nem a todos os membros da categoria (profissional ou econômica), mas tão somente aos associados do sindicato pactuante. Trata-se da cláusulas que instituem contribuições assistenciais e confederativas a serem aplicáveis apenas aos filiados (Súmula 666, STF; Precedente Normativo 119, TST).

21. *Direito sindical...*; *passim*.
22. *Curso de direito do trabalho*; *passim*.
23. *Princípios gerais de direito sindical*, p. 179-181.

Parece-nos que tais cláusulas, a rigor, são obrigacionais, pois não vinculam a categoria, e sim os associados do sindicato pactuante. Aliás, tais cláusulas não deveriam sequer ser inseridas em convenções ou acordos coletivos, pois elas não são inerentes à negociação coletiva, uma vez que não repercutem nos contratos individuais de trabalho.

9. EFEITOS DAS CLÁUSULAS CONVENCIONAIS

A doutrina é praticamente unânime em afirmar que os efeitos das cláusulas normativas previstas em CCT ou ACT extrapolam os sujeitos da avença e atingem as relações individuais no âmbito da categoria do sindicato contratante. Vale dizer, segundo entendimento majoritário da doutrina nacional, as cláusulas normativas produzem efeitos *erga omnes*, na medida em que vinculam todos os integrantes da(s) categoria(s) representada(s) pelo(s) sindicato(s) pactuante(s).

O principal fundamento de tal afirmação reside no inciso II do art. 8º da CF, que dispõe sobre o monopólio da representação sindical em relação a todos os integrantes da categoria, independentemente da sua condição de sócios (ou não) da respectiva entidade sindical.

De nossa parte, pensamos que o problema dos efeitos, ou melhor, da eficácia das cláusulas normativas das convenções ou acordos coletivos, deve ser examinado à luz do Código de Defesa do Consumidor, cujo art. 81, única norma no ordenamento jurídico brasileiro que conceitua direitos ou interesses metaindividuais, define que os direitos ou interesses coletivos são aqueles transindividuais e indivisíveis que tenham como titulares grupo, classe ou categoria de pessoas que mantêm relação jurídica base entre si ou com a parte contrária.

Com efeito, os efeitos de tais cláusulas são semelhantes aos da sentença que julga as demandas que veiculam tutela de interesses coletivos *stricto sensu*, razão pela qual entendemos que as referidas cláusulas produzem "efeitos" *ultra partes*, isto é, limitados aos integrantes da categoria. Daí a incidência do art. 103 do CDC, *in verbis*:

> Nas ações coletivas de que trata este Código, a sentença fará coisa julgada:
>
> I – *erga omnes*, exceto se o pedido for julgado improcedente por insuficiência de provas, hipótese em que qualquer legitimado poderá intentar outra ação, com idêntico fundamento, valendo-se de nova prova, na hipótese do inc. I do parágrafo único do art. 81;
>
> II – *ultra partes*, mas limitadamente ao grupo, categoria ou classe, salvo improcedência por insuficiência de provas, nos termos do inciso anterior, quando se tratar da hipótese prevista no inc. II do parágrafo único do art. 81;
>
> III – *erga omnes*, apenas no caso de procedência do pedido, para beneficiar todas as vítimas e seus sucessores, na hipótese do inc. III do parágrafo único do art. 81.

De tal arte, parece-nos inadequado falar-se em efeitos *erga omnes* das cláusulas normativas de ACT ou ACT, pois a eficácia de tais cláusulas está sempre limitada à(s) categoria(s) representada(s) pelo(s) sindicato(s) pactuante(s).

Mesmo no caso de as cláusulas normativas atingirem apenas os sócios, como na hipótese das cláusulas que instituem contribuições assistenciais ou confederativa (Súmula 666, STF; Precedente Normativo 119, TST), ainda assim a eficácia de tais cláusulas será *ultra partes*, pois estará limitada aos sócios da entidade sindical pactuante, ou seja, os integrantes do grupo.

Já as cláusulas exclusivamente obrigacionais produzem eficácia *inter partes*, ou seja, são vinculantes apenas para os sujeitos signatários do instrumento normativo coletivo.

10. DESNECESSIDADE DE HOMOLOGAÇÃO

O regime jurídico anterior exigia a homologação da convenção coletiva e do acordo coletivo pela autoridade administrativa.

Tal exigência é incompatível com o princípio da não intervenção estatal na organização sindical, pois, como bem observa Valentin Carrion,

> A autoridade não pode recusar-se a receber o instrumento; a simples entrega no protocolo é suficiente; vedada a apreciação do seu mérito e dispensada a publicação no Diário Oficial; a incompatibilidade de suas cláusulas com a lei enseja apenas comunicação à chefia de fiscalização, que denunciará à Procuradoria do Trabalho (*rectius*, Ministério Público do Trabalho), quando for o caso (Portaria MT/GM 865/95, v. Índice da Legislação).

É importante salientar que o MTE, por meio da Portaria 282/07 e da Instrução Normativa 9/08, implantou o Sistema de Negociações Coletivas de Trabalho ("Mediador") para fins de elaboração, transmissão, registro e arquivo, via eletrônica, dos instrumentos coletivos de trabalho, em conformidade com os arts. 614 e 615 da CLT.

11. HIERARQUIA DAS CLÁUSULAS CONVENCIONAIS (TEORIAS DO CONGLOBAMENTO E DA ACUMULAÇÃO)

O presente tópico pode ser assim problematizado: Havendo conflito entre cláusulas de convenção coletiva, acordo coletivo e norma estatal sobre a mesma matéria, qual delas deve prevalecer?

Como é sabido, um dos princípios peculiares do direito do trabalho é o da norma trabalhista mais favorável, excepcionando-se apenas a supremacia das normas estatais proibitivas.

A identificação da norma mais favorável nem sempre é tarefa fácil. Daí a existência de duas teorias: a do conglobamento e a da acumulação.

A teoria do conglobamento identifica a norma mais favorável mediante uma análise sistemática do instrumento normativo por inteiro, enquanto a teoria da acumulação identifica a norma mais favorável através do fracionamento do instrumento normativo.

O art. 620 da CLT adotava, em relação a conflito entre cláusula de CCT e cláusula de ACT, a teoria da acumulação, nos seguintes termos: "As condições estabelecidas em Convenção, quando mais favoráveis, prevalecerão sobre as estipuladas em Acordo".

Destacamos, contudo, que a Lei 13.467/2017 alterou o art. 620 da CLT que passou a ter a seguinte redação: "As condições estabelecidas em acordo coletivo de trabalho sempre prevalecerão sobre as estipuladas em convenção coletiva de trabalho".

De nossa parte, pensamos que deve prevalecer sempre a cláusula mais benéfica, tendo em vista o disposto nos arts. 5º, § 2º, e 7º, *caput*, e XXVI da Constituição Federal, os quais, a nosso sentir, adotam a chamada hierarquia dinâmica das fontes normativas, cabendo ao intérprete verificar, em cada caso, qual a norma mais favorável aos trabalhadores, ainda que isso implique um esforço hermenêutico mais complexo.

Por outro lado, havendo antinomia entre uma norma coletiva autocompositiva e uma norma estatal, prevalecerá a mais favorável, salvo se estivermos diante de um dos casos de flexibilização permitidos pelo ordenamento jurídico, ou, ainda, de indisponibilidade relativa em razão da natureza da matéria, caso em que a norma coletiva prevalecerá diante da norma estatal, por ser mais democrática, mais autêntica, refletindo com mais precisão os interesses dos destinatários da norma[24]. No caso, por não estarem dentro da indisponibilidade absoluta do contrato de trabalho, tais normas podem dispor de forma menos benéfica, tendo em vista as particularidades atinentes a determinada categoria.

Ocorre que o novel art. 611-A da CLT, introduzido pela Lei 13.467/2017, dispõe que havendo conflito entre o disposto em convenção coletiva ou acordo coletivo de trabalho prevalecerá sobre a lei. Defendemos a inconstitucionalidade parcial do referido dispositivo no item 4.6, *supra*, para onde remetemos o leitor.

Finalmente, com relação à antinomia entre cláusulas dos contratos individuais e das normas coletivas, é preciso lembrar que aquelas se vinculam a estas, isto é, as cláusulas individuais não podem dispor sobre condições menos benéficas do que as previstas nas normas coletivas de trabalho. As cláusulas dos contratos individuais, portanto, ficam submetidas hierarquicamente às normas estatais de ordem pública, bem como às normas coletivas, não podendo dispor de forma prejudicial aos trabalhadores.

12. INCORPORAÇÃO DAS CLÁUSULAS NOS CONTRATOS INDIVIDUAIS DO TRABALHO

Saber se uma cláusula de ACT ou CCT incorpora-se aos contratos individuais de modo definitivo é tema que se insere no exame da existência, ou não, da ultratividade dos referidos instrumentos de contratação coletiva.

24. DELGADO, Maurício Godinho. *Curso de direito do trabalho*, p. 1400 *et seq*.

Três teorias se apresentam: a da aderência irrestrita; a da aderência limitada; e a da aderência por revogação.

12.1. Teoria da aderência irrestrita

Esta teoria, que encontra em José Augusto Pinto Rodrigues e Délio Maranhão seus ardorosos defensores, sustenta que o efeito da ultratividade implica incorporação definitiva das cláusulas convencionais aos contratos de trabalho, mesmo após a expiração do prazo de vigência do pacto de labor coletivo. Após a incorporação, as cláusulas convencionais aderem ao contrato individual de trabalho e passam, a partir daí, a se submeter à regra de inalterabilidade prevista no art. 468 da CLT.

O grande problema desta teoria é frustrar a finalidade de duração temporária da norma coletiva, cujo intuito é adequar-se às transformações conjunturais e estruturais que influenciam na realidade de trabalho, com mais rapidez do que a norma estatal.

12.2. Teoria da aderência limitada ao prazo de duração

Esta teoria não admite a ultratividade do acordo ou convenção coletiva, pois seus defensores sustentam que seus efeitos devem obedecer aos limites de duração da norma coletiva respectiva, não se incorporando definitivamente aos contratos individuais de trabalho.

Seus defensores, entre eles Renato Rua de Almeida e José Cláudio Monteiro de Brito Filho, sustentam que esta teoria é a que mais atende à finalidade de duração temporária do instrumento coletivo, permitindo uma melhor adaptação da norma coletiva à realidade conjuntural, social, econômica, fatores estes que influenciam diretamente nas relações de trabalho e são levados em conta cada vez que a norma coletiva é elaborada.

Esta teoria está consagrada atualmente na Lei 10.192/01, cujo art. 10 dispõe que os "salários e demais condições referentes ao trabalho continuam a ser fixados e revistos, na respectiva data-base anual, por intermédio da livre negociação coletiva".

A Súmula 277 do TST, antes de sua alteração levada a efeito em 14.09.2012, dispunha que as condições de trabalho previstas em sentença normativa, convenção coletiva ou acordo coletivo vigorariam no prazo de duração definido, "não integrando, de forma definitiva, os contratos individuais de trabalho".

Todavia, a Súmula 277 do TST passou a ter a seguinte redação:

> *Convenção Coletiva de Trabalho ou Acordo Coletivo de Trabalho. Eficácia. Ultratividade* (redação alterada na sessão do Tribunal Pleno realizada em 14.09.2012). As cláusulas normativas dos acordos coletivos ou convenções coletivas integram os contratos individuais de trabalho e somente poderão ser modificadas ou suprimidas mediante negociação coletiva de trabalho.

Pode-se afirmar, portanto, que aquela Corte passou a adotar a teoria da ultratividade moderada, pois reconhece a incorporação condicionada das cláusulas de convenções ou acordos coletivos aos contratos individuais de trabalho, isto é, a incorporação vigorará até que outra fonte normativa de autocomposição coletiva venha a dispor em sentido contrário. Não é permitida, pois, a modificação ou supressão de cláusula prevista em convenção ou acordo coletivo por meio de sentença normativa.

O STF, porém, em decisão do ministro relator Luiz Fux, concedeu liminar na Reclamação (RCL) 26.256 para suspender os efeitos de decisão do TST que manteve em curso processo no qual foram preservados os efeitos de decisão de instância inferior que aplica o princípio da ultratividade das normas coletivas. De acordo com o relator, em análise preliminar do caso, a decisão parece ofender a liminar concedida pelo ministro Gilmar Mendes na ADPF 323, que determinou a suspensão de todos os processos e efeitos de decisões no âmbito da Justiça do Trabalho que tratem da ultratividade de normas de acordos e convenções coletivas.

É importante registrar que a Lei 13.467/2017 acrescentou o § 3º ao art. 614 da CLT, dispondo que: "Não será permitido estipular duração de convenção coletiva ou acordo coletivo de trabalho superior a dois anos, sendo vedada a ultratividade".

12.3. Teoria da aderência por revogação

Esta é a teoria adotada por Maurício Godinho Delgado, e consiste num meio-termo entre as duas teorias acima. Segundo a teoria da aderência por revogação, os contratos coletivos de trabalho teriam ultratividade até enquanto não fossem substituídos por outra norma coletiva que regulasse a mesma matéria. Assim, haveria uma ultratividade limitada ao surgimento de um outro instrumento negociado normativo. Portanto, para esta teoria, as condições adquiridas por meio de norma coletiva não incorporam definitivamente o contrato individual de trabalho, porém continuam em vigor até que venha norma posterior dispondo de maneira diferente.

Assim, a norma coletiva seria revogada não após seu prazo de vigência, mas sim após outra norma coletiva revogá-la, de forma expressa ou tácita. O autor fundamenta explicando que, por se tratar na norma coletiva de norma jurídica, a provisoriedade deve ser uma exceção, pois atua contra os objetivos da paz social, contra a promoção da adequação setorial trabalhista, que existiriam enquanto se vivesse um vazio legislativo (período em que a norma coletiva é revogada e não é substituída por outra).

Esta teoria, ao que nos parece, passou a ser consagrada no art. 114, § 2º, da CF, com a nova redação dada pela Emenda Constitucional 45/04, ao dispor que, ao julgar o dissídio coletivo, a Justiça do Trabalho deverá respeitar "as disposições mínimas legais de proteção ao trabalho, bem como as *convencionadas anteriormente*". (grifamos)

Vale dizer, as cláusulas convencionais válidas, celebradas após a vigência da EC 45/04, incorporam-se aos contratos individuais de trabalho até que sejam revogadas, tácita ou expressamente, por outra cláusula convencional, sendo vedado ao Estado fazê-lo, mesmo que por meio de sentença normativa.

Parece-nos, contudo, que o novel § 3º do art. 614 da CLT não permite "estipular duração de convenção coletiva ou acordo coletivo de trabalho superior a dois anos, sendo vedada a ultratividade".

13. NEGOCIAÇÃO COLETIVA NO ÂMBITO DA ADMINISTRAÇÃO PÚBLICA

Na vigência da Constituição brasileira de 1967, o servidor público não tinha direito de sindicalização.

A atual, em seu art. 37, inc. VI, dispõe, textualmente: "é garantido ao servidor público civil o direito à livre associação sindical".

Sabe-se que a negociação coletiva constitui um instrumento natural – e até mesmo imprescindível – de atuação dos sindicatos.

Os "servidores" das empresas públicas e sociedades de economia mista, também denominados "empregados públicos", foram, por força do art. 173, § 1º, da CF/88, contemplados com o direito ao reconhecimento dos acordos coletivos.

Mas e os servidores, uma vez regidos pelo regime da Consolidação das Leis do Trabalho, da administração pública direta, autárquica ou fundacional? Pode o sindicato desta categoria ajuizar dissídio coletivo em decorrência de recusa do administrador em celebrar acordo coletivo?

A resposta exige interpretação sistemática da Carta Magna central, que contém princípios explícitos insculpidos nos arts. 37, *caput* (princípio da legalidade); 39, § 2º c/c art. 7º, XXVI (não reconhecimento de acordos coletivos para os servidores públicos – celetistas ou estatutários); 61, § 1º, II, "a" (competência privativa do chefe do Poder Executivo para editar leis que disponham sobre aumento de remuneração ou concessão de vantagens aos servidores públicos); 169, parágrafo único, I e II (princípio do orçamento público).

De tal arte, e como não poderia deixar de ser, verifica-se, sem maior esforço, que o legislador constituinte não conferiu ao servidor público civil (o militar nem sequer pode associar-se a sindicato) o direito ao reconhecimento de acordo ou convenção coletiva de trabalho (CF, art. 39, § 2º, c/c o art. 7º, XXVI).

Isso não significa, contudo, que o servidor público não possa, por intermédio do seu sindicato, estabelecer um diálogo negocial – reuniões, mesa-redonda, protocolo de intenções etc. – com a administração pública. Apenas o resultado dessa negociação não poderá ser imediatamente concretizado em acordo coletivo[25], mas, tão somente, enca-

25. Não há possibilidade de convenção coletiva, pois inexiste, em sede de administração pública, a correspondente categoria econômica.

minhado ao órgão competente, *in casu* ao Poder Executivo, para que dê início ao processo legislativo, isto é, transformando o fruto da negociação coletiva em projeto de lei.

Em outros termos, há inúmeros óbices constitucionais (*vide* dispositivos citados acima) no sentido de impedir que os servidores possam, por intermédio de normas de autocomposição, criar condições de trabalho que impliquem um aumento direto ou indireto de remuneração ou concessão de quaisquer vantagens. Estas condições, segundo a própria Constituição, só podem ser concedidas via processo legislativo, cuja iniciativa, como dito, cabe privativamente ao chefe do Poder Executivo respectivo (da União, dos Estados ou dos Municípios), em razão do princípio da simetria, também adotado pela *Lex Legum*.

Como corolário, seria juridicamente impossível o dissídio coletivo instaurado por sindicato de servidores públicos – celetistas ou estatutários – em face de pessoa jurídica de direito público, como, aliás, vinha reiteradamente decidindo a mais Alta Corte de Justiça obreira, como se inferia da redação original da OJ 5 da SDC.

Em síntese, seria nulo, de pleno direito, o acordo coletivo (ou convenção coletiva) firmado entre sindicato de servidores públicos (celetistas ou estatutários) e pessoa jurídica de direito público integrante da administração pública direta, autárquica e fundacional dos Poderes Executivo, Legislativo e Judiciário da União, Estados, Distrito Federal e Municípios.

Nesse sentido, importa dizer que o STF, em controle concentrado, decidiu que o servidor público não pode entabular negociação coletiva, celebrar convenção ou acordo coletivo, ou ajuizar dissídio coletivo na Justiça do Trabalho (STF-ADIn 492-1/DF – Rel. Min. Carlos Veloso – *DJU* 12.03.1993), o que levou a Suprema Corte, posteriormente, a editar a Súmula 679, *in verbis*: "A fixação de vencimentos dos servidores públicos não pode ser objeto de convenção coletiva".

Todavia, parece-nos que as tratativas entabuladas na negociação coletiva envolvendo servidores públicos e as pessoas jurídicas de direito público podem ser objeto de projeto de lei de iniciativa do chefe do Poder Executivo (federal, estadual ou municipal), transformando as cláusulas (condições) negociadas em dispositivos do referido projeto de lei. Vale dizer, a negociação coletiva funcionaria como uma espécie de fonte material, e a lei sancionadora do projeto de lei, fonte formal.

Nesse passo, cumpre lembrar que o Congresso Nacional promulgou no dia 14.05.2010, por meio do Decreto Legislativo 206, os textos da Convenção 151 e da Recomendação 159, ambas da Organização Internacional do Trabalho (OIT), que estabelecem princípios que asseguram a proteção dos trabalhadores da administração pública no exercício de seus direitos sindicais, seja como filiados ou representantes de sindicatos, garantindo sua autonomia de atuação. Ao promulgá-las, o Congresso fez duas ressalvas: a) a expressão "pessoas empregadas pelas autoridades públicas", constante na Convenção 151, aos diversos níveis de governo e às várias relações de trabalho, alcançando tanto os servidores públicos federais regidos pela Lei 8.112/90 ou pela CLT quanto os servidores dos âmbitos estadual e municipal, regidos pela legislação específica de cada um; b) as organizações de trabalhadores abrangidas pela convenção são apenas aquelas organizações "constituídas nos termos do art. 8º da Constituição Federal".

Assim, a Convenção 151 da OIT, que trata da proteção do direito de sindicalização e dos procedimentos sobre condições de emprego no serviço público, passa a ser em nosso ordenamento direito fundamental (CF, art. 5º, § 2º), assegurando aos servidores públicos o direito de organização, de petição, de trabalho decente e de remuneração digna etc. É, portanto, um tratado internacional de direitos humanos que se aplica a todas as pessoas que exercem cargos e empregos nos órgãos da administração pública (em todos os níveis municipal, estadual e federal). Dentre os principais direitos destacam-se: a) proteção contra os atos de discriminação que acarretem violação da liberdade sindical em matéria de trabalho; b) independência das organizações de trabalhadores da função pública em face das autoridades públicas; c) proteção contra atos de ingerência das autoridades públicas na formação, funcionamento e administração das organizações de trabalhadores da função pública; d) concessão de facilidades aos representantes das organizações reconhecidas dos trabalhadores da função pública, com permissão para cumprir suas atividades seja durante as suas horas de trabalho ou fora delas; e) instauração de processos que permitam a negociação das condições de trabalho entre as autoridades públicas interessadas e as organizações de trabalhadores da função pública; f) garantias dos direitos civis e políticos essenciais ao exercício normal da liberdade sindical.

Certamente, a ratificação da Convenção 151 da OIT pelo Governo brasileiro levou o TST a alterar a OJ 5 da SDC, que passou a ter a seguinte redação:

> DISSÍDIO COLETIVO. PESSOA JURÍDICA DE DIREITO PÚBLICO. POSSIBILIDADE JURÍDICA. CLÁUSULA DE NATUREZA SOCIAL (redação alterada na sessão do Tribunal Pleno realizada em 14.09.2012 – Res. 186/2012, DEJT divulgado em 25, 26 e 27.09.2012). Em face de pessoa jurídica de direito público que mantenha empregados, cabe dissídio coletivo exclusivamente para apreciação de cláusulas de natureza social. Inteligência da Convenção n. 151 da Organização Internacional do Trabalho, ratificada pelo Decreto Legislativo n. 206/2010.

Cláusulas de natureza social são aquelas que não implicam aumento de despesa e trazem benefícios sociais para os servidores, como, por exemplo, a que amplia o prazo de garantia no emprego da servidora celetista gestante para além do fixado em lei.

CAPÍTULO V
Conflitos Coletivos de Trabalho

1. DENOMINAÇÃO

O vocábulo "conflito" deriva de *conflictus*, no sentido de embate de pessoas, luta, disputa, oposição, pendência. Geralmente, utiliza-se o termo para designar a existência de controvérsia, dissídio ou divergência de interesses entre duas ou mais pessoas. Daí a expressão "conflito de interesses".

Octavio Bueno Magano[1] salienta ser útil a distinção entre conflitos, controvérsias e dissídios, na medida em que os primeiros são utilizados no sentido amplíssimo de contraste de interesses (exemplos: a greve e o *lockout*); os segundos, no sentido restrito, isto é, representando o conflito em vias de solução (greve e o *lockout* submetidos à mediação ou arbitragem); o terceiro, no sentido mais restrito ainda, ou seja, para designar o conflito submetido à apreciação jurisdicional (greve e *lockout* dependentes de decisão judicial). Os dois primeiros têm caráter material; o último, processual.

Resumindo, conflito *lato sensu* é o gênero que tem como espécies o conflito *stricto sensu*, a controvérsia e o dissídio.

Modernamente, os conflitos coletivos são também chamados de transindividuais, porque representam não a somatória dos interesses individuais, mas uma síntese destes interesses.

2. CONCEITO

Como é sabido, o direito tem como função primordial a composição de conflitos de interesses, resguardando o interesse juridicamente considerado. Historicamente, o direito dedicou-se à solução dos conflitos individuais.

Já o direito do trabalho ocupa-se não só dos conflitos individuais, mas também dos conflitos coletivos de trabalho, que são conflitos sociais entre grupos.

Conflitos coletivos de trabalho são, portanto, os que têm como sujeitos, de um lado, grupos de trabalhadores coletivamente considerados e, de outro lado, o empregador ou grupo de empregadores.

1. *Direito coletivo do trabalho*, p. 180.

De outra parte, se o objeto da divergência repousa no interesse do próprio grupo ou dos membros considerados não *uti singuli*, mas *uti universi*, o conflito será coletivo[2].

Conflito coletivo de trabalho seria, então, o que se dá entre grupo de trabalhadores e empregadores ou grupo de empregadores, coletivamente considerados, cujo objeto tende à satisfação dos interesses dos referidos grupos.

Para a caracterização do conflito coletivo é necessária a existência de uma pretensão coletiva resistida, bem como a presença, em princípio, de pelo menos uma entidade sindical representativa do grupo de trabalhadores (CF, art. 8º,VI).

Russomano, destacando aspectos individuais e coletivos ao mesmo tempo, conceitua conflito de trabalho como "litígio entre trabalhadores e empresários ou entidades representativas de suas categorias sobre determinada pretensão jurídica de natureza trabalhista, com fundamento em norma jurídica vigente ou tendo por finalidade a estipulação de novas condições de trabalho"[3].

O direito regula, assim, tanto os conflitos individuais, que envolvem interesses concretos e particulares de trabalhadores e empresários determinados e identificáveis, quanto os conflitos coletivos que envolvem interesses gerais e abstratos de grupos, considerados estes como *unidade*, isto é, grupos que representam integral ou parcialmente as categorias econômica e profissional.

3. CLASSIFICAÇÃO

Segundo Magano[4], os conflitos classificam-se em jurídicos e econômicos.

Os conflitos jurídicos têm por escopo a interpretação ou aplicação das normas jurídicas preexistentes.

Os conflitos econômicos destinam-se à modificação das condições de trabalho ou, dito de outra forma, à criação de novas normas.

Além dos conflitos jurídicos e econômicos, há, ainda, os conflitos políticos, que são observados, por exemplo, nas greves envolvendo servidores públicos, porquanto estas se dirigem contra os poderes investidos da competência para legislar sobre condições de trabalho no âmbito da administração pública direta, autárquica e fundacional.

4. CONFLITOS COLETIVOS *STRICTO SENSU*

Havíamos dito que os conflitos em sentido genérico abrangem os conflitos em vias de fato, as controvérsias e os dissídios.

---

2. MAGANO, Octavio Bueno. *Op. cit.*, p. 181.
3. RUSSOMANO, Mozart Victor. *Princípios gerais de direito sindical*, p. 226
4. *Op. cit.*, p. 182.

É preciso dizer agora que os conflitos coletivos *stricto sensu* traduzem situação fática, objeto, por excelência, do direito material coletivo do trabalho.

Constituem conflitos coletivos *stricto sensu* a greve, o *lockout*, a piquetagem, a boicotagem e a sabotagem.

4.1. Boicotagem

Boicotagem é derivada de boicote e significa, genericamente, fazer oposição, obstrução ao negócio de uma pessoa, falta deliberada de cooperação buscando levar alguém ao ostracismo. Etimologicamente, a palavra boicote derivou-se do nome do capitão Charles Boycott, antigo agente de terra de um proprietário ausente que foi vítima de boicotagem dos trabalhadores que se recusaram a trabalhar para o proprietário. O primeiro boicote de que se tem notícia foi realizado pela Liga Irlandesa da Terra, em 1880.

Atualmente, a boicotagem consiste numa ação concertada e deliberada dos trabalhadores com o objetivo de impedir ou dificultar a atividade empresarial, como a venda de produtos e a compra de mercadorias.

A boicotagem pode ocorrer no seio de um movimento grevista, mas trata-se de prática abusiva que pode ensejar a responsabilização civil (CC, art. 186) ou criminal (CP, art. 198) daqueles que participam do boicote.

Com efeito, o art. 198 do CP tipifica o crime de atentado contra a liberdade de contrato de trabalho e boicotagem violenta, nos seguintes termos:

> Art. 198. Constranger alguém, mediante violência ou grave ameaça, a celebrar contrato de trabalho, ou a não fornecer a outrem ou não adquirir de outrem matéria-prima ou produto industrial ou agrícola: Pena – detenção, de um mês a um ano, e multa, além da pena correspondente à violência.

4.2. Sabotagem

Sabotagem, em sentido genérico, significa toda ação que visa prejudicar a atividade de alguém. A palavra sabotagem teve origem na França, onde a palavra *sabot* significa tamanco, calçado utilizado pelos operários das fábricas que, ao protestarem contra o empregador, jogavam os tamancos sobre as máquinas para danificá-las. Pode-se dizer, assim, que sabotagem é a destruição ou inutilização de máquinas ou mercadorias pelos trabalhadores, como protesto violento contra o empregador, danificando bens da sua propriedade.

A sabotagem pode ocorrer durante a greve, sendo considerada meio abusivo gerador de responsabilidade civil ou penal dos seus autores. Aliás, o Código Penal tipifica o crime no seu art. 202, que trata da "invasão de estabelecimento industrial, comercial ou agrícola. Sabotagem", nos seguintes termos:

> Art. 202. Invadir ou ocupar estabelecimento industrial, comercial ou agrícola, com o intuito de impedir ou embaraçar o curso normal do trabalho, ou com o mesmo fim danificar o estabelecimento ou as coisas nele existentes ou delas dispor: Pena – reclusão, de um a três anos, e multa.

4.3. Piquetagem

Piquetagem é uma forma de pressão dos trabalhadores vinculada ao exercício do direito de greve na tentativa de dissuadir os recalcitrantes que persistirem em não suspender a atividade laboral durante o movimento paredista. Quando exercido de modo pacífico, o piquete é reconhecido pelo art. 6º da Lei 7.783/89, que assegura aos grevistas, dentre outros direitos, "o emprego de meios pacíficos tendentes a persuadir ou aliciar os trabalhadores a aderirem à greve".

4.4. Greve e *lockout*

Como a greve e o *lockout* são os que mais despertam interesse para a seara justrabalhista, sobre estes dois institutos do direito coletivo do trabalho falaremos no próximo capítulo.

CAPÍTULO VI
Greve e *Lockout*

1. ESCORÇO HISTÓRICO

A história da greve pode ser analisada no âmbito mundial e no Brasil.

Alguns autores mencionam que a história da greve remonta ao séc. XII a.C., quando trabalhadores recusaram-se a trabalhar na construção do túmulo de um faraó em protesto pela irregularidade no pagamento de salários e tratamento desumano que recebiam[1]. Outros indicam o êxodo em massa dos hebreus, ao abandonarem o Egito.

Há quem aponte que, em Roma, no Baixo Império, as greves, principalmente no setor público e em atividades essenciais, foram objeto de repressão de textos legais. Também não era permitida a reunião e a associação dos trabalhadores livres.

No regime das corporações de ofício, isto é, antes da Revolução francesa de 1789, inúmeros movimentos de paralisação dos trabalhadores foram registrados, sendo tais movimentos considerados infrações penais graves.

A Lei *Le Chapelier*, de 1791, proibia todas as formas de agrupamento profissional que tivessem por escopo a defesa de interesses coletivos.

A Inglaterra, por meio do *Combination Act*, de 1799 e 1800, considerava crime de conspiração contra a Coroa qualquer coalizão dos trabalhadores que objetivasse, mediante pressão, aumentos salariais ou melhores condições de trabalho.

A partir de 1825, na Inglaterra, e 1864, na França, a simples coalizão deixa de ser considerada crime, mas a greve ainda continua tipificada como delito.

Todos esses fatos históricos revelam a origem precoce dos movimentos coletivos dos trabalhadores, mas não podem ser caracterizados como greve, no sentido próprio utilizado pela linguagem do direito. E isto, por uma razão fundamental: em todos os movimentos até agora mencionados não havia a estrutura moderna das relações de trabalho, porquanto o sistema social era nitidamente escravista ou servil. Em outros termos, a história propriamente dita da greve surge a partir do regime de trabalho

1. Cf. VIDAL NETO, Pedro. O direito de greve: evolução histórica. *In*: *Direito sindical brasileiro*: estudos em homenagem ao prof. Arion Sayão Romita. São Paulo: LTr, 1998, p. 302.

assalariado, fruto da revolução industrial. Pode-se, assim, atribuir aos movimentos sindicais dos ingleses o marco inicial da história da greve[2].

O Código Penal (1890) proibia a greve, e até o advento do Decreto 1.162, de 12.12.1890, essa orientação foi mantida. A Lei 38, de 04.04.1932, que dispunha sobre segurança nacional, conceituou a greve como delito.

As Constituições Brasileiras de 1891 e de 1934 foram omissas a respeito da greve. De tal arte, esta caracterizou-se, praticamente, como um fato, de natureza social, tolerado pelo Estado.

A Constituição de 1937 prescrevia a greve e o *lockout* como recursos antissociais, nocivos ao trabalho e ao capital e incompatíveis com os superiores interesses da produção nacional (art. 139, 2ª parte).

O Dec.-lei 431, de 18.05.1938, que também versava sobre segurança nacional, tipificou a greve como crime, no que diz respeito a incitamento dos funcionários públicos à paralisação coletiva dos serviços; induzimento de empregados à cessação ou suspensão do trabalho e à paralisação coletiva por parte dos funcionários públicos.

O Dec.-lei 1.237, de 02.05.1939, que instituiu a Justiça do Trabalho, previa punições em caso de greve, desde a suspensão e a despedida por justa causa até a pena de detenção. O Código Penal, de 07.12.1940 (arts. 200 e 201), considerava crime a paralisação do trabalho, na hipótese de perturbação da ordem pública ou se o movimento fosse contrário aos interesses públicos.

Em 1943, ao ser promulgada a CLT, lembra Sérgio Pinto Martins,

> estabelecia-se pena de suspensão ou dispensa do emprego, perda do cargo do representante profissional que estivesse em gozo de mandato sindical, suspensão pelo prazo de dois a cinco anos do direito de ser eleito como representante sindical, nos casos de suspensão coletiva do trabalho sem prévia autorização do tribunal trabalhista (art. 723). O art. 724 da CLT ainda estabelecia multa para o sindicato que ordenasse a suspensão do serviço, além de cancelamento do registro da associação ou perda do cargo, se o ato fosse exclusivo dos administradores do sindicato[3].

O Dec.-lei 9.070, de 15.03.1946, passou a tolerar a greve nas atividades acessórias, não obstante a proibição prevista na Constituição de 1937. Nas atividades fundamentais, contudo, permanecia a vedação.

Com a Carta de 1946 a greve passa a ser reconhecida como direito dos trabalhadores, embora condicionando o seu exercício à edição de lei posterior (art. 158). É

---

2. RUSSOMANO, Mozart Victor. *Princípios gerais de direito sindical*. 2. ed. Rio de Janeiro: Forense, 1997, p. 243.
3. *Direito do trabalho*. 6. ed. São Paulo: Atlas, 1998, p. 695.

importante assinalar, com Sérgio Pinto Martins, que "o STF entendeu que não havia sido revogado o Dec.-lei 9.070/46, pois não era incompatível com a Lei Fundamental de 1946, que determinava que a greve deveria ser regulada por lei ordinária, inclusive quanto a suas restrições"[4].

Somente em 01.06.1964, entrou em vigor a Lei de Greve (Lei 4.330), que prescrevia a ilegalidade da greve:

a) se não fossem observados os prazos e condições estabelecidos na referida lei;

b) que tivesse por objeto reivindicações julgadas improcedentes pela Justiça do Trabalho, em decisão definitiva, há menos de um ano;

c) por motivos políticos, partidários, religiosos, morais, de solidariedade ou quaisquer outros que não tivessem relação com a própria categoria diretamente interessada;

d) cujo fim residisse na revisão de norma coletiva, salvo se as condições pactuadas tivessem sido substancialmente modificadas (*rebus sic stantibus*).

Adite-se que o art. 20, parágrafo único, da Lei 4.330/64, dispunha que a greve lícita suspendia o contrato de trabalho, sendo certo que o pagamento dos dias de paralisação ficava a cargo do empregador ou da Justiça do Trabalho, desde que deferidas, total ou parcialmente, as reivindicações formuladas pela categoria profissional respectiva.

Cumpre sublinhar a correta observação de Francisco Osani de Lavor: "A Lei 4.330/64 regulamentou, por muito tempo, o exercício do direito de greve, impondo tantas limitações e criando tantas dificuldades, a ponto de ter sido denominada por muitos juslaboristas como a Lei do delito da greve e não a Lei do direito da greve"[5].

A Constituição de 1967, em seu art. 158, XXI, combinado com o art. 157, § 7º, assegurou o direito de greve, restringindo-o, contudo, em relação aos serviços públicos e às atividades essenciais.

A Emenda Constitucional 01, de 17.10.1969, manteve a mesma orientação (arts. 165, XX, e 162).

A Constituição de 1988 consagra um amplo direito de greve, nos seguintes termos:

Art. 9º É assegurado o direito de greve, competindo aos trabalhadores decidir sobre a oportunidade de exercê-lo e sobre os interesses que devam por meio dele defender.

§ 1º A lei definirá os serviços e atividades essenciais e disporá sobre o atendimento das necessidades inadiáveis da comunidade.

§ 2º Os abusos cometidos sujeitam os responsáveis às penas da lei.

---

4. *Op. e loc. cit*.

5. A greve no contexto democrático. *In*: *Revista Síntese Trabalhista*. Porto Alegre, n. 82, p. 12, abr. 1996.

Foi estendido, no art. 37, inc. VII, da CF/88, o direito de greve aos servidores públicos civis, embora condicionando o seu exercício à edição de lei complementar que, diga-se de passagem, jamais fora editada. Frise-se, por oportuno, que a Emenda Constitucional 19/98, alterou a redação do inciso em causa, estabelecendo, no que concerne ao servidor público civil, que "o direito de greve será exercido nos termos e nos limites definidos em lei específica".

Não há mais lugar para a proibição de greve nos serviços essenciais, mas há necessidade de se atender às necessidades inadiáveis da comunidade.

Em 2007, o STF julgou os Mandados de Injunção 670, 708 e 712 (julgamento em 25.10.2007, e publicação do acórdão em 31.10.2008), determinando que, enquanto não for editada a lei específica exigida pelo art. 37, inc. VII, da CF, aplicar-se-á, no âmbito da administração pública federal, estadual ou municipal, a Lei 7.783/89, do setor privado. Assim, a greve pelos servidores públicos pode ser exercida respeitando-se os serviços e atividades essenciais (Lei 7.783/89, art. 11), à luz do princípio da continuidade do serviço público.

2. CONCEITO

É muito comum confundir o conceito com a definição, mas há uma diferença muito grande: o conceito é uma palavra que tem um conteúdo genérico; a definição é a delimitação deste conteúdo pela enumeração dos seus elementos. Conceito, pois, é a ideia, a noção, a representação intelectual de um objeto.

Não é tarefa fácil conceituar juridicamente a greve, haja vista a diversidade de posições doutrinárias. Doutra parte, os conceitos podem variar em função do tratamento conferido ao instituto pelo ordenamento jurídico de cada Estado.

Há autores que consideram paradoxal a expressão "direito de greve", uma vez que a greve manifesta-se mediante ação violenta, o que contrasta com o direito. Carnelutti, por exemplo, sustenta que a greve encerra uma *contradictio in adjecto*, enquanto George Scelle entende que é de todo impossível estabelecer uma teoria jurídica da greve, uma vez que se equipararia a buscar a quadratura do círculo.

Para Eduardo J. Couture, a greve é um meio de autotutela à disposição do operariado para suprir a lacuna da proteção social ou da proteção legal.

Paul Durand assevera que a greve é "toda interrupção do trabalho, de caráter temporário, motivada por reivindicações suscetíveis de beneficiar o conjunto ou a uma parte do pessoal e que encontra adesão dentro de um grupo suficientemente representativo da opinião da classe trabalhadora"[6].

6. *Apud* Lavor, Francisco Osani de. *Op. cit.*, p. 14-15.

Plá Rodriguez, em artigo dedicado a Arnaldo Süssekind, publicado pela LTr, pontifica que "a greve constitui uma medida de luta que se efetua para pressionar o empregador ou o grupo de empregadores a fim de obter sucesso de uma reivindicação ou evidenciar publicamente um protesto"[7].

Greve, segundo Tureba Urbina, "es la suspención colectiva de labores, cuyo objeto fundamental es mejorar las condiciones o el rendimiento económico del trabajo, o de ambos a la vez"[8].

Mario de la Cueva conceitua a greve como sendo

> la suspensión concertada del trabajo, llevada al cabo para imponer y hacer cumplir condiciones de trabajo, que respondan a la idea de la justicia social, como un régimen transitório, en espera de una transformacion de las estructuras políticas, sociales y jurídicas, que pongan la riqueza y la economía al servicio de todos los hombres, y de todos los pueblos, para lograr la satisfación de la necesidad[9].

Octavio Bueno Magano leciona que a greve consiste no "poder do grupo social que se manifesta através de atividade tendente à realização de um interesse coletivo, mediante a suspensão coletiva e temporária do trabalho dos trabalhadores pertencentes ao mesmo grupo"[10].

Para Arnaldo Süssekind,

> a greve pode corresponder a dois fenômenos sociais distintos: a) a insubordinação concertada de pessoas interligadas por interesses comuns, com a finalidade de modificar ou substituir instituições públicas ou sistemas legais; b) pressão contra empresários, visando ao êxito da negociação coletiva sobre aspectos jurídicos, econômicos ou ambientais de trabalho. Na primeira hipótese, existe uma manifestação sociopolítica de índole revolucionária; e na segunda, se trata de um procedimento jurídico-trabalhista a ser regulamentado, seja por lei (sistema heterônomo) ou por entidades sindicais de cúpula (sistema autônomo)[11].

José Augusto Rodrigues Pinto conceitua a greve a partir do momento em que surgiu o instituto, levando em conta a *origem remota* e a *origem próxima*. No primeiro caso,

---

7. *Op. cit.*, p. 15.
8. *Idem, ibidem*.
9. *Idem*, p. 16.
10. *Idem*, p. 17.
11. Responsabilidade pelo abuso do direito de greve. *In*: *Revista da Academia Nacional de Direito do Trabalho*, a. I, n. 1, 1993, p. 37.

a greve seria a "paralisação coletiva do trabalho como forma unilateral de resistência a condições inaceitáveis ou reivindicação de condições melhores de sua prática"[12].

Quanto à *origem próxima*, o referido autor elabora dois tipos de conceitos: o *sintético*, que vai direto à noção e intenção, e o *analítico*, que procura estabelecer a inteligência através dos elementos técnicos de sua estrutura.

Eis, no magistério de Rodrigues Pinto, os *conceitos sintéticos*:

> a) "Direito de prejudicar"[13], uma vez que a greve traz prejuízo (econômico) imediato ao empregador, frustrando-lhe o lucro. E implica prejuízo mediato à sociedade, dependendo da dimensão e da amplitude da atividade econômica do empregador;
>
> b) Cessação do trabalho convencionada[14];
>
> c) Cessação coletiva do trabalho[15];
>
> d) Recusa coletiva e combinada do trabalho[16].

Seguindo ainda as pegadas do recém-citado autor, os *conceitos analíticos* de greve são os seguintes:

> a) Cessação do trabalho, acertada por um grupo de trabalhadores, com o objetivo de defender seus interesses profissionais[17];
>
> b) Recusa coletiva e combinada de trabalho, manifestando a intenção dos assalariados de se colocarem provisoriamente fora do contrato, a fim de assegurar o sucesso de suas reivindicações[18];
>
> c) Suspensão de caráter temporário do trabalho, pactuada e acertada por um grupo organizado de trabalhadores, com o abandono dos locais de trabalho, com o objetivo de fazer pressão sobre os empregadores, na defesa de seus interesses profissionais e econômicos[19].

Refletindo sobre os conceitos analíticos acima citados, o próprio Rodrigues Pinto reconhece que o

> uso da expressão cessação do trabalho, que pode ser vista em mais de um dos conceitos transcritos, também utilizada por outros autores da maior respeitabilidade,

12. *Direito sindical e coletivo do trabalho*. São Paulo: LTr, 1998, p. 292.
13. O autor cita a obra da ilustre Procuradora Regional do Trabalho da 5ª Região, Lélia Guimarães Carvalho Ribeiro, intitulada "A greve como legítimo direito de prejudicar", *In*: *Curso de direito coletivo do trabalho – estudos em homenagem ao Ministro Orlando Teixeira da Costa*, p. 502.
14. CATHARINO, José Martins. *Tratado elementar de direito sindical*. São Paulo: LTr, p. 261.
15. BILHALVA, Vilson Antônio Rodrigues. Greve. *In*: *Revista da Academia Nacional de Direito do Trabalho*. São Paulo: LTr, a. VI, n. 6, p. 51.
16. CESARINO JÚNIOR, A. F. *Direito Social*. São Paulo: LTr, 1980, p. 566.
17. DEL CASTILLO, Santiago Perez. *O Direito de Greve*, p. 20.
18. Hélene Sinay, *apud* NASCIMENTO, Amauri Mascaro. *Direito Sindical*, p. 334.
19. RUPRECHT, Alfredo J. *Relações Coletivas de Trabalho*, p. 738.

a exemplo de Savatiere Rivero, diante da ambiguidade de seu significado em face da figura que se quer situar com precisão. Note-se que o sentido mais comum de cessar é parar, deixar de existir, ainda que, secundariamente, possa ser o de interromper, suspender (...). Essa ambiguidade pode levar ao erro de associar-se a ideia da greve à da extinção (cessação) do contrato individual de emprego, quando seu propósito é apenas de interrompê-lo ou suspendê-lo. Também é inadequado – mormente no quadro de nosso direito positivo – que se procure identificar a greve com a expressão abandono do trabalho, que induz um ânimo definitivo de deixá-lo, exatamente oposto ao dos grevistas, que pretendem conservar o trabalho sob condições melhores[20].

Não é por outra razão que Monteiro Fernandes, salientando a opção de Portugal pelo silêncio legal sobre greve, observa que "definir greve – dir-se-á – é sempre restringir o direito de greve"[21].

Pertinente, nesse passo, a observação de Rodrigues Pinto, para quem "Isso sugere a cautela de, quando houver a definição, estar-se atento ao conceito legal feito em cada país, pois nele estará a delimitação nacional desse direito e do seu exercício"[22].

Feita a necessária digressão, pode-se dizer que o nosso sistema tomou partido em favor da conceituação da greve, *ex vi* do art. 2º da Lei 7.783, de 28.07.1989, que regulamentou o art. 9º, da Constituição Federal de 1988, *in verbis*:

> *Art. 2º Para os fins desta lei, considera-se legítimo exercício do direito de greve a suspensão coletiva, temporária e pacífica, total ou parcial, de prestação pessoal de serviço a empregador*. (grifos nossos)

3. NATUREZA JURÍDICA

A natureza jurídica de um instituto diz respeito à sua essência e o que representa para o mundo do direito, à luz das noções jurídicas que com ele guardam correspondência.

Sabe-se que o direito, como fenômeno histórico, está umbilicalmente ligado às circunstâncias políticas, econômicas e sociais que caracterizam a sociedade num dado momento.

Desvendar, pois, a natureza jurídica da greve exige incursões em torno das referidas circunstâncias.

---

20. *Op. cit.*, p. 294.
21. MONTEIRO FERNANDES, Antônio. *Direito de Greve – Notas e Comentários à Lei 65/77, de 22 de agosto*. Lisboa: Almedina, p. 17, *apud* PINTO, José Augusto Rodrigues. *Op. e loc. cit.*
22. *Op. e loc. cit.*

A própria evolução histórica da greve demonstra a sua íntima ligação com o regime político adotado. Arion Sayão Romita, parafraseando Piero Calamandrei, observa que a greve pode ser compreendida em sua tríplice dimensão:

a) *greve-delito* – concepção paternalista e autoritária do Estado, ou seja, regimes corporativos aparelhados de órgãos destinados a impor soluções aos conflitos coletivos de trabalho (competência normativa dos tribunais do trabalho);

b) *greve-liberdade* – concepção liberal do Estado, que se desinteressa da greve, por considerá-la fato socialmente indiferente, sujeito apenas a punições quando enseja violência ou atos de perturbação da ordem pública. Dito de outra forma, o Estado atua apenas como mero espectador das lutas entre as forças do capital e do trabalho;

c) *greve-direito* – concepção social-democrática do Estado. A greve passa a ser considerada socialmente útil e é protegida pelo ordenamento jurídico.

Na categoria de greve-direito, há autores que advogam ser a greve um *direito potestativo*, segundo o qual o empregador nada pode opor ao movimento; apenas sujeita-se à vontade do grupo que o deflagra. Para esta corrente, o direito de greve só se legitima no contexto do contrato de trabalho, na relação grupo de trabalhadores *versus* empregador ou grupo de empregadores.

Existem, ainda, os que veem a greve como *direito absoluto da pessoa*, porque goza de proteção constitucional (em alguns países). Ora, se é direito, sabe-se de antemão que não há direito absoluto. Até mesmo o direito à vida sofre restrições, já que todos os ordenamentos jurídicos permitem a legítima defesa, mesmo em detrimento da vida.

É possível encontrar quem considere a greve como *direito de liberdade*, que estaria acima do direito, pois constitui um direito atribuído ao indivíduo em face do Estado, o que impede a este tipificá-la como um delito. Esta corrente se coaduna com o Estado liberal, que não intervinha nas relações entre o capital e o trabalho. Sabe-se, porém, que praticamente todos os países adotam normas que resguardam o interesse público nas chamadas atividades essenciais ou inadiáveis da comunidade, o que, a nosso ver, afasta a greve como direito de liberdade.

Há uma outra teoria, que qualifica a greve como *direito de autoproteção*, porquanto trata-se de direito individual, cujo exercício é condicionado ao simultâneo exercício do mesmo direito por parte de outros trabalhadores, portadores de iguais ou análogos interesses profissionais, isto é, o ordenamento permite que os trabalhadores façam justiça por suas próprias mãos, mediante ação direta, independentemente de apelo à autoridade judiciária[23].

---

23. ROMITA, Arion Sayão. *Os direitos sociais na Constituição e outros estudos*. São Paulo: LTr, 1989, p. 242-248.

Não há negar que a greve é um fato social, razão pela qual cabe à Sociologia estudá-la. Nesse sentido, greve significa qualquer perturbação no processo produtivo, com ou sem a paralisação temporária do trabalho.

No plano jurídico, porém, ressalta Cássio Mesquita Barros que a greve foi historicamente considerada como delito, liberdade e direito. Como liberdade, não é penalmente punida, nem dá causa à responsabilidade civil, mas não está provida do aparato protetor do empregado perante o empregador. Mas, se é direito e pode ser exercido pelos trabalhadores sem expô-los a quaisquer consequências pelo não cumprimento do contrato de trabalho, é preciso saber o que é greve para o efeito da tutela constitucional[24].

O renomado juslaboralista convida-nos à seguinte reflexão: "Estarão abrangidas pela garantia constitucional todas as atuações batizadas com a denominação, mais ou menos verossímil, de greve?[25]

E ele mesmo oferece-nos a resposta:

> A questão é delicada, porque um conceito aberto de greve poderia transportar a proteção constitucional fundamental às mais estranhas e antijurídicas condutas. Estão em causa interesses gerais da comunidade social demasiado importantes para prescindir de um conceito jurídico de greve que permita saber, com clareza, qual a conduta digna de proteção constitucional. O esforço seria no sentido de averiguar se este ou aquele comportamento merece ou não a proteção constitucional, é ou não adequado à vida democrática no que se chama de limites internos da greve. Há greves impróprias em que não ocorre propriamente abstenção do trabalho, mas sua execução anormal, continuando os trabalhadores a pretender a remuneração relativa à prestação de trabalho. Sinay, a tratadista francesa da greve, assinala que nesses casos se pretende "ao mesmo tempo fazer greve e continuar a trabalhar" e assim "conciliar o inconciliável" (SINAY, H. *La grève*. Dalloz, 1966). É difícil sustentar que a ordem jurídica aceite comportamentos que, ao mesmo tempo, se utilizam das faculdades do contrato para desorganizar a produção ou gerir negligentemente bens da empresa, que, através do mesmo contrato, foram confiados ao grevista. A "operação tartaruga", o "cumprimento estrito do dever" ou de "não colaboração" são as formas de aparente execução do serviço mediante o uso das faculdades do contrato com o propósito de não haver interrupção no salário. As paralisações "rotativas", "intermitentes", também fazem parte da tipologia das greves. A realidade é rica de variadas formas de condutas. A permanência dos empregados no local de trabalho, mas sem trabalhar, é preciso ser distinguida da invasão e ocupação do estabelecimento, que aparece no

24. BARROS, Cássio Mesquita. Responsabilidade civil do sindicato na greve. *In: Revista Síntese Trabalhista*, n. 98, p. 14, ago. 1997.

25. *Op. e loc. cit.*

direito comparado como forma abusiva de greve. A forma de greve *sur le tas*, em que os trabalhadores permanecem no estabelecimento mas sem trabalhar, traz à consideração a ideia de dano injusto, porque, a exemplo de outras formas atípicas, causam, além da perda da produção, danos adicionais, como manutenção das despesas de energia, água, vigilância, alimentação. Também traz à baila o princípio fundamental da boa-fé, que permite o ingresso no trabalho. A discussão a respeito do dano injusto apresenta argumentos no sentido de não ser razoável impor aos trabalhadores o uso de recursos menos onerosos ao empregador se a greve visa mesmo a causar-lhe prejuízos. Sustenta-se ainda, que não se aplica o princípio da boa-fé quando a greve se transforma em conflito coletivo[26].

Invocando Gino Giugni, Arion Sayão Romita conclui que

> a greve deve ser considerada mero fato jurídico: qualquer abstenção do trabalho, desde que deliberada por um grupo de trabalhadores e que tenha por objeto a satisfação de um interesse coletivo, constitui uma greve, caracterizada não como declaração de vontade mas como comportamento, do qual decorre o efeito jurídico da suspensão da relação de trabalho. Não depende de proclamação: esta apenas ostenta o caráter de convite à greve. Proclamação sem abstenção de trabalho não constitui greve. A greve deriva geneticamente do exercício da autonomia coletiva que o moderno ordenamento jurídico reconhece aos grupos sociais organizados. A "ordem"' de greve consiste na afirmação de um interesse supraindividual, atinente ao grupo; esse interesse assiste a todas os membros do grupo porque integrantes desse grupo, encontrando-se todos em uma mesma situação. Os trabalhadores são protegidos em função de seu interesse, porém como membros do grupo; e não *uti individui*. Assim, três afirmações podem ser formuladas: 1ª) o direito de greve, ainda que considerado direto subjetivo de titularidade e de exercício individuais, encontra sua origem em uma "competência" (autonomia coletiva) de sindicato, de órgão análogo ou de coalizão momentaneamente organizada; 2ª) em razão de sua estrutura, o direito de greve, como direito de abster-se licitamente da prestação de serviços, produz automático efeito suspensivo da relação de trabalho; 3ª) o exercício do direito de greve admite a satisfação de pretensões que se encontrem quer na disponibilidade do sujeito passivo da relação (o empregador) quer não. Essas conclusões se impõem ao intérprete porque neste assunto – como diz um jurista italiano (*Pera*) – qualquer conclusão jurídica, por uma série de fatores conhecidos, está destinada a ceder à lógica dos fatos[27].

26. *Idem*, p. 15.

27. *Os Direitos Sociais na Constituição e Outros Estudos*. São Paulo: LTr, 1991, p. 248-249.

Todas as considerações até agora examinadas são dignas de encômios, na medida em que procuram contextualizar a greve no cenário mundial. Mas, se levarmos em conta as Constituições mais modernas, aí incluída a brasileira, promulgada a 05.10.1988, não hesitaremos em afirmar que a greve constitui um direito. Sim, um direito de autodefesa dos trabalhadores em face do empregador ou grupo de empregadores que, de algum modo, não oferecem as condições de trabalho que atendam aos interesses do grupo profissional respectivo.

Nesse sentido, aponta Amauri Mascaro Nascimento que a greve

> é forma de autodefesa conferida pela ordem jurídica, para que, através de uma ação direta, os trabalhadores possam responder à alteração das condições objetivas existentes, prejudiciais aos seus interesses, salariais ou não, e, pela greve, forçar a modificação do contrato de trabalho, impondo a sua vontade. Como autodefesa, a greve é medida de caráter excepcional, da mesma forma que a legítima defesa, a defesa possessória direta e o estado de necessidade, devendo, portanto, ser utilizada como remédio extremo, só depois de totalmente esgotada a possibilidade de diálogo[28].

A greve, portanto, é meio de luta dos trabalhadores, em função do que assume caráter instrumental de acordo com o ordenamento jurídico de um determinado Estado. É, pois, direito que se conexiona com o princípio jurídico da igualdade, já que o "moderno Estado social de direito não se contenta com a igualdade apenas formal dos homens. Quer que todos (não só individualmente mas também como integrantes de grupos organizados) sejam livres e iguais também substancialmente, ou seja, de maneira real e efetiva"[29].

4. CLASSIFICAÇÃO

Classificar é organizar sistematicamente, agrupando objetos em classes e determinando as categorias de um conjunto. É, portanto, um fato cultural. Não há classificações verdadeiras ou classificações falsas, assim como não existem nomes verdadeiros ou falsos para cada objeto. Há apenas classificações mais úteis ou menos úteis, conforme o critério adotado.

Estamos com Arion Sayão Romita, para quem a greve pode ser classificada de acordo com diferentes critérios:

I – *Segundo a extensão*: a) greves parciais; b) greves generalizadas; c) greves gerais.

28. *Direito do trabalho na Constituição de 1988*. Saraiva, 1989, p. 293.
29. ROMITA, Arion Sayão. *Op. cit.*, p. 249.

II – *Segundo o âmbito*: a) greves de empresa; b) greves setoriais (de caráter local ou nacional); c) greves de categoria (de caráter local ou nacional).

III – *Segundo a duração prevista*: a) greves simbólicas; b) greves por tempo determinado; c) greves por tempo indeterminado; d) greves a todo transe (até que o objetivo seja alcançado).

IV – *Segundo a origem*: a) greves espontâneas; b) greves sindicais.

V – *Segundo a causa*: a) greves provocadas por ação patronal; b) greves provocadas por ação do Governo; c) greves provocadas por decisão da Justiça do Trabalho.

VI – *Segundo a característica, se constitui um meio ou um fim*: a) greves de ação; b) greves de mobilização.

VII – *Segundo o conteúdo das reivindicações*: a) greves defensivas; b) greves preventivas; c) greves de reivindicação; d) greves de solidariedade, ou de apoio; e) greves de luto; f) greves de protesto; g) greves de demonstração ou de advertência.

VIII – *Segundo os interesses que pretendem defender têm por objeto interesses*: a) particulares de âmbito restrito à empresa; b) particulares de âmbito ampliado à categoria; c) particulares de âmbito setorial; d) particulares de natureza ideológica; e) particulares de natureza classista; f) gerais nacionais; g) internacionais, de natureza classista; h) internacionais, de natureza ideológica; i) gerais internacionais.

IX – *Segundo as finalidades concretas perseguidas*: a) greves puramente profissionais (econômicas ou contratuais); b) greves de finalidade sindical; c) greves de solidariedade ou de simpatia; d) greves com finalidade estratégica; e) greves políticas com objetivo profissional imediato; f) greves políticas com objetivo profissional remoto; g) greves puramente políticas; h) greves de insurreição; i) greves revolucionárias.

X – *Segundo as táticas empregadas*: a) greves ativas ou clássicas; b) greves brancas ou de ocupação do local do trabalho; c) greves intermitentes; d) greves setoriais; e) greves em pontos-chaves.

XI – *Segundo os sujeitos sobre os quais é exercida a pressão, as greves se destinam a exercer pressão sobre*: a) o empregador; b) as entidades de classes patronais; c) partidos políticos; d) autoridades constituídas locais; e) o poder político central (Governo, Congresso); f) a Justiça do Trabalho.

XII – *Segundo as características do contexto econômico-social*: a) greves em meio urbano ou rural; b) greves em zonas agrícolas, industriais, setor terciário, mistas; c) greves em áreas desenvolvidas, subdesenvolvidas etc.; d) greve em período de expansão, de prosperidade, de recessão, de estagflação, de depressão etc.[30].

30. *Op. cit.*, p. 254-256.

5. GREVE POLÍTICA E GREVE DE SOLIDARIEDADE

Toda greve, ainda que reconditamente, assume um caráter político, no sentido amplo do termo, porquanto o fato de um agrupamento social de trabalhadores suspender a prestação de serviços é, em si, um comportamento político, ou, pelo menos, de conscientização política dos trabalhadores diante do empregador, uma vez que a greve, via de regra, tem por objeto a instituição de novas condições de trabalho mais favoráveis em relação àquelas que existiam antes do movimento paredista.

Mas pode a greve ser deflagrada com fins exclusivamente políticos?

A resposta comporta divergências doutrinárias.

Cássio Mesquita Barros assinala que alguns países, como a Itália e a Espanha, admitem as greves com objetivos eminentemente políticos, desde que não revolucionárias: "para remoção de obstáculos de ordem econômica e social que impedem o desenvolvimento da pessoa humana e a participação dos trabalhadores na organização política, econômica e social do país"[31].

Será que o nosso ordenamento jurídico permite a greve política?

Diz o art. 9º da Constituição:

> "É assegurado o direito de greve, competindo aos trabalhadores decidir sobre a oportunidade de exercê-lo e os interesses que devam por meio dele defender".

Há cizânia doutrinária no que se refere à extensão e alcance da expressão "interesses", contidos no preceptivo em causa.

Cássio Mesquita Barros salienta que

> a locução "interesses", não acompanhada da qualificação desses interesses, é ambígua. Pode-se pensar, com razão, que tais interesses são os que pode ter o cidadão comum, enquanto membro da comunidade social. Mas esses interesses não podem ser outros senão os do trabalhador enquanto sujeito de um contrato de trabalho, membro do pessoal de uma empresa. Há de se distinguir entre trabalhador enquanto cidadão e cidadão enquanto trabalhador. Interpretação contrária poderia chegar até a afirmação de que a greve defende interesses de todo tipo, sejam trabalhistas, sejam políticos. Se recorrermos à interpretação sistemática, o apoio à conclusão que circunscreve a greve à defesa de interesses profissionais apresenta-se mais consistente. A greve, no seu exercício, é arma de que dispõem os sindicatos. Existe, pois, uma correlação entre interesses garantidos ao sindicato e a greve. Ora, a legislação ordinária confere aos sindicatos a promoção dos interesses gerais da respectiva categoria ou

31. *Op. cit.*, p. 11.

profissão relativos à atividade ou profissão exercida (CLT, art. 513), em consequência de que os interesses cogitados não são outros senão os puramente profissionais[32].

Em sentido contrário, José Afonso da Silva, a nosso sentir com absoluta razão, assevera que

> A Constituição assegura o *direito de greve*, por si própria (art. 9º). Não o subordinou a eventual previsão em lei. É certo que isso não impede que lei defina os procedimentos de seu exercício, como exigência de assembleia sindical que a declare, de *quorum* para decidi-la e para definir abusos e respectivas penas. Mas a lei não pode restringir o direito mesmo, nem quanto à oportunidade de exercê-lo nem sobre os interesses que, por meio dele, devem ser defendidos. Tais decisões competem aos trabalhadores, e só a eles (art. 9º). Diz-se que a melhor regulamentação do direito de greve é a que não existe. Lei que venha a existir deverá ser de *proteção* do direito de greve, não deve ir no sentido de sua limitação, mas de sua garantia e proteção. Quer dizer, os trabalhadores podem decretar *greves reivindicatórias*, objetivando a melhoria das condições de trabalho, ou *greves de solidariedade*, em apoio a outras categorias ou grupos reprimidos, ou *greves políticas*, com o fim de conseguir as transformações econômico-sociais que a sociedade requeira, ou *greves de protestos*[33]. (grifos nossos)

Idêntica é a posição de Arion Sayão Romita, para quem

> A interpretação do art. 9º da Constituição deve observar, em plano sistemático, as diretrizes traçadas pelos textos constitucionais que: realçam os valores sociais do trabalho como um dos fundamentos em que se esteia o Brasil constituído em Estado Democrático de Direito (art. 1º, IV); determinam que se construa uma sociedade livre, justa e solidária, como um dos objetivos fundamentais da República Federativa do Brasil (art. 3º, I); protegem o direito à vida, à liberdade, à igualdade, à segurança e à propriedade (art. 5º); protegem o trabalho como um dos direitos sociais (art. 6º); asseguram a participação dos trabalhadores na criação do ordenamento jurídico que lhes diz respeito (art. 10) e bem assim na gestão da empresa (art. 7º, XI e art. 11); preconizam a redução das desigualdades sociais, como um dos princípios a que obedece a ordem econômica (art. 170, inc. VII); exaltam a valorização do trabalho humano, como um dos pilares de sustentação da mesma ordem econômica (art. 170); apontam o primado do trabalho como a base da ordem social (art. 193); consagram o bem-estar e a justiça sociais como objetivos colimados pela ordem social (art. 193).

32. *Idem*, p. 11-12.

33. *Curso de Direito Constitucional Positivo*. 9. ed. São Paulo: Malheiros, 1993, p. 273-274.

À luz desses princípios básicos, institucionais, deve ser entendido o preceito constitucional que assegura o exercício do direito de greve. Qualquer interpretação que resulte em repressão ou restrição despropositada do exercício desse direito padecerá de inconstitucionalidade[34].

E arremata Romita, com inteira precisão:

> A greve de solidariedade se harmoniza com as modernas condições do mundo do trabalho, cada vez menos confinado na empresa, porém, ao contrário, vinculado aos grandes movimentos econômicos e sociais no plano nacional, quiçá internacional. Do ponto de vista sociológico, a greve de solidariedade é a greve por excelência, a modalidade mais autêntica de greve, por ser a que melhor exprime a inspiração maior do movimento obreiro, animado de um sentimento de solidariedade profissional ou solidariedade de classe. A manifestação de solidariedade tem atrás de si, sempre, a defesa de um interesse profissional. Se a greve tem por fim exercer pressão sobre o empregador para impedir a dispensa de um companheiro de trabalho ou obter sua reintegração, no fundo o que está em jogo é a estabilidade do emprego naquela empresa, que a todos interessa. O movimento operário brasileiro, a partir do final da década de 70, mostra nítida inclinação pela vertente conflitual, a exemplo do sindicalismo italiano, distanciando-se do modelo participativo ou de colaboração que caracteriza o sindicalismo alemão. A conflitividade se resolve primariamente não no plano jurídico-normativo ou na moldura da relação indivíduo-autoridade, mas, sim, no plano econômico-político-social. A satisfação do interesse coletivo, definido pelos trabalhadores, determina por si uma situação de conflito que envolve não o indivíduo considerado isoladamente, e sim, grupos, profissões, o conjunto de todas as categorias. Justifica-se, em consequência, a greve de solidariedade, que pressupõe o vínculo básico da solidariedade entre os trabalhadores, pois atua mediante a afirmação de uma situação jurídica supraindividual. A análise da estrutura dos grupos organizados de trabalhadores, titulares de autonomia coletiva privada, permite identificar três níveis: o primeiro se encerra na empresa; o segundo compreende a generalidade dos integrantes de uma categoria profissional (bancários, ferroviários, metalúrgicos etc.) e o terceiro concerne ao conjunto de todas as categorias de trabalhadores. A proteção constitucional do exercício do direito de greve abrange todas as situações subjetivas ativas, em qualquer desses três níveis[35].

Em palestra que proferimos no XI Congresso Brasileiro de Direito Coletivo do Trabalho, promovido pela LTr (1996), destacamos que:

34. *Op. cit.*, p. 269.
35. *Idem*, p. 269-270.

No moderno Estado social, a greve apresenta-se como um dos instrumentos de promoção da igualdade substancial entre as duas forças produtoras de riqueza: o Capital e o Trabalho.

A Constituição Federal de 1988, é sabido, inspirou-se (a) na Constituição Portuguesa de 1976, ao proclamar a greve como direito social dos trabalhadores, os quais têm legitimidade para decidir sobre a oportunidade de exercê-lo e sobre os interesses que devem por meio dele defender (art. 9º, *caput*); e (b) na Constituição Espanhola de 1978, ao estabelecer a possibilidade de regulamentação do exercício do direito de greve nas atividades essenciais, objetivando a manutenção dos serviços mínimos destinados à comunidade.

Alterando radicalmente a sistemática do ordenamento constitucional anterior, a atual Carta Magna assegurou também ao servidor público civil o direito de greve, embora limitando seu exercício à edição de lei complementar.

Feitas estas considerações iniciais, entendemos que o fenômeno, em nosso país, deve ser analisado sob dois enfoques: a greve no setor privado e a greve no setor público.

Greve no setor privado

Diante da greve no setor privado (aqui incluídos os "servidores" das empresas públicas e sociedades de economia mista, por força do art. 173, § 1º, da Constituição), defrontamo-nos com um primeiro dilema: como conciliar a coexistência do direito de greve, que visa, sobretudo, à criação de normas destinadas à satisfação dos interesses da categoria profissional, e o Poder Normativo da Justiça do Trabalho, que tem competência para criar normas e condições, respeitadas as disposições convencionais e legais mínimas de proteção ao trabalho?

No direito comparado, sabe-se que a mediação e a arbitragem voluntária constituem procedimentos adotados por quase todos os países para solução dos conflitos coletivos decorrentes da relação de trabalho, sendo certo que, em regra, os conflitos são resolvidos pelos próprios interlocutores sociais.

A mantença, pois, do Poder Normativo inibe ou dificulta o exercício pleno do direito de greve.

Outra matéria controvertida diz respeito às chamadas greves políticas e de solidariedade. Sem embargo da cizânia doutrinária existente, afigura-se-nos que a Constituição não estabelece qualquer limitação sobre a oportunidade e os interesses que podem ser defendidos por intermédio da greve (...).

A Suprema Corte Obreira, contudo, vem declarando abusivas as chamadas greves políticas, *in verbis*:

"Na greve dos portuários o Syndarma é parte legítima para ajuizar o dissídio. *Greve abusiva por ter sido decretada contra a orientação que vinha sendo discutida no Congresso*

Nacional para privatização ou regulamentação dos Portos. Na greve portuária há de ser respeitado o funcionamento dos setores que garantam o abastecimento. Greve declarada abusiva" (TST-DC 52.547/92 – Ac. SDC 673/92 – j. 30.06.1992 – *DJU* 20.11.1992 – p. 21.702 – Rel. Min. Marcelo Pimentel – sem ênfase no original).

Greve no setor público

No âmbito da administração pública direta, autárquica e fundacional, não há negar que a *mora legislatoris* em regulamentar o inc. VII do art. 37 da Constituição tem trazido tormentosas discussões doutrinárias e jurisprudenciais.

Duas correntes se destacam.

A primeira sustenta a eficácia contida do preceito em exame, pelo que possível o exercício do direito antes mesmo da edição de lei complementar[36], *sendo aplicável, por analogia, a Lei 7.783/89.*

A segunda, entendendo ser referido dispositivo *not self-executing*, advoga no sentido de que o servidor somente poderá exercer o direito de greve após editada norma infraconstitucional complementar (*rectius*, lei específica).

O Supremo Tribunal Federal acompanhava a segunda corrente, como se infere do seguinte julgado:

Insuficiência de relevo de fundamentação jurídica em exame cautelar, da arguição de inconstitucionalidade de decreto estadual que não está a regular (como propõem os requerentes) o exercício do direito de greve pelos servidores públicos; mas a disciplinar uma conduta julgada inconstitucional pelo Supremo Tribunal, até que venha a ser editada a lei complementar prevista no art. 37, II, da Carta de 1988 (M.I. 20, sessão de 19.05.1994) (STF-TP-ADIn 1.306-BA – Rel. Min. Octávio Galloti – requerentes: Partido dos Trabalhadores-PT e outros; requerido: Governador do Estado da Bahia – j. 30.06.1995 – *DJU* 27.10.1995, p. 1.806, os grifos não constam do original).

Em 2007, o STF, em guinada interpretativa pautada na mutação constitucional, ao apreciar os Mandados de Injunção 670, 708 e 712, passou a adotar posição de autêntico legislador ativo ao determinar que, enquanto não for editada a lei específica exigida pelo art. 37, inc. VII, da CF, aos servidores públicos da administração pública direta, autárquica e fundacional dos três poderes e nos três níveis federativos, serão aplicadas

36. Com o advento da Emenda Constitucional 19/98, que deu nova redação ao inc. VII do art. 37 da Constituição, não mais se exige lei complementar, mas, tão somente, "lei específica". Ora, diante do atual texto constitucional, não hesitamos em afirmar que, enquanto não for editada a referida lei específica para o servidor público, é perfeitamente aplicável, por analogia, a atual Lei de Greve (Lei 7.783/89).

as normas da Lei 7.783/89 que tratam dos chamados "serviços essenciais" (art. 11), observando-se, dentre outros, o princípio da continuidade do serviço público.

Importa dizer, de outra parte, que a mesma Corte, em controle concentrado, decidiu que o servidor público não pode entabular negociação coletiva, celebrar convenção ou acordo coletivo, ou ajuizar dissídio coletivo na Justiça do Trabalho (STF--ADIn 492-1-DF – Rel. Min. Carlos Velloso – *DJU* 12.03.1993), o que levou a Suprema Corte, posteriormente, a editar a Súmula 679, *in verbis*: "A fixação de vencimentos dos servidores públicos não pode ser objeto de convenção coletiva".

Ora, a greve é, segundo Arion Sayão Romita[37],

> *elemento essencial da negociação coletiva*. Se se pretende implantar o método de negociação coletiva para solucionar conflitos de trabalho, será indispensável assegurar liberdade sindical: sem autonomia, os sindicatos de trabalhadores estão desarmados. Trata-se no caso, do postulado fundamental para a convivência democrática. *E a greve é a arma de luta dos trabalhadores na negociação coletiva! Sem direito de greve não pode haver negociação coletiva digna deste nome* (grifos nossos).

Sem direito à negociação coletiva e sem poder exercer (licitamente) o direito de greve, o certo é que, no mundo dos fatos, a realidade é outra. A todo instante, como é notório, a imprensa noticia inúmeras greves eclodidas nos diversos setores da administração pública, inclusive em atividades essenciais, como as da saúde e segurança públicas.

Por paradoxal que possa parecer, a greve do servidor tende a ser necessariamente política, pois, não tendo direito à autocomposição, não lhe resta outra alternativa senão a de se valer da pressão política sobre os Poderes Executivo e Legislativo para que editem ou se abstenham de editar leis de interesse da categoria.

Cremos, portanto, que tanto no setor público quanto no setor privado, as posições que vêm sendo adotadas pelas Cortes Superiores a respeito das diretrizes traçadas pela Constituição de 1988 sobre greve mostram-se inadequadas à nossa realidade.

6. GREVE NAS ATIVIDADES ESSENCIAIS E NOS SERVIÇOS INADIÁVEIS

Se antes da Carta de 1988 a greve nas chamadas atividades normais era, na prática, quase que proibida (*ex vi* do procedimento exigido pela Lei 4.330/64), nos serviços essenciais o rigor era ainda maior, conforme se depreende do texto da própria Lei 4.330/64, bem como do Dec.-lei 1.632/78 e da Lei 6.620/78, também chamada de Lei de Segurança Nacional.

37. *Os direitos sociais na Constituição e outros estudos*. São Paulo: LTr, 1991, p. 250.

Sem embargo da vigência e da validade de todo esse aparato legal, os fatos demonstraram que tal não se deu no campo da eficácia social, sobretudo a partir da década de 70, quando os trabalhadores do ABC de São Paulo passaram a fazer greves tanto em atividades ditas normais quanto nas atividades essenciais, no que foram seguidos pelos demais trabalhadores de norte a sul do País.

Oportuna, nesse passo, é a observação de Raimundo Simão de Melo:

> Tais fatos, com efeito, foram de capital importância para influenciar o legislador constituinte a estabelecer como postulado democrático o direito de greve, inclusive nas atividades essenciais e para os servidores públicos, proibindo-a, apenas, com relação ao militar (CF, arts. 9º, 37, VII, e 42, § 5º)[38]. Esse direito, entretanto, foi consagrado sob o pálio da responsabilidade pelos abusos cometidos (§ 2º do art. 9º), mediante restrições especiais, sobretudo nos serviços e atividades essenciais (§ 1º do aludido art. 9º e Lei 7.783/89). E andou bem o constituinte, a nosso ver, porquanto os países estrangeiros, em boa parte, ao admitirem a greve nas atividades essenciais, estabelecem certas restrições como resguardo dos direitos constitucionais dos cidadãos, cujo exemplo marcante e recente é da Itália, que através da Lei 146/90 regulamentou o exercício desse importante direito, com restrições, garantindo a manutenção dos direitos mínimos do cidadão. É importante ressaltar que referida lei, num país de liberdade sindical, como a Itália, decorreu da iniciativa e vontade das próprias organizações sindicais, em razão dos abusos que vinham sendo cometidos, sobretudo quanto àqueles direitos mínimos da comunidade, que em dado momento se voltou irritada contra os movimentos grevistas descontrolados e até desmoralizantes do regime democrático, em certos casos. É que, como primado da liberdade e autonomia sindical, embora de relevante importância e contribuição à democratização das relações de trabalho, a greve é um importante direito, mas não absoluto, porque encontra restrições nos demais direitos assegurados à sociedade, devendo ser utilizado como *ultima ratio*, ou seja, como remédio extremo, após esgotada totalmente a via do diálogo, principalmente quando em atividade essencial ao asseguramento da sobrevivência, da saúde e segurança da comunidade. É claro que vivemos ainda em nosso país, em razão da incrustada cultura corporativista, um regime absolutamente atrasado sobre a solução dos conflitos coletivos de trabalho, o que muitas vezes obriga os trabalhadores a deflagrarem greve com a exclusiva finalidade de abrirem um canal de negociação com a classe patronal, lacrado pelo selo da ignorância autoritária e antidemocrática, como temos visto na prática diária. Inobstante (*sic*) isso, é aí que entram a inteligência, atuação responsável e legitimidade autêntica do

38. A proibição da greve para os militares, que antes era prevista no art. 42, § 5º, da CF, depois da EC 18/98 passou a ser prevista no art. 142, § 3º, inc. IV, da CF.

dirigente sindical, que deve, em vez de prejudicar a população, envidar todos os esforços quanto ao esclarecimento da categoria e cumprimento, durante a greve, daquelas atividades inadiáveis da população, como previsto constitucional e legalmente (CF, art. 9º, § 1º e Lei 7.783/89, arts. 10 e 11); para isto, devem procurar a classe patronal ou interpelá-la, já que a obrigação é conjunta (Lei 7.783/89, art. 11) e, não obtendo êxito, solicitar a intermediação e ajuda do Ministério Público do Trabalho para, até se for o caso, interferir judicialmente, conforme veremos a seguir. No dia a dia e sempre que possível, temos procurado mostrar às classes profissional e patronal que o cumprimento da lei no tocante ao exercício da greve em atividades essenciais – repita-se, de responsabilidade de ambas – não é tarefa tão difícil, como a princípio parece. Difícil mesmo era se fazer uma greve legal, nos termos da revogada Lei 4.330/64. Hoje, ao contrário, torna-se muito mais fácil essa tarefa, se se conscientizarem as partes de que vivemos num regime democrático, onde o princípio da legalidade é uma consequência lógica[39].

Com efeito, o art. 10 da Lei 7.783/89 define como serviços ou atividades essenciais:

a) tratamento e abastecimento de água; produção e distribuição de energia elétrica, gás e combustíveis;

b) assistência médica e hospitalar;

c) distribuição e comercialização de medicamentos e alimentos;

d) funerários;

e) transporte coletivo;

f) captação e tratamento de esgoto e lixo;

g) telecomunicações;

h) guarda, uso e controle de substâncias radioativas, equipamentos e materiais nucleares;

i) controle de tráfego aéreo;

j) compensação bancária.

Afigura-se-nos que as hipóteses acima arroladas são *numerus clausus*, o que exige a interpretação restritiva do dispositivo ora focalizado. Cotejando-o com o regime previsto na legislação revogada, verifica-se que não são mais consideradas atividades essenciais: serviços de banco, exceto a compensação bancária; serviços de comunicação, salvo os de telecomunicações; carga e descarga; escolas e correio.

39. O Ministério Público do Trabalho e as greves em atividades essenciais. *In*: *Revista Síntese Trabalhista*, n. 71, p. 17, maio 1995.

Quanto ao atendimento das necessidades inadiáveis da comunidade, o art. 11 da Lei 7.783/89 prescreve que nos serviços ou atividades essenciais, os sindicatos, os empregadores e os trabalhadores ficam obrigados, de comum acordo, a garantir, durante a paralisação, a prestação de serviços indispensáveis ao atendimento das necessidades inadiáveis da comunidade.

O parágrafo único do referido dispositivo considera necessidades inadiáveis da comunidade as que, se não atendidas, possam colocar em perigo iminente a sobrevivência, a saúde ou a segurança da população. Cabe, pois, ao Judiciário delimitar, em cada caso e com base no critério objetivo prescrito, as hipóteses que se enquadram na norma legal em análise.

Caso as partes mencionadas no art. 11 da LG não assegurarem o atendimento das necessidades inadiáveis da comunidade, o poder público providenciará a prestação de serviços indispensáveis (Lei 7.783/89, art. 12). Correta, nesse ponto, a advertência de Sérgio Pinto Martins: "A lei, porém, não indicou como isso será feito, se por meio de requisição civil, como ocorre em Portugal e que era a proposta que foi rejeitada pelo Congresso Nacional"[40].

Numa greve deflagrada por motoristas de ônibus no Estado do Espírito Santo, por exemplo, o poder público colocou policiais militares para conduzir cerca de 30% dos veículos, de modo a assegurar o atendimento mínimo à população.

Determina o art. 9º da LG que durante a paralisação, o sindicato (ou a comissão de negociação), mediante acordo com o empregador (ou organização sindical patronal), deverá manter em atividade equipes de empregados com o objetivo de assegurar os serviços cuja paralisação implique dano irreparável (deterioração irreversível de bens, máquinas e equipamentos). Inexistindo o acordo, o parágrafo único do mesmo art. 9º determina que, enquanto perdurar a paralisação, o empregador poderá contratar diretamente os serviços necessários à manutenção de bens e equipamentos e dos bens necessários à retomada das atividades da empresa quando da cessação do movimento. Extrai-se do preceito em causa que:

a) a contratação de serviços só poderá ser feita enquanto perdurar a greve;

b) não há óbice à contratação de pessoas jurídicas especializadas;

c) nem à contratação de empresas de trabalho temporário (Lei 6.019/74), com a observância do prazo máximo de três meses;

d) pode o empregador firmar contrato por tempo determinado, porquanto trata-se, *in casu*, de serviço especificado cuja transitoriedade justifica a predeterminação do prazo (CLT, art. 443, §§ 1º e 2º).

40. *Op. cit.*, p. 706.

7. A GREVE E O DIREITO ESTRANGEIRO

Em excelente monografia sobre o tema, Luiz Carlos Amorim Robortella enaltece que o "direito comparado, técnica de interpretação e de interpenetração dos vários ordenamentos, contribui enormemente para a evolução dos institutos jurídicos"[41].

Inspirando-se em Devealli, Robortella lembra que "el sistema jurídico más completo y lógico no es perfectamente inteligible hasta que no se estudia en relación con otros sistemas legales"[42].

Não é por outra razão que a CLT prevê, no art. 8º, que o direito comparado é fonte formal subsidiária do direito do trabalho.

Na Alemanha, a Constituição é omissa a respeito da greve, mas assegura o direito de associação. O Estado mantém-se neutro, porém os próprios sindicatos fixam regras específicas a respeito, no que tange às atividades essenciais. À Justiça Federal do Trabalho compete definir as condições de licitude da greve, que somente pode ser deflagrada após esgotados todos os procedimentos imprescindíveis à autocomposição do conflito. A greve é exercida com moderação e de forma responsável, sendo raros os movimentos de paralisação, mesmo porque o sistema trabalhista alemão caracteriza-se mais pela colaboração do que pelo conflito.

Na Argentina, a Constituição garante apenas o direito de greve aos sindicatos, sendo a matéria regulada pelo Decreto 2.184/90, que limita o exercício do direito de greve nas chamadas atividades essenciais. Há necessidade de comunicação do início da paralisação à autoridade do Ministério do Trabalho, com antecedência de cinco dias. As partes devem estipular em convenção coletiva a respeito da prestação de serviços mínimos à comunidade.

No Chile, a greve é permitida (Constituição, art. 19). Todavia, há proibição nos serviços públicos e nos essenciais.

Em Cuba, a greve é considerada como crime tipificado no Código Penal.

Na Espanha, a Constituição (art. 28) define a greve como direito fundamental dos trabalhadores, cabendo à legislação ordinária regular seu exercício e estabelecer garantias para a manutenção dos serviços essenciais. Idêntico direito é assegurado aos funcionários públicos, mas há proibição em relação aos membros das forças armadas e dos corpos de segurança (Lei 2, de 13.03.1986).

Nos Estados Unidos, a Constituição não trata de greve, nem de nenhum direito dos trabalhadores. Os funcionários públicos são proibidos de fazer greve, pois caso contrário serão dispensados. O *Wagner Act* e a Lei *Taft-Hartley* (1947) traçam os contornos gerais da greve, sendo que a última define as responsabilidades dos sindicatos, inclusive em

41. A greve no direito comparado. *In*: *Revista da Academia Nacional de Direito do Trabalho*, a. I, n. 1, p. 79-91, 1993.

42. *Idem*, p. 80.

greve em atividades essenciais. A greve é exercitada pelo sindicato que congregar o maior número de trabalhadores da empresa ou de sua atividade. Foram criadas as *injunctions*, que são ordens proibitivas de greves, por meio de pronunciamentos judiciais.

Na França, o preâmbulo da Constituição de 1946 faz menção ao direito de greve, cujo exercício é regulado nos termos das leis e seus regulamentos. Cabe à jurisprudência fixar os seus contornos. É assegurado o direito de greve ao servidor público civil, ao pessoal das empresas públicas e das empresas encarregadas do serviço público. Exige-se aviso prévio de cinco dias. O governo pode requisitar trabalhadores para prestar serviços durante a greve, inclusive designando-os nominalmente. É proibida a greve nas forças armadas, na magistratura e na polícia.

Na Itália, a Constituição de 1948 estabelece o direito de greve, nos termos da legislação ordinária. A Lei 146, de 14.06.1990, trata da greve nos serviços públicos essenciais, cujo rol é considerado por alguns contrários à deliberações do Comitê de Liberdade Sindical da OIT. O aviso prévio é de, no mínimo, 10 dias.

No México, o art. 123 da Constituição de 1917 assegura tanto o direito de greve quanto o *lockout*, embora o exercício deste dependa de autorização prévia do Estado. Não há qualquer restrição quanto ao exercício do direito de greve no serviço público, desde que haja aviso prévio de 10 dias à Junta de Conciliação e Arbitragem.

Em Portugal, é reconhecido, pelo art. 58 de sua Constituição, o direito de greve, competindo aos trabalhadores definir os interesses que serão defendidos e seu âmbito. Não é permitido o *lockout*. A Lei 65, de 26.08.1977, não define a greve, nem a restringe, com o que não se vislumbra ilegalidade nas chamadas greves políticas ou de solidariedade. É assegurado o direito de greve no serviço público. Nas atividades essenciais, é possível a requisição civil de trabalhadores, mediante portaria na qual se indica a sua duração, a autoridade responsável pela sua execução e o regime de trabalho, determinada pelo Conselho de Ministros.

No Uruguai a greve é entendida como direito sindical, sendo que a Lei 13.720 delega ao Ministério do Trabalho disciplinar os serviços essenciais que deverão ser assegurados durante a greve.

8. A GREVE E A OIT

Não há, no âmbito da Organização Internacional do Trabalho, convenção que disponha a respeito de normas gerais sobre a greve.

Alguns sustentam que a própria liberdade sindical, proclamada pela Convenção 87 e complementada pela Convenção 98, consagra-a implicitamente, pois a greve constitui um dos principais instrumentos de atuação dos sindicatos.

É bem verdade que a Convenção 105 faz menção à greve, não para discipliná-la, mas tão somente para prescrever que o trabalho forçado jamais poderá ser empregado como maneira de punição pela participação em greves.

De toda sorte, há, no âmbito daquele organismo internacional, orientações no sentido de que as limitações ao exercício do direito de greve sejam razoáveis, relativamente a serviços essenciais e à função pública.

A Recomendação 92, em seus arts. 4º e 6º, aponta no sentido de se sugerir às partes para não se utilizarem dos recursos da greve e do *lockout* quando haja processo de negociação voluntária em curso e enquanto perdurar o referido processo.

O Comitê de Liberdade Sindical da OIT tem admitido limitações e até proibições "nos serviços essenciais no sentido estrito do termo, isto é, aqueles serviços cuja interrupção possa pôr em perigo a vida, a segurança ou a saúde da pessoa, em toda ou parte da população".

A Comissão de Expertos na Aplicação de Convenções e Recomendações segue a mesma direção, isto é, tem sido considerada legítima a proibição da greve no setor hospitalar, no controle do tráfego aéreo, no serviço de abastecimento de água etc.

No que concerne à posição dos demais organismos internacionais, apenas o Pacto Internacional dos Direitos Econômicos, Sociais e Culturais adotado pela Assembleia Geral da ONU, em 16.12.1966, estabelece, no art. 8.1, letra "d":

> Art. 8.1. Os Estados-Partes do presente Pacto se comprometem a garantir: (...) d) o direito de greve de conformidade com as leis de cada país.

9. TITULARIDADE DO DIREITO DE GREVE

O art. 9º da Constituição assegura:

> o direito de greve, *competindo aos trabalhadores* decidir sobre a oportunidade de exercê-lo e sobre os interesses que devam por meio dele defender (grifos nossos).

Os arts. 1º (e seu parágrafo) e 2º da Lei 7.783/89 dispõem:

> Art. 1º É assegurado o direito de greve, competindo aos trabalhadores decidir sobre a oportunidade de exercê-lo e sobre os interesses que devam por meio dele defender (redação idêntica à do art. 9º da Constituição).
>
> Parágrafo único. O direito de greve será exercido na forma estabelecida nesta Lei.
>
> Art. 2º Para os fins desta Lei, considera-se legítimo exercício do direito de greve a *suspensão coletiva, temporária e pacífica, total ou parcial, de prestação pessoal de serviços a empregador*. (sem ênfase no original)

A greve, em nosso ordenamento jurídico, é um direito social coletivo, conferido aos trabalhadores.

Mas quais os trabalhadores são destinatários de tal direito?

Existem dois grandes ramos da árvore do trabalho humano: o trabalho autônomo e o trabalho subordinado. O trabalho subordinado, por sua vez, abrange:

a) o trabalhador subordinado típico, que é o empregado (CLT, arts. 2º e 3º), plenamente protegido pelo direito do trabalho;
b) os trabalhadores subordinados atípicos, tais como: o eventual, ou avulso, o temporário, o doméstico, o estagiário, o servidor público etc.

A expressão trabalhadores, a nosso sentir, não tem o alcance preconizado por alguns, isto é, no sentido de alcançar todo e qualquer tipo de trabalhador. Em outros termos, o vocábulo "trabalhadores", prescrito na Carta Magna, afasta, de pronto, o trabalhador autônomo, pois este não é destinatário dos direitos sociais previstos nos arts. 7º e 8º da mesma Carta.

Restam, pois, os trabalhadores subordinados, inexistindo dúvida quanto aos empregados urbanos e rurais (CF, art. 7º, *caput*).

Também o trabalhador avulso, por força do art. 7º, XXXIV, da CF, goza da proteção constitucional trabalhista.

Ao servidor público civil é assegurado o direito de greve em norma específica. O exercício de tal direito, entretanto, fica condicionado à edição de lei específica (EC 19/98) ou, segundo alguns, à própria Lei 7.783/89.

O doméstico é parcialmente protegido, à luz do parágrafo único do art. 7º da Constituição, que arrola taxativamente os direitos que lhe são assegurados. Todavia, ante a inexistência de norma infraconstitucional que assegure ao doméstico o direito de greve, cremos não ser ele alcançado pelo preceito contido no art. 9º da Lei Fundamental, não sendo sequer possível a aplicação analógica da Lei 7.783/89. O mesmo se dá em relação ao trabalhador temporário, regido pela Lei 6.019/74.

O eventual e o estagiário estão à margem do direito social de greve, na medida em que são totalmente excluídos da proteção trabalhista, salvo nos casos de fraude. Mas aí, passam a ser juridicamente empregados.

Fixadas essas premissas, podemos dizer que a legitimidade para deflagrar a greve é dos sindicatos dos trabalhadores destinatários da proteção constitucional-trabalhista (empregado rural e urbano, trabalhador avulso e servidor público), já que a greve, que é um ato coletivo, um direito coletivo, pressupõe o exaurimento da negociação coletiva, em função do que é obrigatória a participação dos sindicatos em toda e qualquer espécie de negociação coletiva (CF, art. 8º, V), sendo certo que é o sindicato que representa individual e coletivamente a categoria (*idem*, III). Ademais, a própria Lei de Greve a define como "suspensão coletiva ... da prestação pessoal de serviços" (art. 2º).

Com efeito, vaticina o art. 4º da Lei 7.783/89:

> Art. 4º Caberá à entidade sindical correspondente convocar, na forma do seu estatuto, assembleia geral que definirá as reivindicações da categoria e deliberará sobre a paralisação coletiva da prestação de serviços.

Caso os trabalhadores não estejam organizados em sindicato (federação ou confederação, acrescentamos), faculta a lei que a deflagração da greve seja levada a cabo pela Comissão de Negociação eleita em assembleia geral dos trabalhadores interessados. É o que diz o § 2º do art. 4º da norma legal em apreço:

> Na falta de entidade sindical, a assembleia geral dos trabalhadores interessados deliberará para os fins previstos no *caput*, constituindo comissão de negociação.

O art. 5º da Lei de Greve reforça as assertivas *supra*, ao prescrever que a

> entidade sindical ou comissão especialmente eleita representará os interesses dos trabalhadores nas negociações ou na Justiça do Trabalho.

Adite-se, por oportuno, que a Comissão de Negociação não substitui a organização sindical, isto é, as associações sindicais de primeiro, segundo ou terceiro graus. Merece destaque, nesse concerto, a posição de Sérgio Pinto Martins, para quem, não

> havendo entidade sindical, inclusive de grau superior, a assembleia geral dos trabalhadores interessados deliberará sobre as reivindicações e sobre a paralisação coletiva. Nota-se aqui a formação da comissão de negociação no caso de inexistir a entidade sindical. Entendemos que é possível também afirmar que se o sindicato ou a entidade de grau superior não se interessarem pelas reivindicações ou sobre a paralisação, os interessados também poderão constituir a comissão de negociação, pois caso contrário ficariam alijados de qualquer poder para a solução do conflito coletivo. Essa comissão não terá personalidade jurídica ou sindical, apenas irá participar da negociação[43].

Com efeito, não vislumbramos existir contradição entre esse dispositivo legal e o art. 114, § 1º, da Constituição Federal, uma vez que, na falta de sindicato, cabe à Comissão de Negociação eleita negociar coletivamente ou ajuizar o dissídio coletivo. Entendimento outro implicaria afirmar que os trabalhadores inorganizados em sindicato ficariam excluídos do exercício do direito fundamental de greve, o que, convenhamos, seria ilógico. Dito de outra forma: a Comissão de Negociação não adquire personalidade sindical, mas lhe é conferida, por lei, legitimação ativa para o ajuizamento do dissídio coletivo, caso frustrada a negociação ou recusada a arbitragem pelas partes.

43. *Op. cit.*, p. 708.

10. REQUISITOS PARA O EXERCÍCIO DO DIREITO DE GREVE

A aplicação conjunta do parágrafo único do art. 1º e art. 3º e seu parágrafo único, todos da Lei 7.783/89, autoriza dizer que para o exercício do direito de greve é preciso o preenchimento de dois requisitos: frustração da negociação coletiva ou impossibilidade de recurso à arbitragem e aviso prévio ao empregador (ou organização empresarial).

O art. 3º, *caput*, da LG dispõe, *in verbis*:

> Art. 3º Frustrada a negociação ou verificada a impossibilidade de recurso via arbitral, é facultada cessação coletiva do trabalho.

Negociação coletiva e greve são dois componentes que integram o mesmo procedimento, porquanto destinam-se ambos a pressionar o empregador (ou organização empresarial correspondente) a discutir com os trabalhadores as suas reivindicações coletivas. Irretocável é a lição de Amauri Mascaro Nascimento, para quem

> a negociação coletiva não teria por si expressão sem o correlato direito de greve, já que bastaria a recusa empresarial em negociar e o pleito terminaria sem outras consequências. Desse modo, a greve está diretamente relacionada com a negociação coletiva e nesse sentido é que ambas as figuras integram o campo maior dos direitos coletivos dos trabalhadores, definidos pela Constituição, dentre outros, o expresso reconhecimento das convenções coletivas de trabalho (CF, art. 7º, XXVI) e a obrigatoriedade de participação dos sindicatos nas negociações coletivas de trabalho (CF, art. 8º, VI)[44].

Assim, a negociação apresenta-se como uma condição para a utilização do direito de greve. A ausência daquela torna ilícito o exercício deste.

Há quem sustente a inconstitucionalidade do art. 3º da LG, na medida em que a Constituição (art. 9º) não menciona a negociação prévia como condição do exercício do direito de greve. Parece-nos que não vinga essa tese, uma vez que a interpretação sistemática da Constituição revela ser a negociação coletiva, no que tange à solução ideal para os conflitos entre o capital e o trabalho, a base principiológica do nosso ordenamento. Aliás, o art. 114, §§ 1º e 2º, da Constituição aponta exatamente nessa direção. É dizer, o ajuizamento de qualquer dissídio coletivo, inclusive o de greve, tem como condição da ação a frustração da negociação coletiva.

A frustração da negociação pode ocorrer de dois modos: recusa ou desacordo.

A recusa em negociar pode ser tácita, que se caracteriza pela ausência de resposta ao pleito sindical no prazo assinalado, ou expressa, que pode ser verbal ou escrita. Na primeira, o empregador simplesmente comparece ao local declinado pelo sindicato

44. *Comentários à lei de greve*. São Paulo: LTr, 1989, p. 49-51.

e diz que não pretende negociar; na segunda, há troca de expedientes (cartas, ofícios etc.) entre as partes.

A via arbitral não constitui requisito para o exercício do direito de greve, pois a natureza jurídica de tal instituto é equivalente ao dissídio coletivo. Em outros termos, a negociação e a arbitragem não são dois requisitos que se somam ou que se sucedem para o exercício do direito de greve. Ao contrário, como advoga Amauri Mascaro Nascimento,

> são hipóteses alternativas, tanto que a redação da lei é "frustrada a negociação ou verificada a impossibilidade de recurso à via arbitral", o que significa que a proposta de arbitragem recusada pelo empregador tem o mesmo efeito da frustração da negociação. Se o sindicato dos trabalhadores demonstrar que propôs, e não foi atendido, a solução do conflito pela arbitragem, estará também legitimado para a deflagração da greve[45].

O disjuntivo "ou" é do tipo includente. Isto quer dizer que são válidas tanto as duas proposições "frustrada a negociação" e "verificada a impossibilidade de recurso via arbitral", isoladamente consideradas, como também ambas consideradas concomitantemente.

A Lei 7.783/89 disciplina duas espécies de comunicação prévia, como requisitos de validade para o exercício do direito de greve, de acordo com a atividade econômica na qual será deflagrado o movimento paredista.

Assim, nas atividades consideradas normais (ou não essenciais), dispõe o parágrafo único do art. 3º da LG:

> A entidade patronal correspondente ou os empregadores diretamente interessados serão notificados, com antecedência mínima de 48 (quarenta e oito) horas, da paralisação.

A finalidade da notificação, também chamado de aviso prévio, ao empregador é permitir que ele tome as providências que entender necessárias (relacionamento com clientes, cumprimento dos contratos, entrega de mercadorias etc.) e que surgirão em virtude da paralisação do processo produtivo.

Vê-se, assim, que a exigência legal da notificação tem por objeto tornar inválida a "greve de surpresa", que é aquela, deflagrada sem qualquer comunicação prévia ao empregador.

A forma da notificação, ao contrário do que dispunha a Lei 4.330/64, que era a escrita, não é mais disciplinada na Lei 7.783/89. Vale dizer, é permitida, embora não recomendável, a notificação verbal, pois a forma escrita já não constitui requisito essencial de validade do ato jurídico (notificação da greve). Ademais, a prova dos fatos alegados pode ser feita por qualquer meio, desde que lícito.

45. *Idem*, p. 53.

Em se tratando de greve em serviços ou atividades essenciais, a notificação deverá ser feita tanto ao empregador quanto aos usuários, com antecedência mínima de 72 horas, como se infere do art. 13 da LG:

> Art. 13. Na greve em serviços ou atividades essenciais, ficam as entidades sindicais ou os trabalhadores, conforme o caso, obrigados a comunicar a decisão aos empregadores e aos usuários com antecedência mínima de 72 (setenta e duas) horas da paralisação.

No que diz respeito à contagem do prazo, colhe-se a palavra de Sérgio Pinto Martins:

> A contagem do prazo do aviso prévio, segundo entendemos, deve observar o art. 125 do CC, pois a lei de greve não traz nenhuma determinação sobre o assunto. A contagem será feita em horas, como menciona a Lei 7.783/89, computando-se minuto a minuto (CC, do art. 125, § 4º), porém exclui-se o dia do começo e inclui-se o do vencimento. Se o prazo de vencimento cair em dia feriado, considera-se prorrogado até o dia útil seguinte (CC, art. 125, § 1º). O prazo de 48 horas ou de 72 horas deve ser entre a comunicação e a deflagração do movimento[46].

11. DIREITOS DOS GREVISTAS

A teor do art. 6º da Lei 7.783/89, são assegurados aos grevistas, dentre outros direitos:

> a) o emprego de meios pacíficos tendentes a persuadir ou aliciar os trabalhadores a aderirem à greve;
>
> b) a arrecadação de fundos e a livre divulgação do movimento.

As hipóteses acima são meramente exemplificativas, uma vez que outras há espraiadas na própria Lei de Greve, como, por exemplo, o direito de o trabalhador ver o seu contrato de trabalho suspenso durante o período de greve (LG, art. 7º), o que implica outros direitos: (I) impossibilidade de rescisão do contrato de trabalho enquanto perdurar o movimento e (II) de contratação de trabalhadores substitutos (LG, art. 7º, parágrafo único).

12. LIMITAÇÕES AO DIREITO DE GREVE

Já foi dito alhures que a greve não é um direito absoluto, embora, no nosso e em outros ordenamentos jurídicos, seja considerado um direito fundamental do indivíduo, que o exerce sempre coletivamente, ou seja, por meio de um agrupamento profissional.

46. *Op. cit.*, p. 705.

Há, portanto, limitações ao direito de greve, que podem ser: objetivas e subjetivas.

As *limitações objetivas* encontram previsão:

a) na própria Constituição, como, por exemplo, as restrições quanto ao exercício do direito nos serviços ou atividades essenciais;

b) na lei, o que se extrai, *v. g.*, dos §§ 1º, 2º e 3º do art. 6º da Lei de Greve, *in verbis*:

> Art. 6º ...
>
> § 1º Em nenhuma hipótese, os meios adotados por empregados e empregadores poderão violar ou constranger os direitos e garantias fundamentais de outrem.
>
> § 2º É vedado às empresas adotar meios para constranger o empregado ao comparecimento ao trabalho, bem como capazes de frustrar a divulgação do movimento.
>
> § 3º As manifestações e atos de persuasão utilizados pelos grevistas não poderão impedir o acesso ao trabalho nem causar ameaça ou dano à propriedade ou pessoa.

Pertinentes, nesse ponto, as observações de Sérgio Pinto Martins:

> O art. 5º, *caput*, da Lei Maior assegura o direito à vida, à liberdade, à segurança e à propriedade. Greves que venham a violar esses direitos já estarão excedendo os limites constitucionais. O inc. XXII do art. 5º da mesma norma ainda determina o direito de propriedade, não sendo possível que a greve venha a danificar bens ou coisas. O § 3º do art. 6º da Lei 7.783/89 é claro nesse sentido, ao determinar que os atos empregados pelos grevistas não poderão causar ameaça ou dano à propriedade ou pessoa. O inc. IV do art. 5º da Lei Magna prescreve o direito à livre manifestação do pensamento, vedando apenas o anonimato. Haverá liberdade de pensamento quanto à greve em relação aos que são contrários a ela. Ainda dentro da liberdade de pensamento, deve-se respeitar na greve as convicções políticas, filosóficas e as crenças religiosas das pessoas (CF, art. 5º, VIII). Os danos causados à moral, à imagem da pessoa ou danos de caráter material terão que ser indenizados pelos responsáveis (CF, art. 5º, V). Com isso também se quer dizer que a greve deverá respeitar a moral e a imagem das pessoas e suas coisas materiais[47].

As *limitações subjetivas* dizem respeito aos abusos cometidos. Vale dizer, a lei considera abuso do direito de greve a inobservância das normas contidas na Lei 7.783/89, bem como a manutenção da paralisação após a celebração de acordo coletivo, convenção coletiva ou decisão da Justiça do Trabalho.

---

47. *Idem*, p. 701.

Abuso de direito seria, segundo Amauri Mascaro Nascimento, "o uso do direito para objetivos contrários ao seu fim. É o mau exercício do direito decorrente da lei ou do contrato"[48].

A definição utilizada pela Lei 7.783/89 não segue tal diretriz, haja vista que, ao considerar abuso de direito a inobservância das normas insertas na referida lei, acabou por confundi-lo com o conceito de ilegalidade. Dito de outra forma: basta que não se cumpra pelo menos uma das normas da LG e já estará configurado o abuso de direito de greve.

De outra parte, a LG prescreve que na vigência de acordo coletivo, convenção coletiva ou sentença normativa não constitui abuso do exercício do direito de greve a paralisação que:

a) tenha por objetivo exigir o cumprimento de cláusula ou condição;

b) seja motivada pela superveniência de fato novo ou acontecimento imprevisto que modifique substancialmente a relação de trabalho (cláusula *rebus sic stantibus*).

Caracterizado o abuso do direito de greve, segue-se que a responsabilidade pelos atos praticados, ilícitos ou crimes cometidos, no curso da greve, será apurada, conforme o caso, segundo a legislação trabalhista, civil ou penal (LG, art. 15, *caput*), devendo o Ministério Público, de ofício, requisitar a abertura de competente inquérito e oferecer denúncia quando houver indício da prática de delito (*idem*, parágrafo único).

Quanto à atuação do Ministério Público do Trabalho, merecem ser transcritas as observações de Raimundo Simão de Melo:

> De acordo com o velho e revogado sistema legal, o Ministério Público do Trabalho atuava nas greves como fiscal da lei, naquelas ações coletivas ajuizadas pelas partes ou pelo presidente do tribunal ou na qualidade de agente, instaurando a instância, desde que ocorresse a suspensão do trabalho (CLT, art. 856). Esse tipo de atuação continua assegurado no modelo atual (CLT, art. 856, Lei 7.783/89, art. 8º e Lei Complementar 75/93, art. 83, inc. VIII). O que não pode mais ocorrer é a instauração de Dissídio Coletivo, mesmo de greve, pelos Presidentes dos Tribunais trabalhistas, uma vez que estes, ao contrário do Ministério Público, agiriam na qualidade de Estado, interferindo na organização sindical, o que é vedado pela atual Constituição Federal (art. 8º, inc. I). Mas não cessa por aí a atuação do *parquet*, que tem como função não só a de *custos legis*, mas também, e principalmente, aquelas inerentes à defesa do regime democrático e dos interesses e direitos constitucional e legalmente garantidos ao cidadão. E se de um lado a greve é um direito do trabalhador, importantíssimo

48. *Comentários à lei de greve*. São Paulo: LTr, 1989, p. 124.

num regime democrático como o nosso, de outro, esse direito há de ser exercitado nas atividades essenciais de forma a que os direitos da pessoa, constitucionalmente garantidos, sejam também respeitados. Daí surge, às vezes, certo incômodo responsável por eventuais equívocos diante daquele tripé de funções atribuídas ao Ministério Público – defesa da ordem jurídica, do regime democrático e dos interesses da sociedade –, o que somente pode ser resolvido com uma boa dose de bom senso e espírito democrático, ajustando-se o exercício do direito de greve à satisfação dos direitos mínimos da pessoa constitucionalmente garantidos, de maneira que aquele e estes sejam igualmente respeitados, porquanto o Ministério Público do Trabalho não pode mais ser visto como algoz deste ou daquele segmento da sociedade, como outrora. Nesse sentido, o constituinte foi muito sábio ao colocar como função intermediária do Ministério Público a defesa do regime democrático. E como a liberdade sindical e o direito de greve são consequências desse tipo de regime, a esta nova instituição cabe mesmo, com muita parcimônia, atuar contribuindo para a busca da solução dos conflitos coletivos, de forma negociada, mas levando em conta sempre que o interesse público geral prevalece sobre o coletivo de classe e, este, sobre o individual (CLT, art. 8º). Ainda como função do Ministério Público do Trabalho foi atribuída a tarefa de atuar como árbitro na solução dos conflitos trabalhistas, quer coletivos, quer individuais (Lei Complementar 75/93, art. 83, inc. XI), desde que solicitado pelas partes. Essa função, que é novíssima e pouco conhecida ainda na comunidade jurídico-trabalhista, pode se tornar de grande importância na resolução dos conflitos de trabalho, porque o Ministério Público está entre aquelas instituições em que a sociedade ainda deposita confiança[49].

13. EFEITOS DA GREVE NOS CONTRATOS INDIVIDUAIS DE TRABALHO

Observadas as prescrições da Lei 7.783/89, a participação em greve *suspende* contrato de trabalho[50] e durante a paralisação as relações obrigacionais serão regidas por acordo coletivo, convenção coletiva, laudo arbitral ou decisão da Justiça do Trabalho (art. 7º).

Pode-se, assim, dizer que durante a greve, em princípio: a) não é obrigatório o pagamento de salários; b) não é obrigatória a prestação do trabalho; c) o tempo de serviço não é computado.

49. O Ministério Público e as greves em atividades essenciais. *In*: *Revista Síntese Trabalhista*, n. 71, p. 17-24, maio 1995.

50. Tecnicamente, o que há é a suspensão do trabalho ou, como preferem alguns, a suspensão dos efeitos do contrato de trabalho.

Todavia, a convenção coletiva, o acordo coletivo de trabalho, o laudo arbitral ou a sentença normativa poderão disciplinar os efeitos da paralisação de modo diverso. Assim, as partes poderão pactuar, por exemplo, o pagamento total dos salários durante o período de paralisação; a sentença normativa poderá determinar o pagamento dos salários[51] ou a contagem do tempo de serviço etc. Nesses casos, não se poderia falar tecnicamente em "suspensão dos contratos individuais de trabalho". O enquadramento jurídico, em tais casos, parece-nos configurar os dias de paralisação autêntica interrupção, ainda que com certas peculiaridades. Doutra parte, se houver pagamento de salários, mas as partes estabelecerem que não será computado o tempo de serviço, estaremos diante de uma situação híbrida.

A jurisprudência atual do TST vem relativizando os efeitos da greve sobre os contratos individuais, como se infere do seguinte julgado:

> (...) *Dissídio coletivo de greve. Recurso ordinário* (...) *Pagamento dos dias parados. Mora salarial.* Em observância às disposições do art. 7º da Lei n. 7.783/1989, esta Seção Especializada firmou o entendimento de que a greve suspende o contrato de trabalho, razão pela qual, via de regra, não pode ser imposta ao empregador a obrigação de pagar os dias em que os trabalhadores não executaram seus serviços. Entretanto, em determinadas situações, como nos casos em que a greve decorra de conduta reprovável do empregador, como, por exemplo, o atraso no pagamento de salários, é devido o pagamento dos dias parados aos grevistas. No caso concreto, é fato incontroverso que a motivação da greve foi a mora salarial. Nessa condição, infere-se que o caso em comento se insere nas situações excepcionais admitidas por esta Corte, em que devem ser pagos os salários dos dias de greve. Recurso ordinário a que se nega provimento (...) (TST-RO 1000344-89.2017.5.02.0000 – Rel. Min. Kátia Magalhães Arruda – SDC – *DEJT* 21-9-2018).

Sob tal enfoque, se não forem observadas as normas contidas na Lei 7.783/89, a greve será, em princípio, considerada abusiva e, nesse caso, haverá suspensão do contrato de trabalho. Isso implica a possibilidade de o empregador descontar os salários referentes ao período de greve e não computar esse período no tempo de serviço dos trabalhadores que aderiram à greve. Mas se o empregador der causa à greve, como mora salarial e descuido do meio ambiente do trabalho, serão devidos os salários durante o período do movimento paredista.

Durante a greve, o empregador não poderá rescindir o contrato de trabalho dos empregados, nem admitir trabalhadores substitutos (Lei 7.783/89, art. 7º, parágrafo

---

51. A jurisprudência antiga do TST ecoava no sentido de que os dias parados não seriam devidos quando a greve fosse julgada abusiva, porque é indevido o salário sem que haja a correspondente contraprestação de serviços. (*Ac. da SDC do TST – RO DC 19.067/90-2 – 2ª R. – Rel. Min. Almir Pazzianotto Pinto – j. em 12.11.1991 – DJU 13.12.1991 – p. 18419*)

único), a não ser para contratar os serviços necessários para a manutenção de máquinas e equipamentos durante a greve (Lei 7.783/89, art. 9º, parágrafo único), ou na hipótese da continuidade da paralisação após a celebração de norma coletiva (Lei 7.783/89, art. 14). Os excessos praticados pelos trabalhadores em suas manifestações configuram abuso de direito, o que enseja a aplicação da justa causa[52]. Entretanto, é preciso prudência do órgão julgador, a fim de não criminalizar o exercício desse direito fundamental dos trabalhadores.

Cumpre ressaltar, contudo, que a simples adesão à greve, ainda que esta venha a ser declarada abusiva (acrescentamos), não constitui falta grave (STF – Súmula 316). É de se ressaltar, porém, que se houver descumprimento à determinação judicial para o retorno ao trabalho, há quem sustente restar aí configurada a justa causa.

14. *LOCKOUT*

Lockout é expressão inglesa que significa trancar, fechar, travar. Em linguagem referencial, diríamos que o *lockout* seria a "greve" do empregador. Em rigor científico, sabe-se, porém, que a greve é instituto cuja titularidade é exclusiva dos trabalhadores (CF, art. 9º).

A Constituição mexicana, de 1919, prevê, no seu famoso art. 123, a possibilidade de *lockout*, embora condicionando seu exercício à autorização prévia do Estado. A legislação francesa considera-o lícito, desde que decorrente de força maior ou da cláusula *exceptio non adimpleti contractus*. A Constituição de Portugal proíbe o *lockout* (art. 58, n. 3).

No Brasil, apenas a Constituição de 1937 tratou do *lockout*, mas para proibi-lo e considerá-lo recurso antissocial, nocivo ao trabalho e ao capital e incompatível com os superiores interesses da produção nacional (art. 139, 2ª parte).

O art. 17 e seu parágrafo da Lei 7.783/89 proíbe e define o *lockout*, nos seguintes termos:

> Art. 17. Fica vedada a paralisação das atividades, por iniciativa do empregador, com o objetivo de frustrar negociação ou dificultar o atendimento de reivindicações dos respectivos empregados (*lockout*).
>
> Parágrafo único. A prática referida no *caput* assegura aos trabalhadores o direito à percepção dos salários durante o período de paralisação.

Seria inconstitucional essa vedação legal ao *lockout*, já que este instituto observa a isonomia que deveria existir entre os trabalhadores e os empregadores a respeito de um direito fundamental?

Afigura-se-nos que a resposta é negativa. Com efeito, embora haja certa semelhança entre o *lockout* e a greve, porquanto traduzem formas conflitivas de pressão de

52. MARTINS, Sérgio Pinto. *Direito do trabalho*. 6. ed. São Paulo: Atlas, 1998, p. 709.

uma parte sobre a outra, não há negar que existe ontológica razão para se considerar que não há igualdade substancial entre o detentor do capital e o prestador do trabalho subordinado. Aliás, um dos princípios que informam o direito do trabalho é justamente o da proteção do economicamente fraco, cuja gênese repousa na premissa de que existe desigualdade econômica e social entre trabalhadores e empregadores, em função do que se cria uma desigualdade no plano jurídico em favor dos primeiros.

De outra parte, sublinha Amauri Mascaro Nascimento que "o locaute a que se refere a Lei 7.783 é o trabalhista, aquele que visa dificultar ou prejudicar a negociação coletiva com os trabalhadores. Logo, não foi incluído nas cogitações da lei nem se submete aos seus comandos, o locaute sem esse objetivo"[53].

Disso resulta que não há previsão legal, no nosso ordenamento, para a paralisação da atividade econômica pelo empregador que tenha por objetivo protestar em qualquer outro sentido, inclusive contra o governo.

O art. 722 da CLT prevê a aplicação de multa aos

> empregadores que, individual ou coletivamente, suspenderem os trabalhos dos seus estabelecimentos, sem prévia autorização do tribunal competente, ou que violarem, ou se recusarem a cumprir decisão proferida em dissídio coletivo.

Não são considerados *lockout*:

a) a paralisação definitiva, por razões econômicas ou financeiras, como, por exemplo, a falência, a desapropriação, o *factum principis*;

b) a paralisação provisória, pela força maior ou por necessidade, como, por exemplo, a recuperação judicial, inundações etc.

No *lockout* não há suspensão dos efeitos do contrato de trabalho, uma vez que a lei proíbe expressamente essa forma de paralisação do empregador. Ao revés, os salários, em caso de *lockout*, são sempre devidos e o tempo de serviço computado para todos os efeitos. Trata-se, *in casu*, de uma hipótese de interrupção do contrato de trabalho, sem prejuízo da contagem do tempo de serviço para todos os efeitos legais.

Saliente-se, por derradeiro, que o *lockout* autoriza até mesmo a rescisão indireta do contrato de trabalho, na medida em que a lei considera-o falta ou descumprimento contratual pelo empregador, máxime se o ato patronal importar redução do trabalho de modo a diminuir a importância dos salários (CLT, art. 483, "d" e "g", § 3º).

53. *Op. cit.*, p. 136.

CAPÍTULO VII
Representação dos Trabalhadores nas Empresas

1. FORMAS DE PARTICIPAÇÃO DOS TRABALHADORES NAS EMPRESAS

A interpretação sistêmica da Constituição Federal de 1988 revela a preocupação do legislador constituinte com a efetiva participação dos trabalhadores nas empresas, e não apenas nos seus lucros ou resultados.

Com efeito, podemos inferir que os princípios e objetivos fundamentais da nossa Lei Maior repousam na dignidade da pessoa humana, nos valores sociais do trabalho e da livre-iniciativa, no pluralismo político, na construção de uma sociedade livre, justa e solidária, na erradicação da pobreza e da marginalização e redução das desigualdades sociais e regionais.

É exatamente por isso que o ordenamento reconhece o direito de propriedade, mas o condiciona ao atendimento de sua função social (CF, art. 5º, XXIII). Além disso, a nossa ordem econômica é "fundada na valorização do trabalho humano e na livre-iniciativa, tem por fim assegurar a todos existência digna, conforme os ditames da justiça social" (CF, art. 170).

No que concerne aos direitos fundamentais sociais dos trabalhadores, o art. 7º do texto magno assegura aos trabalhadores a *participação nos lucros*, ou resultados, desvinculada da remuneração, e, excepcionalmente, *participação na gestão da empresa*, conforme definido em lei (inc. XI).

Na mesma linha, o art. 10 da CF assegura "a participação dos trabalhadores e empregadores nos colegiados dos órgãos públicos em que seus interesses profissionais ou previdenciários sejam objeto de discussão e deliberação", sendo certo que no seu art. 11 assegura-se, nas empresas de mais de duzentos empregados, "a eleição de um representante destes com a finalidade exclusiva de promover-lhes o entendimento direto com os empregadores".

Pode-se dizer, portanto, que a nova Carta Magna assegura aos trabalhadores o direito de *participação em sentido amplo* e o direito de *participação em sentido estrito*.

Em sentido amplo, o direito de participação repousa na ideia do pluralismo jurídico e tem por escopo principal a realização de uma reforma estrutural na empresa, dando-lhe uma função socioambiental, de modo a assegurar a valorização do trabalho e da livre-iniciativa. De tal arte, em sentido amplo, abrange não só a participação dos trabalhadores diretamente na empresa, mas também nos colegiados dos órgãos públicos em que seus interesses profissionais ou previdenciários sejam objeto de discussão e deliberação.

Em sentido estrito, o direito de participação dos trabalhadores na empresa subdivide-se em:

a) direito de participação nos lucros ou resultados (CF, art. 7º, XI, Lei 10.101/00 e Lei 11.603/07);

b) direito de participação na gestão da empresa;

c) direito de participação nas empresas com mais de duzentos empregados, mediante processo eletivo de um representante destes, com a finalidade exclusiva de promover-lhes o entendimento direto com o empregador;

d) direito de participação em comissões internas de prevenção de acidentes.

É importante assinalar que existe, ainda, uma nova forma de participação dos trabalhadores que passou a ser permitida com o advento da Lei 9.958/00, sobre a qual falaremos no item 5, *infra*.

2. DIREITO DE PARTICIPAÇÃO NA GESTÃO DA EMPRESA

Previsto desde a Constituição Brasileira de 1967, o direito de participação na gestão da empresa, ou simplesmente cogestão, foi reproduzido na Constituição de 1988, "em caráter excepcional".

Como bem ressalta Amauri Mascaro Nascimento, o "princípio revela o propósito de intervenção jurídica na ordem econômica em defesa do trabalhador e com o objetivo de reformular a estrutura social, numa tentativa de corrigir as distorções decorrentes da denominada questão social"[1].

Trata-se da forma mais evoluída e completa de representação dos trabalhadores na empresa, uma vez que o empregado passa a tomar parte da sua administração ou gestão.

É inconfundível com a participação nos lucros, haja vista que esta forma de participação é restrita à hipótese de *superavit* econômico-financeiro, sendo certo que o empregado não se envolve diretamente com a gestão da empresa.

Também não se confunde com a participação no capital, pois esta forma participativa diz respeito à assunção, pelos trabalhadores, de parte da propriedade (ou das ações) da empresa. Vale dizer, uma empresa pode ter o sistema de cogestão, sem ter, necessariamente, o sistema da participação nos lucros, resultados ou capital.

1. *Direito do trabalho na Constituição de 1988*. São Paulo: Saraiva, 1991, p. 156-157.

A leitura atenta do art. 7º, XI, da CF autoriza dizer que o sistema de cogestão não é autoaplicável, isto é, a sua instituição depende de lei ordinária.

É da Alemanha o exemplo do mais aperfeiçoado sistema de cogestão entre os países capitalistas. Nele, são previstas diversas formas combinadas, que vão desde a participação dos conselhos ou comissões de representantes dos trabalhadores nas empresas até a composição dos órgãos diretivos. Há normas que regulam o processo de eleição dos representantes dos trabalhadores, sendo-lhes assegurada proteção contra despedida arbitrária entre outras garantias, inclusive a estipulação de poderes conferidos às representações dos trabalhadores, para deliberar ou opinar em diversos assuntos, de natureza econômica ou social.

3. REPRESENTAÇÃO DOS TRABALHADORES NAS EMPRESAS

O art. 11 da Constituição de 1988 inovou ao admitir a eleição de um representante dos trabalhadores nas empresas de mais de duzentos empregados, com a finalidade exclusiva de promover entendimentos diretos entre aqueles e os empregadores.

Trata-se, em rigor, de uma nova modalidade de representação dos interesses individuais plúrimos[2] dos trabalhadores, independentemente da atuação do sindicato da categoria profissional.

Para Irany Ferrari, o dispositivo constitucional em comento não confere "estabilidade" ao representante eleito por seus colegas da empresa, mas acrescenta que se trata de norma de eficácia contida[3], dependente, pois, de regulamentação por lei ordinária, a qual poderá: a) conferir estabilidade ao representante eleito, desde a data da candidatura até um ano após o término do mandato; b) fixar o período do mandato; c) dispor sobre o processo eleitoral, inclusive o procedimento de convocação do escrutínio; d) estabelecer limites de atuação[4].

Afigura-se-nos, *data venia*, que o dispositivo constitucional encerra norma de eficácia plena, portanto, *self executing*, não carecendo de lei ordinária para regulamentar o direito ali previsto. E isto porque, não há, no texto constitucional, qualquer exigência de lei posterior para tornar fruível, sem necessidade de atuação futura do legislador ordinário, o direito conferido aos trabalhadores nas empresas com mais de duzentos empregados. A *mens legis*, a nosso ver, aponta no sentido da não interferência estatal

---

2. Alguns autores sustentam a natureza coletiva da representação. Este entendimento deságua na obrigatoriedade de participação dos sindicatos nas negociações, ante o comando imperativo do art. 8º, VI, da Constituição.
3. Seguindo a classificação de José Afonso da Silva (*Aplicabilidade das normas constitucionais*. 3. ed. São Paulo: Malheiros, 1998, p. 117), o caso seria de norma constitucional de eficácia limitada.
4. A representação dos trabalhadores na Constituição de 1988. *In:* PRADO, Ney (Coord.). *Direito sindical brasileiro*: estudos em homenagem ao prof. Arion Sayão Romita. São Paulo: LTr, 1998, p. 171-174.

na liberdade de eleição dos trabalhadores e na oficialização do procedimento que deve ser espontâneo, informal e de acordo com as peculiaridades de cada empresa[5].

Da pena fluente de Amauri Mascaro Nascimento extrai-se a seguinte observação:

> Não é apenas o sindicato o órgão de representação dos interesses dos trabalhadores. Ao lado do sindicato, outras formas, não sindicais, coexistem, como, em diversos países, as comissões de fábrica não sindicais, os delegados e outras figuras, todas com a mesma função, a de servir de intermediação entre os interesses do pessoal e os dos empregadores. No Brasil, há experiências de natureza semelhante à que agora é recolhida pela Constituição, de preenchimento, nos cargos de diretoria de empresas estatais, de vagas através da indicação de representantes dos trabalhadores da empresa. A medida é generalizada, porém dependendo a sua obrigatoriedade do número de empregados, diante do requisito fixado pela Carta Magna. Somente nas empresas de mais de duzentos empregados é que será obrigatória. Evidentemente, as empresas com menor número de trabalhadores apenas facultativamente seguirão a mesma regra. A escolha do representante far-se-á por eleição e, não havendo regras legais sobre a matéria, o procedimento e demais aspectos da eleição podem ser previstos em regulamento interno da empresa, desde que elaborado bilateralmente, com a participação dos empregados, que são os maiores interessados. Como a Constituição não indica expressamente que a representação que instituiu será através do preenchimento de cargo de diretoria, esta forma não será exigível, uma vez que outras formas atenderão ao princípio constitucional. Basta que exista um representante eleito pelos funcionários para que esteja cumprida a norma da Constituição, dentro ou fora de cargo da diretoria. O representante é aquele que estiver autorizado pelas trabalhadores para promover os entendimentos necessários ao bom relacionamento entre a empresa e o pessoal. Desde que se observe essa exigência, estará cumprida a norma constitucional. Haverá dúvidas nos casos de empresas com mais de um estabelecimento, cada um com mais de duzentos empregados, caso em que seria recomendável a eleição de um representante por estabelecimento. Se cada estabelecimento tiver menos de duzentos empregados, mas o total de trabalhadores da empresa ultrapassa esse número, é o caso de se permitir a eleição de um representante apenas para todos os estabelecimentos em comum[6].

Importa referir que a Organização Internacional do Trabalho aprovou a Convenção 135 (1971) e a Recomendação 143 (1971) que dispõem sobre proteção dos

5. NASCIMENTO, Amauri Mascaro. *Comentários às leis trabalhistas*. 2. ed. São Paulo: LTr, 1992. v. II, p. 179.
6. *Op. cit.*, p. 162-163.

membros da representação dos empregados, no sentido de recomendar o dever de cada Estado-Membro adotar, no seu ordenamento jurídico interno, um sistema de proteção eficaz dos representantes dos trabalhadores contra os atos patronais que possa prejudicá-los, como a garantia no emprego contra a dispensa imotivada, a preservação dos direitos de filiação e participação em atividades sindicais.

A proteção da relação empregatícia contra a despedida arbitrária do representante eleito pode, a nosso sentir, ser prevista em lei ou resultar de convenções ou acordos coletivos, nos mesmos moldes daquela, outorgada ao empregado eleito das comissões internas de prevenção de acidentes (CIPA). A instituição dessa garantia mediante norma derivante do princípio da autonomia privada coletiva encerra, a nosso sentir, manifestação do reconhecimento da liberdade sindical no ambiente de trabalho.

Um outro problema que o dispositivo em apreço suscita reside na questão conceitual de empresa e estabelecimento[7]. Vale dizer, se adotarmos o entendimento de que somente as empresas, em sentido restrito, com mais de 200 trabalhadores estarão obrigadas ao cumprimento da regra prevista no art. 11 da Constituição, as empresas com 5.000 empregados (a título de exemplo) e as que têm apenas 201 teriam o mesmo tratamento? Mais. Se a empresa possuir 20 estabelecimentos, cada qual com mais de 200 empregados, estará obrigada a aceitar um representante dos trabalhadores para cada um dos estabelecimentos? E a empresa que possui o número mínimo de trabalhadores exigidos pelo preceito em causa, porém em diversos estabelecimentos espalhados por vários Estados (ou no exterior), sendo que cada um com menos de 200 empregados, estará obrigada a cumprir o comando constitucional?

Por fim, o "entendimento direto" a que alude o texto constitucional não significa que a negociação assumirá natureza jurídica de acordo coletivo de trabalho, pois a prerrogativa para celebrar tal instrumento normativo é exclusiva dos sindicatos (CLT, art. 611, § 1º). Vale dizer, as reivindicações levadas a efeito pelo representante dos trabalhadores, caso aceitas pelo empregador, tomarão a forma de ato unilateral deste, como regulamento empresarial interno ou outra norma equivalente.

4. DIREITO DE PARTICIPAÇÃO EM COMISSÕES INTERNAS DE PREVENÇÃO DE ACIDENTES DO TRABALHO

A partir de um número mínimo de vinte empregados – esse número poderá variar mediante portaria do Ministro do Trabalho – os empregadores estão obrigados a constituir, no âmbito da empresa, uma Comissão Interna de Prevenção de Acidentes

7. Empresa tem acepção mais ampla, compreendendo o conjunto, a universalidade organizacional do empresário; estabelecimento é a unidade técnica de produção da empresa. Uma empresa pode ter um ou vários estabelecimentos.

– CIPA, cujas atribuições, estrutura e funcionamento também dependem de ato daquela autoridade.

A função da CIPA, assinala Ronald Amorim e Souza:

> é educar e orientar a todos os empregados; exigir do empregador o respeito às normas de segurança e de medicina do trabalho; promover campanhas educativas; apurar as causas e prevenir a repetição de acidentes; fiscalizar o fornecimento obrigatório e gratuito, pelo empregador, dos equipamentos de proteção individual, que deverão estar em perfeito estado de conservação e funcionamento e com certificado de aprovação do Ministério do Trabalho. Deve, por outro lado, velar para que os empregados façam o adequado e correto uso do equipamento individual, o que, aliás, é imposição legal (art. 158, parágrafo único, "b"), sob pena de constituir-se ato faltoso, isto é, ensejar punição pelo empregador[8].

As CIPAs são compostas de representantes do empregador e dos empregados. O empregador escolhe aleatoriamente os empregados – titulares e suplentes – que representarão os interesses da empresa.

Os membros que representam os empregados na CIPA são escolhidos por escrutínio secreto, podendo participar qualquer empregado da empresa, independentemente de sua vinculação (ou não) a qualquer sindicato. A presidência da Comissão será, sempre, do representante patronal e a vice-presidência, dos empregados que o elegerão. O mandato é de um ano, sendo permitida uma reeleição, excluindo-se o suplente, a menos que haja atuado em mais da metade das reuniões da CIPA.

O empregado eleito, ainda que suplente, goza da garantia no emprego e somente pode ser despedido por motivo disciplinar, técnico, econômico ou financeiro, a teor do art. 165 da CLT.

A alínea "a", inciso II, do art. 10 do ADCT, que regula transitoriamente o inciso I do art. 7º da CF, veda a dispensa arbitrária ou sem justa causa "do empregado eleito para cargo de direção de comissões internas de prevenção de acidentes, desde o registro de sua candidatura até um ano após o final de seu mandato".

De acordo com a Súmula 339 do TST:

> I – O suplente da CIPA goza da garantia de emprego prevista no art. 10, II, "a", do ADCT a partir da promulgação da Constituição Federal de 1988.
>
> II – A estabilidade provisória do cipeiro não constitui vantagem pessoal, mas garantia para as atividades dos membros da CIPA, que somente tem razão de ser quando em atividade a empresa. Extinto o estabelecimento, não se verifica a des-

8. *Op. cit.*, p. 113.

pedida arbitrária, sendo impossível a reintegração e indevida a indenização do período estabilitário.

É do empregador o ônus de provar o motivo do despedimento se houver reclamação perante a Justiça do Trabalho, e, não o fazendo, o empregado injustamente dispensado do emprego terá direito à reintegração que perdurará até que se ultime o prazo relativo à garantia no emprego.

5. COMISSÕES DE CONCILIAÇÃO PRÉVIA (LEI 9.958/2000)

Com o claro intuito de reduzir o número de processos em tramitação na Justiça do Trabalho, foi editada a Lei 9.958, de 12.01.2000, que passou a viger após noventa dias de sua publicação no *DOU*, ou seja, a partir de 13.04.2000.

Trata-se de norma legal que faculta aos atores sociais interessados a criação das chamadas Comissões de Conciliação Prévia no âmbito das empresas ou dos sindicatos.

Assim, as empresas e os sindicatos podem instituir Comissões de Conciliação Prévia, de composição paritária, com representantes dos empregados e empregadores, cuja atribuição consiste em "tentar conciliar os conflitos individuais do trabalho" (CLT, art. 625-A).

Vê-se, de plano, que os conflitos coletivos não podem ser objeto de solução por intermédio das comissões ora focalizadas.

Outra observação importante é a de que a lei não faz distinção entre direitos individuais disponíveis ou indisponíveis. Aliás, o art. 625-D parece reforçar a inexistência de qualquer óbice quanto à natureza do direito individual que possa ser levado à cognição da Comissão de Conciliação Prévia.

Com efeito, dispõe o art. 625-D, *in verbis*:

> Qualquer demanda de natureza trabalhista será submetida à Comissão de Conciliação Prévia se, na localidade da prestação de serviços, houver sido instituída a Comissão no âmbito da empresa ou do sindicato da categoria[9].

Cinco são as Comissões de Conciliação Prévia admitidas legalmente:

- a instituída no âmbito da empresa (CLT, art. 625-B);
- a instituída no âmbito do sindicato (*idem*, art. 625-C);
- a instituída por grupos de empresas (*idem*, art. 625-A, parágrafo único);

9. O STF concedeu, em 13.05.2009, medida cautelar nas ADIs n. 2.139-7 e 2.160-5 (*DOU* de 22.05.2009), para dar interpretação conforme a CF relativamente a este artigo, no sentido de considerar que a passagem pela Comissão de Conciliação Prévia constitui meio legítimo, mas não obrigatório, de solução de conflitos, permanecendo o acesso à justiça resguardado para todos os que venham ajuizar demandas diretamente ao órgão judiciário competente.

- a que tem caráter intersindical (*idem*, art. 625-A, parágrafo único);
- os Núcleos Intersindicais de Conciliação em funcionamento ou que vierem a ser criados (*idem*, art. 625-H).

A comissão instituída no âmbito da empresa será composta de, no mínimo, dois e, no máximo, dez membros, e observará as seguintes normas:

- a metade de seus membros será indicada pelo empregador e a outra metade eleita pelos empregados, em escrutínio secreto, fiscalizado pelo sindicato da categoria profissional;
- haverá na comissão tantos suplentes quantos forem os representantes titulares;
- o mandato dos seus membros, titulares e suplentes, é de um ano, permitida uma recondução.

Os representantes dos empregados, membros da Comissão de Conciliação Prévia, titulares e suplentes, são destinatários de garantia provisória no emprego até um ano após o final do mandato, salvo se cometerem *falta grave*, nos termos da lei. Cuida-se, pois, de uma prerrogativa conferida por lei (CLT, art. 625-B) ao membro da Comissão, para que ele possa atuar com independência no desempenho da função.

Parece-nos que o inquérito judicial para a apuração de falta grave é condição *sine qua non* para a validade da despedida do integrante da Comissão. A lei não contém palavras inúteis, sendo certo que **falta grave** se prova mediante a ação de inquérito judicial (CLT, arts. 493, 494 e 853).

É assegurado ao representante dos empregados o direito de continuar trabalhando normalmente na empresa e de afastar-se apenas quando convocado para atuar como conciliador, sendo computado o afastamento como tempo de trabalho efetivo o despendido nessa atividade. Afigura-se-nos que é uma nova espécie de interrupção do contrato de trabalho, é dizer, o laborista faz jus, durante o afastamento, ao salário e à contagem do tempo de serviço para todos os efeitos legais.

A comissão instituída no âmbito do sindicato terá sua constituição e normas de funcionamento definidas em convenção ou acordo coletivo (CLT, art. 625-C). Com isso, o Estado fortalece e prestigia a autocomposição dos conflitos trabalhistas.

Os parágrafos do art. 625-D da CLT[10] cuidam do *iter procedimentale* a ser observado por todas as Comissões de Conciliação Prévia, a saber:

10. Em 2009, o STF deferiu pedido de liminar nas ADIs 2.139 e 2.160 para dar intepretação conforme a Constituição ao art. 625-D da CLT, determinando a desnecessidade da submissão da controvérsia à comissão de conciliação prévia. Assim, em empresas onde existe tal comissão, o empregado pode ajuizar diretamente a reclamatória, independentemente se o caso tiver, ou não, passado antes pelas CCPs.

- a demanda será formulada por escrito ou reduzida a termo por qualquer dos membros da Comissão, sendo entregue cópia datada e assinada pelo membro aos interessados (§ 1º);
- não prosperando a conciliação, será fornecida ao empregado e ao empregador declaração da tentativa conciliatória frustrada com a descrição de seu objeto, firmada pelos membros da Comissão, que deverá ser juntada à eventual reclamação trabalhista (§ 2º). É atécnica a redação deste parágrafo, o que poderá ensejar discussões processuais intermináveis referentes às condições da ação, na medida em que é possível sustentar, por exemplo, que a ausência do documento (declaração) implica extinção do processo sem julgamento do mérito por ausência de interesse processual do autor;
- em caso de motivo relevante que impossibilite a observância do procedimento previsto no *caput* deste artigo, será a circunstância declarada na petição inicial da ação intentada perante a Justiça do Trabalho (§ 3º);
- caso exista, na mesma localidade e para a mesma categoria, comissão de empresa e comissão sindical, o interessado optará por uma delas para submeter a sua demanda, sendo competente aquela que primeiro conhecer do pedido (§ 4º).

Se o interessado aceitar a proposta conciliatória da comissão, será lavrado termo assinado pelo empregado, pelo empregador ou seu preposto e pelos membros da comissão, fornecendo-se cópia às partes.

Diz o parágrafo único do art. 625-E da CLT que o "termo de conciliação é título executivo extrajudicial e terá eficácia liberatória geral, exceto quanto às parcelas expressamente ressalvadas".

O prazo para a realização da sessão de tentativa de conciliação é de 10 (dez) dias, contados a partir da provocação do interessado (CLT, art. 625-F). Esgotado o prazo sem a realização da sessão, será fornecida, no último dia do prazo, a declaração a que se refere o § 2º do art. 625-D.

Outra novidade da norma em estudo é relativa à suspensão do prazo prescricional da ação trabalhista. É o que se infere do art. 625-G da CLT, que diz: "O prazo prescricional será suspenso a partir da provocação da Comissão de Conciliação Prévia, recomeçando a fluir, pelo que lhe resta, a partir da tentativa frustrada de conciliação ou do esgotamento do prazo previsto no art. 625-F".

CAPÍTULO VIII
Direitos e Interesses Difusos, Coletivos e Individuais Homogêneos

1. DIREITOS OU INTERESSES METAINDIVIDUAIS OU COLETIVOS *LATO SENSU*

É quase sintomático que a palavra *direito* suscita em nossa mente a ideia dos *direitos subjetivos*, historicamente utilizados para designar os interesses juridicamente protegidos, cuja titularidade era atribuída apenas ao indivíduo. Daí a expressão *direito individual*, vinculada ao Estado Liberal de Direito.

Já a palavra *interesse* representa algo que interliga uma pessoa a um bem da vida, em virtude de um determinado valor que esse bem possa representar para aquela pessoa. A nota comum é sempre uma situação de vantagem, que faz exsurgir um interesse na posse ou fruição daquela situação.

Há, portanto, entre direito e interesse, uma vinculação na qual à preponderância daquele se reflete uma negação deste. Vale dizer, a hegemonia do direito subjetivo implica a desqualificação do interesse como portador de alguma relevância jurídica.

Não há negar, porém, que é com a passagem do Estado Liberal ao Estado Social e deste para o Estado Democrático de Direito que se observa uma profunda transformação nas relações sociais, econômicas, políticas e jurídicas em escala mundial, como resultado do surgimento dos conglomerados urbanos, das metrópoles, da explosão demográfica, da produção e do consumo de massa, do nascimento dos cartéis, da hipertrofia da intervenção do Estado na esfera social e econômica, dos meios de comunicação de massa, da *Internet*, da propaganda maciça. Tudo somado, redundou no reconhecimento do Estado de que não apenas os direitos, mas também os interesses deveriam ser igualmente protegidos.

Surgem, assim, os chamados interesses de massa, que passam a exigir do Estado a positivação de novos instrumentos jurídicos, diversos dos até então existentes, destinados a garanti-los. Esse sistema de proteção alcançou não apenas os *direitos* como também os *interesses metaindividuais*.

Destarte, a clássica distinção entre *direitos* e *interesses*, pelo menos no tocante aos "novos direitos", também chamados de direitos ou interesses metaindividuais, deixa de ter relevância para a dogmática jurídica.

Anteriormente à vigência da Lei 8.078, de 11.9.1990, que instituiu o chamado Código de Defesa do Consumidor brasileiro, não existia um consenso doutrinário acerca dos conceitos de "interesses ou direitos difusos" e "interesses ou direitos coletivos", o que levou o legislador a dissipar a cizânia doutrinária até então existente, na exata medida em que tomou partido em favor da positivação conceitual que lhe pareceu mais consentânea com a defesa judicial dos interesses transindividuais (difusos e coletivos). Além disso, positivou, de forma inédita e lacônica, o conceito de "interesses individuais homogêneos".

Pode-se dizer, assim, que os interesses ou direitos difusos, coletivos e individuais homogêneos são espécies do gênero "direitos ou interesses metaindividuais", também chamados de "direitos coletivos *lato sensu*", direitos transindividuais ou supraindividuais, ou, ainda, numa perspectiva mais ampla, preconizada pela teoria dos direitos fundamentais, "novos direitos", "direitos globais", "direitos de fraternidade" ou "direitos humanos de terceira geração ou dimensão".

Assim, como decorrência das grandes transformações econômicas, políticas, culturais e sociais experimentadas nas duas últimas décadas, não é mais possível solucionar litígios de massa com base na velha concepção de que os bens jurídicos só podem pertencer exclusivamente ao direito público ou ao direito privado.

Examinar-se-á, a seguir, as características materiais das espécies que compõem os interesses metaindividuais.

2. DIREITOS OU INTERESSES DIFUSOS

A definição de direitos ou interesses difusos no ordenamento jurídico brasileiro é dada pelo art. 81, par. único, I, do CDC, que os considera como sendo os "transindividuais, de natureza indivisível, de que sejam titulares pessoas indeterminadas e ligadas por circunstâncias de fato".

Vê-se que o legislador optou pela adoção de um *critério subjetivo*, no que tange à indeterminação dos titulares e à inexistência entre eles de uma relação jurídica base, e de um *critério objetivo*, no que diz respeito à indivisibilidade do bem jurídico.

Segundo Mancuso[1], os interesses difusos apresentam as seguintes características básicas: indeterminação dos sujeitos, indivisibilidade do objeto, intensa conflituosidade interna e duração efêmera, contingencial.

Dada a complexidade da identificação dos interesses difusos, alguns autores chegam a confundi-los com o próprio interesse público.

Cumpre salientar que a tutela jurisdicional dos interesses ou direitos difusos, em função de sua própria natureza, deve ser feita molecularmente, em benefício de todas

1. MANCUSO, Rodolfo de Camargo. *Interesses difusos: conceito e legitimação para agir.* 4. ed. São Paulo: Revista dos Tribunais, 1997, p. 79.

as pessoas atingidas. Para tanto, basta apenas uma demanda coletiva, cuja sentença, nos termos do art. 103, I, do CDC, produzirá coisa julgada *erga omnes*.

É importante salientar, desde logo, que a definição legal de direito ou interesse difuso há de ser estendida a todas as situações que reclamem a aplicação conceitual dessa espécie de interesse metaindividual, e não apenas às lides de consumo.

Assim, dada a inexistência de norma legal específica no direito material do trabalho que disponha conceitualmente sobre interesses difusos, impõe-se a aplicação analógica da regra inserta no art. 81, par. único, I, do CDC, que serve, portanto, de base conceitual a todas as relações metaindividuais em geral, aí compreendidas as relações metaindividuais de trabalho.

A nosso sentir, podem surgir interesses difusos trabalhistas, por exemplo, na hipótese em que a administração pública direta ou indireta de quaisquer dos Poderes promova a contratação de servidores para investidura em emprego público sem, no entanto, observar a regra constitucional do concurso público de provas ou de provas e títulos (CF, art. 37, I, II, § 2º). O interesse difuso, neste caso, caracteriza-se: por ser indivisível, pois a garantia constitucional de acesso aos cargos, empregos e funções públicas constitui um bem jurídico fruível por todos os brasileiros, ou estrangeiros residentes no País, que preencham os requisitos estabelecidos em lei; pela indeterminação dos titulares, é dizer, não é possível precisar os potenciais candidatos interessados no concurso para investidura nos empregos públicos irregularmente ocupados; pela inexistência de relação jurídica entre os potenciais candidatos ao certame público entre si e entre eles e a Administração, pois em ambos os casos as relações são meramente fáticas, circunstanciais; pela intensa conflituosidade interna entre os potenciais candidatos ao concurso público, uma vez que os interesses entre eles são contrapostos, em função do reduzido número de empregos públicos ofertados pela Administração.

Percebe-se, desse modo, que é exatamente a ausência de um vínculo jurídico entre os potenciais candidatos ao certame público, assim como entre estes e a administração, que faz surgir, para os primeiros, o interesse difuso consubstanciado no princípio constitucional que garante a acessibilidade aos cargos, empregos e funções públicas a todos os brasileiros e estrangeiros que preencham os requisitos estabelecidos em lei (CF, art. 37, I).

3. DIREITOS OU INTERESSES COLETIVOS *STRICTO SENSU*

Os interesses ou direitos coletivos podem ser compreendidos em sentido amplo e em sentido estrito.

No sentido amplo, confundem-se com o que internacionalmente se denomina *collective rights* e, sob essa perspectiva, abrangem todas as espécies de interesses metaindividuais, isto é, os difusos, os coletivos *stricto sensu* e os individuais homogêneos.

No sentido estrito, os direitos ou interesses coletivos são, na dicção do art. 81, par. único, II, do CDC, os transindividuais, de natureza indivisível, tendo como titular grupo, categoria ou classe de pessoas ligadas entre si ou com a parte contrária por uma relação jurídica base.

No dizer de Celso Ribeiro Bastos,

> Os interesses coletivos dizem respeito ao homem socialmente vinculado e não ao homem isoladamente considerado. Colhem, pois, o homem não como simples pessoa física tomada à parte, mas sim como membro de grupos autônomos e juridicamente definidos, tais como o associado de um sindicato, o membro de uma família, o profissional vinculado a uma corporação, o acionista de uma grande sociedade anônima, o condômino de um edifício de apartamentos. Interesses coletivos seriam, pois, os interesses afectos a vários sujeitos não considerados individualmente, mas sim por sua qualidade de membro de comunidades menores ou grupos intercalares, situados entre o indivíduo e o Estado[2].

Vê-se, desse modo, que os interesses coletivos, por serem *transindividuais* e *de natureza indivisível*, não se confundem com a *soma* dos interesses individuais, mas a *síntese* desses interesses. Constituem, portanto, a expressão de um interesse com natureza própria, fruto da proximidade entre os membros de um grupo social, vinculados entre si ou com terceiro, pressupondo "um mínimo de coesão, de organização, de estrutura"[3].

Obtempera Watanabe que a característica da organização

> certamente existirá apenas na primeira modalidade mencionada no texto legal, qual seja, os interesses e direitos pertinentes a grupo, categoria ou classe de pessoas ligadas entre si por uma relação jurídica-base, e não na segunda modalidade, que diz com os interesses ou direitos respeitantes a grupo, categoria ou classe de pessoas ligadas com a parte contrária por uma relação jurídica-base[4].

O objeto dos interesses coletivos, pois, a exemplo do que se dá com o dos interesses difusos, é indivisível, mas os seus titulares, embora tratados coletivamente, são determináveis, ou seja, são passíveis de identificação, uma vez que se encontram vinculados, entre si ou com a parte contrária, por meio de uma relação jurídica base.

Isso significa que não é a lesão em si que faz surgir a relação jurídica base. Ao revés, é a existência prévia do grupo, categoria ou classe de pessoas ligadas entre si ou com a parte contrária por meio de um vínculo jurídico básico que faz nascer para os

2. *Curso de direito constitucional*... cit., p. 251.
3. MANCUSO, Rodolfo de Camargo, *Interesses difusos*... cit., p. 48-50.
4. WATANABE, Kazuo, *Código brasileiro de defesa do consumidor*... cit., p. 628.

integrantes desses agrupamentos sociais o interesse coletivo que os empolga a se defenderem da lesão ou ameaça a direito a eles outorgados enquanto integrantes do grupo, categoria ou classe.

Um exemplo de interesse coletivo seria o da classe de advogados a ter um representante junto aos tribunais, o chamado quinto constitucional. Com efeito, se a vaga destinada aos advogados estiver sendo ocupada por outro profissional do direito (juiz ou membro do MP), estará aí presente a *transindividualidade* (o interesse é abstratamente de toda a classe dos advogados, e não de um ou alguns advogados); a *indivisibilidade* (trata-se de um bem jurídico que não pode ser cindido, pois a lesão atinge indistintamente a todos os possíveis titulares); a *titularidade* é da classe dos advogados, cujos integrantes estão ligados entre si por um *vínculo jurídico específico básico* (o Estatuto da OAB).

Não é incorreto dizer que o Direito do Trabalho foi o que primeiro ofereceu uma formulação conceitual para os interesses coletivos, porquanto é nesse compartimento do edifício jurídico que surgem as primeiras formas de organizações sociais: os sindicatos.

A rigor, é o direito coletivo, como segmento do Direito do Trabalho, que nos brinda com a noção de categoria, atualmente considerada, nos termos do art. 81, par. único, II, do CDC, uma das espécies de organização política, social, cultural e econômica entre pessoas juridicamente vinculadas entre si e guiadas por um objetivo comum.

A expressão "categoria" encontra-se positivada no nosso ordenamento jurídico, tanto no âmbito constitucional quanto infraconstitucional. Mas foi o art. 511 da CLT que inaugurou o reconhecimento das associações para fins de estudo, defesa e coordenação dos interesses econômicos ou profissionais de todos os que, como empregadores, empregados, agentes ou trabalhadores autônomos ou profissionais liberais, exerçam, respectivamente, a mesma atividade ou profissão ou atividades ou profissões similares ou conexas, o que ensejou o conceito de categoria.

Sabe-se, todavia, que o art. 81, par. único, II, do CDC, ao conceituar "interesse coletivo", deixou em aberto o próprio conceito dos três elementos subjetivos que o compõem: "grupo, categoria *ou* classe de pessoas".

Será que o conectivo "ou" contido na norma jurídica em apreço torna sinônimos os termos "grupo", "categoria" e "classe"? Será que a existência conceitual de categoria no direito do trabalho exclui do seu âmbito de aplicação os conceitos de "grupo" ou "classe"?

O conceito legal de categoria em nosso sistema jurídico encontra-se, como visto acima, na Consolidação das Leis do Trabalho. Cabe, agora, buscar a sua etimologia e significado, bem como a dos vocábulos "grupo" e "classe".

"Categoria", substantivo feminino, do grego *kategoria*, significa "cada uma das classes em que se dividem as ideias ou os termos; classe; grupo; série; caráter; natureza; hierarquia; posição social"[5].

5. Francisco Fernandes, Celso Pedro Luft e F. Marques Guimarães, *Dicionário brasileiro de língua portuguesa*, p. 211.

"Grupo", substantivo masculino, originário do germânico *Krupps* e do italiano *gruppo*, significa o "conjunto de objetos que se podem abranger com um lance de olhos; reunião de coisas que formam um todo; certo número de pessoas reunidas; pequena associação; ajuntamento"[6].

"Classe", substantivo feminino, do latim *classe*, significa

> cada uma das divisões de um conjunto; grupo; categoria; (...) cada uma das grandes divisões de um reino; alunos de uma aula; (...) aula; ano de certos cursos; categoria social; conjunto de pessoas que exercem a mesma profissão: a classe médica, camada social, baseada na desigualdade e diversidade de condições entre os homens; categoria gramatical[7].

Não obstante a similitude dos vocábulos, o que até certo ponto justifica o uso promíscuo dos mesmos, parece-nos factível distinguir, pelo menos para fins didáticos, que "classe" nos dá uma ideia mais ampla do que "categoria" e esta, por sua vez, mais ampla do que "grupo".

Se adotarmos a interpretação lógica, parece-nos que o conectivo "ou" previsto na norma em questão é usado em sua função includente, permitindo, desse modo, que sejam válidas tanto uma ou duas, quanto todas as três possibilidades de interesses coletivos. Vale dizer, embora possam ser isolada ou conjuntamente considerados, os três elementos subjetivos passam a compor, no seu conjunto, o conceito jurídico de interesses ou direitos coletivos. No mundo dos fatos, contudo, haverá um interesse coletivo do grupo, um interesse coletivo da categoria e um interesse coletivo da classe.

Vamos a um exemplo distintivo entre classe, categoria e grupo extraído da advocacia. Existe a classe dos advogados, composta indistintamente de todos os advogados públicos, privados, autônomos ou empregados. No seio da classe, vamos encontrar a categoria dos advogados empregados. Além disso, no âmbito da classe, existem os grupos dos advogados filiados a uma associação de advogados, como a Associação Brasileira dos Advogados Trabalhistas-ABRAT.

Nos domínios do direito material do trabalho, o conceito de "categoria" recebe um tratamento normativo autônomo e especial. Por tal razão, nesse setor especializado do Direito, o conceito jurídico de *interesse coletivo da categoria* é o estabelecido no art. 511 e seus parágrafos da CLT.

Por outro lado, em se tratando de *interesse coletivo de grupo* ou *interesse coletivo de classe*, à míngua de previsão conceitual normativa no direito material do trabalho, abre-se espaço para outras formulações conceituais espraiadas pelo ordenamento jurídico, desde que compatíveis com a índole tutelar desse ramo especializado da árvore jurídica (CLT, art. 8º, § 1º).

---

6. Id., ibid., p. 396.
7. Id., ibid., p. 229.

Exemplificando, se uma empresa X não paga, a nenhum dos empregados, o piso salarial fixado em acordo coletivo de trabalho da categoria profissional Y, estará lesando, de forma genérica, o *interesse coletivo* de todos os empregados integrantes da categoria profissional Y que trabalham na empresa X. Note-se que, neste exemplo, estão presentes todas as características do *interesse coletivo categorial:*

- a *transindividualidade*, porquanto o piso salarial da categoria Y constitui direito de todos (e não de um ou alguns) os empregados indistintamente considerados, desde que integrantes da categoria profissional Y que trabalham na empresa X;
- a *indivisibilidade*, pois o valor do piso salarial não pode ser cindido, ou seja, é sempre o mesmo para todos os integrantes da categoria Y que trabalham na empresa X;
- a *titularidade do interesse categorial*, uma vez que a categoria profissional, por constituir uma organização social distinta das demais, isto é, com vida própria e reconhecida pelo Estado, pode, por intermédio de seu órgão próprio (sindicato), celebrar acordo coletivo criador de normas coletivas (*in casu*, o piso salarial), mas, também, exigir juridicamente a sua observância pela parte contrária (empresa X);
- a *relação jurídica base*, que é o vínculo, disciplinado pelo direito positivo, gerador do interesse comum (organizacional) existente entre os próprios membros da categoria profissional Y e entre estes e a empresa X (relação de emprego firmada entre os membros da categoria e a parte contrária).

Um exemplo de *interesse coletivo de grupo* é o dos trabalhadores da empresa Z terem direito a um meio ambiente de trabalho em condições de salubridade e segurança. Se esse grupo de trabalhadores objetiva a eliminação dos riscos à vida, à saúde e à segurança, emerge aí o *interesse coletivo do grupo* (transindividual), de *natureza indivisível* (eliminando-se os riscos, todos serão beneficiados indistinta e simultaneamente), cujos *titulares* (o grupo dos trabalhadores da empresa Z) estão *ligados entre si* (empregados da mesma empresa) e *com a parte contrária* (empregador), por meio de uma *relação jurídica base* (vínculo organizacional, no primeiro caso, e relação empregatícia, no segundo).

4. DIREITOS OU INTERESSES INDIVIDUAIS HOMOGÊNEOS

O critério analítico, didático e até exauriente adotado pelo legislador ao conceituar os interesses (ou direitos) difusos e coletivos não foi estendido aos interesses individuais homogêneos.

Com efeito, vaticina o art. 81, par. único, III, do CDC que os interesses ou direitos individuais homogêneos são simplesmente os "decorrentes de origem comum".

A lacônica conceituação legal rendeu diversidade de posições na doutrina e na jurisprudência, residindo, aqui, seguramente, obstáculos ou barreiras técnicas e ideológicas, que têm impedido ou dificultado a adequada tutela dessa espécie de interesse metaindividual, não apenas no direito processual civil, como, também, no direito processual do trabalho.

Não há uniformidade doutrinária a respeito do conceito de interesses ou direitos individuais homogêneos.

Para Hugo Nigro Mazzilli:

> Os interesses individuais homogêneos, para o CDC, são aqueles de grupo, categoria ou classe de pessoas determinadas ou determináveis, que compartilhem prejuízos divisíveis, de origem comum, ou seja, oriundos das mesmas circunstâncias de fato (...) Mas, em sentido lato, os interesses individuais homogêneos não deixam de ser também interesses coletivos (...) Como exemplo de interesses individuais homogêneos, suponhamos os compradores dos veículos produzidos com o mesmo defeito de série. Sem dúvida, há uma relação jurídica comum subjacente entre os consumidores, mas o que os liga no prejuízo sofrido não é a relação jurídica em si (como ocorre quando se trata de interesses coletivos), mas sim é antes o fato de que compraram carros do mesmo lote produzido como defeito de série (interesses individuais homogêneos)[8].

Não nos parece, *data venia*, que os titulares dos direitos ou interesses individuais homogêneos sejam os mesmos dos direitos ou interesses coletivos *stricto sensu*, pois os interesses do grupo, da classe ou da categoria são transindividuais e indivisíveis por natureza. Já os interesses individuais homogêneos não são materialmente transindividuais, embora processualmente o sejam, isto é, os interesses individuais homogêneos são metaindividuais apenas na forma empregada para a sua defesa em juízo.

Além disso, os interesses individuais homogêneos são sempre divisíveis, pois as reparações decorrentes da lesão (ou lesões) sofrida pelos seus titulares são apuradas ou apuráveis individualmente; enquanto os interesses coletivos *stricto sensu*, é dizer, os interesses da categoria, classe ou grupo são sempre indivisíveis.

Rodolfo de Camargo Mancuso também não concorda que os titulares dos direitos ou interesses individuais homogêneos sejam os mesmos dos coletivos *stricto sensu*, pois, segundo ele, os individuais homogêneos

> não são coletivos na sua essência, nem no modo como são exercidos, mas, apenas, apresentam certa uniformidade, pela circunstância de que seus titulares encontram-se em certas situações ou enquadrados em certos segmentos sociais, que lhes conferem coesão, aglutinação suficiente para destacá-los da massa de interesses isoladamente considerados[9].

8. MAZZILLI, Hugo Nigro. *A defesa dos interesses difusos em juízo*. 12. ed. São Paulo: Revista dos Tribunais, 2000, p. 47-48.

9. *Comentários ao Código de Defesa do Consumidor*, p. 278-279.

Nery Junior e Rosa Nery, não obstante prefiram o termo "direitos" a "interesses", igualmente consideram que os interesses individuais homogêneos são

> os direitos individuais cujo titular é perfeitamente identificável e cujo objeto é divisível e cindível. O que caracteriza um direito individual comum como homogêneo é sua origem comum. A grande novidade trazida pelo CDC no particular foi permitir que esses direitos individuais pudessem ser defendidos coletivamente em juízo[10].

Não há confundir, ao que nos parece, defesa coletiva de interesses individuais homogêneos com defesa individualizada de direitos subjetivos. Naquela, a *legitimatio ad causam* é conferida a entes ou instituições juridicamente coletivos (Estado e suas descentralizações, Ministério Público, associações civis), sendo certo que a sentença respectiva, no caso de procedência do pedido, fará coisa julgada *erga omnes* (CDC, art. 103, III); ao passo que nesta a ação é proposta pelos próprios titulares dos direitos subjetivos e a sentença, que dirime esse conflito intersubjetivo, tanto no caso de procedência quanto no de improcedência do pedido, fará coisa julgada *inter omnes* (CPC, art. 506).

Os interesses individuais homogêneos, portanto, são genuinamente individuais com causa comum que afeta, embora de modo diverso e com consequências distintas para cada uma delas, um número específico de pessoas.

A distinção entre o interesse individual homogêneo e o individual simples repousa na existência, no primeiro, de uma origem comum, que atinge diversas pessoas de forma homogênea, é dizer, são diversas afetações individuais, particulares, originárias de uma mesma causa, as quais deixam os prejudicados em uma mesma situação, sem embargo de poderem expor pretensões com conteúdo e extensões distintos.

A defesa coletiva de direitos ou interesses individuais homogêneos encerra, na verdade, a projeção de um mecanismo que propicia a facilidade do acesso à Justiça e, também, de economia processual, porquanto permite que se aglutinem numa única demanda (coletiva) pretensões diversas originadas de uma causa idêntica.

Sintetizando, os interesses difusos e coletivos são, material e processualmente, metaindividuais; enquanto os individuais homogêneos, em razão de serem provenientes de uma causa comum que atinge uniformemente a todos os lesados, são metaindividuais apenas para fins de tutela judicial coletiva.

É importante destacar que a expressão "origem comum" não significa, necessariamente, que os interesses individuais homogêneos estejam sempre submetidos a uma unidade factual e temporal. Dito de outro modo, a lesão a interesses individuais homogêneos pode ocorrer repetidas vezes num largo espaço de tempo e em vários lugares sem que isso desnature a homogeneidade ínsita a essa espécie de interesse metaindividual.

10. NERY JUNIOR, Nelson; NERY, Rosa Maria Andrade, *Código de processo civil comentado*..., cit., p. 1.864, verbete III: 13.

Sob esse prisma, autores há que ampliam o conceito de "origem comum", para abranger "coisas, interesses, direitos que advêm da mesma 'fonte', seja ela uma 'fonte' jurídica (quando existe uma relação jurídica de qualquer espécie. Ex.: relação jurídica tributária) ou fática, na forma do que acontece com os interesses difusos".

Alertamos que não apenas as definições de interesses difusos e coletivos, como também a sintética definição de interesses individuais homogêneos, insertas, respectivamente, nos incisos I, II e III do parágrafo único do art. 81 do CDC, desde que não tenham tratamento normativo específico (e expresso) na legislação material ou processual trabalhista, são perfeitamente aplicáveis a esses setores especiais do ordenamento jurídico brasileiro.

Assim, admitida a definição do CDC para os interesses individuais homogêneos trabalhistas, surge o seguinte problema: será que ela pode ser empregada também para interpretar a expressão "interesses individuais da categoria", constante do inciso III do art. 8º da CF?

Adotamos o entendimento de que o conceito de interesses individuais homogêneos é sinônimo de "interesses individuais da categoria", pois é cediço que quando a Constituição não conceitua determinado instituto por ela mesma criado, *in casu*, os "interesses individuais da categoria", cabe primeiramente ao intérprete buscar no ordenamento jurídico a norma que possa propiciar a aplicabilidade do preceito constitucional. Mas para desempenhar tal tarefa não poderá se descuidar das palavras contidas no próprio texto. Não lhe será lícito, por exemplo, ignorar a literalidade da expressão "direitos ou interesses coletivos individuais da categoria", contida no inciso III do art. 8º da CF, ou estabelecer uma separação radical entre os interesses individuais propriamente ditos dos integrantes da categoria e os interesses da própria categoria ou parte dela.

Não se pode perder de vista, igualmente, que, quando da promulgação da Carta Magna de 1988, não existia, no nosso direito positivo, a definição legal dos interesses individuais homogêneos, o que só foi possível a partir da Lei 8.078, de 11.9.1990, que instituiu o CDC.

De tal arte, parece-nos razoável que a expressão "direitos ou interesses individuais da categoria" (CF, art. 8º, III) deva ser entendida como "direitos ou interesses individuais homogêneos dos integrantes da categoria" representada por determinado sindicato, porque decorrentes de uma mesma causalidade comum surgida no âmbito da própria categoria.

5. CRITÉRIO METODOLÓGICO PARA IDENTIFICAR OS INTERESSES OU DIREITOS METAINDIVIDUAIS

Outro problema que tem dificultado a adequada tutela dos interesses metaindividuais decorre da existência de diversas posições da doutrina e da jurisprudência acerca da identificação precisa das três espécies que os compõem, o que levou Nelson Nery Junior a apontar "o engano em que vem incorrendo a doutrina ao pretender classificar o direito segundo a matéria genérica, dizendo, por exemplo, que meio ambiente é direito difuso, consumidor é coletivo, etc."[11].

Para esse ilustre processualista, a identificação de um direito ou interesse em difuso, coletivo ou individual homogêneo há de levar em conta o tipo de pretensão deduzida em juízo.

A tal critério metodológico opõe-se José Roberto dos Santos Bedaque[12], acusando-o de "extremamente processualista", pois, no entender desse autor, não é o tipo de tutela que determina o direito material, e sim "o tipo de direito que determina a espécie de tutela", porquanto, se assim não fosse, inexistiriam direitos transindividuais fora do processo.

Parece-nos demasiadamente severa, *data venia*, a crítica ora focalizada, mas reconhecemos que ela tem o grande mérito de chamar a atenção dos juristas e dos operadores do direito para a complexa temática da identificação dos interesses metaindividuais.

Não se pode rotular a proposta metodológica do professor Nery Junior de "extremamente processualista", uma vez que ela decorre diretamente da conceituação estampada nos incisos I e II do parágrafo único do art. 81 do CDC, os quais não oferecem satisfatoriamente uma clara diferenciação entre interesses difusos e coletivos, já que ambos são caracterizados pela *indivisibilidade* do bem jurídico que constitui objeto da ação coletiva.

De outra parte, não se pode olvidar que o próprio parágrafo único do preceptivo em causa adota, como ponto de partida para a conceituação legal dos interesses metaindividuais, um critério nitidamente processual ("A defesa coletiva será exercida quando...").

Kazuo Watanabe também acentua que a correta distinção entre os interesses difusos e coletivos depende da correta fixação do objeto litigioso do processo, é dizer, da adequada fixação do pedido e da causa de pedir, pois esses

> dados, como é cediço, têm superlativa importância na correta determinação do legitimado passivo para a ação, bem assim para a correta fixação da abrangência da demanda, e ainda para se saber com exatidão se, no caso concreto, ocorre mera conexidade entre as diversas ações coletivas ou, ao contrário, se trata de caso de litispendência ou até mesmo de coisa julgada a obstar o prosseguimento das ações posteriores[13].

11. *Princípios do processo civil na Constituição Federal*, p. 114.
12. *Direito e processo*, p. 34-35.
13. *Código brasileiro de defesa do consumidor*... cit., p. 630.

Enaltecendo a necessidade do critério processual para identificar o direito material almejado na demanda coletiva, Watanabe clarifica:

> Nessa análise dos elementos objetivos da ação, é particularmente importante saber com que fundamento e em que termos é postulada a tutela jurisdicional, pois, qualquer que seja a colocação feita pelo autor, podemos estar diante de uma autêntica demanda coletiva para tutela de interesses ou direitos 'difusos' ou 'coletivos', de natureza transindividual e indivisível, ou senão a hipótese poderá ser de tutela de interesses individuais, com a incorreta denominação de 'demanda coletiva' (eventualmente poderá tratar-se de tutela coletiva de interesses individuais 'homogêneos')[14].

Essas considerações também são aplicáveis na esfera do Direito (material e processual) do Trabalho, porquanto um mesmo fato (ou ato) trabalhista pode desencadear lesões a direitos ou interesses difusos, coletivos ou individuais homogêneos, surgindo a ação coletiva (ou civil pública) como meio apto e eficaz para a correspondente tutela judicial.

Cita-se o exemplo das contratações de servidores públicos pelo regime da CLT sem que tenham logrado aprovação prévia em concurso público, como exige o art. 37, II, § 2º, da CF. Esse mesmo ato da Administração pode dar ensejo ao ajuizamento de demanda coletiva com:

- *pretensão difusa* – promovida pelo MPT em defesa da massa indeterminada dos potenciais candidatos lesados ou ameaçados de lesão no seu direito de participarem do certame público de terem acesso, em igualdade de condições, aos empregos públicos. Ao mesmo tempo, o *Parquet* Laboral estará resguardando os princípios constitucionais da legalidade, moralidade, impessoalidade, publicidade, da eficiência e, principalmente, do acesso igualitário aos empregos públicos;
- *pretensão coletiva* stricto sensu – promovida pelo MPT, visando à declaração de nulidade de todos os contratos de trabalho do grupo de servidores ilegalmente contratados, pois estes estão ligados com a parte contrária (Administração Pública) por meio de uma relação jurídica base (relação de emprego), embora eivada, *in casu*, de nulidade absoluta. A declaração genérica de nulidade de todos os contratos celebrados ao arrepio da *Lex Legum* é, em si, indivisível;
- *pretensão individual homogênea* – proposta pelo MPT, objetivando à defesa dos servidores irregularmente contratados (e perfeitamente identificados), para que continuem recebendo salários (direitos individuais sociais homogêneos) até que o concurso público seja realizado. Embora a pretensão seja uniforme e com causa comum, não há negar que os interesses em "jogo" são divisíveis, uma vez que

14. Ibid., p. 632.

alguns "servidores" podem pretender a extinção da relação viciada; outros, a sua manutenção.

Poderíamos, ainda à guisa de exemplo, mencionar a hipótese do empregador rural que adota a prática de utilizar trabalhadores em condições análogas à de escravo (CPB, art. 149). Neste caso, poderia o MPT ajuizar ação civil pública com:

- *pretensão difusa* – em defesa dos interesses da massa indeterminada dos potenciais trabalhadores da empresa, como pedido de tutela inibitória para que o empregador se abstenha de contratar trabalhadores em condições degradantes, a fim de evitar lesão aos direitos fundamentais dos futuros trabalhadores;
- *pretensão coletiva* – em defesa dos interesses do grupo (parcela da categoria) dos trabalhadores da empresa rural, para se declarar o enquadramento do empregador como empresa rural, compelindo-o a cumprir as Normas Regulamentadoras Rurais – NRR, de observância obrigatória, nos termos do art. 13 da Lei 5.889/73;
- *pretensão individual homogênea* – em defesa dos direitos sociais dos trabalhadores identificados, objetivando a condenação genérica (CDC, art. 95) do empregador rural ao pagamento das verbas rescisórias, horas extras, adicionais de insalubridade etc.

É importante notar que todas as pretensões acima podem ser acumuladas na mesma petição inicial da ação civil pública, o que vai ensejar, em caso de procedência da demanda, liquidações e execuções específicas da sentença de acordo com a espécie de interesse tutelado.

TÍTULO IV

DIREITO INTERNACIONAL DO TRABALHO

CAPÍTULO I
Organização Internacional do Trabalho – OIT

1. CRIAÇÃO E OBJETIVOS

Criada pelo Tratado de Versailles (Parte XII), em 1919, sobre o fundamento de que a justiça social é a base para a promoção universal da paz permanente, as atividades da Organização Internacional do Trabalho – OIT, consistem, basicamente, na proteção e promoção mundial dos direitos humanos no campo das relações de trabalho.

Segundo Nicolas Valticos, a Parte XII do Tratado (plurilateral) de Versailles contempla

> o essencial da tríplice função de uma ação internacional sobre questões de trabalho: *política* (assegurar bases sólidas para a paz universal), *humanitária* (existência de condições de trabalho, que geram injustiças, miséria e privações) e *econômica* (o argumento inicial da concorrência internacional como obstáculo para a melhoria das condições sociais em escala nacional, ainda que invocado agora em último lugar)[1].

Vê-se, pois, que a competência da Organização Internacional do Trabalho não se restringe a questões específicas do direito do trabalho e da previdência social, já que lhe cabe, entre outras atribuições, fomentar a plenitude do emprego e a elevação de níveis de vida; a formação profissional e a garantia de iguais oportunidades educativas e profissionais, a proteção à infância e à maternidade e a promoção de alimentos, cultura, habitação, recreação; colaborar com os demais organismos internacionais visando à melhoria da saúde, ao aperfeiçoamento da educação, enfim, à promoção do bem-estar a todos os povos.

2. CONSTITUIÇÃO E NATUREZA JURÍDICA

Inicialmente, a OIT era reconhecida pelas Nações Unidas como organismo especializado. Posteriormente, adquiriu autonomia e independência jurídico-institucional,

1. *Droit International du Travail*. 2. ed. Paris: Dalloz, p. 44, apud SÜSSEKIND, Arnaldo. In: *Convenções da OIT*. 2. ed. São Paulo: LTr, 1998, p. 17-18.

passando, segundo Süssekind à condição de "pessoa jurídica de direito público internacional, de caráter permanente, constituída de Estados, que assumem, soberanamente, a obrigação de observar as normas constitucionais da organização e as convenções que ratificam, integrando o sistema das Nações Unidas como uma das suas agências especializadas"[2].

A OIT é regida por uma Constituição e possui uma composição tripartite, isto é, dela participam representantes dos governos dos Estados-Membros, dos trabalhadores e dos empregadores.

Assim, pode-se dizer que a OIT é uma agência multilateral ligada à Organização das Nações Unidas (ONU), especializada nas questões do trabalho.

Com sede em Genebra, Suíça desde a data da fundação, a OIT tem uma rede de escritórios em todos os continentes.

O orçamento da OIT é oriundo de contribuições dos seus Estados-Membros, suplementado por contribuições de países industrializados para programas e projetos especiais específicos.

3. PRINCÍPIOS BÁSICOS

Na Declaração de Filadélfia, adotada em 1944, a OIT proclamou os seguintes princípios:

- o trabalho não é uma mercadoria;
- a liberdade de expressão e de associação é essencial para o progresso constante;
- todos os seres humanos têm o direito de perseguir seu bem-estar material e seu desenvolvimento espiritual em condições de liberdade e dignidade, de seguridade econômica e em igualdade de oportunidades.

Tais princípios, aos quais têm aderido os Estados-Membros, influíram na evolução das atividades relacionadas com os direitos humanos em todo o mundo. Várias das liberdades enunciadas na *Declaración Universal de los Derechos Humanos* foram incluídas por proposição da OIT, que é, como já apontado, a organização encarregada, dentro do sistema das Nações Unidas, da proteção desses direitos.

É importante destacar, para encerrar este tópico, que cerca de setenta convenções internacionais da Organização Internacional do Trabalho contribuem para o efetivo cumprimento do Pacto Internacional dos Direitos Econômicos, Sociais e Culturais das Nações Unidas.

2. SÜSSEKIND, Arnaldo. *Op. cit.*, p. 19.

4. ESTRUTURA ORGÂNICA

São órgãos da Organização Internacional do Trabalho: a Conferência Internacional do Trabalho, o Conselho de Administração e a Repartição Internacional do Trabalho.

4.1. Conferência Internacional do Trabalho (CIT)

É o órgão supremo da Organização, que assume a forma de Assembleia Geral de todos os Estados-Membros dela, cuja competência consiste, basicamente, em traçar as diretrizes gerais da política social a ser observada; editar convenções e recomendações; adotar resoluções sobre o que concerne às suas finalidades; aprovar o orçamento da entidade; resolver questões referentes ao descumprimento das normas constitucionais e das convenções ratificadas etc.

Compõe-se de dois delegados governamentais, um trabalhador e um empregador para cada Estado-Membro.

4.2. Conselho de Administração (CA)

É o órgão colegiado de direção superior da Organização.

Integram o Conselho de Administração 28 representantes governamentais, 14 representantes dos trabalhadores e 14 representantes dos empregadores. Dos representantes governamentais, 10 são indicados pelos Estados de maior renda nacional e população economicamente ativa.

Atualmente, integram o CA: Alemanha, Brasil, China, EUA, França, Índia, Japão, Itália, Reino Unido e Rússia.

Compete ao CA: eleger o diretor-geral da Repartição Internacional do Trabalho; fixar a data, local e ordem do dia das conferências gerais, regionais e técnicas; designar os 10 países que o integram como membros não eletivos; elaborar e submeter à conferência o projeto de programa e orçamento da Organização Internacional do Trabalho; deliberar sobre relatórios das suas comissões e do Comitê de Liberdade Sindical; adotar as medidas previstas na Constituição nos casos de reclamações ou queixas contra um Estado-Membro pelo não cumprimento de convenções por ele ratificadas etc.

4.3. Repartição Internacional do Trabalho (RIT)

Também chamada de Oficina Internacional do Trabalho ou Bureau Internacional do Trabalho, a RIT é o secretariado técnico-administrativo da Organização Internacional do Trabalho, com sede em Genebra.

Seu diretor-geral é eleito pelo CA, geralmente a cada cinco anos.

O diretor-geral do RIT conta com o assessoramento de um Conselheiro Jurídico, de diretores-gerais adjuntos e de subdiretores-gerais (coordenadores regionais).

Compete ao RIT: estudar e emitir parecer sobre cada um dos temas da ordem do dia das conferências e reuniões das comissões; assessorar, por intermédio do seu Departamento de Normas Internacionais, as referidas conferências e reuniões, bem como a Comissão de Expertos na Aplicação de Convenções e Recomendações; publicar livros e periódicos sobre legislação comparada e doutrina referente ao âmbito de atuação da Organização Internacional do Trabalho; executar programas de cooperação técnica, convênios com entidades e autoridades dos diversos países etc.

CAPÍTULO II
As Convenções e Recomendações da Organização Internacional do Trabalho – OIT

1. ATIVIDADE NORMATIVA DA OIT

As normas internacionais de trabalho se situam no núcleo das atividades da Organização Internacional do Trabalho.

Os governos dos Estados-Membros e suas organizações de empregadores e de trabalhadores têm elaborado normas internacionais referentes a todos os âmbitos de trabalho humano, como, por exemplo, a abolição do trabalho forçado, a liberdade de associação e de sindicalização, a igualdade de oportunidades e de tratamento, a promoção do emprego e da formação profissional, a seguridade social, as condições de trabalho, a proteção à maternidade, à idade mínima de acesso ao emprego, aos trabalhadores migrantes e à gente do mar etc.

Todos os anos, no mês de junho, a Conferência Internacional do Trabalho elabora, aprova ou revisa as normas que se converterão em convênios (ou convenções) ou recomendações que dispõem sobre a regulamentação internacional em matéria de trabalho, seguridade social e outras, conexas, tendo por escopo central a universalização da justiça social.

O reconhecimento e o respeito ao papel desempenhado pela Organização Internacional do Trabalho radicam do seu sistema normativo. Sua originalidade emana da busca constante de um consenso entre as autoridades públicas e os principais interessados, é dizer, os empregadores e os trabalhadores.

Todo o procedimento relativo às normas internacionais do trabalho, desde sua elaboração até a supervisão de sua aplicação e promoção, inspira-se no tripartismo, que constitui um método pacífico para a regulação das relações laborais mediante plena participação dos atores sociais nas decisões que lhes digam respeito.

2. AS CONVENÇÕES DA OIT

As convenções adotadas pela Conferência Internacional do Trabalho da OIT, segundo Arnaldo Süssekind, são tratados-leis normativos, multilaterais e abertos, que visam a regular determinadas relações sociais[1]. A nosso ver, as convenções da OIT são

1. A Convenção da OIT sobre a Despedida Imotivada. In: *Revista da Academia Nacional do direito do trabalho*. São Paulo: LTr, n. 5, a. V, p. 48, 1997.

tratados de direitos humanos sociais e quando ratificados pelo Brasil criam direitos fundamentais sociais dos trabalhadores (CF, arts. 5º, § 2º e 7º, *caput*).

As normas contidas nas Convenções da OIT podem ser, no plano internacional, classificadas em:

a) *autoaplicáveis*, quando independem de regulamentação complementar para sua aplicação pelos Estados-Membros;

b) *de princípios*, quando sua efetiva aplicação depende de lei ou de outros atos normativos regulamentares posteriores, a cargo dos países que as ratificarem, salvo se preexistir norma doméstica compatível;

c) *promocionais*, quando estabelecem disposições programáticas para sua aplicação, isto é, fixam objetivos que devem, a médio e longo prazo, ser atendidos pelos Estados-Membros que as ratificarem.

2.1. Ratificação

O art. 11 da Convenção sobre o Direito dos Tratados dispõe que

> o consentimento de um Estado em obrigar-se por um tratado pode manifestar-se pela assinatura, troca dos instrumentos constitutivos do tratado, ratificação, aceitação, aprovação ou adesão, ou por quaisquer outros meios, se assim for acordado.

Ratificação, no dizer de José Francisco Rezek, "é o ato unilateral com que o sujeito de direito internacional, signatário de um tratado, exprime definitivamente, no plano internacional, sua vontade de obrigar-se"[2].

Hildebrando Acciole conceitua ratificação como

> o ato administrativo mediante o qual o chefe de Estado confirma um tratado firmado em seu nome ou em nome do Estado, declarando aceito o que foi convencionado pelo agente signatário. Geralmente, só ocorre a ratificação depois que o tratado foi devidamente aprovado pelo Parlamento, a exemplo do que ocorre no Brasil, onde esta faculdade é do Congresso Nacional[3].

Para Amauri Mascaro Nascimento, ratificação "é o ato de direito interno pelo qual o Governo de um país aprova uma convenção ou tratado, admitindo a sua eficácia na sua ordem jurídica"[4].

Segundo Arnaldo Süssekind,

2. *Op. cit.*, p. 54.
3. *Op. cit.*, p. 26.
4. *Iniciação ao direito do trabalho*. 23. ed. São Paulo: LTr, 1997, p. 130.

o procedimento de ratificação é complexo, correspondendo a fases distintas. Em face do preceituado na Constituição da OIT, o governo de cada Estado-Membro assume a obrigação formal de enviar todas as convenções, no prazo máximo de dezoito meses, à autoridade competente para sua aprovação (art. 19, § 5º, "a"). No Brasil, esse órgão é o Congresso Nacional (art. 49, I, da nossa Constituição), competente para aprovar ou rejeitar definitivamente o tratado, não podendo, porém, aprová-la com reservas, salvo se facultadas no respectivo texto. Uma vez aprovada pelo órgão competente, o Chefe de Estado (no Brasil, o Presidente da República) deverá ratificá-la, promovendo o depósito do respectivo instrumento perante o Diretor-Geral da Repartição Internacional do Trabalho (Constituição da OIT, art. 19, § 5º, "d"), que comunicará o ato formal ao Secretário-Geral da ONU, para ser registrado nos termos do art. 102 da Carta das Nações Unidas. Somente então flui o prazo de doze meses para a vigência nacional da convenção[5].

Diversa é a posição de Antônio Álvares da Silva, para quem a ratificação não é ato de autoridade interna (governo), mas sim, do Estado-Membro perante a OIT. E o órgão que, no Brasil, representa o Estado-Membro, é o Congresso Nacional, como se deduz do art. 49, I, da Constituição Federal. Para o referido autor, a ratificação

> se manifesta por um ato de comunicação formal à outra parte ou ao depositário, nos casos de tratados multilaterais, como são as convenções da OIT que, na condição de organismo internacional, funciona como órgão depositário. No caso da OIT, há um percurso formal que deve ser seguido: a) pronunciando-se a Conferência (órgão da OIT, composta por representantes dos Estados-Membros) pela promulgação de uma convenção internacional, será dado conhecimento do fato a todos os Estados-Membros; b) estes últimos deverão comprometer-se a submetê-la, dentro do prazo de 1 ano, a partir do encerramento da sessão da Conferência ou, no máximo em 18 meses, às autoridades competentes de seu sistema jurídico interno para que a transformem em lei; c) uma vez obtido o pronunciamento, será comunicada ao Diretor-Geral a *ratificação formal* da convenção, ficando o Estado-Membro, a partir daqui, obrigado a tomar as medidas necessárias para efetivar as prescrições nela estabelecidas[6].

Em que pese o brilhantismo dos argumentos deste último autor, cremos que a razão está com os primeiros. É que, para nós, dois são os órgãos do Poder que representam a República Federativa do Brasil em suas relações internacionais: o Congresso

5. *Op. cit.*, p. 49.
6. *Convenção 158 da OIT*, p. 16-17.

Nacional, representando o Poder Legislativo, e o presidente da República, que acumula, em nosso país, as funções de Chefe de Governo e de Estado.

2.2. Vigência

Do latim *vigens*, oriundo de *vigere* (estar em voga, vigorar), o vocábulo vigência é empregado geralmente no mesmo sentido de vigor, força.

É preciso alertar, de início, que a vigência de um tratado no âmbito internacional não se confunde com a vigência de sua ratificação.

A vigência de um tratado internacional constitui requisito essencial para que ele possa produzir efeitos jurídicos em relação ao país que o ratificou, sendo certo que tal questão pode ser analisada sob dois prismas distintos: a vigência internacional (ou objetiva) e a vigência nacional (ou subjetiva).

No que concerne à Convenção 158 da OIT, que dispõe sobre proteção da relação de emprego contra a dispensa arbitrária ou sem justa causa, é sabido que sua vigência objetiva data de 23.11.1985.

Quanto à vigência subjetiva, a Convenção foi inicialmente levada a estudo junto ao Ministério do Trabalho por uma comissão tripartite, sendo que esta aconselhou, vencida a representação dos empregadores, a sua ratificação pelo Brasil.

Submetida ao Congresso Nacional, a Convenção 158 foi aprovada pelo Decreto legislativo 68, de 16.09.1992, sendo que a Missão Permanente do Brasil em Genebra em 04.01.1995 depositou o instrumento respectivo perante o diretor-geral da RIT – Repartição Internacional do Trabalho. Por esta razão, algumas vozes juslaboralistas ecoaram no sentido de que sua entrada em vigor, no plano doméstico, ocorreria um ano após o referido depósito, ou seja, 05.01.1996.

De outro giro, parcela considerável da doutrina proclamava a necessidade de decreto presidencial para que o tratado *sub examen* ingressasse validamente no ordenamento jurídico pátrio.

A discussão em torno do tema erigiu-se a novo patamar a partir da promulgação, pelo Presidente da República, do Decreto 1.855, de 10.04.1996 (*DOU* de 11.04.1996), que, no seu art. 1º, estabelece a aplicação obrigatória da Convenção 158 "tão inteiramente como nela se contém".

Quando se esperava o sepultamento das discussões, entidades sindicais de cúpula da categoria econômica ajuízam ação direta de inconstitucionalidade, com pedido de liminar (ADIn 1.480-3/DF), questionando a validade jurídico-constitucional do Decreto Legislativo 68/92, que aprovou a Convenção 158 da OIT, e do Decreto 1.855/96, que promulgou este mesmo tratado, sobre o fundamento de que os arts. 4º e 10 do diploma internacional padecem de: a) "inconstitucionalidade formal", por tratarem de assunto reservado à edição de lei complementar exigida pelo art. 7º, I, da CF/88; b) "inconstitucionalidade material", haja vista que a reintegração prevista na norma internacional diverge do modelo constitucional que garante indenização compensatória pela dispensa arbitrária ou sem justa causa (CF, art. 7º, I, e ADCT, art. 10, I).

Em r. despacho proferido nos autos da ADIn. 1.480-3, o eminente Ministro Celso de Mello, no exercício da presidência do Supremo Tribunal Federal, deixou assentado que o

> sistema constitucional brasileiro – que não exige a edição de lei para efeito de incorporação do ato internacional ao direito interno (*visão dualista extremada*) – satisfaz-se, para efeito de executoriedade doméstica dos tratados internacionais, com a adoção de iter procedimental que *compreende* a aprovação congressional e a promulgação executiva do texto convencional (*visão dualista moderada*).

E arrematou:

> No caso, o *iter* procedimental de incorporação da Convenção OIT 158 à ordem positiva interna do Brasil *já se concluiu*, eis que, além de sua aprovação definitiva pelo Congresso Nacional (Decreto Legislativo 68/92), sobreveio – a par da ratificação (que é ato de direito internacional público) – a promulgação do texto convencional pelo Presidente da República (Decreto 1.855/96)[7].

Seguindo as pegadas do ministro acima referido, tudo está a indicar – e disto não temos dúvida – que a vigência da Convenção 158 da OIT no âmbito de nosso direito positivo é algo que já não comporta maiores indagações.

A ADIn 1.480 foi arquivada em função do Decreto 2.100/96, da lavra do Presidente da República Fernando Henrique Cardoso, que tornou pública a denúncia, pelo Brasil, da Convenção da OIT 158 relativa ao Término da Relação de Trabalho por Iniciativa do Empregador.

O STF, entretanto, está julgando a ADIn 1.625-3, na qual se discute a (in)constitucionalidade do Decreto 2.100/96. O relator, ministro Joaquim Barbosa, em seu voto, julgou procedente a ação, entendendo que a denúncia de um tratado de direitos humanos feita pelo Presidente da República não pode ser unilateral, devendo, tanto para a para sua aprovação quanto para a sua denúncia, ter a manifestação do Congresso Nacional, nos termos do inc. I do art. 49 da CF.

Se declarado inconstitucional o Decreto 2.100/96, a Convenção 158 da OIT (Decreto Legislativo 68/92 e Decreto 1.855/96) volta a vigorar no Brasil, impossibilitando a dispensa arbitrária. Se o Presidente da República desejar realizar nova denúncia, deverá submeter o seu ato ao referendo do Congresso Nacional.

---

7. *Revista LTr*, n. 60, p. 1.016-1.021, ago. 1993.

2.3. Eficácia

Eficácia provém do latim *efficacia*, de *efficax*, que tem virtude, que tem propriedade, que chega ao fim; força ou poder que possa ter um ato ou um fato, para produzir os desejados efeitos.

Sem embargo de alguns autores empregarem os substantivos eficácia e vigência como sinônimos, a doutrina mais moderna, com acerto, ressalta a importância da distinção.

Pinto Ferreira, por exemplo, espelhando-se em José Afonso da Silva, distingue direito vigente e eficácia do direito:

> O *direito vigente* é a norma ou o conjunto de normas promulgadas e publicadas regularmente, para entrar em vigor em época determinada. Esclarece José Afonso da Silva: "Vigência do direito, ou direito vigente, caracteriza o direito que rege, aqui e agora, *hic et nunc*, relações sociais; refere-se ao direito presente; designa a existência específica de uma norma, opondo-se ao direito histórico". A *eficácia do direito* é um conceito; por conseguinte, diverge da positividade e da vigência; é o poder da norma jurídica de produzir efeito, em determinado grau, em maior ou menor grau; concerne à possibilidade de aplicação da norma, e não propriamente à sua efetividade[8].

A eficácia de uma norma, portanto, é o poder que ela possui para produzir efeitos jurídicos próprios e específicos. Pode ser ela entendida, segundo o referido autor, sob diversos planos.

Num *primeiro plano*, a eficácia pode ser analisada no sentido social e no sentido jurídico:

- no *sentido social*, busca desvendar se a conduta humana está de acordo com a própria norma, porquanto é possível que uma determinada norma tenha eficácia jurídica mas não tenha eficácia social, isto é, não cumprida efetivamente no mundo dos fatos;
- no *sentido jurídico*, onde se verificará a possibilidade de aplicação da norma, a sua exigibilidade e a sua executoriedade.

Num *segundo plano*, a eficácia pode traduzir-se em diversos *graus de imperatividade*. Teríamos, então, as normas coercitivas (*jus cogens*) e as normas dispositivas (*jus dispositivum*), em virtude do que a eficácia poderia ser *cogente* ou *dispositiva*, conforme os graus escalonados de imperatividade.

---

8. *Curso de direito constitucional*. 7. ed. São Paulo: Saraiva, 1995, p. 24.

A eficácia pode ser, ainda, apreciada no *plano temporal* e no *plano espacial*. A primeira, leva em conta a produção dos efeitos da norma no tempo (Lei de Introdução às normas do Direito Brasileiro, art. 1º). A segunda, tem em mira a produção dos efeitos da norma num dado território.

Finalmente, é possível entender a eficácia *positiva* ou *negativa*. A primeira, determina uma conduta positiva ou uma omissão, um comando que se revela de forma preceptiva ou proibitiva. A segunda, "prescreve ao legislador um caminho a seguir sem constrangê-lo juridicamente, contudo, a seguir tal via. Mas compelindo-o a não seguir caminho diverso, sendo assim paralisante das normas que com ela conflitam"[9].

No que respeita à eficácia jurídica de um tratado que já esteja em vigor no ordenamento interno de um determinado país, mister desvendar, em primeiro lugar, se se trata de norma cogente ou dispositiva. Depois, verifica-se a natureza jurídica de suas cláusulas, isto é, se são autoaplicáveis, dependentes de regulamentação interna ou meramente programáticas. Finalmente, passa-se à terceira etapa: descobrir se a norma internacional é compatível, ou não, com a ordem jurídica doméstica, isto é, se está apta a produzir os desejados efeitos jurídicos.

2.4. Controle de aplicação das convenções

A OIT se ocupa de supervisionar em todo momento a aplicação das convenções ratificadas. Cada Estado-Membro tem a obrigação de apresentar um relatório periódico à Repartição Internacional do Trabalho sobre as medidas de ordem legal e práticas adotadas para aplicar as convenções que haja ratificado. Os relatórios dos governos são examinados pela Comissão de Expertos em Aplicação de Convênios e Recomendações, integrada por personalidades independentes, que possuem elevado nível de qualificação em terreno jurídico ou social, principalmente nas questões laborais.

A Comissão apresenta um relatório anual à Conferência Internacional do Trabalho, que o submete ao exame de um comitê tripartido integrado por delegados dos governos, dos empregadores e dos trabalhadores.

Junto a este mecanismo ordinário de supervisão, a Constituição da OIT prevê também outros procedimentos que contribuem para a observância do sistema de normas internacionais de trabalho. Assim, as organizações de empregadores e de trabalhadores podem apresentar reclamações perante a Organização Internacional do Trabalho, alegando o descumprimento por parte de um Estado-Membro de uma convenção que este haja ratificado. Se o Conselho de Administração da OIT admitir a reclamação, nomeia uma comissão tripartida para que examine a questão. Esta comissão apresenta um relatório ao Conselho de Administração, contendo suas conclusões e recomendações.

9. *Op. cit.*, p. 24-26.

De outra parte, qualquer Membro pode apresentar uma reclamação perante a Organização Internacional do Trabalho contra outro Membro que, em sua opinião, não haja adotado medidas para o cumprimento satisfatório de uma convenção que ambos tenham ratificado. O Conselho de Administração pode nomear uma comissão de averiguação para examinar a questão suscitada e informar a respeito. Este Conselho pode seguir esse mesmo procedimento, seja de ofício ou em virtude de uma queixa apresentada por um delegado da Conferência.

A Comissão de Averiguação, se procedente a reclamação ou queixa, formula recomendações sobre as medidas que devem ser adotadas. Os governos afetados dispõem de três meses para dar cumprimento a ditas recomendações. Caso não o façam, podem submeter o caso à Corte Internacional de Justiça.

Se um Membro não cumpre, dentro do prazo prescrito, as recomendações formuladas pela Comissão de Averiguação ou a decisão da Corte Internacional de Justiça, o Conselho de Administração pode recomendar à Conferência as medidas que julgar convenientes para obter o cumprimento das sobreditas recomendações.

Além do sistema de supervisão já referido, há, ainda, o Comitê de Liberdade Sindical, que atua na dependência de acionamento do Conselho de Administração e se encarrega de examinar as reclamações relacionadas com a liberdade e direitos sindicais, que ocupam um lugar fundamental na Constituição da OIT. Desde sua criação, em 1951, o Comitê já examinou mais de 1.700 casos que dizem respeito tanto a organizações de empregadores como de trabalhadores dos países de todo o mundo.

As medidas adotadas no plano doméstico para a entrada em vigor das convenções da Organização Internacional do Trabalho desempenham um importante e decisivo papel, uma vez que a elaboração da legislação dos países se vê influenciada pela mera existência das normas internacionais do trabalho, ainda que se trate de países que não tenham ratificado uma medida da convenção. Tanto é assim que os governos dos Estados-Membros se referem com frequência às convenções da OIT quando se trata de adoção de leis trabalhistas ou de modificação da legislação vigente.

2.5. Controle de convencionalidade no ordenamento jurídico brasileiro

Tema que vem ganhando mais pesquisadores interessados na seara laboral é o que diz respeito ao controle de convencionalidade.

Trata-se de uma técnica de interpretação das leis e atos normativos para aferir se estas estão de acordo com os tratados internacionais em que a República Federativa do Brasil for parte, como o são as Convenções da OIT.

Nesse passo, a 2ª Jornada de Direito Material e Processual do Trabalho aprovou o Enunciado 1, que permite o controle de convencionalidade de dispositivos da chamada Reforma Trabalhista (Lei 13.467/2017), *in verbis*:

Enunciado 1 – CONTROLE DE CONVENCIONALIDADE DA REFORMA TRABALHISTA, AUSÊNCIA DE CONSULTA TRIPARTITE E DE CONSULTA PRÉVIA ÀS ORGANIZAÇÕES SINDICAIS. I. REFORMA TRABALHISTA. LEI 13.467/2017. Incompatibilidade vertical com as Convenções da OIT. Ausência de consulta tripartite. Ofensa à Convenção 144 da OIT. II. AUSÊNCIA DE CONSULTA PRÉVIA ÀS ORGANIZAÇÕES DE TRABALHADORES. Ofensa à Convenção 154 da OIT, bem como aos Verbetes 1075, 1081 e 1082 do COMITÊ DE LIBERDADE SINDICAL DO CONSELHO DE ADMINISTRAÇÃO DA OIT.

Além disso, na referida Jornada foi aprovado o Enunciado 48, *in verbis*:

NEGOCIAÇÃO "IN PEJUS" E INCONVENCIONALIDADE DO ART. 611-A DA CLT NEGOCIAÇÃO "IN PEJUS". INCONVENCIONALIDADE. EFEITOS PARALISANTES. A comissão de expertos em aplicação de Convênios e Recomendações da OIT (CEACR), no contexto de sua observação de 2017 sobre a aplicação, pelo Brasil, da Convenção 98 da OIT, reiterou que o objetivo geral das Convenções 98, 151 e 154 é a promoção da negociação coletiva para encontrar acordo sobre termos e condições de trabalho que sejam mais favoráveis que os previstos na legislação. Segundo a CEACR, um dispositivo legal que institui a derrogabilidade geral da legislação laboral por meio da negociação coletiva é contrário ao objetivo da promoção da negociação coletiva livre e voluntária prevista em tais convenções. O artigo 611-A da CLT "Reformada" não é verticalmente compatível com a Convenção 98 da OIT e remanesce formalmente inconvencional, circunstância que impede a sua aplicação, em virtude da eficácia paralisante irradiada pelas convenções.

3. AS RECOMENDAÇÕES DA OIT

Ao contrário das convenções, as recomendações não são sujeitas à ratificação. Essa é, portanto, a principal razão pela qual não têm o mesmo valor jurídico das convenções.

Frequentemente, as recomendações são adotadas paralelamente às convenções que tratam da mesma matéria, sendo certo que o objeto daquelas consiste em desenvolver com maior detalhamento o conteúdo destas últimas.

As recomendações são dirigidas aos Estados-Membros e têm por finalidade o fomento e a orientação das atividades nacionais em áreas determinadas.

4. CONVENÇÕES RATIFICADAS PELO BRASIL

Convenção	*Título*	*Adoção OIT*	*Ratificação pelo Brasil*	**Observação**
3	Convenção relativa ao Emprego das Mulheres antes e depois do parto (Proteção à Maternidade)	1919	26.04.1934	Denunciada, como resultado da ratificação da Convenção 103 em 26.07.1961.
4	Convenção relativa ao Trabalho Noturno das Mulheres	1919	26.04.1934	Denunciada em 12.05.1937.
5	Idade Mínima de Admissão nos Trabalhos Industriais	1919	26.04.1934	Denunciada, como resultado da ratificação da Convenção 138 em 28.06.2001.
6	Trabalho Noturno dos Menores na Indústria	1919	26.04.1934	
7	Convenção sobre a Idade Mínima para Admissão de Menores no Trabalho Marítimo (Revista em 1936)	1920	08.06.1936	Denunciada, como resultado da ratificação da Convenção 58 em 09.01.1974.
11	Direito de Sindicalização na Agricultura	1921	25.04.1957	
12	Indenização por Acidente do Trabalho na Agricultura	1921	25.04.1957	
14	Repouso Semanal na Indústria	1921	25.04.1957	
16	Exame Médico de Menores no Trabalho Marítimo	1921	08.06.1936	
19	Igualdade de Tratamento (Indenização por Acidente de Trabalho)	1925	25.04.1957	
21	Inspeção dos Emigrantes a Bordo dos Navios	1926	18.06.1965	
22	Contrato de Engajamento de Marinheiros	1926	18.06.1965	
26	Métodos de Fixação de Salários Mínimos	1928	25.04.1957	
29	Trabalho Forçado ou Obrigatório	1930	25.04.1957	
41	Convenção Relativa ao Trabalho Noturno das Mulheres (revista em 1934)	1934	08.06.1936	Denunciada, como resultado da ratificação da Convenção 89 em 24.04.1957.
42	Indenização por Enfermidade Profissional (revista)	1934	08.06.1936	
45	Emprego de Mulheres nos Trabalhos Subterrâneos das Minas	1935	22.09.1938	

52	Férias Remuneradas	1936	22.09.1938	Denunciada, como resultado da ratificação da Convenção 132 em 23.09.1998.
53	Certificados de Capacidade dos Oficiais da Marinha Mercante	1936	12.10.1938	
58	Idade Mínima no Trabalho Marítimo (revista)	1936	12.10.1938	Denunciada, como resultado da ratificação da Convenção 138 em 26.06.2001.
80	Revisão dos Artigos Finais	1946	13.04.1948	
81	Inspeção do Trabalho na Indústria e no Comércio	1947	11.10.1989	
88	Organização do Serviço de Emprego	1948	25.04.1957	
89	Trabalho Noturno das Mulheres na Indústria (revista)	1948	25.04.1957	
91	Férias Remuneradas dos Marítimos (revista)	1949	18.06.1965	Denunciada, como resultado da ratificação da Convenção 146 em 24.09.1998.
92	Alojamento de Tripulação a Bordo (revista)	1949	08.06.1954	
93	Convenção sobre Salários, Duração de Trabalho a Bordo e Tripulação (revista em 1949)	1949	18.06.1965	A Convenção não entrou em vigor.
94	Cláusulas de Trabalho em Contratos com Órgãos Públicos	1949	18.06.1965	
95	Proteção do Salário	1949	25.04.1957	
96	Concernente aos escritórios remunerados de empregos	1949	21.06.1957	
97	Trabalhadores Migrantes (revista)	1949	18.06.1965	
98	Direito de Sindicalização e de Negociação Coletiva	1949	18.11.1952	
99	Métodos de Fixação de Salário Mínimo na Agricultura	1951	25.04.1957	
100	Igualdade de Remuneração de Homens e Mulheres Trabalhadores por Trabalho de Igual Valor	1951	25.04.1957	
101	Férias Remuneradas na Agricultura	1952	25.04.1957	Denunciada, como resultado da ratificação da Convenção 132 em 23.09.1998.
102	Normas Mínimas da Seguridade Social	1952	15.06.2009	
103	Amparo à Maternidade (revista)	1952	18.06.1965	

104	Abolição das Sanções Penais no Trabalho Indígena	1955	18.06.1965	
105	Abolição do Trabalho Forçado	1957	18.06.1965	
106	Repouso Semanal no Comércio e nos Escritórios	1957	18.06.1965	
107	Populações Indígenas e Tribais	1957	18.06.1965	Denunciada, como resultado da ratificação da Convenção 169 em 25.07.2002.
108	Documentos de Identidade dos Marítimos	1958	05.11.1963	Denunciada, como resultado da ratificação da Convenção 185, em 21.01.2010.
109	Convenção sobre os Salários, a Duração do Trabalho a Bordo e as Lotações (revista em 1958)	1958	30.11.1966	A Convenção não entrou em vigor.
110	Convenção sobre as Condições de Emprego dos Trabalhadores em Fazendas	1958	1º.03.1965	Denunciada em 28.08.1970.
111	Discriminação em Matéria de Emprego e Ocupação	1958	26.11.1965	
113	Exame Médico dos Pescadores	1959	1º.03.1965	
115	Proteção Contra as Radiações	1960	05.09.1966	
116	Revisão dos Artigos Finais	1961	05.09.1966	
117	Objetivos e Normas Básicas da Política Social	1962	24.03.1969	
118	Igualdade de Tratamento entre Nacionais e Estrangeiros em Previdência Social	1962	24.03.1969	
119	Proteção das Máquinas	1963	16.04.1992	
120	Higiene no Comércio e nos Escritórios	1964	24.03.1969	
122	Política de Emprego	1964	24.03.1969	
124	Exame Médico dos Adolescentes para o Trabalho Subterrâneo nas Minas	1965	21.08.1970	
125	Certificados de Capacidade dos Pescadores	1966	21.08.1970	
126	Alojamento a Bordo dos Navios de Pesca	1966	12.04.1994	
127	Peso Máximo das Cargas	1967	21.08.1970	
131	Fixação de Salários Mínimos, Especialmente nos Países em Desenvolvimento	1970	04.05.1983	
132	Férias Remuneradas (revista)	1970	23.09.1998	

133	Alojamento a Bordo de Navios (Disposições Complementares)	1970	16.04.1992	
134	Prevenção de Acidentes do Trabalho dos Marítimos	1970	25.07.1996	
135	Proteção de Representantes de Trabalhadores	1971	18.05.1990	
136	Proteção Contra os Riscos da Intoxicação pelo Benzeno	1971	24.03.1993	
137	Trabalho Portuário	1973	12.08.1994	
138	Idade Mínima para Admissão	1973	28.06.2001	
139	Prevenção e Controle de Riscos Profissionais Causados por Substâncias ou Agentes Cancerígenos	1974	27.06.1990	
140	Licença Remunerada para Estudos	1974	16.04.1992	
141	Organizações de Trabalhadores Rurais	1975	27.09.1994	
142	Desenvolvimento de Recursos Humanos	1975	24.11.1981	
144	Consultas Tripartites sobre Normas Internacionais do Trabalho	1976	27.09.1994	
145	Continuidade no Emprego do Marítimo	1976	18.05.1990	
146	Convenção Relativa às Férias Anuais Pagas dos Marítimos	1976	24.09.1998	
147	Normas Mínimas da Marinha Mercante	1976	17.01.1991	
148	Contaminação do Ar, Ruído e Vibrações	1977	14.01.1982	
151	Direito de Sindicalização e Relações de Trabalho na Administração Pública	1978	15.06.2010	
152	Segurança e Higiene dos Trabalhos Portuários	1979	18.05.1990	
154	Fomento à Negociação Coletiva	1981	10.07.1992	
155	Segurança e Saúde dos Trabalhadores	1981	18.05.1992	
158	Término da Relação de Trabalho por Iniciativa do Empregador	1982	05.01.1995	Denunciada em 20.11.1996.
159	Reabilitação Profissional e Emprego de Pessoas Deficientes	1983	18.05.1990	
160	Estatísticas do Trabalho (Revista)	1985	02.07.1990	
161	Serviços de Saúde do Trabalho	1985	18.05.1990	
162	Utilização do Amianto com Segurança	1986	18.05.1990	

163	Bem-Estar dos Trabalhadores Marítimos no Mar e no Porto	1987	04.03.1997	
164	Proteção à Saúde e Assistência Médica aos Trabalhadores Marítimos	1987	04.03.1997	
166	Repatriação de Trabalhadores Marítimos	1987	04.03.1997	
167	Convenção sobre a Segurança e Saúde na Construção	1988	19.05.2006	
168	Promoção do Emprego e Proteção contra o Desemprego	1988	24.03.1993	
169	Povos Indígenas e Tribais	1989	25.07.2002	
170	Segurança no Trabalho com Produtos Químicos	1990	23.12.1996	
171	Trabalho Noturno	1990	18.12.2002	
174	Convenção sobre a Prevenção de Acidentes Industriais Maiores	1993	02.08.2001	
176	Convenção sobre Segurança e Saúde nas Minas	1995	18.05.2006	
178	Convenção Relativa à Inspeção das Condições de Vida e de Trabalho dos Trabalhadores Marítimos	1996	21.12.2007	
182	Convenção sobre Proibição das Piores Formas de Trabalho Infantil e Ação Imediata para sua Eliminação	1999	02.02.2000	
185	Convenção sobre os Documentos de Identidade da gente do mar (revista)	2003	18.12.2015	

Fonte: Disponível em: <http://www.oit.org.br>.

Referências

ALBUQUERQUE, Bruna Maria Jacques Freire de. *Subcontratación y precarización del trabajo: un estudio comparativo de la norma laboral brasileña y española*. Salamanca: Universidad de Salamanca, 2014.

ALMEIDA, Isis de. *Curso de legislação do trabalho*. 4. ed. São Paulo: Sugestões Literárias, 1981.

AMARAL, Francisco. *Direito civil*: introdução. 7. ed. Rio de Janeiro: Renovar, 2008.

AMORIM FILHO, Agnelo. Critério científico para distinguir a prescrição da decadência e identificar as ações imprescritíveis. *Revista dos Tribunais*. São Paulo: RT, n. 300, p. 7 *et seq*.

ANDRADE, Everaldo Gaspar Lopes de. *Curso de direito do trabalho*. São Paulo: Saraiva, 1992.

AROUCA, José Carlos. *Repensando o sindicato*. São Paulo: LTr, 1988.

ARRUDA, Kátia Magalhães. *Direito constitucional do trabalho*: sua eficácia e o impacto neoliberal. São Paulo: LTr, 1998.

AVILÉS, Antonio Ojeda. *Derecho sindical*. Madrid: Tecnos, 1984.

BANDEIRA DE MELLO, Celso Antônio. *Curso de direito administrativo*. São Paulo: Malheiros, 1995.

BARASSI, Lodovico. *Una vecchia illusione che appartiene ala archeologia*. Il Diritto del Lavoro. Milano: Giuffrè, 1949. v. 1.

BARROS, Alice Monteiro de. *Curso de direito do trabalho*. 6. ed. São Paulo: LTr, 2010.

______ (Coord.). *Curso de direito do trabalho*: estudos em memória de Célio Goyatá. 2. ed. São Paulo: LTr, 1994.

BASTOS, Celso Ribeiro. *Curso de direito constitucional*. 18. ed. São Paulo: Saraiva, 1997.

BATALHA, Wilson de Souza Campos. *Sindicatos, sindicalismo*. São Paulo: LTr, 1992.

BARROS, Cássio Mesquita. Responsabilidade civil do sindicato na greve. *Revista Síntese Trabalhista*, n. 98, p. 14 s/s., ago. 1997.

BARROSO, Luís Roberto. *O direito constitucional e a efetividade de suas normas*: limites e possibilidades da Constituição brasileira. 4. ed. Rio de Janeiro: Renovar, 2000.

BEDAQUE, José Roberto dos Santos. *Direito e processo: influência do direito material sobre o processo*. 3. ed. São Paulo: Malheiros, 2003.

BILHALVA, Vilson Antônio Rodrigues. Greve. *Revista da Academia Nacional de direito do trabalho*. São Paulo, LTr, a. VI, n. 6, 1993.

BOBBIO, Norberto. *Teoría general del derecho*. Tradução de Jorge Guerrera R. Bogota: Temis, 1999.

______. *Teoria do ordenamento jurídico*. 10. ed. Brasília: UnB, 1997.

BONAVIDES, Paulo. *Curso de direito constitucional*. 7. ed. São Paulo: Malheiros, 1997.

BRANCO, Ana Paula Tauceda. *A colisão de princípios constitucionais no direito do trabalho*. São Paulo: LTr, 2007.

BRESCIANI, Luís Paulo *et al*. *Negociações tripartites na Itália e no Brasil*. São Paulo: LTr, 1995.

BRITO FILHO, José Cláudio Monteiro de. *A sindicalização do servidor público*. Curitiba: Genesis, 1996.

______. *Direito sindical*: análise do modelo brasileiro de relações coletivas de trabalho à luz do direito comparado e da doutrina da OIT: proposta de inserção da comissão de empresa. São Paulo: LTr, 2000.

BRUM, André; GALLAND, Henri. *Droit du travail*. Paris: Sirey, 1978.

BULOS, Uadi Lammêgo. *Curso de direito constitucional*. 4. ed. São Paulo: Saraiva, 2009; 8. ed. (2014).

CALVO, Adriana. *A natureza jurídica dos planos de opções de compra de ações no direito do trabalho*. Disponível em: <www.calvo.pro.br>. Acesso em: 12.10.2014.

CANARIS, Claus-Wilhelm. *Pensamento sistemático e conceito de sistema na ciência do direito*. 2. ed. Tradução de A. Menezes Cordeiro. Lisboa: Calouste Gulbenkian, 1996.

CANOTILHO, J. J. Gomes. *Direito constitucional e teoria da Constituição*. 7. ed. Coimbra: Almedina, 2003.

CANOTILHO, J. J. Gomes; MENDES, Gilmar Ferreira; SARLET, Ingo Wolfgang; STRECK, Lenio Luiz; LEONCY, Léo Ferreira. *Comentários à Constituição do Brasil*. São Paulo: Saraiva, 2013.

CARDONE, Marly A.; SILVA, Floriano Corrêa Vaz da. *Terceirização no direito do trabalho e na economia* (colaboração de) Haroldo Malheiros Duclerc Verçosa, Amador Paes de Almeida, Cid José Sitrangulo, Alice Monteiro de Barros, Roberto Ferraiuolo, Argeu Egydio dos Santos. São Paulo: LTr, 1993.

CARRION, Valentin. *Comentários à Consolidação das Leis do Trabalho*. 19. ed. São Paulo: Saraiva, 1995; 24. ed., 2000.

______. *Comentários à Consolidação das Leis do Trabalho*. Ed. em CD-ROM. São Paulo: Saraiva, 1996.

______. *Nova jurisprudência em direito do trabalho*. Ed. em CD-ROM. São Paulo: Saraiva, 1996.

CASSAR, Vólia Bomfim. *Direito do trabalho*. 4. ed. Niterói: Impetus, 2010; 10. ed. Rio de Janeiro: Forense, 2014.

CASTELO, Jorge Pinheiro. *O direito material e processual do trabalho e a pós-modernidade*. São Paulo: LTr, 2003.

CATHARINO, José Martins. *Compêndio universitário de direito do trabalho*. São Paulo: Jur. e Un., 1972.

______. *Tratado Jurídico do Salário*. Rio de Janeiro: Freitas Bastos, 1957.

______. *Tratado elementar de direito sindical*. São Paulo: LTr, 1982.

CESARINO JÚNIOR, A. F. *Direito Social*. São Paulo: LTr, 1980.

COELHO, Fábio Ulhoa. *Manual de direito comercial*. 22. ed. São Paulo: Saraiva, 2010.

COSTA, José de Ribamar da. *Noções de direito do trabalho*. 6. ed. São Paulo: LTr, 1993.

CHAVES JUNIOR, José Eduardo de Resende. A reforma trabalhista e os contratos de trabalho e processos em curso? Disponível em: <https://pepe-ponto-rede.blogspot.com.br/2017/11/a-reforma-trabalhista-atinge-os.html?m=1>. Acesso em: 15 nov. 2017.

CUNHA, Maria Inês Moura S. A. da. *Direito do trabalho*. São Paulo: Saraiva, 1995.

DE CASTRO, Frederico. *Derecho civil de Espanha*. Madri, 1949.

DE FERRARI, Francisco. *Derecho del trabajo*. Buenos Aires: Depalma, 1968.

DEL CASTILLO, Santiago Perez. *O direito de greve*. São Paulo: LTr, 1994.

DE LA CUEVA, Mario. *Derecho mexicano del trabajo*. México: Porrúa, 1960.

DELGADO, Gabriela Neves. *Direito fundamental ao trabalho digno*. São Paulo: LTr, 2006.

DELGADO, Maurício Godinho. *Curso de direito do trabalho*. 9. ed. São Paulo: LTr, 2010; 11. ed. (2012); 12. ed. (2013); 13. ed. (2014); 18. ed. (2019).

DINIZ, Maria Helena. *Compêndio de introdução ao estudo do direito*. 22. ed. São Paulo: Saraiva, 2011.

DONATO, Messias Pereira. *Curso de direito do trabalho*. São Paulo: Saraiva, 1977.

DUARTE, Bento Herculano. *Manual de direito do trabalho*: estudos em homenagem ao prof. Cássio Mesquita Barros. São Paulo: LTr, 1998.

FERNANDES, Francisco; LUFT, Celso Pedro e GUIMARÃES, F. Marques. *Dicionário brasileiro de língua portuguesa*. Vitória: A Gazeta, 1997.

FELICIANO, Guilherme Guimarães. Justiça do Trabalho: nada mais, nada menos. *Jus Navigandi*. Teresina, a. 9, n. 736, 11 jul. 2005. Disponível em: <http://jus2.uol.com.br/doutrina/texto.asp?id=6989>. Acesso em: 29 ago. 2010.

FERREIRA, Luiz Pinto. *Curso de direito constitucional*. 7. ed. São Paulo: Saraiva, 1995.

FERRI, Luigi. *Lezione sul contratto*. Bologna: Patron, 1975.

FÓRUM INTERNACIONAL SOBRE DIREITOS HUMANOS E DIREITOS SOCIAIS. *Publicação conjunta do TST e OIT*. São Paulo: LTr, 2004.

FRANCIULLI NETTO, Domingos; MENDES, Gilmar Ferreira; MARTINS FILHO, Ives Gandra (coords.). *O novo Código Civil*: estudos em homenagem ao professor Miguel Reale. São Paulo: LTr, 2003.

FRANCO FILHO, Georgenor de Sousa (Coord.). *Curso de direito coletivo do trabalho*: estudos em homenagem ao ministro Orlando Teixeira da Costa. São Paulo: LTr, 1998.

FURTADO, Emmanuel Teófilo. *Alteração do contrato de trabalho*. São Paulo: LTr, 1994.

GAGLIANO, Pablo Stolze; PAMPLONA FILHO, Rodolfo. *Novo curso de direito civil*: responsabilidade civil. 4. ed. rev., atual. e reform. São Paulo: Saraiva, 2006. v. III.

GARCIA, Alonso. *Derecho del trabajo*. Barcelona, t. 1, 1960.

GEMIGNANI, Teresa Aparecida Asta; GEMIGNANI, Daniel. Motorista profissional: análise específica e contextualizada das Leis 12.619/2012 e 13.103/2015. In: MIESSA, Élisson; CORREIA, Henrique (orgs.). *Estudos aprofundados da magistratura do trabalho*. Salvador: JusPodivm, 2015, p. 391-417.

GENRO, Tarso Fernando. *Direito individual do trabalho*: uma abordagem crítica. 2. ed. São Paulo: LTr, 1994.

GIUGNI, Gino. *Direito sindical*. São Paulo: LTr, 1991.

GOMES, Gilberto. *Sucessão de empresa*: a questão da responsabilidade solidária e a posição do empregado. São Paulo: LTr, 1994.

GOMES, Orlando; GOTTSCHALK, Elson. *Curso de direito do trabalho*. 18. ed. Rio de Janeiro: Forense, 2007.

GONÇALVES, Carlos Roberto. *Direito civil brasileiro, v. III*: contratos e atos unilaterais. 6. ed. São Paulo: Saraiva, 2009.

HERKENHOFF, João Batista. *Instituições de direito público e privado*. São Paulo: Acadêmica, 1992.

HESSE, Konrad. *A força normativa da Constituição*. Trad. Gilmar Ferreira Mendes. Porto Alegre: Fabris, 1991.

JAVILLIER, Jean-Claude. *Manual de direito do trabalho*. Tradução de Rita Asdine Bozaciyan. São Paulo: LTr, 1988.

LACERDA, Dorval. *A falta grave no direito do trabalho*. Rio de Janeiro: Trabalhistas, 1989.

LAMARCA, Antonio. *Contrato Individual de trabalho*. São Paulo: Revista dos Tribunais, 1969.

LAVOR, Francisco Osani de. A greve no contexto democrático. *Revista Síntese Trabalhista*. Porto Alegre, n. 82, p. 12 e s/s., abr. 1996.

LEAL, Câmara. *Da prescrição e da decadência*. 3. ed. Rio de Janeiro: Forense, 1978.

LEITE, Carlos Henrique Bezerra. *Direitos humanos*. 3. ed. São Paulo: Atlas, 2014.

______. *Contratação ilegal de servidor público e ação civil pública trabalhista*. Belo Horizonte: RTM, 1996.

______. *Direito do trabalho e processo trabalhista*: temas controvertidos. Belo Horizonte: RTM, 1997.

______. *Constituição e direitos sociais dos trabalhadores*. São Paulo: LTr, 1997.

______. *Curso de direito processual do trabalho*. 10. ed. São Paulo: LTr, 2012; 12. ed. (2014).

______. *Curso de direito processual do trabalho*. 13. ed. São Paulo: Saraiva, 2015.

______. *Curso de direito processual do trabalho*. 16. ed. São Paulo: Saraiva, 2018.

______. *Curso de direito processual do trabalho*. 17. ed. São Paulo: Saraiva, 2019.

______. *Ação civil pública na perspectiva dos direitos humanos*. 2. ed. São Paulo: LTr, 2008.

LEITE, Carlos Henrique Bezerra; EÇA, Vitor Salino de Moura (coords.). *Direito e processo do trabalho na perspectiva dos direitos humanos*. São Paulo: LTr, 2014.

LEITE, Carlos Henrique Bezerra; LEITE, Laís Durval; LEITE, Letícia Durval. *A nova lei do trabalho doméstico:* comentários à Lei Complementar n. 150/2015. São Paulo: Saraiva, 2015.

LENZA, Pedro. *Direito constitucional esquematizado*. 13. ed. São Paulo: Saraiva, 2009.

LIMA, Francisco Meton Marques de. *Elementos de direito do trabalho e processo trabalhista*. 6. ed. São Paulo: LTr, 1994.

______. *Curso de direito processual do trabalho*. 8. ed. São Paulo: LTr, 2010.

______. *Direitos humanos*. Rio de Janeiro: Lumen Juris, 2010.

MACHADO, Maurício Godinho. *Jornada de trabalho e descansos trabalhistas*. Belo Horizonte: RTM, 1996.

______. *Introdução ao direito do trabalho*. São Paulo: LTr, 1995.

MAGALHÃES FILHO, Glauco Barreira. *Curso de hermenêutica jurídica*. 4. ed. São Paulo: Atlas, 2013.

MAGANO, Octavio Bueno. *Manual de direito do trabalho*: parte geral. 4. ed. São Paulo: LTr, 1991.

______. *Manual de direito do trabalho*: direito individual do trabalho. 3. ed. São Paulo: LTr, 1992.

______. *Manual de direito do trabalho/Direito coletivo do trabalho*. 3. ed. São Paulo: LTr, 1993. v. III.

______. *Política do trabalho*. São Paulo: LTr, 1995. 2 v.

MALTA, Christovão Piragibe Tostes; ALVES, Ivan Dias Rodrigues. *Teoria e prática do direito do trabalho*. 9. ed., rev. atual. e aum. São Paulo: LTr, 1995.

______. *Direito do trabalho resumido*. 15. ed. São Paulo: LTr, 1995.

MANCUSO, Rodolfo de Camargo. *Interesses difusos: conceito e legitimação para agir*. 4. ed. São Paulo: Revista dos Tribunais, 1997.

______. Comentários ao código de defesa do consumidor (arts. 81 a 100). In: OLIVEIRA, Juarez de (coord.). *Comentários ao código de defesa do consumidor*. São Paulo: Saraiva, 1991.

MANNRICH, Nelson. *Dispensa coletiva*: da liberdade contratual à responsabilidade social. São Paulo: LTr, 2000.

MANUS, Pedro Paulo Teixeira. *Direito do trabalho*. 5. ed. São Paulo: Atlas, 1999.

MARANHÃO, Délio. *Direito do trabalho*. 17. ed. Rio de Janeiro: FGV, 1993.

MARQUES, José Frederico. *Manual de direito processual civil*. São Paulo: Saraiva, 1974. v. I.

MARSHALL, T. H. *Cidadania, classe social e status*. Rio de Janeiro: Zahar, 1967.

MARTINEZ, Luciano. *Curso de direito do trabalho*. 4. ed. São Paulo: Saraiva, 2013.

______. *Curso de direito do trabalho*. 10 ed. São Paulo: Saraiva Educação, 2019.

MARTINEZ, Pedro Romano. *Direito do trabalho*. 7. ed. Coimbra: Almedina, 2015.

MARTINS, Nei Frederico Cano. *Estabilidade provisória no emprego*. São Paulo: LTr, 1995.

MARTINS, Sérgio Pinto. *Direito do trabalho*. 6. ed. São Paulo: Atlas, 1998.

MARTINS FILHO, Ives Gandra da Silva. *Manual esquemático de Direito e Processo do Trabalho*. 3. ed. São Paulo: Saraiva, 1992.

______. *Manual de direito e processo do trabalho*. 19. ed. São Paulo: Saraiva, 2010.

MAXIMILIANO, Carlos. *Hermenêutica e aplicação do Direito*. 12. ed. Rio de Janeiro: Forense, 1992.

MAZZILLI, Hugo Nigro. *A defesa dos interesses difusos em juízo*. 12. ed. São Paulo: Revista dos Tribunais, 2000.

MAZZONI, Giuliano. *Manuale di diritto del lavoro*. Milano: Giuffrè, 1977.

MEDEIROS NETO, Xisto Tiago. *Dano moral coletivo*. 2. ed. São Paulo: LTr, 2007.

MEIRELES, Edilton. *O novo Código Civil e o Direito do Trabalho*. São Paulo: LTr, 2005.

MELO, Raimundo Simão de. O Ministério Público do Trabalho e as greves em atividades essenciais. In: *Revista Síntese Trabalhista*, n. 71, p. 17 s/s., maio 1995.

MENDES, Gilmar Ferreira; BRANCO, Paulo Gustavo Gonet. *Curso de direito constitucional*. 9. ed. São Paulo: Saraiva, 2014.

MIRANDA, Jorge. *Manual de direito constitucional*. 4. ed. Coimbra: Coimbra, 1990. t. 1.

MORAES, Alexandre de. *Direito constitucional*. 8. ed. São Paulo: Atlas, 2000.

MOARES, Evaristo de. *Apontamentos de direito operário*. 3. ed. São Paulo: LTr, 1986.

MORAES FILHO, Evaristo de. *Introdução ao direito do trabalho*. 5. ed. São Paulo: LTr, 1991.

______. *Apontamentos de direito operário*. 3. ed. São Paulo: LTr, 1986.

MORAES FILHO, Evaristo de; MORAES, Antonio Carlos Flores de. *Introdução ao direito do trabalho*. 11. ed. São Paulo: LTr, 2014.

MORAES, Guilherme Peña. *Curso de direito constitucional*. 6. ed. São Paulo: Atlas, 2014.

MOURA, Marcelo. *Curso de direito do trabalho*. São Paulo: Saraiva, 2014.

MUÇOUÇAH, Renato de Almeida Oliveira. A terceirização debatida no parlamento brasileiro ante a experiência jurídica nacional e estrangeira: o Estado e a tutela do trabalho durante crises econômicas. *Revista da Faculdade de Direito UFPR*, Curitiba, PR, Brasil, v. 62, n. 2, p. 149 – 174, maio/ago. 2017. ISSN 2236-7284. Disponível em: <http://revistas.ufpr.br/direito/article/view/51316>. Acesso em: 28 ago. 2017.

NASCIMENTO, Amauri Mascaro. *Compêndio de direito sindical*. 3. ed. São Paulo: LTr, 2003.

______. *Curso de direito do trabalho*. 23. ed. São Paulo: Saraiva, 2008.

______. *Iniciação do direito do trabalho*. 22. ed. São Paulo: LTr, 1996.

______. *Direito do trabalho na Constituição de 1988*. São Paulo: Saraiva, 1991.

______. *Direito sindical*. São Paulo: Saraiva, 1989.

______. *Comentários à lei de greve*. São Paulo: LTr, 1989.

______. *Comentários às leis trabalhistas*. 2. ed. São Paulo: LTr, 1992.

______. *Teoria geral de direito do trabalho*. São Paulo: LTr, 1998.

NERY JUNIOR, Nelson. *Princípios do processo civil na Constituição Federal*. 4. ed. São Paulo: Revista dos Tribunais, 1997; 6. ed. (2000).

______; NERY, Rosa Maria Andrade. *Código de processo civil comentado e legislação processual civil extravagante em vigor*. 4. ed. São Paulo: Revista dos Tribunais, 1999.

OLIVEIRA, Fábio Leopoldo de. *Curso expositivo de direito do trabalho*. São Paulo: LTr, 1991.

OLIVEIRA, Francisco Antônio de. *Consolidação das leis do trabalho comentada*. São Paulo: Revista dos Tribunais, 1996.

PAULON, Carlos Arthur. *Direito alternativo do trabalho*. São Paulo: LTr, 1984.

PIMENTA, José Roberto Freire *et alli*. (Coords.) *Direito do trabalho*: evolução, crise, perspectivas. São Paulo: LTr, 2004.

PINTO, José Augusto Rodrigues. *Curso de direito individual do trabalho*. 2. ed. São Paulo: LTr, 1995.

______. *Direito sindical e coletivo do trabalho*. São Paulo: LTr, 1998.

______. *Tratado de direito material do trabalho*. São Paulo: LTr, 2007.

PIOVESAN, Flávia. *Direitos humanos e o direito constitucional internacional*. 7. ed. São Paulo: Saraiva, 2006.

PRADO, Ney (Coord.). *Direito sindical brasileiro*: estudos em homenagem ao prof. Arion Sayão Romita. São Paulo: LTr, 1998.

PRUNES, José Luiz Ferreira. *Equiparação salarial*. São Paulo: LTr, 1977.

______. *Salário sem trabalho*. São Paulo: LTr, 1976.

______. *Terceirização do trabalho*. Curitiba: Juruá, 1995.

______. *CLT comentada pelo prof. José Luiz Ferreira Prunes*. DVD-ROM. Porto Alegre: Plenum, 2009.

RÁO, Vicente. *O direito e a vida dos direitos*. São Paulo: Max Limonad, 1952.

RIBEIRO, Lélia Guimarães Carvalho. A greve como legítimo direito de prejudicar. In: FRANCO FILHO, Georgenor de Sousa (Coord.). *Curso de direito coletivo do trabalho*: estudos em homenagem ao ministro Orlando Teixeira da Costa. São Paulo: LTr, 1998.

ROCHA, Osiris. *Manual prático do trabalho rural*. 5. ed. São Paulo: Saraiva, 1990.

ROBORTELLA, Luiz Carlos Amorim. A greve no direito comparado. *In*: *Revista da Academia Nacional de direito do trabalho*, a. I, n. 1, p. 79-91, 1993.

RODRIGUEZ, Américo Plá. *Princípios de direito do trabalho*. 3. ed. Tradução de Wagner D. Giglio. São Paulo: LTr, 2004.

ROMITA, Arion Sayão. *Direitos sociais na constituição e outros estudos*. São Paulo: LTr, 1991.

______. *A subordinação no contrato de trabalho*. Rio de Janeiro: Forense, 1979.

______. *Curso de direito constitucional do trabalho*: estudos em homenagem ao professor Amauri Mascaro Nascimento. Coordenação de Arion Sayão Romita. São Paulo: LTr, 1991.

______. *Política de emprego*: intermediação do trabalho, trabalho temporário, prestação de serviços por empresa. Curitiba: Genesis, 1993.

______. *Direito do trabalho*: temas em aberto. São Paulo: LTr, 1998.

______. *Sindicalismo, economia e estado democrático*: estudos. São Paulo: LTr, 1993.

RÜDIGER, Dorothee Susanne. Globalização econômica, descentralização produtiva e direitos fundamentais dos trabalhadores. In: RÜDIGER, Dorothee Susanne. *Tendências do direito do trabalho para o século XXI*. São Paulo: LTr, 1991.

RUPRECHT, Alfredo J. *Relações coletivas de trabalho*. São Paulo: LTr, 1995.

RUSSOMANO, Mozart Victor. *Princípios gerais de direito sindical*. 2. ed. Rio de Janeiro: Forense, 1997.

______. *Comentários à consolidação das leis do trabalho*, v. I. 17. ed. Forense: Rio de Janeiro, 1997.

SANTOS, Boaventura de Sousa (org.). *A globalização e as ciências sociais*. 3. ed. São Paulo: Cortez, 2005.

SANTOS, Enoque Ribeiro dos. *Direitos humanos na negociação coletiva*. São Paulo: LTr, 2004.

SARLET, Ingo Wolfgang. *A eficácia dos direitos fundamentais*. 6. ed. Porto Alegre: Livraria do Advogado, 2006.

______. *Dignidade da pessoa humana e direitos fundamentais na Constituição Federal de 1988*. Porto Alegre: Livraria do Advogado, 2001.

SARMENTO, Daniel. *Direitos fundamentais e relações privadas*. 2. ed. Rio de Janeiro: Lumen Juris, 2006.

SICHES, Luís Recaséns. *Tratado de sociologia*. Porto Alegre: Globo, 1970.

SILVA, Antônio Álvares da. *A Convenção 158 da Organização Internacional do Trabalho*. Belo Horizonte: RTM, 1996.

______. *Questões Polêmicas de direito do trabalho*. São Paulo: LTr, 1993.

______. *A constitucionalidade da Convenção 158 da OIT*. Belo Horizonte: RTM, 1996.

______. *Direito coletivo do trabalho*. Rio de Janeiro: Forense, 1979.

SILVA, José Afonso da. *Curso de direito constitucional positivo*. 9. ed. São Paulo: Malheiros, 1993.

______. *Aplicabilidade das normas constitucionais*. 7. ed. São Paulo: Malheiros, 2008.

SILVA, Otavio Pinto e. *Subordinação, autonomia e parassubordinação nas relações de trabalho*. São Paulo: LTr, 2004.

SILVA, Virgílio Afonso da. *Direitos fundamentais*: conteúdo essencial, restrições e eficácia. São Paulo: Malheiros, 2009.

SIQUEIRA NETO, José Francisco. *Contrato coletivo de trabalho – perspectivas de rompimento com a legalidade repressiva*. São Paulo: LTr, 1991.

SOUZA NETO, Cláudio Pereira de; SARMENTO, Daniel (Coords.). *A constitucionalização do direito*: fundamentos teóricos e aplicações específicas. Rio de Janeiro: Lumen Juris, 2007.

______. *Direitos sociais*: fundamentos, judicialização e direitos sociais em espécie. Rio de Janeiro: Lumen Juris, 2008.

SOUZA, Ronald Amorim e. *Manual de legislação social*. 2. ed. São Paulo: LTr, 1992.

STRECK, Lenio Luiz. *Hermenêutica jurídica e(m) crise*. 10. ed. Porto Alegre: Livraria do Advogado, 2011.

SÜSSEKIND, Arnaldo. *Direito constitucional do trabalho*. Rio de Janeiro: Renovar, 1999.

______. Responsabilidade pelo abuso do direito de greve. *Revista da Academia Nacional de direito do trabalho*, a. I, n. 1, 1993.

SÜSSEKIND, Arnaldo; MARANHÃO, Délio; VIANNA, Segadas. *Instituições de direito do trabalho*. 12 ed. São Paulo: LTr, 1991.

TARTUCE, Flávio. *Manual de direito civil*. 3. ed. Rio de Janeiro: Forense, 2013.

TAVARES, André Ramos. *Curso de direito constitucional*. São Paulo: Saraiva, 2002.

TORRES, Ricardo Lobo. A cidadania multidimensional na era dos direitos. *In*: TORRES, Ricardo Lobo (Coord.). *Teoria dos direitos fundamentais*. 2. ed. Rio de Janeiro: Renovar, 2001.

VASCONCELLOS, Armando Cruz. A eficácia horizontal dos direitos fundamentais nas relações privadas de subordinação. *Jus Navigandi*. Teresina, a. 13, n. 2.107, 08 abr. 2009. Disponível em: <http://jus2.uol.com.br/doutrina/texto.asp?id= 12595>. Acesso em: 11 ago. 2010.

VIVEIROS, Luciano. *Direito do trabalho*: conflitos, soluções e perspectivas. Rio de Janeiro: Trabalhistas, 1996.

ZAINAGH, Sávio Domingos; FREDIANI, Yone. *Novos rumos do direito do trabalho na América Latina*. São Paulo: LTr, 2003.

WATANABE, Kazuo *et alli*. *Código brasileiro de defesa do consumidor comentado pelos autores do anteprojeto*. Rio de Janeiro: Forense, 1998.